제3위 하나님이신 성령에 대한 바른 이해는 역사적으로 그 어느 때보다 영계(靈界)가 혼탁한 오늘날 우리 시대에 더욱 중요하다고 하겠다. 이런 시절에 누가의 성령론에 대한 막스 터너 교수의 저작이 우리말로 훌륭하게 번역되어 한국인 독자들에게 소개될 수 있게 되어 참으로 기쁘고 감사하다. 사실 개인적으로 터너 교수의 『성령과 권능』은 필자가 "누가신학의 성령론"에 관한 논문을 집필하면서 요긴하게 참고했던 저서이었기에, 이 책의 번역이 내게는 더욱 반갑다. 물론 누가의 성령론에 대한 그의 견해에 모든 이가 다 동의하는 것은 아니지만, 누가의 성령론을 구약과 연결시키면서 예언의 영으로 제시하는 터너 교수의 통찰력 있는 분석은 이 주제에 대한 독자들의 이해의 지평을 확실하게 넓혀줄 것이다. 아울러 사도 바울과 함께 신약의 성령론에 있어 중요한 기여를 한 성경 저자인 누가의 신학을 바르게 이해할 수 있는 계기가 될 줄로 믿는다.

김경진 | 호주 알파크루시스 대학교 박사원장

본서는 성령론을 진지하게 연구하고자 하는 모든 신학도들이 반드시 필독해야 할 것으로 믿는다. 본서는 누가 성령론의 알파와 오메가로서, 누가 성령론에 관한 거의 모든 문제를 취급하고 있다. 누가 성령론의 논쟁을 주요 학자별로 비평적으로 다루고 있고, 누가 성령론의 배경인 유대교의 성령에 관한 구절과 누가-행전에 나오는 성령론에 관계된 구절을 총망라하여 주석하고 있다. 또 본서는 누가 성령론에 나타난 성령의 역사를 주로 구원론적으로 보려는 던이나 주로 선교적으로 보려는 멘지스의 양극단을 피한다. 그는 누가의 성령 사역은 주로 선교적이지만, 성화적인 것도 있다고 주장하여 양 주장을 포괄하는 중도적 입장에 있다. 신학적으로 균형 있게 기술된 본서를 누가의 성령론에 관한 서적을 다 팔아서라도 사라고 권하고 싶다. 누가 성령론에 관한 모든 문제와 해답이 여기에 나와 있기 때문이다.

김동수 | 평택대학교 신학과 교수

본서는 누가의 성령론에 관한 양대 진영, 곧 전통적 복음주의(대표적으로 던)와 오순절주의(대표적으로 멘지스)가 평행선을 달리는 상황에서 두 입장이 만날 수 있는 가교 역할을 훌륭하게 수행한다. 터너는 누가 성령론의 배경을 형성하는 유대교의 "예언의 영"에 대한 탐구를 토대로 누가복음과 사도행전의 성령 관련 핵심 본문들에 대한 면밀한 석의적 작업을 수행해 나가는 가운데, 양대 진영 논점들의 타당성과 문제점을 학문적으로 엄격하면서도 절묘하게 균형 잡힌 모습으로 밝혀 나간다. 흥미롭게도 던과 멘지스가 서로 정반대의 논점으로 예수님의 요단 강 세례 경험과 제자들의 오순절 경험을 동질시하는 상황에서, 터너는 두 경험이 공통점은 있지만 동질의 것은 아니라는 매우 타당한 결론을 내린다. 본서는 수십 년간 성령론 연구에 심혈을 기울여 온 터너 교수의 균형 잡힌 걸작으로, 지금까지 그러했듯이 앞으로도 성령론 논의에서 빼놓을 수 없는 필독서로 우뚝 서 있을 것이다.

양용의 | 에스라성경대학원대학교 신약학 교수

신약성서의 주제는 유대교와 중간기 문학을 거쳐 본문 형성에 영향을 끼친 사상적 본류를 묻고 답하는 과정과 긴밀하게 맞닿아 있다. 본서는 치밀한 분석력과 학문적 탁월성에 근거하여 누가문헌의 성령을 진지하게 탐구한 백미(白眉)로 꼽힌다. 저자는 방대한 자료를 파헤치는 스펙터클한 전개와 함께 누가의 성령론이 일관성 있게 강조하는 총체적 입장을 추발(抽拔)해 목회자와 신학도의 독서 탁자에 가지런히 올려놓는다. 본서의 필독과 함께 남은 과제는 "위로부터 임하는 능력"(Power from on High)을 힘입어 삶의 자리에서 생명을 살리는 일에 참여하는 것뿐이다.

윤철원 | 서울신학대학교 신학전문대학원 신약학 교수

성령론은 현대 교회에서 가장 중요한 이슈임에도 불구하고 신약학계에서는 그 중요성이 상대적으로 간과되어왔다. 신약학자들 사이에서 첨예

한 대립을 보이는 주제 중 하나인 신약의 성령론에 대하여 막스 터너 교수는 『성령과 권능』에서 누가-행전을 중심으로 구종교사학파의 입장에서부터 최근 학계의 주장에 이르기까지 광범위한 이론을 비평적으로 분석하면서 풍부한 자료를 바탕으로 설득력 있게 자신의 입장을 논증한다. 터너 교수는 성령의 은사가 선교를 위한 것일 뿐만 아니라 신자들과 그 공동체를 위한 것이라는 구원론적인 관점을 제안한다. 신약의 성령론에 대한 최근 이론까지 잘 정리해놓은 이 책을 신약을 전공한 학자들은 물론, 성령론에 관심이 있는 교회의 성도들과 목회자들에게 강력하게 추천한다.

이상일 | 총신대학교 신약학 교수

종종 "성령행전"이라고 불리는 사도행전과 누가복음에서 성령은 하나님의 구속 역사 전면에 부각된다. 하지만 누가-행전의 성령의 모습이 다채롭고 강력한 만큼 성령에 대한 우리의 이해가 더 혼란스럽고, 잘 정리되어 있지 못한 이유는 무엇일까? 그동안 우리가 특정한 교리 및 교파의 입장에 입각한 성령론을 지지하기 위해 "성령"을 언급한 누가-행전과 바울 서신을 선택적으로 활용하는 데 그쳤기 때문은 아닐까? 이 책은 누가-행전 말씀의 정치(精緻)한 주해를 기본으로 삼으면서 성령론을 둘러싼 서로 다른 입장을 듣고, 대화하고, 조정하는 모습을 엿볼 수 있는 신약학자의 안내서다. "위로부터 오는 능력"(이 책의 원제)을 힘입은 그리스도인이라면 반드시 막스 터너의 안내를 따라 성령을 증언하는 누가-행전의 말씀 속으로 깊이, 그리고 기꺼이 들어갈 것이다.

조재천 | 전주대학교 신약학 교수

성령에 대한 학문적 관심은 주제와 방법 및 전공 분야에 따라 색깔과 결이 매우 다양하다. 그렇기에 디테일한 신학적 지형도를 손에 쥐지 않고, 성령론을 찾고자 나서는 여행길은 아예 떠나지 않는 것이 나을지도 모를 일이다. 맥을 잡고 핵심을 포착하는 데 그만큼 혼란스러운 토양이 성령론이라는 말이다. 케임브리지에서 학위를 받고, 영국 신약학계에 데뷔했던 1980년부터 퇴임한 이후 지금까지 40년 넘게 막스 터너를 사로잡았던 넘버 원 관심은 신약성경이 증언하는 성령이다. 이런 점에서 터너의 『성령과 권능』은 누가 성령론에 대한 수많은 연구 자료를 "근원부터 자세히 미루어 살핀" 그의 오랜 학문적 결정판이다. "누가의 성령 이해"를 위한 성경 주석적 접근과 유대교 문헌에 대한 역사적 탐구는 터너가 신약학계에 남긴 탁월한 공헌이자, 현대 교회를 향한 "위로부터 오는 능력"과도 같다. 기적의 성령이 오래 참음의 성령이라는 진실을 붙잡고, 한국의 신학생과 목회자가 골방에 들어가 이런 무게 있는 책과 더불어 진리를 향한 씨름을 감내해 낸다면 얼마나 좋을까 싶다. 주의 은혜의 해를 사모하고 이를 선포해야 하는 교회 강단마다 "구원과 능력의 성령"이 강물처럼 흘러넘치기를 소망해본다.

허주 | 아세아연합신학대학교 신약학 교수

오랫동안 우리는 한편으로 회심과 회심 이후의 성령 받음에 관한 고전적 오순절주의의 두 단계 관점에 대해, 다른 한편으로는 일부 복음주의 진영의 은사 중지론 또는 은사 축소 경향 곧 은사를 영적 조명과 설교에만 제한시키는 경향에 대해 불편한 심정을 가지고 있었다. 하지만 유감스럽게도 이런 두 극단적 주장에 대해 적절한 신학적 반론을 찾기가 쉽지 않았다. 그런데 이제 우리는 이 책에서 가장 만족스런 해결책을 찾게 되었다. 성령의 현존과 움직임과 역사에 대한 이해의 부족은 심각한 영적 빈곤으로 이어진다. 이 책을 통하여 성령 이해가 풍요로워지고, 성령을 통한 하나님의 임재와 하나님의 능력이 우리 한국 교회 안에 충만하게 되길 바란다. 한국 교회의 회복은 성령의 회복이다!

홍인규 | 백석신학대학원 신약학 교수

POWER FROM ON HIGH

The Spirit in Israel's Restoration and Witness in Luke–Acts

Max Turner

막스 터너 지음　**조영모** 옮김

Power from on High

성령과 권능

이스라엘의 회복과 누가-행전의
증거 가운데 나타난 성령

새물결플러스

차례

서문 11

감사의 말 16

약어표 18

1부　현 학계에서 말하는 누가와 성령 23

1장　초석 놓기: 종교사학파와 그 도전에 대한 반응 24

2장　성령의 은사의 기본 성격에 대한 다양한 설명 50

2부　누가-행전의 배경으로서 유대교에 나타난 "예언의 영" 113

3장　유대교에 나타난 "예언의 영"과 원형적 은사들 120

4장　유대교에 나타난 "예언의 영"과 초자연적인 "능력" 148

5장　중간기 유대교에 나타난 "예언의 영"과 윤리적 영향과 "구원" 170

3부　성령의 메시아 201

6장　누가복음 1-2장에 나타난 성령의 메시아 도래 202

7장　세례 요한의 약속: "그는 성령과 불로 너희에게 세례를

　　　베푸실 것이요"(눅 3:16) 246

8장   메시아적 아들의 능력 부여   274

9장   새 출애굽 해방을 선포하기 위해 성령으로 기름 부음 받은 예수   310

10장   오순절: 이스라엘의 메시아로서의 예수의 즉위와 이스라엘의 회복을 위한

          그의 능력으로서의 성령   388

4부   제자들과 성령   461

11장   예수의 제자들과 그의 사역 시작부터 승천까지의 성령   462

12장   사도행전 교회에게 주어진 오순절 은사   506

13장   교회의 삶 안에서의 오순절 은사의 효과들과 사도행전에서의 "구원"   582

14장   결론   620

참고 문헌   660

성구 색인   694

서문

내가 이 책에서 다루고 있는 쟁점들을 놓고 고심하던 때는 내가 젊고 열정이 넘치던 오순절파 신학생일 때였다. 그때는 제임스 던(James Dunn)의 『성령 세례』(*Baptism in the Holy Spirit*)가 막 출판되었을 때였고, 그 책은 내가 그때까지 견지하고 있던 회심과 그 이후의 성령 받음이라는 고전적인 두 단계 관점(two-stage view)에 상당한 반론을 제기하는 듯 보였다. 누가-행전이 보여주는 증거가 던이 주장하는 방향이 아님을 느낀 나는 성령에 대한 누가의 이해에 관한 논문을 쓰기 시작했다. (던에 대한 로저 스트론스태드[Roger Stronstad]와 하워드 어빈[Howard Ervin]의 반응이 출간되기 수년 전인 1980년에 제출된) 이 논문에서 나는 아직 충분히 검증되지 않은 중간 입장을 고수했다. 즉 사도행전에 나타난 오순절의 성령 주심은 사실 유대교의 "예언의 영"을 기독교 버전으로 수정한 것이며, 슈바이처(E. Schweizer)가 생각한 것보다 더 광범위했고, 아야-프라(Haya-Prats)가 생각한 것보다 회심-입문과 더 밀접하게 연관되어 있었지만(따라서 단순히 부차적 은사[*donum superadditum*]는 아님), 엄밀하게 말하면 회심 "이후"의 일이라는 것이었다. 기본적으로 나는 누가의 "예언의 영"은 그리스도인의 삶의 전반적인 은사적 측면의 원천으로서, 이방인들을 향한 교회의 증거에 힘을 불어넣어주고, 예배와 제자도의 역동적인 삶을 강화하는 지혜, 지도, 계시, 예언, 찬미적인 발언(방언을 포함하여) 등을 유발하는 역할을 수행한 것으로 결론 내렸다. 이러한 연구에 대한 결실 중 일부는 1980년과 1985년 사이에 발표한 일련의 소논문에 실렸다.

만약 내가 아버딘 대학교에서 당시 독창적이고 강인한 정신력을 지닌 젊은 오순절 신학도였던 로버트 멘지스(Robert Menzies)와 함께했던 시간이 없었다면 이 분야에 대한 나의 관심은 더 이상 진척되지 않았을 것이다. 멘지스는 내 논문에서 중요한 내용을 취하면서도 그것을 고전적인 오순절주의의 방향으로 이끌어나갔다. 멘지스에게 있어 누가 문헌에 나타난 성령은 유대교의 "예언의 영"이라고 말하는 것은 선교를 위한 능력을 힘입는 것이다. 즉 (누가에게 있어) 어떤 사람 안에서 역사하는 성령의 초점은 그 사람의 그리스도인으로서의 개인적인 성장에 있기보다는 그를 통해 다른 이들에게 무언가를 전하고자 하는 데 있다. 멘지스의 철두철미하고도 통찰력 넘치는 주장은 내가 여러 가지 증거를 재고할 수 있는 기회를 제공해주었고, (주로 배경과 관련된) 쟁점에 관한 재고의 예비적 결과는 1991-1994년에 일련의 다른 소논문으로 일부 출간되었다. 따라서 본서는 누가가 이해하는 성령을 해석하려는 두 번째 시도다(그리고 이 책은 이미 출간된 나의 여러 글들이 수정된 형태로 포함되어 있어 본인의 글/저서에 대한 언급이 상당히 많다).

그럼에도 불구하고 최근에 영어, 프랑스어, 독일어로 된 다수의 저서가 쏟아져 나오는 상황에서 누가의 성령 신학에 대한 또 다른 작품이 출간되는 것과 관련하여 나는 몇 가지 변명거리를 덧붙이고 싶다.

1. 성령에 대한 누가의 관점에 대하여 많은 저서와 논문이 있음에도 불구하고 이 주제에 대한 학계의 비평적인 평가가 아직 없다. 누가-행전에 나타난 성령을 연구하는 저자들은 어떤 안건이 자신들의 연구를 지배하는지 문명하게 제시하지 못했다. 따라서 현재의 "입장"에 도달하기까지 전개된 일련의 질문과 답변을 개관하는 연구서가 출판될 만한 여지가 여전히 남아 있다. 본서 1부에서는 현 신약학계를 지배하는 누가-행전의 성령에 관한 쟁점을—주로 연대순으로, 그러나 일부는 주제별로—스케치할 것이다. 우리는 이런 방식의 연구가 핵심 질문을 부각시키고, 지금까지 제시된 해결책의 강점과 약점을 공정하게 평가해줄 것임을 믿는다.

2. 1부에서 진행될 개관을 보면 아직 학계에서 합의된 견해가 없음을 알 수 있다. 즉 지금까지 출간된 누가의 성령론에 대한 연구물은 누가가 의미하는 바에 대해 서로 상이하고 상충되는 견해를 제시한다. 따라서 우리는 이렇게 서로 상충되는 이론을 평가하고, 누가의 의미에 도달할 수 있는 기준이 필요하다.

3. 이 가운데 하나의 중요한 기준은 누가의 "배경"과의 연속성이다. 누가는 분명히 성령에 관한 기존 이해를 물려받았을 것이고, 이 이해의 토대 위에 자신의 생각을 발전시키고 수정했을 것이다. 이 배경은 성격상 종종 "유대교적"이라고 평가되어왔다(우리의 관점에서 볼 때 올바르게). 하지만 누가가 채택한 "유대교적" 관점이 어떤 종류의 것이며, 다양한 유대교적 관점은 어떤 것이었으며, 누가가 영향을 받은 그 관점이 기독교의 관점에서 얼마나 수정되었는지에 대해서는 의견의 일치가 이루어지지 않고 있다. 적어도 두 명의 주목할 만한 학자(슈바이처와 멘지스)는 누가가 (마태복음과 마가복음에서 나타난) 초창기 기독교의 이해에서 성령을 "예언의 영"으로 이해하는 보다 더 철저한 유대교의 관점으로 돌아섰다고 주장한다. 우리는 누가가 성령을 후자처럼 생각한 것에 대해서는 의심하지 않으면서도 이 학자들이 "예언의 영"에 관한 유대교의 관점과, 그리고 이 관점과 초기 그리스도인의 인식 및 누가의 성령론의 관계를 (적어도 부분적으로라도) 잘못 인식하지 않았는지 물을 것이다.

4. 두 번째 중요한 기준은 이렇게 제시된 누가의 성령론이 (하나님의 백성과 그들의 구원에 관한) 누가의 신학과 어떻게 어울리는지에 관한 것이다. 누가-행전에 관한 여러 저서는 자주 그것이 갖는 누가신학의 다른 측면들과 확실하게 관련짓지 않은 채, 누가의 성령론을 제시한다. 본서가 지닌 지면상의 한계로 인해 이와 관련하여 만족할 만한 충분한 설명을 제시하기는 어렵겠지만, 우리는 우리가 발견한 것이 누가의 온전한 그림 및 그의 주요 관심사와 어떻게 조화를 이루는지를 보여줄 것이다.

5. 세 번째 중요한 기준은 보다 더 일반적인 신약 성령론의 발전에서

누가의 위치를 어디에 두느냐에 있다. 누가의 성령론을 서술하려는 대부분의 시도는 그의 성령론을 기원후 2세기까지 유대교적 관점에서 발전한 보다 더 일반적인 성령 이해의 역사 안에서 이해하려 하지 않았다. 이러한 이해의 발전을 진지하게 다룬 유일한 작품(멘지스의 것)도, 내 견해로는, 이 문제를 상당히 심각하게 오해했다. 멘지스는 이로써 (내 생각에는) 소위 "예언의 영"에 대한 유대교적 관점으로 회귀한 누가의 성령론과 그가 바울과 요한의 글에 나타난 후대의 것으로 간주하는 상당히 독특한 기독교적인 "구원론적 성령" 간에 상당히 개연성 없는 대립을 조장했다. 나는 다른 책에서 성령에 대한 바울과 요한의 신학은 단순히 "예언의 영"에 대한 논리적인 확대임을 주장하는데, 본서에서는 누가의 "예언의 영"이 지금까지 가정되어왔던 것보다 훨씬 더 강하게 구원론적임을 보여주고자 한다.

6. 나는 본서가 누가-행전 주해 분야에서 단지 신약학에서뿐만 아니라 오늘날 주요 교단의 신앙에 입각한 신학(confessional theologies, 그것이 전통적 복음주의이거나, 또는 보다 더 독특한 오순절주의 또는 은사주의이든지 간에)에서도 매우 중요한 위치를 차지해온 누가의 특정 개념 및 선호 용어(예를 들어 "성령 충만"이나 "성령[과 불] 세례 등과 같은)에 대해 일부 신선한 관점을 제시할 것을 소망한다. 그러나 그 무엇보다도 나는 지금까지 제시된 것보다 훨씬 더 일관된 누가의 성령론을 제시하고자 노력할 것이다.

7. 비록 본서가 주로 신약 연구에 기여하기 위한 의도로 집필되긴 했지만, 나는 나의 친구인 멘지스의 모본을 따라 누가의 성령론에 대한 나의 서술이 현대 교회에 가져다줄 함의에 대해 보다 더 신학적인 성찰을 (마지막 장에서) 제시하고자 한다. 물론 나는 이러한 종류의 논의 가운데 대부분을 곧 출간될 다른 저서에서 다루겠지만, 본 시리즈는 적어도 현대 교회를 위한 석의가 가져다주는 함의의 중요성을 일부 일깨워준다.

신약 연구에 기여하는 본서는 본질상 일반적으로 전승비평과 편집 비평 등을 포함하여 공관복음 연구와 관련된 다양한 비평적 도구를 사용한다. 일부 독자들에게는 이러한 비평적 방법론 사용이 부적절해 보일 수도 있다. 그러나 나는 누가의 텍스트를 그의 1세기 독자들이 이해한 것처럼 해석하는 데 있어 이러한 작업이 얼마나 중요한지를 각 단계에서 설명할 것이다.

마지막으로 본서가 「오순절신학저널 단행본 시리즈」(*Journal of Pentecostal Theology Monograph Series*)에 실릴 수 있도록 도와준 편집위원들에게 감사의 뜻을 전하고 싶다. 나는 내 자신이 고전적 오순절 전통에 온전히 서 있지 않음을 잘 알고 있으며, 또한 나의 관점은 여러 면에서 이 시리즈의 인내심 많은 편집자들의 견해와도 일치하지 않음을 잘 알고 있다. 그럼에도 나는 이 책이 본 논의를 진전시키고, 또 보다 더 정제된 이해를 가져다주는 데 기여하리라 믿는다. 무엇보다 나는 오순절주의와 은사주의, 그리고 전통적 복음주의가 이를 통해 서로 더 근접한 합의점을 찾아나가기를 기대한다.

감사의 말

나는 본서를 집필하는 동안 수많은 사람과 기관에 너무나도 큰 빚을 졌다. 그중에서도 특별히 언급되어야 할 이름은 다음과 같다.

(1) 나는 여러 단계에서 적절하게 조절된 엄격함과 인내심, 그리고 그리스도인의 우정으로 나의 박사학위 논문을 지도해주신 존 오닐(John O'Neill) 교수와 찰리 모울(Charlie Moule) 교수께 특히 말로 다할 수 없는 큰 빚을 졌다.

(2) 돈 카슨(Don Carson), 하워드 마샬(Howard Marshall), 찰리 모울(Charlie Moule), 막스 윌콕스(Max Wilcox) 교수와 (여러 사람들 가운데 특히) 피터 오브라이언(Peter T. O'Brien) 박사는 여러 시점에서 나의 여러 소논문을 읽어주었고, 또 단행본으로 출간할 것을 장려했다. 이와 관련하여 특별히 언급해야 할 사람은 본 시리즈 편집자인 크리스토퍼 토머스(Christopher Thomas) 박사다. 그는 내게 본서를 출판할 것을 정중히 제안했고, 심지어 본서의 취지와 논점에 일부 동의하지 않을 때에도 본 프로젝트를 적극적으로 지지해주었다. 그의 충고와 비평은 큰 도움이 되었다.

(3) 아버딘 대학교와 런던 바이블 칼리지는 본 연구를 완성할 수 있도록 두 번의 안식학기를 제공해주었고, 특히 각 기관의 신약학과의 동료 교수들(하워드 마샬, 루스 에드워즈, 콘라드 겜프, 스티븐 모티어)은 내 대신 나의 빈자리를 기쁨으로 채워주었고 아낌없는 격려를 보내주었다. 특히 마샬 교수의 학문성과 우정은 두고두고 감사할 부분이다.

(4) 로버트 멘지스(Robert Menzies) 박사는 그의 저서와 개인적인 서

신을 통해 나에게 끊임없는 자극을 주었고, 아버딘 대학교와 런던 바이블 칼리지에서 박사과정을 밟고 있는 학생들도 마찬가지였다(특히 나와 유사한 분야를 연구하던 아치 휘, 마크 스트라우스, 존 위덜리가 그러했다. 나는 내가 그들의 많은 아이디어를 무의식적으로 훔치지 않았기를 바란다!).

(5) 앞서 출간된 여러 소논문을 수정하고 함께 엮어 출간하도록 허락해준 Inter-Varsity Press, Paternoster Press, *Evangelical Quarterly*, *New Testament Studies*, *Novum Testamentum*, *Tyndale Bulletin*, *Trinity Journal*, *Vox Evangelica* 등 여러 출판사와 저널 편집자에게 감사한다..

(6) 본서를 교정해준 제니 데이비스(Jenny Davies)와 장별로 원고를 읽어준 볼커 라벤스(Volker Rabens)와 가브리엘 브라운(Gabriele Braun), 그리고 Sheffield Academic Press의 편집팀에게도 감사의 마음을 전한다.

(7) 본서를 집필하는 동안 고통을 분담해준 내 가족들이 있다. 특히 나의 아내 루시와 아들 던컨, 딸 아비에게 고마움을 전하고 싶다. 내가 그들이 보내준 사랑과 지지에 빚진 부분은 셈할 수 없으리만큼 가치 있는 것이다.

막스 터너, 1995년 8월

약어표

ATR   *Anglican Theological Review*

BAGD   *W. Bauer, W. F. Arndt, F. W. Gingrich and F. W. Danker*
     A Greek-English Lexicon of the New Testament

BBR   *Bulletin of Biblical Research*

BDF   F. Blass, A. Debrunner, and R. W. Funk, *A Greek*
     Grammar of the New Testament

Bib   *Biblica*

BibLeb   *Bibel und Leben*

BJRL   *Bulletin of the John Rylands Library*

BSac   *Bibliotheca Sacra*

BTB   *Biblical Theology Bulletin*

BVC   *Bible et vie chrétienne*

BZ   *Biblische Zeitschrift*

CBQ   *Catholic Biblical Quarterly*

CJT   *Canadian Journal of Theology*

CTM   *Concordia Theological Monthly*

DSD   *Dead Sea Discoveries*

EKKNT   Evangelish-Katholischer Kommentar zum Neuen
     Testament

ErJb   *Eranos Jahrbuch*

EtB	*Etudes Bibliques*
ExpTim	*Expository Times*
ETL	*Ephemerides Theologicae Lovanienses*
EvQ	*Evangelical Quarterly*
EvT	*Evangelische Theologie*
HeyJ	*Heythrop Journal*
HTR	*Harvard Theological Review*
IB	*Interpreter's Bible*
IBS	*Irish Biblical Studies*
IEJ	*Israel Exporation Journal*
Int	*Interpretation*
ITQ	*Irish Theological Quarterly*
JANES	*Journal for Acient Near-Eastern Studies*
JBL	*Journal of Biblical Literature*
JETS	*Journal of the Evangelical Theological Society*
JET	*Journal of Empirical Theology*
JJS	*Journal of Jewish Studies*
JPT	*Journal of Pentecostal Theology*
JSNT	*Journal for the Study of the New Testament*
JSS	*Journal of Semitic Studies*

JTS	*Journal of Theological Studies*
KD	*Kerygma und Dogma*
Neot	*Neotestamentica*
NRT	*La Nouvelle revue théologique*
NTA	*New Testament Abstracts*
NovT	*Novum Testamentum*
NTS	*New Testament Studies*
RB	*Revue biblique*
RefR	*The Reformed Review*
ResQ	*Restoration Quarterly*
RevQ	*Revue de Qumran*
RevRel	*Review of Religions*
RHPR	*Revue d'histoire et de philosophie religieuses*
RSPT	*Revue des sciences philosophiques et théologiques*
RSR	*Recherches de science religieuse*
RTP	*Revue de théologie et de philosophie*
SE	*Studia Evangelica*
Sem	*Semitica*
SJT	*Scottish Journal of Theology*
ST	*Studia theologica*

TD	*Theology Digest*
TDNT	*Gerhard Kittel and Gerhard Friedrich* (eds.), *Theological Dictionary of the New Testament*
Theol	*Theology*
TLZ	*Theologische Literaturzeitung*
TrinJ	*Trinity Journal*
TRu	*Theologische Rundschau*
TS	*Theological Studies*
TTZ	*Trierer theologische Zeitschrift*
TynB	*Tyndale Bulletin*
TWNT	*Theologisches Wörterbuch zum Neuen Testament*
TZ	*Theologische Zeitschrift*
VoxEv	*Vox Evangelica*
VT	*Vetus Testamentum*
WTJ	*Westerminster Theological Journal*
ZNW	*Zeitschrift für Neutestamentliche Wissenschaft*
ZTK	*Zeitschrift für Theologie und Kirche*

1부

현 학계에서 말하는
누가와 성령

1장

초석 놓기
종교사학파와 그 도전에 대한 반응

누가 문헌에 나타난 성령에 대한 현대의 학문적 논의 대부분은[1] 1926년
에 발표된 폰 베어(von Baer)의 기념비적인 연구를 포함하여 그 지점에 이
르기까지 진행된 연구에 의해 좌우되었다.[2] 그 이후에 발표된 주요 저작

---

1 나는 나의 이전 연구 논문인 "The Significance of Receiving the Spirit in Luke-Acts: A
Survey of Modern Scholarship," *TrinJ* 2 (1981), 131-58의 자료를 여기에 수록할 수
있도록 허락해준 *Trinity Journal* 담당자에게 감사한다. 이 논문은 M. M. B. Turner,
"Luke and the Spirit: Studies in the Significance of Receiving the Spirit in Luke-Acts"
(unpublished PhD dissertation, Cambridge, 1980)의 1장의 일정 부분을 약간 수정한
것이다. 이외에 참조할 문헌은 다음과 같다. J. D. Dubois, "De Jean-Baptiste à jésus:
essai sur la conception lucanienne de l'Esprit à partir des premiers chapitres de l'évangile"
(unpublished doctoral dissertation, Strasbourg, 1977), iii-xx; F. Bovon, *Luke the
Theologian* (Allison Park: Pickwick, 1987), 4장; R. P. Menzies, *The Development of Early
Christian Pneumatology with Special Reference to Luke-Acts* (Sheffield: JOST Press, 1991),
1장; O. Mainville, *L'Esprit dans l'oeuvre de Luc* (Montreal: Fides, 1991), 19-47; H. S.
Kim, *Die Geisttaufe des Messias: einem kompositionsgeschichtliche Untersuchung zu einem
Leitmotiv des lukanischen Doppelwerks* (Berlin: Lang, 1993), 18-26.

2 "누가"라는 이름은 누가복음과 사도행전의 저자를 지칭할 때 사용될 것이다. A. C.
Clark (*The Acts of the Apostles* [Oxford: Oxford University Press, 1933], 393-408); A.
W. Argyle ("The Greek of Luke and Acts," *NTS* 20 [1974], 441-45)는 언어학적인 근거
를 들어 누가복음과 사도행전이 동일한 저자에 의해 기록되지 않았다고 주장했다. 그
러나 다음의 비평을 보라. W. L. Knox, *The Acts of the Apostles* (Cambridge: Cambridge
University Press, 1948), 1-15, 100-109; B. E. Beck, "The Common Authorship
of Luke and Acts," *NTS* 23 (1977), 346-52; R. Maddox, *The Purpose of Luke-Acts*
(Edinburgh: Clark, 1982), 6-9; C. J. Hemer, *The Book of Acts in the Setting of Hellenistic
History* (Tübingen: Mohr, 1989), pp 30-33; I. H. Marshall, "Acts and the "Former
Treatise," in B. W. Winter and A. D Clarke (eds.), *The Book of Acts in Its Ancient Literary
Setting* (AICS, 1; Carlisle: Paternoster, 1993), 163-82.
나는 누가가 바울 계열에 속한 젊은 임시구성원이었을 가능성을 감안한다 하더라
도, 저자에 대한 전통적인 견해를 선호한다. 그동안 전통적인 견해에 대한 두 가지 반
론이 무게감 있게 제기되어왔다. (1) 누가가 묘사하는 바울의 모습은 사도행전의 저
자를 사도의 동료로 보기에는 실제 바울과 부합되는 면이 너무나 적다. (2) 교회에
대한 그의 서술은 "초기 보편주의"(early catholicism)의 특징을 그대로 드러낸다. 그
러나 첫 번째 반론은 지나치게 과장되었다. 이에 대한 답변으로 다음을 보라. F. F.
Bruce, "Is the Paul of Acts the Real Paul," *BJRL* 58 (1975-76), 282-305; Ellis, 42-51;
U. Wilckens, "Interpreting Luke-Acts in a Period of Existentialist Theology," in L. E.

들은 대부분 이 시기에 제기된 문제점들에 대한 다양한 해결책을 폭넓게 제시하는 방향으로 이루어졌으며, 대부분은 폰 베어 자신이 제시한 해결책의 큰 틀 안에서 진행되었다. 이와 같이 학문적 논의 초기에 탄생하고 부흥하기 시작한 오순절 교회(Pentecostal Church)는 놀랍게도 이러한 당대의 학문적 논의의 흔적을 거의 남겨두지 않았다. 이 단계에서 신약학과 오순절 교회의 가르침은 마치 서로 다른 승객들을 태운 배가 서로 다른 항구를 향해 항해하는 배와도 같았다.

1. 종교사학파의 도전

플라이더러(O. Pfleiderer)의 『바울주의』(Der Paulinismus)는[3] 바울의 성령 개념과 바울 이전 공동체의 성령 개념을 서로 예리하게 구분함으로써 신약의 성령론에 대한 현대의 연구에 결정적인 자극제가 되었다.[4] 그의 주장에 의하면 초창기 공동체는 성령을 구원을 베푸시는 분으로 생각하지 않고, 단지 (구약의 내러티브에 나타난 것처럼) 기적과 황홀경과 계시의 능력 — 따라서 일종의 "부차적 은사"(donum superadditum) — 으로 여겼다. 성령의 사역을 새로운 창조의 삶의 내적 원리로 해석하기 시작한 사람은 바로 바

Keck and J. L. Martyn (eds.), *Studies in Luke-Acts* (London: SPCK, 1968), 60-83; J. Jervell, *The Unknown Paul: Essays on Luke-Acts and Early Christian History* (Minneapolis: Augsburg, 1984), 52-76; Hemer, *Book*, 6장. 두 번째 반론과 관련된 비평적 논의를 위해서는 다음 문헌을 참조하라. H. Conzelmann, "Luke's Place in the Development of Early Christianity" in Keck and Martyn (eds.), *Studies*, 298-316; I. H. Marshall, "'Early Catholicism' in the New Testament," in R. N. Longenecker and M. C. Tenney (eds.), *New Dimensions in New Testament Study* (Grand Rapids: Zondervan, 1974), 217-31. 가장 최근 들어 Hemer의 상세한 연구는 전통적인 누가 저작설을 상당히 강화시켰다는 평가를 받고 있다. Hemer, *Book*, ch. 8 and *passim*.

3   Leipzig: Hinrichs, 1873.

4   물론 이러한 구분은 이미 B. Weiss, *Lehrbuch der Biblischen Theologie des Neuen Testaments* (Berlin: Hertz, 2nd edn, 1873)에 의해 예고되었지만 말이다.

울이었다.[5] 사도행전에 묘사된(그리고 바울 서신, 특히 고린도전서를 통해 재구성된) 초기 공동체의 성령 이해와 바울 자신의 가르침 간의 이러한 대조는 1888년에 처음 출간된 궁켈(H. Gunkel)의 예리하고도 영향력 있는 저작인 『사도 시대의 대중적 이해와 사도 바울의 가르침에 따른 성령의 사역』(*Die Wirkungen des heiligen Geistes nach der populären Anschauung der apostolischen Zeit und der Lehre des Apostels Paulus*)의 주제가 되었다.[6]

1.1. 궁켈: 노골적인 초자연적 능력으로서의 성령

궁켈은 때로는 성령에 대한 고전적인 오순절적[7] 또는 은사주의적[8] 해석에 근접해 보이지만, 사실 그의 연구는 **역사가**로서 "성령"을 사상의 이성

---

5   H. H. Wendt, *Die Begriffe Fleisch und Geist im biblischen Sprachgebrauch* (Gotha, 1878); J. E. Gloël, *Der heilige Geist in der Heilsverkündigung des Paulus* (Halle, 1888)는 Pfleiderer의 구분을 수정하려는 의도로 집필되었다.

6   ET: *The Influence of the Holy Spirit: the Popular View of the Apostolic Age and the Teaching of the Apostle Paul* (Philadelphia: Fortress Press, 1979). 다른 언급이 없는 한 Gunkel의 인용은 영어 번역서에 기초한다.

7   나는 "오순절적"이라는 용어를 (a) 오순절에 일어난 사건들(행 2장)을 지칭하는 표현으로 사용하거나 또는 (b) 특정 교단(즉 오순절 교단)을 가리킬 때 사용한다. 나는 "고전적인 오순절적"이라는 용어를 주요 오순절 교단들에서(일체 오순절주의[Oneness Pentecostals]를 제외하고) 누가-행전의 성령에 관해 가르치는 것, 즉 성령 세례는 중생/구원 이후에 일어나는 것이며 기독교 봉사(특히 선교)를 위한 특별한 은사이자 능력 부여로 보는 해석학적 입장을 가리키는 데 사용한다. 나는 주요 오순절 교단 밖에 있는 은사주의적 갱신 운동에 속한 이들의 입장을 대변할 때에도 "고전적인 오순절적"이라는 용어를 사용할 것이다. 물론 Lederle는 그들에게 "신-오순절적"이라는 용어를 사용하기를 선호하지만 말이다. 나는 그 외에는 H. I. Lederle, *Treasures Old and New: Interpretations of "Spirit-Baptism" in the Charismatic Renewal Movement* (Peabody: Hendrickson, 1988), 1-2장의 용어를 따른다.

8   나는 "은사주의적"이라는 용어를 (고전적인 오순절주의와 같이) 그리스도인의 삶 가운데 전적으로 은사주의적인 차원(예를 들어 방언, 치유, 예언을 포함한)의 중요성을 강조하는 해석학적 입장을 가리키는 데 사용하지만, 나는 이것을 신학적으로 회심 때 주어지는 성령의 선물의 일환으로 간주한다. 이 용법에 의하면 G. D. Fee는 성령에 대해 고전적인 오순절적 해석보다는 은사주의적 해석을 채택하는 오순절 학자라고 할 수 있다. 은사주의적 해석에 대한 용어에 관해서는 Lederle, *Treasures*, chs. 3-5을 보라.

적 발전으로 축소시키는 경향을 나타내던 자유주의 신학의 이상주의에 대한 공격이었다. 궁켈은 (바울 이전의) 초창기 공동체에게 있어 성령은 본질적으로 교의적인 문제가 아닌 경험의 문제였다고 주장했다.[9] 그리고 오직 특정한 **유형**의 경험만이 성령의 것으로 여겨졌다. 왜냐하면 성령은 기독교의 종교적·윤리적 삶의 원리로 간주되지 않았기 때문이다.[10] 성령은 믿음에 주어졌지만, 그 믿음의 주체는 아니었다(*Influence*, 16-21). 만약 우리가 초창기 공동체 안에서 어떤 현상이 성령의 활동으로 간주되었는지 그 주요 징후에 관해 묻는다면, 그 답변은 분명히 그 사건에서 노골적으로 드러난 초자연적 특성일 것이다. 궁켈에 의하면

> 성령의 활동은 목적과 수단의 체계 안에서가 아니라 인과관계의 체계 안에서 규명된다. 성령에 대한 믿음은 이 세상을 향한 하나님의 계획을 파악하기 위한 목적에 있지 않고, 무엇보다도 말로 형용할 수 없는 어떤 확실한 현상의 존재를 초월적인 것을 통해 설명하기 위한 목적에 있다.… 따라서 사도 시대에 **성령**이라는 용어가 염두에 두고 있던 것이 무엇인지 분명해진다. 그것은 사람 안에서, 그리고 사람을 통해 기적을 행하시는 하나님의 초자연적인 능력이다(32, 35).

하지만 여기에는 단서가 붙는다. 일부 초자연적인 능력의 표현은 적어도 공동체에 의해 성령의 것으로 간주되기보다는 악마의 것으로 간주되었으며, 또한 다른 능력은 기독교 공동체와 연관이 없었기 때문에 성령으로부

---

9 *Influence*, 13. Gunkel은 은사주의적 믿음은 성령에 의해 발생하지만, 그 이유는 바로 그 믿음이 **은사주의적**이기 때문으로 보았다.

10 Gloël에 대한 Gunkel의 비평을 보라. "J. E. Gloël이 사도행전에서 '초창기 공동체 내의 종교적이며 도덕적인 친교의 모든 삶이 성령의 영향이라고 생각하지만, 이것은 성령이 오직 방언과 예언만으로 직접적으로 역사하는 오순절 내러티브를 통해 증명될 수 없고, 거기서 묘사된 이상적인 공동체의 모습이 성령으로부터 기원한다고 일언반구도 하지 않는 사도행전 2:42-47을 통해서도 증명될 수 없다'(*Influence*, 16; 참조. 17-21).

터 유래할 수 없었다(36-48). 결론적으로

> 성령의 활동은 인간 존재의 영역에서 나타나는 신비스러운 능력으로서 기독교 공동체의 삶과 어느 정도 유대관계를 맺고 있으며, 어떤 경우에도 사람을 해치지 않으며, 종종 하나님 또는 그리스도의 이름을 부르는 가운데 나타나며, 언제든지 하나님과 교제를 나눌 수 있는 사람에게만 관심을 보인다. 성령은 하나님께서 그리스도를 통해 위대한 일을 행하시기 위해 신자들에게 보내신 초자연적인 능력이다(58).

방언은 초창기 교회에서 가장 두드러진 성령의 은사였을 뿐만 아니라 (그들의 성령에 대한 이해에 따르면) 가장 특징적인 은사였다.[11] 모든 그리스도인은 이 성령으로 충만한 것으로 여겨졌으며(비록 다양한 수준이긴 하지만; 42-43), 이 성령은 사람들에게 부어지고(행 2:33), 안수를 통해 임하고 또 나타났다(눅 3:22; 행 2:3: *Influence*, 42-43; 59-66). 성령은 때로 사람들 안에 거하는 능력으로, 또 어떤 때는 더욱더 두드러지게 나타나기도 하지만, 종종 성령의 개별적인 역사는 반복적인 영감으로 나타났다(42-43).

원시 공동체에게 있어 성령의 **신학적 의미**는 (궁켈이 주장하듯이) 부분적으로 그 선물이 가져다준 하나님의 권위 있는 임재에 있지만, 주로 이를 어느 정도 가늠할 수 있는 성령의 종말론적 측면에 있다. 성령을 소유했다는 초기 교회의 주장은 성령이 종말이 올 때까지 철회되었다는 유대교 교리의 배경에서 읽어야 한다. "성령을 잃어버린 유대교에 성령의 충만함이 나타났을 때 그 πνεῦμα는 참으로 강한 인상을 심어주었을 것

---

11   *Influence*, 31-33. Gunkel은 바울이 고전 14:37에서 전통적인 언어를 사용한다고 주장한다. 이에 따르면 프뉴마티코스(*pneumatikos*)는 방언으로 말하는 사람이다; 그것은 방언을 해석하는 "예언자"의 역할이다. 하지만 여기서 Gunkel은 주술적 현상의 시각으로 읽고 있다. 다음을 보라. T. M. Crone, *Early Christian Prophecy* (Baltimore: St Mary's University Press, 1973), 15-83.

이다"(70). 성령은 예수 안에 다가올 시대의 능력, 곧 하나님 나라의 현존으로서 임하셨다. "하나님의 영이 계신 곳에 바로 하나님 나라가 있다."[12]

궁켈은 성령에 대한 바울의 견해 역시 근본적으로 그의 경험으로 거슬러 올라가야 한다고 주장했다. 만약 바울이 성령을 그리스도인의 삶에 나타나는 능력으로 보았다면 그것은 그가 본래 성령이 윤리적 갱생과 새 창조의 삶의 원천으로 간주되던 어떤 구약/유대교의 성령 개념(이러한 개념은 유대교에서 거의 찾아보기 어렵다)을 견지했기 때문도 아니며(H. H. Wendt를 반박하며[13]), 그가 이 개념을 예수 또는 초기 사도들로부터 물려받았기 때문도 아니다(J. Gloël을 반박하며). 이것은 오히려 그가 성령이 공동체에 미치는 **영향력**과 성령의 다양한 활동에 일관성을 제시하는 신적 **목적**을 목격했기 때문이며, 또한 이것들을 구약 본문의 관점에서 해석했기 때문이다. 본질적으로 그의 관점은 성령이 기적의 원천이라는 초창기 교회의 견해를 반영한 것이다. 바울은 단순히 그리스도의 삶을 사람들에게 각인시켜주는 것을 성령의 가장 경이로운 사역으로 보았다.

궁켈이 이룬 업적은 놀라웠고, 그의 논제는 정확 명료하게 제시되었다. 요컨대 그는 현대 학자들이 여전히 직면하고 있는 많은 질문을 제기했고, 의심의 여지없이 (궁켈의 동시대인들이 보편적으로 견지하던 성령의 내재론적 견해에 맞서[14]) 교회의 초창기 성령론에 내포되어 있던 초자연적이며 경험적인 측면의 중요성을 확립했다. 그렇다고 해서 그의 견해에 모두가 동의했던 것은 아니다. 성령의 윤리적인 사역에 대한 희망이 유대교 안에서 전혀 보이지 않았다는 그의 주장은 랍비들의 글과 보다 더 일반적인

12　"Wo Geist Gottes, da Reich Gottes," *Wirkungen*, 59.

13　*Begriffe*. Gunkel은 오직 사 11:1-2; 28:6; 32:15ff.; 겔 36:26-27; 시 51:13; 143:10, 그리고 아마도 지혜서 12:10에서 그러한 견해를 발견했으며, 그것을 유대교 안에서 생생한 희망으로 간주하지 않았다.

14　Gunkel의 서문을 보라. *Influence*, 1-2.

유대교 문헌을 통해 폭넓은 비판을 받았다.[15]

초창기 공동체에게 있어 성령은 본질적으로 노골적인 초자연적 능력이었다는 궁켈의 견해도 주목할 만한 문제점을 안고 있다. 첫째, 우리에게 주어진 모든 증거가 초창기 교회가 처음부터 성령은 신자들에게 보편적으로 부어지는 것이라고 주장했음을 보여주지만, 교회가 어떻게 모든 이들이 궁켈의 의미대로 성령의 은사를 받았다고 (관찰을 통해) 확신했는지 파악하기는 쉽지 않다. 과연 모든 이들이 정말로 노골적인 초자연적 능력을 나타냈는가? 둘째, 예수의 사역 안에 나타난 성령에 대한 미묘한 신학적 묘사(하나님 나라의 임재 등으로)와 초창기 교회의 성령론으로 간주되는 상당히 노골적인 개념 사이에는 적절하게 설명되지 않은 긴장이 존재한다. 그렇다면 예수에 관한 전승에 의한 성령론과 그 동일한 전승을 사용한 초창기 공동체의 성령론 사이에는 아무런 연결고리가 없었는가? 셋째, 궁켈이 초창기 공동체의 것으로 간주한 성령의 관점은 심지어 성령에 대한 가장 원시적인 이해를 적절하게 설명하기에는 **충분히 그리스도 중심적이지 않다**. 처음부터 성령은 부활하신 주님의 선물로 이해되었고, 그의 통치가 확대되는 것을 위해 주어졌다.[16] 넷째, 초기 교회의 복음서 전승은 예수의 제자들을 그의 사명에 동참할 뿐만 아니라, 십자가 사건 **이전**에 그의 능력을 공유하는 자들로 보았다(막 6:7과 병행 본문; 눅 9:54; 10:1-

---

15 랍비 유대교를 제시한 경우로는 F. Büchsel, *Der Geist Gottes im Neuen Testment* (Gütersloh: Bertelsmann, 1926, 그에 대해서는 아래를 보라); W. D. Davies, *Paul and Rabbinic Judaism* (London: SPCK, 3rd edn, 1970), 8장을 보라. 구약과 보다 더 일반적인 유대교를 제시한 경우로는 J. Vos, *Traditionsgeschichtliche Untersuchungen zur paulinischen Pneumatologie* (Assen: Van Gorcum, 1973); J. -J. Suurmond, *The Ethical Influence of the Spirit of God: An Exegetical and Theological Study with Special Reference to 1 Corinthians, Romans 7.14-8.30, and the Johannine Literature* (PhD dissertation, Fuller Theological Seminary, 1983)을 보라. Menzies (*Development*, 3-5장과 12-13장)는 비록 Suurmond의 논제를 간과한 것처럼 보이지만, Gunkel의 견해를 재확립하기를 시도했다.

16 A. J. Hultgren, *Christ and his Benefits* (Philadelphia: Fortress Press, 1987), 31-36.

12, 17-20). 그렇다면 왜 (만약 궁켈이 옳고, 초창기 공동체가 성령을 단지 노골적인 능력으로 간주했다면) 이러한 전승을 사용한 그 동일한 공동체는 성령의 선물 수령 기점(*terminus a quo*)을 십자가와 부활 사건 이후로 삼았을까?[17] 다섯째, 가장 중요하게도 궁켈의 출발점은 근본적으로 잘못되었다. 초창기 공동체는 유대교 공동체였고, 중간기 유대교는 달리 말로 표현할 수 없는 초자연적인 능력을 설명하기 위해 성령이라는 용어를 사용하지 않았다. 오직 특정한 유형의 사건만—주로 "예언의 영"의 발현으로 간주될 수 있는 것, 곧 계시와 지혜와 은사적 발언—성령의 역사로 간주되었다. 다른 유형의 기적은 (늘 그런 것은 아니지만) 일반적으로 천사, 하나님의 손, "능력" 등에 의한 것으로 간주되었다. 일단 이 사실이 인정되면 유대교의 성령 개념과 복음서에 나타나 있는 성령 개념과 사도행전에 서술되어 있는 초창기 교회의 성령 개념 간의 연결고리를 볼 수 있다. 궁켈의 잘못된 출발점이 여러 세대의 학자들로 하여금 이 사실을 간과하도록 만들었다.

구체적으로 누가의 성령 신학과 초기 교회 성령론의 관계에 대한 우리의 연구와 관련하여 우리는 방법론적으로 궁켈의 연구에서 명백하게 드러나는 문제점에 주목할 필요가 있다. 기본적으로 그는 마치 사도행전이 단순히 성령에 대한 초창기 교회의 관점을 모아놓은 보고(寶庫)인 것처럼 여겼고, 누가의 관심사가 무엇인지 진지하게 밝히려는 시도를 전혀 하지 않았다. 사도행전이 역사적 전승을 반영한다는 데 확신감이 적었던 후대의 학자들은 사도행전의 경험적 측면에 대한 생생한 묘사를 단순히 원시 교회 안에서 나타난 성령의 특성만큼 또는 그 이상으로 누가의 관심사로[18] 돌리는 경향이 있었는데, 이는 그리 놀랄 만한 일이 아니다.

---

17 우리는 Gunkel (*Influence*, 71)이 일컫듯이 "탁월한" 영적인 인물 예수가 Gunkel이 성령의 사역의 가장 특징적인 표현이라고 간주한 것, 곧 방언을 입증하지 않은 문제에 대해서도 주목할 수 있다.

18 따라서 (예를 들어) 아래 저서에서 인용한 Lampe, Schweizer, Parratt, Dunn, Kremer, Haya-Prats 등을 보라.

성령에 대한 초기 교회의 일반적 개념(들)을 설명하면서 궁켈은 어쩌면 경험적인 측면을 적절하게 강조했고, 자신의 논제를 설명하기 위해 유대교 및 그리스 (이교도) 문헌을 적절히 사용했다. 하지만 그는 자신이 서술하는 그 경험에 대한 **종교사적** 배경에 관해 의문을 제기하지 않았다. 1919년과 1921년에는 한스 라이제강(Hans Leisegang)이 집필한 두 권의 책이 출간되었는데, 사실 이 두 책은 단 하나의 논제, 즉 대부분의 성령 관련 자료는 유대교와 성령의 만남이 아니라 전적으로 헬레니즘과 **프뉴마**의 만남을 반영한다는 것을 주장한다. 이제 이 가설을 자세히 살펴보자.

1.2. 라이제강: 이교도 예언주의의 영

부세(W. Bousset)는 1910년에 바울이 자신의 성령론을 개발하는 데 헬레니즘적인 모티프에 빚졌다는 궁켈의 논제를 발전시켰고,[19] 라이첸슈타인(R. Reitzenstein)은 1913년에 이르러 자신의 탁월한 연구서인 『헬레니즘적 신비종교』(*Die hellenistischen Mysterienreligionen*)에서 헬레니즘 종교에서 신적 존재와의 신비스런 조우가 차지하는 중요성을 지적했다. 그의 첫 번째 단행본인 『성령: 그리스인들의 철학과 종교에서 신비적·직감적 지식의 본질과 의도』(*Der Heilige Geist: Das Wesen und Werden der Mystisch-Intuitiven Erkenntnis in der Philosophie und Religion der Griechen*, 1919)에서 라이제강은 이러한 경험에서 프뉴마가 담당하는 역할을 분석했다. 이 책은 주로 필론, 특히 그의 πνεῦμα προφητικόν("예언의 영") 개념을 집중적으로 연구했다. 이 책은 필론이 고대 그리스의 영 개념과 교회 안에서 발견된 영 개념을 잇는 다리역할을 제공했다는 종교사학파의 가설의 테스트 케이스가 되었다. 이 책

19　특별히 *Kyrios Christos* (New York: Abingdon, 1970), 181-99을 보라. Bousset는 고전적 그리스 사상이 아닌 혼합주의적 헬레니즘에서 바울의 **프뉴마** 교리에 가장 가까운 유비들을 발견했다.

은 "성령에 관한 가르침의 기원은 그리스적인가, 아니면 셈적인가?"[20]라는 보다 일반적인 질문에 답하는 데 도움을 주었다. 필론의 입장과 관련하여 라이제강이 내린 결론은 그가 헬레니즘에 팔렸다는 것이었다. 이 책이 여전히 출판 중에 있다는 사실은 이 연구의 중요성(과 면밀함)을 대변해 준다.[21]

하지만 우리 연구와 보다 더 직접적으로 연관되어 있는 것은 라이제강의 두 번째 저서인 『성령: 그리스 신비주의에 나타난 공관복음의 영의 개념의 기원』(Pneuma Hagion: Der Ursprung des Geistesbegriffs der synoptischen Evangelien aus der griechischen Mystik, 1922)이다. 이 책은 그의 초기 연구의 통찰을 공관복음의 성령 자료의 기원에 적용시켰다. 라이제강은 복음서 전승들이 순전히 유대교적(그리고 그 전승 속에서 헬레니즘적인 자취를 발견하는 것은 "ist...der Gipfel der ἀνιστορησία"[22])이라는 노르덴(E. Norden)과 하르나크(A. Harnack)의 일방적인 주장에 맞서 예수의 삶과 가르침에 나타난, 성령과 관련된 모든 자료는 후대의 것이며, 구체적으로 헬레니즘[23]의 신비주의로부터 유래했다는 반론을 제기했다.

그가 누가 문헌에 나타난 성령에 관해 서술한 네 가지 예는 그의 논제의 기발함(그리고 그 논제의 천재성에 대한 암시)을 충분히 보여준다.

---

20   *Geist*, 4.

21   하지만 필론의 프뉴마에 대한 라이제강의 이해에 대한 비평은 H. von Baer, *Der Heilige Geist in den Lukasschriften* (Stuttgart: Kohlhammer, 1926), 27, n. 18; G. Verbeke, *L'Evolution de la doctrine du pneuma du stoicisme à S. Augustin* (Paris: Brower, 1945), 236-60; M. E. Isaacs, *The Concept of Spirit* (London: Heythrop Monographs, 1976), 28, 29, 54-58, 60-61, 141-42을 보라.

22   "비역사성의 절정이다." E. Norden, *Agnostos Theos* (Stuttgart: Teubner, 1956), 112.

23   *Pneuma*, 5 and *passim*. M. Hengel의 논제(즉 헬레니즘은 팔레스타인 안팎에서 심지어 기독교 시대 이전부터 유대교 전역에 만연해 있었다는 것에 관해서는 *Judaism and Hellenism* [London: SCM Press, 1974]을 보라)가 상당히 보편적으로 받아들여진 이후에는 이 논의의 대부분은 자연스레 시대에 뒤떨어져 보인다; 참조. I. H. Marshall, "Palestinian and Hellenistic Christianity: Some Critical Comments," *NTS* 19 (1973), 271-87.

1. 그는 누가의 **성령에 의한 처녀 잉태** 기사(눅 1:32-35)는 본질적으로 그리스 점술주의로부터 유래한 것이라고 주장한다(*Pneuma*, 14-71). 이 기사는 델포이의 여예언자들이 πνεῦμα가 나타나기로 되어 있던 삼각의 오목한 자리에 앉아 있다가 영을 받는 고전적 묘사와 병행을 이룬다.[24] 라이제강은 델포이의 여예언자들은 **자궁** 안에서 이 "영"을 받았다고 보았고, 그는 누가복음의 "병행" 이야기에서 이러한 결합이 단순히 예언이 아니라 한 **아이**를 낳은 것으로 이해했다. 그는 이것이 이례적인 것임을 인정하지만, 부분적으로 예언자-신(예. 디오니소스와 브란코스)의 탄생 신화에서, 그리고 또 부분적으로 (라이제강이 필론의 글에서 발견한 것처럼) 로고스와 영혼의 신비적인 만남과 결실에 대한 오해에서 말씀을 낳는 것과 아이를 낳는 것을 잇는 다리를 연결고리를 찾고자 노력했다.[25]

2. 라이제강은 **예수의 요단강 경험**에 관한 복음서 전승은 예수의 처녀 잉태와 본유적으로 유사하다고 주장한다. 이것은 역사의 한 단계에서 예수의 영혼의 신비적인 탄생에 대한 일종의 알레고리적 묘사였으며, 비둘기는 천상에서 남성의 원리와 여성의 원리의 결합으로 산출된 여성의 원리 또는 영적 예수를 표상했다.[26] 누가는 예수를 πλήρης πνεύματος(성령으로 충만함)로 언급함으로써 예언의 영을 "열정"의 영으로 간주하는 헬레니즘적 개념과 동일 선상에 놓았다(93).

3. 누가는 "성령을 거스르는 죄"에 대한 말씀을 바알세불 논쟁의 원

---

24 참조. Diodorus 16.26에 나오는 묘사들; Strabo, *Geography* 9.3.5; Plutarch, *De Defectu Oraculorum* 432-35. 하지만 이들은 결코 유사한 병행 본문이라고 하기 어렵다. Verbeke, *Evolution*, 260-87; P. Amandry, *La Mantique Apollinienne à Delphes* (Paris: Boccard, 1950), 215-30; Crone, *Prophecy*, 26-35을 보라.

25 처녀 잉태 개념에 관한 라이제강의 견해에 대한 심도 있는 비평은 J. G. Machen, *The Virgin Birth of Christ* (London: Marshall, 1930), 360-70을 보라.

26 *Pneuma*, 80-95. 전자는 히브리인들의 복음서(*Gospel according to the Hebrews*)와 도마행전(*Acts of Thomas*)에 나타나 있는 것으로 추정된다. 그러나 이에 대한 아주 적절한 평가는 C. K. Barrett, *The Holy Spirit and the Gospel Tradition* (London: SPCK, 2nd edn. 1966), 37을 보라.

문맥에서 분리시키고, 박해를 받는 상황에서도 예수를 증언하는 문맥에 배치시켰다. 누가는 이 본문을 이 문맥에 배치시키면서 "성령에 대한 모독" 본문(12:10-11)을 제자의 증언을 돕기 위한 예언자적 성령을 거부하는 것으로 해석했다(12:12).[27] 라이제강에 의하면 이러한 가르침은 오직 성령과 성령으로 말하는 것이 새 종교에 있어 가장 중요한 요소인 공동체 안에서만 가능하며, 이는 오직 헬레니즘적 공동체에서만 가능하다(109).

4. 제자들에게 주어진 성령의 선물에 관한 전승에서 핵심적인 것은 바로 성령을 주로 예언과 방언, 곧 기적적인 발언을 하는 능력으로 보는 견해다(112-23). 방언 현상에 관한 적절한 구약 배경이 없기에 이 현상은 예를 들면 그리스 예언주의의 γλῶττα βακχεῖα("바쿠스 방언")로부터 유래된 것이라고 할 수 있다.[28] 따라서 누가가 제공하는 오순절 기사는 유대교의 시내산 전승과 (요엘의 지상 표적 약속[행 2:19의 불]과 세례 요한의 불세례 전승에 대한) 기독교의 반추와 (누가가 수정했다고 알려져 있는 것의 본질[29]과 거센 바람 소리를 동반한 성령의 출현을 나타내는[30] 방언에 대한 언급에 있어) 접술적 예언주의의 혼합물로 이해되어야 한다.

---

27   *Pneuma*, 96-111.

28   참조. Aristophanes, *Ranae* 357; Diodorus 4.66; Plutarch, *De Pythiae Oraculis* 406. 또한 Leisegang, *Pneuma*, 118ff도 보라. Leisegang은 방언을 그리스 제단에서 주어지는(그리고 "예언자들"이 해석해야 할 임무가 있었던, 예. Plato, *Phaedrus* 244-45) 신탁이나 또는 디오니소스의 "열정"(*enthysiamos*)의 결과와 같은 이해 불가능한 언어로 간주한다. 그러나 방언 현상은 Leisegang이 생각한 것보다 더 평가하기 어렵다. J. D. G. Dunn, *Jesus and the Spirit* (London: SCM Press, 1975), 148-52, 242-44, 304-305의 신중한 평가와도 비교하라. 또한 Turner, "Luke and the Spirit," 132-33, 256-57도 보라.

29   이것은 방언을 본질적으로 이해 불가능한 것으로 보는 Leisegang의 견해, 즉 오순절 이야기의 자료들을 재구성하는 (Leisegang을 포함하여) 다양한 시도를 위한 초석을 제공했던 견해를 따른다. 방언이 누가에 의해 오해되었다는 전제에 대한 초기 비평에 관해서는 K. L. Schmidt, *Die Pfingsterzählung und das Pfingstereignis* (Leipzig: Hinrichs, 1919)을 보라. 오순절 기사 이면의 자료들의 재구성에 대한 난점과 관련해서는 N. Adler, *Das Erste Christliche Pfingstfest* (Münster: Aschendorff, 1938). 30-46을 보라. 이러한 이론들은 이 본문의 언어적 통일성을 파괴한다.

30   *Pneuma*, 130ff; 참조. *Geist*, 51, 227.

라이제강의 두 번째 단행본은 상대적으로 학계에 영구적으로 기여할 만한 가치가 거의 없다. 역사적으로 이 책의 가장 큰 공헌은 주로 그를 반박하기 위한 연구를 자극하는 것뿐이었다. 그럼에도 이 책은 누가 문헌에 나타난 성령의 본질을 πνεῦμα προφητικόν(예언의 영)으로 보는 데 관심을 집중시켰고,[31] 이 개념에 중요한 배경이 무엇인지를 묻는 **종교사학적**(*religionsgeschichtlich*) 질문을 예리하게 제기한다(비록 만족할 만하게 답변을 제시하지는 못하지만 말이다).

2. 종교사학파에 대한 반응

1926년에는 성령에 관해 괄목할 만한 책 두 권이 출판되었는데, 두 책 모두 궁켈과 라이제강을 강도 높게 비판했다. 프리드리히 뷔히젤(F. Büchsel)의 백과사전적인 『신약에 나타난 하나님의 영』(*Der Geist Gottes im Neuen Testament*)과[32] 한스 폰 베어(H. von Baer)의 『누가 문헌에 나타난 성령』(*Der*

---

[31] 그러나 Leisegang이 기독교의 성령 받음과 관련하여 병행을 이룬다고 보는 자료들은 상당히 부적절하다는 점을 지적할 필요가 있다. 스트라보와 플루타르코스가 묘사한 점술적 πνεῦμα는 특별한 장소와 조건에 한정된 물질이며, 오직 그러한 특별한 경우에서만 활동한다. 플루타르코스(*De Defectu Oraculorm* 40, 432)에게 있어 영의 영향은 순전히 생리학적인 것이며, 포도주가 영혼을 흥분시키는 것과 미래에 대한 동물적 직감과 비교된다. πνεῦμα는 환상/신탁을 부여하지 않는다. 사실 플루타르크는 그의 이론이 영감을 단순히 심리학적 또는 생리학적 현상으로 축소시킨다는 비난에 맞서 자신을 변호해야만 했다. 이를 위해 그는 자신의 대변인인 람프리아스가 πνεῦμα는 신적 도구인 반면, 영감의 작용인(efficient cause)은 (1) 신적인 유출을 생산하는 땅이며, (2) 땅이 그러한 일을 하도록 만드는 신적인 태양이며, (3) 그 진행을 억제하는 귀신들이라고 주장하도록 만든다(*De Defectu Oraculorum* 48, 436).
Verbeke는 이 문제를 올바르게 요약한다. "예언의 객관적인 조건은…스토아 학파가 주창한 우주의 보편적인 공감이다(*Evolution*, 273). 플루타르코스는 단순히 이것을 플라톤주의와 융합시킨다; 참조. Amandry, *Mantique*, 216-23. Gunkel (*Influence*, 47)은 이 πνεῦμα προφητικόν의 핵심 개념이 유대교적 배경에 있음을 강조했다.

[32] Gütersloh: Bertelsmann, 1926.

Heilige Geist in den Lukasschriften)이 바로 그것이다. 후자는 지금까지도 본 주제에 관해 가장 중요한 단행본 중 하나로 남아 있다.

2.1. 프리드리히 뷔히젤: 하나님의 아들 됨으로서의 성령

본 연구에 대한 뷔히젤의 주된 공헌은 예수의 종교적 경험과 원시 교회 및 바울 교회의 종교적 경험 간의 간격을 좁히려는 시도에서 찾아볼 수 있다. 이것은 곧 플라이더러와 궁켈과 부세의 입장을 거부하는 것이다. 뷔히젤은 먼저 성령 세례에 대한 세례 요한의 약속은 성령이 단순히 기적을 일으키는 능력이 아니라 구약에 약속된 새로운 삶과 하나님과의 교제를 가능케 하는 윤리적인 능력을 전제하는 것으로 이해한다. 예수는 첫 번째 성령의 사람(*Pneumatiker*)이었으며, 그는 그의 요단강 경험을 통해 이러한 사람이 되었다(물론 뷔히젤은 이로써 성령에 의한 처녀 잉태를 부인하고 싶지는 않았지만 말이다).[33] 그럼에도 이제 성령은 예수의 사역의 모든 측면에 침투한다. 즉 성령 부여 받음이 예수를 예수답게 만든 것이다.[34] 그의 기적을 일으키는 능력과 가르침의 권세는 모두 성령에 의한 것이다.[35] 그러나 예수는 마술사와 θεῖος ἄνθρωπος("신적 인간")와는 확연하게 구분되어야 하는데, 이는 그의 성령 경험 중심에 아버지와 사랑으로 하나라는 인식—다시 말해 그의 "아들 됨"—이 자리 잡고 있기 때문이다.[36] 그의 성령 부여 받음은 곧 그의 아들 됨, 그의 아버지와의 교제, 그의 하나님의 사랑 소유를 말한다.[37] 모든 기적, 유혹 중에서도 순종, 하나님 나라의 현현,

---

33 *Geist*, 10장은 주로 동정녀 탄생 이야기를 헬레니즘적 기원으로 보는 Reisegang의 견해에 대한 비평이다.

34 "세 복음서 저자 모두에게 있어 예수의 능력은 역사 속에서 발생했던 세례를 통한 성령의 은사다"(*Geist*, 150; 참조. 223).

35 *Geist*, 170-71, 177-78.

36 *Geist*, 174, 226.

37 *Geist*, 165, 168.

십자가를 직면하려는 결심 등은 모두 바로 이로부터 나온다. 그는 하나님의 대리인이 아닌, 그의 아들로서 통치할 것이다(214). 요단강 경험은 "아들 됨"에 대한 예수의 인식에 있어 일종의 가장 결정적인 사건이었다. 오직 그 아들 됨에 대한 인식이 현재의 수준에 이르렀을 때에야 비로소 그것은(그 인식은) 그의 사역의 원동력이 될 수 있었다.[38] 여기에 바로 예수와 바울을 이어주는 연결고리가 있다. 즉 성령은 아들 됨의 영이다. 그러나 예수의 제자들은 오직 그와의 관계를 통해서만 성령을 받는 반면, 예수는 하나님께로부터 직접 성령을 받았다는 독특성을 지니고 있다(264).

뷔히젤이 부활 이후의 초창기 공동체의 성령론을 재구성할 때(주로 사도행전을 통해 진행되지만, 언제나 바울 서신들과 비교하면서) 그의 설명은 때때로 실망스러우리만큼 빈약하다(228-66). 역사적으로 볼 때 그의 가장 탁월한 제안은 "오순절"(그리고 특히 이와 연관된 황홀한 현상들)이 **어떤 의미에서는 성령을 이미 받은 제자들 가운데 나타난 부활의 기쁨에 대한 영적 반향**이었다는 것이다. 그들의 경험은 그 이후 전염병처럼 널리 퍼져나갔다(236-38). 따라서 뷔히젤에게 있어 오순절은, 누가가 제안하듯이, 성령을 받지 못한 이들에게 임한 성령 "난입" 사건이 아니었다. 그러나 뷔히젤의 제안은 성령의 경험이 그의 아들 됨과 하나님과의 교제 경험이라는 자신의 견해를 단순히 반영하는 것일지도 모른다. 그는 이 두 경험이 예수의 사역 가운데 부활 이전이 아니라면 적어도 부활 이후에 경험된 것으로 간주한다.

뷔히젤은 계속해서 성령에 대한 초기 증거는 보편적이었으며,[39] 비록 그것이 강렬하고 황홀한 요소들(방언과 같이)을 포함하고 있었지만, 경멸적

---

38   *Geist*, 219ff. Büchsel은 세례 경험은 단순히 메시아 사역을 시작하는 표시도 아니었고, 단순히 그러한 사역을 하게 하는 능력을 받는 것도 아니었다고 주장한다. 가장 근본적인 변화는 "아들 됨"에 대한 예수의 인식을 가능케 하는 새로운 원동력에서 나타났다(*Geist*, 223-24).

39   특히, *Geist*, 228-29.

인 의미에서 대체적으로 "열광적"이지는 않았다고 주장한다. 이러한 주장은 누가가 묘사한 방언과 예언이 단순히 보다 더 깊은 수준에서 성령의 표증이었다는 오순절에 관한 뷔히젤의 견해를 따른 것이다. 이러한 현상들을 성령의 본질 또는 성령의 특성으로 삼는 것은 "성령의 거품을 성령의 홍수"와 혼동하는 것이다!(262) 구약은 성령을 통한 종교적 갱생을 기대하고 있었고, 이것이 누가가 사도행전의 요약 본문을 통해, 그리고 (예를 들어) 스데반을 "성령과 지혜로 충만한"(6:10) 자로, 또는 "믿음과 성령이 충만한"(6:5) 자로 묘사하는 것을 통해 말하려고 했던 것이다.[40] 라이제강과는 대조적으로, 우리는 우리가 누가의 글에서 발견하는 성령 모티프들을 설명하기 위해 유대교-기독교 배경에서 벗어날 필요가 결코 없다(253).

뷔히젤이 예수의 경험으로 간주한 것이 무엇이었는지, 그리고 이것이 **바울의** 신학에 대한 그의 이해와 직접적으로 관련이 있다는 점은 분명하다. 그는 또한 초창기 공동체가 하나님의 자녀로서 성령을 하나님과 교제하도록 만드는 능력으로 생각했다고 믿었다. 비록 그가 이러한 "아들됨"이 (아마도 예수의 사역 가운데) 언제 시작되었다고 간주했는지 결코 명확하지는 않지만 말이다. 이와는 대조적으로 그는 언제 **누가가** 성령이 제자들에게 임했다고 생각했는지(오순절!)를 정확히 알고 있지만, 그는 그 결과로 누가가 그 성령의 도래를 어떻게 받아들였는지에 대해서는 확신이 없어 보인다. 설령 그가 누가에게 있어 성령을 받는 것이 사도행전 2:17-21에서 베드로가 인용한 요엘의 예언보다 더 많은 의미를 담고 있다고 강하게 주장한다 하더라도 말이다. 뷔히젤과, 그를 지지하는 모든 이에게 제기되는 문제점은 바로 이러한 주장이 얼마나 더, 그리고 어떤 근거에서 정당화될 수 있느냐는 데에 있다.

---

40   *Geist*, 254-55.

2.2. 한스 폰 베어: 종말론적 아들 됨과 선교를 위한 능력부여로서의 성령

폰 베어의 단행본은 뷔히젤이 제기한 것보다 궁켈과 라이제강이 제기한 질문에 보다 직접적으로, 그리고 더 명시적으로 관심을 보였다. 방법론적으로 그의 논제는 **누가의** 성령론을 명확히 밝히고자 하는 그의 **의도와** 이 임무를 능숙하게 실행할 수 있는 그의 능력에 있어 현대의 편집비평에서 주목할 만하고 확실한 선구자 역할을 담당했다.[41] 하지만 우리의 관심은 우선 그가 발견한 것과 누가가 말하고자 한 성령의 은사에 대한 우리의 이해에 그가 기여한 것이 무엇인지를 밝히는 것이다.[42]

폰 베어는 처음부터 성령 자료가 상당히 미묘한 차이를 나타내고 있음을 인식하고 있었지만, 그는 우리가 신약의 다양한 **프뉴마** 개념을 결코 이방 종교의 영향으로 설명할 필요는 없다고 설명했다. 이러한 다양성에도 불구하고 신약의 **프뉴마** 자료는 통일성을 유지할 뿐 아니라, 이방 세계의 "영" 개념과는 확연히 구분되었다(*Geist*, 4). 폰 베어는 누가-행전에서 이 사실을 입증하기 위해 부세나 궁켈과는 대조적으로, 오순절 이후 제자들이 받은 성령은 본질적으로 예수가 받은 성령과 (기능적으로) 동일했다는 점(따라서 그 자료의 단일성을 입증함)과 어떤 면에서 그 성령이 **예수의 종교적·윤리적인 삶을 중재했는지**를 보여주어야만 했다. 궁켈에 대한 답변을 제시하고자 했다면, 단순히 성령이 예수와 그의 제자들에게 모두 임했던 능력이었음을 보여주는 것만으로는 충분하지 않았다.[43] 그는 또한

---

41 Hans Conzelmann, *The Theology of Saint Luke* (London: Faber, 1960)이 특히 중요한 요점에서 그들의 이론의 유사함으로 인해 이것을 언급하지 않은 것은 놀라운 일이다. Baer에 관한 각주는 다섯 개밖에 없고(색인에는 일곱 개이지만, 사실 두 개는 Bauer에 관한 것임!), 그중에서도 단지 두 개만이 그들의 저작 간의 실제적 병행에 대한 힌트를 제공할 뿐이다. *Theology*, 150, n. 1, 209, n. 1.

42 아래 내용은 이미 나의 "Jesus and the Spirit in Lucan Perspective," *TynB* 32 (1981), 3–42에 간략한 형태로 출판되었던 것이다.

43 *Geist*, 16–20, 184–92.

라이제강에 효율적으로 반론을 제기하기 위해 개별적인 성령 모티프들이 유대교 배경으로부터 유래했음을 보여주어야 했고, 가능하다면, 예수의 성령과 제자들의 성령을 잇는 연결고리가 근본적으로 헬레니즘이 아닌 유대교 자료로 이루어졌음을 보여주어야만 했다.

이러한 작업을 수행하기 위해 폰 베어는 메이어(E. Meyer)가 지적한 점, 곧 **누가는 구원 역사에 대해 특별한 관심을 갖고 있었다**는 점을 발전시켰다(43). 폰 베어는 누가가 성령을 그 무엇보다도 우선 **구속사의 원동력**으로 묘사했음을 입증하고자 했다. 여기에는 분명히 유대교로부터 유래한 **프뉴마** 자료와 일치하는 단일 주제가 있었다. 따라서 폰 베어에 의하면 누가는 뚜렷한 세 시대를 인식하고 있었다. 이 가운데 누가는 첫 번째 시대에서 (자료를 따라) 세례 요한을 포함한 다수의 인물을 예언의 영을 부여받고 메시아의 도래를 준비하는 이스라엘의 시대를 대표하는 인물로 묘사한다. 성령에 의한 예수의 처녀 잉태 및 세례로 우리는 "하나님의 영이 이 세상에 하나님의 아들의 본질('als Wesen des Gottessohnes', 61)을 드러낸" 새로운 시대를 맞이하게 되었다. 폰 베어는 예수의 성령 세례 경험이 세례 요한의 약속(3:16)에 대한 응답이며, 따라서 누가는 의도적으로 요단강 경험을 오순절과 (폰 베어에 의하면 동일한 약속의 성취인) 기독교 세례와 일치시켰다고 생각한다.[44] 새 언약을 가리키는 비둘기는 요단강에서 그에게 내려오고, 이것은 요한의 세례를 기독교적 세례로 변화시킨다(157-67). 더 나아가 예수는 제자들처럼 능력을 부어주시는 성령을 덧입는다.[45] 누가복음 4:18은 그 위에 임한 통치 능력과 메시아로 임명되는 모습을 언급하는데(65), 예수는 제자들처럼(눅 11:13; 행 1:14 등) 그 능력을 받기 위해 기도해야만 했다(눅 3:21).[46] 누가복음의 주제는 이 성령이 아

---

44   *Geist*, 65ff.

45   *Geist*, 61ff, 164ff.

46   *Geist*, 18, 34, 61.

들 안에서 역사하는 것(복음 선포에 능력을 부어주고, 어둠의 권세를 물리치며, 하나님 나라를 여는 역사)이고,[47] 사도행전의 주제는 로마로 향하는 "오순절의" 성령의 영광스런 행진을 묘사하는 것이다.

하지만 이것들은 완전히 분리된 두 시대이며, 따라서 누가는 제자들이 오순절 이전에 이미 성령에 동참했다는 암시(예. 눅 10:19-20)를 모두 제거해야만 했다.[48] 더 나아가 누가는 이 두 시대를 두 가지 방식으로 규정한다. 첫째, 그는 누가복음 12:10-12에서 성령을 거스른 죄를 (장차) 미래에 받게 될 성령의 선물로 볼 수 있도록 만들고, 이것을 예수의 사역 기간에 인자에 대한 모독과 대비시킨다.[49] 둘째, 그는 예수의 승천과 오순절 사이에 "성령 활동의 공백 기간"을 만들어낸다(79). 이 기간 동안 성령은 더 이상 지상에 나타나지 않는데, 이는 제자들이 유다의 후임자를 선출하기 위해 제비를 뽑아야만 했던 사실에 의해서도 분명하게 드러난다(행 1:12-26).[50]

오순절은 예수의 승천에 대한 결정적인 증거였으며, (누가에 따르면) 특별한 종류의 방언과 함께 도래한 새로운 시대의 출발을 알렸다(90). 이로써 세 번째 시대인 "성령의 구원 시대"(Heilsepoche des Geistes)가 시작되었다(93). 예수는 성령의 은사를 통해 메시아로 입증되셨고, 이제 그 성령은 예수의 사역을 계속 이어나가신다. 그리스도인들은 성령을[51] 주로 도덕적 갱생을 위한 능력으로서가 아닌,[52] 예수의 주 되심에 대한 내적

---

47   *Geist*, 특히 69-73, 그리고 눅 11:20에 관해서는 132-36.

48   *Geist*, 71-73, 132ff.

49   *Geist*, 75ff, 137-44. 이에 대한 반대 의견으로는 Marshall, 517-18; Fitzmyer, 962-66 을 보라.

50   *Geist*, 83.

51   Gunkel과 함께 von Baer는 누가 문헌에서 성령 받음은 교리에 대한 묵인의 문제가 아니라(*Geist*, 99), 즉각적이며 활기찬 경험의 문제라고 주장한다(4, 174, 179).

52   *Geist*, 95-98. 비록 성령의 임재가 부활하신 주님과의 연합과 용맹, 기쁨, 그리고 "주님을 두려워하는 마음"으로 이끌지만 말이다(187-90).

확신과 증언과 선포를 위한 원동력으로서 경험한다.[53] 따라서 πνεῦμα와 εὐαγγελίζεσθαι("복음을 선포하다")는 각각 원인과 결과로서 누가신학의 기본 구조에 속하고, 그의 두 책의 고정된 관념(idée fixe)을 제공한다.[54]

그렇다면 누가는 주로 (내적인 도덕적 갱생이 아닌) 구원 역사와 하나님 나라 수립에 관심을 둔다(108). 각 시대에 하나님의 구원 계획을 실행에 옮긴 능력은 다름 아닌 성령이다(109). 자신의 논제를 관철시키기 위해 폰 베어가 다른 이들보다 예수를 최초의 그리스도인으로 묘사하려는 경향을 보인 것은 분명하지만, 그럼에도 그는 각 시대마다 성령이 서로 약간 다른 방식으로 자신을 드러내셨음을 지적하는 신중함을 보였다.[55] 그러나 그는 이러한 차이점을 면밀히 탐구하지 않았고,[56] 오히려 그 차이점을 경시했는데, 이는 널리 받아들여지고 있던 그의 논제의 본질과 대치되었기 때문이다.

폰 베어의 많은 탁월한 통찰에도 불구하고 성령을 받는 것에 대한 그의 이해에 대해 몇 가지 중요한 질문이 제기되었다. 만일 예수가 성령에 의한 처녀 잉태에 의해 하나님의 아들이 되었고, 따라서 폰 베어가 주장하듯이, 세례 요한처럼(눅 1:80, Geist, 49) 성령 안에서 성장할 수 없었다면, 그의 요단강 경험은 메시아로서 능력을 부여받은 것일 수밖에 없다(61–65). 그렇다면, 우리는 어떻게 제자들이 **기능적으로** 예수 위에 계셨던 동

---

53   *Geist*, 98ff.

54   *Geist*, 2, and *passim*.

55   "예수의 본질에 있어…그는 예언자의 영의 마지막 소유자로 존재하기 때문에 성령은 다른 방식으로 관련된다. 또한 지상의 예수는 성령을 그의 제자들에게 직접 보낸 것이 아니라 하늘의 완전히 새로운 선물인 아들의 영으로 보내는데, 이는 사도들에게 부어지는 오순절 영이다"(*Geist*, 111; 참조. 4, 45, 103).

56   실제적으로 폰 베어가 구분 지은 것은 **첫 번째** 시대의 성령과 **세 번째** 시대의 성령이었으며, 이는 후자의 경우 성령이 예수의 영 — 즉 단순히 부활하신 그리스도의 영이 아니라 나사렛 예수에게 임했던 영 — 이었다는 사실에 있다(*Geist*, 42, 170ff.). 이러한 구분을 짓는 데 있어 베어는 이와 동시에 두 번째 시대의 성령을 (기능적으로) 세 번째 시대의 성령과 동일시한다.

일한 성령을 받았다고 말할 수 있을까? 한편으로 메시아 임무를 위한 헌신은 확실히 성령의 **독특한** 경험이다. 다른 한편으로는 비록 우리가 초기 교회의 경험과 예수의 능력 받음의 유사성을 수용한다 할지라도, 이것은 또 다른 난점을 만들어낼 뿐이다. 이것은, 예수의 경우도 마찬가지로, 사도행전에서 성령을 받는 것이 기본적으로 예수를 선포하고 증언하기 위한 능력의 부여임을 의미한다. 만일 이것이 사실이라면 폰 베어는 궁켈의 견해가 옳았음을 인정할 수밖에 없다. 즉 사도행전에서 묘사하는 공동체 안의 성령은 **그리스도인의 일상적인 경험에서 나타나는 내적 삶과는 별로 상관이 없다.** 그렇다면 우리는 왜 누가가 성령 받음을 (가설적으로) 분명한 신학적 연관성이 없어 보이는 회심 및 세례와 밀접하게 연관시켰는지 물어야만 한다.

폰 베어의 저서(또는 누가의 저서)에는 성령의 은사에 대한 전혀 다른 두 개념 간에 중요한 긴장이 존재한다. 성령은 과연 종말론적인 "삶"과 "아들 됨"의 근원으로 받는 것인가(예수의 세례 경험을 바울이 그리스도인들의 일반적인 회심/입문에 대해 말하는 것과 일치시키면서), 아니면 성령은 그리스도인의 사명을 위한 능력 부여로서 받는 것인가?(사도들의 오순절 경험과 미래의 모든 그리스도인이 세례 때에 맞볼 경험을 예수가 세례 때 성령으로 기름 부음을 받은 것과 일치시키면서) 성령을 단순히 하나님의 "생명" 혹은 "생명력"으로 보고(그 "생명"이 어떤 활동을 하도록 자극하든지 간에), 예수와 제자들은 비록 "동일한" 성령의 은사를 받았지만, **서로 다른 방식으로** 받았다고 결론 내림으로써 이 긴장을 해소하려는 시도는 전혀 도움이 되지 못한다. 이러한 입장에도 숨겨진 난점들이 없지 않을 뿐만 아니라(이와 관련해서는 아래에서 더 상세하게 논의할 것이다), 이러한 "해결책"은 궁켈에 대한 폰 베어의 전반적인 반론을 간과하는 것이며, 그의 주장을 진부하게 만들 위험성을 내포하고 있다. 폰 베어의 연구에 내포되어 있는 긴장은 진정한 것이며, 던(J. D. G. Dunn)과 아야-프라(G. Haya-Prats)는 이를 (상당히 다른 방식으로) 해결하고자 했다.

3. 플라이더러에서 폰 베어에 이르는 연구의 유산

궁켈과 폰 베어의 책을 다시 읽어보면 우리는 그들의 지속적인 영향력에 깊은 인상을 받는다. 궁켈의 글을 읽으면 우리가 더 이상 숨길 수 없는 질문들이 흘러나온다. 즉 원시 교회는 성령 **신학**을 갖고 있었는가?(아니면 "성령"은 단지 드라마틱한 초자연적 사건이나 은사에 대한 "설명"에 불과한 것인가?) 예수의 성령 이해와 초기 사도들의 성령 이해 사이에는 어떤 연관성이 있는가? 이러한 이해와 바울의 성령 신학 사이에 존재하는 연관성의 본질은(만약 그런 것이 있었다면) 어떤 것이었을까? 구약의 성령 개념들은 교회의 성령 이해의 발전에(만약 그런 것이 있었다면) 어떤 역할을 했으며, 윤리적 갱생과 관련된 개념들은 과연 초창기 교회의 사고에서 어떤 역할을 담당했을까? 이러한 질문에 의해 궁켈의 답변이 주로 부정적이었다는 사실은 이러한 질문을 더 예리하게 만들 뿐이다. 그리고 비록 그가 구체적으로 누가의 성령 신학에 거의 관심을 두지 않았다 하더라도, 그는 이러한 연구가 착수될 수밖에 없도록 그 사고의 틀을 제공했다.

종교사학파에 대한 반응 역시 커다란 유익을 가져다주었다. 가장 커다란 공헌을 하나만 꼽는다면 그것은 아마도 (라이제강에 반대하여) 누가 문헌에 나타난 성령 모티프들이 대부분 유대교에서 유래했으며, 구체적으로 그리스 신비주의나 점술적 예언에 거의 빚지고 있지 않다는 점을 보여준 것이리라. 이 결론은 우리가 라이제강이 제기한 질문들을 한쪽으로 제쳐두기에 충분하며, 이러한 판단은 이 질문에 대한 바레트(C. K. Barrett)의 독자적인 연구를 통해서도 확증된 것으로 보인다.[57] 그들 연구의 탁월성은 뷔히젤과 폰 베어가 향후 연구에 미친 괄목할 만한 영향력에서 잘 드러난다. 특히 폰 베어의 책은 여전히 누가의 성령론에 대한 기초 연구

57　Barrett, *Spirit*, 특히, 3-4, 10-14, 36-41.

로서 인정받고 있으며,[58] 그 이후에 등장한 다수의 저작은 그의 선구자적인 연구에 단지 약간의 수정과 변화를 가져다주었을 뿐이다.

하지만 폰 베어의 글은 또한 근본적인 질문들을 제기했다. 그중 가장 예리하게 제기된 질문은 바로 요단강에서 임한 성령과 오순절에 제자들에게 임한 성령의 관계에 관한 것이며, 여기에 수반되는 질문은 "성령의 은사는 **본질적으로** 종말론적인 아들 됨(과 윤리적 갱생?)의 능력인가, 아니면 **본질적으로** 복음을 증언하는 능력인가?"와 직결된다.

만약 어떤 해석자가 요단강 사건과 오순절 사건 간의 유사성을 강조하고, 전자를 예수가 메시아로서 기름부음 받은 것으로 받아들인다면, 그는 누가를 견진성사주의 진영에 속한 자로 간주하거나(N. Adler), 또는 더 가능성이 높은 고전적 오순절주의자로 간주할 것이다(약간 서로 다르지만, H. Ervin, H. D. Hunter, R. Stronstad, G. Haya-Prats, E. Schweizer, R. P. Menzies). 하지만 만약 누가가 이렇게 생각했다면 우리는 (궁켈처럼) 누가가 성령이 그리스도인의 일상적인 삶과 어떤 관계에 있다고 생각하는지 질문할 수 있다. 그리고 우리가 예수와 사도들, 또한 빌립과 스데반 같은 사람들이 이러한 은사를 받는 것을 이해할 수는 있어도, 왜 누가가 그 은사가 **모두**에게 주어진 약속이라고 생각했는지, 더 나아가 회심/입문 때에 **일반적으로** 주어져야 한다고 생각했는지(행 2:38-39) 의구심이 들 수밖에 없다.

사도행전에서 보여주는 성령과 회심의 밀접한 관계는 서로 전혀 다른 해석을 초래한다. 이것은 누가가 성령의 은사를 새로운 언약적 "삶"의 은사로, 그리고 (폰 베어가 주장했듯이) 우리가 "아들 됨"이라는 용어로 요약할 수 있는 제자도에 버금가는 은사로 보고 있음을 의미할 수 있다. 이 사실은 바울과 훨씬 더 친분이 있는 누가를 제시해주며, 그리스도인의 매일의 내적 삶과 직결되어 있는 성령의 은사를 보여준다. 하지만 여기에는 대가가 따른다. 왜냐하면 만일 우리가 오순절과 요단강의 유사성을 강

---

58   참조. Haya-Prats, *L'Esprit*, 15.

조하면, 예수의 성령 경험은 일차적으로 원형적인 제자도가 되고(J. D. G. Dunn), 성령을 선교를 위한 능력 부여로 보는 누가의 강조점(눅 24:49; 행 1:4-5, 8)은 쉽게 과소평가되기 때문이다(완전히 잊히지 않는다면). 그리고 우리가 성령의 은사와 새로운 언약적 삶으로 들어가는 것의 연관성에 집중하면 할수록 우리는 누가가 성령을 받는 것과 회심/입문(가장 대표적으로 행 8장의 경우)이 서로 **분리**되어 있는 듯 보이는 본문으로 인해 더 난처해질 수밖에 없다.

폰 베어의 분석은 그를 따르는 이들을 딜레마에 빠지게 만들었으며, 그 이후에 진행된 모든 연구는 이러한 불편한 입장으로부터 벗어나려는 시도를 하지 않으면 안 되었다. 다음 장에서는 이러한 문제점을 해결하려는(혹은 단순히 간과하려는) 몇몇 시도를 살펴보고, 이 문제점들이 직면하는 어려움에 대해 알아볼 것이다.

2장

성령의 은사의 기본 성격에 대한
다양한 설명

앞장에서 우리는 1926년에 발표된 폰 베어의 논문까지의 연구 성과를 간략히 개관했다. 그의 저작이 초래한 딜레마는—누가에게 있어 성령이 근본적으로 종말론적 아들 됨과 새로운 언약의 삶을 위한 능력이었든지, 아니면 오히려 근본적으로 선교를 위한 능력부여이었든지 간에—향후 누가의 성령 이해에 대한 다양한 해석을 내놓는 계기가 되었다. 우리는 다른 곳에서[1] 이 주제에 관한 학자들의 공헌을 연대기 순으로, 그리고 보다 상세하게 검토한 바 있기에, 여기서는 (본 주제의 전문가들이 내놓은) 다른 유형의 해결책과 그들이 제기한 중요한 질문들, 그리고 그들이 직면한 문제점들을 살펴보려고 한다.

우리는 먼저 얼핏 보면 이 딜레마에 대한 해결책을 제시하는 듯 보이는 전통적인 견해를 검토하는 것으로부터 시작할 것이다(§1). 이 견해는 제자들이 오순절에 "성령"을 받았다는, 즉 신적 수여자가 주는 선물은 아들 됨과 능력을 모두 포함한다는 견해다. 그러나 이 "해결책"은 근본적으로 문제가 있으며, 누가의 성령론 관련 자료에서도 확고한 증거가 발견되지 않는다. 이어서 우리는 오순절에 주어진 은사가 종말론적인 아들 됨과 새로운 언약의 삶의 원천으로서의 성령이었다는 던의 주목할 만한 연구를 검토할 것이다(§2). 물론 던은 이러한 성령의 선물이 종종 능력을 수반한다는 사실을 간과하지 않았다. 그러나 그는 (고전적 오순절주의에 대항하여) 사도행전 2장에 서술된 선물은 선교를 위한 능력 부여로만 간주될 수 없으며, 따라서 두 번째 단계에서 주어지는 은혜로 볼 수 없다고 주장했다. 오히려 제자들은 이러한 선물 없이는 결코 우리가 일반적으로 말하는 "그리스도인"의 존재로 들어갈 수 없었다. 던에 의하면 오순절 은사의 신학적 본질인 의미는 이 은사가 이 은사를 받는 이들에게 새 언약의

---

1   Turner, "Receiving the Spirit in Luke-Acts," 131-58; "Luke and the Spirit," 1장.

"삶"을 가져다준다는 것이다. 폰 베어가 강조한 "선교를 위한 능력 부여" 모티프는, 비록 새 언약의 "삶"의 중요한 특성이기는 하지만, 신학적인 의미에 있어서는 이차적일 수밖에 없다(심지어 누가에게 있어서도).

던과는 대조적으로, §3-7에서 살펴볼 저자들은, 비록 서로 현저하게 다른 해석을 제기하긴 하지만, 모두 이미 그리스도인이 된 사람들에게 일종의 "능력을 부여하는" 것을 누가의 성령론의 주안점으로 삼는다. 아들러(N. Adler)는 누가가 (특히 사도행전 8장에서) 의식적으로 견진성사(sacrament of confirmation)의 한 모델을 제공하고 있다는 아주 개연성이 낮은 주장을 펼쳤다(§3). 람페(G. Lampe)는 누가의 성령은 적어도 그의 초기 저작에서 "예언의 영"이라는 폰 베어의 입장을 지지했으며, 이를 토대로 누가가 의미하는 "성령의 은사"는 다른 신약 저자들의 것과는 차이가 있으며, 누가는 이것을 주로 선교를 위한 능력 부여로 보았고, 따라서 이것은 세례와는 구별된다고 결론지었다(§4). 이외에 다른 입장들은 오순절 학자들의 중요한 공헌을 포함하여 람페의 주장에 다양한 변화를 주었다. 슈바이처(E. Schweizer) 및 스트론스태드(R. Stronstad)와 멘지스(R. Menzies) 등 오순절 학자들은 오순절에 주어진 "예언의 영"이 대체적으로 예언의 말씀, 특히 선교적 **선포**를 위한 능력이지만, 부차적으로 지혜와 계시의 은사가 수반되는 것으로 해석한다(§5). 다른 학자들은 이 모든 것에 대해 덜 확신적이다. 크레머(J. Kremer), 람페, 쉘튼(J. Shelton), 김희성(H. Kim), (수정된) 던은 (비록 서로 다르지만) 적어도 사도행전에서는 성령의 은사를 구원과 아들 됨과 새 언약의 삶을 가져다주는 것으로 보는 보다 널리 알려진 기독교 전통의 자취가 발견되며, 이 자취들은 또한 누가의 성령 신학에 영향을 주었다고 주장한다(§6). 이와는 달리 아야-프라(G. Haya-Prats)와 다른 학자들은 성령이 (누가에게 있어) 언제나 (구원론적인 영이기보다는 오히려) 예언의 영인 것은 사실이지만, 그렇다고 해서 "선교를 위한 능력 부여"로만 간주될 수 없고, 오히려 그리스도인들이 섬김과 사역과 예배와 증언을 위해 필요한 자질을 갖추도록 돕는 다양한 능력 부여를 수반한다고 주장했다(§7).

이제 우리는 이와 같이 간략하게 요약된 내용에 상세한 설명을 덧붙이고 미묘한 차이점을 드러내는 작업을 펼칠 것이다. 따라서 성급한 독자들은 §2와 §5-7에 집중하기를 바란다.

1. 전통적인 입장: "성령 자신"으로서의 오순절 은사

그리스도인들에게 성령이 "주어지고" 그들이 성령을 "받는" 것을 언급하는 것이 신약의 특징이다. 적어도 현 시점에서는 회개하고 세례를 받는 자들이 "성령의 선물을 받을" 것이라는 베드로의 약속(행 2:38-39)이 전형적이라고 할 수 있다. 일부 학자들은 이 표현을 어느 정도 문자적으로 받아들여, 문자 그대로 한 남자에게 한 아내가 "주어지고" 그 여자는 그들의 혼인식에서 남편을 "받아들이는" 것과 유사하게 해석한다. 이 견해에 의하면 성령을 받는 것에 대해 이야기하는 것은 사람들의 연합에 대해 이야기하는 것이다. 즉 그리스도인은 성령이라는 인격과 연합하고, 성령은 이전에 없었던 곳에 임하게 된다는 것이다. 가톨릭 주석가이자 신학자인 아들러는 견진성사 때에 주어지는 성령과 관련하여 이러한 입장을 전개했고,[2] 또한 회심-입문 때에 받게 되는 성령과 관련하여 이와 비슷한 견해가 개신교 저자들(예를 들어 특히, F. F. Bruce, F. D. Bruner, J. G. Davies, C. B. Kaiser, J. R. W. Stott)의 저작에서 발견된다.[3] 이 두 입장의 공통점은 사람

---

[2] Adler, *Pfingstfest*, 74, 91; 참조. *Taufe und Handauflegung: Eine exegetisch-theologische Untersuchung von Apg 8.14-17* (Münster: Aschendorff, 1951), 91.

[3] F. F. Bruce, *Commentary on the Book of Acts* (London: MMS, 1954), 77; F. D. Bruner, *A Theology of the Holy Spirit: The Pentecostal Experience and the New Testament Witness* (Grand Rapids: Eerdmans, 1970), 163; J. G. Davies, *The Spirit, the Church and the Sacraments* (London: SCM Press, 1954), 1장; C. B. Kaiser, "The "Rebaptism" of the Ephesian Twelve: Exegetical Study on Acts 19.1-7", *RefR* 31 (1977-78), 59; J. R. W.

들이 오순절 이전에 성령의 다양한 선물을 이미 받았지만, 그리스도인들은 오순절에 이러한 선물을 주신 분, 즉 삼위일체의 세 번째 위격을 받기 시작했다는 것이다.[4] 이러한 해결책은 (적어도 개신교 버전으로는) 성령의 은사가 아들 됨과 새 언약의 삶을 가져오는지, 아니면 이것이 예언과 선교를 위한 능력 부여를 제공하는지에 관한 딜레마를 해결하는 지름길처럼 보일 수 있다. 이에 대해 성령은 "주어지는 선물"로서 이 두 가지를 모두 제공한다고 말할 수 있다. 사실 이러한 딜레마는 애당초 잘못된 것이었다.

비록 이러한 해석은 얼핏 보기에 매력적으로 보일 수 있지만, 내가 제시한 누가-행전의 주석에 의하면 심각한 난관에 봉착한다.

1. 아들러의 전제에 의하면 성령은 언제나 삼위일체의 제3위였기에, 구약에서 성령을 부여하는 것이 성령 "자신"을 부여받는 계기로 보아서는 안 될 이유가 없다. 아들러는 구약과 신약에 나타난 성령의 은사를 서로 대조시키기 위해 아마도 성령이 비록 구약에서 한 인격체**이었지만**, 그 당시에는 인격체로 **경험**되지 않았다고 답해야만 했을 것이다. 하지만 그러한 답변은 실제로 그에게 아무런 도움을 주지 못한다. 왜냐하면 신약의 모든 교회들이 이미 구약과 유대교에서 성령을 한 인격체로 경험하는 것 그 이상으로 인식하고 있었는지가 분명하지 않을 뿐만 아니라, 심지어 이렇게 온전히 발전한 견해를 오순절과 같이 이른 시기에 활동했던 베드로의 견해로 귀속시키는 것도 시대착오적으로 보이며, 이것 또한 **누가의** 견해였다는 근거가 희박하기 때문이다.

여기에는 여러 가지 혼란스러운 이슈가 혼재해 있는 듯하다. 아들러(그리고 이 입장을 고수하는 다른 학자들)는 우선 우리 안에서 "인격적으로" 활동하는 성령을 받았다고 말하는 것과, 성령을 한 인격으로(성령 **자신으로**)

Stott, *The Baptism and Fullness of the Holy Spirit* (Leicester: Inter-Varsity Press, 2nd edn, 1975).

4   Adler, *Pfingstfest*, 74, 91.

받았다고 말하는 것 사이에 중요한 차이점이 있다는 사실을 깨닫지 못했다. 전자는 신약의 다른 본문에서 발견되는—그리고 누가도 어느 정도 공유한다고 볼 수 있는—진실, 곧 심지어 성령이 "인격적인" 기능을 수행할 때에도 이러한 기능은 거의 전적으로 하나님과 그의 그리스도의 현존과 활동을 중재한다는 견해에 훨씬 더 가깝다. 따라서 성령과의 만남에서 경험하는 것은 "성령 자신"이 아니라 아버지(또는 승귀하신 아들)의 인격(personhood)이다. 이와는 대조적으로, 우리는 누가가 신자들이 성령을 한 인격—성령의 은혜로운 선물 수여와는 대조적으로 성령 "자신"—으로 받는 것으로 간주했음을 주장하기에 앞서, 다음과 같은 사항을 분명히 밝혀두어야 한다. 즉 누가는 성령을 단순히 어떤 "인격적인" 활동을 수행하는 것으로 생각했을 뿐만 아니라, 이 성령은 (a) 실제로 서로 구별되는 한 인격이며, (b) 일반적으로 그러한 인격체로 인식되고 경험되는 것으로 생각했다. 이 사실은 입증하기가 쉽지 않다.

누가가 성령을 어떤 행동의 행위자로, 그리고 그 범위 안에서 한 "인격"으로 소개하는 경우들이 분명히 존재한다. 따라서 성령은 다음과 같은 동사의 주어(또는 의미론적 행위자)로 사용된다. διδάσκειν("가르치다", 눅 12:12); ἀποφθέγγεσθαι διδόναι("말로 표현하다", 행 2:4); μάρτυς εἶναι("증인이 되다", 행 5:32); λέγειν("말하다", 행 8:29; 참조. 1:16; 10:19; 11:12; 13:2; 19:1; 28:25[λαλεῖν]); ἁρπάζειν("잡아채다", 행 8:39); ἐκπέμπειν("보내다", 13:4); κωλύειν("금하다", 16:6); ἐᾶν("허락하다", 16:7); διαμαρτύρεσθαι("증언하다", 20:23); ἐπισκόπους τιθέναι("감독으로 임명하다", 20:28). 더 나아가 성령의 인격에 대한 암시도 여러 곳에서 발견된다. (1) ψεύσασθαι … τὸ πνεῦμα τὸ ἅγιον("성령을…속이고", 행 5:3); 그다음 구절에서도 οὐκ ἐψεύσω ἀνθρώποις ἀλλὰ τῷ θεῷ("너는 사람에게 거짓말 한 것이 아니라 하나님께로다"); (2) 사도행전 7:51에서 성령을 "거스려"; (3) 사도행전 10:38에서 ὁ θεὸς ἦν μετ᾽ αὐτοῦ("하나님은 그와 함께 계셨다")는 예수를 "성령과 능력으로 기름 부음 받은 자"로 규정함; (4) 사도행전 13:2에서 성령은 "바나바와 사울을 따로 세우라"고 말함; (5) 사도행전 15:28에서 그들의 결정이 "성령에 합당한 결정"[5]이라는 표현이 등장하고, 마지막으로 (6) 사도행전 28:25-26에서 남성 분사(λέγων; "말하면서")가 성령을 그 선행사로 표현함.[6]

그러나 이 모든 경우 우리가 제기해야 할 중요한 질문은 이러한 주장의 의도된 언어학적 상태와 관련이 있다. 인격적인 표현은 과연 문자적으로 이해하도록 의도된 것인가(이로써 성령이 위격임을 암시함), 아니면 하나님의 속성들을 의인화하거나, 또는 성령을 야웨의 현존으로 나타내기 위해 널리 사용되던 유대교의 전형적인 언어의 일환인가? 이 주제를 다루는 대다수의 연구는 이러한 다양한 가능성에 대해 민감하지 못하다.[7] 만일 우리가 이러한 차이점을 고려한다면 누가의 성령 자료는 그가 그리스도인들이 당시 유대교인들보다 성령의 인격성에 대해 더 잘 인식하고 있

---

5   이 본문에 대해 덜 인격적인 설명을 제시하는 연구로는 Haya-Prats, *L'Esprit*, 83ff을 보라.

6   J. H. E. Hull, *The Holy Spirit in the Acts of the Apostles* (London: Lutterworth, 1967, 155)는 이 마지막 항목이 결정적이라고 생각하지만, 그것은 진실과 거리가 멀다. (1) 이 본문은 확실하지 않다(A 81과 ς는 문법적으로 보다 정확한 λέγον을 지지한다. 그러나 필사자가 삼위일체 교리가 등장한 이후에 위와 같이 변경했을까?) (2) λέγων의 주어는 예언자 이사야일 수 있다. 물론 그럴 경우 우리는 λέγοντος를 기대했을 것이다. 그러나 이런 상황에서 문법적으로 부정확한 격을 사용하는 일은 충분히 예측 가능한 일일것이다. (3) 요한계시록에서는 특히 λέγων의 경우(계 4:1; 9:14; 11:15) 남성 분사가 여성 분사나 중성 분사로 대체되는 사례가 여럿 발견된다. 그리고 이러한 경우는 후대 그리스어에서 보편적이었다. 따라서 이러한 사례는 사도행전에서도 불가능한 것이 아니다. 분명히 누가는 중성 분사가 쓰여야 할 곳에 남성 분사를 사용할 수 있었다; 참조. 행 10:37 τὸ γενόμενον ῥῆμα ⋯ ἀρξάμενος(P⁴⁵ L P 정확히 말하면: ἀρξάμενον).

7   연구 동향에 민감하지 못한 연구로는 K. L. Schmidt, "Das Pneuma Hagion als Person und als Charisma," *ErJb* 13 (1965), 187-236; A. W. Wainwright, *The Trinity in the New Testament* (London: SPCK, 1962) 30-32, 200ff.; K. W. Baker, "Father, Son and Holy Spirit in the Acts of the Apostles" (unpublished PhD dissertation, Marquette University, 1967), 157-69을 보라. 보다 신중한 접근 방법을 채택한 연구로는 C. F. D. Moule, "The New Testament and the Trinity," *ExpTim* 88 (1976-77), 16-20; Haya-Prats, *L'Esprit*, 83-90(van Imschoot에 동의하여 *Bibellexicon* [ed. Haag; Zurich, 1951], 538-39); R. Kock (*Bibeltheologisches Wörterbuch* [ed. Bauer; Graz, 1962], 451-52); A. George, "L'Esprit-Saint dans l'oeuvre de Luc," *RB* 85 (1978) 527-33을 보라.

었다고 생각했음을 암시하지 않는다. 누가의 성령 전승에서 나타나는 "인격적인" 특성들은 배타적인 유일신론적 유대교 안에서 주로 발견되는 성령(그리고 말씀, 쉐키나[Shekinah], 이름 등)의 의인화의 범주를 좀처럼 넘어서지 않는다.

예를 들면 사도행전에 나타난 성령의 활동은 대부분 **발언**(speech)이지만, 이것은 구약에서 매우 보편적이며(참조. 특히 삼하 23:2; 왕상 22:21ff; 슥 7:12; 겔 2:2; 3:24; 11:5), 헬레니즘적 유대교와 랍비 유대교에서는 더더욱 그러하다.[8] 또 다른 경우(눅 12:12, 행 2:4 등)에는 성령이 하나님을 대신하여 말하거나 그의 말씀을 전달하는 능력을 부여하지만, 이 또한 구약과 유대교에서도 공통적으로 나타난다. 사도행전에서처럼 구약의 성령은 개인이나 민족의 **안내자** 또는 **교사**로서 간주되며(느 9:20; 시 143:10; 사 63:11,14), 헬레니즘적 유대교(예. 지혜서 7:7,22; 9:17; 필론[암시적으로 *Gig* 24-28, 47, 53, 55; *Somn.* 2:252 등]), 쿰란(1QS 3:6-7; 4:6; 1QH 9:32; 12:11-12 등[9]), 랍비 유대교 문헌에서도 동일하게 나타난다.[10] 구약에서는 하나님이 예언자들 안에서 역사하시는 성령을 통해 그의 백성들에게 **증언하신다**(느 9:30). 이와 같이 사도행전에서도 성령은 그리스도 안에서 역사하시는 하나님의 활동을 증언한다(또는 어쩌면 이스라엘에 대한 증거, 5:32). 만일 사도행전에서 성령에게 저항하거나 성령을 속일 수 있었기에(7:51; 5:3-4) 그 성령이 "인격적"으로 보였다면, 이사야 63:10은 이스라엘이 성령을 슬프게 한다고 말할 수 있다(עצבו; LXX παρώξυναν). 빌립을 사로잡고

---

8   랍비 문헌에 관한 언급은 A. Abelson, *The Immanence of God in Rabbinic Judaism* (London, 1912; New York: Hermon, 1969), 18-19장; P. Schäfer, *Die Vorstellung vom heiligen Geist in der rabbinischen Literatur* (Munich: Kösel, 1972), 151, 153, 162을 보라.

9   특히 H. W. Kühn, *Enderwartung und gegenwärtiges Heil: Untersuchungen zu den Gemeindeliedern von Qumran mit Anhang über Eschatologie und Gegenwart in der Verkündigung Jesu* (Göttingen: Vandenhoeck & Ruprecht, 1966), 117-75; P. Garnet, *Salvation and Atonement in the Qumran Scrolls* (Tübingen: Mohr, 1977), 154-55을 보라.

10 더 많은 사례를 보려면 Schäfer, *Vorstellung*, 151ff을 보라.

그에게 이야기하는 성령을 의인화한 언어(8:38, 29)도 70인역의 에스겔 2:2 및 3:24과 일치한다. 그리고 마지막으로 우리는 사도행전 5:3-4과 10:38에서 성령을 야웨의 현존과 생명력으로 표현하는 구약 본문과 매우 밀접한 관계를 맺고 있음을 발견한다.[11]

여기서 우리의 목적은 사도행전의 "인격적인" 성령과 일치하는 구약 및 유대교 문헌 목록을 모두 제시하는 것이 아니라 단순히 사도행전에서 일반적으로 성령의 "인격성"을 나타내기 위해 사용된 증거가 사실상 구약 및 유대교의 증거와 일치한다는 점을 보여주려는 것이다. 그러나 누가가 보여주는 성령의 모습은 아들러가 주장하는 것처럼 성령의 은사에 대한 인식의 전환(선물에서 선물 수여자로)이 있었다고 볼 만한 명확한 증거를 제시하지 못한다. 사실 랍비 유대교 안에서 나타난 성령의 의인화는 가끔 사도행전에서 발견되는 수준을 넘어서며, 적어도 거기서 사용되는 인격적인 언어의 격렬함에 있어서는 더더욱 그러하다. 아벨슨(Abelson)이 지적한 것처럼 성령은 성서를 인용할 뿐만 아니라, "성령은 또한 울부짖는다. 성령은 하나님과 또는 어떤 사람과 대화를 나눈다. 성령은 탄원한다. 성령은 탄식하고 우신다. 성령은 기뻐하고 위로하신다."[12] 그러나 이를 근거로 랍비 유대교(또는 이와 관련하여 유대교의 다른 분파도)가 성령을 야웨와 구별되는 독립적인 위격으로 생각했다고 주장하는 것은 전적으로 부적절하다. 구약과 유대교는 모두 성령에 대해 결코 이위일체적(binitarian)이지 않았다.[13]

---

11   특히 A. R. Johnson, *The One and the Many in the Israelite Conception of God* (Cardiff: University of Wales Press, 1961), 15ff.; *The Vitality of the Individual in the Thought of Ancient Israel* (Cardiff: University of Wales Press, 1964), 26-39을 보라. 신약에 나타난 성령을 이러한 맥락에서 해석한 주요 작품으로는 G. W. H. Lampe, *God as Spirit: The Bampton Lectures, 1976* (Oxford: Clarendon Press, 1977)을 보라.

12   Abelson, *Immanence*, 225; 참조. Hill, *Words*, 223.

13   "하늘에 두 권세"가 있다는 제안에 민감하게 대응하는 랍비 유대교의 모습은 성령(또는 쉐키나, 메므라, 카보드, 토라 등)에 대한 랍비들의 의인화가 야웨의 내재성을 설

어쩌면 누가는 성령을—요한과 바울[14]이 그러했던 것처럼—전적으로 신적 속성을 공유하는 존재로 생각했을 수 있으며, 또한 우리가 곧 살

명하는 문학적 도구에 불과했을 가능성을 배제한다(참조. Abelson, *Immanence*, 224, *passim*). 랍비들은 사 44-47장과 신 32:39를 근거로 이위일체적 해석을 명시적으로 거부했다(*Sifre Deut.* 379; 이 본문에 대해서는 A. F. Segal, *Two Powers in Heaven* [Leiden: Brill, 1977], 84-89을 보라).

그러나 랍비들의 공격적인 자세는 유대교의 일부 종파들의 중재인들 사이에서 생생한 논쟁이 있었음을 보여주며, 이것은 적어도, 만약 그 이전이 아니라면, 필론의 시대까지 거슬러 올라갈 수 있다(Segal, *Powers, passim*). 잠 8장과 9:1은 지혜를 인격화한다 (참조. 집회서 24장; 지혜서 10장). 스스로 유일신교 신자라고 생각했던 필론은 로고스 (λογός)의 신적인 위격을 가리킨 것으로 보인다(*Somn.* 1:62-66; 230-33; 참조. Segal, *Powers*, 161ff.). 그리고 (약간 후대의) 묵시 문학에서는 하나님의 주요 천사들이(예를 들어, 아브라함의 묵시의 야오엘; 스바냐의 묵시 6의 에레미엘; 요셉과 아스낫 14장의 천사장) 겔 1장에 나오는 웅장한 신의 현현을 직접적으로 상기시킬 만한 고양된 용어로 묘사된다. 그럼에도 불구하고 Rowland는 다음과 같이 주장한다. "이 천사가 천상에서 두 번째 권세를 가진 존재라고 말하는 것에 대해 우리는 의문을 제기해야 한다 (C. Rowland, *The Open Heaven* [London: SPCK, 1982], 111). 그리고 Hurtado는 유대교가 일종의 "두 번째 권세"를 인정했다는 모든 주장에 대해 더욱 부정적이다. L. W. Hurtado, *One God, One Lord* (London: SCM, 1988).

14 그러나 유대교가 천상적 존재나 하나님의 속성을 위격으로 간주하는 현상에 무척 근접해 있었다 할지라도, 그 어떤 경우에도 하나님의 성령의 위격화가 의문의 대상이 된 적은 없었다. 쿰란에서 진리의 영(the Spirit of Truth)은 아마도 빛의 왕자(Prince of Light)와 동일시되었으며(1QM 13:9-12; 1 QS 3:18-20; 4:21, 23; 9:33; A. A. Anderson, "The Use of "Ruah" in 1QS, 1 QH and 1 QM," *JSS* 7 [1962], 298-300; G. Johnston, "'Spirit' and 'Holy Spirit' in the Qumran Literature" in H. K. McArthur [ed.], *New Testament Sidelights* [Hartford: Hartford Seminary Foundation Press, 1960], 39-40), 미가엘과(G. Johnston, *The Spirit-Paraclete in the Gospel of John* [Cambridge: Cambridge University Press, 1970], 120-21; 참조. O. Betz, *Der Paraklet* [Leiden: Brill, 1963], 113-16), 또한 멜기세덱과도 동일시되었던 것으로 보인다(Segal, *Powers*, 193). 따라서 진리의 영은 "인격적"이었지만, 이것이 1QS 4:21(그리고 9:3)의 성령과 동일한 것인지는 명확하지 않으며, 아무튼 진리의 영은 하나님에 의해 창조되고 하나님의 주권 하에 행동하는 진리의 영들과 사악함의 영들(1QS 3:16-4:20; 특히 3:25-26)과 함께 대폭 수정된 이러한 이원론의 일환이므로, "이위일체적"이라는 형용사는 부적절해 보인다(참조. Segal, *Powers*, 192ff.). 우리는 쿰란에서는 "손과 자비와 지혜와 하나님의 율법과 같이 성령은 인격화될 수 있지만, 실제적인 위격은 존재하지 않으며, 하나님의 성령에 대한 분명한 신학도 존재하지 않는다"는 Johnston(in McArthur [ed.], *Sidelights*, 41)의 주장에 동의할 수 있다.

특히, G. D. Fee, *God's Empowering Presence* (Peabody: Hendrickson, 1994). 827-45.

펴보겠지만, 누가가 성령이 아버지와 예수뿐만 아니라 아버지의 현존 또는 활동을 중재하는 것(행 2:33; 16:6-7)으로 이해한다는 사실이 이러한 견해를 더욱 부추겼을지도 모른다. 하지만 동시에 누가가 구약과 유대교 문헌의 내용을 넘어 성령의 인격성을 강조한다고 말할 수는 없다. 그리고 이 사실은 누가가 성령의 선물을 일차적으로 "성령 자신"에 대한 경험으로 생각했다는 주장으로 받아들이기에는 상당한 의구심을 갖게 한다.

신약에서 성령을 가장 명확하게 인격적인 존재로 소개하는 경우는 요한복음 14-16장인데, 거기서 요한은 보혜사 성령을 예수와 병행을 이루는 인물로 소개하며, 예수가 그의 사역 기간 동안에 아버지를 중재하셨듯이 제자들에게 아버지와 아들을 중재한다(요 14:6-11).[15] 하지만 심지어 이러한 상황에서도 요한은 그리스도인들이 (예수의 영화 이후) 의식적으로 성령을 받고, 그를 **신적인 인격체**로 경험할 것임을 암시하지 않는다. 예수는 아버지의 중재자로서 자기 자신을 계시하셨다. 그러나 성령은 절대 그렇게 하지 않으시고(16:13), 다만 그리스도와 아버지만을 계시하신다.[16] 스메일(Smail)은 그의 책에서 성령의 인격에 관해 설명하는 한 장에 적절하게 "얼굴 없는 인격"(The Person without a Face)이라는 제목을 붙였다.[17] 따라서 그리스도인은 사실상 아들러가 성령을 받은 구약의 일부 신자를 가리켜 말한 상태를 가리킨다고 할 수 있다. 그리스도인들은 구약의 성도들보다 성령이 인격이라고 믿게 할 만한 이유를 더 많이 갖고 있지만, 그들은 더 의식적으로 성령을 인격으로 경험하지 않는다. 그들과 마찬가지

---

15 R. E. Brown, "The Paraclete in the Fourth Gospel," *NTS* 13 (1966-67), 113-32: 참조. M. Turner, "The Significance of Receiving the Spirit in John's Gospel," *VoxEv* 10 (1977), 26-28. 그리 대중적이지는 않지만, 상당히 통찰력 있는 신학적인 분석을 보려면 T. Smail, *The Giving Gift: The Holy Spirit in Person* (London: Hodder, 1988), 2-3장을 보라.

16 바울 서신에 나타난 이와 유사한 관점을 보려면 N. Q. Hamilton, *The Holy Spirit and Eschatology in Paul* (Edinburgh: Oliver and Boyd, 1957), 6; M. Turner, "The Significance of Spirit-Endowment for Paul," *VoxEv* 9 (1975), 61-65을 보라.

17 Smail, *Gift*, 2장.

로, 요한은 성령을 주시는 분의 인격성에 대해 더 깊은 인식 없이도 단순히 (아버지와 승귀하신 아들의 계시를 포함하거나 또는 그들의 현존에 대한 의식을 포함하는) 성령의 선물에 대해 알고 있다.[18]

2. 첫 번째 문제점과 관련이 있는 두 번째 문제점은 아들러의 해결책이 누가 이전 전승과 분명한 연속성이 없다는 점이다. 누가도 성령을 구약의 약속의 성취로 묘사하고 있는 반면, 구약이나 유대교는 카리스마적인 행동을 통해 나타나는 하나님의 임재의 확장과 대조를 이루는 "성령 자신"인 성령의 선물을 기대하지 않았다. 또한 그러한 전승은 마가복음이나 Q문서 안에서도 쉽게 발견되지 않는다. 추측건대 어쩌면 누가가 (보혜사에 대한 예수의 가르침을 요한이 제시한 것처럼)[19] 이 개념을 스스로 발전시킨 것으로 보이지만, 이러한 가설은 세심한 논증을 필요로 한다. 왜냐하면 누가는 예수가 성령을 이런 방식으로 가르치는 분이라고 묘사하고 있지 않기 때문이다.

3. 사도행전이 성령을 "주고" "받는" 것 또는 성령의 "선물"을 "주고" "받는" 것에 관해 언급하는 방식은 초창기 교회가 이 용어를 신자들과 연합한 성령의 인격을 "주고" "받는" 개념을 나타내기 위해 주로 사용하지 않았음을 강력히 시사한다. 이러한 개념은 매우 새로운 것이었을 뿐 아니라 신학적으로도 매우 중요한 것이었기에, 이러한 심오한 연합을 언급

---

18   W. Shepherd, *The Narrative Function of the Holy Spirit as Character in Luke-Acts* (Atlanta: Scholars Press, 1994)는 그가 존재론보다는 문학적 기능과(따라서 어느 정도 성령의 현상학[phenomenology]도 포함하는) 관련하여 성령의 "특성"에 대해 어떤 생각을 갖고 있는지 위의 논의에 그 어떤 내용도 덧붙이지 않는다.

19   성령에 대한 누가와 요한의 견해 사이에 밀접한 연관성을 주장하는 학자로는 W. F. Lofthouse, "The Holy Spirit in the Acts of the Apostles and in the Fourth Gospel," *ExpTim* 52 (1940–41) 334–36; R. T. Stamm, "Luke-Acts and Three Cardinal Ideas in the Gospel of John," in J. M. Myers, D. Reinherr and H. N. Bream (eds.), *Biblical Studies in Honor of H. C. Alleman* (New York: Augustin, 1960), 177–202; M. A. Chevallier, "Apparentements entre Luc et Jean en matière de pneumatologie," in J. N. Aletti *et al.*, *A cause de l'évangile: Etudes sur les synoptiques et les Actes* (Paris: Cerf, 1985), 377–408을 보라.

하기에는 덜 중요하다고 간주될 수밖에 없는 성령에 대한 다른 언급 방식들을 억제할 수밖에 없었을 것이다. 그럼에도 사도행전에서 베드로는 어떠한 모순도 느끼지 않으면서 "이방인들에게도 성령을 '부어주셨다'"라고 말한다(행 10:45). 만약 이 성령의 선물이 하나님께서 이방인 제자들(10:47에 의하면 "성령을 받았다"고 언급되고 있는)과의 연합을 위해 성령을 주셨음을 나타내는 것이었다면, 누가가 묘사하는 베드로는 서로 다른 이미지들을 이상하게 섞어버리는 잘못을 범하고 있는 것이 분명하다! 여기서 "사람들" 또는 "연합"이란 말은 모두 일반적으로 "부어주심"과 잘 어울리지 않는다(행 10:45; 참조. 2:33). 또한 이 문제와 관련하여 손을 얹는 것(참조. 8:18)이나 사람들에게 "내려오는 것"(행 10:44; 11:15[20])도 마찬가지다! 누가의 전형적인 용어는 아들러가 의미하는 "성령의 선물을 받는 것"과 일치하지 않는다. 우리는 성령이 인격적임을 받아들일 수 있고, 또 그리스도인들은 회심 때 성령과 하나가 된다고 말하는 것의 타당성을 받아들일 수 있다(누가도 그렇게 생각했을 수 있다). 하지만 누가는 분명히 성령을 "주거나" 또는 "받는"다는 표현을 주로 이러한 개념을 나타내는 데 사용하지 않는다.[21]

---

20   물론 ἐπιπίπτω(임하다, 내려오다)는, "ἐπιπίπτω ἐπὶ τὸν τράχηλον"("껴안다"는 의미)과 같이 일반적인 용법과 (은유적으로) 누군가에게 도움을 주기 위해 급하게 움직이는 것(행 20:10)을 나타내는 등, 사람에게 사용될 수 있지만, 여기서는 그 어떤 경우에도 해당되지 않는다.

21   놀랍지 않게도 Bruce, Book, 77은 "우리는 성령의 선물(gift)과 성령의 은사들(gifts)을 구분할 줄 알아야 한다"고 주장하면서 "성령의 선물은 성령 자신"인 반면, "성령의 은사들은 [단순히] 성령이 나누어 주시는 영적인 능력"이라고 말하지만, 그는 궁극적으로 Adler가 채택한 입장에서 한 걸음 물러나 다음과 같이 덧붙인다. "그러나 38절에서 회개하고 세례를 받은 자들에게 약속된 공짜 선물은 성령 자신이다. 성령의 선물은 성령의 다양한 은사들을 포함하지만, [Stonehouse를 인용하면서] 가장 우선되고 중요한 것은 "성령에 의해 신자에게 적용되는 그리스도의 사역이 가져다주는 구원의 혜택이다." 글쓴이의 목적은 이제 명확하다. 그는 성령의 선물이 단순히 예언의 영으로서의 성령을 가리킨다는 인상을 피하고, 이 선물이 보다 더 일반적으로 구원의 원천으로 확대되기를 원한다.

이러한 사실은 이 용어의 용법에 대해 중요한 질문을 던진다. 이것은 성령을 "인격으로" 받는다는 식의 주장을 꺾고, 성령의 선물을 단순히 하나님의 역동적인 임재로, 그리고 성령을 모든 종류의 선물에 대한 분배자로 보도록 유도할 수도 있다. 그러나 우리는 이미 다른 곳에서 누가의 모든 성령 주심 관련 용어는 거의 모두 성령의 활동에 관한 다양한 양상에 대한 은유이며,[22] 따라서 성령을 누구에게 "주거나" 또는 누군가가 "받는" 것에 대해 언급하는 것은 바로 그 사람 안에서, 그리고 그 사람을 통해 어떤 새로운 특정 행위나 또는 일관된 여러 행위의 **시작**을 가리키는 은유적인 표현으로 가장 잘 설명될 수 있다고 주장한 바 있다.

이 사실은 적어도 잠정적으로 다음을 의미한다. 누가의 글(또는 그의 등장인물 가운데 한 명의 입)에서 "사울이 성령을 받았다"(또는 "성령이 사울에게 임했다")와 같은 말의 의미는 전적으로 화자가 특정 시기에 성령이 "사울" 안에서 시작되었다고 믿은 일련의 활동에 달려 있다. 화자가 의도적으로 사무엘상 10:6을 지칭했다면 그는 하나님이 주신(그리고 삼상 16:14에서 철회된) 사울의 왕권과 권세를 의미했을 것이다. 만약 사무엘상 11:6에 대한 언급이었다면 그는 야베스 사람들이 가져온 소식에 대한 사울의 반응에서 나타난 하나님의 생명력을 의미했을 것이다. 만일 그의 언급이 다소 사람 사울(행 9:17-19)에 관한 것이었다면 그는 바울이 인접 문맥에서 언급된 임무를 완수하게 하는 능력을 의미했을 것이다. 따라서 누가는 예수가 요단강에서 성령을 받았다는 것(눅 3:21)을 암시하는 것과 차후 예수가 그의 승천/승귀 때에 "성령을…받았다"는 것(행 2:33)을 확증하는 것에 서로 상당히 다른 의미를 부여한 것으로 보인다. 여기서 우리는 본질적으로 서로 상당히 다른 두 가지 성령 "부여"를 보게 된다. 이는 각각 서로 다른 행위의 결합의 시작이었으며, 나는 이 가운데 그 어느 것도 누가가 **그리스도인들**이 성령의 선물을 받는 것을 의미하지 않았다고

---

22   Turner, "Spirit Endowment," 45-63.

주장할 것이다.

　우리는 이미 누가에게 있어 성령의 은사를 받는 것이 성령을 한 인격으로 경험하는 것을 의미하지 않았음을 보여주었다. 그렇다면 여기서 제기되는 질문은 바로 이것이다. "그리스도인들에게 주어진 "성령의 선물"은 과연 어떤 행위 또는 어떤 일련의 행위의 시작을 가리키는가?" 이것이 아들 됨의 시작과 선교를 위한 능력 부여를 (동시에) 가리킨다는 주장이 지니고 있는 문제점은 이제 보다 더 명확해진다. 이러한 주장은 적어도 개념상 잠재적으로라도 서로 상당히 다른 성령의 활동을 수반한다. 모든 사람이 신앙생활을 시작할 때부터 전자를 필요로 할지는 몰라도, 우리는 일반적으로 선교를 성숙한 그리스도인에게 주어진 은사로 간주하고, "선교를 위한 능력 부여"를 차후에 따라오는 은사로 간주한다. 혹자는 누가가 성령이 모든 그리스도인들이 신앙생활을 시작할 때부터 그들을 통한 선교를 독려하기 위해 역사하신다는 것을 강조하려 했다는 입장을 취하면서 이러한 개념들을 합리화시킬 수 있다. 만약 이것이 사실이라면 그들이 회심-입문 때 선교를 위한 능력의 부여로서 성령을 받는다고 말하는 것은 타당하다. 그러나 그러기 위해서는 그가 그것을 믿고 있었다는 것을 입증해야만 한다. 만일 누가가 성령이 오직 후대에 와서, 그리고 오직 **일부** 그리스도인에게서만 그러한 활동을 시작한 것으로 보았다면, 그가 회심-입문 때에 주어진 성령의 선물을 선교를 위한 능력의 부여로 간주했다고 말하는 것은 의미론적으로 일관되지 못한 주장이 되고 만다.

2. 새 언약의 삶과 아들 됨으로서의 성령의 선물(제임스 던)

1970년에 출판된 제임스 던의 학위논문인 『성령 세례: 현대 오순절주의와 관련하여 성령의 선물에 관한 신약의 가르침에 대한 재고』(*Baptism in the Holy Spirit: A Re-examination of the New Testament Teaching on the Gift of the Spirit in Relation to Pentecostalism Today*)는 신약에 나타난 성령의 선물의 의미를 탐구하는 데 있어 하나의 중요한 이정표를 제시하였고, 누가 문헌(오순절 성령론에 관한 정경 중의 정경)에 전념하는 데 있어 결코 인색하지 않았다.[23] 여러 의미에서 던의 연구는 폰 베어와 뷔히젤의 논제를 확대한 것으로 볼 수 있다. 던은 뷔히젤과 같이 요단강에서 성령이 내려오신 것의 가장 중요한 의미를 예수의 "하나님의 아들 됨"—천상의 음성으로 확인된 관계(눅 3:22)—과 결부시킨다. 하지만 비슷한 결론을 가지고도 뷔히젤은 요단강에서 성령이 내려오신 사건에 의해 주어진 아들 됨이 (누가에 의하면) 예수가 성령으로 잉태된 자로서 이미 누리고 있던 아들 됨(참조. 1:32-35; 2:49-50)과 어떻게 연관되는지 제대로 설명하지 못한 데 비해, 던은 이 "아들 됨"을 폰 베어의 세 시대라는 구원사적 기본 틀 안에서 풀어낸다.[24] 요단강과 오순절은 각 시대의 전환점이며, 이 각각의 전환점에서 예수는 그의 메시아 됨과 아들 됨이라는 새롭고도 온전한 단계로 들어간다. 이로써 예수의 요단강 경험에 관해 던은 다음과 같이 주장할 수 있다.

> 예수에게 성령이 내려오신 사건은 예수에게 어떤 변화, 곧 그의 인격이나 그의 신분에 어떤 변화를 의미하기보다는 구원-역사에서 새로운 단계의 시작을 의미한다. 이 개념은 예수가 이전과는 다른 모습으로 바뀌는 것이라기보다는 그가 이전에 없었던 영역—하나님의 구속 계획의 새 시대—으로 들어가는 것이었다.…이것은 예수가 이전과는 다른 모습으로 변했다기보다는 역사가 이전과는 다른 모습이 되었다는 것이다. 그리고 역사 안에서 이러한 역사의 변화를 일으키시는 자로서 예수 자신도 이러한 변화에 영향을 받는다(28, 29).

---

23 이 책의 거의 절반 정도가 복음서와 사도행전을 다룬다. 누가의 관점에 대한 Dunn의 요약은 특히 40-43과 9장을 보라.

24 Dunn은 여기서 Conzelmann의 구조를 언급하지만, 그의 시대 구분은 Conzelmann의 구조가 아니라 von Baer의 구조를 따른다. *Baptism*, 40, n. 7.

우리가 기억하기로 폰 베어는 오순절에 내려오신 성령이 기본적으로 예수의 성령과 유사한 능력 부여였는지, 아니면 보다 더 근본적인 수준에서 그리스도인의 존재와 관련이 있는지 명확히 밝히지는 못했다. 던은 누가가 요단강의 성령 강림을 예수가 새 시대와 언약 안으로 들어오신 것과, 또 그가 메시아와 하나님의 아들과 종으로서 성령의 기름 부음을 받은 것 두 가지 모두로 이해했다고 주장한다(134). 즉 그는 고전적인 오순절 학자들이 주장하듯이 단순히 메시아적 구속을 이루기 위해 능력을 부여받은 것으로 보지 않는다. 과연 성령의 선물은 어떻게 이 두 가지 모두가 될 수 있을까? 이는 예수를 메시아로 만들어 그를 종말론적 이스라엘의 대표자(하나님의 아들인 이스라엘의 대표자가 없이 이스라엘의 왕이 무슨 소용이 있고, 회복된 이스라엘의 종말론적 왕이 없이 이스라엘에 어떤 왕이 온들 무슨 소용이 있는가?)와 새 아담(예수의 시험 기사는 이 두 모티프 모두 보여줌)으로 만드신 성령 때문이다. 만약 성령이 예수에게 새로운 시대를 열어주고, 하나님은 그 안에서 이스라엘(과 인류)을 회복시키고 계신다면, (던이 추정하듯이) 성령은 새 언약의 성령으로 강림하신다. 따라서 예수의 탄생은 "옛 시대", "옛 언약", "이스라엘의 시대"에 속하는 것이며(31), 예수를 새로운 시대와 종말론적 아들 됨, 그리고 하나님 나라의 삶으로 이끄시는 분은 바로 그에게 내려오신 성령이시다.

던의 가장 독특한 공헌은 바로 성령이 그에게 임하시기까지는 예수가 새 시대와 아무런 상관이 없고, 그는 요단강에서 원형적인 그리스도인의 존재[25] — 곧 종말론적 아들 됨과 새 언약의 삶(하나님 나라의 삶) — 를 경험하기 시작했다고 주장한 데 있다. 따라서 던은 당연히 "봉사를 위한 능력 부여"가 예수의 기름 부음의 주된 목적으로 취급되어서는 안 되며, 그것은 오직 필연적인 결과일 뿐이라고 주장한다(32).

예수의 경험이 지닌 원형적 의미는 던이 폰 베어가 제시한 누가-행

---

25   *Baptism*, 32-35, 41-42.

전의 시대 구조를 (재)사용함으로써 더욱 명확해진다. 누가는 이 구조의 두 번째이자 중심 시대—요한의 세례부터 부활-승귀까지를 아우르는 예수의 사역—를 예수가 (오직) "성령"으로 자신의 공동체에게 세례를 베풀기 전에 먼저 자신의 죽음으로써 그 불을 꺼야만 하는 "성령과 불"의 시대로 본다. 단지 세 번째 시대에 이르러서야 제자들은 새 시대로 들어갈 수 있었다(38-54). 오순절은 단순히 과거에 일어난 일이 지속되는 것이 아니다. 제자들에게 이것은 "시작"을 의미하며, 예수에게 요단강이 그러했듯이 **그들에게도** 이것은 새 시대, 성령의 시대의 시작을 의미한다(43). 오순절까지는 오직 예수만이 새 시대의 삶(과 아들 됨)을 경험했고, 오직 그 안에서만 하나님 나라가 나타났다.[26] 이로써 요단강은 "비록 제한된 의미이긴 하지만" 예수 안에서 나타난 "종말의 시작"(24)이었지만, 예수가 새 시대와 새 언약으로 들어간 이 사건은 "모든 입회자들이 새 시대와 새 언약으로 들어가게 된 원형적인 사건"이다(32). 따라서 (요단강에서) 이 최초의 성령 세례는 하나님이 각 사람으로 하여금 예수의 발자취를 따르도록 하신 후대의 모든 성령-세례의 원형으로 간주될 수 있다.[27]

던이 오순절 기사로 눈을 돌린 것은 예수의 요단강 경험과 병행을 이루는 부분을 추가적으로 이끌어내기 위함이다. 다시 한번 우리는 시대의 전환점을 맞이한다. 베드로의 연설은 성령의 선물이 새 시대를 알리는 결정적인 표지로서 이사야 32:15, 34:16, 에스겔 11:19, 36:26-27, 37:4-14, 요엘 2:28-32에서 약속한 종말론적 선물임을 보여준다(46). 오순절에 주신 선물은 제자들을 위한 새 언약의 성령이다. 이것은 다음 네 가지에 의해 입증된다. (i) 누가는 이것을 "약속"—하나님의 **언약**의 약속, "아브라함의 축복"이라는 의미—이라고 말한다(47). (ii) 베드로는 "그

---

26   *Baptism*, 26; idem, "Spirit and Kingdom," *ExpTim* 82 (1970-71), 39-40.

27   *Baptism*, 32. 이것은 심지어 누가-행전에서 이에 근접한 의미를 나타낸다고 하더라도 예수가 단순히 첫 번째 그리스도인이 되는 것을 의미하지 않는다(Dunn, *Jesus*, 358).

약속은 너희와 너희 자녀들을 위함"(행 2:38: 창 17:7-10의 아브라함의 약속을 연상시키면서)이라고 말한다.[28] (iii) 이것은 구약에 근거하여 성서와의 연관성을 불가피하게 만든다(겔 36장에서 성령이 내적 갱생을 허락하실 것이라는 약속은 렘 31:33의 순종이라는 새 언약적 갱생의 약속과 병행을 이룸; 참조. 고후 3:3, 6-8에서 바울이 제시하는 이 두 주제에 대한 설명[29]). (iv) 유대인들이 시내산 언약과 율법 수여를 기념하는 **오순절 날에** 바로 성령이 주어졌다(48-49). 던의 연구의 후반부는 누가-행전에서 성령을 받는 모든 사건이 새 시대를 위한 회심-입문과 관련되어 있음을 보여주고자 한다. 누가-행전에서 대부분의 경우 성령이 물 세례 의식과 직결되어 있지 않다면, 그것은 성령의 선물이 일차적으로 진정한 믿음에 대한 하나님의 반응이며, 단지 이차적으로만 세례─즉 단순히 세례가 그러한 믿음을 나타낼 때─와 연결되기 때문이다.[30] 예수의 제자들은 오순절에 이르러서야 비로소 (구원사적인 이유로) 그런 진정한 믿음에 도달한다(38-54). 사마리아인들은 세례를 받을 때 성령을 경험하지 못한다. 왜냐하면 그들의 "믿음"은 잘못된 기초(빌립의 기적에 대한 군중적 반응)위에 세워져 있었기 때문이다(55-72). 고넬료는 세례 이전에 자신의 진정한 믿음에 대한 하나님의 보증인 성령을 받는다(79-82). 에베소의 "제자들"은 바울을 통해 믿음에 이르기 전에는 아직 진정한 신자가 아니었으며, 그들의 믿음은 세례(여기서 안수는 세례의 일환이었음)를 통해 확증되었고, 이에 대한 응답으로 성령을 받았다(83-89).

---

28 *Baptism,* 47.

29 *Baptism,* 47-48.

30 *Baptism, passim.* 성령 세례를 물 세례와 구분하는 데 있어 Dunn은 특히 (예를 들어) M. Barth, *die Taufe ein Sakrament?* (Zollikon-Zürich: Evangelischer Verlag, 1951)에 근거를 둔다. Dunn의 입장은 다음과 같은 그의 진술로 요약될 수 있다. "초기 기독교의 세례가 성령 세례로 이해되었다는 것은 결코 사실이 아니다." 또는 "성령이 사람들을 향한 하나님의 행위의 표현으로 인식되었던 반면, 기독교 세례는 언제나 주로 하나님을 향한 사람의 행위(회개/믿음)의 표현이었다"(*Unity and Diversity in the New Testament* [London: SCM Press, 1977], 155-56; 또한 Dunn, "The Birth of a Metaphor-Baptized in the Spirit," *ExpTim* 89 [1977-78], 134-38, 173-75).

여기서 그려지는 그림은 매우 뚜렷하다. 던은 "성령 세례"와 "성령 (의 선물)을 받는다"는 표현이 초창기 기독교에서 거의 전문용어처럼 사용되었다고 이해한다.[31] 이 용어들은 어떤 사람이 성령 안에서, 그리고 성령을 통해 새 시대, 하나님 나라, 새 언약, 아들 됨, 부활의 "삶" 등에 대한 경험을 시작하는 것을 가리킨다. 던에 의하면 성령의 선물은 그리스도인의 삶을 위한 기반(matrix)을 선물로 받는 것이다. 이것이 두 번째 시대의 예수의 경험을 이해하는 방식이며, 제자들의 세 번째 시대의 경험도 마찬가지다. 그렇다면 예수에게 부어진 성령은 다름 아닌 제자들에게도 전이된 것이며, 여기서 폰 베어의 시대 이론이 던이 이해하는 성령의 선물의 중심축임이 분명하게 드러난다.[32] 따라서 최근에 출간된 던의 저서 『예수와 성령』(*Jesus and the Spirit*)에서 그가 궁켈이 제기한 질문("성령은 공동체의 일상적인 종교적 삶과 무슨 상관이 있는가?")에 답변을 제시한다는 사실은—"과연 바울의 종교는 예수의 종교와 무슨 상관이 있는가?"라는 보다 더 보편적이고 더 오래된 질문은 차치하더라도—그리 놀랄 만한 일이 아니다. 그는 예수의 종말론적 성령 경험이 예수의 종교와 바울의 종교 사이에 가교 역할을 한다고 말한다.[33]

우리는 이번 단원에서 던의 논제에 대한 상세한 비평을 제시하지 않을 것이다. 왜냐하면 이와 관련된 문제는 우리가 이에 대한 대안적 견해를 제시할 때 충분히 명확해질 것이기 때문이다. 우리는 이 책의 핵심 부분에서 던의 논제에 대해 광범위하게 다룰 것이다. 그러나 어쨌든 그의 논제는 분명히 많은 질문을 야기한다. 예수가 요단강에서 처음으로 새 시

---

31   *Baptism, passim*; Dunn, "A Note on δωρεά," *ExpTim* 81 (1969–70), 249–51; *idem*, "Birth," 173–75.

32   Dunn의 논제를 거의 신학적 필연성의 수준으로 끌어올린 E. M. B. Green, *I Believe in the Holy Spirit* (London: Hodder, 1975), 49와 비교하라. 성령은 예수의 사역 기간에는 제자들 안에서 활동할 수 없었다. "왜냐하면 성령은 예수의 인격과 결합되어 있었기 때문이다. 그는 하나님의 성령에 대한 후대의 모든 경험을 중재해야 할 통로였다."

33   *Jesus*, 1부와 357–62; *Unity*, 200.

대와 새 언약의 실존으로 들어갔다고 말하는 것은 과연 무슨 의미인가? 이것은 예수가 그 이전에 "이 악한 세대"(즉 새 언약의 성령의 선물을 통해 "육의 마음"으로 대체될 에스겔의 "굳은 마음")를 특징짓는 죄의 속박을 경험했음을 자연스럽게 암시하지 않는가? 이것은 과연 누가의 관점인가? 누가는 실제로 요단강이 예수에게 있어 시대의 전환점, 즉 새 창조의 시작이었다고 믿었는가? 성령은 그가 잉태될 때 이미 새 창조의 성령으로 묘사되지 않는가? 하나님 나라와 새 시대의 삶이 예수의 경험과, 오직 그에게, 그리고 그의 사역에만 국한된다는 사실이 전혀 설득력이 없는가? 오히려 누가는 다른 이들에게 하나님의 통치의 자유를 가져다주는 분으로 예수를 묘사하지는 않는가?(특히 4:18-21; 11:20 등) 과연 누가는 성령을 하나님이 진정한 믿음에 대한 응답으로 주신 구원과 새 언약의 실존의 기반으로 규정하는가? 그리고 그는 성령이 실제로 오순절 날에 부어지기 직전에 제자들이 그러한 믿음을 갖게 되었다고 말하며(52), 사마리아인들이 그러한 믿음이 없었기 때문에 성령이 세례를 받은 사마리아인들에게는 주어지지 않았다고 말하는가?[34]

이러한 문제(그리고 이와 유사한 다른 문제)는 모두 하나로 귀결된다. 즉 이것은 누가가 성령에 대한 자신의 관점을 최우선적으로 에스겔 36장(그리고 이와 관련된 새 언약의 약속)과 그 성취에 기초하여 세웠다고 전제하는 것이다. 하지만 그는 그렇게 하지 **않았다**. 그는 예수의 경우에서뿐 아니라 제자들의 경우에서도 전혀 그렇게 하지 않았다. 그는 예수의 성령

---

[34] *Baptism*, 5장. 이것에 관한 비평으로는 다음 문헌을 보라. E. A. Russell, "'They Believed Philip Preaching' (Acts 8:12)", *IBS* 1 (1979), 169-76. 같은 저널에 있는 답변 ("'They Believed Philip Preaching' [Acts 8.12]: A Reply," *IBS* 1 [1979], 177-83)에서 Dunn은 다음과 같이 주장한다. 신약성서의 다른 저자들처럼 누가는 그리스도인을 만드는 실체가 다름 아닌 성령의 선물이라고 믿는다. 그리고 누가는 성령이 항상 진정한 믿음에 주어진다는 그들의 관점을 나누었다. 문제는 사마리아인의 믿음 — 앞선 전제에 의하면 오류가 되는 — 에 있는데 그 이유는 누가가 성령의 선물을 그렇게 이해했는지에 대해서는 폭넓은 이의가 제기되기 때문이다.

경험을 주로 이사야 61:1-2(눅 4:18-21)의 관점에서 설명하는데, 이 본문의 의미는 예수 자신이 "새 언약의 삶"과 "아들 됨"을 누리는 수단보다는 다른 이들의 구원을 실현하는 "능력 부여"에 훨씬 더 가깝다. 제자들의 성령 경험은 오히려 요엘 3:1-5(MT; LXX 2:28-32; 참조. 행 2:14-18)에 기초를 두고 있는데, 이 영은 유대교에서 주로 에스겔 36장에 묘사된 새 창조의 영이기보다는 예언의 영이었다. 요컨대 던은 누가의 성령론을 바울의 관점, 특히 고린도후서 3장의 관점에서 이해했다. 물론 이러한 해석은 누가를 비판하는 것을 막지는 못했지만, 적어도 그가 누가를 판단하는 기준은 신약을 읽는 바울의 관점이다. 따라서 1975년에 출간된 그의 저서 『예수와 성령』에서 던은 누가가 초창기 공동체의 독특한 종말론적 긴장을 놓쳐버렸고, 성령 사역의 기적적인 측면을 무분별하게 격상시켰으며, 성령의 중재를 통한 "아들 됨"의 경험을 전적으로 무시했다고 주장하는데, 이러한 비판은 심지어 누가의 성령론에 대한 그의 초기 논제를 전부 해체하는 수준이다.[35] 던은 아마도 이 모든 것이 누가가 다른 성령의 선물(에스겔의 선물보다는 요엘의 선물, 그리고 아들 됨보다는 능력 부여)을 염두에 두고 있음을 의미할 수 있다는 것을 미처 이 단계에서는 생각하지 못했던 것으로 보인다. 던에게 있어 이것은 단순히 열정이 넘치는 누가가 성령에 대해 "불가피할 정도로 일방적인" 견해를 제시하는 것에 불과하다. 그런데 1980년에 출간된 그의 저서인 『생성기의 기독론』(Christology in the Making)에서 던은 예수의 성령 경험이 원형적인 아들 됨의 경험이라는 견해를 점점 더 누가에게 적용하는 모습을 보이며(참조. 138-43), 복음서 저자들이 **"예수와 성령의 관계를 주로 영감을 받고 능력을 부여받은, 모세와 같은 예언자로 이해했다"**[36]고 진술하는데, 우리는 이미 앞에서 이와 같

---

35   *Jesus*, 191.

36   *Christology in the Making* (London: SCM Press, 1980), 140(강조는 원저자의 것임).

은 던의 입장에 반론을 제기할 필요가 있음을 밝힌 바 있다.[37] 보다 더 최근에 그는 누가-행전을 철저하게 세 개의 시대로 구분하는 것은 너무 지나친 견해이며, 심지어 누가도 성령을 주로(물론 전적으로는 아니지만) 예언의 영으로 인식한다는 사실을 인정했다.[38] 그러나 이러한 흥미로운 입장 변화에도 불구하고, 던은 모든 신약 저자들이, 비록 강조점에 있어 어느 정도 차이는 있을 수 있지만, "성령을 받는 것"을 그리스도인의 독특한 삶을 시작하고 지탱해나가는 것으로 간주했다는 자신의 주장을 끝까지 견지한다. 심지어 누가에게조차도 성령은 부차적 은사가 아니다.[39] 다른 이들은 아마도 이에 이의를 제기하고픈 충동을 느꼈을 것이다.

3. 견진성사(堅振聖事)의 능력으로서의 성령(아들러)

아들러(1938)에서 멘지스(1991)에 이르기까지 수많은 학자들은 폰 베어의 연구에서 나타나는 긴장에 반대하는 입장을 취하면서 누가가 성령을 주로(물론 전적으로는 아니지만) 성령의 능력 부여로 인식하는 입장을 견지했다. 즉 이것은 적어도 신학적으로는 회심-입문과 구별되는 능력 부여라는 것이다.

누가의 의도와 관련하여 주석적으로 가장 덜 모호한 작품은 아마도 아들러의 저서일 것이다. 그의 연구는 다른 곳에서 충분히 언급되고 비평의 대상이 되었기에 여기서는 그의 입장을 간략하게 요약할 것이다.[40] 기본적으로 아들러의 두 연구서는 성령의 주된 선물이 회심 이후에 사도들

---

37   Turner, "Jesus," 3-42; "Luke and the Spirit," 2장.

38   "Baptism in Holy Spirit: A Response to Pentecostal Scholarship on Luke-Acts," *JPT* 3 (1993), 3-27.

39   "Baptism," 특히, 25-26.

40   Bovon, *Luke*, 220-21, 231; Turner, "Receiving the Spirit in Luke-Acts," 142-45.

의 안수를 통해 신자들에게 주어졌다는 전통적인 견진성사의 견해를 옹
호한다.[41] 그러나 그의 설명은 심각한 역사적·석의적 문제점[42]과 내적 긴
장[43]을 안고 있으며, 결국에는 가장 중요한 부분에서 취약점을 드러낸다.
그는 세례 때의 성령의 활동과 견진성사 때의 성령의 활동 간의 관계를
충분히 설명하지 못한다("견진성사"의 견해를 취하는 이들에게서 공통적으로 나
타나는 취약점).[44] 이렇게 견진성사의 선물을 단순히 칭의와 아들 됨과 믿음

---

41   나는 이 용어를 Dunn, *Baptism*, 3-4에서 차용했다.

42   얼핏 보면 사마리아인들의 경우에는 이 주장이 잘 들어맞는 것 같다. 그러나 만약 세
      례 없이 사도들의 "견진성사"가 원칙이었다면 행 8:16은 불필요했을 것이다. 또한 사도
      행전에는 사도들이 성령을 주어야만 할 필요성에 대한 추가적 증거가 없다(행 19:6도
      예외가 아니다; 참조. 2:38; 9:17; 10:44). 누가의 이해에 의하면 사도들은 거의 대부분
      예루살렘에 머무른다. 누가는 그들이 견진성사를 치르기 위해 소아시아 지역 주변을
      이리저리 돌아다니는 모습을 그리지 않는다; 참조. J. K. Parratt, "The Seal of the Spirit
      in the New Testament Teaching" (unpublished PhD dissertation, London, 1965), 144ff.;
      G. R. Beasley-Murray, *Baptism in the New Testament* (London: Macmillan, 1962),
      113-15. 또는 (사도행전이나 다른 나머지 신약의 책, 또는 초창기 교회에서도) 세례의
      부족한 면을 채우기 위해 사도들이나 다른 이들이 두 번째 의식을 행했다는 증거도 전
      혀 없다. 특히 G. W. H. Lampe, *The Seal of the Spirit* (London: SPCK, 2nd edn, 1967),
      5장을 보라.

43   Adler는 사도들이 사마리아 회심자들을 위해 안수 기도할 때 "은사적인
      영"(Charismenpneuma)과 (세례 때 받는) "근본적인 영"(grundlegenden Pneuma)을 서
      로 구분한 H. Schlier를 비판한다(*Taufe*, 83). 그는 성령이 그들에게 **아직** 강림하지 않
      았다고 누가 자신이 말하지 않느냐?(8:16)라고 질문한다. 그러나 결론적으로 Adler의
      입장은 그가 다른 학자들을 향해 부정하는 것과 크게 다르지 않다. 왜냐하면 그는 세
      례가 칭의와, 우리가 "아바" 아버지라고 부를 수 있는 근거가 되는 아들의 영(참조. 갈
      4:6; 롬 8:15)을 중재한다는 사실과, 또 이러한 은혜는 성령에 의해 주어진다는 사실을
      모두 인정한다(*Taufe*, 91, 94-95; 비록 그는 이와 관련하여 그리 일관적이지 못하지만
      말이다; 참조. Turner, "Receiving the Spirit in Luke-Acts," 143). 그러나 Adler의 구별은
      두 가지 측면에서 그가 비판하는 개신교의 것과 미묘하게 다르다. 그는 개신교의 강조
      점을 뒤바꾸면서 성령의 탁월한 선물이 이 두 번째 "확증하는" 선물임을 확언하며, 이
      를 안수와 연결시킨다(*Taufe*, 102).

44   "견진성사주의자들"은 견진성사 의식의 가능한 의미보다는 이 의식이 초창기부터 존재
      했다는 데 더욱 의견을 같이한다. 견진성사의 해석사와 비평에 관해서는 Lampe, *Seal*,
      vii-xxvi; J. D. C. Fisher, *Confirmation: Then and Now* (London: SPCK, 1978), 142-
      52을 보라. 누가를 "견진성사"의 수정된 형태(세례 때 단 한 번 성령의 충만함을 개인
      적으로 받는 것으로 이해함)의 근거로 삼으려는 최근의 시도에 관해서는 R. M. Price,

이라는 세례 때 주어지는 은혜를 "확대하고 강화하며 심화하는 것"으로 이해한다면,[45] 세례의 단계에서와 견진성사의 단계에서의 성령의 활동을 서로 구별할 수 있는 기준을 제시할 수 없다. 신자들은 (예를 들어) 하나님 의 "아들 됨"에 대한 지식 중에 어떤 측면이 세례에 속하고, 어떤 측면이 견진성사에 속하는지 과연 어떻게 구분할 수 있을까? 기껏해야 우리는 견 진성사가 성사를 받는 자를 성령의 메시아적 "충만함"의 상태로 들어가 게 한다고 알고 있지만, 더 정확하게 그 이전에 미처 경험하지 못한 것 중 에 어떤 것이 이 메시아적 "충만함"을 통해 주어지는지 우리는 전혀 알지 못한다. 이와 동일한 신학적인 문제점이 일부 고전적인 오순절주의 주해 에서도 발견된다.[46] 아들러는 적어도 그의 첫 번째 책에서 견진성사가 가 져다주는 선물은 성령 **자신**(단순히 성령의 은혜 혹은 선물과는 대조적으로)임을 지적하는 것 같다. 그러나 우리가 이미 살펴보았듯이 이러한 유형의 주장 은, 비록 견진성사를 주장하는 학자들 가운데서 흔히 볼 수 있는 것이지

"Confirmation and Charisma," *SLJT* 33(1990) 173-82을 보라. 이와 유사한 관점에 대 한 반론으로는 Lederle(*Treasures*, 3장)의 비평을 보라.

45　Adler, *Taufe* 91; "Confirmation," in *Sacramentum Mundi* (ed. K. Rahner), 405-409.

46　Lederle, *Treasures, passim*. 이와는 대조적으로, 일부 초기의 고전적 오순절주의(Dunn, *Baptism*; 참조. 93, 95, 148에 개관된 입장)와 초기 형태의 견진성사주의는 모두 신자 는 회심 때 아들을 영접하고, 그 이후에 성령 세례/견진성사 때 성령을 받는다고 주장 했다. 이러한 구분은 감탄하리만큼 명확하면서도 절대적으로 불가능하다. F. H. Elpis 의 *One Baptism* (*Seal*, xxii)을 Lampe가 상기시키는 방식을 보라. Elpis는 우리가 세례 때 그리스도를 영접한다고 말한다. "하지만 우리는 자신의 교회에게 보혜사 성령의 오 심을 기다리라고 말씀하신 삼위일체의 제2위와 연합되어 있기 때문에 우리는 내재하 시는 성령의 충만함을 얻기 위해 일반적으로 견진성사라고 불리는 그 두 번째 행위 또 는 단계를 필요로 한다." 그러나 Lampe는 교회가 삼위일체의 제2위와 이미 연합한 이 후에 보혜사를 기다리라는 말을 듣지 **못했다고** 반박한다. 제자들은 영광을 받으신 예 수의 중재자로서 보혜사가 오실 것이라는 약속을 받았다(*Seal*, xiii). Dunn은 초기의 고전적 오순절주의 안에서 발견되는 이 "세련되지 못한" 신학적인 오류의 수준을 어느 정도 과장했을 수 있지만, 이 견해는 가끔씩 등장한다(비록 이 견해는 다른 기고자들에 의해 어느 정도 수정되기도 하지만, 심지어 엘림 심포지엄인 *Pentecostal Doctrine* [ed. P. Brewster; Cheltenham: Brewster, 1976], 28에서도 나타난다). "성령 세례"에 관한 오순 절 및 은사주의자들의 서로 다른 이해에 대한 유익한 정보는 Lederle, *Treasures, passim* 을 보라.

만,[47] 일관성이 없어 보인다.

4. 누가가 강조한 예언 및 선교를 위한 능력 부여의 영으로 서의 성령의 선물(1950-70년에 출간된 람페의 저서들)

람페의 저서들은 그동안 학계에 막대한 영향을 끼쳤다. 1951년에 처음으로 출간된 그의 저서 『성령의 인 치심』(*The Seal of the Spirit*)은 견진성사주의 자들의 입장을 절대적으로 대변할 뿐 아니라, 초창기 교회에 있어 "성령의 인 치심"은 세례 이후에 따라오는 어떤 행위가 아니라 세례 자체가 의미하는 바를 묘사하는 방식임을 입증한 것으로 널리 인정되어왔다. 람페에게 이것은 매우 중요한 문제였다.

---

47 이것은 예컨대 F. W. Puller (*What is the Distinctive Grace of Confirmation?* [London, 1880], 24); A. J. Mason (*The Relation of Confirmation to Baptism* [London, Longmans, 1891], 16, 107, 171, 335, 162, 464), Adler가 인용한 학자들(*Taufe*, 93-97); L. S. Thornton (*Confirmation: its Place in the Baptismal Mystery* [Westminster: Dacre 1954], *passim*, 그리고 세례는 받았지만 견진성사를 받지 않은 그리스도인들도 어느 수준의 성령을 소유하고 있었을 것이라는 그의 초기 입장과는 다름); G. Dix ("Confirmation or the Laying on of Hands," *Theology Occasional Papers* 5 [1936]) 등과 같은 학자들의 견해다. Mason, Thornton, Dix는 성령이 세례를 통해 우리 밖에서 역사하시는 것과 그가 견진성사 때 우리 안에 내재하시는 능력이 되는 것을 서로 구분한다. 그러나 이러한 구분은 아마도 아무런 의미가 없으며(A. M. Ramsey, "The Doctrine of Confirmation," *Theol* 48 [1945], 194-201; Turner, "Spirit Endowment," 47-50), 누가의 범주와는 아무런 관련이 없다. 그러나 Mason과 Dix는 서로 다르다. Mason(Adler와 마찬가지로)은 견진성사를 단순히 그 이전에 주어진 은혜를 강화하는 것으로 간주하는 중세 시대의 관점을 채택하는 Dix의 견해에 동의한다. Dix(*Theology*, 30ff.)는 세례가 우리를 그리스도에게 병합시키는 반면, 견진성사는 각 그리스도인의 구원에 **역사하시는** 성령을 우리에게 주신다고 주장한다. 그러나 신약은 그 어느 곳에서도 "그리스도 안에 있음"이라는 정적인 구원론적 범주가 "(성령에 의해) 너희 안에 계신" 역동적인 "그리스도"라는 범주와 구별된다는 증거를 전혀 제시해주지 않는다; 참조. Turner, "The Significance of Spirit Endowment for Paul," 61-66.

견진성사와 세례의 관계에 관한 문제는 세례 관련 예식의 역사를 살펴 본다고 해서 해결되지 않는다. 이 문제는 세례 자체에 대한 신학을 통해 접근해야만 한다. 우리는 단순히 교회가 성령의 선물과 연관시킨…예전 적인 표징이 무엇인지를 묻기보다는 "성령의 선물"이 의미하는 바가 무 엇인지를 물어야 한다.…성령의 선물을 받는다는 것은 바울의 표현으로 하면 "그리스도 안에" 거하는 것이다. 그리스도인이 된다는 것은 성령이 그 안에 내주하시는 것이다. 이것은 동일한 실재를 서로 다른 두 가지 방 법으로 표현하는 것이다(Seal, xxii).

그러나 람페는 자신의 논지가 누가 문헌에서보다는 바울 문헌에서 보다 더 확실하다는 것을 잘 알고 있었다. 왜냐하면 사도행전에서 누가는 가끔 세례를 성령 받는 것과 분리시켰던 것으로 보이기 때문이다. 람페는 바울 의 패러다임과는 명백하게 다른 이러한 차이점에 대해 두 가지 답변을 내 놓았다. 한편으로 그는 누가는 전형적으로 성령을 세례 때 모든 이에게 주어지는 것으로 간주했고(행 2:38-39), 사도행전 8, 9, 19장은 누가에게 있어 예외적인 경우에 해당한다고 주장했다. 여기서 성령은 복음을 선포 하는 사역자로 임명하는 의미에서 안수를 통해 주어진다(69-77). 또한 다 른 한편으로 그는 누가가 성령을 받는 것에 초창기 교회에서 공통적으로 나타나고, 또 바울 서신에서도 나타난 것과는 전혀 다른 의미를 부여했다 고 제안한다.[48] 따라서 세례는 받았지만 성령은 임하지 않았다는 에디오 피아 내시의 회심에 관해 논하는 과정에서,[49] 람페는 아마도 "누가가 일 반 회심자가 성령에 참여했는지의 여부에 관심을 두도록 만드는, 그리스

---

48 Lampe, Seal, 33-37에 의하면 성령 세례에 대한 요한의 약속은 예수의 요단강에서의 물 세례와 결합되었고, 따라서 이것은 오순절 이후로 기독교 세례의 원형이 되었다.

49 Z 사본(원본으로부터의 수정)과 또한 다수의 소문자 사본의 증거를 제외하고; 참조. B. M. Metzger, *A Textual Commentary in the Greek Testament* (London: United Bible Societies, 1971), 360-61.

도 안에서의 평범한 신자의 내적 원리로서 성령을 충분하게 이해하지 못했다"고 주장했다.[50] 이와 비슷하게 그는 세례의 의미에 관한 누가의 이해도 바울의 이해와 많이 달랐다고 제안했다.

> 전자[누가]에게 있어…성령은 예수에게 임한 능력이며, 그 안에서 그가 자신의 사역을 수행하고 그의 기사를 행한 능력이며, 그리스도의 죽음의 결과로 나타난 능력이며, 오순절의 절정이며, 선교적 교회가 그 활동을 땅끝까지 펼칠 수 있었던 능력이다. 따라서 이것은 모두에게 분명하게 나타난 예언과 "방언"의 영으로 주로 여겨진다. 따라서 성령이 인격적으로 여겨지거나, 또는 요엘이 예언한 것처럼 무언가 "부어지는" 하나님의 선물과 다른 것으로, 종종 준-물리적인 현상으로 여겨진 적이 거의 없다 (Seal, 53).

따라서 람페의 초기 연구에서는 우리가 누가의 성령론에 대한 폰 베어의 설명에서 관찰한 긴장이 거의 해소된 것으로 보인다. 즉 성령은 (누가에게 있어) 선교를 위한 능력 부여이며, 따라서 우리는 성령이 **모든 사람에게** 주어졌다는 그의 간헐적인 주장을 너무 심각하게 받아들일 필요가 없다. 만약 누가가 성령의 선물을 받는 것의 의미를 초기 교회의 일반적인 견해와는 다르게 이해했다면 아마도 그는 성령을 받는 것과 세례의 관계를 수정했을 수도 있다(비록 람페가 모든 고려 대상의 사건이 예외적인 상황을 수반한다고 강력하게 주장한 사실 자체가 그가 성령을 받는다는 것에 대한 누가의 기본 개념이 위의 묘사가 암시하는 것만큼 다른 나머지 교회의 개념과 크게 다르지 않다고 생각했음을 암시하지만 말이다). 사실 그의 두 "답변"은 분명히 서로 긴장 관계에 놓여 있다. 람페는 실제로 폰 베어보다 이 긴장을 더 많이 해소시킨 적이 없으며, 오히려 그는 누가 문헌에 나타난 성령을 **주로** 예언과 말씀 선포를

---

50   *Seal*, 65; 참조. 48-52.

위한 능력의 영으로 (적어도 그의 초기 연구에서는) 강조한 것으로 보인다. 이 질문을 더 깊이 다루려면 우리는 누가 문헌에 나타난 성령 주제를 구체적으로 다룬 그의 소논문에 관심을 기울여야 한다.[51] 이 소논문의 중심 주제는 누가의 성령론과 구약 성령론 간의 유사성을 보여주는 것이다. 이러한 틀 안에서 람페는 다시 한번 예수에게 임한 성령과 제자들에게 임한 성령을 서로 비교했고,[52] 이 두 경우 모두 성령은 기적을 행하며 말씀을 선포하는 데 능력을 부어주는 능력의 성령이었음을 보여주었다. 이것은 처음에는 예수를 통해, 그리고 오순절 이후에는 제자들을 통해 표출된 하나님 나라의 능력이다.[53] 누가는 예수를 예언자로 간주했으며, 이 사실은 사도행전 기사에서도 어느 정도는 유사하게 예언의 영으로 묘사되었다.

성령은 회심한 자가 세례와 성령 받음을 통해 경험하는 회개와 용서와 평화와 교제(κοινωνία)를 이루어냈다. 누가는 (행 2:38-39과 요엘의 예언의 인용문에서) 분명히 세례와 성령 받음이 동시적임을 기대한다. 사실 람페는 "세례 의식이 그리스도가 요단강에서 세례를 받을 때 기름부음을 받은 것을 나타낸다면, 성령 받음은 바로 그 세례 개념을 수반한다"고 덧붙였다.[54] 람페의 이러한 논평은 그의 주장의 문맥 안에서 그가 누가 자신이 그렇게 생각했다는 의미로 말했을 경우에만 특별한 의미를 지닌다. 하지만 재차 말하지만, 람페의 초기 연구에서처럼 여기에는 상당 수준의 모호함이 존재한다. 왜냐하면 그는 곧이어 사마리아인들과 사울, 그리고 에베소 제자들의 경우에는 특별한 은사가 수반되는 것으로 말하기 때문이다.

---

51   "The Holy Spirit in the Writings of Saint Luke," in D. E. Nineham (ed.), *Studies in the Gospels* (Oxford: Basil Blackwell, 1955), 159-200.

52   참조. "Spirit," 168: "예수와 관련하여 성령의 이중적 활동이 있었다는 제안은 세례 시 비둘기의 강림이 그의 선교를 위한 특별한 신적 능력인 메시아적 기름부음을 의미할 수 있는데, 이러한 신적 능력은 선교 사역을 위해 제자들이 오순절에 받은 것과 동일한 것이다."

53   "Spirit," 170-71, 183-84, 188, 192-98.

54   "Spirit," 199.

어쩌면 이 세 경우 모두에는 선교 사역의 진행 과정에서 특별한 중요성을 지닌 회심자들에게 선교를 위한 특별한 능력이 주어졌을 수도 있다.…(우리는) 세계 선교 역사 가운데 나타난 세 개의 주요 전환점에서 성령의 새로운 중심 혹은 초점이 성령의 특별한 부어주심을 통해 시작되었다고 추정할 수 있다.…그렇다면 이 일화들은 일반 기독교 신자들이[누가에 의하면?] 경험한 세례와 성령 받음과는 거의 아무런 관련이 없을 것이며, 이 사람들은 모두 예언과 방언의 특별한 **은사들**을 부여받지 않았을 것이다.[55]

여기서 명확하지 않은 것은 이 세 경우가 모두 단순히 신약의 일반 기준에 비추어 볼 때 예외였는지, 아니면 누가 자신의 성령 이해(그리고 성령과 세례의 관계)에 있어서도 예외였는지에 관한 것이다. 람페는 전자를 암시했던 것처럼 보이며, 이 견해가 성령이 요엘서에 약속된 성령이라는 누가의 강조점과 더 일관성이 있는 것으로 나타나지만, 이러한 해결책은 더 큰 문제점에 직면한다. 과연 우리는 어떻게 람페의 이러한 제한적인 주장(이러한 경우들에서와 누가의 일반적인 이해에서 성령이 선교를 위한 특별한 능력 부여라는 주장, 즉 모든 사람이 이 은사를 소유하고 있었던 것이 아니라는 주장)을 요엘이 말한 선물이 보편적으로 부어질 것이라는 사도행전 2:38-49의 강령적인 약속에 대한 누가의 강조점과 조화시킬 수 있는가? 누가는 이러한 보편성을 강조하고자 무척 노력한다. 즉 이 약속은 "너희와 **너희 자녀**와 **모든** 먼 데 사람, 곧 주 우리 하나님이 얼마든지 부르시는 **모든 자들에게**"(2:39) 한 것이다. 람페는 그의 뱀튼 강의(Bampton Lectures["영으로서의 하나님"])에서 이 긴장은 기본적으로 서로 상이한 두 가지 성령 개념을 사용하는 누가에 의한 것이라고 주장하면서 이 난점을 해결한다. 그가 여기서 주장하는 견해가 "일반적인 그리스도인의 삶"에서 나타나는 성령에

55   "Spirit," 199-200.

훨씬 더 큰 비중을 두기 때문에 우리는 이 견해를 누가가 성령의 선물에 구원론적인 기능을 부여한다고 생각하는 다른 저자들과 함께 아래(§6)에서 다룰 것이다.

람페의 초기 연구는 다음과 같이 세 가지 주요 쟁점을 부각시킨다. (i) 누가의 성령 이해에서 나타나는 구약의 특징(예언의 영으로서); (ii) 성령을 "선교를 위한 능력 부여"로 보려는 누가의 경향; (iii) 성령의 선물에 대한 누가의 견해와 "그리스도인의 매일의 삶" 간의 다소 빈약한 연관성. 이 마지막 포인트는 누가의 구원론에서 성령의 선물이 지닌 의미를 매우 예리하게 지적한다. 따라서 다수의 저자들은 만약 누가가 성령을 예언의 영으로 간주했다면 그에게 있어 성령은 구원론적인 의미와 거의 상관이 없는 것 같다는 느낌을 받는다.

5. 오직 예언의 영으로서의 성령의 선물—누가 문헌에는 성령의 구원론적인 기능이 없음(E. 슈바이처, R. 스트론스태드, R. P. 멘지스)

이 저자들은 누가에게 있어 성령은 그 무엇보다 예언의 영이라는 람페의 주장을 논리적인 결론에까지 발전시킨 이들이라고 할 수 있다.

(A) **에두아르트 슈바이처**의 주요 주장은 1956년에 *TWNT*에 수록된 그의 소논문에 잘 나타나 있다.[56] 누가-행전 관련 단원은, 비록 네 가지 중요한 차이점이 있지만, 람페의 저서에 지대한 영향을 받은 것으로 보인다. 첫째, 폰 베어와 람페가 예수에게 주어진 성령의 선물과 제자들

---

56 "πνεῦμα, κτλ," *TWNT*, VI, 394ff.; "The Spirit of Power: The Uniformity and Diversity of the Concept of the Holy Spirit in the New Testament," *Int* 6 (1952), 259-78; *The Holy Spirit* (London: SCM Press, 1981).

에게 주어진 성령의 선물 간의 유사성을 강조했다면, 슈바이처는 누가가
자신이 묘사한 제자들과 성령의 관계와 예수와 성령의 관계 사이에 어느
정도 **거리를 두기 위해** 후자의 그림에 변화를 주었다고 주장했다. 예수
는 마가복음에서처럼 성령에 의해 광야로 내몰리지 않고(1:12), 오히려(막
4:1, 14에 대한 누가의 편집에 의하면) 성령 안에서 이루어지는 행동의 주체가
된다. 예수는 그의 사역 기간 동안 영적인 사람(pneumatic)으로 묘사되지
않고, 영(*Pneuma*)의 주(Lord)로 묘사된다. "요단강에서 행해진 세례와 오순
절의 이야기가 결코 서로 융합되지 않았다는 사실은 누가에게 있어 예수
에게 임한 성령이 공동체에 임한 성령과는 다른 차원의 것임을 (추가적으
로) 암시한다."[57]

둘째, 폰 베어 및 람페와는 달리 슈바이처는 누가-행전에 나타난
성령은 기적의 원천이 아니라 오직 말씀의 원천이라고 주장한다. 그는
누가가 성령이 자신을 가시적으로(예를 들어 3:22에서 비둘기 "형체"로 나타
난 것) 나타내는 존재임을 보여주는 데 관심이 있다는 점에서 헬레니즘적
인 특징을 나타낸다고 주장하지만, 그럼에도 그는 이러한 헬레니즘은 어
느 정도 완화된 모습을 보인다는 주장을 펼친다. 이는 "누가가 성령은 전
형적으로 예언의 영이라는 유대교적 개념을 채택하기 때문이다."[58] 누가
는 아무튼 그의 자료를 이 개념과 조화를 이루는 방식으로 배치한다. 예
를 들어 그는 성령 훼방에 관한 말씀(눅 12:10-11)을 축귀 과정에서 나타
나는 하나님의 능력과 더 이상 아무런 상관이 없고(참조. 막 3:28-30), 주

---

57   *TDNT*, VI, 405. 또한 *Spirit*, 57과도 비교하라. "누가는 의도적으로 예수의 행동을 강
      조하고 유일하게 성령을 소유한 자로서 예수를 거의 공처럼 어떤 설명할 수 없는 능력
      에 의해 튕겨 다닐 수 있는 다른 모든 구약 및 동시대 예언자들과 구별하고자 노력한
      다. 이 성령은 예수에게 어떠한 주도권도 허락하지 않는 초인적인 능력이 아니다. 예
      수 자신, 곧 그가 말하고 행동하는 것이 모두 하나님의 현존이다. 그 안에서 하나님의
      구원의 시대가 다가오고 있는 것이다. 그의 삶과 선포가 하나님의 현존이라는 사건이
      다.…이런 이유에서 누가는 예수 안에 나타난 성령의 행동을 예수의 복음 선포 배후에
      있는 능력으로 인식한다(4:18, 14-15)."

58   *TDNT*, VI, 407.

로 예수의 증인들이 영감을 받아 전하는 말씀에서 분명하게 나타나는 하나님의 능력으로서의 성령에 관심을 두는 문맥에 배치한다.[59] 슈바이처에 의하면 이것은 "χαρίσματα ἰαμάτων(치유의 은사)과 원시 공동체의 공통된 삶과 같이 강한 윤리적 영향력을 πνεῦμα(성령)에 귀속시키는 것을 막는" 유대교의 예언의 영 개념을 누가가 채택했음을 보여준다.[60] 그가 유일하게 성령에게 귀속시키는 기적은 방언과 예언(슈바이처에 의하면 이것은 설교를 포함함) 등 말과 관련이 있는 것들이다.

셋째, 성령을 예언의 영으로 보는 누가의 견해의 필연적인 결과로서 성령은 신자의 존재를 전적으로 형성하지 않으며,[61] 누가도 결코 믿음이나 구원을 성령에게 귀속시키지 않는다. 성령은 오히려 이미 회심하고[62] 세례를 받은 자들에게 주어진다. 성령은 선교라는 특정 임무를 수행하기 위한 능력이다.[63] 누가에게 있어 종말론적인 공동체는 예언자들의 공동체

---

59 *TDNT*, VI, 407-408.

60 *TWNT*, VI, 407. 사실 *TDNT*, VI, 409는 이와 정반대되는 견해를 Schweizer의 것으로 돌린다. "이것은 그가…을…에게 돌리는 것을 막지 않는다." 그는 이어서 다음과 같이 말한다(*Spirit*, 58-59). "성령은 분명히 '위로부터 내려오는 능력'(눅 24:49; 참조. 1:17, 35; 4:14)이다. 그러나 누가는 일관되게 이 둘을 구분한다. 기적과 관련하여 누가는 하나님의 '영' 대신 하나님의 '능력'을 언급한다. 누가는 성령의 활동을 기적 행함과 매우 밀접하게 연결시키기를 원치 않는다. 바로 그런 이유에서…바알세불 논쟁에서 마태가 하나님의 성령을 언급한 데 비해 누가는 여전히 전통적인 어구인 '하나님의 손가락'을 사용한다(눅 11:20). 어쩌면 누가는 기적 행함을 성령과 너무 밀접하게 연관 짓는 것을 다소 불편하게 생각했을 수도 있다. 성령은 인간에게 역사할 때 심지어 육신의 단계에까지 내려올 수 있는 것이 사실이다. 그러나 성령은 직접적으로 붙잡을 수는 없다. 따라서 우리는 모든 기적을 무작정 성령의 사역으로 간주할 수는 없다. 성령은 무엇보다도 명백하게 그리스도를 가리키는 말(word)이 있는 곳에서 우선적으로 경험된다. 기적적인 치유와 이와 유사한 현상은 전적으로 다른 '능력' ― 심지어 하나님과 상반되는 능력(10:9) ― 으로부터 기인할 수 있다. 이런 이유에서 기적은 명시적으로 예수의 이름으로 행해져야만 한다(행 4:30; 9:34; 16:18; 19:13)."

61 *TDNT*, VI, 412.

62 *Spirit*, 73-74을 보라.

63 *TDNT*, VI, 412; 참조. *Spirit*, 77, 여기서 Schweizer는 전통적인 오순절 입장과 아주 가깝다: "사실 사람들의 마음을 여는 분은 주님이시다 (3:16; 16:14). 그러나 누가는 그리스도를 더 많이 생각하는데 이유는 그리스도가 설교 속에서 사람에게 다가가 회개하

이며, 그런 측면에서 구약과는 달리 πνεῦμα는 거의 독점적으로 예언적 행동으로서 경험된다.[64] 따라서 람페는 누가가 성령의 예언적 역할을 단순히 성령의 사역이라는 광범위한 이해 속에서 강조하는 반면, 슈바이처는 누가의 성령 개념을 **단적으로**(*simpliciter*) 예언의 영으로 규정한다고 볼 수 있다.

넷째, 이것은 슈바이처의 연구에서 긴장이 가장 잘 드러나는 부분인데, 여기서 그는 구약의 성령 개념과 누가의 성령 개념 간의 가장 큰 차이점이 바로 공동체의 모든 구성원이 성령을 소유하고 있고, 이것은 (일반적으로) 세례를 통해 중재된다는 점이라고 주장한다.[65] 그런데 만약 누가가 (슈바이처가 주로 좋은 소식을 선포하는 능력으로 이해하는) 예언의 영을 그렸다면, 그는 왜 이것이 보편적인 선물이라고 주장하고, 또 왜 이것은 회심/입문과 이토록 밀접하게 연관되어 있는가? 심지어 예언이 의미상 모든 종류의 선교를 위한 말씀 선포로 확대될 때에도 교회 안에서 그것을 수행하는 사람의 합계는 전체의 수보다 훨씬 적었을 것이며, 그러한 선물은 회심 때보다는 영적으로 성숙한 상태에서 더 적절하게 받았을 것으로 보인다. 아무튼 슈바이처가 우리에게 말해줄 수 있는 것은 다음과 같다.

> 그들[공동체]에게는 하나님이 살아 계신다는 확신이 있었고, 또 선교에 대한 초기 교회의 강조가 매우 강했기 때문에 그들은 매일의 삶에서, 계명을 지키는 삶 가운데, 그리고 많은 실천적인 질문에 대한 올바른 결정을 내려야 하는 상황에서 필요한 성령의 폭넓은 사역을 거의 고려하지 않았다.[66]

고 돌아서기를 요구하기 때문이다. 한편 성령은 신자들로 하여금 예수 그리스도의 선포자가 되게 하는 능력이다."

64   *TDNT*, VI, 408, 412.
65   *TDNT*, VI, 413-14; *Spirit*, 75-78.
66   *Spirit*, 78.

이것은 충분한 설명이 되지 못한다! 폰 베어의 딜레마가 수정된 모습으로 다시 우리 앞에 등장한다. 만일 누가에게 있어 성령을 받는 것이 본질적으로 선교를 위한 능력 부여라면, 이 사실은 그 선물의 보편성과 이 선물의 회심/입문과의 연관성에 대한 누가의 주장을 위협하지는 않는가?(그리고 또 역으로도) 그리고 누가가 "성령은 예언의 영이라는 전형적인 유대 개념"을 물려받았다는 슈바이처의 주장 또한 폐지되어야 한다. 과연 유대인들은 정말로 성령을 **전형적으로** 말씀 선포의 능력으로 생각했는가? 아니면 성령은 신탁의 내용을 알려주는 계시와 지혜의 계시, 그리고 사람의 마음을 통찰하는 말씀의 계시의 수단에 불과한 것인가?(아래의 3장을 보라)

(B) **로저 스트론스태드**의 짧지만 인상적인 저서는 오순절 학자들이 누가 연구에 입문하는 길을 열어주었다.[67] 스트론스태드는 지도자가 후계자에게(모세가 장로들에게, 그리고 엘리야가 엘리사에게) 은사적인 성령을 물려주는 구약의 배경에 근거하여 누가의 성령론을 해석했다. 그는 예수에게 임한 성령을 주로 예수의 전체 사역(기적을 포함하여)에 능력을 부여하는 예언의 영으로(눅 4:18-21, 24; 참조. 타르굼 사 61장), 그리고 "오순절 내러티브를 은사적인 성령이 예수로부터 제자들에게로 옮겨가는 이야기로" 보았다(49). 그는 누가가 성령과 관련하여 사용한 70인역의 용어는 대부분 구약의 초기 내러티브에서 은사적인 성령을 묘사하는 본문, 특히 요엘 3:1-5(LXX)과 예언이 회복되기를 소망하는 본문에서 유래했다고 주장했다. 스트론스태드에 의하면 누가의 개념은 내적 갱생(에스겔)을 일으키는 성령에 관한 유대 전승에 빚을 지고 있지 않을 뿐만 아니라, 오순절 기사도 *Pesaḥim* 68b이나 칠칠절이 율법 수여와 연관된 것에서 유래하지 않는다. 스트론스태드는 오순절 기사가 예언자 모세에게 임한 성령이 예언을 말하는 장로들에게 임했음을 설명하는 민수기 11:10-30과 더욱

---

67   R. Stronstad, *The Charismatic Theology of Saint Luke* (Peabody: Hendrickson, 1984). 이 책은 원래 1975년 리젠트 대학의 석사학위 논문에서 시작되었다.

더 밀접하게 연관되어 있다고 주장했다. 따라서 사도행전(4장)은 민수기 11:29에 나타난 소망에 대한 성취를 묘사한다. "오순절 날에 임한 은사적인 성령의 선물은 하나님의 종말론적 백성의 경험에 있어 전형적이다. 보다 더 구체적으로 말하자면 그들은 이제 예언자가 되었다. 그들은 은사적 공동체가 된 것이다"(61). 하지만 이것은 교회의 생일이 아니다. 이러한 잘못된 "해석은 이스라엘과 예수와 교회의 시대 간의 불연속성을 강조하거나, 또는 성령의 선물에 은사적인 특성보다는 구원론적인 특성을 부여하는 데서 비롯된다"(62). 오순절은 오히려 교회가 예언자적인 소명과 선교를 위한 능력을 부여받은 날이다(5장을 보라). 따라서 비록 누가가 모두에게 성령을 약속하지만, 그는 성령을 세례와 결속시킬 필요가 없다 (따라서 행 8, 9, 10, 19장은 모두 아무런 문제가 없다).

"은사적인 성령"을 "하나님을 위한 봉사를 위해 개별적으로 또는 공동체적으로 그의 종들에게 기름을 붓고 능력을 부여하거나 또는 영감을 부어주는 하나님의 영의 선물"(13)로 보는 스트론스태드의 견해는 얼핏 보기에 슈바이처(또는 멘지스)의 "예언의 영"보다 그 범위가 훨씬 더 광범위해 보인다. 따라서 그의 입장은 아래의 §7에 속한 다른 학자들과 함께 다루는 것이 적절해 보이지만, 실제로 그는 오직 교회 안에서 이루어지는 이 선물의 예언/증언의 역할에 관해서만 다룬다. 그의 주장 가운데 대부분은 이미 멘지스에 의해 채택되고 또 정교하게 수정되었기에 우리는 여기서 스트론스태드의 연구를 따로 구별하여 비평하지 않을 것이다.

(C) **로버트 멘지스**의 공헌은 1991년에 『누가-행전에 나타난 초기 교회 성령론의 발전』(*The Development of Early Christian Pneumatology with Special Reference to Luke-Acts*)이라는 제목으로 출간된 그의 탁월하고, 간결하며, 철저하고, 또 매우 인상적인 그의 아버딘 대학교 학위 논문에서 나타난다.[68]

---

68   Menzies는 본서와 동일한 시리즈에서 바울 부분을 생략하고 "중생 이후의 성령 세례" 와 "방언"이라는 신학적인 주제를 추가적으로 다룬 장들을 포함하여 약간 수정되고 축

이 논문은 슈바이처의 통찰을 논리적으로 발전시킨 것이지만, 각 항목에 대한 상세한 논증은 물론, 누가의 전체적인 그림을 유대교에서부터 바울 이후의 교회에 이르기까지 그 안에서 나타난 성령론의 발전이라는 보다 더 일반적인 구조 안에 배치함으로써 더욱 설득력 있는 논증을 펼친다.

요컨대 그의 입장은 다음과 같다. 신약 이전의 디아스포라 유대교와 팔레스타인 유대교는 모두 사실상 에스겔 36장을 무시했고(또는 재해석했고), 거의 항상 성령을 계시나 영감을 받은 말씀(메시아에 관한 것이든 혹은 하나님의 백성에 관한 것이든 간에)의 능력이나 혹은 (아주 드물게) 기적의 능력으로 생각했다. 따라서 성령의 선물은 "부차적 은사"(donum superadditum)였지, 하나님과 올바른 관계를 맺고 살면서 영생을 얻는 데 필요한 선물이 아니었다. 우리는 오직 솔로몬의 지혜서와 1QH에서만 성령이 주시는 구원의 지혜가 반드시 필요한 인류에 대한 비관적인 견해를 발견한다 (Development, 52-111). 이와 마찬가지로 세례 요한이나 예수도 성령의 선물을 내적인 윤리적 갱생으로 인식하지 않았다. 세례 요한이 말한 "성령과 불의 세례"는 메시아가 성령의 영감을 받은 그의 말씀으로 이스라엘을 가려내고 심판(에녹1서 49:3; 62:2; 솔로몬의 시편 17:26-37; 1QSb 5:24-25)하는 것을 가리켰다(135-45). 예수와 그리고 누가 이전의 초창기 교회에 성령은 말씀 선포의 능력이자 그의 놀라운 사역을 위한 능력이었던 반면, 예수의 부활 이후에 제자들에게 있어 성령은 그리스도인들에게 예수를 증언하도록 부어진 예언의 영이자 능력이었다. 바울 이전 전승 그 어디에서도(J. S. Vos는 예외)[69] 성령이 단도직입적으로 구원을 위한 필수 조건

소된 버전을 *Empowered for Witness: The Spirit in Luke-Acts* (Sheffield: JSOT Press, 1994) 라는 제목으로 출간하기도 했다.

[69] 롬 1:3-4에 등장하는 κατὰ σάρκα/κατὰ πνεῦμα ἁγιωσύνης(육신으로는/성결의 영으로는) 대조는 바울 이전의 것이며(예를 들어, E. Schweizer, "Röm. 1,3f, und der Gegensatz von Fleisch und Geist vor und bei Paulus," *EvT* 15 [1955], 653-71; H. Schlier, "Eine christologische Credo-Formel der römischen Gemeinde," in H. Baltensweiler and B. Reicke [eds.], *Neues Testament und Geschichte* [Zürich: Theologischer Verlag, 1972],

으로 인식된 적이 없다. 이러한 혁신은 솔로몬의 지혜서로부터 바울이 이 끌어낸 것인데, 이는 지혜서 9:9-18과 고린도전서 2:6-16 및 갈라디아 서 4:4-6 사이에 존재하는 독특한 유사성에 의해 입증된다. 하지만 바울 의 견해는 누가-행전이 완성되기까지는 널리 영향력을 행사하지 못했다 (공관복음 전승에 아무런 인상을 주지 못함, 요한과는 대조적으로).[70]

한편 누가는 단순히 바울 이전의 성령 개념에 머물러 있었지만, 기적 을 성령에게 귀속시키지 않는 옛 유대교 관점을 견지하면서 성령이 예언 의 영(그는 이것을 거의 독점적으로 그리스도를 증언하는 예언자적 소명이라는 관 점에서 해석함)임을 강조한다. 따라서 누가는 조심스럽게 세례 기사(3:21- 22)를 나사렛 설교(4:1, 14의 다리를 놓는 편집 기법을 활용하면서)에 접목시키 고, 이로써 전자는 이사야 61:1-2의 예언의 영으로 해석된다.[71] 또한 그 는 성령이 기적을 행하는 것으로 간주되지 않게 하려고(누가는 이것을 헬레

207-18; J. D. G. Dunn, "Jesus-Flesh and Spirit: An Exposition of Romans 1.3-4", *JTS* 24 [1973], 40-68; 참조. 그의 *Romans, ad. loc.*을 보라), "성결의 영으로는"이라는 어구도 그리스도인의 존재의 능력에 대한 언급으로서(예수의 부활을 가능케 한 능 력이 아님; 참조. Linnemann에 반대하는 Vos, *Untersuchungen*, 80) 일차적으로 성령 의 구원론적인 이해를 함축하고 있다는 점은 비교적 널리 주장되어왔다. 더 나아가 Vos(*Untersuchungen*)는 고전 6:9ff; 갈 5:19-24; 고전 15:44-50이 모두 성령을 구원 론적 기능을 수행하는 것으로 이해하는 전통적인 세례 문답용 진술을 포함하고 있다 고 주장했다. 그는 성령이 내적인 갱생을 위한 능력으로 주어진다는 일반적인 유대 교 신앙의 관점에서 이와 같은 견해를 설명한다. 예. 시 51; 겔 36; 사 44:1-51; 1QS 2:25-3.12; 3:13-4:26. Menzies(*Development*, 290-94)는 Vos의 견해에 대항하면서 롬 1:3-4에 등장하는 육신-성령에 대한 대비는 **바울의 것**이며(이것이 그의 논증 가 운데 가장 설득력이 없는 부분임), Vos가 제시한 바울 이전의 세례문답용 본문은 바울 이전의 것이 아니며(적어도 성령에 대한 언급과 관련해서는), Vos가 자신이 지적한 구 약 인용(이에 비해 1QS는 하나님의 영을 부어주는 것에 관한 것이 아니라 인간론적인 "영"의 갱생에 관한 것이다)을 유대교에서 어떻게 이해했는지에 대해 거의 관심을 보이 지 않았다고 주장한다.

70   *Development*, 317-18. Menzies가 바울의 성령론을 다루는 부분(그리고 성령의 구원론 적인 이해를 위해 솔로몬의 지혜서에 의존하는 부분)은 그의 논증 가운데 가장 취약한 부분이다. Fee, *Presence, passim*(특히 913-15).

71   Von Baer의 주장을 발전시키는 *Development*, 8장; 참조. Turner, "Luke and the Spirit," 42-85; "Jesus," 11-35.

니즘의 방식을 따라 "능력"[δύναμις]에 귀속시킴) 나사렛 설교의 인용 부분에서 마음이 상한 자를 치료하는 내용을 제거한다(66-71). 이와 비슷한 맥락에서 그는 성령이 축귀의 능력이라는 견해를 회피하기 위해 "하나님의 영으로" 귀신을 내쫓는 예수의 축귀 이야기에 관한 Q 어록(마 12:28)을 "하나님의 손가락으로" 귀신을 내쫓는 이야기(눅 11:20)로 바꾸고,[72] "성령 훼방죄"에 관한 어록을 박해/고난의 상황에서 성령의 감동을 따라 증언하는 데 실패한 것에 대한 언급으로 재해석하기 위해 이 문맥(마가복음과 Q에서는 바알세불 논쟁의 일부임)을 다시 수정한다.[73]

누가복음과 사도행전(눅 24:46-49과 행 1:4-8)을 서로 연결하는 편집 과정을 통해 교회에는 이스라엘의 예언자적인 역할이 부여되고(참조. 사 49:6), 교회는 이를 위해 "위로부터 오는 능력"과 예수가 "보낼" "아버지의 약속"을 받아야 하는데, 이 모든 것은 곧 증언하게 하는 능력(1:8)이자 세례 요한의 약속의 성취(1:5)이며, 2:33, 39에서(그리고 누가가 "하나님이 말씀하신다"라는 어구를 삽입한 2:17에서) 예수가 "보낼" 아버지의 약속과 동일시되는 요엘의 "예언의 영"(2:17ff.)으로 나타난다. 우리는 누가가 성령의 선물을 요엘의 관점(3:1-5 LXX = 2:28-32)에서 해석하고, 증언을 위한 능력을 부여하기 위해 교회에 부어진 예언의 영으로 해석한다는 것을 전혀 의심하지 않는다. 따라서 여기서 "약속"의 언어를 창세기 17장과 에스겔 36장, 그리고 예레미야 31장에 나타나 있는 언약의 관점에서 해석하려는 던의 시도는 단순히 누가 자신의 증거를 무시하는 것이다(198-204).

오순절 기사에서 누가는 요엘서 인용문에 "그리고 그들이 예언할 것이요"(행 2:18)를 덧붙임으로써 이 선물의 예언자적 성격과 주어진 방언의 예언자적 성격을 강조한다. 그는 또한 "열방 목록"(2:9-11)을 덧붙임

---

72 *Development*, 185-90.

73 Leisegang, von Baer, 그리고 George의 주장을 따르면서도 이를 발전시키는 *Development*, 190-97.

으로써 그 선물의 선교론적 의미(참조. 행 2:5)를 강조한다(211). 하지만 그는 (뒤퐁과 던에서부터 슈바이처와 터너에 이르는 대다수의 학자와는 대조적으로) 오순절을 새 시내산 사건으로 둔갑시키지 않고, 예수의 승천(2:33)을 모세의 경우와 평행을 이루도록 유도하지도 않는다. 문학적으로 (2:33에서) 시내산과 시편 68편을 암시한다는 추론은 전혀 설득력이 없다(이는 너무 일반적이거나, 너무 늦은 시기의 것이거나 또는 지나치게 추론적임). 따라서 오순절의 성령이 그리스도의 새로운 율법이 지닌 능력이라는 주장은 전혀 근거가 없다(229-44). 누가의 초점은 요엘의 약속, 곧 계시와 환상을 보는 현상과 영감을 받은 연설―그리고 선교를 위한 능력―을 통해 경험되는 예언자적 성령에 맞추어져 있으며, 그는 사도행전 2장과 이어지는 본문에서 오직 여기에만 초점을 맞춘다. 누가는 그 어디에서도 성령을 세례와 직결시키지 않으며, (던과는 대조적으로) 단도직입적으로 성령 없는 참된 신자들(행 8장과 행 19장에 등장하는 에베소 제자들)을 상정한다. 비록 그들이 곧바로 안수와 성령 받음을 통해 이와 동일한 예언자적/선교적 소명을 받게 되지만 말이다(245-77).

이에 관해서는 내가 동의해야 할 부분이 많으며, 요엘서의 약속(예언의 영으로서)이 유대교의 기대와 사도행전을 올바르게 이해하는 데 얼마나 중요한지는 결코 부인하기 쉽지 않다.[74] 그럼에도 여전히 몇 가지 질문이 남는다. 첫째, 우리는 멘지스가 유대교에서 기대하던 성령의 윤리적인 영향력과 유대교에서 성령을 능력의 행위의 원천으로 인식한 수준을 과소평가하지 않았는지 물어야 한다. 둘째, 우리는 누가가 성령을 능력의 행위의 직접적인 원천으로 보는 초기 기독교의 견해를 거부했다고 주장하는 동기가 무엇인지 질문할 필요가 있다. 누가가 단순히 보다 이른 시기의

---

74   Turner, "Luke and the Spirit," 2, 4, 5장; "Spirit Endowment," 57-60; "The Spirit of Christ and Christology," in H. H. Rowdon (ed.), *Christ the Lord* (Leicester: Inter-Varsity Press, 1982), 179-81; "Spiritual Gifts: Then and Now," *VoxEv* 15 (1985), 39-41.

유대교 개념으로 회귀했다는 멘지스의 주장은 질문을 다시 설정하는 것이지, 이에 대한 설명이라고 할 수 없다. 게다가 멘지스가 누가가 성령을 (헬레니즘적인 성향의) δύναμις 자료[75]의 원천(이로써 성령과 기적 간의 완충 장치의 역할을 하는)으로 보고(122-28), 또 누가가 예언의 영을 주로 증언을 위한 능력으로 해석한다고 주장한다는 점에서 더더욱 그러하다. 이러한 모티프 가운데 그 어느 것도 독특한 예언의 영을 더 선호하는 유대교 개념을 기대했다고 볼 수 없다! 셋째, 우리는 또한 "누가의 성령론에는 구원론적인 측면이 완전히 부재하다"는 멘지스의 판단에 정당성을 부여할 만큼 성령이 온전히 선교만을 위해 주어졌는지 질문을 던져야만 한다(316).

> 누가의 관점에서 제자들은 성령을 정화의 원천으로, 혹은 율법을 지킬수 있는 새로운 능력으로 받지 않았을 뿐만 아니라, 하나님과 그들(개개인)을 연결하는 필수적 결속으로나, 또는 장차 올 구원의 맛보기로서도 성령을 받지 않았다. 오히려 제자들은 자신들을 효과적으로 교회의 선교 계획에 참여하게 하는 예언자적인 부차적 은사(*donum superadditum*)로서 성령을 받았다. 그러므로 **이 선물은 주로 타인의 유익을 위해 받는 것이다**(279, 강조는 덧붙여진 것임).

성령의 선물이 구원 공동체에 주어진다고 말하는 것(316-17)과 그 선물이 주로 그것을 받는 자의 유익보다는 타인을 위해 주어진다고 말하는 것은 서로 다른 의미다. 특히 그 타인이 주로 공동체 밖에 있는 자로 이해될 때에는 더더욱 그러하다. 우리는 이러한 주장이 오직 다음과 같이 의문의 여지가 있는 두 가지 방법을 통해서만 유지될 수 있다고 생각한다. 즉 (a) 누가의 글에 나타나는 "구원"을 죄 사함을 받고 신자들이 공동체 안으로 들어오는 것이 필연적으로 따라오는 그리스도에 대한 초기의 믿음으로

---

75   *Development*, 특히 197, n. 1; 참조. 122, n. 2; 126, n. 1.

한정함으로써, 그리고 (b) 교회 지향적인 성령의 활동을 무시함으로써다.

6. 누가의 성령을 예언의 영과 구원론적인 영의 결합으로 보는 이론(크레머, 람페[1976], 쉘튼, 김희성, 던[1994])

많은 학자들은 이미 예언의 영의 개념—특히 "예언의 영"이 거의 전적으로 "선교를 위한 능력 부여"로 해석된다면—이 누가의 성령 개념을 설명하기에는 지나치게 협소한 기반을 제공한다는 점을 인지했고, 이는 그리 놀라운 일이 아니다.

누가가 성령을 기본적으로 예언의 영으로 이해한다는 주장이 여전히 우세하지만, 이러한 한계를 극복하기 위한 방안으로 다양한 방법들이 동원되었다. 이러한 방법들은 크게 두 가지 유형으로 나뉜다. 한 가지 방법(본 단원에서 다룰 것임)은 누가가 요엘의 선물과 보다 더 근본적인 성령의 구원론적인 선물을 서로 긴장 관계로 남겨 두면서도 이 둘을 서로 결합시켰다고 주장하는 것이다(예. 전형적으로 겔 36장의 경우). 또 다른 방법(§7에서 다룰 것임)은 성령에게 귀속되는 모든 상이한 활동을 예언의 영이라는 광범위한 개념으로 설명하는 것이다. 예를 들면 "은사적인 성령"으로 말이다.

첫 번째 방법을 채택한 전형적인 학자로는 크레머, 람페(1976), 쉘튼, 김희성, 던(1994) 등을 꼽을 수 있다.

(A) **야콥 크레머**의 『오순절 기사와 오순절 사건』(*Pfingstbericht und Pfingstgeschehen*)은[76] 어떤 특정한 논지를 다루는 단행본이기보다는 본질적으로 사도행전 2:1-13에 대한 주석적인 연구서라고 할 수 있다. 하지만

---

76   J. Kremer. *Pfingstbericht und Pfingstgeschehen: Eine exegetishe Untersuchung zu Apg 2:1-13* (Stuttgart: KBW, 1973).

그의 저서는 누가-행전에 나타난 성령 받음의 근본적인 의미를 정확히 파악하는 데 어려움을 겪는 현대 학자들의 고충을 탁월하게 보여준다. 크레머는 오순절에 주어진 성령은 온 세상에 예수를 선포하는 능력을 부여하는 성령이라고 주장하며,[77] 심지어 신약에서 일반적으로 성령과 연관이된 사역—새 창조, 성화, 아들 됨 등—이 사도행전에서는 성령에게 귀속되지 **않는다**고 말한다.[78] 하지만 이러한 주장은 그에게 성령의 약속의 보편성의 문제를 안겨준다(2:28-39). 결국 그는 이러한 예언의 영이라는 "왜곡된" 개념을 받아들이지 않고, 능력으로서의 성령과 구속과 "생명"의 표지와 수단으로서의 성령 간의 연결고리를 찾으려고 노력한다.[79] 그가 제시하는 유일한 연결고리는 요엘 3:1에서 사용된 ἐκχέω("붓다") 동사가 에스겔 36:25-26의 정결하게 하는 물을 환기시킨다는 점과, 이것이 순차적으로 성령이 고넬료의 가정에 "부어졌다"는 진술(행 10:45)과 이로부터(5장 이후에) 나온 결론인 하나님이 믿음으로 "그들의 마음을 깨끗케 하셨다"는 진술(15:9) 간의 연결고리를 유도했다는 점이다.[80] 만일 이러한 연결고리들이 타당하다면 이 방법은 누가가 성령을 요엘 3:1-5의 관점에서뿐만 아니라 (신학적으로 상당히 다른) 내적 갱생을 위한 능력으로서의 성령에 대한 에스겔의 약속의 관점으로도 이해했다고 주장할 수 있는 근거를 마련하게 된다.[81] 하지만 이러한 언어적·개념적 연관성은 요엘 3장에서부터 에스겔 36장까지를 모두 아우르는 신학적 결합을 담아내기에는 너무나도 취약하다. 에스겔 36장의 "물"은 성령의 선물에 대한 상징이 아니라 이에 앞서 나타나는 정화를 상징하며, "부어지는"(ἐκχέω) 것이

---

77   *Pfingstbericht*, 180-90.

78   *Pfingstbericht*, 185.

79   *Pfingstbericht*, 197; 참조. 179, 199-202, 220.

80   *Pfingstbericht*, 185.

81   *Pfingstbericht*, 196-97, Kremer는 성령의 두 가지 개념 — 사도들의 메시아적 기름부음 받음과 신자들의 일반적인 은사 — 이 서로 쉽게 연결되지 않는다는 것을 잘 알고 있다(220).

아니라 "뿌려지는"($\dot{\rho}\alpha\nu\tau i\zeta\omega$) 것이다. 사도행전 10:45에서 소개되는 $\dot{\epsilon}\kappa\chi\dot{\epsilon}\omega$ 동사는 에스겔서를 상기시키기보다는 10:47의 베드로의 선언, 즉 이방인들이 "우리가 했던 것처럼" 성령을 받았다는 사실을 뒷받침해준다(참조. 11:15 "처음 우리에게 하신 것과 같이"). 즉 이는 오순절에 제자들이 받았던(그리고 약속된) 것과 동일한 선물(모든 육체에게 "부어진" 요엘의 선물)로서 고넬료에게 임한 성령을 나타내기 위함이다.

크레머가 오순절에 부어진 성령과 구원의 성령 간의 연결고리를 찾아 이를 하나의 선물로 규정하고자 부단히 노력했다는 사실은 그가 서로 다른 문맥에서 서로 다른 의미를 성령을 받는 것에 부여할 수 있음을 지적한 것을 고려하면 더욱더 괄목할 만하다.[82] 따라서 구원의 성령은 "성령의 선물을 받는다"는 표현이 의미하는 것과는 다른 차원에서 활동하는 성령이었다고 주장할 수 있는 길이 그에게 열려 있었지만, 그는 그 길을 택하지 않았다. 그 대신 그는 본질적으로 서로 다른 두 가지 개념을 성령의 한 가지 선물로 결합하려고 했다. 그리고 그의 이러한 시도는 누가가 성령을 에스겔의 약속의 성취로 이해했다는 증거가 얼마나 빈약한지를 잘 보여준다.

(B) 람페의 1976년도 뱀튼 강의(Bampton Lectures)는 기독론과 성령론의 관계에 대한 탁월한 연구가 이를 뒷받침하며, 거기서 그는 이러한 문맥 안에서 누가의 성령론이라는 주제로 되돌아온다.[83] 누가의 복잡한 입장은 두 가지 요소를 통해 이해될 수 있다. 첫째, 람페는 그 이전과 같이 누가가 예언의 영으로서의 성령에 대해 깊은 관심을 갖고 있었다고 주장

---

82 예를 들어 요단강에서의 예수와 관련하여 그는 "(누군가가) 성령을 받았다는 것에 대해 언급하는 것은 이를 받은 자가 이미 이 성령을 소유하고 있다는 것을 배제하지 않는다"라고 말한다. 그는 이어서 "만약 누가가 서로 연관되어 있는 구원-역사적인 의미를 요단강 사건과 예루살렘의 오순절 사건에 부여한다면, 서로 공통된 용어에도 불구하고, 이 성령은 두 경우 동일한 인물에게 임한다는 결론에 도달하지 않는다"(211).

83 *God*, 64-72.

한다. 그는 종종 이 선물이 보편적으로 경험되는 것이라는 인상을 주지만, 누가 자신은 이에 한계를 부여한다. 면밀하게 살펴보면 오직 선교의 전환 점에서만 성령을 받는 것이 예언과 방언 말함을 동반하지만, 누가는 다른 곳에서 "예언자들"(그리고 특별히 영감을 받은 다른 사람들)을 일반 그리스도 인과 구별한다는 사실을 알게 된다(65-67). 둘째, (그리고 이것은 람페가 누가 를 설명하는 새로운 요소임) 람페는 누가도 보다 더 근본적인 차원에서 성령 의 선물을 인식했다고 주장한다. 초창기 공동체는 성령의 인 치심과 성령 이 주시는 기쁨을 보여준다. 오순절 기사의 중요성은 그 예언의 약속에 있다기보다는 유대교의 시내산 전승과 병행을 이룬다는 데 있고, 이로써 복음 선포에 영감을 불어넣어주고 능력을 부여하는 성령이 율법을 대체 하였다는 사실을 증언하는 데 있다(68). 따라서

> 초기 교회에 대한 누가의 이야기는…요엘에 기초한 그의 제안, 곧 초기 교회가 예언자들의 공동체가 되기 위해 형성되었다는 점을 입증하는 데 실패한다. 그들 안에서 나타난 예언과 방언의 은사가 성령 시대의 도래 를 알리는 것은 아니었다. 누가의 신학에 함축되어 있는 보다 폭넓은 의 미에 의하면 하나님의 영에 대한 그리스도인의 경험의 새로움은 특별한 은사의 소유에 있는 것이 아니라, 승귀하신 주님으로부터 유래한다는 데 있고…그의 주님 되심과 메시아 되심을 증언할 수 있는 능력과 영감으로 임한다는 데 있다(69).

이 시점에서 혹자는 람페가 예언의 영(너무 협소하게 인식한)과 증언을 위한 능력 사이에 잘못된 대립 관계를 도입함으로써 그가 처음에 개관한 누가 의 성령론에서 보다 더 근본적인 성령론만을 발견한 것은 아닌지 의구심 이 들지도 모른다. 하지만 이 논쟁의 다음 단계가 더 중요해 보인다. 성령 은 단순히 예수로부터 온 것이 아니고, 바로 예수의 영이다. "성령은 예수 의 영으로서 신자들에게 임한다." 람페의 주장은 다음과 같이 이어진다.

그들은 아들 됨의 삶이었던 그의 삶, 곧 하나님과 참된 관계를 맺고 있는 사람의 삶을 공유한다. 누가는 성령의 내주하심을 의미하는 그리스도 안에서의 삶에 대한 바울의 깊은 이해를 공유하지 않는다. 하지만 사도행전의 시작과 세 번째 복음서의 시작 사이의 괄목할 만한 유사성은 누가가 **예수의 탄생 및 세례**와, 그의 사역을 이어나가는 그의 추종자들의 위임과 능력 부여 사이의 유사성을 암시하고 있음을 보여준다(70; 강조는 덧붙여진 것임).

따라서 예수의 **탄생**(그리고 이 탄생과 성령의 관계)과의 유사성에 대한 언급을 포함한 것 자체가 성령의 선물에 대한 누가의 견해 가운데 훨씬 더 근본적인 측면이 있음을 한다.[84]

따라서 여기서 문제점이 무엇인지가 더욱 분명해진다. 첫째, 베드로가 **모두에게** 약속된 것이라고 말하게 한 장본인이 바로 요엘에 기초한 예언의 영이다(2:38-39). 이것이 의미하는 바는 오직 소수의 그리스도인들만 실제로 "예언자"로 불렸다고 주장함으로써 무마될 수 없다는 것이다. 왜냐하면 심지어 유대교에서도 예언의 영은 예언의 행위보다 훨씬 더 큰 의미를 지니고 있었기 때문이다. 예언의 영으로부터 기인한 은사의 범위는 환상, 계시를 위한 꿈, 지혜, 안내 등을 제시하는 것을 포함했으며, 앞으로 우리가 살펴보겠지만, 이것은 예언의 영이 사실상 하나님과 인간이 서로 소통하는 기관이었음을 의미한다. 어떻게 누가가 이러한 선물이 그리스도인들에게 보편적으로 주어지는 것으로 간주했는지를 확인하는 것은 그리 어렵지 않으며, 특히 그가 글을 쓸 당시에 예언의 영에 소급되

---

84 Lampe(*God*, 70)는 이어서 세례 시 "아들"로서의 그리스도의 사명의 대표적인 측면에 대해 이야기하는데, 그는 이것을 오순절의 전조로서의 예수의 성령에 의한 탄생보다 더 강조한다. 하지만 누가가 "아들 됨"을 오순절의 성령과 연관시켰는지는 불확실하다. 즉 제자들과 관련하여 이 모티프는 예수의 사역 기간 동안에 적용되거나(참조. 눅 11:2-13; 아래를 보라) 또는 전혀 적용되지 않는다.

는 은사들도 영감을 받은 말씀(예. 증언과 설교—그리고 아마도 케리그마를 입증하는 기적들도)을 포함했다는 것을 보면 더더욱 그러하다. 둘째(그리고 더 중요하게), 예수의 탄생(그리고 이와 연관된 성령의 활동, 눅 1:32-35)과 제자들의 오순절 경험 사이에는 분명한 유사성이 발견되지 않는다. 따라서 람페는 누가가 예언의 영과 아들 됨의 영을 하나의 오순절 선물로 결합시켰다는 증거를 설득력 있게 제시하지 못했다.

(C) **제임스 쉘튼**의 『말과 행함으로 나타난 능력』(*Mighty in Word and Deed*)은[85] 누가-행전의 성령의 역할에 관한 그의 스털링 대학교 박사 논문을 일반 독자를 위해 수정한 것이다. 오랄로버츠 대학교에서 가르치는 오순절 학자에 의해 집필되었다는 점에서 그의 저서가 증언을 위한 능력을 부여하는 성령의 역할을 강조한다는 점은 그리 놀라운 일이 아니다. 하지만 그는 또한 자신의 전통에 대한 주의 깊은 비평가이기도 하다. 그리고 (특히) 그는 누가가 성령의 선물이 회심/입문 때에 주어진다는 일반적인 기독교 입장의 흔적을 남겼으며, 예를 들어 사도행전 2:38-39과 고넬료의 회심의 삼중 내러티브 안에 몇몇 구원론적 기능이 들어 있다고 생각한다. 이러한 내러티브들과 세례 요한의 약속(눅 3:16-18)에 암시되어 있는 회개 및 용서와 성령의 관계 외에도, 쉘튼은 누가가 이 역할에 대한 신학적인 근거를 불투명한 상태로 남겨두었다고 생각하며, 따라서 우리도 이 문제를 더 심도 있게 다루는 데 그의 연구 자료를 활용할 수가 없다.[86]

(D) 김희성의 1992년 하이델베르크 대학교 박사 논문인 『메시아의 성령 세례』(*Die Geisttaufe des Messias*)는[87] 요단강에서 일어난 예수의 예언자

---

85   Peabody: Hendrickson, 1991. 또한 그의 "A Reply to James D. G. Dunn's 'Baptism in the Spirit: A Response to Pentecostal Scholarship on Luke-Acts'," *JPT* 4 (1994), 139-43 을 보라.

86   보다 더 상세한 내용은 M. Turner, "'Empowerment for Mission'? The Pneumatology of Luke-Acts: An Appreciation and Critique of James B. Shelton's Mighty in Word and Deed," *VoxEv* 24 (1994), 103-22, 특히 105-106을 보라.

87   Berlin: Lang, 1993.

적/메시아적 능력 부여를 최초이자 원형적인 성령-세례로 해석한다(93). 따라서 성령은 "예수의 파송과 그의 증인들의 파송을 결합시키는""원동력"이다(105). 김희성은 분명히 이러한 선물을 주로 증언을 위한 능력으로 이해한다. 그러나 그는 또한 성령을 예수의 잉태에서 나타난 하나님의 창조적인 능력으로도 이야기하며(124), 이와 동일한 맥락에서 이 능력과 교회를 탄생시킨 성령의 역할 사이에 밀접한 관계를 발견한다(참조. 133-70). 재차 말하지만, 쉘튼의 경우에서와 마찬가지로 그는 어떻게 한 성령이 교회를 탄생시키는 창조적-구원론적인 영인 동시에 교회에 능력을 부여하는 예언의 영이 되는지에 대해서는 아무런 설명을 제시하지 않는다.

(E) 누가에게 있어 성령이 주로 예언의 영임을 수용하는 그의 관점에서 그의 이전 입장을 재해석하라는 압박 속에서, 제임스 던이 오순절 비평가들[88]에게 1993년에 내놓은 반응은 누가가 성령의 예언자적인 개념과 구원론적인 개념을 서로 융합했다는 입장에 강하게 대응한 것이었다. 그의 논거는 본질적으로 세 가지로 요약된다. (1) 비록 예언의 영이 누가의 성령론에서 중심을 차지하지만, 그는 (유대교 중간기 문헌에 박식하기보다는 오히려 70인역에 익숙한 이방인 독자로서) "아버지의 약속"을 단지 요엘 3장의 관점에서뿐만 아니라 이사야 32:15, 44:3-5, 에스겔 11:19-20, 36:26-27, 37:1-14, 스가랴 12:10 등의 관점에서 보았을 것이다(21-22). 따라서 누가는 성령을 독점적으로 방언 및 증언과 동일시하지 않았을 것이며, 오히려 성령을 자연스레 다른 (구원론적인) 유익들 가운데 오직 이것만을 제공한 신적 능력의 침투로 이해했을 것이다(참조. 9-10). (2) 그가 이렇게 생각했다는 사실은 성령의 약속이 2:38-39 및 고넬료의 이야기(특히 11:14-18; 15:7-9)에서 등장하는 **구원**의 약속과 잘 조화를 이루는 것을 보면 확실히 알 수 있다(참조. 12-16). (3) 요단강과 오순절은 종말론의 새로운 단계를 시작하는데, 이 사건은 각각 성령의 선물을 통해 성

---

88   "Baptism," 3-27.

취되며, 이러한 초기적인 단계는 (특히) 성령으로 "세례를 주는 것"에 대한 언급(눅 3:16; 행 1:4; 11:14)을 통해 부각된다(16-22).

이 가운데 두 번째와 세 번째 논거는 그의 초기 저서에서 쉽게 찾아 볼 수 있으며, 멘지스에 대한 비평으로 제시된 것이긴 하지만, 궁극적으로 는 그의 실제 입장과 논쟁을 제대로 벌이지 못한다. 멘지스 자신이 지적 했듯이 이 논거들은 이미 결론이 난 질문을 던진다.[89] 멘지스는 (터너의 견 해에 동의하면서) 이전의 유대교에서처럼 누가는 예언의 영의 선물을 구원/ 회복의 선물로 보기보다는 구원받은/회복된 하나님의 백성(그리고 구원 공 동체에 속한 자들로 입증된 자들)에게 약속된 커다란 축복의 하나로 보았다고 말한다.

던의 첫 번째 논거는 상당히 희망적이다. 사람들은 유대교나 초창기 교회가 성령의 여러 가지 약속을 서로 꿰매어(욜 3장; 겔 36장; 37장; 47장에 서처럼) 그것을 가지고 비록 솔기가 없는 옷은 아닐지라도 최소한 입을 만 한 누더기 옷을 만들어 제자들에게 입힐 수도 있기를 누가에게 기대했는 지도 모른다. 그리고 이 문제에 대해 누가가 70인역을 읽으면서 이 바느 질 작업을 자신이 했을 가능성도 배제할 수 없다. 하지만 이러한 제안은 두 가지 측면에서 커다란 문제점을 안고 있다.

첫째, 비록 이방인이긴 했지만, 그는 유대교에 관해 박식했으며, 적 어도 부분적으로는 그 지식을 바탕으로 70인역을 유대교의 관점에서 읽 었을 것이다. 그가 알고 있던 유대인들은 구약에 나오는 성령의 개별적인 약속들을 하나로 합쳐 동시에 예언의 영과 구원론적인 영에 능력을 부여 하는 하나의 실재로 만들지 않았다. 오히려 그들은 요엘 3장의 관점에서 다른 본문들을 재해석하고, 이 본문들을 모두 "예언의 영"으로 보려는 경 향을 보였다.[90] 더 나아가 이러한 유대인들은 "예언의 영"에 대해 생각할

---

89   R. P. Menzies, "Luke and Spirit: A Reply to James Dunn," *JPT* 4 (1994), 115-38.
90   Menzies, "Luke," 131-33; 참조. Turner, "Luke and the Spirit," 149-55; 참조. 171-73.

때 (만일 멘지스가 옳다면) 그것을 다른 은사나 은혜가 아닌, 계시와 지혜와 예리한 말씀(유대교적 이해 안에서 "예언"과 관련된 모든 은사들)을 주는 성령의 임재로 이해했다. 따라서 던이 왜 성령이 "예언의 영"으로 제한되어야만 하는가라는 질문과, 또 왜 누가는 동시에 성령을 구원론적인 능력으로 생각하지 못했는가라는 질문을 던질 때(9-10), 그는 자신의 대화 파트너(그리고 유대교?)가 이 용어를 사용할 때 그들이 무슨 말을 하는지를 잘못 이해한 것으로 보인다.

둘째, 우리는 누가가 다른 구약 본문들을 자신이 이해하고 있던 "아버지의 약속"의 개념으로 해석했을 것이라고 추측하기에는 큰 어려움이 없다. 그러나 누가의 신중한 편집을 보면 그가 이것을 요엘의 예언과 명시적으로 연결하고 있긴 하지만(눅 24:49; 행 1:4; 2:17-18, 33), 그는 에스겔이나 스가랴 본문을 공식적으로 인용하지 않을뿐더러, 이에 대한 분명한 암시도 전혀 하지 않는다. 그리고 비록 우리가 사도행전 1:8에 이사야 32:15에 대한 중요한 암시가 들어 있음을 곧 지적하겠지만, 이것이 예언의 영과는 전혀 다른 방식으로 활동하는 성령을 지칭한다는 것은 입증될 필요가 있다.

결론적으로 크레머와 람페와 던은 모두 누가가, 명시적으로나 암묵적으로, 그리고 오순절 기사 내에서나 또는 그 밖에서, 요엘의 약속에 또다른 "성령의 선물"(즉 성령의 활동에 대한 몇몇 새로운 연결고리의 도입)을 추가했음을 보여주지 못했다. 또한 그들이 보여주지 못한 부분을 어떻게 다른 이들은 볼 수 있을지도 불분명하다. 만약 누가가 그리스도인들에게 주어지는 성령의 선물을 일부 학자들(예를 들어 슈바이처나 멘지스)이 생각하는 것보다 더 넓은 개념으로 이해한다면, 그가 서로 전혀 다른 성령에 대한 두 약속을 하나로 결합시켜 그 개념에 도달했을 개연성은 그리 높지 않아 보인다. 오히려 그는 슈바이처나 멘지스가 인식했던 것보다 다양한 활동을 포함시키기 위해 요엘의 약속을 확대했거나, 아니면 이러한 활동들이 멘지스가 제안한 협소한 선교적 의미보다 교회에 더 광범위한 의미를 갖고 있다고 여겼을 것이다. 이제 우리는 최종적으로 이 두 가지 가능성—
서로 배타적이지 않은—에 관해 다루고자 한다.

7. 확대된 예언의 영으로서의 오순절 선물: "은사적인 성령"(아야-프라)

람페와 슈바이처처럼 아야-프라도 성령을 예언의 영으로 보는 누가의 성
령 이해에 초점을 맞춘다. 그는 슈바이처의 견해(람페의 견해와는 달리)를
따라 성령의 활동에서 기적을 제외시킨다.[91] 비록 아야-프라가 성령의 활
동에 대한 누가 이전의 모형을 특히 사도행전의 후반부, 곧 성령의 활동
이 인간적 대리자가 담당하는 역할을 완전히 능가한다는 사실을 강조하
는 곳에서[92] 찾아볼 수 있다고 생각하지만, 그가 누가의 것으로 보는 부분

---

91 *L'Esprit*, 37-44. 비록 Dunn의 *Baptism*보다 나중에 출간되긴 했지만, 이 책은 그의
1967년 박사학위 논문에 기초한 것이며, 따라서 안타깝게도 Dunn의 저서를 다루지
않는다.

92 Haya-Prats는 이 경우들(예. "성령이 빌립을 이끌어", 행 8:39; 참조. 13:2, 4; 16:6-7;
20:22-23; 20:28)을 "흡수된 분출"이라고 부른다(*L'Esprit*, 72-82). 그는 이 경우들을
그가 "보완적 유입"(influx complémentaire)이라 일컫는 것과 대조하는데, 거기서 성
령은 인간의 진정한 책임의 여지를 남기고, 인간의 결정이 주된 역할을 수행하는 것
(예. "바울은 성령의 감동으로 예루살렘으로 가기로 결심했다", 19:21)을 허용하는
어떤 영향력으로서 더 묘사된다. 성령이 제자들에게 선물로 주어지고, 그들에게 부
어지고, 또는 그들에게 충만하게 임하는 것으로 보이는 장소는 모두 "보완적 유입"
의 사건들로 간주된다(*L'Esprit*, 76). 이러한 유형은 누가에게는 적절한 것으로 보이
는데, 이는 그가 특히 마가의 "흡수된 분출"의 사건들을 "보완적 유입" 유형의 현상으
로 전환시키는 경향을 보이기 때문이다(막 1:12과 눅 4:1b을 비교하고, 막 13:11을
눅 12:12과 비교해 보라). 이렇게 서로 다른 유형에 기초하여 그는 사도행전 전반부
를 (비록 전승 자료를 사용하지만) 누가 자신의 것으로 보고, 후반부를 누가를 모방
한 어떤 편집자가 추가한 것으로 판단한다.
그러나 그가 제시한 유형이나 사도행전에 대한 비평학적 재구성은 전혀 설득력이 없
다. 이것들은 다음과 같이 여러 측면에서 문제점을 드러낸다. (a) "성령이 너희가 할
말을 가르치리라"(눅 12:12)와 "성령이 빌립에게 말씀하시기를 '가서 이 병거를 만나
라'"(행 8:29)라든지, "성령이 말씀하시되 '바나바와 사울을 따로 세우라'"(행 13:3)라는

은 바로 이 성령께서 요엘이 선포한 예언적 선물을 영구적으로 수여한다는 것이다. 달리 말하면 이것은

> 성령에 의한 초자연적인 도움이 요구되는 상황이 일어날 때마다 영구적으로 주어지는 것을 의미한다. 영구적으로 내주한다는 개념은 누가에게 매우 낯선 것이며, 이것은 오히려 신자들의 결정을 방해하지 않으면서도 그들에게 영향력을 행사하고, 그들이 세상 끝까지 증인의 사명을 다할 때 언제나 새롭게 느끼게 될 신적 능력에 관한 문제다. 이렇게 사람의 영 안으로, 그리고 그 영을 통해 반복적으로 침투하는 이 능력은 성령의 영구적인 내주하심으로 간주될 수 있다(199).

요엘의 약속에 따라 적어도 예수의 메시아 되심을 입증하고 그 사실을 알린다는 의미에서 "종말론적"이라고 아야-프라가 간주한 이 성령의 선물

말씀 사이에서 어떤 중요한 개념적인 차이점을 발견하기가 쉽지 않다. 이 세 본문에서 모두 성령은 계시적인 "지시"를 내리는 것이 전제되어 있고(그리고 거기서 인간은 각각의 경우 전적으로 수동적임), 거기서 나중에 사람들은 책임감을 가지고 자유롭게 그에게 순종한다(그리고 이것은 되돌아보면 "성령의 감동으로" 수행된 행동으로 쉽게 묘사될 수 있다). 그럼에도 오직 눅 12:12만이 "보완적 유입"으로 간주되고, 행 8:28과 13:3은 "흡수된 분출"로 추정된다. 이러한 구분은 전적으로 인위적인 것으로 보인다. 이것은 성령에 의해 수행되는 다른 **유형**의 행동에 관한 문제가 아니라 내러티브가 지닌 초점의 차이일 뿐이다. (b) 이러한 구분의 인위성은 우리가 "보완적 유입" 유형이 누가가 어떤 사람이 "성령의 충만함"(ἐπλήσθη/σαν πνεύματος ἁγίου)을 받은 결과나 또는 이와 비슷한 경우의 결과로 행한 행동을 보고하는 모든 경우를 포함한다는 사실을 지적할 때 더욱 분명해진다. 그러나 그 무엇보다도 "사로잡힘"에 더 가까운 이 용어는 "흡수된 분출"에 포함될 개연성이 훨씬 높다. 자신을 "성령에 매인 바 되어"(δεδεμένος ἐγώ τῷ πνεύματι πορεύομαι, 19:22, Haya-Prats가 볼 때에는 분명히 "흡수된 분출"에 속할 용법) 예루살렘으로 가는 것으로 묘사하는 바울이 "성령이 충만하여" 엘루마의 멸망을 예언적으로 선포하는 바울(행 13:9-11)보다 훨씬 더 "수동적"이거나 그 과정에서 "인간의 자유와 책임이 결여"되었다고 볼 수 있을까? (c) "흡수된 분출"과 "보완적 유입"에 대한 묘사가 서로 공존할 수 있다는 사실은 예를 들어 바울이 이것들을 자기 서신의 같은 장에서 나란히 사용하는 경우에 상이한 저자를 가리키는 증거에 상응하는 것으로 결코 볼 수 없다. 예를 들어 롬 8:13, 23이나 갈 5:16, 18에 나타난 "보완적 유입"의 언어와 롬 8:26b이나 갈 5:17, 22에 나타난 "흡수된 분출"의 언어를 비교해 보라.

은 종말의 시대를 연다. 이 선물은 보편적이다. 왜냐하면 이것은 모든 육체에게 약속된 예언적 선물(그리고 방언, 하나님께 드리는 영감을 받은 찬양 등을 통해 분명하게 드러난 것들)이기 때문이다. 하지만 이것은 일차적으로 선교 자체보다는 오히려 하나님의 구원-역사적 목적을 "증언하는" 보다 폭넓은 활동에 초점이 맞추어져 있다(100). 이러한 "증언"은 교회(특히 예언자들이 중요한 시점에서 제기하는 방식뿐만 아니라; 참조. 11:28, 13:1; 15:32 등 [166-70])와 적대적인 법정을 향할 뿐만 아니라 복음을 통해 회심하게 될 자들에게도 향할 수 있으며,[93] 또한 성령의 증거는 종종 교회를 위한 하나님의 뜻에 대한 외적 증거(예. 15:8)로서 직접적으로 나타나기도 하고(예. 5:32), 또는 그리스도인들을 위한 성령의 내적 증거의 결과나 수단으로서 방언과 기쁨과 용기와 찬양으로 나타나기도 한다(110-16). 누가는 성령의 활동을 교회 밖에 있는 사람들을 향한 인간 대리자들의 말이나 행동을 통한 증거로 제한하지 않는다.

아야-프라의 주장의 중요한 요소는 궁켈의 견해를 발전시킨 데 있다. 아야-프라는 폰 베어의 견해에 내재되어 있는 선교의 원동력인 성령과 공동체의 기독교적인 "삶"의 원천으로 간주되는 성령 간의 긴장을 간파하고, 이러한 긴장을 성령이 일반적인 기독교적인 삶의 원천이라는 후자의 전제를 부분적으로 부정함으로써 해결한다. 아야-프라는 궁켈의 입장에 호소하면서 시작한다. 우리는 (궁켈이 주장하는 것처럼) 성령의 사역이 종교적 또는 윤리적 의미를 갖고 있지 **않다**는 데 동의할 수 없다. 이 단계에서 나타나는 성령의 현상이 있다. 하지만 그리스도인의 일상적인 종교적 기능은 성령의 선물로 간주되지 않는다. 도덕적인 또는 종교적인 삶이 성령의 영감으로 된 것으로 간주되는 영역에서는 **언제나 일반적인 단계에서 일어나는 것이 더욱 강화된다.** 그리고 심지어 그렇다고 해도 공동체 안에서 도덕적·종교적 삶의 능력으로서 나타나는 성령의 이러한 활동은

---

[93] *L'Esprit*, 94-105, 114.

은사적인 성령이 예언과 방언과 능력 있는 증언 등과 같은 것에서 더욱 분명하게 드러난다고 생각하는 누가에게 있어서는 단지 이차적인 관심사에 불과하다(119). 아야-프라에 의하면 전자에 집중하는 것은 누가의 강조점을 왜곡시킬 뿐이다(120).

이러한 틀 안에서 탐구한 아야-프라는 (1) 성령의 중재 없이도 하나님과 예수를 통한 죄 사함에 의해 회심이 이루어진다는 것을 보여주려고 노력한다.[94] 그는 더 나아가 (2) 그리스도인의 믿음은 언제나 성령을 받는 것보다 선행한다는 점(125-30)과, (3) 성령은 세례가 아닌 안수에 의해 중재된다는 점(130-38)을 입증하려고 노력한다. 그는 또한 이어서 믿음, 기쁨, 능력, 지혜가 성령과 연계되어 있을 때 우리는 각각의 경우 이것들을 특별한 은사와 연계시켜야 하며(139-47), 성령의 임재가 분명히 공동체에 생동감을 불어넣어주는 역할을 하지만, 누가는 성령을 성화의 동인(agent)으로 간주하지 않는다고 주장한다. 사도행전의 요약 본문들을 분석해보면 누가가 거기서 언급한 내용을 성령의 직접적인 사역과 구체적으로 연계시키지 않는다는 것을 알 수 있다.[95] 결론적으로 비록 누가가 공동체들의 비범한 케리그마적인 역동성을 성령에게 귀속시키지만, 그는 성령이 개별적인 신자의 종교적·윤리적 특성에 미치는 영향의 정확한 성격을 보다 더 정밀하게 보여주는 것을 자신의 주요 임무로 여기지 않았다. 성령을 윤리적 갱생을 위한 능력으로 삼으려는 이들에게 아야-프라가 기꺼이 양보한 부분은(아무튼 이것은 상당히 큰 양보임) 누가가 자신이 보기에 성령의 오심이 은사를 받은 이들의 **전체** 인격에 영향을 준다는 징후를 다

---

94 *L'Esprit*, 121-25; 참조. "누가의 개념은 예수의 구원 행위와 성령의 사역 사이를…명확하게 구분 짓는다"(206).

95 *L'Esprit*, 147-56. 그럼에도 Haya-Prats는 사도행전의 구조 안에서 요약 본문이 성령에 대한 언급 직후(2:42-47; 4:32-35; 5:11-16)에 배치되었다는 사실은 독자들로 하여금 그 공동체의 새로운 삶을 제자들의 증언을 통한 일종의 성령의 활동으로 보게 만든다. 누가는 그가 성령을 축귀나 기적으로부터 분명하게 분리시켜놓은 것만큼 공동체의 삶을 성령의 사역으로부터 확실하게 분리시켜놓지는 않았다(156).

수 남겨두었다는 사실이다. 아마도 이 가운데 가장 중요한 것은 ("보완적 유입"[influx complémentaire]으로서 역사하는) 성령이 자신이 통로로 사용하는 사람의 인격을 (단순히 압도하는 것이 아니라) 존중하는 방식일 것이다(147).

그렇다면 이것은 과연 아야-프라에게 있어 성령은 일차적으로 증언을 위한 능력으로서 주어지는 것을 의미하는가? 그리고 만일 그렇다면 왜 그것은 보편적으로 주어지는 것인가? 아야-프라는 자신이 성령 사역의 "종말론적 또는 열매를 맺는" 측면이라고 부르는 것을 역사적 또는 케리그마적인 측면과 구분함으로써 이 장애물을 극복한다. **모든 사람**은 요엘이 약속한 예언의 영을 경험한다. 즉 이것은 우리에게 그의 마지막 때의 충만함을 미리 맛보게 하고, 은사의 열매(예를 들면 방언, 하나님께 드리는 영감을 받은 찬양, 예언과 환상, 카리스마적인 기쁨과 믿음 등)를 추수하게 하는 종말론적 성령이다. 이것은 구원 공동체를 "그 길"을 따라 목양함으로써 하나님의 백성**으로** 지켜주기 위해 그들**에게** 주어진 성령이다. 즉 이것은 하나님의 능력으로서 특히 예언자적인 개입을 통해 그의 교회를 빚어나가고, 이로써 교회에 대한 그의 주권을 행사하는 성령이다. 모든 이들은 성령을 이렇게 받는다. 이와는 대조적으로, **모든 사람**이 땅 끝까지 예수를 증언하고 선포하는 능력으로서 요엘의 선물을 받는 것은 아니다. 처음에는 제자들만이 예수가 요단강에서 기름부음 받은 것과 유사한 이 선물을 받고, 이어서 이 요엘의 선물의 역사적/케리그마적 측면이 점진적으로 하나님에 의해 택함을 받은 다른 복음전도자들에게 확대된다.[96]

이 모든 것은 누가가 서로 다른 두 성령의 선물 개념을 하나로 결합했다는 것을 의미하지 않으며, 그가 요엘이 약속한 하나의 선물의 서로 다른 두 가지 양상을 이끌어냈다는 것을 의미한다. 종말론적/은사적 성령의 활동과 역사적/케리그마적 성령의 활동은 모두 여전히 예언의 영에 속한 영역이다. 비록 그가 예언의 영을 은사적 기쁨과 믿음과 경배의 주체

---

96   *L'Espirit*, 173-74, 187-88, 199-200.

로 규정하지만, 아야-프라는 슈바이쳐와 멘지스가 말하는 예언의 영에게 귀속시키는 현상의 범위를 또한 어느 정도 확대시킨다.

아야-프라의 주장은 괄목할 만하다. 어떤 면에서 그의 주장은 오순절주의와 은사주의가 최근에 제시한 석의와도 유사하며,[97] 맹빌(O. Mainville)의 연구와도 비교할 만하다.[98] 아야-프라와 맹빌, 그리고 스트론스태드는 모두 요엘의 약속의 중요성을 존중하면서도 멘지스보다 성령의 활동의 교회론적 측면을 더 잘 설명한다. 또한 아야-프라는 왜 성령이 모두에

---

[97] 또한 H. M. Ervin, *Conversion-Initiation and the Baptism in the Holy Spirit: A Critique of James D. G. Dunn, Baptism in the Holy Spirit* (Peabody: Hendrickson, 1984); H. D. Hunter, *Spirit-Baptism: A Pentecostal Alternative* (Lanham, MD: University Press of America, 1983); M. Dumais, "Ministéres, charismes et Esprit dans l'oeuvre de Luc," *Eglise et Théologie* 9 (1978), 413-53과도 비교해보라. 나의 1980년 박사 학위 논문은 Haya-Prats의 논문과 유사한 입장을 발전시켰지만, 제자와 천상의 주님 간의 소통의 기관으로서의 성령의 역할에 훨씬 더 많은 강조점을 두었다(요약을 보려면 Menzies, *Development*, 43-47을 보라).

[98] Mainville의 단행본은 그녀의 박사학위 논문을 수정한 것이다. 그녀는 행 2:33이 누가의 성령론뿐만 아니라 그의 전체적인 문학 작업을 이해하는 열쇠임을 밝히는 데 주력한다. 행 2:33-36이 제기하는 주장은 단순히 누가복음과 사도행전의 통일성뿐만 아니라 이 두 책이 묘사하는 구원-역사와 구약의 기대 사이의 통일성을 부각시킨다. 요단강 사건은 예수가 예언자로서(구체적으로는 사 42:1-2에 묘사된 그 종으로서) 등극(investiture)하는 사건이며, 이것은 또한 사 61:1-2의 종(눅 4:18-21; 행 10:38)의 역할을 부여 받는 것으로 확인되는데, 이 종은 또한 모세와 같은 예언자와도 동일시된다. 그의 성령으로 잉태되심과 성령의 도움으로 광야에서 사탄을 무찌르심, 그리고 성령의 능력으로 행하신 그의 예언자적 사역은 모두 예수가 하나님의 우편에서 다윗 계통의 메시아가 행할 결정적인 역할을 수행할 준비가 되었으며(눅 1:32-33은 행 2:33-36에서 성취된다), 천상에서 그는 그 동일한 예언자적 성령을 교회에 부어주심(그리고 이로써 그의 구원 사역을 계속해나가심)을 보여준다. 이 선물은 예수 자신의 예언자적 증거가 또한 교회의 증거임을 보증한다. 이러한 그녀의 논제의 중심 주제는 그리스도인들에게 주어진 성령의 선물의 본질에 대한 상세한 연구에 집중하기보다는 성령의 예언자적인 역할과 성령이 교회를 선교로 인도하는 방식에 더 집중하도록(내 견해로는 지나치게 한쪽으로 치우친 것인데) 만든다. 물론 이 주제들은 누가의 전반적인 구도(그녀의 연구 주제)에 있어 매우 중요하지만, 이는 Mainville이 성령의 선물과 다른 분야에서 그녀가 입증한 뉘앙스가 담긴 누가의 구원론 간의 관계를 명시하지 못함을 의미한다. 그럼에도 성령이 단순히 교회의 선교에서뿐만 아니라 교회의 삶에서도 중요한 역할을 수행한다고 보는 Mainville의 견해는 분명하다(특히 *L'Esprit*, 277-81, 290-304, 321-22).

게 약속되었지만, 사도들의 경우에는 주로 말씀 선포를 위한 능력 부여로서 나타났는지에 대한 타당한 이유를 제시한다. 또한 그는 모두가 처음부터 선교를 위한 능력 부여로서 성령을 받았음을 암시하지 않으면서도 예수에게 임한 성령과 열두 제자에게 임한 성령 간의 유사성을 제대로 설명해준다.[99] 하지만 여러 부분에서 여전히 중요한 문제점과 질문이 남는다. 성령의 행동을 "보완적 유입"과 "흡수된 분출"이라는 상당히 인위적인 구분에 기초하여 사도행전을 누가의 것(Lukan)과 누가 이후의 것(post-Lukan, 또는 전통적인 것)으로 나눈 것은 설득력이 없어 보인다. 이 주제에 대한 학계의 추세에도 불구하고 우리는 또한 누가가 실제로 기적이 성령의 능력과는 다른 어떤 능력에 의해 발생되는 것으로 생각했는지 질문해야 한다(참조. 행 10:38). 여기서 멘지스는 훨씬 더 미묘한 입장을 취한다. 멘지스나 슈바이처와 마찬가지로 아야-프라는 누가가 왜 예언의 영에 대한 "유대적 개념"을 선호했는지에 대해 어떠한 설명도 제시하지 않았고, 교회 안에서 나타나고 있던 성령에 대한 개념과의 관계에 대해서도 어떠한 설명도 제시하지 않았다.

하지만 가장 중요한 것은 성령과 구원의 관계에 대한 질문이다. 이에 관해 아야-프라는 다소 불분명하다. 한편으로 그는 (슈바이처나 멘지스나 같이) 성령이 구원을 실현한다는 것을 부인함으로써 폰 베어의 핵심 주장에 반론을 제기한다. 그는 누가에게 있어 구원은 예수 혹은 그의 "이름"에 의해 직접적으로 실현되지만, 죄 사함이나 지속적인 정화는 성령의 사역이 아니라고 주장한다.[100] 그렇다면 구원은 무엇인가? 과연 구원은 오직 죄 사함이며, 언젠가 들어가게 될 구원 공동체에 불과한 것인가? 아니면 구

---

[99]   이에 대해서 Haya-Prats는 위에서 언급한 Stronstad, Ervin, Hunter, Dumais 등에 동의하지 않는다. 이들은 행 2:38-39에서 보편적으로 주어진 성령의 선물을 카리스마적인 능력 부여(즉 설교를 위한)로 보며, 따라서 그들은 왜 이 선물이 회심-입문에 결부되어 있는지 의문을 제기한다.

[100]   *L'Esprit*, 122-25. Menzies와 같이 Haya-Prats는 다음과 같이 주장한다. "누가는 전체

원은 여전히 화해와 아들 됨과 윤리적 갱생을 포함하는가? 아야-프라는 이에 대해 아무런 언급을 하지 않는다. 만일 후자라면, **어떻게** 예수가 그 것을 직접적으로 실현할 수 있는가? 그리고 그는 이것들을 수여하기 위해 어떤 방식으로 자신의 현존을 나타낼 수 있는가?[101] 그리고 만일 누가에 게 있어 예수가 성령으로 능력을 부여받기 때문에(눅 4:16-30) 지상 사역 기간 동안 그의 말과 행동이 메시아적 구속을 실현한 것이라면, 왜 누가 는 승천 너머에서는 성령과 구원의 이러한 연관성을 폐지하겠는가?

다른 한편으로는 모두가 경험한 예언의 영이 종말론적인 충만함을 예기하는 놀라운 은사의 수확을 가져다주고, 누가는 이러한 성령의 사역 이 공동체에 활력을 가져다준다(심지어 그것들이 언제나 일반적인 단계에서 일 어나는 것을 강화시키는 것이라 하더라도)고 믿었다는 아야-프라 자신의 주장 이 있다. 이러한 주장은 (그의 과거의 주장에도 불구하고) 그가 궁극적으로는 성령에게 "구원론적인 기능"을 귀속시킨다는 것을 암시한다. 사실 성령이

적인 구원 사역을 예수에게 귀속시킨다"(215). Stronstad의 다음 진술과도 비교해보라. "일반적인 관점에서 누가에게 성령은 학자들이 일반적으로 주장하듯이 구원이나 성화 와 연관되어 있지 않고, 그리스도인의 삶의 세 번째 측면, 곧 봉사와 유일하게 연관되 어 있다.…누가는 구원론적인 성령 신학보다는 카리스마적인 성령 신학을 갖고 있다." Stronstad, *Theology*, 12.

101 Haya-Prats에게 있어 예수와 성령은 교회 역사에 상호 보완적이면서도 독립적으로 개 입한다. 따라서 von Baer가 오직 바울에게 나타나신 것만을 예수의 직접적인 개입이며, 모든 환상은 요엘이 약속한 성령 사역으로 귀결된다는 일반적인 규칙에 대한 예외로 인정하는 반면, Haya-Prats는 누가가 한 가지 환상, 곧 행 7:55에 기록된 것(*L'Esprit*, 47-49)만 성령에게 돌리는 데 비해, 사도행전 후반부(성령과 환상이 자주 연결되어 있 는)의 편집자는 하나님 또는 예수의 개입과 성령의 행동 간에 대한 누가의 구별을 견 지하는 데 실패했다고 주장한다. 또한 그는 모든 기적이 예수(혹은 예수의 이름)에 의 해 이루어진다고 믿으며, 기적은 인간의 전적인 구원에 대한 하나의 범례이기에 예수 (혹은 그의 이름)는 **모든** 구원의 직접적인 원천임을 주장한다(*L'Esprit*, 51-52). 그러나 누가는 그가 천상에 앉아 있는 동안 이 땅에서 예수가 독립적으로 현존해 계시고 활동 하신다는 사상을 어디서 유추해냈을까? 또한 "그 이름"이 그리스도의 현존의 **수단**(유 대교에서 분명히 나타나 있는 인격화된 환유[metonymy]라기보다는)이라는 사상은 어 디서 유추해냈을까? 누가에 대한 이러한 설명은 전승-비평에 의한 신뢰성이 전무하다. 또한 만약 예수가 "직접적으로" 개입할 수 있다면 왜 누가는 행 16:6-7에서 예수의 현 존이 성령에 **의해** 중재되고 있다고 묘사할까?(Haya-Prats가 49-50에서 인정하듯이)

이 공동체를 하나님의 구원 계획[102] **안에** 있는 하나님의 백성**으로** 인도하고 지탱해나간다는 그의 주장은 확실히 성령에게 구원론적인 역할을 귀속시키는 것과 다름없다. 성령은 전인격적으로 주어지는 구원의 한 부분으로 여겨져야 한다. 심지어 (아야-프라에게 있어) 성령이 그들의 전체적인 구원의 주체가 아니라 하더라도 말이다. 기독교 신학에서 "구원"은 단순히 죄 사함과 언약 공동체로 들어가는 입회의 문제일 뿐만 아니라 화해와 (개인과 공동체가) "타락"으로 인한 단절로부터의 회복과 윤리적 갱생과 선교를 말하며, 이 모든 것은 온 인류가 회복의 대상이 되는 사회적인 삼위일체와 연합하고 교제를 나누는 상황 안에서 이루어진다. 아야-프라가 묘사하는 은사들은 분명히 이와 같은 넓은 범주의 "구원" 안에서 이루어지는 개별적인 사건이나 과정이며, 따라서 (궁극적으로) 예언의 영과 "구원론적인" 영 사이에 존재하는 반제는 왜곡될 가능성이 있다. 우리는 아래에서 이 부분을 보다 더 상세히 다룰 것이다.

8. 결론과 전망

지금까지 우리는 여러 학자들의 견해를 개관했다. 그 결과 누가가 그리스도인들에게 주어지는 것으로 여기는 성령의 선물의 본질과, 그 성령과 예수의 성령 경험의 관계에 대해 합의가 전혀 이루어져 있지 않다는 것이 입증되었다. 또한 우리는 폰 베어의 연구에서도 향후 학계를 지배한 실제적인 문제를 발견했다. 과연 성령은 아들 됨과 새 언약의 "삶"의 성령인가, 아니면 선교를 위한 능력의 부여인가? 우리는 아들러를 비롯해 다른 학자들이 제시한 전통적인 답변(성령 "자신"이 주어졌고, 또 그 성령은 두 선물을 다 주셨다)이 시대착오적이며, 누가의 용법과 정면으로 충돌한다는 것

---

[102]   *L'Esprit*, 193.

을 발견했다. 던의 가설(성령은 일차적으로 새 언약의 삶과 아들 됨이다)이 지닌 문제점은 (요한과 바울과는 달리) 누가가 인용하거나 암시하지도 않는 에스겔 36장에 나오는 약속의 성취에 집중하고, 오히려 누가가 제시하는 이사야 61장 및 요엘 3장과 같은 구약 본문을 무시한다는 데 있다. 슈바이처와 멘지스는 성령이 예언의 영이라고 주장하는 이사야 61장과 요엘 3장을 적절하게 다룬다. 하지만 그들은 성령의 선물을 거의 독점적으로 선교를 위한 능력의 부여로 이해함으로써 결국에는 누가가 신자들을 세우는 데 필요한 성령의 역할을 암시한다는 사실에 주목하는 데 실패하며, 또 왜 누가가 이러한 성령의 선물이 보편적으로, 그리고 회심과 그토록 가까운 시점에 주어져야 한다고 생각하는지에 대해 어떠한 설명도 제시하지 못한다.

지금까지 진행된 개관의 흐름은 누가가 제시하는 증거가 오직 던과 멘지스의 극단적인 입장 사이에 존재하는 "중재적 입장"(mediating position)의 관점에서만 설명될 수 있다는 우리의 입장을 제시하지 못한다. 비록 아야-프라가 이 부분에서 몇 가지 수정안을 제시하지만, 그도 여전히 모든 구원론을 성령과 멀리 떼어놓고 있으며, 람페와 크레머가 제시한 대안들도 적절한 근거를 제시하지 못한다. 어떤 해결책이 설득력을 지니려면 그 해결책은 누가의 핵심 본문(예수의 능력 부여와 관련해서는 사 61장; 제자들의 능력 부여와 관련해서는 욜 3장)에 나타나 있는 성령을 적절하게 설명하면서도, 또 왜 누가가 성령을 회심-입문(또는 세례 자체)과 밀접하게 연관 짓는지를 설명해야 한다. 이러한 해결책은 또한 다른 본문에서 포착되는 구원에 관한 누가의 견해와도 전적으로 일치해야 한다. 더 나아가 그의 성령론이나 구원론도 마치 그것이 누가의 독특한 용법, 즉 전적으로 그의 창작(novelty)이나 편견(predilection)인 것처럼 여겨져서는 안 된다. 이것들은 교회 전체 안에서 성령과 구원에 대한 이해가 발전해나가는 가운데 어떤 신뢰할 만한 위치를 차지하는 것으로 입증되어야만 한다. 그렇다고 해서 이것이 누가가 자신만의 독특한 개념이나 강조점을 가지고 있을 수 없음을 의미하는 것일 수는 없지만, 이것은 반드시 역사적으로 신빙성 있는 개념이나 관심이어야만 한다.

2부

누가-행전의 배경으로서
유대교에 나타난 "예언의 영"

서론

누가의 성령 이해에 관한 학계의 입장을 개괄적으로 살펴본 결과 우리는 누가-행전의 성령 개념이 라이제강 이후부터 어떻게 주로 "예언의 영"으로 간주되었는지를 알게 되었다. 하지만 독자들은 앞으로 이러한 개념에 대한 상당히 다른 설명을 만나게 될 것이다. 예수에게 임한 "예언의 영" 개념에 있어 폰 베어는 그것을 예수의 능력의 예언자적 설교뿐만 아니라 그의 축귀, 치유 기적, 그리고 (아마도) 새 언약의 "아들 됨"의 경험에까지 귀속시킨다. 또 다른 극단적인 해석으로서 우리는 슈바이처의 유명한 주장을 알고 있다. 즉 예언의 영의 유대적 개념에 대한 누가의 사용은 한편으로는 "χαρίσματα ἰαμάτων("치료의 선물")과, 다른 한편으로는 원시 공동체의 삶에 나타나는 강한 윤리적 영향을 πνεῦμα("성령")에게로 돌리지 않는다"는 것이다.[1] 아야-프라와 멘지스는 이런 슈바이처의 입장을 옹호한다. 이들 중 오직 멘지스만이 "예언의 영"에 대한 중간기 유대 개념이 실제로 무엇이었는지를 밝히기를 진지하게 시도했고(단순히 이차적인 자료와 관찰에 의존하기보다는), 그의 신선하고 철저한 분석이 슈바이처의 입장에 대한 새로운 방어(그리고 수정)에 대단한 권위를 부여했음에는 의심의 여지가 없다.

유대교의 중간기 문헌에 나타난 개념과 누가-행전에 나타난 개념의 관계에 대한 멘지스의 입장은 다음과 같다.

1. 누가 시대의 유대교의 성령은 대체적으로(전적으로가 아니라면) "예언의 영"이었다.

2. 유대교의 "예언의 영"은 전형적으로 계시와 영감을 받은 말씀(예. 설교)을 제공하고, 그것은 예수와 제자들에게 임한 성령에 대한 누가

---

1   *TWNT*, VI, 407.

의 서술과 대체적으로 유사하다. 이러한 유대적 개념과 누가의 개념 사이의 유사성은 특히 그의 강령적인 본문들(눅 4:18-19; 행 2:17-21)을 위해 누가가 선택한 이사야 61:1-2, 요엘 3:1-5(LXX; 2:28-32 EVV)에 의해 강화된다.

3. 유대교에서 "예언의 영"은 기적을 일으키는 신적 능력과는 관련이 없는데, 이는 누가의 견해와도 일치한다. 누가는 (예수, 마가 그리고 Q와는 달리) 기적을 성령이 아닌 δύναμις("능력")에 귀속시킨다. 이러한 점에서 누가는 발전 과정에 있는 성령에 관한 기독교 견해의 방향(성령을 예언적 선물뿐만 아니라 능력의 행동을 포함하는 "은사적인 성령"으로 간주하는)에서 벗어나서, 사실상 보다 이른 유대교적 개념으로 **되돌아간다.**[2]

4. 유대교에서 "예언의 영"이라는 종말론적인 선물은 회개한 자들, 회복되고 정화된 공동체(이미 "구원받은" 자들)에게 주어지는 봉사를 위한 은사적 재능이다. 이 선물을 개인적으로 받는 것은 회복이나 정화 또는 구원의 수단이 아니다. 누가도 (초창기 기독교 공동체처럼) 이를 동일하게 생각했다. 예수의 제자들은 예수의 사역과 죽음, 그리고 부활을 통해 회복과 구원을 이미 경험했다. 따라서 그들은 "예언의 영"을 이차적 은사, 특히 선교를 위한 능력 부여로 받았다. 오직 바울(그 이후에는 요한)만이 다르게 생각했다(그리고 성령을 구원에 필요한 것으로 여겼다). 그리고 그의 이런 견해는 처음에는 폭넓게 영향을 미치지 못했다(그리고 어떤 경우에서도 보다 보수적인 누가에게 영향을 미치지 못했다).

우리는 이와 같은 성령론의 발전에 대한 그림이 누가-행전에 대한 주석만큼이나 중간기의 유대교 개념에 대한 분석에 의해 크게 좌우된다

---

2   참조. *Development*, 196. "예수의 흔적을 따르는 최초의 교회는 하나님의 영의 기능을 확대시켰다. 그 결과 하나님의 영은 예언적 능력의 원천과 기적을 일으키는 능력과 같은 전통적 어구로 나타났다.…한편 누가는 예언의 영으로서의 성령에 대한 전통적인 이해를 유지했다."

는 점을 인식할 필요가 있다. 앞으로 3-5장에서 나는 누가-행전의 성령론과의 연결고리를 제공하고, 이로써 전반적으로 상당히 다른 성령론의 발전상을 가능하게 해주는 유대교 개념의 일부 요소에 의문을 제기할 것이다. 우리는 여러 질문에 직면할 것이다. 3장에서 나는 멘지스가 어떻게 유대교의 성령 개념을 "예언의 영"으로 규정하는지에 관한 질문으로 시작한다. 이어서 나는 "예언의 영"이 매우 고정된 개념이라는 멘지스의 주장(능력과 윤리적 영향의 활동이 배제된 성령)에 심각한 의구심을 제기할 만한 다수의 논거를 제시할 것이다.[3] 우리는 성령이 중간기 유대교 안에서 대체로 예언의 영이었다는 주장을 제고하게 될 것인데, 이는 어떤 유형의 은사들이 성령의 것으로 간주되었는지, 그리고 성령에 대한 유대교의 독특한 견해로서 "말씀 선포"를 꼽은 슈바이처와 멘지스의 주장이 옳은지를 검토하는 과정을 거치게 될 것이다. 4장에서는 성령을 예언의 영으로 간주한 유대인들이 (바로 그 이유 때문에) 성령의 활동에서 능력의 활동을 배제시켰다는 그들의 주장을 뒷받침해줄 만한 근거가 있는지 검토할 것이다. 또한 나는 5장에서 유대인들이 직접적인 윤리적 영향을 "예언의 영"에게 돌릴 수 없었다는 주장에 대해 논의할 것이다.

예언의 영에 대한 유대교의 이해를 개관하고자 하는 자는 다루어야 할 자료의 범위와 분석 방법을 놓고 엄청난 고민에 빠지게 된다. 멘지스는 첫 번째 고민과 관련하여 연구 범위를 기원후 100년 이전으로 한정하고,[4] 랍비의 견해는 탄나임 시대 문헌으로 한정지을 것을 (아마도 현명하게) 제안한다(비록 그가 종종 보다 더 후대의 증거를 수용하기도 하지만 말이다).[5] 하지

---

3   참조. Menzies, "Luke," 12. "누가와 동시대 유대인 대다수는 성령을 **오로지** 심원한 지혜와 영감을 받은 말씀의 원천으로서 나타낸다"(강조는 원저자의 것임).

4   *Development*, 53, n. 1, 68, n. 1.

5   *Development*, 5장. 그러나 실제로 그가 *t. Sot* 13:2(그리고 병행들)와 *ARN* A.34에서 성령이 예언의 영감이라는 점을 일단 확립했다면, 그는 아모라임 이후의 *Midrash Rabbah*

만 나는 많은 숙고 끝에 이 문제와 관련하여 성령론적인 관점에 대대적인 변화를 가져다주었다고 의심할 만한 구체적인 근거가 없는 이상, 기원후 200년까지의 유대교 자료를 비롯해[6] 심지어 탄나임 시대(기원후 200년 또는 그 이후) 이후의 랍비 자료까지 포함시키기로 결정했다. 물론 이러한 자료는 기독교의 발전을 "설명"하기에는 너무 후대의 것이긴 하지만(그리고 나의 전반적인 주장은 그 어느 부분에서도 이러한 자료에 의존하지 않는다), 이 전승들은 여전히 유대인들이 성령을 실제로 어떻게 이해했는지에 대한 유용한 예시를 제공해준다. 또한 이 전승들은 성령을 "예언의 영"으로 생각한 유대인들이 수용하거나 또는 수용하지 못할 것이 무엇인지에 관해 종종 단순히 선험적으로 제기한 주장의 일부를 억제할 수 있으리라 기대된다.

또한 나는 멘지스가 (기독교의 영향을 받은 것으로 의심받고 있기 때문에) 간과한 열두 족장의 예언서에서 발췌한 자료도 포함시켰다.[7] 물론 나는 기독교에 의해 삽입된 것으로 의심받지 않는 부분만을 사용할 것이지만

와 *Midrash Haggadol*로부터 등장하는 대다수의 언급을 아주 폭넓게 아우른다. "성령"이 아닌 "예언"으로 읽는 *ARN* B(아마 3세기경) 대신 7-8세기의 *ARN* A를 사용하는 Menzies는, 그의 책 *Development,* 97-99의 주장에도 불구하고, 하나의 예외로 남는다.

6 따라서 나의 연구는 Menzies에 의해 제외된 다음의 문헌을 포함한다. 바룩2서(2세기 초 오래된 전승을 담고 있긴 하지만); 에녹2서, 요셉과 아스낫(기원전 110년에서 기원후 115년 사이로 추정됨).

7 쿰란에서 레위의 유언에 대한 아람어 단편들이 발견됨에 따라 열두 족장의 예언서의 기원이 셈족어라는 데 무게가 실린다. 따라서 여기서 제기되는 질문은 우리가 갖고 있는 열두 족장의 예언서의 그리스어 사본이 얼마나 이 자료로까지 소급되느냐는 것이다. H. C. Kee(in J. H. Charlesworth [ed.], *Old Testament Pseudepigrapha* [2 vols.; London: Darton, Longman & Todd, 1983], I, 775-828)는 기원전 2세기 원본에 비교적 가벼운 그리스도인의 삽입이 들어간 것으로 본다. 성령에 대한 여덟 번의 언급(시므온의 유언 4:4; 레위의 유언 2:3; 18:7, 11; 베냐민의 유언 8:3; 9:3*; 유다의 유언 20:1-5; 24:2-3*) 가운데 별 표시가 된 두 언급만이 명백히 기독교의 것이다(그리고 유다의 유언 24:2-3은 아마도 초기의 성령-말씀에 대한 기독교의 편집일 것이다). 레위의 유언 18:7도 역시 "물에서" 메시아에게 임하는 이해의 영에 관한 언급 때문에 의심의 대상이지만, 기독교의 손길은 이 마지막 어구에만 한정된 것으로 보인다. Menzies, *Development,* 68, n. 1과 대조해보라.

말이다. 이와는 대조적으로 나는 또한 이사야의 순교에 대한 언급(사실상 이 문서에 나타난 성령에 대한 모든 언급은 후대 기독교의 편집임)[8]을 비롯해 모세의 묵시(43.4), 스바냐의 묵시, 레갑인들의 역사(16.7)에 나타난 이와 유사한 기독교의 언급을 모두 제외시켰다. 하지만 나는 그 외의 문헌은 대체로 포함시켰다.

지면 관계상 나는 관련 문헌을 문서별로─먼저 팔레스타인 유대교를 다루고, 이어서 디아스포라 유대교를 다루는─상세하게 다루는 방식을 포기하고, 본 연구를 주제별로 다루기로 했다. 따라서 불가피하게도 우리는 보다 더 방법론적이며 세부적인 연구를 필요로 하는 분야를 단지 스케치하는 수준으로 만족할 수밖에 없다.

---

8   아래 3장의 §3을 보라.

3장

유대교에 나타난 "예언의 영"과
원형적 은사들

1. 유대교에 나타난 "예언의 영"으로서의 성령

1.1. 용어 및 상응 개념

우리가 이미 살펴보았듯이 멘지스는 "성령에 대한 전통적인 유대교적 이해"에 대해 언급하는데, 그는 이것을 "예언의 영"과 전적으로 동일시하며, 성령에게 초자연적인 기적을 귀속시키는 견해(이른바 예수 자신이 도입한 성령의 개념을 혁신적으로 확대한 견해)[1]와 성령을 구원에 반드시 필요한 것으로 보는 견해를 서로 날카롭게 대비시킨다. 하지만 그는 어떻게 이와 같은 "전통적인" 견해에 도달하는가? 물론 그것은 기독교 이전의 유대교 문헌이 "예언의 영"이라는 용어를 규칙적으로 사용했기 때문이 아니다. 오히려 이 용어는 오직 타르굼에서만 폭넓게 사용되고, 초기 팔레스타인 문헌에서는 드물게 사용된 반면(나는 집회서 31:12에 사용된 것만 알고 있다), 이와 유사한 용어인 "(신적이며) 예언자적인 영"은 필론의 글에서 두 번 발견된다(*Fug.* 186, το…προφητικόν πνεῦμα; 참조. *Vit. Mos.* 1:277). 따라서 우리가 "예언의 영"이라는 용어를 기독교 이전의 유대교의 견해로 간주할 때는 어느 정도 시대착오적인 오류에 빠질 위험성이 있음을 알아야 한다.

멘지스는 다른 경로를 통해 이러한 유대교의 견해에 도달한다. 그는 디아스포라 문헌을 시작으로 (a) 성령에 대한 70인역 역자들의 견해의 특징이 무엇이며(그리고 이러한 특징은 주로 민 23:7과 슥 1:6에 추가된 내용을 통해 나타난다), (b) 또한 이것은 여러 곳에 흩어져 있는 디아스포라 본문(아리스토불루스, 다니엘서 추가부분 등과 같은)과 요세푸스, 솔로몬의 지혜서, 그리고 필론의 글에서 언급되는 신적 πνεῦμα와 어떻게 비교되는지를 질문한다.

---

1   *Development*, 196-97에 나와 있는 요약을 보라.

그는 70인역에 추가된 부분과 관련하여 논쟁의 대상이 되는 것은 예언자적 발언을 위한 영감이며, 요세푸스의 글에는 유사한 두 개의 추가 부분이 있으며,[2] 대체로 나머지 자료들은 이와 일치하거나 매우 밀접하게 연관되어 있다(예를 들면 신적 지혜나 계시를 부여하는 것)는 것이다. 이와는 대조적으로 멘지스는 초자연적인 기적이 성령에게 귀속되는 사례가 전혀 없으며, 성서 밖의 다양한 문헌이 기적에 관해 이야기할 때는 이러한 기적들이 "하나님의 뜻"이나 하나님의 "이름" 또는 성령이 아닌 다른 수단을 통해 나타난다고 말한다고 주장한다. 이러한 유대교 저자들에게 있어 성령은 특성상 계시와 지혜와 예언의 주체이며, 이 세 가지는 투명한 방식으로 서로 조화를 이루고 있기 때문에(그리고 서로 중첩되기 때문에) 우리는 이것들을 "예언적 현상들"을 일반적인 개념으로 표현하는 가장 좋은 사례로 간주할 수 있다. 솔로몬의 지혜서와 필론의 자료 가운데 한 가지 유형(멘지스는 주어진 성령-지혜는 모든 진정한 도덕적·종교적 삶에 있어 필수적임을 올바르게 인정한다)만을 제외하고 성령은 예언자나 현자로 하여금 신적 명령을 받은 직무를 완수하도록 능력을 부여하는 **부차적 은사**로서 특별한 신적 지혜 또는 계시를 나누어준다. 멘지스는 이러한 현상(각각의 본문 안에서든지 또는 "전통적인 유대교의 관점"으로 일반화하거나 성령의 유대교적 "개념"에 이름을 붙이든지 간에)의 원천으로서의 성령에게 "예언의 영"이란 용어를 (적절하게) 부여한다.

멘지스는 팔레스타인 문헌을 검토할 때에도 이와 유사한 자료 분포 현상을 발견한다. 즉 후대의 쿰란 자료는 솔로몬의 지혜서와 더불어 유사한 방식으로 등장하지만, 나머지 자료들은 주로 디아스포라 문헌에서 발

---

2   Menzies(*Development*, 58)는 사실상 네 가지 추가 부분을 주장하지만, *Ant.* 4:108 = 민 22:15의 하나님의 "영"은 아마도 마소라 본문(MT)의 천사이며, "예언의 영"은 아닐 것이다. 또한 Menzies는 (E. Best를 따라) 솔로몬이 하나님께 그의 영의 일부를 성전에 남겨두시도록 요청한 것(*Ant.* 8:114 = 왕상 8:27-30)은 "예언의 영"이라기보다는 하나님의 임재를 나타내는 쉐키나를 대신하는 것으로 더 잘 설명될 수 있음을 인정한다. 본문의 내용을 감안하면 후자일 개연성이 훨씬 더 높다.

견되는 성령의 예언자적 개념을 지지한다. 이러한 예언자적 개념은 특히 랍비 문헌과 타르굼에서 두드러지게 나타나는데, 거기서 우리는 성령에 대한 동일한 개념뿐만 아니라 "예언의 영"이라는 용어도 발견한다. "예언의 영"(רוח נבואה)이라는 이 정확한 용어는 랍비 문헌에서 거의 발견되지 않지만(하지만 참조. *Mek. Pisḥa* 1[출 12:1]; *Gen. R.* 84:19), 타르굼에서는 통상적으로 나타난다. 이것은 하나님의 영에 대한 열 번의 언급 가운데 "예언의 영"이라는 표현이 단지 네 번만 등장하는 오경에 대한 "표준적인" 타르굼(*Targum Onqelos*)에서는 덜 나타나지만,[3] "예언의 영"이나 이와 유사한 어구는 숫자적으로나 비율적으로 전기 예언서와 후기 예언서에 대한 타르굼 요나단에서 보다 더 빈번하게 나타난다.[4] 오경에 대한 더 후대의 작품이자 보다 자유로운 팔레스타인 타르굼 가운데 타르굼 단편들과 코덱스 네오피티는 רוח קודשא ("성령")을 더욱 선호하는 경향을 보이며, 후자에서는 출애굽기 2:12의 난외주를 제외하고는 "예언의 영"이라는 용어가 전혀 사용되지 않는 반면,[5] 타르굼 위(僞)요나단에서는 이 두 표현이 모두 등장한다(창 45:27; 출 33:16; 35:31; 37:8; 민 11:17, 25[2회], 26, 28, 29; 24:2; 27:18에서는 רוח נבואה가 사용됨; "성령"은 12[+1]번 사용되었고, "지혜의 영" 혹은 이와 유사한 용어는 두 번 사용됨).

만약 타르굼에서 "예언의 영"의 특징이 무엇인지를 묻는다면 우리는

---

3   *Targ. Onq.* 창 41:38; *Targ. Onq.* 민 11:26, 29; 27:28. *Targ. Onq.* 창 45:27과 *Targ. Onq.* 출 31:3은 사본학적으로 더 나은 독법(רוח קודשא["성령"]와 רוח מן קדם יוי[하나님으로부터 온 영]; 비록 일부 사본은 רוח נבואה로 되어 있지만 말이다.)을 제시한다. 따라서 *Targ. Onq.*가 마소라 본문의 "하나님의 영"을 "예언의 영"으로 "빈번하게" 번역한다는 Menzies(*Development*, 101)의 주장은 다소 오해의 소지가 있다.

4   전기 예언서에 등장하는 하나님의 영에 대한 스무 번의 확실한 언급 가운데 아홉 번은 "예언의 영"으로, 다른 아홉 번은 주님의 전에서부터 나온 "능력의 영" 또는 "전능한 영"으로 언급된다.

5   보다 상세한 연구를 보려면 Schäfer, *Vorstellung*, 23-26; *idem*, "Die Termini 'Heiliger Gest' und 'Geist der Prophetie' in den Targumim und das Verhältnis der Targumim zueinander," *VT* 20 (1970), 304-14을 보라.

(동일한 명칭을 지닌 멘지스의 개념과 같이) "예언의 영"이라는 용어에서 "성령"과 "예언"의 단어 조합이 전적으로 예언자적 발언이나 신탁에 영감을 부여하는 성령을 나타내지 않음을 발견한다. 타르굼 옹켈로스와 위(僞)요나단에서는 "예언의 영"이 열여덟 번 사용되는데, 그중에서 오직 다섯 번만 분명하게 신탁과 연관된다.[6] 하지만 그 나머지 경우에서 이 용어는 예언을 자극하거나 전통적으로 예언과 밀접하게 연관되어 있는 은사들의 영감을 위해 사용된다. 따라서 이 용어는 타르굼에서 "성령"과 상호 교환적으로 사용되는데, 성령이 은사적인 **계시**나 **안내**(이것이 말로 표현되는지의 여부와 상관없이; 예. 창 41:38[*Targ. Onq.*; *Targ. Ps.-J*]. 출 33:16[*Targ. Ps.-J.*])를 제시하거나, 또는 성령이 **돌발적으로** 은사적인 감사나 예배에 영감을 불어넣어 주거나(창 45:27[*Targ. Ps.-J.*]; 민 11:25-29[*Targ. Onq.*]), 또는 성령이 은사적인 지혜를 나누어주기 위해 장인(출 35:31; 37:8[*Targ. Ps.-J.*])이나 백성의 지도자들 또는 장로들(민 11:17-29; 27:18[*Targ. Onq.*; *Targ. Ps.-J.*])에게 주어지는 여러 상황에서 사용된다. 타르굼에서 "예언의 영"에 귀속되는 선물들과 그 외의 유대교 문헌에서 일반적으로 성령에 귀속되는 선물들(비록 이 **용어**가 사용되지 않더라도) 간의 명백한 일치는 어쩌면 우리가 "성령에 관한 전통적인 유대교적 이해"를 "예언의 영"으로 언급하는 것을 지지해준다고 볼 수 있다.

그럼에도 우리는 "예언의 영"이라는 "개념"을 논하는 것과 유대교에 나타난 "예언의 영"이라는 **용어**의 사용 범위를 논하는 것 사이에는 중요한 의미론적 차이점을 있음을 유념해야 한다.[7] 전자는 "예언의 영"이라는

---

6   이 가운데 세 개는 *Targ. Ps.-J.* 민 11:25-28에서 나타난다. 여기서 엘닷과 메닷의 예언하는 행위는 단순한 카리스마적 찬양이 아니라 모세의 죽음과 여호수아의 계승에 관한 구체적인 신탁이다(따라서 타르굼 저자에게 이것은 예언의 영이 물러가게 해달라는 여호수아의 요청임, 11:28). 다른 나머지 경우는 발람의 예언인 민 24:2(*Targ. Ps.-J.*)과 신 18:18(*Targ. Ps.-J.*)과 관련이 있다.

7   "개념"에 대한 연구의 어려운 과제에 관해서는 P. Cotterell and M. Turner, *Linguistics and Biblical Interpretation* (London: SPCK, 1989), 4-5장을 보라.

용어가 실제로 언급되지 않는 경우에도 본문에 나타나 있다고 볼 수 있는 성령론적인 개념(의미론적으로 계시와 지혜와 도발적인 발언 등과 관련이 있는 선물들을 주는 성령)의 독특하면서도 의미론적으로 일관된 집합체로 간주되는 현대적 용어다. 이와는 대조적으로 이 **용어**의 용법에 관한 연구는 아주 다르게(그리고 더 협소하게) 분포되어 있고, 우리가 앞으로 살펴보겠지만, 보다 더 광범위한 의미론적 범위를 갖고 있음을 보여준다. 이러한 관찰은 이제 우리가 직면하게 될 문제점들을 당연히 제기한다.

1.2. "예언의 영"은 유대교에서 철저하게 "고정된" 개념이었나?

중간기 유대교에서 성령을 지혜, 계시, 영감을 받은 발언과 연관 지으려는 경향이 지배적이었음을 입증하는 것(멘지스는 이것을 입증했는데, 사실상 논쟁의 여지가 거의 없다)과 "예언의 영"을 이러한 성령의 이해를 가리키기에 용이한 명칭으로 사용하는 것은 엄연히 다르다. 하지만 멘지스는 여기서 훨씬 더 나아가기를 원한다. 그는 대다수 유대인에게 이 사실은 매우 안정적이며 이미 확정된 사상이었기에 이렇게 생각하는 유대인들은 이러한 "예언자적" 범주 밖에 있는 선물들을 자연스럽게 성령 사역의 범주에서 배제시켰고, 이것들을 다른 종류의 신적 행동(능력, 이름 등)에 귀속시켰을 것이라고 주장한다. "전통적인" 유대교에 속한 대다수 유대인에게 있어 성령은 단순히 "예언의 영"이 되었고, 이것은 비교적 "고정된" 개념이었다.

그러나 이러한 그의 설명은 어떤 "경향"을 지나치게 획일화시키고 주어진, 증거를 왜곡시킬 우려가 있다. 우리는 어떤 대안을 제시하기 이전에 이러한 가설이 직면할 수 있는 여러 문제점을 간략하게나마 점검해보고자 한다.

(A) 이 단계에서 유대인들이 비교적 확실한 개념을 갖고 있었음을 암시하는 "예언의 영"과 같은 용어가 기독교 이전에 사용된 적이 거의 없다

는 사실이 멘지스에게는 불편할 수밖에 없다. 더 정확히 말하자면, 단 한 가지 경우만(Jub. 31:12)이 존재하는데, 거기에는 "그리고 한 예언의 영이 그의[이삭의] 입에 임했다"고 기록되어 있다. 그런데 심지어 이 경우에서 도 "예언의"라는 술어는 평범한 "지혜/이해의 영"과 같은 유비처럼 단순 히 서술을 위한 표현일 수도 있다. 심지어 우리가 이 기간을 성전 함락까 지 확대한다 하더라도 우리는 오직 단 두 가지 사례만을 추가적으로 발 견하게 되는데, 이 둘 모두 필론(기원후 25-40년의 저작)의 것으로서, 예언 의 영에 대한 그의 견해는 멘지스가 말하는 "전통적인" 유대교의 관점과 는 상당히 다르다. 가장 주목할 만한 점은 이러한 용어가 타르굼과는 대 조적으로 70인역과 그 추가 부분에는 전무하다는 것이다. 이러한 침묵은 성령을 주로 계시와 지혜와 영감을 받은 발언의 관점에서 생각하는 일반 적인 "경향"의 발전과 양립할 수 있지만, 이것이 이 단계에서 "예언의 영" 이 명확하고 안정된 개념임을 암시하는 것은 아니며, 성령이 거의 독점적 으로 "예언의 영"이 되었다거나, 성령에 대한 성서의 모든 언급을 재해석 하는 범주가 되었다는 의미는 더더욱 아니다. 일반적으로 개념이라는 것 이 재해석될 만한 범주로 굳게 자리잡기 위해서는 먼저 대중적으로 논의 될 필요가 있으며, 심지어 논의되기 이전에도 어휘로 만들어지고 추가 설 명이 제시되어야 한다.

(B) 어쩌면 우리가 "중립적"이라고 부르는 문맥(즉 어떤 다른 해석을 요하는 진술이 들어 있지 않는 문맥)에서 성령에 대한 언급이 보통 "예언의 영"을 지칭하는 것으로 간주될 수 있다고 추론하는 멘지스가 옳을 수도 있다. 하지만 우리가 나중에 상세히 살펴보겠지만, 이것은 성령에 대한 언 급이 계시나 지혜 또는 발언보다는 오히려 명백하게 신적인 능력을 가리 키는 문맥에서 70인역이나 타르굼이 "성령"이란 단어를 사용하는 것을 절대 막지 못하며, (멘지스와는 대조적으로) 성서의 번역 외에도 이러한 증거 는 존재한다. 그 당시에도 기적과 성령 사이에 거리를 두려는 추세가 상 당히 있었다는 주장은―성령이 예언의 영이므로―잘못되었으며, 지나치

게 협소한 증거에 기초한 것으로 보인다(이는 4장에서 다시 살펴볼 것이다).

(C) 내가 철저하고 예리한 멘지스의 연구 방법론에서 발견하는 가장 큰 문제점은 그가 "예언의 영"이 "고정된" 개념임을 보여주기 위해 성령의 "특징"(또는 "성령에 대한 유대교의 지배적인 이해")이라는 표현을 사용한다는 점이다. 이러한 표현은 그에게 과거에는 성서 전통에서 주로 성령에게 귀속시켰던 것(능력 행함과 종교적/윤리적 갱생과 같은)을 **배제**시킬 수 있는 기회를 제공해주었다. 이는 또한 그에게 "예언의 영"을 "은사적인 성령론"(성령을 초자연적인 능력으로 보는 개념을 포함하는)과 첨예하게 대비시킴과 동시에 "구원론적인 성령론"(성령의 선물을 구원에 필수적인 것으로 만드는)과도 날카롭게 대비시킬 수 있는 계기를 마련해주었다.[8] 그럼에도 멘지스의 "은사적인 영"은(마태복음과 마가복음에서 예수에게 임한 성령에게 적용된 것처럼) 사실 단지 그의 "예언의 영"에 초자연적인 능력을 더한 성령(사 11:1-4에 기초하여 기록된 유대교의 여러 메시아 본문에서 예기된 영의 결합)에 불과하며, 그의 "구원론적인 영"(이것이 필론과 솔로몬의 지혜서와 쿰란의 성령론을 묘사한다면)은 여전히 주로 "예언의 영"을 지칭한다. 왜냐하면 이러한 종류의 계시와 지혜를 매개하는 성령이 이 선물을 하나님과 올바른 관계를 맺고 있는 참된 삶에 필수적인 요소이자 윤리적 갱생을 위한 기본적인 원동력으로 만들기 때문이다. 나는 "예언의 영"이라는 하나의 고정된 개념과 두개의 또 다른 성령론이 있다기보다는 "예언의 영"이 다양하고 구별가능한 유대교 및 유대-기독교적 유형들을 가진다고 생각한다. 사소한 차이점은, 비록 중요하긴 하지만, 대표적인 유사점을 모호하게 만들며, 어떤면에서는 성령론의 발전에 대한 이해를 모호하게 만든다. 우리가 발견하는 이러한 다양성은, 비록 성령이 계시와 신적 지혜와 영감을 받은 발언가운데 매우 "특유한 방식으로" 역사한다는 인식이 보편적이었다 하더라도, "예언의 영"에 대한 "전통적"이며 획일적인 개념이 절대 존재하지 않

8　예를 들면 Menzies, *Development*, 14장을 보라.

았음을 암시한다.

물론 위에서 제기한 나의 주장은 근거를 통해 입증되어야 하며, 이제 우리는 바로 그 작업에 착수하고자 한다. 나는 기독교 이전의 유대교에서 성령의 것으로 간주한 대부분의 현시와 타르굼이 "예언의 영"의 활동으로 간주한 것 사이에는 상당한 연속성이 존재한다는 것을 보여줄 것이다. 따라서 나는 "예언의 영"이 성령에 대한 유대교의 이해 가운데 많은 부분을 특징짓기에 용이한 용어임을 인정하고, 앞으로도 "예언의 영"이라는 명칭을 기독교 이전 유대교 문헌에서부터 타르굼까지를 모두 아우르는 어느 정도 안정된 개념을 나타내는 용어로 사용할 것이다. 이 개념은 계시를 위한 지식이나 지혜, 또는 이 둘 중에 하나 또는 이 둘 모두(일종의 영감을 받은 발언을 포함하여)와 밀접하게 연관되어 있는 다른 어떤 특별한 능력을 전달하는 하나님의 영을 가리킨다.

나는 타르굼에서 "예언의 영"의 개념에 속한 "원형적인"(prototypical) 은사로 간주되는 것들을 개관하는 것으로 시작해서(§2), 유대교 안에는 성령의 원형적인 활동과 유사한 개념이 광범위하게 나타나 있음을 보여주고자 한다. 여기서 말하는 "원형적"이란 용어는 의미론에서 차용한 것으로서, 이 세상에서 가장 전형적으로 어떤 특정 부류(이 경우에는 우리가 "예언의 영"이라고 부를 수 있는 행위로 간주되는 유형의 사건들)에 속한 것으로 간주되는 "물건"(things, 사물이나 사건)을 지칭한다.[9] 우리는 일단 먼저 확실하게 "원형적"이라고 할 수 있는 은사들을 규정한 다음, 3장에서는 (슈바이처가 주장하듯이) "권위 있는 말씀 선포"가 과연 이 범주에 속하는지를 살펴볼 것이다.

4장과 5장에서는 능력 행함 및 윤리적 갱생과 같은 신적 활동이 "예언의 영"에 귀속될 수 있는지의 여부를 검토할 것이다. "예언의 영"이라

---

9   "원형적"이라는 용어와 "정형화된"이라는 용어에 관해서는 Cotterell and Turner, *Linguistics*, 146-54, 170-75을 보라.

는 개념을 갖고 있던(그리고 그 원형적 은사들을 파악할 수 있던) 유대인들이 그 밖의 다른 신적 현상들을 성령에게 귀속시키거나, 여러 예언적 현상을 "예언의 영"으로 불리는 성령에게 귀속시키는 것을 원치 않았다는 주장은 입증될 수 없다. 따라서 우리는 소위 이 부류의 의미론적 "확대"에 관해 어느 정도 조사할 필요가 있다. 어떤 부류의 "확대"는 단순히 전형적인 구성원(이를테면 전형적인 핵심을 가리키는)을 넘어 그 부류의 경계선까지 아우른다. 유대인 화자/청자가 어떤 물건을 "예언의 영"의 것으로 간주하는 것은 심각한 의미론적 부조화라고 말할 수밖에 없는 지점까지 그 의미를 확대하지 않으면서도 과연 어떤 "물건"(사물 또는 사건)이 (그 당시에는) "예언의 영"의 현시에 속하는 부류의 구성원으로 간주될 수 있었을까? 슈바이처와 아야-프라, 그리고 멘지스는 "그가 '예언의 영'으로 물을 갈랐다"와 같은 문장에서 "예언의 영"은 (아야-프라가 표현했듯이) 실제로 만질 수 있는 것이기보다는 자각할 수 있는 것, 곧 물리적인 활동이기 보다는 계시나 지혜 또는 발언과 연관되어 있다는 근거 아래 이러한 문장은 의미론적으로 매우 심각한 부조화로 간주될 수 있다고 보는 듯하다. 우리가 앞으로 살펴보겠지만, 이러한 진술은 이례적인 것으로 간주될 수는 있어도, 의미론적으로 매우 심각한 부조화로 간주될 수는 없다. "능력의 행위"는 비록 "예언의 영"에 대해 상당히 원형적이라고는 할 수 없지만, 그 부류의 확대의 일환으로 받아들여질 수 있다. 또한 이사야 11:1-4에 근거한 메시아적 인물의 경우 우리는 "능력의 행위"가 그 인물 안에 내주할 것으로 기대되었던 "예언의 영"의 "전형"으로 간주될 수 있다고 주장할 것이다. 이와 유사하게 우리는 (5장에서) 유대교에서 "예언의 영"은 (직접적으로) 윤리적인 영향력을 행사하지 않았다는 추론에 의문을 제기할 것이며, 따라서 우리는 "예언의 영"이 회복과 정화와 "구원"과는 무관하며, 단지 이를 뒤따를 뿐이라는 주장이 사실인지 재차 물을 필요가 있다.

2. 타르굼에 나타난 "예언의 영"과 초기 유대교에 나타난 성령의 원형적 은사들

다음과 같은 유형의 활동은 확실하게 원형적이라고 할 수 있고, 그 빈도 수의 하향순서에 따라 다음과 같이 제시될 수 있다.[10]

2.1. 개인에게 은사적인 계시와 지침을 주시는 성령

나는 "은사적인 계시"를 한 개인의 정신세계 안에서 일어나는 특정한 유형의 사건을 의미하는 용어로 사용한다. 이는 곧 한 개인(혹은 어떤 관찰자)이 하나님으로부터 어떤 계시를 통한 지식을 전달받는 사건을 가리킨다. 중간기 유대교에서 이러한 지식은 원형적으로 환상적 경험이나 꿈을 통해 주어지거나 또는 말씀을 들음으로(또는 이것들의 조합으로) 주어지며, 그 지식의 내용은 미래의 일을 미리 알거나, 또는 현세의 일이나 천상의 일에 대한 계시적인 통찰을 얻는 것을 포함한다. 이러한 은사적인 지식은 명시적으로 רוח נבואה("예언의 영")에 귀속된다. 예를 들면 타르굼 옹켈로스 창세기 41:38에서 바로의 꿈을 해몽할 수 있는 요셉의 능력은 은사적인 계시의 관점에서 설명되고, 타르굼 네오피티 출애굽기 2:12의 난외주에서는 모세가 רוח נבואה("예언의 영")를 통해 이집트의 공사장 감독의 자손들 중에서는 그 어떤 개종자도 나타나지 않을 것임을 "보게" 되고(그래서 모세는 그를 마음껏 죽여도 된다!), 타르굼 위(僞)요나단 출애굽기 33:16에서는 모세가 하나님께 이방 민족에게서 예언의 영을 제거해달라고 요청하면서도 계속해서 하나님과 이스라엘에게 "성령"(실제로는 이 두 용어를 동일시하

---

10 이와 같은 구분은 M. Turner, "The Spirit of Prophecy and the Power of Authoritative Preaching in Luke-Acts: A Question of Origins," *NTS* 38 (1992), 66-88에 보다 더 상세하게 논의되고 예시되어 있다.

며)을 통해 말한다. 이와 유사한 또 다른 확실한 예로는 예언서 타르굼 사무엘하 23:1-2; 예언서 타르굼 열왕기하 5:26; 타르굼 에스겔 8:1-3; 11:15; 37:1; 40:1-2(그리고 아마도 암시적으로 1:3; 3:14, 22) 등을 꼽을 수 있다.

우리가 이제 과연 타르굼이 은사적인 계시를 일관되게 "성령"에게 귀속시키는지 묻는다면, 우리는 매우 근접한 예를 하나 발견하게 될 것이다. 예를 들면 창세기 마소라 본문에서는 찾아볼 수 없는 성령에 관한 진술에 다음과 같은 내용이 추가된다(*Codex Neofiti*의 창 42:1을 제외하고는 모두 타르굼 위(僞)요나단 것임).

창 27:5	이삭이 그의 아들 에서에게 말할 때에 리브가가 **성령을 통해 들었더니**[그녀는 단순한 엿들은 것이 아님!].
창 27:42	야곱을 살해할 것을 계획하고 있던 그녀의 맏아들 에서의 이 말이 **성령을 통해** 리브가에게 들리매
창 30:25	라헬이 요셉을 낳았을 때에 야곱이 **성령으로 이르되** "요셉의 집에 속한 자들은 에서의 집에 속한 자들을 멸망시킬 화염과 같은 운명이다."
창 31:21	[야곱은] 그의 얼굴을 길르앗 산지를 향했다.⋯왜냐하면 그는 입다의 때에 그곳에서 그의 자손들에게 구원이 임할 것임을 **성령을 통해 보았기** 때문이다.
창 35:22	[야곱이 창 35:22의 르우벤의 행동에 비추어 그의 자식들을 두려워하고 있을 때] "**성령이 그에게 대답하여 이르기를,** "두려워 말라. (네 자식들) 모두는 의롭고 그들에게는 흠이 없다."
창 37:33	아버지가 그것을 알아보고 이르되 "내 아들의 옷이라. 그는 사람들에 의해 살해된 것이 아니라 악한 짐승이 그를 잡아먹었도다. 그러나 한 악한 여자[보디발의 아내]가 그 앞에 서 있음을 **나는 성령을 통해 본다.**"
창 42:1	야곱이 애굽에서 곡식을 파는 것을 **성령을 통해 보았다.**
창 43:14	보라. 내가 요셉을 잃었던 것처럼 시므온과 베냐민을 잃을 것임을 **나는 성령을 통해 이미 알고 있었다.**

타르굼 옹켈로스와 타르굼 위(僞)요나단의 창세기 41:38에 의하면 바로는 요셉의 은사적인 계시를 "주의 면전으로부터 온 예언의 영"에게 돌리고, 코덱스 네오피티에서도 이와 거의 동일한 어구가 등장하지만, 여기서는 이 은사가 대신에 성령에게 돌려진다(바로가 그의 신하들에게 이르되, "이렇게 **주의 면전으로부터 온 성령이 내주하는** 사람을 우리가 어디서 또 찾겠는가?"). 이와 유사한 현상("예언의 영"과 "성령"을 동등시하는)은 개별적인 타르굼 **안에서도** 발견된다. 따라서 타르굼 위(僞)요나단 출애굽기 31:3은 하나님이 모세(즉 브살렐)에게 이르기를, "나는 **주의 면전으로부터 온 거룩의 영으로**, 지혜와 지능으로, 그리고 모든 수공에 대한 지식으로 그를 충만케 했다"고 기록하며, (같은 타르굼에 의하면) 모세는 35:31에서 그 메시지를 이스라엘 자손들에게 거의 그대로(verbatim) 전달할 수 있지만, 이제는 하나님이 "**주의 면전으로부터 온 예언의 영으로**, 지혜로, 지능으로 그를 충만케 했다"고 말한다. 이렇게 타르굼에서, 그리고 타르굼 전반에 걸쳐 나타나는 이러한 증거는 우리가 타르굼 저자들이 성령을(부분적으로나 전체적으로) "예언의 영"으로 간주했다는 결론에 도달하게 해준다.

하지만 만일 "은사적인 계시"라는 범주가 성령을 "예언의 영"으로 보는 **타르굼 저자들의** 관점에서 볼 때 확실한 의미가 있다면(예언의 영이라는 용어가 성령을 지칭하는 데 사용되었는지의 여부를 떠나), "은사적인 계시"는 "중간기" 유대교의 **다른 문헌에서도** 성령/하나님의 영에 귀속되는 가장 보편적인 선물이라는 점 또한 강조되어야 한다. 하나님이 개인에게 성령으로 말씀하시거나 사람들이 성령 안에서 계시된 지식을 보고, 듣고, 알고 예견하게 하는 랍비 유대교의 많은 예들은,[11] 심지어 예언의 영(רוח נבואה)이란 술어가 결여되어 있는 본문에서조차, "예언의 영"이라는 **개념에** 대한 유사한 예들을 제시해준다. 유대교 랍비 문헌에서 은사적인 계시를 주

---

11   랍비 문헌에 실린 여러 가지 예의 목록을 보려면 Schäfer, *Vorstellung*, 151, 155-57을 보라.

는 성령의 예들은 넘쳐나지만,[12] 은사적인 계시는 또한 기독교 이전과 동시대 유대교 문헌에서 성령에게 귀속되는 가장 큰 두 가지 은사 그룹 가운데 하나다. 이러한 예들은 팔레스타인 유대교(예. 에녹1서 91:1; 에스라 4서 14:22; 희년서 31:12; *Bib. Ant.* 9:10; 28:6; 31:9; 1QS 8:16; CD 2:12; 집회서 48:24)와 헬레니즘 유대교 저자들(예. 요세푸스, *Ant.* 4:199; 필론, *Jos.* 117; *Somn.* 2:252; *Spec. Leg.* 4:49; *Vit. Mos.* 1:175) 사이에서도 발견된다. 따라서 은사적인 계시에 대한 우리의 정의를 통해 우리가 알 수 있는 것은, 이러한 은사가 향후 예언자적 신탁(혹은 어떤 종류의 발언 사건에 관한 것이든)을 반드시 수반하거나 그러한 신탁으로 이끌지 않음은 물론, 은사를 받은 자가 그 계시의 내용을 나중에 밝히지 않는 예들이 많다는 것이다. 따라서 "예언의 영"이 주로 "영감을 받은 발언"과 연관되어 있다고 말하는 것은 상당한 오해의 소지가 있다.

---

12 전형적인 랍비 문헌으로는 *t. Pes.* 2:15을 꼽을 수 있다. "라반 가말리엘은 아코에서 케지브를 향해 가고 있었다. 그는 길에서 값싼 빵 한 조각을 발견했다. 그는 그의 종 타비에게 '그 빵을 주워라'고 말했다. 그는 한 이방인을 보았다. 그는 그에게 말했다. '마베가이, 이 빵을 받아라.' 랍비 레이(R. Le'ii)가 [그에 관해 알아보기 위해] 그 뒤를 따라갔다. …그는 그에게 '네 이름이 무엇이냐?'고 물었고, 그는 그에게 '마베가이입니다'라고 대답했다. 그는 그에게 말하길, '너의 전 생애에 걸쳐 라반 가말리엘이 너를 만나본 적이 있는가?' 그는 그에게 말했다. '아니오.' 이 사건에 기초하여 우리는 라반 가말리엘이 성령으로 예지했음을 깨닫게 된다." 이 이야기에서 전형적이지 않은 부분은 성령의 은사가 종말론적인 시대까지 중지되었다는 일치된 견해에 대항하여 성령이 동시대인에게 은사적인 계시를 준다는 점이다. 이러한 반론에 대한 다른 세 가지 예는 *y. Šeb.* 9:1(R. Simeon b. Yohai를 포함하여); *y. Soṭ.* 1:4(R. Meir를 포함하여), *Lev. R.* 21:8(135년에 죽은 Rabbi Akiba에 관하여) 등이다. 관련 랍비 문헌은 다음을 보라. (예) *t. Pes.* 2:15; *y. Šeb.* 9:1; *b. Soṭ.* 11b; *b. Meg.* 14a; *b. Yom.* 73b; *Mek. Pisḥa* 13; *Mek. Shirata* 7; *Gen. R.* 37:7; 45:5; 75:8; 79:6; 84:12; 84:19; 91:6; 91:7; 93:12; 97(2회); *Exod. R.* 1:28; *Lev. R.* 1:3; 15:2; 21:8; 32:4; *Num. R.* 9:20; 12:18; 14:5; 19:3; 21:9; *Ruth R.* 2:1; *Cant. R.* 1.1.8-9; 2.5.3; *Eccl. R.* 3.21.1; *Midr. Ps.* 10:6; 105:4; *Ag. Ber.* 23:2(47) *Pes. R.* 3:4 (4회); *Tanḥuma* (Buber) רריא §12; *MHG* Gen. 442, 513, 604, 854.

2.2. 은사적인 지혜를 주시는 성령

여기서 우리는 "은사를 통한 소통"과 "은사를 통한 지혜 주입"이라는 두 용어를 서로 구분할 필요가 있다. 전자는 신적인 지혜를 전달하는 단회적인 은사 사건(아마도 즉각적으로 감지되는)을 나타낸다. 즉 이것은 어떤 개인의 정신세계에서 일어나는 사건으로, 이에 대한 인식은 하나님에 의해 수정된 것으로 인식됨으로써 특정한 상황에 대한 분석이나, 또는 어떤 기술이나 문제를 처리하는 능력을 가능케 한다. "은사를 통한 지혜 주입"은 지속적으로 일어나는 연속적인 사건—긴 시간에 걸쳐 일어나는 과정—을 나타내며, 반드시 이 은사를 받은 자에 의해 의식적으로 감지되거나 관찰자에 의해 추론이 가능한 것은 아니다.

우선 우리는 이 범주 안에 브살렐에 관한 오경 전승을 포함시킬 수 있다. 출애굽기 35:30-31(출 31:3의 하나님의 말씀을 반영하는)에서 모세는 "볼지어다! 여호와께서 유다 지파 훌의 손자요 우리의 아들인 브살렐을 지명하여 부르시고 하나님의 신을 그에게 충만케 하여 지혜와 총명과 지식으로 여러 가지 일을 하게 하시되, 공교한 일을 연구하여 금과 은과 놋으로 일하게 하시며"라고 말한다. 하지만 타르굼 위(僞)요나단은 이 본문을 다음과 같이 번역한다. "보라! 주께서 그에게 브살렐이라는 좋은 이름을 지어주시고…그에게 **주의 면전으로부터 오는 예언의 영**을 충만하게 하고 그가 하는 일에 지혜와 총명과 지식으로 채워주시고." 더 나아가 이 타르굼은 특별한 이유 없이 (37:8에) "그[브살렐]는 **예언의 영의 지혜**로 그룹들을 양쪽에 만들었다"라는 진술을 덧붙이고, 이 동일한 내용을 31:6의 목공들에게도 적용하여 "또한 나는 단련된 모든 자들의 마음에 **지혜의 영을 더해 주었다**"라고 덧붙인다. 우리는 이외에도 다수의 본문에서 이와 유사한 현상을 발견한다. 민수기 11:17-29에서는 하나님이 모세에게 임한 성령을 칠십인 장로들에게 나누어 줌으로써 그들은 사사

들/지도자들로서 행할 수 있는 지혜를 얻게 된다.[13] 타르굼 위(僞)요나단
과 단편 타르굼은 모두 이 현상을 "예언의 영"과 연관시킨다. 이와 마찬가
지로 모세로부터 지휘봉을 물려받을 여호수아도 마소라 본문에서 "그 안
에 성령이 계시는"(민 27:18)—즉 그 직분을 수행하기에 필요한 은사를
제공해주시는 성령—사람으로 묘사한다. 하지만 타르굼 옹켈로스와 타
르굼 위(僞)요나단은 이 구절을 "그 안에 예언의 영을 갖고 있는 사람"으
로, 그리고 "주의 면전으로부터 오는 예언의 영이 거하는 사람"으로 각각
번역한다. 타르굼 욥기 32:8은 이를 더 일반화하여 "진실로 사람 안에 계
신 예언의 영과 전능자의 메므라가 그들에게 이해할 수 있는 능력을 주
신다"라고 말한다.

이러한 사실을 고려하면 은사적인 지혜는 많은 부분 "예언의 영"의
원형적인 선물로 인식될 수 있음을 알 수 있다. 또한 이와 동일한 은사가
성령을 지칭하기 위해 서로 다른 용어를 사용한 다른 타르굼 전승에서도
분명히 원형적인 것으로 나타난다. 예를 들면 "지혜를 주는 주의 면전으
로부터 오는 영"(*Targ. Onq.* 출 31:3; 35:31), "지혜가 넘치는…거룩한 예언
자(?)의 영"(*Targ. Neof.* 출 31:3), "지혜의 주의 면전으로부터 오는 거룩한
영"(*Targ. Ps.-J.* 출 31:3; *Targ. Neof.* 출 35:31), "지혜의 영"(*Targ. Ps.-J.* 출 31:6),
"지혜를 주는 주의 면전으로부터 오는 영"(*Targ. Onq.* 출 35:30), "지혜의
영"([즉 여호수아에게 주어진] *Targ. Onq.* 신 34:9 = *Frag. Targ.* = *Targ. Ps.-J.*) 등을
꼽을 수 있다. 또한 민수기 27:18에서 동일한 사람에게 주어진 동일한 은
사를 "예언의 영"에 귀속시켰던 타르굼 옹켈로스와 타르굼 위(僞)요나단
모두 "지혜의 영"을 사용하고 있다는 사실은 이 두 용어가 모두 이러한

---

13   이 동일한 장면에 대한 필론의 말과 비교하는 것도 흥미롭다. "그러한 (하나님의) 영은
또한 칠십 장로들에게 임하여 그들로 하여금 다른 이들보다 뛰어나고 탁월하게 만든
모세의 영이기도 하다. 만약 그들이 완벽한 지혜의 영의 한 부분을 받지 못했다면 실
제로 그들은 장로일 수도 없다. 기록된 바 "나는 너에게 임한 성령을 취하여 칠십 장로
들에게 부어줄 것이다"(*Gig.* 24). 이와 유사한 견해를 보려면 *Exod. R.* 48:4을 보라.

은사를 동일하게 가리키는 표현으로 이해되었음을 보여준다.

"은사적인 지혜"의 범주는 타르굼 전승에서 두 번째로 자주 나타나는 성령의 선물이며, 우리는 다시 한번 타르굼 외의 문헌(랍비 문헌을 제외한)에서도[14] 이와 유사한 분포도를 발견한다. 사실 이것은 그리 놀랄 만한 일이 아니다. 왜냐하면 고대인들도 은사적인 지혜와 은사적인 계시 간의 긴밀한 연관성을 직관적으로 인지했던 것으로 보이기 때문이다.[15] 따라서 타르굼 옹켈로스가 창세기 41:38의 예언의 영(רוח נבואה)에 귀속시킨 계시적인 은사들은 다른 본문에서 성령으로부터 기인한 은사적인 지혜의 관점에서 묘사된다(희년서 40:5; 필론, *Jos.* 117; 참조. 요셉과 아스낫 4:7). 사실 1세기 유대인들이 "예언의 영"이 제공한 "은사적인 계시"를, 예를 들어 에스라4서 14:22, 40,[16] 요세푸스, 『유대고대사』 10:239,[17] 1QH

---

14   랍비 문헌 가운데 내가 알고 있는 유일한 예는 *Exod. R.* 40:1; 48:4; 52:4; *Cant. R.* 1:1; *Ruth R.* Proem 7 등이다.

15   이러한 범주와 앞에서 정의내린 "은사적인 계시"라는 범주 간의 차이점이 확연하게 드러나지는 않지만, 은사의 여러 가지 유형의 몇 가지 변화에서 찾아볼 수 있다. 은사적인 "지혜"는 전형적으로 어떤 사람의 본능적인 이해와 능력을 향상시키고 형성해나가는데, 이는 이것들이 하나님의 뜻과 일치하게 하고 그의 목적을 따르게 하기 위함이다. "은사적인 계시"와는 대조적으로 (i) 이것은 반드시 **의식적으로** 받을 필요는 없으며, (ii) 상당한 기간을 통해 점차적으로 부여될 수 있으며, (iii) (내용이나 정보 중심적이라기보다는) 일반적으로 정보를 지속적으로 다룰 수 있는 기술이나 능력과 연관이 있으며, (iv) 전형적으로 본능적인 능력과 연관이 있으며 이를 향상시킨다(따라서 벤 시라는 경건한 학자는 심지어 열심을 다하는 학생이 "예언"을 이끌어낼 수 있다고 생각하지 않는다고 해도 [하나님의 은혜 아래에서] 율법을 열심히 연구함으로써 자기 자신이 "이해의 영으로 충만케 될 것"을 기대했다[집회서 39:6]).

16   14:22에서 화자는 이렇게 탄원한다. "내게 성령을 보내주소서. 그리하면 나는 시초부터 이 세상에서 일어난 모든 것을 다 기록할 수 있을 것입니다." 이에 대한 대답은 불과 같은 물로 가득 채워진 신적인 컵(divine cup)을 통해 주어진다(14:40). "그리고 나는 그것을 받아 마셨다. 그리고 내가 그것을 다 마셨을 때 나의 심장은 이해로 가득 찼고, 내 가슴에서 지혜가 솟구쳤다."

17   "…그는 그[다니엘]가 그와 그의 지혜와 그와 함께하는 하나님의 영에 대해 깨달았고, 오직 그만이 다른 이들이 알지 못하는 것을 발견할 수 있었다고 말하고 나서 그에게 그 글이 무엇이었는지를 물었다."

12:11-13(참조. 13:18-19),[18] 지혜서 9:17-18에서[19] 성령으로부터 기인한 것으로 추정되는 계시적인 지혜와 통찰과 구분한다는 것은 거의 불가능했을 것이다. 필론은 은사적인 계시와 지혜의 관계에 대해 가장 이르면서도 비교적 예리한 분석을 한다. 그는 특히 안식일에 관한 모세의 현명한 가르침으로 여겨지는 내용에 관해 주석하면서 "나는 이러한 종류의 추론은 예언에 가깝다는 것을 굳이 말할 필요가 없다고 생각한다. 왜냐하면 진리로 인도하는 하나님의 영이 없었다면 그 목적을 단도직입적으로 깨달을 수 있는 사람은 아무도 없었을 것이기 때문이다"(*Vit. Mos.* 2:265)라고 말했다.

비록 많은 경우에 이러한 지혜가 항상 예언이나 또는 다른 종류의 영감을 받은 발언으로 이어지지는 않지만, 이러한 이해가 "은사적인 지혜"로 하여금 "예언의 영"이라는 원형적인 은사들 가운데 한 자리를 차지할 수 있게 해준다. 위에서 인용한 예들 외에도 팔레스타인 문헌(에녹 1서 49:2-3; 61:7, 11; 솔로몬의 시편 17:37; 18:7; 1QH 9:32; 14:12b-13; 타르굼 사 11:1-2; 집회서 39:6; 레위의 유언 2:3)과 헬레니즘 유대교 문헌(Aristobulus [in 에우세비오스, 복음의 예비 8.9.38-8.10.17]; 필론, *Dec.* 175; *Gig.* 23-29; 47; 53; 55; *Rer. Div. Her.* 57; 수산나 [Th] 63; 지혜서 7:7,22)에 나타난 이와 유사한 유형의 더 많은(그리고 보다 폭넓은 범위의) 표현을 참조하라.

---

18 1QH 12:11-13. "오 나의 하나님, 나는 당신이 나에게 주신 영으로 말미암아 당신을 알게 되었고, 당신의 성령으로 당신의 경이로운 조언에 귀를 기울일 수 있었나이다. 당신의 지혜의 신비 안에서 당신은 나에게 지식의 문을 여셨고, 당신의 자비 안에서 당신은 당신의 능력의 근원의 [빗장을 푸셨나이다."

19 "당신이 그에게 지혜를 주시고 당신의 거룩한 영을 하늘로부터 보내주지 않았던들, 누가 당신의 뜻을 알 수 있었겠나이까? [18] 이로써 이 땅에 있는 자들의 길이 올바르게 세워졌고, 사람들은 당신이 기뻐하시는 것을 배우게 되었고, 그들은 지혜로 인해 구원을 받았나이다."

2.3. 예언자적 발언에 돌발적으로 영감을 불어넣으시는 성령

나는 "예언자적 발언"이라는 표현을 화자에게 주어진 "은사적인 계시"의 내용이 제3자에게 선포되는 발언 전부 또는 상당 부분, 즉 오니(Aune)가 "신탁적 발언"[20]이라고 부르는 것을 가리키는 데 사용한다. 편의상 돌발적인 유형의 발언은 비(非)돌발적인 유형과 구분될 수 있다. 나는 후자를 "예언자적 계시의 전달"[21]이라고 칭한 바 있는데, 이는 사전에 화자에게 주어진 은사적인 계시의 내용이 차후에 어떤 특정 청중에게 전달되는 예언자적 발언의 사건을 가리킨다. 과거의 계시를 전달하는 일은, 이차적인 의미를 제외하고는, 반드시 은사적인 사건일 필요는 없다.[22] 이러한 유형은 예를 들어 구약의 예언자들과 팔레스타인 유대교에서 발견되는 거의 대부분의 은사적인 계시(얼핏 보면 "돌발적"으로 보일 수 있는 "성령으로" 말하는" 사건들을 포함하여)에서 전형적으로 나타난다.[23] 이와는 대조적으로, "돌발적인 예언자적 발언"은 성령에 의해 **즉각적으로** 영감을 받아 선포하는 것으로 여겨지는 예언자적 발언을 가리킨다(또한 이러한 은사는 어느 누구의

---

20 즉 고대인들이 "하나님으로부터 기원하여 영감을 받은 인간 매개체를 통해 전달되는 것으로 믿었던 인식 가능한 구두의 메시지로 구성된 어떤 특정 형태의 예견"으로 간주한 특별한 유형(D. E. Aune. *Prophecy in Early Christianity and the Ancient Mediterranean World* [Exeter: Paternoster, 1983], 339; 참조. 23ff., 35ff).

21 M. Turner, "The Spirit and the Power of Jesus" Miracles in the Lucan Conception," *NovT* 33 (1991), 124-52; *idem*, "Spirit and Authoritative preaching," 74-75.

22 하지만 이것은 만약 예를 들어 성령이 화자가 말을 할 때에 그의 능력을 "향상시키거나" 또는 화자의 말의 권위를 어느 정도 "입증하려고" 시도한 경우일 수도 있다. 이러한 유형의 한 예로는 왕상 21:20b-24 — 본질적으로 19절에서 하나님이 이미 엘리야에게 계시했지만, 그 결과(27절)로 미루어 판단할 때 은사적인 사건으로 경험된 사건 — 을 꼽을 수 있다.

23 "성령으로 … 말하다" 또는 "성령으로 이야기하다"라는 용례는 상대적으로 상당히 드물며, 인접 문맥을 통해 알 수 있는 경우에는 항상 "예언자적 계시의 전달" 또는 (개연성은 더 낮지만) "돌발적인 예언자적 발언"과 관계되며, "말씀 선포"와는 사실상 무관하다. 예. *Midr. Hag.* 창 717(창 41:38에 관해, 요셉의 은사적 연설이 아닌 그의 기적적인 통찰을 칭찬함); *y. Yom.* 73b; *Sifre Zutta* 319, *Targ. Ps.-J.* 창 30:25.

관점에서도 "예언의 영"이라는 개념에 속하므로, 우리는 전처럼 우리에게 주어진 증거를 구분할 필요가 없다). 이 개념에 비해 원형적으로 성령은 발언 사건 자체를 강하게 자극하여 계시적인 내용에 대한 즉각적인 영감을 허용하지만, 그 발언에 대한 인간 화자의 기여를 완전히 배제하지는 않는다. 예를 들면 역대상 12:18에서 성령이 아마새를 "사로잡아" 신탁을 인식하도록 영감을 부어준 경우가 바로 이에 속한다. 보다 더 극단적인 경우에는 성령이 화자의 본능적인 능력을 완전히 압도하거나, 퇴색시키거나, 또는 대체함으로써 성령이 전달된 말씀의 유일한 주체로 보일 수도 있다.

돌발적인 예언자적 발언의 예시는 상대적으로 팔레스타인 문헌을 비롯해 민수기 11:26-27과[24] 사무엘하 23:2에[25] 대한 타르굼 전승(이 두 전승 모두 마소라 본문의 어구에 지대한 영향을 받음)에서는 흔치 않으며, 모두 합쳐 전체 예시의 절반 이상을 차지한다. 또 다른 예는 희년서 25:14, 31:12(리브가와 이삭이 각각 진리의 영과 예언의 영의 은사로 자신들의 자녀를 축복함)과 *Bib. Ant.* 28:6에서 발견된다. 각각의 경우(어쩌면 위(僞)필론[=*Biblical Antiquities*]은 예외일 수 있음)[26] 돌발적인 성령은 비교적 부드러운 영향력을 행사하는 모습을 보인다.[27] 한편, 이보다 더 돌발적인 형태의 발언은 헬레니즘적 유대교 문헌에서, 특히 요세푸스의 『유대고대사』 4:119(발람과 관

---

24 *Targum Onqelos*와 *Targum Pseudo-Jonathan*은 모두 "예언의 영"이 모세로부터 칠십 (이?)인과 성령이 임하여 예언하기 시작한 이들에게 확대된 것에 관해 언급한다. *Onqelos*에 언급된 "예언하다"는 단순히 돌발적인 은사적 예배로 해석될 수 있다. 그러나 Pseudo-Jonathan은 구체적으로 모세의 죽음과 여호수아의 계승에 관한 예언자적 신탁을 엘닷에게 귀속시키고, 다른 신탁들은 메닷에게 귀속시키는데, 이는 분명히 돌발적인 예언자적 발언이라고 할 수 있다. *Codex Neofiti*와 *Fragmentary Targum*에서도 이와 유사한 경우가 발견되는데, 여기서는 "예언의 영"이 아니라 성령에게 귀속된다.

25 "다윗이 말하길, '나는 주의 면전으로부터 온 예언의 영으로 이것들을 말하고, 내 입에 들어 있는 그의 거룩한 말씀으로 명령한다.'"

26 아마도 우리는 본래 히브리어로 기록되었고, 그리스어로 번역되고, 오직 라틴어로만 현존하는 본문에 의존할 수밖에 없다. 따라서 케나스의 "황홀경"에 관한 언급은 원문에 속할 수도 있고 편집되거나 번역된 것일 수도 있다.

27 랍비의 글 가운데서는 *b. Soṭ.* 11b; *Eccl. R.* 3:21 §1을 참조하라.

련하여), 6:166(다윗과 관련하여), 6:222-23(사울을 성령의 열정적인 감동을 받은 자[ὑπὸ τοῦ πολλοῦ πνεύματος ἐλαυνόμενος ἔκφρων γίνεται]로 묘사함)과 예언자적 사로잡힘의 언어가 분명하게 반영되는 필론(*Rer. Div. Her.* 265;[28] *Spec. Leg.* 4:49; *Vit. Mos.* 1:175,[29] 277[30])의 글에서 더욱 특징적으로 발견된다.

2.4. 은사적인 찬양에 돌발적으로 영감을 불어넣으시는 성령

"돌발적인 은사적 찬양"이라는 용어는 전형적으로(그러나 반드시 그런 것은 아니지만) 하나님께 드려지는 송영적인 발언이라는 사건을 가리키는 데 사용될 것이며, 앞에서 묘사한 "돌발적인 예언자적 발언"과 긴밀하게 연관된 방식으로서 성령의 영감을 받은 것으로 간주된다. 구약의 가장 대표적인 예로는 사무엘상 19:20-23에서 사울과 그의 사자들이 성령에 압도되어 "예언"을 하는 장면을 꼽을 수 있다. 타르굼 요나단은 이것을 다음과 같이 서술한다.

> 삼상 19:20 그리고 **주의 면전으로부터 임한 예언의 영**이 사울의 사자들에게 **임하니**, 그들도 찬양을 불렀다.
>
> 삼상 19:23 그리고 **주의 면전으로부터 임한 예언의 영**이 그[사울]에게

---

28 "이것은 예언자들의 모임에서 정기적으로 발생하는 것이다. 하나님의 영이 도래할 때에 정신이 나가지만(ἐξοικίζεται … ὁ νοῦς κατὰ τὴν τοῦ θείου πνεύματος ἄφιξιν), 신적인 영이 떠날 때에는 그 정신이 그 자리로 다시 돌아온다. 죽을 운명의 소유자와 죽지 않을 운명의 소유자는 동일한 거처를 공유할 수 없다. 따라서 이성과 이를 둘러싸고 있는 어두움은 황홀경과 영감을 받은 열광을 일으킨다."

29 "잠시 후 그는 사로잡혔고, 그를 찾아온 영으로 충만해졌으며, 이 예언의 신탁의 말씀을 내뱉었다"(ἔνθους γίνεται καταπνευσθεὶς ὑπὸ τοῦ εἰωθότος ἐπιφοιτᾶν αὐτῷ πνεύματος καὶ θεσπίζει προφητεύων τάδε·).

30 "그[발람]는…즉시 사로잡혔고, 예언의 영이 습관적으로 그에게 임했으며(ἔξω δὲ προσελθών ἔνθους αὐτίκα γίνεται προφητικοῦ πνεύματος ἐπιφοιτήσαντος), 그 영은 그의 영혼에서 그의 마법을 완전히 쫓아냈다. 왜냐하면 마법사의 술수와 가장 거룩하신 분의 영감은 결코 함께 거할 수 없기 때문이다."

도 **임하니**, 그는 찬양을 부르면서 돌아다녔다.

구약 전승에 대한 이와 유사한 해석이 이 타르굼에서 발견된다.

> 삼상 10:6 "그리고 **주의 면전으로부터 임한 예언의 영이** 네 위에 **임할 것이며**, 너는 그들과 함께 **찬양을 부를 것이고**, 다른 사람으로 변화될 것이다."
> 삼상 10:10 "보라! 한 무리의 선생들이 그를 만났고, **주의 면전으로부터 임한 예언의 영이** 그에게 임했고, 그는 그들 중에서 **찬양을 불렀다.**

이러한 유형의 말씀 사건은 중간기 유대교에서 상대적으로 드물게 언급된다. 에녹이 "시간의 선재자"(하나님)를 볼 때 그는 "능력의 영[=하나님의 영?]에 의해 큰 목소리로 축복하고, 영광을 돌리고, 찬양을 올리면서" 외친다(에녹1서 71:11; 참조. 61:7-11). 바락은 드보라에게 "찬양을 부르고, 성령의 은혜가 일어나게 하고, 주의 사역들을 찬양할 것"을 요청한다(*Bib. Ant.* 32.14). 또한 랍비 아키바(탄나임 시대의 두 번째 세대)의 것으로 알려진 *t. Soṭ.* 6:2에는 이스라엘의 회중이 그들에게 임한 성령에 대한 반응으로 홍해에서 일어난 어떤 은사적인 사건에서 함께 모세의 노래를 불렀다고 기록한다.[31] 이러한 예들(그리고 삼상 10:6과 19:20-23에 대한 다른 유대교 본문의 난외주; 요세푸스, 『유대고대사』 6:166, 222)은 내가 유일하게 알고 있는 것이다. 욥의 유언 43:2, 48:2-3, 51:2이 때때로 이와 관련하여 언급되지만, 이 구절들은 진정으로 이 작품의 유대교 버전의 것이 아닌 것으로 보

---

31 또한 아키바의 것으로 알려진 유사한 전승인 *Mek. Shirata* 1과도 비교해 보라. 이와 유사한 전승이 랍비 느헤미야(탄나임 시대의 세 번째 세대)의 것으로 알려진 *Mek. Bešallaḥ* 7에도 나타난다. 후대의 *Exod. R.* 23:2는 이와 유사하지만 랍비 아바후(아모라임 시대의 세 번째 세대)의 것으로 알려진 보다 더 확대된 전승을 갖고 있다.

인다.[32] 비록 이러한 유형의 은사는 상대적으로 드물게 나타나지만, 만일 어떤 유대인에게 이러한 은사들이 과연 예언의 영의 분명한 원형적인 역사인지 질문한다면 아마도 그는 이에 긍정적으로 대답할 것이다. 이것이 "돌발적인 예언자적 발언"과 밀접하게 연관되어 있다는 점이 이 사실을 확증해준다.

그렇다면 우리는 은사적인 계시, 은사적인 지혜, 돌발적인 예언자적 발언, 돌발적인 은사적 찬양이 타르굼 전승에서 "예언의 영"이라고 부르는 네 가지 원형적인 은사임을 알 수 있다. 이러한 결론은 타르굼 전승에 언급된 "성령"과도 아주 잘 조화를 이루며, 31번의 언급 중 적어도 27번은 모두 이 네 가지 은사의 범주 안에 속한 현상에 대한 것이다. 이러한 결과는 타르굼 전승에 나타난 "성령"은 바로 "예언의 영"임을 암시한다. 물론 이러한 결론은 곧 수정될 것이지만 말이다. 또한 줄잡아 계산한다 하더라도, 1세기 말까지 기록된 중간기 외경 문헌에서 신적인 영에 대한 언급의 절반 이상이 앞서 언급한 은사들과 관련된다는 점은 괄목할 만하다. 이러한 점은, 비록 이에 대한 모든 것을 말해준다고 할 수는 없지만, 우리가 앞에서 정의한 "예언의 영"의 개념이 유대교 안에 널리 퍼져 있었음을 시사한다. 이제 우리는 그 나머지 이야기로 우리의 관심을 돌리고자 한다. 먼저 우리는 과연 "권위 있는 설교"가 전형적인 "예언의 영"으로 간주될 수 있는지 물을 것이다(§3). 이어서 우리는 능력의 행위(4장)와 영적/윤리적 갱생(5장)이 어느 정도까지 유대교의 "예언의 영"으로 간주될 수 있는지를 물을 것이다.

---

32   엘리바스가 성령으로 찬송을 부르는 내용은 파리 사본의 43:2에만 있다. 51:2에 있는 이와 유사한 주제와 욥의 유언 48에서 욥의 딸들이 받은 천사의 송영적인 방언은 아마도 몬타누스주의자가 이 유언서에 추가한 것의 일부로 보인다(R. P. Spittler, "The Testament of Job" [PhD dissertation, Harvard University, 1971], 58-69).

3. 말씀 선포와 "예언의 영"

슈바이처는 *TDNT*에 수록된 자신의 영향력 있는 소논문에서 다음과 같이 주장했다.

> 누가는 성령이 예언의 영이라는 전형적인 유대교 사상을 수용한다.···이 사실은 누가복음 4:23-27에서 볼 수 있는데, 거기서 18절의 인용문에 언급된 기적을 일으키는 표적은 구체적으로 성령의 현시가 아니며, 오직 권위 있는 말씀 선포만이 예언의 성취로서 간주된다(*TDNT*, VI, 407).

여기서 슈바이처가 서로 대비시키고 있는 것은 단순히 유대교 사상과 이교도 사상이 아니라, 보다 더 구체적으로 자신이 생각하는 누가의 "새로운 이해"와 성령을 권위 있는 말씀 선포의 능력과 기적의 능력으로 묘사하는 마가와 마태의 보다 더 원시적인 입장이다.[33] 이러한 대비는 다른 저자들의 글에서도 나타나는데, 멘지스의 저술에서 더더욱 뚜렷하게 나타난다. 이것은 누가가 기독교 진영에서 나타나고 있던 성령론의 발전의 흐름에서 돌아서서 이전의 유대교 사상으로 회귀했다는 주장의 일환이다. 우리는 이러한 주장을 어떻게 평가할 것인가? 어떤 의미에서 종종 "말씀 선포"가 기독교 전승에서 "예언"과 부분적으로 동일시되었고, 또 단순히 다른 유형의 "영감을 받은 발언"으로 간주되었기에, 이 두 은사는 서로 직결되어 있는 것으로 간주되기도 했다.

하지만 이러한 문제들은 그리 단순하지 않다. 여기서 말씀 선포는 우리가 다른 곳에서 "은사적인 주해적 연설"(charismatic expository address)이라고 부른 것의 한 특정 형태를 가리킨다.[34] 우리는 어떤 한 유형의 말씀 사

---

33   *TDNT*, VI, 402-404.
34   Turner, "Spirit and Authoritative Preaching," 75-76.

건을 지칭하기 위해 이 표현을 사용하는데, 거기서 성령의 능력은 말씀 선포자나 청중, 또는 양자 모두가 경험하는(따라서 "은사적인") 것으로 인지된다. 즉 이 사건은 말씀 선포자가 어떤 전승이나 사상 혹은 사건을 선포하고, 해설하며, 적용하는 사건이다. 여기서 형용사 "주해적"은 순전히 교회적인 의미에서의 성서 본문 주해가 아니라 담화 분석(Discourse Analysis)에서 모든 유형의 설명적 또는 논쟁적 담화(응급 처치의 원리에 관한 이야기에서부터 정의에 대한 플라톤의 개념에 관한 책에 이르기까지)를 모두 아우르는 폭넓은 의미로 사용된다. "은사적인 주해적 연설"의 가장 분명한 예는 전통적인 의미에서 능력 있는 설교나 영적인 가르침이다. 비록 "은사적인 주해적 연설"이란 어구가 일반적으로는 어떤 종교적인 **전승**의 한 측면을 설명하거나 또는 적용하는 것만을 의미하는 것으로 이해될 수도 있지만, 여기서는 "은사적인 계시"를 자세히 설명하는 것, 즉 설교자가 종교적인 사상에 관해 차분하게 상고하고 신중한 해석을 제시하는 은사적인 담화를 모두 아우르는 데 사용된다. 위에서 언급한 원형적 은사들 가운데 발언으로 규정되는 범주와 대조를 이루는 것에는, 은사적인 계시나 돌발적인 예언자적 발언에서 발견되는 일방적인 신적 "주심"과 비교해볼 때, 매우 신중한 해석학적 작업이 수반된다는 것이다. 우리는 유대교 문헌을 개관하는 가운데 "예언의 영"이 "영감을 받은 설교"의 원천으로 간주되는, 아주 설득력이 있으면서도 논쟁의 여지가 전혀 없는 예를 단 하나도 발견하지 못했다.

유대교 문헌에서 성령은 전형적으로 은사를 받은 자에게 계시나 지혜를 부여한다. 은사를 받은 자는 예언자적 말씀이나 찬양을 통해 성령에 의해 압도되곤 한다. 후자의 경우가 더욱 분명하게 나타나면 날수록 그 과정에서 화자의 정신이 활동하지 **않는다**는 부분이 강조되고(요세푸스, 『유대고대사』 4:119; *Bib. Ant.* 62:2; 필론, *Spec. Leg.* 4:49; *Vit. Mos.* 1:175, 277; 참조. *Rer. Div. Her.* 264-66; *Spec. Leg.* 1:65), 이에 따라 권위 있는 설교와 비교하는 것이 불가능해진다. 전자의 경우가 더욱 분명하게 나타나면 날수록 예언의 영은 은사를 받은 자가 그것을 **전달하는** 능력이 아니라 그것을 통해 그가 지혜나 계시를 **받게 되는** 능력이라는 것이 더욱 분명해진다.[35] 그의 발언이나 판단 또는 행동은 하나님의 사람이 받은 은사를 분명하게 보여 줄 수는 있지만, 이런 것들이 예언의 영이 행하는 행위의 중심은 아니다.

이사야의 순교(1:7과 5:15)와 필론의 *Virt.*(217)는 유대교에서 예언의 영을 (단순히 계시적인 지혜나 돌발적인 발언이 지닌 능력보다는) 은사적인 담화의 능력으로 간주하는 주요 증거를 담고 있는 문헌이다. 이사야의 순교 1:7에서 이사야는 "내 안에서 말씀하시는 성령이 살아 계시므로"라고 말하고, 5:15은 이사야가 "소리를 지르거나 울지 않았지만, 그의 입은 그가 톱으로 두 동강이 날 때까지 성령으로 말했다"고 전한다. 이 둘을 종합해보면 이 두 본문은 사실 단순히 돌발적인 발언이 아니라 "은사적인 담화"—성령의 활동이 중심을 차지하는 발언—에 속한다고 할 수 있다. 그러나 이것은 유대교가 아니다. 이것은 기독교다. 여기서 사용된 언어는 바로 후대 기독교의 것이며(참조. 특히 6:10), 이 두 구절은 모두 편집에 의해 추가된 부분으로 올바르게 평가된다.[36] 필론은 *Virt.* 217에서 매우 그럴듯해 보이는 사건 하나를 소개한다. 여기서 필론은 분명히 특별히 설득력 있는 아브라함의 발언이 그에게 임한 성령 때문인 것으로 여긴다. 그러나 이것은 그가 성령에 사로잡힘으로써 그의 "눈, 안색, 신장, 체구, 움직임, 목소리" 등이 일반적으로 향상된 것의 극히 작은 부분에 불과하며, 여기서 우리는 어떤 사람이 성령에 크게 사로잡히게 되면 그는 천상의 영적인 사람(*Op. Mund.* 69ff.)이나 하나님으로부터 분리되어 에덴동산에서 쫓겨난

---

35   심지어 구약의 견해만큼 Schweizer의 견해와 가까운 미 3:8에서도 성령의 "능력"은 자신이 받은 계시에 관한 예언자의 확신에 대한 납득할 만한 힘이다. 이 성령의 능력은 계시를 받지 못하고 능력을 잃어버린 거짓 예언자들의 머뭇적거림과 직접적으로 대비된다(3:5-7).

36   초기 기독교에서 1:7을 편집했을 개연성은 "나의 주의 사랑을 입은 자가 살아 있는 동안에"(그리스도를 지칭하는 표현)라는 어구를 통해서도 알 수 있다.

아담(*Op. Mund.* 134ff., 144)과 같은 사람이 된다는 필론의 독특한 견해를 보게 되는데, 이러한 이해는 결코 유대교를 대표한다고 볼 수 없다.

설교에 영감을 주는 "예언의 영" 개념은 누가-행전에서 분명히 발견되지만, 내가 다른 곳에서 이미 주장했듯이, 누가는 이 개념을 이미 익숙해진 기독교에서 취한 것이지, 유대교에서 취한 것이 아니다(우리는 유대교에서 이에 대한 분명한 예를 찾아볼 수 없다).[37] 유대 그리스도인들은 은사적인 말씀 선포 사건이 "예언의 영"이라는 어구에 포괄적으로 포함되며 예상한 바대로 초기의 유대교 개념이 발전한 것에 해당한다는 점(이 점에 대해서는 나중에 설명할 것이다)을 분명히 인정했을 것이다. 하지만 나는 누가의 작품을 읽는 동시대 사람 가운데 그 누구도 누가가 일반적인 기독교 사상에서 돌아서서 "예언의 영을 말씀 선포의 능력으로 보는 전형적인 유대교의 견해"로 회귀했다고 생각하지는 않았을 것이라고 본다. 아마도 그들은 이러한 사상을 전형적인 유대교 사상으로 보기보다는 범-기독교적인 사상으로 이해했을 것이다.

4. 결론

누가 이전의 유대교 문헌에서 "예언의 영"이라는 어구가 드물게 나타남에도 불구하고, 우리는 누가 시대의 유대인들이 성령을 이런 방식으로, 즉 주로 은사적인 계시, 은사적인 지혜, 돌발적인 예언자적 말씀, 돌발적인 은사적 찬양의 원천으로 생각했다는 것을 상당 부분 확신할 수 있다. 이것들은 타르굼에서 "예언의 영"으로 간주한 원형적인 은사이며, 타르굼은 나머지 유대교 문헌과 더불어 동일한 부류의 은사들을 "성령"(또는 다른 다양한 표현으로 언급되는 하나님의 영)에게 속한 것으로 일관되게 취급한다.

---

37   Turner, "Spirit and Authoritative Preaching," 특히, 68-72, 87-88.

4장

⸙

유대교에 나타난 "예언의 영"과 초자연적인 "능력"

슈바이처와 아야-프라와 멘지스는 누가가 성령을 "예언의 영"으로 간주했기 때문에 (치유와 축귀와 같은) 초자연적인 기적을 성령에게 귀속시킬 수 없었고, 따라서 그는 이러한 연관성을 제거하기 위해 마가복음과 Q 전승을 수정했다고 주장한다. 멘지스는 한 걸음 더 나아가 이것을 중간기 유대교에 대한 논평으로 일반화한다. 그는 중간기 유대교에 나타난 성령은 줄곧 "예언의 영"이라고 생각한다. 따라서 그는 유대교에 관한 자신의 연구를 요약하면서 다음과 같이 말한다.

> 관련 문헌은 일반적으로 성령을 기적을 일으키는 행위와 연관 짓기를 꺼려하는 양상을 보인다. 성령의 능력을 힘입은 사람은 기적을 행할 수 있지만, 이러한 기적 행함은 일반적으로 성령에게 귀속되지 않는다.[1]

만약 우리가 왜 유대인들이 이러한 기적을 성령에게 귀속시키기를 꺼려했는지 묻는다면, 이에 대한 대답은 단순히 그들이 성령을 점차적으로 "예언의 영"으로 국한시켰기 때문이라는 것이다. 이러한 주장을 우리는 어떻게 평가해야 할까?

멘지스가 지적한 내용 중에는 그 타당성(하지만 명민함은 결여된)을 의심할 필요가 없는 중요한 측면이 여럿 있다.[2] 예를 들어 나는 중간기 시대

---

1   *Development,* 112.
2   Menzies의 책은 이 주제에 대한 나의 박사학위 논문에 세부적으로 반응했다. 나는 한 소논문에서 Schweizer 및 Menzies와 논쟁을 벌였지만(Turner, "Spirit and Power," 124-52), 그 당시에는 Menzies가 아직 자신의 논문을 출판하지 않은 상태여서 나는 내가 그의 핵심 주장이라고 여기는 부분만 언급했다. 아주 관대한 답변 형식의 소논문 ("Spirit and Power in Luke-Acts: A Response to Max Turner," *JSNT* 49 [1993], 11-20)에서 Menzies는 나의 주장 가운데 일부를 검토한 후 그가 보기에 내가 간과했다고(혹은 최소화했다고) 여기는 부분에 자신의 의견을 덧붙였다.

에는 성령을 능력의 행위와 연관시키려는 적극적인 노력이나 폭넓은 관심이 없었다는 데 빠른 속도로 동의한다. 하지만 이것은 이러한 관심이 그 당시에 전혀 없었다는 것을 의미하는 것은 아니다. 이에 대한 몇몇 예들은 어둠 속으로 사라졌고, 그 외의 다른 예들은, 비록 후대의 것이긴 하지만, "예언의 영"으로 믿었던 유대인들이 어떻게 기적들을 그 동일한 성령에게 귀속시킬 수 있었는지를 설명해준다.

예를 들어 멘지스는 바룩2서를 후대의 작품이라는 이유로 제외시키는데, 사실 이 책은 빠르면 기원후 75년까지 소급될 수 있고, 일반적으로는 2세기 초 또는 그 이전의 것으로 추정된다. 멘지스가 자신의 견해를 전개하기 위해 이보다 훨씬 더 후대의 랍비 자료를 광범위하게 사용한다는 점을 고려하면 나는 왜 그가 바룩2서를 제외시키는지 잘 납득이 가지 않는다. 이 책은 궁극적으로 이보다 이른 히브리어 또는 아람어 묵시에 의존하는 것으로 보이는 그리스어 역본을 토대로 한 시리아어 역본이기에, 기독교의 영향을 받았다고 추정할 근거도 전혀 없다. 하지만 우리는 이 책에서 성령을 창조의 주체로 보는 개념(21:4)과 (이와 관련된) 성령을 새 창조와 부활의 주체로 보는 개념(23:5)을 분명히 발견한다. 이것을 성령이 부활의 능력이었다는 바울의 신념을 보여주는 하나의 가능성 있는 단서로 본 뮐러(D. Müller)의 견해는 타당하다.[3] 기원후 120년 이전에 기록된 에스라4서도 마찬가지다. 이 작품도 어느 정도 기독교의 영향을 받았지만, 창세기 1:2이 성령을 창조의 능력으로 묘사한다고 보는 6:39-41도 그 영향을 받았다고 단정할 필요는 없다.[4] 이 두 작품은 모두 성령이 "예언의 영"이라는 점에 동의하지만(바룩2서 75:3-4; 에스라4서 14:22), 이 사실이 창조적인 능력 행함을 그 동일한 성령에게 귀속시키는 것을 막지

---

3   "Geisterfahrung und Totenauferweckung: Untersuchugen zur Totenauferweckung bei Paulus und in den ihm vorgegebenen Überlieferungen" (PhD dissertation, Christian-Albrecht-Universität, Kiel, 1980), 111-32.

4   참조. b. Ḥag. 15a; Gen. R. 2:4; LXX 창 1:2 등.

는 못한다. 다른 전승들(*Gen. R.* 96:5[후대의 사본에서만]; *Exod. R.* 48:4; *Lev. R.* 8:2; *Cant. R.* 1:1 §9; *Pes. R.* 1:6 등)은, 비록 초창기 교회 시대에 통용되던 견해를 설명하기에는 다분히 후대의 작품이긴 하지만, 성령을 "예언의 영"으로 간주한 유대인들이 부활과 그 외의 다른 초자연적인 기적을 성령에게 귀속시키는 데는 아무런 문제가 없었음을 잘 보여준다.

그러나 멘지스에 대한 나의 가장 대표적인 반론은 그가 성서 "역본들"의 영향을 최소화한다는 점이다. 물론 편집을 통해 역본에 추가된 내용과 성서 본문에 대한 해석을 보면 그 안에 역자의 "특별한 관심사"와 "독특한 강조점"이 뚜렷하게 들어 있음을 알 수 있고, 이것들은 "예언의 영"으로서의 성령이 하나의 주된 관심사였다는 결론(우리도 충분히 수용하는)과도 대체적으로 일치한다. 하지만 멘지스는 이보다 더 나아가기를 원한다. 그는 이에 대한 관심이 대단히 높았기 때문에 누가와 같이 성령을 "예언의 영"으로 생각한 사람은 (바로 그 이유 때문에) 필연적으로 성령과 초자연적인 기적 간의 상호 연관성을 **제거하려는** 경향이 있었을 것이라고 주장하고 싶어 한다. 하지만 우리는 그런 가설을 시험하기에 가장 좋은 방법이 히브리 성서의 본문 전승과, 70인역과 타르굼이 히브리 성서를 번역하는 방식을 검토하는 것이라고 생각한다. 이 역본들은 반(半)문자적인 번역에서부터 완전히 자유로운 번역에 이르기까지 매우 다양하며, 만일 기적적인 사건을 성령에게 귀속시키는 것이 문제가 되었다면 이 역본들은 이를 쉽게 회피할 수 있었을 것이다(또는 이러한 연관성을 완화하기 위해 성령과 기적 사이에 δύναμις라는 "완충제"를 포함시켰을 것이다). 그러나 놀랍게도 단연코 가장 폭넓은 "독자층"을 갖고 있던 이 작품들은 성령이 은사적인 지혜/계시와 다른 유형의 초자연적인 능력의 원천이었다는 구약의 입장을 거듭 주장하는 데 아무런 문제가 없었다.

1. 70인역 및 타르굼에 나타난 성령과 초자연적인 능력

성령을 은사적인 계시의 주체로 언급하는 내용을 두 차례(슥 1:6과 민 23:7[여기서는 단순히 24:2를 되풀이함]) 추가한 70인역 역자들은 일종의 초자연적인 행위를 일으키는 능력으로 **이해될 수밖에 없는** 모든 본문(예. 삿 14:6, 19; 15:14)에서 πνεῦμα κυρίου를 추가하는 데 전혀 거리낌이 없다. 또한 이와 유사한 언어 사용은 역자들이 사사기 3:10, 6:34, 11:29, 13:25, 사무엘상 11:6, 이사야 11:4 등도 동일한 방식으로 해석했음을 암시한다. 만일 개념상 기적을 성령에게 귀속시키는 것에 문제가 있었다면, 그들은 손쉽게 "뒤나미스 퀴리우"(δύναμις κυρίου, 주의 능력)를 대신 사용할 수도 있었을 것이다. 이와 마찬가지로 역자들은 예언자를 선택하거나 또는 이곳에서 저곳으로 이동시키는 실체가 바로 "프뉴마 퀴리우"(왕상 18:12; 왕하 2:16; 겔 2:2; 3:12, 14, 24; 8:3; 11:1, 5, 24; 37:1; 43:5)라고 번역하면서도 또한 동시에 (에스겔의 몇몇 경우에서처럼) 하나님의 메시지를 예언자에게 계시하는 분으로 묘사한다. 이 본문들은 이것이 서로 다른 두 개의 성령론의 문제가 아니라는 것을 보여주기 때문에 특별히 중요하다. 즉 에스겔에게 계시를 전해주는 "예언의 영"으로서의 성령은 에스겔을 들어 올리거나 그를 다른 장소로 이동시키는 성령과 **동일**하다는 것이다.

또한 70인역은 성령을 창조 행위와 연관 짓는 데 있어 마소라 본문보다 한 걸음 더 나아가는 듯하다. 창세기 1:2의 רוח(루아흐)는 히브리어에서 다소 모호하며, 일부 타르굼 전승은 이를 "바람"으로 이해하지만,[5] 70인역의 번역 "프뉴마 테우"(πνεῦμα θεοῦ)는 당연히 **하나님의** 영을 가리킨다(창 41:38의 용법과 비교하고, 하나님의 영과 다른 무언가를 암시하는 것으로 보이는 창 8:1이나 민 11:31의 표현과 대조해보라). 또한 욥기 33:4, 시편

---

5   그러나 타르굼 욥 33:4은 "하나님의 영이 나를 만드셨고, 전능자의 메므라가 나를 붙잡아주셨다"고 기록한다.

103:30, 32:6, 유딧서 16:14에서 πνεῦμα란 단어가 하나님의 "호흡"으로(따라서 하나님의 명령의 말씀에 대한 환유로) 해석될 수 있지만, 만약 성령을 창조의 능력과 연관 짓는 데 문제가 되었다면, 이 본문들은 의미를 분명히 밝히는 작업을 하기에 가장 용이한 본문이었을 것이다.

이러한 설명은 타르굼에 더 확실하게 적용된다. 타르굼 역자들의 이러한 "자유로움"은 *The Living Bible*(영역본 중에서 가장 역동적인 번역 가운데 하나 - 편집자주)마저도 지나치게 문자적으로 보이게끔 만든다. 타르굼(이 문서의 배후에 있는 전승이 이른 시기의 것이라는 주장은 점점 더 매력적으로 보임)은 통례적으로 성령을 "예언의 영"(רוח נבואה)과 동일시하지만, 그렇다고 해서 "능력"을 의미하는 문맥에서 רוח(루아흐)라는 단어를 회피하지는 않는다. 오히려 이러한 상호 연관성은 전기 예언서 전체에서 성령에 대한 언급 가운데 절반 정도가 "능력의 영"(רוח גבורא)이라는 표현이 통상적으로 사용됨으로써 **확고하게 드러난다.** "능력/권능의 영"은 삼손과 관련된 것으로 예상되는 사사기 14:6, 19, 15:4에서 사용될 뿐만 아니라(물론 여기서 "루아흐"라는 단어 사용을 완전히 회피할 수도 있었지만), 사사기 6:34, 11:29, 13:25, 사무엘상 11:6, 16:13-14에서도 사용된다. 이 본문들에서 메투르게만(회당 예배 때 아람어로 통역하는 자 - 역자주)은 이를 손쉽게 "예언의 영" 혹은 "지혜의 영" 중 하나로 대체할 수 있었음에도 그렇게 하지 않았다. 물론 이러한 경우에는 이 "능력"이 삼손 이야기의 문맥에서 요구하는 것과 동일한 "기적적인" 성질의 것일 필요는 없었지만, 단순히 은사적인 지혜와 계시의 능력도 아니었다. 이 능력은 이스라엘의 적군과 맞서 싸울 수 있는 전사-지도자에게 능력을 부여하는 것을 포함한다. 흥미롭게도 타르굼도 사사나 왕이 이스라엘의 강한 보호자가 되게 하는 은사적인 **지혜와 능력**을 혼합한 "예언의 영"이라는 용어를 기꺼이 사용한다. 따라서 타르굼 사사기 3:10은 "주의 면전으로부터 예언의 영이 그[옷니엘]에게 임했고, 그는 이스라엘의 사사가 되어 나가 싸웠다"고 기록한다(참조. 삼상 11:6; 16:13-14). 여기서 옷니엘에게 임한 "주의 면전으로부터 예언의 영"은 사실상 기드온(타르굼 삿 6:34), 입다(타르굼 삿 11:29), 그리고 무엇보다도 삼손(타르굼 삿 13:25; 14:6)에게 임한 "주의 면전으로부터 임한 능력의 영"과 실질적으로 분간이 되지 않는다. 이와 마찬가지로 타르굼 사무엘상 10:6에서 사울에게 약속된 "예언의 영"도 타르굼 사무엘상 16:13-14(참조. 11:6)에 등장하는 능력의 영과 동일하다. 이 모든 경우 전쟁에서 나타나는 능력은 거의 확실히 예언의 영에 대한 언급의 일환이다.

요컨대, 우리는 "예언의 영"이라는 용어가 본래 예언과 관련된 은사적인 현상(꿈, 환상, "말씀", 특별한 지혜, 돌발적인 연설 등)에서 나타나는 성령의 활동을 가리켰지만, 나중에는 성령을 가리키는 보다 더 일반적인 용어가 되었고, 이로써 "성령"(그리고 이보다 덜한 수준에서는 "예언의 영")을 묘사하는 유의어가 되었다고 추측할 수 있다. 물론 이것은 "예언의"(נבואה)라는 한정사가 "거룩한 영"(רוח קודשא)의 한정사 "거룩한"(קודשא)처럼 사전적으로 무의미해졌다는 뜻은 아니며, 또한 "능력의 영"(רוח גבורא)의 한정사 "능력의"(גבורא)처럼 비교적 풍부하고, 의미론적으로 투명한 사전적인 의미를 갖고 있다는 뜻도 아니다. 이 용어 사용은 영을 그 무엇보다도 하나님이 인간과 소통하시는 기관으로 이해하는 "중간기" 유대교(특히 랍비들의 글)[6]의 일반적인 **성향**이라는 관점에서 가장 잘 설명된다(물론 이 용어를 이러한 의미로만 **한정**할 수는 없지만 말이다). 힐(D. Hill)은 (특히 랍비들에 대한 언급과 관련하여) 유대교에 나타난 "예언"에 대한 광범위한 이해와 "예언의 영"이라는 표현의 사용 범주가 주는 함의에 관해 논의하면서 다음과 같이 적절하게 논평한다.

> 예언의 영에 관한 이러한 랍비들의 강조는 "예언"이라는 용어가 미래를 예견하고 하나님의 심판을 선포하는 특별한 영감에 대한 언급에만 한정되지 않는다는 것을 의미한다. 즉 이것은 보통 사람에게 하나님의 뜻에

---

6   Schäfer, *Vorstellung*, 62, *passim*의 탁월한 분석을 보라.

대한 깊은 통찰력을 소유하게 하고 범상치 않은 능력과 지식, 판별 능력
을 그에게 주입함으로써, 그 은사가 결여된 사람보다 더욱 효과적으로
옳고 선한 일을 수행할 수 있게 해준다. 따라서 "예언의 영"은 전사, 장
인, 왕, 메시아적 통치자와 같은 사람에게 귀속될 수 있는데, 그들의 활동
은 예언이라는 협소한 정의 안에 모두 포함되지 않는다.[7]

타르굼은 심지어 "예언의 영"이라는 용어를 기적적인 행위와 직접적으로
연관시킨다. 사실 우리는 일반적으로 이러한 연관성을 기대하지 않는다.
왜냐하면 "예언의 영"은 의미론적으로 계시와 지혜의 능력인 성령에 초
점을 맞추기 때문이다. 성령의 다른 어떤 활동을 의미하는 경우 우리는
예를 들어 "성령", "주의 영" 혹은 "능력의 영" 등 성령에 대한 다른 표현
을 기대할 수 있다. 하지만 열왕기하 2:9에서 타르굼 역자는 엘리야에게
임한 영이 "예언의 영"이었음을 분명히 밝히고, 엘리사는 그 두 배의 몫을
요구한다. 그리고 엘리사가 물을 갈라지게 했을 바로 그때에 예언자의 생
도들은 엘리야의 영이 비로소 엘리사에게 임했다고 판단한다(왕하 2:15).
이와 마찬가지로 타르굼은 사람을 들어 올리거나 또는 이곳에서 저곳으
로 이동시키는 신적인 영의 개념이 아무런 문제가 없다고 보고 있으며(최
소한 왕상 18:12; 왕하 2:16; 겔 8:1; 11:1, 24; 43:5에서. 하지만 아마도 예를 들
어 이보다 이른 시기의 겔 2:2; 3:12; 14, 24 등에서도), 심지어 경우에 따라서는
이러한 내용을 구체적으로 "주의 면전으로부터 임한 예언의 영"에게 귀
속시키기도 한다. 예를 들어 심지어 마소라 본문은 이러한 기능을 "주의
손"에 귀속시키고(40:1-2의 경우처럼), 성령에게 귀속시키지 않을 경우에
도 에스겔 37:1은 "그리고 주의 면전으로부터 나에게 임한 예언의 영으
로 그가 나를 붙들어 골짜기 가운데 두셨다"(11:24; 40:1-2과 비교)라고 말

---

7   D. Hill, *Greek Words with Hebrew Meanings: Studies in the Semantics of Soteriological Terms* (Cambridge: Cambridge University Press, 1967), 238.

한다. 타르굼 역자들은 에스겔서의 일부 혹은 모든 경우가 실제의 이동(열왕기하에서 의미한 바대로, 그리고 『예언자들의 생애』가 겔 3:14을 이해하듯이)보다는 환상을 통해 나타나는 현상으로 간주했다고 볼 수도 있지만,[8] 이러한 해석은 의구심을 제기할 뿐만 아니라 문제의 요점을 놓치는 것이다. 심지어 우리는 이러한 환상의 틀 속에서조차도 예언의 영을 어떤 사람을 들어올리고 그를 이리저리로 데리고 다니는 모습으로 묘사하지 않을 것이다. 이러한 그림은 **개념상** 모순이다.

우리는 70인역과 타르굼을 먼저 살펴보았다. 왜냐하면 이 작품은 유대교 내에서 가장 영향력 있는 문헌이기 때문이다. 멘지스는 "성령을 기적 행위와 연관시키는 거의 모든 중간기 본문(터너가 인용한)은 단순히 구약 전승을 되풀이할 뿐"이며,[9] 다른 관련 중간기 문헌과 비교하면 "미미한 표본"에 불과하다고 말한다. 나는 이에 동의할 수 없다. 몇 가지 주목해야 할 점이 있다. 첫째, 히브리 성서 및 그 역본들이 성령을 초자연적인 행위로 언급하는 사례는, 단순히 그 언급 횟수만 계산해도, 성령을 "돌발적인 은사적 경배"로 언급하는 사례를 크게 초월하지만, 성령이 후자의 원천으로 간주되었다는 부분은 사실 논쟁의 여지가 없다. 둘째, 우리가 (멘지스와 함께) "성서 해석"에 관한 문헌을 보다 더 광범위하게 살펴보면 우리는 성령이 기적의 원천으로 언급되는 횟수가 성령이 단지 "예언의 영"으로 언급되는 횟수에 비해 극히 적다는 것을 알 수 있다. 이 문헌에서 지혜와 계시가 나타나는 현상은 초자연적인 기적의 경우보다 훨씬 더 보편적으로 나타나며, 따라서 유대교에서 계시의 수단은 초자연적인 기적의 수단보다 더 중요한 문제로 여겨졌다.[10] 셋째, 필론과 후대 랍비의 미드라쉬에 많이 등장하긴 하지만 다소 이례적인 언급을 제외하면 나는 (심지어 순전히

---

8   참조. Menzies, "Spirit and Power," 13, n. 11.

9   "Spirit and Power," 13.

10   Menzies(*Development*, 75-76)는 『예언자들의 생애』(참조. 렘 예레미야2:3-4], 에스겔 [3:8-9], 엘리야[21:6], 엘리사[22:4])에서 예언자들에게 귀속시킨 기적들이 성령에 의

숫자상으로도) 성령을 기적의 원천으로 언급하는 사례가, 이런저런 종류의 개별적인 예언자적 은사에 대한 언급과 비교할 때, "성서 해석"에 관한 저서에서 단지 "극히 적은 숫자"에 지나지 않는다는 주장에 수긍할 수 없다. 넷째, 내가 이미 제안했듯이 만약 언급 횟수를 단순히 산술적으로 계산하지 않고 그 **무게**를 따진다면 회중들이 규칙적으로 접한 성서 해석과 의역이 필시 필론, 요세푸스, 아르타파누스, 비극작가 에스겔보다 훨씬 더 큰 영향력을 미쳤을 것이다.

2. 다른 비성서적 중간기 문헌 및 랍비 문헌에 나타난 성령과 기적

우리는 바룩2서와 에스라4서에서 성령을 창조와 부활이라는 초자연적인 행위의 능력으로 묘사한 것에 대해 이미 살펴보았다. 이제 이외의 문헌에 관해서는 간략하게만 살펴보고자 한다. 랍비들에게 성령이란 분명히 "예언의 영"이지만, 그렇다고 해서 성서의 문맥이 기적의 행위를 성령에게 귀속시키는 것을 요구하거나, 심지어 그렇지 않을 경우에도 그들이 기적의 행위를 성령에게 귀속시키는 것을 막지 못한다(참조. 성령이 삼손에

해 나타난 것으로 언급되지 않는다는 점이 "중요하다"고 생각하지만, 이 저서는 예언자들의 많은 환상과 계시를 성령에게 돌리지 않는다. 또한 Menzies는 아르타파누스가 모세가 이집트에서 행한 놀라운 일들을 성령에게 돌리지 않고, 오히려 이를 하나님의 섭리로, 또는 주의 이름으로 행한 것으로 설명한다는 점을 놀랍게 여긴다(*Development*, 57). 하지만 재차 말하지만, 이것은 거의 무의미하다. 왜냐하면 아르타파누스는 성령이란 용어를 전혀 사용하지 않을뿐더러, 이와 관련이 있는 성서 전승도 모세가 행한 놀라운 일들을 성령에게 귀속시키지 않기 때문이다. 아울러 Menzies가 염두에 두고 있는 기적은 (1) 하나님이 감옥의 문을 초자연적으로 열리게 한 것(에우세비오스, 복음의 예비 9.27.21)과 (2) 모세가 하나님의 이름을 언급할 때 왕이 말없이 무너진 것(9.27.25) 등 두 가지다. 만일 아르타파누스가 이러한 기적을 성령에게 **귀속시켰다면** 나는 아마도 이 기적을 이상한 예라고 생각했을 것이다.

게 임했을 때 그는 사람이 직접 조약돌을 서로 부딪치듯 두 산을 서로 부딪치게 했다는 랍비 나흐만[Naḥman, 아모라임 시대의 두 번째 세대]의 근거 없는 제안을 통해 절정에 이르는 레위기 라바 8:2에서의 진기한 논의). 랍비들의 주석에 영향을 받은 1세기의 『성서 고대사』(*Biblical Antiquities*)는 성령을 예언의 영으로 분명하게 이해하지만(참조. 9:10; 18:10-11; 28:6; 31:9; 32:14), 이 책은 "능력의 영을 부여받은"(27:10 = 27:9의 "주의 영") 케나즈가 "딴사람으로 변화되어"(즉 사사에게 능력을 부여받은 전사로) 아모리 군대를 격파한다(36:2의 기드온도 이와 비슷함[11])고 기록한다. 여기서 이것은 (사사들에 대해 타르굼이 묘사하듯이) 이스라엘이 적을 방어하기 위해 군사영역에서 나타난 은사적인 능력에 대한 언급이다. 따라서 여기서 이러한 "능력의 영"이란 표현이 (이 용어가 단순히 지혜롭고 권위가 있는 것을 의미할 수 없는 본문에서) 사용되었다는 사실은 유대교에서 능력의 기적을 성령에게 귀속시키는 것을 꺼려했다는 주장에 의문을 제기할 수밖에 없다.[12]

그렇다면 요세푸스는 어떠한가? 멘지스는 요세푸스가 기적과 성령을 서로 연관 지어 언급하는 내용을 모두 제거한 대표적인 예라고 주장하는데, 나는 이에 이의를 제기한다.[13] 멘지스는 또한 요세푸스가 성령에 대한 언급을 "종종" 연설 또는 계시 문맥에 **삽입**하면서도 성령에 대한 언급을 기적적인 사건이 일어나는 문맥에서 "규칙적으로" **생략**한다는 사실을

---

11   나는 Menzies(*Development*, 63-64)가 이 후자의 경우를 간과했다고 보았는데, 그는 그의 반론("Spirit and Power," 13, n. 11)에서 이것이 오히려 영감을 받은 연설과 관련되어 있다고 주장한다. 하지만 이 본문은 삿 7:15, 6:34에 대한 언급이며 다음과 같이 기록한다. "이 말씀을 듣자마자 기드온은 주의 영으로 무장하고 새 힘을 얻었으며, 삼백 용사들에게 '일어나라 …'고 말했다"(그리고 그들은 전장으로 나아갔다). 확실히 이것은 단순히 영감을 받은 연설의 한 예라기보다는 이스라엘을 적들로부터 해방시키기 위한 능력 부여의 한 사례다. 물론 이것은 "지혜" 등을 포함할 수 있겠지만, 여기서 진정으로 의미하는 바가 전쟁에서 나타날 능력이 아니고 무엇이겠는가?

12   Menzies에 대한 논평(*JBL* 113 [1994], 340-42 [341])에서 Levison은 이 본문이 사울에게 임한 **예언**의 영에 관한 본문에 기초한 것이기에 정반대의 경향을 보여주는 한 예라고 지적한다.

13   Menzies, "Spirit and Power," 14.

내가 언급하지 않았다고 올바르게 지적한다.[14] 이것은 요세푸스의 글 전체에서 하나님의 영에 대한 언급이 통틀어서 단 일곱 번(어쩌면 여덟 번[15]) 밖에 나타나지 않는다는 통계가 사실이 아니었다면 (적어도 유대 자료에 한해서는) 상당히 설득력 있는 주장처럼 들렸을 것이다(그것도 그의 역사 서술이 성서 내러티브 전체를 모두 아우르고 있음에도 말이다)![16] 이 일곱 번 가운데 『유대고대사』 8:114도(솔로몬은 하나님이 성전 안에 자신의 영의 한 몫을 남겨두고, 백성들이 하나님이 그곳에 계신다는 사실을 알 수 있도록 해달라고 요구한다) 어쩌면 "예언의 영"에 대한 언급일 수도 있고, 그렇지 않을 수도 있다. 나는 베스트(Best)와 함께 이 구절이 아마도 쉐키나에 대한 언급일 것이라는 주장에 동의하는 편이다.[17] 그렇다면 우리에게는 여섯 번의 확실한 언급과 단 세 개의 추가적인 언급만이 남는다. 이 셋 가운데 『유대고대사』 6:166은 문맥상 나타날 수밖에 없는 성령에 대한 언급을 단순히 되풀이할 뿐이며, 4:199은 그 문맥(헬레니즘적인 "점술적" 정서가 아니라면)이 이를 강하게 시사한다. 단지 『유대고대사』 8:408만 남는데, 나는 이 본문이 성령을 예언과 기적 모두의 원천으로 묘사한다고 주장한다(아래를 보라).

기적과 연관된 문맥에서 성령에 대한 언급이 생략되어 있는 문제 (멘지스도 많은 강조점을 두고 있는)에 관해서는 우리도 이미 대표적인 사례들을 언급한 바 있는데(삿 14:6//『유대고대사』 5:287; 삿 14:19//『유대고대사』 5:294; 삿 15:14-15//『유대고대사』 5:301),[18] 과연 이러한 생략은 얼마

---

14   Menzies, "Spirit and Power," 14.

15   『유대고대사』 4:108의 하나님의 영에 대한 언급은 (Menzies가 해석하듯이) "예언의 영" 보다는 천사일 가능성이 높다. 나는 『유대고대사』 1:27의 창 1:2에 대한 언급은, 『유대고대사』 1:34과 마찬가지로, 이 문제와는 무관하다는 Menzies("Spirit and Power," 14)와 Best("The Use and Non-Use of Pneuma by Josephus," NovT 3 [1959], 218-25, 특히 223)의 견해에 동의한다.

16   Best, "Use," 218-25.

17   Best, "Use," 223.

18   Turner, "Spirit and Power," 134.

나 중요한 의미가 있는가? 만일 요세푸스가 이 본문들을 번역했거나 의역했다면 아마도 이 사례들은 더욱더 설득력을 얻었을 것이다. 하지만 그는 자신만의 강조점(종종 도덕적인 교훈)을 부각시키면서 이야기를 되풀이했고, 내레이터로서 꽤 규칙적으로 등장인물, 특히 하나님과 그분이 인간사에 개입하시는 방식과 "거리를 두었다."[19] 그가 이러한 세 번에 걸친 성령의 이상한 개입을 무시하고, 그중 마지막에서(다시 되돌아볼 때) "삼손은 이 업적을 과도하게 자랑스러워하여 이것이 하나님의 도우심으로 된 것임을 언급하지 않았다"(5:301)라고 덧붙인 것은 그리 놀랄 만한 일이 아니다. 하지만 이 사실은 요세푸스가 하나님의 도우심이 임한 **경로**라고 생각했던 방식에 대해 아무것도 말해주지 않는다. 그리고 성령 본문을 다루는 유대 해석자들과 요세푸스의 해석 방법을 서로 비교해보면 알 수 있듯이 이러한 생략은 단순히 그가 다른 본문에서 예언의 영을 다루는 방식과 잘 조화를 이룬다. 타르굼 역자들은 다양한 차원에서 성령에 대한 언급을 다음과 같이 강조한다. (1) 파라오가 요셉에 대해 감탄하며 던진 질문 "우리가 하나님의 영이 이와 같이 임한 사람을 어디서 다시 찾을 수 있겠는가?" (2) 지혜의 영이 브살렐에게 부어지는 장면. (3) 모세가 칠십인 장로들에게 성령이 임하게 하는 장면. (4) 성령의 사람의 권위가 모세로부터 여호수아에게로 이동하는 장면. 필론과 랍비들 또한 이러한 본문에 상당한 관심을 보인다. 하지만 요세푸스는 이와는 대조적으로 성령을 제외시키기 위해 파라오의 감탄사를 재구성하고(『유대고대사』 2:87과 2:89//창 41:38), 출애굽기 31:3, 35:31과 병행을 이루는 브살렐의 위대한 능력에 관해서는 단 한 단락만 추가하면서도(『유대고대사』 3:200) 이러한 능력의

---

19 이러한 사실은 심지어 요세푸스가 성서의 내러티브를 아주 가까이 따라가는 본문에서도 발견된다. 구약에서 성령이 두 번이나 행위의 **주체**("하나님의 영이…임하였다")로 등장하는 삼상 19:20, 23과, 인간의 경험에 초점을 맞출뿐더러("그들은 하나님의 영에게 사로잡혔다", "사울은 그 강력한 영의 지배하에 이성을 잃었다") 성서 이야기보다 훨씬 더 등장인물들과 거리를 두고 이야기를 전개하는 『유대고대사』 6:221의 재진술과도 비교해보라.

원천에 관해서는 아무런 설명을 덧붙이지 않으며, 인접 본문을 다루면서도 민 11:17-25은 조용히 건너뛰고, "이미 연세가 많은 모세는 이제 자신의 예언자적인 기능뿐 아니라 최고사령관으로서 자신을 계승할 여호수아를 임명했다"는 말로 마지막 사건을 마무리한다(여기서도 이러한 **수단**으로서의 성령에 대한 언급은 생략된다, 『유대고대사』 4:165). 나는 이러한 사실에서 요세푸스가 계시적인 은사와 지혜를 성령에게 귀속시키기를 "꺼려한다"는 추론을 유추해내지 못한다. 다시 말하면 생략된 부분은 그의 성령론을 말해주기보다는 단순히 그의 내러티브 기술 능력과 그의 내재된 독자를 파악하는 데 더 도움을 준다. 또한 우리는 요세푸스가 기적의 원천으로서의 성령보다 "예언의 영"에 대한 언급을 훨씬 더 많이 생략했다는 사실에 주목할 필요가 있다.

멘지스와 내가 다투는 본문은 바로 『유대고대사』 8:408이다. 나는 이 본문이 성령을 예언의 영과 (처벌을 위한) 기적의 능력으로 묘사한다고 주장한다. 이 문맥에서 미가야의 예언을 의심하는 시드기야는 다음과 같이 말하면서 아합으로 하여금 그 예언을 시험하도록 종용한다. "하지만 당신은 그가 참된 예언자이며 하나님의 영의 능력을 갖고 있음을 알게 될 것이다(καὶ τοῦ θείου πνεύματος ἔχει τὴν δύναμιν). 야다오스가 여로보암 왕의 오른손을 마르게 했듯이 지금 당장 내가 그를 칠 때 그로 하여금 내 손을 못 쓰게 만들어라."[20] 멘지스는 이 부분이 바로 "뒤나미스"(δύναμις, 능력)가 성령과 기적 간의 완충장치(buffer)로서 전승에 삽입된 경우라고 말한다.[21] 나는 이것이 어떻게 자연스러운 독법일 수 있는지 납득이 되지 않는다고 답할 수밖에 없다. 나는 (심지어 개념상으로라도) 성령이 뒤나미스를 유발하고, 또 이 뒤나미스가 기적을 일으키는 것이 아니라(이 견해는 유대

---

20 Menzies(*Development,* 114)는 여기서 요세푸스가 이 기적을 성령과 떼어놓고 있다고 주장하지만, 나는 이러한 주장이 어떻게 입증될 수 있는지 납득하기 어렵다.

21 Menzies, "Spirit and Power," 14.

교 그 어디에서도 발견되지 않음), τοῦ θείου πνεύματος ... τὴν δύναμιν 구문이 이 잠재적인 기적을 직접적으로 성령에게 귀속시킨다고 생각한다. 하지만 어느 해석을 채택하든지 간에, 여기서 예언적 영은 기적의 원천임이 틀림없다. 또한 이 부분은 요세푸스가 이 장면을 대부분 다시 썼고(왕상 22:24; 대하 18:23과 비교해보라), 또 미가야가 "하나님의 영의 능력"을 갖고 있는지의 여부를 시험할 것을 제안하는 내용에 근거하여 그가 이 연설(이것이 "전승"에서 유래했는지에 대해서는 아무런 힌트가 없음!)을 창작한 것으로 보이기 때문에 특별히 더 큰 의미가 있다. 만일 요세푸스가 기적을 성령에게 귀속시키는 것을 그리도 "꺼려했다면" 그는 왜 단순히 "하지만 당신은 그가 실제로 참된 예언자이며, 하나님의 능력이 그와 함께하는지의 여부를 곧 알게 될 것이다"라고 쓰지 않았을까?

『유대고대사』 8:408은 요세푸스가 유일하게 기적의 능력을 예언의 영과 연관 지은 본문이 아니다. 왜냐하면 『유대고대사』 8:346에서 그는 왕의 전차를 타고 어마어마한 거리를 달리는 엘리야의 능력을 그의 ἔνθεος γενόμενος("신적으로 사로잡힌 상태")와 연관 짓기 때문이다. 이것은 예언자적 사로잡힘/영감을 나타내는 전통적 (접술) 언어이며, 따라서 마커스(Marcus)는 이것을 다음과 같이 올바르게 번역한다. "그리고 그 예언자는…하나님의 영으로 충만하여 예자렐라 성까지 왕의 전차와 나란히 달렸다."[22]

필론은 성령을 신적 계시의 능력으로 자주 강조할 뿐 아니라 하나님의 영을 매우 독특한 방식으로 **이성**의 능력으로 묘사한다(참조. *Det. Pot. Ins.* 80-84; *Leg. All.* 1:33, 37, 42; *Op. Mund.* 135, 144; *Plant.* 18, 44 등). 이러한 특유한 발전은 어쩌면 그가 왜 성령과 기적의 관계에 대해 침묵했는지를 설명해줄지도 모르며, 따라서 그는 이 가설에 가장 적절한 예라고 할 수 있다. 그러나 그도 하나님의 영의 임재가 외견상 기적에 가까운 **물리적**

---

22   H. StJ. Thackaray and R. Marcus, *Josephus* V (LCL; London: Heinemann, 1934), 759.

효과가 있을 수 있다는 점(아브라함의 경우에는 모든 것이 더 나은 쪽으로 변함, "눈, 안색, 신장, 몸가짐, 활동, 목소리"[*Virt.* 217])을 받아들인다. 물론 오직 용감한 자만 필론을 성령에 대한 전형적인 유대교 관점의 본보기라고 주장할 수 있다.

위에서 서술한 매우 간략한 개관을 통해 우리가 알 수 있는 점은, 성령을 예언의 영으로서 받았다고 믿은 유대인이라 할지라도 기적을 그 동일한 성령에게 귀속시켰다는 것이다. 이 유대인에게 이 두 가지 개념은 우리가 생각하는 것만큼 서로 이질적으로 보이지 않았던 것으로 보인다. 하지만 지금까지 우리는 매우 중요한 증거 중 하나인 "메시아" 관련 본문을 다루지 않았음을 기억해야 한다.

3. "메시아" 전승에 나타난 성령과 능력

이사야 11:1-4은 성령을 부여받은 제왕적 인물에 관해 묘사하는데, 이 인물은 구체적으로 지혜, 지식, 주를 경외함, 권세 등과 관련이 있다. 이러한 은사를 지닌 지도자의 대표적인 모델로는 이스라엘의 사사들과 사울, 그리고 그중에서도 특별히 다윗을 꼽을 수 있다. "권세"에 대한 언급은 확실히 적으로부터 자유를 보장하고, 반대 세력에 대항하여 의로운 통치를 해나가는 능력과 관련이 있다(참조. 3-4절). 타르굼 안에서 11:2c(또한 지혜와 지식을 가져다주는 성령을 부어주는 문맥에서)의 이러한 "권세" 또는 "능력"에 대한 언급은 사사들과 관련하여 "예언의 영"과 "능력의 영"이라는 용어와 함께 그려지는 이스라엘의 능력 있는 수호자의 그림을 상기시킨다 (참조.『성서 고대사』27:9-10; 36:2). 이보다 더 중요한 것은 이러한 성서 본문이 다양한 종류의 "메시아" 고대 사상 안에서 어떤 방식으로 해석되고 발전했는지에 관한 문제다. 한 가지 분명한 사실은 이러한 사상이 에녹 1서 49:2-3에 등장하는 선택받은 자(Elect one)의 모습의 기초가 되었다는 것이다.

> 선택받은 자는 영들의 주님 앞에 선다. 그의 영광은 영원하고, 그의 능력
> 은 모든 세대에까지 미친다. 그 안에는 지혜의 영, 깊은 사고를 하게 하
> 는 영, 지식과 힘의 영이 거한다.…그는 비밀한 것들을 심판할 것이다. 그
> 리고 어느 누구도 그의 현존 앞에서 헛된 말을 할 수 없을 것이다(참조.
> 62:1-2).

또한 이 사상은 솔로몬의 시편에 나오는 모든 이들이 소망하는 구원자를
묘사하는 밑그림이 되었다.

> 그리고 그는 평생에 그의 하나님을 (의지하며) 나약해지지 않을 것이다.
> 왜냐하면 하나님은 거룩한 영으로 그를 강하게 만드셨고(δυνατὸν ἐν
> πνεύματι ἁγίω), 이해의 모략과 힘(ἰσχύος)과 의로 그를 지혜롭게 하셨
> 기 때문이다(17:37; 참조. 18:8-17).

솔로몬의 시편 17:37을 보면 성령이 부여한 "능력"은 단순히 지혜의 능
력(그리고 그 결과로 주어지는 권위와 영향력)뿐만 아니라, 이어지는 구절들이
암시하듯이 강력한 통치를 할 수 있는 힘이다. 따라서 그는 하나님의 축
복이 "능력으로"(ἐν ἰσχύι) 그와 함께하실 것이기 때문에 약해지지 않을 것이
며, 그가 주를 경외하는 것만큼이나 "행동에 있어서도 강하기"(ἰσχυρὸς
ἐν ἔργοις) 때문에 어느 누구도 그를 대적할 수 없다. 요컨대, **"성령 안에서**
강하다"는 것은 실제로 의로운 자들의 편에 서며, 적들을 향해 강한 주먹
을 쥐는 것을 의미한다. 이것은 단순히 예언이나 지혜가 아니다.
이와 비슷한 이해가 쿰란의 메시아 관련 자료에서도 나타난다.

> 당신의 강한 손으로 [사람들을 치시고] 당신의 왕권으로 온 땅을 파괴

하소서. 당신의 입술의 숨결[ṃṃ]로 죄인들을 죽음으로 이끄소서! [25] [그가 당신에게 권고의 영을 부어주시고] **영원한 힘**과 지식의 영과 하나님을 경외하는 영을 부어주소서. 의가 [당신의 허리] 띠가 되게 하소서 (1QSb 5:24-25).

우리는 이사야 11:1-2에 대한 분명한 암시 때문에 25행의 복원에 대한 합리적인 확신을 가질 수 있지만, 여기서 다시 한번 하나님의 루아흐(ṃṃ) 주심이 "영원한 힘"으로 이어진다는 점은 주목할 만하다. 이는 이사야 11:1-5을 폭넓게 인용하면서 시작하는 4QpIsaᵃ 파편 7-10 Column iii과 난외주에도 동일하게 적용된다.

[22] [이 문제의 해석은 다윗의 자손에 관한 것이다.] 그는 [23] [이스라엘을 구원하고 그의 적들을 소멸시키기 위해] [마지막 때에] 그의 자리를 지킬 것이다. 그리고 하나님은 그를 [강한 영으로] 붙드실 것이다.[23]

아이젠만(Eisenman)과 마이클 와이즈(Wise)에 의해 임시적인 형태로 출간된, 이 새로운 제4동굴 문서는[24] 우리가 지금까지 기대했던 것보다 강한 성령을 부여받은 이 이사야의 메시아적 다윗에게 큰 관심을 보이지만[25](참조. 4Q215 col. 4; 4Q246 col. 2; 4Q252[창세기 플로릴레기움] col. 5; 4Q285 frag. 7; 4Q286-87;[26] 4Q521 frag. 1; 4Q522 col. 2), 우리의 목적과 가장 직결되는 본문은 아마도 4Q521일 것이다. 이 본문은 다윗에 대한 소망과 이사야

---

23   이러한 재구성은 Horgan, *PESHARIM*, 75-87의 것이다.

24   R. H. Eisenmann and M. Wise, *The Dead Sea Scrolls Uncovered* (Shaftesbury: Element, 1922).

25   우리에게 주어진 증거는 "이 분파의 말년(기원전 4년에서 기원후 68년까지)에는 재왕적-다윗적 기대가 상승세"에 있었음을 암시한다고 주장하는 M. L. Strauss, *The Davidic Messiah in Luke-Acts* [Sheffield: JSOT Press, 1995], 43; 참조. n. 3)도 참조하라.

26   후자의 본문에서 13번째 행은 "성령이 그의 메시아 위에 [임했다]"라고 기록하는데, 이

61:1-2을 모두 성취하는 관점에서 메시아를 묘사한다.[27]

파편 1; 1행: [···하]늘과 땅은 그의 메시아에게 순종할 것이다. (2) [···
그리고 그 안에 있는 모든] 것들도. 그는 거룩한 자의 계명에서 떠나지
않을 것이다. (3) 그의 공로 안에서 강해져라, 주를 구하는 자여. (4) 너
는 이 안에서 주를 발견하지 못하는가, 마음에 인내심을 갖고 기다리는
모든 자여? (5) 주는 경건한 자들을 찾아가실 것이요, 의로운 자들을 이
름으로 부르실 것이다. (6) 그의 영은 온유한 자들 곁에 있을 것이요, 자
신의 힘으로 신실한 자들을 회복시키실 것이다. (7) 그는 영원한 왕국
의 보좌 위에서 경건한 자들을 영화롭게 할 것이다. (8) 그는 포로들을
해방시킬 것이요, 눈먼 자들을 보게 하며, [앉은뱅이들을] 일으키실 것
이다.··· (11) 그리고 주의 사역이 아닌 기사에 관해서는 그가··· (12)
그 이후에 그는 병자들을 치유하실 것이고, 죽은 자를 부활시키시며, 온
유한 자들에게 기쁜 소식을 공포할 것이다(영역은 Eisenman and Wise,
23에서 발췌한 것임).

는 아마도 사 11:2에 대한 암시일 것이다(참조. C. A. Evans' appendix, "The Recently
Published Dead Sea Scrolls and the Historical Jesus," in B. Chilton and C. A. Evans [eds.],
Studying the Historical Jesus [Leiden: Brill, 1994], 555-56).

27 Eisenman and Wise, *Scrolls*, 19-23. 그러나 J. J. Collins("The Works of the Messiah,"
DSD 1 [1994], 98-112)는 죽은 자의 부활이 엘리야에게 매우 독특한 것이었다는 것을
토대로 이 메시아적 인물이 엘리야라고 주장한다(99-106). 물론 이러한 주장은 가능
하지만, 11QMelchizedek과 유사하다는 점은 엘리야를 지지하지 않으며, 따라서 엘리
야의 모습을 다윗 혈통의 메시아에게 전이시킨 경우(사 26:19에 기초하여)로 보인다.
Collins는 첫째 줄에서 또 다른 엘리야의 모습을 발견하는데, 그는 이것을 3년 반 동안
하늘 문을 닫은 엘리야의 기도를 연상시키는 것으로 본다. 하지만 하늘 문을 닫은 이는
(엘리야가 아닌) 하나님이었고, 엘리야의 우주적 통치에 대한 성서적 전승도 존재하지
않는다. 첫 번째 행과 본문 전체에 기초하는 이 시편(146편)은 분명히 사 61:1-3(특히
7-8절에서)과 연결되어 있고, 첫 번째 행은 메시아의 우주적 통치에 대한 이사야 전승
과 시 146:6에 나오는 하나님에 대한 묘사를 연관시키는 관점에서 보다 더 잘 설명된
다.

여기서 우리는 이미 11Q Melchizedek을 통해 알고 있는 것과 유사한 "새출애굽"에 관한 소망의 그림을 보게 되는데,[28] 이제 우리는 (치유와) "죽은 자들의 부활"에 대한 쿰란 자료의 첫 번째 언급(12행)과 그것을 메시아 시대의 기적으로 소개하는 내용(11행), 포로들의 약속된 "해방"에 대한 예(8행), 그리고 예수의 사역(마 11:4//눅 7:22)에서 이사야 61:1-2을 성취하는 치유 및 "해방"에 대한 다른 표적과 함께 "죽은 자들이 일어난다"는 Q 문서와 가장 유사한 내용에 관해서도 알게 되었다. 이러한 표적들을 메시아가 행할지, 아니면 하나님 자신이 행하실지는 확실하지 않지만(비록 11행의 대비가 그 일을 행할 자가 메시아임을 암시하지만), 우리는 이 문맥 안에서 이것을 첨예하게 구분해서는 안 된다. 전체 본문이 말하고자 하는 요점은 하나님이 메시아가 도래할 때에 거기 계신다는 것이다. 우리의 관심은 특별히 6행에 있다. 여기서 "영"과 회복의 "능력"은 다음 세 가지에 의해 상호 교환적으로 해석이 이루어진다. (a) 6행의 구조 자체(병행 구조); (b) 이사야 61장을 암시하는 문맥(해방의 복음을 선포하고 성취하는 성령으로 기름 부음 받은 인물; 참조. 11QMelchizedek); (c) 이스라엘의 참된 소명의 회복(의로운 통치!)과 육체적인 치유를 통한 회복[29]의 관점에서 이사야 61장이 예견하는 회복을 분명히 나타내는 이 본문의 코텍스트(cotext).[30] 재차 말하지만, 이러한 사역을 행할 자가 하나님의 영인지(아무튼 독립적으로), 아니면 보다 더 구체적으로 **메시아에게 임하여 그를 통해 역사하시는 하나님**

---

28 이에 관해서는 아래 9장을 보라.

29 Menzies는 누가복음에서 기적과 성령이 서로 연관되어 있다는 나의 주장에 반대하면서 중간기 문헌은 치유나 축귀를 결코 성령에게 귀속시키지 않는다고 주장한다 ("Spirit and Power," 13). 나는 4Q521이 치유와 관련하여 이에 대한 증거를 제시하고, 악마적인 세력으로부터의 치유와 해방과 관련해서도 개연성 있는 증거가 이미 11QMelchizedek(그리고 열두 족장의 유언과 같은 다른 새 출애굽 본문)에 존재했을 것으로 보인다고 제안한다. 이에 관해서는 9 장에서 논의될 것이다.

30 "코텍스트"란 용어는 담화 분석에서 유래했으며, (저서 전체를 포함하여) "근접 본문"이 제공하는 문맥을 의미한다. Cotterell and Turner, *Linguistics*, 16, 39, 72.

의 영인지 확실하지 않지만, 이 본문의 코텍스트와 이사야 61장(여기서는 하나님의 영이 기름부음 받은 인물을 통해 역사한다)을 근거로 판단하자면 후자일 가능성이 높아 보인다.[31] 그러나 어느 해석을 택하든지 간에 하나님의 영은 회복시키는 기적의 능력과 깊이 연관되어 있다.

요약하자면, 이사야 11:1-4에 기초한 일부 "메시아" 본문과 그 관련 사상은 성령이 제왕적 구원자를 통한 **능력**으로 나타나리라는 옛 소망에 의존한다. 어떤 상황에서는 (그의 대리인을 통해) 하나님의 능력이 베풀 구원에 맞설 세력은 죄악에 물든 인간적 구조들(예. 솔로몬의 시편에 나오는 죄인들과 로마인들)이다. 다른 경우에는 하나님의 영/능력을 통해 구원을 받아야 할 압제적인 저항 세력이 바로 악령과 질병이다(특히 열두 족장의 유언, 11QMelchizedek, 4Q521). 이는 이러한 "메시아" 전승에 나타난 성령이 단순히 멘지스가 말하는 한정적인 의미의 "예언의 영" 그 이상임을 의미한다. 성령은 멘지스가 말하는 "예언의 영"의 일부 기능을 여전히 수행한다(왜냐하면 메시아에게 임한 성령은 그에게 은사적인 지혜와 지식 및 하나님의 조언을 제공해주며, 그의 명령은 능력을 수반하기 때문이다). 하지만 메시아적 능력 부여 또한 다른 여러 의미에서 "능력"을 제공해준다("능력을 나타내는 기적적인 행위"를 포함하여). 여기서 성령은 자신의 뜻을 전달하는 하나님의 임재만큼이나 능력을 부여하는 하나님의 임재를 가리킨다. 그리고 우리는 이러한 기대(또는 어느 정도 수정된 버전)하에 누가가 자신의 예수 상을 그리고 있음을 곧 보게 될 것이다.

---

31   또한 Collins, "Works of the Messiah," 100.

4. 결론

우리는 위에서 성령을 "예언의 영"으로 본 유대인들이 성령을 능력의 행위와 분리시키려고 했다는 근거를 거의 발견하지 못했다. 히브리 성서와 그 역본들, 그리고 다양한 형태의 성서 해석처럼 큰 영향력을 행사하던 작품들은 대체로 양자의 연관성을 보존했다. (특히 사 11:1-4의 소망을 활용하고 발전시킨) "메시아" 전승은 은사적인 지혜 또는 의를 부여받은 인물에 대한 기대를 거듭 강조했고, 그 동일한 성령이 그 인물을 통해 이스라엘의 해방과 회복을 이루기 위해 강한 능력을 행할 것임을 예기했다. 따라서 우리는 누가가 "예언의 영"이라는 유대교 개념을 수용한 것을 근거로 그가 성령의 활동 가운데 능력 행함을 제외시켰다고 주장하는 근거로 삼을 수는 없다.

5장

중간기 유대교에 나타난 "예언의 영"과
윤리적 영향과 "구원"

슈바이처는 누가가 성령의 은사를 "예언의 영"이라는 유대교 개념과 동일시했기 때문에 "초기 기독교 공동체의 삶과 같이 뚜렷한 윤리적인 결과를 직접 프뉴마(πνεῦμα)에 귀속시키지 못했다"고 주장함으로써 궁켈 이후 대다수 학자들의 주장을 포괄적으로 대변한다.[1] 이와 비슷한 맥락에서 멘지스도 "예언의 영"이 유대교에서 윤리적으로 거의 영향력이 없었기에, 이 은사가 이미 의롭게 된 자들에게 주어지는 **부차적 은사**로 간주되어야 한다고 결론짓는다. 나는 이러한 주장은 왜곡된 그림을 제시할 뿐 아니라 회복을 바라는 유대교의 소망과 초창기 기독교를 이해하는 데 커다란 걸림돌이 된다고 생각한다. 본장에서 나는 이러한 견해를 뒷받침해주는 여러 주장을 간략하게 열거하고(§1), 이어서 그 주장들을 분석하고 이와는 상당히 다른 그림을 보여주는 추가 증거들을 제시한 다음(§2), 이것이 어떻게 유대교의 "구원" 개념과 연관되는지를 간략하게 제안할 것이다(§3).[2]

1. 유대교에서는 예언의 영이 단지 이차적인 윤리적/종교적 영향력만을 지니고 있다는 주장

유대교에서 예언의 영이 신자의 매일의 삶과 신앙에 영향력을 거의 행사하지 않는 "부차적 은사"로 간주되는 모습을 보는 것은 그리 어렵지 않다. 아무튼 과거에는 이 예언의 영이라는 은사가 일반적으로 특정 **소수**—족장, 지도자, 예언자, 왕을 비롯해 비교적 극히 적은 숫자의 사람—에게 주

---

1   *TWNT*, VI, 407.

2   본장은 나의 소논문인 M. Turner, "The Spirit of Prophecy and the Ethical/Religious Life of the Christian Community," in M. Wilson (ed.), *Spirit and Renewal* (Sheffield: JSOT Press, 1994), 166-90을 수정한(그리고 축소한) 버전이다.

어지는 것으로 여겨졌으며, 전형적으로 은사적인 **계시와 지혜와 능력**이 나타나는 **간헐적인** 활동에서 경험되는 것으로 간주되어왔다. 더 나아가 예언의 영은 주로 마지막 때까지 이스라엘에서 **폐지**되었다는 믿음이 꽤 널려 퍼져 있었으며(물론 보편화된 것은 아니지만), 이는 또한 성령이 의로운 종교적 또는 윤리적인 삶의 필수조건으로 여겨지지 않았을 가능성도 제시한다고 볼 수 있다. 사실은 의가 예언의 영의 은사를 받은 **결과**라기보다는 그 **전제조건**이라는 의미로 해석이 가능한 중요한 전승이 존재한다.[3] 우리는 성령이 죄로 인해 한 개인이나 공동체로부터 거리를 두게 되었다고 주장하는 다수의 본문으로 시작할 수 있다.[4] 그리고 여기에 하나님이 마지막 때에 회개하고 정화된 이스라엘에게 예언의 영을 회복시킬 것을 약속한 본문을 더하면[5] 우리는 성령이 사실은 다른 방법을 통해 먼저 의롭게 된 자들에게 주어지는 "부차적" 은사일 수밖에 없다는 결론에 쉽게 도달할 수 있다. 이는 또한 의로운 자(또는 어떤 특정한 의의 행위)가 예언의 영의 은사를 받을 만한 자격이 있다는 의미로 이해되는 다수의 본문에 의해서도 뒷받침될 수 있다.[6]

---

3 이것이 Menzies, *Development*, 1부가 유대교를 이해하는 방식이다.

4 예. 지혜서 1:4-5; 필론 *Deus Imm.* 2; *Gig.* 47, 53; *t. Soṭ.* 13:2-4(그리고 이와 병행되는 본문 *y. Soṭ.* 9:13-14; *b. Soṭ.* 48b; *b. Sanh.* 11a; *b. Yom.* 9b); *b. Sanh.* 65b; *Sifre Deut.* 18:12; *Lev. R.* 37:4; *Ag. Ber.* 23:2; *Deut. R.* 6:14; *MHG Gen.* 140.

5 예. *Gen. R.* 2:4; *Deut. R.* 6:14; *Tanḥuma* (Buber) Addition to חקת(한 해석에 관하여); 참조. 희년서 1:23-25.

6 이 주제는 랍비 유대교 내에 널리 퍼져 있다. 예를 들어 이스라엘 백성들은 하나님을 믿었기 때문에 홍해에서 성령으로 노래할 수 있었고(*t. Soṭ.* 6:2; *Mek. Bešallah* 7[출 14:26-31에 관하여]; *Mek. Shirata* I[출 15:1에 관하여]; *Exod. R.* 23:2), 이스라엘 지도자들은 이집트 감독들의 압제하에서 신음하는 백성들을 위해 고난을 감수했기 때문에 예언의 영을 받을 만한 자격이 있었고(*Exod. R.* 5:20), 여호수아는 모세의 신실한 종이었기 때문에(*Num. R.* 12:9), 사무엘의 아들들은 잘못된 행실을 회개하고 잘못된 행실을 고쳤기 때문에(*Num. R.* 10:5; 참조. *Ruth R.* 4:3), 솔로몬(과 그와 같은 사람들)은 성실히 토라를 해설했기 때문에(*Cant. R* 1,1,8-9), 힐렐과 사무엘은 그들의 개인적인 거룩함 때문에(*t. Soṭ.* 13:2-4; 참조 *Cant. R.* 8:9 §3) 예언의 영을 받을 만한 자격이 있었다고 전해진다. 이러한 예들은 출 15:1에 대한 *Mek. Shirata*(누구든지 믿음으로 계명을

마지막으로, 어떤 저자가 예언의 영을 통해 주어진 계시의 내용을 제시할 때 대부분의 경우 우리는 이 은사에 담겨 있는 윤리적인 의미를 단번에 정확하게 파악하기가 쉽지 않다는 점을 지적할 필요가 있다. 우리보다 건망증이 더 심한 소수의 사람들은 *t. Pes.* 2:15에서 성령이 라반 가말리엘에게 한차례 그랬듯이 성령이 우연히 만난 사람들의 이름을 우리에게 가르쳐준다면 우리도 더 훌륭한 사람이 될 수 있다고 주장할지 모르지만, 대다수의 사람은 아마도 그러한 은사가 종교적으로나 윤리적으로 아무런 의미가 없다고 생각할 것이다. 또한 우리는 에녹에게 미래에 펼쳐질 일을 알려주거나(에녹1서 91:1), 에스라에게 과거의 일을 알려주는(에스라4서 14:22) 성령의 은사 안에서 윤리적인 의미를 찾는 것이 그리 쉽지 않으며, 성령이 개별적으로 주시는 특정한 계시의 경우에는 더더욱 그러하다. 이 가운데 많은 경우는 오순절주의자들과 은사주의자들이 "지식의 말씀"이라고 부르는 것에 더 잘 부합하는 것으로 보인다.[7]

위에서 나열한 예들은 예언의 영이 중요한 윤리적 영향을 미치지 않는다는 주장을 대표한다고 할 수 있다. 이러한 입장을 지지하는 슈바이처와 다른 학자들도 일부 유대교 분파에서 성령이 커다란 윤리적 영향을 지니고 있었다는 사실을 부인하지는 않는다. 그들도 성령이 재창조하거나 갱생하는 영향력을 (예를 들어) 에스겔 36-37장, 요셉과 아스낫 8:10, 쿰란의 회중 규율서 및 찬양을 통해 추론될 수 있다는 점을 충분히 인식하고 있다. 그들은 오히려 이 문서들이 "예언의 영"**으로서의** 성령을 이해하는 데 매우 중요하다는 사실을 부인하거나, 이러한 이해는 전적으로 비전

지키는 자는 성령을 받을 만하다)와 *Lev. R.* 35:7(토라를 적용하기 위해 연구하는 모든 사람은 성령을 받는 특권을 누릴 것이다)과 같은 주장에서, 또는 Phinehas ben Jair(*m. Sot.* 9:15)의 것으로 알려진 거룩함의 "사다리"에 관한 유명한 교훈에서 일반적으로 나타난다. 필론도 모세가 그의 명백한 공적 때문에 예언의 영을 받았다고 생각하며(*Dec.* 175), 집회서 39:6은 율법을 연구하는 자가 이해의 영으로 충만하게 되는 상을 받을 것이라는 희망을 표현한다.

7 이에 대한 하나의 예를 보려면 Turner, "Spirit of Prophecy," 171-72을 보라.

형적이라고 주장한다. 슈바이처는 첫 번째 견해를 전제하고, 멘지스는 두 번째 견해를 강력히 지지한다.[8] 우리는 아래에서 슈바이처의 주장을 분석할 때 우리가 앞에서 규정한 원형적인 은사를 수반하는 성령에 관한 어록만을 다룰 것이다.

2. 예언의 영이 이스라엘에 다시 주어질 때 대대적인 윤리적/종교적 결과를 가져다줄 것이라는 입장

앞으로 살펴볼 내용을 종합해보면 슈바이처와 멘지스가 "예언의 영"에 대한 그림을 너무 지나치게 간소화했으며, 예언의 영이 윤리적인 갱생을 위한 근본적인 능력으로 폭넓게 예기되었음을 알 수 있다.

2.1. 변화시키는 영향력으로서의 은사적인 계시와 지혜

우리는 먼저 궁켈과 슈바이처가 "예언의 영"은 계시와 지혜를 부여하기 때문에 윤리적인 능력을 지니고 있다고 볼 수 없다고 가정한 부분부터 다루고자 한다. 여기서 궁켈의 주장은 매우 확고하다. 그는 비성서적 유대교에 관해 설명하면서 다음과 같은 주장을 논쟁적으로 펼친다. "의로운 행위는 성령과 아무런 상관이 없다. 성령의 활동을 언급하는 유대교 문헌은 거의 대부분 예언, 환상, 지혜 등과 같은 은사에 관심을 보일 뿐이다."[9] 그는 이어서 환상, 예언적 신탁, 또는 지혜를 통한 계시는 윤리적인 결과를 가져다줄 수 있지만, 이것은 성령이 직접적으로 윤리적인 영향을 미친다는 것과 구분될 필요가 있다고 주장한다. 따라서 궁켈이 바울의 영과 육

---

8   Menzies, *Development*, 1부.

9   *Influence*, 21.

의 대립을 솔로몬의 지혜서에서 발견할 수 있는 (성령이 부여하는) 지혜의 구원하는 능력이라는 관점에서 설명하려는 플라이더러의 시도를 비판할 때, 플라이더러에 대한 그의 반론의 요점은 지혜는 인간에게 단지 **깨달음만을 주지만**, 성령은 (바울 서신에서) 인간을 **사로잡는다**는 것이다.[10]

나는 한 사람의 모든 "깨달음" 또는 "가르침"이 그 사람을 사로잡는 힘이 아니라 단순히 중립적인 행동이라는 궁켈의 신념을 도저히 이해할 수 없다. 그의 신념은 잘못된 대조의 분명한 사례다. 다양한 종류의 가르침과 저술 활동은 그것이 세속적이든 종교적이든 간에 우리를 사로잡고 변화시키는 힘을 갖고 있다. 이것들은 우리의 이상에 도전하며 우리의 동기를 재설정하면서 우리의 자의식에 큰 변화를 가져다주고 새로운 세계관을 제시할 때 비로소 이러한 힘을 발휘한다. 왜냐하면 넓은 의미에서 우리는 우리가 믿는 "이야기들"에 의해 영향을 받기 때문이다.[11] 아울러 일부 개인적인 만남은 이와 유사한 변화를 가져다주는 결과(가장 흔한 예로 사랑에 빠지는 일)를 초래할 수 있으며, 특히 대단한 카리스마나 "인격"을 소유한 자와의 만남에서는 더더욱 그러하다. 또한 분명한 것은 사람을 사로잡는 교훈이나 저술 또는 정치 등이 그 사람의 강력한 카리스마와 합쳐지면 그 사람이 우리에게 거는 "주문"(spell)은 더욱 커지게 마련이다.

그렇다면 왜 "예언의 영"이 지닌 영향은 반드시 더 적을 수밖에 없다고 생각했을까? 혹자는 성령이 하나님의 임재와 활동을 드러내고, 그의 본성과 의지를 계시하며, 하나님의 지혜로 우리를 깨우쳐주고, 우리가 하나님의 것이라는 확신을 심어주면 우리는 그 성령이―바로 이런 일을 통해―우리 삶의 활력소가 되는 우리의 전망과 동기를 근본적으로 바꾸어줄 것이라고 기대할지도 모르겠다. 따라서 그의 은사를 경험한다는 것은

---

10 *Influence*, 100.

11 이 점에 대한 최근의 진술과 관련하여 다음 문헌을 보라. N. T. Wright, *The New Testament and the People of God* (London: SPCK, 1992), *passim*.

그 자체로, 모세의 얼굴에 아직 사라져가는 빛이 남아 있는 것처럼, 그 "사건"보다 더 놀라운 변화를 일으키는 결과를 가져올 수도 있다. 다시 말하면 "깨닫게 하시고", 계시하시고, 지혜를 부여하시는 성령이 **사실상** 그 사람을 "사로잡는" 성령인 것이다. 예레미야의 말에 의하면 이스라엘은(단순히 율법이나 또는 심지어 성령의 기름부음을 받은 교사들을 통해서가 아니라) 하나님이 직접 인간의 마음에 자기 자신을 계시하심을 통해 변화를 받게 될 것이다(렘 31:33-34).

물론 나는 유대교에서 나타나는 성령의 모든 현시가 반드시 이러한 결과를 가져온다고 주장하는 것은 아니다. 이는 단지 이론적으로 궁켈의 대조가 불필요한 것이며, 잘못된 것임을 말해준다. 우리는 "계시"나 은사적인 지혜(그리고 그것을 지속적으로 촉진시키는 "기억")를 받는 것이, 적어도 다수의 유대인에게는, 종교적·윤리적으로 갱생하는 어떤 능력으로 경험되는 것으로 여겨졌을 수 있다고 주장하고 싶다. 또한 우리가 이론적인 차원의 가능성의 문제에서 벗어나 포로기 이후 유대교의 실제적 증거를 검토해본다면 우리는 곧 예언의 영을 의의 직접적인 원동력이나 원천으로 이해하는 증거—(성서적) 과거와 (저자들의) 현재에서 모두—와 직면하게 될 것이다.

2.2. 성서 역본(70인역과 타르굼)에 나타난 예언의 영과 그 윤리적 영향

타르굼은 구약에 나타난 성령과 윤리적 변화 간의 연관성을 의도적으로 "드러내는 번역"을 시도하지 않으며,[12] 70인역은 아예 그런 시도를 전

---

12 타르굼 이사야는 30:1과 63:10-11에서 영을 메므라("말")로 교체하지만, 이것은 성령의 활동에서 윤리적 측면을 감퇴시키려는 의도로 보이지는 않는다(그리고 동일한 변화가 34:17; 48:16; 63:14에서도 나타나는데, 그중 마지막 두 구절은 지혜나 계시를 주는 "예언의 영"으로 쉽게 설명될 수 있다). 이 타르굼은 슥 12:10을 다음과 같이 번역한다. "그리고 나는 다윗의 집과 예루살렘의 거주민들에게 자비와 긍휼의 영을 부어줄 것이다." 이는 어쩌면 마소라 본문과 70인역("긍휼/은혜와 탄원의 영")보다는 덜 윤리

혀 하지 않는다. 전반적으로 이 두 전승은 단순히 마소라 본문에서 발견되는 성령의 윤리지향적인 비전을 그대로 보존한다.[13] 하지만 한 지점에서 타르굼 네오피티와 타르굼 위(僞)요나단은 이 부분을 강화하는 시도를 한다. 창세기 6:3의 "나의 영이 영원히 사람과 함께 거하지 아니하리니, 이는 그들이 육신이기 때문이라"는 다소 모호한 문장을 "번역하는" 데 있어 네오피티는 "보라! 내가 나의 영을 **사람의 아들들 안에** 둔다. 이는 그들이 육신이며 **그들의 행위가 악하기 때문이다**"라고 옮긴다(강조는 마소라 본문과 다른 부분임). 이 타르굼 본문은 인간의 악한 성향을 상쇄하기 위해 그들에게 자신의 영을 부여주신 것으로 하나님을 묘사된다. 그리고 이러한 관점은 이제 타르굼 위(僞)요나단의 번역에서도 드러난다. "**내가 그들이 선한 행실을 하도록 나의 거룩한 영을 그들 안에 두지 않았느냐? 그러나 보라! 그들의 행실은 악하도다.**" 만일 우리가 "성령"과 "예언의 영"이 이 타르굼 안에서 상호 교환적으로 사용될 수 있는 용어임을 고려하면, 이 사실은 궁켈의 논지에 대한 강한 반증이다. 이뿐만이 아니다. 왜냐하면 타르굼 에스겔도 36:27을 다음과 같이 옮기고 있기 때문이다. "그리고 나의 **거룩한** 영을 내가 너희 안 **깊은 곳에** 둘 것이다. 그리고 나는 그렇게 행함으로써 너희가 내 법령을 따라 살며, 내 율법을 지키고, 그것들을 준수하도록 할 것이다."여기서 "신실한/경건한 마음"과 "신실한/경건한 영"의 창조, 그리고 "너희 안 깊은 곳에"(36:26)와 더불어 하나님의 성령을 부여받는 것은 **모두 함께** 종말론적 순종을 보장한다. 그 외의 다른 증거는 여전히 동일한 방향성을 지닌다 하더라도 덜 대단하다.[14]

지향적이긴 하지만, 그 차이는 근소하다.

13   예를 들어 마소라 본문에서처럼 사 11:1-4의 메시아적 인물은 지혜와 모략을 부여하는 자(따라서 "예언의 영")로서뿐 아니라 "능력"을 부여하고 "지식과 주를 경외하는 마음"을 부여하는 자로서 성령을 받게 된다. 또한 타르굼 이사야 44:3도 마른 땅의 물과 같은 성령의 풍요함을 약속하며, 이는 44:4-5에 묘사된 무성한 의의 자연스러운 원인으로 보인다.

14   예를 들어 우리는 70인역 시편 50:14[51:12] —$\dot{\alpha}\pi\acute{o}\delta o\varsigma$ $\mu o\iota$ $\tau\grave{\eta}\nu$ $\dot{\alpha}\gamma\alpha\lambda\lambda\acute{\iota}\alpha\sigma\iota\nu$ $\tau o\hat{v}$

2.3. 필론의 글에 나타난 예언의 영과 그 윤리적 영향

필론은 신적인 영이 육신과 감각에 집중하는 사람에게서는 재빨리 떠나지만, 현명한 자와는 함께 거하시며 그를 "매 순간 올바른 길(또는 '모든 의의 여정', πάσης ὀρθῆς ἀφηγούμενον ὁδοῦ, Gig. 55)로 인도한다"고 말한다. 필론이 "신적인 영"(πνεῦμα θεῖον)이란 용어를 사용할 때 과연 이것이 창조 시에 사람에게 주입된 이성적 사고능력(이로써 그는 하나님의 형상을 공유함)을 가리키는 것인지,[15] 또는 진정으로 "예언의 영"(Vit. Mos. 1:277)[16]을 가리키는 것인지는 언제나 쉽게 분간이 되지 않는다. 그러나 Gig. 55에서는 이 용어가 후자를 지칭한다. 왜냐하면 그는 칠십인 장로들에게 주어진 영이 모세의 합리적인 사고가 아니라 브살렐에게 주어졌던 것처럼(Gig. 23) 하나님의 특별한 은사였음을 명시했기 때문이다(Gig. 26-27). 이러한 예언의 영은 오직 의로운 자들과 함께 거하기도 하고, 또 쉽게 내쫓기기도 하는데(Gig. 28-29, 47, 53; 참조. Deus Imm. 2), 이 예언의 영이 바로 Gig. 55의 지시대상이다.[17]

우리는 여기서 세 가지를 주목할 필요가 있다. 첫째, 필론의 말은 죄가 (의로운 자에게 되돌아가는) 성령을 쫓아내기 때문에 성령이 사람에게

σωτηρίου σου καὶ πνεύματι ἡγεμονικῷ στήρισόν με — 이 "나에게 당신의 구원의 기쁨을 회복하시고, **자원하는** 영으로 나를 붙드소서"를 "당신의 **인도하시는** 영으로 나를 세우소서"로 바꿈으로써 성령이 인도하시는 예언의 영이지만, 그 지향성은 윤리-구원론적임을 동시에 암시하고 있음을 주목할 필요가 있다.

15   참조. Op. Mund. 134-135; Plant. 18; Det. Pot. Ins. 83; Spec. Leg. 4:123.

16   이 둘의 관계에 대해서는 다음을 보라. A. Laurentin, "Le pneuma dans la doctrine de Philon," ETL 27 (1951), 422-23; Bieder, TDNT, VI, 374-75; M. E. Isaacs, The Concept of Spirit (London: Heythrop Monographs, 1976), 35-64; H. Wolfson, Philo (Cambridge, MA: Harvard University Press, 1948), II, 2-72(특히 24-36, 39); Hill, Greek Words, 224-26; A. J. M Wedderburn, Baptism and Resurrection (Tübingen: Mohr, 1987), 272-73; M. A. Chevallier, Souffle de Dieu (Paris: Beauchesne, 1978), 72; J. A. Davis, Wisdom and Spirit (New York: University Press of America, 1984), 54-60.

17   Laurentin, "Pneuma," 423도 이에 동의한다.

미치는 가장 중요한 윤리적 영향력으로 인식될 수 없다는 주장의 취약점을 드러낸다.[18] 하지만 필론에 의하면 악(그리고 눈에 보이는 세계에 대한 염려)은 **성령 사역의 윤리적인 방향과 하나님 중심적인 목적**(즉 하나님의 지혜를 부여하는, 특히 *Gig.* 28-29; 참조. *Gig.* 19)을 **좌절시키기** 때문에 성령이 죄로 인해 소멸된다고 주장하는 것이 더 진실에 가까울 수 있다. 이와 그리 다르지 않은 견해가 팔레스타인 유대교를 대표하는 에녹1서 67:10에도 암시되어 있는데, 거기서 악인들은 "그들이 방탕한 자신들의 몸을 믿고 주의 영을 부인한다"는 이유로 심판을 받는다.

둘째, "신적인 영"(πνεῦμα θεῖον)이 i) 창조 시 사람에게 주입된 하나님의 숨결(창 2:7의 관점에서 본 스토아적 신념의 변형)이나,[19] ii) 은사적인 예언의 영(그리스 점술의 뉘앙스와 함께)으로서 서로 다른 본질과 특성을 갖고 있음을 인정한다 하더라도, 이 두 은사는 하나님을 아는 지식ㅡ그리고 하나님과의 교제ㅡ을 촉진시키는 지혜(윤리적인 것과 영적인 것을 지향하는)를 가져다주는 중요한 특징을 공유한다. 따라서 하나님이 주시는 이성의 영을 따라 사는 자(창 2:7에 대한 필론의 해석)는 하나님의 형상을 지닌 자로서 자신을 그저 이 땅에 속한 자와 구별한다(*Rer. Div. Her.* 57). 그리고 이 하나님의 영이 그 안에서 충만하게(πολλοῦ ῥυέντος εἰς αὑτόν) 흐르기 때문에 첫 사람은 "그의 아버지이자 왕이신 이를 기쁘시게 해드리기 위해 그분을 한 걸음씩 따라 말과 행동을 조신하게 하려고 노력했다(*Op. Mund.* 144). 필론에 의하면 하나님의 영을 어떤 수준에서든 경험하는 것은 윤리적/영적 지향성을 지닌다.

---

18   비록 부정적으로 표현하긴 했지만, Sjöberg, *TDNT,* VI, 383은 이를 부분적으로 인정한다(팔레스타인 유대교, 특히 랍비들과 관련하여). "성령을 소유하는 것은 의로운 삶의 결과이지 그러한 삶의 기초가 아니다. 자연히 성령은 또한 이 은사를 가진 사람들이 계속 거룩함을 유지하도록 독려한다."

19   *Det. Pot. Ins.* 80-84; *Leg. All.* 1:33-42, 3:161; *Op. Mund.* 135, 144; *Plant.* 18; *Spec. Leg.* 1:171; 4:23.

셋째, 필론이 은사적인 성령을 성서 시대에 국한시킨다(그리고 그 이후에는 성령과 은사의 연관성의 흔적이 발견되지 않는다)는 아이작스(M. Isaacs)의 주장과는 달리,[20] 하나님의 영이 영적인 이해 및 지혜와 갖는 관계에 대한 필론의 이해는 이와 다른 방향을 제시한다. 필론도 예를 들어 *Somn.* 2:251-52(명백하게 "영적/종교적"인 방향의 신탁)에서 성령에 참여한다고 구체적으로 말한다. 따라서 (예를 들어) *Gig.* 47, 53, 55에서 현명한 자에게 임한 하나님의 (은사적인) 영에 대한 그의 묘사가 당대에도 적합하다는 전제 하에 일반화되고 있다는 사실은 그리 놀랄 만한 일이 아니다.

2.4. 지혜 문헌에 나타난 예언의 영과 그 윤리적 영향

중간기 지혜 문헌 역시 분명히 성령을 "예언의 영"이라는 우리의 고정관념 안에 속한 것으로 묘사한다(참조. 지혜서 1:5[?]; 7:7; 9:17; 집회서 39:6;[21] 48:12, 24). 성령은 천상의 지혜(의로운 삶을 촉진시켜주는 가장 탁월한 이해)의 원천이기 때문에 예언/지혜의 영은 공동체의 윤리적·종교적인 삶에서 매우 중요하다(물론 오직 의에 관해 진중하게 생각하는 자들만이 이러한 지혜를 얻을 수 있다[지혜서 1:5; 7:22-8:1]). 따라서 지혜서 9:17-18("당신이 지혜를 부여하거나 하늘로부터 당신의 성령을 보내주지 않는다면, 과연 누가 당신의 뜻을 알 수 있겠습니까? 그러므로 이 땅에 사는 자들의 길은 바르게 놓였고, 사람들은 당신을 기쁘시게 하는 바를 배웠으며, 지혜를 통해 구원을 얻었나이다")에 기초하여 혹자는 이 책이 **인격적으로** 성령의 은사를 받지 않고서는 사람이 의나 구원을 얻을 가능성이 전혀 없다는 아주 심각한 비관론을 제시한다고 주장하기도 한다.[22] 아마도 보다 더 개연성 있는 주장은 이 책이 (필론의 글에서처럼) 이

---

20   Isaacs, *Concept*, 49.
21   특히 다음 문헌을 보라. Davis, *Wisdom*, 16-24.
22   Menzies, *Development*, 61-63; Vos, *Untersuchungen*, 64-65. 이와 반대되는 견해는 Turner, "Spirit and Authoritative Preaching," 84, n. 36을 보라.

스라엘에게 구원의 방법을 가르쳐준 솔로몬(그리고 예언자들)에게 주신 성령의 특별한 은사(지혜서 7:7; 9:17-18)와 하나님의 지혜를 반영하고 있으며, 창조 시에 보편적으로 주어지고(참조. 7:22-23; 12:1; 15:11), 인간의 가이드의 역할로 주어진(1:5-7) 보다 보편적인 "합리적 사고"(스토아적 뉘앙스가 담긴) 간의 긴장을 나타낸다는 주장일 것이다. 어떤 해석이 진실에 더 가깝든지 간에 여기서 말하고자 하는 요점은 **예언의 영이 참된 윤리적·영적 이해를 가능하게 하는 능력**이라는 것이다.

2.5. 열두 족장의 유언에 나타난 예언의 영과 그 윤리적 영향

우리는 열두 족장의 유언에서 다시 한번 성령을 "예언의 영"으로 이해하는 저술을 접하게 되는데(참조. 레위의 유언 2:3), 시므온의 유언 4:4이 요셉을 성령의 사람으로 언급할 때 우리는 그것이 예언의 영을 의미하는 것으로 추론할 수 있다. 왜냐하면 요셉은 그 당시 유대교에서 그 누구보다도 예언의 영을 소유한 사람의 표본으로 여겨졌기 때문이다. 그러나 이 본문에서 시므온이 요셉을 "선한 사람, 그 안에 하나님의 영을 소유한 사람, 그리고 긍휼과 자비가 넘쳐 내게 나쁜 마음을 품지 않고 나와 내 형제를 사랑한 사람"으로 묘사한다는 점은 주목할 만하다. 요셉에 대한 묘사는 사람을 선한 마음으로 사랑하고 질투와 시기의 영("오류의 영", 즉 벨리알에 의해 만들어진 영적 "분위기" 속에서 중요한 역할을 함)에게 지지 말아야 할 것을 교훈하기 위함이므로 요셉의 "선함"은 하나님의 영의 영향,[23] 즉 진리의 영으로 기능하는 예언의 영으로까지 소급되는 것으로 보인다(참조. 유다의 유언 20:1-5).

요셉에 대한 이러한 묘사는 사랑과 선함을 구하는 자가 성적인 유혹에 빠지지 않는다(참조. 요셉 자신)고 말하는 베냐민의 유언 8:1-3에서 더

---

23   Sjöberg, *TDNT*, VI, 384도 이 점을 인정한다.

욱 보편화되며, 이를 다음과 같이 설명한다. "그의 마음은 오염되지 않았다. **왜냐하면 그 안에 하나님의 영이 거하시기 때문이다.**" 하나님의 영의 임재는, 심지어 저자(들)의 심중을 정확히 파악하지 못한다 하더라도, 매우 중요한 윤리적 의미를 갖는다고 할 수 있다. 요셉에 대한 다른 유사한 본문들은 이것이 예언의 영이며, 특히 레위의 유언 2:3에서 레위에게 임한 "이해의 영"과 같이 악을 분별하고 정결한 삶을 살게 하는 윤리적인 지혜 및 통찰을 부어주시는 성령임을 암시한다(참조. 요셉과 아스낫 4:11의 요셉에 대한 묘사, "요셉은 지혜와 지식이 뛰어난 사람이요, 하나님의 영이 그 위에 있으며, 주님의 은혜가 그와 함께하더라").

최근에는 레위의 유언의 E 사본에 많은 관심이 집중되었는데, 이 사본은 우리 연구와 직접적으로 연관되어 있는 다음과 같은 인용문을 포함하여 다수의 추가 내용을 담고 있다.

> [7] 주님, 불의한 영과 악한 생각, 그리고 성적 부도덕함을 내게서 멀리 [떠나가게 하소서]. 그리고 내게서 교만함을 제거하소서. [8] 주님, 내가 거룩한 영(τὸ πνεῦμα τὸ ἅγιον)을 알게 하소서. 그리고 내게 결단과 지혜와 지식과 힘을 주소서.… [14] 주님, 모든 더러움으로부터 나의 마음을 씻으소서. 그러면 내가 당신과 동행할 것입니다(레위의 유언 2:3B7-8, 14).[24]

비록 이 사본이 후대의 것(11세기)이긴 하지만, 이 추가 내용은 다른 측면에서 단편 4QTLevi ar³와 매우 잘 부합하며, 따라서 아주 이른 시기의 자료를 보존하고 있다고 할 수 있다.[25] 여기서 이 하나님의 영은 (지혜와 지식

---

24   번역은 R. L. Webb, *John the Baptizer and Prophet* (Sheffield: JSOT Press, 1991), 119의 것임.

25   Webb, *Baptizer*, 116-20.

을 주는) 예언의 영임과 동시에 결단과 힘을 가져다줄 뿐만 아니라 "불의의 영"에 맞서는 윤리적인 능력 또는 영향력이다.

여기서 말하는 하나님의 영이 편집자의 시대에 의인들과 함께하는 능동적인 임재로 여겨졌는지,[26] 아니면 단순히 성서 시대의 것으로 여겨졌는지는 분명하지 않지만, 두 영의 교리 안에서 수행한 역할을 보면 이 것이 전자였을 가능성이 높다.

2.6. 쿰란 문헌에 나타난 예언의 영과 그 윤리적 영향

쿰란 공동체의 보다 더 종말 지향적인 사고 안에서도 예언의 영은 강한 영적/윤리적 의미를 지닌다. 이것은 특히 쿰란의 찬송시(1QH)에 잘 나타나 있는데, 거기서 시인은 하나님과 언약을 맺은 자가 실족하지 않고 (7:6-7), 보다 더 정결한 사람이 될 수 있게 해주는(16:11b-12) 성령을 주신 하나님께 감사한다. 아마도 시인은 에스겔 36장의 개념을 반향하면서 그에게 성령을 부어주신 하나님을 찬양했는지도 모른다(17:25-26; 참조. 4Q504:5). 그러나 만일 우리가 성령이 **어떻게** 이 사역을 수행하는지에 대한 질문을 던진다면, 이 사역은 주로 성령의 **계시** 사역, 특히 **지혜**를 부여하는 사역을 통해 이루어지는 것으로 보인다.[27] 즉 성령은 하나님의 진리로 시인에게 기쁨을 주고(1QH 9:32), 하나님의 지식과 그의 놀라운 뜻을 알게 하며(12:11-13; 14:25), 하나님의 말씀의 진실성과 신뢰성을 확인시켜주고(13:18-19), 시인으로 하여금 하나님께 더 가까이 나아가게 하는 "깨달음"을 준다(14:12b-13). 여기서 의미하는 바는 이해하기 어려운 지식이 아니라 **의로운 삶으로 이끄는, 일종의 하나님과 그의 말씀에 대한 올바른 이해**다. 따라서 시인이 하나님의 지식의 영을 구하려는 자신의 의

---

26   Sjöberg, *TDNT*, VI, 385.
27   M. Mansoor, *The Thanksgiving Hymns* (Leiden: Brill, 1961), 193.

도를 강하게 표현하며 성령을 근거리에서 바짝 따라감으로써 하나님의 언약의 진리를 붙들 수 있기를 소망하는 것은 전혀 놀라운 일이 아니다 (16:6-7). 이 부분은 새롭게 출간된 4Q434의 시각과도 일치하는데, 여기 서도 시인의 마음을 강하게 하거나(단편 1, 첫 번째 행), 1행의 묘사처럼, 돌같이 굳은 시인의 마음과 악한 성향을 제거하고 순전한 마음으로 대체시킨 것은 바로 하나님이 주신 율법을 올바르게 "이해한" 것이다. 여기서 시인은 에스겔 36:25-26의 종말론적 약속을 칭송하고, 이 약속은 계시의 지혜를 주심으로 성취된 것으로 본다. **요약하자면 예언의 영 자체가 바로 "윤리적 영향"인 것이다.**

이와 유사한 이해는, 비록 두 영에 대한 가르침이 그 발전 과정에서 부분적으로 가려졌다 하더라도, 1QS 4:20-23에 잘 나타나 있다. 베른버그-몰러(P. Wernberg-Møller)[28]와 트레비스(M. Treves)[29]는 (1QS 3:18-4:26에 있는 두 영의 용어에 조로아스터교의 우주적인 예정 이원론이 담겨 있다는 주장에 반대하면서) 쿰란의 회중 규율서의 우주적인 이원론과 두 성향에 대한 랍비들의 가르침 간의 유사성을 적절하게 강조했지만, 이러한 유사성은 단순히 한 사람 안에 있는 심리적인 힘을 가리킨다는 환원적인 의미로 받아들여져서는 안 된다.[30] 오히려 이 두 영은 열두 족장의 유언에서처럼 서로 충돌하는 힘이나 사람 안에서 작용하는 세력의 영역으로 해석하는 것이 더 설득력이 있다. 오류의 영은 (하나의 통일체로 보이는) 악한 세력의 통합체이며, 어둠의 천사(1QS 3:20-21)와 벨리알의 영들(참조. CD 12:2;

---

28   "A Reconsideration of the Two Spirits in the Rule of the Community (IQ Serek III,13-IV,26)", *ResQ* 3 (1961), 413-41.

29   "The Two Spirits of the Rule of Qumran," *ResQ* 3 (1961), 449-52.

30   Treves("Two Spirits," 449-52)와 Menzies(*Development*, 78-80)는 이러한 위험에 빠져 있는 듯하다.

11QMelch 12-13)의 세력을 **포함한다.**[31] 이와 마찬가지로 "진리의 영"[32]
은 오로지 인류학적인 관점에서만 인식되는 것이 아니라 빛의 왕자(1QS
3:20), 하나님, 진리의 천사(1QS 3:24) 등의 세력을 포함한다. 하나님이 사
람들에게 부어주어(겔 36장을 반영하는?) 그들을 정결하게 할 것이라고 말
하는 1QS 4:21의 "성령"과 "진리의 영"은 "예언의 영"에 대한 우리의 고
정관념 속에서 활동하는 하나님의 영[33]을 포함하는 것으로 보이는데, 이
는 하나님의 지식과 지혜에 대한 통찰이 그 결과로 나타나기 때문이다
(1QS 4:22). 만일 이 해석이 맞다면 1QH와 1QS는 멘지스가 주장하는
것에 비해 개념적으로 더 가깝고,[34] 이 두 문서 모두 언약을 맺은 자를 정
결하게 하는 것은 바로 하나님의 지혜를 계시하는 예언의 영이라고 전제
한다. 그렇다면 그 둘의 가장 큰 차이점은 바로 1QH가 성령이 주는 혜택
을 이미 누리는 자의 관점에서 (예기적으로?) 말하고 있다면, 1QS는 종말
론적인 관점에서 말하고 있다는 것이다.

2.7. 랍비들의 가르침에 나타난 예언의 영과 그 윤리적 영향

만일 랍비들이 우리에게 예언의 영은 윤리적 영향을 거의 주지 않는다는
인상을 준다면, 그것은 주로 역사서에 대한 그들의 해석 때문이라고 할

---

31 두 영에 관한 열두 족장의 유언의 가르침에서 오류의 영(the Spirit of Error)은 벨리알
의 활동을 지칭하는 표현으로 보이며(*T. Benj.* 6:1; *T. Jos.* 7:4; *T. Jud.* 25:3), 때때로 사
람의 성향으로 보이는 "오류의 영들"(spirits of error)은 악령의 세력이다(이것들을 사람
속에 있는 [심리적인] 성향으로 해석하는 Treves와는 달리).

32 *Jub.* 1:20-24에서 하나님에 의해 이스라엘을 위해 "창조될"(참조. 시 51:10-11) "성령"
은 "벨리알의 영"과는 적대적인 관계로서 의를 위한 하나님의 능력의 영역과 같은 유사
한 방식으로 이해되어야 한다.

33 이 점은 심지어 (1QS 4:6을 제외하고) 1QS 3:18-4:26의 두 영을 사람의 성향으로 간
주하는 A. E. Sekki, *The Meaning of Ruah at Qumran* (Atlanta: Scholars Press, 1989),
207-208도 인정한다.

34 Menzies, *Development*, 3장을 보라.

수 있다. 거기서 그들은 족장들의 삶의 미미하고 세세한 부분에까지 하나님의 구원사적 통제가 미친다는 것을 강조하기 위해 성령의 은사적인 계시에 대한 언급을 의도적으로 덧붙인다. 이 이야기의 또 다른 측면은 예언의 영이 윤리적인 문제와 직결되어 있는 은사적인 계시도 보여준다고 말하는 방식에 있다. 따라서 예를 들면 시므온 벤 요하이에게 주신 은사는 죄인의 정체를 드러내는 것이며(*y. Šeb.* 9:1; 참조. 행 5:1-11), 랍비 메이르에게 주신 은사는 그의 회중의 한 사람과 그녀의 남편 간의 소원한 관계를 파악하여 그 문제를 극복하는 행동을 취하게 하는 것이며(*y. Sot* 1:4와 병행 본문), 아키바에게 주신 은사는 그의 학생 중 한 명에게 주어진 본분이 공부가 아니라 멀리 떨어져 있는 가족을 돌보는 것임을 깨닫게 하는 것이며, 심지어 랍비 가말리엘에게 주신 은사는 그가 성령의 영향력 아래에 있기 때문에 그의 행동을 통해 할라카가 추론될 수 있음을 그의 제자들에게 보여주는 것이다(*t. Pes.* 2.15). 그리고 랍비들이 한나가 술에 취했다는 엘리의 잘못된 판단에 대한 그녀의 답변을 놓고 논할 때 그들은 그녀가 다음과 같이 말한 것으로 결론짓는다. "당신은 주님이 아닙니다. [의미컨대] 쉐키나와 성령이 당신에게 없기에 당신은 나의 행동에 대해 훨씬 더 모진 입장을 취하고 계시며, 보다 더 관대한 입장을 취하지 않는 겁니다"(*b. Ber.* 31b). 여기서 말하고자 하는 요점은 단순히 잘못된 은사적인 계시(랍비 요세 벤 하니나의 것으로 알려진 어록의 보다 더 간단한 버전에서처럼)에 있다기보다는 예언의 영의 결핍으로 인한 잘못된 판단에 있다. 그러나 이 본문들은, 비록 성령이 공동체에 윤리적인 영향을 미친다는 사실을 보여주긴 하지만, 여전히 예언의 영이 변화를 일으키는 윤리적인 능력이 있음을 충분히 보여주는 사례가 되지는 못한다. *Mek. Bešallaḥ* 3의 한 본문 (출 14:9-14에 관한)은 우리로 하여금 한 걸음 더 들어가게 해준다. 왜냐하면 이 본문의 요점은 모든 이스라엘과 함께하는 성령의 임재가 이스라엘로 하여금 하나님이 주시는 구원을 얻도록 해주는 중보기도와 선한 행실

을 가능하게 해주기 때문이다.[35]

랍비들의 에스겔 36:25-27 해석 또한 특별히 중요하다. 이 본문에 대한 그들의 논의의 대부분은 악한 성향(yetser)과 "육의 마음"의 선물을 제거하고자 하는 그들의 열망에 초점이 맞추어져 있으며, 따라서 36:26b은 성령에 대한 언급 없이 인용된다. 그러나 이것은 랍비들이 성령의 은사를 그들이 고대한 윤리적 갱생과 분리시켰거나, 또는 (인간론적인 의미에서) "거룩한 정신"(holy spirit)이라는 은사의 관점에서 재해석한 것으로 이해되어서는 안 된다. 랍비들은 관련 구절(겔 36:27)을 인용할 때 이 구절이 일관되게 하나님의 영을 지칭하는 것으로 이해하며(참조. b. Ber. 32a [//b. Suk. 52b]; Tanḥuma [Buber] Addition to חקת;[36] Num. R. 9:49; Midr. Pss. 73:4), 이러한 이해는 타르굼에서도 분명하게 유지된다. 우리가 이러한 성령의 약속의 본질에 관해, 그리고 성령이 새로운 순종을 유발하는 **방식**에 관해 질문을 던진다면, 에스겔과 요엘을 연결하는 이 두 본문은 우리의 특별한 주목을 받게 된다. 우선 미드라쉬 시편 14:6은 다음과 같이 말한다.

또 다른 설명: 다윗은 다음과 같이 말씀하신 주님, 거룩하신 분, 송축 받으시기에 합당하신 분을 대신하여 처음으로 말했다. **그들이 항상 이와 같은 마음을 품어 나를 경외하며 나의 모든 명령을 지켜**(신 5:25[29]); 그리고 다윗은 다음과 같이 말한 모세를 대신하여 두 번째로 말했다. **주의 백성들이 다 예언자가 되기를 원하느냐**(민 11:29). 주님의 말씀이나 그 제자의 말은 이 세상에서는 성취되지 않겠지만, 장차 올 세상에서 성

---

35 W. D. Davies, "Reflections on the Spirit in the Mekilta: A Suggestion" in D. Marcus (ed.), *The Gaster Festschrift* (New York: ANE Society, 1973), 101도 이에 동의한다.

36 "이에 관하여 현자는 다음과 같이 말한다. 다른 이의 아내를 쳐다보지 않는 자에게는 악한 충동이 그를 지배하지 못한다. 장차 올 세상에서는 거룩한 자, 칭송받을 그분이 악한 충동을 우리 안에서 제거하시고, 우리 안에 그의 성령을 두실 것이다. 기록된 바, '내가 너의 육신으로부터 돌과 같은 마음을 제거하고, 네 안에 내 영을 부어줄 것이다'(겔 36:26-27)."

취될 것이다. **나는 또한 새 마음을 너희에게 줄 것이고, 너희는 나의 규례를 지킬지어다**(겔 36:26)라는 주님의 말씀은 성취될 것이며, **내가 모든 육체에게 내 영을 부어줄 것이고, 너희 아들들과 딸들은 예언할 것이다**(욜 3:1)라는 그 제자의 말도 성취될 것이다.

이 본문은 하나님이 에스겔 36:25-27을 먼저 성취하시고, 결과적으로 (설령 즉각적으로라도) 요엘 2:28[MT 3:1]에 약속된 예언의 영을 부여할 것이라는 의미로 받아들여졌다.[37] 이러한 해석도 물론 가능하지만, 에스겔 36:27의 성령의 약속은 요엘의 약속의 관점에서 이해하고, 예언의 영은 하나님의 뜻에 대한 이스라엘의 새롭게 갱신된 실존적 지식의 수단(그리고 앞에서 이미 살펴본 것처럼 이것은 또한 그 하나님의 뜻을 수행하고자 하는 원동력이 됨)임과 동시에 은사적인 계시와 예언의 말씀의 수단을 지속하는 수단으로 간주하는 것이 더 자연스럽다. 신명기 라바 6:14은 이러한 해석이 랍비들 사이에서 거론되었음을 강하게 시사한다.

하나님은 말씀하셨다. "너희 가운데 중상하는 자들이 있기 때문에 나는 이 세상에서 나의 신적 임재(שכינה)를 거두어들였다." 기록된 바, **찬양 받으소서, 오 하늘 위에 계신 하나님**(시 57:12[11]). "그러나 장차 올 시대에 내가 너희 가운데 있는 악한 성향을 뿌리 뽑을 때에", 그리고 **나는 너의 육체에서 돌같이 굳은 마음을 제거할 것이다**(겔 36:26)라고 말씀하신 것처럼, "나는 너희 가운데 나의 신적 임재를 회복할 것이다." 이 일이 어떻게? 기록된바, 그리고 이것은 훗날에 일어날 것인데, **나는 모든 육체에게 내 영을 부어줄 것이다**(요엘 3:1[2:28]); "그리고 내가 너희 가운데 거하기 위해 나의 신적 임재가 너희 위에 나타나게 할 것이므로, 너희는 모두 토라를 받을 것이며, 너희는 세상에서 평화롭게 거할 것

---

37 Menzies, *Development*, 106(Turner, "Luke and the Spirit," 150에 동의하며).

이다." 기록된바, 모든 자녀는 주의 교훈을 받을 것이요 내 자녀에게는 큰 평안이 있을 것이다(사 54:13).

얼핏 보면 신적 임재에 대한 약속은 에스겔의 약속에 근거한 악한 성향 (yetser)을 근절하겠다는 약속과는 상당히 다르고, 이에 추가로 주신 약속으로 보이며, 에스겔 36:26-27보다는 전적으로 요엘 3:1의 관점에서 해석될 필요가 있어 보인다. 하지만 신적 임재의 회복이 **이스라엘에게 토라를 받을 만한 자격을 부여할 것**이라는 주장은 우리를 이와 정반대 방향으로 이끈다. 이는 여기서 사실상 요엘의 예언의 영에 대한 약속과 거의 일치하는 쉐키나가 다름 아닌 하나님께 적극적으로 순종하고 복종하게 하는 힘임을 암시한다. 랍비들은 이 사실을 요엘 본문으로부터 추론해내지 못했으며, 오히려 이것은 바로 앞에서 인용한 본문인 에스겔 36:26-27에 대한 미드라쉬적 해석이었던 것으로 보인다. 즉 예언의 영에 대한 요엘의 약속은 에스겔 36:26-27을 성취하는 수단(이에 추가된 것이라기보다는)으로 이해된다. 이것은 앞에서 우리가 주장한 예언의 영에 대한 이해로 촉발된 해석이다.

　하지만 이 두 미드라쉬가 제시하는 증거는 후대의 것이며, 아마도 아모라임 시대(즉 기원후 200-500년)의 것일 개연성이 높으며,[38] 훨씬 더 후대의 것일 가능성도 있다. 훨씬 더 확실하게 아모라임 시대의 것으로 보이는 문서는 바로 *b. Ber.* 31b-32a에 담긴 전승이다. 랍비 파파(350-375년경)의 것으로 추정되는 이 문서에서 그는 성령이 엘리야의 기도의 윤리적인 내용을 유발하고 통제했다고 주장하는데, 그러한 주장의 근거를 에스겔 6:27에서 찾는다. 우리는 이러한 견해가 신약 시대에 통용되

---

[38]　성령이 이스라엘의 법정에서 정의를 실현한다는 *Ecc. R.* 10:17//*Gen. R.* 85:12의 전승 또한 아마도 아모라임 시대의 것 ― 랍비 사무엘 벤 나흐마니(기원후 290-320년)의 것으로 추정됨 ― 으로 보인다.

었다는 주장을 신뢰할 수 없다. 그럼에도 이 본문들은 유대인들이 "예언의 영"을 새 언약의 특징이라고 할 수 있는 종교적·도덕적인 삶의 능력으로 이해할 수 있었음을 강하게 시사한다.

2.8. 에녹1서에 나타난 예언의 영과 그 윤리적 영향

기독교 이전의 저술로 추정되는 에녹의 비유(에녹1서 61:11-12)에서 종말론적 회중은 "믿음의 영으로, 지혜와 인내의 영으로, 자비의 영으로, 정의와 평화의 영으로, 그리고 관대함의 영으로" 하나님께 은사적인 찬양을 드린다. 이 본문이 묘사하는 회중의 그림은 우리가 여기에 나열된 여러 특성에 영향을 미치는 은사적인 예언의 영(에녹1서 61:7에서처럼)과 전혀 다른 것으로 말하기에는 복합적인 "성령의 메시아"[39]와 에녹 자신의 돌발적인 은사적인 예배(71:11)[40]와 너무나도 닮았다. 적어도 이 공동체에서 궁켈과 슈바이처가 제시한 대비는 완전히 과녁을 빗나갔다.

2.9. 이사야 11:1-4에 기초를 둔 "메시아" 전승에 나타난 예언의 영과 그 윤리적 영향

지금까지 우리는 어쩌면 가장 확실한 증거 중 하나라고 할 수 있는 것, 다시 말하면 유대교 내에서 막대한 영향력을 행사하는 공동체가 견지하고 있던 메시아에 대한 그림을 그냥 지나쳐왔다. 우리가 이미 살펴보았듯이 이사야 11:1-4는 의심의 여지없이 유대교에서 가장 복잡하고도 다양한 메시아적 소망을 담고 있는 매우 중요한 본문 가운데 하나다. 메시아에게 임한 주의 영을 지혜와 총명과 (하나님의) 모략과 힘의 영으로, 그

39　　에녹1서 49:2-3; 62:2(참조. 4Q215)

40　　참조. 홍해에서 행한 이스라엘에 대한 여러 전승; *t. Sot* 6:2과 병행구절.

리고 지식과 주를 경외하는 영으로 묘사한 11:2의 그림은 이를 "예언의 영"이라는 은사(타르굼 시편 45:3에서 명시적으로 나타난)로 이해하는 데 많이 기여했다. 하지만 여기서 마지막 요소는 특별히 더 중요하다. 주를 아는 지식을 가져다주는 예언의 영은 **이를 통해** "주를 경외하는 마음"을 고취시킨다. 따라서 이 본문은 메시아에게 임한 예언의 영의 강한 윤리적인 영향을 묘사하는데, 이 부분은 메시아적 심판의 놀라운 의를 묘사하는 11:3-4에서 더 상세하게 소개된다. 이사야 11:1-4의 말과 사상은(종종 사 4:4와 결합되어) 에녹1서 49:2-3, 솔로몬의 시편 17:37, 18:7, 1QSb 5:25, 4Q215(col. 4:4-5, 9-10), 4Q252(col. 5:1-5), 4Q285(frag. 7:2), 4QpIsaᵃ 3:15-23, 레위의 유언 18:7[41] 등에서 분명하게 찾아볼 수 있다(참조. 타르굼 사 4:2-4, 11:1-2). 우리는 이 여러 본문에서 (이해나 지혜 또는 지식을 가져다주는) "예언의 영"의 범주에 속한 성령을 이해하게 되는데, 이 각각의 경우에서 이 은사들은 그들이 바라는 메시아적 통치자의 가공할 만한 의를 더욱 빛나게 한다. 에녹1서 62:1-2이 다음과 같은 말로 그 전체 그림을 요약할 정도로 말이다. "**의의 영**이 그에게 부어졌다. 그의 입술의 말은 죄인들을 멸망시킬 것이며(참조. 사 11:4), 모든 압제자들은 그의 면전으로부터 제거될 것이다." 따라서 기독교 이전의 유대교에서는 예언의 영이 메시아에게 강하게 임하는 것을 그의 뛰어난 의의 원천으로뿐만 아니라 시온을 불같이 정화하면서 나타나는, 의를 위한 그의 막대한 영향력의 원천으로 묘사한다. 또한 이와 동일한 그림은 (우리가 곧 살펴보겠지만) 성령과 불로 세례를 베풀 자가 누구인지를 선포하는 세례 요한의 말에서도 나타난다(눅 3:16//마태복음 병행구절). 그리고 다시 한번 우리는 누가가 바로 이러한 메시아적 고대 사상이라는 틀 안에서, 적어도 부분적으로나

---

41 만일 "물에서"란 표현을 난외주로 간주하여 제거한다면 18:7의 나머지 부분을 기독교의 것으로 볼 이유가 전혀 없다. "그리고 지극히 높으신 이의 영광이 그 위에 갑자기 임할 것이다. 그리고 이해와 성화의 **영**이 [물에서] 그 위에 머무를 것이다."

마, 그의 예수 상을 그렸을 것이라는 사실에 주목할 필요가 있다. 이것은 상당한 의미를 가지고 있다.

따라서 이제 우리는 궁켈과 슈바이처가 심각할 정도로 잘못된 길로 우리를 인도했다는 결론에 도달할 수밖에 없다. 물론 윤리적인 영향이나 힘이 전혀 없어 보이는 예언의 영의 은사도 분명히 존재한다. 하지만 예언의 영이 매우 중요한 윤리적인 영향으로 **이해될 수 있다**는 사실은 부인하기 어렵고, 그들이 고대하던 메시아는 바로 그러한 성품을 소유한 인물의 본보기가 되기를 원했다. 만일 우리가 이 문제를 가지고 한 걸음 더 들어간다면 어쩌면 우리는 구약뿐만 아니라 유대교에서도 하나님의 임재와 지혜와 의지를 사람의 마음속에 보여주어 의로운 삶을 살도록 동기를 부여하는(요셉과 아스낫 8:10도 이렇게 이해할 수 있음) 예언의 영과는 전혀 다른, 윤리적인 변화를 가져다주는 성령의 은사에 대해 전혀 알지 못했다고 말할 수 있다. 모든 이스라엘 백성에게 부어주시기로 약속된 예언의 영은 하나님 앞에서 사는 그들의 삶에 변화를 가져다줄 수밖에 없었다. 이것은 또한 장차 주어질 예언의 영이 "구원을 위한" 것임을 의미한다. 왜냐하면 "중간기" 유대인들에게 "죄 사함"과 "구원"이란 용어는 일반적으로 역사 **속에서** 일어날 이 민족의 근본적인 변화—성령은 그 안에서 아주 중요한 역할을 담당할 것임—를 바라는 소망을 언급하는 데 사용되기 때문이다.

3. 예언의 영과 "구원"

샌더스(E. P. Sanders)[42]를 비롯하여 다른 학자들이 이미 입증했듯이 유대교의 언약적 율법주의(covenantal nomism)는 거의 모든 유대교인들이 자비의

---

42   특히 *Paul and Palestinian Judaism* (London: SCM Press, 1977); *Jesus and Judaism* (London: SCM Press, 1985).

하나님과 언약을 맺은 택함 받은 백성으로서 지속적으로 죄 사함을 받았고(대속죄일 등의 의식을 통해), 필연적으로 마지막 때의 구원을 가져다줄 내세에 참여할 것을 가르치는 신앙 체계였다. 그들은 다음 두 가지 이유 중 하나에 근거하여 이렇게 가정했을 것이다. 그들은 (고의적으로 율법을 거스르는 자를 제외하고는) 모든 유대인이 이러한 특권과 소망을 갖고 있다고 믿었거나(샌더스가 이것을 거의 보편적인 믿음으로 생각했듯이), 또는 일종의 남은 자 신학(급진적으로[심지어 분파적으로도] 율법을 실천하는 자들만을 "참된 이스라엘"로 국한하는)을 견지하면서도 또한 동시에 그들이 고수하고자 했던 그룹도 그 남은 자(또는 그중에 속한)라고 믿었다. 그런 의미에서 유일하게 "불안전한" 유대인들(내세에 대한 미래가 불투명하다고 느낀 유대인들)은 자신들이 아직 참여하지 않은 일부 "남은 자" 그룹의 보다 더 급진적인(또는 그저 다른) 요구로 인해 도전을 받는 자들이었을 것이다.

따라서 이러한 언약적인 "종교 패턴" 안에서 내세에 받을 구원은 어느 정도 보장되어 있었다. 그렇다면 이것은 무엇과 관련되어 있었을까? 바이스(Weiss)와 슈바이처(A. Schweitzer)시대부터 이것은 일반적으로 현재의 창조를 넘어 지금과는 상당히 다른 세계의 질서를 지칭하는 것으로 여겨졌다. 하지만 최근에 와서 글라손(Glasson), 캐어드(Caird), 보그(Borg), 찰스워스(Charlesworth), 라이트(Wright)[43] 등과 같은 학자들이 내놓은 연구 결과는 이것이 오히려 회복과 자유를 얻은 이스라엘을 중심으로 하나님이 **이** 세상의 **질서**를 변화시켜나가는 것과 관련이 있음을 설득력 있게 보여주었다. 즉 마카비 시대에서부터 성전의 몰락 그 이후까지 유대교 종말론/구원론은 주로 우리가 흔히 "국가의 상태"(the state of the nation)라고 부르는 것과 관련이 있다. 지도자들은 대체적으로 부패했고, 사회 구성원들은 서로 나누어져 있었으며, 프톨레마이오스와 셀레우코스, 그리고 그 이

---

43   이 중요하지만 아직 발전 중에 있는 입장에 대한 요약과 관련 문헌은 Wright, *Testament*, 10장을 보라.

후의 로마는 고통과 억압을 가져다주는 정권으로 인식되었고, 더 중요하게는 하나님의 영토에서 신정 국가로 존재한다는 이스라엘의 자의식에 신학적으로 엄청난 도전이 되었다. 대다수 유대인들은 이 상태를 기원전 6세기 초의 포로기 때처럼 국가의 죄로 인해 일시적인 응징을 받고 있는 것으로 생각했다. 바벨론의 멸망 이후 그곳에서 돌아온 (일부!) 유대인들은 여전히 역설적으로 본토에서도 "포로"의 몸으로 살고 있는 듯 보였다.

이러한 상황에서 유대인들이 바랐던 것은 그들이 하나님으로부터 받았던 역사적인 응징을 다시 만회하는 "(이스라엘의) 죄 용서"였다. 이보다는 좀 덜하지만 그래도 이와 유사한 바람은 마카베오4서에 기록된 순교자 전승에 잘 나타나 있다. 안티오코스 앞에서 돼지고기를 먹는 것을 거부함으로써 잔인하게 고문을 당하며 죽게 된 엘레아자르는 다음과 같이 말했다.

> 하나님이여, 당신은 아시나이다. 비록 내가 화염의 고통으로부터 벗어날 수는 있어도, 내가 율법을 위해 죽고 있다는 것을. [율법을 범한] 당신의 백성에게 자비를 베푸시고, 그들을 위한 우리의 희생제물로 만족하옵소서. 내 피가 그들을 정결하게 하고, 내 생명이 그들의 속죄물이 되게 하소서(마카베오4서 6:27-29).[44]

엘레아자르의 말을 통해 내레이터가 전하고자 한 메시지는 순교자가 자신의 이러한 죽음(과 그 이후의 다른 이들의 죽음)이 대 심판 이후 내세에 이스라엘의 구원을 보장해줄 것을 기대했다는 것이 아니다. 그는 이스라엘이 실제로 배교를 하지 않는 한, 구원을 받게 될 것임을 믿었다. 엘레아자

---

44 비록 1세기 중반에 안디옥에서 기록된 것으로 보이지만, 여기서 순교자 전승은 보다 더 오래된 뿌리를 갖고 있다. 70인역의 단 3:40에서 사드락과 그의 동료들은 이렇게 기도한다. "오늘 우리의 희생이 당신 앞에서 속죄를 가져다주게 하소서!" 이것은 기원전 2세기 히브리어 마카비의 기도에 대한 그리스어 역본인 것으로 보이는데, 이는 마

르의 말이 담고 있는 의미는 오히려 이스라엘이 민족의 불의함으로 인해 외부의 압제와 내부의 분열을 겪고 있을 뿐 아니라 영적인 능력과 방향을 상실했다는 것이다. 이러한 것들은 이스라엘을 향한 하나님의 잠정적인 진노로 여겨졌고, "유배" 중에 있는 이스라엘의 은유적인 노예 상태를 가리키는 것으로 여겨졌다. 그리고 엘레아자르는 이스라엘에게 주어진 **충분한** 처벌의 대가로 자신의 의로운 죽음(그리고 그 이후 다른 이들의 죽음)이 받아들여질 것을 하나님께 간청했다. 이것은 이스라엘을 향한 하나님의 진노를 순교자들에게 집중시킴으로써 이스라엘의 수치가 회복되고 하나님이 의도하셨던 것처럼 이스라엘을 정의롭고 자유로운 민족으로 만들어주실 것을 간청하는 것이었다. 요컨대, 엘레아자르의 기도는 순교자들의 죽음이 **현세**에 이스라엘 민족의 구원과 변화를 가져다줄 것이라는 소망을 표현해준다. 그리고 마카베오4서 저자는 하나님이 이 일을 성취하셨다고 확신한다. 순교자들의 죽음은 마카비 혁명을 성공적으로 완수했으며, 마카베오4서 17:21-22은 이에 대한 신학적인 설명을 제시해준다.

> [순교자들은]…우리 민족의 죄를 위해 속죄물이 되었다. 이 의로운 자들의 피를 통해, 그리고 그들의 죽음의 속죄를 통해 하나님의 섭리(즉 하나님)가 수치스러운 취급을 받던 이스라엘을 구원했다.

유대교의 다른 전승들도 이스라엘이 보다 더 철저하게 변화되기를 바라는 다양한 소망을 묘사하기 위해 **종말론적인** 언어를 아주 예리하게 사용했지만, 이들도 이러한 변화들이 여전히 역사 속에서 성취될 것으로 기대했으며, 이러한 이스라엘의 변화가 이 세상을 위한 진정한 인류의 패러다임이 되기를 기대했다. 라이트(Wright)는 이 문제를 다음과 같이 요약한다.

카베오4서의 순교자 속죄 신학이 실제로는 의인의 죽음에 대한 보다 오래된 팔레스타인 지역의 이해에 기초함을 의미한다.

이 시기의 유대교 자료에서 언급된 "구원"은 국가의 원수로부터의 구출과 국가적 상징의 회복, 그리고 모든 사람들이 자기 포도나무나 무화과나무 아래서 편안히 쉬는 **샬롬**의 상태와 관련이 있다.…1세기 유대인들에게 있어 구원은 오직 내세의 도래와 로마로부터의 해방, 예루살렘 성전의 회복, 그리고 자신들의 땅에서 누리는 자유를 의미했다.

이 시기의 주류 유대 문헌 안에는…**사실상 유대인들이 시공간적 우주의 종말을 기대했다는 증거가 거의 없다.**…그렇다면 그들은 어떤 일이 일어날 것이라고 믿었을까? 그들은 **현재의 세상 질서**—이방인들이 권세를 잡고, 창조주 하나님의 언약 백성인 유대인들은 그렇지 못한 세계 질서—가 종말을 고하게 될 것이라고 믿었다.[45]

구원과 종말론이 전적으로 이스라엘의 역사적 변화를 의미한다는 라이트의 (매우 탁월한) 분석에 우리가 동의하든 안하든 간에, 구원이 대체적으로 신실하게 남은 자들을 통해 주어질 시온의 회복과 변화와 영화로 이해되었다는 사실에는 변함이 없다.[46]

이러한 틀 안에서 그들은 예언의 영의 은사를 어떻게 인식했을까? 우리가 이미 살펴보았듯이 이런저런 방식으로 이사야 11:1-4에 기초하여 메시아적 인물을 고대했던 그 공동체의 관점에서 볼 때 메시아에게 임할 성령은 필연적으로 시온의 갱생을 주도할 **위대한** 힘일 수밖에—그리고

---

45 첫 번째 인용문은 Wright, *Testament*, 300에서 가져온 것이며 두 번째 인용문은 333에서 가져온 것이다(강조는 원저자의 것임). 또한 다음을 보라. D. L. Tiede, "The Exaltation of Jesus and the Restoration of Israel in Acts 1", *HTR* 79 (1986), 283-84.

46 나의 박사학위 학생 중 한 명인 Mark Elliott의 대대적인 연구는 최근에 이 부분을 구체적으로 논증했다("The Survivors of Israel" [PhD dissertation, Aberdeen, 1993]); 참조. S. Talmon, "The Concept of *Māšiaḥ* and Messianism in Early Judaism," in J. H. Charlesworth (ed.), *The Messiah* (Minneapolis: Fortress Press, 1992), 79-115(특히 113-115). 물론 나는 Talmon이 메시아적 소망의 범위를 과소평가한다고 생각한다.

그런 의미에서 "구원론적으로 필수적"일 수밖에 — 없었다. 그리고 그 구원이 시온의 변화와 그로 인한 새로운 질서를 의미했으므로 성령의 은사는 백성들이 구원을 받는 것만큼이나 메시아가 이 "구원"을 경험하는 것이 필수적일 수밖에 없었다. 왜냐하면 이 구원은 메시아가 자기 혼자서만 경험할 수는 없는 집단적이며 사회적인 사건이기 때문이다. 이러한 상황에서 자신만을 위한 성령의 은사와 "대체적으로 다른 이들의 유익을 위한"[47] 성령의 은사를 서로 구분하려는 멘지스의 시도는 성령의 직접적인 행동과 그 성령의 활동이 가져다주는 윤리적인 **결과들**을 서로 분리하는 궁켈의 구분만큼이나 인위적이다.

이와 마찬가지로 예언의 영이 (요엘서에서 표현된 것처럼) 보편적으로 주어질 것으로 기대했던 진영에서는 성령이 "구원론적으로 필수적인 것"인 만큼 공동체 안에서 **큰** 변화를 일으킬 수 있는 영향력을 갖고 있지 않다고 믿는 것은 사실상 불가능하다. 하나님이 자신의 쉐키나와 이름의 현존을 통해 큰 변화를 일으킬 수 있음을 인정한다면, 당연히 유대인이라면 그 하나님이 다양한 지혜와 계시와 영감의 말씀의 은사를 통해 그 공동체 안에서 너무나도 분명하고도 변혁적으로 역사하셨다고 말할 것이다.

4. 결론

지금까지 소개된 내용은 슈바이처가 가정했던 것과는 정반대로 성령을 예언의 영으로 간주했던 유대교의 여러 진영에서도 성령이 삶을 변화시키거나 윤리적인 영향력을 행사하는 것으로 간주했음을 잘 보여준다. 우리는 이러한 사실을 70인역과 타르굼 전승에서, 필론과 지혜 문헌과 열

---

47   *Development*, 279.

두 족장의 유언에서, 쿰란 문서에서, 랍비들의 가르침에서, 그리고 에녹 1서에서 확인했다. 이사야 11:1-4로부터 발전한 "메시아적" 인물은 이 가운데 특별한 경우에 속하며, 이러한 메시아적 인물에게 임한 성령은 자신의 의와 주를 경외하는 마음의 원천이자 이스라엘을 해방시키고, 정결케 하며, 다시 회복시키는 능력을 부여주는 것으로 이해되었다. §3에서 우리는 유대인들이 기다렸던 "구원"(이를 위해 그들은 종말론적인 언어를 사용했다)이 대체로 역사 속에서 이스라엘이 변화되는 것이었음을 확인했다. 메시아에게 임한 성령의 은사와 이스라엘의 나머지 백성에게 주신 요엘의 약속의 성취의 결합은 그들이 바라던 "구원"의 주요 수단을 미리 보여주었다고 할 수 있다.

2부 결론

앞서 3-5장에서 나는 유대교의 "예언의 영" 개념에 대해 오늘날 제기된 많은 해석에 커다란 물음표를 찍었다. 나는 "예언의 영"에 대해 적절한 정의를 내렸고, 이와 관련된 원형적인 은사들(은사적인 계시와 지혜, 돌발적인 예언자적 발언, 은사적인 찬양)에 주목했다. 비록 "예언의 영"이 (유대교 내에서) 은사적인 말씀 선포(이것은 기독교에서 발전한 것임)의 원천으로 간주되지는 않았지만, 성령과 (보다 더 구체적으로) "예언의 영"은 초자연적인 기적의 원천으로 받아들여졌으며, 영적·윤리적 갱생을 위한 잠재력을 지니고 있는 것으로도 인식되었다. 이것은 특히 누가가 근거로 삼은 이사야 11:1-4에 반영된 "메시아 전승"의 경우에는 더더욱 그러했다. 따라서 유대교 내에는 멘지스가 주장하듯이 "예언의 영"과 "은사적인 영" 간의 뚜렷한 차이가 존재하지 않을뿐더러, 예언의 영과 "구원론적인 영" 간에도 뚜렷한 차이가 없다. 이러한 결론은 "예언의 영"이 누가의 구원 개념과 무관하다고 전제할 수 없을뿐더러, 선교를 위한 능력 부여라는 부차적 은사로 간주될 없음을 의미한다. 또한 우리는 누가가 성령을 초자연적인 능력을 나타내는 사역과 구분했다고도 추론할 수 없다. 우리는 누가가 이러한 유대교 사상의 흐름을 어떻게 취급했는지 면밀히 살펴볼 필요가 있다.

3부

성령의 메시아

6장

누가복음 1-2장에 나타난
성령의 메시아 도래

1. "구원의 예고"로서의 수태고지와 탄생과 유아기 내러티브[1]

마치 기쁨의 트럼펫 소리가 울려 퍼지듯이 누가복음 1:5-2:52에서는 누가-행전의 나머지 부분에서 더욱더 신중하고 장엄하게 전개될 주제들을 예고하는 신학적인 팡파르가 울려 퍼진다.[2] 이 두 장에 포함된 자료의 기원은 여전히 논쟁의 대상이지만,[3] 다음 네 가지 결론은 확실해 보인다. (1) 누가가 수태고지나 탄생 또는 유아기 이야기를 마태로부터 취하지 않았다는(또는 그 반대도 아니라는) 것은 거의 확실하다.[4] (2) 따라서 누가

---

1   이것은 눅 1:5-2:40에 대해 R. C. Tannehill, *The Narrative Unity of Luke-Acts: A Literary Interpretation*. I. *The Gospel according to Luke* (Philadelphia: Fortress Press, 1986), 15-44에서 제시한 표제다.

2   D. Bock의 논평과도 비교해보라. "유아기 자료는 교향곡의 서곡과도 같다. 이 자료는 누가-행전의 기본 주제들을 소개해준다"(D. K. Campbell and J. L. Townsend [eds.], *A Case for Premillenialism* [Chicago: Moody, 1992], 183); Johnson, 35. "[유아기 내러티브 들은] 강령적인 예언들을 통해 차후의 줄거리 전개를 예기한다."

3   비록 합의된 결론을 찾기는 어렵지만, 이 주제 연구에 대한 개관은 쉽게 접할 수 있다. 예를 들면 H. H. Oliver, "The Lukan Birth Stories and the Purpose of Luke-Acts," *NTS* 10 [1964], 202-26; R. E. Brown, *The Birth of the Messiah* (London: Chapman, 1978), 특히, 26-38, 235-53; Marshall, 45-50; Fitzmyer, 특히 304-21을 보라.

4   이러한 결론은 두 복음서 가설(Two Gospel Hypothesis, 마가복음과 마태복음만이 누가의 유일한 복음서 전승 자료였고, 70인역은 중요한 추가 자료였다는 가설)을 강경하게 주장하는 M. D. Goulder, *Luke: A New Paradigm* (Sheffield: JSOT Press, 1989)에 의해 무너질 수도 있다. 하지만 이 가설 가운데 가장 설득력이 떨어지는 부분 중 하나가 눅 1-2장이 어떻게 초기 복음서들에 기초하여 작성되었는지를 매우 사변적으로 설명한다는 것임을 언급하지 않을 수 없다. 마가복음과 다르고(또는 거기에 없고) 마태복음과 누가복음이 일치하는 경우 이것이 누가가 ("Q"나 다른 자료보다) 마태복음을 사용했다고 볼 수도 있는 본문들도 있지만(Goulder의 "A House Built on Sand" in A. E. Harvey [ed.], *Alternative Approaches to New Testament Study* [London: SPCK, 1985], 1-24, 특히 7-11과 *Luke*, 3-26[11-15], 2장도 보라), 눅 1-2장은 이를 지지해줄 만한 확실한 사례를 제시해주지 않는다.

와 마태 사이에 서로 일치하는 부분은 그들이 그 이전의 전승을 활용했음을 강하게 시사한다.[5] (3) 현재 제기되고 있는 언어학적 논증은 누가복음 1-2장의 내용이 많은 부분 히브리어나 아람어로 된 전승(또는 이러한 언어로부터 번역된 것)을 사용했을 것이라는 가설을 지지한다.[6] (4) 누가복음

---

5   전승에 의존하고 있음을 암시하는 마태복음과 누가복음 간의 (언어적이기보다는) **개념적인** 일치점이 (다윗의 가계에서 성령에 의한 예수의 동정녀 잉태 개념을 포함하여) 열두 가지 정도 있다(이 목록에 관해서는 Brown, *Birth*, 34-35; Fitzmyer, 307을 보라). 이러한 전승에서 발견되는 놀랄 만한 차이점은 누가가 마태복음에서 자신의 자료를 취했다는 주장을 뒷받침해주지 않으며, 오히려 70인역에서 무언가 개연성 있는 설명을 제시하려는 Goulder의 창의적인 시도에 걸림돌이 된다.

6   이러한 결론은 R. A. Martin과 S. Farris의 최근 연구에 비추어보면 정당화된다. 눅 1-2장(또는 그중 일부)이 셈어적 자료를 반영한다고 주장하는 진영(Burney, Winter, Laurentin)과 이 동일한 현상을 70인역의 습관(Septuagintalisms)으로 설명하고, 누가의 자유롭고 모방적인 역사 서술의 목적으로 해석하는 진영(Harnack, Cadbury, Benoit) 사이에 길고 험난한 논쟁이 전개되어왔음은 이미 잘 알려진 사실이다. Harnack를 따르는 진영과 눅 1-2장의 배후에 히브리어 또는 아람어 자료가 있다고 보는 진영 간의 충돌에 관해 Brown은 언어학적으로 대립한 이들은 결국 이 경기를 승자 없이 무승부로 끝을 냈다고 비꼬았다(*Birth*, 246; 이 주장에 대한 개관은 S. Farris, *The Hymns of Luke's Infancy Narratives* [Sheffield: JSOT Press, 1985], 31-50을 보라). 하지만 Farris는 새로운 영역을 개척했다. 그는 Martin(*Syntactical Evidence of Semitic Sources in Greek Documents* [Missoula, MT: Scholars Press, 1974])의 열일곱 가지 구문론적 기준을 활용하고 이를 더 발전시킴으로써 눅 1-2장(단지 "찬가" 뿐만 아니라 1-2장 전체)이 자유롭게 작성된 그리스어라기보다는 단편적으로 번역된 그리스어임을 보여주는 구문론적 구조를 잘 드러내고 있음을 입증해보였다(그리고 이러한 사실은 샘플로 제시된 70인역의 많은 부분보다도, 그리고 바울 서신과 요한계시록보다도 훨씬 더 현저하게 나타난다). 게다가 사도행전의 두 번째 부분은 누가 자신이 셈어적에 속한 저자가 아니라는 사실을 보여준다. 왜냐하면 구문론적 구조의 빈도수가 플루타르코스만큼이나 순전히 그리스적이며, 거기에는 "번역된 그리스어"의 특징이 거의 나타나지 않기 때문이다. Farris는 누가가 유아기 기사에서 고풍적인 인상을 주기 위해 70인역의 단어나 관용구를 모방했을 가능성을 제기하지만, 누가는 전치사 ἐν의 일반적인 그리스어 번역 비율을 다른 전치사로, καί를 계합접속사(copulative)인 δέ로, 선행하는 종속 소유격을 후치 명사 소유격 등으로 일관되게 표현할 수는 없었을 것이다. 눅 1-2장에 나타난 "번역된 그리스어"의 높은 빈도는 누가가 셈어적 기원의 한 가지 자료(또는 여러 자료)를 사용하고 있음을 강하게 시사한다(Farris, *Hymns*, 50-66. 또한 "On Discerning Semitic Sources in Lk. 1-2" in R. T. France and D. Wenham [eds.], *Studies of History and Tradition in the Four Gospels* [Gospel Perspectives, 2; Sheffield: JSOT Press, 1981], 201-38도 보라). 이것은 이상하게 Goulder가 간과한 중요한 주장이다(Goulder가 그의 저서 *Luke*, 233, 237에서 Farris를 인용함에도 불구하고 이 부분을 간과했다는 사실

1-2장의 핵심이자 아주 신중하게 서로 병행을 이루는 구조로 작성된 수태고지와 탄생과 유아기 기사는,[7] 비록 확정적이진 않지만, 단일 자료에서 유래했을 개연성이 높다.[8] 하지만 비록 누가가 누가복음 1-2장의 몸체를

은 더더욱 놀랍다. Farris는 Goulder가 그의 초기 저서에서 셈어적 자료가 눅 1-2장에서 사용된 증거가 있는지에 대한 질문을 단순히 무시했으며, 그러한 자료에 대한 좋은 논증은 "Goulder의 이론에 심각한 손상을 입힐 것"임을 지적한 바 있다(Hymns, 36]).

[7] 병행 구조에 대해 간략하면서도 가장 균형 있는 설명은 Fitzmyer, 313-15에서 소개된다(참조. Brown, Birth, 248-39).

[8] 그러나 누가가 탄생 및 유아기 기사를 위해 셈어적 자료를 사용하고 있다는 말은 그가 그것을 단일 자료로 받았다는 의미도 아니며, 또한 그가 받은 자료를 수정하지 않고 거의 그대로 두었다는 의미도 아니다. 심지어 누가가 전통적인 자료와 문서 자료를 사용했다고 주장하는 학자들조차도 눅 1-2장에서 원 자료와 편집된 부분을 구분하는 데에는 상당한 어려움이 따른다는 것을 인정한다(참조. Schürmann, 143-44). 하지만 한 가지 주장이 우리로 하여금 위에서 소개한 네 번째 결론, 곧 눅 1-2장이 많은 부분 단일 자료에서 유래했다는 결론을 수용하도록 유도한다. 이 주장은 세례 요한의 잉태 및 탄생과 예수의 잉태 및 탄생 사이에서 자주 섬세한 병행 구조가 포착된다는 점에 근거한다. 물론 이러한 병행 구조와 누가가 병행 기사 작성을 선호한다는 사실은 Brown이 누가가 전통적인 자료를 모아 이러한 전체적인 병행 구조를 만들었다는 추론을 펼치도록 유도했다(Birth, 243; D. L. Tiede, Prophecy and History in Luke-Acts [Philadelphia: Fortress Press, 1980], 23). 또한 Fitzmyer도 누가가 적어도 그에게 주어진 자료(1:5-25, 57-66b)를 근거로 예수의 잉태 및 탄생 이야기와 요한의 잉태 및 탄생 이야기를 유사하게 만들었다는 견해를 선호한다(Luke, 44-45; 그는 Dibelius, Bultmann, Leaney, Schneider의 견해를 따른다). 그 어느 견해도 Martin이 제시한 언어학적 관찰(즉 눅 1-2장 전체가 셈어적 기원에서 유래했다는 증거를 보여준다는 것)과 잘 조화를 이루지 못하며, Farris가 지적하듯이 그리스-로마 세계에서 이러한 내러티브 병행 구조는 흔히 볼 수 있었던 반면(그래서 반드시 "누가의 것"이라고 할 수 없음), 이 특정 병행 구조는 누가가 눅 3-4장에서 예수와 요한을 다루는 방식과 일치하지 않는다. 눅 1-2장의 병행 구조는 훨씬 더 광범위하며, 형태와 내용에 영향을 미친다(따라서 "수태고지는 수태고지와 일치하고, 찬송시는 찬송시와 일치하고, 노인[사가랴]은 노인[시므온]과 일치한다", Farris, Hymns, 105). 이 본문들에서도 병행 구조는 일관되게 예수에 대한 부분이 요한에 대한 부분을 능가한다(따라서 요한의 부모가 "의로운 자"[1:6]로 묘사되었다면, 마리아도 천사에 의해 하나님의 "은혜를 입은 자"[1:28]로 묘사된다. 요한의 어머니가 나이가 많아[1:7, 24-25] 기적적으로 아이를 가졌다면, 마리아도 처녀[1:27, 34]로서 예수를 임신했다. 요한이 "주 앞에 큰 자"[1:15]가 된다면, 예수 또한 큰 자[1:32]가 될 것이며, 메시아나 구주의 칭호와 더불어 "주"로 칭함을 받게 된다[2:11]. 요한이 "지극히 높으신 이의 예언자"[1:76]라면, 예수도 지극히 높으신 이의 아들[1:32-35]이 될 것이다. 또한 요한이 태중에서 성령으로 충만했다면[1:15], 예수는 성령의 새로운 창조이시다[1:35]). 이러한 특징은 눅 3-4장에서(그리고 누가복음의 다른 곳에서) 이처

거의 본래 모습 그대로 물려받았을 수도 있지만, 그는 이스라엘이 고대하던 메시아를 통해 약속된 구원이 그들에게 임하는 매우 중요한 이슈를 독자들이 깨닫게 하고, 또 그들 대부분이 이 구원 계획에 동참하는 데 실패했음을 깨닫게 하려고 누가-행전의 가장 큰 관심사를 가장 적절하게 전달할 "서문"⁹을 작성하는 데 이 전승을 활용했다.¹⁰

서사비평에 기반을 둔 최근의 연구는 특별히 누가복음 1-2장에 포함된 다양한 예언과 해석적인 신의 현현, 그리고 구원을 위한 하나님의 개입에 관한 찬양이 누가-행전에 대한 전반적인 이해를 높일 수 있는 잠재력이 있다는 점을 부각한다. 해설자의 관점에서 보면 이러한 내용은 하나님의 뜻과 계획을 파악할 수 있는 훌륭한 길잡이가 된다. 왜냐하면 (태너힐이 지적했듯이) 이 두 인물의 경이로운 탄생이 지닌 중요한 의미를 선포할 이들은 전지하신 하나님을 대변할 만큼 절대적으로 "신뢰할 만한"

럼 밀도 있게 나타나지 않는다. 이는 눅 1-2장에 나타나 있는 병행 구조의 유형이 누가 자신의 편집의 산물이기보다는 기존 자료에 기인한 것임을 암시한다. 또한 눅 1-2장의 대부분의 자료가 병행 구조 안에서 모두 설명이 가능하므로 복수의 자료보다는 단일 자료에 기초했을 개연성이 더 높다. 누가가 이 자료에 무언가를 추가하고 수정한 흔적을 발견할 수 있는지의 여부와는 상관없이 우리는 아래에서 논의하게 될 성령에 관한 특정 본문과 관련하여 이 문제를 논의할 수밖에 없다.

9   참조. J. P. Audet, "Author de la théologie de Luc I-II," *ScEcc* 11 (1959), 409-18. Audet 는 누가의 서문과 독자에게 책이 의도한 의미를 깨닫도록 안내하는 고전적 및 헬레니즘적 "서문"을 서로 비교한다.

10   P. S. Minear, "Luke's Use of the Birth Stories" in L. E. Keck and J. L. Martyn (eds.), *Studies in Luke-Acts* (London: SPCK, 1968), 113-39은 Conzelmann이 눅 1-2장을 누가복음의 나머지 부분과 통합시키지 못한 점을 예리하면서도 설득력 있게 비판한다. Conzelmann의 신학적 프로그램을 따르고자 했던 이들(예를 들어 Oliver, Tatum)은 향후 적어도 눅 1-2장이 Conzelmann의 프로그램과 일치한다는 것을 보여주어야만 했다. 보다 최근에는 누가-행전의 몸체가 "유대인들"이 이 복음서를 거부했음을 강조한다고 믿는 다수의 학자들(예를 들어 J. T. Sanders, Tannehill, Tiede, Moessner)은 이것이 눅 1-2장의 주요 강조점들을 전복시키는 것처럼 보인다는 사실을 인정했으며, 이로 인해 발생하는 긴장을 상당히 다른 방식으로 설명하는 편을 채택했다. 그럼에도 그들은 거기서 제기된 이슈들이 누가의 의제를 지배한다는 것을 인정한다.

"대변인"이기 때문이다.[11] 따라서 위대한 일곱 천사 가운데 하나인(1:19) "가브리엘 천사"(1:11, 19, 26)가 먼저 요한의 출생을 알리고(1:13-17), 양식비평의 관점에서 볼 때 매우 유사한 본문에서 다시 예수의 탄생을 알린다(1:28-37). 그 이후에 한 천사가 목자들에게 예수의 탄생을 알리고, 수많은 천군이 구원의 전조를 알리는 위대한 순간에 하나님께 영광을 돌린다(2:10-14). 이 두 탄생의 중요한 의미를 설명하는 다른 주요 본문(마리아 찬가[Magnificat], 사가랴 찬가[Benedictus], 시므온 찬가[Nunc Dimittis]을 포함하여)에서 이 사실을 전하는 이들이 모두 사람이지만, 그렇다고 해서 그 신뢰성이 크게 감퇴하지는 않는다.[12] 왜냐하면 실제 화자가 (해설자의 관점에서 볼 때) 예언의 영이며, 이러한 사실이 "엘리사벳이 성령의 충만함을 받아…이르되"(1:41), "사가랴가 성령의 충만함을 받아 예언하여 이르되"(1:67) 등과 같은 도입 어구를 통해 소개되고 있기 때문이다.[13] 사실 쉐퍼드(Shepherd)도 주장했듯이 대체적으로 누가복음 1-2장(그리고 누가-행전 전반에 걸쳐 나타나는)의 성령에 대한 언급의 서사적인 기능은 공표된 복음을 정당화하는 것이다.[14]

이러한 선언의 기본 내용은 다음 세 가지 시점으로 나누어 요약될 수

---

11   R. C. Tannehill, "Israel in Luke-Acts: A Tragic Story," *JBL* 104 (1985), 69-85; 참조. J. T. Squires, *The Plan of God in Luke-Acts* (Cambridge: CUP. 1993), 27-32.

12   *Contra* D. P. Moessner, "The Ironic Fulfillment of Israel"s Glory," in J. B. Tyson (ed.), *Luke-Acts and the Jewish People* (Minneapolis: Augsburg, 1988), 35-50(아래 10장의 3을 보라).

13   마리아 찬가(1:46-55)는 구체적으로 성령의 감동으로 된 것으로 간주되지 않지만, 엘리사벳과 사가랴와 시므온은 성령의 감동으로 말하는 것으로 간주되는 반면, 마리아(엘리사벳이 경의를 표한 자, 1:42-45)의 경우에는 그렇지 않을 가능성은 희박하다. 독자들은 그녀의 말의 형식이 (사가랴와 시므온의 경우와) 흡사하다는 점에서 마리아도 예언적으로 말하고 있음을 추론할 수 있으며, 또한 독자들은 이 찬가에서 눅 1:35의 성령을 추적할 수 있다(따라서 Menzies, 127).

14   따라서 *Contra* Moessner("Ironic Fulfillment"). "이스라엘을 향한 하나님의 신실하심을 선포하는 사가랴의 예언이 명시적으로 성령의 감동에 의한 것이라는 사실은 이 내러티브의 권위를 한층 높여준다"(Shepherd, *Function*, 119; 그리고 그는 전반에 걸쳐 이와 유사한 결론을 내린다).

있다.

1. 요한은 말라기에서 자신에게 주어진 종말론적 엘리야의 역할을 온전히 수행하고(1:15-17; 참조. 말 4:5-6), 이스라엘의 구원을 예비할 것이다(1:76-77; 참조. 말 3:1, 눅 7:27).

2. 하나님은 예수("다윗의 동네에서…태어난", 2:11)를 통해 이스라엘이 고대하던(참조. 1:54-55, 70, 72-73) 구원을 널리 선포할 것이며, 이로써 예수는 메시아적 다윗에게 주어질 다양한 칭호와 보좌와 구속의 기능을 부여받을 것이다(1:32-35, 69; 2:11, 26-32). 이 구원은 "죄 사함"(1:77)과 이스라엘의 해방과 변화를 가져다줄 것이다. 여기서 해방이란 원수들과 압제자들, 그리고 사회의 불의로부터의 해방(1:51-53, 74)과 의로운 예배 공동체로의 변화(1:74-75)를 의미하며, 이 공동체는 구약에서 약속한 "평화"(예. 사 52:7-10; 54:10), 특히 메시아의 통치가 가져다줄 평화(예. 사 9:2-7; 겔 34:23-31; 참조. 사 11:1-9, 눅 1:79, 2:14)를 누리는 종말론적 자유와 조화와 하나님의 축복 속에서 사는 것을 의미한다.

3. 이렇게 회복된 이스라엘(비록 분열되기는 하지만, 2:34)은 이사야 49:6의 소명을 완수하며 열방의 빛이 될 것이다(2:29-32).

이와 같이 다윗 중심의 민족주의적인 선언은 내레이터의 관점과 정확히 일치한다. 사실은 요셉이 "다윗의 자손"(1:27)이었고, 요셉과 마리아가 하나님의 섭리로 "다윗의 성"(이 명칭은 일반적으로 예루살렘을 지칭함!) 베들레헴으로 간 것도, 그리고 또 요셉이 "다윗의 집 족속"(2:4)이기 때문에 거기로 간 것을 우리에게 알려준 사람도 바로 이 내레이터다.[15] 또한 시므온이 "이스라엘의 위로를 기다렸고"(2:25; 참조. 사 52:7-10), 그가 이것이 (적어도 예기적으로) 예수에게 성취되었음을 인식했으며, 또 안나가 그

---

15   나는 나의 학생이었던 M. L. Strauss에게 감사한다. 그는 특히 누가가 다윗 기독론을 크게 선호한다는 점을 나에게 상기시켜주었다. 그의 *Messiah, passim*, 특히 (탄생 기사를 다루는) 3장을 보라.

약속의 아기에 대한 소식을 "예루살렘의 구속을 기다리던" 모든 이에게 전했음을 알려준 사람도 다름 아닌 이 "내레이터"였다(2:38).[16]

이 모든 것을 통해 "구원"과 그리스도인의 삶과 사명에 관한 누가의 생각(이것은 그의 성령론보다 더 광범위한 이야기임)에 대해 우리가 나름 추론할 수 있는 것은 무엇인가? 자신을 내레이터와 동일시하는 한도 내에서 이 사실은 우리가 이미 본서 5장에서 언급한 유대교적인 구원론적 패러다임을 누가가 가지고 있음을 암시한다. 즉 하나님의 "죄 사함"은 이스라엘을 향한 하나님의 일시적인 응징의 반전(reversal)을 의미하고, 이는 결국 역사 안에서 다윗계열 메시아가 가져다줄 해방으로 이어진다.[17] 우리는 앞으로 누가-행전을 다룸에 있어 누가가 이러한 소망이 성취되고, 수정되고, 지연되고, 또는 폐지되는 것을 어떻게 바라보는지를 살펴볼 필요가 있다. 하지만 우선 이러한 사실은 (누가에게 있어) "구원"이 단순히 남은 자들로 구성된 메시아 공동체로 들어가는 입회, 죄로부터의 해방, 현재의 삶을 넘어 새 창조 속에서 얻는 삶의 확신뿐 아니라 "이방인들을 위한 빛"이 되기 위해 역사 속에서 점점 더 정화되고 변화되는 회복된 다윗 공동체의 예배와 증거의 삶에 지속적으로 참여하는 것이다. 앞서 살펴보

---

16 이 시온 중심의 종말론적 소망은 사 40:1; 49:13; 51:3; 57:18을 반영하며, 사 52:7-10에 나오는 "좋은 소식 선포"와 평화 선포라는 주제를 다룬다.

17 이와 유사한 맥락을 유지하면서도 눅 1-2장에서 사무엘과 다윗의 이야기에 기초하여 설명하는 글을 보려면 Wright, *Testament*, 378-84; Tiede, *Prophecy*, 23-33. T. Kaut, *Befreier und befreites Volk: Traditions- und redaktions- geschichtliche Untersuchungen zu Magnifikat und Benediktus im Kontext der vorlukanischen Kindheitsgeschichte* (Frankfurt: Hain, 1990)는 이 견해를 누가의 전승에서 찾지만, 다른 학자들은 전적으로 누가의 것으로 본다. K. Stalder, "Der Heilige Geist in der lukanischen Ekklesiologie," *Una Sancta* 30 (1975), 287-93은 누가-행전 전반에 걸쳐 나타나는 누가의 구원론은 교회 안에서 일어나는 시온의 갱생에 그 중심을 두고 있다고 주장한다; 참조. F. Fearghail, *The Introduction to Luke-Acts* (Rome: Pontifical Biblical Institute, 1988), 7-8, 29. 가장 최근에 L. T. Johnson, "The Social Dimensions of Sōtēria in Luke-Acts and Paul," in E. H. Lovering (ed.), *SBL 1993 Seminar Papers* (SBLSP, 32; Atlanta: Scholars Press, 1993), 520-36은 누가의 구원론이 이스라엘의 회복에 그 중심을 두고 있다는 가설을 실험했고, 그 가설을 확증하는 결론을 얻었다.

았듯이 우리는 이러한 "구원"의 관점에서 성령이 진정 "구원론적으로 필수적인 것"이 아닌지 조심스럽게 물을 필요가 있다.

2. 누가복음 1-2장의 성령론과 누가신학의 관계

본 단락에서는 누가복음 1-2장의 성령 관련 자료를 개관하고, 누가의 성령론을 이해하는 데 있어 이 자료가 지닌 의미를 평가할 것이다. 이에 앞서 우리는 먼저 현 학계를 지배하고 있는 다양한 해석을 간략하게 개관하고, 이러한 해석이 얼마나 타당한지를 검토할 것이다.

누가복음 1-2장에 나타난 성령에 대한 해석을 놓고 최근에 진행되고 있는 많은 논의는 누가의 구속사 개념이라는 보다 더 거대한 이슈, 특히 누가 자신이 기독교 기원사에 관한 케리그마적인 전승을 연속적이면서도 서로 다른 세 시대로 나누어 자신의 복음서를 탈(脫)종말론화했다(de-eschatologized)는 주장과 관련이 있다. 예를 들어 테이텀(W. B. Tatum)[18]은 (콘첼만을 지지하면서) 누가복음 1-2장은 성령을 특정 소수에게만 주어지는 구약의 성령으로, 그리고 주로 간헐적으로 활동하는 예언의 영으로 묘사한다고 주장했다. 이러한 주장은 한편으로는 예수만이 홀로 성령을 소유한 "중간 시대"와 대비되며, 또 다른 한편으로는 교회의 시대(성령의 은사가 만인에게 주어진 시대)와 대비되는 것으로 여겨진다. 따라서 누가는 이 시기를 "이스라엘의 시대"로 간주하고, 이것을 그다음 시대들과 명확히 구분하면서 자신의 구속사적 주장을 뒷받침하기 위해 누가복음 1-2장의 성령에 관한 신학적 진술을 사용한다. 던의 입장은 이 견해의 또 다른 버전이라고 할 수 있으며, 폰 베어의 입장은 콘첼만 이전에

---

18 "The Epoch of Israel: Luke i-ii and the Theological Plan of Luke-Acts," *NTS* 13 (1966-67), 184-95.

이를 미리 예견한 버전이라고 할 수 있다. 이와는 대조적으로, 멘지스는 "누가의 구속사(Heilsgeschichte)의 엄격한 세 시대 도식에 기초하여 누가복음 1-2장의 성령론과 나머지 누가-행전의 성령론을 구분하는 것은 거부되어야 한다"고 주장했으며,[19] 성령에 대한 중간기의 기나긴 침묵 이후에 누가복음 1-2장에서 예언이 다시 회귀한 것은 새로운 시대의 시작과 예언의 종말론적 갱생을 의미한다고 주장했다. 쉘튼은 이보다 한 걸음 더 나아가 누가가 누가복음 1-2장(그리고 나머지 부분)에서 성령의 활동을 묘사하는 언어는 의도적으로 사도행전의 승천 이후 그리스도인들의 경험을 묘사하는 언어를 반영하고 있으며, 따라서 어떠한 시대적인 구분도 불가하다는 사실을 보여주려는 의도를 갖고 있다고 주장했다.[20] 그러나 쉘튼(R. E. 브라운과 더불어)은[21] 누가가 오순절 이전의 성령론을 기독교의 시각으로 해석한다고 생각한 반면, 조르주(A. George),[22] 슈발리에(M. A. Chevallier),[23] 맹빌(Mainville),[24] 스트론스태드는 누가가 그리스도인의 경험을 구약의 범주로 묘사한다는 정반대의 주장을 펼친다.

우리는 이제 이러한 서로 다른 논제를 염두에 두고 관련 본문을 검토하고자 한다. 누가복음 1-2장에는 성령에 대한 언급이 8회 내지 9회 정도 나타난다. 세례 요한과 관련하여 두 차례 나타나고(1:15, 17, 그리고 어쩌면 1:80에서 세 번째 언급),[25] 그의 부모인 엘리사벳과 사가랴와 관련하여

---

19   *Development*, 134. Tatum과 Conzelmann에 대한 Menzies의 비판은 131-34에 나온다.

20   Shelton, *Word*, 2장.

21   *Birth*, 241-43. 하지만 이 주장은 누가가 눅 1-2장을 행 1-2장의 형식을 따라(두 본문 모두 "전환을 위한" 단원으로 기능하며) 작성했다는 주장에 근거한다.

22   "L'Esprit," 500-42.

23   "Luc et l'Esprit à la mémoire du P. Augustin George (1915-77)", *RSR* 56 (1982), 1-16.

24   "L'Esprit", 321-32을 보라.

25   1:80의 요한에 대한 묘사(ηὔξανεν καὶ ἐκραταιοῦτο πνεύματι)는 그가 성령 안에서 강하게 자랐음에 대한 언급이기보다는(이 경우 우리는 적어도 선행 구문을 가리키는 정관사를 기대한다) 인간론적인 의미로 받아들여져야 할 것이다(그는 심적으로 강하여졌다[NRSV; REB; NJB; NIV]. 이 견해는 Marshall, 95; Fitzmyer, 388; Nolland, 90-

각각 한 차례씩(1:41, 67), 예수와 관련하여 한 차례(1:35), 그리고 나머지 세 번은 시므온과 관련하여 나타난다(2:25, 26, 27). 성령의 활동과 관련해 서는 단 하나(1:35)를 제외하고는 모두 당시 유대인들이 "예언의 영"으로 인식하고 있던 범주와 거의 정확하게 일치한다.

2.1. 엘리사벳(1:41)과 사가랴(1:67)와 관련된 예언의 영에 대한 언급

이 두 경우 모두 화자는 성령으로 "충만"(ἐπλήσθη)하여[26] 알아들을 수 있는 예언자적 신탁을 발설한다. 통과의례 때든지 또는 그 시기가 가까이 오면 예언의 영이 친척을 통해 은사적인 계시 그리고/또는 예언자적 말씀을 들려주는 모티프는 유대교에서 흔히 찾아볼 수 있다. 이 모티프의 전형적인 사례는 족장이 자손들을 축복하는 것인데, 예를 들면 이삭이 야곱을 축복하고(창 27장; 참조. *Gen. R.* 75:8),[27] 야곱이 유다와 레위를 축복하고(희년서 31:12, 창 35장을 확대하면서), 야곱이 므낫세 대신 에브라임을 축복한 것 (*Gen. R.* 97; *Num. R.* 14:5; 창 48장에 관한 *Pes. R.* 3:4)[28]을 꼽을 수 있다. 사실은 유언 성격의 예언 개념이 중간기 문헌의 장르 전체를 탄생시켰다고 해도 과언이 아니다.

---

91 등과 일치하며, 이와 상반되는 견해는 G. F. Hawthorne, *The Presence and the Power* (Waco, TX: Word Book, 1991), 54(110, n. 3에서 모순을 일으킨다)을 꼽을 수 있다. Bovon, *Evangelium*, 110은 성령에 대한 이차적인 언급일 수 있다고 생각한다.

26   "성령으로 충만한"이란 언급이 누가의 편집에 해당하는지는 불확실하다(Menzies, *Development*, 107; Fitzmyer, 32). 정확한 어구일 수도 있다(본장 끝부분에 나오는 "성령 충만"에 대한 내용도 참고하라). Noland(30)는 이 표현이 70인역에서 발견되지 않는다고 말하지만(그러나 ἐμπίμπλημι는 자주 사용됨), 매우 자주 나타나는 무관사 용법 (anarthrous use)은 셈어의 영향을 받은 것이며, 따라서 자료 사용을 암시한다고 생각한다.

27   관련 전승에 관해서는 Schäfer, *Vorstellung*, 28, n. 9을 보라.

28   라헬의 죽음 앞에서 야곱에게 주어진 계시(*MHG* Gen. 604)와 드보라와 관련하여 납달리의 유언적인 축복(*MHG* Gen. 854)과도 비교해보라.

또한 어떤 중요한 인물의 **출생**에 관한 예언자적 발언도 쉽게 찾아볼 수 있다. 타르굼 위(僞)요나단 창세기 30:25은 요셉이 태어날 때 야곱이 성령을 통해 야곱의 가정이 에서의 가정을 집어삼키는 불꽃이 될 것이라고 예언하는 내용을 담고 있으며, 보다 더 널리 알려진 유대교 전승은 미리암이 구원자 모세에 관해 예언하는 내용을 담고 있다(참조. *Bib. Ant.* 9:10; *b. Soṭ.* 11b).[29] 이런 경우 예언을 하는 사람이 그 예언의 영을 (반)영구적으로 소유하고 있다고 생각할 필요는 없다. 리브가의 입에 "진리의 영이 임했을 때" 그녀는 야곱을 축복할 수 있었고(희년서 2:14), 이삭에게 "예언의 영이 임하므로" 그가 이와 유사한 은사를 소유하게 된 것처럼(희년서 31:12), 이 경우들은 오히려 특정한 경우에 주어지는 특별한 은사로 간주된다. 우리는 또한 야곱이 에브라임을 축복할 수 있도록 고집스러운 성령에게 하나님이 그에게로 내려가라고 말하는 이례적인 기사와도 비교해볼 수 있다(*Pes. R.* 3:4). 유대 그리스도인 독자는 아마도 엘리사벳과 사가랴가 (시므온처럼) 성령을 통해 정규적으로 은사를 받은 사람이기보다는 이 경우에 한해서만 성령을 경험했다고 생각했을 것이다.

1:41과 1:67에 등장하는 은사는 우리가 "돌발적인 예언자적 발언"이라고 불렀던 것과 관련이 있어 보인다. 누가가 자주 사용한 "(어떤 사람이) 성령으로 충만했다"(누가가 은사를 통해 영감을 받은 발언을 지칭하기 위해 구어 동사 앞에 사용한 어구)라는 표현이 이 사실을 암시한다. 이 사실은 1:67의 "그리고 [그는] 예언했다"라는 어구에서 구체화되지만, 1:41에서도 이와 동일한 의미로 사용되는데, 거기서 엘리사벳의 "큰 소리" 역시 영감을 받은 발언을 가리킨다. 이러한 묘사는 미리암이 모세의 출생을 예언을 통해 알리는 탈무드의 이야기와 놀라우리만큼 유사하다(*b. Soṭ.* 11b). 이 본문은 "그녀는 성령으로 크게 외치며, '나의 어머니는 이스라엘의 구원자가 되실 한 아들을 낳을 것이다'라고 말하곤 했다"라고 기록한다.

---

29   Schäfer, *Vorstellung*, 52-53을 보라.

이러한 그림은 이 사람들의 경험을 구약의 성령론이나 누가-행전 몸체의 성령론과 일치시키려는 의도를 어느 정도 반영할까? (성령으로) "충만하다"라는 뜻의 πίμπλημι 동사 용법은 구약의 용법과 유사하지만, 거기서는 언제나 (LXX 잠 15:4을 제외하고는) ἐμπίμπλημι의 형태로 사용되며, 돌발적인 예언자적 발언(혹은 다른 어떤 종류의 돌발적인 발언)을 즉각적으로 유발하는 영감을 지칭한 적은 전혀 없고, 주로 은사적인 지혜의 원천을 지칭한다.[30] 그리고 사도행전에서는 돌발적인 은사적 찬양(행 2:4; 10:46; 19:6)과 영감을 받은 말씀(4:8)이 보편적으로 나타나는 반면, "돌발적인 예언자적 발언"과 같은 범주는 발견되지 않으며,[31] 예수가 하신 말씀으로도 나타나지 않는다(눅 10:21-22이 이에 가장 근접한 본문임). 따라서 누가의 언어는 이러한 경험과 예수 시대의 경험이나 교회 시대의 경험이 종종 우리가 상상했던 것만큼 그리 서로 유사하지 않았음을 보여준다.[32] 이러한 언어와 사상은 오히려 중간기 유대교 성령론에서 일반적으로 발견된다.

2.2. 시므온(2:25, 26, 27)과 관련된 예언의 영에 대한 언급

예언의 영을 비교적 영구적으로 부여받은 하나님의 사람(2:25의 보편적인 내러티브 도입 부분처럼["그리고 성령이 그 위에 계시더라"])은 유대교 내에서 흔치 않다. 하지만 우리가 이미 살펴보았듯이 심지어 이스라엘의 죄로 인해 이러한 은사가 더 이상 주어지지 않는다고 믿었던 랍비들 가운데서도 이러한 사례들이 있다.[33] 그리고 이러한 사례는 그 어디서보다도 성전(랍비

---

30   참조. 출 28:3; 31:3; 35:31; 신 34:9; 사 11:3, 그리고 은사적인 지혜를 언급하는 집회서. 집회서 48:12의 경우는 예언자적 능력 부여의 시작을 가리킨다.

31   성령이 임했을 때 에베소의 열두 제자가 "방언을 말하고 예언을 했다"는 기사는 2:4 및 10:46과 같이 신탁의 말씀의 의미의 돌발적인 예언이 아니라 돌발적인 찬양을 가리킨다.

32   참조. Shelton, *Word*, 2장; Laurentin, *Evangiles*, 216.

33   *T. Pes.* 2:15(가밀리엘); *y. Šeb.* 9:1(시므온 벤 요하이); *y. Soṭ.* 1:4(메이어); *Lev. R.*

유대교에서는 성령의 임재를 성전으로 국한시키려는 경향을 보임)이나 성전을 자주 드나드는 자에게서 더 자주 발견된다.[34] 시므온이 성령의 계시를 받아 (κεχρηματισμένον ὑπὸ τοῦ πνεύματος τοῦ ἁγίου, 2:26) 그가 죽기 전에 메시아를 보게 될 것을 알게 되었다는 진술은 "은사적인 계시"라는 원형적인 은사를 가리키는 매우 분명한 사례다. 이것은 미래에 있을 어떤 중요한 구속사적인 상황과 어느 정도 관련이 있는 대부분의 중간기 및 랍비 문헌의 경우에 해당한다.

2:27에서 "성령에 이끌려" 성전으로 들어가는 시므온에 대한 묘사 (καὶ ἦλθεν ἐν τῷ πνεύματι εἰς τὸ ἱερόν)도 이와 크게 다르지 않다. 만약 이것이 단순히 시므온이 성령의 지시로 성전에 들어갔다는 것을 의미한다면 이것은 "은사적인 계시"에 대한 또 다른 분명한 사례가 된다. 하지만 이 문맥에서 이 말은 성령이 시므온을 적시에 성전으로 이끌었다는 것 이상의 의미를 함축하고 있다고 볼 수 있다.[35] 이 묘사에는 성령이 (i) 시므온으로 하여금 그 아이를 약속된 메시아로 인식하도록 했고, (ii) 2:29-32, 34-35에 등장하는 신탁의 기초가 되는 계시를 제공했다는 의미가 담겨 있을 수도 있다.[36] 그러나 이러한 성령의 활동은 여전히 예언의 영이라는 원형적인 은사의 전통적인 범주에 속한다.[37]

21:8(아키바).

[34] 특히 *Mek. Pisḥa* 1(출 12:1); *Num. R.* 15:10; *Pes. R.* 1:2; *Pes. R.* 32:1을 비롯해 이 문헌에 관한 Schäfer, *Vorstellung*을 보라.

[35] *Contra* Creed, 40과 그의 견해를 따르는 다수의 학자.

[36] 이 경우 "성령 안에서"라는 어구는 동반이나 부대 상황을 나타내는 여격으로 이해하는 것이 가장 좋다(참조. 눅 1:17; 4:14; 살전 1:5). 즉 시므온은 성령을 소유한 자로서 성전에 들어간 것이다.

[37] Menzies는 여기의 세 가지 언급이 누가의 편집이라고 생각한다(*Development*, 120-21). 1) 2:25에 대해 Menzies는 행 1:5의 동일한 구조를 근거로 πνεῦμα + 동사 + ἅγιον의 어순은 누가의 것이라고 주장한다. 하지만 마 1:20의 동일한 구조(여기서는 심지어 동사도 같음)는 오히려 이것이 전승에 속한 것임을 암시한다. Menzies는 또한 시므온 위에 임한 성령에 대한 언급(그는 누가가 이러한 공간을 나타내는 은유를 일곱 번 사용한다고 올바르게 지적함)은 누가가 즐겨 사용하는 또 다른 표현이라고 제안한다. 그

우리는 다시 한번 이 경우를 교회에 나타난 성령과 비교하고 대조해볼 수 있다. 성령을 통해 은사적인 계시를 받는 사람(눅 2:26처럼)은 일반적으로 사도행전에서 이스라엘에게 주신 계시(1:16; 28:25)와 교회 구성원들에게 주신 계시(2:17-18에서는 강령적으로, 그리고 7:55; 8:29; 10:19; 11:12; 11:28; 13:2, 9[?]; 16:6-7; 19:21; 20:23; 21:4, 11에서도)에 대한 묘사로서 흔히 나타나지만, 구체적으로 이러한 묘사가 단 한 번도 예수에게 적용된 적은 없다. 그러나 "계시하다"라는 χρηματίζειν 동사는 구약에서나 누가-행전 몸체에서 성령과 함께 사용되지 않는다.[38] 또한 누가는 성령과 그리스도인들의 관계를 나타내는 데 "~위에"라는 전치사를 사용하지만, 여기서처럼 지속적인 상태를 나타내는 데 사용하지는 않는다.[39] 누가는 다른 곳에서 성령을 받는 순간을 묘사하기 위해 성령이 "강림하다"(예수에게, 눅 3:22), "임하다"(1:8; 19:6), "부어지다"(2:17; 10:45), "내려오다"(8:16; 10:44; 11:15)와 같은 표현을 사용한다. 그리스도인들을 성령의 예언자적인 은사를 **지속적으로** 경험하는 사람으로 묘사하기 위해

러나 이 가운데 두 용례는 인용문(4:18; 행 2:17; 그도 이를 지적한다)이며, 다른 세 가지(행 10:44, 45; 11:15)는 상호의존적이며, 요엘의 인용문에 기초한다. 행 1:8(이 구절은 요엘 인용문을 예고하고, 사 32:15?을 반영한다; 참조. 24:49) 외에 Menzies가 지적한 유일한 경우는 행 19:6인데, 여기서 "위에"는 바로 앞의 "손을 얹어"라는 어구에 의해 암시된다. Menzies는 보다 더 설득력 있는 사례로 행 8:16을 포함시킬 수도 있었지만, 일반적으로 이 용례는 확실히 구약을 근거로 하고 있으며, 따라서 누가의 편집이기보다는 전승 자료인 것으로 보인다. 또한 우리가 곧 살펴보겠지만, 누가의 전형적인 용법에서 전치사 "위에"라는 표현은 오직 성령이 임하거나 성령을 받는 것을 나타내는 표현에서만 사용된다. 2) 누가는 시므온이 메시아를 보기 전에는 죽지 않을 것이라고 확신하는 그의 자료의 진술에 "성령으로"라는 말을 첨가했을 수도 있지만, 이 표현은 전형적인 유대적 표현이다. 누가의 편집으로 볼 수 있는 유일한 구절은 2:27(주변 상황의 여격)이며, 이것은 분명히 누가가 편집한 4:1을 제외하고는 유대교에서 전혀 발견되지 않는다.

38 물론 이 동사는 행 10:22에서 회심 이전에 천사가 고넬료에게 준 계시를 나타내는 데 사용되지만 말이다.

39 성령과 관련된 공간적 은유에 대한 누가의 용법에 대해서는 Turner, "Spirit Endowment," 45-47, 49-50을 보라.

누가가 가장 쉽게 사용하는 용어는 "성령에 충만한"(4:1; 행 6:3,5; 7:55; 11:24; 13:52)이다. 따라서 여기서 그가 사용한 용어는 시므온의 성령 경험이 그리스도인들의 경험에 비해 다소 약하다는 것을 나타내려는 의도를 담고 있을 수도 있다(비록 단순히 그가 이용한 자료의 표현을 그대로 가져온 것일 수도 있지만). 그리고 누가는 예수가 "주의 영이 내 **위에** 임했다"라는 말로 자신을 소개하는 것을 허용했다고도 볼 수 있지만(그럴 경우 이는 시므온과 예수를 의도적으로 대비하고 있음을 암시할 수도 있다), 예수의 경우에 그가 선택한 용어는 그가 인용한 구약 본문(사 61:1-2)에 의해 좌우된다. 우리는 여기서도 누가가 의식적으로 시므온의 경험을 구체적으로 구약의 성령론(중간기의 성령론보다는)이나 예수와 교회의 경험과 일치시키려는 의도를 전혀 발견하지 못한다.

2.3. 성령과 세례 요한(1:15, 17, [80])

우리는 1:15에서 새로운 출발을 목격한다. 세례 요한을 "위대한" 예언자로 보는 평가(1:15a)에는[40] 그가 모태로부터 "성령으로 충만"했다는 점이 크게 작용한다. 하나님은 자신이 선택한 사람을 모태에서부터 알고 계신다는 주제는 구약과 유대교에서 흔히 볼 수 있지만,[41] 모태로부터 예언의 영을 직접 받은 경우는 그 유례를 찾아보기 어렵다. 이에 가장 근접한 사례는 예레미야가 모태로부터 성별된 예언자(ἐν μήτρᾳ ἡγιάσθη προφήτης; 참조. 렘 1:5)였다는 집회서의 증언(49:7)이다. 거기서 하나님은 그를 택

---

40 누가도 그렇고 그의 자료도 어떤 절대적인 방식(그리고 세례 요한의 분파에 의해 경배를 받은 메시아 또는 예수와 더불어 두 번째 메시아로)으로 요한을 "위대한" 인물로 생각하지 않았다는 주장(Shonfield, *Book*, 26, 48)은 W. Wink, *John the Baptist in the Gospel Tradition* (Cambridge: Cambridge University Press, 1968), 68-79에 의해 확실하게 거부되었다.

41 참고 문헌은 Marshall, 58을 보라.

하시고 그가 나중에 예언자가 되도록 준비시킨다. ἐκ κοιλίας라는 표현은 "태어날 때부터"를 의미하지만, 수식어 ἔτι는 오히려 "아직 모태에 있는 동안에"라는 의미에 더 가까우며,[42] 엘리사벳의 복중에서 아기가 메시아를 알아보고서 뛰노는 모습을 그리고 있는 이야기(1:41)는 이를 지지해 준다. 세례 요한의 **특이한 점**은 그가 단순히 성령의 은사를 받을 수혜자일 뿐만 아니라 심지어 처음부터 "성령으로 충만"할 것이라는 약속을 받은 자라는 점에 의해 강화된다. 누가는 비록 "성령"으로 충만함을 말하고자 할 때 πιμπλάναι 동사를 선호하긴 하지만(본장의 끝에 나오는 추기를 보라), 여기서 그 표현이 사용되었다는 점이 반드시 이것이 누가의 편집임을 암시하지는 않는다. 그것은 엘리야처럼 옷을 입고 있는 요한을 누가가 묘사한 것일 뿐(1:17), 집회서 48:12은 엘리야가 승천할 때 엘리사가 "그의 영으로 충만했다"(ἐνεπλήσθη πνεύματος αὐτοῦ)는 사실을 이미 밝혔다.

누가복음 1:17은 또한 이러한 성령 충만을 엘리야의 귀환을 바라던 소망이 종말론적으로 성취된 것으로 묘사함으로써 세례 요한의 독특성을 이스라엘의 예언의 영 경험과 연관 지어 부각시킨다. 보냄을 받은 이가 하나님의 종말론적인 도래를 예비할 것이라는 소망("주 앞에 먼저 와서", 1:17)은[43] 이미 말라기 3:1에 나타난 구약 전승의 일부였으며, 말라기의 마지막 구절들은 그 인물이 이스라엘을 다시 언약 백성으로서 하나가 되게 할 엘리야임을 밝힌다(말 4:5-6[MT 3:23-24; LXX 3:22-23]). 이 마지막 본문의 표현은 1:17b에서 아주 분명하게 암시되고, 거기서 장차 시온이 회복되는 과정에서 중요한 역할이 요한에게 부여된다(집회서 48:10에서처럼).[44]

---

42   Bovon, *Evangelium*, 56; Nolland, 31은 올바르게 이 견해를 견지한다.

43   어쩌면 누가의 독자들은 "엘리야"를 메시아의 선구자로 규정 짓는 기독론적인 의미(참조. 1:43)도 보게 될 것이다. Fitzmyer, *Luke*, 103.

44   흥미롭게도 Wink, *John*, 43은 누가에게 있어 세례 요한은 종말론적 인물이 아니며, 단순히 엘리야와 "같은" 이라고 주장한다. 그는 "요한이 모든 것을 회복시키지 않았으므로 모든 것을 회복시키지 않을 것이다. 누가의 신학에서 이 회복은 파루시아를 기다린다"라고 주장한다. 만약 그가 의미하는 것이 누가가 70인역 말라기 3:23의 ἀποκαταστήσει

1:17의 내용이 누가의 편집으로 보이지 않으므로[45] 우리는 누가가 세례 요한을 종말론적 엘리야와 같은 예언자로 소개하는 전승 자료를 따르고 있다고 결론지어야 할 것이다.[46]

κρδίαν πατρὸς πρὸς υἱὸν을 1:17의 ἐπιστρέψαι καρδίας πατέρων ἐπὶ τέκνα로 대체 했고, 이 후자의 동사(ἐπιστρέψαι)가 비종말론적인 의미를 지닌다면, 그는 분명히 누가 의 어법이 노골적으로 종말론적인 집회서 48:10에 근접하다는 사실을 무시하고 있는 것이다. 만약 누가가 다시 살아난(redivivus) 엘리야를 "엘리야의 심령과 능력"으로 섬기 는 자로 대체한다면, 그것은 누가가 전자는 종말론적 인물이고, 후자는 아니라고 생각 하기 때문이 아니라 말 3:1, 23(개역개정 3:1; 4:5-6)을 성취할 문자적 엘리야를 그가 더 이상 기대하지 않기 때문이다. 누가 이전의 나머지 기독교 전승과 함께 누가는 요 한이 이 기대를 성취한 것으로 믿었으며(눅 7:27), 사실 마가나 Q(혹은 마태)가 세례 요한을 문자적으로 다시 살아난 엘리야로 생각했을 만한 확고한 증거는 없다. Wink와 유사한 견해를 보려면 Dubois, "De Jean-Baptiste," 6, n. 6; 참조. 15-44을 보라.

45 "(엘리야의) 심령과 능력"이라는 어구가 종종 눅 1:35; 4:14; 행 10:38을 근거로 누가의 편집의 표시로 취급되곤 하지만, 사실 1:17은 누가의 관점과 긴장 관계에 있음을 주목 해야 한다. 엘리야는 특별히 위대한 능력의 사람으로 알려져 있었다(그의 기적 행함으 로; 집회서 48:1-2에서 이러한 기적들을 찬양하는 모습과 이스라엘의 회복을 위해 엘 리야의 귀환을 바라는 소망을 비교해보라). 또한 누가의 문장에 등장하는 "능력"은 사 실 일반적으로 기적을 일으키는 능력을 가리킨다. 하지만 분명히 누가는 요한이 이러 한 기적을 일으켰던 자라고 믿지 않았기 때문에(사실 여기서는 기적이 요한의 의심에 대한 반응으로[7:21-22] 예수를 "오실 자"로 구별하는 역할을 함) 우리는 이 어구가 누 가의 자료에서 유래한다고 추정해야만 한다(Fitzmyer, 320). 물론 누가가 원 자료의 ἐν δυνάμει Ἠλίου에 ἐν πνεύματι καί를 첨가했다고 주장할 수도 있지만, 이 또한 설득력 이 없어 보인다. "엘리야의 심령"에 대한 언급은 이미 전승 자료에 들어 있었다(참조. 집회서 48:12; Targ. Neb. 왕하 2:15; LXX 왕하 2:15).

46 누가가 이 말을 어떤 의미로 했는지는 논쟁의 대상이다. Conzelmann의 견해를 따르며 Wink는 누가가 요한을 종말론적 엘리야로 생각할 수 없었으며, 단순히 마가(1:2, 4-6; 9:11-13)와 마태(11:14!)의 다시 살아난 엘리야(Elijah-redivivus)를 엘리야**와 같은** 예언자로 바꿨다고 주장한다. 여기서는 유용하지 않은 두 용어가 문제의 핵심을 흐린 다. 마태나 마가도 문자적으로 세례 요한을 "다시 살아난" 엘리야로 간주하지 않았다(변 화산에 나타난 이[막 9:4; 마 17:3]는 세례 요한이 아니라 엘리야다). 그들은 단지 요한 이 기다리던 엘리야의 역할을 완수한 것임을 암시한다. 그러나 Fitzmyer가 입증했듯이 이것이 바로 세례 요한이 행한 것을 누가가 묘사한 것이다(Luke, 102-10). "누가는 엘 리야로서의 요한의 역할 가운데 그대로 보존한 것이 전혀 없다"는 Wink의 주장(John, 42)은 단순히 1:17의 관점에서뿐만 아니라 말 3:1의 약속이 세례 요한에 의해 성취된 다는 눅 7:27의 분명한 진술의 관점에서도 납득하기 어렵다. 누가가 이것을 "종말론적 인" 역할로 간주하는지의 여부는 "종말론"이라는 이 모호한 단어의 의미에 달려 있다. Conzelmann(그리고 Wink)은 이 단어를 철저하게 이 우주의 어떤 "종말"에 속하거나

세례 요한에게 임한 성령에 대한 묘사는 과연 더 보편적으로 누가의 성령론과 어떻게 연관되는가? 비록 세례 요한을 독특한 엘리야와 같은 예언자로 그리는 누가의 묘사(1:17; 7:25-27)가 요한의 경험과 교회의 경험을 그가 어떻게 구분했는지 판단하기 어렵게 만들지만, 요한이 받은 것이 "예언의 영"이라는 점은 의심할 필요가 없다. 성령이 그에게 은사적인 계시를 주셨다는 사실은 아마도 1:41에 서술된 복중(*in utero*)의 경험에 의해 설명되며, 이 모티프도 광야에서 요한에게 임한 "하나님의 말씀"(3:2)에 대한 언급으로 설명될 수 있다. 하지만 전체적으로 보면 엘리야에게 나타난 성령과 능력은 주로 **말씀 선포**의 능력으로 경험되는 것으로 보인다. 즉 요한의 가르침은 신탁의 말씀이 아닌 은사적인 해설적 담화로 묘사된다. 요한은 자신에게 임한 "하나님의 말씀"을 정확히 설명하고, 확대하며, 적용하는데, 그는 이 사역을 은사적인 능력과 강한 설득력을 통해 수행한다. 이러한 모습(그리고 그를 "복된 소식을 전파하는"[εὐηγγελίζετο{3:18}] 자로 묘사하는 것)은 그를 누가복음 1-2장의 다른 예언자적인 인물의 모습보다 예수(우리가 곧 보게 되듯이)와 교회의 모습에 더 잘 부합시킨다. 또한 우리는 앞으로 엘리야와 같은 인물을 묘사하는 여러 요소들이 누가가

또는 곧 그 종말로 향해가는 시기에 속한 어떤 사건을 가리키는 시간적 의미로 이해하는 것으로 보인다. 이 경우 우리는 누가가 예수의 사역을 "종말론적인" 것으로 생각하지 않았으며, 한 걸음 더 나아가 누가가 세례 요한을 "종말론적" 엘리야로 간주할 수 없었다고 말할 수 있다. 하지만 만약 우리가 여기서 Conzelmann이 우리를 그동안 잘못 인도했고, 또 누가의 예수가 약속된 최종 구원이 자신의 사역을 통해 이미 도래했다고 주장했다는 폭넓은 의미에서 "종말론적"이었음을 인정한다면(Ellis, Fitzmyer, Marshall, Maddox 등), 여기서 제기되는 질문은 "과연 누가는 요한을 예수의 "선구자"로 이해했을까? 아니면 (Conzelmann이 주장한 것처럼) 이 두 인물을 서로 다른 시대로 날카롭게 구분했을까?"가 된다. Conzelmann에 의하면 누가는 요한을 단순히 이스라엘의 시대의 마지막이자 가장 위대한 예언자로 생각한다(*Luke*, 101, 159, n. 1, 161, 167, n. 1, 185). 하지만 Fitzmyer가 지적했듯이 이것은 누가의 생각으로 보기 어렵다. 누가에게 있어 요한은 "예언자보다 나은 자"(7:26)이며, 이는 그가 1:17에서 이미 예고되었던 엘리야에 대한 기대(7:27)를 성취하기 때문이다(*Luke*, 109). Wink도 Conzelmann이 여기서 상당히 잘못된 견해를 갖고 있음을 지적한다(*John*, 51-57).

그리는 예수의 모습 배후에서 발견된다는 점과 요한이 다양한 방식으로 예수의 "선구자"로 묘사된다는 점을 지적할 기회가 있을 것이다. 이는 누가가 어떤 의미에서는 예수에게 임한 성령과 요한에게 임한 성령이 유사하다고 생각했음을 암시한다고도 볼 수 있다. 그러나 우리가 곧 살펴보겠지만, 양자 사이에는 뚜렷한 차이점이 존재한다. 요한은 (피츠마이어가 주장했듯이)[47] 매우 과도기적인 인물이며, 그는 성령의 일반적인 특징과 잘 어울릴 뿐 아니라 누가가 그리는 요한에게 임한 성령과도 잘 어울린다.

2.4. 메시아의 잉태에서 나타난 성령(1:26-38)

누가복음 1:5-25과 1:26-38의 유사한 병행 구조 및 내용은[48] 예수 수태고지 기사의 현재 형태와 내용이 이와 유사한 구조를 갖고 있는 세례 요한의 수태 이야기에 기초한 것이며 이 이야기의 정점임을 보여준다. 즉 이것은 1:34-35이 (하르나크와는 대조적으로) 원 본문이었고, 처음부터 노부모에게서 기적적으로 태어날 세례 요한의 출생과 일치시키기 위해 신적 능력으로 잉태될 것(요셉과의 동침과는 무관하게)을 약속하는 것으로 이해되었다는 추론을 요구한다.[49]

형식의 관점에서 보면 이 본문은 브라운(R. E. Brown)에 의해 "수태고

---

47 "The Lucan Picture of John Baptist as Precursor of the Lord" in *Luke*, 86-116.

48 예컨대 Brown, 292-97; Fitzmyer, 313-21; Nolland, 40-42을 보라.

49 G. Lohfink, *Die Sammlung Israels: Eine Untersuchung zur lukanischen Ekklesiologie* (Munich: Kösel, 1975), 18은 다음과 같이 논평한다. "예수가 성령으로 잉태했다는 신학 사상을 간과한 채 1:26-38 배후에 있는 수태고지의 초기 버전을 재구성하려는 모든 시도는 이것[관점]을 깨뜨려버린다.; 참조. Ellis, 71; Schürmann, 55; A. George, "Le parallèle entre Jean-Baptiste et Jésus en Lc 102", in A. Descamps and A. de Halleux (eds.), *Mélanges bibliques en hommage au R. P. Béda Rigaux* (Gembloux: Duculot, 1970), 147-71; Marshall, 62-63; Brown, *Birth*, 299-301. 반대 견해로는 A. von Harnack, "Zu Lk 1:34-45", *ZNW* 2 (1901), 53-57. Fitzmyer(338)는 이제 ("The Virginal Conception of Jesus in the NT," *TS* 34 [1973]의 그의 이전 입장과는 달리) 1:35을 성령에 의한 동정녀 수태에 대한 언급으로 이해해야 한다는 데 동의한다.

지"라는 적절한 명칭이 붙여졌고,[50] 세례 요한의 수태고지뿐만 아니라 구약에 기록된 다른 수태고지 — 예를 들어 이스마엘(창 16장), 이삭(창 17장), 삼손(삿 13장) — 와도 분명하게 병행을 이룬다. 그러나 메시아와 관련된 문제에 조금이라도 관심이 있는 독자라면 1:27에서 가브리엘이 "다윗의 자손"의 한 **처녀**(παρθένος)를 찾아갔다는 중요한 힌트(두 번씩이나)를 놓치지 않을 것이다. 아마도 이러한 독자들은 이 이야기가 다른 어떤 수태고지보다도 이사야 7장과 닮았다는 점에 더더욱 놀랐을 것이다. 이러한 유사점은 단순히 누가복음 1:31(καὶ ἰδοὺ συλλήμψῃ ἐν γαστρὶ καὶ τέξῃ υἱόν, καὶ καλέσεις τὸ ὄνομα αὐτοῦ Ἰησοῦν)과 이사야 7:14(ἰδοὺ ἡ παρθένος[참조. 눅 1:27!] ἐν γαστρί ἕξει καὶ τέξεται υἱόν, καὶ καλέσεις τὸ ὄνομα αὐτοῦ Εμμανουηλ) 간의 언어적 유사성에 의해 강조되었을 뿐만 아니라 1:32-33[51]과 누가복음 1-2장의 나머지 이야기에 나타나는 다윗 계열의 메시아 문맥에 의해 특히 더 강조되었을 것이다.

비록 1:26-38 전체에서 주석과 관련된 질문이 다수 제기되지만, 우리의 관심은 "아들" 기독론과 성령의 역할, 그리고 이것이 주는 종말론적 또는 구원론적 함의에 집중되어야 한다. 특히 1:32-33, 35은 매우 중요하다.

---

50 Brown, *Birth*, 156, 292-97.

51 F. Hahn, The Titles of Jesus in Christology (London: Lutterworth, 1959), 296-97; A. George, "Jésus files de dieu dans l'évangile de Saint Luc," *RB* 72 (1965), 184-209; Schneider, 49; G. Voss, *Die Christologie der lukanischen Schriften in Grundzügen* (Paris: Brouwer, 1965), 65-81. Brown, *Birth*, 300(Fitzmyer, "Virginal Conception"에 동의하면서도 이를 수정함)에 반대하는 Fitzmyer(336)와 Nolland(51)는 눅 1:31의 언어가 다른 "수태고지"에 자주 등장하며, 따라서 사 7:14를 가리킬 필요가 없음을 지적한다. 마리아가 παρθένος(처녀)로 묘사된 것이 반드시 사 7:14의 영향 때문이라고 확신할 수 없다는 Brown과 Fitzmyer의 기본 주장은 전적으로 타당하다. 하지만 일단 구체적으로 다윗에 대한 약속이 추가되면(1:32-33), 이스마엘과 이삭과 삼손과의 유사성은 대체적으로 불필요한 요소가 되어버린다. 다윗에 대한 초점은 거의 확실히 1세기 독자들을 사 7장과 9장으로 이끌었을 것이다.

[32] 그가 큰 자가 되고, 지극히 높으신 이의 아들이라 일컬어질 것이요, 주 하나님께서 그 조상 다윗의 왕위를 그에게 주시리니,

[33] 영원히 야곱의 집을 왕으로 다스리실 것이며, 그 나라가 무궁하리라.

[35] 천사가 대답하여 이르되, "성령이 네게 임하시고, 지극히 높으신 이의 능력이 너를 덮으시리니, 이러므로 나실 바 거룩한 이는 하나님의 아들이라 일컬어지리라."

눅 1:32-33은 요한이 "주 앞에서 큰 자"가 될 것(1:15)이라는 요한의 수태고지와 유사한 형태를 취하며 "지극히 높으신 이의 예언자"가 될 것이라는 사가랴 찬가(*Benedictus*)에 담긴 약속을 예비한다(1:76). 점진적 병행 구조로 되어 있는 이 본문에서 예수는 (이제 절대적으로) "위대한" 인물이 될 것이며, "지극히 높으신 이의 아들로 일컬음을 받을" 것이다. 그리고 이 "아들"은 종말론적(참조. εἰς τοὺς αἰῶνας[1:33]) 다윗 왕가의 통치권을 약속받는다. 물론 하나님의 아들 됨 및 다윗 왕가의 통치는 구약에서 서로 긴밀하게 연관되어 있는 주제다. 즉 왕은 하나님의 "아들"인 이스라엘을 대표하고, 이로써 그는 즉위와 동시에 하나님의 "양자"가 되며(시 2:7), 특별히 다윗 계열의 왕에 관해서는 그가 하나님의 양자가 될 것이며(삼하 7:12-16), 하나님을 "나의 아버지"라고 부를 것이라고 기록한다(시 89:26-27: 참조. 삼하 7장의 약속을 확대하는 89:19-27). 이러한 이해는 유대교 안에 잘 보존되어 있었고, 4QFlor 1:10-12(그리고 곧 논의될 4Q246도 참조하라)에서 장차 나타날 "다윗의 가지"에게 적용된다.[52] 그렇다면 1:32-33의 "그가 지극히 높으신 이의 아들로 일컬음을 받을 것"이라는 선언은 예수가 (공식적으로) 다윗 계열의 메시아(즉 하나님의 "아들")로 인정받을

---

52 솔로몬의 시편 17:23-24의 메시아 대한 묘사에서 시 2편이 사용되었다는 점도 주목하라.

것이라는 의미로 이해되었을 것이며, 1:32b은 심지어 1:32a에 추가적인 의미를 부여하기보다는 그 의미를 명확하게 하는 병행 문구로도 이해될 수 있다. 물론 이것은 누가의 관점에서 보면 예수의 하나님 아들 됨이나 그의 기독론이 지닌 전반적인 의미를 모두 담고 있지는 않지만, 적어도 그 안에서는 매우 중요한 요소(참조. 행 2:30-36; 13:33)임엔 틀림없으며, 누가가 그의 독자들에게 제시하는 첫 번째 기독론적 암시라는 점에서는 더더욱 중요하다. 이는 또한 다윗 계열의 시온 회복 구원론을 선포하는 것으로도 나타난다.

누가복음 1:35은 확실히 양식비평의 관점에서(1:34의 질문과 더불어) 수태고지 이야기에 속하며, 내용상으로는 1:32("지극히 높으신 이의 아들")과 1:35("하나님의 아들")의 하나님 아들 됨과 δύναμις ὑψίστου("지극히 높으신 이의 능력")를 통해 서로 연결된다. 4Q246(다니엘서 해석에 관한 아람어 단편)은 이와 유사한 사상의 결합을 증언한다.

그는 하나님의 아들로 일컬어질 것이다. 그들은 그를 지극히 높으신 자의 아들로 부를 것이다.… (5) 그의 왕국은 영원한 왕국이 될 것이고, 그는 모든 면에서 의로울 것이다. (6) 그는 의로 영토를 [다스릴 것이고], 모든 사람은 평화를 누릴 것이다"(2열, 1, 5-6행).[53]

그러나 만일 1:32-33을 즉위 때 하나님의 아들 됨을 약속하는 것으로

---

53 Eiseman and Wise, *Scrolls*, 70-71(특히 68-69). Fitzmyer가 일찍이 주의를 준 것처럼("The Contribution of Qumran Aramaic to the Study of the NT," *NTS* 20 [1973-74], 382-407), 우리는 첫째 행이 "메시아"를 언급한다고 확신할 수 없다. 하지만 여기에 나오는 인물이 5-7행의 인물과 동일하다면 그럴 가능성은 매우 높다. Fitzmyer는 보다 최근에 발표한 소논문("4Q246: The 'Son of God' Document from Qumran," *Bib* 74 [1993], 153-74)에서 그의 주장을 재차 반복한다. 하지만 C. A. Evans, "The Recently Published Dead Sea Scrolls and the Historical Jesus," in Chilton and Evans (eds.), *Jesus*, 549-51은 Fitzmyer의 입장을 비판한다.

읽을 수 있다면, 1:35은 이 하나님의 아들 됨을 성령에 의한 메시아 잉태로까지 소급한다. 이러한 개념은 이 용어들의 많은 부분이 설령 자연스러워 보일지라도 유대교 내에서는 매우 이례적이다(이방 종교에서는 더더욱 그러함).[54] 다음과 같은 다섯 가지 사항은 본 연구와 관련하여 특별한 의미를 지닌다.

(1) 여기서 누가는 성령을 초자연적인 잉태의 수단인 "지극히 높으신 이의 능력"과 동일시한다. 천사는 1:32의 "지극히 높으신 이의 아들"이라는 칭호와 짝을 이루는 "지극히 높으신 이의 능력"이 그녀를 "덮으실"(ἐπισκιάσει) 것이므로, 그녀가 잉태하게 될 것을 마리아에게 설명한다. 또한 "태어날 아이가 '거룩한 자'라고 일컬음을 받을 것"("하나님의 아들"이라는 칭호가 느슨한 동격으로 덧붙여지는 가운데)이라는 선언에 걸맞게[55] 마리아는 성령(πνεῦμα ἅγιον, 거룩한 영)이 그녀에게 "임할"(ἐπελεύσεται) 것이라는 말을 듣는다. 따라서 "지극히 높으신 이의 능력"이 마리아를 "덮는 것"과 "성령"이 그녀에게 "임하는 것"은 모두 그 아기의 잉태와 동일하게 연

---

54 Leisegang이 주장하는 눅 1:32-35의 이교도적 기원에 대한 반대 견해에 관해서는 Baer, *Geist*, 125-31; Barrett, *Spirit*, 10-14을 보라. 4Q246은 이러한 칭호들을 위해 팔레스타인 유대교 너머에 있는 문헌을 볼 필요가 없음을 확실히 보여준다(ὕψιστος를 신적 칭호로 사용한 유대교 용법에 대한 새로운 증거는 P. R. Trebilco, *Jewish Communities in Asia Minor* [Cambridge: Cambridge Univeristy Press, 1991], 6장을 참조하라). 신의 기원에 대한 이교도 사상은 사 7장에 이미 들어 있던 개념을 확대하는 이 문맥에서는 상당히 낯설다(Hahn, *Titles*, 296-97; George, "Jésus," 184-209. 한편, 이에 반해 Fitzmyer, "Virginal Conception," 541-75에 의존하지만, 이를 수정하는 Brown, *Birth*, 300도 보라. 비록 Brown과 Fitzmyer는 누가가 사 7:14을 더 발전시켰는지에 대해 확신할 수는 없지만, 그럼에도 그들은 이교도의 영향과 이와 관련된 신적 출산 사상은 거부한다(Brown, *Birth*, 522-23; 참조. Nolland, 51-56]. 다양한 견해에 대한 개관은 Dubois, "De Jean-Baptiste," 69-80을 보라). G. Schneider(52)는 1QSa 2:11이 하나님의 메시아 출산을 가리킨다고 말한다. 그러나 M. Smith, "God"s Begetting the Messiah in 1QSa," *NTS* 5 (1958-59), 218-24을 보라.

55 Voss, *Christologie*, §4.4에 반하여. 그는 τὸ γεννώμενον와 ἅγιον을 모두 κληθήσεται의 주어로 보아야 한다고 주장한다. 이 해석에 대한 결정적인 반론은 ἅγιον 앞에 정관사가 없다는 것이다. 게다가 καλεῖσθαι는 대개 서술 명사를 동반한다(Schürmann, 54); 참조. 눅 1:32의 υἱὸς ὑψίστου κληθήσεται.

결되며,[56] 동일한 대상을 가리키는 유사한 표현이다. 그렇다면 여기서 말하는 지극히 높으신 이가 행할 새 창조의 능력은 (이 문맥에서) 성령과 **동일시된다**—심지어 이 용어들이 딱히 동의어가 아니고, 성령이 (누가의 관점에서) 단지 (재)생하게 하는 능력 그 이상일 수도 있음을 허용한다고 할지라도 말이다.

멘지스는 이 해석을 "누가는 초자연적인 기적을 성령에게 귀속시키지 않는다"는 자신의 주장과 일치시키려고 한다. 즉 그는 누가가 성령을 (누가 이전 전승보다) 더 직접적으로 영감을 받은 연설(1:46-55의 마리아 찬가에서 마리아가 **예언하는** 부분을 통해 나타나듯이)과 연관시키는 반면, 예수의 잉태를 주로 "지극히 높으신 이의 능력"과 연관시킨다고 제안한다.[57] 하지만 멘지스의 이러한 주장은 다음과 같은 이유에서 설득력이 떨어진다. (a) (우리가 이미 살펴보았듯이) 문맥상의 표지들은 성령과 능력을 모두 태어난 아기의 본질과 연결한다. (b) 1:35은 처녀인 마리아가 어떻게 임신을 하게 될 것인지에 대한 질문(1:34)에 답을 제공하고, (이 문맥 안에서) 성령이 특히 마리아의 발언에 영감을 불어넣어 줄 것이라는 암시는 이와 전혀 무관하다. (c) 누가는 마리아 찬가를 명시적으로 성령이 주신 영감으로 간주하지 않는다(그리고 설령 그가 이 문제를 이런 식으로 이해했다고 하더라도 말이다).

---

56 성서 전승에서는 "덮다"나 "임하다"는 성적인 의미를 내포하지 않는다(Mainville, *L'Esprit*, 185-88). Mainville 자신도 비록 예수가 아담처럼(참조. 3:38) 성령에 의해 창조되었음을 허용하지만, 여기서 이 모티프는 주로 성령의 보호하기 위한 임재에 관한 것이라고 생각한다(187-209).

57 *Development*, 122-27. Schneider를 따라 Menzies도 눅 1:34-35은 누가가 마 1:18, 20의 전승을 다시 서술한 것이며, "위로부터 온 능력"을 덧붙임으로써 누가는 그 전승에 담겨 있던 성령과 예수의 잉태 간의 밀접한 관계를 약화시켰다고 생각한다. 하지만 이것은 사변적이다. 눅 1:34-35이 누가의 편집이라는 것은 주로 행 1:8의 유사한 언어로 추론된다. 하지만 거기서는 "임하는" 방식이 다르고, "능력"의 종류가 다르며, 그 결과가 완전히 다르다. 요컨대, 그것은 전혀 다른(그리고 더욱 누가의 특징을 지닌) 성령론이다! 우리는 눅 1:35의 성령론이 누가의 편집에 의한 결과라기보다는 누가가 행 1:8에 나타난 그의 성령론을 서술하기 위해 (사 32:15과 눅 1:35의) 전통적인 용어를 재사용했다고 주장하는 것이 더 타당해 보인다.

그가 제아무리 이 문제를 완화시키려고 해도, 결국에는 그 역시 성령이 예수의 잉태에 관여했다는 결론에 도달하고, 또 다음과 같이 말할 수밖에 없다. "누가는 예수의 초자연적인 탄생을 성령의 사역으로 간주한다. 왜냐하면 이것이 초기 기독교 전승을 정확하게 반영하고, [태중에서부터 성령으로 충만한] 요한과 예수를 병행 구조에 두려는 그의 의도와 부합하기 때문이다."[58] 예수는 "지극히 높으신 이"의 아들이 될 것인데, 이는 이스라엘의 경건한 자들이 기다렸던,[59] 위로부터 임하는 성령/능력 (눅 24:49)이 초자연적인 수태에 관여하여 그의 존재의 가장 깊은 곳까지 침투할 것이기 때문이다. 따라서 그는 "지극히 높으신 이의 능력"의 날인 (impress)이 될 것이다. 또한 지극히 높은 곳에서는 하나님께 영광을 돌릴 것인데, 이는 이렇게 잉태된 아이가 하나님의 택함을 받은 땅 위의 모든 사람들에게 평화를 가져다줄 것이기 때문이다(2:14).

그렇다면 누가가 예수와 성령에 관해 진술하는 서두에서 성령은 당연히 물리적인 영역에서 나타나는 초자연적인 능력으로뿐만 아니라 이스라엘에게 약속된 메시아의 평화를 가져다줄 능력으로 나타난다.

(2) 여기서 성령 또는 지극히 높으신 이의 능력은 또한 대단히 "윤리" 지향적이다. 예수의 존재 자체가 성령의 왕성한 사역[60]을 대변하며, "바로 그 이유에서" 그는 "거룩하다"고 일컬음을 받을 것이다.[61] 이러한

---

58   *Development*, 127; 참조. 123.

59   묵시문학이 두-시대 교리를 표현하기 위해 수직적인 이원론을 사용하고, 종말론적인 혜택들이 이미 천상에 존재하는 것(따라서 지상의 것과 대조를 이루는 힘의 영역 이해되는)으로 간주하는 경향에 관해서는 H. Traub, *TDNT*, V. 497-542; A. T. Lincoln, *Paradise Now and Not Yet*(Cambridge: Cambridge University Press, 1981)을 보라.

60   누가-행전에 등장하는 동사 ἐπέρχομαι(임하다, 누가-행전에서 7번; 신약성서 전체에서 9번 사용됨)는 폭력의 의미가 아니라면 일반적으로 활력의 의미를 강하게 나타낸다.

61   ἂν ἄρσεν διανοῖγον μήτραν ἅγιον τῷ κυρίῳ κληθήσεται(2:23)에 비추어볼 때 누가는 아마도 ἅγιον(거룩한 자)을 "주께 구별된" 또는 "주께 선별된"으로 이해했을 것이다. 이 본문과 눅 1:35b의 유사점은 M. Rese, *Alttetamentliche Motive in der Chrisologie des Lukas*(Gütersloh: Mohn, 1969), 141ff.; 185ff에 의해 연구되었지만, 누가가 눅 2:23을

잉태에 대한 묘사를 통해 누가는 예수의 기원을 인간의 가능성이라는 영역으로부터 제거하여 신적 능력과 선택이라는 영역에 배치한다. 예수는 세례 요한에 대한 묘사와 유사하면서도 이를 초월하는 차원에서 다시 한 번 묘사된다. "예수는 요한처럼(1:15) 성령으로 충만할 뿐만 아니라 그의 존재 자체가 성령에 빚을 지고 있다."[62]

이 아이가 "거룩한 자"가 될 것이라는 의미는 적어도 부분적으로 동격의 칭호에 의해 규정된다. 마리아의 태중에서 일어나는 성령의 강한 역사로 인해 예수는 메시아적 "하나님의 아들"이 될 것이다. 그러나 이 사실은 "거룩함"이라는 종교-윤리적 의미와 대립되어서는 안 된다. 우리가 이미 살펴보았듯이(5장), 장차 올 다윗 계열의 메시아의 온전한 헌신과 가공할 만한 의를 성령에게 귀속시키는 것(사 11:1-4, 그리고 그 전승의 발전에 기초하여)은 이제 거의 전통적인 견해로 자리 잡았다. 그렇다면 누가복음 1:35은 이제 이 모티프를 메시아의 잉태와 연결시킨다는 점에 있어서만 이례적이다. 만약 멘지스가 옳고, 마리아에게 임할 성령이 또한 "예언의 영"(마리아 찬가에 영감을 준)이라면,[63] 우리는 누가가 이러한 기적의 능력과 윤리적인 영향을 예언의 영인 성령에게 귀속시키려는 의도를 갖고 있었다는 결론을 내릴 수밖에 없다.

(3) 예수가 성령 또는 지극히 높으신 이의 능력으로 잉태된 것은 이스라엘의 회복과 관련이 있다. 1:35의 표현은 천사의 선언에 또 다른 뉘

예수가 "거룩하다" 일컬음을 받을 것이라는 수태고지의 약속의 성취로 이해했다는 그의 주장(즉 예수가 처음으로 태어난 이스라엘인이기 때문에 거룩하다 일컬음을 받을 것이라는 주장)은 받아들일 수 없다. Schürmann(121-22)은 눅 2:23이 삼상 1장에 나오는 사무엘의 봉헌을 반향한다는 보다 더 개연성 있는 주장을 펼친다. 이러한 주장은 이 아이가 특별한 방식으로 하나님께 속했음을 인정하는 것이며, 아마도 레위기에 따른 마리아의 정결 의식을 구체적으로 언급하는 문맥에서 장자의 대속에 대한 언급이 전혀 없는 것에 대한 설명이 될 수도 있다.

62   G. Schneider, 53; 참조. G. Schneider, "Jesus geistgewirkte Empfängnis (Lk 1, 34f)", *Theologisch-Praktische Quartalschrift* 119 (1971), 105-16; Kim, *Geisttaufe*, 39.

63   Menzies, *Development*, 126-27. 또한 Shepherd, *Function*, 122.

앙스를 준다. (a) "덮다"(ἐπισκιάζειν)라는 동사의 사용은 다양한 신학적 설명을 불러일으켰지만,[64] 70인역은 출애굽기 40:35이 이 동사가 유일하게 암시하는 구절임을 말해준다.[65] 만약 그렇다면 1:35의 하나님의 능력/영은 하나님의 영광이 이스라엘의 진영에 임하게 하여 이스라엘 민족으로 하여금 광야를 거쳐 약속의 땅으로 인도한, 하나님의 임재를 나타내는 구름에 비유된다(참조. 눅 9:34!). (b) 성령에 관해 언급하는 1:35a은 70인역 이사야 32:15(ἕως ἂν ἐπέλθῃ ἐφ' ὑμᾶς πνεῦμα ἀφ' ὑψηλοῦ, 위로부터 성령을 너희에게 부어주시리니)과 아주 밀접하게 연관되어 있다. 누가복음 1:35의 어법이 상대적으로 이사야의 어법과 유사할 뿐만 아니라 이사야 본문(32:15-20) 또한 광야가 풍성한 수확을 내는 밭으로 변화되는 모습(약속된 이스라엘의 갱생/재창조에 대한 은유)을 묘사한다.[66] 이러한 두 암시는 수태고지 본문에 "새 출애굽"이라는 강한 의미를 부여하면서 서로 힘을 실어주며, 이는 또한 이스라엘의 메시아적 갱생에 대한 보다 폭넓은 문맥적인 기대를 끌어올린다(앞으로 9장에서 보게 되겠지만, 누가는 새 출애굽의 관점에서 이스라엘의 회복을 묘사하는 데 특별한 관심을 가지고 있다).

　　(1)-(3)의 내용을 요약하자면, 다윗 계열의 회복자의 잉태는 하나님

64　Barrett는 창조 시 수면 위에 운행하는 성령의 개념을 발견하고, 여기서는 이것을 새 창조의 영으로 본다(또한 Schürmann, 52; 참조. 그의 "Die geistgewirkte Lebensentstehung Jesus," in Ernst *et al* [eds.], *Einheit in Vielfalt* [Leipzig: St Benno, 1974], 156-69). 그러나 ἐπισκιάζειν 동사는 "성령"과 연결되기보다는 "능력"과 연결된다. 또한 70인역 창 1:1에 등장하는 동사는 ἐπεφέρετο이며, ἐπισκιάζειν과는 아무런 관련이 없다. D. Daube, *The New Testament and Rabbinic Judaism* (New York: Arno, 1973), 32-36은 눅 1:35에서 룻 3:9에 기초한 메시아적 유형론을 발견한다.

65　눅 1:35의 ἐπισκιάζειν이 출 40:35을 반영한다는 견해에 대해서는 다음을 보라. Dubios, "De Jean-Baptiste," 48-82; R. Laurentin, *Structure et théologie de Luc 1-2* (Paris: Lecoffre, 1964), 특히 73-79; Fitzmyer, 351; Marshall, 70; Nolland, 54; Voss, *Christologie*, 73-76; Mainville, *L'Esprit*, 186-87. 이러한 암시에 기초하여 Mainville은 능력/성령의 임재가 메시아를 보호하기 위함이라고 생각한다. 그러나 비록 구름이 이스라엘 사람들을 뒤쫓는 이집트인들로부터 보호하기 위해 개입했다고 출 14:19-20이 기록하고 있지만, 이것은 출 40:34-38이 말하고자 하는 요점이 아니다.

66　Fitzmyer, 351; Marshall, 70; 그리고 (보다 더 긍정적으로) Nolland, 54.

의 새 창조로서 경험되는 하나님의 영에 의한 것이며, 이스라엘을 갱생시키는 능력인 하나님의 새 창조는 하나님의 은혜로우시며 변화를 일으키시는 현존의 기원을 가장 정확하게 반영해주는 아들 됨을 탄생시킨다.

(4) 성령에 의한 메시아의 잉태가 가져다주는 결과는 누가복음 2:41-51에 잘 묘사되어 있으며, 그가 다윗 계열의 인물임을 확증해준다. 이 단락은 "이 아이는 자라며 강하여지고[1:80의 세례 요한에 관한 진술을 모방하면서] 지혜가 충만하여 하나님의 은혜가 그 위에 있더라"라는 요약적 진술을 통해 명백한 다윗 계열의 출생 및 현현 내러티브와 연결된다. 2:41-51 직후에도 이와 유사한 요약(2:52)이 등장하는데, 여기서도 예수의 지혜와 하나님의 은혜가 동일하게 강조된다. 이 요약 본문들은 이사야 11:1-4에서 두드러지게 나타나는 특징 가운데 두 가지를 반향하고, 예수의 메시아적 지혜와 하나님의 뜻을 위한 헌신이라는 전후 이야기의 핵심 이슈에 초점을 맞추면서 수미상관(*inclusio*) 구조를 이룬다.

이 내러티브의 두 가지 특징은 본 논의에 있어 매우 중요하다.

(a) 누가는 예수가 자신이 하나님의 특별한 "아들"임을 인식하고 있다고 여겼다. 따라서 2:49에 의하면 예수는 그의 부모가 "내가 내 아버지 집에 있어야 될 줄"(ὅτι ἐν τοῖς τοῦ πατρός μου δεῖ εἶναί με)을 아셨어야 한다고 말한다. 아마도 ἐν τοῖς τοῦ πατρός μου라는 모호한 어구는 "내 아버지의 일에 관해"(about my Father's business)[67]를 의미했을 것이며—설령 그 의미가 이와 동시에 "내 아버지의 집에"라는 다수의 지지를 받고 있는 [68] 의미를 배제하지 않는다 하더라도—여기서 말하는 일(business)은 그의

---

67   H. J. de Jonge, "Sonship, Wisdom, Infancy: Luke II. 41-51a," *NTS* 24 (1977-78), 331-37; 참조. Brown, *Birth*, 490, Johnson, 58-62. 그리고 특히 M. Coleridge, *The Birth of the Lukan Narrative: Narrative as Christology in Luke 1-2* (Sheffield: JSOT Press, 1993), 201-203.

68   참조. R. Laurentin, *Jésus au temple* (Paris: Gabalda, 1974), 38-72; Fitzmyer, 443-44; Nolland, 131-32.

부모에 대한 예수의 책임을 초월하는 것으로 보인다.[69] 이 점은 우리의 관심을 "나의 아버지"라는 표현에 집중하도록 만든다. 이 표현은 누가복음에서 오직 10:22(내 아버지께서 모든 것을 내게 주셨으니), 22:29(내 아버지께서 나라를 내게 맡기신 것 같이), 25:49(내 아버지의 약속하신 것을 보내리니)에서만 다시 등장한다. 이 모든 본문에는 최고의 기독론(highest christology)이 표현되어 있고, 아버지에 상응하는 "아들"은 절대적인 의미가 아니라면 적어도 상당히 독특한 의미로 사용되었다.[70] 따라서 2:49에서도 마찬가지다. 이 점은 이 구절에서 가장 의미심장한 단어인 δεῖ[71]와 예수의 말씀 속에 숨겨진 심오한 의미를 부각시켜주는 누가의 문학적 장치—그가 덧붙인 "그리고 그들[부모]은 그가 하신 말씀을 깨닫지 못하더라"(2:50)—를 통해 확증된다.[72]

(b) 열두 살인 예수에 대한 그림은 그가 유년기에도 성숙한 사람의 지혜를 소유하고 있었음을 보여주려는 의도가 있다. 이는 요세푸스가 모세의 "지혜는 그의 나이에 따라 늘어나지 않고, 그보다 훨씬 뛰어났다"고 말한 것과 긍정적으로 대비된다.[73] 예수가 선생들과 토론을 벌이는 가운데 보여준 것은 종교적인 지혜였다. 또한 다윗의 콘텍스트와 함께, 그리고 그의 독특한 아들 됨과 그의 아버지의 일에 대한 헌신을 암묵적으로 주장하는 문맥에서 이 지혜는 지혜(참조. 사 11:2; 솔로몬의 시편 17:37; 18:7; 에녹 1서 49:3; 1QSb 5:24-25; 레위의 유언 18:7-8)와 하나님의 은혜(참조. 2:40,

---

69 그녀와 "네 아버지"가 그를 찾고 있었다는 마리아의 말(2:48)은 예수가 초월적인 의미의 "나의 아버지"(2:49)에 대해 언급할 계기를 마련해준다.

70 Marshall, 129, 430-39; "The Divine Sonship of Jesus," *Int* 21 (1967), 87-103; 참조. De Jonge, "Sonship," 351-53.

71 De Jonge, "Sonship," 350-51; Brown, *Birth*, 491.

72 H. Schürmann, 137. 이러한 관찰은 예수가 본질적으로 다른 경건한 이스라엘인들과 똑같이 묘사되고 있다는 P. Winter, "Luc 2:49 and Targum Yerushalmi," *ZNW* 45 (1954), 145ff.의 주장을 배제한다.

73 *Ant.* 2:230; 참조. De Jonge, "Sonship," 322.

52)가 주어진 한 통치자의 메시아적 소망의 관점에서 이해해야 한다.[74]

따라서 성령과 예수의 잉태와 출생 및 유아기의 관계를 전체적으로 아우르는 그림은 그 성격에 있어서는 철저하게 종말론적이며, 그 의미에 있어서는 메시아적이고, 새 창조와 이스라엘의 새 출애굽 회복에 방점이 찍히는 유일한 결실의 관계라고 할 수 있다. 누가는 3:21-22까지 더 이상 예수의 삶에 나타나는 성령에 관해 이야기하지 않지만, 독자들은 예수가 잉태될 때 역사하셨던 그 동일한 성령이 그 이후에도 줄곧 하나님에 대한 그의 지식과 지혜의 원천으로 그에게 머물러 있었으리라고 생각했을 것이다(누가는 아마도 성령이 세례 요한의 삶[참조. 1:15][75]에서보다 공생애 이전의 예수의 삶에 덜 관여했을 것으로 생각하지 않았을 것이다).

(5) 누가복음 1:35은 누가의 성령론을 이해하는 해석학적 관문이다. 이 본문은 단순히 누가가 보다 더 "전통적인" 유대 성령론을 받아들이면서 그냥 용인하고 넘어간 보다 이른 시기의 유대 기독교의 **새로운 사상**(*novum*)으로 일축해버릴 수 없다. 우리가 앞서 살펴보았듯이(4-5장) 창조와 종말론적인 새 창조, 그리고 회복을 위한 변화에 관여하는 성령에 대한 개념은 다수의 학자들이 주장하듯이 "전통적인" 유대교 내에서 그리 낯선 것이 아니다.[76] 비록 성령에 의한 메시아적 아들의 초자연적인 잉태가 메시아론적으로 새로운 것이긴 하지만, 그리스도-성령론적 모티프를 위한 메시아적이고 회복적인 개별 요소들은 이미 구성되어 있었다.[77]

---

74   De Jonge, "Sonship," 348-49. Laurentin(*Jésus*, 135ff.)은 집회서 24:8-12를 근거로 예수를 지혜와 동일시한다. 그러나 Brown, *Birth*, 490의 비평을 보라.

75   예컨대 Hawthorne, *Presence*.

76   성령은 상당히 규칙적으로 새로운 인격적 창조, 부활, 회복을 위한 변화와 연관되어 나타난다. 예. 사 32:15; 44:3; 겔 11:19; 18:31; 36:26; 37:5; 37:6; 37:14; 요셉과 아스낫 8:9; 19:11; 희년서 1:20-25; *m. Sot.* 9:15//*Cant. R.* 1:1; *b. 'Abod. Zar.* 20b; *Exod. R.* 48:4; *Gen. R.* 96:5; *Pes. R.* 1:6.

77   R. E. Brown이 지적하듯이 "눅 1:35에 여러 가지 사상이 밀집되어 있는 것에 대한 실제적인 유사점은 구약 본문이 아니라 초기 기독교의 기독론적 진술이다." 특히 롬 1:3-4; 행 13:32-33; 막 9:7 및 병행 본문(*Birth*, 312. Brown의 견해는 L. Legrand,

누가복음 1:35은 독자들의 관점에서 볼 때 성령이 예수 안에서, 그리고 메시아의 드라마 속에서 수행할 역할에 대한 첫 번째 암시로서 상당히 중요한 위치를 차지한다. 지금까지는 이 내러티브에 등장하는 다른 인물들이 주로 성령을 예언의 영이라는 "원형적인" 은사의 범주 안에서 보여주었다면, 메시아의 잉태와 함께 나타날 성령의 사역(눅 1:35)은 종종 지엽적인 사역으로 여겨져왔던 성령의 핵심 사역, 곧 물리적인 영역에서 초자연적인 능력과 이스라엘의 회복/새 창조를 나타내는 윤리적/종교적인 삶으로 옮겨간다. 슈바이처와 그의 추종자들에 의하면 이렇게 성령의 것으로 여겨지는 활동은 우리가 누가의 성령론에 대한 참된 이해로부터 멀어지게 하는 장애물일 뿐이다. 다시 말하면 이것은 주의를 게을리하는 누가 해석자에게 마치 누가 이전 전승이라는 돌 더미 가운데 널브러져 있는 걸림돌과도 같다. 하지만 누가복음 1:32-35의 탁월한 위치는 오히려 누가가 이것을 자신이 세우려는 건물의 초석으로 삼았음을 암시하며, 따라서 우리는 그의 나머지 성령론도 바로 이 본문에 기초하리라는 기대를 할 수 있다. 우리가 곧 살펴보겠지만, 사도행전으로 들어가는 이 "관문" 본문에서 누가복음 1:35의 성령 또는 지극히 높으신 이의 능력이 교회 위에 부어진 "위로부터 임하는 능력"(눅 24:49; 참조. 행 1:8)이 된 것은 그냥 우연이 아니다.

"L'aaière-plan néotestamentaire de Lc 1,35", *RB* (1963), 161-91에 크게 의존한다). 이 말은 누가가 단순히 롬 1:3-4를 다시 썼다거나, 심지어 그가 처음에는 예수의 부활(롬 1:3-4; 행 13:32-33; 2:35-36)을, 그다음에는 그의 변화, 수세, 그리고 마지막으로, 여기서, 그의 수태를 가리켰다가 점차적으로 예수의 재림(성령, 아들 됨, 능력, 통치 등)을 가리키는 용어가 된 전승-역사의 끝자락에 서 있다는 것을 의미하지 않는다(Brown, *Birth*, 29-32 and *passim*은 이러한 주장을 펼치지만, 이러한 일직선적인 발전을 뒷받침 해줄 만한 근거는 전혀 없다. Mainville, *L'Esprit*, 201-209을 보라). 하지만 이 모든 경우는 하나의 유사한 개념, 곧 장차 능력으로 영광을 받으실 이는 그 미래에 우주적으로 드러나게 될 것에 대한 ἀρραβών(보증금)을 이미 누리고 있다는 개념과 연관되어 있다.

3. 결론

누가복음 1-2장은 이스라엘의 소망이 근본적으로 역사 속에서 일어나는 시온의 다윗-메시아적 회복에 근거를 두고 있음을 암시한다. 내레이터의 관점에서 보면 이러한 회복은 메시아이신 하나님의 아들이 성령으로 잉태된 사실(1:35)—새 출애굽이라는 이스라엘의 갱생(참조. 사 32:15-20에 대한 암시)을 예시하는 새 창조적 능력의 행위—과 함께 이미 결정적으로 시작되었고, 이러한 관점은 마리아 찬가, 사가랴 찬가, 시므온 찬가를 발설하는 영감을 받은 인물들의 관점과도 일치한다. 패리스(Farris)는 이 모든 노래를 (전적으로 미래의 구원을 예고하는) 종말론적 찬양이 아니라 (이미 이루어진 구원을 위한) 선언적 찬송시로 올바르게 분류한다.[78] 따라서 누가-행전을 철저하게 세(또는 그 이상의[79]) 시대"로[80] 나누고, 누가복음 1-2장을 "이스라엘의 시대"([오직] 예수 안에서 구원의 새 시대가 도래하는 시대로서의 눅 3-24장 및 "교회의 시대"로서의 사도행전과 예리하게 대조를 이루는)로 규정하려는 시도는 실패할 수밖에 없다.[81] 기껏해야 이 본문들은 누가복음 1-2장

---

78   *Hymns*, 66-85.

79   누가가 바울의 죽음과 사도행전의 지평 너머에서 시작하는 **네 번째** 시기까지 내다보고 있다는 견해는 C. H. Talbert, *Literary Patterns, Theological Themes and the Genre of Luke-Acts* (Missouri, MT: Scholars Press, 1974)를 보라. C. K. Barrett는 이 네 번째 시기가 에베소 장로들에게 행한 바울의 연설(행 20:19-35, 특히 29-30)에서 중요한 방식으로 예기되고 있다고 본다. C. K. Barrett, "Paul's Address to the Ephesian Elders," in J. Jervell and W. A. Meeks (eds.), *God's Christ and his People: Studies in Honour of Nils Alstrup Dahl* (Oslo: Universitetsforlaget, 1977), 107-21.

80   Hultgren, *Christ*, 79-81은 "시대"라는 용어가 타당성이 없는 역사 의식을 나타낸다는 점에서 상당히 부적절하다고 주장한다.

81   이러한 측면에서 볼 때 Conzelmann의 논지는 아마도 타당성이 없어 보인다(긴 논평을 보려면 Bovon, *Theologian*을 보라. Franklin이 올바르게 주장하듯이 Conzelmann은 그의 일부 독자들이 인식하는 것보다 시대 간에 더 많은 연속성을 허용했다. E. Franklin, *Luke: Interpreter of Paul, Critic of Matthew* (Sheffield: JSOT Press, 1994), 13-26. Von Baer(*Geist*, 48)와 Tatum은 예수의 기적적인 탄생이 이러한 그림에서 예외적임을 인정하면서 눅 1-2장을 이스라엘의 시대로 보는 것은 잘못된 시각임을 인정했어야만 했다.

에서 시작된 하나님의 침투적인 구원의 순차적인 단계[82]를 지지한다.

이와 동시에 우리는 누가복음 1-2장에 나타난 성령의 활동을 예언의 종말론적 갱신으로 요약하는 멘지스의 견해에도 전적으로 동의하기 어렵다. "갱신된 예언"[83]이 오순절 때 또는 그 이후 일어난 사건에 대한 적절한 표현이라고 할 수도 있지만, 누가복음 1-2장에는 이를 지지해줄 만한 근거가 많지 않다. 이 용어는 심지어 누가복음 2:40-52에 나타난 예수의 지혜와 아들 자의식이(단순히 그가 하나님의 영/능력에 의해 잉태되었다는 데 그 근거를 두기보다는) 그와 함께했던 성령에게 소급될 수 있다 하더라도, 가장 중요한 성령 관련 문맥인 누가복음 1:35에는 확실히 부적절하다. 이와는 또 다른 이유에서 엘리사벳, 마리아, 사가랴, 시므온 등의 경험을 "갱신된 예언"으로 분류하는 것 역시 만족스럽지 못하다. 이 모든 경우에서 우리는 이 민족의 역사의 전환점이나 위기상황에서 장차 나타날 하나님의 개입을 경고하거나, 그 개입의 본질을 확증하거나 설명하기 위해 주어진 예언이라는 전형적인 유대교적 경험과 조우하게 된다. "갱신"이라는 용어는 오직 중간기에는 예언이 **중지**되었다는 의심스러운 전제하에서만

그들의 분석에 의하면 이 장들은 이 두 시대를 모두 동시에 현재적으로 묘사하며, 따라서 어떤 "시대"와도 무관하다! Dunn은 그의 초기 저술이 누가의 구원-역사를 특징 짓는 데 있어 눅 1:35의 취지를 충분히 인식하지 못했음을 인정했다. "Baptism," 17을 보라.

82　이것은 Fitzmyer(181-87)의 입장이다(또한 *Luke*, 57-58). Fitzmyer는 그의 구조를 마치 Conzelmann의 구조를 수정한 것처럼 소개하지만, 사실은 이를 부정하는 것이다. 왜냐하면 이 구조는 (한편으로는) 세례 요한과 예수 사이의 벽을, 그리고 (또 다른 한편으로는) 예수와 교회 사이의 벽을 허물어버림으로써 "구원"과 "하나님 나라"의 시기로서 "시간의 중간"(the Middle of Time)이 지닌 독특한 특징을 제거해버리기 때문이다. 이러한 물결이 다시 교회 안으로 강하게 흘러들어오도록 허용함으로써 Fitzmyer는 이 시기들을 재종말론화(re-eschatologize)한다(Conzelmann이 누가가 이 시기들을 탈종말론 화[de-eschatologize]했다고 주장하는 단 한 가지 실제적인 근거는 누가가 "하나님 나라"/"구원"과 종말 사이에 이것들이 대부분 결여되어 있던 교회의 시기를 삽입함으로써 이 둘 간의 연계성을 단절시켰다는 것이다).

83　Menzies가 눅 1-2장에 관해 논의하는 장에 붙인 제목이 "갱신된 예언"이다; 참조. Stronstad, *Theology*, 38.

의미가 있다. 그러나 이 "도그마"는 보편적으로 받아들여지지 않았으며, 심지어 이 입장을 견지하는 그룹에서조차도 철저하게 적용되지 않았다.[84] 엘리사벳과 마리아(?), 그리고 사가랴에게 귀속된 단회적인 예언들은 규칙적으로 나타나는 예언으로 간주해서는 안 되며, 오히려 유대 문헌에서 볼 수 있는 중요한 통과의례에서 간헐적으로 나타나는 예언의 영의 활동과 유사한 것으로 보아야 한다. 시므온은 보다 더 영속적인 은사를 소유하고 누렸지만, 그의 은사 역시 유대교 내에서 성전 안에서 살거나 그곳을 자주 드나드는 경건한 사람의 범주 안에 속한다. 오직 세례 요한만이 이 틀을 깨고 "종말론적인 예언자"로 묘사될 수 있는 인물이다.

우리는 또한 누가가 누가복음 1-2장의 경험을 그리스도인들의 성령 경험(쉘튼, 멘지스), 그리고/또는 구약의 성령론(슈발리에, 스트론스태드)을 설명하기 위해 어느 정도 의도적으로 성령 언어를 사용했는지에 대한 질문을 다루었다. 하지만 이와 같은 주장은 다시 한번 이를 뒷받침해줄 만한 근거를 초월하는 것으로 보인다. 우리가 이미 살펴보았듯이 누가는 분명히 70인역의 표현을 반복하는 데서 더 나아가지 않았다. 그의 언어와 사상은 오히려 보다 더 일반적인 중간기 유대교 및 기독교 환경을 반영한다. 또한 우리는 누가복음 1-2장에서 언급된 내용과 누가가 그리스도인들의 성령 경험에 대해 묘사한 것 사이에 존재하는 여러 가지 차이점을 지속적으로 지적해왔다. 서로 가장 유사한 표현이 나오는 지점(눅 1:35/행 1:8)에서 그들이 받은 은사는 가장 큰 차이(신적 출산과 영감을 받은 증언)를 보인다. 다시 말하지만, 누가는 유아기 내러티브에 나오는 인물들이 오순

---

84 예언이 상대적으로 만연해 있었음을 보여주는 수많은 예를 보려면 R. Leivestadt, "Das Dogma von der prophetenlosen Zeit," *NTS* 19 (1973), 288-300; D. E. Aune, *Prophecy in Early Christianity and the Ancient Mediterranean World* (Exeter: Paternoster, 1983), 특히 103-106; R. A. Horsley, "Popular Prophetic Movements at the Time of Jesus: Their Principal Features and Social Origins," *JSNT* 26 (1986), 3-27; R. Gray, *Prophetic Figures in Late Second Temple Palestine* (London: Oxford University Press, 1993); S. L. Davies, *Jesus the Healer* (London: SCM Press, 1995) 3장과 5장을 참조하라.

절 이후에 등장하는 인물들처럼 "성령으로 충만"했다고 말할 수 있다. 그러나 우리는 누가의 기사가 본질적으로 전혀 다른 점도 도입하고 있음을 지적했다. 나는 누가가 구약, 누가복음 1-2장, 누가-행전의 몸체, 그리고 다양한 유형의 영감을 받은 말씀이라는 은사에서 볼 수 있는 성령의 활동 사이에 **어떤** 유사점이 발견된다는 견해에는 반론을 제기하고 싶지 않다. 하지만 (눅 1-2장의 증거에 의하면) 이러한 유사점은 공통된 문맥으로 인해 발생하는 일반적이고, 피상적이며, 불가피한 현상으로 보인다. 누가가 이러한 유사점을 의도적으로 극대화했거나, 이를 부각시켰다는 증거는 전혀 없다. 이러한 현상의 존재는 구원의 순차적인 단계에서 볼 수 있는 성령의 활동 방식에 어떤 차이점이 있다는 사실을 부인하지는 않는다. 단지 하나의(어느 정도 논쟁의 여지가 없는!) 공통된 요소가 있음을 수용할 뿐이다.[85]

누가복음 1-2장은 여러 시대에 걸쳐 나타난 인간의 성령 경험을 분석하려고 하지 않을뿐더러, 이를 위한 소재를 제공하지도 않는다. 이 본문은 오히려 시온의 다윗적 회복자 도래를 축하하고, 그 인물의 도래가 위대한 하나님의 개입임을 확인시켜주는 데 관심을 보인다. 이러한 하나님의 개입은 예언의 영과 천사들이 증언하고 설명한 구약의 약속과, 대망하던 엘리야와 같은 예언자에 의해 예비된 메시아의 길과 일치한다. 모든 성령론적 모티프는 한결같이 이 결말로 향한다. 마지막으로 우리는 누가복음 1:35이 예언의 영이 물리적인 영역에서 나타나는 초자연적인 행위의 능력임과 동시에 종말론적 시대에 나타나는 윤리적인 삶의 능력임을 강령적으로 재확인하고 있음을 지적했다.

---

85   이와 관련해서는 Turner, "Empowerment," 108-13에 나오는 나와 Shelton의 세부적인 논의를 보라.

추기: 성령 또는 다른 속성으로 "충만한" 사람에 관한 누가-행전의 언급

어떤 속성으로 가득 찼다는 의미에서 "충만"이라는 용어가 신약에서 사람과 관련하여 사용되는 경우는 주로 누가-행전에 국한된다. 이 용어는 요한복음에서 단 한 번(πλήρης, 1:14), 바울 서신에서 다섯 번(πληρόω, 롬 1:29; 15:13-14; 골 2:10; 엡 5:18) 등장하는 반면, 누가-행전에서는 무려 스물일곱 번씩이나 나온다. 누가-행전 밖에서는 이 용어가 단 한 번만 성령과 관련되어 나타나지만(엡 5:18), 누가-행전 안에서는 성령과 관련하여 열네 번 등장한다. 이 가운데 적어도 네 번(아래에서 * 표시된)은 누가가 마가의 자료를 편집·수정한 것에 속한다.

누가-행전에는 이러한 은유가 사실상 기본적으로 세 가지 형태로 나타난다.

1. πληρόω 동사의 수동태가 사용된 형태: 이 형태는 성령(행 13:52, 기쁨과 성령)과 관련하여 한 번 사용되고, 다른 곳에서는 지혜(눅 2:40)와 기쁨(행 2:28)과 관련하여 사용된다.

2. 형용사 πλήρης와 함께 사용된 형태: 이 형태는 성령과 함께 다섯 번(눅 4:1*; 행 6:3, 5; 7:55; 11:24) 사용되며, 다른 곳에서는 나병(눅 5:12*); 은혜와 권능(행 6:8); 선한 행위와 자선 행위(행 9:36); 사기와 악행(행 13:10); 격분(행 19:28)과 함께 사용된다.

3. πίμπλημι 동사의 수동태가 사용된 형태: 이 형태는 성령과 함께 여덟 번(특정한 경우를 제외하고는 모두 부정과거 시제가 사용됨; 눅 1:15[미래], 41, 67; 행 2:4; 4:8, 31; 9:17[가정법 부정과거]; 13:9) 사용되며, 다른 곳에서는 격분(눅 4:28); 공포(눅 5:26*); 격노(눅 6:11*); 경악(행 3:10); 질투(행 5:17; 13:45) 등과 함께 사용된다.

이와 관련하여 우리는 다음의 같은 다섯 가지 요점에 주목할 필요가 있다.

(1) 신약의 통계만 보면 이러한 특징은 누가의 성향으로 보일 수 있지만, 사실 이 가운데 상당수는 70인역의 전통적인 성향을 나타낸다.[86]

a. πλήρης + 속성을 나타내는 주격 소유격(사람과 관련하여)은 70인역에서 상당히 표준적인 숙어일 정도로 흔하다(비록 하나님의 영과 함께 사용되지는 않지만). 예를 들어 욥기 10:15, 14:1, 32:18, 36:17, 이사야 51:20, 집회서 1:30, 19:26, 마카베오3서 6:31 등을 보라. 그리고 필론(예를 들어 "어둠으로 충만한"[*Leg. All.* 3:7]; "용기로 충만한"[*Ebr.* 94])과도 비교해보라.

b. πλήρόω + 속성을 나타내는 소유격(사람에게 사용되는) 역시 잘 나타나 있다(비록 하나님의 영과 함께 사용되지는 않지만). 예를 들어 열왕기상 7:14, 예레미야 13:13, 마카베오2서 9:7, 마카베오3서 4:16, 5:1, 30(참조. 집회서 24:26의 ἀναπληρόω) 등을 보라.

c. πίμπλημι는(한정적 소유격과 함께), 비록 다니엘 3:19과 집회서 23:11에서 이러한 예가 발견되고 "성령"과도 함께 한 번(잠 15:4) 사용되긴 하지만, 사람과 관련하여 사용되는 경우("마음" 혹은 "영혼"과 같이 사람의 일부와 대조적으로)는 거의 없다. 하지만 어원이 같은 ἐμπίμπλημι는 흔하며, 이 가운데 일곱 번은 성령으로 충만한 사람에게 사용된다(출 28:3; 31:3; 35:31; 신 34:9; 사 11:3; 집회서 39:6; 48:12. 사 11:3과 집회서 48:12을 제외한 나머지는 지혜의 은사에 관한 경우다). 또한 "분노"(렘 15:17), "술 취함과 슬픔"(겔 23:33), "폭력"(미 6:12), "공포"(단 3:19), "기쁨"(집회서 4:12), "지식"(집회서 17:7), "부정"(집회서 23:11) 등으로 "충만한" 사람에 대한 이야기도 나온다.[87]

---

[86] 70인역에 등장하는 πλήρης 및 이와 어원이 같은 단어의 용례 대부분은 그릇이 가득 채워져 있다는 문자적인 의미로 사용되거나 "충족된", "만족하는" 또는 "만족하게 된"과 같은 의미의 שבע와 이와 어원이 같은 단어를 번역하는 데 사용된다. 따라서 이는 우리의 논의와 무관하다.

[87] 참조. 필론("하나님의 영으로, 지혜와 명철로", *Gig.* 23; "질병으로", *Det. Pot. Ins.* 98); 요세푸스("즐거움으로 충만한", *War* 7:337; "당황함으로 가득 찬", *Ant.* 16:385).

(2) 누가-행전에 등장하는 πλήρης + (사람과 관련된) 한정적 소유격의 구문론은 비교적 명확하다.

a. 이 표현은 문자적인 진술이 아니라 공간적인 의미를 나타내는 은유다. 예를 들어 사도행전 9:36의 요점은 다비다가 문자적으로 "선행과 구제"를 자신 속에 갖고 있던 것이 아니라 그녀의 삶이 그러한 모습을 보여준다는 것다. 이와 마찬가지로 "문둥병으로 가득 찬" 사람(눅 5:12)은 그 질병을 몸속에 담고 있는 것이 아니라 온몸이 그 질병으로 덮여 있는 것이며, "노여움으로 가득 찬" 군중(참조. 행 19:28)은 화를 밖으로 표출하는 사람들이지, 그것을 그 몸속에 담고 있는 사람이 아니다.[88]

b. 누군가가 "(무언가)로 충만하다"고 말하는 것은 그 속성이 그 사람의 삶을 분명하게 나타내거나, 그 사람의 행동에서 가시적으로 나타난다는 것이지, 단지 표현되지 않는 어떤 잠재력이 그 사람 안에 내재한다는 것을 의미하지 않는다. "성령으로 충만하다"(눅 4:1 또는 "성령과 지혜로 충만하다"[행 6:3] 또는 "믿음과 성령으로 충만하다"[행 6:5])도 보다 더 일반적인 은유의 변형된 형태이므로 우리는 이것도 동일한 방식으로 취급해야 한다.

c. "충만한" + 속성을 나타내는 소유격은, 비록 여기서 동사가 어떤 한계를 나타낼 수는 있지만(예. 행 19:28의 "노여움으로 가득하게 된"[γενόμενοι πλήρεις θυμοῦ]은 단지 ἐπλήσθησαν θυμοῦ에 대한 문체상의 변화일 뿐임), 즉각적인 효과(이런 경우에는 πίμπλημι가 더 자주 사용됨)보다는 어떤 사건의 장기간적인 상태를 표현하는 데 사용된다.[89]

(3) πίμπλημι는 πληρόω와 비교할 때 더욱더 강력한 형태이며, 특히 (직설

---

88 *Contra* Gunkel(*Influence*, 42-43, 59-66)과 Bultmann(*Theology*, 155). Gunkel은 만약 혹자가 "성령으로 충만한" 사람에 대해 언급한다면 이것은 "물질"(Stoff)을 가리킬 수밖에 없다고 가정한다. Bultmann은 우리가 성령에 대해 "역동적인" 견해를 갖고 있다고 주장한다. 이러한 주장은 "지혜", "노여움", "선행" 등도 "물질"로 바꾸어버린다.

89 보다 상세한 설명과 예시는 Turner, "Spirit Endowment," 53-55을 보라.

법 부정과거 또는 분사의 형태에서) 비교적 단시간적인 사건이나 즉각적인 효과를 나타내는 데 더 적절하다.[90] 우리는 다시 한번 다음 사항에 주목할 필요가 있다.

a. (사람과 관련하여) 이 표현이 은유적인 성격을 지닌 것은 분명하다. 70인역 역자나 누가가 폭력, 술 취함, 기쁨, 부정, 분노, 지혜, 지식, 공포 등을 사람에게 실제로 부어지는 어떤 유동체로 생각했다고 보기는 어렵다.

b. 하나님의 영을 소유격으로 사용하는 경우도 마찬가지다. 이것은 더욱더 일반적인 은유의 구체적인 사례에 해당한다.

c. 70인역과는 달리 누가는 πίμπλημι의 직설법 부정과거나 분사 + 하나님의 영의 소유격 형태를 짧은 기간 동안 일어난 사건이나 감동을 나타내는 데 사용하는 경향이 있다. 이것은 일반적으로 "N은 성령으로 충만한 상태에서 말했다/예언했다/외쳤다" 등과 같은 형식을 따른다. 이 모든 경우(눅 1:41, 67; 행 2:4; 4:8, 31; 그리고 아마도 13:9)[91] 이것이 의미하는 바는 성령이 바로 그 말씀 사건에 영감을 불어넣어 준 장본인이라는 것이다(그리고 그 이상도 이하도 아니다. 즉 이것은 누가가 "분노", "두려움", "놀라움" 등으로 "충만했다"고 말하는 사람들이 더 오랜 시간 동안 이런 상태에 있었다고 말하는 것보다 더 지속적인 영감을 받았음을 의미하는 것이 아니다).[92]

---

90 이는 모든 부정과거가 필연적으로 단시간의 사건을 나타낸다는 것을 의미하지 않는다. 사실 성령과 관련하여 70인역의 그 어떤 용례도 단시간의 능력 부여 또는 영감과 관련이 없다.

91 비록 여기서 문제의 은사가 영감을 받은 말씀 자체이기보다는 은사적인 계시(엘루마의 상태와 하나님의 임박한 심판에 대한)일 개연성이 높지만 말이다.

92 이것은 사도들이 행 2:4에서 언급된 방언 이상의 성령의 은사를 여전히 가지고 있었다는 것에 의문을 제기하는 것은 아니다. 단지 그러한 추론은 문맥에 의한 것일 뿐(베드로는 그들이 성령의 은사를 받았다고 설명한다), **언어학적으로** "그들이 성령으로 충만하여 다른 방언으로 말하기 시작했다"는 진술에 내포되어 있는 것은 아니다. 여기서 "그들이 성령으로 충만했다"는 어구는 단지 그들의 방언이 영감을 받은 것임을 나타낼 뿐이다. 이를 지지하는 예문은 Turner, "Spirit Endowment," 54-55을 보라.

쉘튼은 이 부분을 더욱 확대하여 성령으로 "충만한" 사례는 모두 은 사적인 **말씀**에 해당하는 것으로 간주하고자 한다. 즉 "성령 충만"이라는 표현은 "성령에 의해 감동을 받아 말하는 것"을 **의미한다는** 것이다.[93] 그러나 이러한 주장은 누가복음과 70인역(여기서는 "말하는 것"을 의미하지 않음)에서 발견되는 이 은유의 더 일반적인 용법을 무시하는 것이다. 이는 또한 "성령으로 충만하다"가 70인역의 구체적인 용법(오직 단 한 번만[집회서에서] 말하는 것과 관련하여 사용되며, 그것도 직접적으로 말하는 것이 아님)을 간과하며, 누가복음 1:15(태중에서 요한이 뛰노는 것[1:41]은 말하는 것이 아니다!), 4:1, 사도행전 6:3, 5, 7:55에 대한 해석과 사도행전 11:24, 13:9, 13:52에 대한 해석을 더욱 난해하게 만든다. 결국 쉘튼의 주장은 의미론적으로 타당한 주장이라고 할 수 없다.[94]

d. 누가는 단 두 경우에서만 70인역의 용법을 철저하게 따르고, πίμπλημι의 미래 시제 또는 가정법을 성령이 이례적으로 강하면서도 지속적으로 임하는 경우를 나타내는 데 사용한다(눅 1:15[세례 요한]과 행 9:17[바울]).

(4) 일단 우리가 누가-행전에서 "성령으로 충만한"이라는 표현이 일반적으로 성령의 능력이 장기적으로 임하는 것보다는 영적 능력 또는 영감이 단기적으로 분출하는 것을 나타낸다는 점을 알게 되면, 오순절 날에 성령으로 "충만했던" 제자들(행 2:4)이 왜 또다시 4:8, 31에서 성령으로 "충만해야" 했는지를 물었던 헐(J. E. Hull)의 질문 때문에 고민할 필요가 없다.[95] 누가의 이러한 용법은 어떤 사람이 성령으로 "충만한"(full) 상태에

93　J. B. Shelton, "'Filled with the Holy Spirit' and 'Full of the Holy Spirit': Lucan Redactional Phrases," in P. Elbert (ed.), *Faces of Renewal* (Peabody: Hendrickson, 1988), 81-107.

94　이에 대한 비평은 Turner, "Empowered," 108-110을 보라.

95　Hull, *Spirit*, 121-124.

있으면서도 동시에 여러 차례에 걸쳐 "성령으로 충만"(filled with the Holy Spirit)할 수 있음을 보여준다. 즉 이 두 유형의 은유는 서로 상이하면서도 상호 보완적다.

(5) 이러한 누가의 용법은 사도행전 3:4이 (제자들이 "성령으로 충만"했다는 진술과 함께) 그리스도인이 성령의 "충만함"이라는 비교적 영구적인 상태로 들어가는 규범적인 입교를 나타내는 것으로 해석되면서 많은 오해를 불러일으켜왔다.[96]

이러한 유형의 주장은 교회 내에서 상당히 다른 세 가지 전통에서 발견된다.

a. 개신교 전통 안에서는 브루너(F. D. Bruner)가 누가가 모든 제자들이 회심때 성령의 충만함을 받았다고 가르친다고 말하면서 "성령은 인격체다. 따라서 그는 자신이 현존하는 곳에서 삼분의 이나 사분의 삼만 인격체가 아니라 온전한 인격체"라는 전적으로 부적절한 주장을 통해 이를 정당화한다.[97]

b. 가톨릭교회의 견진성사주의 전통에서는 아들러(N. Adler)가 사도행전 2:4을 견진성사 때 모든 이들이 보편적으로 받는 성령의 메시아적 "충만함"으로 설명하며, 이를 초기에 성령이 제자들 안에 계시지 않았던 상태(이를 세례와 견진성사 사이의 오순절 이후 그리스도인의 존재에 대한 유비를 제공하는 것으로 이해하면서)와 대조시킨다.[98]

c. 고전적 오순절주의의 입장에서는 어빈(H. M. Ervin)이 2:4의 ἐπλήσθησαν("그들이 충만했다")은 기동적(ingressive) 부정과거로서, 성령으로 "충만한" 상태로 들어가는, 되돌릴 수 없는 입교를 나타내고, 이는 고전적

---

96   여기서 나는 Shelton, "Filled," 99에 동의한다.
97   *Theology*, 163.
98   *Pfingstfest*, 91; *Taufe, passim*.

오순절주의의 관점에서 말씀 선포 등을 위해 능력을 부여받는 두 번째 축복이라고 주장한다.[99]

하지만 이러한 시도는 모두 누가 자신이 구상하지도 않은 개념 구조를 그의 현상학적인 은유 안으로 끌어들이는 것과 같다. 누가는 모든 그리스도인이 "성령 충만"해야 한다고 생각하지 않았다. 다시 말하면 이 은유는 그 삶속에서 성령의 사역이 특별히 나타나는 사람을 일반 신자와 구별하기 위해 사용된다(참조. 행 6:3!). 더 나아가 누가의 관점에서 과연 누가 진정으로 "성령으로 충만한" 사람인지를 판단할 수 있는 가장 좋은 기준은 과연 누가 세례증서나 견진성사증서를 갖고 있느냐—또는 심지어 그 사람이 과거에 어떠한 "두 번째 축복"을 경험했느냐—에 있지 않고, 그 공동체가 그 사람의 삶을 통해 과연 **성령의 영향을 느꼈는지**, 그리고 그를 통해 **성령의 은혜와 은사가 정기적으로 나타나는 것을 목격했는지**에 있다.

---

99   *Spirit-Baptism: A Biblical Investigation* (Peabody: Hendrickson, 1987), 42-61. 그의 주장은 Ervin으로 하여금 행 4:8의 부정과거는 2:4을 시사하고, 4:31의 "성령으로 충만한" 자들은 행 2:4의 120명이 아닌 다른 이들(그리고 베드로와 요한을 제외한?), 즉 오순절 이후에 생겨난 새로운 개종자들을 가리킨다고 결론짓게 만든다(참조. Hull, *Spirit*, 122). 이와 유사한 견해는 W. Wilkens, "Wassertaufe und Geistempfang bei Lukas," *TZ* 23 (1967), 26-47, 26-27을 보라. 이와 반대되는 견해는 Dunn, *Baptism*, 70-71을 보라.

7장

세례 요한의 약속
"그는 성령과 불로 너희에게 세례를 베푸실 것이요"

(눅 3:16)

1. 약속의 정황

누가복음의 독자나 청자는 누가복음 3:1-19에 기록된 세례 요한의 사역과 그가 언급한 장차 오실 "더 능력이 많으신 이"에 대한 약속을 어떻게 이해해야 할까? 1:35은 반드시 시대의 전환이 일어날 것임을 확실히 보여주었으므로 독자나 청자는 3장에 기록된 요한의 사역에 관한 내러티브를 콘첼만처럼 접근하지도 않을 것이며, 세례 요한을 "이스라엘 시대"의 마지막 진통으로 간주하지도 않을 것이다. 기쁨으로 가득 찬 누가복음 1-2장에서 충분히 예고된 대로 아마도 요한은 오래된 예언의 성취의 일환으로 인식되었을 것이며, 엘리야와 같은 그의 소명(참조. 1:15-17, 76-79)은 이스라엘을 위한 하나님의 구원 행위의 시작으로 이해되었을 것이다. 누가복음 3장은 이러한 해석을 뒷받침해준다.

(1) 누가의 편집의 손길이 많이 드러나는 도입 부분(3:1-6)에서[1] 그는 세례 요한의 사역을 보편적인 역사의 폭넓은 문맥 속에 배치하는데(3:1-2a), 이는 단순히 통상적인 역사 서술을 위한 것만도 아니고,[2] 단순히 독자들에게 구약 예언자들의 유사한 소명 이야기를 상기시키려는 것만도 아니라,[3] 요한에게 임한 "하나님의 말씀"(3:2)이 곧 "하나님의 구원을 보

---

1 참조. Fitzmyer, 451-52. "비록 누가는 막 1:3-4을 따르지만…이 본문은 누가가 독립적으로 작성한 것이다." Marshall(132-37)은 근본적으로 마가에 의해 보완된 Q에 대한 편집의 관점에서 이 본문을 설명한다(그는 T. Schramm, *Der Markus-Stoff bei Lukas* [Cambridge: Cambridge University Press, 1971], 34-36; Schürmann, I, 161을 따른다). 어느 견해를 택하든 이 본문은 대체적으로 누가의 편집이다.

2 예를 들어 투키디데스, 2:2; 폴리비오스, 1:3을 참조하고, 요세푸스, *Ant.* 18:106에 기록된 빌립의 죽음과의 연관성에 주목하라.

3 참조. 사 6:1; 렘 1:1; 겔 1:1-2. 하지만 모든 본문은 눅 3:1-2보다 훨씬 더 이스라엘에 집중한다.

게 될" "모든 육체"(3:6)에게 중요한 의미가 있기 때문이다. 또한 이는 누가가 마가복음과 Q 문서에 담겨 있던 이사야 40:4-5 인용문에 이사야 40:3을 포함시켜 이를 확대시킨 것을 보면 알 수 있다.

(2) 이어서 누가는 요한의 설교가 여러 측면에서 구원론적으로 절대적으로 중요한 **새로운 의미**를 담고 있다는 점에 주목한다.

a. 그의 설교는 온전한 예언이 이제 이스라엘에 다시 나타나게 되었음을 의미하며, 그 자체가 "광야에서 외치는 소리"(사 40:1)의 형태로 주를 예비하는 것을 언급하는 이사야의 예언의 **성취**이기도 하다. 따라서 누가에게 있어(누가 이전의 전승처럼) 세례 요한의 사역은 단순히 약속의 시대에 속할 뿐 아니라 극히 일부는 적어도 성취의 시대에 속한다.[4]

b. "광야"(3:2, 4)에 대한 언급은 그 자체로 새 출애굽의 소망에 대한 이사야의 수많은 암시를 상기시키며, 이 소망은 본질적으로 이스라엘의 종말론적 회복과 직결되어 있었다(우리가 곧 9장에서 살펴보겠지만).

c. 세례 요한은 독특한 세례 의식을 통해 국가적 차원의 근본적인 회개를 촉구하는 메시지를 모든 이스라엘 백성에게[5] 선포하는데(3:3, 7, 16), 이 의식은 하나님의 죄 사함을 보장하고, 그 결과로 주어지는 구원을 받을 이스라엘의 남은 자들을 하나님의 진노를 받을 나머지 사람들로부터 격리시킨다(3:7, 9, 17).[6]

---

4   B. C. Frein, "Narrative Prediction, Old Testament Prophecies and Luke's Sense of Fulfilment," *NTS* 40 (1994), 23-24을 보라.

5   참조. 3:3 "εἰς πᾶσαν ... τοῦ Ἰορδάνου"; 3:15 "그 백성" = ὁ λαός; 3:18 "그 백성(=이스라엘)에게 복음을 선포"; 참조. 3:21, ἄπαντα τὸν λαόν("그 온 백성" = "이스라엘"). Kim, *Geisttaufe*, 49-51을 보라.

6   세례 요한의 사역과 물-의식에 관한 이러한 이해는 특히 Webb, *Baptizer*, 163-216(and *passim*)의 신중한 역사-비평적 방법론에 의거한 논증을 보라. Sanders(*Jesus*)는 세례 요한이 (예수를 포함하여 거의 모든 유대인들과 마찬가지로) 언약적 율법주의자(covenantal nomist)였기에 (단순히 함께 모인 남은 자들의 회복보다는) 모든 이스라엘의 회복을 예견했다고 주장한다. 유대교에 대한 이러한 견해에 반대하는 입장으로

d. 만일 웹(R. L. Webb)의 견해가 옳다면, 3:17은 요한이 (회개와 세례를 촉구함으로써) 자신을 **이스라엘에 종말론적 검열을 행한** 자로 여겼음을 암시한다. 따라서 이제 "더 능력이 많은 이"(3:17의 은유법의 관점에서 볼 때)가 해야 할 일은 "그의 타작마당을 정하게 하기 위해" 키($\tau\grave{o}$ $\pi\tau\acute{u}o\nu$)를 사용하여 이미 알곡과 쭉정이로 나뉜 추수더미를 각각의 종착역인 곳간과 꺼지지 않는 불로 보내는 것이다.[7]

e. 세례 요한의 설교는 "복음을 선포하는 것"($\epsilon\grave{v}\alpha\gamma\gamma\epsilon\lambda\acute{\iota}\zeta o\mu\alpha\iota$, 3:18)으로 볼 수 있는데, 이는 시온의 종말론적 회복에 관한 이사야 본문(사 40:9; 52:7; 60:6; 61:1 등)과 (이보다는 덜하지만) 이 본문에 기초한 기독교의 케리그마를 환기시킨다.[8]

는 Elliott, "Survivors," *passim*을 보라. 그는 마카비 시대로부터 진행된 내부의 격렬한 투쟁이 남은 자 신학을 야기했다고 본다. 눅 3:8-9에 기록된 어록은 유대교의 보편적인 생각이라고 보는 Sanders의 견해에 의도적으로 반론을 제기하는 것으로 보인다. 즉 오직 회개하고 순종하는 이스라엘로서 "세례를 통해 함께 모인"(참조. 요세푸스, *Ant.* 18:117) 자들만이 구원을 기대할 수 있다는 것이다(Webb, *Baptizer*, 197-203을 보라).

7 *Baptizer*, 295-300(참조. 또한 R. L. Webb, "The Activity of John the Baptist's Expected Figure at the Threshing Floor [Matthew 3.12 = Luke 3.17]", *JSNT* 43 [1991], 103-111). Webb의 논지는 부분적으로 장차 오실 이가 그 손에 알곡을 골라내는 과정에서 사용되는 기구인 갈퀴($\acute{o}$ $\theta\rho\hat{\iota}\nu\alpha\xi$)가 아닌 키(spade)를 갖고 있다는 중요한 관찰에 의존한다. 그리고 3:17에 의하면 이 키는 "그의 타작마당을 정하게 하기 위해" 사용된다. 여기서 그리스어($\delta\iota\alpha\kappa\alpha\theta\hat{a}\rho\alpha\iota$ $\tau\grave{\eta}\nu$ $\ddot{a}\lambda\omega\nu\alpha$ $\alpha\grave{v}\tauo\hat{v}$)는 (대부분의 주석과는 달리!) "그의 밀을 골라내기 위해"를 의미할 수 없다. 오히려 이 표현은 (까부르고 타작한 이후에) "타작마당을 깨끗이 하다"라는 의미, 즉 곡식을 모으고 운반하는 것으로 이해해야 한다. 이와 유사한 주장은 S. Légasse, "L'autre "baptême" (Mc 1,8; Mt 3,11; Lc 3,16; Jn 1,26,31-33)", in F. Van Segbroeck et al. (eds.), *The Four Gospels 1992* (Leuven: Leuven University Press, 1992), 257-73, 특히 267, n. 38을 보라. Webb과 Légasse는 모두 이 문제를 더 상세하게 다루는 G. Dalmann, *Arbeit und Sitte in Palästina*, III (Gütersloh: Bertelsmann, 1932)에 의존한다.

8 참조. Marshall, *Luke*, 123. "신약에서 사용된 이 단어의 주요 출처는 이사야서인데, 거기서 이 단어는 특히 좋은 소식을 가리키는 데 사용된다." 중립적인 의미를 찾으려는 Stuhlmacher의 시도와 눅 3:18에서 그러한 의미를 주장하는 Conzelmann(*Luke*, 23, n. 1)의 시도에 대한 반론에 대해서는 Marshall의 상세한 논증을 보라(122-25). 우리는 Wink(*John*, 52)처럼 3:18에 **기독교의** 구원의 메시지가 암시되어 있다"(강조는 덧붙여진 것임)고까지 주장할 필요는 없지만, 사 40:3-5에 대한 직접적인 인용을 따르자면

이러한 특징을 고려하면 누가가 요한의 설교 및 세례 사역을 복음과 구원의 "시작"으로 규정한 것은 그리 놀라운 일이 아니다(참조. 행 1:22; 10:37). 그리고 만일 누가복음 1:17, 77-78의 약속이 회개를 통한 화해 사역을 이스라엘에 도입하는 요한의 엘리야 역할을 수행하는 데 초점이 맞춰져 있었다면, 이는 누가복음 3:10-14에서 그에게 주어진 윤리적 가르침과도 일치하며, 요한의 엘리야 역할은 누가복음 7:26-27에 기록된 예수의 말씀에 의해서도 보편적으로 확증된다. 따라서 누가복음에서 비(非)종말론적인 세례 요한―순전히 약속의 시대(이스라엘과 율법과 예언자들의 시대)에 국한된 자―을 찾는다는 것은 부질없는 일이다. 누가에게 있어 요한은 구원의 여명 시대에 속한 과도기적인 인물이다.[9] 우리는 이제 이러한 맥락 안에서 3:16-17에서 요한의 역할과 장차 오실 "더 능력이 많은 이"의 역할을 대조하는 그의 말을 경청해야 한다.

2. 누가복음 3:16-17에 담긴 세례 요한의 약속 버전과 Q 버전의 기원

누가는 폭넓은 Q 단락(3:7-9, 16-17)을 사용하는 문맥에서 세례 요한의 약속(3:16)을 마가복음 버전이 아닌 Q 버전에서 가져온다. 이로써 장차 오실 이의 행동에 관한 말씀은 더욱더 원형에 가까운 형태를 보존한다.[10]

이 표현은 백성들에게 (시온의 구원에 관한) "복음을 선포한다"는 의미를 내포하지 않을 수 없다.

9   앞의 6장 각주 41-45를 보라. 또한 세례 요한은 "율법과 예언자의 시대를 마감하면서도 동시에 하나님의 구원이라는 새로운 계시의 시대를 개시한다는 의미에서 과도기적인 인물로서 행동한다"는 결론에 도달한 J. A. Darr, *On Character Building: The Reader and the Rhetoric of Characterization in Luke-Acts* (Louisville: Westminster Press, 1992), 3장도 참조하라.

10 Q의 형태와 마가복음의 형태 중 어느 것이 세례 요한의 설교에 더 가까운지를 결정하

3:16 ἀπεκρίνατο λέγων πᾶσιν ὁ Ἰωάννης· ἐγὼ μὲν ὕδατι βαπτίζω ὑμᾶς· ἔρχεται δὲ ὁ ἰσχυρότερός μου, οὗ οὐκ εἰμὶ ἱκανὸς λῦσαι τὸν ἱμάντα τῶν ὑποδημάτων αὐτοῦ· αὐτὸς ὑμᾶς βαπτίσει ἐν πνεύματι ἁγίῳ καὶ πυρί· 3.17 οὗ τὸ πτύον ἐν τῇ χειρὶ αὐτοῦ διακαθᾶραι τὴν ἅλωνα αὐτοῦ καὶ συναγαγεῖν τὸν σῖτον εἰς τὴν ἀποθήκην αὐτοῦ, τὸ δὲ ἄχυρον κατακαύσει πυρὶ ἀσβέστῳ.

3:16 요한이 모든 사람에게 대답하여 이르되 "나는 물로 너희에게 세례를 베풀거니와 나보다 능력이 많으신 이가 오시나니, 나는 그의 신발 끈을 풀기도 감당하지 못하겠노라. 그는 성령과 불로 너희에게 세례를 베푸실 것이요. [3:17] 손에 키를 들고 자기의 타작마당을 정하게 하사 알곡은 모아 곳간에 들이고 쭉정이는 꺼지지 않는 불에 태우시리라."

비록 일부 학자들이 "성령으로"라는 어구가 Q에 포함되어 있었는지를 놓고 논쟁을 벌여왔지만, 이 독법은 사실 Q는 단지 "그는 너희에게 불로 세례를 줄 것"이라고 경고한 반면, 마태와 누가가 각각 독립적으로 마가의 "그는 너희에게 성령으로 세례를 줄 것이다"(막 1:8; 따라서 캐치폴[Catchpole][11])와 결합시켜 이 어록을 현재의 형태로 편집했거나, 아니면(단

는 데는 다음 두 가지 요소가 결정적인 것으로 간주되어왔다. (a) 막 1:8에 등장하는 약속의 형태는 "내가 물로 세례를 준다"는 진술과의 병행이 훨씬 더 깔끔하지만, 바로 그러한 이유에서 더욱 의구심이 들 수밖에 없다. (b) 마가복음의 형태는 Q의 "그리고 불(로)"를 설명해주지 못한다. 추가된 "불로"는 오순절의 관점에서 생겨난 기독교의 페쉐르(해석)라고 할 수 없으며(왜냐하면 행 1:5는 불을 언급하지 않으며, 오히려 불과 같은 혀[2:4]를 언급하는 오순절 사건도 이에 대해 언급하지 않기 때문이다). "불"이미지는 본질적으로 Q 본문의 정결과 심판의 주제와 관련된다(참조. 눅 3:17). Webb, *Baptizer*, 273을 보라.

11   D. R. Catchpole, *The Quest for Q* (Edinburgh: T. & T. Clark, 1993) 7-12. 다음과도 비교하라. T. W. Manson, *The Sayings of Jesus* (London: SCM Press, 1949), 41; S. Schulz, *Q: Die Spruchquelle der Evangelisten* (Zürich: Theologische Verlag, 1972), 368; P. Hoffmann, *Studien zur Theologie der Logienquelle* (Münster: Aschendorff, 1972), 28-31.

지 조금 더 개연성이 있는) 마태가 먼저 그렇게 편집하고, 누가가 그다음에 그 편집본을 사용했다(따라서 굴더[Goulder][12])고 보는 견해보다 이를 전승사적으로 이해하는 것이 더 타당해 보인다. 예를 들어 세례 요한이 안일한 태도를 보이는 이들(마 3:7의 "[적대적인] 바리새인들과 사두개인들"이든, 아니면 눅 3:15의 "[보다 중립적인] 사람들"이든 간에)로 하여금 자신의 물 세례로 시작된 이 안전한 길을 택하도록 독려하기 위해 단순히 심판의 관점에서 경고의 메시지를 던졌다는 것은 사실 선험적으로 불가능하지만은 않다.[13] 그러나 대다수 학자들은 세례 요한의 어록 가운데 두 번째 부분(눅 3:17)이 쭉정이를 불에 태우는 것만큼이나 그의 알곡을 창고에 모아들이는 메시아적 인물에 집중하고, 이 전승이 3:16에서도 축복과 심판을 **모두**(단지 후자만이 아니라) 언급하고 있음을 암시한다는 점을 인정해왔다.[14] 3:16에 대한 Q 원문이 단지(또는 심지어 주로) 격렬한 심판을 경고했다는 주장은 형식적으로 근거가 없다. 즉 이 어록의 요점은 요한의 세례를 통해 남은 자들과 나머지 회개하지 않는 자들로 나누어진 **온** 이스라엘 백성을 이제 더 능력

(마가와는 달리!) 마태와 누가가 모두 독립적으로 "성령" 앞에 ἐν을 배치하면서 동일하게 이례적인 이사일의(二詞一意)를 만들었을 것이라는 견해는, 누가가 "그리고 불"(참조. 행 1:5[여기서는 ἐν πνεύματι를 앞에 배치함 — 과 11:16)이라는 어구가 생략된 마가의 버전을 선호한다는 점을 감안하면, 개연성이 없어 보인다(따라서 이러한 단어 결합이 마태와 누가가 알고 있던 Q의 후기 버전에서 이루어졌을 것이라는 제안이 간헐적으로 등장한다).

12   *Luke*, I, 277-78. 나는 누가가 자신의 Q 자료를 마태로부터 가져왔다는 일반적인 주장에 동의하지 않는다. 누가는 종종 이 전승의 흐름과 관련하여 보다 더 오래된 형태와 순서를 갖고 있는 것으로 보인다.

13   세례 요한이 오직 "불의 세례"만을 기대했다는 관점에 대한 초기 형태는 J. D. G. Dunn, "Spirit and Fire Baptism," *NovT* 14 (1972), 81-92, 특히 82; *Baptism*, 8, n. 1을 보라.

14   Catchpole, *Quest*, 8은 이러한 균형을 잘못 나타낸다. 그는 "걸러내는 갈퀴(*sic.*)를 갖고 있는 사람은 당연히 일부를 좋은 방향으로 분리해낼 것이지만, 여기서 강조되고 있는 최종적인 경고는 나머지 사람들을 나쁜 방향으로, 즉 "꺼지지 않는 불"로 분류하는 것이다"라고 말한다. Dunn, "Fire," 82-85, 87-88; *Baptism*, 9-14; Légasse, "Baptême," 267-68의 보다 더 균형 잡힌 견해와도 비교해보라.

이 많으신 이가 오셔서 적절하게 다룰 것이라는 점이다. Q 3:16에 언급된 "너희"는 단순히 반대 집단[15]이나, 또는 오직 의인들의 집단이나, 또는 심판에 직면한 이들만을 가리키는 것이 아니라 모인 군중으로 대표되는 모든 "이스라엘"을 가리키며, 누가의 코텍스트(3:3, 15, 18, 21)는 이를 분명히 보여준다.[16]

설령 요한의 말이 단지 심판만을 언급한 것이라고 볼 만한 형식적인 근거가 있다 하더라도, 우리에게는 여전히 "성령으로"라는 어구를 의심할 만한 충분한 이유가 없다. 우리는 유대교 내에서 오직 불로 세례를 줄 메시아적 인물에 대해 아는 바가 전혀 없다. 가장 근접하다고 할 수 있는 본문은 바로 에스라4서 13:8-11이다. 이 본문은 바다의 입에서 나온 사람의 화염과 진노에 휩싸인 **숨결**의 흐름과 또 그의 입술에서 나오는 불꽃의 폭풍 같은 것을 묘사하는데, 이는 다함께 돌격하는 불의한 이들의 군대를 불살라버린다. 이러한 기대는 이사야 4:4과 11:4의 메시아적 해석에 기초한 것으로 보이며,[17] 이는 "불"과 일종의 **프뉴마**("숨결"이든 "성령"이든)가 본래는 동일한 부류임을 암시한다.[18] 만일 우리가 (형식적인 근거에 의

---

15   여기서 "너희"는 이 대조의 전반부, "나는 물로 너희에게 세례를 베풀거니와"(3:16a)에 언급된 이들을 포함할 수밖에 없다; 참조. Dunn, *Baptism*, 11; Webb, *Baptizer*, 291.

16   Webb, *Baptizer*, 291-92의 정확한 해석을 보라.

17   타르굼 사 4:4을 보라. 그리고 Légasse, "Baptême," 270-72과도 비교해보라.

18   참조. G. T. Montague, *The Holy Spirit* (New York: Paulist Press, 1976), 239. 이러한 지적은 이 어록의 원형은 메시아가 ㅁㅁ/πνεῦμα와 불로 세례를 줄 것이라는 약속을 담고 있고, 이는 **바람**과 **불**에 대한 암시였다는 자주 제기되는 사변적인 추측을 지지할 수도 있다. Best, "Spirit-Baptism," *NovT* 4 (1960), 236-43; Barrett, *Spirit*, 125-26; 그리고 Dunn, *Baptism*, 8, n. 2에 인용된 여러 학자들은 이 해석을 따른다. 이 관점에 의하면 이 πνεῦμα를 "(거룩한) 영"으로 해석한 것은 바로 후대 기독교 전승이었다. 이러한 해석을 뒷받침하기 위해 제시되는 근거는 다음과 같다. (a) 유대교뿐만 아니라 세례 요한의 제자들도 **성령**을 주는 메시아에 관해 아는 바가 전혀 없었다. (b) 성령 세례는 오직 **기독교** 세례만을 가리킬 수밖에 없었다(이에 대해 요한은 전혀 아는 바가 없었다. Bultmann도 이 견해를 따른다). (c) 이것을 "바람과 불"에 대한 언급으로 보면 이 약속이 메시아가 알곡을 골라내는 3:17의 이미지와 잘 들어맞는다.
     (a)와 관련하여 Webb, *Baptizer*, 273-74은 다음과 같이 반론을 제기한다. (i) 행 19:2은

해) 요한의 신탁이 단지 심판만을 위한 것이었다고 믿는다면 우리는 단순히 "그가 (거룩한) 영과 불로 세례를 줄 것"이라는 어구 전체를 장차 오실 이가 성령의 능력으로 격렬한 심판을 내릴 것이라는 이사일의(二詞一意)적인 경고로 받아들여야 한다. 이러한 해석은 우리가 앞에서 살펴본, 이사야 11:1-4에 기초한 메시아 전승의 발전 궤도와 전적으로 일치한다(심지어 그것이 이 전승이 말하고자 한 이야기의 절반밖에 되지 않더라도 말이다).[19]

그 제자들이 심지어 성령에 관해 들어본 적이 없다(따라서 요한이 메시아가 성령을 부여할 것을 약속했음을 부인할 수 있다)는 의미로 해석될 수 없다. 이 본문은 오히려 그들이 종말론적인 은사가 주어졌다는 것에 대해 듣지 못했음을 시사한다. (ii) "두 핵심 사상 — 마지막 때의 성령 부음과 성령으로 기름부음을 받은 메시아적 인물 — 간의 간극은 그리 크지 않았으며, 이 둘은 머잖아 서로 연결될 수밖에 없었다"(아래의 §3.2를 보라).

(b)와 관련하여 Webb, *Baptizer*, 275은(Dunn과 함께) 신약에서 성령 세례가 묘사되어 있는 본문은 단 두 곳으로서, 여기서 성령 세례는 물 세례와 아주 확연하게 구분된다(오순절과 가이사랴)고 말한다.

(c)와 관련하여 Webb은 다음과 같이 지적한다. (i) "바람"은 "성령"보다 덜 일반적인 종말론적 무대 장치였다. (ii) πνεῦμα는 눅 3:17에 등장하지 않으며, (결정적으로) 17절의 이미지는 알곡을 골라내는 작업에 관한 것이 **아니라** 그 뒤에 이어지는 작업, 즉 타작마당을 청소하는 것에 관한 것이다. Webb의 이 두 관찰은 3:16의 πνεῦμα가 "바람"을 의미할 개연성을 떨어뜨린다. 따라서 이 단어는 "성령"을 의미할 개연성이 훨씬 높다(그리고 우리는 여기에 "바람"과 "세례를" 연관짓는 혼합된 은유는 요한이 한 말로 보기에는 잘 어울리지 않는 표현임을 덧붙일 수 있다). Webb은 또한 (iii) ἅγιον은, 심지어 이 단어가 "거룩함의"(of holiness)를 의미한다 할지라도, 반드시 초기 기독교에서 덧붙인 것으로 볼 수 없다(물론 그럴 수도 있지만)고 덧붙인다. 물론 "세례를 베푸다"와 함께 사용되었다는 점은 그럴 가능성을 암시할 수 있다. 왜냐하면 (Webb이 주장하듯이) 요한의 세례와 대비되는 메시아의 세례는 윤리적으로 사람을 변화시키고 갱생시키는 성령의 선물이기 때문이다.

19 B. M. F. van Iersel, "He will Baptize you with Holy Spirit (Mark 1,8)", in J. Baarda *et al.* (eds.), *Text and Testimony: Essays on New Testament and Apocryphal Literature in Honour of A. F. J. Klijn* (Kampen: Kok, 1988), 132-41은 심지어 마가복음 본문("그리고 불로"가 생략된)까지도 근본적으로 사 11:4의 메시아의 손에 의해 이루어질 심판의 약속으로 해석하는 데 전혀 어려움을 느끼지 않는다.

3. 세례 요한의 의미에 대한 누가의 이해

누가는 지금까지 전반적으로 그의 내러티브 안에서 특별히 "기독교" 사상과 교회의 실재를 시대착오적으로 소급 적용하는 것을 회피하면서 유대인들이 바라던 소망을 상당히 정확하게 묘사했다. 따라서 우리는 누가가 3:16-17에 담긴 요한의 말이 성령을 받게 하는 기독교의 물 세례를 지칭하거나,[20] 또는 그리스도인들에게 선교를 위해 주어지는 부차적 은사(*donum superadditum*)를 지칭했다[21] (예수가 행 1:5의 어록을 그런 방향으로 재해석했는지의 여부는 또 다른 문제다)고 보는 견해를 어느 정도 확실하게 거부할 수 있다. 그렇다면 누가는 세례 요한이 3:16-17의 약속을 통해 무슨 말을 하려 했다고 생각했을까? 누가가 이에 대해 명료하게 밝히고 있지 않기 때문에 우리는 단지 비판적인 연역과 추론에 의존할 수밖에 없다. 여기에는 두 가지 상호 보완적인 방법이 동원될 수 있다. 그중에 하나는 내러티브비평과 독자-반응 해석 방법이다. 이 방법은 "내재된 독자(물론 데오빌로만을 의미하는 것은 아님)는 이야기가 전개되고 있는 현 단계에서 이 약속이 의미하는 바를 어떻게 이해했다고 볼 수 있을까?"라는 질문을 던진다. 내재된 독자들은 유대교에 관한 지식을 얻는 데 오직 누가-행전의 본문에만 의존하지 않는다. 그들은 이미 유대교와 그들의 경전 및 소망에 관해 상당히 많은 지식을 갖고 있었다. 이는 심지어 그들 자신이 어떤 면에서는 유대교 밖에 있었다 하더라도 마찬가지다(아마도 그들은 누가가

---

20   이러한 무비판적인 주장이 어떻게 지속적으로 제기되는지 정말 놀라울 따름이며, 가장 최근의 것으로는 M. Quesnel, *Baptisés dans l'Esprit* (Paris: Cerf, 1985), 38을 꼽을 수 있겠다. 우리는 이 말이 문자적인 물 세례 의식이 아니라 은유적인 세례임을 인식하기 위해 "그러면 '그리고 불'은 무슨 의미입니까?"라고 물어보면 된다; 참조. Légasse, "Baptême," 260-62; 그리고 Dunn, *Baptism*, 18-22이 제시한 성례주의적 해석에 대한 반론을 보라.

21   이와 유사한 두 번째 축복에 관해서는 Dunn, *Baptism*, 10, n. 7에 인용된 학자들을 보라.

"하나님을 경외하는 자"로 부르는 이들 가운데 포함되어 있을 것이다).[22] 이 독자들은 누가복음 1:4-3:15의 코텍스트와 유대교의 소망에 대한 그들의 지식을 바탕으로 이 약속이 이스라엘의 정화와 회복을 의미한다고 생각할 것이다. 물론 독자들은 단지 진보적으로(progressively) 읽을 뿐만 아니라 회고적으로(retrospectively)도 읽을 것이다.[23] 그들은 이 약속이 사도행전에서 어떻게 성취되었는지도 알게 될 것이며, 또한 이 사실은 그들이 이 약속을 이해하는 방식에도 일정 부분 영향을 미칠 것이다. 그러나 독자들은 단순히 세례 요한의 기대와 그 성취를 서로 동일시하지는 않을 것이다. 그들은 이 둘 사이에 종종 긴장이 존재한다는 사실을 알게 될 것이다(그리고 그들은 이 긴장이 눅 7:18-23에 나타나 있는 세례 요한의 질문과 예수의 답변의 견지에서 서술되고 있음도 보게 될 것이다). 약속이나 혹은 기대는 종종 기대하지 않은 방식으로 성취되기도 하는데, 이것이 누가-행전에서 펼쳐지는 이스라엘의 구원의 패턴에서보다 더 잘 나타나 있는 곳은 없다. 누가의 독자는 반드시 "내재된" 세례 요한의 목소리에 먼저 귀를 기울여야 한다.

세례 요한의 약속에 대한 누가의 이해에 접근하기 위한 두 번째 방법은 저자와 그의 자료의 전승사에 더 큰 관심을 보인다. 누가는 한 가지 목적을 가지고 저술했고, 우리가 발견할 수 있는 한도 내에서 그의 저작 의도는 독자들의 이해에 있어 매우 중요하다.[24] 그가 자료를 사용한 경우 우

---

22 예를 들어 J. Neyrey, "The Symbolic Universe of Luke-Acts: They Turn the World Upside Down," in J. H. Neyrey (ed.), *The Social World of Luke-Acts: Models for Interpretation* (Peabody: Hendrickson, 1991), 271-304; V. Robbins, "The Social Location of the Implied Author of Luke-Acts," in Neyrey (ed.), *World*, 305-32; J. B. Tyson, *Images of Judaism in Luke-Acts* (Columbia: University of South Carolina Press, 1992), 36; 참조. 181-182을 보라. 이와 유사한 결론에 도달한 연구로는 J. B. Chance, "The Seed of Abraham and the People of God: A Study of Two Pauls," in E. H. Lovering (ed.), *Society of Biblical Literature 1993 Seminar Papers* (Atlanta: Scholars Press, 1993), 384-411, 특히 406-11을 보라.

23 R. L. Brawley, *Centering on God: Method and Message in Luke-Acts* (Louisville: Westminster Press, 1990)는 이 점을 잘 논증한다.

24 다른 저서에서 나는 현대 언어학에 기초하여 저자/화자의 의미를 담화의 의미에서 제

리는 그가 전달하고자 하는 의미가 주로 그가 물려받은 그의 전승에 담긴 의미이리라고 가정할 수 있다(그가 그 전승을 수정하거나 또는 새로운 코텍스트적인 틀을 제시하지 않는 한). 누가는 자신이 물려받은 복음 전승을 익명의 자료가 아니라 기독교 공동체의 해석이 담긴 생생한 전승으로 여겼을 것이다. 따라서 누가가 그 자료들을 얻기 이전에 그 전승들이 "의미했던" 바는, 설령 그것을 해석학적 구속복(interpretational straightjacket)처럼 사용하지 않는다 하더라도, 누가 자신의 견해를 이해하는 데 매우 중요한 잠재력을 갖고 있다. "Q" 자료의 경우 아마도 우리는 거기서 "역사적" 예수(그리고 역사적 세례 요한)에 상대적으로 깊이 뿌리를 두고 있는 전승의 흐름을 만나게 될 것이다.

본장의 나머지 부분에서 나는 이 두 상호 보완적인 접근 방법을 엄격하게 구분하지 않고, 문법 및 코텍스트에 기초한 논증을 역사·전승적인 고려사항과 나란히 사용할 것이다. 나는 이제 여기서 세례 요한의 의미에 관한 누가의 이해에 해답을 제공해줄 만한 중요한 세 가지 해석학적 질문을 다루고자 한다.

3.1. "그는 성령과 불로 너희에게 세례를 베풀 것"이라는 약속은 단일 사건을 가리킬까? 아니면 성령 세례와 불 세례를 서로 구분할까?

제임스 던은 요한의 경고가 서로 다른 두 가지 세례, 즉 (의인을 위한) 성령 세례와 (회개치 않은 자를 위한) 불세례를 담고 있다는 전통적인 견해를 반박했다.[25] 하나의 전치사 ἐν("in"/"with")이 두 가지 요소(성령과 불)를 모두 지배하고, 요한 앞에 모인 모든 무리에게 주어진 약속이 이 하나의 세례이기 때문에 "가장 개연성 있는 해석은 성령과 불이 다함

거하려는 것은 잘못된 시도임을 논증한 바 있다. Cotterell and Turner, *Linguistics,* 53-72.

25   참조. Dunn, *Baptism,* 8-14; "Fire," 86; "Birth," 135-36 등.

께 회개한 자와 회개치 않은 자가 모두 경험할 메시아 심판의 정화 작업(즉 전자에게는 축복으로, 후자에게는 멸망으로 나타날)을 묘사한다"는 것이다.[26] 이러한 해석은 최근에 웹(Webb)[27]에 의해 도전을 받았다. 그는 "그는 성령으로 너희에게 세례를 베풀 것"이라는 약속이 요한의 물 세례를 받은 이들에게 국한된 것으로 본다. 왜냐하면 그는 이 성령 세례를 요한의 물 세례로 시작된 새 창조/갱생 과정을 완성하는 차원에서 세례를 받은 이들에게 주어지는 성결의 영의 은사로 이해했기 때문이다. 그러나 웹의 주장은 여러 측면에서 취약점이 있으며,[28]

---

26 *Baptism*, 11.

27 *Baptizer*, 289-95.

28 Webb은 단일 세례에 대한 가정은 오직 단수 동사가 단수 명사로 바뀐 것에만 전적으로 의존한다고 주장한다. 그러나 (그의 반론에 의하면) 동사의 수는 주어에 의해 결정되는 것이지, 수단이나 대상을 나타내는 말에 의해 결정되지 않는다. 예를 들어 "그는 A와 B를 줄 것이다"(He will give an A and a B)라는 유사한 문장은 "그는 A와 B의 선물들을 제공할 것이다"(He will provide gifts of an A and a B)와 같이 변형된 문장으로 간주되어야 하는데, 이것들은 상당히 다른 것일 수 있다. 그렇다면 세례 요한의 어록의 ὑμᾶς(너희에게)는 구체적으로 요한에 의해 세례를 받은 이들을 지칭하지 않고, 더 보편적으로 그가 자신의 메시지를 전달하고자 하는 이들, 즉 모든 이스라엘을 지칭할 것이다. 따라서 성령과 불로 세례를 베푸는 것은 아마도 **서로 다른 두** 행위, 곧 회개한 자에게는 성령을 부어주고, 악한 자에게는 불의 심판을 내리는 행위를 가리킨다. 다시 말하면 이 어록은 서로 다른 회복의 요소와 심판의 요소를 포함한다(눅 3:17이 암시하듯이). 회개한 이들에게는 그가 "성령으로", 즉 "성결의 영으로"(참조. 희년서 1:23; 1QS 4:20-21) 세례를 베풀 것이며, 이 세례는 회개의 물 세례로 시작된 회심/변화를 완성한다. 이를 통해 성결의 영은 거룩한 남은 자들을 창조한다. 회개치 않는 이들에게는 그가 쭉정이가 불에 타서 없어지듯이 "불로" 세례를 베풀 것이다. 즉 이것은 악인들을 제거해버림으로써 이스라엘을 깨끗하게 정화하는 행위다(따라서 이 두 세례는 서로 밀접하게 연관되어 있다. 그 두 세례는 모두 이 땅에서 악이 제거되는 결과를 낳는다). Webb은 메시아가 (윤리적 변화를 가능케 하는 능력으로서) 성결의 영을 "줄" 것이라는 그의 개념을 어디서 도출해내는가? 여기서 그의 생각은 대체적으로 그가 요한의 세례를 과거를 청산하는 회개로 이해하는 데에 의존하며, 이 회개는 비록 죄 사함을 보장해주지만, 이는 오직 이스라엘의 종말론적인 정화를 통해서만 진정으로 성취된다. 그는 또한 이 사실을 레위의 유언 2:3B2("생수로 나는 내 온 몸을 씻었고, 나의 삶의 방식은 모두 올바르게 정돈되었다")와 (11세기의) 레위의 유언 2:3의 E 사본에서만 발견되는, 주님이 화자에게 정화와 새 창조를 일으킬 "성결의 영"을 보내줄 것을 요청하는 기도의 연관성에 기초하여 설명한다(*Baptizer*, 116-20).

언어학적으로 볼 때 던의 주장이 더욱더 설득력이 있다.[29]

3.2. 요한의 약속은 메시아가 성령을 줄 것임을 암시하는가?(아니면 단순히 그가 성령의 강한 능력을 힘입을 것임을 암시하는가?)

일반적으로 요한의 이 어록은 회개한 이스라엘에게 메시아가 성령을 "베풀" 것, 또는 그가 이스라엘에게 성령을 "부여"하거나 "부어줄" 것을 약속하는 것으로 해석된다. 그러나 우리는 이러한 해석을 세례 요한에게 귀속시키거나, 심지어는 Q나 **누가의** 세례 요한에게 귀속시키는 것에 주의해야 한다. 왜냐하면 기독교 이전의 유대교는 그런 것을 전혀 기대하지 않

하지만 이러한 Webb의 설명은 두 가지 문제점에 직면한다. (1) 요한이 메시아가 이러한 성령의 은사를 줄 것을 기대했다는 것은 받아들이기 어렵다. 왜냐하면 (a) 유대인들 가운데 종말론적 성령을 주로 윤리적 변화를 일으키는 능력으로 생각한 사람은 (거의) 없었으며, 그들은 이 종말론적 은사를 예언의 영의 회귀(비록 일반적으로 생각했던 것을 넘어서는 윤리적인 결과를 내포하긴 했지만. 위의 5장의 논의를 보라)로 생각했기 때문이다; (b) 비록 쿰란 공동체(세례 요한은 쿰란 공동체의 목욕재계 의식과 일부 공통 요소를 갖고 있었다)는 확실히 하나님이 사람들을 거룩한 영으로 정화시킬 것―그리고 이것은 아마도 (단순히 새로운 인류학적인 능력이 아니라[Menzies와 대조적으로, 위의 5장 §2.6을 보라] 하나님의 영과 연관되었을 것임―을 기대했지만, 이 사역은 **결코** 그 어떤 메시아적 인물에게도 귀속된 적이 없다. 만약 그런 적이 있었더라도, 이제 쿰란에서 나타나는 성령을 지닌 메시아에 대한 묘사는 오히려 전통적인 것으로 보인다(사 11:1-4; 참조. 1QSb 5:24-25; 4Q215 4:4; 4Q252 5:1; 4Q285 7:2; 4QFlor 1:10-13; 4QpIsaᵃ 3:15-29에 근거하여). 즉 다른 유대인들과 마찬가지로 그들도 메시아에게 임한 성령을 예언의 영의 특별한 경우(주로 사 11:1-4을 반추하는 것에 근거하여)로 볼 수밖에 없었을 것이다. (c) 유대교는 모든 이스라엘에게 성령을 "부여"하거나 "주는" 메시아를 쉽게 생각할 수 없었다. 왜냐하면 성령에게 주어지는 그러한 "주권"은 필연적으로 그들의 배타적인 유일신론과 충돌을 일으키기 때문이다(그 이유에 관해서는 아래에서 살펴볼 것이다). (2) 사본 E의 증거는, 비록 단편적인 4QTLev arᵃ 1:8-18을 희미하게 반영하긴 하지만, 요한의 물 세례는 불완전하며 단지 "성결의 영"을 부어주는 측면에서만 성취된 것으로 간주하는 견해를 뒷받침해줄 만큼 확고한 근거가 제공하기에는 너무나 후대의 문서다.

29   성령과 불을 모두 지배하는 단일 전치사 ἐν은 당연히 "그는 A로 세례를 주고, B로 세례를 줄 것이다"(he will baptize with A and he will baptize with B)보다는 "그는 A와 B로 세례를 줄 것이다"(he will baptize with A and B)와 같은 의미를 내포한다.

왔기 때문이다. 사실 요한의 말의 진정성에 대한 **반론**으로 자주 제기되는 주요 논증 가운데 하나가 바로 "[유대교에서는] 메시아가 성령을 선물로 줄 것이라는 기대가 없었다. 성령의 종말론적 부음은 메시아와 직접적으로 연결되어 있지 않았다"는 것이다.[30] 던과 웹은 "성령의 종말론적 부음과 성령으로 기름부음 받은 메시아라는 두 사상을 서로 하나로 결합시키는 것은 그리 대단한 것이 아니었으며, 결국에는 그렇게 될 수밖에 없었다"라고 말하면서 누가복음 3:16의 진정성을 보존하려고 노력한다.[31] 던은 쿰란 공동체도 이 두 사상을 서로 밀접하게 연관시켰으며, 세례 요한은 지금까지 내딛지 않은 "아주 작은 걸음"을 내딛으면서 "성령과 불세례를 (베풀)···능력 있는 인물인 메시아가 성령을 **부여할 것**에 관해 처음으로 이야기했다"고 말한다.[32]

하지만 그들의 주장은 설득력이 없다. 그 당시에는 회개한 온 이스라엘에게 성령을 "베풀"(또는 성령을 "주는") 인물에 관해 이야기할 만큼 하나님의 영에 대한 주권을 행사하는 메시아를 쉽게 떠올릴 유대인이 없었다. 내가 다른 곳에서 상세하게 논증했듯이 하나님의 영은 현존하시고 활동하시는 하나님 **자신**이었고, 메시아를 "성령의 주"로 만드는 것은 불가피하게 유대교의 배타적 유일신론을 위협할 수밖에 없었다.[33] 바로 이런 이유에서 우리는 웹이 그의 초기 분석(*Baptizer*, 7장)에서 누가복음 3:16-17의 모든 다양한 진술과 일치하는 인물을 유대교에서 찾아내

---

30   Dunn, "Fire," 88도 그가 반대하는 견해를 요약하면서 이 견해를 견지한다.

31   Dunn, "Fire," 91.

32   "Fire," 92(강조는 덧붙여진 것임). 이와 유사한 Webb의 입장은 예를 들어 *Baptizer*, 274 을 보라. "마지막 때의 성령 부음과 성령으로 기름부음 받은 메시아적 인물이라는 두 사상 간의 차이는 그리 대단한 것이 아니었으며, 이 둘은 머잖아 연결될 수밖에 없었다. 성령으로 기름부음 받은 인물은 장차 성령을 **부여받을** 자이다."

33   Turner, "Spirit and Christology," 168-90; 보다 더 상세한 논의는 "The Spirit of Christ and "Divine" Christology," in J. Green and M. Turner (eds.), *Jesus of Nazareth: Lord and Christ* (Carlisle: Paternoster, 1994), 413-36을 보라.

는 데 실패했다고 말할 수 있다. 여기서 가장 결정적으로 결여된 것은 성령을 부여하는 능력이다. 웹의 결론은 요한의 그림만이 야웨 자신과 온전히 일치하며, 따라서 요한은 "장차 오실 이"를 다윗이나 새로운 모세와 같지 않은, 단순히 야웨의 현시(manifestation)이자 대리자(agent)로 묘사한다는 것이었다. 성령을 부여받은 메시아와 성령을 보편적으로 부여하는 메시아 사이에는 단지 "작은 걸음"만 존재한 것이 아니다. 따라서 그의 저서 8장에서 레위의 유언 18:11, 유다의 유언 18:24, 1QIsa 52:14-15, CD 12:2로 대표되는 유대교가 성령을 부여하는 메시아 사상으로 이동하는 과정에 있었으며, 세례 요한은 이 최후의 "작은 걸음"을 내딛었을 것이라는 웹의 주장이 자신의 초기 분석과 모순된다는 점은 신기할 따름이다. 우리는 오히려 이 본문들 가운데 처음 두 본문이 초기 기독교에 의해 추가된 내용이라는 그의 초기 분석에 동의하며,[34] 다른 곳에서 (던에 반대하며) 1QIsa 52:14-15이 메시아가 열방에게 성령을 뿌릴 것(sprinkling)에 관해 언급하지 않고, CD 2:12에서 기름부음 받은 자에 의해 "알려진" 성령은 그러한 인물을 통해 **주어지는** 것이 아니라 그들의 삶속에서 역사하는 성령을 통해 경험되는 것이라고 주장한 바 있다.[35]

요약하자면, 아마도 유대교는 이스라엘에 종말론적인 성령을 **부여하는** 메시아적 인물을 상상조차 할 수 없었을 것이며, 세례 요한 자신(또는 그의 말을 기억한 팔레스타인의 Q 전승)이 그러한 주장을 하는 매우 급진적인 걸음을 내딛었을 리도 없다. 따라서 오히려 능력이 더 많으신 이가 이스라엘에 성령과 불로 "세례를 베풀" 것이라는 요한의 말은 그가 이스라엘에게 성령을 베풀 것을 예고하기보다는 성령으로 무장하신 메시아의 도래가 이스라엘에 미칠 영향에 대해 언급했을 개연성을 더욱 높여준다고 할 수 있다. 그러나 우리는 이 문제를 놓고 한 걸음 더 들어가기 전에

---

34   Turner, "Luke and the Spirit," 2장, n. 204을 보라.

35   Turner, "Spirit and Christology," 181-83.

다음의 질문을 고려해볼 필요가 있다.

3.3. 요한의 약속에서 (성령과 불로) "세례를 주다" 동사는 어떤 의미 인가?

분명히 우리는 여기서 "나는 물로 너희에게 세례를 베풀거니와"라는 3:16a의 진술(그리고 우리는 여기서 전치사 ἐν이 생략되어 있다는 점에 주목할 필요가 있다)이 의도한 명백한 비교와 대조를 깊이 고려할 필요가 있다.

(1) βαπτίζω의 일반적인 의미는 "담그다"(immerse), "적시다"(dip), 또는 "가라앉히다"(sink)의 의미를 갖고 있으며, 요한이 거의 확실하게 사용했을 것으로 여겨지는 아람어 טבל, 즉 단순히 "(물에 담금으로써) 적시다, 목욕하다, 씻다"라는 의미와 일치한다. "담그다"라는 의미는 3:16a의 의미와 잘 어울린다. 왜냐하면 세례 요한이 행한 것이 거의 확실히 "담그는" 행위였을 것이기 때문이다. 이러한 후자의 결론은 웹의 역사적 분석에 의해 밝혀진 정화(lustration)의 의미를 담고 있는 회개 의식과도 잘 어울린다. 왜냐하면 그는 회개의 표현이 정화의 목적인 경우 이것이 주로 흐르는 물에 담그는 행위를 통해 이루어졌다는 증거가 존재한다는 점을 보여줄 수 있었기 때문이다(참조. 레위의 유언 2:3b; 시빌의 신탁 4:162-70; 모세의 묵시 29:11-13).[36] 그렇다면 우리는 요한이 자신의 (물에 담그는) 물 의식과 성령의 메시아가 앞으로 수행할 역할을 서로 비교한 것으로부터 무엇을 유추할 수 있을까? 요한이 사용한 은유는 강력한 성령이 흐르는 강에 사람을 "담그는" 메시아를 의도적으로 묘사하고 있다고도 볼 수 있다. 물론 이것이 전혀 불가능한 것은 아니지만, 이례적이며, 그럴 개연성은 낮아 보인다. 마샬(I. H. Marshall)이 지적했듯이 우리는 성령(또는 불)의 강 또는 호

---

36   *Baptizer*, 179-83; 4-5장.

수에 사람을 담그는 메시아적 인물에 대한 사상을 유대교 내에서 발견하지 못한다.[37]

(2) 마샬은 "가라앉히다" 또는 "담그다"라는 문자적인 의미가 확대되어 βαπτίζω가 "넘치게 하다"(to deluge with) 또는 "압도하다"(to overwhelm with)와 같은 의미를 지닌 은유로 사용되었다고 주장했다(나는 이 주장을 지지하고 발전시켰다[38]). 그렇다면 세례 요한의 약속은 성령과 불이라는 종말론적인 홍수를 위로부터 퍼부어 피조물과 하나님의 백성을 변화시키고, 모든 악을 제거해버리는 메시아를 묘사하는 것으로 해석될 수 있다. 하지만 이러한 해석도 여러 가지 문제에 봉착한다.

a. 메시아가 종말에 **불**을 내릴 수도 있다는 사상은 분명히 유대교 사고의 범주 안에 들어 있지만, 그가 하나님의 **영**에 대해 이러한 주권을 행사할 개연성은 낮아 보인다.

b. 우리는 이 견해가 암시하듯이 세례 요한의 약속이 전적으로 묵시적이었다고 확신할 수 없다. 오히려 웹의 분석에 따르면 누가복음 3:17은 세례 요한이 이스라엘에 대한 "종말론적" 검열(eschatological sifting)을 이미 마쳤다는 것과 설교와 세례라는 역사적인 활동을 통해 이를 성취했다는 것을 전제한다. 장차 오실 이도 이와 같이 **역사적** 틀 안에서 죄인들은 정화 작업을 통해 멸망시키고, 의인들은 회복시키는 사역을 수행할 것으로 기대된다. 즉 요한에게 있어 임박한 심판은 (종종 그렇게 해석되어왔듯이) 세상이 비극적인 종말을 맞이하는 묵시적 멸망이 아니라 하나님 자신이 성령을 받은 그의 대리자를 통해 이스라엘을 회복시키고자 역사 안으로 들어오시는 사건이었다.

c. (요한의 세례의 경우) 문자적으로 "담그다"라는 의미로 사용된

---

37   I. H. Marshall, "The Meaning of the Verb 'to Baptize'", *EvQ* 45 (1973) 130-40.

38   Turner, "Spirit Endowment," 50-53.

βαπτίζω에서 비문자적인 의미의 βαπτίζω로, 그리고 (메시아의 세례의 경우) "넘치게 하다"라는 의미의 βαπτίζω로 바뀐 것은 (물론 불가능한 것은 아니지만) 어딘가 모르게 어색하다.[39]

d. 비록 βαπτίζω라는 그리스어 동사가 "압도하다" 또는 "넘치게 하다"라는 의미를 나타낼 수는 있지만(참조. 눅 12:50!), 3:16의 βαπτίζω 동사의 배후에 있다고 여겨지는 아람어 동의어 טבל은 이러한 의미로 사용된 적이 전혀 없다. 이 동사는 단순히 "(물에 담금으로써) 적시다, 목욕하다, 씻다"를 의미한다. 만일 누가복음 3:16이 실제로 "세례를 베푸는" 요한과 메시아 간의 진정한 대조를 유지하고, 또 이 두 경우에 모두 사용된 아람어가 실제로 טבל이었다면 마샬의 해석은 재고될 필요가 있어 보인다.

(3) 던은 동사 βαπτίζω가 적어도 "시작하다"(initiate)라는 의미를 나타낼 수 있음을 제안한 바 있는데, 이는 물 세례를 통해 남은 이스라엘의 삶을 시작하는 요한과 성령 세례를 통해 하나님 나라/새로운 언약의 삶을 시작하는 예수를 서로 대조했을 가능성을 제기한다.[40] 이러한 제안은 특히 영어권에서 매력적으로 보일 수 있는데, 이는 그들에게 "세례를 베풀다"(baptize)와 "세례"(baptism)라는 용어가 구체적으로 종교 "입문" 용어이며, 또한 반(半)대중적인 오순절주의 및 은사주의 저서 중에서 물 세례가 교회의 입문을 의미하는 것처럼 "성령 세례"는 "성령이 하시는 일"에 "입문하게 한다"는 추론이 일반적으로 받아들여지고 있기 때문이다. 하지만 이러한 의미는 이미 세속적인 용례로 널리 알려진

---

39   Marshall은 사실상 요한이 물에 담그는(immersion) 세례가 아닌 (그의 물-의식을 그의 메시아 고대 사상에 맞추어) 물을 위에서 붓는(affusion) 세례를 베풀었을 것이라고 결론짓는다. 하지만 Webb이 제시한 증거와 다른 고려사항들(참조. Turner, "Spirit Endowment," 51; 61, n. 33)에 비추어 보면 Marshall의 이 같은 주장은 근거가 불충분해 보인다.

40   비록 이러한 사고는 확실히 Menzies에 대한 반론으로서 좋은 증거이지만("Baptism," 20-21을 보라), Dunn은 이 부분을 정식으로 발전시키지 않았다.

βαπτίζω의 의미로는 잘 설명이 되지 않는다. 비성서 문헌에 나타난 은유적인 용례 중에서 이 동사는 "시작하다"(initiate)가 아닌, "…에 의해 압도당하다"(overwhelmed by), "깊이 가라앉다"(sunken deep into)를 가리키는 것으로 나타난다. 따라서 전형적인 예를 하나 들자면, 가달리아(Gadalias)가 βεβαπτισμένον εἰς ἀναισθησίαν καὶ ὕπνον이라는 문장은 이스마엘로스(Ismaёlos)의 지나친 계산된 관대함에 의해 무의식과 수면의 상태로 "입문한" 것을 의미하는 것이 아니라(그는 분명히 이전에도 이 두 상태를, 아마도 동일한 원인에 의해, 모두 경험했을 것이다), 이러한 상태에 "빠져들었거나", 아예 이에 "압도당했을" 것이다(요세푸스, 『유대고대사』 10:169; 또한 필론, *Vit. Cont.* 46과도 비교하라). 이와 견줄 만한 다양한 용법이 존재함에도 불구하고[41] 나는 "시작하다/입문하다"의 의미가 적절한 경우를 전혀 발견하지 못했다. 세례 요한이 의도적으로 이러한 생생한 은유를 고안해냈을 가능성이 전혀 없는 것은 아니지만, 청중 가운데 그의 말을 그런 식으로 이해했을 가능성을 암시할 만한 증거는 존재하지 않는다.

(4) 나는 여기서 비교의 대상이 되는 것은 세례에 수반되는 물리적 움직임(그것이 물에 담그는 것이든, 물을 그 위에 붓는 것이든 간에)과 관련이 있는 것이 아니라, 그 의식이 행해지는 목적과 관련이 있다고 본다. 요한은 회개하는 이스라엘을 씻고, 이로써 죄에 오염된 그들을 **정화**시키기 위해

---

41 따라서 예를 들어 β. τίνα ὕπνῳ(*Ap.* 11:49) 또는 ὕπνῳ βαπτίσμενος(Archig et Posidon., *ap. Aet.* 6:3)는 아마도 잠에 "깊이 빠진" 혹은 "압도된"으로 옮겨야 할 것이다. 또한 플라톤(*Symp.* 176b)은 이 동사를 은유적으로 사람들이 포도주에 "절어졌다"(soaked, 포도주를 처음 맛본 자들이 아닌)는 의미로 사용한다; 참조. 요세푸스, *War* 4:137(ὁ δή καὶ …ἐβάπτισεν τὴν πόλιν). 이 문장은 주로 "이 상황이…그 도시를 파괴시켰다"라고 번역되어 왔다. 하지만 문제의 상황이 그 도시의 자원에 부담을 준 사람들의 과도한 유입이라는 사실에 비추어 보면 ("시작되었다"가 아닌) "덮쳤다", "가라앉혔다" 혹은 "압도했다"가 더 나은 번역을 제공한다. 필론(*Leg. All.* 3:18)의 글에도 καὶ βαπτίζοντα τῇ φορᾷ τῶν παθῶν τὴν ψυχὴν …"이라는 문장이 나오는데, 우리는 이것을 "열정의 홍수로 그 영혼을 압도한다"로 번역해야 하며, Moulton과 Milligan은 P. *Par* 47:13(κἂν ἴδῃς ὅτι μέλλομεν, τοτέ βαπτιζώμεθα)을 "그러면 우리는 압도될 것이다"로 번역한다.

물로 세례를 베푼 것이다. 이를 다시 응용해서 말하자면 메시아는 회개하는 이스라엘을 성령과 불로 씻어 그들을 "정결케" 할 것이다. 그는 가장 온전한 의미에서 "이스라엘을 정화"시킬 것이며, 그들을 유토피아와 같은 시온으로 회복시킬 것이다. 앞의 제안과는 달리 이러한 제안은 요한의 세례의 공적인 의미와[42] 전통적으로 인식되어온 (시온을 정결케 하여 이를 회복시키는) 메시아의 역할에[43] 모두 기초한다는 분명한 장점을 갖고 있다. 우리가 이미 살펴보았듯이 성령을 부여받은 전통적인 다윗 계열의 메시아에게 이러한 은사가 주어진 것은 그가 시온을 완전히 정화하기 위함이다. 그렇다면 우리는 요한의 말을 설명하기 위해 에녹1서 49:2-3, 62:1-2, 솔로몬의 시편 17:37, 18:7, 에스라4서 13:8-11, 1QSb 5:24-25, 4QpIsa^a 3:15-29처럼 이사야 11:1-4(그리고 4:4; 9:2-7과 더불어)의 말씀을 대대적으로 성취하는 메시아적 인물에 대한 전통적인 기대 외에 과연 다른 어떤 것이 더 필요할까? 성령이 부여하는 권위와 불타오르는 의와 극적인 능력을 행함으로써 이스라엘을 정화시키고 회복시키기 위해 심판과 구원을 행하는 그러한 인물이 도래한다는 사실만으로도 그가 이스라엘에게 성령과 불로 "세례를 베푸실 것"이라는 은유를 설명하기에 충분하다.[44] 이러한 견해는 3:16b이 "장차 오실 이"의 도래를 금을 연단

---

42 역사적 요한이 자신의 세례를 죄에 대한 오염과 죄책감으로부터 정화되는 것으로 보았다는 견해에 대해서는 Webb, *Baptizer*, 6장을 보라. 복음서 전승에서도 이와 동일한 이해가 "죄 사함을 위한 회개의 세례"(눅 3:3 등)라는 표현에서 나타난다.

43 따라서 나는 나의 초기 주장(Turner, "Luke and the Spirit," 48-52, 208-10)보다는 J. E. Yates, *The Spirit and the Kingdom* (London: SPCK, 1963)에 더 근접해 있으면서도 여전히 Yates의 논제의 초석("세례를 베푸다라는 동사는 근본적으로 영적 정화를 의미한다"는 점; *Spirit*, 2)과 이로부터 유추된 그의 추론(마가는 사역 기간을 요한의 약속의 성취로 묘사한다는 점)을 거부한다.

44 은유법이 "베냐민은 탐욕스러운 늑대다"와 같이 단순한 경우의 복잡한 수준을 넘어설 때에는 우리가 어떻게 진로(tenor)를 궤도(vector)와 "같이" 보아야 할지를 결정하는 과제는 점점 더 어려워진다(이 문제에 관해서는 특히 J. M. Soskice, *Metaphor and Religious Language* [Oxford: Clarendon Press, 1985], 2장과 3장을 보라). 나는 이번 경우가 결코 쉽다고 말하는 것이 아니다. 나는 근본적으로 요한이 (물 세례를 통해) 이스

하는 이의 불과 희게 표백하고자 하는 이의 잿물에 비유하면서 그가 오시는 목적이 레위 자손을 깨끗하게 하고 연단하기 위함이라고 밝히는 말라기 3:2b-3을 암시할 개연성을 높여준다.[45]

이러한 이해를 추가적으로 뒷받침해주는 근거는 다수의 학자가 이미 이사야 4:2-6의 구원 신탁이 "성령"과 "불"이 함께 등장하는 이유를 가장 잘 설명해주는 단서라는 사실에 주목했다는 점이다. "주님이 **심판하는 영**(spirit of judgment)과 **소멸시키는 영**(spirit of burning)으로 시온의 딸들의 더러움을 씻어내고…예루살렘을 청결케 하실 때."[46] 여기서 우리는 성령과 불이라는 세례 요한의 이사일의(二詞一意) 용법에 가까운 무언가를 인지할 뿐만 아니라, 우리가 요구하고 있는 시온의 종말론적인 정화와 회복의 구체적인 연관성도 발견한다. 게다가 멘지스는 어떻게 타르굼이 이 모든 것이 "메시아 시대"(타르굼 사 4:2)를 가리키는 것으로 보고, 이사야 4:4을 "심판의 명령과 절멸의 명령을 내리심으로써"(아마도 하나님이 그의 대리자인 메시아를 통해)라고 번역하는지에 집중한다. 여기서 메시아는 자신이 내리는 명령이 지닌 능력과 (멘지스가 지적하듯이) 그에게 임한 "예언의

라엘을 정화하는 자신의 역할을 메시아가 이스라엘을 정화하는 것과 비교하고 있다고 제안한다(왜냐하면 그에게는 성령이 강력하게 부어졌기 때문이다). 요한이 이것을 세례를 베푸는 것으로 이야기할 수 있는 이유는 회개하는 자가 의식적으로 성령(강력하거나 그렇지 않거나)에 깊이 빠져드는 것으로 묘사되기 때문이 아니라, 오히려 단순히 (i) 메시아가(세례 요한과 같이) 하나님의 백성을 위해 하나님의 일을 수행하는 대리자이며, (ii) 그 "무언가"는 하나님의 백성을 정화시키는 작업이며, (iii) 각각의 경우에 이미 전통적으로 서로 비교의 대상이었던 물과 성령이 "매개체"로 사용되었기 때문이다. 이러한 수준의 설명에 비추어보면 이 은유법은 단순히 가능할 뿐만 아니라 상당히 유용하다. 비록 여기에 또 다른 비교의 대상이 있을 수 있다 하더라도 우리는 여기서 한 걸음 더 들어갈 필요는 없다. 예를 들어 요한에 의해 물속으로 깊이 들어가는 다소 극적인 경험은 메시아와 또 그를 통해 역사하는 성령을 만나는 "극적인" 경험과도 비교될 수 있다.

45   B. C. Frein, "Predictions," 27을 보라.

46   예를 들어 Lampe, "Holy Spirit," 162; Dunn, *Baptism*, 12; Légasse, "Baptême," 270-72; Menzies, *Development*, 136-41; Webb, *Baptizer*, 207, 224, 230; Frein, "Predictions," 27을 보라.

영"을 통해 시온을 정화시키는 것으로 보인다. 이 어록이 어떤 의미에서는 성령의 능력을 부여받은 메시아가 시온을 정화시켜 회복할 것임을 시사한다고 보는 해석은 메시아가 (알곡을 골라내기 위해서가 아니라) 타작마당을 깨끗이 하기 위해 온다는 3:17에 의해서도 강한 지지를 받을 수 있다.

결론

위에서 우리가 전개한 세 가지 논의를 정리하면서 나는 세례 요한이 장차 오실 이가 "성령과 불로 너희에게 세례를 베풀" 것에 관해 이야기할 때 그는 이 사람이 이스라엘에 성령을 **부여**하거나, **베풀어**주거나, **부어**주거나, 이스라엘에 성령이 **넘치게** 하거나, 또는 이스라엘을 강렬한 성령으로 잠기게 할 자임을 의미하지 않았다고 제안한다. 요한이 이러한 은유법을 사용한 것은 바로 장차 올 더 능력이 많으신 이가 이스라엘을 (그 당시에 이해되었던 이사야의 신탁에 따라) **정화**시킬 뿐 아니라 (여러 신탁이 약속했듯이) 그 약속하신 회복을 위해 하나님 자신이 그에게 성령과 능력을 덧입혀주심으로써 그로 하여금 이 일을 완수할 수 있도록 하실 것임을 확실히 보여주기 위함이었다. 회개하는 자는 메시아를 통해 이스라엘을 정화하고 대대적인 변화를 이끌어낼 성령의 사역을 경험하게 될 것이며, 회개치 않는 자는 동일한 성령을 덧입은 메시아가 베푸는 심판을 받게 될 것이다. 어쩌면 이 성령과 불이라는 단일 "세례"는 서로 상당히 다른 두 가지 방식으로 경험될 수 있다. 따라서 우리는 (멘지스처럼) 세례 요한이 "[단순히] 성령의 감동으로 선포한 메시아의 심판 신탁, 즉 쭉정이와 알곡을 구분하는 성령의 강한 역사만을 염두에 두고 있었다"고 주장해서는 안 된다.[47] 왜냐하면 이사야 11:1-4과 이 본문에서 유래한 전승을 접하는 사

---

47   *Development*, 140.

람이 메시아의 성령 받음을 오직 영감을 받은 **말씀**으로 국한시키거나(위의 4-5장을 보라), 아니면 세례 요한이 장차 오실 이의 임무를 주로 알곡을 골라내는 사역으로 보았다고 볼 만한 근거가 전혀 없기 때문이다. 세례 요한의 약속의 목적은 자신의 세례 사역과 그 사역이 가져다줄 메시아적 회복에 관한 이념 및 소망 간의 연관성을 명확히 하는 것이었지, 그 핵심 인물이 어떻게 자신에게 주어진 임무를 완수할 것인지에 대한 세부 정책을 제시하는 것이 아니었다.

혹자는 세례 요한이 **다윗 계열의** 메시아를 고대하거나, 심지어 메시아를 고대했다는 증거가 없고, 오히려 그가 주님 자신을 고대했다고 주장하면서 나의 독법에 반론을 제기할 수도 있다(참조. 3:4a). 하지만 그러한 주장은 심지어 역사적 요한에게조차도 개연성이 떨어진다. 이에 대한 반론으로는 종종 요한이 "나는 그의 신발 끈을 풀기도 감당하지 못하겠노라"며 자기보다 "더 능력이 많으신 이"를 언급한 것은 인간 대리자를 암시한 것이며, 만약 하나님 자신을 언급했다면 그것은 거의 반(半)모독적인 말일 수밖에 없다는 주장이 제기된다.[48] 웹 역시 3:16-17에서 언급된 특징들이 다른 인간적 존재보다 다윗 계열의 메시아에 훨씬 더 잘 부합한다는 사실을 입증했다.[49] 더 나아가 ὁ Ἰσχυρότερός μου("나보다 더 능력이 많으신 이")라는 묘사는 자연스럽게 이사야 11:2을 상기시킨다. 그러나 "역사적" 세례 요한에 대한 이해와 그가 Q를 사용한 공동체 안에서 "기억된" 방식에 대해 당연히 의구심이 생길 수는 있지만, 누가의 정황

---

48   예를 들어 Légasse, "Baptême," 268을 보라.

49   *Baptizer*, 219-60, 282-88(그리고 위의 §3을 보라). Webb은 눅 3:16의 가장 중요한 특징 하나가 다윗 계열의 인물에 대한 유대교의 기대에서 결정적으로 빠져 있다고 느꼈다. 유대교는 이 인물에게 성령을 부여하는 임무(이것은 하나님의 특권이었음)를 전혀 기대하지 않았고, 단지 성령으로 강하게 힘입을 것만을 기대했다. 위에서 "성령으로 세례를 베푸는 것"은 반드시 "성령을 부여하는 것"을 의미하지 않고, "성령의 능력으로 정화시키는 것"을 의미할 수 있음을 논증함으로써 우리는 눅 3:16-17과 다윗 계열의 인물의 적합성을 강화시켰다.

에서는 세례 요한의 말이 (눅 1-2장 전반에 걸쳐 강하게 선포되고 찬양의 대상이 되었던) **다윗 계열의 메시아와 그가 이스라엘을 회복시킬 것을 언급**하는 것으로 받아들여졌을 것이라는 데는 추호의 의심의 여지가 없다. 누가복음 1-2장을 통해 밝혀진 내용은 우리가 제안한 3:16-17에 대한 해석을 뒷받침해준다. 누가가 요한을 누가복음 1-2장에서 분명하게 묘사한 대로 (경건한 다윗이 통치하는) 시온에 대한 소망에 아주 잘 부합하는 인물로 묘사하는 한, 3:16-17에서 그가 한 말은 그 전통적인 소망과 일치할 뿐 아니라 그 소망을 부연설명해주는 것으로 받아들여져야 한다. 아울러 누가가 요한의 이해가 이 이야기의 전말이라고 믿었는지는 또 다른 문제이며, 그 문제에 대해서는 잠시 후에 살펴보고자 한다.

하지만 우리는 이러한 성령론에 대한 우리의 판단의 중요성을 지적하지 않을 수 없다. 우리가 이미 제안했듯이 만일 요한의 말이 다윗 계열의 메시아에 관한 전통적인 유대교의 견해를 암시한 것이라면—그리고 또한 그의 요점이 메시아가 그에게 주어질 성령을 통해 이스라엘을 정화시켜 이스라엘을 회복할 수 있는 능력을 부여받는 것이라면—적어도 세례 요한에게 있어 **성령은 분명히 어떤 의미에서 "구원을 위해 반드시 필요한"** 것이라고 말할 수 있다. 우리는 성령이 메시아의 "예언의 영"과 "선교를 위한 능력"임을 부인할 필요는 없지만, 그 선교가 무엇보다도 이스라엘의 "구원"—이스라엘의 정화와 해방과 변화—에 집중되어 있음을 간과해서는 안 된다. 세례 요한은 (궁켈이 주장하듯이) 메시아에게 임한 예언의 영이 어떤 간접적인 윤리적 결과를 초래할 가능성을 마지못해 인정하기보다는 오히려 그러한 능력부여가 가져다줄 구원론적인 **결과**에 초점을 맞춘다. 즉 메시아**에게 주어진** 예언의 영의 은사들은 이스라엘의 정화를 위한 윤리적/종교적 구속을 성취하기 위해 그를 **통해** 역사하시는 하나님의 능력이 된다.[50]

---

[50] Gunkel이 눅 3:16과 병행 본문을 다루지 않는다는 점은 주목할 만하다. Menzies는 메

4. 누가복음 3:16에 나타난 약속에 대한 누가의 해석

위에서 우리가 이미 제안했듯이 내러티브 안에서 세례 요한(또는 다른 인물)에게 귀속된 견해와 내레이터/내재된 저자의 견해는 적어도 잠재적으로나마 분리될 필요가 있다. 누가의 관점에서 세례 요한은 이스라엘이 고대하던 **바로 그** 예언자였다. 따라서 그의 말은 절대 성취되지 않을 수 없다. 그러나 비록 가브리엘이 독자들에게 요한이 태중에서부터 성령으로 충만할 것임을 확신시켜주고(1:15), 예수가 세례 요한을 "예언자보다 더 큰 자"이며, "여자에게서 난 자 중에 가장 큰 자"라고 칭찬을 아끼지 않았다 하더라도(7:26-28),[51] 누가는 요한이 이해한 것에 어느 정도 한계가 있음을 알고 있었다(참조. 7:18-21). 한 걸음 더 나아가 그는 구원사적 사건이 전통적인 소망과 결합하면서 그동안 기대했던 것과는 상당히 다른 "형태"를 띠게 된 것도 잘 알고 있었다. 저자 누가는 엠마오로 가는 길에서 제자들이 부활하신 예수에게 "우리는 이 사람이 이스라엘을 속량할 자라고 바랐노라"(24:21)며 절망하는 내용을 기록하면서 독자들을 바로 그 아이러니의 심장부로 이끈다. 사실 누가 자신도 3:16-17에 기록된 세

시아가 이스라엘을 정화시키기 위해 성령을 부여받을 것이며 불의한 자들은 불에 소멸되고 남은 의로운 자들은 하나로 모아져 정결케 될 것에 관해서는 이야기하지만, 이상하게도 그는 "여기서 말하는 정화는 개개인의 정결이나 도덕적 변화가 아니다"라고 주장한다(*Development*, 139). 즉 모든 것은 신자들을 골라내고 모으는 역할을 하는 그의 설교의 **가려내는** 효과로 축소된다는 것이다(누가에게 있어서; 설사 세례 요한에게도 그렇다고 할 수는 없더라도; *Development*, 145). Menzies에 대한 반론으로 여기서 주목해야 할 점은 요한의 약속의 초점이 가려내는 작업이 아니라 그 작업 이후에 이어지는 타작마당을 청소하는 데 있다는 것이다. 또한 비록 Menzies가 수혜자 개인을 정화시키는 성령의 은사를 상정하지는 않지만, 그는 분명히 국가적인 차원의 정화를 일으키는 성령의 선물, 즉 의인들에게는 영적·윤리적 변화를 가져다주고, 악인들에게는 파멸을 가져다주는 성령의 선물에 대해 이야기한다.

51 Darr, *Character Building*, 84은 요한에 대한 누가의 전반적인 묘사를 "내러티브 안에서 두 번째로 중요한 인물" 그리고 "성령과 내레이터에게 모두 충분히 인정받은" 자로 특징짓는다.

례 요한의 약속이 대부분 오순절을 넘어(행 1:5; 11:16) 전혀 예상치 못한 방식으로 성취되었음을 보게 된다. 하지만 그는, 우리가 곧 살펴보겠지만, 세례 요한의 말의 핵심을 그대로 보존한다. 우리가 "그는 성령으로 너희에게 세례를 베푸실 것이요"라는 요한의 말을 성령을 부여받은 자를 통해 시온이 정화될 것이라는 약속으로 이해할 경우에 한해서만 우리는 사도행전 1:5-8에 기록된 대화와 11:15-18에 기록된 베드로의 주장의 의미를 제대로 이해할 수 있으며, 누가복음 1-2장에 기록된 이스라엘을 향한 약속과 초기 교회의 관계에 대한 누가의 전반적인 견해를 제대로 이해할 수 있다.

8장

메시아적 아들의 능력 부여

우리가 이미 앞에서 살펴보았듯이 예수의 요단강 성령 경험에 대한 해석은 매우 논쟁적이다. 뷔셀과 던에 의하면 이 사건은 그 무엇보다도 그리스도인의 자녀 됨과 하나님 나라, 그리고 성령 안에서 사는 새 언약의 삶으로 들어가는 예수의 모형적인 경험을 가리킨다. 다른 학자들은 이 사건이 주로 또는 전적으로 기독교에서 말하는 견진성사(예. 아들러, 쏜튼, 딕스)나 오순절주의에서 이해하는 선교를 위한 능력 부여라는 "성령 세례"(예. 쉘튼,[1] 스트론스테드, 멘지스)의 모형임을 강조한다. 물론 이 두 극단적인 견해가 모두 옳지 않을 수도 있다. 그 이유는 누가가 이 두 가지 주장을 모두 타당하다고 생각했을 수도 있고(베어, 던[2]), 아니면 그가 예수의 요단강 경험을 제자들의 경험과 유사하게 묘사하려는 의도 없이 단지 예수의 독특한 메시아적 기름 부음으로 생각했을 수도 있기 때문이다(터너).[3]

우리는 누가-행전 전체를 살펴보기 이전에는 이렇게 서로 상반된 주장을 평가할 만한 위치에 설 수 없다(따라서 우리는 9장과 14장에서 이 문제로 다시 돌아올 것이다). 그러나 우리는 앞장에서 적어도 누가가 예수에게 임한 성령을 대체로 전통적인 다윗 계열의 메시아적 관점에서 고대하던, 시온의 정화와 회복을 위한 하나님의 메시아적 왕에게 능력이 부어진 것으로 이해했을 가능성을 제기한 바 있다. 본장에서는 누가복음 3:21-22과 4:1-14이 예수에게 임한 성령을 이해하는 데 어떠한 기여를 했는지, 그리고 이것이 누가복음 1-2장에서 예수와 그의 선교와 관련하여 커져가던 소망과 어떤 관련이 있는지를 집중적으로 다룰 것이다.

---

1   *Word*, 46-56.
2   특히 그의 후기 저작에서.
3   특히 "Jesus," 3-42을 보라. 어쩌면 나는 이 논제를 너무 과하게 밀어붙였던 것 같다.

1. 예수의 성령 세례 경험(눅 3:21-22)

본문의 내용은 다음과 같다.

3:21 Ἐγένετο δὲ ἐν τῷ βαπτισθῆναι ἄπαντα τὸν λαὸν καὶ Ἰησοῦ βαπτισθέντος καὶ προσευχομένου ἀνεῳχθῆναι τὸν οὐρανὸν 3:22 καὶ καταβῆναι τὸ πνεῦμα τὸ ἅγιον σωματικῷ εἴδει ὡς περιστερὰ ν ἐπ᾽ αὐτόν, καὶ φωνὴν ἐξ οὐρανοῦ γενέσθαι· σὺ εἶ ὁ υἱός μου ὁ ἀγαπητός, ἐν σοὶ εὐδόκησα.[4]

---

4   D 사본의 이문(異文, 대다수의 고대 라틴 사본에서도 나타나고, 유스티누스, 알렉산드리아의 클레멘스, 오리게네스, 메토디오스, 아우구스티누스, 힐라리우스에게도 알려진)은 LXX 시 2:7(υἱός εἶ σύ, ἐγώ σήμερον γεγέννηκά σε)을 직접 인용한다. Dunn(*Jesus*, II, n. 73)이 제시한 진정성이 없는 이 서방 사본의 독법을 지지하는 학자들의 목록에는 Harnack, Zahn, Rese 등이 포함된다(그러나 아마도 Creed는 제외될 것이다). Rese(*Motive*, 192-95)는 비록 우리가 누가가 마가복음을 수정한 것에 대해서는 설명할 수 있지만, 후대의 손길이 왜 그러한 변화를 주었는지는 설명할 수 없다고 주장한다. 누가는 ἀγαπητός를 제거하려는 경향이 있는데(참조. 9:35), 이것이 그에게 시 2:7을 상기시켰다. 시편 인용문의 σήμερον은 (예를 들어) 눅 2:11; 4:21; 23:43과 잘 조화를 이루는 반면, γεγέννηκά σε는 그에게 눅 1:35과 미래에 일어날 세례 사건을 가리키는 1:32, 35의 κληθήσεται를 상기시켰을 것이다. 누가가 시 2:7을 부활을 가리키는 데 사용한다는 Schürmann의 주장(참조. 행 13:33)도 행 13:33이 이 시편을 단순히 그의 부활을 가리키지 않고(따라서 누가는 이 인용문을 양자론적인 의미로 이해하지 않았다) 예수의 사역 전체에 적용한다는 그의 주장에 의해 거부된다. 그러나 Rese의 주장은 설득력이 없다. 눅 1:35은 의심의 여지없이 예수의 세례보다는 그의 탄생을 언급한다(E. Schweizer, *TDNT*, VIII, 381). 더 나아가 Rese의 해석은 3:22에 대한 더 나은 이문을 제대로 설명해주지 못한다. 만일 후대 필사자가 누가의 기사를 다른 공관복음 저자들의 기사와 일치시키려 했다면, 아마도 그것은 마가 버전보다는 마태 버전(οὗτός ἐστιν ὁ υἱός μου)이었을 것이다. 마태복음은 초기 교회를 지배했다. 게다가 구약 본문과 일치시키려는 이문은 자동적으로 의심의 대상이 된다는 Schürmann의 주장은 — 그는 Wellhausen을 따른다 — 확실히 일리가 있다(194). 특히 제안하는 독법이 단 하나의 그리스어 사본에 기초할 뿐만 아니라 그것이 잘못된 사본일 경우에는 더더욱 그러하다(Marshall, 155). Rese는 만일 어떤 서기관이 누가복음 본문을 시 2:7에 맞추어 수정했다면 그는 또한 불가피하게 마태복음과 마가복음도 수정했을 것이라고 주장하지만, 그러한 주장은 설득력이 없다. 누가의 본문은 마태복음이나 마가복음보다 서방 사본에서 훨씬 더 많이 수정되었다. Rese가 거의 모든 D 사본의 독법에 우선권을 주장하지

3:21 백성이 다 세례를 받을새 예수도 세례를 받으시고, 기도하실 때에 하늘이 열리며 3:22 성령이 비둘기 같은 형체로 그의 위에 강림하시더니, 하늘로부터 소리가 나기를 "너는 내 사랑하는 아들이라, 내가 너를 기뻐하노라" 하시니라.

누가는 예수의 수세 기사를 전승으로부터, 특히 많은 부분 마가복음으로부터 가져왔다(비록 그가 Q 버전도 알고 있었을지라도 말이다).[5] 하지만 이 수수

않는 한, 그의 주장은 성립될 수 없다. 서방 사본은 양자론적인 성향을 띤다는 H. W. Bartsch의 주장은 어느 정도 일리가 있어 보이며(*Wacht aber zu jeder Zeit* [Hamburg: Reich, 1963], 51), 어쩌면 이것이 이 이문이 출현한 원인을 설명해줄지도 모른다. 서방 사본의 이문에 대한 반론으로는 Fitzmyer, 485; Marshall, 154-55; Nolland 161-62; Mainville, *L'Esprit*, 211, 특히 D. Bock, *Proclamation from Prophecy and Pattern: Lukan Old Testament Christology* (Sheffield: JSOT Press, 1987), 99-101을 보라.

5 비록 누가가 마가의 예수 수세 기사를 알고 있었을 개연성은 높지만, 적어도 Streeter 시대 이후부터는 누가가 마가의 기사를 사용하지 않았다는 주장이 종종 개진되어온 것이 사실이다(B. H. Streeter, *The Four Gospels* [London: MacMillan, 1927], 205, 그리고 가장 최근에는 J. Jeremias, *New Testament Theology*. I. *The Proclamation of Jesus* [London: SCM Press, 1971], 39). 비록 마가와는 일치하지 않지만, 마태와 누가 사이에는 다수의 소소한 일치점(βαπτισθῆναι, 마 3:13//눅 3:21; 부정과거 분사 βαπτισθείς, 마 3:16과 βαπτισθέντος, 눅 3:21, 이와 다른 막 1:9[ἐβαπτίσθη]; ἠνεῳχθησαν[마 3:16]과 ἀνεῳχθῆναι[눅 3:21], 이와 다른 막 1:10[σχιζομένους]; ἐπ' αὐτόν, 마 3:16//눅 3:22, 이와 다른 막 1:10[εἰς αὐτόν])이 존재한다는 점과, 마태와 누가가 수세 직전후에 나오는 기사를 서로 공유한다는 점을 감안하면 누가가 예수의 수세 사건을 다루는 비 (非)마가 자료를 갖고 있었음을 암시한다(Streeter에 의하면 이것은 Q였다[*Gospels*, 188]. 왜냐하면 Q는 예수의 수세 기사 없이 세례 요한의 설교[눅 3:15-18과 병행 본문]에서 유혹 기사[눅 4:1-13]로 단순히 건너뛸 수 없었기 때문이다[참조. Catchpole, *Quest*, 76; *per contra* see R. Bultmann, *The History of the Synoptic Tradition* (Oxford: Basil Blackwell, 1963), 251, n. 5, 그리고 Jeremias, *Theology*, 39]. 하지만 Bultmann이 수세 기사와 유혹 기사 사이에 이 두 기사를 연결하는 다른 기사가 없었다고 주장할 때 비로소 그의 주장은 설득력을 잃고 만다. 이 두 기사의 중심은 예수의 "아들 됨"이다). 누가의 비(非)마가 자료 사용은 의심의 여지가 없어 보이지만, 누가가 마가를 포기하고 오직 비마가 자료만을 따랐을지는 훨씬 덜 분명하다. 일반적으로 누가보다는 "Q" 본문을 더 가까이 따라가는 마태는 수세 사건에서 등장하는 천상의 음성을 이인칭이 아닌 삼인칭으로 서술한다는 것을 제외하고는 — 아무튼 여기서 누가는 마태를 따르지 않는다(마 3:14, 15은 편집을 통해 추가된 것으로 보인다. 이 구절들이 마태와 누가가 공유했던 비마가 자료의 일부였다고 믿을 만한 이유가 전혀 없다) — 마가와 현저하게 다

께끼와 같은 전승은 무엇을 의미했으며, 더 구체적으로 누가는 이것을 어떻게 이해했을까?

1.1. 누가 이전 전승에 나타난 수세 기사의 의미

이미 다른 곳에서 논의된 내용을 여기서 다시 한번 검토해보자.

이 전승의 가장 초기 형태는 상징적인 요소(성령이 하늘로부터 비둘기처럼 내려오는 것)와 천상의 소리가 서로를 해석하는 유형의 환상-해석이었다. 즉 천상의 소리는 비록 예수에게 말하는 형태를 취하지만, 기독론적인 소명을 주기 위함이 아닌, **예수에게 임한 성령을 해석**하기 위함이다.[6] 이러한 천상의 소리에 관한 전승은 처음부터 시편 2:7과 이사야 42:1이 서로 혼합된 인용문이 주된 요소였다.[7]

른 부분은 거의 없다. 다시 말하면 마태는 그가 갖고 있던 마가 자료를 더 선호했던 것이다. 즉 우리는 (누가복음에는 없는) 마가복음에서 다음과 같은 특징, 즉 예수가 "갈릴리로부터"(ἀπὸ … τῆς Γαλιλαίας) 왔다는 것에 대한 언급(마 3:13//막 1:9)과 그가 요단강에서 요한에게 세례를 받았다는 것에 대한 언급(마 3:13 ὑπ' αὐτοῦ//막 1:9 ὑπο Ἰωάννου) 등을 발견한다. 마태는 마가의 καὶ εὐθὺς ἀναβαίνων ἐκ τοῦ ὕδατος(1:10; 참조. 마 3:16 εὐθὺς ἀνέβη ἀπὸ τοῦ ὕδατος)를 따르고, 마태와 마가가 οὐρανός의 복수 형태를 취하는 반면(막 1:10; 마 3:16), 누가는 단수 형태를 취한다. 마 3:17과 막 1:11은 동일하게 καὶ … φωνὴ ἐκ τῶν οὐρανῶν라는 어구를 사용하는 반면, 누가는 이와 다른 어법을 사용한다. 따라서 마가와는 차이를 보이면서 마태와 누가 사이에 존재하는 소소한 일치점은 "Q" 전승이나 마가의 우연한 편집의 관점에서 모두 설명이 가능하다 (Schürmann, 188-91; Schramm, *Markus-Stoff*, 36, Marshall, 150-51 등. 이와 다른 견해로는 Schneider, 91). 누가가 수정한 부분은 예수의 수세 기사에 대한 비마가 자료의 성향을 따르지 않고, 우리가 앞으로 논의할 다수의 문제에 의한 것이다.

6   F. Lentzen-Deis, *Die Taufe Jesu nach den Synoptikern* (Frankfurt: Knecht, 1970), 4-6장의 논지를 따르면서도 비평적인 입장을 취하는 견해로는 다음을 보라. Turner, "Luke and the Spirit," 43-47, 그리고 각주 200-206.

7   이 전승이 본래 사 42:1의 עבד/παῖς만을 언급했고, 이 전승을 더 분명하게 메시아적 해석과 일치시키기 위해 나중에 υἱός로 수정했다는 G. Dalman, *The Words of Jesus* (Edinburgh: T. & T. Clark, 1902), 276-80과 J. Jeremias, *TDNT*, V, 701-702의 주장에 반대하는 견해로는 다음을 보라. Lentzen-Deis, *Taufe*, 188-92; Marshall, "Son of God or Servant of Yahweh? A Reconsideration of Mark 1.11", *NTS* 15 (1968-69),

이러한 비유적인 환상의 구조 안에서 성령이 비둘기의 형태(=소식을 전하는 자; 참조. 창 8:6-10; *b. Giṭ* 45a; *b. Sanh.* 95a; 타르굼 애 2:12)로 예수에게 내려온 것을 보는 것은 예수를 통한 성령의 행위가 그가 이스라엘을 향한 "복된 소식"을 전하는 자임을 알리는 신호였을 것이다.[8]

성령 강림의 의미를 해석하는 천상의 소리는 예수를 통한 성령의 행위가 그에게 (다윗 계열의) 메시아적 아들(참조. 시 2:7)과 이사야서의 종-사자(참조. 사 42:1-2)로서 능력을 부여할 것임을 알려주었다. 비둘기라는 상징성을 감안하면 여기서 가장 크게 강조된 부분은 아마도 메신저/사자의 역할이었을 것이다.

문서화되기 이전 단계에서 수세 기사는 이미 요한의 설교(그리고 아마도 예수의 광야 시험)와 연결되어 있었고, 요한의 보다 더 예리한 종말론적 기대와 예수의 말씀 선포 사역을 이어주는 해석학적 가교 역할을 수행했다.

Q는 이러한 이해 위에서 형성되었다. Q는 세례 요한의 설교(마 3:1-12//눅 3:1-9, 15-17), 예수의 세례(마 3:13, 16-17//병행구절), 광야에서의 "호된 시련"(마 4:1-11//눅 4:1-13)에 관한 이야기를 이미 담고 있었다.[9]

326-36; Turner, "Luke and the Spirit," 44-45, nn. 14-16. 본래의 전승은 순전히 다윗에 대한 소망(시 2:7; 사 11:1-4)에 집중했다고 주장하는 M. A. Chevallier, *L'Esprit et le messie dans le bas-judaïsme et le Nouveau Testament* (Paris: Presses Universitaires de France, 1958), 62-75에 반대하는 견해로는 다음을 보라. Lentzen-Deis, *Taufe*, 157-58. 또한 그 전승이 오직 출 4:22-23에 기초한다는 P. G. Bretscher, "Exodus 4:22-23 and the Voice from Heaven," *JBL* 87 (1968), 301-11의 주장에 반대하는 견해로는 다음을 보라. Bock, *Proclamation*, 101-102.

8 비둘기 모티프에 관한 연구로는 특히 다음을 보라. L. E. Keck, "The Spirit and the Dove," *NTS* 17 (1970), 41-68; Lentzen-Deis, *Taufe*, 132-270; S. Gero, "The Spirit as a Dove at the Baptism of Jesus," *NovT* 18 (1976), 17-35. 주요한 대안적 해석에 대한 비평으로는 다음을 보라. Turner, "Luke and the Spirit," 45-46, 203-204, 그리고 206, nn. 32, 33.

9 Lührmann, *Logienquelle*, 56, n. 2은 Q가 하나의 복음서가 아니고, 이 같은 특징을 가진 예수에 대한 내러티브들을 담고 있지 않는다는 점을 근거로 하여 이 점을 반박한다. 하지만 (a) Q가 나머지 종류와는 다른 "Bericht vom Anfang"(시작 보고) 유형으로 시작

Q의 도입 부분이었을 것으로 여겨지는 이 전승들은 바로 다음에 나오는 마태복음 11:2-19//누가복음 7:18-35과 아주 조화를 잘 이루었을 것이다.[10] 이 본문에서 우리는 과연 예수가 ὁ ἐρχόμενος에 관한 세례 요한의 약속을 성취할 것인지를 확인하기 위해 세례 요한이 제자들을 보내는 장면을 발견한다(마 11:3; 참조. 3:11). 예수의 답변은 (Q에 의하면) 이사야 61:1-2이 자신의 사역을 통해 성취되고 있다는 것이었다. 이는 Q가 예수의 성령 세례 경험을 예수가 그의 청중에게 말과 행동으로 종말론적 구원을 가져다주는 기름부음을 받은 것으로 해석하고 있음을 의미한다(눅 7:21-22//마 11:4b-5). 예수의 **가르침** 가운데 이사야 61:1-3의 성취가 가장 잘 드러나는 본문은 바로 "광야 시험" 기사와 세례 요한이 제자들을 보낸 기사 사이에 위치한 팔복에 관한 말씀이다(눅 6:20-26//마 5:3-10).[11]

한다는 점은 대체로 있을 법하다. 그리고 (b) G. N. Stanton, "On the Christology of Q," in B. Lindars and S. S. Smalley (eds.), *Christ and Spirit in the New Testament* (Cambridge: Cambridge University Press, 1973), 35은 이들 내러티브들이 사실상 Lührmann이 Q의 나머지 자료들로부터 가정한 것과는 매우 다른 것들인지의 여부에 의문을 제기했다. Schulz, Q, 177 이하, 360 이하는 마 4:1-11과 11:2-19 모두를 Q의 것으로 본다.

10   나는 V. Taylor, "The Order of Q," *JTS* 4 (1953), 27-31에 동의하여 Q의 순서가 일반적으로 마태복음보다는 누가복음에 의해 보다 잘 보존되었다고 생각한다. 또한 나는 (H. Schürmann, "Zur Traditionsgeschichte der Nazareth-Perikope Lk 4.16-30", in Descamps and de Halleux [eds.], *Mélanges bibliques*, 187-205과 *Traditionsgeschichtliche Untersuchungen zu den synoptischen Evangelien* [Düsseldorf: Patmos, 1968], 69-82과 달리) 눅 4:16-30이 본래 Q의 일부분이 아니었다고 생각한다(여기에 대한 보다 상세한 설명은 아래 9장에서 다룰 것이다).

11   우리는 여기서 마태의 팔복과 누가의 팔복 간의 전승사적인 관계에 대한 성가신 문제를 고려할 필요는 없다(이 주제에 대하여 특별히 다음을 보라. R. Guelich, *The Sermon on the Mount* [Waco, TX: Word Books, 1982] 1장; W. D. Davies and D. C. Allison, *A Critical and Exegetical Commentary on the Gospel according to Matthew* [Edinburgh: T. & T. Clark, 1988] 431-42; G. N. Stanton, "Sermon on the Mount/Plain," in J. B. Green and S. McKnight [eds.], *Dictionary of Jesus and the Gospels* [Leicester: Inter-Varsity Press, 1992], 735-44). 그 둘 모두 Q로부터 유래되었고(Schulz, *Q: Spruchquelle*, 76-80; Marshall은 이들이 아마도 Q의 다른 개정판으로부터 유래되었다는 가능성을 제기한다, 245-47), 사 61장에 의존한다(Dupont, *Béatitudes*, II, 123-42, 39-44; Guelich; D. P. Seccombe, *Possessions and the Poor in Luke-Acts* [Linz: SNTU, 1982], 83-92; and Catchpole, *Quest*, 81-88).

그렇다면 Q 편집자에게 있어 예수에게 임한 성령은 그에게 말씀을 선포하고 기적을 행하는 능력을 부어줌으로써 그의 청중이 하나님 나라에 들어가는 열매에 참여하도록 이끄는 메시아적 기름부음이었다. 예수의 수세 기사에 담긴 여러 주제는 이사야 61:1-2의 관점에서 더욱더 구체화되었다. 즉 예수는 이제 복음을 선포하도록 능력을 부여받은 메시아적 사자다.

만일 마가가 이사야 61:1-2에 덜 의존했다면 이와 비슷하게 이해했을 것이다. 즉 마가에게 있어 예수의 세례는[12] 그가 εὐαγγέλιον을 선포하는 자로서,[13] 하나님 나라를 선포하는 사자로서[14] 기름부음을 받은 시점이다.

1.2. 누가의 요단강 사건 기술에 나타난 문학-편집의 특징

누가는 요한의 세례 사역과 예수의 수세, 그리고 성령의 기름부음을 한 문장에 모두 집어넣어 요약하는 방식으로 마가의 기사를 압축시켰다 (3:21-22). 문장의 첫 단어인 ἐγένετο는[15] 세 부정사(그리고 이와 연결되어 있

---

[12] 보다 엄밀하게 말해서, 이미 많은 학자들이 (보통 비-예전주의적 논지에서) 지적한 것처럼 성령은 예수가 세례를 받은 이후에 그에게 하강한다(1:10; ἀναβαίνων ἐκ τοῦ ὕδατος): "예수의 메시아적 수여는 요한의 물 세례로부터가 아니라 하늘로부터 임한 것이다"(Pesch, 90).

[13] 이 점에 대한 편집적인 중요성으로는 다음을 보라. W. Marxsen, *Mark the Evangelist* (Nashville: Abingdon Press, 1969), 117-50; R. P. Martin, *Mark: Evangelist and Theologian* (Exeter: Paternoster, 1972), 21-28; Pesch, 103-107. 마가가 εὐαγγέλιον을 사 61장이나 사 62장 혹은 비둘기 상징에 연관시켰는지의 여부를 말하는 것은 불가능하다. 그는 아마도 그것들 중 어떤 것에도 연계시키지 않았을 것이다. 그 단어는 기독교 범주 안에서 전문적인 용어가 되었다(참조. G. Friedrich, *TDNT*, II, 727ff.).

[14] 주로 J. E. Yates, *The Spirit and the Kingdom* (London: SPCK, 1963)와 반대의 것을 주장하는 나는("Luke and the Spirit," 8-52) 마가에게 있어 요한의 성령 세례의 약속은 예수의 세례 수여를 통하여 예수의 사역 내에서 전적으로 실현되었음을 주장한다.

[15] 누가주의적인 것에 대하여 다음을 보라. H. J. Cadbury, *The Style and Literary Method of Luke* (Cambridge, MA: Harvard University Press, 1920), 106; Plummer, 45.

는 목적격 명사) —ἀνεῳχθῆναι τὸν οὐρανόν("하늘이 열렸다");καὶ καταβῆναι τὸ πνεῦμα τὸ ἅγιον("그리고 성령이 **내려왔다**");καὶ φωνὴν γενέσθαι("그리고 소리가 들려왔다") — 와 연결되어 있는데, 이 부정사는 모두 이 사건의 초자연적인 요소를 강조한다.[16] 이 문장의 다른 요소는 ἐν + 정관사 여격을 동반한 부정사가 이끄는 세 개의 시간을 나타내는 종속절과[17] 두 개의 절대 소유격이다.[18]

문법에서뿐만 아니라 어휘와 관심사에 있어서도 누가 특유의 용법(Lukanism)이 넘쳐난다. 예를 들면 ἅπας(누가-행전 21회; 신약성서 32회);[19] λαός(누가-행전 84회; 신약성서 141회);[20] εἶδος;[21] τὸ πνεῦμα τὸ ἅγιον(마태와 마가와는 다른 표현)이 자주 나온다.[22] 또한 βαπτίζειν, ἀνοίγειν과 같은 단어는 누가 특유의 용법은 아니더라도 상당히 특징적이다. 오직 누가의 기사 배후에 문서 자료가 존재한다는 확신이 있을 경우에만 우리는 누가의 어휘와 어법과 관심사가 이 부분에서 집중적으로 등장하는 현상을 단순히 편집을 통한 누가의 창의력으로 치부해버리지 않을 것이다.

누가는 자신이 사용한 자료를 다음과 같이 상당히 의미 있는 방식

---

16   Marshall, 152.

17   누가-행전 안에서 ἐγένετο로 시작되는 문장들은 이러한 구조를 지닌 종속 시제절을 아주 자주 지닌다; 참조. 눅 1:8; 2:6; 3:21; 5:11-12; 9:18, 33, 51; 11:1, 27; 14:1; 17:11, 14; 18:35; 19:15; 24:4, 15, 30, 51, 등.

18   누가-행전 안에서 종종 ἐγένετο로 시작되는 문장들은 독립 소유격이나 여격으로 표현된 종속 시제절을 지닌다; 참조. 눅 3:21 (bis); 9:37; 11:14; 행 16:16; 22:6 (여격), 17 (여격). 눅 3:21은 이례적으로 이 두 형식을 결합시키고 세 개의 종속 시제 구절들을 형성한다; 참조. 9:37; 행 22:17.

19   참조. Cadbury, Style, 195.

20   참조. Cadbury, Style, 189.

21   참조. 눅 9:29에서 다시 그는 마가복음에 이것을 추가시켰다.

22   Haya-Prats는 이러한 형태의 표현이 누가-행전의 저자가 선호하는 것이라고 주장한다(L'Esprit, 35). 하지만 막 3:28(그리고 Q; 마 12:32)은 이러한 형태를 취하고 있으며, 누가는 그것을 삽입된 형용사를 지닌 한정하는 형태로 바꾸었다(τὸ ἅγιον πνεῦμα; 눅 12:10). 이와 유사하게 눅 12:12는 막 13:11을 변경함.

으로 수정했을 것으로 보인다. (1) 누가는 이 장면에서 세례 요한을 제거했다. (2) 그는 예수의 세례와 다른 사람의 세례를 따로 분리시켰다. (3) 그는 예수의 수세 사건을 그가 성령을 받는 사건과 분리시켰다. (4) 그는 예수가 성령을 받을 때 기도하고 있었다는 언급을 삽입했다. (5) 그는 마가의 εἶδεν을 ἐγένετο + 목적격과 부정사로 대체하면서 그의 환상 경험에 관한 본래 이야기를 보다 더 객관적인 사건으로 바꾸어버렸다. (6) 그는 성령이 내려오는 장면에 σωματικῷ εἴδει("육체의 형태로")라는 표현을 추가함으로써 (물체의 관점에서 능력을 표현하는) 헬레니즘적 관점과 동화시켰다. (7) 그는 천상의 소리의 내용을 시편 2:7에 더 가깝게 수정했다.

하지만 (1)을 위한 동기는 신학적이기보다는 주로 문학적이라고 할 수 있다.[23] (2)와 (3)은 그리스어 동사의 상(aspect)에 대한 오해와 이 상과

---

23 G. O. Williams, "The Baptism in Luke's Gospel," *JTS* 45 (1944), 34; Marxsen, *Mark*, 51; Conzelmann, *Theology*, 21은 누가가 요한의 경력이 성령이 예수에게 임하기 전에 끝났다는 인상을 조성하기 위해 막 6:17-29로부터 요한의 투옥 기사를 옮겼다고 주장한다. 그러한 경우 (Wink, *John*, 38과 함께) 우리는 비록 βαπτισάμεου가 보다 적절할 수 있다는 분명한 난점이 있음에도 불구하고, 3:21의 βαπτισθέντος를 중간태(예수에게 세례를 주는 사람은 아무도 없게 된다!)로 취해야만 한다. Conzelmann은 누가가 그 장면으로부터 세례자를 제거해야 했는데, 그 이유는 요한이 이스라엘의 (비종말론적인) 시대를 대표하기 때문이라고 믿는다. 그러나 우리가 이미 살펴보았듯이, 이러한 견해는 입증될 수 없다. 비록 예수의 사역이 요한과는 관련되지 않은 실현된 종말론을 소개한다 하더라도(7:28: pace R. H. Hiers, *The Kingdom of God in the Synoptic Tradition* [Gainesville: University of Florida Press, 1970], 56-75) 요한은 태동하는 성취의 새로운 시대에 속한다(Wink, *John*, 51-58). 눅 16:16a는 분명하게 요한을 새로운 시대로부터 제외시키지도 않고(pace Conzelmann, *Theology*, 16ff.), 그렇다고 옛 시대로부터도 제외시키지 않는다(pace Wink, *John*, 51). 그는 이 둘을 연결해주는 가교 역할을 한다(참조. W. G. Kümmel, "'Das Gesetz und die Propheten gehen bis Johannes' — Lukas 16.16 im Zusammenhang der heilgeschichtlichen Theologie der Lukasschriften," in O. Böcher and K. Haacker [eds.], *Verborum Veritas* [Wuppertal: Brockhaus, 1970], 94ff; 참조. Fitzmyer, *Luke*, 102-10). 따라서 요한을 예수의 세례로부터 제거하는 것에는 어떤 구속사적 이유가 없다. 그리고 이외의 다른 곳에서는 예수의 사역의 출발점을 표시하는 것이 바로 요한의 세례다(행 1:22, 10:37; 참조. Lentzen-Deis, *Taufe*, 91; E. Samain, "La notion de APXH dans l'oeuvre lucanienne," in F. Neirynck [eds.], *L'Evangile de Luc — The Gospel of Luke* [Leuven: Leuven University Press, 1989], 209-38). 여기서 누가는 앞을 내다 볼 수 있는 전지적인 내레이터의 권한을 행사한다(참조. 누가의 다

시간적인 순서의 관계에 대한 오해에서 비롯된 것으로 보인다.[24] (5)와 (6)
은 아마도 단순히 문체상의 변화인 것 같고,[25] (7)은 우리가 이미 살펴보았

른 예로는 Nolland, 155-56). 누가가 그의 기사를 변경하는 것은 아마도 미학적이고
(마가에서처럼 서투른 여담을 피하기 위한 목적), 문학적인(선구자의 거절과 순교를
통하여 예수와 요한의 평행을 이끌어내기 위한 목적) 이유일 것이다; 참조. Ellis, 91;
Schürmann, 184; F. Schütz, *Der leidende Christus: Die angefochtene Gemeinde und das
Christuskerygma der lukanischen Schriften* (Stuttgart: Kohlhammer, 1969), 62; Marshall,
148-49.

24 이들 중 첫 번째와 관련하여 Plummer, 98은 ἐν τῷ βαπτισθῆναι ἅπαντα τὸν λαόν 구
절이 "동안"(while) 혹은 "때에"(when)가 아닌 **"이후에"**(after) 모든 백성들이 세례를 받
았다"를 의미해야 한다고 주장한다; 참조. Burton, *Moods*, 51; Blass-Debrunner, §
404. 두 번째와 관련하여 Creed, 57은 "현재 분사 προσευχομένου와는 대조되는 부정
과거 분사 βαπτισθέντος는 성령의 하강을 이미 이루어진 예수의 세례가 아니라 예수
의 기도와 일치시킨다고 설명한다. 이러한 진술들은 부정과거의 본뜻을 오해하고 있음
을 반영한다(참조. C. F. D. Moule, *An Idiom Book of New Testament Greek* [Cambridge:
Cambridge University Press, 2nd edn, 1963], 99; F. Stagg, "The Abused Aorist," *JBL* 91
[1972], 221-31; K. L. McKay, "Syntax in Exegesis," *TynBul* 23 [1972], 39-57; S. E.
Porter, *Verbal Aspect in the Greek New Testament: With Reference to Tense and Mood* [New
York: Lang, 1989]). 두 경우 모두에 있어 과거 분사들은 동일하게 주동사들의 행위와
일치하는 세례를 나타낼 수 있다. 예를 들면 "모든 백성이 세례를 받았던 그때에, 그리
고 예수 역시 세례를 받았을 때에 — 그리고 그가 실제로 기도하고 있었을 때 — 하늘
이 열렸다." Plummer와 Creed의 이러한 주장은 Stagg의 소논문인 "The Abused Aorist"
에서 다룰 가치가 있는 이슈다. 이러한 면에서 보다 심각한 오류가 H. Sahlin, *Studien
zum dritten Kapitel des Lukasevangeliums* (Uppsala: Almqvist, 1949, 61)에 의해 나타나
는데, 그는 세례가 스스로 자신에 의해서 수행되는 것이라고 주장한다. 왜냐하면 "그
부정과거는 모든 백성이 동시에 세례 받았음을 함축하기 때문이다. 그것은 거대한 집
단 사건의 문제였다."

25 누가가 동사 εἶδεν("그가 보았다")을 빼버리고 "형체로"(in bodily form)를 추가한 것
은 그가 이 사건을 더 이상 환상으로 생각한 것이 아니라 역사 안에서 목적이 있고 관
찰 가능한 사건으로 간주했음을 암시한다는 주장이 자주 제기된다. 따라서 예를 들면
U. Luck, "Kerygma, Tradition und Geschichte Jesu bei Lukas," *ZTK* 57 (1960), 61과 가
장 최근의 것으로는 Fitzmyer, 481; Goulder, 281; Nolland, 161; D. Crump, *Jesus the
Intercessor: Prayer and Christology in Luke-Acts* (Tübingen: Mohr, 1992), 111-12; Kim,
Geisttaufe, 54-55. 하지만 이 주장과는 상반되게 '하늘(들)이 열렸다'(혹은 그와 비슷
한)는 구절은 환상의 경험에 대한 시작의 언어로는 매우 뛰어나다는 점이 지적되어야
한다(참조. Lentzen-Deis, *Taufe*, 105ff.). 그리고 누가는 그가 행 7:56과 10:11에서 동
일한 용어를 사용함으로 그러한 점을 거의 확실하게 이해하고 있었다는 것이다. 후자
(행 10:11)의 경우, 그는 확실히 하나의 관찰 가능한 역사적 사건 안에서 부정한 동물
을 담고 있는 보자기가 하늘로부터 내려왔다고 생각하지 않는다! 사실, Q 전승에서 "하

듯이 개연성이 낮은 독법에 의존한다. 오직 (4)만이 수용 가능하다. 누가는 여기서도 다른 본문에서와 마찬가지로 구속사의 중요한 전환점에서 기도에 대한 언급을 집어넣었다.[26] 그 외에는 그의 세례 기사도 본질적으로 마가의 것과 동일하다. 예수와 더불어 "온 백성"(ἅπας ὁ λαός)이 요한에게 세례를 받는다는 것과[27] 성령을 받기 직전에 예수가 기도하는 것에 대

늘(들)이 열렸다"는 구절은 "보다"(to see)라는 동사가 있든 없든 간에 그것이 환상의 경험을 의도하고 있음을 나타낸다(결국 대상화된 역사적 사건들은 시각적으로 "보일" 수 있을 뿐만 아니라 환상으로도 가능하다). 누가가 3:21-22을 공적으로 시각적 사건을 설명하는 것으로 이해했다는 견해에 상반되는 것에는 우선 청중의 반응이 없다는 점(행 9:3; 26:13ff. 등과는 달리)을 들 수 있고, 이와 유사한 선언이 변화산 기사(9:28-36)에서 하늘로부터의 소리에 의해 만들어질 때 이것은 계시의 높은 차원으로 보이고, 보다 가까운 소수의 제자들에게 제한된다는 점도 들 수 있다. 이 점은 누가가 3:22을 하나의 사적인 계시로 간주했음을 의미한다. 이러한 점과 대응하여 3:22의 소리는 9:35이 3인칭으로 말하는 것과는 달리 2인칭 시점으로 말한다. 하지만 누가는 예수가 본 비둘기와 소리의 들림을 환상적인 현상의 요소로 이해했다는 것은 일치하는 "사건"이 존재하지 않음을 의미하는 것도 아니고(누가는 분명히 이러한 환상을 설명하는 것에 부합하는 수여[endowment]가 있었음을 믿는다), 세례 요한이 그것을 인식할 수 있었음을 배제하는 것도 아니다.

(6)과 관련하여, 마가가 성령이 단지 비둘기 같은 방식으로 온 것이 아니라 실제 비둘기 형태로 내려왔다는 것을 마가가 의미한다는 것이 인정될 때 누가가 마가에 어떤 근본적인 변경을 가했다는 점은 나타나지 않는다. L. E. Keck이 최초의 전승에 있는 ὡς περιστεράν이 형용사적 어구가 아니라 **부사구**였다고 주장하는 반면, G. Richter, "Zu den Tauferzählungen Mk 1.9-11 und Joh 1.32-4", *ZNW* 65 (1974), 43-56은 다음과 같이 올바르게 관찰한다. "하지만…그것이 어떤 가시적 형태를 취하지 않는다면, 성령과 그 임재를 보는 것은 불가능하기에 여기서 ὡς περιστερα는 반드시 성령이 하강하는 (가시적) 형태를 의미해야 한다"(즉 비둘기의 형태로, 43-44). σωματικῷ εἴδει ὡς περιστεράν의 구절은 "비둘기의 신체적 모양으로"라는 의미 그 이상을 의미할 필요가 없다(따라서 정확하게, Johnson, 69); 즉 "비둘기의 형체로"라는 어구 안에는 누가가 그 환상의 경험을 객관적인 역사적 실재로 변형시켰다는 그 어떤 암시가 없다. 그리고 어떤 헬라주의자도 성령(공기보다 세밀한 실체!)을 퍼덕거리는 새로 생각하지 않았을 것이다!

26 참조. 눅 6:12; 9:18; 9:28-29(구속사 안에서의 전환점에서 마가복음에 더해진 모든 첨가). 구속사 안에서 의미하는 기도에 대한 누가의 이해에 대해서는 예를 들어 다음을 보라. M. Turner, "Prayer in the Gospels and Acts," in D. A. Carson (ed.), *Teach Us To Pray: Prayer in the Bible and the World* (Exeter: Paternoster, 1990), 58-83; 319-25과 여기에 기록된 여러 문헌; Crump, *Jesus*.

27 누가가 선택한 ἅπας ὁ λαός라는 표현은 단순히 그의 문체적인 선호라기보다 신학적으

한 언급은 이 요단강 사건이 누가에게 얼마나 중요한 것인지를 말해준다. 그러나 과연 누가는 이 전승을 어떻게 이해했을까?

1.3. 누가가 이해한 예수의 요단강 경험의 신학적 의미

우리는 누가가 비둘기의 상징성을 얼마나 이해했는지 알 수 없지만, 구약 (특히 70인역)과 유대교 메시아 사상과 초기 교회 기독론에 대해 그가 갖고 있었던 지식은 그가 시편 2:7과 이사야 42:1-2에 대한 암시를 발견하는 데 충분했을 것이다. 그가 위의 두 본문 중에서 후자의 본문을 인식하고 있었다는 것은 누가복음 9:35과 23:35에 대한 그의 편집을 보면 알 수 있다. 시편 2:7에서 그는 제자들을 향해 선포되는 천상의 소리를 마가의 οὗτός ἐστιν ὁ υἱός μου ὁ ἀγαπητός("이는 내 사랑하는 아들이다", 막 9:7)에 이사야 42:1의 ὁ ἐκλεκτός를 의도적으로 연상시키는 οὗτός ἐστιν ὁ υἱός μου ὁ ἐκλελεγμένος[28]("이는 내 아들, 내가 선택한 자이다")로 바꾼다. 누가복음 23:35에서는 다시 한번 (편집을 통해) Ἄλλους ἔσωσεν σωσάτω ἑαυτόν εἰ οὗτός ἐστιν ὁ Χριστὸς τοῦ θεοῦ ὁ ἐκλεκτός("그는 다른 이들을 구원했으니, 만일 참으로 하나님의 메시아, 택함 받은 [종]이거든, 자기 자신부터 구원하라")라는 모욕적인 말에 다윗의 (메시아)칭호와 이사야의 (종)칭호를 서로 결합시킨다. 이런 관점에서 보면 누가는 아마도 세례 전승의 ὁ ἀγαπητός ἐν σοὶ

로 동기화된 것이다. λαός는 특징적으로 하나님의 백성을 의미하는 이스라엘이다(참조. Lohfink, Sammlung, 2-3장; Jervell, *Luke*, 41-75; Kim, *Geisttaufe*, 56, H. Strathmann, *TDNT*, IV, 50ff.). 이스라엘 전체가 구속사적 사건들에 직면해 있고, 이로써 교회가 성장할 것이라는 점은 누가의 교회론에 있어 중요하다(Lohfink, *Sammlung*; Jervell, *Luke*). 그렇다면 여기서 세례자의 활동은 성취의 때의 시작을 나타낸다(*contra* Conzelmann; 참조. Samain, "ΑΡΧΗ," 299-338).

28   B. M. Metzger, *A Textual Commentary on the Greek Testament* (London: United Bible Societies, 1971), 148. 대안적인 독법(ἐκλεκτός: Θ, f¹, 1365 등. 혹은 ἀγαπητός: A C* W Δ Π f13 등)은 LXX 사 42:1이나 눅 3:22과 각각 일치한다.

εὐδόκησα를 이사야 42:1b(MT: בחירי רצתה נפשׁ)[29]이 2인칭으로 바뀌고,[30] 비교적 느슨하게 번역되어 "…내가 선택한 나의 사랑하는 자"라는 의미를 나타내는 것으로 이해했을 것이다.[31]

또한 누가가 "너는 내 아들이다"라는 시편 2:7에 대한 암시를 놓쳤거나 간과했을 개연성(맹빌에 반하여)은 매우 낮다. 왜냐하면 누가 자신이 이방인과 유대 지도자들이 "주와 **그의 메시아**"에게 대적한 것을 설명하기 위해 시편 2:1-2을 인용하고(행 4:25-26), 또 나중에 시편 2:7 전문을 기독론적인 증거 본문으로 인용하기 때문이다(행 13:33). 또한 비록 누가복음 3:21의 천상의 소리가 시편 2:7의 한 부분만을 담고 있긴 하지만, 1:32-33, 35에서 하나님의 아들 됨과 다윗을 통한 회복에 대한 소망이 분명하게 연관 지어져 있다는 점과 이 본문에 나타난 강한 다윗적 콘텍스트를 고려하면, 누가가 "내 아들"이란 말을 다윗/메시아적인 의미로 보지 않았을 개연성은 매우 희박하다.[32] 사실 누가복음 1-2장은 하나님이 인

---

29   Theodotion, Aquila, Symmachus의 본문은 이 구절을 넓은 의미의 "좋은 기쁨"이라기보다는 좁은 의미를 갖는 "선택"으로 이미 해석했다(참조. W. Grundmann, *TDNT*, II, 57: G. Schrenk, *TDNT*, II, 739).

30   참조. Marshall, "Son," 335.

31   이와 유사하게 G. Schrenk, *TDNT*, II, 740. 만일 누가가 논의된 편집본 중 오직 70인역만을 알았다면, 눅 3:22과 사 42:1 사이의 연결고리는 그렇게 명확하지 못할 것이다. 왜냐하면 그 본문은 다음과 같기 때문이다. Ἰακὼβ ὁ παῖς μου … Ἰσραήλ ὁ ἐκλεκτός μου, προσεδέξατο αὐτὸν ἡ ψυχή. ἔδωκα τὸ πνεῦμά μου ἐπ' αὐτόν. 하지만 이문이 존재하고(Θ와 Sym은 προσεδέξατο 대신 εὐδόκησεν로 읽음), 마 12:18(ἰδοὺ ὁ παῖς μου … ὁ ἀγαπητός μου· θήσω τὸ πνεῦμά μου ἐπ' αὐτόν)에 의해 제공된 것과 가까운 이 본문에 대한 번역의 평판(currency)에 대해 주장하는 것도 가능하다; 참조. R. T. France, *Jesus and the Old Testament: His Application of Old Testament Passages to himself and his Mission* (London: Tyndale Press, 1971), 124; M. Hooker, *Jesus and the Servant* (London: SPCK, 1959), 70ff. (Marshall, "Son," 334-35).

32   Mainville(*L'Esprit*)은 누가가 그 천상의 소리를 통해 사 42:1-2의 언급을 충분히 인식했다고 주장한다(그리고 그것을 한 예언자적 인물을 언급한 것으로 이해함. 216-27을 보라). 하지만 그는 '내 아들'이란 언급을 (3:38에 기초하여) "새로운 아담"과 의로운 종/예언자 모티프와의 혼합으로 해석했다(227-30). 따라서 그녀는 다음과 같이 주장한다. "예수는 이러한 표제[=내 아들]에 일치되는데, 이는 하나님이 아담에게 희망했던 것처

정하는 다윗 계열의 메시아를 대망하는 내용(그리고 3:15-17에서 다시 부각되는)을 처음 도입하고,[33] 이를 통해 3:21-22도 동일한 의미로 읽도록 유도함과 동시에 이제는 널리 잘 알려진 메시아 시편에 대한 암시를 부각시킨다.[34]

과연 이러한 경험은 누가의 독자가 예수에 관해 이미 알고 있는 것과 어떻게 연결되어야 할까? 엄격하게 양자론적인 의미로 보는 견해는 누가가 이미 탄생 기사에서 언급한 내용에 의해 배제된다는 사실은 이미 폭넓게 받아들여지고 있다(1:32-35; 2:42-52).[35] 그렇다면 나머지 가능성에 대해서는 우리가 어떻게 평가해야 할까?

(1) 우리가 이미 살펴본 것처럼 던은 그의 초기 저서에서 3:21-

럼 그는 오직 의로운 사람(참조. 지혜서 2:18; 시 73:15; 집회서 4:10)이며 완벽한 종이었기 때문이다. 이 종은 바로 하나님이 자신의 영을 준 자다(사 42:1; 61:1)"(230). 하지만 이러한 독법은 눅 1-2장의 내용, 즉 보다 일반적으로 다윗 메시아적 기독론(Strauss, *Messiah, passim*)과 메시아적 용어들(참조. 특히 1:32-35; 4:41; 행 13:33) 안에서 주로 하나님의 아들 주제에 대한 누가의 선호를 무시할 때만 가능한 일이다. Mainville, 212과 I. de la Potterie, "L'Onction du Christ: Etude de théologie biblique," *NRT* 80 (1958), 236 역시 (누가에게 있어) 행 13:33은 그것이 지칭하는 메시아적 왕위 즉위가 부활임을 보여주기 때문에, 누가가 세례 기사 안에서 시 2:7을 인식하지 못했을 것으로 믿는다. 그러나 이러한 주장은 (3:22에서) 예수에게 선포된 시 2:7의 부분에 대한 암시와 한 사건이 그 전체 구절(행 13:33)을 완성한다는 공적인 주장 사이를 구분하는 데 실패한다.

33 Strauss, *Messiah*, 207-209은 특히 3:15b의 "그가 메시아인지"라는 편집적 첨가와 3:16-17의 인물에게 귀속되는 역할을 근거로 그의 주장을 전개해나간다.

34 유대교 메시아주의에 대한 시 2편의 사용에 대해서는 특별히 다음을 보라. Chevallier, *L'Esprit*; D. C. Dulling, "Traditions of the Promises to David and his Sons in Early Judaism and Primitive Christianlty" (PhD dissertation, Chicago, 1970); Strauss, *Messiah*, 2장. 보다 풍부한 논의를 제공하는 것으로는 C. E. Wood, "The Use of the Second Psalm in Jewish and Christian Tradition of Exegesis: A Study of Christian Origins" (PhD dissertation, St Andrews University, 1976)을 보라. 물론 시 2장에 대한 메시아적 해석이 일반적이라는 것은 기독교적 사용 안에서다(참조. 행 4:25-26).

35 참조. Marshall, 155. "ὁ υἱός로서의 예수에 대한 묘사는 의심의 여지없이 누가에 의해 1:35; 참조. 2:49의 견지에서 보여질 것이다. 따라서 그러한 진술은 현존하는 신분에 대한 선언이지, 새로운 위계(dignity)에 대한 수여가 아니다." 또한 특별히 다음 문헌도 보라. Flender, *Luke*, 135-37.

22은 예수가 새 시대와 하나님 나라와 원형적인 그리스도인의 (종말론적) 자녀 됨을 묘사한다고 제안한다. 요단강에서 임한 성령은 예수의 새 언약의 아들 됨의 영이다. 이러한 주장은 세례 이후 하나님에 대한 예수의 종교적인 경험에 어떤 (대대적인) 변화가 성령을 통해 일어났음을 암시한다. 그러나 앞의 내용을 주의 깊게 읽으면서 누가복음 3:21-22에 도달한 독자는 그렇게 생각하지 않을 가능성이 높다. 이미 누가복음 1-2장(참조. 1:35, 2:41-52, 특히 2:49-50)에서 예수는 요단강 경험을 통해 독자들이 근본적으로 변화된 그의 모습을 상정하기 어려운 수준에서 성령이 부여한 새 창조의 아들 됨을 깊이 경험한다. 어쩌면 예수를 잉태하게 한 능력의 성령(1:35)이 그 이후에도 계속 그에게 머물러 있었고(요한이 **태중에서부터** "성령으로 충만했다"[1:15b]는 병행구절이 암시하듯이), 또 그 동일한 성령을 2:47, 49-50, 52에서 그 메시아 아이에게 나타난 지혜와 은혜의 원천(성령의 메시아에 대한 유대 전통도 그럴 것임을 암시하듯이)으로 독자들이 이해했다면 더더욱 그러했을 것이다. 독자들은 요단강 사건을 메시아적 아들을 통한 성령의 새로운 활동의 시작으로, 즉 누가복음 1-2장에서 이미 약속이 주어지고, 세례 요한이 인접 본문에서 성령과 불로 정화시킨다는 표현을 통해 반복적으로 언급한(눅 3:16-17), 이스라엘의 회복의 시작으로 해석했을 것이다. 다시 말하면 (정확히 던의 강조점과는 정반대로) 독자들은 요단강 경험을 주로 (성령에 의해) 이미 종말론적 아들이 된 자에게 메시아 임무 수행을 위해 주어진 능력 부여로 해석했을 것이며, 만일 요단강 경험이 예수의 하나님 아들 됨의 경험에 어떤 변화를 가져다주었다면 그것은 단지 그 능력부여와 그것을 통해 예수가 일으킨 여러 사건이 가져다준 당연한 결과라 할 수 있다.[36] 굴더는 이 문제를 다음과 같이 요약

---

36   A. Feuillet, "Vocation et mission des prophètes, baptême et mission de Jésus. Etude de christologie biblique," *Nova et Vetera* 54 (1979), 22-40(특히 26-33). 그는 세례 사건이 예수에게 있어 전체적으로 새로운 존재 형태를 시작하지만, 그것이 새로운 종류의 종교적 경험이 아니라 그의 숨겨진 삶의 끝이며 그의 공적인 역할의 시작임을 지적한다.

한다. "예수로 하여금 이미 그런 존재로서 할 수 있는 것을 행할 수 있도록 능력을 부여한 바로 그 성령의 은사가 그로 하여금 그의 사역을 '시작'할 수 있도록 한 것이다."[37] 그렇지만 이제 우리는 이 부분을 보다 더 자세히 설명할 필요가 있다.

(2) 그렇다면 독자들은 어쩌면 누가복음 3:21-22을 예수가 하나님의 아들,[38] 곧 성취된 이스라엘의 왕으로서 즉위한 것으로 해석했을지도 모른다. 하지만 만약 그것이 이 말씀의 핵심이었다면, 시편 2:7 전문을 인용하는 것이 더 적절했을 것이다(아마도 사 11:2-4과 결합하여). 이와 더불어 신약 저자들은 예수가 메시아로 등극하는 것을 부활/승천(재림까지는 아니라면)과 연계하는 것을 선호하는데, 독자들은 누가도 이 점에서는 예외가 아님을 곧 알게 될 것이다(참조. 눅 19:12-29; 22:29-30; 23:42; 행 2:35-36, 그리고 특히 13:33[39]). 더 나아가 요단강가는 왕의 대관식을 위한 장소로 어울리지 않으며, 아무튼 그런 의식은 당연히 공적인 사건인 반면, 3:21-22은 환상을 보는 경험을 이야기한다.

(3) 3:21-22을 메시아로서 취임하는 것으로 해석하는 데 무리가 있다고 보는 학자들은 때때로 22절에서 발견되는 이사야 42:1에 대한 암시에 무게를 두며, 이 사건 전체를 오로지 예수의 하나님의 종으로서의 예언자적 소명과 능력 부여로 해석했다. 이 견해에 따르면 누가복음의 예수는 오직 부활 승천을 통해 왕의 기능을 수행하는 다윗 계열의 왕

그는 Jouguelet를 따라 우리가 하나님 앞에서의 예수의 내적인 삶 안에서 어떤 실제적인 성장의 흔적을 발견하지 않음을 지적한다(30-31).

37   Goulder, 282; 참조. Lampe, "Spirit," 168; Feuillet, "Vocation," 30-33.

38   Schweizer, *TDNT*, VIII, 367-68.

39   Rese, *Motive*, 192-95과는 대조적으로 행 13:33이 부활보다는 예수의 전체 사역에 적용되어야 한다는 주장은 가장 개연성이 없다. 이 본문의 문맥은 예수의 부활을 가리킨다고 보는 것이 자연스럽다; 참조. Foakes-Jackson and Lake (eds.), *Beginnings*, IV, 154; Haenchen, *ad loc.*

이 된다(행 2:35-36; 13:33).[40] 비록 이와 유사한 주장이 누가 이전 공동체 (아마 그들은 세례 전승에 "아들" 대신 "종"[עבד]이 적혀 있는 초기 버전을 알고 있었을 것이다)에도 동일하게 적용될 수 있다는 주장이 제기되기도 했지만, 우리는 (맹빌과는 대조적으로) 그러한 독법이 사실상 누가복음 3:21-22에는 불가능하다는 사실을 이미 확인한 바 있다. 왜냐하면 누가복음 1-2장의 다윗적 하나님 아들 됨 모티프와의 연관성이 너무나도 분명하게 나타나 있고, 푀이에(Feuillet)를 비롯한 다른 학자들도 이미 지적했듯이 세례 기사는 그 어떤 소명이나 임무 또는 메시지를 담고 있지 않기 때문이다. 더욱이 (a) 버거(Burger)의 주장과는 달리[41] 누가는 예수의 다윗적인 역할을 부활 이후로 늦추지 않고, 오히려 18:38과 "승리의 입성"(19:28-40, 특히 38) 이후부터 점차적으로 예수의 사역이 **그리스도로서** 십자가에 못 박힘으로써 그 정점에 달하는, 예수의 (다윗 계열의) 제왕적 메시아로서의 특성에 초점을 맞춘다(23:35-38; 24:26).[42] 그리고 (b) 이러한 가설은 제왕적 모티프와 예언자적 모티프 간의 구분을 너무 지나치게 부각시킨다. 점점 더 많은 학자들이 인정하듯이 이사야 42:1-7에 등장하는 종도 예언자적 모티프(종/전령)와 제왕적 모티프를 동시에 갖고 있으며, 일부 타르굼은 이 본문을 심지어 "보라! 나의 종 **메시아**…"라고 공식적으로 옮긴다.[43] 따라

---

40   Mainville, *L'Esprit, passim*. 그녀의 전반적인 논제는 230에 있는 한 인용문으로 요약될 수 있다. "요컨대, 세례 때의 성령의 기름부음은 그 아들 예수를 종말론적인 예언자로 만들며, 반면 부활 때의 성령의 기름부음[즉 행 2:33]은 그 아들 예수를 메시아로 만든다." 다음도 보라. Mainville, "Jésus," 193-208.

41   C. Burger, *Jesus als Davidssohn: Eine traditionsgeschichtliche Untersuchung* (Göttingen: Vandenhoeck & Ruprecht, 1970), 107-12.

42   Strauss, *Messiah*, 5-6장.

43   B. Chilton, *The Isaiah Targum* (Edinburgh: T. & T. Clark, 1987) 80-81을 보라. 여기서 추가된 부분은, 그것이 비록 후대의 문헌이긴 하더라도, 타르굼이 이 인물에게 부여하는 역할을 통한 추론을 반영하는 것이다. 왜냐하면 여기서 종은 **가난한 자**와 "**궁핍한 자**"를 돌보는 심판의 인물(1, 3, 4절)로 보이며(이 단어들은 타르굼이 3절[참조. 41:17]에 덧붙인 것이며, 이는 타르굼 사 11:4에서 메시아에 관해 언급한 것과도 일치함), 42:7에 의하면 이 종의 사명은 "**율법에** 눈이 먼 **이스라엘 족속**의 눈을 열어주고, 죄

서 누가복음 3:22의 시편 2:7에 대한 암시는 우리의 주목을 받아 마땅하다. 이 사실은 누가복음 3:21-22과 예수의 메시아로서의 즉위에 대한 전승(행 2:33-36) 사이에 지나치게 큰 긴장을 초래할 필요가 없다. 다윗이 온전한 사법적 통치권을 얻기 수년 전에 기름부음을 받고 성령으로부터 왕으로서의 능력을 부여받은 경험(삼상 16:13-14)이 이에 대한 부분적 유비가 될 수 있다(삼하 3-5장).

(4) 누가가 예수에게 임한 성령을 어떻게 이해했는지를 아는 방법은 예수의 성령 경험 사건에 담긴 다윗적 모티프와 종/전령 모티프를 인식하고, 이것이 어떻게, 그리고 왜 서로 결합되는지를 이해하는 것인데, 이 점을 보다 명확히 하기 이전에 우리는 이 외의 다른 여러 핵심 본문을 검토할 필요가 있다. 따라서 그 이전까지는 누가복음 1-2장과 3:15-17을 근거로 예수의 성령 경험이 약속된 시온의 정화/회복을 시작하는 메시아적 아들과 종에게 능력을 부여한 사건으로 이해하는 것이 가장 좋은 해석인 것으로 보인다.[44] 이러한 "능력 부여"가 지닌 의미가 4:1-13과 "예수께서 '성령의 능력으로' 갈릴리로 돌아가시니"(4:14)라는 결론 부분에 어느 정도 나타나 있다. 이제 우리는 바로 이 전승을 살펴보고자 한다.

수와 **같이 포로로 잡혀간 자들을 이방인들 가운데서** 이끌어내고, 어두운 **감옥에 감금되어 있는 자들을 그 제국의 노예상태로부터 구원하는 것**"이기 때문이다(볼드체는 MT에 나와 있지 않은 타르굼의 해석이다).

44 Kim, *Geisttaufe*, 93과 Mainville, *L'Esprit*, 234 이하와는 달리, 이것은 예수의 성령 세례가 아니다. 성령과 불로 정화되어야 할 대상은 메시아가 아니라 이스라엘이다. 우리는 10장 §2에서 이 은사와 행 1:5의 관계에 대해 논의할 것이다.

2. 메시아적 아들이 받은 시험(눅 4:1-13, 14)

2.1. 성령과 시련 내러티브의 도입(4:1-2)

4:1-13에서 누가는 마가와 Q에 의존하지만,[45] 그 어느 자료에도 매이지 않는다. 성령에 관한 언급은 주로 도입 부분에서만 나타난다.

마 4:1	막 1:12, 13	눅 4:1, 2
그때에 예수께서 성령에게 이끌리어 마귀에게 시험을 받으러 광야로 가사	성령이 곧 예수를 광야로 몰아내신지라. 광야에서 사십 일을 계시면서 사탄에게 시험을 받으시며 들짐승과 함께 계시니, 천사들이 수종들더라.	예수께서 성령의 충만함을 입어 요단강에서 돌아오사 광야에서 사십 일 동안 성령에게 이끌리시며 마귀에게 시험을 받으시더라. 이 모든 날에 아무 것도 잡수시지 아니하시니, 날 수가 다하매 주리신지라.

누가복음 4:1a의 Ἰησοῦς δὲ πλήρης πνεύματος ἁγίου ὑπέστρεψεν ἀπὸ τοῦ Ἰορδάνου("예수께서 성령의 충만함을 입어 요단강에서 돌아오사")는 4:1b과 함께, 누가가 "시험" 전승을 긴 족보 다음에 나오는 세례 기사와 연계시키기 위해 마가/Q에 추가한 부분이다.[46] 우리가 이미 살펴본 바와 같이 누군가가 "성령으로 충만"하다는 표현은 일반적으로 (인접 문맥에서 이를 한정하지 않는 한) 어느 정도의 기간을 나타내고, 어떤 사람의 삶에 성령이 규칙적이면서도 강하게 나타나는 것을 보여주는 누가 특유의 용법이다. 그렇다면 세례 받을 때 그가 경험한 성령은 그 안에서, 그리

---

45 마가와는 다르고, 마태와 일치하는 것에 관해서는 다음을 보라. Schürmann, 207-208; nn. 136, 142, 147.

46 참조. Marshall, 168. 불변화사인 δέ는 개설적(resumptive)이다.

고 그를 통해 강하게(그리고 가시적으로) 나타난 성령의 강력한 임재였다는 것이 이 본문이 말하고자 하는 의미인 것이다.[47] 내레이터의 의도는 예수가 성령으로 충만하다는 표현이 단지 그가 시험을 받을 동안에만 그러했다고 제한하기보다는[48] 요단강 사건 이후부터[49] 줄곧 그의 사역을 통해 경험되어온 성령과 예수의 관계를 **일반적으로** 묘사하는 것이었다. 예수가 시험을 받는 기간 동안에 구체적으로 어떤 방식으로 성령으로 충만했는지는 4:1b에서 다음과 같이 기록되어 있다. "그는 광야에서 성령에게 이끌리시며."

비록 4:1b에서 사용된 동사 ἤγετο("이끌리어", 마 4:1은 여기서 부정과거를 사용함)가 성령이 예수를 (계시를 통해서가 아니라) **물리적으로** 몰아내셨다는 마가의 의미를 피하기 위해 누가가 선택한 표현이라는, 쉽게 수용하기 어려운 멘지스의 주장에도 불구하고,[50] 그 동사가 성령이 "예수를 몰아내

---

47   본서 6장의 종결 부분에 있는 추기를 보라. Marshall(168)은 이러한 묘사로써 누가가 마태나 마가보다는 "성령이 예수에 대하여 외적이고 강제적인 힘이 아니라 내적인 영감임"을 보다 분명하게 나타낸다고 믿는다. 그러나 이 주장이 누가가 확증하고자 한 바의 일부분일 수도 있다는 것을 부정하지는 않지만, 우리는 "충만" 그 자체가 소유격의 자질(예를 들면 "자비의 사역들")의 **내면적인** 것을 꼭 의미하는 것이 아니라 상대적으로 그 자질의 관찰 가능한 표현도 함축하고 있음을 보았다.

48   이상하게도 Menzies, *Development*, 154-57은 이러한 첨가를 "어색하고" "반복적"이라고 보고(157), 예수의 요단 경험을 기독교적 능력부여의 한 패러다임으로 만들려는 누가의 시도로 설명하고자 한다. 즉 독자는 π.ά. 배후에서 요단강의 ἐπλήσθη π.ά.와 일치함을 추론할 것이고, 그 사건을 오순절과 병행되는 것으로 여길 것이다(참조. 행 2:4 ἐπλήσθησαν πάντες πνεύματος ἁγίου). 그러나 이것이 누가의 첨가의 동기였다면, 눅 4:1에서는 (πλήρης 보다는) 부정과거 분사 πλησθείς (πνεύματος ἁγίου)가 보다 더 자연스러웠을 것이다.

49   Mainville, *L'Esprit*, 234의 주장처럼, "충만한"이란 형용사는 그 자체로 "영구성" (permanence)을 암시하지 않는다. 그녀의 주장에 의하면 세례 요한의 성령 충만함은 단순히 "기능적"인 것에 비해, 예수의 경우 이것은 "그 존재의 일부"다. 하지만 이러한 주장은 이 메타포를 오해한 것이다(그리고 이 주장은 예수가 성령의 수여를 받기 이전 그의 상태에 대해 예상할 수 있는 흥미로운 암시를 제기한다).

50   Menzies, *Development*, 157(아마도 누가가 Q를 온화하게 고쳤다고 가정함으로). 그는 물론 예언의 영으로서의 성령이 그러한 명백한 영향들의 원인이 될 수 없음을 의미한다. 그러나 한편으로 마가의 동사 ἐκβάλλω가 예수를 **육체적으로** 운반하는 성령을 지

신지라"[51]라고 말하는 마가의 진술을 완화시키는 것은 사실이다.

누가가 마가의 ὑπὸ τοῦ πνεύματος("성령에 의해", 1:12//마 4:1)를 ἐν τῷ πνεύματι("성령 안에서"[?])로 수정한 것을 놓고 일부에서는 이것이 누가가 예수가 "성령에 **의해** 이끌림을 받았다"는 말에 함축되어 있는 성령에 대한 예수의 종속관계를 회피하기 위한 시도로 보기도 한다. 이러한 해석은 누가의 표현이 "그가 성령 안에서 인도함을 받았다"로 해석될 수 있다는 사실에 기초한 것이며, 다음과 같은 의미로 받아들여진다. (1) "그는 "성령 안에"(in the Spirit) 있는 한 사람으로서 (하나님에 의해) 인도함을 받았다"(공간을 나타내는 여격 부사), 또는 (2) "그는 성령의 주목을 강하게 받는 한 사람으로서 (하나님에 의해) 인도함을 받았다"(대략 "성령으로 충만한 사람으로서"에 상응하는 부대 상황을 나타내는 여격), 또는 이와 비슷한 의미. 따라서 콘첼만은 "누가에 의하면 예수는 성령에 '의해 이끌린'(led by) 것이 아니라 "성령 안에서"(in the Spirit) 스스로 행동한 것이라는 점은 매우 의미심장하다."[52]고 말하며, 슈바이처는 한 걸음 더 나아가 누가는 예수를 "성령 안에서" 행한 행동의 주체로 삼음으로써 마가복음의 성령의 사람을 성령의 주로 둔갑시켰다고 주장한다.[53] 하지만 이러한 주장은 모두

칭하는 것은 아니며(여기서 αἴρω와 같은 어원의 ἁρπάζω 혹은 [ἀνάγω가 있든지 없든지 ἀναλαμβάνω]는 형식적이다. 예를 들어 LXX 왕하 2:16; 겔 2:2; 3:14; 8:3; 11:1, 24; 41:35, 등), 다른 한편으로 심지어 마가가 그렇게 이끄는 것을 의도했더라도, 그러한 행동을 예언의 영에게로 귀속시키는 데에는 아무런 문제가 없었을 것이다. 왜냐하면 예언자들의 주변 이동은 예언의 영의 가장 일반적인 속성이라 할 수 있는 실제적 영향이기 때문이다(위의 4장을 보라); 참조. 행 8:39.

51 하지만 마가의 ἐκβάλλει가 "성령이 예수를 광야로 내몰았다"와 같은 강한 의미를 지닌 것으로 이해될 필요가 없다. 팔레스타인의 목자들은 그들의 양들을 "몰아내지"(thrust out) 않는다(요 10:4; 참조. 눅 10:35; 마 13:52).

52 *Theology*, 28. 다른 견해로는 Mainville, *L'Esprit*, 236-40을 보라.

53 Schweizer, *TDNT*, VI, 404-405. 이와 유사하게 Yates는 누가 자신이 성령을 대리자로 인식할 수 없었고 오직 수여되는 것으로 생각했기 때문에 그렇게 변형시켰다고 제안한다(*Spirit*, 33, 43, 91, 189). 그러나 이 견해 역시 적절하지 않다. 이외에도 누가는 성령을 대리자로 나타내는 용어를 사용(눅 2:26; 12:12; 행 1:16; 2:4b; 5:3; 7:51; 8:29, 39; 10:19; 11:12; 13:2, 4; 16:6-7; 20:23, 28; 21:11; 28:25)하는데 그렇다면 Yates가

입증하기 어렵다. 이는 이 문제의 여격 어구가 도구의 의미("그는 성령에 이끌렸다", he was led by the Spirit, 마태복음에서처럼)로도 읽힐 수 있기 때문이며, 구문론만으로는 누가의 의미를 결정할 수 없다. 따라서 우리는 누가의 용법을 보다 더 폭넓게 살펴볼 필요가 있다. 멘지스는 이 점을 인식하고, 4:1과 누가복음 2:26-27을 비교하면서 "성령 안에서"(in the Spirit)라는 어구는 "성령에 의한"(by the Spirit)이라는 표현의 문체상 변형에 불과하다고 주장한다. 누가는 2:26에서 시므온이 ὑπὸ τοῦ πνεύματος(by the Spirit)로 그가 죽기 전에 메시아를 볼 것임을 깨닫게 되었다고 말하며, 2:27에서는 시므온이 ἐν τῷ πνεύματι(in the Spirit)로 성전 안에 들어갔다고 보고한다. 멘지스는 후자(ἐν τῷ πνεύματι)가 "성령의 감동으로"라는 의미라고 가정하고, 이 두 어구가 2:26-27과 4:1에서 대략 유사한 의미를 갖는 것으로 본다.[54] 이와는 정반대로 우리는 2:27이 시므온이 성전에 들어는 것을 유발했을 뿐만 아니라 예수를 쉽게 알아보고 그가 예언을 하도록 감동을 주었다고 제안했으며, "그가 성령 안에서 (성전으로) 들어갔다"(he came [into the temple] in the Spirit)는 진술이 부대 상황을 나타내는 여격을 수반하는 것으로 이해했다. 이러한 해석은 (설령 그가 "성령으로" 성전에 들어가는 것이 후자를 포함한다 하더라도) "그가 성령에 (이끌려 성전으로) 들어갔다"(he came [into the temple, prompted] by the Spirit)라는 의미를 넘어서는 뉘앙스를 지닐 수 있다.[55] 따라서 4:1b와 비교해볼 때 예수가 "광야에서 성령 안에서 이끌림을 받았다"(led in the Spirit in the wilderness)는 말은 성령이 예수를 인도하는 하나님의 대리자라는 개념을 포함할 뿐만 아니라 그가 이로써 **성령을 나타내도록** 이끌림을 받았다는 의미도 담고 있다. 이러한 해석은 이 여격을 (2:27에서처럼) 부대 상황을 나타내는 여격으로 읽

생각하는 누가의 변형 동기는 전혀 근거가 없다.

54　Menzies, *Development*, 156.

55　"Luke and the Spirit," 82-83.

고,[56] 누가가 예수가 "성령으로 충만했다"는 표현을 통해 이미 주장한 내용을 지지하는 해석이다. 누가의 그다음 요약 진술이 이 해석을 뒷받침해준다. 즉 "그는 '성령의 능력으로' 갈릴리로 돌아오셨다"(4:14)는 확실히 부대 상황을 나타내는 여격인 것이다("그는 하나님의 성령의 능력으로 돌아왔다"[he returned with the power of God's Spirit]이지, "하나님의 성령의 능력에 의해"[by the power of God's Spirit]가 아니다).

하지만 이 구절에서 편집을 통해 가장 두드러지게 나타난 변화는 누가가 예수가 사탄에게 시험을 받으러 성령에 의해 광야로(εἰς) 이끌림을 받았다(driven/led by the Spirit)는 마가의 진술(1:12//마 4:1)을 예수가 40일이라는 시험 기간 동안 광야에서(ἐν) "성령의"(in the Spirit) 인도하심을 받았다는 진술로 수정한 부분이다. 따라서 마태와 마가는 단지 성령이 예수를 그가 시험을 받는 장소로 이끌었다고 진술하는 반면, 누가는 예수가 **광야에서 악마와 결투를 벌이는 동안** 지속적으로 "성령의"(in the Spirit) 인도하심을 받았다(누가의 미완료 ἤγετο와 마태의 부정과거를 대조해보라)는 상당히 다른 그림을 그리고 있다. 이러한 변화는 분명히 성령이 예수가 사탄과 싸우는 동안 일종의 "조력자" 역할을 수행한다는 점에 집중한다.[57] 그렇다면 이 싸움의 성격은 어떤 것이며, 성령은 이를 어떻게 도와주는가?

---

56   참조. 본서 6장 각주 35.

57   Fitzmyer, 513; Nolland, 182("성령에 의하여 굳세게 된"); Mainville, *L'Esprit*, 239-40, 242. 아마도 이렇게 읽는 것은 "그가 (하나님에 의해) 성령을 수단으로 광야 (이곳저곳)에서 시험받도록 인도되었다"로 해석함으로써 배제될 가능성도 있다(Nolland, 178은 이것의 첫 부분과 같이 주장하여, 분사 πειραζόμενος가 목적절을 나타낸다는 신 8:2과 병행을 이루게 된다). 이러한 점은 누가로 하여금 마태와 마가의 선상에 있게 하며, 성령이 유혹들에 관여된다는 암시를 제거한다. 그러나 그러한 독법은 대체로 개연성이 없다. 누가는 목적을 표현하기 위해 (마 4:1처럼) 부정사 πειρασθῆναι를 사용하고, 한 곳에서 다른 곳으로 단지 그 유혹의 장면을 변경하기 위해 마가의 장면을(성령을 수단으로 하여) 하나님에 의해 인도받는 예수에 관한 표류하는 유혹 이야기로 변모시키고자 했다는 주장에는 그 어떤 타당성도 없다.

2.2. 시험 내러티브가 누가에게 주는 의의

본질적으로 이 이야기는 이스라엘의 회복의 시작, 즉 사탄과의 싸움(거기서 예수는 이사야가 묘사하는 것처럼 종이자 전사로서 승리한 자의 모습으로 등장한다)을 통해 시작된 "새 출애굽"에 관한 이야기다. 성령은 이러한 역사의 무대에서 역동적으로 활동하는데, 우리는 그 성령의 역할을 구체적으로 설명하기 전 이 짧은 기사에 담긴 몇 가지 중요한 요점을 더 상세하게 다룰 필요가 있다.

(1) 비록 이 "유혹" 기사가 종종 아담의 유혹과 타락(아마도 마가 안에서 정당화됨)과 대비되는 것으로 묘사되기도 하지만, 누가가 사용한 Q 버전이나 누가 자신은 이러한 개념을 발전시키지 않는다.[58] 스트라우스는 다음과 같이 이 문제를 아주 잘 요약한다.

> 이 장면은 이스라엘의 광야 경험과 극도로 대조를 이룬다. 하나님의 아들인 이스라엘(출 4:22-23)은 광야에서 시험을 받았을 때 실패했지만, 하나님의 참된 아들인 예수는 순종적이었으며, 시험에서 승리한다. 예수가 광야에서 겪은 사십 일간의 유혹은 이스라엘의 사십 년과 유사하며, 예수가 인용한 구약의 세 본문(신명기 8:3; 6:13, 16)은 모두 이스라엘이 광야에서 실패한 것과 관련이 있다. 이 기사를 이해하기 위한 해석학적 열쇠는 신 8:2-3 안에 있는데, 여기서 모세는 어떻게 "그 주 너의 하나님이 사십 년의 광야 생활로부터 너희를 이끌었고, 그가 너희를 낮추었고, 너희 마음에 있던 바를 알도록 너희를 시험했는지를" 상

---

58 예수의 기원을 "하나님의 아담(아들)"(3:38)으로 돌아가게 한 족보를 "시험" 기사 이전에 추가시킴으로써 누가가 아담적(그리고 범우주적인) 동기를 강조한다고 일반적으로 강조된다. 하지만 이러한(아마도 전통적인) 족보를 삽입시키는 그의 주요한 목적은 예수의 다윗적인(그리고 덜 아브라함적인) 자격 증명(credentials)을 세우는 데 있고(Strauss, *Messiah*, 209-15), 또한 누가는 "두 번째/마지막 아담"(Second/Last Adam)으로서의 예수에 관해서는 관심을 거의 보이지 않는다.

기시킨다. (1) 이스라엘은 굶주림으로 시험받았고, 이로써 하나님을 의존하는 법을 배우긴 했지만(신 8:3), 그렇게 하는 데는 실패한 반면, 예수는 신명기 8:3(눅 4:4; 마 4:3, 4)을 인용하면서 그가 섭취할 음식물에 대해서는 하나님을 전적으로 의지했다. (2) 이스라엘은 오직 하나님만 섬길 것을 명령 받았지만(신 6:13-15), 우상숭배로 전락한 반면(신 9:12; 삿 3:5-7), 예수는 신명기 6:13을 인용하면서(눅 4:5-7; 마 4:8-9) 사탄이 섬김의 대상을 바꾸는 대가로 제시한 세상 왕국을 거절했다(눅 4:5-7; 마 4:8-9). (3) 이스라엘은 하나님의 능력을 의심하고, 맛사/므리바에서 그분을 시험한 반면(신 6:16; 출 17:1-7), 예수는 신명기 6:16을 인용하면서(눅 4:9-12) 성전에서 뛰어내려 주 하나님을 시험하라는 유혹을 거부한다. 예수는 메시아적 왕이며 하나님의 아들로서(삼하 7:14; 시 2:7; 89:27; 4QFlor) 이스라엘을 대표하고, 광야에서 종말론적인 이스라엘의 사명을 완수한다.[59]

여기서 우리는 오직 오랫동안 고대했던 이스라엘의 갱생만을 의미할 수밖에 없는 이스라엘의 존재 목적을 (이스라엘의 메시아로서)[60] 성공적으로 "재연"하는 예수를 만난다.

(2) 출애굽기/신명기 내러티브와의 분명한 연관성을 고려하면 누가복음 4:1-13에서 예수가 이룬 업적을 묘사하기 위해 우리가 채택한 "새 출애굽"이란 용어는 모형론적이며, 심지어 기독론적으로는 혼돈스럽기까

---

59 Strauss, *Messiah*, 215-16. 그는 B. Gerhardsson(*The Testing of God"s Son* [Lund: Gleerup, 1966])의 견해에 주로 의존한다. 또한 다음과도 비교해보라. C. A. Kimball, *Jesus' Exposition of the Old Testament in Luke's Gospel* (Sheffield: JSOT Press, 1994), 80-97; J. B. Gibson, *The Temptations of Jesus in Early Christianity* (Sheffield: JSOT Press, 1995), 85-87.

60 참조. Kimball, *Exposition*, 90. "많은 학자가 이 유형론을 그의 메시아 됨의 관점으로가 아니라 예수와 하나님과의 관계(즉 그의 아들 됨)로만 해석하기 때문에 그들은 유혹 이야기의 메시아적 특징들을 발견하는 데 실패한다."

지 하다. 따라서 우리는 다음과 같은 질문을 던질 수도 있다. 다윗이나 그의 메시아적 아들은 과연 출애굽과 무슨 관계가 있나? 하지만 "새 출애굽"이란 용어는 구약과 중간기의 소망을 배경으로 두고 이해해야 하는데, 거기서 "출애굽" 사건 자체뿐 아니라(이는 이집트로부터의 탈출과 홍해에서의 구출만을 포함하는 것이 아니라 광야에서의 유랑과 궁극적인 가나안 땅 입성까지 모두 포함한다)[61] 더욱 구체적으로 이스라엘이 바벨론의 포로 생활로부터 출애굽과 같은 해방을 맞이할 것과 광야를 성공적으로 지나 회복된 시온으로 변화될 것에 대한 제2이사야의 예언도 모두 보다 더 광대하고 복합적인 "새 출애굽"이라는 구원론적 소망에 대한 패턴을 제시해준다(이에 관해서는 다음 장 §4 "새 출애굽의 소망과 누가복음"을 보라).

이사야가 보여주는 이러한 일련의 "새 출애굽" 모티프 안에서 종에 관한 여러 본문(특히 42:1-9; 49:1-13; 50:4-11; 52:13-53:12)은 때로는 모세의 모습으로 나타나기도 하고,[62] 때로는 이사야 9장과 11장(참조. 사 55:3-5)의 다윗에 대한 소망을 반영하는 왕의 모습으로 나타나기도 하고,[63] 또 다른 경우에는 "이스라엘"의 모습(이스라엘을 대표하는 한 개인으로든

---

61 Mánek은 "exodus"가 "나옴"(going out)을 단순히 의미하지만, "이스라엘의 역사 안에서 그것은 **모든 단계에서 이집트를 벗어나 팔레스타인으로 가는 길**을 의미하는 개념이 된다"고 올바르게 주장한다. J. Mánek "The New Exodus in the Books of Luke," *NovT* 2 [1958], 8-23, 13(강조는 덧붙여진 것임).

62 D. C. Allison, *The New Moses: A Matthean Typology* (Edinburgh: T. & T. Clark, 1993), 68-71과 제2이사야에 나오는 종의 모세적 특성에 대한 논의로는 여기에 인용된 문헌을 보라. 이러한 특성은 (특히) 그 종이 예언자(비록 모세는 주로 하나님의 종으로 불리지만)라는 것을 포함한다. 그는 태어날 때부터 선택되고(49:1, 5; 참조. 출 1-2장), 하나님의 "선택받은 자"로 묘사된다(42:1; 참조. 시 106:23). 그는 그에게 임한 성령을 지니고(42:1; 참조. 민 11:17의 모세), "토라"를 가져오고(42:4), 야웨의 말씀을 가르친다(50:4). 그는 대단히 온순하고(42:2-3; 50:5-6; 53:3-4; 참조. "세상에서 가장 온유한 자"인 모세[민 12:3]). 타인들을 위해 고통을 받고(53:4-12; 참조. 출 17:4; 32:30-34; 민 11-14장; 신 1:37-40; 3:26; 4:21-22), 그들을 위한 중개자/중보자로 행동한다(53:12; 참조. 이러한 방식으로 행동하는 모세에 관한 언급으로는 Allison, *Moses*, 25, n. 45). 그는 포로로부터 돌아오는 백성들을 일으키고 회복시킨다.

63 사 42:1-7(9)의 인물은 열방과 온 땅에 정의를 가져오기 위해(42:1, 4 [49:7]; 참조.

[49:3, 6] 또는 구원하는 남은 자들로든)으로 나타나기도 하는데, 아무튼 이 본문들은 이 해방을 가져다주는 인물을 인상적이면서도 수수께끼와 같은 모습으로 그린다. 이러한 혼합된 모습(그리고 유대교 안에서 그것이 발전된 방식)[64]은 누가가 사용한 Q 전승을 가장 잘 설명해주는데, 거기서 (이미 세례기사에서 사 42:1-7의 종과 동일시된) 다윗 계열의 메시아적 아들은 광야에서 모세와 이스라엘을 시험하는 장면을 종말론적으로 재연하는 과정에서 **이스라엘**을 대표한다.

(3) 우리는 이 장면을 묘사하기 위해 "유혹"이라는 용어와 더불어 "결투", "시련",[65] "시험", "싸움"과 같은 다양한 용어를 의도적으로 사용했다. 예수는 세례를 받기 이전에도 분명히 "유혹"에 대해 알고 있었으며, 또한 누가복음 22:28은 그의 사역 전체를 그렇게 묘사한다(참조. 11:16). 하지만 4:2-12은 거의 일대일의 결투에 버금가는 수준에 해당하는 결연한 모습을 보여준다. 또한 4:13은 사탄이 "모든 종류의 시험을 다 준 후에" "적당한 기회가 올 때까지" 그에게서 물러갔다는 표현을 삽입하여 이 본문의 특징을 새롭게 부각시킨다. 사탄의 "회귀"는 22:3에서 다시 소개되는데, 여기서는 유다를 이용해 예수를 죽이려는 그의 두 번째 전략의 시작을 알린다. 비록 콘첼만처럼 4:13과 22:3 사이를 사탄이 없는 자

9:7; 11:4) 성령으로 부여된(참조. 사 11:2-4) 선택된 종이다(참조. 시 89:19-20 다윗의 시편). 그의 출현은 열방의 빛이 될 것이고(42:6; 49:6; 참조. 9:2), 포로들에게 해방을 가져다줄 것이다(42:7). 반면 11:11-16의 다윗 왕조는 정확하게 제2이사야서에 등장하는 종의 임무인 새 출애굽 속에서 포로들을 회복시킨다. 제2이사야가 다윗의 소망을 대체하고(제왕적 인물은 첫 번째 예로 아마도 고레스임) 그들을 민주화하게 한다(사 55장)고 주장하는 것은 중요한 정설이기는 하지만, 그러한 관점은 이사야의 단일성을 가정하는 후대 독자들에게 있어 불가능할 것이다. Strauss, *Messiah*, 296-97을 보라.

64   해방자와 회복자가 다윗적 인물일 것이라는 점은 널리 알려져 있고, 심지어 우리가 본 것처럼 타르굼 사 42:1-7의 인용문에서도 확인할 수 있다. 이러한 연관성의 뿌리는 호 2:14-15 + 3:5; 암 9:7 + 9:11-12; 렘 23:5-8; 솔로몬의 시편 11장; 에스라4서 13장으로 거슬러 올라간다(이에 관해서는 Strauss, *Messiah*, 292-97을 보라).

65   참조. Jeremias, *Theology*, 74.

유로운 기간이라고 말하는 것이 타당하다고 할 수는 없지만,[66] 이 기간이 예수와 그의 제자들이 결정적으로 공세를 펼칠 수 있는 기간임에는 틀림없다. 제자들은 예수로부터 사탄의 대리자들에게 대항할 능력과 권세를 넘겨받고, 그 결과 그들의 축귀와 치유의 사역은 사탄의 "몰락"을 예고한다(10:17-18).[67] 예수는 이러한 자신의 성공적인 사역을 강한 자(=바알세불/사탄; 참조. 11:15, 18, 19)를 이기고, 그를 무장 해제시키고, 이제는 그의 재물을 나누어줄 수 있는(11:21-22) "더 강한 자"(ἰσχυρότερος; 참조. 3:16)라는 표현을 통해 보다 더 구체적으로 설명한다. 만일 누가의 내러티브에서 예수가 사탄을 "이기는" 시점이 언제인지를 묻는다면 이에 대한 가장 쉬운 대답은 아마도 (그 이전에 마가의 대답처럼)[68] 광야에서의 결투일 것이다. 따라서 피츠마이어는 누가복음 11:21-22이 "시험 장면에서 사탄이 사라지는 장면을 다시 회상하는 것"이라고 말한다.[69] 사실 11:21-22의 어법은 이사야의 동일한 새 출애굽 이미지(이번에는 사 49:24-25의 이미지)를 직접 암시하는 것으로 보인다.

> 용사가 빼앗은 것을 어떻게 도로 빼앗으며,
>
> 승리자에게 사로잡힌 자를 어떻게 건져낼 수 있으랴.
>
> 여호와가 이같이 말하노라.
>
> "용사의 포로도 빼앗을 것이요, 두려운 자의 빼앗은 것도 건져낼 것이니,

---

66 Conzelmann, *Theology*, 28-29; Conzelmann의 견해를 수정한 입장으로는 S. Brown, *Apostasy and Perseverance in the Theology of Luke* (Rome: Pontifical Biblical Institute, 1969), 6-11 and *passim*; Ellis, 248; 특히 Fitzmyer, *Luke*, 158-64을 보라.

67 Fitzmyer, *Luke*, 164-69.

68 유혹이 마가복음에서 사탄에 대한 결정적인 승리로 이미 이해되었다는 견해에 관해서는 E. Best, *The Temptation and the Passion: the Markan Soteriology* (Cambridge: Cambridge University Press, 1965), 3-14를 보라.

69 Fitzmyer, 919. (4:1-13에 관해서는) Johnson, 75과도 비교해보라. "이와 같이 가장 중요한 전투에서 승리함으로써 … 향후 메시아의 말과 행동은 사실상 소탕 작전에 해당함을 독자들은 알아야 한다"(그리고 이어서 눅 11:20이 인용된다).

이는 내가 너를 대적하는 자를 대적하고, 네 자녀를 내가 구원할 것임이라."

만약 구약의 본문이 **야웨의** 직접적인 행동을 언급한 것이라면 여기서 나타난 행동은 하나님의 대리자로서, 즉 그의 영으로 능력을 부여받은 메시아적 아들/종으로서 예수가 행한 것이다.

요약하자면 "시험" 기사의 요점은 구원론적이며 기독론적이지, 매일의 시험을 어떻게 대처할 것인지를 가르쳐주는 것이 아니다.[70] 누가복음 11:20-23에 비추어보면 이 기사는 하나님의 메시아적 아들을 통해 시작된 이스라엘의 새 출애굽 및 이스라엘에 자유를 가져다줄 하나님의 대리자이자 종-전사로서 예수가 침략자에게 승리함으로써 얻게 될 "형세의 역전"과 관련이 있다. 만일 예수가 "성령의 능력으로"(4:14) 갈릴리로 돌아왔다면 이는 그가 이스라엘의 침략자와의 싸움에서 이길 수 있는 잠재력을 획득했기 때문이다.

2.3. 시험 내러티브에 나타난 성령

우리는 누가가 예수가 광야에서 사탄에게 시험을 받을 때 "'성령에 이끌림'을 받았다"고 (편집을 통해) 묘사하면서 그 결투 기사 안에 나타난 성령의 역할을 부각시켰음을 이미 살펴보았다. 이 사실은 누가가 이 시험 과정에서 성령이 일종의 능력을 부여하거나 도움을 준 것으로 이해했음을 암시한다. 하지만 멘지스는 이와는 대조적으로 다음과 같이 주장한다.

누가는 성령이 예수로 하여금 그 유혹을 이기도록 했다는 데에 대한 그

70　J. Dupont, *Les tentations de Jésus au désert* (Paris: de Brouwer, 1968), 35-85; Schürmann, 215-16.

어떤 암시도 하지 않는다. γέγραπται ὅτι["기록된 바"]란 말의 반복이 잘 보여주듯이 마귀에 대한 예수의 승리가 바로 말씀에 의한 것임을 잘 보여준다.…성령은 단 한 번도 하나님을 향한 삶을 위해 내리는 판단의 결정적인 원인으로서 묘사된 적이 없다.…4:1, 14에 나타난 누가의 편집은 성령이 예수의 순종의 원천이 아니라, 오히려 예수의 순종이 그와 성령의 지속적인 관계의 원천임을 암시한다.…예수는 [광야의 시련에서] 그의 임무를 완수하려고 했으므로 그는 성령의 능력으로(ἐν τῇ δυνάμει τοῦ πνεύματος) 갈릴리로 돌아왔다(Development, 160-61).

하지만 우리는 이러한 멘지스의 특이한 주장은 누가가, 유대교를 따라, 성령은 예언의 영이기 때문에 성령에게 윤리적인 것을 결부시킬 수 없다는 그 자신의 추론에 근거한 것이라는 의구심이 든다. 아무튼 멘지스의 이러한 주장은 설득력이 없다. 그는 누가가 성령이 내적으로 나타나는 윤리적인 능력으로서, 어떤 잠재의식적인 단계에서 불가항력적으로 순종하게 하는 의지와 능력을 일으킨다는 주장에 의구심을 제기할 수는 있다.[71] 하지만 우리가 이미 (5장에서) 살펴보았듯이 윤리적인 영향이 예언의 영의 사역을 통해 나타날 수 있는 여지는 여전히 많이 남아 있다. 심지어 성령에 대한 그의 생각과 관련해서도 멘지스는 예수가 사탄과 결투를 벌이는 정황에서 그의 성경에 대한 이해와 그의 방어적인 성경 인용을 통해 나타난 신적 지혜를 공급해준 이가 성령이었을 수도 있었음을 인정해야 한다.[72] 왜냐하면 이러한 지혜와 통찰력을 부여하는 일이 "예언의 영"의 전형적인 사역이었기 때문이다. 따라서 성령의 이러한 사역이 어떤 직접적인 윤리적 영향을 가져다준다는 사실을 부인하기 어렵다. 비록 예수가

---

71 Dupont, *Tentations*, 11, 49-50?

72 참조. Fitzmyer, 512-13. 예수는 "따라서 정복자로 묘사된다. 이는 그가 "성령의 검, 하나님의 말씀"으로 무장되었기 때문이다."

지혜의 영이 인도하는 방향에 대항하는 것(그리고 초기 광야 상황에서 이스라엘이 했던 것처럼 하나님의 성령을 슬프게 하는 것, 사 3:10-11)이 이론적으로 불가능한 것은 아니었지만, 성령으로 충만한 자에게 지혜를 부여하고 나아갈 길을 인도하는 예언의 영이 메시아적 아들의 온전한 순종을 북돋고, 이끌고, 굳세게 했을 것으로 기대하는 것은 당연해 보인다(참조. 행 9:31 등). 따라서 예언의 영의 이러한 사역은 어느 정도 윤리적인 능력 부여를 동반한다.[73] 이러한 추론은 또한 이상하지도 않다. 아무튼 이러한 기대는 우리에게 너무나도 잘 알려진 메시아 본문인 이사야 11:2에 잘 나타나 있는데, 거기서 다윗적 인물에게 임한 지혜와 지식과 모사의 영은 또한 가공할 만한 의를 지닌 메시아의 능력인 "지식과 주를 경외하는 영"으로 묘사된다.[74] 예수가 다윗 계열의 메시아적 아들과 종으로서 성령의 능력을 부여받는 수세 기사의 문맥을 고려하고, 또 이 본문이 종-전사를 통한 새 출애굽에 초점이 맞추어져 있음을 감안하면, 성령의 사역을 (이스라엘의 해방과 시온의 회복을 시작하는) 예수의 영적-윤리적 승리와 완전히 분리시키려는 멘지스의 시도는 상당히 인위적으로 보인다. 오히려 **성령에 의해 이끌림을 받은** 메시아적 아들/종인 예수가 광야에서 사탄을 무찌른 것이며, 바로 이렇게 성령의 도움으로 얻은 승리가 이스라엘에 대한 사탄의 권세를 약화시켰기 때문에 누가가 다음과 같이 주장할 수 있었던 것이다. "예수께서 성령의 능력으로 갈릴리로 돌아가시니"(4:14).

이 주장은 예수가 세례 때 받은 성령이 그의 종말론적(그리고 모형적) 아들 됨을 위함이라는 던의 주장에 동의한다는 것을 의미하지 않으며, 오히려 예수가 받은 예언의 영이 그로 하여금 메시아적 아들-종으로서 이

---

73   (4:1에 대해서는) 참조. Marshall, 169. "성령의 역할은 주로 인도(guidance)이지만, (누가에게 있어) 예수로 그 유혹자를 이기게 하는 그의 능력 있는 영감에 대한 사상을 제외할 아무런 이유가 없다." 나는 오히려 인도와 영감 사이에 매우 희미한 연결선이 있으며, 종종 이 중 하나는 다른 하나의 결과를 초래한다고 말할것이다..

74   위의 5장을 보라.

스라엘의 구속을 가져다주는 그의 독특한 임무를 수행하도록 돕고 능력을 덧입혀주는 것을 의미한다. 따라서 4:1b의 성령의 사역은 1:35에 나타난 성령의 회복시키시는 사역과 성령의 윤리·종교적 의미와 전적으로 일치한다. 물론 누가는 예수의 승리 가운데 어느 부분이 성령에 의한 것이며, 또 어느 부분이 하나님의 아들로서 예수 "자신의" 신실함에 기인한 것인지(구약성서에 깊이 물들어 있었다면 거의 아무도 이러한 구분을 하지 않았을 것이며, 특히 눅 1:35 이후에는 더더욱 그러했을 것이다)를 우리에게 밝히는 데는 전혀 관심이 없다. 누가의 의도는 단순히 유대교 및 기독교 독자들에게 예수가 이스라엘이 고대하던 성령으로 기름부음 받은 메시아적 아들/종임을 깨닫게 하기 위해 그를 메시아의 해방 사역을 시작하는 자로 묘사하는 데 있다.

3. "성령의 능력으로" 갈릴리로 돌아가신 예수(4:14)

양식비평에 의하면 4:14-15은 4:1-13과는 다른 요약 본문이며, 예수의 공적 사역의 시작을 알리는 본문이다. 이 본문은 본질적으로 마가복음 1:14-15의 요약 본문을 포괄적으로 편집한 본문이라고 할 수 있지만,[75] 누가가 ἐν τῇ δυνάμει τοῦ πνεύματος("성령의 능력으로"[76])라는 어구를 추가한 사실은 예수와 성령에 관한 누가의 이야기 안에서 매우 중요한 주제적

---

75 이러한 점은 다음 문헌에 의해 설득력 있게 주장되었다. J. Delobel, "La rédaction de Lc., IV, 14-16a et le 'Bericht vom Anfang'", in F. Neirynck (ed.), *L'Evangile,* 113-33. 그의 주장은 Schürmann의 주장, 즉 3:1-4:44에 대해 누가는 대체로 마가와 Q에 의해 사용된 비마가적인 "시작의 기사"에 의존한다는 주장에 대해 치명적인 공격을 가한다(Schürmann, "Der 'Bericht vom Anfang.' Ein Rekonstruktionsversuch auf Grund von Lk 4.14-16", *SE,* II, 242-58을 보라). Turner, "Luke and the Spirit," 215-16, n. 100; Menzies, *Development,* 158-60; Nolland, 184-86; Kim, *Geisttaufe,* 57-60을 보라.

76 이것은 또 다른 부대 상황 여격이라 할 수 있다.

연결점을 제공해준다. 4:14-15은 일반적으로는 시험 기사와 나머지 사역을 연결해주고, 보다 더 구체적으로는 나사렛 단락(4:16-30)과 연결해준다.

예수가 성령의 **능력**으로 돌아갔다는 언급은 한편으로는 능력의 영을 덧입은, 전통적인 다윗 계열의 메시아의 모습(사 11:2과 이에 연관된 전승[77])에 더 잘 부합하고, 또 다른 한편으로는 보다 더 구체적으로 광야에서 사탄의 권세를 약화시킨 성령의 능력을 덧입은 종/전사의 모습에 더 잘 부합한다(4:1-13; 11:21-22). 이러한 예수의 승리는 사탄에게 희생당한 자들이 해방되는 결과를 가져다줄 것이며(4:18-19; 7:21; 11:14-23; 13:16; 행 10:38 등), 누가복음에서 예수가 처음으로 일으킨 기적이 그의 "능력"(4:36)으로 인해 많은 사람을 놀라게 한 가버나움의 축귀 사건(4:31-37)이었다는 것은 결코 우연이 아니다.

이 축귀 기사의 특이한 점은 단순히 사탄에게 억압당하는 자들이 구원을 받는다는 주제를 넘어 누가복음 4:14과 다음과 같이 3중적으로 연계되어 있다는 점이다. (1) 구체적으로 "능력"이라는 단어(4:14 이후에 처음 나옴)를 통해 서로 연결되어 있다. (2) 4:14과 4:36-37 간의 유사점을 통해서도 서로 연결되어 있다. 즉 두 본문에서 모두 예수의 능력에 관한 진술이 그에 대한 소식이 주변 전역에 퍼졌다는 보고 직전에 나온다(즉 그의 능력에 대한 소식은 기적적인 해방으로 입증된다). (3) 마지막 연결점은 "우리가 들은 바 가버나움에서 행한 일을 네 고향 여기서도 행하라"는 4:23의 도전이 제공해준다(이 말씀은 널리 퍼진 그의 능력에 대한 소식이 바로 그가 행한 해방의 기적에 관한 것임을 확증해줌).[78]

---

77 위의 4장 §3을 보라.

78 이러한 관찰점들과 결합된 "성령의 능력 안에서"(in the power of the Spirit)란 구절은 누가가 πνεῦμα("성령")와 δύναμις("능력")를 분명하게 구분 짓고, 연설을 전자에, 그리고 기적을 후자에 귀속시켜야 한다는 Schweizer의 주장을 불가능하게 만든다. Turner, "Spirit and Power," 126-28, 138-42을 보라.

하지만 4:14에서 사용된 "성령의 능력 안에서/으로"(in/with the power of the Spirit)란 어구는 예수의 축귀와 해방의 기적에 관한 언급에만 국한되지 않는다. 예수가 가져다준 해방에 있어 누가는 이보다 더 포괄적인 견해를 가지고 있으며, 그는 우리가 곧 살펴볼 누가복음 4:16-30에서 예수의 사역의 이 부분에 관해 이야기할 것이다. 이 이행 본문에서 "예수가 성령의 능력으로 갈릴리로 돌아가시니"라는 문장은 ("성령으로 충만한" 예수에 대한 4:1의 언급과 같이) 적어도 갈릴리에서 행한 예수의 사역에 대한 누가의 기사 전체를 조망해주는 일반적인 서술로서의 기능을 수행한다. 이 문장은 말씀 선포와 해방의 기적이라는 예수의 전체적인 구속 사역에 능력을 부여해주는 성령을 부각시키는 의도를 갖고 있다.[79]

4. 결론

누가복음이 소개하는 예수의 사역의 첫 그림은 누가복음 1-2장과 3:14-17에 나타난 그에 대한 기대에 부합하며, 이는 또한 이 그림에 기초를 두고 있다. 이러한 기대는 이스라엘을 정화하고 회복시킬 성령의 능력을 강하게 부여받은 다윗 계열의 메시아에 대한 것이다. 이와 마찬가지로 요단강 사건은 성령을 왕이자 이사야서에서 종으로 묘사되는 메시아에게 능력을 부어주는 분으로 묘사한다. "시험" 기사는 하나님의 아들 이스라엘이 광야에서 받은 시험(대체로 신 6-8장에 의존하여)을 다시 재연하는 새 출애굽에 해당하며, 이를 성공적으로 완수한 결과는 이스라엘의 해방과 갱생의 전조가 된다. 우리는 이러한 사탄과의 결정적인 결투의 문맥에

---

79 예를 들어 Aber, *Geist*, 15; U. Busse, *Die Wunder des Propheten Jesus: Die Rezeption, Komposition und Interpretation der Wundertradition im Evangelium des Lukas* (Stuttgart: Verlag Katholisches Bibelwerk, 1977), 60; Turner, "Spirit and Power," 138-42을 보라. 그리고 Fitzmyer, 523; Mainville, *L'Esprit*, 243과도 비교해보라.

서 성령이 최소한 사탄의 유혹에 저항할 수 있는 은사적인 지혜를 공급해 줌으로써 메시아적 아들/이사야서의 종에게 "능력을 부여"했음을 추론할 수 있다(따라서 4:1b은 1:35을 보완해준다). 따라서 예수가 "성령의 능력으로" 돌아갔다는 사실은 그가 거기서 얻은 승리를 이스라엘에까지 확대할 것이라는 기대를 불러일으킨다. 따라서 이 내러티브의 초점은 원형적이며 새로운 예수의 성령 경험에 있지 않고, 시온의 구속인 이스라엘의 위로를 시작하는 메시아의 (독특한) 임무를 수행하도록 도우시는 하나님의 능력으로서의 성령에 있다.

9장

새 출애굽 해방을 선포하기 위해
성령으로 기름 부음 받은 예수

예수는 세례 때 받은 성령의 의미에 대해 자신의 나사렛 설교의 정황에서 가장 분명하게 설명해준다(눅 4:16-30). 누가는 이 본문을 그의 작품 전체에서 가장 중요한 위치에 배치하고,[1] 독자가 세례 기사와의 연관성을 놓치지 않도록 4:1과 4:14에 성령에 관한 언급을 삽입함으로써 요단강에서부터 나사렛 회당 문에 이르기까지의 확실한 경로를 그려놓았다. 본장에서는 누가가 4:18-21과 관련 본문에서 성령에 관한 예수의 가르침을 어떻게 이해하고 있는지를 살펴볼 것이다.

　　나는 먼저 나사렛 단락 자체(4:16-30)에 집중할 것이다. 이 단락의 주된 관심사는 이사야 61:1-2의 말씀을 성취하는 예수의 선포다(4:18-21). 이사야 인용문에는 종종 성령에 대한 누가의 독특한 견해로 여겨지는 일부 본문의 생략이나 추가와 수정이라는 여러 생소한 특징이 담겨 있는데,

---

1　J. T. Sanders는 "사람들은 이 본문과 관련된 문헌을 읽어나가면서 대개 지쳐버리는 경향이 있지만…이 장면은 누가-행전에 있어 가히 '강령적'이다"라고 말한다(*The Jews in Luke-Acts* [London: SCM Press, 1987], 165). Von Baer(*Geist*, 63)부터 가장 최근의 저자들까지 이 본문이 누가복음에서 차지하는 위치를 인정한다. 예를 들어 Menzies, *Development*, 161, n. 8에 등장하는 목록을 보라. 특히 다음 문헌은 그 목록에 추가될 가치가 있다. R. L. Brawley, *Luke-Acts and the Jews: Conflict, Apology and Conciliation* (Atlanta: John Knox, 1987), 2장; Kimball, *Exposition*, 97; Sanders, *Jews*, 165-68; C. J. Schreck, "The Nazareth Pericope: Luke 4,16-30 in Recent Study," in F. Neirynck (ed.), *L'Evangile de Luc-The Gospel of Luke* (Leuven: Leuven University Press, 1989), 399-400; J. A. Siker, "'First to the Gentiles': A Literary Analysis of Luke 4:16-30," *JBL* 111 (1992), 73-90; Tiede, *Prophecy*, 19. 이 본문의 중요성에 대한 E. Samain의 견해는 그의 소논문 제목에서 명확히 드러난다. "Le discours-programme de Jésus à la synagogue de Nazareth. Luc 4,16-30," *Foi et Vie* 11 (1971), 25-43. 따라서 4:16-30에 관한 문헌은 정말 무궁무진하다. 예를 들어 다음 문헌에 수록된 참고문헌을 보라. U. Busse, *Das Nazareth-Manifest Jesu: Eine Einführung in das lukanische Jesusbild nach Lk 4.16-30* (Stuttgart: KBW, 1978); 참조. G. K. Shin, *Die Ausrufung des endgültigen Jubeljahres durch Jesus in Nazaret: Eine historisch-kritische Studie zu Lk 4,16-30* (Bern: Lang, 1989). 이 책을 광범위하게 사용하기에는 나는 이 책을 너무 늦게 접하게 되었다. Schreck(위를 보라)은 도움이 될 만한 개관을 제공한다.

특히 누가가 4:16-30에서 마가복음 6:1-6a을 창의적으로 다시 서술할 때 더욱더 잘 드러난다.[2] 따라서 나는 먼저 문학-비평적인 개론(§1)을 간략하게 소개할 것인데, 여기서 나는 내가 왜 누가가 예수의 나사렛 설교에 대한 마가의 본문을 사용하기보다는 다른 병행 본문을 사용했다고 생각하는지, 그리고 이 기사가 이사야 61:1-2과 58:6에 대한 인용문을 포함하고 있을 개연성이 더 높은지를 밝힐 것이다. 이어서 나는 이사야 "인용문"을 보다 더 상세하게 다룰 것인데, 이에 대한 여러 수정 본문 가운데 어떤 버전이 누가의 것인지(원 자료에서 유래한 것이라기보다는) 질문할 것이다(§2). 나는 한 가지를 제외한 다른 모든 수정 본문이 누가의 자료의 관점에서 모두 잘 설명된다고 결론지으면서 누가의 성령론을 이해하는 데 있어 이사야 61장의 인용에 내포되어 있는 함의가 무엇인지 살펴보기에 앞서(§4), 예수와 성령에 대한 이 자료의 견해에 대해 살펴볼 것이다(§3). 이 두 단원(§3-4)은 본장의 주요 부분에 해당한다. 전자는 누가복음 4:16-28 배후에 있는 Q 버전과 누가 이전의 자료가 어떻게 새 출애굽과 메시아적 희년의 소망을 이해하고 있고, 또 어떻게 예수의 사역을 이에 대한 성취로 보았는지를 살펴볼 것이다. 즉 그에게 임한 성령은 하나님의 능력으로 이해되었고, 이를 통해 예수는 벨리알의 억압으로부터 풀려나는 이스라엘의 새 출애굽 해방을 선포했으며, 특히(전적으로는 아닐지라도) 질병과 악마적인 고통으로부터 해방시키는 구속의 사역을 통해 이를 완수했다. 네 번째 단원에서는 누가가 이러한 이해를 어떻게 자신이 묘사한

---

2   따라서 Rese, *Motive*, 153-54. 또한 R. C. Tannehill, "The Mission of Jesus according to Luke IV.16-30," in W. Eltester (ed.), *Jesus in Nazareth* (Berlin: de Gruyter, 1972), 52, 63-65은 17-21절에 볼 수 있는 누가 특유의 용법과 마소라 본문보다는 70인역을 더 선호한다는 점이 이 단락 전체를 누가가 직접 마가의 기본 골조(막 6:1-6)에 덧붙였을 개연성을 높여준다고 주장한다. 하지만 빈번히 나타나는 누가 특유의 용법은, 우리가 눅 3:21-22에서 지적했듯이(문제는 누가 이전 자료의 흔적이 있는지의 여부다), 필연적으로 누가의 창작임을 암시하지 않으며, 또 누가가 유일하게 기독교 공동체 내에서 70인역을 사용한 사람도 아니다! 전승이 아람어에서 그리스어로 넘어가는 과정에서 구약의 본문을 70인역에 맞추어 인용했을 개연성은 상당히 높다.

예수의 선교 사역의 중심에 두게 되었는지를 살펴볼 것이다. 다양한 편집 장치를 통해 그는 이사야 61:1-3의 구원론적 예언자를 누가의 중심 단원을 지배하는 모세와 같은 예언자와 동일시한다. 하지만 이것은 (버거와 맹빌이 제안한 것처럼) 그가 누가복음 1-2장에서 선언한 다윗적 소망을 약화시키는 것이 아니며, 그 소망을 승천 이후로 지연시키는 것도 아니다. 왜냐하면 와츠(Watts)와 스트라우스(Strauss)가 주장한 것처럼 누가가 사용하고 발전시킨 이사야의 새 출애굽 전승은 다윗과 같은 특징과 모세와 같은 특징을 서로 창의적으로 융합하는 것을 허용하기 때문이다. 이와 동일한 배경은 누가가 예수의 사역을 누가복음 1-2장에 기록된 이스라엘의 회복에 관한 약속이 실현되기 시작하는 시기로 공표하도록 허용하며, 구속의 기적들이 이스라엘의 구원자에게 임한 성령에게 귀속될 수 있는 환경을 제공한다. 슈바이처, 아야-프라, 멘지스 등의 견해와는 달리, 누가는 이러한 후자(기적과 성령의 밀접한 관계)의 측면을 그대로 보존했다(참조. 눅 7:18-22 등, 특히 행 10:38). 마지막으로 §5에서 우리는 누가복음에 나타난 예수와 성령에 관한 또 다른 언급, 즉 성령 안에서 예수가 크게 기뻐하는 것과 관련이 있는 본문을 간략히 살필 것이다(눅 10:21).

1. 누가복음 4:16-30에 대한 문학비평적 개론

나사렛 장면은 의심의 여지없이 누가에게 있어 상당히 중요한 의미를 지닌다. 예수 사역의 연대기에 관한 자신의 이해와는 달리(참조. 4:23), 누가는 이 장면을 예수의 공생애와 가르침에 관한 그의 기사 첫 부분에 배치한다.[3] 콘첼만이 지적했듯이 만일 이 본문이 마가복음 6:1-6에 대한

---

3   Luce, 119. 또한 누가는 마가복음에서는 이와 매우 유사한 이야기가 훨씬 나중에 나온다는 것을 잘 알고 있었을 것이다(막 6:1-6). Conzelmann, *Theology*, 34과 Tannehill,

누가의 자유로운 개작임을 입증할 수 있다면 "우리는 그의 신학적 관점과 그가 그의 자료를 어느 정도 수정했는지를 분명히 알 수 있게 된다."[4] 하지만 콘첼만 자신도 이미 언급했듯이 이를 입증하기는 쉽지 않다.[5] 한편으로 마가복음과의 접촉점은 4:16, 22, 24에 기록된 이야기의 범주를 넘어서지 않으며, 또 다른 한편으로는 "마가의" 이야기의 범주와 그 나머지 자료 안에 누가 이전의 전승이 포함되어 있다는 분명한 표시가 보인다. 이러한 점은 적어도 25-27절의 엘리야와 엘리사에 관한 어록에 대해 일반적으로 받아들여지고 있지만,[6] 비-마가적인 전승 자료에 대한 확고한 근거도 존재한다.

　　a. 누가는 Ναζαρέθ을 선호하지만(1:26; 2:4, 39, 51; 행 10:38), 4:16에서는 아람어 형태 Ναζαρά를 사용한다.[7]

　　"Mission," 55-56은 ἐρεῖτε(말했다, 23절)가 가버나움에서 일어날 미래의 사건을 예고한다고 주장하지만, 이러한 해석은 안타깝게도 너무 인위적이다; 참조. H. Anderson ("Broadening Horizons: The Rejection at Nazareth Pericope of Luke 4.16-30 in Light of Recent Critical Trends," *Int* 18 [1964], 273-74); Schürmann, 237; Marshall, 187; Nolland, 192. 하지만 Streeter, *Gospels*, 206, 209은 그 순서를 원(原)누가(proto-Luke)의 것으로 간주하고, Schürmann은 누가가 이 보다 더 긴 "초기의 보고"(Bericht vom Anfang)로부터 이 순서를 가져왔다고 생각한다. 이에 관해서는 아래 각주 15를 보라.

4　　*Theology*, 32. Creed(65)와, 이 지점에서 오직 70인역만이 누가가 사용한 유일한 비-마가 자료라고 생각하는 J. Drury(*Tradition and Design in Luke's Gospel: A Study in Early Christian Historiography* [London: Darton, Longman & Todd, 1976], 66)는 이 입장을 따른다.

5　　*Theology*, 35, n. 2. L. C. Crockett, "The Old Testament in the Gospel of Luke: With Emphasis on the Interpretation of Isa 61.1-2" (PhD dissertation, Brown University, 1966), 4; L. T. Johnson, *The Literary Function of Possessions in Luke-Acts* (Missoula: Scholars Press, 1977), 92, n. 1. 이 두 학자는 Conzelmann의 주장이 신중하지 못했다고 생각하는 것 같다. Schreck, "Nazareth-Pericope," 특히 403-27은 이 본문에 대한 자료-비평적 분석을 포괄적으로 개관한다.

6　　참조. Bultmann, *History*, 31은 25-27절을 아람어 전승으로 간주한다; 참조. Tannehill, "Mission," 52, 58; Fitzmyer, 526-27; Siker, "First," 74.

7　　모든 학자는 이 Ναζαρά가 누가의 표현이 아니라는 데 동의한다. 다른 자료-비평적 해설에 관해서는 Schreck, "Nazareth Pericope," 417-24을 보라. Goulder(*Luke*, 300-301[그리고 그의 초기 연구])는 이것을 마태의 것으로 본다. 이에 대한 반론으로는 다

b. 4:18-19에서 이사야 61:1-2의 "인용"은 이사야 58:6d을 포함하는 반면, 누가-행전은 다른 곳에서 이런 식으로 구약 인용문을 다른 인용문과 서로 겹쳐서 인용하지 않는다.[8] 사실 이런 방식은 사복음서 그 어디에서도 발견되지 않고, 구약의 이 본문들이 유대교에서도 서로 결합되지 않으며, 이와 같이 서로 결합된 인용은 유대교에서도 매우 드물게 나타나기 때문에 킴볼(Kimball)은 이 전승에 나타난 이와 같은 인용은 예수 자신의 미드라쉬 해설로(예수 자신이 회당에서 그렇게 강독했던 것이[9] 아니라면) 거슬러 올라갈 개연성이 매우 높다고 주장한다.[10]

음을 보라. C. M. Tuckett, "Luke 4,16-30, Isaiah and Q," in J. Delobel (ed.), *Logia: Les paroles de Jésus-The Sayings of Jesus* (Leuven: Leuven University Press, 1982), 343-54; W. O. Walker, "'Nazareth': A Clue to Synoptic Relationships?," in E. P. Sanders (ed.), *Jesus, the Gospels, and the Church* (Macon: Mercer University Press 1987), 105-18.

8 M. Dömer, *Das Heil Gottes: Studien zur Theologie des lukanischen Doppelwerkes* (Bonn: Hanstein, 1978), 143-47; Tuckett, "Luke 4,16-30," 347; 아래의 Chilton과 Kimball 을 보라. 또한 일반적으로 누가는 자신이 인용하는 본문에 이처럼 대대적인 수정을 가하지 않는다고 주장하는 Bock, *Proclamation*, 106과도 비교해보라.

9 회당에서 성서를 읽는 과정에서 예수가 이러한 형태의 이사야 본문을 인용하는 것에 대한 문제 제기는 이미 널리 알려져 있지만(Kimball, *Exposition*, 108; Menzies, *Development*, 165; C. Perrot, "Luc 4,16-30 et la Lecture biblique de l'ancienne Synagogue," *RSR* 47 [1973], 324-40), 이러한 문제 제기는 어쩌면 너무 과장된 것일지도 모른다. 만약 예수가 이미 이것을(사 61:1-2과 함께) 자신의 사명에 초점을 맞추는 것으로 생각했다면 이는 그가 단지 사 58:6d에 상응하는 부분을 덧붙인 것일 수도 있고, 아니면 갇힌 자들이 자유의 빛을 보게 된다는 의미로 해석되면서 마소라 본문 사 61:1의 מֶרֶח־קֹוֹתָח פֵּקַח־ וְלַאֲסוּרִים이 확대 의역된 것일 수도 있다(참조. 타르굼의 독법, "갇힌 이들에게는 빛이 비칠지어다"). 만약 이 전승이 70인역을 따라 그리스어로 번역되었다면 이 인용문은 아마 누가복음과 비슷한 모습을 보였을 것이다.

10 Kimball, *Exposition*, 106-11을 보라. 우리는 Kimball의 입장을 B. Chilton, "Announcement in Nazara: An Analysis of Luke 4,16-21," in R. T. France and D. Wenham (eds.), *Gospel Perspectives*, II (Sheffield: JSOT Press, 1981), 147-72, 특히, 163-65과도 비교해볼 수 있다. 비록 Menzies(*Development*, 165)는 Chilton의 주장이 오직 이 인용문이 구 시리아 복음서와 함께 등장한다는 주장에만 근거를 두고 있다는 인상을 주긴 하지만, 그의 주장은 이러한 형태의 인용문이 누가의 것이 아니기 때문에 전통적이라는 그의 초기 결론(Bock[*Proclamation*, 107-108]에 의해 정당하게 비판을 받은)과 "예수가 이런 식으로 자신을 표현하지 않는 한, 신약 본문이 왜 구약의 인용문을 수정했는지 파악하는 것은 그리 쉽지 않다"(164)는 그의 결론에 대한 부차적인(중

c. 4:20b에서 셈어적 무관사 πάντων(οἱ ὀφθαλμοί; "모든 이의 [눈]")과 "회당에서"라는 불필요한 반복(누가는 이러한 반복을 제거하는 경향이 있다)은 누가가 자료에 의존하고 있음을 암시한다.[11]

d. 4:21에서 안식일을 지칭하는 "오늘날"과 셈어적 "너희 귀'에'(in)" 는 누가 이전의 것이다.[12]

e. 4:22, 23에서 군중의 긍정적인 반응과 예수의 부정적인 응답 사이의 다소 어색한 연결은 누가가 이 부분을 자유롭게 개작하지 않았음을 암시한다(또한 4:24과 4:25-27 사이의 "연결"도 마찬가지다).

f. 4:24에서 자신의 고향에서 환영받지 못하는 예언자에 관한 말씀이 주로 그의 전승에서 "아멘"을 제거하는 누가의 성향(누가 5회; 마가 5회; 마태 30회)과는 달리(마가복음에도 나타나지 않는) "내가 참으로(아멘) 너희에게 말한다"라는 어록 앞에 위치한다.

g. 예수를 죽이려는 이야기를 담고 있는 누가의 4:29 기사는 돌로 쳐서 죽이는 유대교 절차(피의자를 먼저 낭떠러지까지 끌고 가서 떨어뜨리는)를 반영한다(참조. 행 7:56-60).

다음 네 가지 요소를 고려하면 우리는 아마도 누가가 나사렛 설교에 관한 마가의 병행 기사를 갖고 있었고, 또 그가 전적으로가 아니라면 대체로 그 기사에 의존했다고 가정하는 것이 가장 타당해 보인다.[13] (1) 실

요하긴 하지만) 논증에 불과하다.

11 Chilton, "Announcement," 162-63을 보라.

12 Chilton, "Announcement," 165-66을 보라.

13 이에 관한 다양한 주장과 관련해서는 다음을 보라. Streeter, *Gospels*; B. Violet, "Zum rechten Verständnis der Nazareth-Perikope," *ZNW* 37 (1938), 251-71; Leaney, 50-54; Schürmann, "Bericht," 242-58(그리고 같은 저자의 "Nazareth-Perikope," 187-205; 또한 그의 주석, 241-44, 158-59); Schramm, *Markus-Stoff*, 37; Marshall, 178-80; B. Chilton, "Announcement," 147-72; Seccombe, *Possesions*, 45-46; Bock, *Proclamation*, 106-107, 317, n. 59; Tuckett, "Luke 4,16-30," 343-54. B. de Solages(*La composition des évangiles de Luc et de Matthieu et leurs sources* [Leiden: Brill, 1973], 84)와 A. Georges(*Pour lire l'évangile selon Saint Luc* [Paris: Cerf, 1973], 84) 그리고 Bock(*Proclamation*, 317, n. 59)는 모두 누가의 기사가 마가와 또 다른 주요 병행 자

제로 마가의 기사와 일치하는 어법이 거의 없다(가장 근접한 내용이 4:24에 나오지만, 거기서도 단어 간에 현저한 차이가 있고, 일치하는 부분은 오직 "그의 고향에서"란 어구뿐이다). (2) 마가와 누가의 버전은 상당히 다르게 끝난다. (3) 심지어 마가에 의존하는 것으로 알려진 구절(16, 22, 24)에서도 누가 이전의 전승과 비(非)마가 전승이 서로 공존한다는 강한 암시가 들어 있다. (4) 우리는 만일 누가가 마가복음을 앞에 두고 누가복음을 저술했다면 그가 마가복음 6:3c의 "그리고 그들이 예수를 배척했다"(눅 4:22의 긍정적인 반응부터 4:23의 예수의 "대답"에 이르는 어색한 본문을 완화하기 위해)는 말에 해당하는 무언가를 포함시켰을 것을 기대할 수 있다. 그 기사가 이미 23, 24ab, 25-27절을 포함하고 있었는지는 분명하지 않지만, 누가의 이행 본문에 대한 편집(예를 들어 단락들의 앞뒤에)이 상대적으로 문학성을 띠고 있기 때문에, 4:22, 23, 4:24, 25-27절에서 이행(transition)에 다소 어색한 부분이 있다는 사실은 이 구절들이 이미 그의 자료에 포함되어 있었고, 그는 이를 단지 그대로 내버려두었음을 암시한다.[14]

료의 결합이라고 주장하지만, 마가의 영향(마가에게 알려진 전승에 담긴 요소보다는)은 입증하기 어렵다.

14   그는 이 두 "이음매" 중 그 어떤 것도 이상하게 여기지 않았을 것이다. 다른 학자들은 이 본문의 단일성에 대해 문제 제기를 하지 않으면서도 이에 대한 다른 설명이 더 설득력 있다고 본다(이에 대한 다양한 설명을 개관한 것으로는 다음을 보라. Schreck, "Nazareth Pericope," 427-36). 첫 번째 "이음매"에 대한 나의 해석은 무리들의 초기 반응이 긍정적이었지만(이에 대한 반론으로는 ἐμαρτύρουν αὐτῷ를 불이익의 여격[그들이 그에게 **불리하게** 증언했다]으로 해석하고, θαυμάζειν은 충격을 나타내는 것으로 해석하는 J. Jeremias, *Jesus' Promise to the Nations* [London: SCM Press, 1958], 44을 보라), 이 동네 청년(=예수)이 자신이 선포한 소망을 성취할 수 없을 것이라는 점을 근거로 다시 의구심을 품게 된다(따라서 4:22c의 질문)는 것이다. B. J. Koet(*Five Studies in Interpretation of Scripture in Luke-Acts* [Leuven: Leuven University Press, 1989], 40-41과 대조하라). 그는 22절 전체를 긍정적인 반응으로, 그리고 4:23의 격언 또한 긍정적인 반응으로 본다. 하지만 23절의 격언은 아마도 모욕을 주는 도전이었을 것이고, 4:24의 καί(또)는 약한 반의 접속사가 아니라면 지속적인 의미를 나타냈을 것이다(Nolland, 188-203과 그의 견해를 지지하는 여러 소논문을 보라; 참조. Marshall, 186; R. B. Sloan, *The Favorable Year of the Lord: A Study of Jubilary Theology in the Gospel of Luke* [Austin: Schola, 1977], 83-89). 두 번째 주요 이음매는 4:24/25-26에서 발견된다. 여

이 자료의 출처 또한 첨예한 논쟁의 대상이지만, 이 자료가 슈어만이

기서 문제가 되는 것은 4:24의 격언과 25-26절에서 암묵적으로 나타나는 이방인 선교에 관한 주제 간에 분명한 연관성이 없다는 것이다. 따라서 Anderson("Horizons")은 이 설교를 "미완성"(inchoate)이라고 불렀고, Leaney는 "불가능하다"고 보았다(52). 그러나 이러한 문제 제기는 과장된 것이다. Fitzmyer(528)가 인정했듯이 4:24과 4:25-26 사이에는 이 둘을 연결하는 연결고리가 있다. 이 가운데 후자는 엘리야(왕상 17-18장)와 엘리사(왕하 5장)의 πατρίς(고향) 밖에 있는 개개인에게 주어지는 축복에 관해 이야기한다. 왜냐하면 그 당시 이러한 예언자들은 자기 백성(이스라엘)에게 인정받지 못했기 때문이다. 약간 바꾸어 말하자면, 만일 예수가 자기 고향에서 인정을 받지 못했다면 하나님의 축복이 그들에게 임하지 못하고, 다만 다른 "외인들"에게 그 축복이 임했다는 소식만을 들었을 것이다(가버나움 사람들 같이, 4:23; 참조. Brawley, *Luke-Acts*, 23-26). 물론 누가는 그보다 더 많은 것을 이 이야기 안에서 발견한다. 하지만 그것도 오직 이차적인 의미에서만 그렇기 때문에, 여기서 "이음매"에 대한 문제를 제기할 이유는 없다. 우리는 특별히 누가의 예수가 여기서 단지 부활 이후에 유대인들이 복음을 거부한 것과 이에 따른 "이방인 선교"에 관해 언급한다는 주장에 대해 신중할 필요가 한다(이 문제에 대한 격렬한 논쟁에 관한 개관은 다음을 보라. Schreck, "Nazareth Pericope," 443-49). 소논문 제목에 잘 나타나 있는 Siker("First to the Gentiles")의 견해는 설득력이 떨어진다. 영적 침체기를 맞는 이스라엘에게 두 명의 비(非)이스라엘인에게 임한 잠정적 축복이 이방인 선교와 무슨 관계가 있는지 파악하기는 쉽지 않다(Schürmann, 237-38도 인정하듯이). 누가복음의 테두리 안에서 나사렛 사건은 오히려 종교 지도자들의 예수 거부와 그의 사역에서 "외인", "죄인", 세리에게 주어진 축복을 예기한다(참조. J. A. Sanders, "From Isaiah 61 to Luke 4," in J. Neusner [ed.], *Christianity, Judaism and Other Greco-Roman Cults* [Leiden: Brill, 1975], 98-104, 특히 101. 그는 엘리야/엘리사와의 유사점이 주는 의미는 예수가 이스라엘의 종교적인 소망에서 제외된 자들로 여겨지던 일부 이스라엘인들에게 희년을 선포하는 것이라고 주장한다). 누가는 이러한 "반전"을 부활 이후의 상황을 예기하는 것으로 인식했을 수도 있지만, 그렇다고 해서 눅 4:25-27에 초기 교회의 역사가 소급 적용된 것으로 해석하고, 그 해석의 결과로 얻어진 자의적 해석(eisegesis)을 누가의 설교가 시대착오적이며 미완성이라는 불만을 표출하는 근거로 삼을 만한 근거는 전혀 없다! 이와는 대조적으로 다른 학자들은 4:16-30이 구조상의 단일성을 갖추고 있고, 현재의 본문으로도 의미가 잘 통한다고 주장한다(특히 J. A. Sanders and J. Bajard, "La structure de la péricope de Nazareth en Lc. IV.16-30," *ETL* 45 [1969], 165-71; H. J. B. Combrink, "The Structure and Significance of Luke 4.16-30," *Neot* 7 [1973], 24-47). Sloan, *Year*, 83-89은 이 모든 난점을 누가가 긴 본문을 축약 또는 단축시킨 데서 비롯된 것으로 본다.

제안한 "초기의 보고"[15]의 일부였거나, 또는 Q[16]로부터 유래했다고 보기
보다는 누가의 다른 전승 자료로부터 유래했다고 볼 만한 근거가 훨씬 더

---

15   눅 4:16-30이 누가 이전 자료로부터 유래했을 것으로 보는 Schürmann, "Nazareth-
Perikope," 187-205의 주장은, 때때로 강조점의 차이는 있겠지만, 대략 위의 입장을
따른다. 즉 그는 17-21절이 다음과 같은 근거로 누가 이전 자료의 흔적을 드러낸다고
주장한다. (1) 17-20절은 팔레스타인의 뉘앙스를 풍기며, 그 나머지 부분의 기초가 된
다(*Lukasevangelium*, 191-92). (2) 누가는 일반적으로 자신이 사용하는 자료에 이렇게
긴 인용문을 삽입하지 않고, 만약 그것이 자신이 인용한 것이었다면 그 인용문의 성취
에 더욱 적합하게 사용했을 것이다(참조. 7:21). (3) 비록 누가는 이 본문이 메시아의 기
름 부음을 가리키는 것으로 분명히 이해했지만(193), 18-19, 21절을 24절과 처음으로
연결시킨 자는 이 본문이 예언자적 인물을 가리키는 것으로 이해했다. 더 나아가 그는
16, 22, 23b-24(28-30)절의 기본적인 이야기는 마가의 것도 아니며, 마가로부터 발전
한 것도 아니라는 견해를 제시한다(195-200). 또한 그는 만약 누가가 17-20절을 추가
했을 개연성이 낮다면, 누가가 상당히 이례적인 내용을 담고 있을 뿐 아니라 이방인 선
교 문제에 침묵하는 그의 성향에도 반하는 25-27절을 추가했을 개연성도 낮다는 사
실을 지적한다(193-94). Schürmann은 Q의 강조점과 유사하다는 사실은 누가가 그의
기사를 주로 거기서 가져왔음을 암시한다고 주장한다. 즉 Q와 마가복음은 누가가 눅
3:1-4:44 배후에 있다고 여기는 보다 원시적인 "초기의 보고"(Bericht vom Anfang)에
의존하고 있다는 것이다. 하지만 이러한 견해는 다음 세 가지 사항에 의해 도전을 받
는다. (1) 이러한 "보고"가 앞에서 언급된 가버나움에 대한 언급을 포함할 것 같지 않다
(4:23, 물론 이 이야기의 본래 형태가 4:22부터 4:24까지 이어진다고 주장할 수 있다
하더라도 말이다. 만약 그렇다면 24절을 시작하는 반의 접속사 δέ를 훨씬 더 잘 이해할
수 있을 것이다). Fitzmyer, 91, 526-27. (2) J. Delobel, "La rédaction de Luc. IV, 14-
16a et le 'Bericht vom Anfang'," in Neirynck (ed.), *L'Evangile*, 203-23은 눅 4:14-16a
은 누가가 마가의 자료를 편집을 통해 다시 수정한 것이며, Schürmann이 주장하듯이,
비(非)마가 자료의 증거가 될 수 없다고 보았다. 이로써 Schürmann의 "초기의 보고" 논
제는 무너지고 만다. 더 나아가 T. Schramm의 눅 4:31-44에 대한 분석은 Schürmann
의 가설에 확신을 실어줄 만한 여지가 전혀 없음을 암시한다(*Markus-Stoff*, 90). (3) 이
기사가 Q에 포함되어 있었을 개연성은 매우 낮다(다음 각주를 보라).

16   우리는 만약 이 전승이 Q의 일부였다면(이 전승은 예수를 구약의 소망의 성취로 보
는 마태의 강조점에 상당히 호의적임) 마태가 이러한 전승에 대한 강한 증거를 반영할
것으로 기대할 수 있다. 더 나아가 Stanton("Christology," 33-34)이 지적했듯이, Q만
이 사 61장에 지대한 관심을 보이는 것은 아니다(참조. 행 10:38). 아무튼 만일 Q가 초
기부터 이 순서대로 눅 4:16-30 대부분을 포함하고 있었다면, 간접적이며 이해하기
어려운 답변을 담고 있는 눅 7:18-23은 상당히 이해하기 어렵다. 나는 Stanton(또한
Marshall, 178-81)과 함께 이것이 서로 공유된 자료가 아니라 누가의 독특한 자료에
서 유래했다는 데 동의한다. 이 본문을 Q로 보는 Tuckett의 견해에 대한 비판은 다음
을 보라. Schreck, "Nazareth Pericope," 414-20; Turner, "Spirit and Power," 150-52.

많다. 4:18-19에 기록된 인용문과 관련하여 우리는 이 인용문이 이 이야기에서 필수적이며, 4:21의 (누가 이전의) 주장을 보면 인용문 하나가 필요했고(참조. 4:17), 이 인용문의 형태도 전승적인 특징을 강하게 담고 있음을 지적할 수 있다. 따라서 칠튼은 다음과 같이 주장한다. "우리는 이 본문[즉 사 61:1-2와 58:6을 혼합한 인용]이 누가의 기억이나 그의 신학의 산물이 아니라 그의 전승의 목소리라는 사실을 단지 개연성이 높다고 말할 수 있을 뿐 아니라 대단한 확신을 가지고 말할 수 있다."[17] 이제 우리는 이사야서 인용 본문을 살펴보고자 한다.

2. 누가복음 4:18-19에 인용된 이사야 61:1-2

이사야	누가복음
61:1 πνεῦμα κυρίου ἐπ' ἐμέ οὗ εἵνεκεν ἔχρισέν με εὐαγγελίσασθαι πτωχοῖς ἀπέσταλκέν με ἰάσασθαι τοὺς συντετριμμένους τῇ καρδίᾳ κηρύξαι αἰχμαλώτοις ἄφεσιν καὶ τυφλοῖς ἀνάβλεψιν [58:6 ἀπόστελλε τεθραυσμένους ἐν ἀφέσει] 62:2 καλέσαι ἐνιαυτὸν κυρίου δεκτὸν καὶ ἡμέραν ἀνταποδόσεως	4:18 πνεῦμα κυρίου ἐπ' ἐμὲ οὗ εἵνεκεν ἔχρισέν με εὐαγγελίσασθαι πτωχοῖς, ἀπέσταλκέν με, κηρύξαι αἰχμαλώτοις ἄφεσιν καὶ τυφλοῖς ἀνάβλεψιν, ἀποστεῖλαι τεθραυσμένους ἐν ἀφέσει, 4:19 κηρύξαι ἐνιαυτὸν κυρίου δεκτόν.

이 인용문은 일부 수정된 부분이 있지만, 마소라 본문보다는 70인역을 따른다. 수정된 부분은 다음과 같이 요약될 수 있다.[18] (1) ἰάσασθαι τοὺς

---

17   "Announcement," 164.

18   누가가 70인역을 자료로 삼는다는 점은 확실하다. 그가 사용한 26개의 단어 중 24개

συντετριμμένους τῇ καρδίᾳ ("상한 마음을 치유하다")는 어구가 이사야 61:1에서 생략되었다.[19] (2) 70인역 이사야 58:6d의 ἀπόστειλαι[20] τεθραυσμένους ἐν ἀφέσει ("억눌린 자들을 자유롭게 하다")라는 어구는 61:1의 끝부분에 추가되었다. (3) 누가는 이사야 61:2을 인용하면서 첫 단어 καλέσαι ("선언하다"[to announce])를 κηρῦξαι ("선포하다"[to proclaim])로 바꾸고,[21] (4) καὶ ἡμέραν ἀνταποδόσεως ("그리고 우리 하나님의 신원의 날")을 생략한다. 또한 누가는 아마도 이 문장의 마침표를 μέ 다음보다는 πτωχοῖς 다음에 찍으면서 이 인용문을 다르게 **읽었을** 것이다.[22]

는 70인역과 일치한다. 그는 יהוה אדני 대신에 κυρίου를, יען 대신에 οὗ εἵνεκεν을, את משח 대신에 ἔχρισέν με를, 그리고 가장 극명한 예로는 פקח־קוח לאסורים 대신에 τυφλοῖς ἀνάβλεψιν을 사용한다(참조. France, *Jesus*, 252. 그는 이 번역이 적절하다고 본다); 참조. Rese, *Motive*, 143-44.

19   이 어구는 A Δ Θ Ψ *pm* Ir *MajT* 등의 사본에 나오는 누가의 인용문에 포함되어 있는데, Schürmann은 이 구절을 이 전체 본문의 일부로 취급한다(226, 229, n. 5). 그는 이 구절이 23b절을 예비하고, 5:17에 반영되어 있다고 주장한다. Bo Reicke, "Jesus in Nazareth-Lk 4,14-30," in H. Balz and S. Schulz (eds.), *Das Wort und die Wörter* (Stuttgart: Kohlhammer, 1973), 48-49은 이 어구가 구조상의 이유로 여기에 포함되었다고 주장하지만, 이 본문 전승에서 왜 이 부분이 생략되었는지는 타당한 설명을 제시하지 못한다. 이에 대한 반론으로는 Marshall, 182을 보라. 이 구절이 생략되면 이 본문 전체가 단순한 교차 대칭 구조가 된다고 주장하는 학자는 다음과 같다. N. W. Lund, *Chiasmus in the New Testament* (Chapel Hill: University of North Carolina Press, 1942), 236-38; L. C. Crockett, "Old Testament," 179, J. N. Aletti, "Jésus à Nazareth (Luc 4.16-30). Prophétie, écriture et typologie," in Aletti *et al.* (eds.), *A cause de l'évangile: Etudes sur les synoptiques et les Actes* (Paris: Cerf, 1985), 439; Combrink, "Structure," 34-36.

20   70인역의 사 58:6d은 ἀπόστελλε로 되어 있지만, 이러한 수정은 단순히 사 61장의 언어학적 구조에 편승한 것이다.

21   France, *Jesus*, 243은 이 단어의 수정을 누가가 70인역이 아니라 마소라 본문을 따르는 증거로 본다. 누가는 לקרא의 두 경우를 70인역 사 61:2과 다른 κηρῦξαι로 번역했다. 아마도 이것은 누가가 기독교 전문용어를 단순히 반복하고 있다고 보는 편이 더 나을 것 같다.

22   이것은 UBSGNT³과 일치하며, Marshall, 183과 그가 인용한 학자들의 견해에 반한다. Marshall은 병행 본문인 4:43에 비추어 εὐαγγελίσασθαι가 ἔχρισεν이 아닌 ἀπέσταλκεν 에 의존하여 생성되었다고 주장한다. 하지만 누가에게 더 중요한 것은 아마도 예

우리는 누가의 인용문을 다음과 같이 표현할 수 있다(괄호 안에 들어 있는 표현은 사 61:1-2로부터 생략된 것이며, 굵은 글씨는 사소한 수정을 나타내고, 밑줄 친 부분은 이사야서 인용문에 추가된 내용을 나타낸다).

> 눅 4:18 (저자의 의도를 살리기 위해 직접 번역함—역자주)
> 주의 성령이 내게 임한다.
> 그가 나에게 기름을 부어주었기 때문이다.
> "가난한 자들"에게 복된 소식을 선포하도록.
> 그는 나를 보냈다.
> {상한 마음들을 치료하기 위해}
> 갇힌 자들에게 자유를 선포하기 위해,
> 눈먼 자들에게 시력을 회복시켜 주기 위해,
> 눌린 자들에게 자유를 주기 위해(사 58:6d),
> 4:19 그리고 주의 은혜의 해를 **선포하기** 위해,
> {그리고 우리 하나님의 신원의 날을 위해}

우리는 비록 이사야서의 인용이 누가 이전 전승에 필수적이라는 점을 주장하긴 했지만, 그것이 누가의 편집 가능성을 배제하는 것은 아니다. 하지만 수정된 이사야 본문은 과연 누가의 자료보다는 누가의 편집에 의한 것일까?

(1) 누가가 "그리고 우리 하나님의 신원의 날"을 생략하고, 인용문을 미리 마무리했을 개연성은 희박하다. 왜냐하면 예수의 사역이 이런 방식으로 이해된 적이 없기 때문이다. 따라서 누가는 이 어구를 그의 자료에

수가 사역을 위해 성령과 능력으로 기름 부음을 받았다는 점일 것이다(행 10:38). Menzies(*Development*, 163, n. 3)는 (Marshall을 따라) 이 견해에 반대하지만, 그가 제시한 해결책은 이 주동사가 그다음에 오는 종속 목적 부정사(κηρύξαι ... ἀποστεῖλαι ... κηρύξαι)와 분리시키고 ἀπέλσστακεν με 다음에 두 번째 마침표를 찍는 것이다.

서 취했을 가능성이 높다.

(2) 또한 우리가 이미 제시한 이유로 누가가 이사야 58:6에서 이 부분을 덧붙였을 가능성은 거의 없다. 대안적인 견해(누가가 이 부분을 직접 추가했다는 견해)로 제시되는 설명도 신뢰하기 어려운 것은 마찬가지다. 이 여러 설명 가운데 단 하나만 언급할 가치가 있다(그것도 너무 잘 알려져 있기 때문에).[23] 이 견해에 따르면 누가는 성령의 은사를 "예언의 영"으로 이해했기 때문에 이사야 58:6d를 삽입했다는 것이다. 즉 그는 예언의 영이 "말씀 선포의 능력"(따라서 κηρύξαι ["선포하다"]로 수정됨)이었음을 알고 있었고, 이 말씀 선포도 "죄 사함"에 관한 것임을 알고 있었다. 따라서 그는 이사야 58:6d의 ἄφεσις("해방")란 단어를 구약 문맥이 암시하는 보다 더 문자적인 의미의 해방보다는 (적어도) "용서"를 (포함하는) 의미로 해석했다는 것이다.[24]

이 가설은 입증 불가능하다. 누가-행전의 다른 본문에서 ἄφεσις란 단어가 항상 죄 사함과 관련되어 있다는 점은 모두 전적으로 사실이다. 그러나 누가가 이러한 연관성(예를 들어 예수를 죄 사함을 선포하는 자로 강조하는)

---

23 이보다 훨씬 더 독창적이긴 하지만 설득력이 덜한 견해는 누가가 사 58:6d을 메시아적 향연이라는 주제에 중심을 둔 광범위한 미드라쉬적 사상의 복합체의 한 부분으로 포함시켰다는 L. C. Crockett의 주장이다("Old Testament," 57-101, 277ff.). 이 인용문에 사 58:6d이 삽입된 것과 관련하여 그는 사 58:7("주린 자에게 네 식물을 나눠 주며, 유리하는 빈민을 네 집으로 들이라")을 사 61:6("열방의 재물을 먹는 것"을 지칭)과 연결시키는데, 후자는 메시아적 향연에 대한 암시로 해석된다. 이것은 기름 부음 받은 예언자가 가난한 자, 눈먼 자, 병들고 비통한 자들이 포함될 종말론적 향연을 선포하기 위해 보내심을 받았다는 것을 의미한다(282). 누가의 향연 미드라쉬와 나사렛 단락 간의 접촉점은 흉년이 들었을 때 하나님의 인도하심으로 이방인에게 양식을 공급받은 엘리야에 대한 언급(25절)과 이스라엘 가운데 오직 한 명의 이방인만을 치유한 엘리사에 대한 언급이다. 따라서 먹이고, 고치고, 용서하는 예수 사역의 주제는 그의 취임 설교 안에서 모두 예고된다. Crockett은 누가복음의 몇몇 주요 주제에 주목했지만, 그의 핵심 논지는 설득력이 없으며, 이는 그가 의존하는 핵심 본문이 누가의 인용문에 없기 때문이다.

24 Rese, *Motive*, 145-46, 151; Tuckett, "Luke 4,16-30," 348; Menzies, *Development*, 171-73; Kim, *Geisttaufe*, 75-76.

을 강조하기 위해 이사야 58:6d을 61:1-2 인용문에 추가했을 리는 만무하다. 왜냐하면 그는 이것이 그리스어에서 ἄφεσις의 일반적인 의미("해방", "자유" 등)가 아니었다는 점과, 그가 알고 있던 70인역의 의미가 아니었다는 점을 확실히 알고 있었기 때문이다(사실상 70인역에서 이러한 의미로 사용된 적이 없고, 45번의 용례 가운데 40번은 문자적으로 억압받는 상황에서의 해방 또는 빚의 탕감을 의미함).[25] 또한 누가는 ἄφεσις가 분명히 이사야 58:6d 또는 61:1의 인접 문맥에서 "죄 사함"의 의미를 지닐 수 없다는 것도 알고 있었을 것이다. 사실 그리스어에 익숙한 누가는 ἄφεσις가 그러한 의미를 갖기 위해서는 반드시 ἁμαρτιῶν과 나란히 사용되어야 함을 잘 알고 있었을 것이다(누가-행전에서 4:18을 제외하고는 언제나 그러하다; 참조. 눅 1:77; 3:3; 24:47; 행 2:38; 5:31; 10:43; 13:38; 26:18. 이와 같은 특징은 4:18이 "비(非) 누가적"임을 시사한다).[26] 이사야 61:1에서처럼 αἰχμαλώτοις("포로들")와 함께 사용된 이 단어는 오직 죄수에게 주어지는 "자유" 혹은 "해방"을 의미하며, 또한 이사야 58:6의 ἀποστεῖλαι τεθραυσμένους ἐν ἀφέσει("억압받는 자들을 자유롭게 하다")의 문장에도 비슷한 의미로 사용된다. 두 경우에서 모두 ἄφεσις는 투옥되거나 억압받고 있는 사람에게 주어지는 "해방"—즉 자유—을 의미한다. 그 어떤 경우에도 ἄφεσις ἁμαρτιῶν("죄의 용서")이라는 관용구의 의미를 갖고 있지 않으며, 본토 그리스인들도 이사야의 신탁에서 묘사하고 있는 "해방"과 "죄 용서" 간의 밀접한 연관성을 인

---

25   이에 해당되지 않는 것은 출 18:2(모세는 십보라를 그녀의 아버지에게로 "방면시킴", 즉 그녀를 되돌려 보냄!); 23:11(안식일에 밭을 갈아서는 안 되는 안식일 법, 즉 경작해서는 안 됨); 레 16:26(속죄 염소를 광야로 "풀어줌"); 유딧서 11:14(장로들이 부여한 "허가"를 가리킴); 겔 47:3(성전으로부터 흐르는 물을 가리킴) 등이다.

26   이 점은 오래전에 Busse(*Wunder*, 60)가 지적한 것이다. 신약에서 ἄφεσις가 죄 사함을 의미하는 본문 중에서 이 단어는 문맥상 ἁμαρτιῶν(또는 유의어)에만 국한되어 있다. 이는 심지어 Abbott-Smith가 "절대적"이라고 부르는 경우에도 적용된다(막 3:29; 히 9:12; 10:18a). 이 가운데 막 3:28과 히 10:18a에서는 그 의미가 인접 코텍스트에 의해 한정된다. 히 9:12의 경우에는 문맥상 ἄφεσις가 다른 의미로 사용될 수 없음을 보장해 준다.

식했다고 보기도 어렵다. 적어도 ἄφεσις라는 일반 단어에 근거하여 그랬을 가능성은 희박하다.[27] 오히려 ἄφεσις에 대한 70인역 용례 대다수는—그것이 출애굽기, 레위기, 신명기, 예레미야, 에스겔(34회)에 나오는 희년법에 관한 문자적인 법령이든, 아니면 동일한 희년의 언어(사 58:6; 61:1; 단 12:7; 참조. 에스드라1서 4:62; 마카베오1서 10:34; 13:34)를 반영하는 억압(또는 포로나 그 이외의 다른 지배 유형)으로부터 이스라엘이 해방되는 것이든 간에—다양한 형태의 희년의 "자유"를 가리킨다. 이러한 희년의 언어(그리고 이에 기초한 유대교의 회복에 대한 소망)는 이사야 58:6d의 삽입이 이미 희년/새 출애굽 본문으로 잘 알려진 이사야 61:1-2의 의미에 불가피하게 영향을 미친다. 만일 누가가 "죄로부터의 해방"이라는 보다 더 구체적인 사상(신학적으로 서로 관련이 있다면)을 상기시키기를 원했다면 그는 이사야 58:6에서 단지 부연 설명을 위한 ἁμαρτιῶν(죄로부터)을 덧붙이거나, 또는 (세콤브[Seccombe]가 제안한 것처럼) 이사야의 보다 더 적절한 구절을 인용할 수도 있었을 것이다![28]

---

27 혹자는 κηρύξαι αἰχμαλώτοις ἄφεσιν("갇힌 자들에게 자유를 선포하다"), ἄφεσις ἁμαρτιῶν("죄 사함")과 같이 서로 상당히 다른 표현을 구별하고, 단지 다의어 ἄφεσις를 서로 공유한다는 이유만으로 이 둘을 서로 연계시키지는 않을 것이다. 이에 관한 의미론에 대해서는 다음을 보라. Cotterell and Turner(*Linguistics*), 5장, 특히 135-39. 우리는 어떤 신약 저자가 ἀποστεῖλαι τεθραυσμένους ἐν ἀφέσει("압제된 자들을 해방하다")라는 전체 절을 용서를 표현하기 위해 은유적으로 사용할 수 있다는 것을 의심할 필요가 없다(만약 그가 죄를 인간이 이로부터 자유로워져야 할 억압의 세력으로 보았다면). 그러나 (i) 누가가 죄를 바울이 이해한 대로 예속시키는 힘으로 표현하지 않는다는 것은 주지할 만하다(특히 J.-W. Taeger, *Der Mensch und sein Heil* [Gütersloh: Mohn, 1982]); (ii) 누가는 다른 곳에서 죄와 관련하여 포로나 또는 억압의 은유를 사용하지 않는다. (iii) 이런 상황에서 이 구절과 그 지시 대상 간의 의미론적 관계는 아무튼 단순히 ἄφεσις를 통해 성립되지 않는다. 우리는 누가가 예수가 가져다준 자유에 "죄 사함"이 포함되어 있다고 생각했을 것이라는 견해에 반론을 제기할 필요가 없다. 하지만 이러한 생각은 사 58:6d로부터 아무런 지지를 얻지 못하며, 또 누가 자신이 사람들이 이 구절을 죄 사함에 대한 언급으로 이해하도록 하려는 의도로 이 구절을 뽑아 예수의 인용문에 옮겨놓았다는 식의 주장은 수용하기 어렵다.

28 Seccombe, *Possessions*, 47.

이러한 관찰을 통해 우리가 알 수 있는 것은 이사야 61:1에 대한 예수의 해석에 이사야 58:6을 삽입한 자가 누구이든지 간에 그는 예수를 예언자-해방자로 부각시키기 위해 그렇게 했을 수도 있고, 또 어쩌면 예수가 단지 메시아가 주는 자유를 선포할 뿐만 아니라(사 61:1-2만으로는 그렇게 보일 수도 있는) 이를 **성취하는** 분임을 강조하기 위함이라는 것이다.[29] 우리가 곧 살펴보겠지만, 비록 누가가 이 주제에 관심을 갖고 있었지만, 이러한 관심이 마치 누가 자신이―그가 다른 곳에서 구약의 본문을 다루는 방식과 잘 어울리지 않는 방식으로―이와 같이 수정을 가했다고 볼만큼 분명하지는 않다.[30] 즉 이와 같은 수정은 누가에 의한 것이 아니라 그의 전승에서 비롯된 것이다.

(3) 일반적으로 학자들은 누가가 이사야 61:1의 "상한 마음을 고치다"라는 어구를 생략했다고 주장한다. 홀츠, 레제, 아야-프라, 멘지스 모두 이와 같은 주장을 펼치는데,[31] 이는 누가에게 있어 성령이 "예언의 영"이라는 전형적인 유대적 개념으로서 치유를 일으키는 기적보다는 말씀 선포의 능력이라는 슈바이처의 주장에 근거를 둔다. 하지만 우리는 이미 3장과 4장에서 슈바이처의 이와 같은 전제는 타당성이 부족하다고 주장한 바 있다. 유대교에서 "예언의 영"은 "전형적으로" 말씀 선포의 능력이 아니었고, 특히 메시아적 인물의 경우에는 성령과 초자연적인 능력을 행사하는 사역을 서로 연계시키는 것을 문제 삼는 유대인은 거의 없

---

29 내가 이전에 주장했듯이, 예컨대 "Jesus," 20-22.

30 Menzies는 ἄφεσις가 추가된 것은 자신이 인용하는 본문에 있는 단어를 반복하려는 누가의 성향의 일부라고 주장한다(따라서 그는 사 58:6d의 삽입을 사 61:1에 있는 ἄφεσις를 반복한 것으로 설명한다. *Development*, 173). 이러한 통찰은 사 61:2의 καλέσαι가 κηρύξαι로 수정된 것을 설명해주지만, 행 전체를 이례적으로 58:6에서 가져와 삽입한 것은 제대로 설명해주지 못한다.

31 T. Holtz, *Untersuchungen über die alttestamentlichen Zitate bei Lukas* (Berlin: Akademie Verlag, 1968), 39-41; Rese, *Motive*, 143-54; Haya-Prats, *L'Esprit*, 40; Menzies, *Development*, 166-71.

었다. 그러나 이러한 추론에 대해 내가 실제적으로 제기하는 문제는 이것이 현 쟁점과 아무런 관계가 없다는 것이다. "상한 마음"(συντετριμμένοι τῇ καρδίᾳ)을 가진 이들에게 필요한 "치유"는 문자 그대로 육신의 치유를 의미하는 것이 아니다. **이와는 정반대로** 이러한 이들에게는 성령의 기름 부음을 받은 예수의 "복음" 선포가 훨씬 더 적절했을 것이기 때문이다! 멘지스는[32] ἰάομαι("치료하다")가 누가에게는 이미 **물리적** 치유에 대한 전문 용어가 되었고, 따라서 그는 여기서 예언의 영으로서의 성령을 보존하기 위해 이 단어를 삭제할 수밖에 없었다는 주장을 펼치면서 레제의 견해를 뒷받침한다. 하지만 도대체 어느 누가 문자적인 의미의 일반 단어를 사용함으로써 그 단어에 담긴 은유적인 의미를 구분하기 어렵게 만들겠는가? 누가는 다소 형편없는 농담이 아닌 이상, 모국어를 사용하는 사람이라면 ἰάσασθαι τοὺς συντετριμμένους τῇ καρδίᾳ를 "([질병 때문에?] 마음이 상하게 된) 병자를 (물리적으로) 치유하다"라는 의미로 오해할 수 없다는 것을 충분히 인식하고 있었을 것이며, 사실 누가 자신도 사도행전 28:27에서 이 동사를 은유적으로 사용한다. 그가 또한 물리적인 치유를 가리키는 데 ἰάομαι란 단어를 정기적으로 사용했다는 주장도 그 문제의 핵심과는 거리가 멀다.[33] 나도 현대의 의사들이 "치유하다"와 이와 어원이 같은 단어들을 보통 문자적으로 사용한다고 전제하지만, 그렇다고 해서 나는 영국이나 미국의 의사들이 이로 인해 "상한 마음을 치유하다"란 영어 표현의 은유적인 의미를 파악하는 데 어려움을 겪으리라고는 상상하기 어렵다. 모국어를 사용하는 사람은 결코 이러한 실수를 범하지 않는다. 이와 마찬가지로 이사야 61:1d에 ἰάομαι가 사용되었다는 사실이 나로 하여금 그 단어가 들어 있는 그 행을 삭제하도록 동기부여를 해주지 않는다. 오히려

---

32   *Development*, 158. *Contra* Turner, "Luke and the Spirit," 60-67; *idem*, "Jesus," 16-17; Tuckett, "Luke 4, 16-30," 348.

33   Menzies, "Spirit and Power," 17은 나의 비판("Spirit and Power," 147)에 대한 응답으로 이러한 주장을 되풀이하지만, 그의 논증은 여기에 큰 비중을 두지 않는다.

(부세와 굴더와 함께) 이와 정반대되는 주장을 펼치는 것이 더 설득력이 있어 보인다. 즉 누가는 이 단어가 분명히 은유적인 치유를 가리켰고, 자신도 이사야의 인용문을 문자적인 치유에 적용하고자 했기 때문에 여기서 이 행을 삭제했다는 것이다(참조. 7:21-22)![34] 하지만 우리는 이 주장 또한 거부해야 할 것 같다. 이 단어는 누가 자신의 것이기보다는 (우리가 곧 살펴보겠지만) 그의 **자료**에 포함되어 있던 것으로 보는 것이 더 타당해 보인다.

(4) 유일하게 누가의 것으로 간주될 만한 것은 이사야 61:2의 καλέσαι에서 κηρύξαι로 바뀐 부분이다. 멘지스가 지적했듯이 이러한 변화는 누가가 인용문에서 단어를 중복해서 사용하는 그의 패턴에서 그 원인을 찾을 수 있기 때문이다. 그러나 (보크가 지적하듯이) 이러한 변화는 전승 안에서도 쉽게 발생할 수 있다. 왜냐하면 이는 이 인용문을 마소라 본문 및 기독교 내에서 널리 사용되던 용법과 더 잘 조화를 이루도록 만들기 때문이다.[35]

결론

누가복음 4:18-19에 담긴 인용문의 형태는 근본적으로 누가의 편집에 의한 것이기보다는 그가 사용한 자료에 의한 것이다. 이제 우리는 이 인용문을 통해 누가가 의도한 것이 무엇인지를 질문하기에 앞서 이러한 누가 이전 전승의 "메시지"에 초점을 맞추어야 한다. 물론 이 본문에 대한 누가의 이해가 확실하다면 우리는 이 단계를 건너뛸 수도 있다. 하지만 누가의 이해가 확실하지 않기 때문에 전승-비평적인 분석은 누가에게 그의 자료를 제공한 공동체가 이 내러티브를 어떻게 이해했는지를 파악하

---

34 Busse, *Wunder*, 60-62; Goulder, *Luke*, 302.

35 Bock, *Proclamation*, 106; 참조. France, *Jesus*, 243.

는 데 도움을 준다. 내가 이미 앞에서 지적했듯이 누가가 그의 전승과 단절되어 있다는 단서가 발견되지 않는 한, 우리는 누가가 그가 사용한 전승의 이해와 맥을 같이하는 것으로 해석해야 한다. 사실 우리가 곧 살펴보겠지만 이 문제의 "배경"은 누가가 이 본문을 어떻게 이해했는지에 대한 중요한 단서를 제공해준다.

3. 누가복음 4:18-27에 나타난 누가 이전 전승의 성령으로 기름 부음 받은 예언자-해방자

우리는 이 본문을 이해하는 열쇠를 제공하는 일종의 배경을 찾기 위해 멀리까지 나아갈 필요도 없다. 이사야 61:1-2의 인용문에 이례적으로 이사야 58:6d이 삽입된 것과 이로 인한 ἄφεσις/해방이라는 희년 용어에 대한 이중 언급은 유대교의 종말론적인 희년과 새 출애굽에 대한 소망이라는 보다 폭넓은 문맥 안에서 "해방"이라는 주제에 초점을 맞춘다. 이미 이사야 61:1-2은 "자유를 선포하다"라는 희년 관련 전문용어와 레위기 25장과 관련이 있는 이미지를 가지고 이를 이스라엘의 불순종으로 인한 "포로기"의 억압된 노예 생활로부터의 해방이라는 은유로 사용했다. 내재된 화자에 따르면 하나님은 이제 이스라엘의 희년을 선포하기 위해 그에게 기름을 부어주셨고, 이는 이스라엘을 감싸고 있던 억압된 상황으로부터 해방되고, 이 땅이 "회복"되는 것을 의미했다. 중간기 유대교의 다양한 분파는 이 소망에 새로운 종말론적·메시아적인 옷을 입혔고,[36] 이러한 다양한 소망이 예수의 복음 선포의 배경을 형성했다.

---

[36] 이 배경에 대한 간략한 개관은 다음을 보라. A. Strobel, "Die Ausrufung des Jobeljahres in der Nazarethpredigt Jesu; zur apokalyptischen Tradition Lc 4 16-30," in W. Eltester (ed.), *Jesus in Nazareth* (Berlin: de Gruyter, 1972), 42-50.

따라서 이사야 61장을 인용한다는 점에서 상당히 흥미로운 병행 본문으로 대두되는 11QMelchizedek은 우리의 관심을 끌기에 충분하다.[37] 이 단편은 야웨가 곧 메시아적 희년—대규모의 정치적 억압으로부터 해방되는 종말론적 구속 기간—을 가져다줄 것이라는 유대교의 광범위한 소망에 관해 다룬다.[38] 이 문서는 레위기 25:9-13, 신명기 15:2, 이사야 52:7, 시편 82:1-2, 7:8-9을 페쉐르식으로 다루며, 이 모든 본문은 이사야 61:1-2의 기본 틀 안에서 축약된다.[39] 11QMelchizedek의 저자는 높임을 받은 어떤 인물(아마도 "멜기세덱")[40]이 "포로된" 자들에게 "자유를 선포"[41]하기 위해(4-6행), 그들의 부정을 속죄하기 위해(6행[?], 8행), 벨리알의 군대에 대한 하나님의 심판을 이행하기 위해(9, 11-15, 20행) 열 번째 희년(7-9행)[42]에 출현할 것이라는 내용으로 끝을 맺는다. 이 모든 것은

---

37 유대교 내에서 사 61장을 다르게 사용하는 경우는 다음을 보라. Sanders, "From Isaiah 61," 47-60.

38 이 개념의 구약 배경에 대해서는 Sloan, Year, 4-27을 보라. 레 25장과 사 42:7에 대한 "미드라쉬"로서의 사 61장에 대해서는 Sanders, "From Isaiah 61," 91, n. 50을 보라.

39 A. Van der Woude, "Melchizedek als himmlische Erlösergestalt in den neugefundenen eschatologischen Midraschim aus Qumran Höhle XI," OTS 14 (1965), 354-73; M. de Jonge and A. S. Van der Woude, "11Q Melchizedek and the New Testament," NTS 12 (1965-66), 301-26을 보라. M. Miller("The Function of Isa 61.1-2 in 11Q Melchizedek," JBL 88 [1969], 467-69)는 사 61:1-2이 해석학적 틀을 제공해준다고 처음으로 주장한 학자다. J. A. Fitzmyer("Further Light on Melchizedek from Qumran Cave 11," JBL 86 [1967], 25-41, 29)와 B. Chilton and C. A. Evans("Jesus and Israel's Scriptures," in Chilton and Evans (eds.), Studying the Historical Jesus [Leiden: Brill, 1994], 323)는 레 25장이 구조적인 틀을 제공해준다고 생각하면서도, 구조상 4, 6, 9, 13, 14, 18, 19, 20행에 나타난 암시와 더불어 사 61:1-2의 중요성을 부인하지 않는다.

40 또는 "멜기세덱의 유산"을 즐거워하는 어떤 사람; 참조. Fitzmyer, "Light," 30-33.

41 나는 다섯 번째 행에 나오는 이름을 멜기세덱으로 복원하고, de Jonge과 van der Woude("11Q Melchizedek," 306)의 견해와는 달리 16, 18-20번째 행의 전령이 누구인지 명확하게 나타나 있지 않다는 Fitzmyer("Light," 34)에 동의하면서 여섯 번째 행의 동사들의 주어가 모두 멜기세덱이라고 전제한다.

42 쿰란과 그 외의 다른 유대교 분파에서 사용한 희년 계산법의 기준에 관해서는 Strobel, "Ausrufung," 41-50을 보라. 26/27년(10번째 희년이 시작하는 해)이나 혹은 대략 기원후 68년(10번째 희년에서부터 약 10년 전)은 메시아의 출현에 대한 기대와 깊은 연

"멜기세덱을 위한 선한 은혜의 해"(9행), 시온에 선포된 구원(15-16, 23-24행), 또는 이스라엘의 엘로힘의 통치(참조. 사 52:7) 등으로 묘사된다.

이사야 52:7은 좋은 소식을 가져다줄 사자를 소개하는데(מבשר; 16, 18행),[43] 재구성된 본문의 18-19행에 따르면 그는 시온에 구원의 좋은 소식을 가져다줄 "성령으로 기름 부음 받은 자"다.[44] 만약 이러한 재구성이 옳다면(개연성이 있어 보임), 이는 시온의 구원을 위해 좋은 소식을 가져다주는 이사야 52:7의 "사자"가 이미 "메시아"(구체적으로는 단 9:25의 "기름 부음 받은 자", 만일 피츠마이어, 호튼, 버미스와 같은 학자들이 18행 끝부분을 "이는…다니엘이 언급한…기름 부음 받은 자다"로 재구성한 것이 옳다면)와 동일시되었음을 의미한다.[45] 이러한 동일시를 유도한 본문은 이사야 61:1-2이다. 왜냐하면 일단 시온의 구원에 대한 "좋은 소식"(사 52:7)이 이사야 61:1-2이 사용한 표현 속에서 이스라엘에 자유를 가져다줄 희년을 선포하는

관이 있었던 것으로 보인다. 그러나 11QMelchizedek이, 학자들이 일반적으로 추정하듯이, 대략 기원후 50년에 기록되었다면, 이 문서는 이 두 시기 중 첫 번째 시기에 많은 희망을 걸지 못했을 것이다(F. L. Horton, *The Melchizedek Tradition* [Cambridge: Cambridge University Press, 1976], 80-82을 보라).

43 유대교의 "선구자" 개념에 대한 전승사에 관한 간략한 설명은 Dupont, *Béatitudes*, II, 124ff.; P. Stuhlmacher, *Das paulinische Evangelium: 1 Vorgeschichte* (Göttingen: Vandenhoeck & Ruprecht, 1968), 142-52을 보라.

44 초판(van der Woude, "Melchizedek," 360-66)은 והמבשר הו[א]אה המשיח היא[ה]("그리고 좋은 소식을 가져오는 자: 그는…에 [대한] 기름 부음을 받은 자다")라고 읽지만, 이는 Y. Yadin, "A Note on Melchizedek and Qumran," *IEJ* 15 (1965), 152-54의 견해를 따라 van der Woude와 de Jonge("11Q Melchizedek," 301, 306ff.)에 의해 [אה מ[שיח הרו]ח] אשר והמבשר הו("그리고 좋은 소식을 가져온 자: 그는…성령으로 기름 부음을 받은 자다")로 수정되었다. 이 독법은 다음과 같은 학자들도 받아들인다. Stuhlmacher, *Evangelium*, 145; G. Vermes, *The Dead Sea Scrolls in English* (Sheffield: JSOT Press, 3rd edn, 1987), 301; Horton, *Melchizedek* (against Fitzmyer, "Light," 27). 하지만 다음 문헌과도 비교해보라. D. Aune, "A Note on Jesus' Messianic Conciousness, and 11Q Melchizedek," *EvQ* 45 (1973), 164.

45 하지만 N. A. Dahl, "Messianic Ideas and the Crucifixion of Jesus," in Charlesworth (ed.), *Messiah*, 382-403, 특히, 386-87은 이 언급이 고대하던 모세와 같은 예언자를 지칭한다고 생각한다.

것으로 해석되면(5-9행처럼), 이 같은 본문은 이 임무를 완수할 성령으로 기름 부음 받은 인물을 제시하게 되기 때문이다. 게다가 이 동일한 인물은 5-6행에 기록된 행위의 주체로 보이는 "멜기세덱"과 동일한 인물로 보인다.[46] 그렇다면 우리는 여기서 벨리알에게 사로잡힌 포로들에게 확실하게 "해방을 선포"하여 "그들을 해방시키기" 위해(6행) 성령으로 기름 부음을 받은 자 안에서 예언자, 제사장, 사자, 종, 제왕적 메시아 등의 사상이 하나로 융합된 것을 보게 된다. 이러한 미드라쉬 문맥 안에서 성령은 이러한 해방을 선포할 뿐만 아니라 이를 실현할 수 있는 능력을 부여하며, 이로써 회복된 이스라엘을 "그대들의 엘로힘이 통치"하는 상태(사 52:7을 인용하지만, 하나님의 부[副]섭정인 "멜기세덱"에 대해 언급하는 16, 24-25행)를 가져온다.

비록 누가복음 4:18-21에 담긴 누가 이전 전승이 11QMelchizedek 자체에 의존하고,[47] 4Q가 이사야 61장이 중요한 역할(특히 4Q521과 4Q434)을 수행하는 다른 메시아 본문을 드러내고 있다는 암시가 전혀 없지만, 개념적으로 서로 상당히 유사한 점이 있다는 사실은 분명하다. 이사야 61:1-2에 기초한 복합적인 이사야적 메시아론(멜기세덱과의 연관성은 차치하고), 이 인물의 종말론적인 계획, 이사야 61:1-2에 차용한 희년 용어를 통해 선포된 "이스라엘"에 대한 메시아의 해방(하나님의 통치의 현현으

---

46 이런 식으로 이해하는 학자들은 다음과 같다. Fitzmyer, "Light," 40; Sanders, "From Isaiah 61," 91; Strauss, *Messiah*, 205; Chilton and Evans, *Jesus*, 322-24; Aune, "Messianic Consciousness," 161-65. 이 본문의 단편적인 상태 때문에 이 인물에 대한 신원 확인은 (de Jonge, van der Woude, Horton의 반대에 의해) 다소 불명확하다. 이 본문 전체를 통해 사 61:1-2이 아주 중요하다는 사실은 그 신원을 입증하는 것인데 이 점은 Horton(*Melchizedek*, 78)에 의해 간과된 것이다. Horton은 16, 18번째 행의 선구자가 멜기세덱보다 선재하며, 그는 (예언의 영을 통해) 자신의 임박한 출현을 선언한다고 주장한다(따라서 부가적인 주장들과 더불어 Turner, "Luke and the Spirit," 68-69). 그러나 이제 4Q521에 나타난 메시아와 성령과 사 61장의 성취의 관계는 그동안의 신원 파악이 결국 옳았음을 시사한다.

47 Shin, *Ausrufung*, 182-83을 보라.

로 이해되는), 이 본문과 다른 희년 관련 본문과의 연관성 등은 모두 4:18-21에 담긴 누가 이전 전승만큼이나 예수의 사역 전체의 모습을 암시해 준다고 볼 수 있다. 이것은 역사적 예수가 문자적 희년을 선포했다는 것을 의미하는 것이 아니라[48] 그 역시 이사야 61:1-2을 이스라엘을 향한 자신의 사명의 중요한 측면을 설명하기 위해 신학적으로 중요한 상징("하나님 나라"라는 보다 더 지배적이지만 보완적인 역할을 하는 상징과 함께)으로 사용했음을 암시한다.[49] 이에 대한 기억은 전승에 보존되어 있으며(특히 Q), 보다 명시적으로는 예수의 팔복과 그의 기적의 취지에 대한 그의 이해와 연관되어 보존되었다.

이 중 첫 번째와 관련하여 살펴보자면, (예수의 윤리적 가르침의 상징 세계를 잘 표현해주는) 팔복의 가장 오래된 버전이 이사야 61장에 근거하여 형성되었다는 점은 널리 알려져 있다.[50] 팔복에 등장하는 용어는 하나님이 **가난한 자들**(즉 억압받는 이스라엘, 사 61:1//마 5:3; 참조. 눅 6:20 + 24)을 자유롭게 하는 통치의 복음을 가져다주고, 시온을 위해 애도하는 자들이 **위로를 받고**, 즐거움과 기쁨으로 **채워질** 것이며(사 61:2-3//마 5:4; 참조. 눅 6:21b + 25b), **굶주린 자들**이 (억압하는) 국가의 부(wealth)를 곧 먹을 것(61:6//

---

48 이 점은 다양한 방식으로 다음과 같은 학자들에 의해 제안되었다. A. Trocmé, *Jésus-Christ et la révolution non-violente* (Geneva: Labor et Fides, 1961); J. H. Yoder, *The Politics of Jesus* (Grand Rapids: Eerdmans, 1972). 이에 대한 반론은 다음을 보라. Sloan, *Year*, 166-94; Seccombe, *Possessions*, 54-56; Kimball, *Exposition*, 103-104.

49 예수가 사 61장을 인용한 것에 대해서는 다음을 보라. Dunn, *Jesus*, 53-62. 그는 예수 자신이 이해한 바와 관련하여 사 61장의 중요성을 강조하지만, 안타깝게도 눅 4:18-19의 사 61:1-2 인용을 다음과 같은 근거로 누가의 것으로 이해한다. "예수의 사역 **시작** 지점에서 이러한 메시아적 의미가 담긴 **자발적이며 공개적인** 주장은 공관복음을 통해 우리가 알고 있는 역사적 예수와 너무 동떨어져 있고, 이와는 다른 판단을 내리기에는 요 1장에서 겹겹이 열거하는 비역사적인 기독론적 칭호와 너무나도 유사하다"(54). 하지만 이것은 예수의 사역의 시작이 아니었으며, 암묵적인 기독론적 주장(공개적이거나 명시적인 주장이 아닌)을 담고 있다. Dunn의 진술에 대한 비판은 Sloan, *Year*, 77-83을 보라.

50 Davies and Allison, *Matthew*, 431-42; Guelich, *Sermon*, 1장; Seccombe, *Possessions*, 83-92. 또한 본서 8장 n. 11도 보라.

눅 6:21a + 25; 참조. 마 5:6)이라는 이사야의 예언을 반영한다.

예수의 기적의 의미도 누가복음 7:18-22//마 11:2-4에서 이사야 61장의 관점에서 표현된다. 이렇게 자유롭게 하는 기적("눈먼 자들이 이제 다시 본다"[= LXX 사 61:1e]는 구체적인 언급을 포함하여)은 이사야 61:1b의 "복음이 '가난한 자들'에게 전파된다"(눅 7:22)로 요약되는데, 이는 질병에 걸린 자들이 희년의 해방을 필요로 하는 억압받는 이스라엘을 예시하며, 이와 같은 치유는 약속된 이스라엘의 해방과 회복을 상징적으로 생생하게 보여준다. 이 본문에 담긴 치유 목록은 결코 임의적으로 나열된 것이 아니며, 이사야 61:1과 더불어 70인역의 이사야 29:18-19의 어법, 특히 35:5-6의 어법을 밀접하게 반영한다는 사실은 오래 전부터 주목받아왔다. 이 두 본문은 모두 (사 61:1-2과 더불어) 이스라엘의 회복과 광야에서의 변화에 대한 "새 출애굽" 본문 모음집에 속하며(그리고 광야에서 시작되는 구원에 대한 요한의 기대와도 정확하게 일치함; 참조. 막 1:2-3 등), 이사야 61장의 보다 더 구체적인 희년 언어가 담긴 복합적인 사상을 보여준다. 기적 목록 중에서 두 가지―"나병환자들이 깨끗하여진다"와 "죽은 자들이 다시 살아난다"(하지만 참조. LXX 사 26:19)―는 이러한 새 출애굽 목록과 잘 어울리지 않는 것 같다. 그러나 이 가운데 후자가 이사야 61장의 메시아적 성취를 나타낸다는 사실이 이제 4Q521에 의해 입증되었다.

[8] 그는 그 갇힌 자들을 풀어주고, 눈먼 자들을 보게 하고, 짓[밟힌] 자들을 일으킬 것이다.

[12] 그다음에 그는 병든 자들을 치유하고, 죽은 자들을 다시 살리고, 온유한 자들에게는 좋은 소식을 알릴 것이다.[51]

---

51 이 행동의 주어가 성령의 메시아, 또는 최소한 그를 통해 역사하시는 하나님이라는 주장에 관해서는 본서 4장을 보라.

그렇다면 Q의 관점에서 보면 예수에게 임한 성령은 이스라엘에게 하나님의 통치가 가져다주는 회복에 참여하도록 도전하는 그의 설교와 가르침 뿐 아니라 병든 자들과 귀신들린 자들에게 선포한 강한 말씀 선포를 통해 이스라엘이 경험할 메시아적 해방과 변화를 일으키는 능력이었다고 볼 수 있다.

비록 누가복음 4:18-27이 Q에서 기인하지는 않았지만, 개념상 완전히 다른 세계로부터 유래했다고 보기도 어렵다.[52] 이러한 맥락 안에서 70인역과 마소라 본문의 차이점은 상대적으로 설명하기가 쉽다. 이사야 58:6이 들어 있는 인용문이 전승 안에서 포함된 것은 단순히 예수가 이 두 본문을 함께 끌어와 인용했기 때문이 아니며, ἄφεσις라는 단어가 70인역의 이 두 본문에 들어 있었기 때문도 아니며,[53] 보다 더 구체적으로 이

52　Strobel, "Ausrufung," 38-50에 의하면 이것은 종말론적인 희년이 예수의 선언과 일치한다는 달력에 관한 확신을 반영하는 자료였다는 것이다. 그는 이 본문을 통하여 희년 이해에 대한 흔적을 엿본다. (a) 그 기사의 무대인 예수의 귀향은 희년 명령과 조화를 이룬다(레 15:10 LXX). καὶ ἕκαστος εἰς τὴν πατρίδα αὐτοῦ ἀπελεύσεσθε(각자 자기의 고향으로 돌아간다); (b) "오늘날"(σήμερον, 21절)이라는 예언의 성취에 대한 강조는 한편으로는 막 1:15(πεπλήρωται ὁ καιρός, 때가 찼고)과 조화를 이루고, 또 다른 한편으로는 기원후 26/27년에 마지막 희년이 시작될 것이라는 일반적인 기대와도 일치한다. 즉 고대하던 메시아는 희년이 시작될 때나 희년이 끝나기 7년 전에 나타난다는 것이다. (c) (왕상 17:1처럼) 3년에서 3년 반(눅 4:25; 따라서 만 7년의 절반) 동안 있을 기근의 범위는 그 본문이 묵시문학적인 연대기 계산에 친숙한 이들에 의해 다루어졌음을 보여준다. 이 가운데 어떠한 것도 사실 설득력이 없다. 예수의 사역이 기원후 26년에 시작되었다는 Strobel의 이론과 관련된 연대기적 어려움에 관해서는 Marshall, 184과 133을 보라. 그러나 제아무리 Strobel이 옳다 하더라도, 이러한 전승과 Q에 나타난 예수와 성령에 대한 이해가 유사하다는 사실은 분명해 보인다.

53　Kimball, Exposition, 106-107에 반하여. Kimball은 예수가 그리스어로 설교했다고 주장한다(108). 예수는 이따금씩 그렇게 했을지 모르지만(예를 들면 S. Porter, "Jesus and the Use of Greek in Galilee," in B. Chilton and C. A. Evans [eds.], Studying the Historical Jesus [Leiden: Brill, 1994], 123-54를 보라), 그가 나사렛에서 그렇게 했을 개연성은 희박하며, 이에 관한 전승은 셈어적인 기원을 갖는다. 70인역의 어법은 분명히 섭리에 의한 것으로 여겨졌겠지만, 사 61:1의 דרור("자유")와 58:6d의 שבת("풀어주었다") 간의 주제적 연결과 부분적인 유사성을 감안하면 이 미드라쉬를 보존하기에 충분한 다른 어휘적 연계성이 존재한다(Seccombe, Possessions, 46-52; Bock, Proclamation, 106-107을 보라).

사야 58:6이 **주제적으로** 안식일/희년과 새 출애굽이라는 소망과 관련되어 있기 때문이며,[54] 58:6d이 포함됨으로써 이 본문의 메시아적 희년의 중요한 의미를 가장 예리하게 드러냈기 때문이다. 다시 말하면 ἄφεσις 단어의 반복은 갇힌/억압된 이스라엘을 위한 (희년의) "해방"을 개념적으로 좋은 소식의 핵심으로 삼았다는 것이다. 따라서 이 전승을 (Q처럼) 통용시킨 공동체에게 이러한 "해방"은 능력을 행하는 예수의 **사역** 안에서(따라서 4:23의 도전과 4:26-27에 나타난 이러한 현상에 대한 반응) 가장 극적으로 나타났다. 이러한 예수의 능력 있는 사역과의 연관성은 특별히 70인역이 채택되면서 더욱더 분명하게 나타나게 되었는데, 이는 갇힌 자들이 풀려나고 억눌린 자들이 자유를 얻게 된다는 두 진술 사이에 "눈먼 자들을 보게 하고"라는 어구가 들어갈 수 있었기 때문이다. 이사야 61:1c의 "상한 마음을 고치고"란 어구가 생략된 것은 아마도 예수의 능력 있는 사역에 초점을 맞추거나, 아니면 ἄφεσις를 가져다주는 예수의 사명에 관한 이 두 진술을 더욱 부각시키거나, 또는 이 두 가지 이유 모두를 위함이었을지도 모른다.

요약하자면, 누가가 예수의 강령적인 설교를 위해 사용한 전승은 예수에게 임한 성령을 이사야 61:1-2에 대한 당대의 (유대교 및 기독교의) 메시아적 해석의 관점에서 이해했다. 따라서 그는 하나님의 능력을 통해 벨리알로부터 풀려나는 이스라엘의 새로운 출애굽 해방을 선포했고, 이를 특별히 (전적으로는 아니지만) 질병과 마귀의 고통으로부터 구원하는 사역을 통해 완수했다. 추가적인 코텍스트와 문맥의 도움 없이 이보다 더 선명한 기독론적·구원론적 그림을 그리기에는 어려움이 따른다. 이 본문은 확실히 예언자적 모티프를 강조하는데, 이러한 강조점은 특히 예언자

---

54   M. Tannenbaum, "Holy Year 1975 and its Origins in the Jewish Jubilee Year," *Jubilaeum* 7 [1974], 63-79의 이론을 기초로 한 Sloan, *Year*, 40을 참조하라. 사 61:1-2과 사 58:6 간의 연계성에 관해서는 C. Westermann, *ad loc.*; P. Miller, "Luke 4:16-21," *Int* 29 (1975), 418-19과도 비교해보라. Sloan은 학자들을 모두 인용한다.

는 자신의 고향에서 환영받지 못한다는 예수의 말씀(4:24)과 엘리야와 엘리사와의 비교(4:25-27)를 통해 드러날 뿐 아니라, 예수를 죽이려는 시도(4:28-30; 거짓 예언자의 운명)를 통해서도 아주 분명하게 드러난다. 그리고 적어도 유대교의 어떤 진영에서 이사야의 신탁을 전하는 내재적 화자는 사실 예언자적 인물이었다. 따라서 타르굼은 이렇게 번역한다. "예언자가 말하기를, '주 하나님 앞에 있는 예언의 영이 내게 임한다. 왜냐하면 주님은 좋은 소식을 전하게 하기 위해 나를 높이셨기 때문이다'." 그러나 이 본문에 담긴 희년의 뉘앙스와 그의 사명을 단지 선포뿐만 아니라 해방을 가져다주는 것으로 묘사한 점으로 미루어보아, 만약 이 사람이 예언자라면 그는 메시아적·예언자적 인물(즉 종말론적인 지도자-예언자)일 수밖에 없다. 따라서 (새 출애굽과의 연관성을 고려하면) 이 전승은 예수를 신명기 18:15-19에 근거하여 자신들이 고대하던 "모세와 같은 예언자"로 소개했을 수도 있지만(참조. 마카베오1서 4:46; 14:41; 베냐민의 유언 9:2; 1QS 9:10-11; 4QTest[= 4Q175]),[55] 이 점은 불확실하며, 우리는 아마도 이 본문의 예수를 (종과 다른 여러 특징의 혼합에 근거하여) 단순히 이사야의 구원론적 예언자 정도로 보는 것이 더 안전할 것이다.[56] 이제 우리가 이 본문에 대한

55　모세를 모방하고 광야에서부터 시작되는 구원을 약속하며 메시아임을 자처한 인물에 관해서는 요세푸스, *Ant.* 2:286, 327; 20:97-99, 167-68, 188; *War* 2:261-63을 보라. 유대교와 초창기 기독교에 나타난 이러한 소망에 대한 고전적인 연구는 H. M. Teeple, *The Mosaic Eschatological Prophet* (Philadelphia: SBL, 1957), 2-5장; 또 특히 E. Fascher, ΠΡΟΦΗΤΗΣ (Giessen: Töpelmann, 1927); R. Meyer, *Der Prophet aus Galiläa* (Darmstadt: Wissenschaftliche Buchgesellschaft, 1970[1940]); J. Jeremias, "προφήτης, κτλ" *TDNT*, VI, 781-861; Fuller, *Christology*, 46-53; Hahn, *Titles*, 352-406; W. A. Meeks, *The Prophet King: Moses Traditions and the Johannine Christology* (Leiden: Brill, 1967); J. Coppens, *Le messianisme et sa relève prophétique* (Gembloux: Duculot, 1974), 172-80; Allison, *Moses*, 73-84을 보라. 그러나 이 문제를 신중하게 다루는 R. A. Horsley, "'Like One of the Prophets of Old': Two Types of Popular Prophets at the Time of Jesus," *CBQ* 47 (1985), 441-43도 보라.

56　G. Nebe, *Prophetische Züge im Bilde Jesu bei Lukas* (Stuttgart: Kohlhammer, 1989), 68과도 비교해보라. 우리는 이러한 인물에 대한 대안적인 용어인 "종-해방자"[Servant-Liberator]란 표현을 사용할 수 있는데, 이는 그가 "종"으로 불리지는 않지만, 해석자로

누가의 이해를 살펴보고자 한다.

4. 예수의 이사야 본문 인용의 의미

비록 우리가 이 본문에 담긴 성령론에 주로 관심을 갖고 있지만, 이는 여기에 묘사된 인물의 정체 및 그에게 주어진 사명에 관한 질문과 결코 분리될 수 없다. 만일 성령이 예수의 사명을 위한 능력이라면 그가 어떻게 성령을 경험할 수 있을지는 그가 능력을 받아 착수하게 될 사명의 성격과, 그가 이스라엘에게 어떤 "존재"가 될지에 분명히 달려 있을 것이다. 이스라엘에게 하나님의 말씀을 전할 예언자로서 능력을 부여받은 자는 아주 다른 성격의 "성령의 능력"을 부여받아 예컨대 케나즈(Kenaz)가 이스라엘의 해방자로서 "능력의 영을 힘입어" 그의 마력의 칼로 아모리 족속을 무찌른 것 같이(*Bib. Ant.* 27:9-10에서처럼) 행하리라는 기대가 있었을 것이다. 물론 이것들은 극단적인 사례다. 예수가 이사야 58, 61장을 인용한 것과 누가가 어떻게 그것을 이해했는지에 관해 우리가 선택할 수 있는 옵션은 거의 없지만, 그렇다고 해서 전혀 상관없는 것도 아니다. 여기서 만약 우리가 이 이사야의 인물에 대해 다윗 계열의 메시아적 측면을 강조하면 성령을 예수가 행한 축귀와 치유 사역과 분리시키고, 그의 회복을 위한 의로운 통치와 현명한 판단과 대적하는 자들을 상대하는 능력의 원천으로서의 성령을 강조하게 될 수도 있다. 이와는 대조적으로, 그를 모세와 같은 예언자와 동일시하면 성령과 해방시키는 기적의 연관성을 강화하고, 예수의 계시와 가르침의 능력으로서의 성령의 역할을 강조하게 될

하여금 사 61:1ff.을 "또 다른 종의 노래나 종의 사상에 대한 미드라쉬, 또는 스스로를 위해서나 그의 공동체를 위해 종의 역할을 수행하는 (제3이사야와 동일시되는) 예언자"로 말하도록 이끌므로 그의 사명이 사 42장과 49장에 기록된 종의 신탁과의 유사점을 공유하기 때문이다(Strauss, *Messiah*, 239-40).

수도 있다. 첫 번째 단원에서는 이 본문의 기독론적 초점에 관해 다룰 것이다. 이어서 우리는 더욱더 "구원론적" 또는 선교적인 차원에서 제기되는 질문을 살펴볼 것이다. 마지막으로 우리는 예수의 능력 있는 사역 및 그 사역과 성령의 관계를 이해하기 위해 앞에서 다룬 두 단원이 주는 함의를 살펴볼 것이다.

4.1. 기독론적 초점

이미 잘 알려져 있듯이 이 본문은 해석자들 사이에서 기독론적으로 아주 심한 논쟁을 불러일으켰는데, 누가가 예수를 예언자로서, 종말론적 예언자(엘리야 또는 모세와 같은)로서, (다윗 계열의) 메시아로서, 제사장과 같은 메시아로서, 주의 종으로서, 또는 이들 중 두세 가지를 결합한 자로서 "기름 부음을 받은" 인물로 소개한다고 해석자마다 다르게 주장한다.[57] 이러한 혼란은 다음 두 가지 질문을 제대로 구분하지 못한 데서 비롯된다. (1) 4:18-27에서 묘사하는 구체적 특징은 어떤 종류의 인물을 제시하는가? (2) "누가-행전"에 담겨 있는 다른 정보는 여기서 드러나는 그림과 어떤 관계가 있는가? 이 두 가지 질문은 나름대로 중요하지만, 각자 제기될 때가 다르다. 따라서 첫 번째 질문을 다룰 때는 (다윗 계열의) 메시아는 어느 정도 배경으로 물러나야 한다. 앞에서(§3) 우리가 나열한 여러 가지 이유에 근거하여 4:18-27의 개념적 전경(foreground)을 지배하는 것은 이사야서에 나타난 구원론적 예언자로서의 예수의 역할이다.

　　일단 이사야서의 예언자의 중심적 역할이 확인되면 우리는 누가의 글이 이러한 "신분 확인"(identification)을 어떻게 사용하고, 해명하고, 확대하는지 (또는 심지어 전복시키는지) 물으면서 두 번째 질문으로 넘어갈 수

57　Schreck, "Nazareth Pericope," 439-43; Kimball, *Exposition*, 111-12을 보라. 논쟁자들의 "목록"은 Strauss, *Messiah*, 226-27을 보라.

있다.

(1) 이사야서(LXX)가 누가의 정경 속 정경의 일환이므로[58] 우리는 누가가 4:18-19이 예수가 세례를 받을 때 자신을 성령의 능력을 힘입은 이사야 42장의 종과 동일시한 것과 밀접한 연관이 있다고 보았다는 것을 조금도 의심할 필요가 없다(눅 3:22). 우리가 대체로 "메시아에 관한" 관심사라고 부르는 것과 더불어 1세기 독자의 관점에서 보면 이 두 이사야 본문은 주제적으로 서로 깊이 연관되어 있다. 이 두 본문 모두 갇힌 이스라엘을 풀어주고, 눈먼 자들을 보게 하는 해방을 가져다주는 성령의 능력을 힘입은 종/예언자에 관해 이야기한다(사 42:6-7//LXX 사 61:1; 참조. 눅 2:32).[59] 하지만 누가-행전의 나머지 부분은 누가가 예수를 처음으로 묘사할 때 사용한 이사야 42장과 61장에 담긴 탁월함에 비하면 상당히 수수한 "종"의 기독론을 보여준다. 사도행전 10:38만을 제외하면 누가는 이사야 52:12-53:13에 좀 더 집중하거나, 또는 종이라는 좀 더 일반적인 용어에 집중한다.[60] 이는 거의 마치 이사야 42장과 61장의 종/예언자가 다른 기독론적 인물에게 바통을 넘겨준 것과 같다.

(2) 만일 누가-행전이 이사야서의 종으로서의 예수에게 제한적인 강조점을 두었다면, 누가가 묘사한 "예언자"로서의 예수에 대해서는 그렇다고 말할 수 없다.[61] 그렇다면 우리는 이 인물을 어떻게 보아야 할까? 누가

---

58 J. A. Sanders, "Luke and Isaiah," in Evans and Sanders, *Luke*, 14-25을 보라.

59 Chilton, "Announcement," 166-67; Strauss, *Messiah*, 239-44을 보라.

60 누가-행전에서 "종"으로서의 예수에 관한 주제에 관해서는 D. L. Jones, "The Title *Pais* in Luke-Acts," in K. H. Richards (ed.), *Society of Biblical Literature 1982 Seminar Papers* (Chico, CA: Scholars Press, 1982), 217-26을 보라. 그는 내 관점으로 볼 때 제2이사야의 공헌을 경시한다. 또한 A. M. Leske, "The Influence of Isaiah 40-66 on Christology in Matthew and Luke: A Comparison," in E. H. Lovering (ed.), *Society of Biblical Literature 1994 Seminar Papers* (Atlanta: Scholars Press, 1994), 897-916도 보라. Leske 는 이와 정반대 방향으로 오류를 범한다. 사도행전에 관해서는 특히 E. Kränkl, *Jesus der Knecht Gottes* (Regensburg: Pustet, 1972)를 보라.

61 지면상 보다 더 상세한 논의는 불가능하지만, 아무튼 기초 자료는 충분해 보인다; 참

는 바리새인 시몬(7:39)과는 달리 확실히 예수를 단순히 예언자 중 하나로도, 심지어 (군중들이 생각하는) 그 **위대한** 예언자(7:16)로도, 그리고 부활의 능력으로 과거에서 돌아온 예언자(9:8, 19)로도 여기지 않는다. 누가에게 세례 요한이야말로 예언자 계열 중의 마지막이자 가장 위대한 자였는데(7:26, 28), 이제는 그 안에서 하나님 나라가 선포되고(16:16; 참조. 7:28; 10:23-24), 그 능력이 어느 정도 실제로 나타나는 새로운 단계로 접어들게 되었다(11:20; 참조. 10:9, 11). 따라서 누가의 종말론은 이제 그가 예수를 **메시아적 예언자**[62]로 이해하고 있으며, 이는 그에게 있어 예수가 엘리야(그는 누가복음에서 메시아적 인물이 아니며, 새 출애굽 전승과 전혀 어울리지도 않으며, 심지어 사도행전에서는 전혀 언급되지 않는다)[63]가 아니라, 모세와 같

조. Marshall, *Luke*, 124-28; F. Schnider, *Jesus der Prophet* (Freiburg: Universitätsverlag, 1973), 4장; T. R. Carruth, "The Jesus-as-Prophet Motif" (PhD dissertation, Baylor University, 1973); E. Franklin, *Christ the Lord* (London: SPCK, 1975), 67-69; Minear, *Heal*, 5장; Busse, *Wunder, passim*; D. P. Moessner, "Luke 9:1-50: Luke's Preview of the Journey of the Prophet Like Moses of Deuteronomy," *JBL* 102 (1983), 575-605; P. F. Feiler, "Jesus the Prophet: The Lukan Portrayal of Jesus as the Prophet Like Moses" (PhD dissertation, Princeton Theological Seminary, 1986); D. P. Moessner, *Lord of the Banquet: The Literary and Theological Significance of the Lukan Travel Narrative* (Minneapolis: Fortress Press, 1989); Nebe, *Züge*; Davies, *Jesus*, 3-4장, 10-11장.

62 Franklin(*Christ*, 67-69)에 반하여. 그는 예수의 승천이 (누가에게 있어) 가장 중요한 종말론적 사건이라는 자신의 논지를 살리기 위해 누가가 예수를 종말론적인 예언자로 간주하는 전승을 알고 있었지만, 그 전승을 경시했다고 말한다. Franklin에 의하면 누가는 예수를 "구약의 예언자들과 깊은 연관이 있으며, 그들과 하나가 되고, 그들과 같은 인격을 가지고 있으며, 그들을 통해 하나님의 지속적인 구원 사역의 절정을 나타내는"(67) 인물로 묘사하는 것을 선호한다. 여기에는 어느 정도 진실이 담겨 있다. 누가에게 있어 예수는 옛 예언자들이 이스라엘에게 거부를 당하며, 심지어 그들의 손에 죽임을 당하면서까지 하나님의 대변인임을 감수했다면 그들과 하나가 되었을 것이다(4:24, 25-27; 13:33; 행 7:51-52). 그러나 그것은 (우리가 곧 살펴보겠지만) 사실과 거리가 멀다.

63 우리는 "메시아" 문맥에서 엘리야 자료의 사용에 대한 다음 세 가지 유형을 구분할 필요가 있다. (1) 말 3:24(LXX 3:22; 개역개정 4:5)에 기초한 유대 전승이 존재했으며, 이 전승은 엘리야를 주의 날에 하나님 자신이 도래하실 때 회개를 예비하는 차원에서 이스라엘을 "회복하러" "오실 이"로 보았다(따라서 집회서 48:9-10, 그리고 아마도 4Q521). 이 경우 엘리야는 메시아적 인물로 불린다(이러한 전승에 대한 논의는

은 예언자임을 의미한다.[64] 누가는 사도행전 3:22-23(참조. 7:37)에서 예

Teeple, *Prophet*, 4-10, 그리고 특히 Collins, "Works of the Messiah," 102-106을 보라).
그러나 누가가 이러한 소망을 알고 있었다는 확실한 근거는 사실상 없으며, 그는 그 어
느 곳에서도 명백하게 예수를 장차 올 엘리야와 동일시하지 않는다(우리는 기껏해야
그의 자료 안에서만 엘리야-메시아에 관해 언급할 수 있을 뿐이다(가장 개연성 있는
것은 행 3:21의 χρόνων ἀποκαταστάσεως["회복의 때"]에 대한 언급이다. R. H. Zehnle,
Peter's Pentecost Discourse [New York: Abingdon Press, 1971], 91. 하지만 이에 대한 반대
의견은 Haenchen, 211을 보라. Sloan, *Year*는 "희년"을 암시하는 뉘앙스에 주목한다).
(2) 나중에 유대교 내에서 말 3:24(개역개정 4:5)은 다른 어떤 메시아적 인물이 결정적
인 역할을 할 것이라는 기대와 서로 결합되었다. 거기서 엘리야는 단순히 종말적인 인
물을 예비한다. 이러한 견해는 기독교 이전 유대교에서 아직 입증되지 않았지만, 이는
확실히 세례 요한에 대한 마가(와 마태)의 견해와 일치한다(참조. 특히 막 9:11-13).
누가는 이것을 1:17, 76; 7:27에서 세례 요한의 역할로 본다(Wink, *John*, 44-45은 "물
론 요한이 엘리야가 **아니기** 때문에 누가는 엘리야와 **예수** 사이의 주석적인 유비를 발
전시키는 데 있어 자유롭다" [강조는 덧붙여진 것임]라고 주장한다). Fitzmyer, *Luke*,
96-99, 102-10을 보라. 당연히 누가는 사 61:1-3의 인물을 메시아의 선구자인 엘리
야와 동일시하는 타르굼 위(僞)요나단 민 25:12을 따르지 않는다! (3) 엘리야는 하나님
의 사람의 본보기로 사용될 수 있고, 그의 예언자로서의 경력의 여러 측면은, 엘리야를
반유형적인 인물(들)과 공식적으로 동일시하려 하지 않으면서도, 유형론적으로 사용
될 수 있다. 이 점은 누가가 예수에 관해 엘리야 자료를 어떻게 사용하는지를 보여주
며, 이러한 틀 안에서 그는 또한 엘리야와 요한 사이뿐만 아니라 **엘리사**와 예수 사이
의 주석적인 유비를 발전시키는 데 있어 자유롭다는 것을 보여준다. 전자의 경우 엘리
야 주제는 주로 예수의 기적(비록 예수는 엘리야를 능가하지만; 왕상 17장과 눅 7:11-
17을 비교하라. 여기서는 기도로 하나님께 요구하는 것이 없고, 시체에 대한 놀람이 없
다. 그저 만짐과 명령만 있을 뿐이다)과 그의 거부와 죽음(이에 관해서는 A. Denaux,
"Le hypocrisie des pharisiens et le dessein de dieu. Analyse de Lc., XIII, 31-33," in F.
Neirynck [ed.], *L'Evangile de Luc-The Gospel of Luke* [Leuven: Leuven University Press,
1989], 155-95, 316-23, 192ff.; Hahn, *Titles*, 361을 보라), 그리고 한정적으로 그의
승천과 연관이 있다(G. Lohfink, *Die Himmelfahrt Jesu* [Munich: Kösel, 1971], 4장과 본
서 10장을 보라). 예수와 엘리야 간의 다른 유사점에 관해서는 M. Miyoshi, *Der Anfang
des Reiseberichts* (Rome: Pontifical Biblical Institute, 1974), 1장; Lampe, "Spirit," 176-
77; Mainville, *L'Esprit*, 222-27을 보라. 그러나 엘리야와 예수 간의 유사성을 강조하는
Wink는 "이러한 '엘리야 미드라쉬'는 누가복음에서 기껏해야 이차적인 주제에 불과하
며, 이것은 단지 승귀하신 예수 그리스도의 모든 칭호에 대한 여러 소소한 주제 중 하
나"라고 결론 짓는다(*John*, 45). 하지만 이 또한 너무 멀리 나간 듯하다. 왜냐하면 누가-
행전에서 "엘리야"는 예수에게 하나의 칭호로서 적용되지 않으며, 사도행전의 여러 연
설에는 명백한 엘리야 기독론도 나타나지 않기 때문이다.

64 Marshall, *Luke*, 124-28은 눅 4:18-21의 인물을 이렇게 비교적 조심스럽게 제안한
다(Stuhlmacher를 따라. Hahn, *Titles*, 380ff.; Grundmann, 121; Lampe, "Spirit," 177
과도 비교해보라). 이것은 (그중에서도 특히) P. S. Minear, *To Heal and to Reveal* (New

수를 약속된 모세와 같은 예언자와 동일시함으로써 그의 교회론을 위한 일종의 주춧돌을 놓을 뿐만 아니라[65] 모세에 대한 그의 사도행전 7장의 묘사는 사도행전 3장의 예수의 케리그마[66]와 누가-행전의 보다 일반적인 예수 상을 바탕으로 한, 사실상 예수의 모형론이기도 하다.[67] 누가복음

York: Seabury, 1976), 5장; Busse, *Wunder, passim*(특히 372-414), Turner, "Luke and the Spirit," 2장과 4장(또한 "Jesus and the Spirit in Lucan Perspective," *TynB* 32 [1981], 25-28) 등에 의해 강조된다.

65 Rese, *Motive*, 71, 206-207. 그는 이 단원을 사도행전 저자에게는 중요하지 않은 것으로 간주한다. 모세와 같은 예언자로서 예수는 성취된 이스라엘의 순종을 기대할 수 있다. 사실 그에 대한 충성은 후자의 구성 요소다. 누가는 그의 편집 과정에서 이를 예비했다. 그는 마가의 중립적인 ὄχλος보다 더 신학적인 뉘앙스를 갖고 있는 λαός로 수정하는 경향을 보였다(참조. 행 3:23=레 23:29). 이 용어는 (πᾶς ὁ λαός; ἐνώπιον/ἐναντίον τοῦ λαοῦ 등과 더불어) 이스라엘을 지칭하는 70인역의 표현에 해당하며, 출애굽기에서보다 더 왕성하게 나타나는 본문은 그 어디에도 없다. 이러한 용어들을 자주 사용함으로써 누가는 "모든 이스라엘"이 핵심적인 구속사건이 일어날 때마다 나타났음을 보여준다(그리고 — 예외적인 경우를 제외하고는 — "이스라엘"은 모두 긍정적으로 반응했다). 또한 이러한 패턴은 사도행전에서도 나타나는데, "초기의 사도적 설교 기간 동안 참된 이스라엘은 스스로 모였다. 그리고 예수를 지속적으로 거부하는 이스라엘은 참된 하나님의 백성이라는 권리를 상실한다. 그것은 단순히 유대교가 될 뿐이다!"(따라서 Lohfink, *Sammlung*, 55, 또한 2-3장; 참조. Jervell, *Luke*, 41-74). 예수의 모세와 같은 예언자로서의 역할은 부활 이후로 한정될 수 없다(Haenchen, 209). 이 종 말론적인 모세는 두 사람 모두 거부를 당했다는 점에서 첫 번째 모세를 반영하며(참조. 행 7:25ff., 35, 39ff.), 26절의 ἀνάστασις는 결정적으로 행 3:22ff.의 문맥에서 같은 구절의 부정과거 동사인 ἀπέστειλεν(보내다)에 의해 규정된다(Haenchen, 210).

66 Zehnle, *Discourse*, 78-94; 131-35이 요약한 병행 목록을 보라. 여기에 7:36에 의하면 한때 예수가 행했고(행 2:22), 이제 그의 이름으로 행하는 기사(4:30)를 모세가 행한다는 것을 덧붙일 수 있다.

67 특히 F. Bovon, "La figure de Moïse dans l'oeuvre de Luc" in *L'Oeuvre de Luc* (Paris: Cerf, 1987), 73-96(특히 85-91)을 보라. 그리고 M. D. Goulder, *Type and History in Acts* (London: SPCK, 1964), 164; Hanson, 94ff.; R. C. P. Hanson, *Allegory and Event* (London: SCM Press, 1959), 94-96; "Studies in Texts: Acts 6:13f," *Theol* 50 (1947), 142-45과도 비교해보라. 스데반의 연설은 누가에게 매우 중요하며, 그는 자신의 자료를 말 그대로 사용하긴 하지만 단순히 그대로 물려받지는 않았다(*contra*, J. C. O'Neill, *The Theology of Acts in its Historical Setting* [London: SPCK, 2nd edn, 1970], 77-94). 그의 편집 작업은 곳곳에서 분명하게 나타난다; 참조. 철저하게 문체에 관한 연구는 E. Richard, *Acts 6.1-8.4: The Author's Method of Composition* (Missoula: Scholars Press, 1978), *passim*을 참조하라.

24:19에서 엠마오로 가던 제자들은 그를 "하나님과 모든 백성 앞에서 말과 일에 능하신 예언자"로 언급하는데, 이는 사도행전 7:22에서 스데반이 모세를 묘사한 것에 상응하는 것이다. 이외에도 모세와 같은 예언자로서의 예수에 대한 누가의 관심은 변화산 기사,[68] 복음서 중심 부분으로의 전환(9:51-52), 70인 파송 기사(10:1-12, 17-19), 그리고 에반스(Evans)와 모스너(Moessner)가 지적한 이른바 신명기에 기초한[69] 누가복음 9-18장의 예수의 가르치는 사역 등에서 나타난다. 또한 편집된 누가복음 7:11-35에서 이사야 61:1(눅 7:22)의 말씀을 성취하는 자가 앞에서 언급된 "큰 예언자"(16절),[70] 즉 누가가 모세에 관해 이야기했던 것(비록 엘리야의 특성을 연상시킨다 하더라도)과 매우 유사한 자와 동일시된다는 점은 주목할 만하다.

---

68 누가의 자료인 마가복음(그러나 Schramm, *Markus-Stoff*, 136 이하도 보라)은 종말론적인 예언자로서의 예수에 대한 암시를 아들 기독론과 이미 결합시켰다. 막 9:7에 있는 하늘에서 들려오는 명령적인 소리는 제자들에게 "그의 말을 듣고 (순종하라)"고 명하는데, 이는 실상 신 18:15을 인용한 것이며, 모세 이후에 하나님이 일으키실 예언자에 관한 모세의 명령이다. 누가의 설명에는 일부 문구의 변화가 나타나는데, 이는 모세와 같은 예언자와 관련하여 보다 강한 주의를 끈다. (1) 누가는 모세의 시내산 경험(출 34:29-35)과 병행을 이루도록 예수의 얼굴이 변화되고 하늘의 영광이 보였다(32절; 참조. 마 17:2)는 부분을 덧붙인다. (2) 누가는 모세와 엘리야(마가복음의 어순을 바꾸어[엘리야와 모세] 모세를 더 탁월한 위치에 둠)가 예수의 ἔξοδος(엑소도스, 죽음), 즉 그가 그의 고난과 그의 영광으로 들어가는 것에 관해 논하는 장면을 추가한다. (3) 누가는 마가의 ἀγαπητός(사랑하는)를 ἐκλελεγμένος(택함을 받은)으로 바꿈으로써 하늘에서 들려오는 소리를 사 42:1에 더 근접하게 만든다(참조. 위의 눅 3:22). 바로 이 하나님의 아들은 — 모세와 매우 유사한 인물로서 — 하나님의 종이다(Lmape, "Spirit," 177-81; A. Bentzen, *King and Messiah* [London: Lutterworth, 1955]), 6-7장을 보라).

69 아래의 "새 출애굽 소망과 누가복음" 단원을 보라.

70 눅 7:11-17의 나인성 과부의 아들을 살리는 기적이 "한 큰 예언자가 우리 가운데 일어났다"라는 군중들의 반응을 일으키는 요인이 된다. 누가는 이 기적에 대한 소문이 제자들을 통한 세례 요한의 질문을 촉발한 것으로 이해하는 반면(17, 18절), 이 기적은 예수의 대답에서 사 35:5; 61:1의 내용에(7:22) "죽은 자가 살아나며"라는 어구가 추가되는 길을 열어 준다.

추기: 누가복음 7:16의 "큰 선지자"는 엘리야인가, 모세인가?

누가복음 7:11과 열왕기상 17:9-10, 누가복음 7:15과 열왕기상 17:23 간의 유사한 표현(ἐπορεύθη εἰς["그가 들어갔다"], πύλη τῆς πόλεως["성문에"], καὶ ἰδοὺ["그리고 보라"], χήρα["과부"], καὶ ἔδωκεν αὐτὸν τῇ μητρὶ αὐτοῦ["그가 그를 그의 어미에게 주었다"] 등과 과부의 죽은 아들을 다시 살려 그가 하나님의 사람임을 알게 된 사실)을 근거로 길스(Gils)[71]와 슈니더(Schnider)[72]는 이 이야기가 엘리야에 대한 미드라쉬라고 주장했다. 한편 슈니더는 여기서 "선지자" 앞에 관사가 없는 것이 누가로 하여금 προφήτης μέγας ἠγέρθη ἐν ἡμῖν("우리 가운데 **한** 큰 선지자가 일어났다")이라는 어구에서 모세와 같은 예언자에 대한 언급을 발견하게 했을 개연성이 아주 희박하다고 주장한다(110). 하지만 우리는 다음 세 가지에 주목해야 한다.

첫째, 엘리야 이야기와의 접촉점은 종종 우리가 생각하는 것만큼 확실하지 않다. (1) 열왕기상 17장에 나오는 성문에서의 만남은 훨씬 이후에 일어난 과부 아들의 회복과 아무런 상관이 없다. 따라서 누가복음의 성문에 대한 기록은 70인역으로부터 비롯된 것이 아니라 다만 예수가 도착한 시간을 표시한 것뿐이며, 그 시점은 아마 죽은 자를 매장하려는 때일 것이다. (2) 예수가 "그에게 그의 어미를 주었다"는 말과 예수가 하나님의 능력 있는 대리자라는 소문은 이 누가복음 이야기에만 나오는 독특한 내용은 아니다. 이 두 주제는 70인역의 엘리야 전승과는 무관한 9:42-43에서도 발견된다. 따라서 이 이야기 안에 엘리야-엘리사의 특징이 강하게 남아 있고(죽었다가 다시 살아나는 장면; 참조. *m. Sot.* 9:15; *Cant. R.* 1.1), 또 엘리야 이야기와 유사한 점(다시 살아난 자가 과부의 아들이라는 점)이 있긴 하지만(누가도 이 부분은 반드시 포착했을 것이다), 우리는 이 이야기를 전

---

72. *Jesus*, 108-10.

형적인 엘리야 미드라쉬라고 불러서는 안 된다.

둘째, 유대교의 해석 안에는 엘리야를 모세와 동화시키거나, 심지어 그를 "새 모세"(혹은 약속된 모세와 같은 예언자)로 묘사하는 경향이 있었다. 이러한 경향은 구약 정경 안에서도 나타나며(왕상 17-19장과 왕하 1-2장), 계속해서 랍비 문헌에서도 나타난다(참조. *Pes. R.* 4:2).[73] 이는 우리에게 엘리야와 같은 인물과 모세와 같은 인물을 서로 너무 지나치게 대비시키려는 시도에 경종을 울린다. 이보다 더 중요한 질문은 오히려 어느 모형이 다른 모형을 흡수하느냐다.

셋째, 문학비평의 관점에서, 그리고 누가-행전의 보다 폭넓은 문맥에서 볼 때 이 기사의 어법과 요점은 엘리야보다는 오히려 모세를 더욱더 강하게 연상시킨다.

(A) 누가에게는 특별히 모세가 "표적과 기사"(행 7:36//행 2:22)를 행하고, "말과 행사"에 "능한" 예언자로서 예수와 병행을 이루는 자로 간주된다. 따라서 (유대교에서처럼) 누가복음의 저자에게는 기적을 행한 엘리야와 율법을 수여한 모세 사이에는 큰 차이가 없다(람페에 반하여).[74] 다수의 유대 문헌은 위대한 "기사와 표적"(참조. LXX 신 34:10-11)을 행한 자로서의 모세에 대한 구약의 언급에 기초하여 전개해나간다(가장 분명한 예로는 지혜서 10:15-16; *Bib. Ant.* 9:7, 10; Artapanus in 에우세비오스, 복음의 예비 9:27.27-37; 비극 작가 에스겔, *Exagēgē*, 224-29; 또한 *Jan. Jam*[일부 사본] 24와 26). 이와 마찬가지로 광야에서 행한 위대한 사역은 종종 자칭 메시아들에게서 기대되는 측면이며, 이러한 기대는 다윗 계열의 왕과 관련이 있거나, 또는 엘리야와 관련된 소망에 기초를 두기보다는 모세의 모형에 훨씬 더 많이 의존한다.[75] 그렇다면 누가에게 있어 "광야에서" 행한 예수의 오

---

73 이 내용을 잘 요약한 설명은 Allison, *Moses*, 39-45을 보라. Horsley, "Prophets," 441-43과도 비교해보라.

74 "Spirit," 176.

75 Jeremias, *TDNT*, 860-61; Meeks, *Prophet*, 162-64, 212-13.

병이어 기적은 엘리야나 엘리사(비슷한 초자연적인 사건이 왕하 4:42-44에 나타나 있긴 하지만)보다 장차 올 모세와 같은 예언자와 관련이 있음을 보여준다. 이러한 예시에는 치유나 부활과 같은 기적은 포함되지 않는다. 그러나 버미스(Vermes)는 모세가 누가 이전 시대에 이미 아르타파누스(에우세비오스, 복음의 예비 9:27에 언급됨)에 의해 치료자로 간주되었다고 주장한다(그는 25절을 다음과 같이 해석한다. 모세는 야이로의 딸을 살릴 예수를 예기하면서 그[파라오]를 들어 올려 회생시켰다).[76] 비록 버미스의 주장의 근거가 빈약하긴 하지만, 누가에게 있어 기적을 행하는 위대한 예언자는 바로 모세라는 점은 여전히 유효하다. 이와는 대조적으로 누가복음 4:26 이후에는 기적을 행하는 것과 관련하여 엘리야의 이름이 전혀 언급되지 않는다.

(B) 하나님이 자기 백성을 "돌아보시고" "큰 선지자"를 세우실 것이라는 무리들의 생각에는 미묘한 아이러니가 엿보인다.[77] 본문에 나오는 무리는 예수를 엘리야(혹은 "옛 선지자 중 하나"; 참조. 9:19)로 인식하고 반응하는 것으로 그려지는 반면, 내재적 저자(implied author)는 한편으로는 이것을 메시아 고백(9:20)과 대비시키고, 또 다른 한편으로는 서로 다른 두 문맥에서 사용된 표현을 신중하게 반복하고 혼합시킴으로써 이러한 기독론의 부적절함을 암시한다. 따라서 하나님이 그의 백성을 돌보셨고, "우리 가운데 큰 선지자를 일으키셨다"는 무리들의 외침은 당연히 누가복음 1:68-69("**이스라엘**…하나님은 그의 백성을 돌보셨고 **속량하셨으며**, 우리를 위하여 구원의 뿔을 일으키셨다"[여기서는 다윗의 집])을 상기시킬 것이며, 이러한 표현은 (7:16과 함께) 누가복음 24:19, 21절에서 엠마오로 가는 제자들

---

76   *Jesus*, 66-67. 그러나 Vermes는 이 병행을 다소 과장하는 듯하다.

77   참조. Nebe, *Züge*, 79. Nebe는 우리가 예수의 예언자적 정체에 대한 부활 이전의 통찰력의 정도를 구분해야 하며, 이는 부활 이후에 서술하고 있는 누가의 관점과는 다르다는 점을 강조한다. 대안적으로, 만약 4Q521이 사 61장과 연계된 엘리야적 메시아를 증언한다면, 그리고 눅 7:11-17이 7:18-22와 더불어 Q 안에 존재했다면, 후자는 아마도 엘리야 기독론을 자아낼 것이다. 그럴 경우 누가는 사실상 모세적인 이해를 지지하면서 오히려 그의 전승을 따르지 않고 수정했다고 볼 수 있다.

의 실망 섞인 말에서 다시 나타난다. 그들은 이렇게 말한다. 예수는 "하나님과 모든 백성 앞에서 말과 일에 능하신 선지자이거늘…우리는 이 사람이 **이스라엘을 구속할 자**라고 바랐노라." 1:68-69 및 7:16과 매우 유사한 이 마지막 두 구절에서 우리는 예수가 사도행전 3장과 7장의 모세와 같은 예언자(이스라엘에 구속을 가져다줄 자)로 묘사되고 있음을 분명히 확인할 수 있다. 하나님이 한 위대한 예언자를 "세울" 것이라는 말은 신명기 18:15을 반영하며, 특히 형용사 μέγας가 그 예언자의 특유함을 부각시킬 때는 더더욱 그러하다(따라서 Wanke, *Emmauserzählung*, 61). 또한 7:16에서 정관사가 생략된 것은, 누가가 모세와 같은 예언자를 확실히 언급하는 누가복음 24:19에서도 생략된 것을 감안하면, 큰 문제가 되지 않는다.

그렇다면 누가가 그의 강령적인 본문에서 예수를 적어도 암묵적으로라도 기름 부음 받은 모세와 같은 예언자—이스라엘의 구속을 위해 세움을 받았으면서도 또 이스라엘에 의해 거절당할 수밖에 없었던—로 그리기로 마음먹었다고 가정할 만한 이유가 충분하다. 이러한 동일시는 다음 네 가지 방식으로 이루어졌을 것으로 보인다. (i) 이사야 42장과 61장의 종에 관한 본문은 이미 어느 정도는 모세를 모델로 삼았을 것이다. (ii) 이사야 61장의 예언자는 새 출애굽 해방 프로그램에서 핵심적인 역할을 수행할 것으로 기대되었다. (iii) 시험 기사는 (왕임과 동시에) 종으로서 이미 능력을 부여받은 자가 새 출애굽에서 맡을 역할을 강조한다. (iv) 모세는 거절당한 예언자의 모형이기도 하다(행 7:35, 39, 52). 누가가 이사야 61장의 인물과 모세와 같은 예언자를 동일시한 것은 이사야 본문이 왜 나중에 누가-행전에서도 큰 비중을 차지하지 않는지 설명하는 데 도움을 준다. 이는 마치 이 종/예언자가 누가에게는 이사야의 익명성으로부터 유래하여 모세와 같은 메시아적 예언자로서 역사의 무대에 등장하게 된 인물처럼 보였을 것이다.

    (3) 그러나 이것이 전부인가? 보크와 스트라우스는, 비록 종말론적

예언자 모티프가 특히 누가복음 4:18-19의 이사야 인용문 안에 보다 더 독특한 제왕적 모티프(특히 갇힌 자에게 자유를 선포하고 이를 실현하는 능력, "포로 해방은 왕의 독특한 특권이다")가 들어 있다는 점을 강조했을 여지를 어느 정도 남겨두지만,[78] 아마도 "기름 부음"이라는 단어의 사용에 있어서도 그랬을 것이다.[79] 이를 근거로 우리는 4:18-21이 종/예언자에 대한 강조와 함께 예수가 다윗 계열의 왕적 메시아임을 강조하는 요소를 담고 있다고 볼 수 있다. 그러나 엄밀히 말하면 이 본문에는 이러한 해석을 요구할 만한 것이 전혀 없다. 왜냐하면 유대 전통에서는 예언자적인 인물이 하나님의 기름 부음을 받은 자(참조. 사 61:1 자체)이기도 했고,[80] 아무튼 모세는 단순히 예언자가 아니라 왕이자 해방자였기 때문이다.[81] 이 후자의 전승을 상기시키는 본문은 바로 사도행전 7:36-37인데, 거기서 모세는 하나님

---

[78] Strauss, *Messiah*, 231(보다 일반적으로 226-60); Bock, *Proclamation*, 109-11.

[79] 누가는 하나님이 예수에게 (성령으로) 기름을 부으셨다는 예수의 진술을 메시아의 직함에 대한 설명으로 이해했다. 이 주장은 행 4:26-27에 있는 "하나님이 **기름 부으신** 거룩한 종 예수"라는 진술을 근거로 하고 있다. W. C. Van Unnick, "Jesus the Christ," *NTS* 8 (1961-62), 101-06, 특히 113-16. 그의 주장은 다음 학자들에 의해 지지를 받는다. Tannehill, "Mission," 51-75(참조. 69; 또한 Tannehill, *Unity*, I, 58, 63); Schnider, *Jesus*, 163-67; Dömer, *Heil*, 61-69.

[80] 참조. 대상 16:22; 시 105:15. 왕들이 기름 부음을 받는다는 것은 하나님의 지명을 받았다는 표시이며, 일부는 성령을 받은 것(삼상 16:13은 이 둘의 긴밀한 연관성을 묘사한다)으로 표시되었다. 반면 누가 문헌 밖에서는 성령으로 기름 부음 받은 것으로 묘사되는 것은 예언자적 인물들뿐이다(참조. CD 2:12, "그는 그의 성령에 의하여 기름 부음을 받은 자들을 통하여 그들을 가르친다. "나사렛인의 복음서"에 있는 다음 진술도 비교해보라. [예언자들에게조차⋯] 그들이 성령으로 기름 부음 받은 후에"[de Jonge and Van der Woude, "11Q Melchizedek," 311, n. 2. 이 본문 자체에 관해서는 히에로니무스, *Dialogi contra Pelagianos* 3.2]를 보라). 행 4:26-27은 하나님의 기름 부음을 받은 자로서 예수를 지칭하는 전통적인 본문인데, 여기서 말하는 "기름 부음"이란 아마도 "하나님의 지명을 받은 왕"을 의미하며, 성령으로 기름 부음 받은 자에 대한 언급은 아닌 것으로 보인다. 이와는 대조적으로 행 10:38은 해방자로서 성령과 능력으로 기름 부음 받는 예수에 관해 말하며, 여기서 제왕적 주제에 대한 표시는 없다.

[81] 특히 다음을 보라. Meeks, *Prophet King*; Feiler, *Jesus*, 208-10. Sloan, *Year*, 48-77도 비록 다윗 계열의 왕은 아니지만, 제왕적 모티프와 예언자적 모티프가 혼합된 것으로 본다. 또한 그는 적어도 사마리아인들의 기대에서 왕으로서의 모세와 같은 예언자에 대한 전승에 대해 알고 있다.

이 임명한 "통치자이자 해방자/구속자"(ἄρχων이자 λυτρωτήν)로 묘사되며, 따라서 장차 올 모세와 같은 예언자의 모형(즉 예수)으로 등장한다.[82] 다시 말하면 우리는 **누가복음 4:18-21의 그 어떤 특징을 설명하기 위해 메시아적 예언자 전승에서 벗어날 필요가 없다.** 하지만 이 말은 누가복음 초반에 두드러지게 나타난 다윗 기독론을 무시해도 된다는 것을 의미하지 않는다.[83] 누가는 이를 하나로 묶을 수 있는 언어를 가지고 다윗과 같고 모세와도 같은 해방자를 묘사한다. 따라서 우리가 이미 살펴보았듯이 누가복음 1:68-69은 하나님이 "돌보시고" 다윗과 같은 종을 "일으킴으로써" "그의 백성[이스라엘]을 속량하신다"고 말하고, 7:16과 24:19은 능한 예언자라는 동일한 용어를 사용한다. 누가는 유대교에서처럼 이전의 구원자들, 특히 종말론적 구원자들에게서 모세와 다윗 간의 커다란 공통점을 발견했을 것이며,[84] 따라서 모세 및 다윗적 구속 모형론이 예수에 대한 상호 중복적이며 보완적인 모습을 수반한다고 인식했을지도 모른다. 사실 누가는 이 두 인물을 적절하게 융합시킨다. 그럼에도 불구하고 이 두 모형론 안에는 강조점의 차이와, 따라서 정황적인 적합성의 차이가 존재했는데, 바로 이것이 여기서 해결해야 할 쟁점이다. 그가 새 출애굽을 가져다줄 예언자적 해방자라는 암묵적 주장은 이 본문 및 예수의 나사렛 사역 문맥에서 그가 의도한 메시지와 잘 조화를 이루는 반면, 구체적으로 다윗 계열 인물이라는 주장은 단순히 여기에 잘 맞지 않는다. 이러한 평가는 단순히 예수의 나사렛 사역 문맥뿐만 아니라 그의 예루살렘 이전 사역 문맥에도 적절해 보인다.

---

82 유대교 안에서 구속자로서, 그리고 메시아적 구속자의 모형으로서의 모세에 관해서는 다음을 보라. Allison, *Moses*, 85-90.

83 이에 대한 반론으로는 다음을 보라. Moessner, *Lord*, 55-56, 315, 332-33. Strauss, *Messiah*, 277-78도 보라.

84 일차 문헌과 이차 문헌에 대한 간결한 설명은 다음을 보라. Allison, *Moses*, 35-39(이전의 구속자들과 비교한 전승은 상대적으로 드물다는 점에 정확하게 주목한다), 73-90(종말론적 구속자에 관하여).

우리는 앞서 누가가 그의 복음서를 여는 두 장에서 예수가 메시아적 아들로 등장할 것이며, 다윗의 후계자로서 영원한 왕권을 받을 것이며 (1:32-35), 따라서 이스라엘을 해방시키고 회복시킬 것이라는 기대(1:50-55, 68-75, 79; 2:11-14; 29-32; 3:15-17, 21-22; 4:1-14)를 소개한다는 점에 주목했다. 그런데 이런 소망은 점점 시야에서 사라져 독자들에게는 마치 수수께끼와 같은 것으로 다가온다. 누가복음 18장까지 예수를 유일하게 "메시아"로 인정하는 사람은 (4:34, 41절의 초자연적 지식을 갖고 있는 귀신 외에는) 베드로뿐인데(9:20), 그도 즉시 침묵할 것을 요청받는다.

이에 대한 한 가지 설명은 바로 누가가 1:32-35을 부활-승천 및 승귀(참조. 행 2:22-36; 13:33)와 연결시키고, 지상 사역 기간에 다윗과 같은 메시아적 인물의 역할을 수행한 자로 예수를 생각하지 않는다는 것이다. 그 기간 동안 그는 누가복음 19:11-19에서 "왕권을 받기 위해" 먼저 "먼 나라로 떠나야 하는" 귀인과도 같다. 그러나 이 설명은 기껏해야 부분적일 수밖에 없다. 누가복음 1-2장은 예수가 이미 하나님의 메시아이며, 3:21-22에서 그가 성령을 받은 것은 다윗 모티프를 포함하며, 이는 또한 암묵적으로 시험 기사(4:1-14)에서도 중심을 차지한다. 또한 누가복음 18:38(바디매오가 예수를 "다윗의 자손"이라 외치는 장면)과 므나의 비유(19:11-19) 이후부터는 예수의 메시아 신분에 관한 주제가 편집에 의해 전경으로 대두된다. 따라서 그를 따르는 무리들이 "찬송하리로다, 주의 이름으로 오시는 **왕**이여"(19:38)라고 예수를 칭송하면서 그의 승리의 입성이 지닌 중요한 제왕적 의미를 분명하게 밝히는 이는 다름 아닌 누가다. 또한 누가는 그의 복음서의 마지막 부분을 "왕의 수난"[85]에 관한 기사로 전환하면서 20:41-44, 22:28-30, 66-70, 23:2-3, 11, 35-38, 42, 24:26, 46에서 예수의 제왕적 역할을 효율적으로 강조한다. 누가복음 5-17장에서 볼 수 있는 예수의 왕권에 대한 분명한 침묵은 버

---

85   이에 대한 강조로는 다음을 보라. Strauss, *Messiah*, 6장의 §6.

거가 제기한 것과는 상당히 다른 설명을 요구한다.

스트라우스는 누가복음의 중심 장들에 나타나 있는 누가의 침묵이 실제보다 훨씬 더 "분명하다"는 주장을 옹호한다. 그의 주장의 핵심은 다음 진술에 잘 나타나 있다. "누가는 이사야서를 하나의 통일성을 지닌 책으로 읽었고, 이사야 61장의 예언자-전령과 이사야 40-55장의 종을 이미 이사야 9장과 11장에서 소개하는 다윗 계열의 메시아에 대한 추가 설명으로 간주한다."[86] 즉 누가는 1세기 독자의 한 사람으로서 (현대의 전승-비평학자들이 시도하는 것처럼) 이 인물들을 서로 대조하기보다는 (많은 공통점을 근거로) 이들을 서로 동일시하려 했을 것이다. 따라서 스트라우스에 의하면 누가복음 1-4장과 18-24장의 제왕적 기독론 사이에는 어떤 차이가 없다. 이 장들은 예수를 "아들"(누가 당시 이 용어는 다윗 계열 왕의 칭호였다)과 이사야서의 종(사 9장과 11장에 나타난 제왕적 소망을 성취하는 해방을 안겨주는 예언자-왕)으로 지칭하는 전승을 통해 서로 연결된다.

비록 스트라우스가 추적한 섬세한 상호 본문성이 누가에게도 그처럼 상당히 분명하게 나타났는지, 그리고 애초부터 누가가 그런 해석을 하도록 부추긴 것이 무엇인지는 불분명하지만, 그의 상세하고 신중한 논증은 칭찬할 부분이 많다. 만일 그의 전승 안에 들어 있던 새 출애굽 모티프에 대한 누가의 인식이 이사야 61장의 예언자적 해방자를 모세와 같은 예언자와 동일시하도록 유도했다고 가정할 수 있다면 이러한 해석은 훨씬 더 설득력을 확보할 것이다. 모세와 같은 예언자가 왕의 특징과도 연관되어 있다는 점은 누가가 자신의 복음서 1-2장에 나오는 다윗에 대한 소망과 연계시키는 것도 부추겼을 것이다. 사실 이러한 다윗에 대한 소망은 새 출애굽 전승과 이미 연계되어 있었다(호 2:14-15 + 3:5; 암 9:7 + 11-12; 렘 23:5-8; 솔로몬의 시편 11장; 에스라4서 13장 등).

누가가 모세와 같은 예언자와 제왕적 기독론을 서로 연계시킨 점은

---

86   Strauss, *Messiah*, 244(또한 235-58).

그의 기사에서 볼 수 있는 다수의 중요한 특징을 어느 정도 설명해줄 수 있는데, 이는 다음과 같다. (i) 광야에서 많은 군중을 먹인 것(눅 9:12-17)과 예수가 "하나님의 그리스도"(9:18-20; 참조. 요 6:14-15!)라는 고백 간의 연관성, (ii) 성경이 "메시아"가 고난을 받고 자기의 고난에 들어가야 한다고 가르친다는 누가의 뜻밖의 선언(24:26, 46. 누가에게 "그 메시아"가 24:19-24의 모세와 같은 예언자라면, 성경은 사람들이 예언자들을 죽인다고 확실히 증언하는 것이다),[87] (iii) 사도행전 2-3장에 다윗에 관한 주제와 모세에 관한 주제가 서로 결합되어 있다는 점(이에 관해서는 본서 10장을 보라).

따라서 우리는 누가가 4:16-30에서 예수를 이사야의 구원론적 예언자로 보았으며, 그의 독자들이 이 인물을 더 정확하게 모세와 같은 예언자적인 왕과 동일시하는 것을 기대했을 것이라고 결론 내릴 수 있다. 비록 누가가 이 본문이 다윗의 관점에서 읽혔을 것으로 생각했을 리는 없겠지만, 그는 모세와 같은 예언자와 다윗 계열의 메시아가 많은 부분에서 서로 유사한 새 출애굽을 위한 구속적 인물로 간주했을 것이다. 따라서 예수가 모세와 같은 예언자로서 이스라엘의 종말론적 해방을 선포하고, 이를 실현한 인물이라고 말하는 것은 자동적으로 "다윗과 같은" 기능을 수행하는 자임을 드러냄과 동시에 다윗 기독론을 뒷받침해주는 것을 의미한다. 그런 의미에서 여러 기독론은 상호 교환적이었다. 하지만 각기 문맥에 따라 보다 더 "적절한" 기독론이 강조되는 것이다. 예를 들면 계시를 위한 말씀 선포와 자유를 주는 기적과 잠정적인 거절이 강조되는 문맥에서는 모세와 같은 예언자가 더 두드러지고, 이는 갈릴리와 유대에서 진행된 예수의 사역에서도 마찬가지라고 할 수 있다. 하지만 나귀를 타고 예루살렘을 향하는 내용과 성전을 개혁하려는 모습은 자연스럽게 다윗에 관한 모티프를 더욱더 두드러지게 만들고, 이는 누가복음 19-24장에서 드러나는 독특한 강조점을 더 잘 설명해준다.

---

[87]   Feiler, *Jesus*, 235-44.

4.2. 선교에 초점이 맞추어진 누가복음 4:16-28

그렇다면 (누가에게 있어) 성령으로 기름 부음 받은 이 예언자-해방자의 임무는 무엇인가? 비록 누가가 사용한 자료가 예수를 이사야의 메시아적 희년을 가져오는 자로 묘사했는지는 몰라도, 누가는 그의 글에서 독특한 희년 용어나 사상에 큰 관심을 보이지 않는다. 누가는 그 어디에서도 독특한 희년 용어(ἔτος/ἐνιαυτὸς ἀφέσεως σημασία, "희년 해방의 해", 레 25:10ff.)를 사용하지 않을뿐더러, 이사야 61:1-2에서 사용된 해방 메타포의 희년 배경에 대한 누가의 이해로 볼 수 있는 이사야의 절대 용법인 ἄφεσις(자유/해방)를 재사용하지도 않는다. 슬로안은 εὐαγγελίζομαι("복음을 전하다")와 ἄφεσις ἁμαρτιῶν("죄 사함")과 ἀφίημι("용서하다")와 같이 누가가 자주 사용하는 용어를 근거로 이에 대한 반론을 펼치지만,[88] 이 용어들은 기독교의 일반적인 구속 용어이지, 구체적으로 희년의 의미를 담고 있지는 않다. 누가복음 4:18-21에서 희년 개념을 반영하는 부분은 대부분 Q에서 비롯된 것이다. 게다가 누가는 (희년에 대한 소망의 중심에 있는) 안식일 신학에 대해서도 사실상 긍정적이지 않으며,[89] 희년의 소망과 주로 연계되어 있는 어떤 연대기적 계산법에 대한 인식도 전혀 없어 보인다. 따라서 누가복음 4:18-21에 나타나 있는 구체적인 희년 개념은 누가가 이전 전승을 사용하고 있음을 추가로 보여주는 예라고 할 수 있다.

누가가 이 본문에 담긴 독특한 희년의 의미를 발전시키지 않았다는 점을 고려하면, 우리는 아마도 그가 이 본문을 보다 더 보편적인 새 출애

---

88 Sloan, *Year*, 3장.

89 S. Bacchiocchi, *From Sabbath to Sunday: A Historical Investigation of the Rise of Sunday Observance in Early Christianity* (Rome: Gregorian Press, 1977), 21-22; F. Staudinger, "Die Sabbatkonflikte bei Lukas" (PhD dissertation, Karl-Franzens University, Graz, 1964)에 반하여. 또한 M. Turner, "The Sabbath, the Law, and Sunday in Luke-Acts," in D. A. Carson (ed.), *From Sabbath to Lord's Day* (Exter: Paternoster, 1982), 100-57도 보라.

굽 구원론의 일환으로 인식했다고 보는 것이 가장 안전할 것이다. 이제 우리가 이 문제를 다룰 것인데, 이에 앞서 우리는 누가의 글과 관련하여 우리가 "새 출애굽"이란 용어를 어떻게 사용할지를 먼저 짚고 넘어가야 할 것이다.

추기: 새 출애굽 소망과 누가복음

"새 출애굽"이란 용어는 적어도 누가가 본 예수의 사명과 관련하여 다음 세 가지 방식으로 사용되어왔다.

1. **일반적인 모세 모형론을 나타내는 명칭으로.** 마네크(J. Mánek)의 연구[90]는 예수가 예루살렘에서 곧 성취할(9:31) 그의 엑소도스(*exodus*)에 관한 변화산 기사에서 모세와 엘리야 간에 오가는 대화를 강조한다. 그는 누가복음 24:4의 찬란한 옷을 입은 "두 사람"을 모세 및 엘리야와 동일시하며, "누가 기사의 엑소도스는 죽음의 영역인 무덤을 떠나는 것이며, 예수의 종말, 그의 죽음, 그의 십자가 처형(만)이 아니다"라고 추론한다.[91] 이것은 홍해―예수의 고난과 죽음―라는 위험한 파도를 지나 지상의 예루살렘으로부터 천상의 예루살렘까지 새 이스라엘을 이끄는 예수의 이야기와 약속의 땅에 들어가기 위해 애굽을 떠나는 모세와 이스라엘의 이야기를 모형론적으로 광범위하게 비교하는 마네크의 논지의 출발점이된다. 마네크의 설명은, 비록 이것이 때로는 상당히 인위적일 수도 있지만(예를 들면 예루살렘과 그 지도자들을 애굽의 대형[對型]으로 본다든지, 또는 예루살렘의 멸망을 홍해에서 애굽인들이 전멸하는 것으로 보는 방식), 누가의 이야기에 나타나는 중요한 "모세와 같은" 특징(특히 예수가 모세와 같은 약속된 예언자

---

90   J. Mánek, "The New Exodus in the Books of Luke," *NovT* 2 (1958), 8-23.
91   "New Exodus," 12.

로 언급되는 두 본문[행 3:22; 7:37])과 누가복음 22:15-16에 나타난 유월절 모티프의 성취, 변화산 이야기와 칠십인을 세우는 장면(눅 10:1//출 24:1, 9)은 이목을 끌기에 충분하다.[92]

2. 모세와 출애굽에 대한 신명기의 묘사에 크게 영향을 받은 것으로 보이는 누가의 여행 기사 형태와 그 기사에 담긴 내용을 나타내는 특징으로. 에반스[93]와 모스너[94]는 각기 다른 방식으로 누가의 변화산 기사(9:28-36)야말로 누가가 여행 기사 전체를 포함하여 신명기의 모세 모형론을 전개하는 계기가 된다는 주장을 펼친다. 누가복음의 중심 부분에서 예수는 이스라엘을 약속의 땅으로 이끌면서 새 출애굽을 성취하는 자로 묘사된다. 에반스의 주요 논점은 누가복음 10:1-18:14에 기록된 가르침의 순서와 내용이 신명기 1-26장의 순서와 내용과 각 단락마다 대략 일치한다는 것이다.[95] 모스너는 에반스가 제시한 논지의 문제점을 인식하면서도 정작 그 역시도 누가복음 9장이 산에서 하나님의 음성을 중재하기 위해 부르심을 받았지만, 약속의 땅으로 향하는 여정에서 완악한 이스라엘에게 거절당하는 자로서의 예수가 신명기의 모세와 일치한다는 아주 미

---

92   "New Exodus," 17-18.

93   참조. Evans, "The Central Section of Saint Luke's Gospel," in D. E. Nineham (ed.), *Studies in the Gospels: Essays in Memory of R. H. Lightfoot* (Oxford: Basil Blackwell, 1955), 37-53.

94   Moessner, *Lord*,

95   불행하게도 이러한 병행은 전혀 설득력이 없다. C. L. Blomberg, "Midrash, Chiasmus, and the Outline of Luke"s Central Section," in R. T. France and D. Wenham (eds.), *Gospel Perspectives*, III (Sheffield: JSOT Press, 1983), 217-59, 221-28(또한 228-33에 나타나는 내용은 Drury, *Tradition*, 138-64과 M. Goulder, *The Evangelist's Calendar* [London: SPCK, 1979]에 의해 제시된 논지에 대한 수정본에 반대하는 것이다); M. Nola, "Towards a Positive Understanding of the Structure of Luke-Acts" (PhD dissertation, Aberdeen, 1987), 10-54; G. H. Wilms, "Deuteronomic Traditions in St Luke's Gospel" (PhD dissertation, Edinburgh, 1972), 17-32을 보라. W. M. Swartley, Israel's Scripture Tradition and the Synoptic Gospels [Peabody: Hendrickson, 1994, 4장, 특히 130-53은 Evans의 관점에 대해 수정된 입장을 제공한다(그러나 이것은 이미 Tiede와 Moessner가 소개한 것이다).

묘한 주장을 펼친다. 백성들의 죄를 위한 이 예언자의 죽음은 모세와 같은 예언자에게 순종한 자들을 약속의 땅으로 인도한다.[96] 누가복음 9장에 나타난 이 모형은 누가복음의 중심 단원을 통제하는 맛보기(preview)를 제공해준다. 모스너에 따르면 이 중심 단원은 대체로 이스라엘이 경험한 예언에 대한 신명기 사가(Deuteronomist)의 관점을 잘 대변해주는데, 이는 (스테크의 분석을 따라)[97] 다음 네 가지 표제로 요약될 수 있다. (A) 이스라엘의 역사는 줄곧 "목이 곧은" 불순종에 관한 이야기다. (B) 예언자들은 하나님의 뜻을 중재하고, 하나님의 심판을 되돌릴 회개를 촉구하기 위해 하나님으로부터 보내심을 받았다. 그러나 (C) 목이 곧은 이 백성은 (예언자들을 죽이고 살해함으로써) 그들의 경고를 거부했다. 따라서 (D) 하나님은 (특히 성전 파괴를 통해) 그들에 대한 심판을 단행하셨다.[98] 누가는 신명기 사가의 분석을 수용함으로써 예레미야부터 요세푸스와 쿰란 공동체로 이어지는 전승을 이어받는다. 요세푸스와 쿰란 공동체처럼 누가는 모세를 신명기 사가의 이해에 맞추었고, 예수를 그 관점에서 본 모세에 맞추었다. 누가복음 중심 단원의 예수는 모세처럼 탁월한(par-excellence) 예언자다. 하나님의 현존에 힘입어 그는 산에서부터 시작해서 "(회복된) 온 이스라엘"이 하나님 앞에서 예배를 드리고, 먹고 마시고 즐길 수 있는(신 16:16) 중앙(예루살렘)을 향해 떠나는 새 출애굽의 여정을 이끄는 반면, 이 예언자의 메시지

---

96   Moessner, *Lord*, Part II, 특히 60-70.

97   O. H. Steck, *Israel und das gewaltsame Geschick der Propheten* (Neukirchen-Vluyn: Neukirchener Verlag, 1967).

98   Moessner는 그의 저서 3부(82-257) 전체에서 이 네 가지 표제를 기초로 누가복음의 중심 단원을 분석한다. 특히 257에 있는 목록은 그의 연구 결과를 일목요연하게 정리해놓은 것인데, 각각 다음과 같이 분류된다. (A) 눅 11:14-54(특히 29-32); 17:20-37; 7:18-50; 12:54-13:9; (B) 누가복음 9:51부터 19:44에 있는 모든 본문; (C) 9:51-58; 10:3, 10-11, 13, 16, 25; 11:14-26, 29-32, 47-54; 12:49-50, 54-56; 13:1-9, 14-17, 25-34; 14:1, 24; 15:1-2; 16:14-16, 27-31; 17:25-30; 18:8, 31-34; 19:7, 14, 39-44; (D) 11:31-32, 50-52; 12:57-59; 13:24-30, 35; 14:24; 17:26-30; 19:27, 41-44.

를 거부하는 자들의 모임은 이것이 구원의 길을 열어줄 그의 죽음으로 향하는 여정임을 보장해준다.[99] 이러한 간략한 요약으로는 모스너의 통찰력 있는 견해의 상세함과 섬세함을 제대로 드러낼 수는 없지만(이에 대한 비평을 제기하기란 더더욱 어렵고),[100] 그가 "새 출애굽"이라는 용어로 표현하고자 하는 바가 그가 "모세-출애굽-신명기 모형론"[101]이라고 부르는 것과 대체로 일치한다는 것은 분명해 보인다. 에반스와 모스너에게 있어 "새 출애굽"은, 특히 이것이 신명기에서 묘사된 것과 같이, 출애굽 이야기의 패턴을 신중하게 재연하는 의미를 지닌다.

3. 이사야 40-55장에서 발전한 포로기 이후의 다양한 소망을 묘사하고, 그리스도와 구원에 대한 누가의 견해에 어떤 틀을 제공해주는 것으로. 이 경우에는 출애굽 기사와의 연관성은 직접적이기보다는 이스라엘이 경험한 유배 생활로부터의 구원을 묘사하기 위해 이사야가 사용한 출애굽 모형론을 통해 전달된다. 새 출애굽 모형론의 본질은 다음과 같다.

a. 하나님은 자신의 구원 사역을 위해 광야에서 주의 "길"을 예비할 것을 요구하신다(40:3-5; 43:19).

b. 하나님의 용사로서 "능력 있는" 하나님의 도래는 이스라엘을 억압하는 자들을 물리치고, 억압당하는 자들을 풀어줄 것이다(40:10-11; 42:13; 51:9-16; 49:9, 24-25).

c. 주님은 광야를 거쳐 "그 길"을 따라 나오는 갇힌 자들의 영광스러

---

99 *Lord*, 4부를 보라.

100 Moessner에 대한 비평은 지금까지 주로 다음 네 가지 측면에 초점이 맞추어진다. (1) 모세가 백성들의 죄를 위해 죽었다는 잘못된 진술(신 32:48-51은 모세의 죽음에 대한 책임을 설명한다); (2) 예수의 추종자들과 열 두 제자들을 목이 곧은 저항적인 백성과 밀접하게 연계하는 측면; (3) 눅 9장을 새 출애굽의 시작이라고 규정하는 측면; (4) 누가의 기독론을 "모세와 같은 예언자"로 거의 독점적으로 일치시키는 입장. Feiler, *Jesus*, 196-207(물론 이 내용은 Moessner의 초기 논문에 대하여 반대하는 것이다); Strauss, *Messiah*, 6장 §1-4, 특히 276-84을 보라.

101 이 제목은 그의 *Lord*, 261에 나타난다.

운 행렬을 이끌 것이며, 그들의 앞뒤에서 행하실 것이며(52:11-12), 물과 불을 통과하여(43:1-3) 그 길을 따라 그들을 목자같이 먹이실 것이다 (40:11).

d. 하나님은 그들이 굶주리지 않고, 광야에서 샘이 나게 함으로써 출애굽 때보다 모든 것을 더 풍성하게 공급하실 것이다(41:17-20; 43:19-21; 49:9-10). 바로 그 광야가 하나님의 백성의 해방을 축하하는 장소로 변할 것이다(43:19; 49:10-11; 55:12-13).

e. 하나님은 그의 백성에게 회복의 새로운 영을 부어주셔서(44:3) 그들이 그를 자신들의 주로 모시게 할 것이다(44:5). 하나님은 그의 백성에게 "그의 교훈과 길"을 가르치시고 "그 길"로 인도하셔서(54:13; 48:17) 눈먼 자들이 보게 하며, 듣지 못하는 자들이 듣게 할 것이다.

f. 이러한 새 출애굽의 최종 목표는 하나님께서 회복된 시온/예루살렘에서 왕으로 등극하는 것이다(44:26; 45:13; 54:11-12). 이스라엘을 향해 이 "좋은 소식"이 선포되는 것은 바로 이스라엘의 위로를 위함이며, 이스라엘이 이 구원을 노래하며 기뻐 뛰게 하기 위함이다(40:1, 9-10; 52:1-10).

g. 이 모든 것은 적어도 부분적으로 "이스라엘"과 더불어, 왕과 예언자-해방자의 특징을 지닌 어떤 불가사의한 종의 인물을 통해 성취될 것이다.[102]

와츠(Watts)는 이러한 종류의 신앙 패턴이 다른 연관된 이사야 본문

---

[102] 사 40-55에 나타난 "새 출애굽"에 대한 주제는 B. W. Anderson, "Exodus Typology on Second Isaiah," in B. W. Anderson and W. Harrelson (eds.), *Israel's Prophetic Heritage: Essays in Honor of James Muilenburg* (New York: Harper, 1962), 177-95; C. Stuhlmueller, *Creative Redemption in Deutero-Isaiah* (Rome: Pontifical Biblical Institute, 1970), 59-98; R. E. Watts, "Consolation or Confrontation? Isaiah 40-55 and the Delay of the New Exodus," *TynB* 41 (1990), 31-59; Strauss, *Messiah*, 285-97을 보라. 이 "종"의 불가사의한 특성은 의심의 여지없이 새 출애굽으로서의 기대에 대한 변화의 결과다.

(예. 29:17-21; 35:1-10; 61:1-7 등을 포함하여)과 다른 여러 예언서에 나타난 새 출애굽에 대한 소망에 담겨 있었고, 중간기 유대교(특히 『열두 족장의 유언』) 안에서 하나의 중요한 신학 용어가 되었다고 주장했다. 그는 이러한 패턴이 하나의 이념으로서 마가복음에서 지배적인 하부구조를 제공한다고 상세하게 주장한다. 다시 말하면 이 패턴은 그 공동체가 자신들을 "참 이스라엘"(예를 들어 유대교에 비해)로 이해하고, 이스라엘이 설립되는 (그리고 다시 설립되는) 순간의 기원을 다시 회상하는 상징의 세계를 제공해 준다.[103] 마가의 이사야 40:3, 말라기 3:1/출애굽기 23:20 인용은 즉각적으로 새 출애굽 이념을 환기시키며, 이로부터 예수에 관한 마가의 기사에 대한 해석이 시작된다. 즉 그의 세례는 "하늘이 갈라지고"(참조. 사 64:1-2), 이사야서의 종이자 사랑하는 아들인 이스라엘이 기름 부음을 받는 것이다. 그의 치유 및 축사는 야웨-전사이자 해방자의 사역으로 소개된다 (참조. 특히 막 3:22-30//사 49:24-25). 그는 하나님의 임박한 통치에 대한 "좋은 소식"을 가서(문자적으로, 그리고 은유적으로) 전하면서 눈먼 자가 다시 보고 듣지 못하는 자가 다시 듣듯이 그의 백성을 예루살렘을 향한 "그 길"로 인도한다.

비록 와츠의 연구가 마가복음에 국한된 것은 사실이지만, 그의 연구 결과는 다른 유대교 및 기독교 문헌 연구에도 동일하게 유용하다. 비록 새 출애굽 모티프가 마크 스트라우스(Mark Strauss)의 연구의 핵심은 아니었지만, 그 역시 와츠의 패러다임을 누가복음에서도 어느 정도 시험해볼 수 있었다.[104] 그는 (에반스와 모스너와는 달리) 누가의 글 안에 이사야의 새 출애굽 모티프가(단순히 신명기의 모세-출애굽 모형론보다) 널리 퍼져 있다고 결론짓는다. 누가에게 있어 "새 출애굽"은 변화산 기사로 시작하는 그 무

---

103 R. E. Watts, "The Influence of the Isaianic New Exodus on the Gospel of Mark" (PhD dissertation, Cambridge, 1990 [Cambridge University Press]).

104 *Messiah*, 6장.

언가도 아니며(에반스, 모스너, 린제의 견해와는 달리),[105] 단순히 모세와 관련된 것도 아니다. 오히려 누가는 이 "새 출애굽"을 광야에서 이루어지는 세례 요한의 사역으로 시작하며, 마가처럼 이것을 이사야 40:3-5에 기초하여 해석한다. 누가에게 있어 이러한 제2이사야의 새 출애굽 모티프는 단순히 (그가 눅 3:4-6에서 사 40장에 대한 인용문을 편집을 통해 확대한 것을 보면 알 수 있듯이) 예수의 사역을 통해 도래하는 구원을 나타내는 또 다른 은유적 표현이다(물론 이것도 중요하지만). 또한 이사야의 패턴을 따라 예수의 "길"의 목표는 예루살렘(천상의 시온)이지, 약속의 땅이 아니다. 스트라우스의 기독론 연구에 의하면 이 모든 것이 지닌 의의는 이 이사야서의 종이 개념적으로 무대 중심에 서고, 이 인물은 모세를 닮은 만큼이나 다윗을 닮았다는 데 있다. 스트라우스는 "이사야서를 하나의 책으로 읽으면 거기서 등장하는 종말론적 구원자는 야웨의 종으로서 그의 고난을 통해 하나님의 백성을 종말론적 새 출애굽으로 이끄는 (모세와 같은) 다윗 계열의 왕으로 볼 수 있다"고 말하며,[106] 또한 그는 이것이 누가의 해석이라고 믿는다.

우리가 누가의 이러한 모티프를 묘사하기 위해 사용한 "새 출애굽"이란 용어는 이사야의 이러한 폭넓은 패러다임을 보여주는 위의 세 번째 범주에 해당하며, 이는 어떤 점에서는 보다 더 구체적인 모세 모형론의 특징에 의해, 특히 (모스너가 지적한) 신명기 사가의 "예언자 거부" 모티프에 의해 더욱더 풍성해졌는데, 아마도 이것이 없었다면 이 누가의 모티프는 승리주의로 빠지고 말았을 것이다.[107] 스트라우스와 함께 우리는 이러한 모티프가 누가가 이루어낸 다윗, 종, 모세 기독론의 놀라운 융합을 가

---

105 S. H. Ringe, "Luke 9:28-36: The Beginning of an Exodus," *Semeia* 28 (1983), 83-99. Swartley(*Scripture*)는 (이사야의 특징과 희년의 특징을 포함하여) 갈릴리 기사(74-94)와 누가-행전 전체를 통해 새 출애굽의 특징을 찾기도 하지만, (Evans와 Moessner가 해석한 것처럼) 여행 기사를 누가가 이해한 새 출애굽의 핵심으로 본다.

106 *Messiah*, 304.

107 참조, Tiede, *Prophecy*, 45-46.

장 잘 설명해주고, 만약에 이러한 융합이 없었다면 아마도 기상천외한 것이 아니라면 단순히 "잡다한"[108] 것이 되고 말았을 것이다. 아마도 이 모티프가 누가복음 1-4장 전체에 가장 어울리는 단일 개념을 제공해준다고 할 수 있다. 우리는 이미 "새 출애굽" 모티프가 요한의 광야 사역의 시작을 알리고(눅 3:2-6), 광야의 시험 기사(눅 4:1-13[14])에서도 아주 분명하게 강조되고 있음을 지적한 바 있지만, 우리는 또한 예수가 수세 시에 하나님의 아들과, 다윗과 같은 왕과, 이사야의 종(사 42:1=눅 3:22b)으로서 성령의 능력을 힘입는 이야기가 이러한 도식 안에서 얼마나 잘 어울리는지를 즉각적으로 볼 수 있다. 누가복음 1-2장 또한 제2이사야서에 대한 암시로 가득 차 있고(참조. 특히 1:35, 54, 76-79; 2:25, 29-32, 38), 이 두 장에서 묘사하는 시온의 메시아적 회복은 새 출애굽 이미지가 향하는 목표이기도 하다. 이러한 암시의 문맥 안에서 누가복음 4:18-21은 아마도 성령으로 기름 부음 받은 이사야서의 구원론적인 예언자가 "새 출애굽"을 개시한다는 의미를 담고 있을 개연성이 매우 높다.

누가복음 4:16-30의 기독론적·선교적 초점은 바로 이 새 출애굽 모티프 안에서 하나가 된다. 모세와 같은 예언자는 해방을 위한 새 출애굽이라는 좋은 소식을 선포한다. 하나님은 자기 백성을 "종의 신분으로 인한 가난"과 "포로 생활"과 "눈먼 상태"와 "억압"으로부터 해방시키고, 시온의 회복으로 향하는 "그 길"로 인도하고자 그의 성령으로 기름 부음 받은 종을 통해 강하게 임하신다. 하지만 이것은 이 예언자-종의 메시지가 "받아들여지는"(참조. 눅 4:24) 곳에서만 가능한데, 이는 사람들의 적극적인 참여를 요구하기 때문이다. 스스로 이스라엘의 "내부인"이라고 자부하는 이들이 그분과 그의 메시지를 거부하면(예언자들의 경우처럼), 그들은 하나님의 역사하심을 보지 못할 것이며, 오히려 그들이 "이방인"이라고 간주했

---

108 Conzelmann(*Theology*, 171)이 그렇게 부르듯이.

던 자들에게 하나님이 예언자들을 보내셔서 그들을 축복하시는 것을 귀로 듣기만 할 것이다(4:25-27). 마지막 장면(4:28-30)은 모세와 같은 예언자뿐 아니라 어느 예언자에게도 임할 수 있는 어두운 장면을 보여준다.

우리는 누가가 이것을 하나님의 새롭고 강한 임재(즉 "하나님 나라"의 현재적 측면)를 통해 이스라엘의 해방과 회복을 위한 변화를 가져다주는 예수의 사명으로 여겼다는 것을 조금도 의심할 필요가 없다. 따라서 하나님의 영의 충만함 가운데 진행되는 그의 선포 및 행동을 동반하는 사역은 이스라엘을 이방의 빛으로 삼으면서 이스라엘을 "구원"으로 이끄는 것이다. 이 목적은 누가가 물려받은 진정한 전승에 나타나 있으며, 예수의 모든 말과 행동을 하나로 묶어준다.[109] 이는 또한 예수의 사역과 세례 요한의 사역의 연관성,[110] 그의 열두 제자 지명(즉 회복된 열두 지파의 지도자로서),[111] 자기 스스로든 임명한 대표를 통해서든 이스라엘의 모든 도시와 마을에 하나님의 통치의 메시지를 전하려는 그의 강한 의지, 그가 해방시키는 기적에 부여한 의미,[112] 이스라엘 안에 있는 모든 분파(바리새인과 율법사뿐만 아니라 일반 사람과 소외당하는 "죄인들")에게 복음을 전하려는 시도,[113] 도래하는 하나님의 통치에 근거를 둔 그의 회복에 대한 급진적인 가르침과 윤리,[114] 그의 제자들과 함께 예루살렘을 향해 가는 그의 마지막 여행, 그

---

109 특히 다음을 보라. B. F. Meyer, *The Aims of Jesus* (London: SCM Press, 1979); *idem*, "Jesus' Ministry and Self-Understanding," in Chilton and Evans (eds.), *Jesus*, 337-52; J. K. Riches, *Jesus and the Transformation of Judaism* (London: Darton, Longman & Todd, 1980); Sanders, *Jesus*.

110 참조. R. L. Webb, "John the Baptist and his Relationship to Jesus," in Chilton and Evans (eds.), *Jesus*, 179-229, 특히 211ff.

111 참조. Sanders, *Jesus*, 95-106.

112 B. L. Balckburn, "The Miracle of Jesus," in Chilton and Evans (eds.), *Jesus*, 353-94(특히 372-92).

113 참조. Meyer, *Aims*, 2부.

114 특히 다음을 보라. M. J. Borg, *Conflict, Holiness and Politics in the Teaching of Jesus* (Lewiston: Mellen Press, 1984); B. Chilton and J. I. H. McDonald, *Jesus and the Ethics of the Kingdom* (London: SPCK, 1987); A. E. Harvey, *Strenuous Commands: The Ethics*

의 "승리의 입성", 성전 안에서 행한 그의 가르침과 상징적인 행동[115] 등을 잘 설명해준다. 우리가 곧 살펴보겠지만, 누가는 예수의 궁극적인 목적이 특히 그의 부활 이후의 교회의 출현으로 상당 부분 성취되었다고 보았다고 할 수 있다. 요약하자면 예수의 사역에 대한 누가의 이해는 누가복음 4:18-21(그리고 눅 1-4장 전체)이 암시하는 새 출애굽 "계획"을 뒷받침해준다. 설령 그가 이스라엘의 "예언자 거부"라는 신명기의 모티프(4:23-30에 나타나 있듯이)를 동시적으로 사용한 것이 이를 필수적으로 보완해주는 역할을 하는 냉철한 사실주의를 제공해준다 할지라도 말이다.

위의 모든 논의는 예수에게 임한 성령이 독특한 능력의 부여임을 말해준다. 이 성령은 한때 모세와 같은 예언자에게 임한 성령이며(유대교는 이에 관해 아무런 설명도 해주지 않는다), 또한 동시에 회복을 약속한 다윗과 같은 인물에게 임한 성령이다(사 11:1-4에 근거한). 환언하자면 이것은 유대교에서 말하는 "예언의 영"임에는 틀림없지만, 그래도 아무튼 이것은 그 예언의 영에 대한 강력한 메시아의 특화된 버전인 것이다.

4.3. 예수가 선포한 "해방"과 예수의 기적

누가복음 4:18-19에 의하면 예수는 다섯 가지 임무를 위해 성령으로 기름 부음을 받는다. (1) "가난한 자"에게 복음을 전하고, (2) 갇힌 자에게 자유를 선포하고, (3) 눈먼 자에게 시력을 선포하고, (4) 눌린 자를 자유롭게 하고, (5) 주의 은혜의 해를 선포하기 위해. 하지만 그의 임무는 대체로 하

---

of Jesus (London: SCM Press, 1990); G. Lohfink, Jesus and Community (London: SPCK, 1985); Seccombe, Possessions, 2-4장.

115 참조. Sanders, Jesus, 63-76; C. A. Evans, "Jesus" Action in the Temple: Cleansing or Portent of Destruction?," CBQ 51 (1989), 237-70; 가장 설득력 있는 것으로는 다음을 보라. R. Bauckham, "Jesus' Demonstration in the Temple," in B. Lindars (ed.), Law and Religion: Essays on the Place of the Law in Israel and Early Christianity (Cambridge: Clarke, 1988), 72-89.

나로 통합된 것으로 볼 수 있는데, (1)부터 (4)까지의 각기 요소는 이스라엘의 비천한 상태에 대한 이사야의 각각 다른 은유를 수반하며, 이 모든 임무는 이스라엘이 이러한 상태로부터 곧 해방되는 것과 관련이 있다.[116]

예수가 복음 선포를 위해 성령으로 기름 부음을 받았다는 분명한 강조점과 함께 누가복음 4:18-19에 담긴 주된 은유적인 의미를 바탕으로 일부 학자는 누가가 예수에게 임한 성령을 단지 복음 선포를 위한 능력으로만 이해한다고 주장했다. 이 관점에 의하면 예수 자신을 비롯해 Q(마 12:28)와 마가(3:20-30)와 마태(12:15-21, 22-28, 31-32)는 모두 한결같이 예수의 치유와 축귀를 그 위에 임한 성령의 사역으로 간주하지만, 누가는 그렇지 않았다는 것이다. 그 이유는 아마도 그가 성령을 예언의 영으로 보는 유대교 개념으로 회귀했기 때문이라는 것이다(예. 슈바이처). 슈바이처는 한 걸음 더 나아가 누가의 이러한 태도는 "누가복음 4:23-27에서도 나타나는데, 거기서 18절의 인용문에 언급된 표적은 성령의 현현으로서 거부되고, 오직 능력 있는 말씀 선포만이 예언의 성취로 간주된다"고 주장한다.[117] 다시 말하면 누가는 예수의 기적을 성령이 아닌, 하나님의 능력으로 간주한다는 것이다.

우리는 먼저 개연성이 높은 주장에 집중하기 위해 개연성이 없는 두 가지 주장을 간략하게 언급하고 넘어가고자 한다.

(1) 누가복음 4:23-27에서는 분명 기적보다는 예수의 복음 선포가 중시되고, 이 둘 사이에 어느 정도 거리가 있지만, 슈바이처의 주장은 회당에서 벌어지는 논쟁의 일관성을 떨어뜨린다. 만약 이러한 기적과 예수의 새 출애굽 선언 사이를 서로 연결해주는 자료가 없다면, 왜 예수는 나사렛 사람들이 그에게 "우리의 들은 바 가버나움에서 행한 일을 네 고향

---

116   마리아 찬가와 누가의 팔복에서처럼 여기에 나타나는 "가난한 자"는 사회-경제적 그룹에 대한 참고 용어가 아니라 압제 당하는 이스라엘에 대한 단순한 은유다. Seccombe, *Possessions*, 21-96.

117   *TDNT*, VI, 407.

여기서도 행하라"라고 도전할 것이라고 추정했던 것일까? 또한 어떤 논리로 이러한 기적이 성령의 현현과 전혀 무관하다는 것을 입증할 수 있는가?

(2) 우리가 이미 살펴본 바와 같이 슈바이처의 입장에는 "예언의 영"에 대한 두 가지 오해가 담겨 있다. 우선 유대인에게 "예언의 영"은 초자연적인 능력의 행위, 특히 메시아의 경우에는 이스라엘에 해방을 가져다주는 능력과 관련이 있다(본서 4장을 보라). 이 점과 관련하여 멘지스의 입장은 한층 더 미묘하다. 그는 유대인들이 기적과 축귀를 성령과 절대 연계시키지 않는다는 일부 증거에 따라 누가가 예수에게 임한 성령을 **기적**과 **축귀**에 귀속시킨다는 주장을 거부한다.[118] 이것은 중요한 지적이다. 왜냐하면 비록 우리가 사람들이 메시아에게 임한 성령에 대해 기대한 것이 능력이 나타나는 사역을 수행하는 것이었다는 점을 이미 살펴보았지만, 이러한 능력이 나타나는 사역은 일반적으로 기적과 축귀를 포함하지 않는다고도 주장할 수 있기 때문이다. 그러나 이러한 주장은 지나치게 강조되어서도 안 된다. (A) "새 출애굽"이라는 문맥에서 치유의 기적은 기대할 수 있었고(예를 들면 사 29:17-21; 35:1-10 등을 근거로),[119] 우리는 또한 유대교가 이러한 치유 기적이 메시아적 예언자에 의해 일어날 수 있다는 가능성을 감지하기 시작했음을 지적한 바 있다. 4Q521은 이사야 61:1-2에 대한 해석의 틀 안에서 메시아와 성령과 치유의 기적(특히 눈먼 자가 보게 되고, 죽은 자가 부활하는 내용을 포함하여)을 서로 연계한다. (B) 게다가 성령의 메시아에게 주어진 전통적인 사명은 억압하는 원수들로부터 이스라엘을 해방시키는 것이었으며, 11Q Melchizedek과 열두 족장의 유언에서 메시아의 사명은 영적 세력으로부터 이스라엘을 해방시키는 것이었다. 스

---

118   이것은 Leisegang, *Pneuma*, 101에 의해 주장된 것이다. Scheweizer, *TDNT*, VI, 398;
       Menzies, *Development*, 188-19, n. 5.

119   Watts, *Influence*, 89-93.

불론의 유언 8:8은 주께서 "벨리알로부터 갇힌 모든 사람의 아들들을 해방시킬 것이며, 모든 오류의 영은 땅에 짓밟힐 것"(참조. 레위의 유언 3:2-3; 시므온의 유언 6:6)을 예고하는 반면, 단의 유언 5:10-11과 레위의 유언 18:11-12에서는 이 사명이 보다 더 구체적으로 메시아의 사명으로 나타난다. 우리는 이 모든 것을 단순히 열두 족장의 유언에 대한 기독교의 영향으로만 치부할 수 없다. 이는 이와 같은 언어와 개념은 쿰란 문서에서도 독립적으로 나타나기 때문이다(참조. 4Q525 4:11; 5:2-5). 물론 쿰란 문서나 『열두 족장의 유언』도 축귀를 메시아에게 임한 **성령**에게 귀속시키지 않지만, 성령이 이스라엘을 원수로부터 해방시키고, 시온에 회복을 가져다주는 사명을 수행하도록 준비시키는 메시아에게 임한 하나님의 임재이자 능력임을 고려하면, 예수(혹은 초창기 기독교 공동체; 참조. 막 3:22-30과 병행 구절)에게 있어서도 이와 같은 연계는 아주 자연스러웠을 것이다. 보다 더 구체적으로, 악령들로부터 해방시키는 메시아적 프로그램을 가리키기 위해 사용된 "해방"이나 "포로" 등의 용어는 예수의 능력 부여를 이사야 61:1-2/58:6의 관점에서 이해한 유대인이나 유대 그리스도인에게 즉각적으로 성령을 연상시켰을 것이다. (C) 슈바이처와 다른 학자들이 제안하듯이, 만일 유대교에서 성령을 축귀와 치유 기적에 귀속시키는 것을 어렵게 생각했다면, 우리는 다음과 같은 질문을 던지지 않을 수 없다. 비록 예수와 Q와 마가와 마태와 바울(참조. 고전 12:9b, 10a)도 모두 성령을 "예언의 영"으로 간주했음에도(참조. 그중에서도 특히 막 1:12; 12:36과 병행구절; 고전 12:9a, 10b-e; 14:1-33), 그들은 과연 어떻게 이 둘의 연계성을 주장할 수 있었을까?

　"예언의 영"에 대한 슈바이처의 두 번째 오해는 누가가 성령을 권위 있는 말씀 선포를 위한 능력으로 보는 전형적인 유대교의 관점으로 회귀했다는 주장이다. 우리가 이미 살펴본 바와 같이 이러한 주장은 사실적으로도 부정확하다. 기독교 이전 유대교에서 "예언의 영"은 결코 "전형적으로" 권위 있는 말씀 선포를 위한 능력이 아니었다(본서 3장을 보라). 성령이 말씀 선포를 위한 능력이며, 메시아에 대한 회중의 권위 있는 "증거"라는 사상이 중심을 차지하는 성령론은 기독교 내에서 형성된 것으로 보아야 하며, 이는 (이 두 사상을 모두 채택하는) 누가가 "예언의 영"에 대한 그의 견해를 유대교가 아니라 교회로부터 물려받았음을 보여준다.[120]

이 두 가지 비평은 종합적으로 슈바이처의 입장 전체에 대해 아주 심각한 문제를 제기한다. 누가가 자신의 성령론을 (직접 유대교로부터가 아닌) (유대교의 영향을 받은) 교회로부터 가져왔고, 메시아에게 임한 예언의 영은 그 안에서 또한 구속을 위한 예수의 초자연적인 능력이었음을 고려하면 (슈바이처와 멘지스가 전적으로 인정하듯이), 우리는 과연 어떻게 누가가 기적을 성령의 사역으로 보는 것을 거부했을 것이라는 추론을 설명할 수 있을까? 비록 누가는 이러한 성령론을 반드시 따를 필요는 없었겠지만, 그가 초기 기독교의 관점을 비(非)유대적으로 생각했을 가능성은 거의 없다! 또한 그는 예수에게 임한 성령을 예언의 영으로 보는 것을 더 "유대적인" 관점으로 보는 슈바이처의 견해와 다른 유대 기독교 전승에 대해서도 전혀 아는 바가 없다. 왜냐하면 누가는 마가와 Q와 자신의 메시아 희년 자료(눅 4:16-30) 외에 예수의 사역과 관련이 있는 성령에 대한 그 어떤 전승도 소유하고 있지 않기 때문이다. 만약 누가가 정말로 기적과 성령 사이에 거리를 두었다면 그것은 그가 예언의 영에 대한 초기 "유대교" 개념으로 회귀했기 때문이 아니다. 이는 오히려 그가 덜 유연한 후대의 기독교 개념을 발전시키고 있었음을 의미할 수밖에 없다. 아이러니하게도 만약 슈바이처가 누가가 성령을 말씀 선포와 증거를 위한 능력으로 보는 기독교의 전형적인 관점(요한복음에서처럼?)에 너무 익숙한 나머지 메시아에게 임한 성령이 해방시키는 기적의 능력이라는 옛 유대교 관점과 유대 기독교 관점을 잊어버렸다고 주장한다면 어쩌면 그의 논지가 더 설득력이 있을지도 모르겠다. 그러나 우리가 곧 살펴보겠지만, 이것은 누가가 이 문

---

120   Turner, "Spirit and Authoritative Preaching," 66-88, 특히 87-88.

제를 이해하는 방식이 아니다. 그는 그 누구보다도 초기 유대 기독교 전승에 아주 친숙하다.

이제 우리는 이보다 개연성이 높은 다음 세 가지 주장을 다루고자 한다. (1) 누가는 의도적으로 구속을 위한 기적을 성령 대신 하나님의 "능력"에 귀속시킨다. (2) 누가가 마가복음과 Q를 수정한 내용을 보면 그가 성령을 기독교의 "은사적인 성령"으로 보기보다는 (기적과 관련이 없는) 유대교의 "예언의 영"으로 보는 경향이 있음을 알 수 있다. (3) 누가복음 4:18-21은 물리적인 기적보다는 이스라엘의 해방과 영적 시력 회복을 위한 예수의 선포에 임한 성령의 감동과 더 깊은 관련이 있다.

누가-행전에서의 기적, 축귀, 신적인 능력

우리는 누가가 성령과 능력 간에 거리를 두고, 이 후자를 예수의 기적의 원천으로 강조하고, 이를 헬레니즘의 마술처럼 마치 다른 사람을 치유하기 위해 예수로부터 흘러나오는 만나와 같은 물질 또는 액체로 인식한다는 이야기를 자주 듣는다(5:17; 6:19; 8:46; 참조. 행 6:8).[121] 이것은 상당히 복잡한 이슈로서 우리의 중심 논의에서 벗어날 위험성을 지니고 있다. 나는 이 문제와 관련하여 다른 곳에서 이 같은 주장은 모든 면에서 설득력이 없음을 논증했다.[122] 나는 그중에서 가장 중요한 결론 몇 가지만 여기에 소개하고자 한다.

(1) 누가의 본문 중에서 유일하게 마력적인 성향을 의심받는 구절은 누가복음 8:48인데, 여기서 누가는 (a) 이를 마가로부터 직접 가져오고, (b) 비(非)마력적인 방식으로 해석한다.[123]

---

121   특히 다음을 보라. J. M. Hull, *Hellenistic Magic and the Synoptic Tradition* (London: SCM Press, 1974), 105-109.

122   Turner, "Spirit and Power," 124-52.

123   이 점에서 Preisigke의 초기 저작에 대하여 무비판적으로 접근하는 Hull과 관련하여 나의 다음 소논문을 보라. Turner, "Spirit and Power," 126, 136-38.

(2) 이 외에 누가의 신적 "능력"에 대한 견해(여기서 이 능력은 여러 종류의 은사적인 능력을 가리킴)는 "수도꼭지"에서 흘러나오는 어떤 "물질"이 아니라 하나님이 그 사람을 **통해**(그리고 또 성령을 통해) 강하게 역사하신다고 말하는 유대적 방법이다. 누가복음 5:17과 6:18-19의 경우도 마찬가지인데, 이 본문의 요점은 예수로부터 비롯된 기적이 그를 통해 그의 메시지를 듣는 자에게 임하는 하나님의 통치와 구원이라는 것이다.[124]

(3) 누가가 기적을 예수를 통한 하나님의 능력의 표현으로 언급하는 것은 충분히 자연스럽지만, 이러한 δύναμις가 성령이 아닌(혹은 성령과 구분되는) 하나님의 현존이라는 설득력 있는 증거는 존재하지 않는다. 누가에게 있어 이러한 능력은 성령의 행위로 간주될 수 있으며(눅 1:17; 4:14; 행 1:8; 10:38), 경우에 따라서는 성령을 가리키는 용어일 수도 있다(1:35; 24:49). 이 예시 가운데 세 가지는 성령의 "능력"이 오로지 말씀 선포와 연관되는 경우라고 주장할 수 있지만(눅 1:17; 24:49; 행 1:8), 첫 번째 경우만 이에 해당하는 것으로 보이고(누가는 기적을 행하는 세례 요한을 생각하지 않는다), 나머지 두 경우는 선결 문제 요구의 오류(*petitio principii*)를 범한다. 더 중요한 것은, 위에 인용된 구절 중 다른 세 구절(1:35; 4:14; 행 10:37; 모두 편집적으로 중요한 구절임)은 모두 확실히 성령을 어떤 기적적인 현상의 작용과 직접 연계한다. 심지어 기적과 성령을 서로 먼 거리에 두려는 멘지스까지도 이 점을 인정한다.[125] 환언하자면 누가에게 있어 성령은 하나님의 능력의 현존이다. 만약 이것이 사실이라면 우리는 하나님의 초자연적인 "능력"에 대한 언급이 이러한 기적이 성령의 활동에 의해 비롯되

---

124 예를 들면 A. George, "Le miracle," in *Etudes sur l'oeuvre de Luc* (Paris: Gabalda, 1978), 133-48, 특히 147; Busse, *Wunder*; H. K. Nielsen, *Heilung und Verkümdigung* (Leiden: Brill, 1987); L. O'Reilly, *Word and Sign in the Acts of the Apostles* (Rome: Pontifical Biblical Institute, 1987); Turner, "Spirit and Power," 137-42.

125 우리는 앞서 6장에서 Menzies가 눅 1:35의 예수의 초자연적인 잉태를 어떻게 성령에 귀속시키는지를 살펴보았다. 4:14과 10:38에 관해서는 다음을 보라. Turner, "Spirit and Power," 138-42.

었다는 견해를 배제하기 위함이었다고 가정할 이유가 전혀 없다. 우리가 살펴본 바와 같이 구약과 유대교에 의하면 계시와 지혜와 돌발적인 발언을 통해 하나님의 임재를 불러일으키는 예언의 영은 보다 더 비인격적인 능력으로 나타나는 것으로도 이해될 수 있다(예를 들면 예언자를 이동시키거나, 전사와 같은 해방자에게 능력을 부여하는 등).

(4) 누가가 성령을 "예언의 영"으로 보는 보수적인 유대교 관점을 지니고 있다고 주장하면서(멘지스처럼), 또 그가 동시에 이것을 예수의 사역의 원천인 δύναμις의 마력적인 관점과 결합시켰다고 주장하는 것은 이치에 맞지 않는다. 이 논지는 멘지스가 누가복음 4:14과 사도행전 10:38에서 이 성령이 이와 같은 마력적인 능력의 **원천**(예언의 영에 대한 어떤 "유대교" 관점으로 돌릴 수 없는 견해)임을 암시한다고 주장할 때 특히 문제가 된다.[126]

(5) 만약 **마력적인** 사상이 누가의 글에 거의 나타나지 않는다면, (메르츠가 주장하듯이) 가장 지지를 받는 견해는 예수가 그의 해방을 위한 기적을 명령 한 마디로, 즉 언어-행위를 통해 행한다는 것이다.[127] 멘지스는 누가가 예수의 기적을 항상 어떤 특정 명령에 귀속시키지 않는다고 반박한다.[128] 이것이 사실이지만, 누가는 여전히 기적을 전형적으로 특정 명령에 귀속시키는 것도 사실이다. 그는 4:35-36에서 이를 강령적으로 묘사하며, 그 이후에는 예를 들면 4:39(18:42의 경우처럼 편집적인 언어 행위), 5:25, 6:10, 7:7-8, 14 등에서 규칙적으로 그렇게 하며, 이러한 예는 대안적인 "마력"에 대한 언급보다 10회 이상 더 자주 등장한다. 멘지스는 성령이 치유나 축귀와 직접 연계되지 않는다는 자신의 견해를 옹호하기 위해 예수의 명령이 구체적으로 성령의 영향이 아니라고 주장한다. 물론

---

126 예를 들면 *Development*, 125-26.

127 C.-P. März, *Das Wort Gottes bei Lukas* (Leipzig: St Benno, 1974), 39; 그리고 다음과도 비교해 보라. Aletti, "Jésus à Nazareth," 431-52(439).

128 *Development*, 160.

그의 말은 타당하다. 그러나 그렇다면 예수의 어떤 말이 구체적으로 성령의 영향이라고 말할 수 있나? 또한 어떤 독자가 예수의 축귀와 치유에 대한 능력 있는 말씀을 그의 평범한 가르침보다 덜 성령의 영감을 받은 것으로 추론하겠는가? 만일 누가가 예수의 능력 있는 사역을 주로 그의 권위 있고 능력 있는 명령의 말에 귀속시킨다면, 이것은 예언의 영과 같은 것으로서 예수에게 임한 성령에 대한 그의 이해와 결코 무관하지 않을 것이다. 또한 우리에게는 누가가 예수의 능력 있는 사역과 예수에게 임한 성령 사이에 거리를 두었다거나, 그 원천을 성령이 아닌 다른 것에 두었다고 주장할 만한 근거가 전혀 없다.[129]

마가복음과 Q(눅 11:20과 12:10)에 나타난 성령에 관한 전승에 대한 누가의 수정

마가복음 3:22-30(//Q = 마 12:22-32)에서 예수는 그의 축귀 사역을 "강한 자"를 결박하고 그의 집을 늑탈할 수 있는 능력으로 설명한다. 와츠가 주장하듯이 이 이야기는 이사야 49:24-25에 기초를 둔 "새 출애굽" 본문이다. 하늘로부터 성령을 덧입은 예수(막 1:10; 참조. 사 64ff.)는 이를 통해 이사야 49:24-25에 기록된 구원의 전사이신 야웨의 대리자가 된다. 또한 그는 레위의 유언 18:12(벨리알이 그[메시아]에 의해 결박당할 것이다)에서 말하는 소망과 이스라엘의 갇힌 자들이 결국에는 해방을 맞이할 것이라는 소망(참조. 단의 유언 5:10-11)을 성취한다.[130] 이 이야기 끝부분에서 예수는 그의 축귀 사역을 사탄의 능력의 결과로 설명하는 자들에게 확실하게 경고하며, 성령 모독에 관해 이야기한다(3:28-30; Q=마 12:31-32).

129 　여기서 나는 이 명령 자체가 육체의 영역에서 효력을 나타낼 수 있다는 "Health and Wealth Movement"와 같은 이상주의를 의미하는 것이 아니라(그러한 관점에 대한 비판으로는 다음을 보라. D. McConnell, *The Promise of Health and Wealth* [London: Hodder & Stoughton, 1990]), 유대교는 명령 안에서 활동하는 성령을 그 명령을 실현하는 하나님의 능력의 현존의 양태로 단순히 간주한다는 것을 의미한다.

130 　Watts, *Influence*, 5장.

이 말씀의 구약 배경은 아마도 이사야 63:10일 것이며, 마가복음에서 말하는 요점은 서기관들이 예수를 바알세불이라 일컬어 성령을 "훼방"한다고 보는 것이 아니라 예수의 기적을 사탄의 능력으로 돌림으로써 성령 안에 현존하시는 하나님을 지속적으로 거역한다는 것이다. 마치 그들의 조상들이 광야에서 하나님을 거역함으로써 하나님의 성령을 **근심케** 했던 것처럼 지금도 서기관과 종교 지도자들이 예수의 구속을 위한 축귀 사역을 악의적으로 해석함으로써 성령을 부여받은 그의 종을 통해 주어진 하나님의 종말론적인 새 출애굽의 초청을 전적으로 거절하고 있다.

그러나 누가는 여기서 매우 중요한 수정을 가한다. 성령 모독에 대한 경고를 다루는 그의 본문(12:10)은 이 어록을 축귀와는 전혀 무관한 문맥에 배치한다. 또한 마태복음 12:28은 예수의 축귀 사역을 "하나님의 성령"에 귀속시키는 반면, 누가는 그의 축귀 사역을 "하나님의 손"과 연관지어 기술한다(11:20). 슈바이처부터 멘지스에 이르기까지의 여러 해석에 따르면 누가가 이 두 가지를 수정했으며, 이는 그가 성령을 예언의 영으로 생각함으로써 성령을 축귀에 귀속시킬 수 없기 때문이라는 것이다.

그러나 이것이 누가가 수정한 것에 대한 최상의 설명이 될 수 있을까? 그러지 않다. 우리는 왜 누가가 성령 모독에 관한 말씀을 마가나 Q의 문맥에 그대로 두지 않았는지 설명할 필요가 없다. 우리가 예수와 초기 교회의 축귀 능력이 사탄으로부터 온 것이라는 비난이 지속적으로 제기되어왔다고 가정하지 않는 한, 이 예수의 어록은 마가와 Q의 특정 문맥으로부터 자유로웠을 것이다. 이 어록을 새로운 문맥에 배치함으로써 누가는 성령 모독에 대한 위험성이 단지 예수의 축귀 사역을 귀신의 능력으로 돌리는 문제에만 국한되지 않음을 보여준다. 누가가 말하는 성령 모독죄는 성령의 능력에 의한 복음을 아주 끈질기고 완고하게 거부하는 경우에 해당한다.[131] 즉 이것은 예수의 말씀의 의미를 합법적으로 확대한 것이며,

---

131 Fitzmyer, 964, 다음 문헌과도 비교해 보라. E. Lövestam, *Spiritus blasphemia* (Ludn:

다른 대안적 해석보다 더 낫다. 누가의 문맥은 재판정에서 성령으로 예수를 증언하지 못하는 것을 성령 모독으로 간주한다.[132]

누가복음 11:20에서 누가는 Q(혹은 마태)의 "내가 만일 하나님의 성령을 힘입어 귀신을 쫓아내면"(마 12:28)을 "내가 만일 하나님의 손[문자적으로는 손가락—역자주]을 힘입어 귀신을 쫓아내면"으로 수정한다. 물론 누가의 본문이 원래의 형태를 보존하고,[133] 마태가 이를 수정했다고 주장하기도 한다. 그러나 (a) 마태가 관심을 보이지 않는 성령을 언급하기 위해 모세 기독론을 암시하는 δακτύλῳ θεοῦ(홀츠만의 지적 이후 출 8:15을 암시하는 것으로 봄)를 제기했을 개연성은 희박하다. (b) 아마도 마태가 이 어록의 Q 문맥을 보존했을 개연성이 높다. 왜냐하면 거기서 성령으로 귀신을 쫓아낸다고 주장하는 예수에 대한 언급이 성령 모독에 관한 말씀을 설

Gleerup, 1968); I. H. Marshall, "Hard Sayings-VII," Theology 67 (1964), 65-67.

132 von Baer, *Geist*, 138; Klostermann, *Lukansevangelium*, 134; Schweizer, *TDNT*, VI, 407; Menzies, *Development*, 190-98. Menzies는 이 두 번째 관점만이 "인자를 거역하는 말"과 "성령을 모독하는 것"(즉 첫 번째 것은 비신자에게 의무를 지우는 것이고, 두 번째 것은 신자에게 의무를 지우는 것) 사이의 차이점을 적절하게 설명한다고 주장한다. 그러나 12:8-9(막 8:34-38의 경우처럼)은 일상의 제자도에 대한 중요성을 강조하는 것이며, 이러한 배경에서 12:10은 복음의 거부에 대한 쟁점을 뚜렷하게 드러낸다. 공판에 관한 시나리오는 12:11-12에 처음 나타나며, 그러한 상황에서 성령의 자극을 거슬러서는 안 된다는 매서운 경고는 12:10이 그대로 발생했을 경우 추론될 수 있을 뿐이다. 누가는 그 어느 곳에서도 신자들이 성령의 자극을 거스르기 쉽다고 제안하지도 않을뿐더러 그것에 의해 영원한 위험에 빠진다고도 말하지 않는다. 다만 그는 믿지 않는 유대인들이 그렇게 한다고 그의 저서에서 말할 뿐이다(행 7:51; 참조. 28:25-27). 누가의 관점에서 보면 종종 악의적인 반대(눅 22:65; 행 13:45; 18:6)를 이끄는 유대인들의 불신앙은 "하나님의 백성"으로부터 그들이 제거되는 것으로 나타난다.

133 Barrett, *Spirit*, 62-63; J. Jeremias, *Die Sprache des Lukasevangeliums*, (Göttingen: Vandenhoeck & Ruprecht, 1980), 201. Jeremias는 정관사가 없는 한정적인 소유격은 비누가적이라는 근거로 누가의 δακτύλῳ θεοῦ(하나님의 손)를 원래의 것으로 간주하며, 이 같은 주장은 마태의 병행 본문을 보면 확인된다고 주장한다. 그러나 한편으로는 누가가 단순히 Q/마태(만약 원래의 것이라고 한다면)의 형태에 영향을 받았을 수 있고, 또 다른 한편으로는 보다 더 중요하게 이 구절은 출 8:15을 암시하는데, 여기서 사용된 소유격도 무관사로 되어 있다.

명할 수 있는 근거를 제공해주기 때문이다.[134] (c) 마태는 이 말씀을 수정하지 않고 그냥 넘어간 것으로 보인다(그는 주로 **하늘**나라[kingdom of *heaven*]을 사용하는데, 여기서는 **하나님** 나라[kingdom of *God*, 12:28b]를 그대로 보존하기 때문이다).[135] 누가는 이와는 대조적으로 신약 저자 가운데 유일하게 하나님의 "손"(1:66; 행 4:28, 30; 7:50; 11:21; 13:11)[136]과 주의 팔(1:31; 행 13:17)이라는 신인동형론(anthropomorphism)을 사용한다. 또한 누가는 마태보다 더 웅건하게 새 출애굽 모티프와 모세와 같은 예언자 기독론을 강조한다.[137] 따라서 다수의 학자는 누가가 이 어록을 수정한 저자라고 생각한다.[138] 이러한 결론에 대한 반론 중 하나는 성령에 많은 관심을 보이는 누가가 어떻게 성령에 대한 언급을 직접 수정했겠느냐는 것이다. 하지만 이러한 반론은 누가복음 21:15에서 재판정에서 성령의 도움을 받는 것에 관한 마가의 어록(13:11)이 개작되고, 성령에 대한 명시적인 언급(눅 12:11-12과 대조해보라)이 생략된 점을 지적한 조르주(A. George)의 비판에 의해 설득력을 잃는다.[139] 누가의 성령에 대한 관심은 동일한 대상을 나타내는 다른 표현보다 오로지 성령(Holy Spirit)이란 어구에만 관심을 보인다는 의미는 아니다.

---

134   Menzies, *Development*, 187-88.

135   Dunn, *Jesus*, 44-46; 참조. Dunn, "Matthew 12:28/Luke 11:20 — A Word of Jesus?," in W. H. Gloer (ed.), *Eschatology and the New Testament* (Peabody, MA: Hendrickson, 1988), 30-40. 그러나 대조적인 설명으로는 다음을 보라. J. C. Thomas, "The Kingdom of God in the Gospel of Matthew," *NTS* 39 (1993), 136-46, 특히 138-39.

136   George, *Etudes*, 128.

137   Geroge, *Etudes*, 129; 참조. J. M. Van Cangh, "'Par l'esprit de dieu — Par le doigt de dieu' Mt 12:28 par Lc 11:20," in J. Delobel (ed.), *Logia* (Leuven: Leuven University Press, 1982), 337-42, 특히 339-41.

138   C. S. Rodd, "Spirit or Finger," *ExpTim* 72 (1961), 157-58; J. E. Yates, "Luke's Pneumatology and Luke 11:20," in F. L. Cross (ed.), *SE*, II, 295-99; R. Hamerton-Kelly, "A Note on Matthew XII.28 par Luke XI.20," *NTS* 11 (1964-65), 167-69; Dunn, *Jesus*, 44-46.

139   Geroge, *Etudes*, 131. 또한 Geroge는 눅 20:42//막 12:36=마 22:43을 언급한다.

멘지스는 누가의 모세 기독론(그리고 새 출애굽 구원론)이 그가 11:20을 수정한 동기를 충분히 설명해주지 못하며, 누가의 진정한 동기는 그가 예수의 축귀 사역을 성령에 귀속시킬 수 없었기 때문에 축귀의 능력을 가리키는 새로운 "지시 대상"으로 성령을 대체했다는 것이다. 하지만 "하나님의 성령"을 "하나님의 손"으로 수정한 것이 지시 대상의 변경을 암시한다는 증거가 어디에 있는가? 누가는 성령의 대안적 표현을 사용하는 유일한 본문(눅 21:15=막 3:11)에서도 여전히 그것이 성령의 행위를 지칭하는 것으로 믿는다. 이 사실은 누가가 12:11-12과 21:15에 기록된 약속의 말씀을 사도행전 6:10의 스데반에 대한 묘사와 연결시키는 것을 통해 입증된다. 게다가 이와 밀접한 관계가 있는 "주의 손"이 이미 자주 이런 식으로 이해됐기 때문에(참조. 특히 타르굼 겔 1:3; 3:22; 8:1에서는 주의 손 대신에 성령으로 수정됨), 독자들이 "하나님의 손"을 "하나님의 성령"과 동일시했을 것이다.[140]

물론 만약 누가가 성령을 축귀와 연계시킬 수 없다는 것을 우리가 미리 알았다면, 자연스럽게 표현의 변화가 지시 대상의 변화를 나타내는 것으로 생각했을 것이다. 그러나 우리는 이 사실을 알지 못하며, 성령을 예언의 영으로 이해한 누가가 성령을 기적과 분리시킬 수밖에 없었다는 증거를 지금까지도 전혀 발견하지 못했다. 오히려 정반대다. 그렇다면 누가복음 11:20은 누가가 성령을 축귀와 관련시킬 수 없다는 가장 확실한 증거로 보일 수도 있다. 하지만 누가는 왜 그렇게 하면 안 될까? 초창기 기독교인들이 축귀의 능력을 다양한 수준의 만나와 같은 "능력"을 가진 자들 간의 대결로 보기보다는 인격적인 존재 간의 권위 다툼으로 여겼다고 한다면, 예언의 영과 축귀의 능력 사이에 뚜렷한 "모순"은 없다고 보아

---

140 Barrett, *Spirit*, 63; Hamerton-Kelly, "Note," 168-69; G. R. Beasley-Murray, "Jesus and Spirit," in Descamps and de Halleux (eds.), *Mélanges bibliques*, 469-70; Dunn, *Jesus*, 46.

야 한다. 누가에게 있어 예수의 축귀는 권위 있는 명령의 말씀에 의해 행해진다(강령적으로 눅 4:36; 참조. 8:29, 31-32; 10:17, 19-20 등). 누가는 예수에게 임한 예언의 영을 그의 "권위"와 그의 명령 능력의 원천으로 여기는 데 아무런 문제가 없다. 왜냐하면 성령이 유대교 및 기독교의 메시아 전승에서 바로 그런 식으로 인식되고 있기 때문이다. 이러한 인식은 폰 베어(그는 누구보다도 성령을 예언의 영과 권위 있는 설교의 능력으로 본다)로 하여금 누가가 축귀(그리고 기적) 또한 성령에 귀속시켰을 것이라고 믿게 만든다.[141]

누가가 축귀를 성령에 귀속시키는 것을 꺼려하기 때문에 "하나님의 손"으로 변경했다는 슈바이처, 조르주,[142] 아야-프라,[143] 멘지스 등의 주장은 유대교의 성령론과 초기 기독교 성령론의 정황에서 볼 때 이해하기 어렵다. 또한 이러한 주장은 "하나님의 **손**"을 제대로 설명해주지 못한다. 그들의 견해에 따르면 누가는 기적과 축귀를 성령이 아니라 하나님의 δύναμις에 귀속시키기 때문에, 우리는 Q의 어록에 대한 누가의 버전이 "만일 내가 하나님의 **능력**(power)을 힘입어 귀신을 쫓아내면…"일 것으로 기대해야 한다는 것이다. 그러나 하나님의 손의 형태는 예수를 모세와 같은 예언자로 묘사하려는 누가의 특별한 관심을 반영하며, 이 본문에 대한 마가의 "새 출애굽" 모티프를 더욱더 분명하게 나타낸다. 누가는 예수에게 임한 성령을 "하나님의 손"으로 언급함으로써 성령이 새 출애굽 해방을 가져다주는 예언자-메시아의 능력임을 분명하게 보여준다.[144]

---

141   *Geist*, 34-38.

142   *Etudes*, 130-31.

143   *L'Esprit*, 38.

144   Menzies는 눅 11:20과 12:10에 있는 누가의 변경에 대해 내가 나누어 설명한 것 (Menzies에 의하면 누가는 단 하나의 Q 문맥을 두 문맥으로 변경했다)과 각 경우의 설명은 누가의 성령론적 관점과 관련이 없다고 제안한 것에 대해 조심스럽게 비판한다("Spirit and Power," 16). 그의 견해와는 대조적으로 나는 누가가 마가와 Q를

누가복음 4:18-19은 오직 성령의 은유적인 해방만을 언급하는가?

우리는 앞에서 누가복음 4:18-19에 대한 가장 명확한 해석은 이사야의 "새 출애굽" 은유를 사용하여 표현한 이스라엘의 회복과 관련이 있다는 점에 주목했다. 그렇다면 혹자는 누가가 예수를 이스라엘의 회복을 선포할 성령으로 기름 부음을 받을 자로 생각했지만, 성령은 이를 상징하는 축귀 및 기적과 직접적으로 연관이 없다(단순히 예수의 설교와 관련이 있다)고 주장할 수도 있을 것이다. 하지만 다음 세 가지 논점은 이 견해에 대한 반론으로 작용한다.

(1) 누가는 그의 자료가 이 문제를 다르게 표현하고 있었음을 잘 알고 있었을 것이다. 우리가 위에서 본 바와 같이(§3), Q(눅 7:18-22=마 11:2-6)와 누가의 메시아 희년 자료(4:16-30)는 예수의 문자적인 치유와 축귀를 새 출애굽의 기적으로, 그리고 이사야 61:1-2/58:6의 말씀에 대한 구체적인 성취로 해석하고, 이를 메시아적 해방자에게 임한 성령에 대한 직접적이며 모범적인 표현(참조. 또한 Q=마 12:28)으로 해석한다. 그렇다면 우리는 누가복음 7:18-22에서 누가가 이와 동일한 전승을 사용한 것에 대해 어떻게 생각해야 할까? 7:22에서 기적의 의미를 요약적으로 표현하는 이사야 61:1의 "가난한 자에게 복음이 전파된다"에 대한 암시는 4:18-21에서 선포된 예수의 자유를 주는 기적과 사명을 서로 연결시켜주었을 것이다. 이 연결은 7:22의 기적 목록 첫 부분에 있는 "눈먼 자가 보며"에 의해 확증되며, 이것은 70인역 이사야 61:1과도 잘 부합한다. 또한 이 연결은 예수의 구속의 기적이 4:23-27에 기록된 그의 회당 설교의 중심이 된다는 사실에 의해서도 더욱더 강화될 수 있다. 이 본문 간의 분명한 연결을 고려하면 우리는 누가가 7:21의 문자적인 눈먼

전적으로 이해했으며, 두 본문의 변경은 그의 성령론과 그의 새 출애굽 구원론의 결합을 반영한다고 주장한다. 메시아와 종에게 임한 성령과 모세와 같은 예언자의 "하나님의 손"은 하나이자 동일한 것으로서 새 출애굽 해방을 위한 성령이다.

자 치유는 눈먼 이스라엘을 보게 하는 예수에게 임한 성령의 기름 부음의 구체적이고 상징적인 표현으로 보고(4:18), 또 다른 치유나 축귀를 억압받는 이스라엘을 해방시키는 예수의 새 출애굽 사명에 대한 유사한 사례로 보았다는 결론을 피할 수 없다. 그렇다면 누가가 (Q와 같이) 소경의 물리적인 치유도 이스라엘에게 영적인 시각을 갖게 하는 동일한 성령의 능력에 의해 이루어진다고 보았다고 믿는 것은 극히 자연스러운 일이다. 그러나 슈바이처와 멘지스는 이 견해에 동의하지 않는다. 그들은 누가가 이러한 기적을 성령에 귀속시키지 않기 때문에 이 문맥에서도 그는 성령이란 용어를 사용하지 않는다고 제안한다.[145] 하지만 7:22b-23에서 세례 요한의 질문에 대한 예수의 잘 짜여진 "대답"에 누가가 어떻게 문학적으로 어색하지 않으면서도 성령에 대한 언급을 집어넣을 수 있었겠는가? 또한 그는 그의 독자 대다수가 이사야 61장에 대한 암시를 인지하고, 또 4:18-21에 기록된 예수의 주장과의 깊은 연관성을 볼 수 있다면 왜 성령에 대한 언급을 여기서 다시 반복해야 했겠는가? 누가가 가장 분명하게 이사야 61장이 성취되었다고 생각하는 본문에서 슈바이처와 멘지스가 그 어떤 영향도 성령에 두지 않으려는 것은 심히 아이러니할 뿐이다! 만약 누가가 4:18-19에 있는 이사야 61장의 은유적인 이해를 7:21-22에서 이것이 가장 문자적으로 성취되었다고 보는 해석과 아주 예리하게 구분하려 했다면, 그는 "눈먼 자가 보며"에 관한 70인역의 상당히 혼란스러운 행을 제거하기 위해, 이사야 58:6을 제거하기 위해, 그리고 궁극적으로 이사야 61:1c로부터 "마음이 상한 자를 고치고"라는 분명한 은유적인 표현을 다시 되살리기 위해 왜 이사야 61:1의 인용문을 다시 쓰지 않았을지 궁금할 뿐이다! 따라서 슈바이처의 입장은 설득력이 없다.

(2) 우리는 앞서 (4:18-19의 인용문에 따른) 예수의 사역이 단순히 해방에 관한 선포의 의미에서 자유를 선포하는 것이 아니라 그 해방을 실현

---

145   Schweizer, *TDNT*, VI, 407, n. 484; Menzies, *Development*, 168, n. 5.

하는 권위 있는 선포의 개념(수행적 발화)을 포함하고 있음을 주목했다. 이
같은 개념은 원래 이사야 61:1-2의 제왕적 언어에 담겨 있을 수도 있지
만, 이를 해석해주는 이사야 58:6d의 "억압당하는 자를 자유케 하며"라
는 절이 포함됨으로써 더욱더 강화된다. 의심의 여지없이 누가는 예수가,
이스라엘 밖의 이방인들을 향한 그의 죄 사함과 화해를 포함하여, 다양한
방식으로 이 사역을 성취했다고 여겼다. 그러나 "억압당하는 자"의 "해
방"이나 "갇힌 자들"의 "갇힘"과 같은 언어와 사상은 이 문맥에서 나타나
지 않고, 오직 구속을 위한 기적과 축귀의 문맥(특히 13:10-17과 행 10:38;
그러나 참조. 10:19; 11:14-22 등)에서만 나타난다는 점을 인정해야 한다.[146]
우리는 또한 예수의 기적과 축귀가 대체로 그의 권위 있고/능력 있는 명
령의 말씀에 귀속된다는 사실도 이미 지적한 바 있다. 따라서 이것은 바
디매오를 고치는 이야기(눅 18:35-43)에서 누가에게 전혀 이례적인 것
이 아니며, 마태와 마가는 예수가 그 소경의 눈을 만졌다고 보고하는 반
면, 누가는 이 같은 보고를 생략하는 대신 아주 중요한 순간에 편집을 통
해 ἀνάβλεψον, "보아라"라는 명령을 추가함으로써(18:42) 예수가 문자적
으로 4:18과 동일하게 "소경이 보게 함을 선포한다"는 식으로 묘사할 수
있었다. 이러한 특징은 누가가 예수의 구속을 위한 기적과 축귀를 4:18-
19의 이사야의 소명의 일환으로 보았음을 암시하고, 이로써 이것들을 예
수에게 임한 성령에 귀속시키고 있음을 암시해준다. 즉 누가는 예수의 권
위 있는 말씀과 그의 연설 행위의 유능하고 강한 능력의 원천으로 성령을
이해한 것이다.

(3) 이러한 이해는 누가가 사도행전 10:35-38에서 베드로에게 귀
속시키는 연설에 의해서도 확증된다. 이 짧은 본문 말씀은 4:16-30을 모
방하고, 그것을 해석하기 위한 것으로 보인다.[147]

---

146   예를 들어 다음 문헌을 보라. J. B. Green, "Jesus and a Daughter of Abraham (Luke 13:10-
       17): Test Case for a Lucan Perspective on Jesus' Miracle," *CBQ* 51 (1989), 643-54.

147   Busse, *Wunder*, 369은 이것에 대한 일치에 관해 올바르게 말한다. 하지만 누가가 자

이와 같은 결론을 지지하는 증거는 다음과 같다. (1) δεκτός(받으시는)란 단어는 그것이 두 차례 나타나는 누가복음 4:16-30을 제외하면 이곳에서만 나타난다. (ii) 36절(하나님이…예수 그리스도로 말미암아…이스라엘의 자손들에게 보내신 말씀)은, 비록 그 말씀이 시편 106:20(LXX)을 근거로 하지만, 예수의 "그가 나를 보냈다"(눅 4:18)라는 말씀을 반향한다. (iii) "화평의 복음을 전하다"(εὐαγγελιζόμενος εἰρήνην)라는 말씀은 이사야 52:7에서 비롯되었지만, 누가복음 4:18의 εὐαγγελίσασθαι πτωχοῖς(가난한 자에게 복음을 전하다)와 긴밀하게 연관되어 있으며, 또한 이를 해석한다(이와 같은 연계는 11QMelch의 16-17행에서도 나타난다). 사도행전 10:36에 묘사된 εἰρήνην(평화)은 구체적으로 메시아 시대와 관련이 있고, 적대적인 원수(그것이 영적이든 현세적이든 간에)로부터의 자유(참조. 눅 1:78, 71)와 관련이 있는 히브리 개념의 "행복"과 잘 조화를 이룬다. 이러한 평화 선포의 열매는 사도행전 10:38에서 드러날 것이다. (iv) "그는 만유의 주시다"(10:36)라는 진술은 부활 이후의 누가 기독론을 반영하지만, 누가가 신중하게 선택된 문맥을 고려하여 그의 복음서에서 예수에 대해 "주"라는 단어를 사용한다는 점은 주목할 만하며,[148] 그중 하나가 그의 "주되심"이 이사야 61:1-2(눅 7:19-22)에 대한 예수의 성취로 입증되는 7:19이다.[149] (v) "갈릴리에서 시작되어…"란 말씀은 누가복음 4:14ff.의

료를 사용했는지에 대해서는 의견일치를 보이지 않는다. Dibelius(*Studies in Luke-Acts*, [London: SCM Press, 1956], 110ff.) 이래로 대다수 학자들은 이 연설이 누가의 것이라는 입장을 취한다. G. N. Stanton, *Jesus of Nazareth in New Testament Preaching* (Cambridge: Cambridge University Press, 1974), 70-80은 달리 주장을 하는데, 사 61:1-2과 (LXX) 시 106:20의 반향을 누가 이전의 전승의 증거로 본다. 그러나 사 61:1-2이 누가의 강령적인 본문이며, (LXX) 시 106:20이 행 13:12b에 등장하는 바울의 연설에서 다시 나타난다는 그의 주장은 지지하기 어렵다! 나는 이 연설이 베드로로부터 기원했음을 의심할 만한 이유가 없음을 알고 있지만, 이 구절이 누가 이전의 자료에 기초한 것이라고 주장하는 것은 또 다른 문제다.

148 다음을 보라. I. de la Potterie, "Le titre Κύριος appliqué à Jésus dans l'évangile du luc," in Descamps and de Halleus(eds.), *Mélanges bibliques*, 117-46.

149 B f13 등과 같은 사본. 다음을 보라. Metzger, *Commentary*, 143.

관점과 같다. (vi) "나사렛"과 동시에 사용되는 "나사렛 예수"(37절)에 대한 묘사는 누가-행전에서 유아기 이야기와 누가복음 4:16 외에는 사용되지 않는다. (vii) 두 본문 모두 예수에 대한 거부를 묘사한다. (viii) 두 병행구절은 10:38에서 근지점에 이른다. "하나님이 그에게 성령과 능력으로 기름을 부었다"(ἔχρισεν αὐτὸν ὁ θεὸς πνεύματι ἁγίῳ καὶ δυνάμει)라는 말씀은 누가복음 4:14(예수께서 성령의 권능으로 갈릴리에 돌아가시다)의 말씀을 반영하며, 어법과 요지에 있어 누가복음 4:18a(주의 성령이 내게 임하셨으니, 이는 가난한 자에게 복음을 전하게 하시려고 나에게 기름을 부으시고, πνεῦμα κυρίου ἐπ' ἐμὲ οὗ εἵνεκεν ἔχρισέν με εὐαγγελίσασθαι πτωχοῖς)과 아주 가깝다.

예수에게 임한 성령에 관한 누가의 견해에 대해 이 본문은 우리에게 무엇을 말하는가? 누가는 성령을 그 이전의 기름 부음의 결과로 주어지는 것으로 보기보다는[150] 예수가 그것으로(은유적으로) 기름 부음을 받을 성유(chrism)[151]로 생각했음에 틀림없다. 보다 중요하게 이 본문은 누가가 성령을 예수의 선포를 통해 작용하는 능력으로, 그리고 그의 케리그마를 표현하는 행위 안에서 나타나는 능력으로 이해했음을 암시한다. 따라서 누가는 사도행전 10:38b에서처럼 성령을 그의 사역에서 나타나는 능력과 동일시하는 중언법 바로 뒤에 헬레니즘의 구원자들(Hellenistic saviours)의 행위를 연상시키는 용어를 사용해 "평화"에 대한 예수의 선포의 열매를 상세하게 설명한다. "예수는 두루 다니시며(διῆλθεν, 누가의 용어),[152] 착한 일(εὐεργετῶν)을 행하시고."[153] "ἔχρισεν ... πνεύματι ἁγίῳ καὶ δυνάμει"(성

---

150 R. B. Sloan, *Year*, 49에 반하여. 누가에게 있어 4:18a의 본문은 구두점이 με 다음보다는 πτωχοῖς 다음에 찍혀야 하고, 그밖에 18a의 두 번째 반은 불필요하다.

151 Barrett, *Spirit*, 42. 다음 구절을 보라. 요일 2:20, 27(2회). W. Grundmann, *TDNT*, IX, 572.

152 눅 10회; 행 21회; 신약 전체 42회. 이에 관한 분석으로는 다음을 보라. Busse, *Wunder*, 353, n. 2.

153 Foakes-Jackson and Lake, *Beginnings*, IV, 121; G. Bertram, *TDNT*, II, 655; Busse, *Wunder*, 354-55. 이 구문의 언어 역시 "전승적"이라고 보기 어렵고, 따라서 누가의 것

령과 능력으로 기름 붓듯 하셨다)의 중언법이 누가의 것이라기보다는 전승을 따른다고 보기는 어려우며,[154] 또한 그것이 비누가적이라고 여기기도 어렵다.[155] 또한 뒤이어 나오는 행위(38b이하)와 이것을 분리하는 것도 사실상 불가능하다. 누가가 사도행전 4:9에서 치유에 대한 신적 행위를 묘사하기 위해 드물고 독특한 용어인 εὐεργεσία(착한 일)[156]을 사용한 것처럼, 10:38의 "마귀에게 눌린 모든 자를 고치셨으니"[157]란 말은 보설적(補說的, epexegetically, 즉 "착한 일을 행하신다"는 말을 설명하는 것)으로 이해되거나, 아니면 적어도 그것이 의미했던 전형적인 예시를 제공하는 것으로 이해해야 한다. "귀신에 눌린" 자의 치유에 대한 묘사는 사도행전 10:38을 누가복음 4:18과 근접한 병행으로 이끌며, 이 말의 전반적인 취지는 사람들이 사탄이 주는 고통의 영역에서 구원의 영역으로 해방되는 것을 의미한다.[158]

그렇다면 사도행전 10:38이 말하고자 하는 바는, 예수에게 임한 성

으로 보인다(누가-행전에 있는 εὐεργέτης와 관련이 있는 다른 두 경우에서처럼).

154 Q 전승(눅 3:16//마태)에 있는 것 외에 πνεῦμα를 수반한 중언법은 누가-행전 밖에서 두 군데 나타난다(요 4:23; 고전 2:4). 반면 누가는 이 표현을 일곱 군데에서 사용한다(눅 1:17; 3:16; 행 6:3, 5; 10:38; 11:24; 13:52). 이 중 네 경우(행 6:3, 5; 11:24; 13:52)는 누가가 선호하는 표현이라 할 수 있는 "충만한"(fill or full)이라는 소유격을 수반한다. 이 같은 중언법의 경우는 누가의 것으로 볼 수 있으며, 이는 10:38이 누가의 것이라는 가능성을 상당히 높여준다(특히 행 6:5[믿음과 성령이 충만함]과 6:8[은혜와 능력이 충만함] 사이의 누가적 병행에 주목하라).

155 Tuckett("Luke 4:16-30," 347)과 Schweizer("The Spirit of Power," 266, n. 6)가 규정하는 것처럼.

156 εὐεργέτης(선행을 베푸는 자)와 관련된 단어는 신약에서 단 두 번 나타난다(눅 22:25[헬레니즘적인 "선행을 베푸는 자"]와 딤전 6:2). 그러나 이 단어는 문자적인 선행과 관련하여 신약 밖에서는 아주 보편적으로 사용된다.

157 εὐεργετῶν καὶ ἰώμενος가 또 다른 중언법을 구성한다는 관점에 대해서는 다음을 보라. Busse, *Wunder*, 56. 누가의 관점에서 본 치유와 축귀의 관계에 대해서는 다음을 보라. Busse, *Wunder*, 355-56; 423-50.

158 다음을 보라. Busse, *Wunder*, 428-46. 이와는 대조적으로 Stanton(*Jesus*, 79)과 Conzelmann(*Theology*, 157)은 사탄에게 억눌리는 자에 대한 치유의 언어를 누가의 것이 아니라 "전승적"으로 본다.

령이 예수가 사탄에게 눌린 자들을 고치는 능력이라는 것이다. 또한 "성령과 능력을 기름 붓듯 했다"는 중언법에서 "과 능력"이 추가된 것은 성령과 기적 사이를 분리시키지 않는다(멘지스가 주장하듯이. 또한 물론 이 말이 예수가 하나님의 현존의 서로 구분되는 두 가지 양태—성령과 능력—로 기름 부음을 받았다는 것을 의미하는 것은 아니다). 이것은 예수가 능력으로 임한 성령을 부여받았음을 의미한다.[159]

5. 성령으로 기뻐하는 예수(눅 10:21)

누가복음의 다른 곳에서 예수에게 임한 성령을 직접 언급하는 유일한 경우는 10:21이다. "이때에"라는 어구를 사용하여 누가는 예수가 그의 70인 제자가 성공적으로 그들의 임무를 수행하고 기쁨으로 돌아온 것으로 인해 "ἠγαλλιάσατο (ἐν) τῷ πνεύματι τῷ ἁγίῳ"[160](성령으로 기뻐했다)고 보고한다.[161] 누가는 그의 독자들이 거의 틀림없이 이 여격 명사구를 도구

---

159 이와 유사한 관점으로는 다음을 보라. J. Dupont, "Dieu l'a oint d'Esprit Saint," in *Nouvelles études sur les Actes des Apôtres* (Paris: Cerf, 1984), 319-28 (327-28). Dupont 은 예수가 여기서 "말과 일에 능한" 모세와 같은 예언자로 묘사된다고 주장한다.

160 이러한 다양한 독법은 필사자들이 처음부터 이 어법을 유별나거나 또는 거슬리게 보았음을 보여준다. ὁ Ἰησοῦς는, 이 문장에서 이 단어가 다양한 위치에 배치되고, 대다수 초기 사본($\mathfrak{P}^{45}$ $\mathfrak{P}^{75}$ ℵ B D와 다른 사본)에서 빈약하게 나타나 있는 것을 통해 알 수 있듯이, 최초기 전승에 추가된 것이다. 또한 τῷ ἁγίῳ의 생략은 부차적인 특징으로 보아야 하며(이 또한 우리의 가장 오래된 사본($\mathfrak{P}^{75}$ ℵ B D)의 특징이 아니다), πνεῦμα를 인간을 가리키는 것으로 보면서 아주 특이한 독법을 회피하려는 시도로 설명이 가능하다. 따라서 가장 적절한 독법은 ἐν τῷ πνεύματι τῷ ἁγίῳ(ℵ D *al* it) 또는 τῷ πνεύματι τῷ ἁγίῳ($\mathfrak{P}^{75}$ B *al*)이다. 이 중 첫 번째 독법은 70인역의 영향, 또는 눅 4:1b과 2:27의 결합으로 설명이 가능하다. 반면 이것은 μὴ ἐν τούτῳ(20절)와 대비되는 병행을 제공함으로써 내적 증거가 된다. 내가 아는 기독교 이전의 유일한 병행은 1QH 9:32이지만, 아주 근접한 것은 아니다.

161 이 본문의 연결점에 대한 편집적인 특징과 그 어법에 관해서는 다음을 보라. Miyoshi, *Anfang*, 120-22.

적으로 보기를 원했다. 예수는 성령에 의한 기쁨으로 감동되었다(참조. 행 13:52).[162] 이렇게 인지하는 것은 유대 기독교 독자들에게 전혀 놀라운 것이 아니다. 왜냐하면 우리가 앞서 본 것처럼 예언의 영이 전통적으로 영감의 찬양 및 찬미의 믿음과 관련이 있기 때문이다(참조. 에녹1서 61:7-11; 61:11; 요세푸스, 『유대고대사』 6:166, 223; *Bib. Ant.* 32:14; *t. Soṭ.* 6:2; *Mek Beš.* 7: *Mek Šir.* 1 and 3; *Exod. R.* 23:2; 타르굼 옹켈로스 민 11:25-27; 예언서 타르굼 삼상 10:6; 19:20, 23 등). 이 경우에 나타나는 기쁨은 성령의 직접적인 영감의 결과라기보다는("이때에"라는 편집적인 어구가 암시하듯이) 70인 제자들의 성공적인 선교에 관해 그가 전해들은 소식에 의해 부분적으로, 또는 전체적으로 나타나는 것이다. 또한 이러한 사실은 예수가 이 소식에 10:18의 말씀을 추가한 것에서 더 잘 알 수 있다.[163] 따라서 성령은 선교의 문맥에서 발생하는 그들의 중요한 보고에 대해 기쁜 인식을 가능케 하는 은사적인 지혜의 원천으로 이해되며,[164] 또한 이렇게 기뻐하는 것은 기독론과 구속사의 정점인 10:22-24에서 분명하게 표현된다. 우리는 여기서 집회서 39:6과 같은 본문에서 발견되는 지혜의 말과 기쁜 찬가를 유발하는 은사적인 지혜의 원동력을 보게 된다. 다시 한번 누가가 묘사하는 예수의 그림은 이사야 11:1-4과 이 본문을 근거로 하는 유대 전승에서 예고된 은사적인 지혜의 메시아다.

---

162 참조. Bultmann, *TDNT*, I, 21; Marshall, 433; P. J. Cullen, "Euphorial, Praise, and Thanksgiving: Rejoicing in the Spirit in Luke-Acts," *JPT* 6 (1995), 13-24, 특히 15.

163 하늘로서 사탄이 떨어졌다는 예수의 말씀이 (환상적인 경험을 묘사하기보다는) 상징적으로 해석되었다고 보는 견해에 관해서는 다음을 보라. Danker, 128; Marshall, 428-29; Fitzmyer, *Luke*, 164-69.

164 여격 명사구인 "성령으로"(in the Holy Spirit)는 μὴ ἐν τούτῳ χαίρειν(20)과는 대조적으로 기뻐하는 예수를 주어로 가리킬 수 있다. ἐν + 여격과 함께 사용된 ἀγαλλιάομαι에 관해서는 LXX 시 9:2; 12:5; 19:5을, 또한 신약에서는 요 5:35과 벧전 1:6(ἐν 없이 사용된 경우로는 참조. 시 144:7)을 참조하라. "그가 성령으로 기뻐했다"는 표현이 민 11:25-27의 경우와 같이 예수에게 임한 성령의 외적인 사역으로서 그들에게 주어진 70인 제자들의 성공적인 사역이 되었다는 의미로 예수가 인식했다는 견해에 대해서는 다음을 보라. Turner, *Luke*, 86-88; 참조. 본서 11장.

6. 결론

나는 본서 마지막 장에서 예수와 성령의 관계에 대한 누가의 이해가 주는 신학적 의미를 다룰 것이다. 여기서는 내가 발견한 내용을 간략하게 요약할 것이다.

(1) 누가복음 4:16-28은 대체로(전적으로가 아니라면) 전통적이다. 특히 누가는 이사야 인용문에 대해 의미 있는 수정을 하지 않았다.

(2) 이 인용문의 형태를 "설명해주는" 배경은 메시아적 희년/새 출애굽 소망과 Q와 4:16-30의 또 다른 누가 이전 전승에서 이 소망이 사용된 방식이다. 이 자료들은 예수에게 임한 성령을, 그의 구속을 위한 기적으로 요약되는 이스라엘의 메시아적 해방을 개시하는 능력으로 간주한다.

(3) 누가에게 있어서도 4:18-28은 예수를 그가 주로 모세와 같은 예언자와 동일시하는 이사야의 구원론적인 예언자로 묘사한다. 그러나 이 모세와 같은 예언자의 왕적 기능은 누가로 하여금 이 인물을 세례 기사와 연계하도록 허용하는데, 거기서 예수는 다윗과 같은 왕이자 이사야의 구원론적 예언자로서 성령을 받는다. 유대교는 이미 이러한 인물을 서로 연관시켰으며, "새 출애굽" 전승에는 이 두 인물이 이미 어느 정도 결합되어 있었다.

(4) 누가는 (4:18-21에 묘사되어 있는) 예수의 사명을 메시아적 희년의 관점이 아닌, 새 출애굽의 관점에서 이해한다. 하지만 이것은 단순히 신명기의 출애굽을 재연하는 것이 아니라 주로 제2이사야의 새 출애굽에 대한 소망을 발전시키는 것을 의미한다. 이러한 배경은 누가복음 1-4장 전체(그리고 그것을 넘어)에 통일성을 제공해주며, 그가 모세와 같은 예언자 및 다윗 기독론을 진기하게, 또는 "난잡하게" 결합시킨 이유를 설명해준다. 예수의 사명과, 그리고 이를 위해 그가 성령의 능력을 받은 것은 이스라엘을 "궁핍한 노예 상태"와 "유배 상태"와 "눈먼 상태"로부터 해방시

키고, 광야의 "길"로 인도하여 회복된 시온으로 이끌기 위함이다. 누가는 예수의 실제 사역의 목적이, 설령 그가 이러한 소망이 "예언자 거부" 모티프에 의해 제한되는 것을 알고 있다 하더라도, 이 소망의 "패턴"에 부합한다고 생각한다.

(5) 이어서 우리는 예수의 사명에 대한 이러한 "새 출애굽" 이해가 그의 기적을 이해하는 데 어떠한 의미를 부여하는지를 살펴보았다. 어떤 차원에서 이것은 치유의 기적과 축귀의 능력을 행사하는 성령의 메시아를 기대할 만한 분명한 명분을 제공했으며, 이것이 "메시아 대망" 사상의 일부가 되었다. 하지만 또 다른 차원에서 이것은 누가가 4:18-21을 이스라엘의 회복을 가리키는 은유로 간주했을 가능성을 제기했으며, 누가로 하여금 성령과 문자적 치유 및 축귀의 관계를 끊어버릴 수 있게 만들었다. 그러나 우리는 이 마지막 견해를 지지하기 위해 제기된 모든 주장은 결국 잘못된 것임을 확인했다. 누가는 그 이전의 유대교 및 기독교의 경우와 마찬가지로 치유와 축귀를 이스라엘의 해방의 일환으로 보았고, 성령을 예수의 해방시키는 사역 전체에 능력을 부여하는 것으로 간주했다.

이러한 전체적인 그림에서 볼 때 누가에게 있어 예수가 수세 시에 성령을 받은 것은 그가 모형적으로 새로운 언약의 삶의 경험으로 들어가기 위함이 아니라(턴에 반하여), 이스라엘의 새출애굽 해방을 개시하기 위해 능력을 부여받은 것이다.

10장

오순절
이스라엘의 메시아로서의 예수의 즉위와
이스라엘의 회복을 위한 그의 능력으로서의 성령

사도행전 2:14-39에 기록된 오순절 사건에 대한 베드로의 설명은 누가복음 4:16-30에 비해 누가-행전의 "강령적인" 본문으로 불리기에 더욱 적합하다고 할 수 있다. 맹빌(Odette Mainville)은 심지어 사도행전 2:33을 누가의 성령론 전체를 이해하는 해석학적 열쇠라고 말하며, 그녀의 전체 논문은 그러한 전제하에 작성되었다.[1] 오순절 연설이 이렇게 중요한 이유는 단순히 그 연설이 성령에 관해 명시적으로 말한 것 때문이라기보다는, 그 연설이 누가 신학의 다른 핵심적인 측면과 새로운 방식으로 조합되어 있기 때문이다. 이 연설의 오순절적인 불 안에서 누가는 자신의 복음서의 주요한 신학적 용어들을 부드럽고 유연하게 개조한다. 하나님 나라, "그리스도", 하나님의 백성, 구원, 이스라엘의 소망에 대한 독자의 인식들은 모두 그 관점에서 수정을 필요로 하며, 이러한 요소들과 함께 "성령의 은사"에 대한 독자의 인식도 수정될 필요가 있다. 이러한 변화의 중요성에 대해서는 사도행전의 나머지 내러티브에서 서술되겠지만, 우리는 오순절 연설부터 먼저 다룰 것이다. 본장의 목적은 대체로 오순절 기사가 어떠한 기대들을 불러일으켰는지를 파악하는 것이다.

§1에서는 오순절 연설 자체를 살펴볼 것이다. 베드로가 해설하는 요엘의 본문을 누가가 어떻게 소개하는지에 대해 간략하게 논의한 후(§1.1), 우리는 이 매우 긴 "인용문"의 목적(§1.2)과 예수가 이제 성령의 주로서 하나님을 대신하여 요엘의 은사를 부어준다는 2:33-36의 절정적인 주장으로 이끄는 베드로의 논증의 여러 단계를 탐구할 것이다. 이로써 예수는 심지어 요엘이 사람들이 하나님의 이름을 부르게 될 자로 예고했던 것처럼 사람들이 구원을 위해 그의 이름을 불러야 하는 다윗 계열의 메시

---

1 Mainville, "Jésus," 193-208; idem, L'Esprit, passim(특히 그녀가 이 구절이 누가의 이 두 책의 열쇠라고 주장하는 321-22을 보라).

아이자 주로서 계시된다(§1.3). §1.4에서는 누가가 (자신의 복음서에서처럼) 이 다윗 기독론을 예언자와 같은 모세 모티프와 결합시키는 것을 보여줄 것인데, 사실 이 모티프만이 2:1-13의 모세와 시내산의 병행과 2:33의 놀라운 진술을 제대로 설명해줄 수 있다. 따라서 사도행전 2장은 예수를 다윗의 높은 보좌에 오를 뿐 아니라, 이스라엘에게 기초가 될 만한 은사를 부여하기 위해 하나님께로 올라간 모세보다 위대한 인물로 소개한다. 성령의 은사는 이스라엘의 언약적 갱생을 위한 능력으로 묘사된다.

§2에서는 베드로의 주장들이 하나님 나라와 예수의 왕 되심에 대한 누가의 다양한 가르침을 서로 어떻게 연관시키는지를 살펴볼 것이다. §2.1에서 우리는 사도행전 2:33이 본질적으로 누가복음 1:32-33에서 제시하는 소망에 대한 응답이며, (콘첼만에 반하여) 하나님 나라는 예수가 야곱을 통치하기 위해 다윗의 영원한 왕위에 오름으로써 지금까지 이스라엘에서 경험했던 것보다 훨씬 더 강한 능력과 임재로 다가온다는 것을 발견하게 될 것이다. §2.2에서 우리는 누가복음의 (편집을 통한) 결말(24:46-49)과 사도행전의 서문(1:1-11)이 우리가 이미 §1과 §2.1에서 발견한 것—즉 성령의 은사를 통해 메시아적 정화, 회복, 변화가 심화되는 것(이제 이것은 메시아의 실행 능력임)—을 어떻게 예비하는지를 보여줄 것이다. 세례 요한의 약속(눅 3:16)은 사도행전 1:5에서 성령이 단순히 증언을 위한 능력 부여로서가 아니라 메시아의 이스라엘을 정화하고 회복하는 능력으로서 제자들에게 임한다는 것을 의미하는 것으로 해석된다.

그리고 §3에서는 §1-2에서 제시된 여러 가지 기대의 일부 중요한 측면이 사도행전 전반에 걸쳐 그대로 나타나는지를 살펴볼 것이다. 즉 사도행전은 과연 성령을 이스라엘의 회복을 위한 승귀하신 메시아의 실행 능력으로서 일관되게 나타내는가? 이 단원은 나중에 13장에서 더욱 자세하게 다루어질 주장들을 소개한다.

1. 오순절 연설

이 연설이 고대의 전승을 포함하고 있다고 보는 데는 의심의 여지가 거의 없다.[2] 왜냐하면 그리스 문화에 속한 누가가 요엘 3:1-5(개역개정 2:28-32)[3]에 대한 페쉐르를 처음으로 작성했거나, 설령 이 연설 전체가 그가 기본적으로 동의하는 신학을 표현한다 할지라도, 그가 이 연설에 담긴 다른 미드라쉬적인 요소들에 대한 책임자일 개연성[4]이 희박하기 때문이다.

누가는 베드로의 연설 기사를 많은 부분 70인역에 기초한 요엘 3:1-5[2:28-32]에 대한 페쉐르로 시작한다. 여기서 우리는 먼저 이 페쉐르의 형식을 검토하고(§1.1), 이어서 이 연설 안에서 이 페쉐르가 수행

2　E. E. Ellis, "Midrashic Features in the Speeches of Acts," in Descamps and de Halleux (eds.), *Mélanges bibliques*, 306-309; J. Doeve, *Jewish Hermeneutics in the Synoptic Gospels and Acts* (Assen: van Gorcum, 1954), 168ff. 다윗을 예언자로 보는 "팔레스타인적인" 언급도 누가의 것이 아님을 시사한다; 참조. J. A. Fitzmyer, "David 'Being therefore a Prophet...'(행 2:30)," *CBQ* 34 (1972), 332-39. 물론 우리는 **베드로**가 이 연설을 실제로 **이때** 했다는 것을 증명할 수는 없다. 설령 누가가 이 오순절 사건에 관한 문서 자료를 소유하고 있었다고 우리가 확신할 수 있다 하더라도, 그 자료에 이 연설이 포함되어 있었다는 것을 증명할 수 없다. 그러나 또한 동시에 "베드로는 오순절 첫째 날에 예루살렘에서 연설을 하지 않았으며, 사도행전에 재생된 것과 같은 내용에 대해서는 더더욱 말하지 않았다"(*Christianity*, 48)라는 Lüdemann의 독단적인 주장을 받아들이거나, 또는 이 연설이 초창기 교회로부터 유래했을 가능성을 의심할 필요는 더더욱 없다(Haenchen은 70인역 사용을 근거로 이 전승이 오래된 자료일 수 없다고 주장한다. 이에 대한 반론으로는 Rese, *Motive*, 45-55; Bock, *Proclamation*, 156-87, 특히 163을 보라).

3　Bock, *Proclamation*, 156-87은 이 본문에 들어 있는 70인역 본문에 대한 이례적으로 다양하고 수많은 변화는 누가의 특성과는 상당히 거리가 멀다고 말한다. G. Lüdemann, *Early Christianity according to the Traditions in Acts* [London: SCM Pess, 1989], 48은 요엘 2:32(LXX 3:5)의 사용이 이른 시기의 것(왜냐하면 이 구절이 롬 10:13과 고전 1:2의 "주 [예수]의 이름을 부르는"이라는 표현 배후에 깔려 있기 때문이다)이며, 시편 110편의 사용도 그러하다는 것을 받아들인다. 그러나 요엘 2:32의 사용은 기독론적으로 행 2:33의 전제를 상정한다.

4　B. Lindars, *New Testament Apologetic* (London: SCM Press, 1961), 2장; J. Dupont, "Ascension du Christ et don de l'Esprit d'après Actes 2.33," in Lindars and Smalley (eds.), *Christ*, 219-27; Turner, "Spirit and Christology," 168-90(184-86).

하는 목적(§1.2)과 베드로의 논증의 여러 단계에 관해 살펴볼 것이다(§1.3). 그리고 마지막으로 우리는 이 오순절 기사가 이스라엘에게 줄 토라를 받기 위해 하나님께 올라간 모세 이야기에 영향을 받았는지를 살펴볼 것이다(§1.4).

1.1. 인용문의 형태

요엘	사도행전
[3:1]καὶ ἔσται μετὰ ταῦτα καὶ ἐκχεῶ ἀπὸ τοῦ πνεύματός μου ἐπὶ πᾶσαν σάρκα, καὶ προφητεύσουσιν οἱ υἱοὶ ὑμῶν καὶ αἱ θυγατέρες ὑμῶν καὶ οἱ πρεσβύτεροι ὑμῶν ἐνύπνια ἐνυπνιασθήσονται καὶ οἱ νεανίσκοι ὑμῶν ὁράσεις ὄψονταί ²καὶ ἐπὶ τοὺς δούλους καὶ ἐπὶ τὰς δούλας ἐν ταῖς ἡμέραις ἐκείναις ἐκχεῶ ἀπὸ τοῦ πνεύματός μου. ³καὶ δώσω τέρατα ἐν τῷ οὐρανῷ καὶ ἐπὶ τῆς γῆς, αἷμα καὶ πῦρ καὶ ἀτμίδα καπνοῦ. ⁴ὁ ἥλιος μεταστραφήσεται εἰς σκότος καὶ ἡ σελήνη εἰς αἷμα πρὶν ἐλθεῖν ἡμέραν κυρίου τὴν μεγάλην καὶ ἐπιφανῆ. ⁵καὶ ἔσται πᾶς ὃς ἂν ἐπικαλέσηται τὸ ὄνομα κυρίου σωθήσεται.	[2:17]καὶ ἔσται ἐν ταῖς ἐσχάταις ἡμέραις, λέγει ὁ θεός, ἐκχεῶ ἀπὸ τοῦ πνεύματός μου ἐπὶ πᾶσαν σάρκα, καὶ προφητεύσουσιν οἱ υἱοὶ ὑμῶν καὶ αἱ θυγατέρες ὑμῶν, καὶ οἱ νεανίσκοι ὑμῶν ὁράσεις ὄψονται. καὶ οἱ πρεσβύτεροι ὑμῶν ἐνυπνίοις ἐνυπνιασθήσονται· ¹⁸καί γε ἐπὶ τοὺς δούλους μου καὶ ἐπὶ τὰς δούλας μου ἐν ταῖς ἡμέραις ἐκείναις ἐκχεῶ ἀπὸ τοῦ πνεύματός μου, καὶ προφητεύσουσιν. ¹⁹καὶ δώσω τέρατα ἐν τῷ οὐρανῷ ἄνω καὶ σημεῖα ἐπὶ τῆς γῆς κάτω, ²⁰ὁ ἥλιος μεταστραφήσεται εἰς σκότος καὶ ἡ σελήνη εἰς αἷμα, πρὶν ἐλθεῖν ἡμέραν κυρίου τὴν μεγάλην καὶ ἐπιφανῆ ²¹καὶ ἔσται πᾶς ὃς ἂν ἐπικαλέσηται τὸ ὄνομα κυρίου σωθήσεται.

70인역을 수정한 부분 가운데 다음 여섯 가지는 신학적으로 상당히 중요하다.[5]

---

5   다음과 같은 변화는 소소하거나 문체상의 변화에 불과하다. (i) 70인역의 복수 목적격

a. 여기서 이 은사를 종말론적 약속으로 간주하면서 70인역의 μετὰ ταῦτα("그 후에)를 2:17의 ἐν ταῖς ἐσχάταις ἡμέραις("마지막 날에)로 교체함(아마도 이 어구는 누가의 편집이라기보다는 전승을 따른다고 볼 수 있다).

b. 2:17의 λέγει ὁ θεός를 첨가함. 이 문구가 신탁 안에서 이곳에 배치된 것은, 비록 편집상으로는 누가가 이 약속이 구체적으로 아버지의 것임을 밝히는 기능을 하지만, 아마도 누가 이전의 것으로 보인다(참조. 눅 24:49; 행 1:4).[6]

c. 남종들과 여종들 다음에 μου를 삽입함. 이것은 이 은사가 사회학적 범주가 아니라 **하나님의** 종들에게 주어진 것임을 부각시킨다.

d. 2:18에서 καὶ προφητεύσουσιν이 추가됨(이 은사가 예언의 영임을 명확히 하고, 이것을 2:17c과의 수미상관 구조를 통해 강조함).

e. 2:22을 예비함과 동시에 오순절 사건을 해석하는 σημεῖα … κάτω를 첨가함.

f. 누가는 그의 자료에서 요엘 3:5b "이는 나 여호와의 말대로 시온산과 예루살렘에서 피할 자가 있을 것임이요, 남은 자 중에 나 여호와의 부름을 받을 자가 있을 것임이라"를 생략한다. 이 문장은 그의 자료에 들어 있던 원 인용문이었던 것으로 보인다. 왜냐하면 베드로는 2:39에서 이 문장의 마지막 부분을 사용하기 때문이다(그리고 이 단락은 예루살렘에 나타난 신의 현현과 잘 조화를 이룬다!). 누가가 이 문자를 생략한 이유는 한편으로 이 인용문은 구원을 얻기 위해 하나님의 이름을 부르는 것과 잘 조화를 이루며 절정에 이르고, 다른 한편으로는 그가 하나님의 구원이 예루살렘에 초점이 맞추어져 있지 않다는 것을 알고 있기 때문이다.[7]

을 ἐνυπνίοις(2:17)으로 수정한 것. (ii) 2:17에서 καὶ가 생략된 것(그러나 이것은 일부 70인역 본문과 일치한다). (iii) 2:18의 γε를 추가한 것. (iv) 2:17에서 젊은이들과 늙은이들에 관한 구절들의 순서가 바뀐 것.

6   누가는 이 같은 주장을 인용문 안에 집어넣지 않는다. 즉 이러한 현상은 오직 누가의 자료에서만 발견된다(예. 스데반의 연설에 대한 누가 이전의 전승으로 보이는 7:7, 49).

7   J. Dupont, *Etudes sur les Actes des Apôtres* (Paris; Cerf, 1967), 393-419; Rese, *Motive*,

1.2. 오순절 연설에 담긴 인용문의 일반적인 목적

요엘 3:1-2[2:28-29]이 사용된 목적은 분명하다. 이 인용문은 오순절의 방언(glossolalia) 현상을 잘 설명해준다. 우리가 이미 3-5장에서 살펴보았듯이 성령에 대한 요엘의 약속은 필히 "예언의 영"의 관점에서 이해해야 하며, 누가나 또는 그의 자료는 2:18에서 "그리고 그들은 예언할 것이다"라는 문장을 삽입함으로써 이 점을 더욱 확연하게 만든다. 2:17d과 수미상관 구조를 만드는 "꿈"과 "비전"에 대한 언급은 "예언의 영"이라는 관점에서 유대교의 기대와 전적으로 일치한다. 왜냐하면 이것들이 은사적인 계시를 받는 보편적인 수단으로서 "예언의 영"이라는 원형적인 은사였기 때문이다. 방언은 (우리가 알고 있는 바로는) 유대교 내에 알려져 있지 않았고, 따라서 구체적으로 "예언의 영"의 은사로 여겨지지 않았다(사실 만약 그것이 알려져 있었더라면 이러한 설명이 필요하지 않았을 것이다). 그러나 우리가 이미 살펴보았듯이(3장) 돌발적인 은사적 찬양은 원형적인 은사였으며, 특히 성령을 처음으로 받거나 또는 성령이 사람에게 극적으로 임하는 것과 관련하여 간헐적으로 나타날 것을 기대할 수 있었다. 이러한 개념적인 맥락 안에서 방언은 어떤 특별한 형태의 찬양을 위한 예언적 발언으로 쉽게 간주될 수 있었고, 이것이 바로 누가가 사도행전 10:46("이는 방언을 말하며 하나님 높임을 들음이러라")과 19:6("그들은 방언도 하고 예언도 하였다")을 이해한 방식이다.[8]

멘지스는 2:11에서 예루살렘을 방문한 사람들이 "그들이 우리의 언

50; Lüdemann, *Christianity*, 45.

8   이 두 사건에서 방언을 하나님을 찬양하는 것과 예언자적인 발언을 형식적으로 동일시하는 것(Haya-Prats, *L'Esprit*, 4에서처럼)과 무관하게, 분명히 이 두 사건은 이를 서로 밀접하게 연관시킨다. 방언이 찬양을 위한 예언자적 발언이라고 주장하는 Turner, "Luke and the Spirit," 131-33를 보라; 참조. A. J. M. Wedderburn, "Tradition and Redaction in Acts 2:1-13," *JSNT* 55 (1994), 50.

어로 하나님의 위대한 일을 말하는 것을 우리가 듣는다"라고 말한 것을 근거로 사도행전 2장의 외국 언어(xenolalia)는 찬양[9]이 아니라 선교를 위한 선언이라고 주장한다. 누가 자신이 이 장면을 (무언가를 듣는 기적보다) 무언가를 발설하는 기적(speech miracle)으로 이해했을 개연성은 매우 높다. 즉 이 사건에서는 방언(glossolalia)이 외국 방언(xenolalia)으로 인식된다.[10] 그러나 누가가 이것을 돌발적인 은사적 찬양이 아닌 선교를 위한 선언으로 생각했을 개연성은 희박하다. (1) 유대교는 이러한 이해를 위한 준비가 되어 있지 않았다. (2) 이 두 비슷한 사건(행 10:46과 19:6)에서는 이러한 예언적 찬양이라는 "즉흥적인 분출"을 귀로 들을 만한 "외부인"이 없었으며, 누가를 비롯한 다른 어떤 신약 저자도 선교를 위한 선언으로서의 방언에 대해 알고 있음을 증언하지 않는다(오히려 바울은 외부인들이 방언하는 사람들을 미쳤다고 여길 것이라고 생각한다, 고전 14:23). (3) 선교를 위한 선언이라는 의미는, 멘지스가 주장하는 것처럼, "하나님의 위대한 일"(2:11)이라는 명사구 안에 암시되어 있지 않다. 모세의 노래(출 15장)와 드보라의 노래(삿 5장) 이후부터 하나님의 위대한 행위를 높이 찬양하는 것(그것이 이인칭이든 삼인칭이든 간에)은 유대교의 찬양에서 흔히 찾아볼 수 있

---

9 Menzies, *Development*, 211은 대체적으로 Kremer, *Pfingstbericht*, 158, 165-66에 의존한다. Kremer의 견해에 대한 반론은 Wedderburn, "Tradition," 50-51을 보라.

10 Turner, "Spiritual Gifts," 17-18; P. Esler, "Glossolalia and the Admission of Gentiles into the Early Christian Community," *BTB* 22 (1992), 141; Wedderburn, "Tradition," 49. 최근에 J. Everts는 (누가에게 있어) 오순절 사건에는 외국 방언이 아니라 방언 및 귀에 들리는 기적이 수반되었다는 견해를 피력하면서 2:4과 2:8에 근거하여 무리 안에 있던 각 사람은 제자 그룹 전체가 각각 자기 고유의 언어로 말하는 것을 들었다고 결론 내린다("Tongues or Languages? Contextual Consistency in the Translation of Acts 2," *JPT* 4 [1994], 74-75). 그러나 이러한 복잡한 재구성(제자들보다 청중들에게 더욱 큰 기적이 일어났고, 2:4과 2:11의 γλώσσαις에 다른 의미를 부여하는 해석)은 그리 설득력이 없다; 참조. W. E. Mills, *A Theological/Exegetical Approach to Glossolalia* (London: University Press of America, 1985). 그는 누가는 "성령의 은사가 무리에 임했다는 것을 언급하지 않는다.…사실 누가의 강조점은 듣는 것보다 말하는 것에 있었다"고 말한다 (62; 참조. 65, 92).

는 요소로 자리 잡았다(눅 1-2장의 여러 찬가[마리아 찬가, 사가랴 찬가, 시므온 찬가]는 이와 동일한 강조점을 부각시킨다). 누가가 만약 이 외국인들을 향해 하나님의 위대한 일을 선교적으로 선언하는 기적적인 방언을 암시하고 싶었더라면 그는 그 의미를 잘 살릴 수 있는 보다 구체적인 동사를 사용했을 것이다(예. ἀναγγέλλω "선언하다"; διαγγέλλω "선포하다"; εὐαγγελίζω "복음을 말하다"; κηρύσσω "설교하다, 선포하다"). 또한 물론 무리들에게 낮술에 취했다며 빈정거릴 만한(잘 준비된 "증언"이기보다는 열광적인 말이나 행동을 표현하기에 더 알맞은 모습) 빌미도 주지 않았을 것이고, 베드로가 직접 설명하고 설교할 필요도 없었을 것이다.

그러나 레제가 올바르게 지적했듯이 요엘 인용문에는 연설을 하게 만든 오순절의 현상을 단순히 설명하는 것 외에 또 다른 의도가 담겨 있었다. 만일 그 목적만 있었다면 베드로는 요엘 3:3-5[2:30-32]이 필요 없었을 것이다![11] 이 긴 단원이 여기에 삽입된 이유는 바로 이 단원이 "누구든지 주의 이름을 부르는 자는 구원을 받으리라"(요엘 3:5a=행 2:21)는 진술로 마무리되기 때문이며, 이 연설은 궁극적으로 이 진술을 **기독론적인** 의미를 담아 해석할 것이기 때문이다. 베드로는 예수가 "주"로 선포되셨고(2:36), 사도행전 2:39=요엘 3:5b(그리고 행 2:21=요엘 3:5a)의 "주 하나님"과 밀접하게 하나가 되었다고 주장한다. 너무나도 밀접하게 하나가 된 나머지 회개의 세례를 받을 때 하나님을 부르는 자들은 "예수 그리스도의 이름으로"(2:38) 그 의식을 치르게 되는 것이다. 따라서 이러한 세례 문구는 예수가 구원을 위해 불러야 하는 이름인 "주"와 (기능적으로) 하나가 되었다는 신앙을 표현한다.[12]

베드로의 연설의 요점은 그가 요엘 3장을 한편으로는 주님이신 예수

---

11 *Motive*, 45-55.

12 특히 Haenchen, 186; Bock, *Proclamation*, 164-66, 183-87; R. Sloan, "'Signs and Wonders': A Rhetorical Clue to the Pentecost Discourse," *EvQ* 63 (1991), 233; Franklin, *Luke*, 277-78, n. 2을 보라.

에게, 다른 한편으로는 그의 이름을 부를 청중들에게 적용할 신학적 근거를 마련하는 것이다. 베드로의 "근거"는 다음 네 가지에 달려 있다.

a. 요엘 인용문은 예수의 사역과 죽음을 통해 종말론적인 성취를 이미 어느 정도 이루었다.

b. 예수는 부활했고, 따라서 그는 다윗이 시편 16편(참조. 2:25-32)에서 예언적으로 말한 다윗의 종말론적인 아들일 수밖에 없다.

c. 예수가 높임을 받았기 때문에 다윗이 "나의 주"로 언급하고, 또 주(하나님)로부터 통치권을 부여받은 자(시 110:1에 근거하여)가 바로 다름 아닌 예수임이 분명하다. 예수는 주와 그리스도가 되셨다(2:33-36).

d. 예수의 승귀의 본질과 이로 인해 주어지는 은사의 본질은 예수가 요엘 인용문의 "주"와 밀접하게 하나가 됨을 의미하기에 그는 구원을 위해 사람들이 불러야 할 구원자로 소개될 수 있다(2:38-39).

이러한 여러 "논증" 단계는 설명을 필요로 한다.

1.3. 베드로의 논증

(A) 첫 번째 논증 단계는 사도행전 2:19의 요엘 인용문에 ἄνω("위"), σημεῖα("표적"), κάτω("아래") 등 세 단어를 삽입함으로써 확고해진다. 이 단어들은 대조적 병행 구조를 만들어냄으로써 요엘 인용문의 전체 구조를 바꾸어버린다. 이러한 변화는 19c의 묵시문학적 언어("피와 불과 연기")를 이 땅의 "징조"의 관점에서 해석함으로써 "기사"는 위의 영역에, "표적"은 아래의 영역에 할당한다.[13] 이에 대한 효과는 두 가지다.

1. 요엘 본문은 이제 "기사"와 "표적"에 대해 말하고, 이는 일반적

---

[13] Schneider, 269, n. 47은 이것이 어느 곳에서나 표적과 기사를 다 볼 수 있었다고 말하는 누가의 방법이라고 주장한다. 그러나 "표적과 기사"가 예수와 모세에 의해 이 땅에서 행해졌다고 말하는 누가의 견해와의 불일치는 요엘 인용문에 대한 수정을 누가 **이전의** 것으로 가정할 때 더 잘 설명된다.

인 70인역의 어순과는 대조되며, 누가에게도 이례적이다.[14] 이것은 다수의 반향을 불러일으킨다. (i) 우리는 2:22에서도 동일한 어순을 발견하는데, 거기서 베드로는 하나님이 예수의 사역을 통해 기사와 표적을 일으키셨음을 언급한다(물론 예수의 "기사"는 이 땅에서 일어나는 것이기 때문에 이러한 연결은 주석적이라기보다는 암시적이긴 하지만 말이다).[15] (ii) 레제는 천상의 기사 다음에 이 땅의 표적이 나오는 어순은 누가가 휘장이 찢어지는 장면을 해가 빛을 잃은 장면(눅 23:45) 바로 뒤에 배치시킨 방식과 일치한다고 지적하면서 이를 근거로 누가가 요엘 인용문이 십자가 사건을 통해 모두 성취되었다는 식으로 이해했다고 추론한다.[16] 비록 수난을 통해 어떤 부분이 성취되었다고 생각할 수는 있어도, 누가 자신이 일련의 사건이 적어도 예수의 사역에까지 거슬러 올라갈 수밖에 없는 이 표현들을 모두 소진했을 가능성은 희박하다. (iii) 크레머[17]는 레제의 견해에 반대하여, 19c의 여러 요소(불, 연기)가 십자가 사건에서 성취되지 않았고, 누가는 σημεῖα가 장차 나타날 종말론적 표적들과 특별하게 연관되어 있다는 것을 알고 있었다고 주장한다(참조. 눅 21:11, 25). 우리는 아마도 이러한 개별적인 통찰이 모두 유효하며, 누가가 예수가 행한 τέρατα와 σημεῖα뿐만 아니라 십자가 사건과 관련이 있는 표적과 기사도 다양한 수준에서 요엘의 예언에 대한 성취로 이해했다는 것을 수용해야 할 것이다. (예수의 폭넓은 사역의 정황에서 나타난) 이러한 사건들과 종말론적 사건들 간의 내적인 일관성은

---

14   이 어순은 2:43에서도 발견되는데, 거기서 누가의 요약문은 이것을 제자들에게까지 확대한다. 다른 곳(모세-[스데반-예수의 병행이 나타나는 6:8과 7:36은 제외하고)에서는 이 어순이 역으로 나타나며, σημεῖα καὶ τέρατα라는 70인역의 일반적인 문구를 따른다.

15   이와 유사한 주장은 Sloan, "Signs," 235-37을 보라. 그는 사실상 이것을 2:19의 주요 언급으로 본다.

16   *Motive*, 54; 참조. Stanton, *Jesus*, 81-82. Sloan, "Signs," 236-37은 이것이 누가가 의미하는 것의 한 측면임을 인정한다.

17   *Pfingstbericht*, 173-74.

"마지막 날"이 이미 도래했다는 주장을 강화해준다.[18] 베드로는 이로써 요엘 본문을 기독론적으로 사용할 만한 발판을 마련했다고 볼 수 있다.

2. (아직 2:22까지 읽지 않은) 사도행전의 독자는 2:19에서 수정된 내용이 오순절 사건을 예수가 올라간 하늘로부터 주어진 "표적"으로 묘사하기에 특별히 잘 어울린다는 것을 인식할 것이다. 즉 사도행전 1:9-11의 "하늘로"는 사도행전 2:2의 "하늘로부터"에 상응하며, 부활하신 주님은 바로 그 "하늘로부터" 땅에 있는 제자들에게 그들이 보고 듣는 소리와 **불**의 표적(참조. 2:3-4)을 부어주신다(2:33). 오순절의 신의 현현에 대한 묘사(2:2-4)는 시내산 사건에 대한 암시로 가득 차 있으며, 이러한 암시는 요엘 인용문의 "연기"에 대한 언급과도 특별히 일관성을 보인다.

이러한 암시의 종합적인 효과는 요엘 인용문이 예수를 통해 성취되었다는 베드로의 주장에 근거를 제공한다.

(B) 베드로의 논증 가운데 두 번째 단계(2:25-32)는 예수가 다윗 계열의 메시아임을 주장한 자였다는 이해와 함께 시편 16편에 대한 전통적인 해석에 의존한다는 점에서 이해하는 데 큰 어려움이 없다.[19] 그러나 여기서 그의 논증은 그의 자손의 부활이 다윗을 통해 예언되었고, 그의 부

18　따라서 2:17에서 ἐν ταῖς ἐσχάταις ἡμέραις의 사용은 적절하다. Haenchen은 누가가 자신의 비(非)종말론적 접근 방법 때문에 μετὰ ταῦτα(B 076 sa al에도 등장하는)라고 쓸 수밖에 없었다는 견해를 견지한다. Conzelmann(35)은 Haenchen의 주장을 뒷받침하기에는 사본학적 증거가 약하다는 것을 인정하지만, 누가는 다수의 독법의 표현을 종말론적으로 이해하지 않았다고 주장한다. 위의 두 해석 모두 타당하지 않다. Zehnle(*Discourse*, 29-30)와 Rese(*Motive*, 52)에 의하면 μετὰ ταῦτα는 더 나은 독법과 그 표현이 발췌된 요엘의 문맥("종말"에 관한 유대교의 소망의 본보기)보다 덜 "종말론적"이지 않다. 누가의 표현은 종말까지의 기간을 연대기적으로 한정짓지는 않지만, 그 **성격**에 있어서는 종말론적이다. 이에 관한 논의와 문헌은 Bock, *Proclamation*, 160-61을 보라.

19　Rese, *Motive*, 55-58에 반하여. 그는 오직 그리스 문화에 속한 자만이 시 16편을 이렇게 놀라운 방식으로 사용할 수 있다고 주장한다. 그러나 다수의 쿰란 자료와 비교해 보면 베드로의 연설은 둔감하다; 참조. Lindars, *Apologetic*, 38ff; Bock, *Proclamation*, 169-81.

활(이에 대해서는 사도들이 증인임)을 통해 다윗의 종말론적 후손이라는 예수의 정체가 드러났다는 것을 오직 형식적으로만 보여준다.

(C) 세 번째 "단계"에서는 베드로의 논증의 논리가 훨씬 덜 분명하다. 2:33은 "하나님의 오른편으로 들어올림을/높임을 받았다(ὑψωθείς)"라는 주장으로 시작한다. 여기서 동사 ὑψόω는(5:31과 마찬가지로) "지위의 자리에 올리다, 높이다"라는 의미이며, 하나님 우편에서의 통치를 위한 예수의 승천-승귀를 가리킨다. 오직 이러한 이해만이 다윗이 "하늘로 올라간 것"이 아니라 다윗이 그가 "나의 주"라고 칭하는 이에게 그 자리가 주어질 것이라고 예고했다는 2:34-35의 상반된 주장을 제대로 설명해준다(시편 110:1)[20]. 그러나 2:33a의 주장이 어떻게 논리적으로 그 이전에 말한 것과 연결이 되는지는 불분명하다. 왜냐하면 베드로 자신이 목격했다고 주장할 수 있는 예수의 부활이나 승천 자체가 예수가 하나님 우편으로 높임을 받았다는 결론을 도출해내지 못하기 때문이다. 천상의 영역에는 그 지위 밑에도 높은 지위를 나타내는 장소가 많이 있었다. 그렇다면 2:33의 주장과 2:19-32을 서로 연결하는 것은 무엇인가? 린다스(Lindars)는 시편 16편(LXX 15편)의 지속적인 영향과 11절의 "주의 오른쪽"에서 영원한 즐거움을 누리는 것에 대한 언급(이것은 **게제라 샤바**로 시 110:1과 서로 연결 될 수 있다)이 위의 두 본문을 서로 연결해준다고 제안한다.[21] 그러나 프랭클린(Franklin)이 지적하듯이 누가는 그 구절을 생략하는데, 이는 아마도 시편 16편을 승천보다는 부활에 적용하기 위기 위함이었을 것으로 보인다. 오툴(R. F. O'Toole)은 2:30에서 다윗의 자손 가운

---

20   따라서 현 문맥은 τῇ δεξιᾷ가 도구적 의미("하나님의 오른팔로")보다는 장소적 의미
     ("하나님 우편에")에 더 잘 어울린다. 이에 대한 반대 의견은 Dupont, *Etudes*, 302-
     304; Voss, *Christologie*, 133; Bruce, *Acts*, 126를 보라; 참조. Lohfink, *Himmelfahrt*, 70-
     73; M, Gourgues, "'Exalté à la droite de Dieu' (Ac 2:33; 5:31)," *SE* 27 (1975), 303-27;
     idem, *A la droite de Dieu. Résurrection de Jésus et actualisation de psaume 110.1 dans le
     Nouveau Testament* (Paris: Gabalda, 1978), 164-69; Mainville, *L'Esprit*, 54-59.
21   *Apologetic*, 42-44.

데 하나가 그의 보좌에 앉을 것이라는 하나님의 약속이 이 둘의 연결고리가 된다고 보다 더 타당성 있는 주장을 펼친다. 이 경우 시편 110편은 (하나님의 우편에 있는) 보좌의 위치를 묘사하는 것으로 이해될 수 있으며, 이것은 또한 누가복음 20:41-44에 기록된 예수의 가르침 및 22:69의 그의 주장과 일치하는 것으로 간주될 수 있다. 따라서 사도행전 2:19-32과 2:34-36의 연계는 다윗에게 주신 약속에 기초를 두고 있으며,[22] 이 두 본문은 하나님이 이 예수를 단순히 "그리스도"뿐만 아니라 "주와 그리스도"(2:36)가 되게 하셨다는 주장을 설명해주기에 충분하다. 왜냐하면 솔로몬의 시편 17:32에서 "주"란 칭호는 메시아적 의미("주 메시아"; 참조. 18:7)이기 때문이다. 따라서 베드로의 주장의 세 번째 단계는 1세기 유대교 정황에서 납득하기에 충분한 설득력을 지니게 된다.

(D) 그러나 베드로의 주장의 네 번째 단계는 지금까지 언급된 것을 넘어 다른 무언가를 더 요구한다. 유대교 정황에서 하나님의 우편으로 높임을 받은 인간이 요엘 3:5[2:32]과 함께 "예수 그리스도의 이름으로" 받는 세례에 암시되어 있는 방식으로 그 이름을 "부름으로써" 구원을 얻게 될지는 다소 의구심이 든다.[23] 이러한 놀라운 주장을 가능케 할 만한

22　R. F. O'Toole, "Acts 2:30 and the Davidic Covenant of Pentecost," *JBL* 102(1983), 245-58; Bock, *Proclamation*, 181-86.

23　이 주장은 의심의 여지가 있다. 하나님의 최고 대리인으로서 그의 보좌로 높임을 받은 어떤 인간적 존재에게 하나님이 어떤 역할을 위임할 것인지에 대해 유대인들이 어떠한 기대를 갖고 있었는지 파악할 수 있는 자료가 우리에게는 턱없이 부족하다. 랍비 아키바(135년에 죽음)는 다른 랍비들과 다윗 계열의 메시아가 과연 하나님 옆에 앉을 수 있는지 또는 그렇게 높임을 받는 것 자체가 신성모독이기 때문에 단순히 불가능한 것이 아닌지를 놓고 토론을 벌였다(예. *b. Ḥag* 14a//*b. Sanh* 38b; *m. Tanḥuma* [Qedoshin §1]; 참조. Catchpole, *Trial*, 140-4. Bock는 이러한 이해는 왜 제사장들이 눅 22:69의 예수의 주장을 신성모독으로 간주했는지를 설명해준다고 주장한다. D. L. Bock, "The Son of Man Seated at God's Right Hand and the Debate over Jesus' 'Blasphemy'," in Green and Turner [eds.], *Jesus*, 181-91). 아브라함의 유언 11-13에서 아벨은 하나님이 임명한 대리인으로서 모든 인류를 심판할 보좌에 앉지만, 구원하는 인물로 그려지지 않으며, 그의 보좌는 하나님의 우편이 아니라 천상의 도시로 들어가는 입구에 위치한다. 이와 마찬가지로 에녹1서에서 "선택된 자"(the Elect One)에게 하나님의 보좌가 주

전제는 2:33b, c에서 발견된다. 하나님의 우편으로 높임을 받은 이는 아버지로부터 "성령의 약속을 받았으며", 그는 (하나님 자신의 자리에서; 참조. 2:17b, c) **"너희가 보고 듣는 이것을 부어주셨다!"**(오순절 현상) 이 진술은 부분적으로 다윗 계열의 메시아는 성령으로 강하게 힘입은 인물일 것이며, 다른 이들은 그를 통해 성령이 하시는 일을 경험할 것이라는 고대 유대교 사상에 그 근거를 두고 있지만, 이 진술은 그러한 이해에서 훨씬 더 나아간다.

여기서는 부수적으로 세 가지 요점을 더 지적할 필요가 있다.

1. 이미 널리 알려진 바와 같이 "아버지의 약속"은 이 주장을 예비하는 차원에서 이미 누가복음 24:49과 사도행전 1:4에서 사용된 누가의 표현이다. 물론 그 문맥에서는 아직 그 "약속"의 정확한 내용이 베일에 싸여 있지만 말이다.

2. 누가복음 24:49은 예수가 "내가 너희에게…보낼" 약속이자 제자들이 "이 성(=예루살렘)"에서 받게 될 이 약속을 "위로부터 [올] 능력"으로 신비스럽게 언급함으로써 사도행전 2:33의 주장을 예비한다. 사도행전 1:5도 이 약속을 성령의 능력을 부여받은 메시아가 이스라엘을 정화/회복시킬 것이라는 세례 요한의 예언과 동일시한다.

어질 것이지만, 단순히 하나님을 대신하여 인간들(45:3; 51:3)과 아자젤(Azaz'el)과 그의 주인들(55:4)과 천사들(61:8)의 심판자의 역할을 수행하는 임무가 주어진다. (아브라함의 유언 13:3이 제시한) 근거는 오직 사람(피조물)만이 인류와 하나님의 다른 피조물을 심판할 수 있다는 것이다. L. W. Hurtado, *One God, One Lord* [London: SCM Press, 1988], 59은 비극작가 에스겔(68-80)이 왕관과 홀이 주어지고 수많은 별의 칭송을 받으며 하나님의 보좌에 오르는 모세를 묘사한다고 주장한다. 그러나 이것은 (마지막 행이 말해주듯이) 단지 꿈에 불과하며, 모세의 장인은 이것이 그가 곧 **이스라엘**을 이 땅에서 다스리게 될 것과 그가 받게 될 계시의 능력을 가리키는 것으로 해석한다. 다시 말하면 꿈이라는 담론을 떠나서는 하나님의 보좌로 등극하는 내용은 전혀 없다. 너무도 많은 불가능한 일들이 꿈에서는 모두 "가능하다." 내가 알고 있는 한, 이것이 중간기 아모라임 이전 시대가 제시할 수 있는 증거의 전부다. 상당히 후대의 작품인 에녹3서 9-10에서 에녹은 놀라우리만큼 메타트론으로 변화되며, 야웨의 것과 같은 보좌가 그에게 주어지며, 그의 칙서는 천상의 모든 장소에까지 확대되지만, 심지어 여기서도 그는 지상에서 기원하는 구원자가 아니다.

3. 그러나 사도행전 2:17-18, 33에서 말하는 이 약속의 성취는 유대교에서 메시아에 대해 갖고 있던 인식 그 너머로 독자들을 인도한다.[24] 왜냐하면 이 약속의 성취는 성령이 예수와 맺는 관계를 하나님 아버지와 맺는 관계와 동일하게 상정하기 때문이다. 따라서 2:17에서 누가가 사용한 전승은 구체적으로 요엘 3:1[2:28] 인용문 안에, 그리고 "**내가** 내 영을…부어 주리니"라는 말씀 바로 앞에 "하나님이 말씀하시기를"(λέγει ὁ θεός)이란 어구를 포함시켰다.[25] 유대교의 관점에서 볼 때 이러한 첨언은 하나님 외에는 그 어떤 존재도 이스라엘에게 "예언의 영"이라는 보편적인 종말론적 은사인 하나님의 영을 "부어줄 수" 있다고 상상할 수 없었기 때문에 사실은 불필요한 것이었다. 그리고 다른 높임을 받은 존재들에게 위임할 수 있는 종말론적 심판에 대한 하나님의 능력과는 달리 하나님의 **영**은 (심지어 쉐키나보다 더욱 강하게) **초월적인 하나님의 역동적인(주로 자기-계시적인) 인격적 임재를 언급하는 하나의 방식**이었기 때문이다. 이 점을 재차 강조하자면, 비록 하나님이 자신의 임재와 능력을 나타낼 수 있는 다수의 중요한 대리자(주요 천사, 높임을 받은 족장, 심지어 지혜와 말씀과 같은 인격화된 그의 속성들을 포함하여)를 수하에 두고 있지만, 성령은 단순히 결코 하나님으로부터 분리될 수 있는 대리자가 아니라 유대교에서 하나님이 대리자를 통해 행하시는 것과는 **대조적으로 하나님 자신**의 활동을 묘사하는 아주 소수의 방법 가운데 하나다. 성령은 하나님의 존재 방식, 그의 입의 "숨결", 그를 감싸는 "생명"이며, 따라서 그의 성품과 생명력의 중개되지 않은 확장이다.[26] 따라서 "내가 **내** 영으로 모든 육체에게 부어 주리니"라는 말씀 앞에 "**하나님이 말씀하시기를**"이란 어구가 덧붙여짐으로써

---

24 본서 7장을 보라.

25 누가는 다른 곳에서 당연히 누가 이전의 연설로 여겨지는 행 7:4, 49을 제외하고는 인용문 안에서 이러한 주장을 포함시키지 않는다.

26 Turner, "The Spirit of Christ and 'Divine' Christology," in Green and Turner (eds.), *Jesus*, 422-24.

청중들이 하나님의 영의 초월성에 대해 새삼 다시 생각하게 되었을 때, **승천하신 예수**가 "너희가 보고 들은 이것을 부어 주셨다"(2:33)는 베드로의 주장은 그들에게 놀라운 충격으로 다가오지 않을 수 없었을 것이다. 여기서 예수는 종말론적인 은사인 하나님의 영을 부여하는 것을 단순히 중개할 뿐만 아니라, 실제로 성령을 통해 제자들에게 주어진 특정 현상의 주체가 된다. 그는 청중들이 "보고" "듣는" 특정 은사를 "부어 주셨다."

오순절 연설을 "베드로의" 관점에서 보면 하나님의 영은 또한 "예수의 영"(τὸ πνεῦμα Ἰησοῦ; 참조. 16:7)이 되었다고도 할 수 있다. 예수는 "성령의 주"가 되었고, 성령은 하나님 자신과 그의 영의 관계의 유비를 따라 그의 임재를 나타내는 실행 능력이 되었다(물론 이 부분은 베드로의 연설에서 단지 암묵적으로만 나타났다가 사도행전이 전개되는 과정에서 내레이터에 의해 더욱 온전하게 드러난다). 기독교 이전의 유대교에서는 이러한 주장이 메시아나 또는 다른 어떤 높임을 받은 피조물에게 개진된 사례가 전혀 없으며, 유대교 유일신론에 위협을 가하지 않고서는 이러한 주장이 결코 펼쳐질 수도 없었다.[27] 따라서 하나님을 대신하여 종말론적인 성령을 "부어 주신" 이가 예수였다는 확신은 예수가 초월적인 의미에서 "주"로 인식되어야 한다는 주장을 뒷받침해주기에 충분했다.[28] 만약 예수의 역할이 하나님의 보좌

---

27 Turner, "Spirit and 'Divine' Christology," 413-36.

28 J. C. O'Neill, "The Use of KYRIOS in the Book of Acts," *SJT* 8 (1995), 160-74은 예수가 "주"로 언급되는 사도행전의 여러 연설의 문맥은 그가 주 하나님의 계시이자 그의 유일한(참조. 4:12) 전권대사로서 하나님과 완전한 관계를 맺고 있다는 것을 보여준다고 정확하게 지적한다(참조. 또한 G. Stählin, "Tὸ πνεῦμα Ἰησοῦ [Apg. 16:7]" in Lindars and Smalley [eds.], *Christ*, 229-52; D. L. Jones, "The Title Kyrios in Luke-Acts," in G. W. Macrae [ed.], *SBL Seminar Papers gung des Heils beim Evangelisten Lukas* [Mainz: Matthias-Grünewald, 1975], 117-21; 227-40). O'Neil은 그의 소논문에서 "예수는 유대인들이 예배하던 주(Lord)로 선포되었다"(162)고 말했는데, 최근에 (*Theology*, 131) 그는 아람어를 사용하던 초창기 공동체가 시 110:1을 바탕으로 이러한 견해를 견지했다는 것을 부인한다. 그 이유는 그 공동체가 그 구절의 두 주(two Lords)를 서로 구별할 수 있었기 때문이라는 것이다(첫 번째 주는 יהוה이고, 두 번째 주는 אדני다). 이러한 견해는 오직 시 110:1만을 근거로 기독론을 도출하려는 경우에만 타당하

에서부터 그의 영을 부어준다는 의미에서 야웨의 역할과 동일시된다면,[29] 요엘 인용문이 모든 시점에서 기독론적으로 적용되는 것을 막을 길이 없다. "예수 그리스도"는 바로 모든 사람이 불러야 할 "주의 이름"(2:36, 38-39을 2:21, 33과 비교해보라)임에 틀림없고,[30] 이러한 관점은 사도행전의 나머지 부분에서 확인된다.[31] 만약 혹자가 무슨 권위로 베드로가 이러한 담대한 주장을 할 수 있었는지 묻는다면, 누가의 내러티브에 나타난 답은 명료하다. 예수가 친히 오순절 은사를 "보내줄" 것이라고 말했고(눅 24:49), 영감을 받은 연설을 제공해줄 것을 약속한 이도 역시 예수였다(눅 21:15). 물론 누가의 시대에 이르러서는 베드로의 선언에 암시되어 있던 신학은 덜 이례적이었을 것이다.

우리는 베드로가 다윗의 종말론적 후계자에 대한 하나님의 엄중한 약속의 관점에서 요엘의 신탁을 구원론적으로 적용하는 것을 어떻게 정당화하는지를 살펴보았다. 베드로의 논증을 개별적으로 이해하는 데는 어려움이 없지만, 전반적인 패턴은 상당히 난해하다. 사도행전 2장은 오순절 사건을 신의 현현의 관점에서 묘사하는 것으로 시작하며, 위대한 은사를 받기 위해 하나님께로 올라가 그 은사를 다시 하나님의 백성에게 부어주는 자의 관점에서 이 사건을 설명하는 연설로 이어진다. 이러한 패턴

다. 하지만 אדני가 יהוה보다 반드시 그 의미가 **덜한지**는 명확하지 않으며, 만일 초창기 공동체가 예수의 하나님-이야기를 사용할 또 다른 이유들이 있었다면, 그들은 이 두 칭호를 서로 농능한 것으로 보았을 것이다.

29   누가에게 있어 성령을 "부어주는" 예수의 행위는 하나님의 행위를 대체하지 않는다. 요한복음에서처럼(14:26을 15:26, 16:7과 비교해보라) 예수는 아버지와 함께(행 2:17; 참조. 5:32; 11:15-17+15:8) 성령을 "보내시고"(눅 24:49) "부어주신다"(행 2:33).

30   따라서 Bock, *Proclamation*, 184-87. 물론 그는 예수가 욜 2:28-32의 "주"라는 베드로의 주장에 대한 근거로 성령을 부여하는 것보다 하나님의 우편으로 높임을 받으신 것에 더 큰 강조점을 둔다. Franklin, *Luke*, 277-78, n. 2은 예수가 주로서 높은 지위로 높임을 받은 것은 "결코 주=야웨와 동등한 신분임을 나타내지 않는다"고 주장하면서 Bock의 견해에 반론을 제기한다. 그러나 그의 주장은 타당하지 않다. 예수를 성령의 주로 간주하면서 누가는 이러한 동등한 신분을 표현한다.

31   참조. 4:10, 8:16; 9:28 등.

은 시내산의 모세에 관해 이야기하는 유대교 전승처럼 아주 자연스럽게 다윗을 가리키지 않는다. 사도행전 2장이 "다윗의 자손"을 묘사한다면, 우리는 그가 "모세"를 상징하는 예복과 시내산의 합창단과 함께 그의 즉위식에 참여하는 모습으로 나타난다고 말하지 않을 수 없다. 아마도 이것은 성령이 어떤 의미에서는 "새로운(더 나은 표현으로는 "갱생된") 언약의 삶의 영"임을 암시하면서 사도행전 2장의 성령론에 상당한 영향을 미쳤을 것이다.[32] 따라서 이제 우리는 그 논증을 자세히 살펴보아야 한다.

1.4. 베드로의 오순절 연설에 나타난 모세 주제와 갱생된 언약의 영?

지금까지 사도행전 2:14-39의 논증은 오직 다윗의 약속의 정황에서만 다루어져왔다. 그러나 이것이 전부일까? 우리는 누가복음이 어떻게 다윗 기독론과 모세 기독론을 새 출애굽 구원론으로 융합시키려는 경향이 있는지 살펴보았다. 그리고 누가복음이 예수가 하늘로 "올리어져" 갈 것을 예고하는 한 경우에 구약/중간기 모델은 엘리야 또는 (여행 내러티브와 특히 9:28-36; 10:1-11의 모세 관련 문맥을 감안하면) 더 개연성이 있는 모세이며, 변화산 기사에서 모세와 엘리야가 함께 나타난 것은 유대교 전승이 "모세의 승천"에 대해 알고 있었음을 암시한다. 사도행전 2장의 다윗 관련 요소들은 분명히 누가가 예수의 승천과 성령 부어주심을 모세의 관점에서 이해하고 있음을 배제하지 않는다. 젠르(Zehnle)는 오순절 연설과 사도행전 3장의 연설 사이에는 사도행전 그 어디에서보다 훨씬 더 면밀하게 잘

---

32   따라서 (다르게) Knox, *Acts*, 85-86; G. Kretschmar, "Himmelfahrt und Pfingsten,"
      ZKG 66 (1954), 209-53; Dunn, *Baptism*, 48-49; R. Le Déaut, "Pentecost and
      Jewish Tradition," *Doctrine and Life* 20 (1970), 260-62, 266; J. Dupont, "La nouvelle
      Pentecôte (Ac 2, 1-11)," in *Nouvelles Etudes sur les Actes des Apotres* (Paris: Cerf, 1984),
      193-95. Menzies는 행 2장이 모세 및 시내산과 연관되어 있다는 논지가 어떤 식으로
      든 성립되는 것을 원치 않기 때문에 그의 저서(*Development*, 229-44)에서 이를 부인하
      는 데 무려 16쪽이나 할애한다.

구성된 병행 구조가 존재한다고 주장한다.[33] 사도행전 3장에 등장하는 베드로의 연설에서 예수는 종(3:13-15, 26)으로, 그리고 고난 받고 부활/승천하시고 지금은 하늘에 계신 종말론적 메시아로 묘사되지만(3:18-21), 그 무엇보다도 양자택일을 할 수밖에 없는 운명의 갈림길에 서 있는 이스라엘(3:22-23)에게 도전하는 모세와 같은 약속의 예언자로 묘사된다. 과연 사도행전 2장은 이러한 강조점을 예고하는가? 아니면 "모세의 배경은 오순절 사건에 있어 전혀 중요하지 않다"는 보크의 주장이 더 사실에 가까운가?[34] 우리는 다음 세 가지 논지가 모두 한결같이 누가가 독자들이 2:14-38에서 다윗의 주라는 인물을 다윗과 같은 인물뿐만 아니라 모세와 같은 인물로 이해할 것을 기대하고 있음을 암시한다고 본다.

유대교 명절인 오순절과 시내산의 율법 수여의 연관성

성령이 **오순절**에 임했다는 언급 자체가 시내산의 의미를 함축하고 있다고 할 수 있다. 누가는 일반적으로 정확한 날짜를 제시하지 않는 편인데, 이 기사에 담긴 수많은 세부 사항의 모호함은 편집에 의해 삽입된 어구인 ἐν τῷ συμπληροῦσθαι τὴν ἡμέραν τῆς πεντηκοστῆς(오순절 날이 온전히 이르매)[35]의 상대적 정확성을 부각시켜주는 반면, 이례적이면서도 듣기 좋은

---

33   Zehnle, *Discourse*, 19-23.

34   *Proclamation*, 182-183; 비슷하지만, 이 부분을 덜 강조하는 Strauss, *Messiah*, 135-47, 특히 145-47.

35   E. Lohse, "Die Bedeutung des Pfingstberichtes in Rahmen des lukanischen Geschichtwerkes," in *Die Einheit des Neuen Testaments* (Göttingen: Vandenhoeck & Ruprecht, 1973), 187-89; Kremer, Pfingstbericht, 92-95; J. Dupont, "La première Pentecôte chrétienne (Ac. 2, 1-11)" in *Etudes*, 482-83을 보라. συμπληροῦσθαι는 일반적으로 어떤 기간의 완성을 의미하며, 따라서 고대하던 날(참조. 눅 9:51)이 도래했음을 암시한다. 그러나 (Haenchen, 167에 반대하여) 이 동사는 아마도 "오랫동안 기다려 온 오순절 날이 밝았을 때"를 의미하거나, 또는 Zerwick(352)이 제안하듯이 "오순절 날이 끝나가고 있을 때"를 의미하는 것도 아니며(왜냐하면 2:15은 그때가 아침임을 말해 주기 때문이다), (Pesch, 102가 제안하듯이) "오순절 날이 완전히 도래했을 때"(즉 이른 저녁이 아닌 그 명절 아침)를 의미하는 것으로 보인다.

이 어구의 동사(//눅 9:51)는 심지어 "오순절 날이 성취되었을 때"라는 뉘 앙스까지 풍긴다고 할 수 있다.[36] "오순절"(="오십 번째")은 칠칠절(Shabuoth) 이라 불리는 유대인의 명절로서, 유월절 안식일로부터 칠 주 후에 새로 추수한 곡식을 바치며 기념하라는 레위기 23:15-16의 교훈에 따른 것이다. 유월절이 유대력의 첫째 달(=니산[3월/4월]) 중간에 들어 있었기 때문에 칠칠절(Shabuoth)은 유대력의 셋째 달 중간에 끼었다. 이 명절은 기본적으로 추수 명절이었다. 그렇다면 이 외에도 또 다른 연관성이 존재했을까? 역대하 15:10-12은 아사 왕 제위 15년 **셋째 달**에 **언약 갱신**을 기념하는 축제에 관해 언급하며, 일부 유대교 그룹은 오순절이 율법 수여를 기념하기에 적절한 축제로 생각했다. 예를 들어 희년서 6장은 노아의 후손들에게 칠칠절에 갱신된 (노아의) 언약을 기념하는 책임을 지우며, 족장 시대 이후 그 **산**(시내산, 그 이후에는 시내산 언약, 6:19)에서 하나님이 이 언약을 새로 갱신할 때까지 이 식사가 그들의 기억에서 잊혔다고 진술한다. 멘지스는 이 문서에 나타나 있는 이 축제와 시내산에서의 율법 수여 간의 연관성을 "대수롭지 않은" 것으로 간주하지만,[37] 이는 이 담론의 전반적인 취지가 이스라엘로 하여금 이 책을 여는 시내산 언약을 기념하도록 촉구하기 위함이라는 사실과, 희년서 1:1-2이 시내산에서 모세가 율법을 받는 것을 셋째 달 열여섯 번째 날(즉 칠칠절 날)로 규정한다는 사실을 간과하는 것이다. 다시 말하면 이 책에서는 유대력에 따라 명절을 정확히 지키는 것이 핵심 이슈인 만큼, 오순절은 시내산에서 율법이 주어진 것을 기념해야 하는 축제다.[38] 쿰란 공동체가 매년 이 언약을 갱신했고(1QS 1:8-2:18), 또 그들이 희년서 달력을 따랐던 것으로 보이기 때문에 그들 역시

---

36 참조. C. Schedl, *Als sich der Pfingsttag erfüllte: Erklärung der Pfingstperikope Apg 2,1-47* (Vienna: Herder, 1982), 52-54; Tannehill, *Unity*, II, 26.

37 *Development*, 233.

38 Wedderburn, "Tradition," 34.

"이 명절을 세 번째 달에, 즉 아마도 칠칠절에 지켰을 것으로 보인다."[39] 새롭게 출판된 4Q266은 17-18번째 줄에서 율법에서 떠난 자들을 저주하기 위해 셋째 달에 공식적으로 모이는 것에 관한 내용을 담고 있어 이제는 이 부분을 확인해준다.[40] 그러나 마샬이 지적하듯이 필론과 요세푸스가 율법과 오순절의 연관성에 대해 침묵하고 있다는 사실은(필론은 오히려 율법을 나팔절과 연계시킨다. *Spec. Leg.* 2:188-89) 이러한 연관성이 공식적인 유대교에서는 아직 충분히 정립되지 않았음을 암시한다고 볼 수 있다. 율법과 오순절의 연관성이 유대교 내에서 자리 잡기 시작한 것은 오순절을 율법이 수여된 날로 지키기 시작한 랍비 요세 벤 할라프타(기원후 150년경) 시절부터이며(*S. 'Ol. R.* 5), 이는 아마도 (멘지스와 다른 학자들이 제안하듯이) 예루살렘 성전이 무너진 이후 추수 명절을 온전히 지킬 수 없게 됨으로써 가져온 변화를 반영하는 것으로 보인다.[41] 그럼에도 유대교 분파와 타르굼이 제시하는 증거는[42] 오순절과 율법 수여 간의 연관성이 사도행전이 다루는 기간 동안에 이미 "공기 안에" 떠돌고 있었으며, 후대에 이루어진 이 둘 간의 공식적인 관계는 갑자기 하늘에서 떨어진 것이 아니었음을 암시한다.[43]

---

39   I. H. Marshall, "The Significance of Pentecost," *SJT* 30 (1977), 349; 참조. Le Déaut, "Pentecost," 254-56. 이 보다 더 복잡한 설명이 가능하다고 보는 견해로는 J. A. Fitzmyer, "The Ascension of Christ and Pentecost," *TS* 45 (1984), 432-37을 보라. 하지만 Wedderburn, "Tradition," 34-35도 참조하라.

40   예를 들어 Eisenmann and Wise, *Scrolls*, 218-19을 보라(비록 그들의 모든 추론을 그대로 수용하는 것은 아니지만).

41   E. Lohse, *TDNT*, VI, 48-50은 예루살렘 멸망 이전에는 모세/시내산 전승과 오순절 간에 그 어떠한 접촉도 없었다는 주장을 펼친다. 이에 대한 반론으로는 Kretschmar, "Himmelfahrt," 223-29; B. Noack, "The Day of Pentecost in Jubilees, Qumran and Acts," *ASTI* 1 (1962), 73-95; J. Potin, La fête juive de la Pentecôte (Paris: Cerf, 1971)을 보라.

42   율법 수여의 날은 타르굼 출 19:1에서 유월절 이후 오십 일째로 정해지고, 24:11의 식사는 신 16:11의 추수 언약 식사의 언어로 묘사된다.

43   참조. Potin, *Pentecôte, passim*, 특히 301; Le Déaut, "Pentecost," 257-58; Kremer, *Pfingsbericht*, 14-24; Haenchen, 174; Dunn, *Baptism*, 49(또한 *NIDNTT* II, 784-85);

사도행전 2:1-13의 시내산 병행 구조

이 단락에서 우리는 한편으로는 누가와 시내산 전승 간에 그 어떠한 문학적인 의존성도 용납하지 않고, 또 다른 한편으로는 누가의 기사가 그러한 전승과 접촉이 있었고, 또 이 오순절 기사(지금 우리가 갖고 있는 형태의)가 상당히 특이하게 여겨질 수 있던 배경에서 선별되고 형성되었음을 보여주는 모세/시내산 사변에 대한 암시를 발견한다.[44] 아들러는 시내산에 대한 유대교 전승은 다양하며, 오순절과 시내산 전승의 유사성은 구속사적 중요성을 지닌 다른 유대교 사건들에 대한 묘사에서도 공통적으로 나타난다는 점을 지적했다.[45] 멘지스는 아들러의 이러한 지적을 받아들여 사도행전 2:1-13에서 시내산에 대한 반향을 발견한다고 주장하는 이들을 반박할 강력한 무기로 사용한다.[46] 멘지스는 오순절 기사와 다른 "유사하다"고 여겨지는 본문(대표적으로 출 19:16-19; 신 4:11-12; 민 11:25; 필론, *Dec*, 32-36, 44-49; *Spec. Leg.* 2:188-89; 타르굼 위[僞]요나단 출 20:2; *b. Šab.* 88b) 간에는 유사점보다는 **차이점**이 더 크다고 생각한다. 더 나아가 그는 율법 수여와는 전혀 무관한, 그리고 그의 견해로는 사도행전 2:1-11만큼이나 소위 시내산 유사 본문과 다수의 신의 현현의 특징들을 공유하는 것으로 보이는 전승을 네 가지나 발견한다고 주장한다(에스라4서 13장; 에녹1서 14장; 삼하 22:8-15; 사 66:15-16). 요약하자면, 사도행전과 시내산 전

Bovon, *Luc*, 115-18; O'Reilly, *Word*, 18-20.

44 Kremer, *Pfingstbericht*, 238-52, 259(그리고 그가 보다 상세하게 비교 분석한 다음 부분을 보라. Kremer, 87-166); 참조. Potin, *Pentecôte*, 5장; R. Maddox, *The Purpose of Luke-Acts* (Edinburgh: T. & T. Clark, 1982), 138; Lüdemann, *Christianity*, 38, 41-42; O'Reilly, *Word*, 21-29; Kim, *Geisttaufe*, 133-68. 다른 학자들은 누가나 누가 이전의 단계에 대한 다소 직접적이고 문학적인 영향을 발견한다; 참조. O. Betz, "The Eschatological Interpretation of the Sinai-Tradition in Qumran and in the New Testament," *RevQ* 6 (1967), 93; J. Dupont, *The Salvation of the Gentiles* (New York: Paulist, 1979), 39-45; *idem*, "Première Pentecôte" in *Etudes*, 481-502; Wedderburn, "Tradition," 32-39.

45 *Pfingstfest*, 53-58, Schenider, 246-47과 비교해보라.

46 *Development*, 235-41.

승이 서로 공유하는 특징은 후자에 특정되는 것이 아니라 일반적으로 통용되던 신의 현현에 관한 전승에 속하며, 따라서 오순절 이야기를 시내산 전승 자체와 비교하는 것은 적절치 않다. 나는 이 부분에 있어 멘지스의 견해에 동의할 수 없음을 고백하지 않을 수 없다.

필론, 타르굼 위(僞)요나단, 랍비 문헌 등에서 발견되는 유사성과 관련하여 나는 멘지스의 접근법이 누가가 이 가운데 그 어떤 문헌에도 문학적으로 직접 의존하고 있지 않음을 분명히 보여준다고 생각한다. 하지만 그것이 문제의 본질은 아닐 것이다. 필론은 타르굼에 의존하지 않고, 타르굼도 필론에 의존하지 않는다. 이 두 문헌은 시내산 사건을 기술하고자 하고, 또 구약의 기사를 참고하고 있음에도 불구하고 괄목할 만큼 서로 다르게 기술한다. 이와는 대조적으로 누가는 시내산 사건이 아닌 다른 사건을 "기술"하려는 목적을 갖고 있기에 당연히 세부적인 내용에서 큰 차이점이 나타날 수밖에 없다(누가의 기사가 단순히 이러한 여러 전승 중 하나에 문학적으로 의존하여 사건을 기술하지 않은 한). 그렇다면 실제로 중요한 질문은 다음과 같다. 이러한 차이점에도 불구하고 과연 오순절 기사가 유대인 독자에게 시내산 전승"처럼" 느껴졌을까? 과연 서로 비교의 대상이 될 만큼 충분한 "구조적"·언어학적·개념적 접촉점이 존재하는가?

우리는 시내산에서 열 단어가 주어지는 것에 대한 필론의 "기사"를 고려해 볼 수 있다(그리고 타르굼과 위[僞]필론은 이를 보완하는 그림을 제공한다).[47] 하나님의 말씀이 나가서 칠십 가지 언어로 나뉘는 내용이 담긴 *b*.

---

47   타르굼 위(僞)요나단 출 20:2: "축복 받을 이름을 지닌 거룩한 자의 입에서 나온 첫 번째 말씀은 유성과 번개, 그리고 화염과도 같았다. 그 좌편과 우편에는 강렬하게 타오르는 횃불이 있었고, 천상의 공중을 날아다니고 떠다니고 있었다. 이 말씀은 되돌아왔고, 이스라엘 진영 전체에서 볼 수 있었다. 이 말씀은 둥글게 선회하다가 모세의 손바닥에 놓인 언약의 돌판에 새겨졌다." 타르굼 네오피티도 거의 동일하게 확대된 내용을 제공한다. 출 19:16ff.의 말씀을 추가한 *Bib. Ant.* 11장과도 비교해보라. "보라! 산들은 불과 같이 타버렸으며, 온 땅에는 지진이 있었고…거주할 수 있는 모든 곳은 흔들렸으며, 하늘은 접혔고, 구름은 물을 끌어들였으며, 불길은 타올랐고…바람과 태풍은 포효했으며, 별들은 한 곳에 모였다.…하나님이 율법을 세우실 때까지." 이러한 묘사는 행

Šab. 88b의 후대(그리고 더 구체적인) 전승에서처럼 필론은 하나님의 율법이 모든 민족에게 전파되어야 함을 말하고자 한다. *Dec.* 33에서 그는 다음과 같이 진술한다.

나는 이 사건에서 하나님이 진정으로 거룩한 종류[참조. 행 2:1-13]의 기적을 행하셨는데(θαυματουργῆσαι), 이는 그가 공중에 그 어떤 악기보다 더 아름답게, 완전한 하모니를 연출하는, 눈에 보이지 않는 소리(ἦχον ἀόρατον)를 명하시고[참조. 행 2:4], 공기의 모양과 긴장감을 만드시며, 이를(?) 타오르는 불[참조. 행 2:3]로 바꾸시고, 트럼펫을 통과하여 나오는 명확한 소리(φωνὴν ... ἔναρθρον)를 내는 숨소리(πνεῦμα)처럼 그 소리가 너무 커서 먼 곳과 가까운 곳에서도 다 들을 수 있을 정도로 큰 소리를 냄으로써 나타났다고 생각한다. [35] 그러나 이 새롭고 기적적인 소리(φωνή)는 그 위에서 숨쉬며, 모든 곳으로 퍼뜨리고, 모든 영혼 안에 어떤 것보다 뛰어난 또 다른 종류의 청각을 창조해냄으로써 처음보다 마지막을 더 탁월하게 만드시는 하나님의 능력(ἐπιπνέουσα θεοῦ δύναμις)에 의해 시작되었고, 또 계속 불타올랐다(ἐζωπύρε).··· {그날에 대한 그의 묘사는 "하늘에서 보낸 불의 쇄도"(πυρὸς οὐρανίου φορᾷ)를 포함하며 계속 이어진다}(44) [46] 하늘에서 내려온 불(ἀπ᾽ οὐρανοῦ πυρός)[참조. 행 2:4] 속으로부터 듣는 이들이 모두 놀랄 정도로 어떤 소리가 들렸다[참조. 2:6a]. 왜냐하면 이 불길은 청중들에게 친숙한 언어[참조. 행 2:11]로 분명하게 알아들을 수 있는 말(φλογὸς εἰς διάλεκτον)이 되었으며[참조. 행 2:4], 이로 인해 그 말이 명료하고 분명하게 표현되어 모든 사람들이 그것을 귀로 듣기보다는 눈으로 보는 것 같았다.

2:1-13을 연상시키기보다는 베드로의 요엘 인용문에 등장하는 하늘의 기사와 땅의 표적 등을 연상시킨다.

그는 또한 이를 보완하는 *Spec. Leg* 2:189의 기사에서 다음과 같이 기록한다.

> 그때에 지구의 끝자락(ἐν ἐσχατιαῖς κατοικοῦτας)[참조. 행 1:8]을 포함하여 우주의 끝까지(ἄχρι τῶν τοῦ παντὸς φθάσαι περάτων) 들리는 트럼펫 소리가 하늘에서 들려왔고, 듣는 이들은 이러한 권능의 표적들[참조. 행 2:19, 22]이 장대한 결과의 표적이 된다는 것(τὰ οὕτως μεγαλα μεγαλων αποτελεσμάτων ἐστὶ σημεῖα)[참조. 행 2:11, τὰ μεγαλεῖα τοῦ θεοῦ]을 쉽게 깨달을 수 있을 것이다.

필론과 누가가 각각 다른 사건을 기술한다는 사실을 감안하면(그리고 필론의 특유어법과 강조점을 감안하면) 우리는 이 두 기사가 서로 상당히 유사하다는 것을 발견할 수 있을 것이다(누가의 용어와 유사한 부분은 밑줄을 그어 놓았다).[48] 필론과 누가는 모두 (i) 모여 있는 하나님의 백성들 앞에 나타난 신의 현현을 상정하며, (ii) 각 사건은 하나님의 백성에게 결정적이며 어떤 새로운 시작—필론이 말하는 장대한 결과의 "표적"—을 알리는 구속사적인 사건을 다루고, (iii) 각각의 경우에 이러한 표적이나 기사는 기적적인 소리와 사람들을 향해 하늘에서 내려오는 화염과 "같은" 것을 수반하며, (iv) 각각의 경우에 이러한 현상은 많은 군중이(오직 이스라엘 백성만인지 아니면 다른 먼 나라 사람들도 포함하는지?) 각자의 언어로 듣고 이를 "세상 끝까지" 전파하게 하는 기적적인 형태의 발언을 결과로 낳는다.[49] 이러한 일

---

48 Wedderburn은 이러한 병행 구조를 "특이하다"고 보며("Tradition," 37), 누가가 성령이라는 새 언약의 은사를 율법과 대조시킨 자료를 편집한 것이지, 누가 자신이 이 둘을 직접 대조한 것이 아니라고 주장한다(38).

49 2:5-11(특히 9-11)에서 방언을 "듣는" 사람들이 속한 "민족 목록"과 누가가 생각하는 "땅 끝까지" 전하는 복음 전도 프로그램의 관계에 관해서는 다음의 중요한 논문을 보라. J. M. Scott, "Luke's Geographical Horizon" in D. W. G. Gill and C. Gempf (eds.), *The Book of Acts in its Graeco-Roman Setting* (A1CS1; Carlisle: Paternoster, 1994), 특히 522-44.

련의 상응하는 점을 감안한다면 나는 어떻게 우리가 오순절 기사가 이를 읽는 독자로 하여금 유대교의 시내산 전승을 "상기시키지" 않는다고 말할 수 있는지 동의하기 어렵다고 생각한다. 이와 대조적으로 멘지스가 제시하는 "비-시내산" 병행 본문들은 서로 유사한 신의 현현적 용어를 일부 포함하고 있지만, 가장 중요한 구조적인 특징인 (i), (ii), (iv)가 완전히 결여되어 있으며, 심지어 (iii)과 유사한 점도 필론의 시내산 전승만큼 두드러지지 않는다.[50] 더 나아가 우리는 지금까지 또 다른 두 가지 유사점을 언급하지 않았다. (v) 각 사건은 하나님의 백성에게 주어진 중요한 "선물" 한 가지를 포함하는데, (vi) 이 선물은 이스라엘의 한 지도자(필론과 누가는 모두 "그리고 왕"[예. *Vit. Mos* 2:1-7, 등]을 덧붙였을 것이다)가 하나님께로 올라간 결과로 이스라엘에게 임한다! 그러나 이 두 가지 특징은 연설 자체와 연관 지어 다루는 것이 더 낫다.

베드로의 오순절 연설의 모세/시내산 병행 구조

(A) 우리는 우선 모세/시내산 전승과 일반적으로 일치하는 점을 몇 가지 지적하는 것으로 시작할 수 있다. 오순절 연설은 모세/출애굽 전승의 궤도 안에 있는 요엘 3장의 한 인용문으로 시작한다. (a) 이 인용문은 모든 이들이 예언의 영을 받아야 한다는 민수기 11:29의 열망이 성취되었음을 언급한다(참조. 미드라쉬 시 14:6; 이 본문도 욜 3:1-2[2:28-29]을 민 11:29의 소망에 대한 하나님의 응답으로 본다). 사실 김희성은 오순절 기사가 부분적으로 민수기 11장과 성령이 모세에게서 장로들에게로 전이된 내용을 바탕으로 한다고 주장한다.[51] (b) 요엘 인용문의 묵시문학적인 언어

---

50   예를 들어 첫 두 본문(에스라4서 13:1-10; 에녹1서 14장)은 천상의 환상들을 묘사하며, 세 번째 본문(삼하 22:8-16)은 블레셋을 무찌른 다윗의 승리에 대한 시적인 찬송이고(이것은 전혀 신의 현현이 아니며, 시내산의 하나님이 다윗을 구원하기 위해 오셨음을 말하기 위해 시내산 신화를 시적으로 재적용한 것이다), 마지막 본문(사 66:15-16)은 행 2장과의 유사한 부분이 아주 미미한 종말론적인 신탁이다.

51   *Geisttaufe*, 164-68.

는 출애굽 사건으로부터 가져왔으며, 이로써 시내산의 "기사와 표적"과 오순절, 그리고 종말이 서로 병행을 이룬다. (c) 불과 연기를 수반하는 하늘의 기사와 땅의 표적은 특히 시내산 사건을 연상케 한다(참조. 출 19:16-19). 더 나아가 (d) 모세와 예수를 "기사와 표적"을 행하는 구속적인 인물로 나란히 배치하려는 누가의 강한 의도(참조. 2:22//7:36과 1.3의 (A)를 보라)는 또한 2:19, 22의 모세를 연상시키고, "그 후에"를 "말세에"로 대체한 것은 이사야 2:1을 따른 것일 수도 있다(이 문구는 70인역에서 여기서만 나온다). 율법이 시온으로부터 나오고 주의 말씀이 예루살렘으로부터 나오는 내용과 함께 이 신탁은 이 문맥에 정확하게 부합한다.[52] 마지막으로 (e) 베드로가 청중들에게 이 "패역한 세대"로부터 구원을 받을 것을 호소하는 내용(행 2:40)은 모세가 신명기 32:5에서 질책했던 광야 세대를 암시하는 반면, 회심한 "삼천 명"(행 2:41)은 출애굽기 32:28과 상반된 모습을 제시한다.[53]

(B) 그러나 모세에 대한 반향은 2:33-34a에서 보다 더 뚜렷하고 강력해진다. 이러한 모세의 특징이 베드로의 논증의 표면 구조에 나타나 있다고 주장할 사람은 아무도 없겠지만, 이러한 특징은 이 이야기의 심층적인 구조를 파악하는 데 도움을 줄 수 있다. 왜냐하면 만일 2:33-34a의 암묵적인 "이야기"가 매우 중요한 선물을 받기 위해 하나님께로 올라간―그리고 신의 현현의 정황에서 그를 기다리며 거기 모인 백성들에게 그 선물을 주는―이스라엘의 통치자의 이야기라면, 이 이야기의 전반적인 흐름은 본질적으로 결코 **다윗에 관한 것**이 아니기 때문이다. 사실 누가의 전승은 이 점에 있어 매우 구체적이다. 다윗은 하나님께로 올라가지 않았다(2:34a). 이와 관련하여 베드로도 다윗이 자신의 종말론적 후계자로 "예기한" 자가 다윗과 같은 인물이 아님을 시인한다. 또한 유대교

---

52   참조. O'Reilly, *Word*, 24-25.

53   Kim, *Geisttaufe*, 162-63.

내에서 다윗의 후계자가 자기 백성에게 줄 선물을 받기 위해 하나님께로 올라갔다는 전승이 전혀 존재하지 않으며, 그가 이스라엘에게 예언의 영을 주는 것과 관련이 있을 수 있다는 내용은 더더욱 존재하지 않는다. 이러한 이유에서 우리는 2:22-36의 전반적인 논증이 오직 다윗에게 주어진 약속에만 근거한다는 오툴의 주장에 동의하기 어렵다.[54] 핵심 요소들이 빠져 있으며, 그러한 공백은 베드로의 신학적인 논증의 핵심을 이해하는 데 치명적일 수밖에 없다.

그런데 바로 이 지점에서 다윗을 모세의 틀에 담으려는, 그리고 또 모세를 다윗의 틀에 담으려는 유대교의(그리고 누가의) 경향은 베드로의 주장을 뒷받침해준다. 출애굽기 19:3("그리고 모세는 하나님께로 올라갔다")에 근거하여 유대교는 이스라엘에게 수여할 율법을 받기 위해 "올라간" 모세에게 지대한 관심을 보였다.[55] 사실 2:33에서 예수가 받기 위해 올라간 "약속"과 2:38에서 그가 수여한 "선물"에 대한 누가의 묘사와 언어학적으로 가장 가까운 내용은 시내산에서의 모세의 승천에 대해 기록한 요세푸스의 글에서 나타난다. 요세푸스는 *Ant.* 3:77-78에서 백성들이 모세가 μετὰ τῆς ἐπαγγελίας τῶν ὁ ἀγαθῶν … παρὰ παρά τοῦ θεου("하나님으로부터…좋은 것에 대한 약속을 가지고) 곧 내려올 것이라는 생각에 기뻐하고 있었다고 말한다. 왜냐하면 하나님은 그들이 기도했던 "선물"을 모세에게 (Μωυσεῖ δοῦναι δωρεάν) 줄 것이기 때문이다(참조. 행 1:14).

그러나 주해 역사상 가장 많은 관심의 대상이 된 것은 이 모세의 승천 전승이 타르굼에 미친 영향이다. 타르굼은 시편 68:19(마소라 본문 68:18, 오순절 시편)을 다음과 같이 의역한다. "당신은 하늘로 올라가셨다.

54　O'Toole, "Acts 2:30," 245-58.

55　Meeks, *Prophet*, 122ff.; 205ff.; W. H. Harris, "The Descent of Christ in Ephesians 4:7-11; An Exegetical Investigation with Special Reference to the Influence of Traditions about Moses Associated with Psalm 68:19" (PhD dissertation University of Sheffield, 1988), 110-92.

이는 예언자 모세를 가리킨다. 당신은 사로잡힌 자들을 취하셨고, 당신은 토라의 말씀을 배우셨으며, 당신은 사람들에게 이 말씀을 선물로 주셨다." 비록 이 타르굼은 후대의 것이지만, 훨씬 더 이른 전승을 담고 있으며, 이러한 "독법"은 에베소서 4:8의 인용문(여기서 하늘로 올라가신 분[예수]은 또한 나중에 그의 백성에게 줄 선물을 받는다)에 영향을 미친 것으로 보아 1세기의 해석을 반영하고 있다고 여겨진다.[56] 따라서 이 오순절 시편(그리고 68:18과 관련된 전승)이 사도행전 2:33-34에 영향을 미쳤다고 추론하는 견해는 전혀 놀랍지 않으며,[57] 이 견해를 가장 설득력 있게 피력한 학자는 뒤퐁(J. Dupont)이다.[58]

이 주장의 핵심은 "성령의 약속"과 "그가 이것을 부어주셨다"는 말이 문맥에 의해 편집을 통해 수정된 것(추가된 것이 아닌)으로 인정되고,[59] 또 "하나님의 우편"이라는 어구가 시편 110:1을 인용하기 위해 추가된 것으로 인정되면, 34절의 주장(οὐ γὰρ Δαυὶδ ἀνέβη εἰς τοὺς οὐρανούς, "다윗은 하늘에 올라가지 못하였으나"—이는 모두 70인역 시 67:19의 ἀνέβης εἰς ὕψος를

---

56   이에 관해서는 Lincoln, *ad loc*을 보라.

57   이것은 아주 오래 전 1902년에 F. H. Chase, *The Credibility of the Book of the Acts of the Apostles* [London: Macmillan, 1902], 151)이 제안한 것인데, 그는 추론을 통해 시편 67:19(LXX)은 베드로가 "주의 승천에 대한 자신의 증언을 표현하거나 확인하기 위해" 제시된 것임을 지적했다. 이러한 주장은 Cadbury, *Beginnings*, V, 409에 의해 받아들여졌으며, Knox, *Acts*, 80ff.; 참조. *Paul*, 194ff.; Kretschmar. "Himmelfahrt," 216, 218, *passim*(참조. C. F. D. Moule, "The Ascension–Acts 1:9," *ExpTim* 68 [1956–57], 206); Lindars, *Apologetic*, 51-59의 독자적인 연구를 통해 더욱 상세하게 탐구되었다.

58   Lindars and Smalley (eds.), *Christ*, 219-28. 나는 이와 유사한 견해를 "Spirit and Christology," 176-79에서 변증한 바 있다.

59   이 부분에 대해 Bock, *Proclamation*, 181-82의 비평은 Dupont이 실제로 말하고자 하는 바를 제대로 파악하지 못한다. 그는 Dupont이 편집된 표현을 제거해냄으로써 자신이 앉아 있는 나뭇가지를 스스로 잘라버린다고 생각한다(왜냐하면 이 구절에 있는 대부분의 표현이 "편집에 의한 것"으로 설명되기 때문이다). 그러나 Dupont은 이러한 편집된 표현이 무(無)에서(*ex nihilo*) 생겨난 것이 아니라고 생각하며, 이보다 더 미묘한 질문을 던진다. 과연 어떠한 표현이 "편집된" 표현으로 바뀐 것일까?

반영함)과 더불어 나머지 말씀(ὑψωθεὶς ... λαβὼν παρὰ τοῦ πατρός)은[60] 시편 68:18로부터 파생되고 모세에 관한 사변에 의해 수정된 사상의 틀을 가리킨다. 달리 표현하자면, 사도행전 2:33-34은 요엘과 오순절 사건의 관점에 의해 새로운 정황에 놓인 시편 68:18을 새로운 모세가 성취하는 본문이다. 우리는 이러한 개념적 하부 구조를 다음과 같이 소개할 수 있다. (1) 베드로는 (타르굼처럼) 시편 68편과 모세/시내산 이야기를 연결하여 18절이 (예를 들어) "주께서 높은 곳으로 오르시며…하나님의 선물을 받아서 사람들에게 선물로 주셨다"(즉 각각 "토라"와 "십계명"을 가리킴)를 의미하는 것으로 가정한다. (2) 베드로는 이 시내산 사건 전체가 예수의 승천과 오순절 사건 안에서 새로운 방식으로 성취되었다고 보고, 직감적으로 지시 대상을 적절하게 수정했다. 이제 올라간 곳은 하늘이며, 예수가 받은 선물은 요엘이 약속한 성령이며, 그가 주는 선물은 성령의 은사들이다. (3) 이어서 베드로나 누가(또는 이 두 사람 사이의 전승)는 이것을 예언의 성취와 부합하도록 만들어 이제 "하나님의 선물"은 보다 더 확실하게 "성령의 약속"이 되고, 그가 "사람들에게 선물로 주었다"란 진술은 요엘의 관점에서 재해석되어 "그가 너희가 보고 듣는 이것을 부어주셨느니라"가 된다.

누가가 베드로의 전체 논증 과정을 소개하려는 의도가 전혀 없었음을 감안하면(참조. 2:40) 사도행전 2:33-34이 과연 시편 68:18의 실제적인 표현을 의도적으로 수정하려는 누가의 의도를 반영하는지 여부를 결정적으로 입증하기는 쉽지 않다. 그러나 시편 68:18에 대한 이러한 독법이 나타내는 기본적인 모세/시내산 "이야기"—모세가 높은 곳으로 올라갔고, 하나님의 선물을 받았으며, 사람들에게 선물을 주었다는 이야기—는 아무튼 시편과는 무관하다(사실상 타르굼의 독법은 마소라 본문에서 벗어

---

60   O'Toole("Acts 2:30"; Menzies, *Development*, 243도 이 견해를 따른다)은 다윗과의 연관성을 선호하면서 ὑψωθεὶς을 시 88편으로 설명하려고 한다. 그러나 이 시편이나 다른 어떤 본문도 시편 68:18만큼 ὑψόως와 ἀνάβαιων의 연어(collocation)를 깔끔하게 설명해주지는 못한다.

난다).[61] 시편 68:18 사용에 대한 가설을 매력적으로 만든다는 바로 그 이
유에서(즉 그러한 가설은 베드로의 논증이 유대인의 귀에 이례적으로 들릴 수 있는
부분과 베드로의 연설과 오순절의 관계의 일관성을 뒷받침해준다는 이유에서) 우리
는 이 모세의 승천 이야기가 사도행전 2:23-24a의 기저에 깔려 있다는
주장을 의심할 수 있다. 비록 2:33의 해석을 뒷받침해줄 만한 다윗의 "승
천" 전승이나 기대는 없다 하더라도, 모세의 "승천" 전승은 존재했다.
만약 첫 번째 모세가 이스라엘에게 수여할 중요한 선물을 하나님께로부
터 받기 위해 올라갔다면, 어떤 유대인이 모세와 같은 메시아가 이스라
엘을 위해 보다 더 중요한 선물을 받기 위해 훨씬 더 중대한 승천을 했다
는 것을 듣게 되었다고 해서 크게 놀라지 않았을 것이다. 또한 비록 그 누
구도 이스라엘에게 하나님의 예언의 영을 부여할 것을 기대하지 않았지
만, 모세는 (적어도 수동적으로라도) 다른 이스라엘인들에게 성령을 나누어
주는 데 관여한 (엘리야를 제외한) 단 한명의 유대인이었다.[62] 유대교는 하
나님이 모세에게 임한 예언의 영을 어떻게 칠십인 장로들과 공유했는지
를 기억하고 있었다. 그리고 그것도 모세가 성령이 모든 이스라엘 백성에
게 임하기를 원하는 소원을 표현하는(그리고 요엘의 약속이 "성취되는) 바로
그 문맥(민 11:26-30)에서 말이다.[63] 그런 유대교는 모세의 종말론적인 상
대자가 하나님께로 올라가서 "받은" 예언의 영을 더 많은 이들에게 나누
어주는 중대한 역할을 수행했다는 주장을 듣는다고 해서 그리 놀라지 않

---

61   이것은 시편 68:18에서 올라가는 자가 다수의 선물(즉 타르굼의 의역에 나타난 토라
      의 말씀들)을 받는다는 Dupont의 논지에 대한 반론이다.

62   때때로 엘리야에게 임한 성령을 엘리사에게 넘겨주는 것과 비교하기도 한다(왕하 2
      장; 집회서 48:12). 비록 이 모티프가 행 1:11에서는 어느 정도의 개연성을 확보하지만
      (Kim, *Geisttaufe*, 98-99을 보라), 행 2장에서는 모세와의 병행 구조가 훨씬 더 강하다
      (Kim, *Geisttaufe*, 160-62에서 볼 수 있듯이). 또한 누가가 예수를 엘리야와, 엘리사를
      제자들과 동일시한다는 견해가 지닌 취약점은 누가가 엘리야와 엘리사의 모형을 모두
      예수에게 적용한다는 사실이다(눅 4:25-27; 참조. Kim, *Geisttaufe*, 85-86).

63   이 사건에 깊은 관심을 보이는 문헌으로는 필론, *Fug.* 186; *Gig.* 24-27; *Exod. R.* 5:20;
      미드라쉬 시 14:6; 타르굼의 여러 본문.

앗을 것이다. 이와 동일한 "모세" 하부 구조는 또한 이스라엘에게 주기 위해 선물을 받으러 올라간 예수의 승천에 초점을 맞추는 이 연설을 사도행전 2:1-13의 시내산 배경과 잘 어울리게 해준다. 오순절 연설이 주로 다윗에게 강조점이 찍힌다면, 내가 주장하고 싶은 것은 단순히 2:33의 선언이 **모세와 같은** 다윗의 아들을 가리키고 있다는 가정하에 (유대교와 누가의 문맥에서 모두) 가장 잘 뜻이 통한다는 것이다. 다윗이라는 인물**만**으로는 아주 어색할 수밖에 없는 문맥에서(아주 "부적절"하지 않다면) 다윗과 모세는 **모두 함께** 여기서 맡은 역할에 아주 잘 어울린다.

결론적으로, 나는 사도행전 2장이 신의 현현 장면과 함께 토라를 받아 이스라엘에게(그리고 그 너머에 있는 이들에게) 주기 위해 하나님께로 올라가는 모세의 승천에 관한 유대인들의 이야기를 의도적으로 환기시킨다고 볼 수 있는 비교적 확실한 근거가 있다고 생각한다. 이것은 적어도 오순절 사건에 대한 설명의 일환이다.[64] 이러한 병행 구조는 모세/시내산 이야기가 오순절을 해석하는 알레고리와 같은 것이 되어 이 성령의 은사가 율법을 지킬 수 있게 하는 능력이나[65] 또는 율법을 대신할 뛰어난 대체물과[66] 같이 직접적으로 율법에 상응하는 무언가가 되었음을 암시하는 그런 종류의 것이 아니다. 이 둘의 상응 관계는 그것보다 허술하다. 그

---

64   Mainville, *L'Esprit*, 258은 이를 인정한다.

65   Le Déaut는 "새 율법, 곧 성령"을 구하기 위해 승천하신 그리스도에 관해 언급한다 ("Pentecost," 262; 참조. 266-67). Knox, *Acts*, 86은 이러한 병행 구조는 성령 보냄을 "그들의 마음 판에 새겨진 새 율법을 주심"으로 인식하게 한다고 주장한다. 또한 Dunn, *Baptism*, 49도 오순절을 "성령에 의해 율법이 마음에 새겨지는 것"으로 이해한다. Pesch(113)의 주장과도 비교하라. Jervell, *Unknown Paul*, 116-21은 새 율법의 수여와 관련짓는 시도를 모두 거부하지만, 성령이 율법의 순종으로 이끌거나 도움을 준다는 견해를 지지하면서 성령이 바울을 오순절을 맞이하여 서원을 하도록 예루살렘으로 인도한 사실을 지적한다. "성령의 사람들에게 율법은 더 이상 짐이 아니다. 바울을 포함하여 믿는 유대인들은 율법 전체를 지키고 이방인들은 일부분만 지킨다. 성령과 율법 사이에는 조화가 있다"(121)는 그의 결론도 참조하라(그러나 아래에서 행 15장에 관한 논의도 보라)

66   Dupont, *Salvation*, 40; Lampe, *God*, 68. O'Reilly, *Word*, 21은 "새 율법, 곧 성령의 능

러나 이러한 병행 구조는 오순절이 이스라엘의 언약의 성취와 **갱생**의 일환으로 여겨지고 있음을 암시하며, 따라서 성령의 은사가 이스라엘의 회복에 있어 매우 중요한 역할을 감당할 것이라는 확신을 준다. 이로써 우리는 앞으로 이러한 역할이 어떤 것인지를 살필 필요가 있다(특히 12장과 13장을 보라). 그러나 먼저 우리는 §2에서 누가복음과 사도행전에서 이미 제시된 여러 주제와 오순절 연설의 관계에 대해 살펴보아야 한다.

2. 오순절 연설과 예수 사역의 "시작"(눅 1장-행 2장)

우리는 이 단원에서 오순절 연설을 지금까지 논의된 내용과 연관 지어 논하고자 한다. §2.1에서 우리는 누가복음이 예수의 메시아적 통치를 통해 하나님 나라가 표현되는 때를 바라보며, 누가는 예수가 하나님의 우편으로 승천하신 사건이 이러한 소망을 실현시켜준다고 믿고 있음을 주장할 것이다. §2.2에서 우리는 그러한 통치의 형태가 (눅 2장에서 예고된 대로) 대체로 이사야 49:6-7의 이미지를 따라 이스라엘이 정화되고 회복되는 형태임을 주장할 것이다. 성령은 예수가 이것을 그의 제자들 안에서, 그리고 그들을 통해 실현하시는 능력이다.

2.1. 하나님 나라 및 예수의 왕위와 오순절 연설의 관계

(A) 1:32-35, 유아기 내러티브에 나타난 메시아의 통치

누가복음 1-2장의 예수의 유아 및 아동기 내러티브는 앞으로 전개될 이야기의 배경 지식을 제공한다. 1:16-17의 천사의 수태고지에서 세례 요

력을 힘입은 사도적 설교의 말씀"에 대해 언급한다. "새 율법"이란 어구를 제외하고는 이것이 누가의 관심사에 더 가깝다.

한은 하나님 백성을 준비시키기 위해 엘리야의 영과 능력으로 주 앞에 나아갈 자로 소개된다. 이는 요한을 하나님이 능력으로 임하시는 것, 즉 "하나님 나라"의 메신저로 만든다. 1:32-35은 예수가 다윗의 영원한 왕권에 대한 약속이 성취될 "지극히 높으신 이의 아들"임을 알리는 또 다른 수태고지다. 유대인들의 메시아적 대망의 문맥 안에서 이것은 단 한 가지만을 의미할 수밖에 없다. 즉 하나님 나라는 기름 부음 받은 왕 안에서, 그를 통해, 그리고 그와 함께 임할 것이다. 즉 하나님 나라는 예수의 통치를 통해 임하게 된다.[67] 우리는 이 두 장에서 특별히 "다윗에 대한" 소망이 차지하는 중요한 위치에 대해 이미 지적했는데, 특히 하나님의 천사가 "오늘 다윗의 동네에 너희를 위하여 구주가 나셨으니, 곧 그리스도 주시니라"라고 선언하는 2:11에서는 더더욱 그러하다. 이를 통해 독자들은 누가-행전의 나머지 부분이 하나님의 통치를 실현할 대리자, 곧 예고된 다윗 계통의 부섭정(副攝政, vice-regent)으로 태어날 자에 대한 이야기를 소개할 것임을 예측할 수 있다. 이 소망이 얼마나 놀라운 방식으로 성취되는지는 누가의 나머지 글에서 자세히 서술될 것이지만, 이 첫 두 장은 우리에게 앞으로 누가의 글에서 밝혀질 것과 우리가 기대해야 할 것이 무엇인지에 대해 말해준다.

(B) 수난 내러티브 이전의 하나님의 통치와 예수의 왕위

하나님의 통치 주제는 누가복음에서 두드러지게 나타난다. 바이스와 슈바이처로부터 70년대 말에 이르기까지 학계에서는 전적으로 미래적인 것이든, 아니면 어떤 의미에서 예수의 사역 안에서 이미 시작된 것이든 간에 "하나님 나라"라는 용어를 마지막 때의 질서를 지칭하는 방식

---

67 특히 G. R. Beasley-Murray, *Jesus and the Kingdom of God* (Exeter: Paternoster 1986), 8장을 보라. 유대교 내에서 얼마만큼이나 이러한 신앙을 견지했는지는 논쟁의 대상이다. Beasley-Murray는 이를 극대화한다. Wright, *Testament*, 307과 대조해보라.

으로 이해했다. 그러나 이 주제에 대한 페린(Perrin)의 마지막 책과[68] 칠튼 (Chilton)의 첫 번째 책은[69] 기존의 이해와는 상당히 다르면서도 보다 유연한 접근 방법을 제시했다. 칠튼의 연구는 유대교 문헌, 특히 타르굼에 대한 비평적 연구에 기초하여 진행되었다. 그는 배경에 대한 자신의 입장을 (의심의 여지없이 논쟁적으로 날을 세워서) 다음과 같이 요약한다.

> 하나님 나라는 안식일 희생제사의 노래와 타르굼, 그리고 다니엘서에서 볼 수 있듯이 예수가 그가 접하고 있던 환경으로부터 물려받은 용어였다. 이 신학 용어는 비교적 널리 통용되고 있어서 쉽게 이해할 수 있었다. 이 어구는 하나님이 통치하시는 방법—현재와 미래에, 강하고 내재적으로, 의와 심판을 통해, 시온을 비롯해 모든 곳에서 순수한 자들을 모으면서도 홀로 서 계시는—을 전달하는 듯하다.[70]

이 진술을 통해 칠튼은 예수의 "하나님 나라" 용어가 어느 한 예시에서 이 모든 것을 다 의미한다는 것을 말하려는 것이 아니라, 단지 이 용어는 다양한 의미로 해석될 수 있다는 의미에서(단순히 마지막 때의 하나님의 통치와 그것이 유발하는 질서를 보편적으로 의미하기보다는) 페린이 "긴장 상징"(tensive symbol)이라고 부른 것을 가리킨다는 것이다.[71] 어떤 발언이라도 위에서 묘사한 특징 가운데 오직 한 가지에만 초점을 맞출 수 있다(물론 잠

---

68   N. Perrin, *Jesus and the Language of the Kingdom* (London: SCM Press, 1976).

69   B. D. Chilton, *God in Strength: Jesus" Announcement of the Kingdom* (Sheffield: JSOT Press, 1986 [1979]). 그는 그의 소논문 "Regnum Dei Deus Est," *SJT* 31 (1978), 261-70 에서 이미 자신의 입장을 밝혔지만, 그 이후 그의 다른 글에서 이를 더욱 발전시켰다. 이 주제에 대한 다른 학자들의 견해와 그의 입장 간의 관계를 개략적으로 소개하는 글은 그의 "The Kingdom of God in Recent Discussion," in Chilton and Evans (eds.), *Jesus*, 255-80을 보라.

70   "Kingdom," 279-80.

71   참조. Perrin, *Language*, 특히 16-32, 127-31, 197-99.

재적으로는 다른 것들과 느슨한 관계를 맺을 수 있으면서도 말이다). 이러한 이해가 가져다주는 중요한 함의는 예수가 "하나님 나라" 용어를 자신의 사역에서 일어나는 사건 또는 임박한 미래의 일과 관련하여 사용한 것이 반드시 종말과의 어떤 연대기적 관계를 암시하는 것이 아니라, 오히려 이 용어는 주로 **하나님 중심적**(theocentric)이라는 것이다.

누가도 이 용어를 이와 유사한 방식으로 이해했다. 하나님 나라가 예수의 사역 안에 임하고, 또 "가까이 왔다"는 말씀(예. 10:9, 11; 11:20; 14:15; 16:16; 17:20-21)은 하나님의 자기계시적 임재나 또는 능력의 "통치", 그리고 그 결과로 파생되는 혜택을 가리키는 것으로 이해하는 것이 가장 좋다. 하지만 이것이 이러한 "임재"의 시대적인 의미를 감소하는 것은 아니다(참조. 10:23-24; 16:16). 이것은 누가에게 임한 하나님의 통치가 (예수의 지위에 대해 슈바이처와 풀러가 묘사한 것처럼) 단순히 임박한 종말의 **선취적**(proleptic) 임재가 아니고, (콘첼만이 주장한 것처럼) 임박한 종말을 **대체하는**(replacing) "종말의 그림자"도 아니며, (프랭클린의 주장처럼)[72] 결코 지상의 사건들에 갇힐 수 없는 초월적인 나라의 "임박함"도 아니고(프랭클린에게 있어 이것은 단지 하나님 나라의 형이상학적인 "임박함"을 나타낼 뿐이다), 만약 이것이 종말 **질서**의 부분적 임재나 (궁극적으로) 종말로 이어지는 일련의 구속사적인 사건의 시작을 암시하고 있다고 가정한다면, (퀴멜, 예레미아스, 래드가 주장하듯이) 종말의 **도래**도 아니다. 예수의 축귀 사역(11:20)은 그의 사역의 다른 사건과 마찬가지로 내재적으로 통치하시고 또 종말에는 대적하는 세력이 없이 통치하실 하나님이 능력으로 자신을 나타내시는 자유와 변화를 가져오는 자기계시적 임재다. 따라서 비록 "하나님의 나라"라는 용어가 어느 정도 종말론적인 의미가 배제되고 심지어는 개인적인 의미로도 사용될 수 있지만(예를 들어 우리는 이 용어가 하나님이 통치하시기 위해 강림하시는 신화가 다윗이 그의 대적으로부터 구원을 받는 것을 묘사하는

---

72   *Christ*, 1장과 *Luke*, 18쪽과 11장.

방식을 연상시키는 시 18:7-16에서 사용되는 것을 볼 수 있다), 이 표현이 예수의 가르침에서 시대적인 의미를 내포하고 있다는 것은 여기서 자기 자신을 능력 있는 분으로 나타내시는 하나님의 계시가 종말론적인 목표, 즉 이스라엘의 새 출애굽적인 자유와 정화와 변화를 위한 구약의 소망을 성취하는 목표를 향하고 있다는 점에서 알 수 있다.

얼핏 보면 **하나님**의 통치에 대한 선포를 **예수**의 왕위와 연계시킬 만한 증거가 불충분해 보인다. 혹자는 누가복음 1-2장이 사람들의 기억에서 사라졌을 것이라는 생각이 들 수도 있을 것이다. 하지만 누가가 거기서 제시한 내용을 간과하지 않았다는 암시가 여럿 있다.

우선 하나님의 통치는 특히 예수의 활동과 관련이 있다. 16:16은 다음과 같이 말한다. "율법과 예언자는 요한의 때까지요, 그 후부터는 하나님 나라의 복음이 전파되어 사람마다 그리로 침입하느니라." 예수의 선언과 이와 관련된 활동은 능력 있게 자신을 드러내시는 하나님의 자기계시의 핵심을 보여준다. 11:20에 따르면 예수의 축귀(그리고 그의 제자들의 축귀[10:17-19]; 하지만 아마도 유대인들의 축귀는 제외[11:19])는 **하나님**의 통치가 이스라엘에게 나타나기 시작했음을 의미하는, 사탄에 대한 결정적인 승리의 일환이다. 억눌린 자들은 "강한 자"가 갇힘으로써 자유를 얻게 된다(11:21-22). 게다가 예수는 **하나님의 영을 부여받은 자**로서 다양한 종류의 자유롭게 하는 행동을 하며(3:21-22; 4:18-21) 유대교와 초창기 기독교에서 하나님의 성령은 그 무엇보다도 능력을 부여하시는 하나님의 임재,[73] 곧 능력으로 자기 자신을 계시하시는(비록 독점적이지는 않지만) 수단이다(참조. 특히 행 10:38). 예수를 통한 성령의 이러한 활동은 예수가 다윗 계통의 왕(3:21-22; 참조. 시편 2:7)이자 (모세와 같은) 종-해방자(4:18-21)로 기름 부음 받은 그 동일한 성령의 활동이다. 수세 및 유혹 기사는 예수

73　바울의 성령론에 관해 기념비적인 저서를 집필한 Gordon Fee의 책 제목이 바로 *God's Empowering Presence*(Peabody, MA: Hendrickson, 1994)다.

의 왕으로서의 메시아적 정체성과 사명에 초점을 맞춘다. 그리고 비록 예수가 그의 주요 사역 기간 동안 메시아적 통치자보다는 종-해방자 및 모세와 같은 예언자로 묘사되긴 하지만, 사실은 이들도 "왕적" 특성을 지닌 인물들이며, 이들의 사명은 이스라엘에게 새 출애굽의 해방을 가져다주는 것이며, 이는 하나님의 통치가 임했음을 나타내는 행위들을 수반한다.

두 번째로 누가가 하나님의 통치와 예수의 왕위가 서로 연관되어 있다고 보는 결정적인 증거는 예루살렘을 향해 가는 여행 끝자락에서 나타난다(19:11-27). 여기서 우리는 예수가 그의 제자들에게 한 가지 비유를 들려주시는 것을 보게 되는데, "이는 자기가 예루살렘에 가까이 오셨고, 그들은 하나님의 나라가 당장에 나타날 줄로 생각"했기 때문이다(19:11). 제자들의 이러한 이해를 바로잡기 위해 들려주신 므나의 비유는 어떤 귀인이 왕권(=왕국)을 얻기 위해 먼 나라로 떠났다가 다시 돌아오는 이야기다(19:12, 어쩌면 후계자 신분으로 헤롯의 왕국을 물려받기 위해 로마로 간 아르켈라우스를 암시했을지도 모른다). 하나님 나라는 예수와 그의 일행이 그들의 목적지인 예루살렘에 도착했을 때 즉시 나타나지 않을 것이다. 오히려 예수는 먼저 그에게 왕위를 위임하실 이로부터 그것을 받기 위해 "떠나가지" 않으면 안 된다. 그렇다면 하나님의 통치는 예수가 승천하여 왕권을 물려받은 이후에 보다 더 온전하게 임할 것을 알 수 있다.[74] 바로 다음 사건(예수의 "승리의 입성," 19:28-40)에서 제자들은 그들이 본 모든 기적들로 인해 **하나님**을 찬양하며, "찬송하리로다. 주의 이름으로 오시는 왕이여!"라며 예수를 환영한다. 이로써 그들은 예수의 사역에서 나타난 하나님의 통치를 예수의 메시아적 왕위와 연계시킨다.

---

74   Marshall, *Luke*, 90-91도 이에 동의한다.

(C) 수난 이야기에 나타난 하나님 나라와 예수의 왕위

"승리의 입성"으로 시작하는 수난 이야기는 예수의 활동을 하나님의 통치와 연계시킬 뿐 아니라 예수의 왕위에 대한 여러 가지 분명한 언급(참조. 왕으로서 심문을 받고 조롱을 당하는 모습과 그의 죄명패)과 연관 짓는다. 특별히 누가복음 22:29-30과 23:42은 아주 중요하다.

22:29-30에서 예수는 앞서 22:16-18에서 언급한 하나님의 선물 및 하나님의 통치의 성취의 관점에서 자신이 다스리는 나라를 이야기한다. 따라서 예수는 유월절이 하나님 나라에서 성취될 것과 그때까지는 먹고 마시지 않겠다는 것에 대해 이야기한 후(22:16-18), "내 아버지께서 나라를 내게 맡기신 것 같이 나도 너희에게 맡겨 너희로 내 나라에 있어 내 상에서 먹고 마시며 또는 보좌에 앉아 이스라엘 열두 지파를 다스리게 하려 하노라"(29-30)고 선언한다. 이 말씀에 담긴 함의는 하나님 나라에서 유월절을 성취하는 사건이 동시에 예수에게 하나님 나라를 맡기는 사건이라는 것이다.[75]

십자가에 못 박힌 두 강도가 서로 예수의 메시아 되심을 놓고 논쟁을 벌인 후 23:42에서 그중의 하나가 "예수여! 당신의 나라에 임하실 때에 나를 기억하소서"라고 말하고, 이에 예수는 이 일이 마치 즉시 성취될 것처럼 암시하는 다음과 같은 말씀으로 답변하신다. "진실로 내가 네게 이르노니, 오늘 네가 나와 함께 낙원에 있으리라."

요약하자면, 누가복음은 예수의 지상 사역 기간 안에 나타나는 하나님의 통치를 묘사하면서도 동시에 예수의 왕 되심을 드러낼 임박한 하나님 나라의 강력한 사건(참조. 9:27)을 고대한다. 그의 지상 사역 기간은 단지 그의 온전한 메시아적 통치를 예시할 뿐이다.

---

75 Tannehill, *Narrative Unity*, I, 269; O'Toole, "Acts 2:30," 253을 보라.

(D) 사도행전 1-2장에 나타난 하나님 나라와 예수의 왕위

사도행전 1:3-8은 사도행전의 프롤로그(1:1-11)의 일부로서[76] 누가 문

---

76   Marshall(55-62)은 1:1-5("서론")을 그가 "예수의 승천"으로 명명한 1:6-11과 구별한다. 이와는 대조로 Haenchen은 "승천" 이야기가 1:9에 가서야 시작되기에, 어찌 할지 모르는 1:6-8은 1:1-5과 함께 묶어 1:1-8을 "회고와 고별 연설"이란 제목을 붙여 하나의 프롤로그로 간주한다.
이러한 Haenchen의 단락 나누기는 지지하기가 어렵다. 제자들이 "함께 모였다"(1:6a)라는 것은 단지 1:6b의 질문을 던지는 것뿐만이 아니라 승천한 예수의 증인이 되는 것을 의미하기에(1:9-11. 1:22에서 이것의 중요성에 대해 주목하라), 1:6a은 1:6-8을 1:9-11과 연계시키는 것으로 보아야 한다. 1:6-8의 대화와 "승천 자체"의 연관성은 1:9("이 말씀을 마치시고 그들이 보는데 올려져 가시니…")에서 더욱 확연하게 드러난다. 따라서 구조상 1:6-8이 1:9-11과 한 단락을 형성한다고 주장하는 Marshall의 견해는 옳다. 아무튼 중심인물이 한 말이나 작별 인사가 생략된 승천 이야기는 이례적이다.
그러나 이 부분(1:6-11)을 1:1-5과 구분 짓고자 하는 Marshall의 견해는 옳을까? 다음 세 가지 사항을 감안하면 Marshall의 견해가 추천할 만한 것이 아님을 알 수 있다. (i) 1:2은 예수의 승천을 그가 말하고 행한 것에 대한 누가의 첫 번째 책의 최종 목적지(*terminus ad quem*)로 제시한다. 1:9-11은 바로 그 승천 사건을 서술하는데, 이는 첫 두 구절과 수미상관 구조를 이룬다. (ii) 1:6-8은 주제적으로 1:2-5과 밀접하게 연관되어 있다(제자들과 예수; 하나님 나라에 대한 연설; 성령의 약속에 대한 구체적인 언급 등). (iii) Marshall이 지적하듯이, 앞선 책의 내용에 대한 진술로 시작되는 프롤로그에서는 이제 이 책에서 다루어질 내용을 개관하는 것을 기대하게 한다. 누가는 1:1의 그리스어 불변화사인 μέν을 통해 이러한 정보를 제공하려는 의도를 실제로 나타냈다. 왜냐하면 μέν은 거의 항상 δέ로 시작하는 다음 절과 대조를 이루는 절을 시작하는 기능을 하기 때문이다. 이는 누가가 다음과 같은 내용의 글을 쓰려고 했음을 암시해준다. "한편으로는 내가 먼저 쓴 글에서… 하지만 이제 이 책에서 나는…에 대해 쓰고자 한다." 그러나 정작 누가는 기다렸던 이 두 번째 대조를 이루는 진술을 제시하지 않는다. 아마도 이것은 누가 자신이 자신의 책 첫 문장을 어떻게 시작했는지 잊었기 때문은 분명 아닐 것이다. 아마도 이것은 그가 단순히 그 대신 강령적인 내러티브(그의 두 번째 책을 쓰는 주요 목적과 범위를 일러주는)를 제공하는 일반적인 관습을 따랐기 때문일 것이다. 비록 1:3-5의 내용이 누가의 문학작품에 대해 중요한 쟁점을 일부 제기하는 것이 사실이지만, 예수의 승천(1:9; 누가에게 있어 신학적으로 중추적인 역할을 하는)과 1:10-11의 천사들의 "격려"와 함께, 1:5-8에서 땅 끝까지 이르러 증인이 되리라는 예수와 제자들 간의 대화에서 이 책의 전체적인 이야기의 범위가 암시된다.
이 가운데 마지막 내용이 바로 Tannehill과 Pesch가 1:1-11을 사도행전의 목적과 범위를 나타내는 하나의 단일 단락으로 보는 이유다. 즉 그 목적과 범위는 성령의 능력과 인도하에 사도적 교회가 그리스도인의 증인 역할을 확대해나가고, 이를 통해 승천하신 주님과 이스라엘에게 주신 약속 간의 관계를 포함하여 하나님 나라의 본질이 분명하게 드러나게 하는 모습을 개관하는 것이다; 참조. Haenchen, 145-46.

헌 전체를 통틀어 신학적으로 가장 미묘하면서도 농축된 내용을 담고 있는 글 가운데 하나다. 여기서 그는 일부 오래된 주제와 새로운 주제를 나열하면서 누가복음과 사도행전을 결합시킨다. 예를 들면 성령으로 사도들에게 주신 교훈(1:2),[77] 복음서가 가져다주는 확신(사도들에게 여러 차례 나타나시고, 그들과 함께 식사하며, 사적인 가르침을 통한 많은 증거를 근거로[1:2-4]), 예루살렘에 머물라는 약속, 성령의 약속(1:4-5), 사도행전을 통해 진행될 선교의 범위(1:8), 또한 다니엘에서 묘사된 인자와 같이 하나님의 현존으로 구름을 타고 승천한 예수(1:9-11) 등을 꼽을 수 있다.

1:3에 의하면 40일 동안 예수가 가르친 교훈의 핵심 주제는 "하나님 나라"였다. 1:3-8은 지금까지 우리가 주목해온 "하나님 나라"와 예수의 왕위 간의 긴밀한 연관성을 잘 보여준다. 따라서 하나님의 통치에 대한 이러한 담론은 누가가 이제 "너희는 성령으로 세례를 받으리라"는 세례 요한의 약속(1:5; 참조. 눅 3:16)과 동일시하는 **아버지의** 약속(1:4=눅 24:49)을 상기시킨다. "하나님 나라"와 이 약속의 밀접한 관계는 아주 자연스러운 것이다. 왜냐하면 만약 성령의 능력을 힘입은 예수의 사역이 능력으로 자신을 드러내는 하나님의 자기계시적 임재로써 이스라엘 가운데(그리고 이스라엘을 위해) 나타났다면, 이러한 하나님의 임재는 성령이 제자들에게도 임할 때 심화되고 확대될 수밖에 없기 때문이다. 이와 동시에 비록 여기서 사용된 동사가 수동태이고 주체가 명시되어 있지 않더라도, 독자들은 세례 요한의 약속이 **메시아**가 이스라엘에게 성령과 불로 "세례를 베풀"리라는 것이었음을 기억했을 것이다. 따라서 그 약속 안에는 **예수**가 아무튼 이 약속을 성취할 것이고, 하나님의 통치는 그의 메시아적 통치를 통해 분명하게 드러날 것이라는 의미가 함축되어 있는 것이다(이것은 또는 1:6의 "주여! **당신**은 이제 이스라엘에게 이 나라를 회복하실 것입니까?"라는 질문을 설명해준다. 이 질문에 관해서는 아래를 보라).

---

77   1:2에 대한 이러한 해석을 변호하는 내용은 본서 11장 각주 47을 보라.

베드로의 오순절 연설(특히 2:33-36)은 이 모든 기대에 대한 해결책을 제시한다. 이 단락은 예수가 예루살렘이 아닌 하나님의 우편(2:33)에 있는 다윗의 영원한 보좌로 높임을 받았다고 주장한다. 이 보좌는 사실 시편 110:1에서 다윗의 "주"에 대해 약속하신 것이다(34b-35; 참조. 눅 20:41-44). 그는 이제 (눅 1:32-33의 소망을 따라) 야곱(이스라엘) 위에 군림할 위치에 있게 되었다. 맥래(그리고 사도행전에 나타난 "부재 기독론[absentee Christology]을 주장하는 학자들)에 반대하여 우리는 이러한 하나님의 우편으로의 승천이 예수가 이스라엘에서 제거되고, 이스라엘과 관련된 일에 영향력을 행사하지 못하게 되는 것을 의미하는 것—즉 파루시아가 임할 때까지 안락한 의자에 앉아 절반 정도 은퇴한 삶을 사는 것처럼—이 아님을 강조할 필요가 있다. 사실 예수의 승천의 의미는 이와 거의 정반대다. 그의 보좌는 하나님이 주권을 행사하는 장소이며, 하나님의 우편의 자리는 하나님의 최고 행정 대리인의 자리다. 예수가 이 위치에 오른 것과 오순절 날 그가 행한 일은 이 땅에 하나님의 통치가 일부 시작된 것을 알리는 것에 불과하다. 왜냐하면 메시아가 이 사건에서 하나님이 능력을 부여하는 자기계시적 임재와 "생명"이라는 은사를 부어주기 때문이다. 그리고 이렇게 하나님의 영과 그의 은사에 대한 주권을 행사함으로써 예수는 이제 이 땅에서 그의 증인들을 통해 행동하시며 또 말씀하신다(2:33; 참조. 눅 22:15; 24:49). 따라서 예수에게 주어진 왕위와 능력은 이제 유아기 내러티브에서 기대했던 것을 초월한다.[78] 예수는 하나님의 우편에서 그의 부섭정(vice-regent)으로서 직접 이스라엘에 대한 통치권을 행사하신다.[79] 비

---

[78] Strauss, *Messiah*, 4장; Mainville, *L'Espirit*, 3장과 5장도 이를 정확하게 지적한다. 눅 1:33에 기록된 다윗의 영원한 왕위에 대한 약속이 종말 때까지 성취되지 않는다고 주장하는 Kim(*Geisttaufe*, 119)과 Frein("Predictions," 25)은 2:25-36의 중요성을 간과한다.

[79] 비록 여기서 하나님의 통치가 구체적으로 언급되지는 않지만, 당연히 그것은 여기에 전제되어 있으며, 이제 그의 우편에서 이루어지는 통치(특히 2:35의 관점에서 볼 때 더욱 그렇다. "내가 네 원수로 네 발등상이 되게 하기까지")와 분리되는 것은 불가능하

록 우리는 하나님 나라와 예수의 나라가 서로 하나가 되었다고 주장할 수는 없지만, 하나님의 종말론적인 통치가 오직 예수를 통해 성취되었다는 사실은 부인할 수 없다.

누가는 사도행전에 기록된 기독교 설교의 내용을 종종 (편집을 통해) "하나님 나라"의 관점에서 요약하는데(8:12; 14:22; 19:8; 20:25 28:23), 그가 사용한 가장 마지막 표현(사도행전의 첫절과 수미상관 구조를 이루는)은 바울이 "하나님 나라를 전파하며 주 예수 그리스도에 관한 모든 것을…가르쳤다"(28:31)는 것이다. 여기서 "하나님 나라"와 "주 예수 그리스도에 관한 모든 것"은 부분적으로 상호 교환적으로 사용할 수 있는 개념으로서 서로 밀접하게 연관되어 있다(참조. 8:12). 사도행전에 나타난 기독교 설교의 전체적인 주제는 "하나님 나라"(19:8) 또는 "(주) 예수 (그리스도)"에 관한 모든 것(5:42; 9:20; 20:21)이라고 말할 수 있다.[80] 하나님의 통치와 메시아의 통치는 적어도 종말 때까지는 (기능면에서) 하나가 되었다. 그리고 비록 하나님의 통치가 최종적으로 완성되는 것은 아직 미래의 일로 남아 있지만(참조. 14:22), 예수의 재림이 이를 완수할 것이라는 사실에는 의심의 여지가 전혀 없다(참조. 1:11).

따라서 누가는 예수의 승천이 핵심적이라는 사실을 올바르게 간파했다.[81] 이것은 예수가 하늘에서 수동적인 역할을 수행하게 되어 (콘첼만과

다.

80 이에 대한 보다 더 구체적 설명은 R. F. O'Toole, "The Kingdom of God in Luke–Acts," in W. Willis (ed.), *The Kingdom of God in Twentieth-Century Interpretation* (Peabody: Hendrickson, 1987), 147–62을 보라; 참조. E. Grässer, "Ta peri tês basileias (Apg 1:6; 19:8)," in Aletti *et al.* (eds.), *Cause*, 707–26.

81 특히 E. Franklin, "The Ascension and the Eschatology of Luke–Acts," *SJT* 23 (1970), 191–200; *idem*, *Christ*, 29–41; *idem*, *Luke*, 249–61; Lohfink, *Himmelfahrt*; J. Maile, "The Ascension in Luke–Acts," *TynBul* 37 (1986), 29–59; M. C. Parsons, *The Departure of Jesus in Luke-Acts; The Ascension Narratives in Context* (Sheffield: JSOT Press, 1987); S. G. Wilson, "The Ascension: A Critique and an Interpretation," *ZNW* 59 (1968), 269–81; Mainville, *L'Esprit*, 2–3장을 보라.

[82] 맥래기[83] 제안하듯이) "부재 기독론"으로 특징지어지는 종말 때까지 일정 기간 동안 구원이 지연되기 때문이 아니다. 사실 진실은 그 정반대 편에 더 근접해 있다고 하겠다(프랭클린의 입장).

> 그의 복음서에서 누가는 예수의 생애를 작심하고 이 사건을 향해 묵묵히 걸어가는 모습으로 그린다.…예루살렘을 향한 그의 발걸음 전체가 그의 ἀνάλημψις(승천, 9:51)를 향해 걸어가는 것이다. 누가에게 있어 승천은 예수의 지상의 삶을 마무리하는 어떤 한 사건이 아니라 그의 삶 전체를 완수하는 것이었다. 즉 승천이란 언제나 교회와 함께할 수 있도록 그의 삶을 완수하고 계속 지속시켜준다.…사도행전에 기록된 교회의 삶은 과거의 추동력에 의해 움직이는 일련의 사건을 묘사하는 것이라는 의미에서가 아니라 당대에 높임을 받은 그리스도의 현존 안에서 그 원천을 가리키는 동시에, 바퀴의 살처럼 그 중심으로부터 퍼져나가는 일련의 사건으로서 예수가 왕위에 오르게 한 사건에서부터 시작된다.[84]

예수는 이스라엘에게 가장 큰 영향을 끼칠 수 있는 자리이자 지상의 모든 일들을 주관하는 하나님의 우편에 메시아로서 앉게 되었다. 그리하여 예수는 그의 통치권을 행사하고 성령 안에서, 그리고 성령을 통해 그의 제자들 가운데 임재한다(아래를 보라). 이제 우리는 이스라엘과 이 나라의 회

---

82 Conzelmann, *Theology*, 16-19쪽과 4장. 그는 승천과 관련하여 다음과 같이 진술한다. "이 순간부터 교회는 그의 "실제적 현존"을 대체할 것을 필요로 하므로, 이제 교회는 성령을 받고 소망을 품는다"(204). 하지만 2:33의 관점에서 보면 성령은 단지 대체되는 것이 아니라 그리스도의 능동적인 임재를 가져다준다.

83 G. W. MacRae, "Whom Heaven Must Receive Until the Time," *Int* 27 (1973), 151-65. 그러나 "부재 기독론"이란 용어는 사실 C. F. D. Moule, "The Christology of Acts," in Keck and Martyn (eds.), *Studies*, 159-85에서 가져온 것이다.

84 *Luke*, 249-50; 참조. 1장, 11장. 다음 문헌과도 비교해보라. Marshall, *Luke*, 91; Bovon, *L'oeuvre*, 85-91; Mainville, *L'Esprit*, 333.

복이 갖는 의미에 대해 살펴볼 것이다.

2.2. 오순절과 이스라엘의 메시아적 회복

누가복음 3:16에서 예수가 이스라엘에게 성령과 불로 세례를 베풀 것이라는 세례 요한의 약속은 성령의 메시아가 시온에서 정의로운 통치와 심판을 행사할 것이라는 유대교의 기대와 일치한다. 따라서 3:16의 약속은 누가복음 1-2장에 기록된 소망의 관점과 전적으로 부합한다. 또한 우리가 이미 살펴보았듯이 예수의 사역은 시온의 회복을 목적으로 하는 "새 출애굽"의 소망이 주를 이룬다. 예수의 십자가 죽음이 어떤 제자들에게는 이러한 소망을 송두리째 제거해버린 것으로 보였다면(참조. 눅 24:21), 그러한 실망을 묘사한 내레이터의 설명은 아이러니로밖에 볼 수 없다. 이스라엘이 구속받을 것이라는 기대는 예수의 부활과 함께 다시 살아나고, 이것은 사도행전 프롤로그의 가장 핵심 단락에서 크게 부각된다(1:3-8).

하나님 나라에 대한 예수의 가르침(1:3)은 아버지께서 약속하신 것을 위해 예루살렘에서 기다리라는 구체적인 분부(1:4)의 배경이 된다. 장소는 단순히 성령과 "시온산과 예루살렘에서" 오는 구원에 대한 요엘의 약속에 의해, 또는 적어도 기독교가 분리되어 나오는 종교의 도시에서 시작하게 하려고 순전히 물리적인 관점에서 구속사적 연속성을 확보하려는 얄팍한 시도에 의해 결정되는 것이 아니라, 여기서 말하는 구원이 시온/예루살렘의 회복을 염두에 두고 있으며, 그 구원이 열방에까지 퍼져나갈 것이라는 사실에 의해 결정된다(1:8).[85] 사도행전 1:5는 코텍스트에 맞게 다시 쓴 세례 요한의 약속을 의도적으로 상기시키면서 시온/회복의 모티

---

[85] 구원이 성전 도시를 구심점으로 하고 그곳으로부터 나온다는 유대교의 기대에 관해서는 J. B. Chance, *Jerusalem, the Temple and the New Age in Luke-Acts* (Macon: Mercer University Press, 1988), 1장을 보라.

프를 지지한다.[86] 메시아의 활동에 대한 세례 요한의 원래 능동태 문장은 이제 수동태 문장으로 바뀌어 의미론적으로 그 행동의 주체는 이제 (1:4b 의) "아버지"를 포함하고, 이로써 문장 전체가 1:4c에 기록된 그 약속의 수혜자들("너희")의 관점에서 서술되고, 그들의 이야기로 사도행전의 나머지 부분이 채워진다. 그리고 이제는 "불"에 대한 언급도 생략되는데, 이는 그리 중요한 의미가 없어 보인다.[87]

---

86 Schneider와 Pesch는 5절이 4절 이후에 거의 불필요하게 반복되어 단지 구원 역사를 시대적으로 구분하는 문학적인 장치로만 사용될 뿐이라고 생각한다. 예수가 성령을 받음으로 시작된 그의 사역(참조. 1:22; 10:37)은 그의 승천으로 끝이 난다는 것이다(1:2, 22). 또한 교회 시대의 시작은 성령이 제자들 위에 부어진 오순절 날이라는 것이다(참조. 11:15). 그러나 이러한 견해는 1:5이 독자들에게 이러한 "아버지의 약속"이 무엇을 **위함**이며, 눅 1-2장에서 언급된 소망과 어떻게 연관되는지를 상기시켜주는 역할을 한다는 점을 간과한다.

87 Dunn은 "그리고 불"이란 어구가 삭제된 데는 신학적인 의도가 담겨 있다고 주장한 바 있다. 그는 성령의 은사는 십자가의 열매로서 신학적으로 이해되어야 한다고 말한다. "오순절 없는 갈보리는 **우리에게** 속죄가 될 수 없다"(*Baptism*, 44, Moberly의 견해를 따라). 예수는 성령의 은사가 교회에게 주어지기 이전에 먼저 세례 요한이 약속한 "불"을 스스로 흡수해야만 한다. 하지만 이 중에 첫 번째 주장은 확고한 결론이 아니다. Dunn 자신이 다른 곳에서 지적하듯이, 누가가 대속의 의미를 십자가에 귀속시킨다고 확증하기는 어려우며(*Unity*, 17-18), 누가가 신학적으로 대속을 십자가와 연계시켰을 수도 있음을 받아들일 수는 있지만, (예수가 자신의 사역 기간 동안 용서를 선포했다는 관점에서 볼 때) 그가 속죄를 **연대기적으로** 오순절 이후로 한정된 것으로 여겼다고 믿기는 어렵다. Dunn의 두 번째 주장은 눅 3:16과 12:49-50을 임의적으로 연계시켜 해석하며, 12:49-50에 대한 상당히 불가능한 해석에 의존한다. (Dunn이 주장하듯이) 예수는 세례 요한이 약속한 "불"을 스스로 흡수하기보다는 오히려 실제로 그 "불"을 땅에 던지러 왔다고 주장한다(12:49). Q에서 이 어록은 이미 케리그마를 선포함으로써 야기된 이스라엘의 극심한 분열을 통해 (최소한 부분적으로라도) 성취된 것으로 해석되었다(μὴ νομίσητε ὅτι ἦλθον βαλεῖν εἰρήνην ἐπὶ τὴν γῆν이 이어지는 문장 ἦλθον βαλεῖν … μάχαιραν. ἦλθον γὰρ διχάσαι ἄνθρωπον κατὰ τοῦ πατρὸς αὐτοῦ (κτλ)에 의해 설명되는 마 10:34을 참조하라. 그리고 R. Edwards, *The Theology of Q* (Philadelphia: Fortress Press, 1976), 128; Marshall, 545-46을 보라; 참조. C. P. März, "'Feuer auf die Erde zu werfen, bin ich gekommen …' Zum Verstädnis und zur Entstehung von Lk 12:49," in Aletti *et al.* (eds.), *Cause*, 479-512. 이것은 또한 누가복음의 앞뒤 문맥(참조. 12:51-52)과 사도행전에서 누가가 의도한 의미와 일치하는데, 거기서 제자들은 성령과 불(2:3)을 오순절 날과 그 이후에 자신들의 설교로 인해 이스라엘 안에 나타나는 분열과 심판을 통해 경험한다. 이 마지막 설명에 비추어볼 때 행 1:5에서 "그리고 불"이 삭제된 이유는 사도행전의 주제가 "제자들에게 주어진, 그리고 제자들을 위한" 약속이

1:5에 기록된 예수의 말씀은 시온의 메시아적 정화와 회복에 대한 약속으로 이해될 때 1:6에서 제자들이 던지는 질문과 자연스럽게 연결된다. 만약 요한의 약속이 예수의 사역에서보다 더 거대한 차원에서 성취될 것이라면, 제자들이 (a) 나라가 **이스라엘에게** 곧 회복될 것이며,[88] (b) **예수**가 이것을 성취할 것이라고 생각하는 것은 매우 적절한 것이다. 이중 첫 번째 생각은 일단 메시아가 시온을 회복시키면 이스라엘은 열방 중에 가장 탁월한 민족이 될 것이며(참조. 사 49:6-7. 이 사상은 말 3:23에 나타난 사상보다 여기서 더 강하게 나타난다), 심지어 그 나라들을 지배할 것(단 7:14, 27 등)이라는 전제를 근거로 한다.[89] 또한 두 번째 생각 역시 동일하게 예수가 메시아로서 이스라엘의 정화와 구속을 이루어낸다면 그가 이 탁월한 지위를 이스라엘에게 부여할 것이라는 합리적인 전제에 바탕을 둔다.

1:7-8에 기록된 예수의 대답을 어떻게 해석해야 할지에 관해서는 격렬한 논쟁이 이어지고 있다. 행헨의 주장에 의하면 이 두 구절에서 예수는 "파루시아에 대해서는 어떠한 질문도 금하고 있는데" 그 이유는 바로 누가가 "임박한 종말에 관한 기대를 철저하게 단념했기 때문"이라는 것이다.[90] 그러나 이것은 콘첼만이 제기한 질문에 대한 답이지, 이스라엘

라는 데 초점이 맞추어졌기 때문이라는 설명이 가장 타당해 보인다. Mainville 역시 누가가 "그리고 불"을 생략한 이유는 그가 심판이 그리스도인들에게는 해당되지 않는다(그리고 세례 때 그리스도인들을 정화시키는 동인은 오히려 성령이다[참조. 겔 36:26-27; *L'Esprit*, 274])라고 생각했기 때문이라고 주장한다. 그러나 나중에 그녀는 누가에게 있어 "불"은 예언자적인 단어의 한 측면이며(참조. 렘 20:9), 따라서 오순절 기사에서 "불의 혀"와 방언에 대한 표현이 서로 연결되어 나타난다고 제안한다(275, Kremer의 견해를 따라). 그러나 이 후자의 설명은 (그러한 가설에 비추어볼 때) "불"이라는 단어가 특히 적절해 보이는 1:5에서 왜 누가가 이 단어를 생략했는지를 제대로 설명해주지 못한다.

88 여기서 사용된 명사구 ἡ βασιλεία (τῷ Ἰσραήλ)은 (눅 12:32, 22:29에서처럼) "하나님 나라"가 아니라 이스라엘의 제왕적 "통치"를 가리킨다. 이 본문들은 모두 단 7:14, 18, 27을 암시한다(Evans and Sanders, *Luke*, 154-64).

89 이 본문 전체에 나타나 있는 회복에 대한 뉘앙스는 Tiede, "Exaltation," 278-86이 가장 잘 파악한다; 참조. Schmitt, "L'église."

90 Haenchen, 143.

에게 탁월한 지위가 주어질 것인지에 대한 관심을 표명하는 제자들의 질문에 대한 답은 아니다. 사실 이 문제는 반드시 파루시아의 시기와 직결된 문제는 아니다. 1:7에 의하면 제자들이 알 수 없는 것은 이스라엘의 운명의 χρόνοι 또는 καιροί("때 또는 시기")다. 왜 그런지에 대해서는 적어도 3:19-26에서 부분적으로 드러나게 될 것이며, 이스라엘의 미래—누가 "이스라엘"을 구성할지에 관한 문제—는 모세와 같은 예언자에게 이스라엘이 어떻게 반응하느냐에 달려 있다. 만약 회개한다면 이스라엘은 καιροὶ ἀναψύξεως(새롭고 숨을 돌리게 되는 때, 3:19)를 맞이하게 될 것이고[91] χρόνοι ἀποκαταστάσεως πάντων(만유를 회복하실 때, 3:21)에 참여하게 될 것이다. 그러나 회개하지 않은 이들은 "(하나님의) 백성"으로부터 끊어질 것이다(3:23).

제자들의 질문이 파루시아의 지연이 아니라 이스라엘의 운명에 관한 것임을 올바르게 인지한 매독스(Maddox)는 1:7-8이 1:6에 나타나 있는 기대를 드라마틱하게 재해석한다고 주장한다.[92] 그는 누가가 그 나라가 **국가적인 의미에서** 이스라엘에게 회복될 것을 믿을 수 없었다고 본다. 후자는 사도행전이 우리에게 보여주듯이 대체로 복음을 거부한다. 오히려그 나라는 이스라엘에게 주어지는데(참조. 눅 12:32), 거기에는 일부 민족적 이스라엘도 참여할 것이다. 따라서 사도행전 1:7은 하나님이 이스라엘의 영광이 아닌, 성전의 파괴를 통해 함축적으로 나타난 이스라엘의 파멸의 "때와 시기"를 결정하셨음을 의미한다. 따라서 교회는 국가의 회복에 대한 경건한 소망을 버리고, 그 대신 성령의 능력에 힘입어 복음을 온

---

91   이 구절에 대한 이러한 이해는 C. K. Barrett, "Faith and Eschatology in Acts 3," in E. Grässer and O. Merk (eds.), *Glaube und Eschatologie* (Tübingen: Mohr, 1985), 1-17(특히 10-13)을 보라(이에 대한 반대 견해로는 이것을 파루시아 때 낙원의 조건을 회복하는 것으로 해석하는 Zehnle, *Discourse*, 71-75을 보라). Barrett의 견해를 지지하는 해석으로는 H. F. Bayer, "Christ-Centered Eschatology in Acts 3:17-26," in Green and Turner (eds.), *Jesus*, 245-47을 보라.

92   *Purpose*, 106-108.

세계에 선포하는 일을 위해 힘써야 하는 것이다.

그러나 1:7에 대한 매독스의 해석은 타당성이 없다. 예수의 대답은 전적으로 부정적이기보다는 양면성을 가지고 있다. 그리고 사도행전 1:8은 이사야서를 세 번 암시하며 이스라엘의 회복에 대한 소망을 재차 반복한다. "성령이 너희에게 임하시면 너희가 능력을 받을 것"이라는 말씀은 독자에게 누가복음 24:49("내가 내 아버지께서 약속하신 것을 너희에게 보내리니…위로부터 능력을…")을 상기시킨다. 누가복음 24:49과 사도행전 1:8은 모두 이스라엘의 새 출애굽의 회복과 "광야" 상태로부터의 변화를 언급하는 이사야 32:15에 그 기반을 두고 있다.[93] 이와 마찬가지로 "너희가 내 증인이 되리라"는 회복된 이스라엘, 곧 "하나님의 종"에게 이러한 소명이 주어지는 이사야 43:10-12과 관련이 있다. 그리고 세 번째로, "땅 끝까지"(1:8)[94] 이르러 예수의 증인이 되는 사명은 이사야 49:6[95]의 말씀을 취한 것으로 널리 알려져 있다.

> 그가 이르시되
> "네가 나의 종이 되어
> 야곱의 지파들을 일으키며,
> 이스라엘 중에 보전된 자를 돌아오게 할 것은
> 매우 쉬운 일이라.
> 내가 또 너를 이방의 빛으로 삼아

---

93 참조. C. A. Evans, "Jesus and the Spirit: On the Origin and Ministry of the Second Son of God," in Evans and Sanders, *Luke*, 31.

94 여기서 "땅 끝까지"란 표현은 로마가 아닌 "모든 족속"(눅 24:47; 눅 2:32+행 13:47에 서처럼)을 의미한다. Conzelmann, Haenchen, Burchard, Dömer에 대한 반론은 Pesch, 70, n. 18; Schneider, 203(and n. 38); Tannehill, *Narrative Unity*, II, 17, 그리고 특히 van Unnik, *Sparsa Collecta*, 386-401; E. E. Ellis, "'The End of the Earth' (Acts 1:8)," *BBR* 1 (1991), 123-32; J. M. Scott, "Horizon," 524-27, 539을 보라.

95 예를 들면 Schneider, 203; Pesch, 70; Dömer, *Heil*, 117; Tiede, "Exaltation," 285; Menzies, *Development*, 200, n. 4도 이에 동의한다.

나의 구원을 베풀어서 땅 끝까지 이르게 하리라."

이러한 세 차례에 걸친 이사야서의 암시는 명백하게 이스라엘의 회복을 가리킨다. 야곱을 일으키고 이스라엘의 남은 자들을 회복시키는 이사야서의 종의 소명은 제자들에게 주어진다. 그들의 사명은 그들의 상징적인 숫자인 "열둘"과 전적으로 일치하며,[96] 따라서 예수가 그들에게서 떠난 후에 그들이 제일 먼저 해야 했던 일은 유다를 대체하는 것이었다(1:15-26). 이사야 32:15, 43:10-12, 49:6-7을 이와 유사한 세례 요한의 약속(행 1:5; 참조. 본서 11장 §2)과 연결시킨 것도 **성령이 이스라엘을 정화하고 회복시키는 능력으로 제자들에게 임할 것임**을 의미하며, 따라서 "이스라엘의 열두 지파를 다스릴 보좌에 앉을"(눅 22:30) 그룹을 재구성하는 것이 급선무가 된 것이다.[97] 1:7-8의 말씀에 양면성이 있다면, 그것은 "이스라엘"에게 임할 중요한 미래를 부정하는 것을 의미하기보다는 이스라엘의 왕권에서 하나님의 구원의 빛을 열방에 전하는 종으로서의 사명으로 그 강조점이 바뀐 것을 의미한다. 이러한 제2이사야서의 종 구원론은 누가복음 2:31-32에서 (동일한 이사야 본문을 활용하면서) 시므온이 예고한 이스라엘의 구원의 "형태"와 잘 부합할 뿐 아니라, 바울도 (비록 강조점은 다소 다르지만) 그 사명을 부활하신 주님으로부터 받았다고 주장한다(행 13:47; 26:18).[98]

---

96   참조. W. Horbury, "The Twelve and the Phylarchs," *NTS* 32 (1986), 503-27.

97   통찰력 있는 J. Jervell의 소논문 두 편을 보라. "Son of the Prophets: the Holy Spirit in the Acts of the Apostles," in *Unknown Paul*, 75-112(특히 97-98); "The Twelve on Israel's Thrones," in *Luke*, 75-112; 참조. C. A. Evans and Sanders, "The Twelve Thrones of Israel: Scripture and Politics in Luke 22:24-30," in Evans and Sanders, *Luke*, 154-70. Evans는 눅 22:30이 회복된 이스라엘에서 교회의 통치(Jervell이 해석했던 것처럼)가 아니라 종말론적인 통치를 예고한다고 주장하지만, 사실 후자는 전자를 위한 패턴이다(참조. Turner, "Luke and the Spirit," 247, n. 61).

98   이것은 "이스라엘"의 "민족주의적인" 개념을 교정하려는 의도를 내포하고 있지 않다. *Contra* D. Hill, "The Spirit and the Church"s Witness: Observations on Acts 1:6-8,"

따라서 1:3-8에 기록된 내용은 "이스라엘"에 대한 누가복음 1-2장의 소망을 전복시키기보다는 오히려 이를 강화시킨다. 우리는 이와 관련하여 티데(Tiede)의 견해에 대체적으로 동의할 수 있다.

> 제자들의 질문에 대한 예수의 대답은 독자들의…종말론을 수정하기 위함이 아니라 사도행전 내러티브 전체를 이스라엘에게 회개와 용서를 선포한 그의 열두 사도를 통해 전개되고 있는 하나님의 메시아의 통치에 대한 증거로서 소개하기 위해 작성된 것이다. 우선 열두 제자가 회복된다(행 1:12-26). 그다음 성령이 "천하만국으로부터" 온 경건한 유대인들에게 부어진다(행 2장).
>
> 이러한 논리는 제2이사야서로부터 비롯된 것이다. 즉 하나님의 통치에 대한 약속은 단순히 이스라엘 가운데 보존된 이들의 회복을 의미할 뿐만 아니라 땅 끝까지 이르러 열방의 빛이 되는 이스라엘의 소명의 갱신을 의미한다. 이러한 하나님의 약속이 실패로 끝났는가? 아니다. 승귀하신 예수가 성령(아버지의 약속, 눅 24:49)을 통해 이제 곧 시작하시려는 회복은 이 세상에서 수행할 이스라엘의 예언자적 소명을 갱신하는 것이다.[99]

만약 이 진술이 사도행전 7장 이후에 소개된 관점의 변화를 설명해주기에 아직 불충분하다면(§3과 본서 13장을 보라), 이 진술은 적어도 오순절 연설을 위한 적절한 지평을 열어준다.

IBS 6 (1984), 16-18. 왜냐하면 사 49장에 나타난 종의 사명은 전적으로 국가의 것으로 남아 있기 때문이다.

99 "Exaltation," 286.

§1-2에 대한 결론[100]

사도행전 2:33-36은 앞에서 선포한 성령의 메시아를 통한 이스라엘의 회복에 대한 약속의 정점이다. 성령은 누가복음 24:44-49, 사도행전 1:4-8, 2:14-38에서 더욱 분명하게 능력을 부여하는 하나님의 임재로서 나타나며, 이러한 임재를 통해 하나님의 통치가 종말론적으로, 그리고 또 변혁적으로 이스라엘에게 영향력을 행사한다. 그리고 이 모든 것은 이제 하나님의 성령을 통해 이스라엘에 대한 통치권을 행사하시는 승귀하신 예수를 통해 이루어진다. 메시아가 성령과 불로 세례를 베풀 것이라는 세례 요한의 약속은 다음과 같이 네 가지 방식으로 설명이 가능하다. 첫째, 성령은 이사야 32:15과 49:6(눅 24:49; 행 1:5, 8)에 의해 이스라엘의 새 출애굽의 회복과 변화를 이끄는 영으로 분명하게 드러났다.[101] 둘째, 성령은 모세와 같은 예언자의 승천 선물로 그려지고, 또 이로써 사도행전 2장의 모세/시내산에 대한 암시를 통해 이스라엘의 갱신된 언약을 가능케 하는 능력으로 그려진다. 셋째, 이 약속은 하나님의 백성에게 보편적으로 주어질 예언의 영이라는 요엘의 선물로 구체화되었다. 마지막으로, 성령은 새로운 의미에서 메시아의 영으로 소개되었다. 성령은 단순히 하나님의 임재와 능력을 예수에게 부어주신 것이 아니라, 예수도 아버지처럼 제자들에게 성령을 부어주시고, 또 성령도 (2:33의 관점에서) 아버지처럼 그리스도의 임재와 사역을 중재하신다. 즉 하나님의 영이 또한 예수의 영이 된 것이다.

---

100 §1의 끝부분에 있는 결론도 참조하라.

101 참조. J. Kremer, "Die Voraussagen des Pfingstgeschehens in Apg 1,4-5 und 8," in G. Bornkamm and K. Rahner (eds.), *Die Zeit Jesu* (Freiburg: Herder, 1970), 145-68.

3. 오순절 연설과 사도행전 본문

앞의 두 단원은 사도행전의 나머지 부분과 관련하여 어떤 기대감을 불러일으켰다. 누가는 과연 성령이 요엘이 약속한 예언의 영으로서 모든 그리스도인에게 주어진다고 생각하는가? 누가는 과연 성령을 부활하신 그리스도의 실행 능력으로 생각하는가? 또한 그는 과연 예수가 성령을 통해이스라엘의 회복을 수행한다고 생각하는가? 이 가운데 첫째 질문에 대한우리의 긍정적인 답변을 들으려면 본서 12장(§1)까지 기다려야 하겠지만,일단 여기서 우리는 사도행전 나머지 부분이 성령을 예수의 실행 능력으로 보는 견해를 입증해주는지(§3.1), 그리고 사도행전이 이스라엘의 메시아적 회복에 대해(그 작업이 실패했거나 또는 종말 때까지 연기되었다기보다는)서술하려고 하는지에 대한 충분한 증거가 있는지(§3.2)에 대해 살펴보고자 한다.

3.1. 사도행전의 성령은 승귀하신 그리스도의 실행 능력인가?

2:33에서 예수는 우리가 합리적으로 그를 성령의 주라고 말할 수 있을만큼 하나님의 영과 깊은 관계를 맺고 있는 분으로 소개된다. 예수는 베드로가 "너희가 보고 듣는 이것"이라고 포괄적으로 언급한 요엘의 약속된 성령을 "부어주신다." 이것이 의미하는 바는 누가에 의하면 하나님의성령이 예언의 영으로 역사하시는 곳에는 항상 하나님과 승귀하신 그리스도의 역동적인 "임재"가 함께한다는 것이다. 만일 유대교 내에서는 성령이 역동적이며 자기계시적인 하나님의 임재를 이야기하는 방식이었다면, 2:33은 이와 동일한 내용을 그리스도에게 접목시키는 내용을 함축하고 있다. 만약 성령과 그리스도의 관계에 대한 이러한 인식이 누가의견해를 실제적으로 대변한다면, 누가의 "부재 기독론"과 바울과 요한의그리스도의 "현존" 기독론이 서로 대립한다는 주장은 대대적인 수정이

필요하다.[102] 오히려 누가는 바울과 요한의 편에 서 있다고 볼 수 있다.

바울과 요한의 경우에도 우리는 하늘에 계신 그리스도의 "실질적인 부재"(real absence)를 언급해야 한다. 요한의 경우 예수는 승천과 함께 제자들을 떠나 하나님께로 돌아가야만 한다(요 14-17장; 20장). 바울의 경우에는 육신에 거한다는 것은 주와 떨어져 있는 것이며, 오직 죽음(고후 5:6-9; 빌 1:21-24)이나 환상 가운데 하늘로 올라가는 것(고후 12:1-10)이나 또는 파루시아만이 그 간격을 극복할 수 있다. 요한에게 있어 그리스도와 아버지는 주로(전적으로가 아니라면) 아버지와 아들로부터 오는 보혜사(기독교에서 말하는 예언의 영의 또 다른 버전) 안에서, 그리고 그를 통해 제자들 가운데 "현존한다." 이는 바울의 경우에도 마찬가지다. 그리스도는 "그리스도의 영"이 된 하나님의 영을 통해 현존한다.[103] 바울과 요한의 경우 그리스도의 성령 안에서의 현존에 비하면 그 다른 어떤 현존 "방법"도 모두 미미하다.

그러나 2:33에서 제공하는 관점이 과연 나머지 누가-행전의 내용과 실제적으로 어느 정도 일치할 수 있을까? 우리는 오순절을 세례 요한의

---

102 심지어 그의 영향력 있는 소논문("Whom Heaven Must Receive until the Time," *Int* 27[1973], 160-61)에서도 MacRae는 누가가 제자들을 인도하는 예수의 사역을 수행하는 이는 성령이라고 생각하기 때문에(그리고 예수는 그의 "이름"[161-162]과 그에 대한 케리그마[162-63]를 통해, 그리고 제자도에 대한 모본으로서 "현존"하기 때문에) "부재 기독론"은 "오직 절반만 진실"임을 인정한다. 나의 박사학위 학생 가운데 한 명은 그리스도와 성령의 관계에 대한 누가의 견해는 일반적으로 생각하는 것보다 바울의 견해에 훨씬 더 가깝다는 것을 입증했다. A. D. Hui, "The Concept of the Holy Spirit in Ephesians and its Relation to the Pneumatologies of Luke and Paul" (PhD dissertation, Aberdeen University, 1992), 2장을 보라.

103 요한복음의 입장에 대해서는 특히 Brown, "Paraclete," 113-32; G. M. Burge, *The Anointed Community: The Holy Spirit in the Johannine Community* (Grand Rapids; Eerdmans, 1987), 137-47; Turner, "Spirit in John"s Gospel," 24-42; *idem*, "Holy Spirit," 349-50을 보라. 바울의 입장에 대해서는 특히 Dunn, "Jesus-Flesh and Spirit," 40-68; *idem*, "Life-giving Spirit," 127-42; *idem*, *Jesus*, 318-26; G. D. Fee, "Christology and Pneumatology in Romans 8:9-11 — and Elsewhere: Some Reflections on Paul as a Trinitarian," in Green and Turner (eds.), *Jesus*, 312-31; *idem*, *Presence*,

약속의 성취로 보는 누가의 해석(1:5; 11:16)이 성령을 예수의 실행 능력으로 보고, 또 이것이 예수가 "내가 내 아버지께서 약속하신 것을 너희에게 보내리니"(24:49)라고 말씀하시는 누가복음 마지막 장면(누가의 편집)에서 부각된다는 점을 이미 지적한 바 있다. 그렇다면 성령에 대한 예수의 주권(Lordship)은 τὸ πνεῦμα Ἰησοῦ("예수의 영"; 행 16:7)[104]라는 어구의 사용에서 분명하게 드러나는데, 이는 τὸ πνεῦμα κυρίου("주의 영"; 행 5:9; 8:39; 눅 4:18)를 따라 고안된 것이며, 이는 또한 τὸ πνεῦμα τὸ ἅγιον(참조. 행 16:6)과도 병행을 이룬다. 따라서 이 어구는 "부활하신 예수의 능동적인 현존으로서의 성령"을 의미하고,[105] 이 문맥에서는 이러한 능동적인 현존은 부활하신 주님이 제자들에게 베푸시는 계시를 통한 인도와 관련이 있다. 따라서 사도행전 16:7은 2:33과 일치한다.

예수가 성령을 통해 활동하고 계시하신다는 사실—즉 그가 성령이 베푸시는 은사의 주체가 된다는 사실—은 사도행전 2:33과 16:7에만 국한되어 나타나지 않는다. 따라서 예를 들면, 누가는 법정에서 성령이 도움을 주실 것이라는 확신에 대한 말씀(눅 12:12)과 사도행전 6:10의 스

---

passim(특히 13장); Turner, "Spirit and 'Divine' Christology," 특히 424-34을 보라.

104 16:7에 대한 이러한 독법이 사본학적으로 불확실하고, 사도행전에는 성령을 예수와 결합시키는 본문이 전혀 없다는 G. Kilpatrick("The Spirit, God and Jesus in Acts," *JTS* 15 [1964], 63)의 주장은 사본의 문제를 괜히 너무 복잡하게 만들 뿐 아니라 그 문맥에서 행 2:33을 간과한다. τὸ πνεῦμα Ἰησου는 사본학적으로 압도적이며, 다른 독법들을 가장 잘 설명해준다. 이 어구가 신약에만 나타나 있기 때문에 보다 더 일반적인 κυρίου로 수정되거나(C* it^gig *al.*), 수식어 του ἁγίου가 추가되기도 했고(arm^mss, Ephiphanus), 또는 이 어구가 16:6 맨 마지막에 나오는 바람에 수식어를 완전히 생략해버린 경우도 있다(HLP 81 cop^sa *al.*). 다른 독법으로 Ἰησου의 등장을 설명하는 것은 사실상 불가능하다. 다수 본문에 대한 학자들의 신뢰가 지극히 높은 관계로 Haenchen, Foakes-Jackson and Lake(*Beginnings*, IV, 4)와 G. Stählin이 쓴 주석은 아예 다른 이문은 언급조차 하지 않는다.

105 Stählin, "πνεῦμα," 229-52, 특히 232, 235의 중요한 연구를 참조하라. Baer(*Geist*, 42), Lampe("Spirit," 193ff.), Haya-Prats(*L'Esprit*, 49-50) 등의 다른 독법 시도와 "예수의 영"을 "예수에게 임한 영"이나 "예수의 특성을 보여준 영"으로 읽으려는 Dunn의 시도에 대한 반대 견해로는 Turner, "Spirit and 'Divine' Christology," 433-34을 보라.

데반의 설교에서 아무도 변박할 수 없는 지혜를 주실 것이라는 부활하신 예수의 약속의 말씀(눅 21:15)을 서로 조심스럽게 결합시킨다. 이 경우에는 야훼가 이전에 성령을 통해 그의 예언자들에게 주신 은사를 활용해서 이스라엘에게 말씀하셨던 것처럼 부활하신 예수도 그가 그의 증인들에게 부여한 은사를 통해 이스라엘에게 말씀하신다(7:51). 이것은 이미 널리 알려진 바대로 예수가 "이스라엘에게 회개함과 죄 사함을 주시려고"(5:31) 하나님 우편으로 높임을 받으셨으며, 또 하나님이 그의 증인들에게 베푸시는 성령을 통해 그 일을 행하신다는 것을 말해주는 한 가지 예다(5:32).[106] 따라서 나중에 우리는 부활하신 예수가 바울에게 나타나 이방인들의 눈을 뜨게 하여 그들이 빛으로 나아오게 하는 지시를 내렸음을 알게 되지만(26:15-18=이사야 42:7, 16), 이 임무를 수행하기 위해 성령으로 충만하게 된(9:15-17) 바울은 부활하신 예수가 "그의 백성들과 이방인들에게 빛을 선포하신다"고 주장한다(22:23; 참조. 13:2-14:27). 즉 바울에게 임한 성령을 통해 그리스도 자신이 이를 선포하신다는 것이다. 또한 꿈과 환상(행 2:17에서 강령적으로 성령의 역할로 간주하는)은 이제 규칙적으로 그리스도의 현현으로 나타나며, 거기서 예수는 그의 제자(스데반)를 대신하여 활동하고(7:55, 성령이 이러한 현상의 "수단"임을 재강조하면서), 그의 제자(아나니아)에게 지시하고(9:10-17; 참조. 16:6-7; 22:17-18, 21), (바울에게) 용기와 격려를 주고(23:11), 또는 주님의 보호와 지지에 대한 확신을 주는 것으로(18:9-10) 나타난다.[107]

ἐγώ εἰμι μετὰ σοῦ("내가 너와 함께 있다")라는 약속과 더불어 주님의 보호와 지지에 대한 확신은 그동안 누가의 보다 더 전형적인 "부재 기독론"에 반하는 것으로 여겨졌지만, 보다 최근 들어 오툴을 비롯한 다른 학

---

106 이러한 진술은 그리스도 실천적(Christopract)이기보다는 하나님 실천적(Theopract)이라 할 수 있지만, 사실 그리스도와 아버지는 이미 요엘의 선물에서 함께 주권을 행사하는 것으로 확정되었다.

107 참조. Hui, "Concept," 25-30.

자들은 사도행전 18:10(그리고 눅 21:15; 행 2:14-38; 5:31; 9:4-5[22:7; 26:14], 9:34, 등)과 같은 본문들이 누가의 기독론을 가장 잘 대변한다는 주장을 설득력 있게 제기했다. 누가의 기독론은 구원론적 편재 기독론이며,[108] 그 구원을 베푸시는 현존의 가장 주된 **수단**은 "예수의 영"으로서의 성령이다. 우리는 나중에 13장에서 이스라엘의 회복을 위한 구원에 있어서 성령이 감당하는 역할에 대해(그리고 누가가 부활하신 주님의 현존을 위한 또 다른 "수단"을 신중하게 고려하는지에 대해) 보다 더 상세하게 논의하겠지만, 위에서 내가 간략하게 제시한 내용은 누가에게 있어 성령은 하나님의 실행 능력인 만큼이나 부활하신 예수의 실행 능력, 곧 그의 능동적인 현존의 **결정적인** 방식이라는 결론(그리고 누가는 이 부분에서 그동안 알려져 있던 것보다 요한과 바울에 훨씬 더 가깝다는 결론)을 지지해주는 것으로 보인다. 우리는 누가에게 있어 "성령은 예수의 부재 시 예수의 현존이다"라는 맹빌의 주장에 동의할 수 있다.[109]

3.2. 사도행전은 이스라엘의 메시아적 회복을 묘사하는가?

모든 독자들은 누가복음 1-2장이 하나님의 개입을 통해 이스라엘이 해방되고 회복될 것이라는 기대를 보여준다는 데 동의한다. 또한 우리는

---

108 R. F. O'Toole, *The Unity of Luke's Theology* (Wilmington, DE: Glazier, 1984), 특히 2-3장(그의 소논문인 "Activity of the Risen Christ in Luke-Acts," *Bib* 62 [1981], 471-98도 참조하라). D. Buckwalter는 예수가 하늘에 계셔서 이 땅에 "부재하다"는 일반적인 주장의 근거가 되는 증거(예를 들어 그는 지상에서는 오직 환상으로 잠시 나타나며, 그를 대신하는 그의 "이름"이나 δύναμις를 통해 그의 제자들에게 간헐적으로 "임재"하신다)는 성서에 나타난 하나님에 대한 묘사와 잘 부합하며, 예수를 다양한 방식으로 편재하는 분으로 묘사하려는 누가의 경향과도 일치한다고 주장한다("The Character and Purpose of Luke's Christology" [PhD dissertation, Aberdeen, 1991], 211-31).

109 Mainville, *L'Espirit*, 333은 R. E. Brown이 요한복음에 나타난 보혜사를 묘사하는 데 사용한 표현을 그대로 사용한다(그러나 각주 17에서는 이 문제에 대한 누가와 요한의 서로 다른 관점을 설명한다). 성령의 활동은 그리스도 자신이 지속적으로 활동하는 것이라는 주장에 관해서는 337쪽을 참조하라.

누가복음의 강령적인 본문(4:18-30)이 하나님의 급작스런 통치를 이사야가 약속한 새 출애굽 해방(그 이후로 복음서 나머지 부분을 지배할 주제)으로 해석함으로써 이러한 읽기를 강화시킨다고 주장한 바 있다. 사도행전 1-2장도 이러한 기대를 상당히 부각시키는데, 이는 예수가 이제 다윗에게 주신 약속을 온전히 성취하고 하나님 우편에 있는 보좌에 앉아 성령에 대한 주권을 행사하시기 때문이다. 따라서 그는 그 어느 때보다도 성령과 불로 이스라엘에게 "세례를 베풀" 수 있는 가장 좋은 위치에 있게 되었다(눅 3:16; 행 1:5). "열둘"이란 이름으로 재구성된 그의 제자들―회복된 이스라엘의 통치자들―은 하늘로부터 임할 그의 개입을 기도하면서 기다린다. 그의 천상에서의 통치의 서막을 알리는 첫 번째 사건은 이스라엘에게 있어 가장 중요한 사건인 시내산에서의 율법 수여에 대한 강한 암시와 함께 이스라엘의 갱생에 대한 확고한 의지를 더욱 강하게 보여준다. 역사적 사건이 실제적으로 어떻게 전개될지 알지 못하는 독자들은 시온이 놀라우리만큼 영화를 누리고 예고된 대로 이방인들이 대거 몰려오는 이야기를 숨죽이며 기대했을 수도 있다(참조. 사 2:2-4//미 4:1-3; 습 3:8-10; 렘 3:17; 사 56:6-7; 60:3, 14; 66:23; 토빗서 13:11-12; 14:6-7; 시빌의 신탁 3:719-23; 솔로몬의 시편 17:34-36 등). 만일 같은 독자가 요한계시록 20-21장에 기록된 천상의 도시에 대한 묘사와 일치하는 장면을 보기를 기대하면서 사도행전의 마지막 부분을 펼쳐보았다면 그들은 아마 예수의 가장 대표적인 선교사가 로마에서 이스라엘의 지속적인 눈먼 상태를 지탄하며, 이로 인해 계속해서 이방인들에게 복음을 전하는 모습을 보면서 심한 충격에 빠졌을 것이다. 사실은 누가복음 1-2장과 사도행전 28장 사이의 긴장 관계가 누가-행전의 가장 중요한 해석학적 문제를 가장 잘 요약해준다. 이것이 바로 기독교와 이스라엘 및 이스라엘이 바라보는 소망 사이에 존재하는 관계가 지니고 있는 수수께끼다.

1970년대 초까지 유대인에 대한 누가의 태도에 대한 학계의 지배적인 입장은 대체적으로 부정적이었다. 루아지(Loisy)부터 행헨(Haenchen)

에 이르기까지 대표적인 주석들은 누가를 "유대인들"을 기독교에 반대하는 이들로 생각한 이방인 작가로 보았다. 오닐(J. C. O'Neill)의 저서인 『역사적 정황에서 바라본 사도행전의 신학』(*The Theology of Acts in its Historical Setting*)은 이와 동일한 입장에 대해 매우 상세한 논증을 펼친다.[110] 그러나 1972년에 저벨(Jervell)은 『누가와 하나님의 백성』(*Luke and the People of God*)이라는 표제하에 논문집을 출판했는데, 거기서 그는 이러한 합의된 학계의 입장에 반대하면서 누가가 기독교와 이스라엘 및 율법의 관계에 대해 가장 보수적이며 "유대교적인" 입장을 취한 저자라고 주장했다. 그의 가장 대표적인 공헌은 누가가 초창기 교회를 회복된 이스라엘로 생각했고, 그것을 대대적으로 성공한 사례로 꼽았다는 그의 논증이다(오순절 날에 수천 명이 회심했고, 행 4:4에 이르러서는 오천 명이 회심했으며, 21:20에 이르러서는 [디아스포라에서의 회심은 차치하고, 예루살렘에서만] 회심자가 "수만 명"에 달했다). 하지만 저벨도 이 케리그마가 실제로 이스라엘을 **분열**시켰음을 강조한다. 오직 "믿은 자들"만이 이 회복에 참여했고, (누가의 관점에서 볼 때) 믿지 않은 자들은 "그 백성" 가운데서 끊어지게 되었다(참조. 3:22-23). 이렇게 시온을 정화하고 가려내는 작업이 "이방인" 선교와 어떤 연관이 있

---

110   London: SPCK, 2nd edn, 1970. 최근에는 누가가 반-셈족적인 경향을 띤다고 보는 학자들이 이러한 입장을 견지한다. 다음을 보라. J. G. Gager, "Jews, Gentiles and Synagogues in the Book of Acts," *HTR* 79 (1986), 91-99; L. Gaston, "Anti-Judaism and the Passion Narrative in Luke and Acts," in P. Richardson (ed.), *Anti-Judaism and Early Christianity* (Waterloo, Ont.: Wilfred Laurier University Press, 1986), 127-53; 가장 강한 어조로는 Sanders, *Jews*; *idem*, "The Jewish People in Luke-Acts," in Tyson (ed.), *Luke-Acts*, 51-75을 보라. 그러나 이 견해에 대한 비판으로는 다음을 보라. J. A. Weatherly, "The Jews in Luke-Acts," *TynBul* 40 (1989), 107-17; *idem*, *Jewish Responsibility for the Death of Jesus in Luke-Acts* (Sheffield: Sheffield Academic Press 1994); C. A. Evans, "Prophecy and Polemic: Jews in Luke's Scriptural Apologetic," in Evans and Richards, *Luke*, pp 172-211. 다음과 같은 Bovon의 진술도 참조하라. "누가복음과 사도행전은 신약의 책 가운데 보편성에 대해 가장 개방적이며, 이스라엘에 대해서도 가장 호의적이다"("Etudes lucaniennes: Rétrospective et prospectives," *RTP* 125 [1993], 128).

는가? 저벨은 누가복음 2:32과 이와 유사한 본문을 매우 면밀하게 다루었는데, 그의 결론은 오직 이스라엘이 회복되고 영광을 받는 과정을 통해서만 그 "빛"이 이스라엘로부터 이방인들에게 발할 수 있었다는 것이다. 정화하고 가려내는 과정을 통해 "다윗의 무너진 장막"이 "재건되었고"(행 15:16) **"이로써** 다른 모든 민족들이―심지어 이방인들까지도―주를 찾게 되었다"는 것이다(15:17). 저벨의 주장에 의하면, 이것 역시 누가의 바울이 디아스포라 선교 사역에서 항상 먼저 유대인들에게 접근한 이유였다. 그 어디서나 이방인들이 교회로 들어오기 전에 먼저 "이스라엘"이 걸러지고 회복되는 작업이 선행되어야만 했다. 이 모든 것이 유대교의 종말론적인 고대 사상과 전적으로 부합한다고 볼 수 있으며, 저벨의 이러한 통찰은 로핑크, 챈스, 티데, 모스너에 의해 받아들여지고 다양한 방식으로 발전되었다.[111]

---

111   Lohfink, *Sammlung*; Chance, *Jerusalem*; Tiede, "Exaltation," 278-86; 참조. *idem*, "'Glory to Thy People Israel'": Luke-Acts and the Jews," in J. B. Tyson (ed.), *Luke-Acts and the Jewish People* (Minneapolis: Ausburg Press, 1988), 21-34; Moessner, "Ironic Fulfillment," 35-50. Tiede의 두 번째 소논문은 그의 첫 번째 소논문에 비해 다소 강조점을 달리한다. 첫 번째 소논문에서 그는 파루시아로 향하는 교회의 역사 안에서 이스라엘의 회복을 예상한다. 그러나 그의 두 번째 소논문은 (부분적으로 Tannehill의 소논문["Israel in Luke-Acts," 69-85]에 대한 응답으로서) 유대인을 향한 선교가 실패했음을 크게 염두에 두고 집필되었다. Tiede는 1988년에 쓴 소논문에서 "이스라엘 가운데 많은 사람이 패하거나 흥하게 되는" 것(시므온의 예언, 눅 2:34)의 순서는 누가의 기대와 상응한다고 주장한다. 즉 사도행전의 이야기는 주로 전자에 해당하지만, 행 28장에 기록된 마지막 이야기는 이야기의 끝이 아닌 것이다 (29). 누가는 눅 1-2장, 행 1:6 등의 소망이 이스라엘이 마침내 "흥하게 될" 마지막 때에 성취될 것을 예상한다. 이것은 "하나님이 의도하신 구원, 곧 만물의 회복…[은] 처음과 마지막에 이스라엘에게 입증될 것"(28-29)이라는 선언에 의해 한정되며, 이는 모두가 소망하는 회복이 행 1-15장의 예루살렘 교회 안에서 시작될 것임을 보여준다. 하지만 강조점은 마지막 때에 약속이 성취되는 방향으로 분명하게 바뀌었다. Moessner의 소논문은 Tiede의 견해를 적나라하게 비판한다. Tiede는 오직 권세 있는 자를 그 위에서 내리치고, 비천한 자를 높이실 것이라는 마리아의 찬가(1:51-53)나, 하나님의 백성을 원수의 손에서 구원할 능력의 다윗 계통의 구세주에 대한 사가랴 찬가(1:69-71, 73)를 문자적으로 해석해야만 이스라엘에게 주신 이 약속들은 아직 성취되지 않고 여전히 그 성취를 기다리고 있다고 볼 수 있다는 것이다. 하지만 Moessner는 이러한 소망들이 전혀 예상치 못한 방식으로 이루어졌다고 주장한

나는 모든 이들이 저벨의 견해에 전적으로 동의한다고 말하고 싶은 것이 아니다. 하지만 저벨의 견해는 누가가 초기 유대 교회의 출현 자체를 이스라엘의 회복에 대한 소망의 성취의 중심, 다시 말하자면 예수의 사역을 통해, 그리고 (보다 결정적으로) 그의 다윗의 영원한 보좌로의 승귀 및 성령 보내심을 통해 이 땅에 침투한 하나님의 통치가 미친 영향으로 이해했을 실제적인 가능성을 보여주었다. 다음 두 핵심 본문은 저벨의 견해의 심장으로 우리를 인도한다.

(A) 사도행전 3:19-25

베드로의 연설 가운데 이 부분은 누가의 교회론에서 상당히 중요한 위치를 차지한다고 이미 잘 알려져 있다. 이 연설의 요지는 다음과 같은 주장에 담겨 있다고 할 수 있다. (1) 모든 이스라엘 백성은 자신의 죄를 씻어내기 위해 회개하고 하나님께로 돌아가야 한다. (2) 그 결과는 하나님이 예정하신 메시아 예수를 보내실 때까지 καιροὶ ἀναψύξεως, "새롭게 되는 날"(즉 억압으로부터의 자유, "평화", 하나님의 "축복" 등[참조, 26절])이 될 것이다. (3) 예수는 예고된 χρόνοι ἀποκαταστάσεως, "만유가 회복될 때"까지(하나님이 그의 그리스도를 보내실 그때에 정점에 도달한다) 하늘에 머물게 된다.[112] (4) 바로 그 예수가 모든 이스라엘 백성이 청종해야 할 하나님이

다. 마리아, 엘리사벳, 사가랴, 세례 요한 등이 이해한 방식으로가 아니라(즉 국가적으로. 하지만 Moessner는 이 인물들이 이러한 소망들을 어떻게 이해했는지를 어떻게 알 수 있을까?), 시므온과 예수가 이해한 방식으로, 즉 이사야 49:1-7의 종의 역할의 관점에서 이루어졌다는 것이다.

112   복수형 χρόνοι가 사용된 것을 보면 여기서 말하는 "회복의 때"의 의미는 교회 안에서 일어날 것을 가리킬 수도 있고, 종말 자체를 가리킬 수도 있다고 볼 수 있다. χρόνοι는 3:20의 καιροὶ ἀναψύξεως뿐만 아니라 모든 예언자들이 "이때"를 가리켜 예언했다고 말하는 3:24(이 표현은 나중에 3:25-26에서 모든 백성이 아브라함의 씨로 말미암아 복을 받을 때를 가리키는 것으로 밝혀진다)과도 분명하게 병행을 이룬다. 사실 "새롭게 되는 날"과 "회복의 때"라는 두 어구는 서로 연관이 있다. 왜냐하면 후자에 암시되어 있는 회복이 전자에 암묵적으로 나타나 있는 해방(liberation)의 경상(鏡像, mirror image)이기 때문이다. 다음을 보라. Bayer, "Eschatology," 247-48.

약속하신 모세와 같은 예언자다(왜냐하면 그의 가르침은 모세의 가르침을 능가하기 때문이다). (5) 누구든지 예수의 말을 듣지 않는 자는 백성 중에서 끊어질 것이다(레 23:29의 표현이 여기에 들어 있지만, 이 구절은 어쩌면 오직 신 18:19의 의미로만 해석할 수도 있다. "무릇 그가 내 이름으로 고하는 내 말을 듣지 아니하는 자는 내게 벌을 받을 것이요"). (6) 위에서 말한 모든 것은 예언자들이 "이날"(=교회의 시대)에 관해 말한 모든 것과 일치하며, 특히 땅 위의 모든 족속이 아브라함의 "씨"로 말미암아 복을 받으리라(3:25)는 약속(창 22:18)과 일치하는데, 이것은 이스라엘("예언자들의 자손들")을 일차적으로 가리키며, 그 결과로 이스라엘을 넘어 이방인들을 가리키는 것을 의미한다.[113]

이 연설은 교회의 "이날"을 모든 예언자의 예언의 성취의 시대와, 하나님의 보편적인 축복의 시대와, "새롭게 되는 날"을 모두 분명히 동일시한다. 따라서 이날은 하나님이 이스라엘의 메시아를 보내심으로써 그 절정에 이르게 될 "만유의 회복의 때"의 일환으로 간주된다. 따라서 저벨에 의하면 아브라함의 "씨"(3:25)는 이스라엘을 의미하고, 이스라엘의 회복("먼저" 3:26)은 "이 땅 위의 모든 족속"(=이방인들)의 축복으로 이어진다.

하지만 이것은 일부 주석적인 수정이 필요하다. 만약 누가가 이 인용문을 저벨의 의미로 인용했다면 그는 분명히 πάντα τὰ ἔθνη τῆς γῆς("이 땅의 모든 민족")가 복을 받을 것이라는 70인역의 어법을 그대로 유지했을 것이다. 왜냐하면 τὰ ἔθνη는 사실상 "이방인들"을 가리키는 전문용어였기 때문이다. 하지만 보다 폭넓은 의미를 나타내는 αἱ πατριαί로 바꾼 것은 πᾶσαι αἱ πατριαὶ τῆς γῆς("이 땅의 모든 족속")가 단순히 이방인뿐만 아니라 유대인도 포함한다는 것을 시사한다.[114] 이러한 해석은 하나님이 "너희"(=아직 회개하지 않은 이스라엘)를 "축복하기" 위해 먼저 예수를 일으키

---

113   특히 Jervell, *Luke*, 2장의 제목, "The Divided People of God: the Restoration of Israel and Salvation for the Gentile," 58-60을 보라.

114   S. G. Wilson, *The Gentile and the Gentile Mission in Luke-Acts* (Cambridge: Cambridge University Press, 1973), 219-22, 227-33. 그러나 Jervell은 αἱ πατριαὶ τῆς γῆς의 잠재

셨음을 언급하는 26절에서도 엿볼 수 있다. 일부 학자들이 이를 근거로 누가가 "아브라함의 자손"을 **기독론적으로**(바울이 갈 3:16에서 그랬던 것처럼) 이해했다고 추론한 것은 그리 놀랄 만한 일은 아니다.[115] 그러나 이러한 추론도 어쩌면 지나친 단순화일지 모른다. 누가-행전은 이스라엘(특히 신실한 이스라엘)을 그 어떤 신약 책에서보다 "아브라함의 자손"으로 소개한다. 누가복음 1:55과 사도행전 7:5-8은 이스라엘을 지칭하는데, 특히 "그의 씨"(아브라함의 씨)라는 용어를 사용하며, 베드로는 "너희 조상…아브라함"에 대해 말한다(3:25; 참조. 3:13).[116] 그렇다면 아브라함의 "씨"는 이스라엘의 메시아와 **함께** 모이게 될 신실한 이스라엘을 의미하며, 이제 바로 그 메시아를 통해 아브라함에게 주어진 약속(참조. 눅 1:55; 73-75)은 성취되게 된다. 이 약속의 수혜자들은 그들이 회개하고, 이로써 그들이 진정으로 이스라엘에 속한 자임을 보여줄 것이라는 전제하에 "예언자들의 자손"으로, 그리고 아브라함의 언약의 자손(3:25)으로 불릴 수 있다.

이것은 우리가 이미 알고 있는 일부 유대교 분파의 "씨" 모티프 사용과 잘 부합되는데, 거기서 의로운 이스라엘과 불의한 이스라엘의 이원론은 서로 다른 유형의 두 "씨"의 관점에서 설명된다. 따라서 희년서 16:15-19에 의하면 아브라함의 "거룩한 씨"는 이삭과 야곱의 혈통에서 태어나지만(참조. 19-38장), 이 책의 논쟁적인 문맥에서 이 씨는 모든 명절을 적절한 기간(16:28-31), 즉 공식 유대교 달력이 아닌 희년 달력을 따라 지킨다는 의미에서 "그를 따르는" 이들로 그 의미가 좁혀진다. 19-38장

적인 모호성에 대해 알고 있다. 그는 *Luke*, 60에서 이 구절이 "멀리 있는" 유대인들이나 이방인들을 지칭할 수도 있다는 여지를 남긴다.

115   Wilson, *Gentiles*, 220-21; Bruce, 146; Pesch, 157-58; Schneider, 329-30; Schille, 130.

116   Jervell, *Luke*, 59-60. 다음과도 비교하라. J. B. Chance, "The Seed of Abraham and the People of God: A Study of Two Pauls," in Lovering (ed.), *Society of Biblical Literature 1993 Seminar Papers*, 384-411. Chance도 누가에게 있어 "아브라함의 씨"는 유대인(만)을 가리킨다고 주장한다.

의 야곱과 에서에 대한 기사를 보면 그들이 "저자의 시대에 의로운 씨와 불의한 씨의 패러다임"이 되었음을 알 수 있다.[117] 이 저서 안에서 아브라 함의 씨는 언약의 참된 자손을 일으키는 영적인 영향력으로서, (확대 해석 하면) 언약을 온전히 지키는 이들을 가리키는 방식이라고 할 수 있다(참조. 또한 CD 2:11-12; 1QM 13:7-8 등).

그러나 저벨이 말하고자 하는 핵심은 여전히 3:19-26이 우선 이 스라엘의 핵심 멤버의 회복을 이야기하며, 이것이 더욱 폭넓은 축복으로 이어진다는 것이다. 그러나 이스라엘에게 주신 이 약속은 오직 교회 안에 서만 실현되는데, 이는 이 약속이 회개와 메시아의 가르침을 수용하는 데 달려 있기 때문이다. 이 점을 최대한으로 부각시키기 위해 베드로는 모 세와 같은 예언자 기독론에 호소한다. 모세를 통해 주어진 하나님의 말 씀이 옛 이스라엘을 형성하는 기본 요소가 되었던 것처럼 모세와-같은- 예언자의 메시아적 말씀은 이제 "성취된 이스라엘"를 위한 기본 요소가 된다. 그의 가르침에 순종하지 않는 이들은 "(하나님의) 백성"으로부터 분 리된다. 흥미롭게도 레제는 사도행전 저자에게는 이 단원이 그리 중요하 지 않다고 본다.[118] 그러나 로핑크는 (다소 논쟁적으로) 이 문제의 핵심을 건 드린다. "초기 사도적 설교 기간에는 참된 이스라엘이 유대 백성들 중에 서 모였다. 그리고 예수를 지속적으로 거부해온 이스라엘은 하나님의 진 정한 백성이 되는 권리를 잃게 되고, 단순히 유대교가 되고 만다!"[119]

로핑크가 지적하듯이 누가는 빈번히 ὄχλος("군중")를 가르치는 예수 에 대한 마가의 언급을 λαός("백성")를 가르치는 예수로 수정했다. 누가는 70인역에서 이스라엘을 지칭하는 명칭을 상기시키기 위해 λαός를 비롯 해 πᾶς ὁ λαός("모든 백성")나 ἐναντίον τοῦ λαοῦ("[모든] 백성 앞에")와 같

---

117   예를 들어 Elliot, "Survivors," §5.2-1. 그는 특히 19:15-24; 21:25; 22:10-13, 15; 36:16을 가리킨다.

118   *Motive*, 71, 206-207.

119   Lohfink, *Sammlung*, 55과 이러한 판결을 내리기 위한 예비 단계로 2-3장을 보라.

은 표현을 사용한다. 이로써 예수는 "이스라엘"을 향해 말씀을 선포하는 모세와-같은-예언자가 된다. 그리고 여기서 "하나님의 백성"은 이 예언자에게 순종하는 자들(유대인이든지, 나중에 이방인이든지)을 가리키며, 불순종하는 자들은 참된 유산을 물려받지 못한다. 로핑크는 사도행전 15장 이후부터는 내레이터가 유대인들을 λαός로 거의 언급하지 않는 반면, 이방인 신자들은 하나님의 λαός로 부르기 시작한다는 점을 지적한다(참조. 15:14; 18:10). 신자들은 종말론적인 예언자의 말을 들었기 때문에 하나님의 λαός가 되었다.[120]

따라서 모세와-같은-예언자 기독론은 유대 그리스도인 교회가 "성취된 이스라엘"이라고 주장하는 누가의 교회론의 핵심을 이루며,[121] 복음을 거부하는 "진정한" 이스라엘은 더 이상 존재하지 않는다는 점을 시사한다. 이로써 누가의 모세와 같은 예언자 기독론은 누가의 교회론에 이념적인 기초를 마련해주며, 교회가 이스라엘에게 주신 약속의 진정한 상속자임을 정당화해준다. 이와 동시에 이는 회개하지 않는 자들의 실질적인 지위에 의문을 제기하면서 유대인들이 복음을 거부하는 "문제"를 감소시킨다. 이 본문의 관점에서 보면 누가가 대대적인 국가적 회개를 예고할 때 그가 당대 유대교 대다수의 불신앙으로 인해 이스라엘의 회복에 대한 약속들에 대해 회의적이었다거나, 이 약속들이 파루시아 때까지 지연될 것이라고 생각했다고 전제할 이유는 전혀 없다. 누가의 글에서는 이러

---

120 Lohfink, *Sammlung*, 2-3장. 하지만 이것은 지나치게 체계화된 것이다. 예를 들어 36, 40을 보라. 연설 자료 가운데는 21:39, 23:5, 26:17, 28:17, 26-27을 보라.

121 즉 이것은 이스라엘 가운데 약속이 성취되고, 이로써 이스라엘이 변화될 영역을 가리킨다. 이런 의미의 "성취된 이스라엘"이란 용어는 Lohfink의 "참된 이스라엘"(이 용어는 기독교 이전의 이스라엘이 "거짓된 이스라엘"임을 암시할 수 있다)보다 누가의 신학에 더 잘 부합하며, 누가에게는 오직 한 이스라엘밖에 없다(따라서 교회는 "새" 이스라엘 또는 "참" 이스라엘이 될 수 없다)는 Jervell의 주장보다 누가의 신학에 더 잘 어울린다. Jervell에 대한 반론은 Turner, "Sabbath," 113-24을 보라.

한 내용을 거의 찾아볼 수 없다.[122]

(B) 사도행전 15:12-21

만약 사도행전 3장에 기록된 베드로의 연설이 이스라엘의 회복을 이미
시작된 어떤 과정으로 그리고 있다면, 저벨은 야고보의 연설이 사도행전
15장에 이르러서는 이 과정이 대체적으로 완성된 것을 암시하는 것으로

---

122 참조. H. Räisänen, "The Redemption of Israel: A Salvation-Historical Problem in
Luke-Acts," in P. Luomanen (ed.), *Luke-Acts: Scandinavian Perspectives*, (Göttingen:
Vandenhoeck & Ruprecht, 1991), 94-114. Räisänen은 누가의 글에서 이에 관한 내용
을 "단 한 글자도 찾아볼 수 없다"고 주장한다(98). 이와 관련된 주요 연구는 Räisänen
에 의해 면밀한 조사가 이루어졌는데, 그의 저서 이후에도 다른 학자들은 그가 공
격을 가한 입장을 계속해서 옹호해오고 있다. 예를 들면 L. R. Heyler, "Luke and the
Restoration fo Israel," *JETS* 36 (1993), 317-29과 진보적인 세대주의를 견지하는 D.
Bock, "Evidence from Acts," in D. K. Campell and J. L. Townsend (eds.), *A Case for
Premillenialism* (Chicago: Moody, 1992), 181-98을 꼽을 수 있다. 누가가 미래에 이
스라엘이 회복될 것을 기대한다는 견해는 다음과 같은 다섯 가지 주장에 근거한다. (1)
눅 1-2장의 약속들은 성취되어야 한다. (2) 눅 13:35은 이스라엘의 집이 예수를 거부
했기 때문에 황폐하여 버려질 것이지만, 나중에는 시 118:26에 기초하여 그를 다시 영
접할 것을 전제한다. (3) 눅 21:28은 "너희 구속"이 "이방인들의 때"(21:24)를 넘어 더욱
근접해 있음을 말한다. (4) 행 1:6-8은 이스라엘의 궁극적인 통치의 때를 지연시키지
만, 그 통치를 부인하지는 않는다. 행 3:21-22은 이스라엘의 메시아적 회복이 마지막
날에 이루어질 것이라고 말한다. (5) 바울은 행 28:26-27에서 이스라엘이 복음에 응답
하지 못한 것을 사 6:9-10의 관점에서 설명하지만, 이 이사야 본문은 하나님이 곧 회
복시키실 일시적인 "눈멀음"을 의미한다(V. Fusco, "Luke-Acts and the Future of Israel"
[Edinburgh, SNTS, 1994]). 지면상 간략하게 몇 가지 짚고 넘어가자면 (1)번 주장은 예
언들이 (이스라엘의 변화를 표현하기 위해 묵시문학적 언어를 사용하지 않고) 문자적
인 의미로 기록되었다고 가정할 때에만 설득력이 있다(Moessner의 주장을 보라). (2)번
주장은 암묵적으로 한 가지 가능성을 제기할 뿐이며, (3)번 주장은 아마 잘못된 주장
일 것이다. "이방인들의 때"는 종말 그 자체를 가리킬 수 있고, 21:28은 (모든 이스라엘
이 아닌) 신자들에게 하는 말씀이다. (4)번 주장에 관해서는 내가 이미 위에서 다루었다.
(5)번 주장은 빈약하다. 왜냐하면 비록 바울이 여기서 오직 로마에 있는 회개하지 않
은 유대인들만을 사 6:9-10의 "이 백성들"이라고 보고, 또 누가가 로마에 있는 유대인
들이 회심할 가능성을 여전히 열어놓고 있긴 하지만(28:30. 이에 관해서는 J. Dupont,
"La conclusion des Actes et son rapport à l'ensemble de l'ouvrage de Luc" in Kremer [ed.],
Actes, 359-404을 참조하라), 바울은 여기서 이스라엘의 눈멂 이후의 이사야의 회복에
관한 약속은 전혀 암시하지 않는다.

해석한다. 여기서 가장 중요한 핵심은 아모스 9:11-12에 대한 해석과 이 해석이 야고보의 연설에서 차지하는 위치다. 그의 연설의 요지는 이방인 개종자들도 성취된 이스라엘과 더불어 "단일 백성"으로 받아들여져야 한다는 것으로 보인다(참조. 15:14). 왜냐하면 이것이 다윗의 무너진 "장막"을 재건하는 일이(15:16) "그 남은 사람들과…이방인들로 하여금" 주를 찾도록 만들 것(15:17)이라는 아모스의 약속과 일치하기 때문이다.

저벨은 멍크(Munck)의 견해를 따라[123] 여기서 말하는 다윗의 무너진 장막이 이스라엘에 대한 은유라고 주장했다. 이스라엘의 회복은 이방인들의 대거 유입으로 이어진다는 것이다. 저벨은 행헨과 다른 학자들이 다윗의 무너진 장막의 재건을 예수의 하나님 우편으로의 부활/승귀에 대한 은유로 간주했고, 그렇다면 인용문 전체가 "이방인들로 하여금 주를 찾게 할 예수 사건"을 가리킨다는 것을 잘 알고 있었다.[124] 저벨은 "남은 사람들"(=이방인들)이라는 어구는 16절의 내용이 **이스라엘**에 대해 말하고 있다는 것을 암시하기 때문에 그러한 해석은 16절을 17절과 분리시키는 것이라고 반박했다. 문맥상 이 인용문의 요지가 어떻게 거대한 **유대** 그리스도인 교회가 점점 늘어가는 이방인 신자들의 무리와 관련이 있는지 설명해주는 것임에도 행헨의 해석은 흥미롭게도 이스라엘에 대한 언급이 없다.[125] 그러나 저벨은 만약 우리가 이사야서의 전통적인 유대교 구원론을 전제한다면 이 인용문이 지닌 의미는 금방 이해가 된다고 주장한다. 이스라엘의 회복은 이방인들의 대량 유입과 축복으로 이어진다는 것이다.[126]

재차 말하지만, 저벨의 해석의 큰 그림은 중요한 사실을 담고 있지만, 그의 견해는 세부적인 부분에서 상당한 수정이 요구된다. 뒤퐁과 스트라

---

123 J. Munck, *Paul and the Salvation of Mankind* (London: SCM Press, 1959), 235.

124 Haenchen, 448.

125 "Divided People," 52-53.

126 Chance, *Jerusalem*, 37-39.

우스는 15:16의 은유가 그리스도 사건을 통해 재건된 다윗의 무너진 "장막"을 가리킨다고 주장하는데, 그들이 내세우는 증거 또한 적어도 이것이 그 의미의 일부임을 뒷받침하기에도 충분하다.[127] 15:16에서 말하는 다윗의 무너진 "장막"의 재건은 단순히 유대 그리스도인 교회 안에서 나타나는 일부 회복 과정을 언급할 수 없다. 우리는 결코 다윗의 집과 "이스라엘의 집"을 너무 쉽게 동일시하면 안 된다.[128] 그렇지만 오직 예수만을 가리킨다고 보는 기독론적인 적용 역시 타당하지 않다. 우리는 다윗 계열의 인물이 이스라엘에게 구원과 회복을 가져다주는 통치를 하는 것을 염두에 두지 **않은 채** 단순히 영광스러운 제왕적 "다윗의 집"을 재건하는 것에 대해 말하는 유대인을 상상하기란 쉽지 않다(참조. 눅 1:68-71). 왜냐하면 유대적 정황에서 다윗의 왕위가 주어진다는 것은 "야곱의 집"을 다스리는 것을 **의미했기** 때문이다(눅 1:32). 따라서 타르굼은 아모스 9:11을 다음과 같이 옮겼다. "그날에 내가 무너진 다윗의 집의 왕국을 다시 일

---

127 J. Dupont("'Je rebâtirai la cabane de David qui est tombée' [Ac 15,16=Am 9,11]," in Grässer and Merk [eds.], *Glaube*, 19-32)과 Strauss(*Messiah*, 185-92)는 다음과 같은 논증을 통해 기독론적인 해석을 지지했다. (1) 아모스의 문맥에서 "무너진 장막"은 허약한 다윗 계열의 "집"(=왕조)에 대한 은유다. (2) 유대교는 이 구절의 메시아적 해석을 알고 있었으며, 4QFlor 1:12-13은 암 9:11을 먼저 인용하고, 이어서 다윗의 무너진 장막을 설명한다. (3) 16절 마지막 부분의 ἀνοικοδομήσω(내가 재건할 것이다)를 ἀνορθώσω(내가 세울 것이다)로 수정한 것은 메시아적 의미를 나타내기 위함임을 암시하는데, 이는 이 동사가 70인역에서 다윗의 왕권 수립과 관련하여 주로 사용되었기 때문이다(참조. 삼하 7:13, 16, 26; 대상 17:12, 14, 24; 22:10. 사 16:5과도 비교해보라). (4) 누가는 특히 삼하 7:13-14의 성취를 예수의 삶과 죽음과 부활-승귀의 관점에서 강조한다(행 2:25-36; 13:23, 32-37). 이러한 견해는 다음 학자들에 의해서도 지지를 받는다. Kränkl, *Knecht Gottes*, 164-66; Burger, *Jesus*, 149-52; Schneider, 182; Schille, 321. Dupont과 Strauss의 주장은 나로 하여금 R. Bauckham의 견해에 반박할 수 있게 해주는데, Bauckham은 다윗의 무너진 장막을 종말론적 성전(=교회)으로 재건된 성전이라고 주장한다(다음을 보라. "James and the Jerusalem Church," in R. Bauckham [ed.], *The Book of Acts in its Palestinian Setting* [Carlisle: Paternoster, 1995], 415-80, 특히 452-62). 그러나 교회를 이차적인 의미에서 종말론적 성전으로 언급하는 것도 분명히 가능하다. 왜냐하면 회복된 메시아의 집은 회복된 성전과 직결되기 때문이다.

128 So Dupont, "La cabane de David," 23-24.

으킬 것이며…내가 그들의 성을 다시 짓고 그들의 회당을 다시 세울 것이다"(참조. *b. Sanh.* 96b). 또한 저벨이 지적했듯이 전적으로 기독론에 의거한 설명은 15:16의 다윗의 회복된 왕조와 15:17의 "남은 자들", 즉 이방인들 사이에 신학적인 균열을 초래한다. 누가의 관점에서 보면 이방인들에게 먼저 빛을 비추어주는 이는 다름 아닌 이사야 49:6에 등장하는 주의 종, 곧 메시아적 회중이다. 저벨의 견해가 지닌 장점은 아모스 9:11을 전통적인 유대교의 종말론의 관점에서 읽을 수 있을 뿐만 아니라 누가가 주장하는 패턴의 관점에서도 읽을 수 있다는 것이다(참조. 눅 2:32; 24:47; 행 1:7-8; 3:25; 5:31; 13:47 등). 이러한 요소들은 누가가 다윗의 무너진 장막의 재건을 단순히 다윗의 후손 중 하나가 마침내 왕으로 지명되었다는 것 그 이상을 의미하는 것으로 이해했음을 암시한다. 누가는 또한 다윗의 후손이 시온에서 강력한 통치를 회복함으로써 이제 그 "남은 자들"이 옛 소망을 따라 이스라엘의 하나님을 찾을 수 있게 된다는 것을 의미한다(참조. 15:17c, 18a).[129] 나는 이 은유를 더욱 확대 해석해서는 안 된다고 확신하지만,[130] 이 본문은 시온의 회복이 예수가 다윗의 보좌로 높임을 받은 결과로서 **지금 현재 진행 중**임을 강하게 시사한다.[131]

요약하자면 사도행전 본문(특히 주요 연설)에는 프롤로그와 2장의 그림을 확정지을 만한 분명한 조짐이 들어 있다. 승귀하신 분은 성령의 주

---

129 참조. P. A. Paulo, *Le problème ecclèsial des Acts á la lumière des deux prophèties d'Amos* (Paris; Cerf, 1985), 79-85; Tannehill, *Narrative Unity*, II, 188; Franklin, *Luke*, 57.

130 Jervell은 이 본문을 이스라엘의 회복이 유대 기독교 안에서 이미 대부분 성취된 것을 의미하며, 이방인들은 이제 유대인들과 함께 하나님의 백성 가운데 "나란히" 들어갈 수 있는 것으로 해석한다(이러한 전반적인 재구성에 대한 반론은 다음을 보라. Turner, "Sabbath," 113-24). 이와는 대조적으로 Lohfink는 이 본문을 오직 이방인들이 이스라엘 안에 포함될 때에만 비로소 다윗의 장막이 회복되고, 또 이스라엘이 "참" 이스라엘이 된다는 의미로 해석한다(*Sammlung*, 60). 하지만 이 주장은 성립 불가능하다. 왜냐하면 행 15:16-17 안에서 재건된 장막은 이방인들의 유입과 구분될 뿐 아니라 이들의 유입 이전에 언급되기 때문이다.

131 참조. Bock("Evidence," 194-97)는 암 9:20이 단지 종말론적 질서에만 적용된다고 주장하는 보다 더 전통적인 전(前)천년설 입장에 반론을 제기한다.

로서 성령의 능력을 부여받아 시작하신 일, 곧 이스라엘을 정화시키고 변화시키는 회복 사역을 지속해나간다.

결론[132]

하나님의 통치와 예수의 왕권에 대한 소망은 누가복음 전반에 걸쳐 이스라엘의 새 출애굽 해방과 회복에 대한 소망과 연관되어 있다. 따라서 세례 요한은 장차 오실 이가 이스라엘을 성령과 불로 "정화"시킬 것을 약속한다(3:16). 누가는 예수가 그의 지상 사역 기간 동안에 이러한 소망을 부분적으로 성취한 것으로 묘사한다. 하지만 그의 온전한 왕적 통치(1:32-33)는 심지어 그의 예루살렘 도착 저 너머에 있다(눅 9:51; 19:11-27; 23:42). 사도행전 2:33-36은 예수가 다윗의 주로서 하나님 우편으로의 승귀(시 110:1)를 통해 이 약속된 통치를 시작하셨다고 주장한다. 그는 이제 이스라엘을 "회복시킬" 위치에 있다. 그런데 하늘에서 하나님 우편에 계신 주님이 어떻게 이스라엘을 회복시킬 통치권을 행사할 수 있을까? 누가복음의 마지막 단락(24:44-49)과 사도행전의 프롤로그(1:3-8)와 오순절 연설이 제시하는 답은 그가 자신을 주로 만드신 성령의 은사를 통해 이 통치권을 행사하신다는 것이다. 사도행전 나머지 부분은 성령을 높임을 받은 메시아의 실행 능력으로 묘사하는 그림을 지지하며, 주요 핵심 본문들은 이스라엘의 회복이 이미 진행 과정에 있음을 암시한다. 우리는 13장에서 이러한 일반적인 그림을 어느 정도 보완할 필요가 있을 것이다.

---

132   또한 위의 §1-2의 결론도 보라.

4부

제자들과 성령

11장

예수의 제자들과 그의 사역 시작부터
승천까지의 성령

오순절 이전의 제자들의 경험에 대한 우리의 이해는 그날 그들에게 주어진 성령의 은사에 대한 우리의 인식에 아주 깊은 영향을 끼친다. 잘 알려진 바와 같이 "성령 세례"를 "두 번째" 은혜로 보는 전통적인 오순절파의 주장은 부분적으로 예수의 경험에 대한 유비에 기초하지만, 특히 제자들에 대한 경험에 더 의존한다. 전자와 관련하여 학자들은 종종 예수의 요단강 경험 이전의 종교적인 삶은 성령에 의한 그의 새 창조적 "탄생"(눅 1:35)에서 비롯되었고, 이로써 그는 요단강에서 성령을 순전히 예언자적 능력 부여라는 **부차적 은혜**로서 받았다고 주장한다. 이와 같이 제자들은 예수의 사역 안에서, 그리고 승천 이전에 부활하신 예수와의 만남을 통해 "구원"을 받고, 이로써 그들도 이제는 오순절 날 성령을 구원의 현존으로서가 아닌 봉사와 선교를 위한 능력 부여로서 받았다. 이와는 대조적으로, 던은 이러한 설명은 요단강과 오순절이라는 중요한 시대적인 의미를 부인하는 것이라고 주장한다. 예수의 요단강 경험은 한 시대를 마감하고 새 시대를 시작하는 시대의 전환점으로서 예수 자신이 처음으로 "하나님 나라"의 삶 또는 "구원"의 삶으로 들어가는 계기였다. 하지만 제자들은 두 번째 시대의 전환점(오순절)이 그들로 하여금 새 시대로 들어가도록 허용할 때까지 그저 예수 안에 있는 이 구원의 실제를 목격할 뿐이었다. 본장에서 우리는 비록 위의 두 모델이 나름대로 장점을 갖고 있긴 하지만, 두 모델 모두 제시된 증거와 실제로 일치하지 않음을 보게 될 것이다. 나는 던이 제시하는 주장보다 더 큰 정도로 제자들이 예수의 사역의 범주에서 "하나님 나라", "구원" 그리고 "성령"을 경험했다고 누가가 간주했음을 주장할 것이다(§1). 나는 (오순절파 학자들과 더불어) 누가복음 24:47-49과 사도행전 1:3-8이 어떻게 제자들에게 주신 성령의 "약속"을 대부분 예언자적 능력의 부여로 묘사하고 있는지, 그럼에도 (스트론스태드, 맹빌, 멘지스와는 대조적으로) **오직** 예언자적 능력의 부여만이 전적으로 나타나 있다는 주장이 적절하지 않음을 살펴볼 것이다(§2). 나는 §1에서 개진한 주장들을 기초로 하여 누가가 자신의 독자들이 오순절 날의 은사를 단순히 능력 부여로서만이 아니라 예수가 떠난 후에 제자들이 지속적으로 "구원" 경험을 심화시켜나가는 주요 수단으로 인식할 것을 기대했다고 제안할 것이다(§3).

1. 예수의 사역에 나타난 성령과 "하나님 나라"와 "구원"

던에게 있어 누가복음에 나타난 성령 받음은 칭의와 하나님 나라와 자녀됨을 받는 것을 의미한다. 다시 말하면 성령 받음은 새 창조의 삶과 새 언약의 관계의 틀을 받는 것을 의미한다. 예수의 사역 기간은 예수 **홀로** (그리고 원형적으로) 자신이 규정하는 의미에서 성령을 경험한 기간이다. 제자들은 오순절 이전까지는 이와 동일한 실재에 참여하지 않는다. 이 사실은 던으로 하여금 예수의 사역 기간 동안에는 제자들이 하나님 나라에, 또는 구원에 참여하지 않는다는 주장을 펼치게 만들었다. 하나님 나라는 예수에게만 국한되어 있었다. "새 시대와 언약은 오직 예수 안에서만 도래했고, 오직 예수만이 그것을 경험하기 시작했다."[1]

그러나 이러한 주장은 우리가 지금까지 6-9장에서 살펴본 예수에게 임한 성령에 대한 견해와 일치하지 않는다. 누가는 예수를 메시아적 구속, 곧 이스라엘의 새 출애굽 해방과 회복을 선포하고 시작하기 위해 성령의 능력을 부여받은 분으로 간주한다. 이러한 추론은 누가가 적어도 예수의

---

[1] *Baptism*, 41. W. G. Kümmel, *Promise and Fulfilment* (London: SCM Press, 1961), 124-55은 이와 유사한 언어를 사용하지만, 상당히 다른 의미로 사용한다. 그는 예수가 하나님 나라 현시와 유일하게 연관되어 있었고 그 핵심이었던 반면, 다른 이들은 하나님 나라를 그와의 관계를 통해서만 경험할 수 있었다고 주장한다; 참조. O. Merk, "Das Reich Gottes in den lukanischen Schriften" in Ellis and Grässer (eds.), *Jesus*, 219.

청중/제자들 가운데 일부가 예수가 시작한 마지막 "구원"에 참여했다고 여겼음을 보여준다. 본장에서 먼저 우리는 누가가 예수의 사역 기간에 나타난 제자들과 하나님 나라 및 "구원"의 관계를 어떻게 이해하는지를 살펴본 다음, 이에 관한 논의를 오순절 이전의 제자들의 성령 경험의 문제와 연관 짓고자 한다.

1.1. 누가의 관점에서 본 예수의 사역에 나타난 하나님 나라와 구원

10장에서 우리는 누가가 예수의 사역 기간을 하나님의 통치가 선포되고 드러나게 된 기간으로 상정한다는 것을 지적한 바 있다. 누가복음 14:15-24의 거대한 잔치에 관한 비유는 누가의 이러한 관점을 전형적으로 보여준다. 식탁 대화 도중에 어떤 사람이 메시아의 연회에 참여하는 자("하나님 나라에서 떡을 먹는 자")가 누릴 축복에 대해 이야기한다. 그때 예수는 그 화려한 잔치가 이미 시작되었음을 알리지만, 초대받은 손님들은 그 초대를 대놓고(그리고 무례하게) 거절하는 등 정서적으로 볼 때 말도 안 되는 변명을 하는 내용의 비유를 든다.[2]

따라서 그들의 자리는 지금 그 잔치를 즐기고 있는 다른 이들에게 돌아간다(21-23). 요약하자면 예고된 "하나님 나라"의 잔치는 이제 현실이 되었고, 이제는 이 잔치와 무관했던 "외부인들"이 이 잔치를 "즐기고" 있는 것이다. 누가의 요점은 하나님의 통치가 (오순절 날까지는) 예수만이 누릴 수 있는 경험이 아니었다는 것이다. 오히려 예수의 사역이 그의 선포를 받아들이는 모든 이들로 하여금 그 하나님의 통치를 누릴 수

---

2   K. E. Bailey, *Through Peasant Eyes* (Grand Rapids: Eerdmans, 1980), 88-113. 팔레스타인 사람은 사전에 면밀한 점검 없이는 땅을 사지 않았고, 심지어 시험해보기 전에는 소의 명에 하나도 그냥 사는 법이 없었다. 그리고 마지막 변명은 더욱 어처구니가 없다. 그 어느 누구도 초대장을 받고 식사가 모두 준비될 때까지의 그 짧은 시간 동안에 결혼하지는 않을 것이다.

있게 했다는 것이다(참조. 16:16; 8:4-15; 11:20 등). 하나님의 통치의 "임재"를 사람들이 경험하는 예수의 구속 및 자기계시 활동으로 보는 이러한 주장은 이와 병행을 이루는 표현들을 포함하는 예수의 다른 말씀들과도 일치한다. 따라서 "하나님 나라"에 대한 누가의 첫 언급이 누가복음 4:43에서 그가 편집한 "하나님 나라의 복음을 전하기 위해"라는 구문에서 나타난다는 것은 결코 우연이 아니다.[3] 여기서 이 어구는 가버나움에서 자유를 가져다주는 기적 행함을 의미하며, 나사렛에서 (새 출애굽) "해방"이라는 "좋은 소식을 전하기 위해" 기름 부음을 받은 것에 대해 언급하는 예수의 선언과도 형식적으로 병행을 이룬다(4:18-21; 참조. 4:23!). 이 두 은유("하나님 나라"와 "새 출애굽 해방")는 상호 교환적으로 해석이 가능하며, 4:21은 이 소망을 성취하는 "오늘"을 강하게, 그리고 전형적으로 확증한다(참조. 7:21-22). 즉 메시아가 베푸는 해방은 이미 모두에게 "주어진" 것이다. 세 번째로 중요한 일련의 말씀은 이와 유사한 유형의 주장을 하기 위해 "구원"이라는 용어를 사용한다(참조. 특히 6:9; 7:50; 8:12; 19:9, 10)[4].

그렇다면 예수의 사역이나 새 출애굽 해방, 또는 "구원"은 실제로 예수의 사역 기간 동안 사람들에게 어떠한 이익을 가져다주는가? 하나님

---

3   오직 누가만이 하나님 나라를 설교, 논증, 설득의 의미를 담은 동사들과 직결시킨다. Merk, "Reich," 204-205; M. Völkel, "Zur Deutung des "Reiches Gottes" bei Lukas," *ZNW* 65 (1974), 57-70, 특히 62-63; 60-70. Busse, *Wunder*, 87-88과도 비교해보라.

4   이에 관해서는 다음을 보라. Marshall, *Luke*, 4-6장; A. George, "L'Emploi chez Luc du vocabulaire de salut," *NTS* 23 (1976-77), 307-20; R. P. Martin, "Salvation and Discipleship in Luke's Gospel," *Int* 30 (1976), 366-80; Bovon, "Le salut dans les écrits de Luc," in *L'Oeuvre*, 165-79; N. Flanagan, "The What and How of Salvation in Luke-Acts," in D. Durken (ed.), *Sin, Salvation and the Spirit* (Collegeville, MN: Liturgical Press, 1979); Johnson, "Social Dimensions," 520-36; J. B. Green, *The Theology of the Gospel of Luke* (Cambridge: Cambridge University Press, 1995), 4장(특히 94-95), 134-40. 다음과도 비교해보라. C. L. Blomberg, "'Your Faith Has Made You Whole': The Evangelical Liberation Theology of Jesus," in Green and Turner (eds), *Jesus*, 75-93.

나라의 "임재"를 가장 분명하게 나타내는 세 가지 진술(11:20; 10:9, 11)은 자유를 가져다주는 치유 및 축사의 기적과 관련이 있다. 후자와 관련하여 페린은 "한 개인의 경험이 종말론적 갈등의 장(arena)이 되었다"라고 예리하게 지적했다.[5] 즉 "예수의 사역 기간에 일어난 이런 사건들은 하나님 나라에 대한 **하나의 경험**이 아닐 수 없다."[6] 하지만 이러한 지적은 우리에게 거의 도움을 주지 못한다. 예수를 따르는 이들 가운데 어떤 이들은 그의 손을 통해 축귀나 치유를 경험했지만(8:2-3), 그러한 행위는 그의 직속 제자들 가운데서는 상대적으로 드물게 나타난 듯하다. 이것만으로는 예수의 제자들이 오순절 이전에도 "하나님 나라의 삶"을 경험했다고 말하기엔 무리가 있다(사실 이러한 기적들은 축귀를 경험한 자와 하나님 나라의 임재의 지속적인 관계를 반드시 수반하지는 않았다; 참조. 11:26!). 그리고 아무튼 제자들은 그러한 해방의 축복을 받은 이들로 기억되기보다는 그러한 기적을 행하는 예수의 사역에 참여한 이들로 기억된다(9:1-6; 10:1-12, 17-20 등). 치유와 축귀는 아마도 인간을 해방시키는 하나님의 은혜의 능동적인 임재를 보여주는 중요한 표시라고 할 수 있지만, 이것들이 동시에 하나님의 통치를 나타내는 보다 일반적인 계시의 징조가 아닌 이상, 이것들은 우리의 질문에 큰 의미를 부여하지 않는다. 하지만 예를 들어 누가복음 16:16(여기서 "모두"가 "침입하거나" 또는 "침입을 당하는" 하나님 나라는 이러한 제한된 관점으로 설명되지 않는다)과[7] 우리가 처음 논의를 시작했던 거대한

---

5   N. Perrin, *The Kingdom of God in the Teaching of Jesus* (London: SCM Press, 1963), 171.

6   N. Perrin, *Rediscovering the Teaching of Jesus* (London: SCM Press, 1976), 67.

7   여기서 βιάζεται는 중간태로서 "무력으로 침투하다"라고 해석될 수 있다(즉 눅 16:1-8의 약삭빠른 청지기가 보여준 결단처럼). 심한 논쟁의 대상이 되는 이 어록에 대한 보다 상세한 논의는 다음을 보라. Marshall, 629; Nolland, 820-21; Turner, "Sabbath," 144, n. 93. 이에 대한 반론으로는 F. W. Danker, "Luke 16:16-an Opposition Logion?," *JBL* 77 (1958), 235; Ellis, 203-204을 보라. Fitzmyer(1117-18)는 βιάζεται를 "사람마다 그곳에 들어가기 위해 압박을 받는다", 즉 "(하나님 나라 선포자의) 긴급한 요청에 따라"라는 의미의 수동태로 본다. 이 해석은 가능하다(그리고 이것은 14:21-23의 "강요"를 반영할 수 있다). 어떤 해석을 따르든지 간에 이 어록은 치유와

잔치의 비유는 이것이 사실임을 잘 보여준다. 이 두 어록은 모두 하나님의 통치의 임재를 사람들이 들어가서 누릴 수 있는 하나님의 축복의 영역으로 묘사한다고 볼 수 있다.

만일 우리가 이러한 하나님의 통치의 임재가 가져다주는 "유익"의 본질을 보다 세밀하게 규정하고자 한다면 이러한 유익은 던이 예수의 사역 기간에 나타난 것("칭의", "구원", "믿음", 새로운 "삶", "자녀 됨" 등)으로 보기를 암암리에 부인하는 것을 어느 정도 수반하는 것으로 보인다.

"칭의"와 관련하여 우리는 예수가 자신의 "죄 사함"의 사역을 자신의 하나님 나라 선포와 종말론적 "인자"로서의 예기적인 행동에 있어 가장 중요한 요소로 보았다는 성종현의 주장으로부터 시작할 수 있다.[8] 성종현이 자신의 주장을 과장했든지 안 했든지 간에 대다수 학자들은 교회의 "칭의" 선포의 기원과 근본적인 형태를 소외된 "죄인들"을 위한 예수의 사역에서 찾는다는 데에 동의할 것이다. 이것은 모두가 동의하는 "역사적" 예수와 케리그마의 "그리스도"를 잇는 "다리" 중 하나다. 따라서 누가가 제시했듯이 예수의 사역 그 중심에는 일반적으로 하나님의 은혜와 용서를 받을 만한 가치가 있다고 여겨지는 이들의 경계 밖에 있는 이들에게 그 하나님의 은혜와 용서가 자리 잡고 있다. 누가에게 있어 죄인들과의 수치스러운 식탁교제는 단순히 미래에만 있을 법한 하나의 실행된 비유(acted parable)가 아니라, 철저하게 하나님의 용서의 제안과 수락을 근거로 한 하나님 나라의 식탁 교제를 미리 앞당겨 즐기는 것이었다.[9]

축귀를 넘어 하나님 나라의 임재를 암시한다.

8   Chong-Hyon Sung, *Vergebung der Sünden: Jesu Praxis der Sündenvergebung nach den Synoptikern und ihre Voraussetzungen im Alten Testament und frühen Judentum* (Tübingen: Mohr, 1993), Part C(특히 280-84).

9   많은 학자들 가운데 특히 다음을 보라. Perrin, *Rediscovering*, 102-108; J. Jeremias, "This is my Body...," *ExpTim* 83 (1971-72), 196-99; G. Bornkamm, *Jesus of Nazareth* (London: Hodder, 1960), 81. 특히 묵시문학에서 죄 사함 선포의 종말론적 측면에 관해서는 다음 문헌을 보라. H. Thyen, *Studien zur Sündenvergebung im Neuen Testament*

이러한 메시지에 올바르게 반응함으로써 얻게 되는 즐거움은 누가복음 15:1-32을 포함하여 누가의 가장 특이할 만한 다수의 비유와 어록에서 잘 나타난다.[10] 누가가 이러한 용서와 구원의 메시지에 담긴 종말론적인 함의를 제대로 이해했다는 사실은 19:9-12에 대한 그의 편집에서 분명하게 드러나는데, 거기서 제자들은 예수가 삭개오의 집에 "구원"이 임했다고 선언했기 때문에(아마도 회복시키는 용서를 통해) 하나님 나라가 당장 나타날 줄로 생각한다.

이와 유사한 사례는 그가 편집한 문맥에서 상당히 두드러진 위치를 차지하는 "죄 사함을 받은 죄 많은 여인"(7:36-50)의 이야기에서도 나타나는데,[11] 거기서 누가는 이 이야기를 예수의 하나님 나라 선포에 대한 반응의 깊이를 설명하기 위한 예화로 사용한다. 비록 7:48에서 예수가 여인의 사랑을 설명하기 위해 사용한 표현이 이 이야기와 종말론적 치유의 기적을 서로 연관 짓기 위해 사용되긴 하지만("네 죄 사함을 받았느니라", 5:20-24; "네 믿음이 너를 구원하였으니 평안히 가라", 8:48),[12] 여기서도 치유가 이루어졌음에는 의심의 여지가 전혀 없다. 오히려 이 이야기는 이 여인의

und seinen alttestamnetlichen und jüdischen Voraussetzungen (Göttingen: Vandenhoech & Ruprecht, 1970); Sung, *Vergebung*.

10   Perrin, *Rediscovering*, 90-102.

11   이 이야기는 누가가 7:1-35에서 발전시킨 주제들을 확대한 것으로서 예수의 하나님 나라 선포와 믿음으로 반응하는 자들에게 미치는 영향에 대한 모티프(7:10, 22-23)뿐만 아니라 "세리들과 죄인들"에 대해 예수가 취한 입장으로 인해 그를 거부하게 되는 내용(7:29-35; 참조. 5:30-32)을 보여준다. 이 이야기는 또한 예수의 사역으로 인해 "해방된" 여인에 관한 중간 요약 진술(8:3)로 이어진다(Fitzmyer, 695-98은 이에 동의하고, 8:1-3을 새 단락의 시작으로 보는 Marshall, 315은 이에 반대한다). 이 요약문을 통해 우리는 예수가 "하나님 나라의 좋은 소식을 선포"하고 있으며(8:1), 따라서 죄 많은 여인의 죄 사함 이야기는 그 효력을 설명하기 위한 핵심 본문임을 확인한다.

12   U. Wilckens, "Vergebung für die Sünderin (Lk. 7.36-50)," in P. Hoffmann *et al* (eds.), *Orientierung an Jesus* (Freiburg: Herder, 1973), 412-13. Wilckens는 위의 "문구"를 구전으로 내려오는 치유 기적들에서 볼 수 있는 표준적인 용어로 간주한다. 유대교 배경에 관해서는 다음을 보라. G. Vermes, *Jesus the Jew* (London: Collins, 1973), 67.

선험적인 "회심"을 전제하며,[13] 죄 사함에 대한 이 여인의 **경험**에 대한 증거로서 그녀의 감사와 사랑이 담긴 진정한 반응을 나타내는 데 집중한다. 따라서 이 여인은 예수의 이름으로 "죄 사함"을 전파할 교회의 선언에 앞서 미리 예고된 부활 이전의 카메오가 된다.

만약 이 이야기가 어느 정도 실존적인 의미에서 하나님의 통치의 삶을 미리 맛보는 것을 암시한다면 열두 제자의 모임 안에서뿐만 아니라 [14] 다른 곳에서도 이와 동일한 것을 맛보았을 것이다(참조. 5:1-11). 하지만 이러한 사건이 지닌 중요성은 이러한 만남이 가져다줄 수 있는 "죄책감"으로부터의 심리적인 해방에 있지 않다. 이스라엘은 이미 언약에 근거하여 속죄를 위한 장치를 가지고 있었으며, 대체적으로 마지막 심판 때 하나님의 무죄 판결을 받을 것을 기대하고 있었다. 그런 의미에서 이스라엘은 "죄 사함"에 대해 그리 낯설지 않았다. 하지만 이스라엘의 사고 속에서는 이러한 생각이 이스라엘의 국가적·사회적·영적 침체가 그

---

13 Wilckens, "Vergebung," 418ff.; G. Braumann, "Die Schuldner und die Sünderin, Luk. vii, 36-50," *NTS* 10 (1963-64), 490.

14 베드로를 부르시는 장면(5:1-11)도 이와 비슷한 현상을 전제한다. 이 기사가 들어 있는 누가의 편집 문맥은 예수의 기적에 적절한 반응을 보이는 것에 관심을 두고 있다 (참조. Turner, "Sabbath," 101). 베드로의 경우에는 기적적인 물고기 포획이 그의 적절한 반응을 유발한다. 예수의 존재 자체를 주체하기 힘들 정도로 만든 베드로의 "죄인" 의식은 동전의 한쪽 면이며, 동전의 다른 면은 그가 예수를 천상의 "주"로 인식한 것이다(8절). (스스로 "죄인"임을 자백한 자[5:8, 32; 7:34, 37-38; 15:1ff.; 18:13; 19:7]에 대한 누가의 태도에 대해서는 다음을 보라. Glöckner, *Heils*, 148ff.; W. Dietrich, *Das Petrusbild der lukanischen Schriften* [Stuttgart: Kohlhammer, 1972], 57. 이 본문에 나타난 베드로의 반응에 대해서는 다음을 보라. Dietrich, *Petrusbild*, 49, 53ff.; Brown, *Apostasy*, 57.) 이 기적 자체는 그 이전의 기적들과는 달리 임의적으로 능력을 보여주기 위함이 아니라 "사람을 낚는 어부"가 되게 하는 소명과 필수적으로 연관시키기 위해 선별된 것이다(예. Marshall, 199-200. R. Pesch, "La rédaction lucanienne de logion des pêcheurs d'hommes[Lc., V, 10c]," in Neirynck [ed.], *L'Evangile de Luc-The Gospel of Luke* [Leuven; Leuven University Press, 1989], 225-44; 또는 in Neirynck [ed.], *L'Evangile de Luc*, 135-54; 313-15). 하나님 나라의 종말론적인 선포에 참여하는 소명은 이에 대한 베드로의 경험을 수반한다고 볼 수 있는데, 이는 8절과 11절 사이에서 나타나는 예수에 대한 상반된 반응의 간극을 메워준다.

들의 죄로 인한 "유배"의 결과로 나타났고, 이스라엘을 구원하고 회복시키기 위한 하나님의 개입은 오직 이스라엘의 개인적이거나 집단적인 용서와 정화로부터 비롯될 수 있다는 확고한 생각과 충돌을 일으켰다. 세례 요한의 사역은 바로 이러한 하나님의 개입을 준비하는 것이었으며, 우리는 이러한 맥락 안에서 "인자가 온 것은 잃어버린 자를 찾아 구원하려 함이라"(9:10)는 예수의 선언을 이해해야 한다. 여기서 예수는 에스겔 34:16에 대한 확실한 반향을 통해 단순히 몇몇 어려움을 겪는 양들뿐 아니라 "잃어버린" **이스라엘**을 회복시키기 위한 하나님의 대리자로서 자신의 메시아적 사명(또한 다윗적 사명; 참조. 겔 34:23-24)을 선포하신다. 제사와 율법에 의한 회복이라는 성전/언약 체계 밖에서 주어지는 그의 "죄 사함"이 지닌 중요한 의미는 그것이 이스라엘 안에서, 그리고 이스라엘을 위해 성취되기를 소망하던 하나님의 역동적인 화해와 회복의 "방문"과 "구원"이라는 새로운 영역의 창조를 나타낸다.

만약 우리가 누가가 예수의 사역 안에서 나타났다고 생각한 "구원"이 어떤 종류의 것인지 묻는다면 우리는 다시 한번 인상주의적 그림을 발견하게 된다. 동사 σώζω("구원하다")가 사용된 몇몇 경우는 주로 축귀와 육체적 치유의 사건을 언급하는데(참조. 8:36, 48, 50; 17:19; 18:42), 이런 경우에는 "구출하다" 또는 "치유하다"라는 표현이 적절한 번역이라고 할 수 있다. 그러나 우리는 이러한 치유 사건이 예수가 자신의 사역에서 "실재한다"고 선언하는 보다 더 보편적인 "구원"의 일환이라는 확신을 나타내기 위해(보다 더 일반적인 θεραπεύω나 ἰάομαι를 사용하기보다) 의도적으로 이 동사를 선택하지 않았는지 생각해볼 수 있다. 이러한 추론은 누가복음 6:9(여기서 치료를 할지 말지에 대한 내용이 "선을 행하는 것"과 "악을 행하는 것", 그리고 "생명을 구하는 것"과 "죽이는 것"에 의해 해석된다)에서도 암시되어 있으며, "너의 믿음이 너를 구원하였으니 평안히 가라"는 예수의 선언이 치유(8:48; 참조. 17:19; 18:42)와 육체적 치유를 동반하지 않는 죄 사함과 개인적인 회복(7:50)에도 동일하게 사용된다는 점을 통해 더욱 확연해진다.

또한 의사가 "치유하기 위해" 온다는 표현도 5:31에서 "세리와 죄인"을 회복시키는 것과 관련되어 사용된다. 그러나 예수의 사역에 대한 복음서 전승 안에서는 이 "구원"의 내용을 정확하게 밝히는 곳을 찾기 어렵다. 19:9에서 이 단어가 사용되었다는 것은 삭개오가 자신의 재산의 절반을 가난한 자들에게 주고, 또 탈취한 돈을 네 배로 되돌려주겠다는 생각이 그가 아무튼 이 구원의 영역에 들어섰다는 것(또는 이 구원이 그에 임했다는 것)을 보여준다는 것을 암시한다.[15] 또한 19:10은 이것을 "잃어버린" 이스라엘을 찾아 구원하는 사명과 연결시키는데, 그 어느 문맥에서도 이 "구원"의 내용을 구체적으로 다루지는 않는다.

따라서 독자는 예수가 선포하는 구원을 충분히 이해하려면 누가복음의 도입 부분, 특히 하나님을 "구세주"로 찬양하는 "마리아 찬가"와 구원과 더 많은 관련 용어를 제시하는 "사가랴 찬가"를 다시 참고해야 한다. 이 찬가들은 누가가 사람들이 대망하는 "구원"을 많은 부분에 있어 구약과 연속선상에 있는 것—즉 이것이 근본적으로 변화된 공동체의 존재를 가능케 하는 하나님의 특별하신 임재와 축복이라는 점에서—으로 이해한다는 것을 암시한다. 마리아 찬가에서는 이 소망이 주로 이러한 "구원"

---

15   Fitzmyer(1218-27)는 19:8이 삭개오의 의도보다는 그의 일상적인 관습을 묘사하며, 따라서 19:1-10은 구원에 관한 이야기가 아니라 누군가를 칭찬하는 이야기라고 간주하면서 White(그리고 다른 학자들)를 따르지만, 이 같은 주장은 "오늘 구원이 이 집에 이르렀다"는 예수의 말씀과 전혀 어울리지 않는다. 예수는 이 이스라엘 사람에게 어떤 구원을 가져다주는가? 그리고 세리를 비방하는 자들이 그를 향해 분노하는 이 이야기(6절)가 왜 여행 내러티브 말미를 장식했을까? J. B. Green은 (D. Hamm과 D. A. S. Ravens의 견해를 부분적으로 발전시키면서) 이에 대한 해결책을 어느 정도 제시한다. 삭개오는 그 마을 지도자로부터 (부당하게) 배척을 당했고, 예수가 그의 집을 방문하고 그를 칭찬한 말은 그를 다시 영예로운 이스라엘 사람으로 "회복"시킨다는 것이다("Good News to Whom? Jesus and the 'Poor'," in Green and Turner [eds.], Jesus, 69-72). 8절이 삭개오의 마음의 변화를 나타내고, 9b은 명목상으로만 아브라함의 자손이 아니라(참조. 3:8; 행 3:25) 진정한 아브라함의 자손이 되었다는 것을 보여준다고 보는 전통적인 견해(이 견해에 관해서는 예를 들어 Marshall과 Nolland를 보라)가 더 타당해 보이며, Green의 통찰과도 잘 조화를 이룬다.

의 시작이 요구하는 "반전"(reversal)의 견지에서 표현된다. 여기서 말하는 반전은 거만하고 억압적인 가진 자들과 권세 있는 자들이 비천해지며, 비천하고 굶주린 경건한 자가 높임을 받는 것을 말한다(1:51-53). 사가랴 찬가에서는 이 소망이 억압하는 원수들로부터 구원을 얻으며(1:71, 74), 모든 두려움으로부터 해방되는 것으로 표현된다(1:74). 이러한 해방의 마지막은 하나님의 백성이 온종일 거룩함과 의(1:75)로 하나님을 섬기게 될 "평화" 상태의 시작이다(1:79). 대망의 구원은 "죄 사함"으로 시작되지만, 이 구원은 단순히 이뿐만 아니라 이 죄 사함이 가져다주는 새로운 조화와 평화의 상태를 의미하며, 이 상태는 오직 어두움의 공포와 깜깜한 밤이 동틀 무렵 떠오르는 해에 의해 사라지는 것과 대비될 수 있다(1:77-79). 시므온 찬가에서는 예수가 이에 상응하는, 구원을 대망하는(2:29-32; 참조. 3:6) 이사야의 소망(사 42:6; 49:6, 9)에 대한 응답으로 인식되며, 여기서 말하는 구원이 이스라엘의 영광이자 이방을 비추는 빛이 되게 하는 이 민족의 갱생임을 시사한다.

누가복음 1-2장에 기록된 구원의 찬가들은 독자들로 하여금 어떤 기대를 하도록 유도할까? 이 찬가들에 담긴 심오한 상징성을 문자적으로 해석하면 할수록 여기에 표현된 소망을 여전히 성취되지 않은 것으로 볼 개연성은 더욱 높아진다. 하지만 우리는 1세기 독자가 예언의 표현과 그것을 "성취한" 사건들을 얼마만큼이나 일대일로 대응하여 생각했을지 의문을 가질 필요가 있다. 이러한 독자들은 종종 시적·상징적 언어로 기록된 신탁들을 성취된 역사적 사건들과 일대일로 연관시킬 때 발생하는 문제를 인지하고 있어서 심지어 훨씬 더 문자적으로 보이는 신탁에서도 예상치 못한 반전이 있을 수 있음을 예견했다.

누가는 후자와 같은 경우에 대해 충분히 인지하고 있는 듯하다. 사도행전 21:11에서 누가는 문자 그대로 받아들였다면 예상했던 것과는 상당히 다른 방식으로 성취된 아가보의 신탁에 대해 이야기한다. 예루살렘의 유대인들은 문자 그대로 바울을 묶어 이방인들에게 넘기지 않았다.

누가는 이 사건에서 바울에게 폭력을 가하려던 유대인 폭도들로부터 그를 구출하기 위해 로마의 군대가 개입했다고 말한다(21:30-32). 그러나 이것은 (그루뎀[W. Grudem]이 암시한 것처럼)[16] 누가가 아가보의 예언이 부분적으로 잘못되었다고 생각했음을 의미하지 않는다. 왜냐하면 그는 바울이 "나는 우리 조상의 관습을 배척한 일이 없는데…나는 예루살렘에서 체포되었고 로마인들에게 넘겨졌다"(28:17)라고 주장했다고 기록하고 있기 때문이다. 그렇다면 누가는 아가보의 예언이 **성취되었지만**, 전혀 예상치 못한 방식으로 성취된 것으로(아마도 바울을 "묶어" "넘겨주는" 것을 유대인들이 바울을 로마인들에게 넘겨준 행동에 대한 은유로 해석함으로) 생각했을 것이다. 아니면 보봉이 지적했듯이 누가에게 있어 이러한 예언은 초상화이지, 사진이 아니라는 것이다.[17]

우리는 누가가 누가복음 1-2장에서 예언된 구원이 예수의 사역과 교회를 통해 어느 정도 성취되었다고 보았는지 신중하게 물어볼 필요가 있다. 누가가 예수의 사역이 이 구원을 가져다주었다고 보았다는 데는 전혀 의심의 여지가 없다. 우리는 이미 누가가 어떻게 예수의 사역을 이사야서에서 대망하던 새 출애굽 해방으로 묘사하고, 4:18-21의 "오늘"을 이에 대한 강령적인 선언으로 확증했는지를 살펴보았다. 누가복음 6:9, 7:50, 8:12; 19:9, 10에서 예수의 사역 안에서 일어나고 있는 일을 묘사할 때 "구원"이란 표현을 사용한 것도 이와 동일한 맥락에서 해석할 수 있다. 누가복음 1-2장에서 선포된 소망의 문맥에서 보면 예수의 치유(그리고 축귀)와 "구원"의 연관성은 더욱 뚜렷해진다. 이것들은 메시아가 안녕과 정결을 파괴하는 사탄의 세력(참조. 눅 7:21-22; 11:20-23; 13:16; 행 10:38)으로부터의 "자유"를 선사하는 것에 대한 좋은 예시다(참조. 4:18-

---

16   *The Gift of Prophecy* (Eastbourne: Kingsway, 1988), 96-97.

17   F. Bovon, "Le Saint-Esprit, l'église et les relations humaines selon Actes 20.36-21.16," in Kremer (ed.), *Actes*, 339-58.

21). 이 사역의 중요성은 단순히 육체적 치유에 있지 않고, 사탄의 세력으로 인해 접근할 수 없었던 영역, 곧 가족과 이스라엘의 광범위한 사회와 하나님께 드리는 예배와 봉사(적어도 잠재적으로라도)의 자리로 사람들을 회복시키는 방식에 있다.[18] 이러한 관점에서 볼 때 치유 사역은 1:74-75에서 선포된 구원의 전형적인 사례라고 할 수 있다.

그러나 치유와 구원 사역보다 더욱 인상적인 것은 예수의 가르침과 여러 찬가에 등장하는 구원의 그림이 전반적으로 잘 조화를 이룬다는 점이다. 마샬과 요크는 마리아 찬가에서 예기된 "양극 간의 반전"이 예수의 사역과 가르침에서, 그리고 그의 사역과 가르침이 제시하는 제자도의 삶에서 대부분 성취된 점을 잘 보여주었다.[19] 로핑크와 보그와 슈툴마허

---

18 Johnson("Social Dimension," 524-27)은 누가가 기적 이야기 안에서 사회적·제의적 "회복"에 강조점을 둔다는 것에 주목한다(참조. 눅 4:39; 5:14; 6:9; 7:15; 8:39, 48; 9:42, 등). 특히, 525을 보라. J. Green, "Good News," 66-69, 72-74: cf. *Theology*, 79-84은 다리 저는 사람과, 귀먹은 사람과 나병환자 등을 사회와 제의로부터 거의 또는 전적으로 배제된 소외 계층의 가난한 자들로 본다. 그들의 치유는 언제나 단순한 육체적 치유를 넘어 공동체이자 **하나님**의 백성인 **이스라엘에게 회복**시키는 것을 의미했다(참조. *Theology*, 95-96; 참조. 89-91). 의학적인 상태는 상대적으로 그리 중요하지 않았다. 그 당시의 나병은 오늘날의 한센병이 아니었고(그 당시 이 지역에서 거의 알려지지 않은 질병이었다), 치명적이지 않은 건선이나 백반에 불과했다. 눅 8:42b-48에 나오는 여인은 가볍긴 했지만, 만성 자궁 하혈증을 앓고 있었다. 그런데 이러한 질병은 부정한 것으로 취급되었고, 이로 인해 이들은 사람과 성전으로부터 격리되었다. 사회적·종교적 격리로 인한 고통이 질병 자체로 인한 고통보다 더욱 컸다. 누가복음에 나타난 예수의 치유 및 이 치유와 구원의 관계의 중요성에 대해서는 다음 문헌을 참고하라. J. Achtemeier, "The Lucan Perspective on the Miracles of Jesus: A Preliminary Sketch," *JBL* 94 (1975), 547-62; Busse, *Wunder, passim*; J. T. Carroll, "Jesus as Healer in Luke-Acts," in Lovering (ed.), *Society of Biblical Literature 1994 Seminar Papers,* 269-85; Green, "Daughter of Abraham," 643-54; D. Hamm, "The Freeing of the Bent Woman and the Restoration of Israel; Luke 13:10-17 as Narrative Theology," *JSNT* 31 (1987), 23-44; W. Kirchschlager, *Jesu exorzistisches Wirken aus der Sicht des Lukas* (Klosterneuberg: KBW, 1981); J. J. Pilch, "Sickness and Healing in Luke-Acts," in Neyrey (ed.), *Social World,* 181-209.

19 I. H. Marshall, "The Interpretation of the Magnificat: Luke 1:46-55," in C. Bussman and W. Radl (eds.), *Der Treue Gottes trauen* (Freiburg: Herder, 1991), 181-96; J. O. York, *The Last Shall Be First: The Rhetoric of Reversal in Luke* (Sheffield: JSOT Press,

는 하나님의 통치의 임재에 의해 창조된 새로운 가능성에 근거한 예수의
윤리적인 가르침이 **화해의 공동체**와 "평화"를 위한 프로그램임을 입증
했다.[20] 이것은 하나님과 화해를 이루었다는 인식을 가지고 그 용서와 평
화와 사랑을 이웃과 심지어 원수에게까지 확대하는 삶을 의미한다. 보그
의 용어를 빌리자면 이것은 바리새인의 이스라엘을 향한 "정결" 패러다
임을 "자비"의 패러다임으로 대체하는 것을 의미한다.

　보그의 논지는 다음과 같다. 바리새인들은 로마의 지배를 하나님의
성지에서 사는 하나님의 거룩한 백성이라는 이스라엘의 정체성에 대한
조롱으로 여겼고, 그들의 무거운 과세를 이스라엘의 종교 체제에 대한 위
협으로 여겼다. 그들은 성스러운 국가로서의 이스라엘의 위상을 근본적
으로 다시 주장하면서 반(半)수동적인 정치적 저항 프로그램을 실행했다.

1991). "가난한 자들"은 다양한 의미에서 높임을 받는다. 병든 자들은 고침을 받고(그리
고 수치/존귀 등급이 오르고), 경건한 가난한 자들은 하나님 나라가 그들의 것이라는
"좋은 소식"을 듣고, 예수는 사회에서 배제되었다는 의미의 "가난한 자들"과 친구가 된
다(Green, "Good News," 59-74). "죄인들" ― 그리고 사회에서 소외받은 그룹들 ― 은
다시 복귀되고, 주린 자들은 (영적으로나 육적으로) 배고픔을 해소하고, 부한 자들은 그
들의 소유를 이러한 가난한 자들을 위해 쓸 것을 권면 받는다. 이와 같이 "부한 자들"은
여러 면에서 빈손이 되는 운명에 처한다. 그들은 그들에게 닥칠 화에 대해 경고를 받
고(예. 6:24; 12:16-21; 16:13), 그들이 소유한 것을 가난한 자들을 위해 쓰지 않을 경
우 고통을 당할 것이라는 경고를 받고(16:19-31), 자신의 재물을 흘려보내기를 원치
않는 부자는 예수에게서 떠나고(18:18-23), 부유한 유대 지도자들은 그를 반대한다(바
리새인들이 "재물을 좋아하는 것"처럼. 16:14). 거만한 자들은 비천해지고, 지위가 낮
은 자들과 사회에서 내몰린 자들은 축복받은 자들의 모델이 된다(18:9-14; 7:36-50;
10:25-37; 14:15-23). 제자 공동체 안에서는 리더십의 패러다임이 지배가 아닌 섬김
이 된다(22:24-27).

20　Lohfink, *Jesus*; Borg, *Conflict*; P. Stulmacher, *Reconciliation Law and Righteousness;
Essays in Biblical Theology* (Philadelphia: Fortress Press, 1986), 1-15. 이 저서들은 독특
한 누가의 관점을 강조하기보다는 "역사적 예수"에 대한 견해를 재구성하는 데 집중하
지만, 주목할 점은 누가는 다른 복음서 저자들보다 위의 저자들이 가리키는 방향으로
더 나아간다는 것이다. 다음의 문헌도 중요하다. L. D. Hurst, "Ethics of Jesus," in Green
and McKnight (eds.), *Dictionary*, 210-22; A. E. Harvey, *Strenuous Commands: The
Ethics of Jesus* (London, SCM Press, 1990); R. A. Horsley, *Jesus and the Spiral of Violence*
(San Francisco: Harper, 1987); R. D. Kaylor, *Jesus the Prophet* (Louisville: Westminster
Press, 1994).

전자와 관련하여 그들은 "너희는 거룩하라. 이는 나 여호와 너희 하나님이 거룩함이니라"는 레위기 19:1-2을 분리와 정결의 견지에서 해석하고, 특히 이스라엘의 독특성—할례, 안식일, 명절, 십일조(십일조의 중요성을 강조하는 것은 강제로 로마인들에게 내는 세금이 성전세를 내는 것을 거의 불가능하게 만들던 그 당시에 유대인들로 하여금 성전세가 로마인들에게 내는 세금보다 더 중요하다는 것을 상기시키기 위함이었다)와 정결을 위해 제사장들의 정결 제도를 모방하려고 했던 시도 등—을 강조했다. 한편 예수는 레위기 19:1-2을 오히려 화해를 위한 하나님의 자비로운 사랑으로 해석하면서 이와는 전혀 다른 비전을 제시했다. "너의 아버지의 자비하심같이 너희도 자비하라"(눅 6:36). 보그는 바로 이 점이 예수를 죽음으로 몰고 간, 유대교 수뇌부와의 불가피한 대립을 가장 잘 설명해준다고 말한다. 그들의 눈에는 예수가 이스라엘을 거룩한 나라로 만드는 바로 그 독특성을 위협하는 존재로 보인 것이다. 즉 (a) 그는 안식일의 특별한 위상을 "떨어뜨리는" 자비의 행위를 허용함으로써 안식일을 모독했고, (b) 심지어 종교적으로 불경스러운 자들과 함께 먹음으로써 십일조와 종교 의식을 위한 정결에 부여되는 우선순위를 뒤집었으며, (c) 세리들과 국가적 원수에게까지도 화해의 사랑을 베풀 것을 권한다(눅 6:35-36). 예를 들면 로마 병사의 짐을 (법적으로 강요되지 않았던) 십리까지 들어주는 것 말이다(참조. 마 5:40-44).

바리새인들에게는 예수의 가르침(특히 "자비의 패러다임"을 이방인들에게까지 적용하는 것)이 이스라엘의 신학적 정체성을 약화시키는 반역 행위에 가까웠다. 그러나 제자들의 (후대의) 관점에서 보면 이것은 이스라엘을 하나님의 종으로 보는 제2이사야의 비전의 관점에서 이스라엘의 정체성을 근본적으로 개조하는 것이었으며, 이러한 개조는 오직 이스라엘 안에 하나님의 통치가 예수의 사역을 통해 변혁적으로 침투함으로써 가능했다.[21]

---

21 이 점이 바로 Borg의 저서의 부족한 부분이다. 그는 "하나님 나라"의 임재를 하나님의 종말론적인 변혁적 능력으로 보기보다는 새로운 비전을 제시하는 신비의 정적인 영역

그러나 이것을 이렇게 서술하는 것은 또한 동시에 예수의 제자들이 정확히 어느 시점에서 옛 언약에서 "하나님 나라의 삶" 또는 "구원"이라는 가상의 선을 넘어섰는지를 규명하려는 시도가 얼마나 부적절한지를 말해준다. 이러한 변화에는 이스라엘 안에서 긴 시간에 걸쳐 진행된 긴 과정이 수반되었다. 만약 누군가가 루비콘 하나를 제시해야 한다면 누가는 아마도 그것을 요한이 세례를 베풀 때 요단강 강가에 둠으로써 세례가 표현하는 회개와 헌신의 마음이 요한이 선포한 "장차 오실 이"를 위한 제자도의 삶으로 이어지도록 했을 것이다. 왜냐하면 "율법과 예언자는 요한의 때까지요, 그 후부터는 하나님 나라의 복음이 전파되어 사람마다 그리로 침입하기(또는 침입 당하기) 때문이다"(16:16; 참조. 행 1:22; 10:37).[22] 예수의 사역 기간 동안 맛보는 개인적인 "구원"의 "경험"은 (특히 7:50; 19:9 등에서는) 진행 과정 속에 있는 보다 더 광범위한 회복/변화의 일환이다.

제자들은 과연 이스라엘에서 선포된 이 "구원"에 상응하는 참된 "믿음"과 새 "생명" 그리고 "자녀 됨"을 분명하게 보여주는가? 던은 절대적으로 "아니요"라고 대답하면서 오직 오순절만이 "신약성서에서 그리스도인이라고 부르는 믿음과 경험의 영역으로 들어가는 문을 열어준다"고 주장한다.[23] 그러나 그의 주장은 그의 고린도후서 3:6-8 해석에 크게 영향을 받았으며, "그리스도인"이란 단어의 시대착오적 사용에 의존할 뿐 아

(그래서 그의 두 번째 책의 제목이 *Jesus, A New Vision* [San Francisco, Harper & Row, 1987]임)으로 해석했다. 이와 유사하게, A. Schweizer는 예수에게 있어 하나님의 나라는 순전히 미래에 일어날(그럼에도 임박한) 사건이라 주장하면서 예수의 윤리를 그 윤리의 기반으로부터 분리시킨다.

22 W. G. Kümmel, "Luc en accusation dans la théologie contemporaine," in Neirynck (ed.), *L'Evangile*, 102(각주 47에서 인용한 문헌과 함께). Kümmel은 눅 16:16이 오직 두 시대만을 서술한다고 주장한다. 첫 번째 시대는 율법과 예언자들의 시대이며, 두 번째는 하나님 나라 선포에 관한 것이다. 사도행전도 하나님 나라가 선포된 시대로 묘사되므로 교회의 시대는 따로 구분되지 않는다; 참조. Merk, "Reich," 206; Lohfink, *Himmelfahrt*, 255. 우리는 16:16이 그다음에 이어지는 그 어떤 것보다 더 중요한 휴지(休止, caesura)를 제공한다는 데 동의할 수 있을 것이다.

23 *Baptism*, 53.

니라, 누가의 관점에서 볼 때 그렇게 독특한 "기독교의" "믿음"과 "생명"과 "자녀 됨"이 예수의 선포에 대한 반응으로 나타난 믿음, 생명, 자녀 됨과 어떻게 다른지에 대한 질문을 남긴다. 던은 누가의 관점에서 이런 것들이 어떤 수준에 도달하거나 또는 어떤 특성을 지녀야 "진정한" 것으로 볼 수 있는지를 우리가 알 수 있다고 가정하는 듯하다. 따라서 그는 너무 쉽게 오순절 이후에 열두 제자들의 "삶"의 이해와 헌신과 질이 더 높은 수준에 올랐다고 지적하기도 하고, 또 이것을 오순절 날에 비로소 "그들이 그리스도인이 되었다"는 그의 주장의 일환으로 사용하기도 한다.[24] 하지만 누가가 열두 제자들을 다소 예외적인 경우로 간주하고, 또 사도행전에서도 경험적인 측면에서 진정한 신자의 "삶"이나 "믿음" 또는 "구원"에서 가장 기초가 되는 것에 대한 질문을 심지어 표면적으로라도 거의 다룬 적이 없기에, 그들의 오순절 이후의 영적 경험 수준을 "기독교의 실존", "진정한 믿음" 또는 "구원"이 지닌 진정한 의미의 패러다임으로 간주하는 것은 매우 위험하다. 유대인들과 기독교인들 사이에서 벌어진 기독론적인 주장의 대립이라는 상당히 다른 정황에서 복음서를 집필한 요한은 (승천 이후에) 예수를 "믿는" 진정한 믿음과 그 수준에 도달하지 못하는(또는 그 믿음에 전혀 미치지 못하는) 다른 다양한 수준의 예수에 대한 믿음 간의 미묘한 차이점들을 짚어주는 데 반해, 누가는 그런 차이점을 전혀 제시하지 않는다. 이것은 누가가 "믿음"에 대한 어떠한 표현도 모두 동등하게 타당하다고 생각했음을 의미하지 않는다. 그는 한층 깊어져가는 제자들의 이해력을 확실히 인식하고 있었다. 그러나 예수 시대에 "믿음"을 칭찬받은 자들과 "구원"을 경험했다는 자들에 관한 복음서 전승을 보면 누가가 이들을 **교회** 안에서도 따라야 할 모범으로 생각했음을 알 수 있다. 즉 그는 제자들이 오순절 이전과 이후에 가졌던 "믿음"이나 "구원"에 대한 실존적인 경험의 차이를 예리하게 구분하지 않는다는 것이다. 오히려 그는 (오순

---

24   아래 각주 68을 보라.

절 이전이든 이후든 간에) 구원의 메시지를 믿음으로 받아들이는 자와 그렇지 않은 자를 구분한다. 누가에게 있어 예수와 그가 전한 메시지에 대한 "믿음"은 곧 하나님의 구원 계획에 응답하는 자들에게서만 볼 수 있는 독특한 특징이다. 이것이 곧 살아 있지만 죽은 자들의 세계와 예수의 제자들의 세계를 구분 짓는 기준이다(9:60).[25]

이러한 믿음을 가장 잘 보여주는 것이 바로 죄 많은 여인이 용서받은 경우다. 예수는 그 여인에게 "네가 죄 사함을 받았느니라"라고 말하고, 또 "네 믿음이 너를 구원하였으니"라고 말하는데, 이 두 말씀은 서로 병행을 이룬다(7:48-50). 여기서 언급된 믿음은 하나님에 대한 믿음이며, 구체적으로 말하자면 예수가 선포하고 중재한 하나님의 화해를 이루어내는 사랑의 메시지에 대한 믿음이다. 이 여인의 예수를 향한 봉사와 사랑은 그녀가 죄 사함을 받았다는 사실과 이 죄 사함이 또 **그를 통해** 왔다는 사실을 잘 인식하고 있음을 보여준다.[26] 이러한 추론은 사실상 예수를 그에 대한 사랑과 그의 메시지에 대한 응답으로서 섬기고(참조. 8:2-3의 여인들과 18:28에서의 제자들), 그러한 "믿음"이 나타나는 이들에게도 어느 정도 동일하게 적용된다고 볼 수 있다. 이것이 예수가 베드로의 믿음이 떨어지지 않도록 기도하는 누가복음 22:32에서도 전제되어 있는 듯 보인다. 거기서 누가는 아마도 예수에 대한 믿음, 곧 수난 사건으로 깨어질 수도 있는 믿음을 하나님의 구속을 나타내는 것으로 언급하는 듯하다.[27] 누가는 다

---

25 Marshall, 411; 참조. M. Hengel, *Nachfolge und Charisma* (Berlin, Töpelmann. 1968), 9ff.

26 ἡ πίστις가 (은사적인 믿음이나 기적을 위한 믿음, 또는 예수가 그리스도라는 믿음이 아닌 경우에는) 언제나 *fides quae praedicatur*(믿음의 내용, 결코 신자의 능동적인 믿음이 아닌)라는 S. Brown의 논지는 여기서 무너진다(8:25, 18:8. 그리고 행 15:9에서도 마찬가지다). 하지만 그의 논지는 단지 누가가 "이러한 이해는 예수의 시대 정황에 걸 맞지 않는다는 것을 반영하지 않은 채"(*Apostasy*, 39) 케리그마를 언급하는 말을 사용했다고 주장할 수 있을 뿐이다.

27 Marshall(822)은 (Bultmann, Ott, Schürmann에 반하여) "믿음"보다는 "신실함"이 πίστις의 정확한 번역이라고 주장한다. 하지만 베드로의 믿음은 곧 사라질 것이기 때문에 이

른 본문에서 마가복음이 제자들의 삶에서 나타나는 **불신앙**을 지적한 부분을 경시한다.[28] 따라서 제자들은 사탄이 하나님 나라의 말씀을 빼앗아 "그들이 믿어 구원을 얻지 못하게 하려는"(눅 8:12)[29] 자들을 대항하는 반면, 예수는 긍정적으로 비록 자신의 가르침이 "지혜로운" 많은 이들에게는 숨겨져 있지만, 그럼에도 하나님이 이것을 "어린아이들", 곧 제자들에게 나타내셨음을 하나님께 감사한다(10:21). 누가는 단순히 제자들이 믿음을 나타내는 데 실패했거나, 또는 그들이 예수의 사역의 중요한 측면을 제대로 이해하지 못했다는 이유 때문에(참조. 22:24ff.) 이들의 부활 이전의 믿음의 "진정성"에 의문을 제기해야 한다고 말하지 않는다. 부활 이후의 교회도 이와 유사한 현상을 보인다.

한 사람의 믿음이 인정을 받거나 또는 구원에 참여한다는 평을 받는 것보다 더 중요한 것은 열두 제자를 비롯해 많은 이들이[30] 따르는 제자도 자체가 회복된/변화된 이스라엘을 위한 비전을 반영한다는 사실이다. 그들이 받은 윤리적 교훈은 "하나님 나라"의 윤리이며, 예레미아스가 거듭 주장했듯이 이 윤리는 하나님의 은혜에 기반을 두고 있다.[31] 열두 제자와 70인에게 주어진 사명은 매우 강한 종말론적인 의미를 담고 있으며[32] 예수의 권위와 은사적인 능력을 공유하는 것으로 이해될 수 있다(10:17-

---

상황에서는 신실함은 무너질 수밖에 없다.

28 Brown, *Apostasy*, 60-61.

29 참조. Marshall, 325. "누가는 이 본문과 8:13에서 πιστεύω를 그가 사용하는 자료에 덧붙여 예수의 메시지는 믿음으로 들어야 함을 보여준다. 부정과거 분사는 초기의 믿음 행위를 가리키고, 8:13의 현재 시제는 지속적인 태도를 가리킨다"(*pace* Brown, *Apostasy*, 35-48).

30 Lohfink, *Sammlung*, 64도 이에 동의한다. 이에 대한 반대 의견으로는 누가가 제자들의 범주를 열두 제자에게로 한정짓지 않는다고 말하는 J. Roloff, *Apostolat-Verkündigung-Kirche* (Gütersloh: Mohn, 1965), 181을 보라.

31 J. Jeremias, *The Sermon on the Mount* (London: Athlone 1961); *Theology*, 181ff, 또한 § 12, §15, §17, §19.

32 Jeremias, *Theology*, §20; Hengel, *Nachfolge*.

20). 이 사명을 감당하기 위해 제자들이 감수할 조건도 하나님의 공급하심을 전적으로 신뢰하는 새로운 믿음을 반영한다(9:1-6; 10:1-12; 참조. 12:29-35).[33] 제자들은 예수에 대한 충성을 다하고, 또 그의 사역에 동참함으로써 그의 나라가 도래할 때 그 나라를 그와 함께 다스리게 될 것이며 (10:20; 12:32; 22:29-30),[34] 기도할 때에도 하나님을 "아바"(눅 11:2)라고 부르라고 가르침을 받음으로써 하나님과의 관계가 완전히 새로운 국면에 들어섰음을 깨닫게 된다.[35]

우리가 지금까지 간략하게 살펴본 내용을 정리해보면 누가가 "구원"과 "하나님 나라"를 예수를 통해 중재되고, 믿음으로 응답하는 자들에 의해 "침입 당하는", 이스라엘을 향해 화해와 해방과 변화를 일으키시는 하나님의 임재의 "영역"으로 생각했음을 알 수 있다. 제자들의 관점에서 보면 "하나님 나라"는 오직 오순절 사건에서만 경험할 수 있는, 순전히 미래에 나타날 실재가 아니었다. 만약 누가가 (우리가 10장에서 제안했듯이) 오순절이 예수 안에서, 그리고 그를 통해 하나님의 통치의 일부 새로운 측면을 보여주었다고 생각했다면, 그에게는 **더더욱 그랬을 것이다.** 오순절은 예수가 행하고 가르치기 "시작하신" 것(참조. 행 1:1)을 더욱 강한 능력으로 **이어나간 것이었지,**[36] 전적으로 새로운 시작도 아니었고, 이전에 예수

---

33   참조. Marshall, 350-51; R. Uro, *Sheep among Wolves: A Study on the Mission Instructions of Q* (Helsinki: Suomalainen Tiedeakatemia, 1987); Lohfink, *Jesus,* 53-55.

34   Jeremias, *Theology,* 181. Dunn은 예수의 제자들이 오순절 이전에는 하나님 나라의 축복을 받을 수 없기 때문에, 눅 10:20에서 제자들의 이름이 하늘에 기록되어 있다는 암시는 "옛 언약의 축복의 관점에서 이해해야 한다"고 주장한다(*Baptism,* 53; 참조. 출 32:32-33; 단 12:1 등). 그러나 이 주장은 설득력이 없다. 예수의 이러한 말씀은 종말론적인 문맥에서 나왔고, 제자들의 사역을 통해 침투하는 구원에 참여하는 것을 보장해준다(참조. Minear, *Heal,* 45).

35   참조. J. Jeremias, *The Prayers of Jesus* (London: SCM Press, 1967), 11-107.

36   *Pace* Haenchen, 137. 행 1:1의 ἤρξατο("그가 시작했다")는 아마도 완곡적인 표현이기보다는 강조를 위한 표현이라고 할 수 있다; 참조. Marshall, *Luke,* 87, n. 2, 91, 179-82; Stählin, 11(참조. Moule[*Idiom,* 181]과 Samain["APXH," 114]은 "예수가 행하신 모든 것은 시작부터 ~까지"와 같이 번역하는 것이 더 타당하다고 본다).

만이 경험했던 것들을 제자들이 처음으로 실존적으로 경험한 것이 아니었다.

그런데 우리는 이 시점까지 성령을 어쨌든 우리의 논의에서 제외시켰는데, 던은 이것이 성령에 대한 전체적인 그림을 결정적으로 왜곡시킨다고 주장할 것이다. 던과 스몰리는 모두 누가가 성령과 하나님 나라를 서로 연관 지어 생각함으로써 제자들이 하나님 나라를 곧 받게 될 것에 관한 말씀들을 오순절에 그들이 받게 될 성령의 선물에 대한 언급으로 해석한다고 주장한다.[37] 따라서 이런 등식이 성립된다. 예수는 그의 사역 기간에 성령을 통해 하나님 나라를 경험하고, 제자들은 이를 오순절에 성령의 선물을 통해 경험한다. 그러나 이러한 등식은 다음 두 가지 이유에서 잘못된 것이다. 첫째, 던이 제자들이 오순절에 하나님 나라를 곧 받게 될 것에 대한 약속으로 해석하는 말씀들은(주로 눅 9:27; 12:31-32; 행 1:3, 6)[38] 검토해보면 전혀 타당성이 없다.[39] 둘째, 누가가 "하나님 나라"와 "성

---

[37] Dunn, "Spirit and Kingdom," 36-40; S. S. Smalley, "Spirit, Kingdom and Prayer in Luke-Acts," *NovT* 15 (1973), 59-71.

[38] Dunn은 여기에 눅 11:2의 "당신의 성령이 우리에게 오셔서 우리를 정결하게 하소서"라는 이문을 포함시킨다(아래를 보라).

[39] (1) 눅 9:27은 처음으로 하나님 나라를 "받는 것"에 관한 것이 아니라 그것이 강하게 나타나는 것을 "보는" 것에 관한 것이다(그리고 누가는 이것을 마가보다 훨씬 더 분명하게 변화산 사건과 연결시켰다[마가의 관점에 대해서는 다음 문헌을 보라. Lane, 312-20; Pesch, 66-67; 참조. 눅 9:32의 "그들은 예수의 영광을 보았다"와 같은 말은 편집을 통해 추가된 것이다. Nolland, 485-86]). 비록 누가가 예수의 죽음과 부활, 오순절, 교회의 성장, 예루살렘의 멸망 등을 하나님 나라를 "보는"(seeing) 것으로 간주했을 수도 있지만, 그가 마가복음의 ἐληλυθυῖαν ἐν δυνάμει(능력으로 임한다)를 제거한 것은 그가 9:27을 그러한 표현이 특별히 적절할 수 있는 오순절을 가리키는 것으로 해석했다고 보기 어렵게 만든다.

(2) 눅 12:31-32은 비록 종말론적인 언어가 사역 중에 있는 제자들에게도(참조. "적은 무리"; 이에 관해서는 다음을 보라. J. Jeremias, *TDNT*, VI, 501) 이미 적용될 수 있음을 전제하지만, δοῦναι ὑμῖν τὴν βασιλείαν(너희에게 나라를 주신다)이란 표현은 단 7:14, 17-18, 27에 의존하고, 눅 22:29-30과 같은 의미로 이해해야 하는 종말론적 사건을 언급하는 것으로 보인다(참조. Jeremias, *TDNT*, VI, 501; P Volz, *Die Eschatologie der jüdischen Gemeinde im neutestamentlichen Zeitalter* [Hildesheim: Olms, 1934], 380-81; Jeremias, *Theology*, 102, 106; Kümmel, *Promise*, 53-54 등). 비록 하나님이 종말에

령"을 서로 연관 지어 생각한다는 데 의문을 제기할 사람은 거의 없겠지만, 여기서 가장 중요한 문제는 바로 이 연관성의 본질이 무엇이냐는 것이다. 우리가 이미 살펴보았듯이 예수는 하나님 나라에 대한 자기 자신의 경험으로서 성령을 받지 않고, 그 하나님 나라를 이스라엘에게 가져다주기 위한 능력으로서 받는다. 이 사실은 던의 "등식"을 다음과 같이 수정할 필요가 있음을 암시한다. 즉 "예수는 성령에 의해 그의 사역 기간에 하나님의 통치를 이스라엘로 가져다주고, 제자들은 성령에 의해 오순절 이후에 하나님의 통치를 이스라엘에게 가져다줄 것이다." 물론 이것은 그동안 오순절파 학자들과 신(新)오순절파 학자들이 줄곧 주장해온 내용에 훨씬 더 가깝다. 비록 내가 제시하는 해결책은 이것을 수정하는 것을 필요로 하겠지만, 우리는 일단 먼저 오순절 이전에 존재했던 제자들과 성령의 관계를 자세히 살펴본 후에(§1.2), 성령의 선물과 관련하여 그들에게 주신 약속에 대해 살펴볼 것이다(§2).

그들에게 종말론적 통치를 허락하실 것이라는 이러한 말씀이 사역 시작부터 그 시점까지의 전체 기간에 큰 의미를 부여하긴 하지만, 그것이 "하나님 나라"가 오순절(또는 다른 어떤 때에)에 "그들에게 주어질" 것이라는 어떤 구체적인 약속을 의미하는 것은 아니다. 사실 Dunn 역시 이 본문(눅 12:31-32)을 아버지께서 구하는 자들에게 πνεῦμα ἀγαθόν을 주실 것이라고 말하는 눅 11:13과 임의로 동일시함으로써 이와 같은 해석에 도달한다. Dunn은 각각의 본문에 등장하는 "구하고"/"찾고"와 "주어진" 간의 일반적인 병행 구조에 근거하여 "하나님 나라와 성령은 제자들에게 주어지는 최고의 선을 상호 교환적으로 언급하는 방식"이라고 결론 내린다("Spirit and Kingdom," 38-39). 그러나 이 두 어록은 분명히 서로 다른 것을 가리킨다(11:13의 의미에 관해서는 아래를 보라).

(3) 행 1:3-8은 "하나님 나라"(1:3)와 성령의 은사(1:4-5)를 주제에 맞추어 서로 연관시키는 것이 사실이지만, 이 둘을 동일한 형태로 간주하지는 않는다(본서 10장을 보라). 이 구절에 암시되어 있는 유일한 "나라의 선물"은 "이때"에 이스라엘에게 주어지지 않을 것이고, "하나님의 나라"에 대한 언급도 아니며, 오직 그 "하나님 나라"가 실현할 이스라엘의 종말론적인 통치를 가리키는 것이다.

1.2. 제자들과 예수의 사역에서 나타난 성령

제자들은 누가가 말하는 "성령의 선물"을 오순절 이전에는 받지 못했다. 하지만 그들은 그 이전에 하나님 나라의 "삶"을 경험했다. 다수의 학자들은(특히 궁켈, 람페, 슈바이처, 플랜더, 아야-프라) 이 사실을 바탕으로 누가는 성령을 개인의 구원과 연관시키지 않는다고 결론 내린다. 그러나 이것은 심각하게 단순화시킨 것이다. 누가는 오순절 이전에 성령이 제자들 안에서 아주 중요한 방식으로 역사했다고 말하는데, 그것이 바로 성령이 예수의 복음 선포를 통해 역사했다는 것이다. 누가는 아마도 두 번째 가능성, 즉 제자들은 열두 제자와 70인의 선교 사역 기간에 성령을 제자들이 공유한 능력으로 경험했을 가능성을 상정했는지도 모른다. 우리는 여기서 이 두 가지 성령의 활동 영역에 대해 살펴볼 것이다.

예수의 복음 선포를 통해 경험된 성령

우리는 8장과 9장에서 누가가 예수에게 임한 성령을 그가 말과 행위로써 새 출애굽 해방과 이스라엘에 대한 하나님의 통치를 효과적으로 선포하도록 그와 함께한 능력으로 여겼다고 주장했다. 앞서 본장에서 우리는 이러한 결론으로부터 청중들이 "들어갈" 수 있는 하나님의 통치 또는 구원과 같은 것이 실재한다는 것을 추론할 수 있음을 지적한 바 있다. 각 개인은 화해와 변화를 일으키시는 이러한 하나님의 역동적인 통치의 임재를 경험하기 위해 "성령의 은사"를 받을 필요는 없지만, 그렇다고 해서 누가-행전에서 성령이 개인의 구원과 연관되어 있지 않다는 일반적인 주장이 당위성을 확보하는 것은 아니다. 오히려 예수 안에서, 그리고 그를 통해 하나님의 통치를 경험하는 것 자체가 능력을 부여하고 자기를 계시하시는 하나님의 임재를 **성령으로서** 경험하는 것이라 할 수 있다. 던 자신도 어떤 의미에서는 "성령이 임하여 정결케 한 곳에 하나님 나라가 있다"라든가 "성령의 현시는 곧 하나님 나라의 현시를 의미한다"[40] 등과 같은 주장을 통해 이 사실을 부각시키는데, 이러한 주장은 또한 "사람들에게 하나님 나라를 가져다준 것은 오직 독특한 사람인 예수에게 임한 성령의 독특한 임재뿐이었다"는 말에 의해 적절하게 한정된다.[41] 그러나 그는 곳곳에서 사람들이 예수 안에서, 그리고 그를 통해 하나님의 말씀을 접한다고 느끼는 경우에, 그리고 그들이 예수의 사역의 결과로 하나님 나라로 "침투하여" "구원"을 받는 경우에 **이것도 성령의 영향이며 경험**이라는 결론을 내리는 것을 꺼려하는 듯 보인다. 던에 의하면 이것은 마치 어떤 사람이 "성령의 선물"을 개인적으로 "받을" 때에만 오직 성령을 진정으로 "경험"할 수 있다고 말하는 것과 같다. 이러한 주장은 그가 바울의 은사적인 몸에 대한 개념을 설명하면서 한 개인은 **다른 구성원들의 은사를 통해** 성령을 강하게 경험한다고 말하는 그의 탁월한 설명에 비추어 볼 때 상당히 놀라운 것이다.[42] 물론 이러한 견해를 바울이 최초로 제시한 것은 아니며, 구약 전반에 걸쳐, 그리고 유대교 내에 분명히 나타나 있다. CD 2:12이 "그는 그의 기름 부음 받은 자들의 손으로 그들에게 그의 성령을 계시하셨다"[43]라고 말할 때 그것이 의미하는 바는 성령은 의인들이 그분의 능력을 힘입은 자를 통해 경험하게 된다는 것이며, 우리가 이미 살펴보았듯이 일부 분파에서는(세례 요한 그룹을 포함하여) 장차 오실 성령의 메시아가 성령의 능력을 크게 힘입어 그가 시온에 나타날 때에는 모든 이스라엘이 성령과 불을 강하게 경험하게 될 것을 기대했다. 성령을 경험

---

40   "Spirit and Kingdom," 38.

41   "Spirit and Kingdom," 39.

42   Dunn, *Jesus*, 3부를 보라.

43   Vermes, *Scrolls*, 84. 그러나 Crone은 משׁיחו를 משׁיחי로 바꾸는 매력적인 방법을 채택하여 "그는 그의 거룩한 영으로 기름 부음을 받은 자들, 곧 진리를 보는 자들을 통해 그들을 가르쳤다"로 번역한다(*Prophecy*, 100, 325. 또한 M. de Jonge, "The Use of the Word "Anointed" in the Time of Jesus," *NovT* 8 [1966], 132-48, 141, *idem, TDNT*, IX, 517, n. 134.).

하기 위해서는 "성령의 선물"을 먼저 개인적으로 "받아야" 한다는 사상은 성령을 하나님의 백성에게 말하고 영향력을 행사하기 위해 그 영을 소유한 자의 은사를 통해 역사하는 하나님의 자기계시적 임재와 영향력으로 보는 유대교 개념보다는 천상적 실체인 πνεῦμα를 부여함으로써 구속을 이루는 영지주의적 사상에 더 가깝다고 볼 수 있다.[44] 이와 비슷한 이유에서 나는 멘지스가 어떤 경우에는 "성령이 간접적으로만 경험된다"는 판단하에 이 기사에 담긴 이 측면의 의미를 무시하는 것을 이해할 수 없다.[45] 유대교에서(그리고 누가의 기독교에서도) 성령은 중재적으로든 직접적으로든 상관없이 똑같이 한 개인에게 강력하게 말하거나 영향을 미칠 수 있다.

누가는 거의 확실히 전형적인 유대교의 관점에서 생각했을 것임에 틀림없다. 이전에 성령이 예언자들을 통해 이스라엘과 대립했듯이(행 7:51; 참조. 사 63:10-11) 그들은 이제 예수의 선포와 행동을 통해 그 성령을 하나님의 임재/성령으로 설명하거나 또는 악한 영의 관점에서 해명해버릴 수밖에 없는 어떤 강한 능력으로 경험한다. 누가복음에서 예수가 "내가 너희에게 이른 말은 영이요 생명이라"(요 6:63b)고 말한 것으로 기록되지 않는다 하더라도 적어도 누가는 이에 근접한 이해를 하고 있는 것이다. 세례 요한이 "엘리야의 영과 능력으로" 사역하는 것과 같이 누가는 성령도 예수가 선포하는 복음의 내용이 하나님의 인정을 받은 것임을 확증해주는 것으로 생각함으로써, 하나님의 백성들로 하여금 예수의 가르침이 "사람에게서" 온 것이 아니라 "하늘로부터" 온 것으로(참조. 눅 20:5), 또는 놀랄 만한 "권세"와 "능력"으로 임하는 것임을 인정하도록 한다(4:32 등).[46] 그러나 동전의 다른 면도 볼 필요가 있다. 사람들이 예수가 모

---

44 따라서 Schweizer는 바울의 성령론(성령의 은사가 모든 그리스도인의 삶의 기반이 되는)을 초기 영지주의적 개념을 근본적으로 수정한 것이라는 관점에서 설명한다. 그의 간략한 설명은 다음 글을 참조하라. "The Spirit of Power," 268-72.

45 *Development*, 182, n. 3.

46 보다 더 상세한 내용은 다음을 보라. Turner, "Spirit and Authoritative Preaching," 70-72.

세처럼 "말에 능하다"(24:19; 참조. 4:32 등)고 말한다는 것은 **그들이** 예수의 가르침을 통해 나타난 성령의 능력을 **느꼈다**는 것을 의미하며, 그의 가르침이 **그들에게** 강한 영향을 미쳤다는 것을 의미한다. 이와 마찬가지로 사도행전 1:2도 성령을 통해 그의 제자들을 교훈하시는 예수에 대해 언급한다고 할 수 있다.[47] 이것은 단순히 하나님이 성령을 통해 예수에

---

47 우리는 행 1:2의 διὰ πνεύματος ἁγίου(성령을 통해)를 ἐξελέξατο(그가 택하셨다)보다는 ἐντειλάμενος(가르침을 주신 후에)와 연결해야 한다. 그러나 이 어색한 문장과 관련하여 해결책을 찾기란 쉽지 않고, 사본학적으로도 문제가 많다. Ropes(in Foakes-Jackson and Lake [eds.], *Beginnings*, III, 256-61)는 원래의 본문을 다음과 같이 재구성함으로써 이 본문이 지닌 어려움을 해결하고자 한다. ἐν ἡμέρα ᾗ τοὺς ἀποστόλους ἐξελέξατο διὰ πνεύματος ἁγίου καὶ ἐκέλευσεν κηρύσσειν τὸ εὐαγγέλιον(이것은 고대 라틴 사본들, 주로 코덱스 기가스와 아우구스티누스의 주석을 기초로 만들었다). 알렉산드리아 본문은 파손된 것으로 간주되며, 베자(D) 사본은 이 사본을 병합한 것으로 보인다. 그러나 이러한 재구성은 받아들이기 매우 어려우며, Lake(in Foakes-Jackson and Lake [eds.], *Beginnings*, V, 2); J. M. Creed, "The Text and Interpretation of Acts 1:1-2," *JTS* 35 (1934), 176-82, 180-81; Metzger, *Commentary*, 275-76의 신랄한 비판을 받았다. 마지막 두 학자는 원 본문은 적어도 알렉산드리아 본문에 가까워야 한다는 점을 확신시켜준다. 알렉산드리아 본문을 취하든지 베자 본문(ἐντειλάμενος 바로 앞에 ἀνελήμφθη의 이동과 καὶ ἐκέλευσε [반복] κηρύσσειν τὸ εὐαγγέλιον의 첨가)을 취하든지 간에, διὰ πνεύματος ἁγίου와 동사들과의 관계는 여전히 주석적인 난점으로 남는다. Haenchen(139)은 διὰ πνεύματος ἁγίου를 제자들을 선택한 것과 연결한다. "누가의 시각에서 볼 때 제자들은 합법적인 교회를 대표하며, 이는 그가 왜 제자들을 선택하는 데 있어 성령이 수행한 역할을 강조했는지를 잘 보여준다." 그는 누가가 강조하는 단어들을 앞에 위치시킨다고 주장한다. 이것은 사실이지만, 다른 본문에서의 이러한 위치 변경은 강조하는 부분이 너무나도 분명하지만, 이 경우는 다르다. 이는 διά가 ἐντειλάμενος와 더 가까이 위치해 있기 때문이다. 만약 Haenchen의 관점이 설득력을 얻으려면 누가는 이 문장을 οὓς διὰ πνεύματος ἁγίου ἐξελέξατο와 같이 구성했어야 마땅하다. 아무튼 성령을 통해 선택했다는 것을 강조하는 것이 제자들이 διὰ πνεύματος ἁγίου 가르침을 받았음을 강조하는 것만큼 사도적 가르침을 정당화하는지는 불분명하다. Haenchen의 견해에 대한 반론으로 다음을 주목하라. (1) 예수가 성령으로 "선택"했다는 선례가 없다(그러나 참조. 행 13:2; 20:28). (2) 열두 제자의 선택에 대한 누가의 설명에는 그들을 선택하기 위해 예수가 성령의 감동을 받았다는 어떠한 암시도 들어 있지 않다(*pace* Foakes-Jackson and Lake [eds.], *Beginnings*, IV, 3). (3) 이러한 강조는 제비로 맛디아를 뽑은 것과 상당히 대조적인데, 누가는 맛디아의 자리가 바울에게 돌아갔어야 한다고 생각하지 않는다(*pace* Dunn, *Baptism*, 45-46; *Jesus*, 145. 바울은 누가의 조건에 부합하지 않는다[행 1:21-22]. 성령이 임하기 이전에 제비로 제자를 선택한 이유는 열두 제자가 그 사건 이전에 완성되어야 했기 때문이다; 참조. Noack,

게 계시를 주셨고, 그는 그 계시를 제자들에게 전해주었다는 것을 의미하지 않는다. 우선 누가는 단 한 번도 예수를 성령이 계시한 것을 말씀하시는 분으로 묘사하지 않는다. 둘째로 사도행전 1:2의 요점은 **제자들이** 그들의 미래 사역을 수행하기에 잘 준비되어 있음을 보여 주는 데 있다. 다시 말하면 제자들이 예수의 가르침을 **받아들이는** 데 있어 성령이 역사하셨다는 것이다. 누가는 요한이나[48] 바울과 마찬가지로 은사적인 능력을 부여받은 가르침을 주는 사람의 영향력 아래 있다는 것은 스스로 능력을 나타내는 영적인 능력 앞에 자기 자신을 여는 것이라는 견해를 공유한다 (참조. 고후 11:4; 골 2:8-23; [딤전 4:1]; 요일 4:1-2). 고린도후서 11:4에서 바울은 심지어 그를 반대하는 무리들의 은사적인 설교를 받아들이는 것을 "다른 πνεῦμα를 받는 것"과 동일시한다.[49] 누가는 제자들이 예수의 지상 사역 기간 동안에 "성령을 받았다"라고 말하지 않는다(아마도 나중에 그가 오순절 은사에 관해 말할 것과 혼동을 일으키지 않게 하려고). 하지만 그는 예수를 능력 있는 예언자적 인물로 받아들이고, 그의 가르침과 지혜를 그에게 임한 하나님의 성령의 표현으로 받는 것 자체가 곧 그의 가르침에 설

"Day," 73-74; Zehnle, *Discourse*, 109-10; Jervell, *Luke*, 75-112).

따라서 우리는 Bruce(*Acts*, 67), Shepherd(*Function*, 154-55), Barrett(69)와 함께 διὰ πνεύματος ἁγίου를 분사 ἐντειλάμενος와 함께 취급해야 하며, 이것이 문법적으로 가장 자연스러운 독법이며, 또한 스 1:6(LXX ὅσα ἐγὼ ἐντέλλομαι ἐν πνεύματί μου τοῖς δούλοις μου τοῖς προφήταις)의 선례에 의해 지지를 받는다. 그렇다면 이러한 가르침은 **언제** 주어진 것일까? 분명히 40일 동안에 이루어졌을 것이며, 따라서 ἐντειλάμενος는 지속적 부정과거로 해석되어야 한다. 후자의 용법이 맞다면 예수의 사역 기간 동안도 배제할 이유가 없다(이에 반하여 Bengel, *Gnomon*은 이렇게 말한다. 예수는 "그의 제자들에게 가르침을 주면서 그들에게 성령을 부여했다[요 20:22].⋯따라서 그는 승천 이전에 오순절의 전조에 해당하는 것을 그들에게 부어주셨다"). 제자들을 가르치시는 예수의 사역은 동시에 성령의 사역이었다; 참조. Stählin, 12.

48 참조. Turner, "Spirit in John"s Gospel," 24-35.

49 즉 그는 설교의 내용을 묵인하는 것은 그 설교자 안에서 활동하시는 πνεῦμα를 **받는 것**으로 취급한다(J. J. Gunther, *Saint Paul's Opponents and their Background* [Leiden: Brill, 1973], 261ff.). 그는 "당신은 거짓 사도들을 통해 표현되는 어떤 이질적인 힘의 지배 아래 있게 된다"는 의미로 말한다. 이 본문에 대해서는 여러 주석들을 보라.

득시키는 능력을 부여해준 성령의 권위와 영향력 아래 있는 것과 같다는 데 기꺼이 동의할 것이다. 이것은 한 개인의 삶과 신념을 형성하는 능력으로서 성령을 존재론적으로 경험하는 것이다. 이와 마찬가지로 누가는 오순절 이후에 제자들이 성령의 능력을 힘입어 외부 사람들에게 복음을 전한 것이나, 또는 예언자적 인물들이 성령의 감동을 받은 말씀을 교회에 전한 것을 성령이 제삼자에게 영향력을 행사하고 행동 지침을 주는 것으로 이해한다. 이 제삼자들은 은사적인 화자들을 통해 성령을 "경험한다."

따라서 우리는 다음과 같은 결론에 도달할 수밖에 없다. 누가는 제자들이 성령을 받기 오래전에 이미 성령을 그들에게 말씀하시는 하나님의 임재로, 그리고 그 결과 그들의 성품을 형성해나가시는 영향력으로 경험했다고 생각한다. 제자들은 이것을 예수의 강한 은사적인 사역과 선포를 통해 경험할 수 있었다. 설령 요한의 약속이 부활절 이후에 더 새롭고 극적인 방식으로 성취되는 것이었다 하더라도 성령의 능력을 힘입은 메시아는 이미 그의 지상 사역 기간 동안에 성령과 불로 이스라엘에게 세례를 베풀고 있었다.

성령은 이미 오순절 이전에 제자들에게 공유되었다?

누가복음에서 제자들이 오순절 이전에도 성령을 경험했음을 암시하는 두 단락(11:2의 중요한 이문을 제외하고도)[50]이 있는데, 그것이 바로 9:1-10:22,

---

50   ἐλθέτω τὸ πνεῦμα σου τὸ ἅγιον ἐφ᾽ ἡμᾶς καὶ καθαρισάτω ἡμᾶς로 읽는 독법은 비록 후기 소문자 사본인 700과 162에서만 나타나지만, 니사의 그레고리오스와 토리노의 막시무스의 글에서도 지지를 받는다. 사본 D와 d(ἁγιασθήτω ὄνομά σου ἐφ᾽ ἡμᾶς ἐλθέτω σου ἡ βασιλεία)의 독법이 700과 162의 영향을 받은 것으로 취급되긴 하지만, 테르툴리아누스는 마르키아누스의 본문이 **이 내용**과 ἐλθέτω ἡ βασιλεία σου라는 기원을 포함하고 있음을 증언한다. A. von Harnack [*The Sayings of Jesus*], London, 1908, 63-64 이래로 700과 162의 독법은 학자들로부터 상당한 지지를 받아왔다. 예. W. Ott, *Gebet und Heil: Die Bedeutung der Gebetsparänese in der lukanischen Theologie* (Munich: Kösel, 1965), 113-14(그도 이 독법을 지지한다); R. Freudenberger ("Zum Text der zweiten Vaterunserbitte," *NTS* 15 [1968-69], 410-21. Freudenberger는 그것을 누가 이전의

11:9-13이다.

첫 번째 본문은 열두 제자와 70인의 선교를 다룬다. 누가는 9:1-6에서 비록 일부 내용을 70인을 보내는 Q 기사와 동화시키는 듯 보이지만, 열두 제자를 보내는 마가의 기사를 따른다.[51] 누가는 마가복음에서 예수가 열두 제자에게 악한 영에 대한 권세를 주었다는 내용을 취하고, (아마도) Q에서는 그들이 하나님 나라를 전파하기 위해 보냄을 받았다는 내용을 취한 것으로 보이는데, 누가는 여기에 제자들이 능력을 받았다는 점(9:1)과 그들이 복음 선포뿐만 아니라 치유 사역을 위해서도 보냄을 받았다(9:2)는 내용을 덧붙인다.[52] 누가복음 10장의 70인(72인)[53]을 보내는 기사는 민수기 11:16-30의 사건을 기초로 하고 있는 듯 보이며, 따라서 제자들이 행사한 능력과 권위(9:1; 10:19)를 모세에게 임한 성령이 70인

것으로 간주한다. 하지만 이에 대한 반론으로는 다음과 같은 사항을 고려할 필요가 있다. (1) D와 d의 독법은 700과 162의 영향 없이도 완벽하게 이해할 수 있다(Metzger, *Commentary*, 155-56); (2) 후기 증거인 700과 162이 나머지 사본 전승에 지나치게 큰 무게를 두게 해서는 안 된다. (3) 이 기도에 대한 전승이 오래된 것임에는 틀림없지만 (참조. 도마행전 27), 내용면에서는 누가의 것이 아님이 분명하다(따라서 Freudenberger는 이 본문이 누가 **이전의** 것임을 확신한다. 429ff.). 성령의 메시아가 말씀과 행위로 하나님의 백성을 정결케 한다는 사상은 누가에게 있어 중요하지만, 하나님께 지속적으로 이러한 정결을 간구하는 사상은 (이 독법이 주기도문에 나타나 있다고 볼 때처럼) 나타나 있지 않다. 따라서 이 이문은 이 전승이 누가의 원 본문에 포함되어 있었다기보다는 그의 사상을 확대한 누가 공동체 안에서 발생했을 개연성이 더 높다.

51 Schürmann and Marshall의 주석을 보라.
52 누가는 후자를 마가의 기사(6:5)에서 유추했을 수도 있다.
53 사본과 관련된 문제는 다음을 보라. B. Metzger, *Historical and Literary Studies: Pagan, Jewish and Christian* (Leiden: Brill, 1968), 67-76. 여기서 Metzger는 비록 어떤 명확한 결론에 도달하지는 않지만, 많은 가능성에 대해 서술한다. ἑβδομήκοντα δύο라는 독법 ($\mathfrak{P}^{75}$ B D *al*)은 현 문맥에서 보냄을 받은 자들을 72인의 70인역 역자들(아리스테아스의 편지 40-50; 하지만 다음을 보라. S. Jellicoe, "Saint Luke and the Letter of Aristeas," *JBL* 80 [1961], 150-51)이나 이 세상의 72개국(LXX 창 10장)과 연계시키고 있다는 암시가 없기 때문이다. 제자들은 70/72개국이 아니라 **이스라엘**로 **짝을 지어** 보내졌다(참조. Miyoshi, *Anfang*, 78ff.). 따라서 이방 선교에 대한 예시는 보냄을 받은 자들의 숫자에 대한 설명이 아니다. 72란 숫자에 대한 가능한 설명은 아래를 보라.

(72인) 장로들과 공유된 것과 대비시켜 해석한다.[54] 이는 예수의 능력과 권위가 그에게 임한 성령으로부터 비롯되었듯이 누가는 제자들의 능력과 권위도 예수에게 임한 일종의 성령의 "연장"으로부터 비롯된 것으로 간주했음을 시사한다(4:14; 참조. 1:17, 35; 행 10:38). 이것은 제자들에게 주어진 부활 이전의 "성령의 은사"에 대해 언급하는 것을 정당화할 수는 없지만(그리고 누가는 여기서 그런 표현을 사용하지 않는다), 적어도 예수에게 임한 성령의 활동 안에 나타난 일종의 "교제"를 가리킨다고 할 수 있다. 제자들이 경험한 것 가운데 어느 정도는 누가복음 9:6, 54(여기서 제자들은 하나님이 하늘에서 불을 내려달라는 그들의 엘리야적 기도에 응답하실 것을 의심하지 않는다)[55]과 10:17에 나타나 있다.

누가복음 11:9-13은 기도를 장려하는 내용을 담고 있다. 이 본문은 비록 누가가 중요한 부분에서 새롭게 수정하지만, 주로 Q에 의존한다.[56] 누가는 냉담한 아버지가 자식이 ἰχθύς(생선)를 달라고 할 때 ὄφις(뱀)를 줄 수도 있다는 내용을 마태와 공유한다. 그러나 마태복음에서는 이 경우가

---

54 우리는 이 사건이 유대 저자들의 관심을 불러 일으켰음을 이미 살펴본 바 있다(참조. 필론, *Gig.* 24ff.; *Fug.* 186; 타르굼 문헌; *b. Sanh.* 17a 등). Miyoshi, *Anfang*, 3장은 누가의 기사가 민 11장의 기사를 반영한다는 주장을 설득력 있게 개진하는데, 그는 Wilson, *Gentiles*, 45-56이 이미 제기한 주장을 막 9:38-50(70인 선교 이전에 누가가 사용한 마가복음 본문 중 마지막 본문)이 눅 9:52-10:24을 작성하는 데 큰 영향을 주었다는 주장을 덧붙인다. 마가복음 본문은 "무명의 귀신을 내쫓는 자"에 관한 것이며, 민 11장의 사건과 유사한 내용을 담고 있다. 특히 예상치 못한 그룹 밖에서 이루어질 때 이 은사를 막으려고 하는 맥락에서 사용된 ἐπιστάτα ... ἐκωλύομεν αὐτόν(참조. κύριε Μωσῆ κώλυσον αὐτούς)이라는 표현이 더욱 그렇다. 누가는 예수를 종말론적 모세로 간주하기 때문에 예수가 70/72인과 자신의 사명을 공유한다는 생각이 민 11장 사건을 반영하려는 누가의 의도에서 크게 벗어나지 않았을 것이다. 예수의 사명이 모세의 사명과 다르듯이 제자들의 사명도 장로들의 사명과 다르다. 또한 민 11장의 배경이 70과 72라는 사본 간의 차이를 설명해줄 수 있으며, 이는 엘닷과 메닷을 70인에 포함시킬지의 여부에 따라 그 숫자가 달라지기 때문이다(Plummer, 272; Miyoshi, *Anfang*, 79).

55 참조. Marshall, *ad loc.*

56 마태의 (Q) 버전이 원 본문이라는 주장은 다음을 보라. Catchpole, *Quest*, 211-12.

올바르지 못한 아버지 상의 두 번째 예인 반면(떡을 달라고 할 때 돌을 주는 것이 첫 번째 예다), 누가복음에서는 이것이 첫 번째 예이며, 누가는 두 번째 예로 알을 요구할 때 전갈을 주는 것에 대해 언급한다.[57] 마태의 버전이 훨씬 더 명료하며, 7:12에 그 요지가 잘 정리되어 있다(편집 작업을 통해). 마태복음 저자에게 이것은 좋은 선물과 기만적인 모조품을 대조하기 위한 비유가 아니다. 뱀은 팔레스타인의 어떤 아들이 달라고 할 만한 그 어떤 종류의 생선과도 닮지 않았다. 왜냐하면 뱀(뱀장어)을 닮은 생선은 레위기 음식법에 따라 정결하지 않은 것으로 간주되었기 때문이다.[58] 만약 어떤 아버지가 자식에게 위와 같이 했다면 그것은 오직 그의 아들의 요구에 "안 된다"란 대답을 강조하기 위함이었을 것이며, 그 이상도 그 이하도 아니다. 그렇다면 마태의 요점은 만약 하나님이 그의 자녀들이 정당하게 요구하는 것을 거절하지 않는다면 예수의 제자들도 다른 이들에게 이와 동일한 방식으로 대해야 한다는 것이다(12절).[59]

그러나 오트(W. Ott)가 지적했듯이 누가의 버전은 그 목적이 상당히 다르다. 생선 대신 뱀을 주고, 알 대신 전갈을 주는 것은 마음이 내키지 않는 아버지의 행동일 뿐만 아니라 어느 누가 보아도 위험한 동물을 자식에게 주는 야비하고 악한 아버지의 행동이다. 따라서 이 비유의 요점은 하나님이 그의 자녀들에게 악한 것을 줄 가능성이 없음을 강하게 부각시키려는 것이다. 비록 슐츠와 마샬은 누가가 이러한 변화를 주었다는 오트의 주장을 받아들이지만, 그렇게 수정할 만한 동기를 찾지 못한다. 그러나 그들이 관찰하지 못한 것은 예수가(누가에 의하면) 70인을 가르칠 때(10:19) "뱀"과 "전갈"을 사탄의 능력의 상징으로 혼합하여 이미 사용했다는 사실

---

57 이는 복잡한 사본학적 문제와 전승사적 문제를 제기하는데, 이에 관해서는 다음을 보라. Ott, *Gebet*, 102–11; Marshall, 468–69.

58 J. Jeremias, *The Parables of Jesus* (London: SCM Press, 1963), 226: Ott, *Gevet, loc. cit.*

59 Ott, *Gebet*, 102–11.

이다.[60] 게다가 예수는 기도를 장려하는 이 본문 바로 다음에 사탄의 능력으로 귀신을 쫓아낸다는 비난을 받는데, 거기서 그는 하나님의 손으로 귀신을 쫓아낸다고 말한다(11:20). 즉 여기서 말하는 하나님의 손은 우리가이미 살펴보았듯이 고통 가운데 있는 이들에게 자유를 주기 위해 예수에게 임한 능력인 성령을 가리킨다. 누가는 11:1-13과 11:14를 "그리고그는 귀신을 쫓아내시니"라는 문구로 연결한다.

따라서 이렇게 연결하는 누가의 생각 배후에는 아버지라고 불리는사람이라면 자식이 생존을 위해 음식을 달라고 할 때 전갈이나 뱀 같이유해한 선물을 결코 주지 않을 것이라는 사고가 자리 잡고 있는 것으로보인다. 이와 마찬가지로 하나님의 자녀가 하늘에 계신 아버지께 πνεῦμα ἀγαθόν("선한 영/성령")[61]을 요구한다면 그는 결코 귀신의 능력을 주지 않을 것이다. 따라서 일차적인 수준에서 읽으면 누가복음 11:12-13은 세례를 받을 때 성령을 받기 이전에 기도를 했던 예수(3:21-22)가 바알세불의 능력을 덧입은 것이 아니라 능력을 부어주시는 하나님의 임재로서 성령을 받았고, 이를 통해 사탄을 결박하고 그의 집을 약탈했다는 누가의증거를 제공해준다. 그러나 누가의 이러한 수정과 또 누가복음 10:19와의 연관성이 주는 암시는 그가 이러한 가르침이 예수의 경우에서뿐만 아니라 그를 따르는 제자들에게도 적용된다고 생각했다는 것이다. 누가가이것을 오순절 이후에 주로 적용되는 것으로 보았을 가능성은 희박하다.왜냐하면 사도행전에서 축귀는 비교적 괄목할 만한 역할을 하지 않으며,

---

60   이 본문에 대한 여러 주석을 참조하라. Miyoshi, *Anfang*, 102-104; Catchpole, *Quest*, 212.

61   다음과 같은 사본은 이 독법을 지지한다. P⁴⁵ L pc aur vg sy^{hmg}(참조. Grundmann, 235). ἀγαθόν δῶμα(D it); δόματα ἀγαθα(Θ sy³ arm); πνεῦμα ἅγιον(B 등)과 같은 독법은 πνεῦμα ἀγαθόν이 원문이라는 전제하에 가장 수월하게 설명될 수 있는데, 이는 11:12, 14과 10:19의 접촉점을 발견하지 못한 이에 의해 보다 익숙한 어구인 πνεῦμα ἅγιον(또는 마 7:11이나 눅 11:13a에 의해 동화된 것처럼 πνεῦμα가 완전히 생략된)로 수정할 수 있는 가능성을 제기한다. 따라서 매우 익숙한 πνεῦμα ἅγιον을 다소생소하고 불필요한 πνεῦμα ἀγαθόν으로 바꾸었을 것으로 상상하는 것이 더 어렵다.

악한 세력과의 공모를 통해 이루어지는 것으로 묘사되지 않기 때문이다. 또한 누가는 성령을 받기 위해 기도하는 사람의 모습을 그리지 않는다.[62] 이러한 가르침의 형태를 가장 잘 설명해주는 삶의 정황(*Sitz im Leben*)은 바로 누가가 설정해놓은 것인데, 예수와 그의 제자들의 부활 이전의 선교 정황이다. 만약 이것이 사실이라면 이는 하나님의 성령(또는 하나님으로부터 온 강한 정신)이 오순절 이전에 예수의 일부 제자들에게 주어졌을 가능성을 의미한다. 그들은 자신들의 기도에 대한 응답으로 이 유용하신 "영"을 적어도 귀신에 대항하기 위해 주어진 하나님의 능력으로 경험할 수 있었을 것이다.[63] 누가가 여기서 말하는 것과 그가 9:1-6, 10:1-12, 17-19에서 확언하는 것 사이에는 어떤 긴장이 존재한다.[64] 만약 이러한 긴장이 11:13의 πνεῦμα ἀγαθόν이 누가 이전의 것임을 암시한다면 이 본문들이 예수의 권위와 능력을, 그리고 (어느 정도 파생적 의미로는) 그를 통해 역사하시는 하나님의 영을 공유하는 제자들을 묘사한다는 점에서 대체적으로 서로 일치한다. 이 본문들은 예레미아스가 "예수의 생애 기간에 제자들

---

62 행 1:14의 기도는 구체적으로 성령의 은사를 위한 것이 아니다. 오순절 이후에 회심과 기독교 세례라는 영역 안에서 분명하게 성령을 받지 못해 그 은사를 위해 기도할 수밖에 없었던 유일한 사람들은 사마리아인들뿐이다. 그러나 이 경우에서도 하나님은 베드로와 요한의 기도(8:15)에 대한 응답으로 그들에게 성령을 주시며, 따라서 그 누구도 눅 11:13b에 따라 기도하지 않는다. 따라서 이 구절이 행 4:31처럼 성령의 충만을(그 필요성이 더욱 늘어남에 따라) 추가로 달라는 요구에 사용되지 않는 한, 누가가 이 구절을 독자들이 그들의 기도의 삶의 정황에서 어떻게 적용하기를 원했는지를 파악하기란 결코 쉽지 않다.

63 어쩌면 그들은 심지어 자신들의 존재의 중심에서 악한 세력으로부터 자신들을 지키는 능력으로도 경험할 수 있었겠지만(11:24-26; 참조. A. M. Farrer, "On Dispensing with Q," in Nineham [ed.], *Studies*, 70-71), 이러한 추론은 매우 불확실한 것이 사실이다.

64 특히 9:1과 10:19에서 **예수**가 능력과 권위를 부여하는데, 11:13에서는 "유익한 성령"을 주시는 분이 하나님이시고, 9:1과 10:19에서는 이스라엘에 대한 선교 기간이 악한 세력에 대항하는 특별한 능력을 행사하는 기간인 반면, 여기서 언급된 요구는 구체적으로 열두 제자나 70인 선교와 연계되어 있지 않고, 무엇보다도 하나님의 영에 대한 다른 모든 언급은 "성령"이란 단어가 생략된 표현을 통해 비교적 우회적으로 나타난다(11:13과는 대조적으로).

에게 주어진 성령"에 대해 언급하게끔 만든 증거를 제시해준다.[65] 비록 이러한 표현이 누가 자신이 의미하는 바를 넘어서는 것이긴 하지만, 누가가 여기서 이 전승을 묵인한 것은 제자들이 오순절 이전에도 (제아무리 제한적이고 간접적이라 하더라도) 하나님의 영을 다양한 방식으로 경험했다는 초기 그리스도인들의 신념(요한복음에서도 나타난)의 역동성을 나타내준다. 비록 이것이 예수를 그의 사역 기간 동안에도 성령을 소유한 독특한 존재로 소개하려는 그의 경향에 반한다 할지라도, 누가는 이러한 옛 인식을 억제시키지 않았다. 아마도 그 이유는 그것이 "예언의 영"의 은사로서 성령을 경험하는 것이 아니라 단지 제자들을 통해 역사하시는 하나님의 해방시키는 능력으로 경험하는 것이었기 때문일 것이다. 그렇다면 그들에게 유보되고 있는 "성령의 약속"(눅 24; 행 1-2)은 과연 무엇일까? 이제 우리는 이 주제로 넘어가고자 한다.

2. 제자들에게 주신 성령의 약속(눅 24:47-49; 행 1:4-5, 8)

이 본문들은 예수와 성령의 관계 및 교회의 선교의 관점에서 소개되고 있으며(10장 §2.1, §2.2, §3.1), 누가복음과 사도행전 간의 전환점을 제공해준다는 점에서 매우 중요한 의미를 갖는 것으로 알려져 있다. 즉 누가복음 24:47-49은 예수의 사역에 관한 기사를 마무리하고, 사도행전 1:4-5, 8은 사도행전의 성령론을 이해하기 위한 초기 관점을 제공해줄 뿐만 아니라 이 책 전체의 청사진을 보여주는 역할을 한다. 따라서 우리는 제

65　Jeremias, *Theology*, 80, 그리고 보다 더 일반적으로는 79-80. 그러나 그가 제시하는 모든 증거가 다 타당한 것은 아니다(그가 눅 6:23, 26에 호소한 것을 참조하라). Wrege, *Überlieferungsgeschichte*, 108도 이것이 제자들에게 임한 성령을 오순절 이후로 제한하려는 누가의 일반적 경향과 대치된다는 근거하에 이것을 누가 이전의 것으로 주장했다.

자들에게 주신 성령의 "약속"[66]을 이해하는 데 이 본문들이 기여한 부분을 다음과 같이 요약할 수 있다.

(1) 누가복음 24:44-46과 사도행전 1:2-4의 역할은 제자들이 앞으로 일어날 여러 사건의 중요성을 온전히 충분히 이해하고, 이로써 그들이 곧 제시할 "증거"를 보증해줄 만한 인물이 되리라는 확신을 독자들에게 제공하는 데 있다. 따라서 제자들은 사십 일간의 사적인 식탁토론 (1:4a)[67]을 갖고, "성령을 통한" 가르침을 받으며, 부활하신 예수는 모든 성

---

[66] "[내] 아버지의 약속"(눅 24:49// 행 1:4)의 편집상의 특징과 의미에 대해서는 다음을 보라. Menzies, *Development*, 198-204. 이 어구는 (Blass-Debrunner가 지적했듯이) 분명히 1:5를 가리키는 것이지만, 메시아가 성령으로 세례를 베풀 것이라는 세례 요한의 신탁이 왜 특별히 "아버지의 약속"으로 일컬어져야 하는지에 대해서는 설명하기 어렵다. Tannehill(*Narrative Unity*, II, 11-12)은 이러한 질문이 생기는 독자는 이에 대한 답을 찾기 위해 다시 (누가복음으로) 되돌아와야 하는데, 그는 결국 눅 11:13에 도달할 것이라고 생각한다. 이것은 우선 "너희가 내게서 들은 바"(1:4d)라는 부차적인 말의 의미와 잘 통하지만, 또한 심각한 문제에 직면하게 된다. 설령 눅 11:13이 "성령"에 대한 언급이라 할지라도(그럴 개연성은 낮다. 각주 61을 보라), 이것이 정말 "아버지의 약속"인지는 확실하지 않다(오히려 예수의 아버지에 대한 약속). 따라서 되돌아가는 것은 전혀 해결책이 되지 못한다. 오히려 "아버지의 약속"을 단순히 독자가 계속 읽어나가다가 행 2장에 이르러 깨닫게 될 하나의 예기(prolepsis)로 보는 학자들의 견해가 맞는 것 같다(참조. J. H. Sieber, "The Spirit as the "Promise of My Father" in Luke 24:49," in Durken [ed.], *Sin*, 274-76). 거기서 성령의 선물은 다름 아닌 "예언의 영"을 부어줄 것이라는 하나님의 약속의 성취로서 요엘이 선포한 은사다(참조. 행 2:17. "하나님이 말씀하시기를 내가 네 영을…부어 주리니"[그리고 누가는 행 2:33에서 예수가 이 "약속을 아버지께 받아서" 오순절의 은사를 "부어 주셨다"고 말한다. 이 구절은 눅 24:49의 "내가 나의 아버지의 약속을 너희에게 보낼 것"이라는 말과 정확하게 일치한다). 설령 예수가 그의 사역기간 동안에 요엘의 약속을 구체적으로 언급하지 않았다 하더라도, 적어도 그는 어떤 유대인이라도 "예언의 영"으로(예. 눅 12:12[참조. 21:15]), 그리고 요엘의(하나님의) 약속으로 인식할 수 있는 성령을 약속했을 것이다. 아마도 눅 24:49의 "나의 아버지의 약속"에 대한 언급이 보편적인 의미를 갖고 있을뿐더러, 구원에 대한 약속 전체를 가리키며, 이를 위해 성령이 사도행전에서 매우 중요한 역할을 하게 된다고 말하는 Mainville의 견해가 옳을 수도 있다(*L'Esprit*, 141-54, 315-16).

[67] Pesch, 65-66은 συναλιζόμενος가 συναυλιζόμενος에 대한 철자상의 변형이라는 견해(이 견해에 대해서는 Schneider, Bauer, Metzger를 보라)를 타당성 있게 거부하며, 이 단어를 "~와 함께 먹다"("~와 함께 거하다"가 아닌)의 의미로 이해한다. 즉 누가가 말하고자 하는 바는 부활하신 주님과의 식사가 그의 육체적 부활을 나타내는 가장 분명한 증거라는 것이다.

경을 이해할 수 있도록 "그들의 마음을 여신다"(눅 24:44-46). 우리가 이미 살펴보았듯이 사도행전 1:6에 기록된 그들의 질문은 오해에서 비롯된 것이 아니라 뛰어난 통찰력이다. 이러한 관점에 비추어 우리는 제자들이 예수에 대해 "기독교에 입각한" 믿음과 헌신에 아직 이르지 못했다는 던의 해석을 거부할 수밖에 없다. 그의 주장은 누가의 의도와 정면으로 대치한다.[68]

---

68   Dunn(*Baptism*, 52)은 행 11:17이 제자들이 오순절에 **회심했다**는 것을 의미할 수밖에 없다는 놀라운 주장을 편다(참조. 2:44; 9:42; 16:31). 그는 분사구인 πιστεύσασιν ἐπὶ τὸν κύριον이 ἡμῖν(우리)을 수식하며, 따라서 동시적 부정과거로 이해해야 하므로 "우리가 주님을 믿을 때에"로 번역해야 한다고 주장한다. 더 나아가 그는 πιστεύω ἐπί를 "회심자"를 가리키는 전문용어로 이해한다. 이러한 해석은 그로 하여금 다음과 같은 주장을 펴게 만든다. "베드로에 관한 한, 그를 주와 그리스도로 믿는 그들의 믿음[즉 오순절의 120명의 믿음]과 충성심은 오순절 이전에는 생기지 않았다. 오직 그들이 믿고 헌신할 그때에 그들의 믿음이 비로소 기독교의 헌신에 버금가는 수준에 도달했고, 오직 그때에서야 비로소 그들이 신약이 말하는 의미에서 그리스도인이 되었다." 그러나 누가가 이렇게 모호하고 늦게 등장하는 말에 근거하여 제자들의 오순절 이전 "믿음"에 대한 자신의 전반적인 이해를 수정하고, 이를 통해 그들이 오직 오순절에 성령을 받기 바로 직전에 기적적으로 "진정한" 믿음에 도달하게 되었다고 결론내릴 것을 독자들이 기대했을 만한 가능성은 전혀 없다. 만약 누가가 이러한 해석을 암시하고자 했다면 아마도 그의 오순절 기사가 가장 적절한 곳이었을 것이다(그 이전이 아니라면 말이다).
아마도 πιστεύσασιν을 αὐτοῖς에 연결하는 해석을 제안한 그 이전의 학자들의 견해를 수정한 H. A. W. Meyer(293)의 주장이 타당해 보인다. 사실 πιστεύσασιν은 (Dunn이 주장하듯이) ἡμῖν이나 또는 더 가능성이 있는 두 대명사를 모두 취해야 한다(Bruce). 하지만 이것은 전문용어가 아니며(누가는 이 영역에서 전문용어를 고안해내지 않았다; 참조. πιστεύειν ἐπί, 행 2:44; 9:42; 11:17; 16:31; 22:19; πιστεύειν εἰς, 10:43; 14:23; 19:4; πιστεύειν + 사람을 가리키는 여격, 5:14; 8:12; 16:34; 18:8; 26:27; 27:35), 이 용어가 성령 주심과 일치하는 믿음의 한 순간적 행위를 의미한다고 주장하는 것은 단순히 부정과거의 남용이라고 할 수 있다(참조. Stagg, "Abused Aorist," 222-31). 만약 이 부정과거 분사가 여기서 시간적 의미를 나타낸다고 본다면 이는 과거완료의 의미를 지니거나(참조. Moule, *Idiom*, 11, 16) "우리가 믿었을 때"라는 지속적 의미(제자의 삶 기간 전체를 아우르는 믿음 또는 최소한 부활과 40일 기간을 통해 도달한 그들의 믿음을 요약적으로 보여주는)를 나타낸다. 그러나 이는 또한 동시에 느슨하게 원인을 나타내는 부정과거일 수도 있다(Haya-Prats, *L'Espirit*, 126). 행 11:15의 ἀρχῆ가 베드로가 오순절을 기독교적 경험의 시작으로 보았음을 입증해준다는 Dunn의 주장도 상당히 임의적이다. 문맥상 ἐν ἀρχῆ는 선교 사역의 시작, 곧 고넬료의 가정을 향한 선교의 문을 여는 계기였다.

(2) 오순절파 학자들(특히 스트론스태드, 멘지스, 쉘튼)[69]은 누가의 이러한 핵심 본문의 관점에서 제자들에게 주신 성령의 약속은 증언을 위한 예언자적 능력의 부여라는 점에 특별히 초점이 맞추어져 있다는 것을 상당히 타당성 있게 강조한다. 사실은 이러한 해석만이 하늘로부터 오는 "능력"을 명시적으로 언급하는 누가복음 24:49 및 사도행전 1:8의 말씀과 "예언의 영"에 대한 요엘의 약속을 명시적으로 언급하는 "[내] 아버지의 약속"과 이사야 49:6의 예언의 "종"의 역할을 교회가 수행하도록 주어진 **사명** 등을 제대로 설명해준다. 그렇다면 이러한 학자들이 왜 이 제자들에게는 성령의 약속이 **부차적인 은혜**로 임한다고 주장하는지를 보다 쉽게 이해할 수 있게 된다. 제자들은 이미 암묵적으로 "죄 사함"을 경험했고, (예수의 사역에서 나타난 만큼) "하나님 나라"와 "구원"이 가져다주는 축복을 충분히 누렸으며, 십자가에 달리시고 부활하신 주님에 대한 기독교의 믿음의 온전함에 이르렀다. 따라서 이제 그들에게 남은 것은 하나님 나라의 메시지와 축복을 이스라엘과 그 너머에 있는 이들에게 전하기 위해 예언자적인 능력을 부여하는 성령을 받는 것이다. 누가는 여기서(그리고 행 2장에서) 예수의 요단강 경험과 대비되는 내용을 의도적으로 포함시킨다. 각각의 경우에 이미 하나님께 전적으로 헌신한 사람들이 구속사의 새로운 단계의 출발점에서 기도의 정황에서 성령의 **예언자적인** 능력을 부여받는다(눅 3:21-22//행 2:1). 또한 각각의 경우에 이러한 능력 부여는 구체적으로 좋은 소식을 전하기 위한 능력 부여로 규정되고(눅 4:18-21//눅 24:47-49; 행 1:8; 2:11), 이 은사를 받은 자들은 각기 자신들에게 임한 예언자적 은사를 설명하는 강령적인 설교를 한다(눅 4:16-28// 행 2:14-39).[70] 이러한 통찰에는 더 이상 "후퇴"가 있을 수 없다(그리고 사실상 폰 베

---

69   Stronstad, *Theology*, 51-52; Menzies, *Development*, 198-204; Shelton, *Word*, 10-11장.

70   누가가 요단강 사건과 오순절 사건을 병행 구조로 제시했다는 주장은 다수의 학자에 의해 제기되었다. 특히 다음을 참고하라. von Baer, *Geist*, 85; Talbert, *Patterns*, 16; Chevallier, "Luc," 5; Ervin, *Conversion-Initiation*, 3장(참조. 161); Stronstad, *Theology*,

어로부터 슈바이처, 람페, 아야-프라, 맹빌에 이르기까지 모든 학자들이 이에 동의했다). 누가복음의 결말과 사도행전의 프롤로그는 제자들에게 주신 성령의 "약속"을 예를 들어 성령에 의한 내적인 변화를 위한 은사로 보기보다는(겔 36장의 경우처럼) 증언을 위한 예언자적 능력 부여로 본다.[71] 이러한 중요한 병행 구조는 예수의 사역이 교회의 시대에서도 지속되고 있다는 사실을 확증하는 데 도움을 준다.

(3) 위에서 제시한 내용에 반론을 제기하기를 원하는 누가 문헌 학자는 사실상 거의 없지만, 이 견해가 과연 이에 대한 전체적인 그림을 나타내는지에 관해서는 상당한 의문이 제기된다. 이러한 이행(移行) 본문은 증인으로 행동하기 위한 능력과 관련하여 이 약속을 특별하게 강조하지만, 그럼에도 사도행전의 나머지 부분을 보면 오순절에 제자들이 받는 "예언의 영"이 증거를 위한 능력 부여로만 한정되어 있지 않음을 알 수 있다. 설령 우리가 이것을 누가복음 24장과 사도행전 1장의 청중에게만 그 범위를 한정시킨다 하더라도, 우리는 성령이 그들에게 교회 문제에 대한 분별력과 지침을 제시했음을 알 수 있다(참조. 5:3, 9; 15:28). 우리는 이 제자들의 범주를 넘어서서도 성령이 교회에게 지혜와 방향을 제시하고 격려를 아끼지 않으며(6:3, 5; 9:31; 11:24, 28; 13:52; 15:28; 20:28), 개인적으로 삶의 지침을 주는 등 다양한 일을 한다(20:23; 21:4, 11).[72] 다시 말하

4장; O'Reilly, *Word*, 29-52; W. Russell, "The Anointing with the Holy Spirit in Luke-Acts," *TrinJ* 7 (1986), 47-63; B. Aker, "New Directions in Lucan Theology: Reflections on Lk. 3:21-22 and Some Implications," in P. Elbert (ed.), *Faces of Renewal* (Peabody: Hendrickson, 1988), 108-27; Mainville, *L'Espirit*, 285-86, 291; Menzies, *Development*, 201, n. 2, 206-207.

71 이 주장은 Dunn, *Baptism*, 47-49에 반대하여 이 "약속"을 욜 3장과 더불어 다른 구약 본문까지 포함하여 것으로 보면서 이 "약속"을 겔 36장과 렘 31장과 창 18장의 맥락에서 해석하려는 Ervin, *Conversion-Initiation*, 19-21과 Menzies, *Development*, 198-204, 특히 204에 의해 강하게 제기되었다. 이러한 논쟁은 *JPT* vols. 3 and 4에서 지속되고 있다(Dunn, "Baptism," 21-22; Menzies, "Luke," 131-33).

72 다음을 보라. 본서 13장 §1과 §2(그리고 다음과도 비교해보라. Turner, "Empowerment," 특히 113-119); *idem*, "Spirit and Israel's Restoration," 4부.

면 비록 선교를 위한 능력의 부여가 누가복음 24:49과 사도행전 1:8에서 제자들에게 주신 성령의 은사 가운데 가장 크게 부각되고 있는 측면이긴 하지만, 그렇다고 우리는 그들에게 주신 오순절의 은사가 **오직** "증거를 위한 능력의 부여"라고만 말할 수 없다.[73] 그리고 만약 약속된 예언의 영이 증거를 위한 능력을 부여하는 것을 넘어 다른 활동도 가능케 하는 것으로 상정되었다면, 우리는 누가가 모든 기독교인들이 주로 이러한 능력 부여를 위해 성령을 받은 것으로 생각했다고 장담할 수 없게 된다(이에 관해서는 앞으로 다루게 될 12장과 13장을 보라).[74] 이에 대한 결정적인 증거는 심지어 폭넓은 관점의 이러한 본문에서도 나타난다. 우리는 예를 들어 성령을 "위로부터" "너희에게 임할" 능력으로 언급하는 것은 이스라엘의 부흥과 회복에 대한 소망(32:15-20)을 말하는 이사야 32:15을 환기시킨다는 것을 지적한 바 있다. 이러한 암시는 예언의 영이 이스라엘의 윤리적/영적 갱생을 위해 임할 것임을 시사한다. 이스라엘의 정화/회복을 위한 하나님의 사역에 참여한다는 것은 사도행전 1:5에서 언급된 세례 요한의 약속에서도 암묵적으로 나타난다.[75] 또한 이 본문의 형태는 의미론적으로

---

73 이는 누가가 "성령의 은사를 효과적인 증언을 위한 능력의 근원으로서 **오로지** 은사적인 또는 예언자적인 관점에서만 묘사한다"고 보는 Menzies의 견해에 반한다.

74 Haya-Prats와 Turner에 대한 Menzies의 비판은 바로 이 시점에서 무너진다. Menzies(*Develoment*, 210, n. 2)는 Haya-Prats와 Turner가 성령의 은사가 증언을 위한 능력 부여라는 결론을 피할 수 있는 유일한 길은 오직 이러한 이행 본문을 무시할 때뿐이라고 주장한다. 사실 우리들 가운데 그 누구도 이 본문들을 무시하지 않았다. Haya-Prats는 증언을 위해 능력을 부여하겠다는 행 1:7-8의 성령의 약속은 다른 본문에서 보다 더 일반적으로 이해하는 성령의 은사에 대한 하나의 구체적인 표현이라고 주장한다(참조. *L'Espirit*, 187-88). 이와 마찬가지로 내 논문 중에서 Menzies가 인용한 문장("[오순절] 은사는 주로 선교를 위한 능력 부여가 아니다", 183) 바로 다음에는 다음과 같은 글이 이어진다. "이러한 능력 부여는…기독교의 예언의 영의 [폭넓은] 일련의 활동 안에 있는 하나의…활동 영역이다"(참조. 155). Menzies가 인용한 문장은 모든 신자에게서 볼 수 있을 뿐 아니라 사도행전의 **전체적인** 관점에서 볼 수 있는 "성령의 은사"에 대한 평가로 기록된 반면, 그가 인용하지 않은 부분은 보다 협소하게 눅 24:46-49와 행 1:8에 초점을 맞추고 있다.

75 본서 6장을 보라.

이스라엘 안에서 이 사역을 수행할 대리자로서가 아니라(설령 나중에 그들이 이 역할도 수행하게 된다 하더라도) 이 본문에서 사용된 동사가 묘사하는 행위의 수혜자로서 제자들에게 그 초점을 맞추고 있다.

멘지스는 누가복음 3:16을 장차 오실 이가 그에게 임할 예언의 영을 통해(즉 그의 복음 선포를 통해) 이스라엘을 감별할 것이라는 의미로 해석한다. 그리고 그는 이와 병행을 이룬다고 보는 사도행전 1:5도 "너희는 너희의 은사적인 증언을 통해 이스라엘을 감별하실 성령의 능력을 부여받게 될 것"이라는 의미로 해석하고 싶어 한다.[76] 그러나 사도행전 1:5은 "너희는 성령으로 **세례를 베풀** 것"이라고 말하지 않고(멘지스의 병행 구조를 따르자면), "너희는 성령으로 **세례를 받을** 것"이라고 말한다.

이 마지막 문장은 적어도 누가가 제자들에게 주어질 성령의 은사를 증언을 위한 예언자적 능력 부여인 **동시에** 구원론적으로 더 연관된 은사로 여겼을 것임을 암시한다. 그리고 바로 이것이 오순절 은사에 대해 독자들이 기대했던 방식임을 강하게 피력하는 주장이 하나 더 있는데, 이제 우리는 그 주장에 관해 다루고자 한다.

3. 구원의 연속의 수단으로서의 성령

누가복음 안에는 제자들에게 주어진 "구원"이 오순절과 함께 시작되었다고 볼 만한 증거가 전혀 없다. 우리가 이미 살펴보았듯이(§1) 예수의 사역 기간은 구원의 날이었다. 그만큼 누가복음의 그림은 예를 들어 던의 모델보다는 오히려 고전적 오순절 신학과 보다 잘 어울린다. 그러나 일부 전통적인 오순절 신학의 문제는 "구원"을 그 어떤 근본적인 변화 없이도 예수의 사역 시대에서 승천 이후의 시대로 옮겨 갈 수 있는 어떤 신분이나

---

76   *Development*, 146; 참조, "Luke," 128.

구체적인 혜택으로 인식하는 경향이 있다는 것이다. 그 이유는 주로 "구원"이 "죄 사함"(예수와 그의 메시지에 대한 적절한 믿음과 헌신을 표현한 결과로서 얻어지는)이나 마지막 때에 천국에서의 축복의 삶을 보장해주는 구원 공동체 안으로 들어가는 입교로 이해되기 때문이다.[77] 신약학에서 유대교를 죄책감에 사로잡힌 율법주의적인 종교로서 간주했던 시대에는 어떻게 이러한 말씀 선포가 "좋은 소식"으로 들렸을지(그리고 언약 밖에 있던 이방인들에게도 여전히 동일하게) 어느 정도 이해할 수 있지만, 샌더스 이후 시대에는 대다수 유대인들이 이미 믿고 있었던 것과 별반 다를 것이 없다. 누가에게 "구원"이란 이교 집단 밖에서 주어지는 죄 사함에 대한 확신 그 이상을 의미하며, 이는 도래한 하나님 나라, 즉 이스라엘의 새 출애굽을 위한 이사야의 소망을 따라 이스라엘을 해방시키고 근본적으로 정화하고 변화시키는 일을 성취하기 위한 하나님의 화해와 구속의 자기계시적 임재를 의미한다. "구원"의 경험은 하나님의 용서에 대한 확신으로 **시작**될 수 있다. 하지만 이것은 도래한 하나님의 통치에 대한 지속적인 경험의 시작으로 이해되었다. 그리고 이러한 하나님의 변혁적인 자기계시적 임재를 위한 구체적인 "수단"은 주로 예수의 사역과 가르침을 통해 역사하시는 성령이다(§1.2).

　이것은 방금 언급한 것에 대한 당연한 결론으로 보일 수도 있다. 즉 누가복음의 관점에서 볼 때 **승천 시 성령의 능력을 힘입은 예수를 하늘로 옮겨간 것은 누가 자신이 시작으로 묘사한 구원의 경험 그 자체를 종결하거나, 아니면 적어도 그것을 단순히 어떤 그림자**─교회에서 예수의 이야기를 새롭게 전하면서 이제 거의 남아 있지 않고 사라져 가는 기억─

77　　참조. Menzies, *Development*. 그는 우리가 사마리아인들의 경험을 통해 "성령은 구원 공동체에 이미 통합된 그리스도인들에게 주어지는 부가적인 은사"(258)임을 알게 된다는 전형적인 주장을 펼친다. 이 "구원"은 과연 무엇인가? 그것은 단순히 믿음에 주어진 용서이며(참조. 276), 궁극적인 구원에 대한 확신인 것으로 보인다(참조. 279); 참조. Haya-Prats, *L'Esprit*, 123-25.

로 축소시키고자 **위협한다**. 물론 이 후자의 경우가 콘첼만이 누가의 인식에 대해 가지고 있던 견해다. 그러나 "교회의 시대"에 대한 콘첼만의 다소 침울한 그림에 대항하는 건전한 반란이 있어왔다. 보봉이 주장하듯이 누가에게 있어 교회의 시대는 우리가 자신의 삶과 사역을 통해 너무 느리게 도래할 하나님 나라를 예시하신 예수의 초상화를 감상하면서 위안을 받는, 그런 불편한 대기실과 같은 것이 아니다.[78] 우리는 사도행전을 통해 그가 교회의 시대를 하나님의 통치가 강하게 나타나고—그리고 이제는 하나님의 우편으로 즉위하신 승천하신 다윗 계열의 메시아를 통해—예언의 약속이 더욱 폭넓게 성취되는 기쁨의 시대로 보고 있음을 알 수 있다.[79] 그런데 누가복음과 사도행전이 만나는 지점에서는 성령의 능력을 힘입은 예수의 사역에 역사하신 하나님의 변혁적인 자기계시적 임재의 수단이 승천을 통해 제거되면 그 하나님의 임재가 어떻게 이스라엘에서 더욱 강하게 나타날지(그리고 그 너머로 확대될지)에 대한 질문이 더욱 강하게 제기된다.

이러한 주요 이행 본문(눅 24:47-49; 행 1:1-8)은 예수의 구원과 변화의 사역의 여세(momentum)를 지속해나가기 위해 예수가 아버지로부터 받아서 부여할 단 하나의 능력만을 언급하는데, 그것이 바로 성령의 능력이다.[80] 누가의 독자들은 이 시점에서 "예언의 영"이 구원과 어떤 연관이 있냐고 물으면서 어리둥절하지 않았을 것이 분명하다. 왜냐하면 그들은 예수의 사역 기간 동안에 "구원"이 강하게 나타난 이유가 바로 예수를 통해 역사한 성령의 사역이었음을 잘 알고 있었기 때문이다. 그렇다면 그런

---

78   Bovon, *Theologian*, 27. Conzelmann의 견해에 대한 학자들의 반응은 1장을 비롯해 247-50, 273-77, 315-17을 보라.

79   Conzelmann의 이러한 입장에 대한 두 가지 중요한 반응은 다음을 보라. Marshall, *Luke*, 4장과 7장; Franklin, *Luke*, 11장.

80   예수와/또는 구원이 예수에 관한 말씀 안에, "주님의 손"을 통해, 또는 "그 이름"(등) 안에서 나타난다는 견해에 대해서는 본서 13장을 보라. 사도행전의 교회 안에서는 이 가운데 그 어느 것도 성령과 독립적으로 중요한 역할을 수행하지 않는다.

다음 예수의 제자들 모두에게 내린 성령 부어주심은 그 구원을 다른 이들에게 전할 뿐만 아니라 그들 속에서도 더욱 심화시킬 수밖에 없었을 것이다. 성령이 어떤 수단을 통해 이 모든 것을 성취할 것인지 아직 독자들에게 온전히 전달되지 않았다면, 그것은 이제 우리가 곧 살펴볼 사도행전의 본문을 통해 명확해질 것이다. 그러나 이 이행 본문들(특히 행 1:1-8)은 독자들에게 몇 가지를 강하게 암시하는데, 그것이 바로 이스라엘에게 주신 성령의 은사가 하나님의 변혁적인 자기계시적 임재를 지속적으로 강하게 나타나게 해줄 것이며, 이스라엘의 지속적인 구원/변화와 이사야의 종 및 열방을 향한 빛으로서의 사명에 대한 소망의 중심을 차지하는 성령의 은사 또한 그러할 것이다. 세례 요한의 약속에 대한 분명한 언급과 이사야 32:15, 43:10-12, 49:6에 대한 암시가 이러한 기대를 더욱 강화시킨다.

12장

사도행전 교회에 주어진 오순절 은사

누가가 예수의 제자들이 성령을 "예언의 영"과 같은 것으로 받았다고 생각했다는 데는 논쟁의 여지가 거의 없다. 이것은 유대교에서 가장 많이 기다려왔던 성령의 은사였는데, 예수는 이 은사 가운데 특별히 메시아에게 주어지는 형태로 이 은사를 받았다. 또한 누가복음 24:47-49과 사도행전 1:8은 이 성령의 역할을 이사야 49:1-6을 성취하기 위한 예언자적 능력 부여로 규정하고, 즉각적으로 나타난 은사(행 2:4)는 분명히 "예언의 영"에 해당하며, 베드로는 이 오순절 성령 강림을 요엘의 약속의 관점에서 강령적으로 설명한다(본서 10장을 보라). 하지만 이는 두 가지 중요한 질문을 제기한다. (1) 사도행전은 과연 **모든** 그리스도인들에게 주어진 성령이 요엘이 약속한 "예언의 영"임을 암시하는가? (2) 사도행전은 과연 이 성령이 언제나 "선교를 위한 능력 부여"라는 **부차적인 은사**임을 암시하는가, 아니면 다른 기능(심지어 "구원론적" 기능까지)도 있다는 것을 암시하는가?

이 가운데 첫 번째 질문은 비교적 간단하며, §1에서 다룰 것이다. 이어서 §2에서는 성령 강림을 서술하는 사도행전의 주요 본문을 살펴보면서 두 번째 질문에 대한 답을 제시하기 시작할 것이다(이외에 다른 증거는 13장에서 다룬다). 우리는 (던이 주장했듯이) 사도행전 2:38-39이 "회심-입문" 단계에서 성령이 주어지는 규범을 담고 있으며, (멘지스에 반하여) 사도행전 8:16은 성령이 회심-입문으로부터 분리되는 것을 이례적인 것으로 묘사하는 반면, 19:1-6은 그 규범을 확증한다고 지적했다. 이 규범도 누가가 맹빌, 스트론스태드, 쉘튼, 멘지스와 같은 학자들이 주장하는 것보다 성령의 은사가 그리스도인의 삶에서 더 근본적인 역할을 수행하고 있다고 생각하고 있음을 암시한다. 나의 결론 역시 바울의 경우를 제외하면(행 9장) 누가가 성령이 선교를 위한 능력 부여로서 회심자들에게 주어지는 것으로 여긴다고 볼 만한 증거가 거의 없음을 보여줄 것이다. 또한 일부 본문—특히 행 2:1-13, 33-36; 11:16; 15:6-9—은 누가가 성령의 은사를 메시아가 시온의 정화와 변화를 위한 사역을 지속해나가는 수단이며, 이로써 구원론적으로 매우 중요한 의미를 갖고 있다고 생각했다는 중요한 단서를 제공한다.

1. 사도행전은 과연 모든 그리스도인들에게 주어진 성령이 요엘이 약속한 "예언의 영"임을 암시하는가?

이 질문에 대해서는 두 가지 종류의 증거가 긍정적인 답변을 확실하게 보장한다. 첫째, 베드로의 연설은 주께 돌아오는 모든 이에게 성령을 주기로 한 **요엘**의 약속과 그의 신탁이 "예언의 영"으로 주어지는 성령에 관한 것임을 보장한다. 둘째, 사실상 성령에 대한 사도행전의 모든 언급은 성령의 원형적 은사 중 하나에 관한 것이다. 나는 이 두 가지 종류의 증거를 조금 더 자세하게 설명할 것이다.

　(A) 사도행전 2:38-39에서 그리스도인들에게 주시기로 약속된 성령의 은사의 본질은 분명하다. 그것은 요엘이 약속한 예언의 영이라는 은사다. 베드로가 매우 신중하게 오순절을 요엘의 성취의 관점에서 설명했기 때문에 그의 연설을 듣고 있던 청중은 그가 성령의 다른 어떤 은사에 관해 이야기하고 있다고 전혀 생각하지 못했을 것이다. 또한 베드로가 세례 받은 자들은 "성령의 선물"을 받는다고 말할 때 그가 한 말은 계속해서 요엘 2:28-32(LXX 3:1-5)의 말씀을 가리키고 있었다. 따라서 이 ἐπαγγελία(약속; 참조. 행 2:33)가 "너와…너의 자녀들에게" 주어진 것이라는 베드로의 주장은 성령이 "너희 자녀들에게"(행 2:17c) 부어질 것이라는 요엘의 약속을 가리키고 이를 재확인한다. 그리고 베드로가 이 약속이 하나님이 부르시는 "모든 자에게" 해당한다고 주장할 때(참조. καὶ πᾶσιν, 행 2:39b), 이러한 그의 주장 역시 "내가 내 영을 **모든 육체**에게 부어

주리니"(욜 2:28a; LXX 3:1a)라는 요엘의 주장에 근거한 것이며, τοῖς εἰς μακράν("모든 먼 데 사람들에게") 역시 요엘서에 의존하고 있다(LXX 3:4; MT 3:8). 마지막으로 이 선물이 "주 우리 하나님이 부르시는" 모든 이에게 주어질 것이라는 주장도 베드로가 인용하지 않은 요엘의 신탁의 마지막 절(욜 2:32[3:5b], "여호와의 부름을 받을 자")을 암시한다. 요약하자면 베드로는 요엘의 예언의 표현을 단순히 거기서 언급된 보편성의 근거를 위해서가 아니라, 결과적으로 약속된 선물 자체의 본질을 나타내기 위해 인용한다.

(B) 만약 우리가 사도행전의 나머지 부분에서 성령이 실제로 어떻게 묘사되고 있는지를 살펴보면 우리가 얻게 되는 그림은 유대교에서 말하는 예언의 영의 개념에 가깝다(이에 관해서는 특히 본서 3장을 보라).

따라서 성령은 계시적 환상과 꿈을 주시는 주체다(2:17에서는 강령적으로 나타나지만, 행 7:55-56에서는 구체적으로 나타난다). 누가는 아마도 이러한 환상/꿈을 통한 지시를 9:10-18, 10:10-20, 16:9-10, 18:9-10, 22:17-18, 21, 23:11에서처럼 성령에게 귀속시킨다(참조. 이러한 문맥에서 나타난 성령에 대한 구체적인 언급, 10:19; 16:6-7).[1]

성령은 계시의 말씀, 가르침, 또는 지시를 주신다. 1:2,16(=구약);

---

1   Von Baer에 반대하며 Haya-Prats(*L'Esprit*, §4)는 누가는 행 7:55을 제외하고는 그 어디에서도 환상을 성령에게 귀속시키지 않는다고 면밀하게 논증한다. 누가는 의심의 여지없이 신자들에게 주어진 성령의 은사에 기인하지 않는 천상적인 꿈과 환상에 대해 알고 있다(고넬료의 회심 이전의 환상[10:3]이 핵심적인 사례. 그리고 바울의 다메섹 도상의 경험도 마찬가지다). 그러나 성령의 사람들의 사례에서는 그렇게 복잡한 가설이 거의 필요하지 않는데, 특히 꿈과 환상의 수여가 전형적인 "예언의 영"으로서 간주되었을 때 그렇다. 오히려 Haya-Prats는 환상은 하나님께(16:10), 또는 그리스도께(18:9; 22:17-18; 23:11) 귀속된다고 논증한다. 그러나 이것은 확실히 잘못된 추론이다. 누가에게 있어 성령은 활동적인 하나님(그리고 그리스도)의 자기계시적 임재다. 행 10:10; 11:5; 22:17은 이 환상의 발단과 연계하여 "황홀경"(ἔκστασις)으로 빠져든다는 언어를 사용하고 있다. 이것은 스데반이 그의 환상 경험을 통해 "성령으로 충만"하게 된 것을 묘사하는 것(7:55)을 상기시킬 뿐 아니라, "황홀경"의 언어는 필론이 "예언의 영"의 유입으로 귀속시키는 것과 밀접하게 일치한다(*Rer. Div. Her.* 265; *Spec. Leg.* 4:49; *Vit. Mos.* 1:277). 참조. *Bib. Ant.* 28:6.

4:25(=구약), 7:51(=구약), 8:29, 10:19, 11:12, 28, 13:2, 4, 15:28, 16:6-7, 19:21, 20:22, 23, 21:4, 11, 28:25(=구약).

성령은 은사적인 지혜 또는 계시적인 분별력을 주신다. 누가복음 21:15, 사도행전 5:3, 6:3, 5, 10, 9:31, 13:9, 16:18.

성령은 돌발적인 은사적 찬양을 위한 감동을 주신다. 예를 들면 오순절 날의 방언, 2:4, 10:46, 19:6.

성령은 은사적인 설교 또는 증언을 위한 감동(행 1:4, 8; 4:8, 31; 5:32; 6:10; 9:17) 또는 은사적인 가르침을 위한 감동(9:31; 18:25[?])을 주신다. 이것은 사실 엄격하게 말해서 유대교 안에서 예고되었던 것은 아니지만, 성령을 예언의 영으로 보는 유대교의 개념이 확대된 것이 분명하며(위에서 나열한 것과 결합하여), 누가 이전의 기독교에서 유래했다.[2]

세례 요한의 약속에 대한 구체적인 언급(1:5; 11:16) 및 성령의 은사를 받는 신자들에 대한 언급(2:17-18, 33, 38-39에서는 요엘의 선물로, 그리고 10:44, 45, 47; 11:15; 15:8에서는 "같은 성령"으로 명시적으로 언급됨)[3]과 더불어 위의 내용은 사도행전에 나타난 성령에 대한 언급을 거의 모두 포함한다. 여기에는 우리가 전형적인 예언의 영으로 간주하는 은사의 범주에 쉽게 들어맞지 않는 여덟 가지 용례만 빠져 있다.

성령을 "속이고" 성령을 "시험한" 아나니아와 삽비라에 관한 이야기가 나오는 사도행전 5:3, 9.

은사적인 "믿음"을 성령에게 돌리는 사도행전 6:5와 11:24과 은사적인 "기쁨"을 성령에게 돌리는 내용이 나오는 13:52.

빌립을 이끌어 다른 곳으로 이동시킨 성령에 관한 이야기가 나오는 사도행전 8:39.

예수 자신이 성령과 능력으로 기름 부음을 받으시는 내용이 나오는

---

2   Turner, "Spirit and Authoritative Preaching," 특히 68-72, 87-88.
3   그 외에 신자의 성령 받음과 관련해서는 8:15, 16, 17, 18, 19; 19:2, 6을 보라.

사도행전 10:38.

성령을 감독자를 임명하는 것으로 묘사하는 사도행전 20:28.

아무튼 이 모든 언급은 예언의 영의 활동과 관련이 있는 것으로 볼 수 있다. 우리는 사도행전 10:38이 예언자-해방자로서 메시아가 특별한 능력을 부여받는 것에 대한 누가의 견해를 나타낸다는 것을 이미 살펴보았다. 사도행전 20:28은 사도행전 13:2, 4에 비추어보면 쉽게 이해할 수 있다. 성령이 빌립을 이끌어 간 것에 대한 언급(8:39)은, 만약 이것이 이 본문에 진정으로 포함된다면, 전통적으로 예언자(엘리야와 에스겔)에게 임한 성령과 관련이 있는 활동을 보여준다.[4] 스데반과 바나바의 "믿음"이 지닌 특별한 은사적인 특성은 누가가 즐겨 사용하는 "믿음과 성령이 충만한"(6:5; 11:24에서는 어순이 바뀜)이란 표현에서 분명하게 나타난다. 즉 이것은 성령의 감동을 받은 믿음이다. 그러나 이것은 "예언의 영"의 활동과 무언가 전혀 다른 것을 요구하지 않는다. 이러한 "믿음"은 하나님과 어떤 사람의 세계사이의 관계를 역동적이며 의욕적으로 이해하는 방법이며, 하나님의 자기계시적 임재와 은사적인 지혜, 곧 전형적인 "예언의 영"의 은사에 의해 북돋우어진다. 13:52에서 "기쁨과 성령이 충만한" 이들의 경우도 마찬가지다.[5] 이와는 대조적으로 아나니아와 삽비라의 마음은 다른 것으로 "충만"했으며(5:3!), 그들은 기만하는 마음을 드러내시는(참조.

---

4 Menzies(*Development*, 124)는 8:39에 대해 보다 더 긴 독법을 옹호한다. 이 독법에 따르면 "그가 물에서 올라올 새, 성령이 내시 위에 내리고, 하나님의 천사가 빌립을 이끌어 간지라"(따라서 다음 사본에도 나타난다. Aᶜ 36 323 453 945 1739 1891 *pc 1 p w* sy^h"). 그러나 이것은 이야기를 완성하기 위한 후대의 시도처럼 보인다. 더 짧고 난해한 본문이 아마도 원본에 더 가깝다고 볼 수 있으며(Metzger, *Commentary*, 360을 보라), 이 독법은 이 이야기에 들어 있는 모든 엘리야-엘리사의 특징에 의해 지지를 받는데(F. S. Spencer, *The Portrait of Philip in Acts* [Sheffield: JSOT Press, 1992], 135-410), 특히 광야에서 엘리야가 오바댜를 만나는 이야기와 밀접하게 연관되며(왕상 18장), 바로 이 장에서 엘리야가 성령에 의해 옮겨졌을 가능성이 처음으로 언급된다(18:12).

5 Haya-Prats, *L'Esprit*, 142-144. 그는 이 "믿음"과 "기쁨"은 단순히 그리스도인의 삶을 시작하는 것을 의미하며 믿음이나 메시아적 축복을 영접하는 기쁨이 아니라 은사적인 믿음과 기쁨이라고 강조한다(참조. 또한 76-79, 104, 139-141).

13:9) 성령을 "속이고자" 했고, 그 공동체로 하여금 관용을 베풀도록 하신 성령—이 두 경우 모두 "예언의 영"—을 "시험하려고" 했다.

누가는 분명히 신자들에게 주어진 이 약속을 요엘의 약속의 기독교 버전, 곧 예언의 영이라는 은사로 간주한다.[6] 그런 의미에서 사도행전 2:14-39은 이 책의 성령론을 위한 진정한 청사진이라 할 수 있다. 우리가 이 말을 하는 것은 우리가 (던이 시도했던 것처럼) 람페, 슈바이처, 아야-프라, 스트론스태드, 멘지스 등이 멋지게 닦아놓은 길로 더 이상 돌아갈 수 없다는 데 단순히 동의한다는 것을 의미한다. 누가는 바울처럼 자신의 성령론을 에스겔 36장의 성취로, 그리고 새 창조로 설명하지 않고, 오히려 요엘 3:1-5(개역개정 2:28-32)의 관점에서 설명한다. 이제 여기서 제기되는 질문은, 누가의 신학적인 사고 체계에서 이 개념이 어떤 위치를 차지하고 있느냐는 것이다. 오순절의 은사는 일종의 부차적인 은사인가, 아니면 보다 더 근본적으로 그리스도인의 존재와 삶에 속한 것인가? 본장의 나머지 부분과 그다음 장에서는 위의 질문의 다른 여러 측면을 다룰 것인데, 처음에는 성령을 받는 것과 관련이 있는 본문에 집중하고, 그다음에는 우리의 연구 범위를 다른 본문으로 확대할 것이다.

---

6   Jervell("Sons of the Prophets: The Holy Spirit in the Acts of the Apostles," in *Unknown Paul*, 96-97)과 대조하라. 그는 어떻게 "예언의 영"이라는 개념이 사도행전에 나타난 현상들을 설명할 수 있는지를 이해하지 못하는데, 이는 그가 유대교 배경에서 "예언의 영"이 전형적으로 어떤 범주의 은사를 지지하는지에 대한 질문을 던지지 않았기 때문이다. 그는 만약 "예언의 영"이 "예언을 확증하고 지지하는 성령, 곧 액면 그대로 복음을 담고 있는 성경 속의 예언"(97)을 가리킨다면 이 어구가 누가의 입장을 대변할 수 있지만, 이러한 견해는 누가를 신뢰할 만한 유대교 정황으로부터 벗어나게 만든다. 보다 더 타당성 있는 견해로는 다음을 보라. C. A. Evans, "The Prophetic Setting of the Pentecost Sermon," in Evans and Sanders, *Luke*, 212-224, 특히 218-220.

2. 사도행전에 나타난 약속의 성령 받기

우리는 이제 누가-행전에 나타난 성령의 약속의 본질을 이해하는 데 있어 성령 받음에 관한 주요 본문이 어떠한 기여를 했는지를 고찰하고자 한다. 우리는 사도행전 2:38-39이 이 약속과 회심-입문의 연관성에 대한 규범적 진술을 하고 있는지에 특별한(그러나 독점적이지 않은) 관심을 두고자 한다. 우리가 검토할 본문은 사도행전 2장의 오순절 기사(§2.1), 8:4-24의 사마리아인 이야기(§2.2), 9:10-19의 바울의 선교사 파송(§2.3), 10:1-11:18과 15:7-11의 이방인들의 회심(§2.4), 아볼로와 열두 명의 에베소 제자들(§2.5)이다.

2.1. 사도행전 2장의 공헌

이 본문은 우리가 이미 상세히 다루었기에(본서 10장) 우리는 다음 네 가지 부분에만 주목하고자 한다.

(A) 만약 2:4의 방언(glossolalia)과 이에 대한 베드로의 설명이 오순절의 경험을 "예언의 영"으로 특정한다면, 그리고 만약 외국 방언(xenolalia, 2:6, 8, 11)이라는 이 사건의 특성이 믿지 않는 자들에게 증언할 때 성령이 수행하는 역할을 예시하는 것이라면, 이 오순절 기사와 유대교의 모세/시내산 전승 간의 유사성도 이 동일한 "예언의 영"이 이스라엘에 언약-갱신을 위한 어떤 근본적인 능력으로 임했음을 암시한다. 누가는 인상파 화가처럼 그림의 세세한 부분을 일관되게 서로 조합하고, 그림의 테두리를 규정하려는 시도를 하지 않으면서도, 그 그림에 담긴 신학적인 "형태와 색조"의 일반적인 효과를 이끌어내기 위해 자신이 사용하고 있는 폭넓은 캔버스에 이 전승을 포함시킨 것으로 보인다. 따라서 이것이 일부 관찰자에게는 누가가 오순절을 구원의 새 시대가 시작된 것으로(적어도 제자들에게

있어서는),[7] 또는 보다 더 구체적으로 성령을 통해 새 언약이 시작되고 율법이 대체된 것으로, 또는 율법을 지킬 수 있는 능력인 성령을 주신 것으로[8] 간주한 것으로 보이기도 했지만, 이 가운데 그 어떠한 설명도 누가-행전의 다른 본문으로부터 주목할 만한 지지를 받지 못한다.

(1) 누가는 오순절을 제자들에게 있어 새 시대의 **시작**이나 구원의 **시작**으로 묘사하고 있지 않는데, 왜냐하면 이것은 새 시대와 구원이 예수의 사역 안에서 이미 결정적으로 시작되었다는 누가의 견해와 충돌을 일으키기 때문이다(본서 6-9장과 11장을 보라). 베드로의 요엘 인용문(행 2:17a)에 삽입된 "말세에"라는 편집적 어구는 오순절이 요엘의 신탁에도 포함되어 있는 기사 및 표적과 더불어 이미 약속된 마지막 때의 구원(시작이 아니라)의 **일환**이며, 또한 누가는 이 요엘의 신탁이 예수의 사역과 십자가 처형과 부활을 통해 이미 부분적으로 성취된 것으로 믿었다는 것을 의미한다.[9] 또한 "너희가 이 패역한 세대에서 구원을 받으라"(2:40)는 누가의 베드로의 설교 요약은 성령의 선물 **자체**를 구원의 선물로, 그리고 그리스도인의 "삶"의 기반으로 보지 않는다.[10] 베드로의 설교는 회개와 하나님이 약속하신 주와 그리스도인 예수에 대한 믿음과 "죄 사함"의 표시로 세례 시에 이 믿음을 표현하는 것뿐만 아니라 이 방향으로 이끄는 성령 영접을 모두 아우르는 것을 예루살렘 청중들에게 촉구한다. "죄 사함"은 분명히 여기서 염두에 두고 있는 "구원"의 한 부분이다(본서 11장을 보라). 또한 비록 "회개"와 "믿음"이 표면상으로는 인간의 행동을 좌우하지만(베드로가 강조하듯이), 또한 동시에 이 두 가지는 하나님의 은혜를 수반하며,

---

7   이 견해를 주창하는 대표적인 학자는 Dunn이지만(참조. *Baptism*, 91-92 등), N. B. Stonehouse, "Repentance, Baptism and the Gift of the Holy Spirit," *WTJ* 13 (1950), 16도 참조하라.

8   본서 10장 §1.4의 결론을 보라.

9   본서 10장 §1.3을 보라.

10   *Contra* Stonehouse, "Repentance," 16; Dunn, *Baptism*, 91-92.

따라서 하나님이 약속하신 "구원"의 일부분으로 간주된다(참조. 특히 5:31; 11:18; 15:7). 성령의 은사는 그것이 제아무리 중요하다고 해도 이 복합체의 한 요소일 뿐, 전적으로 구원의 선물은 아니다. 하지만 또한 동시에 만약 성령의 은사가 여기서 말하는 "구원"의 일환이 아니라 단순히 증언을 위해 능력을 부여하는 "부차적인 은사"라면, 우리는 2:40에 기록된 누가의 베드로의 설교 요약을 그 설교의 요점을 놓쳐버린 매우 빈약한 것으로 볼 수밖에 없다.

(2) 누가는 사도행전에서 "옛 언약/새 언약"이라는 대조 용어를 전혀 사용하지 않고, 오히려 그리스도에 의해 시작된 구원을 아브라함 및 조상들과 맺은 언약의 성취로서 묘사하는 것을 선호한다(눅 1:73[참조. 72-75절]; 행 3:25; 7:8. 눅 22:20을 제외하면,[11] 이것이 "언약"에 대한 누가의 언급의 전부다).[12] 우리는 누가가 예수의 하나님의 통치 선포(연관된 윤리적 교훈과 함께)와 이스라엘에 나타난 성령의 임재가 하나님과 그의 백성의 관계에서 중심적 위치를 차지하던 율법을 효과적으로 대체했다(따라서 바울이 이것을 "새 언약"이라는 신학 용어로 언급하는 환경을 조성했다)고 생각했다는 주장을 펼칠 수도 있지만,[13] 사실 이것은 사도행전에서 다루는 시기만큼이나 복

---

11   눅 22:19-20의 보다 더 긴 본문을 지지하는 학자는 다음과 같다. J. Jeremias, *The Eucharistic Words of Jesus* (Oxford: Basil Blackwell, 1966 [1955]), 138-158; H. Schürmann, *Der Einsetzungsbericht Lk 22:19-20* (Münster: Aschendorff, 1955), *passim* ; I. H. Marshall, *Last Supper and Lord's Supper* (Exeter: Paternoster, 1980), 36-38. 반대 견해로는 다음을 보라. M. Rese, "Zur Problematik von Kurz- und Langtext in Luk. xxii.17ff.," *NTS* 22 (1976), 15-32. 그러나 Rese의 주장에 대한 비평은 Turner, "Sabbath," 145-146, n. 112을 보라. 사실 학자들은 보다 더 긴 독법을 선호하지만, "새 언약"이라는 용어는 누가가 선호하는 용어이기보다는 누가 이전의 것으로 보인다.

12   참조. N. A. Dahl, "The Story of Abraham in Luke-Acts," in Keck and Martyn (eds.), *Studies*, 139-158; Jervell, "the Law in Luke-Acts," in *Luke*, 132-151.

13   나는 Jervell의 견해에 반대하여 다음 문헌에서 이러한 견해를 주장했다. "Sabbath," 특히 111-113, 113-124. 이와 비슷한 견해로는 다음을 보라. C. L. Blomberg, "The Law in Luke-Acts," *JSNT* 22 (1984), 53-80; M. A. Seifrid, "Jesus and the Law in Acts," *JSNT* 30 (1987), 39-57.

음서의 시기에도 동일하게 적용될 수 있을 것이다.[14]

(3) 오순절은 율법 대신 성령을 주신 사건이라든지, 또는 율법(또는 어떤 새로운 율법)을 순종할 수 있도록 하기 위해 성령을 주신 사건이라는 주장은 설득력 있는 근거가 없다.[15] 전자의 주장에 대한 반론으로는 모세의 율법에 대한 초기 기독교 공동체의 분명한 헌신을 꼽을 수 있는데,[16] 이는 적어도 사도행전 10장에 이르기까지는 전혀 문제시되지 않은 것으로 보이며, 그 이후에는 단지 교회의 일부 진영에서만 나타난다. 또한 성령이 모세의 율법을 순종하는 것을 가능하게 한다는 견해 역시 지지를 받을 수 없다.[17] 비록 누가는 기독교 이전의 이스라엘과 메시아적 이스라엘의 중요한 차이점 중 하나가 바로 후자는 더 이상 성령을 거스르지 않는다(7:51, 53)는 것으로 보고 있는 것도 사실이지만—그리고 이것은 성령이 하나님의 뜻으로 인도하고 그 방향으로 기운다는 것을 의미한다고 주장하는 저벨의 견해도 옳지만[18]—하나님의 뜻과 모세의 율법은 단순하게 서로 동일시될 수 없다. 누가는 사도행전 10:11-16의 환상을 음식 정결법(이방인들의 부정함이 이 법에 의해 상당 부분 정죄를 받음)을 전복시키고,[19] 성

---

14   따라서 R. J. Banks, *Jesus and the Law in the Synoptic Tradition* (Cambridge: Cambridge University Press, 1975), 2부, *passim*; Turner, "Sabbath," 111-13.

15   본서 10장 §1.4, 특히 각주 65-66을 보라. 유대교에서는 메시아(들)에게 새로운 율법을 기대하지 않았다. 따라서 Banks, *Jesus*, 65-85; 그리고 in R. J. Banks (ed.), *Reconciliation and Hope* (Grand Rapids: Eerdmans, 1974), 173-185; 또한 Schäfer, "Termini," 27-42. 따라서 우리는 예를 들어 O'Reilly, *Word*, 21과 같이 시내산과 병행을 이루는 오순절은 "새 율법, 사도의 설교 말씀"을 암시하기 위함이라는 주장에 의문을 제기해야 한다. 따라서 케리그마가 윤리적인 내용을 거의 담고 있지 않을 경우 누가가 어떻게 그의 독자들로 하여금 사도들의 설교를 새로운 토라로 이해하기를 기대할 수 있는지는 불분명하다. 케리그마의 내용은 언약의 전문(preambles)과 유사하다.

16   이 견해는 Jervell이 가장 강하게 주장했다. Jervell, *Luke*, 133-151; *Unknown Paul*, 96-121(특히 103-107, 116-21). 그러나 S. G. Wilson, *Luke and the Law* (Cambridge: Cambridge University Press, 1975), 2장도 참조하라.

17   이러한 견해는 본서 10장 각주 65에 담긴 Jervell의 글을 참조하라.

18   Jervell, *Unknown Paul*, 116-21.

19   참조. Seifrid, "Jesus," 43, "베드로의 환상은 틀림없이 모세 율법의 요구를 폐기한다.…

령을 받은 이방인들은 모세의 율법을 지키지 **않아도**[20] 메시아적 이스라엘과 더불어 "하나님의 한 백성" 안에 들어간다고 이해했다.[21] 물론 이 관점은 누가가 오순절이 율법을 **순종할 수 있게** 하기 위해 주어진 성령의 선물이라고 생각했다는 믿음과 조화를 이루기는 쉽지 않다. 결국에는 사도행전이 묘사하는 모세의 율법과 초기 공동체 간의 복잡하고 변화무쌍한 관계는 누가가 성령의 은사를 모세의 율법 수여에 직접적으로 상응하는 것으로―율법을 수용하든지, 대체하든지 간에―본다면 훨씬 더 이해하기가 쉬울 것이다.

따라서 비록 누가의 오순절 기사에 들어 있는 "시내산" 기사와의 유사한 부분이 이스라엘의 역사와 나중에 교회가 될 초기 기독교 운동의 역사 간의 유사성을 드러내고,[22] 또 이러한 유사성이 성령의 선물이 앞으로

레위기의 음식법은 전복되었다."

20 H. Waitz("Das Problem des sogennanten Aposteldekretz," *ZKG* 55 [1964], 227)의 견해를 따라 Jervell(*Luke*, 133-151)은 누가가 이방인들도 모세의 율법이 자신들에게 적용되는 부분에서는 ― 즉 레 17-18장에 따라 נר חושב에게 요구되고, 소위 "사도적 선언"에 반영된 행동 양식과 관련해서는 ― 그것을 준수했을 것이라고 생각했다고 주장한다. 이와 유사한 견해로는 다음을 보라. Haenchen, 449-50; O'Neill, *Acts*, 82; D. R. Catchpole, "Paul, James and the Apostolic Decree," *NTS* 23 (1977), 429-30; Bauckham, "James," 459-462. 이에 대한 반론은 다음을 보라. Turner, "Sabbath," 113-24. 또한 다음과도 비교해보라. Marshall, *Luke*, 191-192; Wilson, *Law*, 2장.

21 물론 Jervell은 메시아적 이스라엘을 그가 단순히 이스라엘과 나란히 "부차적인"(associate) 하나님의 백성으로 간주하는 이방인 신자들과 명확하게 구별해야 한다. 이러한 구별에 반대하는 견해로는 다음을 보라. Turner "Sabbath"; J. Dupont, "Un peuple d'entre les nations (Actes 15:14)," *NTS* 31 (1985), 321-335. Franklin, *Luke*, 56-57은 Jervell에 대해서는 여전히 거리를 두면서도 그의 이전 견해를 Jervell의 방향으로 다소 수정했다. Franklin에 의하면 메시아적 이스라엘과 이방인 신자들은 하나님의 한 백성이지만, 서로 밀접하게 연관되어 있으며 상호 의존적인 두 부분이다.

22 종종 누가가 오순절을 교회의 생일로 간주했다는 주장이 제기되곤 하는데(참조. Lake, in Foakes-Jackson and Lake [eds.], *Beginnings*, I, 328), 이러한 주장은 누가가 그때 새 언약이 시작되었다고 보았을 것이라는 주장을 지지하는 데 사용된다. 그러나 이러한 전제와 결론은 모두 의심스럽다. 어떤 의미에서 누가는 예수의 사역을 교회 시대의 일부로 묘사하는데, 특히 열두 제자의 임명과 관련해서 그렇다(참조. Miyoshi, *Anfang*, *passim*). 그러나 일반적으로 예수의 사역 기간에서 제자들은 궁극적으로 "교회"가 될, 하나님이 주신 역동성의 일환인 반면, "교회"라는 용어는 (누가에게 있어) 이스라엘의

하나님의 백성들의 삶과 실천에 있어 매우 중요한 부분을 차지할 것임을 암시하지만, 누가는 이 문제를 더 이상 구체적으로 언급하지 않는다. 독자는 본문 속에서 이에 대한 단서를 찾아야 하며, 여기서 언급된 내용을 이미 언급된 내용과 일치시키려고 노력해야 한다. 우리는 세 가지 단서를 고려해 볼 수 있다. (a) 사도행전 1:8에 나타나 있는 이사야 32:15(-20)에 대한 암시(눅 24:49, 본서 11장 §2를 보라). (b) 성령과 불을 통해 이루어질 메시아의 회복을 위한 정화에 관한 세례 요한의 약속에 대한 언급(행 1:5). (c) 예수의 다윗의 보좌로의 승귀 및 성령의 은사에 대한 그의 주권과 관련된 진술(2:33-36). 이러한 단서들을 감안하면, 오순절 기사에 담긴 모세/시내산과의 유사성은 아마도 **"예언의 영"이 이스라엘의 증거를 위한 능력뿐만 아니라 메시아가 자신의 새 출애굽 해방과 이스라엘의 회복을 위한 정화 사역을 지속해나가고 심화시켜나감으로써 이스라엘의 구원에 대한 약속을 지속적으로 성취해나가는 능력이 될 것임을 암시한다.**

(B) 2:4에서 누가는 제자들이 성령을 받았을 것으로 보이는 순간을 "그들이 다 성령의 충만함을 받고(ἐπλήσθησαν) 성령이 말하게 하심을 따라 다른 언어들로 말하기를 시작하니라"라는 말씀으로 묘사한다. 다수의 해석자들은 이 구절의 일부 또는 전부를 누가의 성령론을 이해하기 위한 열쇠 또는 전형적인 진술로 간주했다. 이러한 다양한 견해에 의하면 오순절 이전 시기는 제자들에게 성령이 부재했던 시기이거나, 또는 기껏해야 그들 안에서 비교적 성령이 미미하게 활동했던 시기이며, 이 두 상태는 모두 오순절과 그 이후에 메시아에게 주어진 성령 "충만"과는 대조를 이룬다.[23] 여기서 저변에 깔린 전제 중 하나는 바로 "성령으로 충만"하다

상당 부분이 사도들과 제자들 주변으로 모여들 때에만 적절하다. 지나친 단순화를 적절하게 경계하는 Lohfink(*Sammlung*, 3장)의 지적을 보라. "누가에게 있어 교회는 단순히 오순절에 갑자기 존재하게 된 거대한 실체가 아니다"(*Sammlung*, 56).

23 다음 학자들의 견해와도 비교해보라. Adler(본서 2장 §3도 보라)는 행 2:4을 일반적으로 견진성사 때 받게 되는 메시아적 성령 "충만"의 관점에서 설명한다. Bruner(*Theology*,

는 것이 언어적으로 메시아의 성령 충만함의 어떤 **지속적인 상태**의 시작을 의미한다는 것이다. 그러나 우리가 이미 살펴보았듯이 이것은 "(어떤 질적인 것으로) 채워지는 것"이라는 의미를 놓치는 것이며, "성령으로 충만하다"가 발언을 나타내는 동사와 결합되는 보다 구체적인 형태를 오해하는 것이다.[24] 후자의 형태(행 2:4에서처럼 "그들이 성령의 충만함을 받고 말하기 시작하니라")는 사건의 서로 다른 두 상태를 묘사하려는 것이 아니라(장기적인 메시아적 "충만함"으로 들어가는 것과 그것을 보여주는 동시적인 발언 사건), 그 (은사적인) 발언 사건을 성령의 **돌발적인** 감동에 의해 촉발된 것으로(눅 1:41, 67; 행 4:8, 31에서처럼) 규정하는 단일 은유다.[25] 따라서 사도행전 2:4은 오순절 경험 속에서 제자들이 방언을 말하도록 성령의 돌발적인 감동을 받았다는 것을 말하고 있다.

(C) 또한 우리는 누가가 오순절의 방언 현상을 전형적·규범적으로 생각했는지 확신할 수 없다. 누가는 자신의 유대교 배경에 대한 지식을

---

163)는 회심 때의 성령 받음과 성령으로 충만한 것을 동일한 것으로 본다(I. H. Marshall, "Significance," 335도 조심스럽게 이 견해에 동의한다). Ervin(*Spirit-Baptism*, 42-48, 49-61)은 ἐπλήσθησαν을 고전적인 오순절주의 관점에서 "두 번째 축복"으로 간주하는 "성령의 충만함"의 상태로 들어가는 철회 불가능한 입회를 나타내는 진입적인 부정과거로 본다. 그러나 이 부정과거는 눅 1:41, 67에서 그런 의미일 수 없는데, 그렇다면 여기서 그런 의미로 볼 수 있는 근거는 무엇인가?

24 본서 6장 말미의 추기를 보라.

25 "돌발적인 은사적 연설"이란 범주에 관해서는 본서 3장을 참조하라. 위에서 예로 제시된 본문에 나타난 이 범주와 πνεύματος πλησθηναι의 관계는 Turner, "Spirit Endowment," 53-55을 보라. Menzies는 (내 견해에 반대하며) "성령을 받는 것"과 "성령으로 충만한 것"은 모두 오순절 경험에 적용되므로, 이러한 표현들은 본질적으로 동일한 의미라고 주장한다. 즉 성령을 받는 것은 성령의 충만한 상태로 들어가는 것이다(*Development*, 212, n. 4; 참조. Dunn, *Baptism*, 71; Ervin, *Spirit-Baptism*, 42-61). 그러나 이것은 공지시의 오류(co-referential fallacy)에 대한 명백한 사례다. 행 8:16에서도 이와 유사한 주장이 제기되는데, 여기서 누가는 모든 성령 받음을 개인에게 "성령이 내린 것"(ἐπιπέπτω)으로 간주했으며, 이 표현은 10:44, 11:15에서처럼(그리고 암묵적으로 오순절 때도) 누가가 성령이 비정상적으로 극적인 방식으로 나타나는 것을 구별하기 위해 사용하는 방식이라는 것이다. 다음을 보라. Turner, "Spirit Endowment," 49-50.

통해 "예언의 영"을 받는 것이 때로는 돌발적인 은사적 발언 사건을 동반할 수 있다고 생각했을 수도 있다. 하지만 이것은 통상적이지 않았으며, 오직 성령이 강하게 나타나거나 돌발적으로 나타나는 경우로 국한되었던 것으로 보이는데, 예를 들면 이곳에서처럼(참조. 특히 예언서 타르굼 삼상 10:6, 10; 19:20, 23; *t. Soṭ.* 6:2, 등) 또는 성령 수여가 이스라엘 회중과 관련된 이들을 공적으로 인정하기 위해 필요할 경우를 꼽을 수 있다 (예를 들면 모세의 국가적 리더십을 보좌하도록 70인 장로에게 성령이 주어진 경우 [민 11장]). 이러한 경우에 나타날 수 있는 은사적인 현상 가운데 "돌발적인 예언"은 훨씬 더 드문 "돌발적인 은사적 찬양"보다 더 자주 나타난다고 볼 수 있다.[26] "방언"(glossolalia) 가운데 은사적인 송영이라는 구체적인 형태는 유대교 내에서 전혀 알려져 있지 않았고, 이것이 오순절에 나타난 것은 그의 백성을 다루시는 하나님의 섭리 가운데 상당히 괄목할 만한 새로운 사건이라고 할 수 있다. 그러나 사도행전 2장에는 이 특정한 "예언의 영"의 은사가 성령을 받을 때 광범위하게, 더더군다나 보편적으로 나타나리라는 암시가 전혀 없다. 오히려 예수가 요단강에서 성령을 받은 사건에 대한 전승(이에 관해서는 어떤 흔적도 담고 있지 않는)은 이와 정면으로 대치한다. 사실, 오순절에 나타난 방언(glossolalia)의 구체적인 형태인 외국어로 인식되는 방언(xenolalia)은 사도행전 그 어디에서도 찾아볼 수 없다. 요약하자면 코텍스트적인 요소와 문맥적인 요소를 고려해보면 사도행전 2장이 오순절의 방언 현상을 성령을 받을 때 규칙적으로 나타나야 하는 것으로 소개한다고 볼 개연성이 매우 희박하다는 것을 알 수 있다. 오히려 오직 사도행전의 나머지 이야기에 강하게 나타나 있는 암시만이 독자들로 하여금 첫 "방언"을 "통상적인 것"으로 간주하도록 유도했을 가능성이 높다. 우리는 사도행전 19:1-6에 기록된 에베소의 열두 제자들의 회

---

26   돌발적인 은사적 찬양에 대한 몇 가지 예는 본서 3장 §2(D)를 보라. 돌발적인 예언에 대한 예는 훨씬 더 많다. 본서 3장 §2(C)를 보라.

심을 논의한 이후에 이 주제를 다시 다루고자 한다.

(D) 사도행전 2:38-39에 대한 자연스러운 이해는 이제부터 하나님은 그 어떤 더 이상의 조건 없이(왜냐하면 구체적으로 명시된 것이 없기에), 그리고 지체함 없이(왜냐하면 아무것도 암시되어 있지 않기에) 성령을 회개하고 세례를 받은 자들에게 주실 것을 짐작해볼 수 있다.[27]

물론 제자들의 경험에는 그들이 성령을 받기에 앞서 "구원"에 대한 믿음과 지식이 자라나는 시기가 들어 있었는데, 그것은 단지 성령이 아직 그들에게 주어지지 않았기 때문이다. 독자들은 제자들의 이야기가 예수의 승천 이후에 다른 이들의 삶 속에서 단순히 반복될 수 없다는 것을 인식하게 될 것이다. 그 사건 이후로는 어느 누구도 오순절의 은혜로 진입하기 이전의 예수의 사역 기간으로 되돌아갈 수 없었다. 예수의 사역 기간에는 성령의 능력으로 아버지를 계시하는 아들의 임재가 제자들의 "믿음"과 "구원"의 경험을 가능하게 했다(참조. 예. 눅 10:21-24). 승천 이후에는 **성령의 은사 외에는** 하나님을 계시하는 예수의 임재를 대신할 수 있는 방법이 없었다(본서 14장 §3[C]를 보라). 따라서 오순절 이후에, 성령의 은사 없이, 오직 제자들의 오순절 이전의 일부 경험이 "반복될" 수 있다면, 그것은 아마도 예수가 제자들에게서 떠나 있던 승천과 오순절 사이의 며칠

---

27 예를 들면 Haenchen, 184; Schneider, I, 277; Pesch, I, 125("2:38에서는 보편적인 기독교 규칙이 제시된다."); Kremer, *Pfingstbericht*, 176-179; J. Giblet, "Baptism in the Spirit in the Acts of the Apostles," *OC* 10 (1974), 162-171, 특히 165-171; B. Sauvagant, "Se repentir, être baptisé, recevoir l'Esprit, Actes 2:37ss," *Foi et Vie* 80 (1981), 77-89(특히 86-88); Quesnel, *Baptisés*, 2장(그러나 Quesnel은 사도행전이 바울의 교회로부터 비롯되고, 또 행 8:14-17과 19:1-6에서도 나타나는 또 다른 형태의 회심-입문에 대해 알고 있음을 인정한다. 이에 관해서는 아래 §2.2.4; Lüdemann, *Christianity*, 47; D. Jackson, "Luke and Paul: A Theology of One Spirit from Two Perspectives," *JETS* 32 (1989), 335-343을 보라. Jackson은 바울과 누가 간의 다른 점에 대해 알고 있지만, 그럼에도 [2:38에 기초하여] 다음과 같이 주장한다. 누가에게 있어 "성령이 없는 그리스도인이란 있을 수 없다. 그것은 누가와 바울 모두에게 모순이다"[337]). 이 규칙의 규범적인 가치는 만약 우리가 καί를 결과를 나타내는 의미(이로써, 그러므로)라는 확신이 있다면 한층 더 강화될 것이다. 그러나 Haya-Prats, *L'Esprit*, 136-137을 보라.

뿐일 것이다. 그러나 심지어 이것조차도 요단강 사건에서부터 승천에 이르기까지의 기초적인 사건에 상응하는 것을 먼저 경험하지 못한 이에게는 엄밀하게 말하면 "동일한" 경험이라고 할 수 없을 것이며, 또 누가는 자신이 이 열흘을 "전형적"으로 보았다는 암시를 전혀 주지 않는다. 따라서 사도행전 1-2장은 믿는 자들이 그들의 영적 경험 속에서 개인적으로 구원 역사의 이전 단계를 재차 반복할 것이며, 오직 회심-입문 이후에 어느 시점에 이르러서야 성령을 받을 것이라는 암시를 독자들에게 전혀 주지 않는다.

다만 사도행전 2:38-39이 어떤 "규범"을 제시한다는 전제하에서만 왜 누가가 2:41에서 세례를 받은 회심자들이 성령을 받은 것에 관해 기록해야겠다는 의무감을 갖지 않았는지를 적절하게 설명해줄 수 있다. 즉 누가는 자신이 명시적으로 제시하지 않는 이상(8:16에서처럼), 독자들이 예수의 이름으로 세례를 받은 사람들에 대한 언급(8:36-38; 16:15, 33; 18:8)을 그들이 성령을 받은 것으로 이해하리라고 여겼을 것이다. 또한 개인이나 어떤 집단이 예수를 믿게 된 것(또는 주께로 돌아오거나, 주께 더해지게 된 것 등)에 관해 언급할 때에도 누가는 일반적으로 회심자들이 성령을 받았다(또는 심지어 그들이 세례를 받았다)고 진술하지 않는다. 오히려 사도행전 2:38-39의 규범적인 진술이 그들이 회심-입문 과정의 하나로서 성령을 받았다는 것을 확신시켜주는 것으로 볼 수 있다.

만약 회개와 세례와 성령의 은사의 상호 연관성이 사도행전에서 기대하는 규범이라는 것이 입증되고, 또 일부 예외적인 경우가 이해할 수 있는 특별한 경우라면, (멘지스에 **반하여**)[28] 이것은 우리가 성령의 은사의 본질을 이해하는 데 있어 상당한 함의를 지닌다. 이것은 "예언의 영"이 **단순히 선교를 위한** 능력의 부여로서 주어질 뿐만 아니라, 개인 신자의 영적인 삶뿐만 아니라 그가 속한 공동체의 영적인 삶에 매우 중요한 역할

---

28   *Development*, 247.

을 수행한다는 것을 암시한다. 이 시점에서 우리는 누가가 회심자는 모두 즉각적으로 선교에 참여하도록 성령의 권유를 받았다는 암시를 주지 않는다는 사실에 주목할 필요가 있다(새로운 회심자 가운데 누가가 유일하게 성령의 권유에 따라 즉각적으로 말씀 증거와 전도에 관여한 것으로 소개하는 인물은 오직 바울뿐이다[행 9:20]). 오히려 바로 이어지는 요약문(2:41-47)에 의하면 오순절 회심자들은 사도들의 가르침을 받고, 기쁜 마음으로 하나님을 예배하며, 함께 기도하고, 서로 음식을 나누어 먹으며, 자신들의 소유를 관대하게 나누는 모습을 보인다. 그들이 "온 백성에게 칭송을 받았다"면(2:47) 그것은 바로 그들의 공동체로서의 삶이 회복된 이스라엘의 어떤 이상적 전형을 보여주었기 때문이지, 그들 모두가 놀라운 복음 전도자가 되었기 때문이 아니다. 진정 누가가 **모든 사람이** 오로지 증언을 위한 능력 부여로서 성령을 받는다는 것을 강조하고 싶었다면 아마도 그는 그의 긴 요약문에 (예를 들어) 그들은 "모두 하나님의 말씀을 담대히 전했다"라는 표현을 당연히 덧붙였을 것이다. 하지만 이런 표현은 단지 나중에 사도들의 동료들에 관한 이야기에서 초기의 성령 경험이 아닌, 차후의 **추가적인** 성령의 강한 경험을 한 이후에 일어난 사건에서만 언급된다(4:31). 또한 누가는 비록 공동체에 더 많은 회심자가 더해진 것을 알고 있었지만(2:47), 그는 그것이 더 일찍 회심한 자들의 증언에 의한 것임을 암시할 수 있는 황금 같은 기회를 흘려보낸다.

이러한 모습들은 매우 중요한 질문을 제기한다. 만약 성령이 주로 증언을 위한 능력 부여라면, 그리고 그럼에도 불구하고 성령이 여전히 제자들로 하여금 즉각적으로 선교에 참여하도록 부추기지 않는다면, 우리가 회심과 성령을 받는 것 사이에 어떤 특별히 밀접한 연관성이 있다고 보아야만 할 이유가 어디에 있을까? 오히려 우리는 성령을 받기 이전에 기독교적 교훈을 받고 성장하는 기간을 상정하고, 사도행전 8:14-17과 같은 구절을 규범으로 간주하는 것이 더 낫지 않을까? 이제 다음 단락에서는 사마리아인들과 관련된 사건을 다루고자 한다.

2.2. 사도행전 8:4-24: 사마리아인들의 이야기

사마리아인들과 관련된 사건은 우리가 사도행전 2:38-39에서 기대할 수 있는 "규범"에서 분명하게 벗어난 사건이다. 왜냐하면 이 본문은 사마리아인들이 기독교의 메시지를 믿고, 세례를 받았지만(8:12), 성령의 은사는 나중에(적어도 며칠 후에) 사도들의 손에 의해 받았다고 기록하고 있기 때문이다(8:14-17). 성령과 관련하여 견진성사주의자들과[29] 고전적 오순절주의자들은[30] 누가의 독자들이 **이러한** 과정을 규범적인 것으로 전제했을 것이라고 주장해왔다. 이러한 관점이 지닌 문제점은 8:16이 정반대를 가리키는 것으로 보인다는 점이다. 만약 누가의 독자들이 세례와 성령받음 사이에 통상적인 간극이 있다고 생각했다면, 8:16b은 불필요한 "설명"이 아닐 수 없다. 의도적으로 사용된(그리고 강조된) "아직…없고"(not yet)라는 표현은 오히려 **예상치 못한 것**을 나타내는 것으로 보인다. 다시 말하면 비록 그들이 세례를 받긴 했지만(그리고 독자들은 행 2:41과 같은 본문에서처럼 지금까지 진행된 이야기를 통해 그들이 성령을 받았을 것으로 기대할 수 있었을 수도 있다), 그럼에도 성령은 "아직" (어떤 특별한 이유로) 그들에게 내리지 않았다.[31] 그렇다면 여기서 제기되는 질문은 어떻게 우리가 예상을 빗

---

29   특히 다음을 보라. Adler, *Taufe*, 110ff; Price, "Confirmation," 174-177.

30   가장 대표적으로는 Menzies, *Development*, 248-260을 보라.

31   Price는 이 말이 반대를 의미한다고 주장한다. "베드로와 요한은 사마리아인들이 성령을 받지 않았기 때문에 성령을 수여하는 중이었다. 즉 아직까지 그러한 일이 진행되지 않았기 때문이었다. "그들은 세례만 받았을 뿐이었다." 누가는 세례 그 자체가 성령을 나누어 주지 못한다는 것을 이 말 속에 함축하고 있는 것 같다"("Confirmation," 176). 그러나 물론 (마치 견진성사에 있어 그러한 사도적 여행이 규칙적이었던 것처럼) 누가는 사도들이 성령을 나누어 주기 위해 사마리아로 왔다고 말하지 않는다. 오히려 그들이 확정지으려 했던 것은 분명히 "이스라엘" 밖에서도 "하나님의 말씀"이 분명하게 수여되었다는 것이었다(참조. 11:20). 그리고 만약 누가의 독자들이 견진성사주의적인 패턴을 기대한다면, 그들은 8:16이 주장하는 어떤 것을 들을 필요가 없을 것이다. 어느 정도 보다 믿을 만한 주장은 이것이 2:38에서 제기될 수 있는 어떤 잠재적인 오류에 대한 누가의 수정을 나타낸다는 것이다. 즉 누가는 규범을 반영하기 위해

나간 이러한 전개를 설명할 수 있느냐. 우리는 여기서 서로 다른 여섯 가지 "설명"을 차례대로 검토할 것이다.

(A) 자료비평적 "설명"

사도행전 2:38이 "규범"으로부터 벗어나게 된 이유를 서로 독립적인 두 자료를 어색하게 편집한 결과로 설명하려는 시도가 있어왔다. 예를 들면 빌립이 사마리아에 복음을 전하러 간 내용과 사도들이 사마리아에 복음을 전하러 간 내용이나 또는 단순히 빌립 이야기에 시몬이 세례를 받은 내용 없이 베드로와 시몬 간의 대결에 대한 내용을 서로 어색하게 편

행 8장을 붙들고 있고 행 2장 역시 전체적인 실체를 표현하기 위해서는 원칙적 진술이 너무 축약되어 있다는 주장이다(Adler, *Taufe*, 110ff.; 참조. Menzies, *Development*). 그러나 사도행전에 대해 견진성사주의자들이 직면하는 주석적인 문제는 극복하기 어려운 채로 남아 있고(본서 2장 §3을 보라), 누가는 그 어디서도 회심-입문 상황으로부터 성령 받음을 분리시키지 않는다("제자들"의 이전 신앙 상태가 무엇이었든지 간에 그들은 바울에 의해 그리스도인으로서 세례를 받았다는 행 19:1-6에서조차도 그렇지 않다). 이러한 관찰은 Bruner로 하여금 행 2:38이 가정된 규범이라는 것을 강조하는 결론으로 이끈다. 하지만 그가 과장된 판단으로 이 구절을 해석할 때 그는 다음과 같은 점을 과도하게 강조한다. "성령은 '여기서만' 일시적으로 세례를 통해 수여되지 않았다. 그리고 명확하게 가르치는 것은…중지는 발생할 수 없다는 점이었다"(*Theology*, 178; 그러나 Parratt[*Seal*, 3-4장]과 Dunn[*Baptism*, 1-2부]는 사도행전에서 성령이 세례 때 주어진다고 말하는 곳은 단 한 군데도 없다고 주장한다). 행 8:14-17이 의도적으로 견진성사 의식을 언급한다는 해석과 더불어 우리는 Käsemann의 다음과 같은 설명도 거부한다(*Essays on New Testament Themes* [London: SCM Press, 1964], 144-147; 참조. 또한 Haenchen, 305-308). Käsemann은 누가가 교회란 사마리아인들이 사도들의 안수를 통해 성령을 받아 합류해야 하는 하나의 거룩한 사도적(*una sancta apostolica*) 교회이어야 한다는 초기 보편주의 관점을 견지하고 있었기 때문에 이러한 글을 썼다고 주장한다. 이 관점에 대한 반론은 다음 문헌을 보라. Dunn, *Baptism*, 58-62; I. H. Marshall, "'Early Catholicism' in the New Testament," in Longenecker and Tenney (eds.), *Dimensions*, 217-31(그리고 *Luke*, 212-15); C. K. Barrett, "Light on the Holy Spirit from Simon Magus (Acts 8:4-25)," in Kremer (ed.), *Actes*, 293. "이 제안은…성령이 안수와 같은 어떤 자극에 반응하지 않고…오로지 하나님이 임하시는 곳과 때(*ubi et quando visum est Deo*)에만 주어진다는 누가의 근본적인 확신에 대한 단서를 제공해주는 시몬의 이야기를 무시한다."

집했다는 것이다.[32] 이러한 억지스러운 주장(람페가 그렇게 부르듯이)[33]은 누가가 이 합쳐진 본문을 어떻게 이해했는지에 대한 문제를 해결해주지 못한다. 편집비평과 서사비평 시대에 여전히 누가가 자신의 주요한 신학 주제와 상충되는 내용을 자유롭게 편집할 수 있는 자유를 누리지 못하면서 그냥 가위로 잘라서 붙이기만 하는 편집자였다고 주장하는 학자는 이제 거의 찾아볼 수 없다.[34] 이 두 기본적인 이야기(빌립의 선교 및 베드로와 시몬의 대결)는 사실 베드로가 **빌립의 전도를 받아** 회심한 이들에게 성령을 부여했다는 인상을 주지 않으면서도 쉽게 전개될 수 있을 것이다. 오직 이 두 이야기를 연결하는 삽입 어구적인 구절만이 빌립의 제자들에게 아직 성령이 임하지 않았다고 주장하는데(14-17절), 이 구절은 특징상 **누가의 것으로 보이는** 용어와 주제로 가득 차 있다.[35]

---

32   예를 들면 Bauernfeind, 124-125에 반하여. Dibelius, *Studies*, 17은 빌립 전승 + 편집된 자료를 주장한다(참조. Haenchen, 307-308; Ehrhardt, *Acts*, 45; D. A. Koch, "Geistbesitz, Geistverleihung und Wundermacht; Erwägungen zur Tradition und zur lukanischen Redaktion in Apg 8:5-25," *ZNW* 77 [1986], 64-82. Koch는 누가가 빌립의 성공적인 선교와 예루살렘 공동체와의 하나됨을 강조하기 위해 빌립에 관한 자료와 베드로와 시몬에 관한 전승을 합성했다고 주장한다). Dietrich, *Petrusbild*, 248-51은 8:14-17을 누가의 성령론과 다른 성령론을 담고 있는 전통적인 내용(심지어 9:17에서 아나니아가 성령을 부어주는 것을 허락하는)으로 "설명"하고, 빌립을 폄하하려는 의도 없이 성령을 부어줄 수 있는 그의 권한에 제한을 둔다. 이러한 합성 이론에 대한 반론은 다음을 보라. K. Pieper, *Die Simon-Magus-Perikope (Apg 8:5-24): Ein Beitrag Zur Quellenfrage in der Apostelgeschichte* (Münster: Aschendorff, 1911). 그의 주장에 대해서는 아직까지 아무런 반론이 제기되지 않고 있다. 또한 Lampe, *Seal*, 60-62; Pesch, I, 271; 그중에서도 특히 Spencer, *Portrait*, 2장(특히 26-31)을 보라.

33   *Seal*, 69.

34   Parratt, *Seal*, 144ff.; Dunn, *Baptism*, 60; Menzies, *Development*, 249-250.

35   Turner, "Luke and the Spirit," 161; Koch, "Geistbesitz," 69-71; Menzies, *Development*, 250; Spencer, *Portrait*, 218-19.

**(B) 사마리아인들의 부적절한 믿음 때문에 세례 시에 성령이 일시적으로 중지되
  었다?**

던은 사마리아인들이 초기에 성령을 받지 못한 것을 그들의 불완전한 반
응과 헌신의 관점에서 설명하려는 영리한 시도를 한다.[36] 던에 의하면 예
루살렘으로부터 사도들이 도착하기 전 사마리아인들은 진정한 기독교 신
앙을 갖지 못했으며, 이는 부분적으로 빌립이 자신의 기독교적 선포와 장
차 올 타헤브(Taheb)에 대한 사마리아인들의 일반적인 소망을 충분히 구
분하지 못했기 때문이며, 또 부분적으로 사마리아인들의 "믿음"이 주로
빌립의 표적에 기반을 둔 경솔한 믿음이었기 때문이다.

　던에 의하면 누가는 독자들이 다음 다섯 가지 사항을 인식할 것으로
기대했다고 한다.

　빌립의 설교는 오해의 소지가 있었다. 사마리아인들에게 있어 흥분
과 종말론적 대망을 증대시키는 빌립의 하나님 나라와 "그리스도"에 대
한 설교는 단지 타헤브의 도래가 임박했음을 의미할 수밖에 없었다. 세례
는 하나님 나라로 들어가는 의식으로(12절), 그리고 타헤브(모세와 같은 예
언자)로서의 예수에 대한 충성의 증표로 이해되었을 것이다. 따라서 사마
리아인들의 믿음은 (예상치 못하게) 잘못된 방향을 향하고 있었다.

　사마리아인들은 종교적으로 경솔한 믿음을 가진 자들이었고, 마술적
성향에 빠져 있었다. 시몬에 대한 그들의 반응은 그들이 아주 낮은 식견
을 가지고 있었음을 보여준다. 6절과 10절의 어휘적 병행 구조는 빌립에
대한 그들의 반응 역시 시몬에게 보였던 반응과 동일한 동기와 동일한 성
격의 것이었음을 암시한다(즉 그의 표적을 행하는 능력과 그들의 군중 심리; 참조.
특히 6절의 ὁμοθυμαδὸν[한 마음으로]이라는 의미심장한 단어).

　사마리아인들은 그리스도를 믿기보다는 빌립을 믿은 것으로 묘사
된다. 즉 사마리아인들의 믿음(πιστεύειν)은 구체적으로 빌립에 대한 것(τῷ

36　*Baptism*, 63-68; Montague, *Spirit*, 293-294.

Φιλίππω, 12절)으로 기록되어 있다. 이로써 누가는 사마리아인들의 반응이 단순히 빌립이 말한 것에 대한 지적 동의였음을 암시한다.

시몬의 경우와 비교해보면 사마리아인들은 아직 그리스도인이 아니었다(8:17 이전에). 왜냐하면 비록 시몬도 다른 사람들과 마찬가지로 예수를 믿고 세례를 받았다(8:13)라고 기록되어 있지만, 그는 분명히 기독교 메시지와 아무런 상관이 없는 사람으로 소개되고 있기 때문이다(8:18-24). 절대적인 차이점은 (시몬을 제외한 나머지) 사마리아인들이 성령을 받을 때에 나타난다. 시몬은 베드로가 제시한 선물을 받기에 합당한 조건(행 2:38), 즉 적절한 회개를 충족시키지 못했다.

사마리아인들의 믿음의 만개(滿開)는 예루살렘으로부터 사마리아로 불어온 종교적·민족적 반감이라는 차가운 바람에 의해서도 지연되었을 것이다. 사마리아인들은 예루살렘의 사도들이 도착할 때까지도 그들이 정말로 기독교 공동체의 일원으로 받아들여졌는지에 대한 확신이 없었을 것이다.

비록 던의 설명 속에 진정한 역사적인 통찰이 있을 수도 있겠지만, 그가 제기한 내용은 사실 누가가 독자들이 이 사건을 어떻게 이해했을지 짐작할 만한 단서를 전혀 제공해주지 못한다. 던의 주장에 대한 반론 대부분이 지적하듯이, 우리가 이 본문을 편집비평의 관점에서 보면 누가가 8:4-13을 전형적으로 성공한 선교로 묘사하고 있음을 알게 된다. 두 가지는 확실해 보인다.

(1) **누가가 빌립의 설교와 사역을 결함이 있거나 오해할 만한 소지가 있는 것으로 여겼을 개연성은 매우 희박하다.** "그가 그리스도를 백성에게 전파했다"는 말은 독자로 하여금 빌립의 설교가 결함이 있거나 또는 사마리아인들이 타헤브에 대한 그들의 기대와 빌립의 메시지를 서로 혼동할 만한 여지를 전혀 남기지 않는다. 사실 누가나 그의 독자 중 그 누구도 이러한 결함이 있는 믿음에 대해 알고 있었다는 증거가 없다. 사도행전에 등장하는 κηρύσσω와 εὐαγγελιζόμενοι는 다양한 목적어를 취하는데, 이는

신학보다는 문체와 청중에 의해 좌우되며,[37] 위의 구절은—다른 본문에서도 등장함(5:42; 참조. 9:22; 18:5, 28)—빌립이 독자들에게 보편적인 기독교 메시지를 전했다는 것을 의미한다. 심지어 사마리아인들이 예수를 하나님 나라가 곧 임하게 할 타헤브로 잘못 판단했다 하더라도, 이것은 초기 교회의 상당 부분이 갖고 있던 소망과 유사했을 것이며, 예수를 모세와 같은 예언자로 본 누가의 기독론에 가까웠을 것이며, 사마리아인들의 믿음의 진정성을 의심할 만한 근거가 결코 될 수 없었다.

던에 의하면 누가는 빌립에 대한 반응이 빌립의 표적 행하는 능력에 주로 기반을 둔 얄팍한 공동체적 "회심"이라고 생각했지만,[38] 우리가 살펴본 대로 누가는 표적에 의해 확증되고 지지를 받는 믿음을 결코 과소평가하지 않는다(사실 이는 누가 자신이 던으로부터 "의구심이 많다"는 평을 받은 셈이다).[39] 따라서 누가가 빌립의 기적을 사마리아에서 진정한 믿음에 이르는 것을 방해하는 걸림돌로 생각했을 리는 만무하다(참조. 9:35).[40] 사실 빌립의 표적과 시몬의 표적을 비교하고, 성령을 부여할 수 있는 베드로의 능력에 대해 시몬이 시샘을 내는 내용의 기사는 기독교가 마술을 초월할 뿐 아니라 그 성격과 동기 면에서도 마술과 구별된다는 부차적인 편집적 주제의 일환이라고 할 수 있다. 그리스도인들이 행하는 "표적"은 고통 받

---

37 참조. Stanton, *Jesus*, 17-30.

38 Dunn이 생각하는 사마리아인들의 반응은 진정한 그리스도인의 헌신이기보다는 집단 본능(참조. ὁμοθυμαδόν)에 더 가깝다. 그러나 누가가 다른 곳에서 ὁμοθυμαδόν("한 마음으로")을 사용하는 것을 보면(참조. 1:14; 2:46; 5:12; 12:20; 15:25) 그 단어 자체가 어떤 충동적인 행동을 암시하는 것은 아니며(동사가 그 문장에 이러한 뉘앙스를 구체적으로 주지 않는다; 참조. 7:57과 19:29), 사마리아인들이 "빌립의 말도 듣고… 한마음으로 그가 하는 말을 따르더라"(8:6)는 말이 예루살렘 교회에 대한 표현과 거의 일치하는 것으로 보아(1:14; 2:46) 이 말은 빌립의 사마리아 선교 실패가 아닌 **성공**을 강조하려는 의도를 담고 있는 것 같다.

39 *Jesus*, §30과 §34.

40 Spencer(Dunn의 박사학위 학생 중 하나)는 누가가 말하는 "표적"과 "기적"을 검토한 후 "누가는 표적과 기사가 진정한 사역의 확실한 증거라고 일관되게 생각한다"고 결론 내린다(*Portrait*, 44-48). 참조. 또한 O'Reilly, *Word*, 216-19.

는 자들을 풀어주며, 메시아적 해방이라는 메시지를 뒷받침해준다.[41] 사실 6절과 12절에서 사마리아인들의 반응은 일차적으로 **그들이 들은** 메시지가 가져다준 충격에 기인하며, 오직 이차적으로만(그것도 6절에서만) 표적에 기인한다.

사실 가장 놀라운 것은, 만약 누가가 빌립의 설교가 과녁을 빗나갔다고 생각했다면 그는 베드로와 요한이 도착했을 때 오해를 바로잡아주거나, 빌립이 말한 것에 중요한 무언가를 추가하거나, 또는 사마리아인들에게나 빌립에게 "보다 더 정확하게"(18:26과 대조해보라) 그리스도의 길에 대해 설명해줄 필요가 있다는 것을 독자들에게 말할 기회를 활용하지 않았다는 것이다.

빌립에 대한 누가의 견해는 아주 분명하다. 빌립은 사도행전 6:3, 5에서 요엘의 약속이 온전히 실현된 자 가운데 하나로, 그리고 8장 전반에 걸쳐서는 성령의 능력과 성령의 인도하심을 따라 활동하는 성공적인 전도자로서 그려지며, 따라서 21:8에서는 "복음전도자, 빌립"이라는 단순하면서도 웅변적인 평가를 받는다. 누가는 그가 다른 본문에서 **사도들의** (성공적인) 사역을 묘사할 때 사용한 표현들을 사마리아에서의 빌립의 사역과 메시지에도 동일하게 사용한다. 그리고 그는 (견진성사주의자들의 설명과는 대조적으로) 왜 아나니아(행 9장)는 성령을 줄 수 있었고, 빌립은 그렇지 못했는지에 대한 본질적인 이유를 제시하지 않는 것 같다.

(2) 누가의 견해에 의하면 **사마리아인들은 그들이 들은 케리그마를 진정으로 믿었고, 따라서 그들은 세례를 받을 준비가 되어 있었으며**, 또 그 세례는 "주 예수의 이름으로"(εἰς τὸ ὄνομα τοῦ κυρίου Ἰησοῦ, 8:16; 참조. 19:5) 받는 것이었다.

사실 누가가 사마리아인들의 믿음을 향한 노력이 예루살렘 공동체로

---

41   예를 들어 다음을 보라. Spencer, *Portrait*, 93-103; S. Garrett, *The Demise of the Devil: Magic and the Demonic in Luke's Writing* (Minneapolis: Fortress Press, 1989), 63-65.

부터 거부당할지도 모른다는 두려움 때문에 빛을 발하게 될 수도 있다고 생각했을 리는 만무하다. 첫째, 비록 누가는 "이스라엘 집의 잃어버린 양"이라는 저벨의 소논문 제목이 암시하는 것만큼 사마리아인들을 긍정적으로 묘사하지는 않지만, 유대인과 사마리아인 간의 간극을 크게 드러내지 않는다.[42] 둘째, 예루살렘의 사도들이 그들을 수용하거나 거부하는 것이 어떻게 케리그마에 대한 그들의 반응에 영향을 미칠 수 있었는지 이해하기 어렵다(이 문제는 자신이 이스라엘의 축복에 참여할 수 있을지에 대한 의구심이 더 많을 수 있었던 내시[8:36]나 이방인들에게 아무런 영향을 주지 않았던 것 같다). 결국, 이 모든 사항은 이 본문을 이해하는 데 아무런 도움이 되지 않는다. 왜 **모든 이들이** 이러한 두려움에 의해 무기력하게 됐어야 했는지 불분명하며, 왜 **모든 이들이** 오로지 사도들의 안수를 통해서만 확신을 얻을 수 있었는지 이해하기는 더욱 쉽지 않다![43]

누가는 이것이 단순히 사실이 아닌 잘못된 정보라는 의미를 전달하지 않으면서도 사도들이 "사마리아도 하나님의 말씀을 받았다"(8:14)는 말을 들었다고 말하고 싶어 한다. 다른 본문에서는 이와 동일한 표현이 진정한 회심을 나타낸다. 11:1을 11:18에 기록된 이에 대한 설명과 비교해보고, 2:41과도 비교해보라.

사마리아인들의 "믿음"이 진정한 그리스도인의 헌신이기보다는 단지 지적 동의에 불과했으며, 그리스도에 대한 믿음이 아니라 빌립에 대한 믿음이라는 주장은 지나칠 정도로 미묘하다. 누가는 복음전도자에 대한

---

42 Jervell, "The Lost Sheep of the House of Israel," in *Luke*, 113-32. 그러나 참조. Spencer, *Portrait*, 55-58. 만약 누가가 두 명의 모범적인 사마리아인을 묘사할 수 있었다면(눅 10:25-37; 17:11-19), 그는 또한 예수를 거부하는 사마리아 성도 묘사할 수 있었을 것이다(9:51-56).

43 Dunn, *Baptism*, 67. Lampe, *Seal*, 70은 제자들의 안수를 예루살렘 교회가 사마리아 교회에 친교의 의사를 전달하는 것으로 이해한다. 하지만 19:6의 관점에서 보면 이 주장은 부적절해 보인다. 또한 Adler(*Taufe*, 58-75, 81ff.)가 지적하듯이 안수는 성령을 위한 기도 다음에 이어지며(15, 17절), 주로 성령을 주기 위한 것이다(시몬이 목격했듯이, 18-19절).

믿음과 그가 선포하는 하나님에 대한 믿음을 구별하지 않는다. 복음 전도자의 말을 경청하는 것은 그를 통해 말씀하시는 하나님의 말씀을 듣는 것이다.[44] 게다가 누가의 분사구 ($\acute{\epsilon}\pi\acute{\iota}\sigma\tau\epsilon\upsilon\sigma\alpha\nu$) $\tau\tilde{\omega}$ $\Phi\iota\lambda\acute{\iota}\pi\pi\omega$ $\epsilon\grave{\upsilon}\alpha\gamma\gamma\epsilon\lambda\iota\zeta\omega\mu\acute{\epsilon}\nu\omega$ $\pi\epsilon\rho\grave{\iota}$ $\tau\tilde{\eta}\varsigma$ $\beta\alpha\sigma\iota\lambda\epsilon\acute{\iota}\alpha\varsigma$(12절)는 설교자에 대한 믿음이 아니라 선포된 메시지에 대한 믿음을 강조하며, 또 누가의 표현 속에는 지적 동의로 볼 만한 암시가 전혀 없다(참조. 위의 1[c]와 2[a]). 비록 우리가 그들의 종교적인 경솔함과 마술을 선호하는 취향이 처음에는 사마리아인들에게 다소 한쪽으로 치우친 믿음을 갖게 했다고 볼 수도 있지만, 누가는 이와 같은 문제를 이방인 회심자들 사이에서 자주 직면했을 것이다. 그럼에도 그는 그 어느 곳에서도 그가 믿는 사람으로 묘사한 이들이 갖고 있는 믿음의 진정성을 결코 의심하지 않는다.

사실 마술사 시몬이 (예를 들어) 오순절에 회심자들과 동일한 의미에서 진정으로 회심자였음을 누가가 의심했다고 볼 만한 이유가 전혀 없다. (i) 던은 시몬이 성령을 받지 못했기 때문에 진정한 믿음을 가질 수 없다고 주장한다. 그러나 이러한 추론은 잘못된 것일 수 있으며,[45] 그러한 주장 자체가 결국 선결 문제 요구의 오류(petitio principii)에 해당한다. (ii) 던은 시몬의 죄가 그가 진정으로 회심하지 않았다는 것을 가리킨다고 주장한다. 이러한 주장은 학자들에 의해 자주 제기되긴 하지만, 여전히 설득력이 없다. 교회 안에서는 회심 이후에도 심각한 죄를 지은 사례가 있다(참조. 고전 5장). 사실 베드로는 시몬의 죄를 예수의 추종자가 지은 죄이기 **때문에** 아주 심각한 것으로 여겼을 수 있다(참조. 아나니아와 삽비라). (iii) 던은 베드로가 꾸짖는 표현이 시몬이 그의 이교도적인 중심에서 벗어나지 않았음을 확증한다고 주장한다(8:20-23). 그러나 이러한 추론 또한 설득

---

44 8:12의 표현과 더불어, 루디아의 회심(16:14)과도 비교해보라. "주께서 그 마음을 열어 바울의 말을 따르게 하신지라"(참조. 8:6).

45 시몬은 아마도 성령을 받았을 것이다(Barrett, "Light," 291). 그는 성령을 구한 것이 아니라 그 성령을 주는 능력을 구한 것이다(19절).

력이 부족하다. 성직매매에 관한 죄는 아마도 23절의 "그의 마음이 하나님 앞에서 바르지 못하다"와 그는 "불의에 매인 바 되었다"는 강한 꾸지람을 받기에 충분하지만, 그렇다고 이러한 표현은 그가 여전히 이교도로 여겨졌음을 의미하지 않는다. 그는 단지 하나님의 진노와 비난을 받을 만한 행동을 한 것이다. 21a절에서 베드로가 "이 도에는 네가 관계도 없고 분깃될 것도 없느니라"고 한 말은 시몬이 그리스도인이었을 리가 없다(또는 계속 그리스도인으로 남아 있을 수 없다)는 의미가 아니라 그가 하나님의 성령을 주는 사역과 전혀 무관하며,[46] 그러한 사역을 돈으로 매매할 수 있다고 생각한 것에 대한 용서를 구하는 기도가 그에게 필요하다는 의미다.[47] 누가는 오순절에 삼천 명이 회심하고 제자가 된 사건에 대한 서술(2:41-42)을 따라 작성된 8:13의 자연스러운 의미를 그 어느 본문에서도 거부하지 않으며,[48] 시몬이 이단 창시자가 되었다는 후대 전승에 대해 알고 있다는 암시를 전혀 주지 않는다.[49] 따라서 우리는 누가가 시몬의 믿음과 세례와 초기의 제자도가 다른 사람의 경우와 마찬가지로 진실한 것으로 간주했다고 결론 내릴 수밖에 없다. 그의 마술사 배경이 안타까운 실수를 저지르는 계기가 되긴 했지만, 그러한 현상은 초기 교회 안에서 전적으로 이례적인 일은 아니었다. 또한 이 사례는 그리스도인의 성령 경험이 매혹적인 마술의 능력을 뛰어넘는다는 함의를 전달하려는 누가의 목적에도

---

46   Haenchen, 305은 21a절(οὐκ ἔστιν σοι μερὶς οὐδὲ κλῆρος ἐν τῷ λόγῳ τούτῳ)을 20절과 함께 출교를 가리키는 문구로 해석한다(또한 Pesch, I, 276-77). 그는 ὁ λόγος를 기독교의 "말씀"에 대한 언급으로 이해한다. 그러나 이것은 지시 형용사 τούτῳ("this")를 제대로 설명해주지 못한다. 본 문맥은 명사구 전체가 "이 일에"(in this affair)로 번역되고, 바로 직전에 시몬의 요구의 내용으로 기록된 사도들의 **성령을 주는** 권한을 언급하는 것으로 이해되어야 함을 말해준다.

47   특히 Barrett, "Light," 294ff. passim.

48   J. E. L. Oulton, "The Holy Spirit and Laying on of Hands," ExpTim 66 (1955), 238.

49   이에 대한 반론은 예를 들어 다음을 보라. Haenchen, 307; C. H. Talbert, Luke and the Gnostics (Nashville: Abingdon Press, 1966), 83-97. 또한 J. Drane, "Simon the Samaritan and the Lukan Concept of Salvation History," EvQ 47 (1975), 131-37; Barrett, "Light," 293; Spencer, Portrait, 90-92도 보라.

부합하기 때문이다.

　요컨대, 비록 누가가 세례를 받을 때 시몬의 믿음이 피상적이라고 생각하긴 했지만, 그가 그 믿음을 "진정성이 없는" 것으로 여겼다고 생각할 만한 이유가 전혀 없으며, 세례를 받은 **다른 나머지** 사마리아인들의 믿음을 의심할 만한 이유는 더더욱 없다. 누가의 독자들이 8:4-13을 사마리아인들의 **부실한** 믿음을 보여주는 그림으로 이해했을 것이라는 가설은 언어적·정황적 증거에 전혀 부합하지 않으며,[50] 기도와 더불어 사도들의 안수를 통해—사도들의 설교나 권면, 또는 설명이 아닌—성령이 주어진다는 사실 앞에 무너지고 만다(15, 17, 18-19절). 사도들의 기도가 내포하고 있는 함의는 바로 그들이 사마리아인들의 믿음을 진정한 것으로 받아들인다는 것이다.[51]

(C) 8:17에 기록된 성령 받음은 성령의 두 번째 선물인가?

사마리아인들의 회심과 세례에 부실한 부분이 전혀 없었다 하더라도, 우리는 여전히 누가가 이 기사를 쓰면서 어떻게 성령을 받는 것과 회심을

50　만일 누가가 사마리아인들의 믿음에 어떤 잘못된 점이 있다는 것을 밝히고 싶었다면, 그는 서슴없이 12절을 "그러나 그들은 빌립의 말을 듣고 세례를 받았으나 아직 진정으로 믿지는 않았다"라고 썼을 것이다. 하지만 그 대신 그는 그들이 정말로 **믿었고**, 또 세례도 받았다고 주장한다. 또한 사마리아인들의 부적절한 "믿음"에 근거한 모든 해석이 지닌 문제는 그가 예를 들어 사도들이 그들의 오해를 바로잡아주었다는 것을 밝힘으로써 이 사실을 명확히 할 수도 있었다는 것이다(누가가 18:26에서 아볼로의 경우에 한 것처럼).

51　Russell과 Turner는 위의 주장을 독립적으로 펼친다. Russell, "They Believed," 169-176; Turner, "Luke and the Spirit," 161-71. 이 주장은 이제 Menzies, *Development*, 252-57과 Spencer, *Portrait*, 48-53에 의해 보다 더 폭넓게 확증되었다. 흥미롭게도 Russell, "They Believed," 177-83에 대한 Dunn의 응답은 성령을 받지 못한 것을 8:12에서 믿음의 진정성을 의심할 만한 가장 큰 이유로 간주하며, 행 8장 해석에 대한 오순절 학자들의 비평에 대한 그의 보다 더 최근의 반응은 우리가 성령이 지연된 이유에 대한 억측을 삼가고("Baptism," 24-25을 보라), 누가의 요점에 집중할 것을 제안한다. 즉 성령이 회심자들에게 주어지지 않은 경우에는 그 상황이 비정상적이며, 즉각적인 교정이 필요하다는 것이다. 이 마지막 포인트에 대해서는 우리도 전적으로 동의한다.

서로 분리시켜 생각할 수 있었는지에 대한 설명을 필요로 한다. 한 가지 설명은 단순히 그런 분리가 없었다는 것이다. 즉 사마리아인들은 사도행전 2:38-39의 규범에 따라 세례를 받을 때에 완전한 성령의 선물을 받았으며, 8:17은 단순히 그들이 특별한 은사적인 능력을 받는 추가적인 경험을 서술한다는 것이다.[52] 아마도 이 입장을 견지하는 가장 대표적인 학자는 비즐리-머리(G. R. Beasley-Murray)일 것이다. 그는 (잠정적으로) 다음과 같이 주장한다. (1) 성령에 대한 신약의 일반적인 이해와 구체적으로 사도행전 2:38-39에 근거해 살펴보면 물 세례와 성령을 받는 기독교의 독특한 경험을 서로 분리한다는 것은 불가능한 추론이다. (2) 이러한 주장은 빌립의 사역이 성령을 통해 얼마나 많은 축복을 받았는지, 그리고 성령의 열매(기쁨)가 어떻게 이미 사마리아에 널리 퍼졌는지를(8:8) 주목해보면 더욱 설득력을 얻는다. (3) 8:15에서 관사 없이 사용된 πνεῦμα ἅγιον은 거기서 부족했던 것이 성령의 **은사**였지, 성령 자체가 아니었음을 암시한다.[53]

하지만 우리가 이미 살펴본 바에 의하면 이 마지막 구분은 상당한 어려움을 제기하며,[54] 정관사의 부재에 의해 좌우될 문제가 아니다.[55] "그 성에 큰 기쁨"이 있다는 언급도 사마리아인들이 성령의 선물을 받았다는 것을 암시하지 않는다. 오히려 누가는 자신이 언급한 기쁨을 빌립의 축귀와 치유의 결과로 본다. 이러한 기쁨은 누가의 두 책 전반에 걸쳐 나타난

---

52 이 입장은 (그의 열여덟 번째 사도행전 설교에서) 빌립의 세례를 통해 주어진 "용서의 영"과 아직 그들에게 주어지지 않은 "표적의 영"을 구별한 크리소스토모스 이후 다양하게 해석되어왔다. 칼뱅도 이와 유사하게 세례 때 사마리아인들에게 주어진 성령의 일반(중생의) 은총과 사도들에 의해 그들에게 전달된 "비범한 은사…성령의 가시적인 임재"를 구별한다.

53 *Baptism*, 118-19. 또한 Gourgues("Esprit," 376-85)도 빌립의 초기 사역을 확증하고 정당화하기 위해서는 오순절과 같은 극적인 성령 부음이 필요함을 강조한다.

54 본서 2장 §1을 보라.

55 Dunn, *Baptism*, 68-70.

하나님의 다양한 구원 행위에 대한 반응으로 자주 언급된다(참조. 특히 눅 13:17; 19:37). 비즐리-머리의 첫 번째 주장도 불확실하긴 마찬가지다. 비록 그가 사마리아인들이 사도행전 8:17에서, 즉 분명히 그들이 세례를 받은 이후에 성령을 받았다고 올바르게 주장하지만, 2:38-39에서 "회심" 때 주시기로 약속된 선물은 "예언의 영"이며, 그 자체가 "은사적인 영"이다. 따라서 사도행전 2:38-39은 세례에 자동적으로 부여되는 성령의 비(非)은사적인 선물을 거의 보증해줄 수 없다. 오히려 지금까지 제시된 증거는 누가가 안수를 통해 주어진 선물(8:17-18)을 오순절에 주어진 선물과 동등한 것으로 이해했고, 따라서 그는 사도행전 2:38-39의 약속이 예상했던 것처럼(참조. οὐδέπω) 사마리아인들이 세례를 받을 때 성취되기보다는 사도들이 도착한 이후에 비로소 성취된 것으로 이해했음을 암시한다. 사도들(2:1-13)과 고넬료의 가정과 에베소의 제자들의 경우에서처럼 성령을 받는 것은 지켜보는 이들이 눈으로 볼 수 있을 정도로 즉각적으로 인식되고 집단적으로 나타난 현상이었으며, 빌립의 기적이 시몬에게 깊은 인상을 주었다면, 이것은 그의 도발적인 반응을 불러일으킬 만큼 대단한 것이었다. 사실 누가는 이 사건을 고넬료의 가정이나 에베소의 경우만큼이나 극적인 사건으로 그리고 있다(따라서 많은 학자들이 2:4; 10:46; 19:6에서처럼 여기서도 방언과 예언이 나타났을 것으로 추정하는 것은 그리 놀라운 일이 아니다).[56] 이는 8:16에서 누가가 사용한 표현을 통해서도 확인되는데, 거기서 누가는 "아직 한 사람에게도 성령 내리신(ἐπιπεπτωκός) 일이 없고"라고 기록한다. 이 표현—칼뱅과 렌스키와 파레트가 보다 더 온화하고 내적인 회심의 은혜를 표현하기에는 부적절하다고 올바르게 지적한 "격렬함"(violence)—은 사도행전 밖에서는 전혀 발견되지 않지만, 11:15(참조. 10:44)에서, 즉 고넬료의 "오순절"이라고 말하는 베드로의 연

56　이러한 견해를 주장하는 학자의 목록은 예를 들어 다음을 보라. Menzies, *Development*, 258, n. 2.

설에서 매우 유사하게 나타난다. 따라서 2:38의 약속은 사마리아인들이 세례를 받을 때가 아닌 8:17에서 성취된다. 요엘이 약속한 "예언의 영"이라는 한 가지 은사를 **제외하고는**, 사도행전 2:38뿐만 아니라 사도행전의 그 어떤 본문도 예수의 승천 이후에 그리스도인들에게 주어진 "성령의 은사"를 언급하지 않는다.[57] 따라서 "아직 한 사람에게도 성령 내리신 일이 **없고**"(8:16b)와 사도들의 안수 기도를 통해 그들이 성령을 "받았다"(8:17-19)는 누가의 명백한 진술은 그가 그들이 세례 받을 때 성령의 온전한 선물이 그들에게 이미 주어졌다고 생각했음을 암시하지 않는다.

성서신학과 조직신학의 차원에서 누가의 성령론을 두 단계 모델(회심 때 요한의 "거듭남" 및 바울의 "새 언약의 삶"을 가져다주는 성령 받음과 누가의 "능력 부여"를 가져다주는 성령의 두 번째 경험)로 조화시키는 것에 관해 찬반 논란이 있긴 하지만, 사실 **누가**는 어떤 개인이 "성령"을 두 단계로 나누어 "받는 것"에 대해 동의하지 않는다(비록 그가 신자들이 성령의 선물을 받은 이후에 규칙적으로 성령으로 "충만"하게 되는 것을 기대했을 것임에도 말이다). 누가에 의하면 사도행전 8:17은 사마리아인들이 "성령의 약속"을 처음이자 유일하게 받은 것을 묘사한다.

(D) 사도행전 8장은 헬레니즘 및 바울의 회심-입문 패턴을 보여주나?

퀘스넬(Quesnel)은 최근 사도행전에서 누가가 역사적으로 서로 다른 두 가지 입문 패러다임을 보여준다고 주장했다.[58] 하나는 세례 요한의 세례에 기초하여 기독교에서 발전된 오래된 패러다임이다. 이것은 "죄 사함을 위

---

57 Haya-Prats, *L'Esprit*, 87; Menzies, *Development*, passim.

58 Quesnel, *L'Esprit, passim*. B. E. Thiering도 다른 세례의 패러다임에 기초하여 역사적인 설명을 시도하지만(이 경우에는 쿰란의 병행 본문을 통해, "Inner and Outer Cleansing at Qumran as a Background to New Testament Baptism," *NTS* 26 [1980], 266-77), Menzies, *Development*, 257-58의 비평도 보라.

한" 것으로 규정되고, 성령을 받는 것과 직결되어 있는 것으로 보는 "예수 그리스도의 이름"으로(ἐπι [upon] 또는 ἐν [in]) 받는 세례였다. 하지만 누가는 또한 바울 서신에 나오는 "주 예수(의 이름)"으로(εἰς [into]) 받는 상당히 다른 두 번째 헬레니즘과 바울의 세례 의식도 알고 있었다. 여기서 사용된 전치사는 "~와 연합하는"(into union with)이라는 의미였으며, 바울 시대에 이 세례는 예언의 영을 받는 것과 직접적인 관계가 없었다. 퀘스넬에 의하면 헬라인들(과 바울)은 "예언의 영"을 조심스럽게 생각했으며, 바로 그런 이유 때문에 그들은 이 성령에게 기도하거나 은사적인 성령을 받으려고 하지 않고 예수의 죽음과의 연합에 중점을 둔 세례 의식을 발전시켰다. 따라서 성령에게 기도하거나 성령을 받으려는 시도는 바울 이후에, 그리고 누가 이전 단계에서 추가되었으며,[59] 이렇게 서로 조화를 시키려는 전통에 대한 기억이 바로 8:16과 19:6에 보존된 것이다. 퀘스넬의 견해를 따르자면 우리는 사도행전 8:12-17을 자신이 빌립과 사도들의 것으로 나눈 대안적 행위에 대한 누가의 신실함의 관점에서(비록 시대착오적이라 할지라도!) "설명"할 수 있을 것이다.

하지만 비록 εἰς + 개인 이름이란 조합이 원래 "~와 연합하는"(into union with)"을 의미하는 헬레니즘적 표현이었다는 퀘스넬의 주장이 옳다 할지라도, 바울 이전에는 누구나 그리스도의 죽음"과 연합하는" 세례에 대해 이야기했고,[60] 또 이러한 움직임은 성령의 약속을 받게 하는 회심-입문 의식에 대한 관심이 반감하면서 나타났다고 믿을 만한 이유가 전혀 없다(적어도 바울에게 있어서는).[61] 또한 사도행전 8:12-17도 이러한 헬레니즘적·바울적 유형의 입문과 잘 어울리지 않는다. 누가의 관점에서 보면 베드로와 요한은 사도행전 2장에 나타난 초기 유대교 패러다임을 대표하

---

59   *L'Esprit*, 7장(특히 §7.6).

60   Wedderburn, *Baptism*, 54-60.

61   *Per contra*, 은사적인 성령은 그의 신학의 중심을 차지했다(Fee, *Presence, passim*).

는 자들이었을 것이다(그리고 아이러니하게도 퀘스넬이 누가 자신이 수용했다고 믿은 패러다임이었을 것이다). 설령 그가 디아스포라 출신이었다 하더라도 빌립은 같은 모(母)교회에 속해 있었고, "예언의 영"을 강하게 힘입은 사람이었다. 따라서 누가는 빌립을 은사적인 성령에 대한 의구심에 의해 발전된 세례 패턴을 사용하는 자로, 또는 세례 받은 날로부터 성령을 며칠이나 몇 주 동안 지연시킨 자로(19:5-6에는 이런 지연이 없다) 소개할 필요가 없었다. 이보다는 오히려 누가가 서로 다른 기원에 대한 인식 없이 "주 예수의 이름으로"라는 형태를 단순히 "예수 그리스도의 이름으로"에 대한 문체상의 변형으로서 사용했을 개연성이 더 높은 반면, 사마리아 사건과 에베소 사건 간의 다른 유사점은 또 다른 가설로 설명하는 것이 더 타당해 보인다.[62]

(E) 서사비평적 해결안?

스펜서(F. S. Spencer)는 사도행전 8:4-24의 이야기를 누가복음의 요한과 예수의 관계(그리고 이와 유사한 행 18-19장의 아볼로와 바울의 관계)에 기초하여 보다 폭넓은 빌립과 베드로라는 선구자와 완수자(협력자)의 관계의 관점에서 설명한다.[63] 사도행전의 이 인물들과 복음서의 요한과 예수의 관계를 비교하는 것은 물론 다소 미심쩍다. 왜냐하면 요한과 예수는 율법과 예언자의 시대와 성취의 시대 사이를 연결하는 약속과 성취의 관계를 나타내기 때문이다. 이러한 시대의 구분은 빌립과 베드로의 관계나 아볼로와 바울의 관계와 무관하며, 따라서 빌립과 아볼로를 물 세례에 국한시킬 이유가 전혀 없다.[64] 그리고 스펜서가 성령의 결정적인 선물로 빌립(그리고

---

62   이 문제에 관해서는 다음을 보라. F. R. Harm, "Structural Elements related to the Gift of the Spirit in Acts," *Concordia Journal* 14 (1988), 28-41(특히 35-38).

63   *Portrait*, 211-41.

64   김희성은 빌립과 아볼로를 성령을 지녔지만 이를 전달할 수는 없는 비(非)은사적인 마가적(?) 기독교를 전파하는 하찮은 인물로 간주한다. 누가는 이런 교회들을 다시 성령

아볼로)의 사역을 체계적으로 완성시켜줄 사도적 "완수자"의 필요성을 제안할 만큼 이 패러다임을 밀어붙이지 않는 것으로 미루어보아 "선구자-완수자" 모형론은 성령이 왜 빌립의 사마리아인 사역 안에서는 주어지지 않았는지를 **설명**해주기보다는 서사적 구조를 문학적으로 **묘사**해주고 있음이 더욱 분명해진다.[65]

(F) 사도행전 8:17의 성령의 선물은 선교를 위한 능력 부여라는 부차적인 은사인가?

이 시점에서 스트론스태드, 쉘튼, 멘지스 등이 주창하는 오순절 모델이 특별히 중요한 의미를 지닌다. 이 모델에는 세례 시에 나타나는 성령의 활동을 어느 수준으로 수용해야 하며, 또 견진성사와 함께 나타나는 성령의 "강화하심"을 어느 정도 인정해야 하는지를 구별해야 하는(또는 왜 누가가 견진성사의 은사를 결정적인 단일 은사로 간주하는지를 설명해야 하는) 견진성사 모델의 문제점이 전혀 없다. 이 모델은 "성령의 약속/선물"이 독특한 성령의 활동—선교를 장려하는 "예언의 영"의 여러 가지 활동—을 나타낸다고 본다. 만약 성령의 선물이 본질적으로 이러한 일련의 독특한 활동

의 능력 안으로 되돌리고자 한다(Kim, *Geisttaufe*, 171-86; 208-38). 그러나 이는 완전히 추측에 불과하며, 성령을 소유했을 뿐 아니라 사도들의 모습을 따라 주목할 만한 은사적인 인물이었던 빌립보다는 아볼로에게 훨씬 더 잘 어울리는 것 같다.

65 이와 마찬가지로 Shepherd도 누가가 성령 받음과 회심의 관계를 설명하는 신학을 제시하는 데 관심을 두기보다는 내러티브와 관련된 다른 관심사와 전략, 곧 예언자적 능력의 인수인계, 예수가 예언한 사마리아 선교의 인증(1:8), 결정적인 단계를 통한 사도들과의 연계, 마술에 대한 은사적인 성령의 우월성 등에 관심을 두고 있다는 주장을 통해 이 문제를 설명하려는 견해를 먼 거리에서 피해나간다(*Function*, 178-184). 비록 이러한 관심사를 부인할 필요는 없지만, 내러티브와 신학 간의 대립 관계가 지나치게 강조되며(특히 23-26. 이에 대한 건전한 반론은 Wright, *Testament*, 특히 3, 5, 13장을 보라), Shepherd 자신도 누가가 자신의 신학을 "이야기"(tell)하기보다는 "보여준다"(show)는 사실을 인정한다(*Function*, 33-35. 그는 내러티브에서 조직신학을 뽑아내려는 잘못된 시도라고 비판한 Fitzmyer의 입장을 그대로 채택한다). 따라서 "여기서는 어떤 회심 및 성령 받음의 신학이 "보여"지는가"라는 질문은 그리 쉽게 회피할 수 있는 질문이 아니다.

을 위해 능력을 부여하는 것이라면, 회심의 세례와 분리된 상태에서 성령을 경험하는 것에는 아무런 문제가 없다. 그러나 이 견해에도 세 가지 중요한 문제점이 있다.

첫째, 이 본문은 그 어디에서도 성령의 선물과 선교를 구체적으로 연결하지 않는다. 어떤 구경꾼들 중에 믿지 않는 자가 이것을 보면서 "이것이 도대체 무슨 의미입니까"라고 묻지 않는다. 또한 여기에 관여한 사람 중에서 복음을 전하거나 그리스도를 증언했다는 언급이 전혀 없다. 람페와 코펜스와 멘지스는 각각 사도들의 안수가 선교 사역을 위한 "임직식"이며(8:17, 18; 19:6),[66] 이는 그들이 받은 성령의 선물의 본질을 밝혀준다고 주장했다. 그러나 이러한 주장은 설득력이 없다. 왜냐하면 인접 문맥에는 이러한 상징적인 안수 행위를 그 어떤 종류의 "임직(파송)식"(예. 그리스도를 위한 봉사의 삶)과 연결시킬 만한 증거가 없으며, 구체적으로 **"선교를 위한 임직(식)"**과 연결시킬 만한 증거는 더더욱 없다.

기본적으로 신약 시대에는 안수에 대한 서로 다른 세 가지 패러다임이 있었다. (1) 단순한 능력의 이동(예를 들어, 치유를 위한, 특히 "만짐"을 통한).[67] (2) 탄원 기도(예를 들어, 치유를 위한[아마도 (1)번과 혼합적으로. 참조. 행 28:8] 그리고/또는 축복을 위한).[68] (3) 권위 확인, 권한 위임, 합법적 또는 준(準)합법적 권한 양도(예를 들어, 랍비 학교에서 어떤 학생에게 학교의 입장을 대표하는 자격을 인준하는 행위).[69] "위임"이라는 개념은 세 번째 패러다임에 근

---

66   Lampe, *Seal*, 70-78; J. Coppens, "L'Imposition des mains dans les Actes des Apôtres," in Kremer (ed.), *Actes*, 405-438; Menzies, *Development*, 259-260, 276. 위에서 나는 Lampe가 안수를 교제를 허용하는 것과 동일시한다고 말했는데, 사실 이 두 상징적 행동은 서로 상당히 다른 것이다.

67   마 9:18; 막 5:23, 6:5; 7:32; 8:23, 25; 눅 4:40; 행 9:12, 17.

68   참조. 마 19:13, 15; 막 10:16.

69   이에 대한 학문적 배경은 다음을 보라. J. Behm *Die Handauflegung im Urchristentum nach Verwendung, Herkunft und Bedeutung im religionsgeschichtl. Zusammenhang untersucht* (Leipzig, 1911); J. Coppens, "L'Imposition des mains et les rites connexes dans le Nouveau Testament et dans l'eglise ancienne* (Paris: Cerf, 1925).

거하며, 사도행전 6:6(구제비 활용을 감독할 일곱 일꾼의 위임), 13:3(바울과 바나바를 위한 안디옥 교회의 위임), 14:23(장로들을 위한 바울의 위임)에서 찾아볼수 있다. 그러나 8:16-19과 19:6에는 사도들의 법적 권위나 "대표직의권리"가 새로 회심자들에게 위임되었다는 암시가 전혀 없고, 선교를 위한위임에 해당하는 (3)번 패러다임의 핵심 요소가 결여되어 있다. 성령을 부여하기 위한 이 안수 행위(그리고 행 19:6의 안수 행위)는 (1)번과 (2)번 패러다임에 상당히 잘 부합하지만, (3)번에는 그렇지 않으며,[70] 마술사 시몬의 반응은 그가 (1)번과 (2)번이 가장 핵심적인 것이라고 생각했음을 확인해준다.

또한 람페와 스트론스태드와 멘지스는 9:31(사마리아와 다른 지역 교회의 성장에 대한 누가의 요약)이 8:17의 성령의 선물이 선교를 위한 능력 부여라는 단서를 제공해준다고 본다.[71] 그러나 9:31은 8:14-17과 너무 멀리 떨어져 있으며, 또 이 선물이 오로지 또는 주로 증언을 위한 것임을 보여줄 만큼 충분히 구체적이지도 않다. 누가는 매우 다양한 목적으로 많은 다양한 선물을 주는 성령이 유대와 갈릴리와 사마리아에서 (빌립과 스데반과 같은) 여러 복음 전도자들을 (성령이 20:28에서 감독자를 세우는 것처럼) 세웠다고 생각했을 것이다. 또한 그는 카리스마적으로 능력이 부여된 신령한 교회는 자연적으로 회심자들의 마음을 끌었을 것으로 생각했을 것이다. 그러나 그가 8:17의 선물을 특별히 선교를 위한 능력 부여나 설교를 하게 하는 능력으로 제한했다는 증거는 없다.

둘째, 성령의 선물에 대한 이러한 관점은 그것을 선교적 목적이라는 너무 좁은 측면으로 제한시킨다. 이 점이 성령에 대한 누가의 관점에 있어 중요한 요소이기는 하지만, 그는 은사적인 성령이 교회 생활에도 아주

---

[70]   또한 19:6에서 안수는 교회에서 신자들을 승인하는 정체성과 결속력의 개념을 지닐
      수 있을 것이다. 그러나 이것은 단지 하나의 가능성일 뿐이며, 8:16-19에는 그런 의미
      가 없다.

[71]   Lampe, *Seal*, 72; Stronstad, *Theology*, 65; Menzies, *Development*, 260.

중요하다고 생각했는데 이 점은 13장에서 보다 구체적으로 볼 것이다. 사실 누가가 "구원"을 이러한 성령의 선물 없이 교회에서 계속되는 경험으로 예견했을 것으로 이해하기는 어렵다.

셋째, 성령의 선물이 주로 또는 오로지 선교를 위한 능력 부여라는 관점은 왜 그 선물이 세례 때 처음으로 믿음을 표현하고 나서 얼마 후에 주어졌는지를 설명해줄 수 있다. 왜냐하면 그것이 바로 그러한 능력 부여로부터 우리가 기대하는 것이기 때문이다. 그러나 이러한 설명은 성령 받음이 회심과 세례와 밀접히 연관되어 있는 사도행전 2:38-39(그리고 사도행전의 다른 본문)의 규범을 제대로 설명해주지 못한다.

(G) 8:17의 성령의 선물에 대한 잠정적 결론

내레이터의 관점에서 보면 8:4-13에 나타나는 사마리아 세례자들의 믿음이나 세례에는 본질적으로 아무런 문제가 없다. 그러나 저자의 관점(그리고 저자가 그곳을 방문한 사도들에게 암묵적으로 부여한 관점)에서 보면 놀랍게도 그들은 "아직" 성령을 받지 못했다. 만약 우리가 사도들이 **어떻게** 이러한 결론에 도달했는지 질문한다면, 이에 대한 가장 적절한 답변은 저자가 이 선물을 가진 자에게 기대할 만한 종류의 "예언의 영"이 제자들 가운데 아직 나타나지 않았다는 것이다(그리고 그 선물은 사도들이 사마리아인들을 위해 기도하고 안수했을 때 비로소 나타났다; 8:17). 만약 우리가 왜 세례 때 성령이 주어지지 않고 지체되었는지를 묻는다면, 이에 대한 만족할 만한 대답을 찾기는 더더욱 어렵다. 8:17의 선물이 단순히 선교를 위한(따라서 회심으로부터 분리된) 능력 부여라는 관점은 이 본문의 지지를 받지 못하며, (두 번째 은혜로 설명되는 다른 형태와 같이) 8:16이 2:38-39의 규범을 전제하고 있는 이유도 설명해주지 못한다. 마지막으로 누가는 왜 사마리아 신자들이 더 일찍 성령을 받지 못했는지를 분명하게 설명해주지 않는다. 한 가지 가능한 설명이 있다면 그것은 누가가 예루살렘 교회 지도자들이 유대교를 넘어 이 첫 번째(그리고 원칙적으로 매우 중요한) 구원의 범주의 확장을 승인하고 확인할 수 있을 때까지 하나님이 주권적으로 성령을 허락하지 않았다고 믿었다는 것이다(이미 개종한 에티오피아 내시와는 달리. 그러나 다음 단계인 보다 중요한 고넬료 사건과도 비교해보라). 빌립의 사마리아 선교 사역이 성공적이었다는 사실은, 하나님도 그 사역을 승인하신다는 의미로 받아들일 수 있는 여러 이적 기사와 더불어, 사도들로 하여금 하나님도 자신들의 기도를 통해 성령의 은사를 주심으로써 "이스라엘의 집의 잃어버린 양"을 받아들이신다는 확신을 갖도록 계기를 마련해주었을 것이다.

비즐리-머리와 던에게 있어 성령의 선물을 믿음 및 세례와 분리시킨다는 것은 단순히 이례적(anomalous)인 것이 아니라 상당한 문제를 안고 있는 "불가능한 추론"이다. 하지만 누가에게 있어 이러한 지연은 전혀 상상할 수 없는 것이었을까? 누가는 사도들이 부활 이전에 예수의 성령 사역을 통해 "구원"을 경험했던 것을 이미 알고 있으며, 부활 이후 "40일" 동안 예수와 함께한 식사의 즐거움과 그의 가르침에 관해 언급하면서도 여전히 성령은 받지 않았다고 보고한다. 이어서 누가는 예수의 승천과 오순절 사이의 열흘에 관해 이야기한다. 누가에게 있어 이 마지막 시기는 사도들의 구원의 부재의 "침울한" 시기가 아니라 기도로 구원의 다음(그리고 더욱 깊어지는) 단계를 준비하는 시기였다. 누가는 이와 비슷한 상황을 사마리아에서도 인지했을 것이다. 성령의 능력을 부여받은 빌립은 사마리아인들에게도 동일한 구원의 "시작"을 가져다주었고, 그들은 이스라엘의 메시아에 대한 믿음과 메시아적 신자들의 독특한 표시인(참조. 2:36-38) "주 예수의 이름으로" 세례 받음으로 이스라엘과의 연합을 이루었다. 또한 그들에게 마치 성령이 현존하지 않는 것처럼 보이지만, 사실은 그렇지 않았는데 그 이유는 성령이 충만한 자(pneumatiker)인 빌립이 그들과 함께 있었고, 그들을 가르치고, 그들 가운데 놀라운 기적을 계속해서 행했기 때문이다(8:13). 누가에게 있어 성령 받음을 세례와 분리하는 것은 이례적인 것으로 간주될 수 있지만, 그렇다고 그것이 그에게 필연적으로 "문제가 될 만한 것"은 아니다. 적어도 빌립이 존재하고 있고, 수반된 기간이 상대적으로 짧은 이상, 그렇다고 볼 수 있다. 앞서 이스라엘의 잃어버린 양들이 열방의 빛의 일부가 되기 위해 빌립이 회심자들을 떠났거나, "예언의 영"이 구원의 경험을 지속하고 더욱 깊게 하기 위해 도래하지 않았더라면 이것은 문제가 되었을 것이다.

2.3. 사도행전 9:10-19: 바울의 소명과 성령 받음

이 기사에 의하면 다메섹에서 아나니아는 환상에 이끌려 바울에게 가서 "너로 다시 보게 하시고 성령으로 충만하게 하신다"(ὅπως ἀναβλέψῃς καὶ πλησθῇς πνεύματος ἁγίου)라는 말을 전하기 위해 보냄을 받았다고 말한다. (최근에 어빈이 옹호한)[72] 전통적 오순절 입장은 바울이 이미 다메섹 도상에서(거기서 예수를 "주"[9:5]라고 인정한다) 또는 적어도 그 이후 즉시(그러니까 아나니아가 그에게 오기 전에) 온전히 회심했기 때문에 9:17은 바울의 "성령 세례"를 의미할 수밖에 없다고 주장한다. 하지만 이러한 해석은 이 본문을 지나치게 단순하게 취급하는 것이다.[73] 바울이 다메섹 도상에서 그에게 나타난 신의 현현적 존재에게 "주"라고 칭했다는 사실은 바울이 언제 공식적으로 제자가 되었는지에 대한 질문과 거의 무관하다. 유대인이라면 자기에게 나타난 천상의 존재를 달리 또 뭐라 부르겠는가? (직전의 "뉘

---

72 *Conversion-Initiation*, 41-50.

73 아나니아가 바울을 "형제"라고 부를 때 그는 바울을 그리스도인으로 간주했다는 Ervin의 주장도 전혀 도움이 되지 않는다. 왜냐하면 유대인들도 다른 유대인을 부를 때 그랬을 것이기 때문이다(또한 유대 그리스도인들도 믿지 않는 유대인들을 그렇게 불렀다. 행 2:29; 3:17; 7:2; 13:26; 22:1; 23:1, 6; 28:17). 이러한 사실을 알고 있는 Ervin(*Conversion-Initiation*, 46-48)은 흥미롭게도 모두 복수형인 이 경우들은 이 단어의 단수 용법을 이해하는 데 도움을 주지 못한다고 주장한다. 오히려 결정적인 본문은 21:20인데, 거기서 야고보는 바울을 ἀδελφέ라고 부르는데, 이는 ("형제 유대인"이라기보다는) 분명히 "형제 그리스도인"을 의미한다. Ervin은 이런 호칭이 **모호**하며, 그 의미는 **문맥**에 따라 결정되어야 하며, 따라서 9:17에서 바울의 회심-입문 "상태"에 대한 문제를 해결하는 데 사용될 수 없다는 점을 간과한다.

시오니이까"라는 질문은 바울이 사용한 "주"라는 칭호가 기독론적인 고백이 아님을 말해준다.) 하지만 여기서 요점은 그대로다. 비록 아나니아가 도착하기 전에 바울이 신의 현현에 대한 자신의 경험을 반추함으로써 기독론적인 믿음을 갖게 되었을 수는 있다손 치더라도(어빈의 주장대로),[74] 그의 회심에 대한 **서약**(commitment)은 세례를 통해 공식화될 필요가 있었다. 던이 주장하듯이 바울이 이제는 세례를 받고, 자신의 죄를 정결케 하고, 주의 이름을 불러야 한다는 아나니아의 지시를 따랐을 때(행 22:16에 서술된 대로) 비로소 그의 회심-입문 절차가 **완성**되었다고 할 수 있다.[75] 따라서 우리는 이 이야기에서 성령 받음이 회심-입문 이후의 일이라는 분명한 사례를 발견할 수 없다.

멘지스는 상당히 다르긴 하지만 본질적으로는 이 본문을 여전히 전통적 오순절주의에 입각하여 설명한다.[76] 그는 사도행전 9:1-19(특히 13-17절)은 바울의 선교 소명에 대한 기사이며, 따라서 성령은 이 본문에서 선교를 위한 능력 부여로 묘사된다고 주장한다. 이러한 주장은 보다 견고한 근거를 지니는데, 양식비평의 관점에서 볼 때 이 본문(그리고 22:4-16; 26:12-18에 연관된 전승들)[77]은 구약의 예언자적 위탁과 깊은 관계가 있기 때문이다.[78] 다메섹 도상에 관한 기사는 분명히 바울의 회심과 관련이 있지만, 9:13-16의 초점은 주로 그리스도 선교의 대리자로서의 바울의 소명에 맞추어진다. 또한 이 본문은 성령의 선물을 언급하는 본문 바로 앞

---

74   Ervin, *Conversion-Initiation*, 42-44은 신의 현현의 문맥에서는 "선생님이여"(sir)보다는 주여(κύριε)가 더 잘 어울리며, 바울의 심리적인 "회심"은 아나니아가 그에게 오기 이전에 완성되었을 것이라고 올바르게 주장한다.

75   Dunn, *Baptism*, 73-78.

76   Menzies, *Development*, 260-63.

77   이 기사들 간의 관계에 대해서는 다음을 보라 K. Löning, *Die Saulustradition in der Apostelgeschichte* (Münster: Aschendorff, 1973), 1장; G. Lohfink, *The Conversion of Saint Paul* (Chicago: Franciscan Herald Press, 1976); C. W. Hedrick, "Paul's Conversion/ Call: A Comparative Analysis of the Three Reports in Acts," *JBL* 100 (1981), 415-32.

78   특히 다음을 보라. Munck, *Paul*, 25-35. 다음 문헌들과도 비교해보라. T. Y. Mullins,

에 위치한다.[79]

바울의 치유와 성령 받음이 9:17에서 예상되었다는 것은 회심과 소명의 전체 과정의 보편적 정황 속에 있다. 그러나 안수의 의미와 바울이 성령으로 충만해진 정확한 시점은 불명확하다. 9:12의 관점에서 볼 때 안수는 순수하게 주님의 치유를 전달하는 것이다. 즉 이것은 치유 기적을 위한 일반적인 장치(paraphernalia)다. 따라서 다음과 같이 사건의 순서를 추정해볼 수 있다. 아나니아가 먼저 바울의 치유를 위해 안수한다(9:12, 18).[80] 뒤이어 바울은 세례를 받고 음식을 먹는다(9:18). 바울은 여기서 물세례 때나 혹은 물세례 바로 이후 즉시 성령을 받았다고 볼 수 있다(이는 2:38의 규범에 부합한다).[81]

그러나 9:17을 토대로 누가의 의도를 알아내는 것은 쉬운 일이 아니다. 여기서 아나니아는 바울에게 안수하면서 다음과 같이 말한다. "주께서 나를 보내어 너로 다시 보게 하시고 성령으로 충만하게 하신다." 9:14-16의 바울의 부르심에 대한 구체적인 언급과 더불어 바로 이어지는 바울의 설교 기사(참조. καὶ εὐθέως, 9:20)를 토대로 일부 학자들은 아나니아의 안수 행위가 바울에 대한 일종의 서임이나 선교 위탁임을 제안하고, 또한 그것은 바울의 부르심을 성취하는 성령을 부여하기 위한 의도

"New Testament Commission Forms, Especially in Luke-Acts," *JBL* 95 (1976), 603-14; B. J. Hubbard, "Commissioning Stories in Luke-Acts: a Study of Their Antecedents, From and Content," *Semeia* 8 (1977), 103-26; Hedrick, "Paul's Conversion/Call," 415-32.

79 9:13-16이 언제 전승에 포함되었는가에 대한 열띤 논쟁이 있다. Löning은 이 본문에 있는 대부분의 자료가 누가 이전의 단계에서 바울의 회심과 치유에 관한 보다 초기의 단순한 이야기에 이미 첨가되었을 것이라고 주장한다(그리고 그는 누가 자신이 9:17-18, 20에 있는 바울의 선교 활동과 세례 그리고 성령 충만에 관한 언급도 추가하였다고 주장한다[*Saulustradition*, 25-48, 114-115]). Burchard, *Zeuge*; Hedrick, "Paul's Conversion/Call," 415-32; Lüdemann, *Christianity*, 106-16은 행 9:13-16을 편집된 본문으로 간주한다.

80 R. F. O'Toole, "Christian Baptism in Luke," *RevRel* 39 (1980), 855-66(특히 862).

81 Dunn, *Baptism*, 78.

였다고 주장한다.[82]

그러나 이 마지막 주장은 개연성이 떨어진다. 우리는 καὶ πλησθῇς πνεύματος ἁγίου("성령으로 충만하게 될 것이다")라는 구절이 다분히 누가적이라고 확신하는데, 이는 그 의미가 다소 일반적이지 않다 하더라도,[83] 여기서 사용된 어휘가 독특하게 누가적이라고 할 수 있기 때문이다. 그러나 만약 누가가 이것을 그 전승에 추가했다면 이 이야기에 나타난 안수 행위가 **단순히 치유를 위한** 것이었음을 충분히 인식했을 것이다(9:17과 9:12). 따라서 누가가 여기서 그의 독자들이 이 안수 행위를 다음 세 가지 의미로 받아들였을 것으로 기대했다고 믿기는 어렵다. 기도를 통한 하나님의 치유 능력의 전달 + 서임의 행위 + 성령의 전달. 이 가운데 첫 번째와 마지막은 쉽게 합쳐질 수 있지만, 서임을 위한 행위로서의 안수는 8:17과 19:5-6에서처럼 이 상황과 잘 어울리지 않는다. 그렇다면 누가는 아나니아의 안수 행위를 하나님의 치유의 능력과 성령의 선물을 동시에 수여하는 것으로 이해했을까, 아니면 치유의 능력만을 수여하는 것으로 이해했을까? 이 질문은 답하기에 다분히 어려운 점이 있지만 한 가지를 고려해 보면 후자의 가능성이 훨씬 더 높아진다. 사실 누가는 치유 자체의 구체적인 현상(9:18a)에 관해서는 자세히 언급하지만, 성령 주심이나 성령의 전형적인 은사의 나타남에 관해서는 전혀 언급하지 않는다(우리는 사도행전의 그 어느 곳에서보다 여기서 방언을 기대할 수 있었을 것이다[참조. 고전 14:18]). 그러므로 우리는 9:17의 안수는 (9:12에서처럼) 치유만을 위한 것이라고 결론지을 수 있고, 또한 그가 시력을 회복하고, 아나니아에게 세

---

82 따라서 Lampe, *Seal*; Bruce, 239; Stronstad, *Theology*, 65-66; Menzies, *Development*, 262-263; Shelton, *Word*, 131(물론 Shelton은 누가의 이중적 의미 사용 가능성을 수용하고 성령이 증언뿐만 아니라 구원론적인 역할을 위해 주어진다고 말한다).

83 누가는 πίμπλημι의 부정과거 직설법을 주로 단시간적인 사건, 즉 구체적인 성령 감동 사건을 나타내는 데 사용하지만, 여기서 사용된 부정과거 가정법은 기동적(ingressive) 의미와 심지어 사실을 진술하는(constative) 의미를 지닌다.

례를 받았으며, 그 결과로 성령을 받았다(행 2:38의 규범에 부합하는)고 주장할 수 있다. 요약하자면 9:17c의 아나니아의 말은 단지 바울의 안수만을 언급한 것이 아니라 그가 즉각적으로 시력을 회복하면서부터 성령을 받기까지 그의 전반적인 선교 소명을 설명한다.

이 본문은 바울의 회심-입문과 성령 받음에 대한 누가의 관점에 대하여 어떻게 말하고 있는가? πλησθῆς πνεύματος ἁγίου("너는 성령으로 충만하게 될 것이다")라는 어구는 누가의 일반적인 회심-입문 언어와 부합하지 않는다. 그는 모든 그리스도인이 "성령으로 충만"하다고 생각하지 않는다. 우리가 살펴본 대로 이러한 (직설법적인) 언어는 보통 어떤 즉각적인 영감과 관련이 있다. 그러나 그 의미를 여기서 적용하는 것—마치 아나니아가 바울이 성령을 받는 순간에 어떤 돌발적이고 은사적인 표명을 약속한 것처럼—은 진부한 생각일 것이다. 오히려 이러한 언어는 성령의 역사가 특히 강하게 나타났던 바울의 사역에 대한 누가의 그림을 예비하기 위해 의도된 것으로 보인다. 태중에서부터 성령이 충만한 세례 요한(눅 1:15)과 세례 이래로 성령으로 충만했던 예수처럼(눅 4:1, 14) 바울도 그의 선교와 가르침과 목회 사역을 통해 성령의 충만함을 경험할 것이다. 따라서 9:15의 맥락에서 보면 성령은 그리스도의 증인으로서 바울이 지금 받은 선교 소명을 성취하기 위한 능력으로 나타나며, 또 이 성령은 누가복음 24:46-49과 사도행전 1:8에 기록된 예수의 제자들의 경우처럼 선교를 위한 능력 부여로서 "예언의 영"을 받은 오순절적 선물이며, 비범하며 강렬한 현존이다. 그러나 쉘튼이 지적한 바와 같이 바울이 경험한 성령의 선물은 필연적으로 이 요소만을 수반하지 않는다. 회심-입문의 정황 속에서 그가 경험한 성령의 선물에는, 우리가 곧 살펴보겠지만, 더 넓은 이해와 해석이 담겨 있다.

2.4. 사도행전 10:34-48, 11:11-18, 15:7-11: 고넬료와 다른 이방인들의 성령 받음

고넬료 이야기는 어떤 의미에서 사도행전에 나타난 선교와[84] 교회론의 핵심이라고 할 수 있다. 중심 사도 중 한 명을 통해 베풀어진 고넬료 가정의 세례(할례와 토라에 대한 충성이 우선하지 않은 채)는 원칙적으로 더 이상 토라 중심의 이스라엘이 아닌 변화된 이스라엘을 나타내며, 이를 통해 "하나님의 백성"의 본질을 재규정한다.[85]

추기: 고넬료 이야기에 대한 전승과 편집

전승과 편집에 대해서는 비평적인 합의가 이루어진 부분이 거의 없다.[86] 현재까지 가장 통찰력 있는 설명을 제시한 학자는 보봉이다. 그는 이 두

84　Wilson의 다음 견해와 비교해보라. "사도행전에 있는 다른 어떤 내러티브도 고넬료 이야기만큼 서사시적으로 다루어지지 않는다.…이것은 이방인들이 교회에 입교하게 되는 훌륭한 시험 사례다)"(*Gentiles*, 177).

85　본서 10장 §3.2를 보라. 참조. E. Haulotte, "Fondation d'une communaute de type universel: Actes 10:1-11:18. Etude critique et la redaction, la 'structure' et la 'tradition' du recit," *RechSR 58* (1970), 63-100.

86　Dibelius(*Studies*, 109-22)와 Conzelmann은 행 10-11장의 모든 부분이 누가의 편집 (11:1-18 전체를 포함하여)이라고 주장한다. 누가가 사용할 수 있었던 유일한 전승 자료는 신학적으로 결함이 없는 하나님을 경외한 한 경건한 이방인의 회심에 관한 이야기와 정결한 음식과 부정한 음식에 대한 문제에 관한 환상 이야기(그럼에도 불구하고 이 이야기는 다른 역사적 정황으로부터 왔다)다. W. C. Van Unnik은 이 이야기를 최초의 유대 기독교와 후기 바울적 이방 기독교 사이에 존재했던 기독교의 한 유형을 암시하는 것으로 본다. 즉 이러한 유형의 기독교는 할례와 정결법의 필요성을 폐기하고, 믿는 유대인뿐 아니라 경건하고 고결한 이방인 신자도 포함하는 확대된 "이스라엘"을 인정하는 기독교다("De achtergrond en betekenis van Handelingen 10:4 en 35," *NedThT* 3 [1948-1949], 260-83, 336-54; F. Bovon, "Tradition et redection et Actes 10:1-11, 18," *L'Oeuvre de Luc*, 103). 그러나 Haenchen은 만약 이 이야기들이 **비**할례자들이 성취된 교회/이스라엘에 들어오는 문제와 관련이 있었다면(참조. 11:3), 이 이

장의 저변에 깔려 있는 두 가지 주요 전승을 다음과 같이 구별한다.

(1) 최초의 환상으로 구성된 어떤 경건한 로마 백부장의 회심에 대한 설명(10:1-8); 성령이 베드로에게 고넬료가 보낸 사람들과 함께 갈 것을 명령함(10:19b-20); 가이사랴에 도착한 베드로(대략 10:24-33, 그러나 베드로의 환상[27-29a]에 대한 누가의 언급이 생략됨); 성령 강림으로 베드로의 설교가 중단되고, 결과적으로 더 이상의 조건 없이 고넬료의 집안에 세례를 허용함(10:34a, 44-48[이 연설의 내용은 누가적이기 때문에 제외된다]).[87]

(2) 어떻게 이 공동체가 음식 정결법을 포기하게 되었는지, 또한 정결하고 부정한 음식의 구분(부분적으로 10:9-17a, 혹은 전체적으로 11:2-10의 대부분)을 폐지하는 베드로의 환상을 통해 어떻게 그들이 유대 그리스도인과 이방인 그리스도인이 함께 먹는 식탁 교제를 허용하게 되었는지에 대한 병인학적(etiological) 이야기. 보봉은 이러한 환상이 안디옥에서 일어난 사건(갈 2:11-12)에서 베드로가 이전에 경험했던 자유(그리고 다른 안디옥 그리스도인들이 누리던 자유)를 설명할 수 있을 것으로 생각한다.

그러나 이러한 추론은 베드로의 환상이 누가가 이해하는 것처럼(참조. 10:17, 19a) 수수께끼 같거나 비유적인 것이라기보다는 단순히 문자적인 자료로 취급되었다는 전제에 기초한다.[88] 또한 역사적으로 그 환상을 정결법에 대한 신적인 폐지로서 해석하는 것도 옳지 않다. 만일 베드로의 환상이 분명한 의미를 지니고 있고, 또한 그의 환상이 보봉이 제안하는 것처럼 병인학적인 이야기 속에서 폭넓게 받아들여진다면 갈라디아서 2:11-14의 반전과 사도행전과 여러 서신에 반영되어 있는 유대 그

야기들은 언제나 논란의 여지가 있었을 것이라고 올바르게 지적한다.

87 물론 Bovon("Tradition," 113-17)은 이 본문이 일부 전승 자료를 포함한다고 생각한다.

88 Wilson, *Gentile*, 174. Lüdemann, *Christianity*, 127, 130-31은 누가가 그 환상을 그의 이야기에 개작하기 위해 이 수수께끼 같은 특정적 이야기를 인공적으로 만들었다고 주장한다. 하지만 이 주장은 유대교에 나타나는 대부분의(?) 환상은 수수께끼 같은 특징을 지니며, 따라서 신중한 해석이 필요하다는 사실을 간과하고 있다.

리스도인 공동체의 음식 정결법 문제에 대해 널리 퍼져 있던 관심을 이해하기는 더욱 어려울 것이다. 물론 이 점이 많은 주석가들이 이러한 환상과 해석을 역사적 베드로에게 돌리는 것이 불가능하다고 보는 이유다. 그러나 만약 우리가 이 환상이 수수께끼와 같은 것이어서 그 상징이 의도하는 바가 명확히 진술되지 않았다는 점을 인정한다면, 우리는 음식 정결법에 대한 문자적인 질문과 사람들과 관련된 그 정결법에 대한 질문의 함의가 신중하게 해석되어야 할 필요가 있고, 또한 논쟁과 수정이 필요하다는 것을 알 수 있다. 물론 이 사건에서 환상의 요소(이전에 부정했던 음식이 정결하다고 선언된 것)와 이 이야기가 제공하는 지시 대상(이전에 "부정했던" **사람들**이 "정결하다"고 선언된 것) 사이에는 상당히 밀접한 관계가 있다. 부정한 음식을 먹는 것은 이방인들과 그들의 가정을 "부정하게" 만들었고, 종교적으로 신중한 유대인들에게는 위협이 되었던 전형적인(독점적이지는 않지만) 요소였기 때문이다.[89] 이러한 지적은 자연스럽게 그 환상이 이방인에게 환대를 베풀고 그들과 식탁교제를 나누는 문제와, 이방인을 하나님의 백성에게 포함시키는 두 가지 문제가 중요한 현안이 되는(전자에 관해서는 10:20, 23, 28, 48b; 11:3, 12을 보라. 후자에 관해서는 10:47-48; 11:14, 17-18을 보라) 사도행전이 설정한 맥락에 적합한지를 보여준다.

그러나 누가의 관점에서 보면 비록 베드로와 유대 교회는 정도의 차이는 있을지언정 서로 꺼리는 파트너였지만, 교회가 이 결정적인 단계에 참여하게 한 것은 하나님 자신이었고, 각 단계에서 그것을 합법화한 분은 성령이었다(10:19-20, 44-48; 11:12, 15-18; 15:8-9).[90] 이 본문들은 신자들에게 주어진 성령의 선물의 본질에 대해 어떤 관점을 제시하는가? 거

---

89   참조. Wilson, *Gentile*, 174-76; Marshall, 180-82.

90   예를 들어 Haenchen, 362; Wilson, *Gentiles*, 177; Tannehill, *Narrative Unity*, II, 128-45; Squires, *Plan*, 116-19을 비교해보라.

의 보편적으로 동의하는 한 가지 견해는 누가가 고넬료 사건을 사도행전 2장과 병행을 이루도록 묘사하며, 이로써 이것을 "이방인의 오순절"로 그렸다는 것이다.[91] 여기에 고려해야 할 중요한 요소는 다음과 같다.

공통적이면서도 독특한 언어. 10:45은 "성령의 선물"(참조. 2:38-39, 11:17, 그리고 이들 자체)과 이방인들에게 "부어 주심"(참조. 욜 3:1 = 행 2:17-18, 33, 그리고 다른 예는 없다);[92] 11:16은 고넬료의 경험을 "너희는 성령으로 세례를 받으리라"는 예수의 어록의 성취로 묘사한다. 그러나 이 묘사는 오순절을 예기하는 1:5를 제외하고 어느 곳에서도 나타나지 않는다.

공통적인 경험. 두 경우 모두(19:6의 경우보다 더) 극적인 성령의 등장으로 구성되어 있고, (사마리아의 경우와는 다르게?) 방언 찬양(glossolalic praise)의 형식이 즉각적으로 눈에 띈다.[93]

사도들의 구체적인 비교. 참조. 10:47 "우리가 경험했던 것처럼 (그들은 성령을 받았다)"; 11:15 "처음 우리에게 임했던 것과 같이 (성령이 그들에게 임하셨다)"; 11:17 "하나님이 우리에게 주었던 것과 같은 선물을 그들에게 주었다…"; 15:8 "우리에게와 같이 그들에게도 성령을 주어 증언하시고."

고넬료의 가정에 주어진 성령의 선물은 요엘에 의해 약속되고, 오순

---

91 특별히 다음을 보라. Kremer, *Pfingstbericht*, 191-97; Haya-Prats, *L'Esprit*, 180-82, 189-92, 215-17., 그러나 또한 다음 문헌도 보라. Stronstad, *Theology*, 67; Tannehill, *Narrative Unity*, II, 142; E. Richard, "Pentecost as a Recurrent Theme in Luke-Acts," in E. Richard (ed.), *New Views on Luke and Acts* (Collegeville, MN: Liturgical Press, 1990), 133-49, 181-83(특히 137-39); Menzies, *Development*, 267; D. Schneider, *Der Geist, der Geschichte macht* (Neukirchen: Aussaat, 1992), 43-46 등.

92 다르지만 서로 밀접하게 연관된 두 동사가 사용되었다(ἐκχέω와 ἐκχύννομαι [ἐκχέω의 헬라적 형태]).

93 오순절이 보다 극적이며, 가이사랴에서는 소리나 불의 혀와 같은 현상은 없으며 고넬료 이야기는 외국 방언(xenolalia)을 말하지 않는다. (이 문제에 주목하는 학자들에 대하여 Menzies의 다음 문헌을 보라. Menzies, *Development*, 265.) 누가의 묘사는 또 다른 가벼운 언어적 병행을 이루는데 오순절의 은사적인 송영은 하나님의 μεγαλεῖα("위대함")을 선언하는 반면 10:46은 그들이 하나님을 "높였다"(μεγαλυνόντων)고 말하는 의미상으로 관련이 있는 동사를 사용한다.

절에 그리스도 사건을 통해 성취된 "예언의 영"이다. 그렇다면 멘지스가 주장한 대로(동시에 이것에 대한 직접적인 증거는 없다는 것을 인정하면서) 이 예언의 영이 두 번째 축복으로서 "가이사랴의 예언자 무리"가 효과적으로 "선교 사역에" 참여하게 할 수 있는 능력인가,[94] 아니면 던이 주장한 것처럼 이 이방인들이 죄 사함을 경험하고 구원에 들어가게 하는 구원론적인 영인가?[95] 멘지스는 만일 이 성령이 예언의 영이라면 이것이 구원론적인 의미도 함께 지닐 수 없다고 너무 쉽게 가정하는데, 이것은 선결 문제 요구의 오류의 위험이 있다.[96]

던은 세 가지 요점을 제시한다. (1) 고넬료는 베드로가 전하는 하나님의 죄 사함의 메시지를 들은 직후에 성령을 받는다(10:43-44). 따라서 성령은 하나님의 죄 사함 이후에 경험되는 어떤 추가적인 것이 아니라 고넬료가 추구해온 수용과 용서를 만들어낸다.[97] (2) 11:18("하나님께서 이방인에게도 생명 얻는 기회를 주셨도다")은 11:17의 "병행"적인 진술("하나님이 우리에게 주신 것과 같은 선물을 그들에게도 주셨다")의 관점에서 해석되어야 한다. 즉 성령의 선물은 생명으로 이끄는 회개의 선물이다.[98] (3) 15:9에서 하나님이 유대인과 이방인을 차별하지 않고 "믿음으로 그들의 마음을

---

94 *Development*, 267. 10:46에서의 방언(glossolalia)은 돌발적인 카리스마적 찬양(invasive charismatic praise)이며 그리고 불신자들은 그것을 듣지 못한다. Shelton(*Word*, 133)에게 있어 여기서 "성령의 영감을 받은 증거는 (누가의) 생각을 지배한다." 그러나 만약 그렇다면 카리스마적 성령의 드러남은 하나님이 이러한 이방인들을 수용하는 것을 제공한다는 증거일 뿐이지, 이방인들 자신이 외부자에게 나타내는 증거가 아니다.

95 *Baptism*, 70-82; "Baptism," 12-16.

96 Menzies에게 있어 오순절에 부어진 예언적 성령과 고넬료에게 주어진 성령의 선물을 동일시하는 것은 Dunn의 견해와는 "결정적으로 반대"되는 것이다("Luke," 136; *Development*, 267). 그러나 Dunn이 주장하는 것처럼, 성령은 "예언의 영"이며 동시에 구원론적 영이다("Baptism," 3-27). Menzies의 반제는 불필요한 것으로 고려되어져야 할 것이다.

97 *Baptism*, 80, 참조. "Baptism," 13-14.

98 *Baptism*, 81; "하나님이 성령을 주셨다(11:17)는 것은 하나님이 생명을 얻는 회개를 주셨다는 의미다(11:18)," "Baptism," 14.

깨끗하게 하사"라는 진술은 바로 앞에 나오는 15:8의 "마음을 아시는 하나님이 우리에게와 같이 그들에게도 성령을 주어 증언하시고"라는 진술과 동일하며 이를 더욱더 분명하게 해준다.[99]

불행하게도 이 주장들은 각 경우마다 증거가 불충분하다. (1) 고넬료가 받은 것은 은사적인 발언으로 나타난 "예언의 영"이었다. 이것은 죄사함과 수용에 대해 명백하게 "추가적인" 요소를 담고 있기 때문에, 우리는 단순하게 하나님의 용서와 성령 받음을 동일시할 수 없다. 던의 수정된 주장은 성령을 "죄 사함의 구체적 표현이나 전달자"로 조심스럽게 말한다.[100] 이것이 가능하긴 하지만 반대 견해도 만만치 않은데, 사실 누가는 다른 본문에서 믿음(그리고 예수를 통한 하나님의 용서와 수용에 대한 인정)을 성령을 받음으로 나타나는 결과라기보다는 설교자가 전하는 성령의 능력 있는 말씀 선포를 통해(누가복음을 통해서처럼) 이끌어내어진 것으로 생각한다.[101] 10:34-48의 고넬료의 회심 사건은 우리가 성령의 역사하심을 알아차리지 못할 만큼 너무 빨리 지나간다. 그러나 11:14과 15:7은 그러한 믿음이 베드로의 말에 의해 불붙기 시작했음을 자연스럽게 암시할 수 있고, 만약 그렇다면 15:8은 하나님이 기독교의 예언의 영의 선물을 그들에게 부어주심으로써 청중들 속에 성령의 이러한 사역을 **증명했다**는 것을 의미할 수 있을 것이다.

(2) 11:17과 11:18은 모두 하나님이 이방인들에게 어떤 은혜를 "부어주셨음"을 말해준다. 그러나 여기서 성령의 선물(17절)이 회개의 선물(18절)과 **동등한 것**이라고 결론 내리려는 것에는 동의하기 어렵다. 11:18b은 11:3-17 전체를 통해 내려진 결론이지, 17절에서 언급된 베드로의 전제를 단순히 재진술한 것이 아니다. 만약 하나님이 고넬료의 가

---

99   *Baptism*, 81; "Baptism," 14-16.

100   "Baptism," 13.

101   결국 다음을 보라. Haya-Prats, *L'Esprit*, 121-125.

정에 오순절 날 유대 그리스도인들이 받은 것과 동일한 특별한 예언의 영의 선물을 주셨다면, 그는 이스라엘의 성취(참조. 5:31-32)로 알려진 동일한 "회개"와 그들을 "생명"으로 이끄는 동일한 길(참조. 13:48; 눅 18:30)을 이방인들에게도 허락했어야만 했을 것이다. 그러나 어떠한 상황 속에서도 우리는 단순히 "동일한 선물"(=성령)을 μετάνοιαν εἰς ζωὴν ἔδωκεν("영생으로 이끄는 회개")과 동일시할 수 없다. 사도행전 다른 곳에서 μετάνοια는 성령의 선물 그 자체가 아니라 명백히 성령의 선물을 받기 위한 조건이다(2:38-39). 또한 "생명"은, 만약 이것이 전적으로 종말론적인 것이 아니라면, 적어도 부활의 삶을 포함하며, 따라서 오순절 성령의 선물의 열매보다는 그 범위가 더 넓다고 할 수 있다.[102]

(3) 15:8-9의 구조만으로는 "그들에게 성령을 주다"(15:8)와 "믿음으로 그들의 마음을 깨끗이 하사"(15:9)가 동일한 신적 행위를 묘사하고 있는지가 자명하지 않다. 사실 이 두 종속절은 서로 다른 두 주절("하나님이 그들에게도⋯증언하시고"와 "그들이나 우리나 차별하지 아니하셨느니라")을 뒷받침해주며, 전체 논증에서 서로 다른 역할을 수행한다. 15:9b은 15:8b을 명백하게 하는 기능을 수행하지 않고,[103] 15:10-11의 결론을 위한 근거를 제시한다(따라서 10a의 οὖν은 유추의 의미, "그러므로"). 따라서 여기서 전개하는 논지는 하나님이 이 이방인들의 마음을 믿음으로 깨끗하게 하셨

---

102 Dunn은 자신이 쓴 *JPT* 소논문에서 모든 강조를 "생명"을 얻는 것에 두고, "성령의 선물은⋯전적으로 회개로 인해 얻게 된 생명을 구체화하는 것"("Baptism," 14, n. 30)이라고 주장함으로써 회개의 선물은 성령의 선물과 동일시될 수 없다는 Menzies의 주장을 회피하려고 한다. 그러나 이것은 문제를 회피하려는 것처럼 보인다. 누가에게 있어 강조점은 회개의 질적인 면에 있다: 예를 들어 (5:31-32에 따르면) 하나님이 이스라엘에게 소망을 주기 위해 예수를 높인 것과 같은 종류다. 따라서 이들 이방인들 역시 하나님의 백성으로 인정되며, 용서 받고, 또한 생명의 길에 서게 된다. 하나님은 성령을 그들에게 주심으로써 자기 백성임을 입증한다(참조. 5:32).

103 쿰란에서 마음을 정화시키는 것이 성결의 영의 작용으로 간주된다는 것에는 의심의 여지가 없지만, 그러한 정화는 개개인의 입교자가 공동체에 들어가기 위해 (의식적인 [ritual]) "성결의 영을 받음으로" 성취된다는 어떠한 증거가 없다(Thiering, "Cleansing," 276).

으므로(토라에 대한 헌신[특히 할례와 정결법]을 통해 그들이 정결함에 이르는 것이 아니라) 그들에게는 모세의 율법이 필요 없다(문제의 핵심)는 것이다. 따라서 15:8의 기능은 하나님이(따라서 8a에서 하나님만이 인간의 마음을 아심) 이 이방인들의 마음을 깨끗하게 하셨다는 베드로의 주장에 담겨 있는 입증 불가능한 전제를 보증해주는 것이다.[104] 하나님이 "예언의 영"이라는 선물을 주셨다는 것은 그들이 "깨끗하게" 되었다는 것을 손쉽게 "입증해 준다." 왜냐하면 하나님이 이스라엘로부터 예언의 영을 거두어드린 이유가 이스라엘의 죄 때문이며, 하나님이 이스라엘을 회복하실 때에서야 비로소 이 선물이 되돌아올 것이라는 전제가 유대인들 사이에 만연해 있었기 때문이다.[105] 만약 "예언의 영"이 영적/윤리적 갱생을 위한 주요 영향력으로 여겨졌다면, 아무래도 성령의 선물이 지닌 "증거"로서의 가치가 논리적으로 더욱 높아졌을 것이지만,[106] 베드로의 논증은 그러한 전제 없이도 적절하게 전개된다(참조. 5:32).[107] 따라서 던의 주장에 대한 멘지스의

---

104 Menzies, "Luke," 136; 참조. Haya-Prats, *L'Esprit*, 126-128. Dunn은 만약 고전적 오순절주의의 모델이 지지받기 위해서는 15:8-9의 "순서"가 바뀌어야 한다고 주장한다 (성령을 받는 것 앞에 마음의 정결을 두어야 함). 그러나 15:8-9의 "순서"는 시간적인 문제가 아니다. 그것은 대립하는 집단들(예를 들어 "예언의 영"의 선물을 받은 이방인들) 사이에 알려져 동의할 수 있는 것에서 시작하여 그 지식(하나님이 율법의 백성을 편애하여 구별하지 않았고 율법 없이도 이 이방인들을 정결케 하셨다는 사실)에서 추론 될 수 있는 데까지 진행된다. 이방인들을 인정하기 위한 결정으로서의 방언에 대해서는 다음을 보라. Esler("Glossolalia," 136-42); P. Borgen("Jesus Christ, the Reception of the Spirit, and a Cross-National Community," in Green and Turner [eds.], *Jesus*, 220-35).

105 본서 3장을 보라.

106 이 점에 대해서는 내가 본서 5장에서 이미 논증한 바 있다. 또한 본서 13장을 보라.

107 또 다른 한 요소가 Dunn보다는 Menzies의 견해를 지지한다. 15:8a의 "사람의 마음을 아시는 자"로서 하나님에 대한 묘사는 아마도 15:9을 예기하고, (고넬료에 대해) 하나님은 이 사람의 마음이 (믿음으로) 깨끗해질 것을 아시고, 따라서 성령을 수여함으로 그의 상태를 증언할 것을 함축한다. 다시 말하면 믿음으로 마음을 깨끗이 한다는 것(15:9b)은 이미 이를 입증하는 성령의 선물보다 선행하는 것으로 간주된다(15:8b). 하나님은 이방인들의 마음을 아시기 때문에 믿음으로(성령의 선물을 통해) 그들의 마음을 깨끗하게 하시기로 결정하신다는 또 다른 독법은 이 사례와 관련이

비판은 던의 취약점을 잘 파고들었다고 할 수 있다.

하지만 다음 두 가지 주장은 성령이 멘지스가 인정하려는 것보다 이 이방인들의 구원과 더 밀접하게 연관되어 있음을 암시한다. 첫째, 설령 순서가 사도행전 2:38에서 전제하는 것과 다르다 하더라도(전적으로 이해할 만한 이유 때문에; 참조. 10:46-48), **우리는 다시 한번 회심의 회개와 세례가 서로 직결되어 있는 성령의 선물의 "규범"으로 되돌아왔다는 것을 지적할 필요가 있다.** 고넬료는 오순절의 성령 선물을 받지 않은 "그리스도인"의 예가 아니다.

한편 사도행전 10:2, 4, 22, 31, 33이 긍정적으로 묘사하고 있는 고넬료의 경건한 신앙과, 하나님은 자기를 경외하는 자(고넬료 같은, 10:2 등)는 모두 "받으신다"(δεκτός)는 하나님의 공평하심에 대한 선언(10:34-35)과 더불어, 하나님께서는 우리에게 아무도 속되거나 부정하다고 해서는 안 된다고 말씀하셨다는 베드로의 선언(10:28)을 근거로 이와는 정반대되는 주장이 제기되어왔다. 하나님이 "받으신다"는 표현과, 이와 대조를 이루는 "속되다"와 "부정하다"는 표현은 전통적으로 유대인들이 하나님 백성의 공동체와 그 밖에 있는 자들을 각각 지칭할 때 사용되었다. 그렇다면 베드로는 어떻게 고넬료에게 설교하기도 전에 이런 표현을 사용한 것일까? 빌켄스(U. Wilckens)의 답은 베드로가 여기서 고넬료가 이미 회심했음을 알고 있었다는 것이다(이에 대한 근거로 그가 제시한 증거는 예를 들어 베드로가 예수에 관한 복음을 이미 고넬료가 들었을 것이라고 믿었다는 것이다; 참조. 10:36, "너희도 [이 복음을] 알거니와"). 베드로는 단순히 이 이방인의 믿음을 하나님이 확정하신 것에 대한 증인이 되고, (세례를 통해) 고넬료가 교회에 입교하게 된 것을 감독하게 된다.[108] 그렇다면 고넬료 사건은 진정한 믿음

있고, 제자들의 경험과 병행을 이루는(참조. 15:9a) 어떤 것을 하나님이 알고 계신다는 것인지 설명해주지 못한다.

108   *Die Missionsreden der Apostelgeschichte: Form-und traditionsgeschichtliche Untersuchungen* (Neukirchen-Vluyn: Neukirchener Verlag, 1963), 46-50, 63-70.

이 성령의 은사보다 앞서는 사도행전 8:4-24의 사마리아 사건과 대체적으로 병행을 이루는 것으로 볼 수 있다. 쉘튼도 고넬료에 대해 이와 비슷한 견해를 받아들인다.[109]

하지만 이러한 해석은 고넬료 이야기의 세 기사에서 볼 수 있는 내러티브 전개와 변조에 대해 충분한 주의를 기울이지 못한 결과다.[110] 각 기사마다 내용이 더해지기도 하고, 빠지기도 하며, 순서가 바뀌기도 하고, 세부 사항이 대체되기도 하는데, 이런 과정을 통해 주제의 단일성과 초점의 전개가 세 기사 전반에 걸쳐 서로 엮여 있음을 보게 된다. 이것은 "기능적인 중복"이라고 불리는 시학(poetics) 현상이다. 나중에 반복되는 내용은 고넬료의 경건에 대해 그 어떤 언급도 하지 않으며, 그가 단지 베드로의 연설을 듣고 믿음으로 구원을 받았다는 것만을 명백히 할 뿐이다(참조. 11:13-14; 11:18; 15:7-9).[111] 그렇다면 사도행전 10장에서 고넬료의 헌신

---

109 *Word*, 131-33. J. W. Taeger의 설명은 더 급진적이다. 바울과 달리 누가는 근본적으로 바울처럼 죄와 "육체"의 지배 아래 있는 인류 전체를 생각하지 않고, 보편적으로 필요한 "구원"에 대해 생각한다. 물론 누가에게는 회심하고 용서함을 받은 "죄인"도 있지만, 고넬료처럼 "의롭고"(10:22) "경건하며"(10:2, 7), 한 하나님을 섬기고, 경외하며, 백성을 구제하고, 항상 기도하는 사람(10:2)도 있다. 그들의 기도와 구제는 하나님이 이미 들어주셨고(10:4, 31), 따라서 그들의 "회심"과 "구원"은 새로울 것이 없는 불분명한 사건이다(*Mensch*; J. W. Taeger, "Paulus und Lukas über den Menschen," *ZNW* 71 [1980], 96-108).

110 이에 관한 간략한 설명은 다음을 보라. R. D. Witherup, "Cornelius Over and Over Again: 'Functional Redundancy' in the Acts of the Apostles," *JSNT* 49 (1993), 45-66.

111 첫 번째 사건(행 10장)에서, 고넬료의 구원의 본질, 그 구원과 관련된 그의 헌신과 믿음, 하나님 앞에서 "깨끗하고" 또한 "받아들여질 만한" 그의 지위, 그리고 그가 세례를 받게 된 근거와 교회에 입교 허가를 받는 모든 것은 불명확한 것으로 남아 있다. 그러나 이 기사의 이야기들을 다른 말로 바꾸어 보면 이러한 문제들을 보다 명확히 할 수 있다. (1) 비록 행 11장에서 베드로의 환상이 상세하게 반복되었지만, 10장에서 아주 강조되어 있는 고넬료의 경건 — 이것은 10장에서 그가 깨끗하다고 취급받을 수 있었던 근거가 될 수 있었다 — 은 11장과 15장에는 전혀 언급되지 않는다. (2) 오히려 11:13-14에서 우리는 고넬료가 너와 너의 집이 구원받게 될 것이라는 메시지를 듣기 위해 베드로를 부르는 것을 보게 되는데(10:5, 22, 23에서 왜 베드로가 보내져야 하는지 아직 드러나지 않게 조성된 긴장과는 대조적으로), 그 "구원의 메시지"는 "생명으로 이끄는" 하나님이 주신 "회개"를 수반한다(11:18). 그리고 만약 11:15이 (10:44와 같이) 베드로가

에 대하여 칭송하듯이 묘사한 의미는 무엇인가? 그것은 고넬료가 이미 필수적으로 "기독교인"이었다는 것을 묘사하는 것이 아니라(빌켄스와 쉘튼에 반하여), 경건한 유대인이었다는 것을 묘사하는 것이다.[112] 에슬러,[113] 저벨[114] 등 다른 여러 학자들이 올바르게 지적했듯이 고넬료는 전형적인 "하나님 경외자" 또는 "준-개종자"이자 전형적으로 기독교의 믿음을 가장 잘 받아들일 만한 사람으로 소개된다.[115] 누가는 바울 시대 교회의 상당 부분

성령의 임함 이전에 그러한 메시지를 전달할 기회가 거의 없었다는 것을 제안한다면, 15:7은 정확히 이들 이방인들이 처음으로 신자가 되었다는 것은 베드로의 메시지를 통해 재강조하는 것이 된다. 요약하면, 이야기의 진전과 조절(modulation)을 통해 내레이터는 고넬료가 어떠하든지 예수에 대해 이미 들었을 것이라고 우리에게 말해준다(10:36ff.). 베드로의 메시지는 생명과 구원으로 이끄는 회개의 믿음을 결정적으로 이끌어내는 것이었다(contra Wickens와 Shelton). (3) 비슷하게, 우리는 이러한 상태에 근거해서 그리고 하나님의 "공정성"에 대한 질문과 관련해서 점차적으로 고넬료의 "정결"의 문제에 대한 설명을 얻게 된다. 10:15, 28에서 하나님의 공정성과 아무것도 속되다고 해서는 안 된다는 베드로의 깨우침은 보편성에 있어서는 거의 잘못된 것이었다. 그러나 이것은 10:34에서 적격하게 된다; 그것은 "하나님을 두려워하고" 하나님이 "받으시는" "옳은" 일을 하는 사람이다(참조. Dupont, "Dieu," 321-23). 그러나 심지어 이 본문에 애매모호함의 정도가 있을지라도, 그 문제는 마침내 11:16(시온을 정결케 할 성령의 메시아에 대한 세례자의 약속을 떠올려 주는 것: 아래를 보라)과 15:9("믿음으로 그들의 마음을 깨끗이 하사 그들이나 우리나 차별하지 아니하셨느니라")에서 해결된다. 하나님의 공정성은 성취된 이스라엘의 메시아적 회중인 그리스도의 메시지 안에서 믿음으로 "깨끗하게" 된 유대인과 이방인 모두를 (구별 없이) "받아들이는" 것에 대한 그의 의지와 분명하게 관계가 있다. 10:36에 기록된 만유의 주 되신 예수에 대한 베드로의 묘사는 욜 3:5[2:32]에 그려져 있다(참조. J. Dupont, "'Le Seigneur de tous' [Ac 10:36; Rm 10:12]," in G. F. Hawthorne and O. Betz [eds.], Tradition and Interpretation in the New Testament [Tübingen: Mohr, 1987], 229-36, 232-234). 고넬료의 기독교 이전의 경건성이 이바지하는 바는 이 복잡한 기사의 발전적인 해명으로 선명하게 상대화 된다.

112 참조. Wilson, Gentiles, 176. "이방인들이 나쁜 무리들이 아니라는 것을 보여주기 위하여."

113 P. F. Esler, Community and Gospel in Luke-Acts (Cambridge: Cambridge University Press, 1987), 특히 2-5장.

114 J. Jervell, "The Church of Jews and Godfearers," in Tyson (ed.), Luke-Acts, 11-20.

115 이것은 누가 당대의 교회가 주로 헬라 유대 기독교인들과 하나님 경외자들로 구성되어 있었기 때문이라고 볼 수 없으며 (하나님을 경외하는 많은 자들이 회당에 소속된 것은 아니었다), 또한 누가가 그의 (유대적) 교회들에서 심사숙고한 유일한 종류의 이

이 회당에 참여하며 하나님을 경외하는 이방인 집단에서 왔고, 그들이 복음에 대해 유대인들보다 훨씬 더 긍정적인 반응을 보였다는 것을 인지하였을 것이다. 신학적으로 이 그룹은 누가에게 있어 그들의 숫자가 의미하는 것 이상으로 중요성을 지니고 있었다. 첫째, 그들은 유대교에 대해 상대적으로 완전한 이해를 가지고 있는 집단(유대 기독교인들처럼)을 대표했고, 그들이 부분적으로 복음을 받아들인 것은 복음에 대한 유대교의 거부로 인해 발생한 기독교에 대한 신뢰의 문제를 어느 정도 해결해주었다. 둘째, (누가가 확실히 그러듯이) 전형적인 회심자로서 준-개종자(특히 고넬료의 경건함 같은)를 기독교에 소개하는 것은 이방인들을 포함하고 있는 교회의 율법의 자유에 대한 유대교의 공격을 감퇴시킨다. 또한 더 중요하게 이러한 소개는 유대 기독교와 이방인 기독교에서 나타나는 차이를 최소화함으로써 교회가 언약의 자손의 진정한 집이라 할 수 있는 "이스라엘의 소망의 메시아적 집합체"가 되었다는 주장을 강하게 뒷받침한다. 그것은 종말론적 "이스라엘의 갱생"에 대한 구약의 기대와, 교회에서 바라는 그리스도인의 "소망" 사이에 존재하는 단절을 최소화한다.

둘째, 성령이 구원에 주는 의미가 멘지스가 허용하는 것보다 훨씬 더 크다는 것을 잘 보여주는 누가의 본문은 바로 11:16이다. 이방인의 오순절은 베드로에게 세례 요한의 약속에 기초한 예수의 어록을 상기시킨다. "너희는 성령으로 세례를 받을 것이다"(참조. 1:5). 베드로가 단지 이 말씀만을 "기억한다"는 사실은 "성령 세례"라는 용어가 누가나 베드로 당대에 교회에서 널리 통용되던 용어가 아니었음을 강하게 시사한다. 또한 이 용

방인들이 친(親)유대적인 하나님 경외자였다는 Jervell의 주장 역시 옳지 않다. 우리는 누가가 활동했던 시대에 디아스포라 교회 안에 다수의 이방인 그룹이 있었다는 것을 가정해야 한다. 또한 그들 중 다수는 회당과 관련이 없는 이방인 그룹들로부터 왔거나 (예를 들어 비시디아의 안디옥에서 회심한 이방인들은[13:48] 단순히 회당에서 온 것이 아니라 전체 도시에서 왔다), 심지어 루스드라(행 14:21; 20:28-29에서 전제하는 이교적 마술로부터의 많은 회심자들과 비교하라)와 같이 회당이 없는 완전한 이방인 도시에서 온 자들도 있었다.

어는 던이 주장하는 의미(성령을 통해 그리스도인의 삶으로 입문하는 것을 의미한다는 주장)나[116] 또는 어떤 두 번째 "능력 부여"를 위한 용어로도 사용되지 않았다. 만약 이러한 용어가 통상적인 것이었더라면 베드로는 의심의 여지없이 다음과 같이 확실하게 말할 수 있었을 것이다. "그들은 우리가 받은 것처럼/우리 모두가 받는 것처럼 성령 세례를 받았다"(참조. 11:17; 15:8). 이러한 통상적인 용어가 생략된 것으로 보아 베드로는 여기서 예수의 어록을 회상하고 있는 것이다. 그러나 이것은 또 다른 질문을 야기하는데, 그 질문은 왜 베드로가 예수의 말씀을 바로 여기서, 그리고 그것도 여기서만 "회상"하느냐는 것이다. 성령 받음의 잦은(때로는 극적인) 경험이 보편적이지 않은 때에 요한의 약속을 특히 적절하게 만든 것은 어떤 상황에서였는가? 이에 대한 답변은 누가가 이 어록을 **메시아가 자신이 부어주는 성령의 능력을 통해 이스라엘을 정화하고 회복하는 것으로** 이해했다는 것이다. 이 해석이 누가복음 3:16-17과 사도행전 1:5에 대한 가장 적절한 설명이 될 뿐 아니라 11:1-18의 상황에 대한 즉각적이고 이중적인 관련성을 갖는 것이며, 따라서 여기서 베드로가 그것을 기억하는 이유를 설명해줄 수 있다. (a) 이 해석은 베드로 자신이 본 깨끗함과 부정함의 실재에 대한 환상의 의미를 설명함으로써 베드로가 이를 유대 그리스도인인 할례자들이 "부정하다"고 판단하는 것들과 연계하는 것을 정당화한다(11:2-3). 여기서 암시된 것은 그리스도를 믿고 성령을 받은 이방인들이 가장 확실하게 "정결하게 되었다"는 것인데, 이는 그들 가운데 나타난 성령이 메시아가 이스라엘을 정화할 때 부여받은 바로 그 능력이기 때문이다. (b) 이것은 또한 동시에 베드로가 이방인 회심자들을 이스라엘의 소망의 성취인 교회로 병합하는 것을 정당화하는데, 메시아가 그의 영을 부어주는 모든 자가 시온의 회복에 참여한 자와 동일시되기 때문이다.

116　비유로 사용된 "세례를 베풀다"(to baptize)가 입문의 의미를 함축하고 있지 않다는 관점에 대해서는 본서 7장 §3.3을 보라.

고넬료 가정과 믿는 친구들을 통해 나타난 이러한 은사들은 이 이방인들도 승천하시고 영광을 받으신 그리스도가 부어준 성령을 통해 수행된 이스라엘을 향한 메시아적 정화와 변화 속에서 한 몫을 담당하게 됨을 보여준다.

　내가 지적한 이 두 가지 주장은 사도행전 15:8-9에서 결정적으로 결합되어 나타난다. "하나님이 **우리에게 하신 것과 같이** 그들에게도 **성령을 주어** 증언하시고, 믿음으로 그들의 마음을 **깨끗이 하사**, 그들이나 우리나 차별하지 아니하셨느니라." 여기서 예수가 성령으로 고넬료 가정에 세례를 베푸신 것은 자기 이름을 위해 한 민족을 깨끗케 한 것으로 해석된다(참조. 15:14). 다시 말하면 비록 우리가 위에서 15:9b과 15:8b을 동일시할 만한 의미론적인 **구조**를 발견하지 못했지만, 11:16은 예언의 영이 시온의 정화/회복을 위한 능력이라는 점에서 또한 동시에 구원론적인 영이라는 던의 해석이 사실상 옳은 방향을 가리키고 있음을 암시하는 아주 중요한 **개념적** 단서를 제공한다.

2.5. 사도행전 18:24-28, 19:1-6: 아볼로와 에베소의 열두 제자

에베소의 열두 제자 이야기에서 우리는 다시 한번 성령을 오직 두 번째 선물로만 받은 그리스도인 제자들에 대한 사례를 접한다. 여기서 τινες μαθηταί("어떤 제자들", 19:1; "요한의 제자들"이나 다른 누군가의 제자들과 대조를 이루는)의 사용은 그들이 그리스도인으로 소개되고 있음을 암시한다. 왜냐하면 누가복음에서 οἱ μαθηταί는 사실상 신자를 가리키는 전문용어이기 때문이다.[117] 게다가 이 "제자들"이 요한의 세례만을 알고 있었다고 말

117　Dunn(*Baptism*, 84)은 이 점을 인정한다. 참조. Aker, "Directions," §D[4]는 요한의 제자들이 기독교 사역을 위한 적절한 능력부여를 받지 못했던 진정한 신자들이라고 주장한다.

하는 것(19:4)은 누가가 그들을 아볼로의 제자들로 생각했을 수도 있음을 의미한다(18:25c에서 누가는 이와 동일한 말을 한다). 그리고 누가는 분명히 아볼로를 에베소에서 바울의 동역자들에게 하나님의 도(기독교 세례?)에 관해 더 자세히 풀어 가르침을 받은 기독교 선교사로 묘사한다(18:26).[118]

케제만(E. Käsemann)에 의하면 누가는 에베소의 열두 제자를 비정상적인 준-그리스도인으로 묘사하며,[119] 이로써 누가는 그들이 다시 세례를 받고, 하나의 거룩한 사도적 교회(*una sancta apostolica*)에 순종하도록 사도의 안수를 통해 성령을 받은 이들로 그린다.[120] 요약하자면 이러한 비정상적

---

118   예를 들어 Menzies, *Development*, 268-77(또한 Kim, *Geisttaufe*, 268-277; Shepherd, *Function*, 224-30). 세례자 아볼로를 그리스도인으로 만들기 위해 누가가 그가 사용하는 자료에 "그가 예수에 관한 것을…가르쳤다"(18:25a,b)라는 어구를 추가했다는 제 안은 18:26을 고려하면 잘못된 것으로 보인다. 이와 마찬가지로 그리스도인인 아볼로를 아직 그리스도인이 아닌 사람으로 만들기 위해 그가 18:25c, 26bc("그는 요한의 세 례만을 알 따름이라.…하나님의 도를 더 정확하게 풀어 이르더라")를 추가했다는 제 안도 26c절이나 27-28절을 제대로 설명해주지 못한다. 이와 관련하여 Barrett는 올바른 해석을 제시한다. C. K. Barrett, "Apollos and the Twelve Disciples of Ephesus," in W. C. Weinrich (ed.), *The New Testament Age: Essays in Honor of Bo Reicke* (Macon: Mercer University Press, 1984), 1, 31.

119   "The Disciples of John the Baptist in Ephesus," in *Essays on the New Testament Themes* (London: SCM Press, 1964), 136-48. Käsemann은 심지어 이 경우도 누가의 창작으로 간주한다. 역사적으로 볼 때 이 제자들은 또 다른 세례를 기다리지 않았을 것이다. 또한 세례 요한 추종 그룹들은 교회와 경쟁 관계에 있었을 것이다. 그러나 C. B. Kaiser 는 성령에 대해 들어보지도 못한 집단은 초기 교회들과 거의 접촉이 없었을 것이라고 지적한다("Rebaptism," 57-61).

120   온전한 그리스도인으로서 능력 있는 사역을 하는 아볼로가 종속적인 모습으로 그려지 는 것도 이와 비슷한 동기로 설명되곤 한다. 그렇다면 그는 오히려 바울의 동료가 아닌 바울 자신에게 가르침(그리고 재세례?)을 받은 것으로 그려졌어야 하지 않았을까? 반면 E. Schweizer, "Die Bekehrung des Apollos, Apg 18, 24-26," in *Beiträge zur Theologie des Neuen Testaments: Neutestamentliche Aufsätze* (1955-1970) [Zürich: Zwingli Verlag, 1970], 71-79은 아볼로가 유대인이자 능력 있는 회당 설교자였으며, 브리스길라와 아굴라를 통해 회심한 자라고 주장한다. 또한 누가는 "주의 도"를 "예수에 관한 것"을 의 미하는 것으로 오해했고, πνεύματι를 성령을 언급하는 것으로 생각했으며, 따라서 그를 (세례가 가져다주는 선물을 이미 갖고 있기 때문에) 성령이 필요 없는 그리스도인으로 둔갑시켰다는 것이다. 이 가설에 대한 비평은 다음을 보라. Menzies, *Development*, 268-70.

인 현상은 누가의 초기 보편주의적인 경향으로 설명된다. 그러나 누가의 "초기 보편주의" 관점에서 보는 케제만의 설명은 누가-행전에서 그 근거를 찾아보기 어렵다.[121] 스펜서(Spencer)[122]는 케제만과 볼터[123]의 견해를 거부하며, 에베소의 열두 제자와 관련하여 아볼로와 바울의 관계를 (상호 협력적이지만, 요한과 예수, 그리고 빌립과 베드로 같은) 선구자-완수자의 관계로 본다. 하지만 그의 논지는 열두 제자가 아볼로의 제자라는 의심스러운 전제에 근거한다(아래를 보라). 또한 아볼로가 효율적인 사역자가 되기 위해 완수자가 되어야 한다는 암시도 전혀 없다.

그러나 에베소의 열두 제자가 아볼로가 전도한 회심자들이었다는 견해에 전혀 어려움이 없는 것은 아니다. 누가는 그 "제자들"을 아볼로와 연계하기보다는 그들과 **대조하는** 것처럼 보인다. 아볼로는 "성령 안에서 열정적인"(zealous in the Spirit) 사람으로 묘사되지만(18:25),[124] 이 "제자들"은 성령이 주어진 것조차도 모른다(19:2). 이것은 그들이 아볼로의 제자라는

---

121 Käsemann의 견해를 수용하는 학자들의 목록은 다음을 보라, Coppens, "Mains," 426. Käsemann의 견해에 대한 반론은 8:14-17에 관한 논의와 다음의 학자들을 보라. Marshall, "Early Catholicism," 217-231; Schweizer; Barrett, "Apollos," 32-36; Menzies, *Development*, 268-270.

122 *Portrait*, 232-239.

123 M. Wolter, "Apllos und die ephesinischen Johannesjünger (Act 18:24-19:7)," *ZNW* 78 (1987), 49-73도 Käsemann의 초기 보편주의 관점을 거부하지만, 이를 누가가 (아볼로의 영적인 제자들과 분쟁 관계에 있는 바울의 교회를 배경으로) 바울을 의도적으로, 그리고 아이러니컬하게 보다 더 탁월한 영적인 사람으로 묘사하기로 결심했다는 이와 유사한 견해와 대체한다.

124 "그는 주의 도를 배웠다"는 구절과 "예수에 관한 것을 자세히 가르쳤다"는 구절 사이에서 아볼로를 ζέων τῷ πνεύματι로 묘사하는데(18:25), 이는 인간의 영("열정으로 불타는" 혹은 그와 비슷한; 참조. 롬 12:11. 또한 다음을 보라. Käsemann, "Disciples," 143; Dunn, *Baptism*, 88-89; Haenchen, 491, n. 10)이기보다는 **하나님**의 성령으로 보는 것이 가장 자연스럽다. 또한 김희성은 아볼로를 사실상 성령의 사람으로 확정하는 누가의 παρρησιάζεσθαι(18:26) 사용에 주목한다(누가복음에서 이 단어는 성령의 능력으로 복음을 선포하는 것을 나타내기 때문이다. *Geisttaufe*, 217-18). 만약 아볼로가 성령을 받지 않았다면 브리스길라와 아굴라는 구체적으로 밝혀지지 않은 신학 주제에 대해 더 정확하게 설명해주는 것보다 더 많은 것을 가르쳤을 것이다.

개연성을 떨어뜨리는 요소다.[125] 그리고 가장 중요한 것은 에베소의 "제자들"은 세례를 다시 받은 반면, 아볼로는 그러지 않았다는 것이다.[126]

우리는 이제 이 "제자들"을 면밀히 살필 때 누가가 그들을 그리스도인으로 간주했는지에 대해 의문을 제기할 수 있을 것이다.[127] 19:5에 따르면 이 제자들이 바울의 말을 들었을 때 그들은 "예수의 이름으로 세례를 받았다"라고 말한다. 그러나 이 단계를 정당화할 수 있는 것으로서 그들이 바울로부터 "들은" 것은 무엇인가? 바울은 8:15-17의 경우에서처럼 그들이 성령을 받을 수 있도록 안수하고 기도했기 때문에 그들이 들은 것이 단지 성령이 주어진다는 것일 수는 없다.[128] 19:4에 따르면 바울은 요한의 세례가 단지 회개를 위함이라는 점과 장차 오실 이에 대한 믿음을 위한 것임을 그들에게 상기시킨다. 그들이 요한의 제자들이라는 점과 바울도 그들이 **메시아를 따르는** 제자로서 세례를 받았다는 것을 가정했다는 것에 대해서는 어느 정도 알려져 있다고 보아야 한다. 세례를 다시 베푸실 이에 대한 새로운 중요한 정보와 유일하게 일치할 인물은[129] 바로 세

---

125 Menzies(*Development*, 272)는 아볼로의 성령 경험이 오순절에 대한 인식을 전제하지 않는다고 주장하면서 놀랍게도 "(참조. 눅 1-2장)"을 덧붙인다. 그러나 이 주장은 성령의 존재를 인식하지 못하는 아볼로의 제자들의 문제를 최소화하지는 않는가? 누가가 오순절 이전에 그리스도인 아볼로에게 어떤 선물이 주어졌을 것으로 생각했다고 보기는 어렵다. 그리고 어떻게 에베소 제자들이 그들에게 복음을 전한 설교자가 "열정적"이었음에도 불구하고 성령에 대해 전혀 듣지 못했을 수 있는지는 이해하기 어렵다. 참조. Atkinson의 비평, "Responses," 113-14.

126 따라서 누가는 "아볼로를 더 그리스도인답게, 열두 제자들은 덜 그리스도인답게 묘사한다"는 Barrett의 주장은 옳다("Apollos," 38).

127 정확하게 Pesch, 163-66.

128 Webb, *Baptizer*, 273-274.

129 Spencer(*Portrait*, 236)는 바울이 단지 에베소 제자들에게 이미 그들이 (아볼로의 그리스도인 제자이기 때문에) 잘 알고 있는 요한의 세례가 지닌 신학적 의미를 상기시키고 있으며, 그들이 회개하거나 믿었는지에 대한 진술이 없다고 주장한다. 그러나 이 경우라면, 왜 누가는 (어떤 목적도 제공하지 않는) 세례 요한을 언급하려고 했고 또한 왜 "제자들"은 결국 물 세례를 받기로 했는가?(아볼로는 세례를 받지 않았다; Spencer[240]는 바울이 이 세례를 명령하지 않았다고 주장할 수 있을 뿐이고 에베소 제자들은 단순히 그것을 [그들 자신이 주도적으로?] 진행해 나갔다) 누가가 그들이 회개하고 믿었다고

례 요한이 지적한 장차 오실 메시아뿐이다. τοῦτ ἔστιν εἰς τὸν Ἰησοῦν ("즉 예수를"). 그러나 만약 이것이 새로운 것(novum)이라면 이 "제자들"은 그 이전에 **그리스도인**이 아니었던 것이다. 그리고 우리는 왜 그들이 세례를 다시 받았는지, 그리고 왜 아볼로는 다시 받지 않았는지를 이해할 수 있을 것이다.[130]

나는 이러한 설명이 이 "제자들"이 (아볼로와 같이) 예수에 대해 충분히 알고 있었고, 다만 오순절과 그 이후의 발전 상황을 이런저런 이유에서 놓쳤다는 카슨(D. A. Carson)의 해석보다 조금 더 개연성이 있다고 생각한다.[131] 그렇다면 왜 바울은 그들이 이미 충분히 알고 있던 전제를 되풀이했을까? 다른 해석학적 관점에서 페쉬(Pesch, II, 165)는 누가가 에베소의 열두 제자를 장차 오실 메시아에 대한 요한의 설교에 무지한 자로 특징짓는다고 생각한다.[132] 그러나 만약 이 "제자들"이 그들의 세례가 구체적으로 **메시아적** 소망과 연결되어 있다는 것을 이해하지 못했다면 바울은 어떻게 그들을 그리스도인으로 착각할 수 있었을까?

만약 우리의 추론이 옳다면 누가는 이 "제자들"이 요한에게 세례를 받고, 그가 약속한 메시아를 기다리는 이들이라고 생각했을 것이다. 바울은 이러한 소망을 예수 안에서 성취된 것과 동일한 것으로 간주했고,

---

구체화하지 않는 것은 19:4과의 반복을 피하기 위한 것으로 확실히 설명될 수 있다.

130 Shelton(Word, 134-35)은 이것에 대해 어떤 설명도 하지 않는다. 회개와 용서를 위한 요한의 세례가 교회에서 유효하게 지속될 것임을 인정한 Shelton은 증거를 위한 능력 부여(그가 보기에 제자들에게 결여된 유일한 요소)와 관련된 주 예수의 이름으로 받는 세례에 대해서 설명해야 한다.

131 *Showing the Spirit: A Theological Exposition of 1 Corinthians 12-14* (Grand Rapids: Baker, 1987), 148-50.

132 비슷하게, J. K. Parratt, "The Rebaptism of the Ephesian Disciples," *ExpTim* 79 (1967-1968), 182-183은 에베소의 열두 제자들이 요한의 메시아적 설교를 들은 것이 아니라 회개의 세례를 포함하는 요한의 설교에 대한 혼돈된 이야기를 단순히 들었다고 가정한다. Parratt에 따르면, 그들이 재세례를 받은 이유는 기독교 세례에 반해 요한의 세례가 부족했기 때문이 아니라 그들의 부족한 믿음이 요한의 세례조차 받지 못했음을 의미했기 때문이다. 그들의 세례는 결국 정화에 지나지 않는다.

이 "제자들"[133]은 바울의 선포를 받아들인다는 의미에서 바울의 말을 "받아들인다." 그들이 세례를 받은 것은 그들의 회심-입문을 완성하는 것이며, 이러한 정황에서 그들은 바울이 그들에게 안수할 때 예언의 영을 받는다.[134]

우리는 이 본문에 대해 네 가지를 추가로 지적할 수 있다. (A) 19:2에서 "너희가 믿을 때에 성령을 받았느냐?"라는 바울의 질문은 누가에게 있어 (8:12-17처럼) 성령을 받지 않고서도 "믿을 수 있는" 어떤 가능성을 전제하고 있음을 보여준다.[135] 그러나 이 사건은 사마리아 이야기와는 다르

---

133 나는 Dunn에 동의하여, (9:10; 16:1에서와 같이) 그럴 수도 있지만, τινες μαθηταί 가 필수적으로 (순수한 μαθηταί로서) 기독교인을 지칭하지 않는다고 주장할 것이다. *Baptism*, 85(그리고 그의 이전 주장은 "Baptism," 24에서 완화된다. 또한 Schneider, II, 263에 반대하는 Pesch, II, 165의 견해를 보라). Barrett, "Apollos," 36-38은 중간 입장을 제안한다. 그는 최초의 기독교 안에서의 요한의 제자들이 기독교인에 근접한 자들 (near Christian)로 간주되었을 것으로 가정한다. 일부 학자들은 그들이 예수의 주되심을 받아들이고 예수가 받은 세례를 모두 받았기에 더 이상의 세례가 필요하지 않았을 것이라고 말한다. 다른 학자들은 세례를 완전한 기독교적 실재로 들어가기 위한 구별된 의식으로서 예수 이름 안에서 성령을 수여하는 것으로 여긴다. K. Haacker("Einige Fälle von "erlebter Rede" im Neuen Testament," *NovT* 12 [1970], 70-77)는 이 에베소 사건은 (누가 자신의 이해라기보다) 내레이터로서의 누가의 형식이 바울의 초기의 믿음을 고의적으로 나타낸 것이라고 다소 상이한 설명을 한다.

134 기독교의 세례로부터 성령 받는 것을 분리하는 것은 성령이 안수 때 수여되었다는 진술 (5절)로부터 추론될 필요는 없다. 왜냐하면 안수는 바울의 세례 절차의 일부분이었을 것이기 때문이다. Coppens("Mains," 426)가 안수는 일반적으로 세례를 동반한다는 것을 인정하지만, 그럼에도 그것이 능력을 부여하기 위하여 성령을 수여하는 세례 이후의 독특한 축복의 행위라고 주장할 때, 그는 물에 잠기는(혹은 관수식) 행위와 입문 의식으로 보다 넓은 의미로 이해되는 "세례"를 적절하게 구분하지 않는다. 후자의 경우에, 물-의식과 성령의 강림을 구하는 기도(epiclesis)는 기독교적 "세례"를 위한 보충적인 측면이 있다. 누가는 안수 행위를 성령을 받기 위한 필요 조건으로 보지 않는다. Barrett, "Apollos"를 보라.

135 Stronstad(*Theology*, 68)는 19:2의 질문이 이 이야기의 결론의 관점에서 이해되어야 한다고 주장한다: 즉 그 질문은 그들이 예언의 영의 선물을 받았는지에 대한 것이다. Dunn(*Baptism*, 86-87)은 분사인 πιστεύσαντες가 동사 ἐλάβετε에 앞서는 행위를 언급해야 한다(왜냐하면 이 분사는 부정과거이기 때문이다)는 대중적 저술들의 통일된 가정에 대해 올바르게 비판한다. 비록 고전적인 오순절 해석("믿은 이후에 성령을 받았느냐?")은 그러한 구문에 의해 배제되지 않더라도(Haya-Prats, *L'Esprit*, 128에 반하여),

며, 19:3-5에서 이 내러티브가 진행되는 것을 고려하면 기독교 믿음에 대한 바울의 가장 이른 전제는 의심스럽다는 것을 보여준다. 바울은 에베소의 열두 제자에게 그들이 고대하던 메시아에 대한 믿음을 갖게 했으며, 이러한 믿음을 얻게 된 그들은 다시 세례를 받음으로써 자신들의 믿음을 표현하게 된 것이다. 혹자는 누가에게 있어 (예를 들어 사도들과 아볼로와 같이) 요한의 세례를 받고 예수의 제자가 된 사람은 기독교의 세례가 필요하지 않음을 추론할 수 있을 것이다. 예수의 이름으로 세례(혹은 재세례)를 받는 자들은 케리그마를 경험하고 회심한 바로 그들이다.

(B) 누가가 19:4에 이르기까지 어떤 이유에서 에베소의 열 두 제자를 "거반"(almost) 그리스도인으로서 묘사했는지 모르지만, 성령이 그들의 회심-입문 패키지와 같이 일반적인 방식으로 주어졌다는 것은 틀림없다. 19:5과 19:6 사이에는 어떤 "지연"(delay)이 없다. 더 나아가 (안수와 성령의 선물은 여기서 세례와 특별히 [일시적으로] 연관되어 있지 않다는) 어빈의 주장에 반하여[136] 바울은, 그 에베소 "제자들"이 성령의 선물에 대해 전혀 알지 못함을 확인하면서, 즉시 "그러면 너희가 무슨 세례를 받았느냐?"(19:3)고 물었는데, 이 사실은 성령 받음이 세례와 연관되어 있음을 암시하는 것이다. 이는 다시 한번 사도행전 2:28-29의 규범이 확인되는 순간이다.[137]

(C) 주어진 성령의 본질을 구체적으로 살펴보면 누가가 이 은사를 오순절 사건과 병행시키려는 의도가 있음이 분명해진다("성령이 그들에게 임

그것은 아마도 동시적인 부정과거(coincident aorists)의 전형적인 사례가 될 수 있을 것이다.

136 *Conversion-Initiation*, 63-66.

137 이것은 Haya-Prats(*L'Esprit*, 135)와 Menzies(*Development*, 274, n. 2)에 의해 인정된 바다. 그러나 Menzies는 다소 차이를 보이는데, 그의 주장에 의하면, "성령은 세례 의식과 풀 수 없을 정도로 연계되어 있는 것은 아니다(참조. 행 8:17; 10:44)"("Luke," 123). 그러나 이것은 (성례전에 반대하는 것을 제외하고) 반례(counter-example)가 아니다; 왜냐하면 성령 받음은 세례에 대한 즉각적인 인정을 입증하기 위한 근거가 되기 때문이다. 따라서 행 10:44은 2:38의 규범을 약화시키기 보다는 지지하는 것이다.

했다"[19:6]와 1:8 "성령이 너희에게 임하시면"을 서로 비교해보라. 그리고 각각의 경우 이 "임함"의 현상은 방언으로 나타난다). 그러므로 누가가 여기서 염두에 두고 있는 것은 기독교의 예언의 영이다.[138] 이것은 또한 누가가 성령을 받게 되는 것이 누군가가 즉각적으로 인식할 수 있는 사건을 수반한다고 기대한다는 사실과 모순되지 않는다.[139] 최초의 은사나 그 은사에 따르는 경험을 통해 그들이 믿었을 때(19:2) 그 에베소의 열두 제자는 성령 받음 여부를 알았어야만 했다. 람페의 견해에 동의하면서[140] 우리는 여기서 성령의 세례적인 은사로부터 분리된 특별한 선교적 은사를 강조할 필요는 없다. 멘지스의 다음과 같은 주장에도 확실한 근거가 없다. "안수를 통해 바울은 에베소 제자들을 교회 선교의 동역자로 위임했고, 따라서 그들은 예언자적 은사를 부여받았다."[141] "에베소의 열두 제자"가 바울의 복음 전도 사역에 포함되었다는 것은 전적으로 믿을 만하지만, 그것에 대한 구체적인 증거는 전혀 없다(그리고 성령의 선물이 단지 선교를 위한 능력 부여로만 고려되었다는 주장에 대한 증거도 없다). 멘지스는 19:9, 30과 20:1에서 바울의

---

138   Stronstad, *Theology*, 68.

139   Shelton(*Word*, 134)에 동의하여, 우리는 이것이 성령의 "내적 사역"이라기보다 선교를 위한 능력 부여와 관련된 문제를 함축한다고 가정할 필요는 없다.

140   Lampe, *Seal*, 76은 (누가에 따르면) 복음이 중요한 경계를 가로지를 때 각각의 지점에서 특별한 선교를 위한 능력 부여가 주어진다고 주장한다(행 8장에서 사마리아인들에게, 또한 행 10장에서 이방인들에게). 마찬가지로 행 19장에서 교회가 세워지고 그 교회를 통하여 소아시아와 유럽에까지 선교가 확장된다. 그러나 누가는 19:1-6을 에베소 교회의 설립과 관련된 내용으로 간주하지 않는다(참조. 18:24-25; 19:1ff).

141   *Development*, 271(그리고 275-77을 보라). 다음과 비교하라. F. Pereira, *Ephesus: Climax of Universalism in Luke-Acts: A Redaction-Critical Study of Paul's Ephesian Ministry (Acts 18:23-20:1)* (Anand: GSP, 1983), 106-108. (Menzies의 *Development*, 271, n. 2에서) O'Toole은 이 기사가 사마리아와 병행을 이룬다고 묘사한다. "바울은 베드로와 요한이 사마리아에서 빌립의 사역에 대해 했던 것 같이 에베소에서의 아볼로의 사역을 마무리 짓는다." 그러나 우리는 에베소의 열두 제자가 아볼로의 제자였다는 가정에 문제점들이 있음을 이미 보았다. 또한 (20:18에 근거하여) 그 열두 제자가 밀레도에서 연설했던 장로들 중에 있었고, 20:28("삼가라…성령이 여러분을 감독자로 삼고")은 그 지역의 선교 사역을 유지하고 그들을 무장시키기 위하여 에베소의 열두 제자에게 성령이 임했음을 암시한다는 Menzies의 의심스러운 주장에도 문제가 있다(276-77).

선교와 연관이 있는 "제자들"을 언급한다. 하지만 이 구절에 언급된 제자들은 증가하는 신자들의 무리이지, 단지 열두 명을 가리키는 것은 아니다. 그리고 이 구절 중 그 어느 것도 그들을 직접적으로 증거 사역과 연계시키지 않는다.[142]

(D) 마지막 질문은 에베소에서 일어난 사건들과 관련이 있는데, 누가가 방언의 은사를 성령 받을 때마다 나타나는 "규범적"인 것으로 생각했는지에 대한 여부다. 성령 받음이 극적인 것이었을 때나 이스라엘에 성령 받은 자들을 합법화하기 위해 성령의 전이에 대한 공적인 입증이 필요할 때 유대교에서의 성령 받음은 은사의 첫 번째 분출과 같은 것이 동반된다는 기대가 있었음을 우리는 앞서 살펴보았다(참조. 위의 §2.1[C]). 예언의 영이 나타나는 사도행전의 모든 사건에도 은사가 즉각적으로 나타나는데, 이러한 현상은 유대교의 경우와 유사하다는 것을 보여준다. 오순절은 독특한 구원사적 의미를 지니고 있는데, 그때 수반된 방언은 그 당시 오순절에 참석한 여러 나라 사람들이 이해할 수 있었던 외국 방언이었고, 이것은 복음이 성령의 능력으로 땅 끝까지 확대되고 있음을 상징하는 것이었다(참조. 1:8). 사도행전 8:17-19에 언급된 은사들은 성령의 이례적인 지연의 종결을 표시하며, 이것은 또한 성령이 이스라엘의 소망과 관련하여 불확실한 신분의 그룹에게 임했다는 것을 보여준다. 이 은사들은 사도행전 1:8이 새로운 단계에 도달했음을 보여준다. 사도행전 10:46에서 오순절의 현상을 즉각적으로 연상시키는 성령의 임재의 모습은 베드로와 유대 교회에게 성령의 선물이 심지어 이방인들에게조차도 주어질 수 있다는 사실을 확인시켜준다. 이들 각각의 중요한 전환점에서 만약 성령 받음의 결과로 나타나는 즉각적인 입증이 없었다면 그것은 더욱더 놀라운 일이었을 것이다. 이 모든 것은 놀라우리만큼 능력이 넘치는

---

142 19:9에서 분사 διαλεγόμενος의 단수는 두란노 서원에서 논쟁하던 사람이 회당에서 그와 함께했던 제자들이 아니라 바울이었음을 의미하는 것이다.

경험이었고, 이를 정당화하는 문제는 후자의 두 경우(사마리아 이야기와 고넬료 이야기)에 있어 더더욱 중요했다. 그러나 이 사례들은 성령 받음이 비(非)논쟁적인 회심자들(예를 들어 오순절 이후의 유대인 회심자들; 행 8장 이후의 사마리아 사람들; 행 10장[혹은 행 15장] 이후의 이방인들) 가운데 보편적으로, 또는 규범적으로 나타나야 함을 의미하는 것은 아니다. 이러한 그룹 사이에서는 "초기 증거"는 필요 없고, 단지 예언의 영의 계속적인 경험만이 필요할 것이다.

그렇다면 사도행전 19:6은 특별히 흥미로운 사례가 되는데, 그 이유는 이 본문이 상대적으로 비논쟁적인 부류의 회심자들, 즉 "정상적인" 집단의 성령 받음과 관계가 있기 때문이다. 이 사건에서 어떤 최초의 현상이 즉각적으로 발생해야 한다는 명확한 이유는 없다. 다만 우리는 "성령이 그들에게 임하시므로 방언도 하고 예언도 하니"라는 말을 듣는다.[143] 이 사례는 누가가 특히 방언을 포함하여 이러한 현상을 성령 받음의 과정에 수반되는 것으로 생각했다고 제안하는 것으로 간주될 수도 있다. 심지어 누가가 교회에 대한 규범(normative)으로 "첫 번째 방언"(initial tongues)을 생각했다는 더욱더 논쟁적인 관점을 이 사례가 내포하는 것으로(다른 주장들과 함께) 볼 수도 있을 것이다.[144]

---

143 나는 부정과거 ἦλθε 뒤에 오는 미완료시제가 동작의 시작을 나타낸다고 생각한다.

144 성령 받음과 방언 간의 규범적인 관계에 반대하는 주장은 오순절 학자인 G. D. Fee(*Gospel and Spirit: Issues in the New Testament Hermeneutics* [Peabody, MA: Hendrickson, 1991], 6장과 7장)와 오순절교회에 호의적인 다른 학자들(예를 들면 L. W. Hurtado, "Normal, but Not a Norm: Initial Evidence and the New Testament," in G. B. McGee [ed.], *Initial Evidence: Historical and Biblical Perspectives on the Pentecostal Doctrine of Spirit Baptism* [Peabody, MA: Hendrickson, 1991], 181-201; J. R. Michaels, "Evidences of the Spirit?, or the Spirit of Evidence? Some Non-Pentecostal Reflections," in McGee [ed.], *Evidence*, 202-18)에 의해 제기되었다. 같은 책(McGee[ed.])에서는 보다 전통적인 오순절 관점(들)을 나타내는데, 특별히 J. R. Goff와 C. M. Robeck의 역사적 관점의 논문들을 보라. 또한 D. A. Johns에 의한 보다 신학적이며 방법론적 성향의 다음 논문도 보라("Some New Directions in the Hermeneutics of Classical Pentecostalism's Doctrine of Initial

그러나 후자의 주장은 그 근거를 찾기 힘들다. 누가는 열두 제자가 **각기** 방언으로 말하고 예언하기를 시작했다고 말하지 않고, 오히려 그 그룹 구성원 전체가 (10:46에서와 비슷하게) 그 다양한 은사를 경험했다고 말한다. 설령 개개인이 어떤 은사적 현상을 경험했다 하더라도(그것은 가능하지만, 전혀 확실하지 않다), 이 본문은 각 개인이 방언을 경험했다는 것을 암시하지 않는다. 몇몇 제자가 돌발적인 예언이나 찬양을 경험했다면(참조. 10:46) 다른 제자들은 방언을 경험했을지도 모른다. 어떤 선물이든 예언의 영의 현존의 "첫 번째 증거"로서 기능할 수 있다. 하지만 우리가 이미 살펴본 바와 같이 유대교에 대한 누가의 지식을 아는 1세기의 독자들은 방언의 은사보다 예언의 은사를 더 많이 기대했을 것이다.[145] 만약 누가가 그의 독자들이 성령을 받는 모든 회심자가 (예언의 영의 다른 어떤 은사보다도) 방언을 말했다는 것으로 이해하기를 원했다면 화자 자신의 모국어로 돌발적인 예언이나 은사적인 찬양을 했다는 추론에 반대하기 위해 이 점을 더욱더 분명하게 할 필요가 있었을 것이다. 또한 누가는 관련 본문에 ἕκαστος(각각)를 추가함으로써 방언의 중요성을 강조했을 수도 있었지만, 그는 그러한 시도를 전혀 하지 않는다. 게다가 누가는 어떤 은사적

Evidence," in McGee [ed.], *Evidence*, 145-67). Menzies는 전통적인 입장에 대하여 가장 풍부한 정보를 제공한다. *Empowered*, 13장(J. K. Parratt는 궁극적으로 그것을 수정하기 전에 Menzies와 아주 가까운 견해를 피력했다[*Seal*, 182ff]; 참조. Dunn, *Jesus*, §34). Menzies의 입장에 찬사를 보내지만, 나는 여기에 강한 의구심을 가지고 있음을 인정해야 한다. 그의 기본적인 주장은 다음 두 가지 측면이다. (1) 누가가 말하는 성령이 "예언의 영"이기 때문에 우리는 처음으로 표현되었던 방언의 은사(2:4)를 기대할 수 있을 것이며 또한 그것은 규칙적으로 증거될 수 있는 전형적인 것이다. (2) 방언은 (덜 증거적인 카리스마적 계시의 선물들이나 다른 영감 받은 말의 형식과는 달리) "첫 번째 증거"의 가장 적절한 형식이라고 할 만큼 아주 구분되며, 따라서 이방인들의 회심에 "첫 번째 증거"로서 사실상 공헌했다. 그러나 논제는 **일반적인** 기독교 회심에 있어 "첫 번째 증거"가 현안이었는지의 여부다. 그러한 증거가 **다른** 부류의 회심자들의 **모든** 회심 과정에서 기대된다고 가정할 필요는 없다.

145 심지어 행 2:4의 "모두"(all)는 "예외 없이 모두"(all without exception) 성령으로 충만하여 방언을 말했다는 것을 반드시 의미하지는 않는다. πᾶς("all")는 종종 개괄적인 의미로 "대부분", "집단으로", "대표적인 비율"로 이해된다.

인 현상이 분명히 있었음을 명시하는 사마리아 이야기(8:17-19)에서 방언에 대해 전혀 언급하지 않는다. 오히려 그는 다른 본문에서 방언(이나 다른 은사들)에 대한 언급 없이 여러 의미 있는 개별적인 회심-입문에 대해 자세히 언급한다(8:39; 9:17-18; 16:15, 33-34 등). 이 사실에 주목하는 함(Harm)의 다음과 같은 주장은 상당한 개연성을 갖는다. 누가에게 있어 방언은 "[단지] 산발적으로만 나타났다. **그것은 일반적인 법칙(general rule)이 아니었다.**"[146]

그렇다면 어떤 설명이 없는 사례인 19:6에 근거하여 "규범성"(normativity)을 주장하는 것은 가능할까? 이 사건에서 성령 받음이 은사를 수반하는 것과 관련하여 왜 누가가 그것을 기록하고자 했는지 또 다른 이유는 없을까? 그가 이 사건을 "규범적"이기보다는 "비범하거나", 아니면 단순히 "평범한" 것으로 생각하지는 않았을까? 이 사건은 에베소의 열두 제자가 성령을 받을 때 누가가 그것을 여러 종류의 돌발적인 은사적 찬양을 경험했다는 일종의 "장치"로 생각했다는 것을 확실히 보여주지만, 이것은 그가 이것이 어떤 공식처럼 항상 그래야만 한다는 식으로 생각했다는 것을 보여주는 강한 증거는 아니다. 다양한 문학적·역사적인 요소는 그의 내러티브상의 선택을 쉽게 설명해줄 것이다. 에베소 기사는 사도행전의 네 번째 큰 단원의 끝에, 그리고 바울의 "수난"(19:21 이하) 앞에 위치한다. 바울에 대한 그 이후의 묘사는 오히려 목회자와 죄수로 그려진다. 오직 로마에서 그는 복음을 다시 설교하기를 시작한다(비록 그의 변증적인 연설은 부분적으로 복음 전도를 위한 것이긴 하지만 말이다). 따라서 18:18-19:20에서 누가는 앞선 네 큰 단원을 지배하고 있는 주제를 강조하는 차원에서 그의 최종적인 선교의 그림을 제시한다. 그는 에베소를 하나님의 성령이 두드러지게 나타났던 곳으로 묘사한다. 마법에 대항하는 거대한 습격이 있었으며, "말씀"은 풍성하게 번성하는 것으로 반복

146　Harm, "Elements," 38.

적으로 묘사된다(19:8, 10, 12, 16, 17, 18, 그리고 마지막으로 19:20; 이것은 6:7의 요약을 반복한다). 그리고 바로 이 본문에서 누가는 "하나님이 바울의 손으로…놀라운 능력을 행하게 하시니"(19:11)라고 강조한다. 이러한 정황에서 바울이 에베소의 "제자들"에게 안수를 했을 때 그 효과가 즉각적이면서도 극적으로 나타났다는 것은 그리 놀랄 만한 일이 아니다. 그리고 또한 이 제자들은 여러 다른 관점에서 조금 더 특별한 사례가 된다. 우선 쉐퍼드(Shepherd)가 지적하듯이[147] 에베소 제자들의 이야기는 누가의 부차적인 줄거리 중 하나에 종지부를 찍는다. 누가복음의 주요 등장인물 중 하나인 세례 요한은 성령으로 세례를 줄 메시아의 도래를 고대했다(눅 3:16-17; 행 1:8; 11:16). 19:1-6에서 마침내 요한의 가르침을 받은 제자들은 성령을 통해 예수와 그의 제자들에 의해 세워진 공동체 속으로 들어간다. 누가는 그들이 "비범한" 능력과 징후로써 성령을 체험하는 모습을 자세히 설명하기 위해 이 부분을 이 이야기에 대한 가장 적절한 결말로 생각했을 것이다. 누가는 성령의 **결여**가 세례에 대한 의문의 원인이 되었을 때 하나님은 이와 같이 아주 분명한 방법으로 성령을 부어주심으로써 그들이 직면한 새로운 과정을 정당화했을 것으로 기대했을지 모른다. 더 나아가 바울이 앞서 성령에 의해 아시아에서 말씀을 전할 수 없게 되고(16:6), 이로써 이 지역에서 복음을 전할 수 있을지에 대한 그의 불확실한 마음은 18:21에서 표현된다. "**만일 하나님의 뜻이면** 너희에게 돌아오리라." 그가 에베소에 돌아오자마자 에베소의 열두 제자가 그의 첫 번째 회심자가 된다. 그래서 누가는 에베소에 근거를 둔 바울의 중요한 사역을 위해 그를 격려할 표시로써 성령의 은사의 초기 현상을 보여주려고 생각했을 것이다. 게다가 문학적인 관점에서 사도행전 안에서 누가의 대표적인 의도 중 하나는 바울을 베드로(그리고 예루살렘의 사도들)와 같은 자로 묘사하는 것이다. 이 목적을 달성하기 위해 그는 베드로의 연설과 사역, 그

---

147   *Function*, 229.

리고 바울의 연설과 사역 간의 많은 유사점을 나타내는 문학적 기법을 사용한다.[148] 19:6에 있는 바울의 안수는 8:17에서 베드로와 요한의 안수를 통해 성령을 받는 것을 보완하고, 19:1-6의 기사는 사마리아 이야기와 부분적으로 병행을 이룬다.[149] 여기서 예언과 더불어 독특한 오순절적 방언 현상이 나타난 것은 베드로와 요한을 통해 역사하신 동일한 성령이 바울을 통해서도 일하고 계심을 강조하기 위함이다. 나는 이러한 은사 목록 중 어느 하나(혹은 그것 간의 조합)가 이 사건에 대한 누가의 선택을 입증할 수 있는 "설명"이 된다는 것을 말하려는 것이 아니다. 오히려 이러한 항목들은 누가가 이 사건을 모든 성령 받음의 모형으로 이해했다고 확신하기가 얼마나 어려운지를 보여준다. 따라서 에베소 기사는 누가가 "방언"을 하나님이 특별한 능력으로 일하시는 곳에서 "통상적"으로 나타나는 것으로 생각했음을 암시하는 것이지, 그가 방언을 규범적으로 생각했다는 것을 보여주는 것은 아니다. 우리는 아마도 몬태규(Montague)처럼 다음과 같이 과감하게 말할 수 있을 것이다. 누가에게 있어 "성령 받음의 외적인 현상은 정상적인 것이다. 이 현상 가운데 방언과 예언은 특별하다." 그러나 "그러한 은사에 대한 기대를 엄격한 규범으로 만드는 것은 오류를 범하는 것이다."[150] 오히려 누가는 최초의 은사적 현상을 하나님이 주신 은혜로운 특별한 확인으로 이해한다.

---

148   Talbert, *Patterns*; A. J. Mattill, "The Purpose of Acts: Schneckenburger Reconsidered," in W. W. Gasque and R. P. Martin (eds.), *Apostolic History and the Gospel* (Exeter: Paternoster, 1970), 108-22; S. M. Praeder, "Jesus-Paul, Peter-Paul, and Jesus-Peter Parallelism in Luke-Acts: A History of Reader Response," in E. Richards (ed.), *Society of Biblical Literature 1984 Seminar Papers* (Chico, CA: Scholars Press, 1984), 23-49.

149   Harm, "Elements," 35-38.

150   G. T. Montague, "Pentecostal Fire: Spirit-Baptism in Luke-Acts," in McDonnell and Montague, *Initiation*, 40.

3. 결론

§1에서 우리는 베드로가 믿는 자들에게 약속한 것이 "예언의 영"으로서의 성령의 선물이며, 사도행전의 나머지 부분에서 성령에 기인한 현상이 이러한 이해와 일치한다는 풍부한 증거를 발견했다. §2에서 우리가 검토한 성령에 관한 주요 본문은 이러한 결론을 충분히 뒷받침해준다. 또한 우리는 이 부분에서 우리가 연구한 모든 본문들이(8:16을 포함하여) 2:38-39의 규범을 전제로 하고 있음을 살펴보았다. 즉 이것은 회심과 세례와 성령이 하나의 "입문-회심" 단일체를 구성한다는 것이다. 그 안에서 세례는 회개와 믿음을 표현하며, 또 이러한 것들을 구체화시키는 핵심 의식이다.[151] 세례는 (예를 들어 후대 교회의 세례 교육 과정의 오랜 기간과 같이) 회심으로부터 일시적으로 분리되지 않고, 그것과 완전하게 연결되어 있다(참조. 2:41, 그리고 사도행전 전체를 통해[참조. 8:12-13; 36-38]; 9:18; 10:47-48; 16:15, 33; 18:8, 19:5). 이와 마찬가지로 성령은 믿고 세례를 받는 자에게 즉시 주어진다. 던과 다른 학자들이 설득력 있게 주장했듯이 이것은 물 의식이 실제로 성령을 수여한다는 의미가 아니라[152] 세례에서 발현된 회심적인 믿음으로 성령이 수여됨을 의미한다. 그러나 성령은 (고넬료의 경우와 같이) 물 의식보다 앞설 수 있고, 혹은 물 의식 직후 안수를 통해 주어질 수도 있다(19:5-6). 그러나 물 의식으로부터 성령의 선물을 분리하는 것은 신학적으로 이 둘을 예리하게 분리시킨다는 의미는 아니다.[153] 구성요소의 순서 안에서 변화가 있긴 하지만, 성령의 선물은 "회심-입문"의 광범위한 복합체 안에서 한 부분을 차지한다. 성령의 선물로 이끌지 **않**

---

151 Dunn, *Baptism*, 91-102 and *passim*(그리고 그의 관점의 요약으로서 *Unity*, §39).

152 Dunn, *Baptism*, 98-102. Richardson과 더불어 "모든 기독교 세례는 성령 세례"라는 견해에 반대하는 학자들의 목록은 98, n. 17을 보라.

153 물론 예외들은 오순절 이전에 예수의 제자들이 된 요한의 세례를 받은 사람들이다(참조. 아볼로).

는 믿음과 세례는 교정되어야 할 **비정상적인** 상태로 간주된다(8:14-17; 19:1-6).[154]

만약 사도행전 2:38-39이 성령의 선물이 회심과 세례와 함께 주어지는 규범적인 본문이라면 이 말에 함축되어 있는 의미는 "예언의 영"이 단지 선교나 증거를 위한 능력 부여뿐 아니라 그리스도인의 실존과 교회 안에서의 하나님의 구원의 경험에 대한 근본적인 의미를 주는 보다 더 광범위한 선물이라는 것이다.

성령 받음과 관련이 있는 본문들 가운데 오순절을 제외하고는(행 1:8; 2:4, 11) 성령의 첫 번째 선물이 직접 설교와 증거를 위한 능력 부여로서 주어진 경우는 단 한 번의 경우(행 9:17, 20)뿐이었음을 우리는 주목했다. 이것은 다른 사도행전의 그림과 일치한다. 비록 증거를 위한 성령의 능력 부여가 누가의 성령론에 있어 매우 중요한 측면이지만, 전반적으로 누가는 그리스도인들 대다수가 복음 전도에 왕성하게 참여하는 것으로 묘사하지 않는다. 예루살렘에서 복음을 선포하고, 표적을 행하고, "하나님의 말씀의 사역"을 행하는 자들은 일반적으로 신자들의 무리가 아니라 사도들이었다(6:2; 참조. 4:33). 누가가 보는 복음 전도는 주로 에베소의 열두 제자, 바울, 그리고 특별히 스데반(6:8, 10), 빌립(8:5-40), 바나바, 요한, 마가, 실라, 디모데, 아볼로 등 능력을 부여받은 사람들의 과제다. 그들은 또한 의심할 여지없이 누가가 8:4,[155] 11:19-20 (등)에서 언급한 자

---

154   Dunn, "Baptism," 25. 가장 현저하게, 그들이 오순절 영역에서 온 자들이기 때문이라는 것과 관련하여, D. Petts, "The Baptism in the Holy Spirit in relation to Christian Initiation" (MTh dissertation, Nottingham University, 1987), 65; Montague, "Fire," 39-41; Atkinson, "Responses," 특히 128-29. 아주 다른 근거로부터 비슷한 결론에 이르는 것으로는 Quesnel, *Baptises,* 1-2장과 7장을 보라 (그리고 누가는 보통 물 세례와 성령 세례를 분리하는데, 물 세례는 율법과 예언자들에 상응하고 성령 세례는 성령의 시대에 상응하기 때문이라고 주장하는 W. Wilkens, "Wassertaufe," 26-47에 대한 그의 예리한 비평을 보라[Quesnel, *Baptises,* 20-23]).

155   행 8:1은 "다"(all) 흩어졌다고 일반화시키며 8:4은 "그 흩어진 사람들이"(those who were scattered) 두루 다니며 복음의 말씀을 전했다"라고 기록되어 있다. 하지만 8:4에서는

이상인 복음 전도자와 협력자(참조. 19:22; 20:4)였다. 4:31에는 "작은 오순절"이라고도 불리는 주목할 만한 사건이 기록되어 있는데, 여기서 성령은 심지어 한 집 전체에 임하여 그들을 새롭게 채우고, 복음을 담대하게 선포할 수 있는 용기를 부여하는 것으로 묘사된다. 그러나 이것을 경험한 자들(베드로와 요한을 위한 것이 분명히 아닌)은 분명 성령을 처음 받은 자들이 아니며, 아마도 그들은 베드로와 요한의 "동료"(참조. πρὸς τοὺς ἰδίους, 4:23)[156]로 여겨진다. 어떤 경우에도 이것은 가정집 규모의 그룹이지, 예루살렘 교회의 규모가 아니다. 누가가 이 사건을 전형적인 것—오순절보다는 덜 전형적이지만—으로 생각했다는 것은 분명하지 않다. 이보다 더 주목할 만한 것은 교회의 삶의 다양한 측면과 **사도들**의 증거와 표적을 언급하는 누가의 "요약 본문"(2:42-47; 4:32-37; 5:12-16)[157]인데, 거기서는 교회의 일반 구성원에 의한 증거나 복음 전도에 대해 완전히 침묵하고 있다는 사실이다. 이보다는 한층 간결한 형태로 "진전된 보고"를 제공하는 사도행전 6:7, 9:31, 12:24, 16:5, 19:20에서도 마찬가지다. 이러한 관찰을 근거로 우리는 누가에게 있어 성령의 선물이 주로(쉘튼) 혹은 전적으로(멘지스) 선교를 위한 능력 부여라는 주장에 질문을 제기할 수밖에 없다.

사도행전으로 들어가는 "통로 본문"이라고 할 수 있는 누가복음 24:49과 사도행전 1:8에서는 선교적 선포에서 성령을 매우 중요한 위치에 배치하지만, 이 본문들을 개별 신자들에게(특히 제자들에게, 그리고 일반적

8:1의 "다"를 반복하지 않는다. 이것은 "각자"(each)가 말씀을 전했다는 것이 아니라 단지 그들의 흩어짐의 결과로서 (일부에 의해) 말씀이 퍼지게 되었다는 것이다.

156 Marshall, 104. "그들의 가까운 친구들과 지지자들의 그룹 - 4:4의 전체 기독교인 공동체보다 확실히 작은 그룹이다"; 참조. 또한 Bruce (1990), 156; Pesch, 175.

157 이 본문에 대한 비평적 소개로 다음 문헌을 보라. Haenchen, Schneider 그리고 Pesch *ad loc.*, 또한 S. E. Pattison, "A Study of the Apologetic Function of the Summaries of Acts" (PhD dissertation, Emory University, 1990); M. A. Co, "The Major Summaries in Acts: Acts 2:42-47; 4:3-35; 5:12-16. Linguistic and Literary Relationship," *ETL* 68 (1992), 49-85.

인 교회에게보다) 직접 연결시키는 내용으로 읽는 것은 아마도 잘못된 해석일 것이다. 그리고 독자들은 사도행전 1:8에서 증거를 위한 능력으로 성령을 만나기 이전에 1:4-8에서 그 성령을 이스라엘의 정화와 회복, 그리고 변화의 능력으로 먼저 접한다. 여기서 표현된 소망을 채택함으로써 사도행전 2장은 오순절 성령을 이스라엘의 언약 갱신의 능력으로, 그리고 이스라엘의 메시아적 정화와 회복에 대한 세례 요한의 약속의 성취로 묘사한다. 이 마지막 부분은 사도행전 11:16에서 이방인들 역시 메시아가 정화와 회복을 이루어가고 있는 이스라엘의 소망의 일부분이라는 근거하에 이방인들을 포함하고, 그들과의 자유로운 연합을 정당화하는 것으로 해석된다.

이제 우리에게는 성령을 받는 장면을 담고 있는 본문의 좁은 범위를 넘어서는 연구가 필요하다. 사도행전의 나머지 부분은 과연 "예언의 영"의 선물이 하나님의 백성 중에 계속되는 "구원"의 경험을 위해 필요하다는 관점을 뒷받침해줄까?

13장

교회의 삶 안에서의 오순절 은사의 효과들과
사도행전에서의 "구원"

앞장에서 우리는 누가가 그리스도인에게 약속된 성령의 은사를 예언의 영으로 이해한다는 견해를 가지고 있음을 많은 증거를 통해 살펴보았다. 이런 누가의 견해를 주장하는 대부분의 학자들은 모두에게 주어지는 오순절 성령(2:38-39)이 신학적으로 "보완적인 은사"라고 결론짓는다. 하지만 누가의 성령론적 관점에서 보면 이러한 견해는 일부분의 증거에 근거를 둔 다소 협소한 것이다. 따라서 맹빌과 스트론스태드는 오순절 성령을 예언이나 혹은 예언적 부르심에만 연계시킨다.[1] 또한 멘지스는 예언의 영을 "독점적으로" 효과적인 선교 사역을 위한 능력의 원천으로 자신 있게 묘사한다.[2] 이들은 누가의 성령 이해에 대해 중요한 측면을 강조하지만, 또 다른 중요한 요소들은 간과하고 있다. 사도행전의 은사적인 성령을 교회를 지탱하는 힘으로 묘사함으로써 아야-프라는 보다 균형 잡힌 견해를 제시한다. 그는 사도행전에서 성령이 불신자들의 선교를 위한 능력 부여와 더불어 교회 안에서의 삶에도 직접 역사하고 있다고 이해한다.[3] §1-2에서 우리는 예언의 영에 귀속되는 은사의 범주를 살필 것이다. 성

---

1   *L'Esprit*, 285-317(그러나 Mainville은 영감을 받은 설교까지도 포함시킨다). Stronstad(*Theology*)는 그가 "누가는 성령의 은사를 봉사나 증거와 연계한다"고 말할 때 넓은 범주에서 성령의 은사를 논하지만, 실제로는 "예언자적"(선교 사역을 포함하여) 소명(여기에는 기적을 행하는 능력까지 포함한다)만을 논의한다.

2   "Luke," 119, 138-39. 그는 심지어 "독점적"이란 말을 이탤릭체로 쓰며 강조한다. 나는 그의 이전 글에서 그가 이러한 의미로 말하지 않았음을 암시하는 증거를 제시했다 ("Empowerment," 122, n. 32). 때때로 Menzies는 성령에 대한 보다 넓은 언급을 수용한다. 예를 들면 (눅 1-2장의 병행을 다룰 때와 예수에게 임한 성령을 다룰 때) 그는 성령을 "임무를 수행하기 위한 능력 부여"로 말하고(*Development*, 212, 278), 또한 그는 성령을 행 6:6의 일곱 일꾼의 사역과 직접 연관시킨다(비록 그는 여기서 성령을 "교회의 선교에서 봉사를 위한 신자들의 소명"으로 언급하지만). *Development*, 224-25, 또한 거기서 긴 2번 각주를 보라. 그리고 *Empowerment*의 추가(258-59)도 보라.

3   *L'Esprit*, 6-7장. 우리가 곧 살펴보겠지만, 그는 항상 특별히 교회를 지탱하는 힘에 선교적인 "의미"를 부여한다.

령이 선교를 위한 능력 부여의 원천임과 동시에 공동체의 영적인 "삶"에
도 관계가 있음을 살필 것이다. 이어서 §3에서 우리는 성령이 이스라엘에
게 있어 하나님의 구원하심과 변화하심의 현존을 위한 주요한 수단이며,
또한 누가가 이에 참여하는 힘의 원천을 예언의 영을 받는 것으로 보았다
는 주장을 펼침으로써 사도행전에 나타난 성령과 구원의 관계를 다룰 것
이다.

1. 선교/증거를 위한 능력 부여로서의 성령

한스 폰 베어 이래로 누가가 예언의 영을 "선교의 원동력"으로 생각했다
는 결론에서 벗어나게 할 만한 어떤 중요한 공헌은 없었다. 사도행전의
통로라고 할 수 있는 본문(눅 24:40; 행 1:5-8)은 오순절 은사를 선교를 위
한 능력으로 간주하며, 성령을 하나님의 종인 이스라엘을 능력 있게 하여
(참조. 사 49:6) 이스라엘의 나머지 백성들을 회복하고 열방의 빛으로 삼
기 위한 능력으로 묘사한다. 성령이 (불신자들에게 그리스도를 변호하는 의미에
서) "증거 사역"을 시작하고, 거기에 능력을 부여하고, 또한 그 사역을 인
도하며, 이로써 그 성령이 선교의 직접적인 원동력이 된다는 사실은 사도
행전의 다른 본문에서도 광범위하게 나타난다(주로 4:8, 31; 6:10; 8:29, 39;
9:17-20, 31; 10:19; 11:12; 13:2, 4; 16:6-7; 18:25-28[?]). 성령은 또한 하
나님의 사람들과 그들의 증거, 그리고 그들의 선교 사역을 확증하거나 입
증하는 데 중요한 역할을 수행하기도 한다(참조. 5:32; 15:8). 뿐만 아니라
기사와 표적이 나타나는 곳에 사도적인 증거가 수반되는데(4:30-33;
5:12-16; 13:9-12; 19:11-20), 그 이유는 누가가 이러한 기적들을 성령[4]에

---

4   본서의 4장과 9장을 보라. 예수의 기적을 그에게 임한 성령에 귀속시킨다면, 누가가 사
     도들이나 다른 증인들의 기적을 성령이 아닌 다른 원천에 두었을 리 없다. 보다 상세

귀속시키기 때문이다.[5] 멘지스에게 있어 이 본문들은 누가의 성령론의 진수를 보여주며, 그리스도인에게 비전, 계시, 지혜, 기쁨, 그리고 평안과 믿음을 가져다주는 성령은 선교를 위한 원료와 같은 역할을 한다. 따라서 그는 같은 표제 아래서 다음 본문—2:4, 17-18, 33, 38-39, 6:5, 7:55, 11:24, 13:9, 52, 15:28—을 추가하며, 사도행전 1:8과 함께 그가 일괄적으로 다루는 성령 받음과 관련된 모든 본문은 선교를 위한 예언자적 능력 부여를 받는 것으로 이해한다.

사도행전의 내용이 교회의 확장을 주로 설명하고 있다는 사실을 고려하면 성령에 대한 대다수의 언급이 선교 상황에서 성령의 인도와 능력 부여의 힘으로 나타나는 것은 놀랄 만한 일이 아니다. 따라서 이 이슈는 비논쟁적이며, 내가 다른 소논문에서 이미 이 내용을 다루었기 때문에 여기서는 더 이상 다루지 않을 것이다.[6] 하지만 이러한 강조가 한쪽으로 너무 치우치지는 않았는지 고려해볼 필요가 있다. 심지어 탁월한 사도행전 전문가인 저벨조차도 사도행전에 나타난 성령은 놀라우리만큼 드물게 설교와 결부되어 있다고 주장한다.[7] 만약 선교 개념을 하나님의 백성이나 불신자들을 위한 봉사를 의미하는 것으로 충분히, 그리고 폭넓게 해석하지 않는 한, 혹은 하나님의 백성을 위한 각 행동이 교회를 확장하고, 교회를 보다 더 선교적으로 유효하게 만드는 것으로 보이지 않는 한, 사실상

하게, Turner, "Luke and the Spirit," §4.4.3.

5 이 주제에 대하여 간단하게 다루는 문헌으로는, H. C. Kee, *Good News to the Ends of the Earth: The Theology of Acts* (London: SCM Press, 1990), 30-39(특히, 35-36); Mainville, *L'Esprit*, 6장(§2.1.2와 2.2).

6 Turner, "Spirit and Authoritative Preaching," 특히, 68-72. 여기서 나는 사도행전에 나타나는 예언의 영의 은사가 설교하고 증거하는 사역에 능력을 부여한다는 것을 다양한 방식으로 설명한다.

7 Jervell이 주장하는 바에 따르면, 성령이 복음의 설교와 연결된 곳은 오직 다섯 군데(1:8; 2:4; 4:8, 31; 5:32)에 불과하며 그것도 성령의 사역과 연관되는 것은 (메시지의 내용이라기보다) 설교자의 "담대함"이다(*Unknown Paul*, 110-12). 이 견해 역시 한쪽으로 치우친 것이지만, 사도행전에서의 성령이 "선교를 위한 능력 부여"라고 규정하는 것 자체가 얼마나 단순히 사실을 과장하는지를 보여주는 중요한 부분이다.

사도행전에는 선교와 아주 조금 관련이 있거나, 전혀 관련이 없는 본문이 많다. 이 중 첫 번째 것은 선교란 용어를 공허하게 만들 위험이 있고, 교회에서 행해지는 많은 봉사가 교회를 위한 구원론적인 의의―예를 들면 공동체를 변화시키는 영향력을 강화함으로―가 있다는 가능성을 심각하게 간과한다. 두 번째 것은 어떤 사건에 대해 저자의 의도를 파악하기보다는 임의적으로 선교적인 관점을 가정하고 항상 그 사건을 읽는다. 아가보가 흉년에 대해 성령의 영감으로 예언하는 것과 관련하여 우리는 정확한 근거 없이 이해하여 주로 이것이 선교적인데, 그 이유는 간접적으로 교회가 힘을 얻게 되었을지 모르고, 불신자들에게 도전이 되었을지 모르기 때문이라고 추정해버리는 것이다.[8]

성령의 사역이 직접적인 복음 전도의 중요성과 연계되지 않고, 교회의 유익을 위한 것으로 볼 수 있는 본문은 다음과 같다. 5:3, 9(아나니아와 삽비라의 죄는 성령을 속이는 것이며, 성령의 사역이 함축하는 것은 성령이 교회의 성결을 장려하며 감시한다는 것이다); 6:3(영적으로 지혜로운 자들은 혼란 속에서 식탁 봉사를 하는 것이다); 11:28(흉년에 대한 아가보의 예언은 안디옥 교회로 하여금 구제를 준비하게 하는 것이다); 20:28(성령으로 교회에 지도자를 임명하는 것이다). 다른 여러 본문들은 순전히 개인적인 예언과 관련이 있다(예를 들면 20:23; 21:4, 11에 나오는 바울을 향한 경고의 내용). 우리가 인정해야 할 것은 교회에 유익을 주고, 교회를 지도하는 어떤 은사들은 부차적인 선교적 의미를 지니고 있다는 점이다. 교회 **내부**에서 유대인과 이방인의 관계를 분명히 하

---

8   나에게 개인적으로 보낸 편지에서, Menzies는 사도행전에서의 예언적인 현상은 때때로 공동체를 향하며 따라서 "증거"의 형태로 불신자들에게 늘 향하는 것이 아니라고 인정했다. 그럼에도 불구하고, 그는 이런 성령의 영감을 받은 "자극"은 누가의 넓은 관점으로 볼 때(예를 들면, 눅 24:49; 행 1:8; 4:31) 세계를 향한 기독교 선교(행 9:31)와 분리되어서는 안 된다고 주장한다. 이러한 이유로 Menzies는 사도행전의 성령을 묘사하는 용어로 보다 일반적인 "은사적인"(charismatic)보다 "증거를 위한 능력 부여"를 선호한다. 이런 맥락에서 Menzies는 위의 두 해석 가운데 다소 불편함을 감수하고서도 두 번째("증거를 위한 능력 부여")를 선호한다.

는 것이나, 성령에 의해 촉진된 결정(15:28)도 모두 이방인들을 향한 선교를 보다 더 용이하게 만들었을 것이다. 이와 마찬가지로 주님에 대한 경외와 성령의 위로 가운데 살아가는 교회들은 바나바(11:24)와 같은 사람들에 의해 장려되고, 도전받은 교회들이 그랬던 것처럼 회심자들의 주의를 끌기를 기대했을지 모른다(9:31). 그들이 거절당했음에도 불구하고 하나님의 은혜로 "기쁨과 성령이 충만하게 된" 선교사들은 다음 선교 사역을 위해 새롭게 되기도 한다. 하지만 이들 모두는 누가의 내러티브와 연결되어 나타나는 부차적인 선교의 결과이며, 성령의 은사들의 주된 목적은 분명히 아니다. 이제 우리는 이러한 은사들이 하나님의 백성을 위해 어떻게 작용하는지를 살펴보고자 한다.

2. 공동체 안에서, 그리고 공동체를 변화시키는 하나님의 자기계시의 현존으로서의 예언의 영

폰 베어가 성령을 선교를 위한 원동력으로 묘사했을 때 그는 성령이 증인들에게 능력을 부여하는 것이 단순히 불신자를 위한 것이라고 이해하지 않았다. 그는 이러한 신학적 견해를 이스라엘의 시대(눅 1-3)와 예수의 시대, 그리고 교회의 시대 안에서 통일된 요소로 보았다. 그는 (신실한) 이스라엘을 향한, 그리고 이스라엘을 위한 선교뿐만 아니라 아직 믿지 않는 이스라엘과 이스라엘을 넘어 이방인들을 위한 선교에서 성령이 수행할 역할에 대해 잘 알고 있다. 이러한 논의 안에서 그는 안전한 입장에 선다. (1) 유대교의 어떤 배경도 배타적으로 증거를 지향하는 예언의 은사에 대한 기대가 믿지 않는 이스라엘이나 이방인들에게 전해졌다고 제안하지 않는다. 오히려 그 기대는 이스라엘을 향한 종말론적인 은사에 대한 것임을 시사한다(사 11:1-9, 32:15-20; 겔 36-37; 욜 3:1-5, 그리고 이와 관련된 모든 중간기 유대 문헌).[9] 그 은사는 **이스라엘**을 회복할 것이며, 하나님과 가까이 교제할 수 있도록 이스라엘에게 능력을 부여할 것이며, 이스라엘을 열방의 빛으로 삼을 것이다(참조. 사 2:1-4; 42:1-9; 49:1-6). 따라서 우리는 그렇게 기다려온 종말론적인 성령의 부으심이 소외된 이스라엘과 이방인 모두에게 아주 중요한 선교적인 영향력을 지녔음을 의심할 이유가 전혀 없지만, 그럼에도 그 선교적 의의는 은사의 일부에 불과하다.

(2) 누가복음 1-2장은 "예언의 영"이 이스라엘 안에 있는 불신자들이나, 혹은 이스라엘 밖에 있는 불신자들의 선교를 위한 능력 부여와 관련이 거의 없다.[10] 1:32-35의 성령에 대한 천사의 말은 이스라엘의 소망의 성취에 관한 것이며, 또한 이 말은 한 경건한 이스라엘인에게 한 것이다. 다른 인물들의 예언자적인 말도 (구원의 선포와 혼합되어) 신탁(1:42-45; 1:68-79; 2:29-32)이거나 은사적인 감사(1:46-55)인데, 이 또한 하나님의 백성이나 하나님 자신을 향하고 있다.[11] "엘리야의 영과 능력"(1:17)으로 착수해야 할 세례 요한의 사역은 선교를 위한 예언자적 능력 부여의 개념에 가까울 수 있다. 하지만 우리가 주목해야 할 사실은 그의 임무가 독점적으로 혹은 주로 "불신자들"을 위함이 아니라는 점이다. 그는 하나님의 "백성"에게 말하며, 그들에게 강한 회개를 촉구함으로써(1:76-79) 이스라엘의 회복을 개시하기 위해 보내심을 받았다. 또한 그는 신실한 자들을 가르치고(3:10-14) 자기 만족에 취해 있는 자들에게 도전을 줌으로써(3:7-9) 이 사역을 수행했다. 또 주목해야 할 부분은 세례 요한이 이 사

---

9   본서의 4장과 5장을 보라.

10   눅 1:35와 2:26은 그러한 선교와는 전혀 무관하다.

11   나의 관점에서 이런 연설들을 "증인이 되는" 예시로 특징짓는 것(*contra*, Shelton, *Word*, 15-32)은 오해라고 생각하는데, 특히 그 메타포의 방향이 불신앙에 대응하는 우주적인 시련에서 하나님의 사건을 옹호하는 것이기 때문이다(이것은 이들 신탁들에 나타나는 이슈는 아니다). A. A. Trites, *The New Testament Concept of Witness* (Cambridge: Cambridge University Press, 1977).

역을 시작하기 전 약 30년간 성령의 사람(1:15; 3:2)이었고, 따라서 우리는 이 기간이 그가 다른 사람들에게 사역을 했던 시간이라기보다는 성령이 요한의 삶을 하나님 앞에서 구체화하는 시간으로 보아야 한다는 점이다. 또한 의심의 여지없이 요한은 주의 말씀이 자신에게 임했을 때 그 말씀으로 보내심을 받았고, 마치 그가 그것을 이스라엘에게 중계하듯 직접 그 말씀에 의해 영향을 받았다.

(3) 우리는 예수의 성령 부여가 사람들을 자유롭게 하고, 그들에게 하나님의 통치를 전하는 선교를 위한 능력 부여(3:21-22)임을 살펴보았다. 그러나 이 말은 하나님의 아들 됨에 대한 예수의 경험과 성령이 서로 무관하다는 의미는 아니며, 이 문제의 선교가 최초의 믿음과 회개를 이끌어내기 위해 오직 불신자에게만 강조되었다는 의미도 아니다. 그가 선교를 위해 성령의 능력을 받은 것은 시온을 정화하고 회복하여 이스라엘의 새 출애굽의 해방과 변화를 완수하기 위한 것이었다. 또한 그가 수행했던 많은 사역은 이미 회개한 자들을 향한 것이었으며, 그들을 가르치고, 인도하고, 힘을 불어넣어주기 위함이었다.

(4) 만약 예수에게 임한 메시아적 예언의 영이 이스라엘의 구원의 실재를 위한 수단이라면 메시아가 하나님의 관점에서 다윗의 왕위를 세우고, 이와 유사한 성령의 은사를 교회 전체 위에 부을 때(2:33-36) 우리는 구원론적인 영향력이 미미하기보다는 창대해질 것을 기대해야 한다. 따라서 누가는 교회의 시대(행 1:5; 11:16; 15:9) 동안 메시아가 이스라엘을 성령과 불로 정화할 것이라는 세례 요한의 약속의 성취에 관해 기록했고, 모세가 율법을 받기 위해 시내산으로 올라간 후 그것을 그의 백성에게 수여하는 장면을 환기시키는 관점에서 오순절을 묘사했다. 이 모든 것은 교회에 나타난 성령의 현존이 증거를 위해 중요할 뿐만 아니라 하나님 앞에서 계속되는 "삶"을 위해서도 매우 중요함을 암시한다. 이러한 기대와 상응하는 차원에서 우리는 누가에게 있어 교회란 은사적인 성령 안에서 경험하는 하나님의 현존으로 심원하게 형성되는 공동체임을 발견

한다. 우리는 이미 이에 대한 여러 구체적인 예시를 앞에서 살펴보았고, 이제는 이 가운데 보다 더 중요한 사례를 §2.1-4에서 살펴보고자 한다.

2.1. 성령의 공동체로서의 교회(행 5:1-11)

하나의 분명한 사례는 아나니아와 삽비라의 기사(5:1-11)에서 발견된다. 여기서 교회는 성령의 공동체로 묘사되는데, 그 이유는 이 부부가 이 공동체를 속이고자 하는 대목에서 단순히 "사람"이 아니라 "성령"을 속였다 (5:3 = "하나님", 5:4)라고 말하기 때문이다. 연합된 공동체가 성령으로 충만하게 되는 것(4:31)과 사탄으로 가득하여 성령을 속이고자 하는 아나니아의 마음(5:3)이 서로 대비되는데, 이는 분명 의도적이다. 또한 이러한 대비는 공동체 안에서 역사하는 성령의 역할이 우주적인 동시에 구원론적인 이원론임을 확실하게 보여준다. 성령과 사탄; 구원과 심판.[12] 이와 유사하게 "성령이 이미 분명하게 제시했던 지시에 반대하는"[13](참조. 15:10) 의미를 나타내는 5:9에서 이 부부는 "성령을 시험"하려 했다. 이 말이 암시하는 바는 앞서 보고된 공동체의 사랑과 관대함(2:44-45; 4:32, 34-37)이 다름 아니라(그것이 예언을 통해 이루어졌건, 부에 대한 예수 전승을 기초로 한 사도적 가르침을 통해 이루어졌건 간에) **성령에 의해 촉진된** 것으로 누가가 생각했다는 것이다. 이 불행한 부부는 분명히 공동체의 눈에 자기들이 준비하려 했던 것보다 더 많이 관대했어야 함을 느꼈을 것이다(아마도 자진하여 자기의 땅을 팔므로).[14] 그러나 거짓말을 하고 만다. 이 사건이 새로운 회

---

12 참조. D. Marguerat, "La mort d'Ananias et Ssphira (Ac 5:1-11) dans la stratégie narrative de Luc," *NTS* 39 (1993), 209-26, 특히 218-19.

13 Haya-Prats, *L'Esprit*, 158-59. 광야에서 하나님을 시험코자 한(따라서 하나님의 영에 저항하는 것 [참조. 사 63:10]) 구약 이야기와 관련하여 다음을 보라. Seccombe, *Possessions*, 213.

14 Seccombe, *Possessions*, 212. B. J. Capper는 이 부부가 쿰란에서와 같이 가입 절차의 일부로 그 공동체에 형식적으로 헌신했었던 것을 보류했다고 주장하는데 (5:4b의 관

중의 회복된 이상적 일치가 소외된 개인주의의 타락으로 퇴거되는 것을 보여준다고 보는 마르게라(Marguerat)의 견해는 타당성이 있다.[15] 그 자체로 그들의 행위는 성령으로 촉진되고 장려되는 이스라엘을 향한 하나님의 회복의 구원론적인 연출에 모욕을 주는 것이었으며, 이로써 이들은 이스라엘의 광야 세대가 그랬던 것처럼(사 63:10) 성령을 시험하고자 했던 것이다. 따라서 그들의 속임수에 대한 운명적인 폭로—아마도 성령에 의해 촉발된 계시적인 분별을 통해—는 하나님의 극적인 심판을 가져오게 된다. 여기서 성령을 이 심판에 영향을 미친 하나님의 현존으로 보든, 그렇지 않든(이 경우에, 13:9-11의 경우처럼, 우리는 세례 요한이 예고했던 정화시키는 성령의 불의 일부를 보고 있는 것이다),[16] 성령은 공동체의 삶을 심원하게 형성하고 교회의 "성결"을 안내하는 은사를 제공한다.[17]

점에서 볼 때) 그런 것 같지는 않다(참조. "The Interpretation of Acts 5:4," *JSNT* 19 [1983], 117-31). 아간 이야기와의 병행과 관련하여 다음을 보라. Haenchen, 240-41(그러나 참조. Dunn, *Jesus*, 166).

15 Marguerat, "Mort," 219-23. 소외를 극복하는 구원과 하나님과의, 또한 인간과 인간 사이의 이상적인 연합의 회복에 대한 것으로 다음을 보라. S. Hanson, *The Unity of the Church in the New Testament* (Uppsala: Almqvist, 1946); M. Turner, "Mission and Meaning in Terms of 'Unity' in Ephesians," in A. Billington, A. Lane and M. Turner (eds.), *Mission and Meaning* (Carlisle: Paternoster, 1995), 138-66.

16 Shepherd, *Function*, 211.

17 참조. "이 공동체는 하나님의 성령에 의해 세워졌으며, 성령의 안내를 받는다"(Seccombe, *Possessions*, 212). Haya-Prats(*L'Esprit*, 157-60)는 결국 이것을 인정할 수밖에 없게 되었고, 이 내러티브를 누가 이전의 전승이라고 적당히 둘러대지 않았다. 성령에 관한 본문의 언어는 누가적이다. 성결의 영의 회중으로서의 쿰란 공동체에 관하여는 본서 5장 §2.6을 보라. F. F. Bruce는 언약자가 "그의 거룩한 영을 더럽혀서는 안 된다"고 기록되어 있는 CD 7:3-4의 병행에 주의를 기울인다("The Holy Spirit in the Acts of the Apostles," *Int* 27 [1973], 166-83).

2.2. 예언의 영의 은사를 통해 성령으로 힘을 얻는 교회

부수적 여담으로 보이는 사도행전 15:32에서 누가는 유다와 실라가 "예언자의 신분"으로 안디옥에 있는 형제들을 권면하고(παρεκάλεσαν) 그들을 굳게 했다고 보고한다. 엘리스(E. E. Ellis)는 유다와 실라가 특별한 은사를 부여받았기 때문에 그들이 이런 영향력을 행사할 수 있었다는 것이 누가의 의미라고 올바르게 파악했다.[18] 즉 성령이 그들을 통해 회중을 견고케 했다는 것이다. 또한 9:31에서 누가는 유대와 갈릴리와 사마리아의 교회의 수가 늘어나는 것을 (평안하여 든든히 서 가는 것과 함께) 그들이 주를 경외하는 것과 성령의 격려(παράκλησις)[19]에 연계시켜 설명한다(참조. 11:24). 이러한 예시에서 나타나는 성령은 회중을 변화시키고, 향상시키는 영향력으로 보이며, 9:31과 11:24에 언급된 교회의 증가는 직접적인 복음 전도의 영향(이것에 대한 단서는 없다)이기보다는 증인이 **되어가고** 있는 교회의 영향으로 보다 더 쉽게 설명할 수 있다. 이러한 언급이 자주 나타나지는 않지만, 추측건대 일반적이라 할 수 있다. 이 점은 적어도 사도들과, 특히 누가에게 있어 가장 탁월한 "이스라엘의 은사적인 선생"[20]이며, 권면과 가르침으로 제자들을 굳게 한(14:22; 15:41; 18:23) 바울과 같은 예언자적인 선생들을 포함하여 그렇다. 이것은 (누가에게 있어) 사도들과 다른 교회 지도자들의 은사적인 증거가 믿음을 **이끌어낸다면**, 성령으로 부여된 권면이나 가르침은 믿음을 충만케 하고 확대시키며 또한 **굳세게 한다**는 것을 암시하고 있다. 우리에게 이것은 놀라운 것은 아닌데, 이는 우리가 기대하는 예언의 영이 하나님의 백성에게 "지혜"를 제공하여 복음을 이해

---

18   Ellis, *Prophecy and Hermeneutics in Early Christianity* (Tübingen: Mohr, 1978), 132.

19   이 명사를 눅 2:25과 6:24에서처럼 위안이나 위로로 번역하든지 아니면 4:36(?)과 15:31에서처럼 "격려"로 번역하든지 아니면 13:15에서처럼 "권면"으로 하든지 간에, 그러한 행동의 의미론적 수익자는 바로 교회이다.

20   이 제목을 담고 있는 Jervell의 다음 에세이를 보라. *Luke*, 153-83.

할 수 있게 만들어줌으로써 확신 있는 믿음과 기쁜 찬양(집회서 39:6과 유사하게)으로 이끌기 때문이다.

2.3. 예언의 영과 개인의 지혜와 믿음과 기쁨

지금까지 우리가 개인을 통한 은사가 회중에게 미치는 영향에 대해 논했다면 이제 우리가 주목해야 할 내용은 신자들의 기독교적인 삶이 그들이 받은 성령의 은사에 의해 더욱 깊어지고 강화된다는 것을 누가가 직시하고 있다는 점이다. 사실 이 내용에 관해서는 궁켈과 아야-프라가 설득력 있게 주장한 것이므로, 여기서 상세히 다룰 필요는 없다. 이러한 관점 안에서 이들은 사도행전 6:3, 5, 11:24, 13:52과 같은 본문에 주의를 기울인다. 이들이 올바르게 주장하듯이 각 본문에는 각 개인이 성령으로 충만했다는 (편집에 의한) 진술이 기록되어 있으며, 성령과 함께 짝을 이루는 자질(6:3=지혜; 6:5과 11:24=믿음; 13:52=기쁨)이 또한 나열되어 있는데, 이 자질은 성령으로부터 파생된 것으로 보인다.[21] 아야-프라는 바나바의 믿음과 함께 그의 착한 성품을 성령의 영향으로 설명하는데, 이것 또한 동의할 만하다.[22] 이러한 자질들의 원인이 예언의 영인 성령이라는 점을 파악하는 것은 그리 어렵지 않다. (13:52을 제외하고) 각 경우에서 우리는 단하나의 단순한 은사를 다루는 것이 아니라 당사자 본인의 삶에 각인된 보다 긴 기간 동안의 자질을 다룬다. 이것은 마치 바울이 성령의 은사를

---

[21] Gunkel, *Influence*, 16-20; Haya-Prats, *L'Esprit*, 139-47. 6:3이 수단과 결과(성령이 수단이며 지혜가 결과)의 관계를 수반한다는 것은 눅 12:12과 21:15을 합쳐놓은 행 6:10과의 병행으로부터 확실함을 알 수 있다. 같은 논리를 6:5, 11:24 그리고 13:52에서 추론할 수 있다.

[22] Haya-Prats, *L'Esprit*, 143. 본서 5장에 있는 유대교의 예시들을 비교해 보라. 필론, *Gig.* 55; 시므온의 유언 4:4; 베냐민의 유언 8:1-3; 레위의 유언 2:3B; 1 QH 7:6-7; 타르굼 위(僞)-요나단 창 6:3. 그리고 사 11:1-4에 근거한 메시아적 인물과 관련해서는 특히 에녹1서 49:2-3; 62:1-3; 솔로몬의 시편 17:37; 18:7; 1QSb 5:25; 4QpIsaᵃ 3:15-23을 참조하라.

언급하는 것과도 같다(참조. 갈 5:22-23). 하지만 궁켈과 아야-프라는 이러한 예시를 누가의 성령론과 "일반적인 그리스도인의 삶"에 대한 그의 관점에서 볼 때 중요하지 않은 것으로 간주한다. 그들이 이렇게 주장하는 근거는 우선 이러한 자질이 드물게 나타난다는 것이며, 또한 이것들은 (공동의 경험이 아니라) 선정된 개인에게 주어지는 특별한 재능과 관련되며, 마지막으로 누가는 이러한 자질을 개인 신자의 삶에서 역사하는 성령을 보여주기 위함이기보다는 그들의 목회적, 그리고 복음 전도적인 영향과 관련지어 더 많은 관심을 가진다는 것이다.[23] 물론 이 세 가지 관찰에는 유효한 통찰력이 들어 있겠지만, 각 내용은 어느 정도 수정을 필요로 한다. (누가의 저서의 범주와 주제를 고려해보면) 상대적으로 이러한 언급이 부족한 것이 놀랄 만한 일은 아니지만, 그것들이 **편집적**으로 구성되었다는 사실은 우리가 간과해서는 안 될 매우 중요한 의미가 들어 있다는 것이다. 또한 누가가 은사적인 지혜와 믿음의 모범으로 간주하는 스데반과 일곱 일꾼과 바나바와 사도들과 바울에 대해 언급한 것은 그의 독자들도 그들의 분량에 도달하기를 기대했을 것이라는 의미에서 그가 이런 언급들을 전형적인 것으로 이해했다고 볼 수 있다.

궁켈과 아야-프라는 6:3, 5, 11:24, 13:52을 "평범한" 그리스도인의 믿음과 지혜와 예리하게 구분되는 특별한 은사적 선물로 이해한다. 이들의 생각의 흐름은 상대적으로 분명하다. 사도행전에 있는 "믿음"과 회개는 성령의 선물에 앞서며, 따라서 이 점은 평범한 그리스도인의 믿음이 성령과는 관계없는 인간의 능력임을 보여준다는 것이다. 이와는 대조적으로 **성령에 기인한** 믿음은 평범한 인간의 가능성의 범주를 뛰어넘어 성령이 믿음을 강화시키는 경우로 보아야 한다. 예를 들자면 이것은 기적을 수반하는 믿음이라든지, 박해의 상황 속에서도 끝까지 기쁨으로 감내할 수 있게 하는 믿음(13:52)과 같이 초자연적으로 어떤 상황을 특별하게 만

---

23   특히 Haya-Prats, *L'Esprit*, 138-47.

드는 것으로 이해될 수 있다.[24]

따라서 아야-프라는 성령과 믿음으로 "충만"하다는 표현을 단순한 인간의 믿음에 있는, 성령에 의해 비범하고 특별하게 강화된 것으로 이해한다. 그는 6:3의 "지혜"를 6:10이 증명하듯이 하나님의 계획과 능력과 소통할 수 있는 은사적인 힘으로, 그리고 6:5의 믿음을 6:8에 나타나 있듯이 하나님의 기적적인 중재를 기대하는 것으로 주로(비록 전적으로는 아니지만) 설명한다.[25] 그러나 이러한 분석은 여러 중요한 요점에 있어 사실을 왜곡하는 듯하다. 첫째, 누가는 믿음과 회개를 순전히 인간의 능력으로 생각하지 않는다.[26]

궁켈이 지적했듯이 회심의 일반적인 결과로서 "믿음은 설교를 통해" 생기며, 성령의 선물은 연속적으로 받는다. 그러나 이 말이 그가 주장하는, "믿음은…성령으로부터 기인하지는 않는다"[27]는 결론으로 이해되어서는 안 된다. 결국 가장 중요한 것은, 만약 누가가 사람들의 믿음이 신적인 도움 없이 얻게 되는 순전한 인간의 가능성이라고 생각했다면, 그는 성령이 선포를 위한 능력 부여임을 우리에게 확신시키기 위해 많은 노력을 하지 않았을 것이다! 누가에게 있어 믿음과 회개와 순종은 성령을 **거스르지 않는 것**으로 보는 것이 옳다(참조. 7:51).

둘째, 아야-프라는 누가가 6:3에서 말하는 "성령과 지혜가 충만한 사람"이라는 말의 의미를 잘못 해석하는데, 그는 이 구절을 유사하지만 다른 의미로서 "성령으로부터 지혜를 가지는 사람"으로 해석하며, 또한 이 개념은 일반 신자들이 가지고 있는 인간 능력의 표현인 종교적인

---

24   Gunkel, *Influence*, 16-17; Haya-Prats, *L'Esprit*, §19, 특히 129.

25   *L'Esprit*, 142-43.

26   참조. 5:31(이스라엘의 회개를 위해 예수가 높임을 받았다); 11:18(하나님은 이방인에게도 생명 얻는 회개를 주셨다); 13:48(영생을 주시기로 작정된 자는 다 믿었다); 14:27(하나님이 이방인들에게 믿음의 문을 여셨다); 16:14(바울의 말을 청종하게 하기 위하여 루디아의 마음을 여셨다).

27   *Influence*, 17; 유사하게, Haya-Prats, *L'Esprit*, §19.

지혜와는 다른 것으로 본다. 이것은 "충만한"(full of)이라는 은유를 정도(degree)의 구별이 아닌, 종류(kind)의 구별을 형성하는 매개체(vehicle)로 만든다. 하지만 이러한 견해는 누가의 이해와는 정반대다. 예를 들면 "은혜와 권능이 충만한" 스데반에 대한 묘사(6:8)는 4:33에서 무리가 "큰 은혜"를 얻었다는 말과 단지 정도에서만 다르다는 것을 의미한다.[28] 예루살렘 교회가 "성령과 지혜가 충만한" 일곱 일꾼을 선택할 때 그들에게 요구된 지혜는 단순히 인간의 지혜와 대비되는 영적인 지혜를 일컫는 것이 아니었으며, 그들은 (다른 사람들과 비교하여) 더 많은 영적 지혜를 가진 일곱 일꾼을 선택하고자 했던 것이다.[29] 요약하자면 "성령과 지혜(믿음 등)가 충만한"의 표현이 드물게 사용된 것은 성령과 이러한 자질의 관계가 색다른 것이 아님을 암시하며, 오히려 성령이 통례적으로 이러한 특성을 가능케 하는 것으로 보아야 한다. 하지만 일부 사람들은 다른 이들과 비교하여 이러한 자질을 더 많이 지녔을 수도 있다. 그런 의미에서 우리는 유대교에서 성장한 기독교에 있어, 삶을 변화시키는 "이해의 영"이나 "통찰력" 혹은 "지혜"가 예언의 영에 근거하고 있다는 것을 다시 한번 기억할 필요가 있다. 이러한 자질은 요엘의 약속을 경험했던 자들에게서 가장 많이 기대되는 성령의 바로 그 활동이다(본서 3장 §2.2를 보라).

셋째, 6:3에 묘사된 영적인 지혜는 불신자들에게 복음을 전하는 능력이 아니라 교회의 매일매일의 삶에 목회적으로 복음을 적용하고 촉진하는 지혜라고 할 수 있다. 이것은 보다 일반적인 지혜의 은사로 나타나는데, 6:10에 명시된 복음적인 기술과 솜씨는 보다 더 구체적으로 나타난 예시다. 또한 우리는 6:5의 성령으로 주어진 믿음을 6:8에 묘사된 일

---

28 본서 6장의 추기를 보라.

29 만약 예루살렘 회중이 그 자질에 부합하는 일곱 명을 헬라인들 중에서만 최소한 뽑았더라면 (6:5의 이름들을 참고하여 볼 때), 선택될 수 있는 사람들의 범주는 아마도 광범위했을 것이다; 또한, 추론하여 볼 때, 이러한 자질에 있어서 상대적으로 두드러지지 않았던 "성령과 지혜"를 갖고 있는 사람들의 범주 또한 더욱 광범위했을 것이다.

종의 기적에 대한 하나님의 중재를 기대—비록 이러한 기대가 믿음의 요소로 예시될 수 있지만—하는 것으로 제한시킬 이유는 없다. 6:3과 6:5(11:24과 함께)은 단순히 복음을 전하기 위한 능력의 부여나 기적을 일으키기 위한 믿음과 같은 특정한 은사가 아니라 그리스도인의 삶에 폭넓게 적용시킬 수 있는 영적 자질을 지칭한다.[30] 만약 그렇다면, 누가에게 있어 성령은, 아야-프라가 고려하는 것보다, 그리스도인의 삶의 향상과 상당히 깊은 관계를 맺고 있다고 결론 내려야 할 것이다.

또한 비록 13:52의 기쁨이 특별한 은사를 명시한다는 점에 우리가 동의한다 하더라도, 유대적인 배경에 대한 우리의 지식으로부터 예언의 영이 찬양을 고무할 것(본서 3장 §2.4를 보라)이라는 점과, 덜 돌발적인 수준(참조. 집회서 39:6)에서 기쁨을 불러일으키는 지혜/믿음을 줄 것이라는 점을 예측할 수 있어야 한다. 우리는 13:52에서 누가가 기쁨과 성령으로 충만한 자로 이해하는 자들은 덜 현저한 수준에서 예언의 영을 갖고 있는 자들의 일반적인 모습을 보인다고 생각해야 한다.

그리고 우리는 성령의 활동과 연계된 기쁨과 찬양, 그리고 하나님을 높이는 것을 발견할 수 있고, 기쁨에 대한 "적절한 성령의 활동"과 "단순한 인간 반응" 사이의 인위적인 구분(아야-프라는 이것을 시도한다)을 허용하지 않음을 발견한다. 따라서 우리는 다음 여러 예시를 볼 수 있는데, 성령으로 기쁨에 찬 엘리사벳의 외침(눅 1:41-42), 태중에서 성령이 충만하여 기쁨으로 뛰노는 세례 요한(1:44), 사가랴 찬가(1:68-79)와 시므온 찬가(2:29-32), 예수 자신의 성령 안에서의 기쁨(10:21), 취한 듯한 오순절의 황홀경(행 2:4-13, 15), 10:46과 19:6의 돌발적인 찬양의 분출과 같은 것

---

30 어떤 점에서 Haya-Prats는 이런 넓은 이해를 분명히 수용하고(특히 *L'Esprit*, 147, 147) 또한 성령이 이런 은사들에 영감을 준다는 사실을 입증하는 데 누가가 여지를 남긴다는 것에도 동의한다(147). 하지만 그의 진술들이 함축하는 것은 결국 누가가 관심을 보이지 않는 부차적인 추론이며 예시가 될 만한 은사들에게만 의의가 있는 부차적인 명시이다.

이다. 이 모든 예시는 예언의 영과 기쁨 사이의 긴밀하고 통상적인 연계를 나타내고 있다.[31] 기독교의 확장을 설명하는 데 있어 누가는 그리스도인 개인의 삶 속에서 역사하는 성령의 위치보다 기독교의 발전에서 역할을 수행하는 주요 인물들을 통한 성령의 영향력에 보다 더 많은 관심을 가지고 있음을 이해할 필요가 있다. 그러나 이 말은 마치 우리가 (아야-프라가 제안하듯이) 누가가 성령의 영향을 단언하기보다 단순히 인정하는 것을 추구하거나, (슈바이처가 항의한 것처럼) 그의 신학의 흐름에 역행하는 것처럼 누가가 개인의 삶에 있어 성령의 역할의 중요성을 경시한다는 의미는 아니다. 누가의 성령론은 그의 문학적 목적 때문에 발전하지 못하는 여러 강조점을 적절히 참작하는 방식을 통해 그의 개념을 체계화시켜야 할 것이다.

2.4. 예언의 영과 사도행전의 요약 본문(2:42-47, 4:32-37, 5:12-16)

신자 개인뿐만 아니라 공동체의 삶 속에 나타나는 성령의 영향에 대해 가장 잘 설명해주는 구절은 소위 "요약 본문"이라 불리는 2:42-47, 4:32-37, 5:12-16이다. 잘 알려진 바와 같이 궁켈은 이 본문(특히, 2:42-47)에 대해 다음과 같이 주장한다. "이 공동체의 이상적인 상태가 성령으로부터 기인했음을 가리키는 단 한 음절도 없다."[32] 문자적인 의미에서 보면 궁켈이 주장하는 것은 옳다(아야-프라의 보다 더 상세한 연구는 궁켈의 주장을 부분적으로 확증했다).[33] 성령은 이 본문에서 언급되지 않으며, 여기에 묘사된 그 어떤 행위도 성령에 귀속되지 않는다고 주장할 수 있다. 즉 마음을 같이하여 기도에 힘쓰는 것(참조. 1:14), 공동체 식사, 공동의 관용, 하나

---

31   참조. Cullen, "Euphoria," 13-24.

32   Gunkel, *Influence*, 10.

33   Haya-Prats, *L'Esprit*, 147-56.

님을 찬미하는 것(2:47; 참조. 눅 24:53), 환희의 기쁨 등 이 모든 것이 성령에 귀속되지 않는다. 그러나 궁켈의 이 같은 판단은 성령에 귀속될 수 있는 것은 자연적인 인간의 가능성을 **넘어선** 다른 불가해한 초자연적인 활동이라는 그의 가정에 특히 의존한다. 하지만 두 가지 점에서 이 판단은 도전받아야 한다. (a) 유대인들은, 특히 그것이 지혜를 제공하거나, 지혜와 관련된 현상(하나님의 방식의 이해, 믿음, 기쁨 등)이 아니라면, 예언의 영의 모든 활동이 (단순히 인간의 가능성과 관계된 것과는 분명히 다른) 명백한 방법으로 나타난다고 생각하지 않았다. 사도행전 8:12의 사마리아인들의 믿음과 6:6과 11:24에 나타난 스데반이나 바나바의 믿음 사이의 스펙트럼은 성령 받기 이전에 가능한 것(믿음)과 "성령과 믿음으로 충만"하다는 것과 심지어 (빌립의 설교와 가르침을 통해) 성령의 도움으로 얻게 된 믿음 사이를 예리하게 구분 짓지 않는다. (b) 궁켈 자신도 초창기 그리스도인들이 성령의 감동으로 된 사건(이 경우 성령의 현현의 "즉시성"이 필요했을지도 모른다)을 어떻게 진단하였는지, 그리고 한 후대의 저자가 어떤 결정을 내리기에 덜 중요한 같은 사건을 어떻게 해석했는지를 아주 분명하게 구분 짓는다.[34] 그럼 이제 우리는 다음과 같은 질문을 제기할 수 있다. 누가는 과연 (때늦은 지혜를 동원하여) 요약 본문에 묘사된 회중들의 삶을 공동체 내에 있는 성령의 현존에 귀속시켰는가? 이 질문에 대해 아야-프라는 신중하게 긍정적이다.[35] 하지만 우리가 가지고 있는 증거는 그가 보다 더 긍정적이었어야 했다고 말한다.

---

34   *Influence*, 22-23.

35   Haya-Prats는, 비록 그것이 누가의 내러티브에서 부차적인 주제라 할지라도, 첫 두 개의 요약 본문의 맥락은 누가가 공동체의 역동적인 삶을 성령에 귀속시키고 있음을 보여주는 경우라고 인정한다. 더하여 그는 다음과 같이 주장한다. "누가는 성령의 선물의 윤리적인 결과를 (직접적으로) 말하려는 의도가 없다. 그러나 그는 성령의 세력이 또한 신자들이 채택하는 종교적이고 도덕적인 조망을 고취시키는 것도 알고 있다. 세속적인 물건의 포기와 공동 기도는 예수의 가르침에서 그 기원을 찾을 수 있는 삶의 방식이다. 그러나 우리는 성령의 경험이 이러한 삶의 방식을 강화하며, 그러한 삶이 공동체의 성령 결에 증거가 되도록 유포한다는 인상을 받는다." 참조. 163.

(A) 이 요약 본문들은 매우 열정적인 회중의 삶의 모습을 묘사하며, 이것은 각 개인적인 요소가 아닌, 설명이 요구되는 전체적인 그림이다. 제자들은 이제 처음으로 모든 재물을 공유(κοινά, 2:44; 43)하고 "동료들"의 관용 공동체로 묘사되는 교제(κοινωνία, 2:42)를 실천했고, 한 마음과 한 뜻으로 연합된 형제애를 나누었으며(참조. 4:32; 2:44, 46; 5:12),[36] 식탁 교제를 즐기며(2:42, 46), 기쁨으로 하나님을 예배하며(2:47), 백성들에게 칭송을 받았다(2:47; 5:13). 또한 이 공동체 안에서는 궁핍과 가난에 굶주린 자도, 억압하는 부자도 사라졌으며, 그들은 원수들에 대한 두려움 없이 자유롭게 하나님을 섬기게 되었다(참조. 문맥상 4:29-31). 예루살렘 교회의 이러한 공동체적인 삶의 모습은 눅 1:71-76에서 그리고 있는 "구원"[37] 및 우리가 앞서 보았던 이스라엘의 변화를 위한 예수의 사역의 목적(11장 §1.1)과 상당히 일치한다. 그런 이유라면, 이러한 변화에 대한 가장 쉬운 설명은 메시아가 지금 성령으로 그의 백성에게 세례를 베풀고 있다는 것이거나, 혹은 "예언의 영"이 모세와 같은 승천한 예언자에 의해 이사야 32:15(참조. 행 1:8)에 약속된 이스라엘의 회복과 언약 갱신(1:1-11, 33)을 위한 오순절 성령으로서 그의 백성에게 주어졌다는 것이다.

(B) 첫 번째 두 요약 본문의 정황은 이러한 관점을 지지한다. 사도행전 2:38-39에 나타난 성령의 약속을 언급하면서 지블리트(Giblet)는 2:4과 2:17-18에 제기된 기대와는 대조적으로 "근접 문맥이 성령의 메시아 공동체에서의 나눔 그 자체가 (방언이나 예언이 아니라) 행 2:42 이하

---

36 참조. D. L. Mealand, "Community of Goods and Utopian Allusions in Acts II-IV," *JTS* 28 (1977), 96-99. 그는 누가의 진술들이 교우 관계의 이상이라기보다 헬라의 공상적 이상주의(utopianism)를 반영하고 있다고 주장한다. 그러나 반대 견해로 다음을 보라. Seccombe, *Possessions*, 200-209. 보다 미묘한 입장을 보이는 것으로 다음을 보라. B. Capper, "The Golden Age, Reciprocity, and the Ethics of Acts," in I. H. Marshall and D. Peterson (eds.), *The Book of Acts in its First Century Setting* (Grand Rapids: Eerdmans: Carlisle: Paternoster, 1997).

37 Seccombe, *Possessions*, 200-209; York, *Last*, 62. 눅 1:71, 74에 예고된 "원수로부터"의 구원에 대해서는 아래를 보라.

에 묘사된 삶의 방식 안에서 경험되는 것으로 설명한다."[38] 우리는 그의 요점을 볼 수 있다. 사도행전 2:42-47은 베드로의 약속 바로 다음에 나타나며, 독자들이 여기서 묘사된 형세를 자연스럽게 가정하는 것은 다름 아닌 공동체에게 임한 약속된 성령의 영향으로 볼 수 있다. 2:1-11부터 2:38-39까지 만들어진 긴장된 기대를 덮기 위해 2:38-39에서 성령이 구체적으로 언급되지 않은 것은 그저 독자들의 추정을 강화할 뿐이다. 만약 그 공동체의 전체적인 그림에 성령이 기저를 이룬다고 추정하지 않는다면 2:42-47의 성령에 대한 침묵은 이야기의 주제 진전과 불일치를 이루게 된다. 비록 4:31과 4:32 사이에 주제의 변화가 있긴 하지만, 두 번째 요약 본문(4:32-37)은 "작은 오순절"이라 불리는 4:31의 기사 바로 다음에 등장한다. 물론 이곳에도 성령이 이 공동체의 삶에 작용한다는 문자적인 암시는 없다. 그러나 이 경우는 다분히 차이점이 있는데, 여기서 성령은 사도들이 예수의 부활을 증언할 때 나타난 "큰 권능"의 원천으로 분명하게 **추정**될 수 있다(4:33; 참조. 눅 24:49; 행 1:8). 따라서 성령은, 비록 직접적인 언급은 없더라도, 공동체적 삶의 여러 요소, 특히 공동체 생활에서 나타나는 관용에 똑같이 작용했다고 가정할 수 있다.

(C) 요약 본문에 나타나 있는 일부 요소는 성령의 관점에서 설명을 제안하거나, 또는 설명을 요구한다. 4:33의 능력 있는 설교는 설명을 요구하며, 공동생활의 돌봄은 설명을 제안한다. 2:43의 "사도적 가르침"은 특성상 거의 확실히 은사적으로 그려질 수 있으며, 이것은 베드로의 성공적인 설교 이후 그 공동체에 상당한 영적인 영향력을 미쳤다고 상상할 수 있다. 이러한 관점에서 사도들은 바나바(11:24)와 유다와 실라(15:32)에 뒤지지 않았을 것이다. 여기서 고려할 만한 다른 명백한 요소는 마음의 환희(ἀγαλλίασις, 2:46)와 공동체의 하나님 찬미(αἰνεῖν, 2:47)다. 물론 여기서 사용된 말이 하나님의 구원에 대한 단순한 인간의 반응으로 적용될 수

---

38   "Baptism," 166.

있다고 주장한 궁켈과 아야-프라는 옳다.[39] 하지만 그것만을 의미했다고 생각할 만한 이유가 정말 있는 것인가?

우리가 만약 마리아 찬가가 예언자적인 발언이라고 가정할 수 있다면 누가복음에서 두 번에 걸쳐 사용된 ἀγαλλίασις는 **성령으로** "기뻐하는 것"을 지칭한다고 보아야 한다. 따라서 이것은 사도행전 2:46에도 적용할 수 있는 가능성으로 받아들여져야 한다.[40] 동사 αἰνεῖν 자체는 찬미의 행동이 어떠한 도움 없이 인간의 반응으로 수행되는지, 영향을 미칠 만한 인간의 반응으로 수행되는지, 아니면 돌발적인 은사적 발화로서 수행되는지, 우리에게 그 어떤 설명도 하지 않는다. 오순절에 바로 따르는 "다른 방언"이 돌발적인 찬미의 현상(2:4, 11)이라면, 독자들은 2:46-47의 환희와 찬미를 성령의 영감의 다양한 수준(즐겁게 은사적 믿음을 잘 표현하는 찬양에서부터 열정에 찬 돌발적인 은사적 발화까지)으로부터 귀착되는 것으로 기대했을 것이다.

유대교의 예언의 영과 이 예언의 영의 전형적인 은사들을 이해한다면, 그리고 첫 번째 요약 본문 바로 앞 본문(2:38-39)에 약속된 것이 바로 그 성령이라면, 2:42-47에서 언급된 것(그리고 그와 유사한 요약 본문들)은 아주 자연스럽게 예언의 영이 공동체의 종교적이며 윤리적/도덕적 삶을 형성하고, 그들의 열정적인 삶에 중요한 영향을 미쳤음을 의미해야 한다는 것이다.[41] 성령의 약속과 공동체의 삶을 근본적으로 분리시키려는 궁켈의 주장은 편집자의 "가위질과 풀칠"에 의해 끼워 맞춰진 것으로써 이 요약 본문을 다루는 것이 되고 만다. 그러나 서사비평적 관점에서 보면 사도행전 2:42-47의 중심 주제는 오순절 성령이 이 첫 번째 기독교 공동체를, 종교 지도자들과의 지속적인 충돌 속에서, 어떻게 사로잡고, 형성

---

39   순전히 인간적인 반응으로서의 환희와 관련해서, 행 16:34; 찬미와 관련해서, 눅 2:20; 19:37; 행 3:8, 9 (참조. 눅 24:53[εὐλογεῖν])

40   이 점에 대하여 Haya-Prats도 충분히 인정한다. *L'Esprit*, 149.

41   Haya-Prats, *L'Esprit*, 163.

하고, 또 굳세게 했는지를 보여준다.[42]

2.5. §2의 결론과 누가의 성령론이 주는 함의

§2(또한 §1)에 대한 우리의 연구 결과에 의하면 사도행전의 성령은 선교를 위한 능력 부여일 뿐만이 아니라 하나님의 백성의 삶속에서(혹은 그 삶을 위해) 왕성하게 활동하고 있다. 만일 성령이 불신자들에게 복음을 전달하기 위한 예언자적인 능력 부여(1:8; 2:4; 4:8, 32; 9:17)를 일으키고, 그들로 하여금 구원을 받는 믿음을 갖게 한다면, 같은 예언의 영인 성령은 교회를 굳세게 하고(9:31; 11:24; 15:32; 참조. 다수의 요약 본문), 교회의 회의를 인도하며(15:28), 교회에 계시의 중요성을 제공한다. 만일 성령이 어떤 이에게 복음 전도의 임무를 요구한다면(13:2, 4), 바로 그 성령은, 누가와 동시대의 교회를 위한 취지에서, 하나님의 양떼를 감독하고, 보호하고, 양육하기 위해 장로들을 임명한다.[43] 만일 성령이 매일 선교사들의 움직임을 인도한다면(참조. 16:6-7, 9), 누가는 또한 선교와 관계가 없는 그리스도인들에게 임하는 환상과 지시를 알고 있고(9:10-16), 선교 외의 다른 문제(19:21; 20:22, 23; 21:4; 21:11)에 대해서도 알고 있다. 이 점과 관련하여 우리가 의심할 필요가 없는 것은 바로 성령이 불신자들의 선교를 위해 기여하는 만큼이나 교회를 섬기게 하는 능력 부여라는 점이다. 그럼에도 불구하고 기독교의 확장에 대한 누가의 기사가 전자에 더 많은 비중을 두고 있는 것도 사실이다.

---

42 정확하게, Marguerat, "Mort," 215. 참조. E. Haulotte, "La vie en communion phase ultime de la Pentecôte, Acts 2:42-47," *Foi et Vie* 80 (1981), 69-75; Shepherd, *Function*, 166-67("성령은 하나의 이상적인 공동체의 시작으로 묘사된다"); Johnson, *Acts*, 62.

43 C. K. Barrett는 이 구절을 사도행전에서 가장 중요한 본문으로 묘사하는데, 왜냐하면 여기서 "누가는 그가 쓰는 것에 관한(about) 시기와 그가 쓰고 있는(in) 시기의 관계를 명확하게 하기 때문이다"("Paul's Address," 107).

또한 이 연구는 성령이 개인과 교회 공동체 모두의 기독교적인 삶의 발전에 관련되어 있음을 제안한다. 이는 다음 두 가지 경우를 통해 알 수 있다. (a) 성령은 교회의 은사적인 구성원들의 가르침과 지시와 영감을 받은 행동과 그리고 이것들이 불러일으키는 믿음과 기대와 찬양의 "분위기"를 통해 영향을 미치고, 굳세게 하고, 인도할 수 있다. 또한 (b) 유대교에서의 예언의 영의 전형적인 영향이 영적인 지혜와 이해였다는 사실을 기억한다면, 성령이 특정 그리스도인들에게 깊이 관여하여 흔치 않은 깊이의 지혜와 믿음을 주었으며, 다른 일반 그리스도인들도 어느 정도의 지혜와 믿음을 받았다는 사실은 더욱 명백해진다.[44] 문맥상 요약 본문(특히 첫 번째 본문)은 예언의 영이 공동체의 종교적·윤리적/도덕적 삶의 진전에 중요한 영향을 준다는 것을 아주 자연스럽게 암시한다. 우리는 이 사실에 놀랄 이유가 전혀 없으며, 이는 우리가 앞서 살펴본 바와 같이 유대교에서의 예언의 영은 이러한 영향력을 지니고 있었기 때문이다.

그렇다면 누가가 이해하는 성령은 그리스도인의 삶의 은사적인 측면을 제공하며, 이로써 신자(개인이건 공동체건)는 증거 사역을 포함하여 그리스도인의 다양한 활동 경험이라고 할 수 있는 하나님의 인도하시고, 변화시키시고, 굳세게 하시는 사역을 누릴 수 있다. 이 점은 왜 누가가 성령을 받는 것이 회심-입문 때 규범적으로 발생해야 한다고 생각했는지에 대한 이유를 설명하는 데 많은 부분을 제공해줄지 모른다. 성령의 이러한 본질적인 사역은 공동체 안에서의 하나님과 예수의 왕위에 대한 지속적인 경험을 위해 근본적으로 중요하다.

하지만 이것은 왜 그가 **모든 이**들이 일반적으로 회심-입문 때 이 은사를 받을 것으로 기대했는지를 설명해주지 않은 채 남겨둔다. 왜냐하면

---

44   사도행전에서 "믿음 (혹은 지혜)이 충만"하다라고 하는 믿는 자들만이 이러한 은사를 성령으로부터 받는다는 것은 중요한 사실이다. 16:5을 제외하고([?] 참조. 15:30-32와 명백한 병행) 그 어떤 본문도 이러한 자질들이 다른 어떤 수단에 의하여 성장한다고 묘사하지 않는다.

우리는 성령의 공동체에 입회하는 회심자들을 볼 수도 있고, (베드로와 요한이 도착하기 전 빌립을 통해 믿음을 얻게 되는 사마리아 이야기의 경우처럼) 성령의 은사를 받을 필요가 없이, 다른 사람을 통해 역사하시는 성령에 의해 자신들의 믿음과 제자도가 어느 정도 세워지는 회심자도 볼 수 있기 때문이다. 비록 나의 관점은 사도행전 2:38의 "규범"을 설명하는 데 있어 성령이 단순히 증거를 위한 능력을 부여하는 "부차적인 은사" 그 이상이지만, 증거의 차이는 여전히 존재한다. 하지만 지금까지 우리가 연구한 여러 함축성을 상기하는 것과 이러한 함축성이 분명한 증거를 위해 적어도 부분적으로 교량 역할을 하지 않는지 묻는 것은 정당하다고 할 수 있다.

성령이 교회의 이익과 선교를 위해 다양한 형태의 계시와 지혜와 돌발적인 말씀과 찬양을 제공하는 예언의 영이라 하더라도, 개인 안에서 유사한 역할을 수행하고, 개인의 기독교적인 삶과 헌신을 실현하고 깊어지게 하는 것 역시 다름 아닌 같은 성령임을 누가가 직시했다는 것은 상당히 타당해 보인다. 성령의 은사가 부차적 은사라는 그의 논지 안에서 멘지스는 이런 주장을 부정하면서 다음과 같이 진술한다.

> 성령은 제자들의 예언자적인 부르심(즉 그들의 증인으로서의 역할을 위해)을 갖추게 하기 위해 그들에게 임한다. 제자들은 하나님과 연계되는 필수적인 결속으로서 성령을 받는다. 사실 이는 주로 그들 자신을 위함이 아니다. 제자들은 오히려 그리스도를 증언하는 원동력으로서 타인을 위해 성령을 받는다.[45]

그러나 성령의 은사가 (그 은사의 수령자 자신이 아니라) "본질적으로 타인의 유익을 위한" 것이라는 그의 주장은, 비록 타당한 점이 있긴 하지만, 확실히 부적절하다. 유대교에 대한 누가의 지식을 아는 자라면 이런 방식으로

---

45   *Development*, 207(강조는 덧붙여진 것임).

성령의 은사를 쉽게 이해하지 않을 것이다. 중간기 문헌에 나타나는 은사적 계시와 지혜와 돌발적인 은사적 찬양에 대한 많은 예시는 전적으로 수령자 자신을 위한 것이거나, 또는 타인과 함께 수령자를 이롭게 하는 것으로 설명한다. 타인의 유익을 위해 성령을 받은 구약과 중간기 문헌에 나타난 가장 분명한 인물은 이사야 11:1-4의 메시아적 다윗일 것이다. 하지만 이 구절에서 묘사하는 지혜와 총명과 지식과 하나님을 경외하는 은사가 그가 수행하게 될 사역을 위해서도 중요하겠지만, 하나님 앞에서의 자신의 삶을 위해서도 역시 중요했다는 것을 부인할 자는 거의 없을 것이다. 또한 다음의 예시에서 멘지스가 구분짓는 것도 너무 인위적이라 할 수 있다. 누가복음 1:15(요한이 이스라엘의 유익을 위한 사역을 맡기 전 30년 동안 성령으로 충만했다[참조. 1:80; 3:2]); 2:26(시므온은 그가 죽기 전 메시아가 올 것을 알았다); 2:40-41, 4:1, 10:21(예수의 지혜와 하나님에 대한 지식, 사탄을 이기는 그의 능력과 그의 환희에 찬 기쁨 등 이 모두는 성령으로부터 기인한다). 사도행전의 성령이 제공하는 돌발적인 찬양, 기쁨, 지혜, 격려, 확신이 은사를 받은 자 자신의 유익이 아니라 오직 교회의 선교와 교회 안에 있는 타인의 유익을 위해서만 주어졌다고 주장하는 것 또한 위험하다. 심지어 누가의 내러티브에서 이러한 은사들이 선교적이며, 교회적인 적합성으로 암시된다 하더라도, 누가는 이러한 은사가 은사를 받은 자 개인의 삶을 강화한다는 사실을 경시하지 않았을 것이다. 또한 누가의 기사는 교회가 확장되고 강화되는 데 있어 성령이 어떻게 기여하는지 중점적으로 다루고 있지만, 여기서 제기될 수 있는 질문은, 우리는 성령이 과연 개인의 삶이 아니라 이러한 차원에서만 역사한다고 누가가 생각했다고 가정할 수 있는가 하는 것이다. 유대교도 다른 어떤 기독교도 그렇게 생각하지 않았고, 따라서 우리는 누가의 침묵으로부터 그것을 추론해서는 안 된다. 오히려 보다 안전한 결론은, 누가가 그의 독자들에게 그의 침묵 속에 성령에 관한 유대적이며 기독교적인 공통의 추정 사항을 채워넣기를 기대한다는 것이다. 즉 독자에게 요구되는 것은 선교를 진행하게 하고, 교회의 삶을 지시하고, 굳세게 하는 예언의 영이 같은 방법으로 개인도 강화한다는 사실을 가정하는 것이다. (a) 하나님의 현존과 인도하심을 알게 하는 계시적인 은사로서,[46] (b) 내적인 원동력을 촉진시키고, 활동적인 개인의 제자도와 기도와 송영에 추진력을 더하여 주는 복음에 대한 이해에 동기를 부여하는 영적인 지혜의 원천으로,[47] (c) 이들의 결합으로 개인에게 공동체의 삶과 교회의 증거 사역에 적극적으로 참여하게 하는 힘을 실어줌으로써 말이다.

3. 이스라엘의 회복/구원의 주요 수단으로서의 예언의 영: 사도행전을 중심으로

이 단원의 (A)에서는 누가가 이스라엘에 약속된 회복/구원이 교회 안에서 거대하게 완성되었다고 생각했음을 살펴볼 것이며, (B)에서는 누가가 예언의 영이, 만일 독점적이지 않다면, 이 사역을 주요한 것으로 간주했음을 살펴볼 것이며, 또한 (C)누가가 성령과 무관한 구원의 다른 수단을 필요로 하지 않았음을 살펴볼 것이다. 지면 관계상 관련된 논점만 다룰 것이다.

　　(A) 이스라엘의 회복과 구원은 누가-행전의 핵심적 주제다. 다음 세

46　다른 곳("Spiritual Gifts," 40)에서 나는 유대교와 누가-행전과 요한복음의 예언의 영이 "하나님과 인간 사이에 교통하는 기관"임을 언급했고, 또한 제자들이 하나님과 부활한 예수를 알게 되는 본질적인 수단으로, 그리고 동시에 승천 이후 예수로 하여금 그의 제자들에게 그의 주되심을 계속적으로 수행하게 하는 수단임을 주장했다. 이러한 이해가 예언의 영에 관한 유대적 견해와 분명하게 보조를 맞춘다면, 나는 Menzies가 (*Development*, 206, 279에서처럼) 왜 이것의 중요성을 누가의 성령론 안에서 부인하려 하는지 이해하기 힘들다.

47　Menzies가 쿰란의 "구원론적인 성령"을 묘사한 것이 지식과 지혜와 종교적인 삶을 고무시키는 통찰력을 제공하는 예언의 영임을 볼 수 있다(본서 5장 §2.6); 그러한 이해는 여기서 시사하는 바와 유비를 이룬다고 할 수 있다. 우리는 또한 사 11:1-4에 반영되어 있는 "메시아" 전승에도 이와 유사한 이해가 있었음도 보았다(본서 5장 §2.9를 보라).

가지 집중된 주장은 누가가 이 주제를 사도행전 15장(이 희망의 주요 요지를 파루시아로 연기했다기보다)에서 완성된 것으로 생각했음을 제안한다.

(1) 우리가 앞서 살펴본 것처럼 누가복음 1-2장에 선포된 소망은 예수의 사역 안에서 부분적으로 성취되었고, 이사야의 새 출애굽이라는 상징을 통해 명확히 표현되었다. 이 소망에 대한 기대는 누가복음과 사도행전을 잇는 부분에서도 정점에 이른다. 하나님 우편에서 "다윗의 왕위"를 이어 받은 승천하신 예수는 이스라엘을 향한 그의 메시아적 통치를 시작하는 것으로 기대되었을 것이다(참조. 눅 1:32-33; 행 2:34-36).

(2) 우리가 바로 앞 단락에서 살펴본 것처럼, 이러한 소망에 응답하는 것으로, 사도행전의 "요약 본문들"은 새로운 종류의 공동체를 묘사하는데, 이는 누가복음 1-2장에서 선포된 구원에 대한 소망에 앞서 다른 어떤 본문보다 훨씬 더 가까운 본문이다.[48] 회복과 구원에 대한 소망은 그리스도 사건과 메시아적 공동체와 교제를 통해 놀랍게 성취될 것이다. 만약 누가복음 1:68-76이 이스라엘의 구원을 소망하는 가장 분명한 진술 중 하나라면 이것은 근본적으로 **공동체**의 소망이다. 이 소망은 사면초가에 처한 이스라엘을 구속하는 죄 사함에 중심을 두며, 원수로부터 이스라엘을 해방시키는 다윗적 통치이며, 하나님이 아브라함에게 약속한 언약의 갱신이자 성취이고(참조. 행 3:25-26), 두려움 없이 의로움으로 하나님을 예배하는 자유다. 이에 더하여 시므온 찬가(2:29-32)는 이사야 42:6/49:6-9과 일치하며, 이스라엘의 구원은 이스라엘로 하여금 이방인들의 빛이 되게 할 것이라는 소망을 포함한다. 사도행전 15장의 예루살렘 교회 지도자들이 이러한 소망을 사도행전에서 묘사하는 화해와 "평화"의 메시아적 공동체 안에서 성취된 것으로 인식했다는 것을 누가가 어떻게 생각했었는지 아는 것은 그렇게 어렵지 않다! 슈탈더(Stalder)가 주장

48　같은 식으로, 행 9:31의 다른 보고 내용도 하나님의 평안의 축복 속에 있는 교회를 묘사한다.

하듯이 "누가에게 있어 교회의 현존은 예수의 선교의 뚜렷한 **구원론적** 결과다."[49] 다시 말하면 예수의 선교의 목적(참조. 본서 11장 §1.1)은 누가가 묘사하는 공동체 안에서 중요한 구원론적인 성취를 발견하는 것이다.

(3) 이스라엘의 회복이 원칙적으로 사도행전 15장에서 완성된다는 것은 이 공의회의 결론인 15:16-17에서 야고보가 아모스 9:11-12을 인용하는 것에서 추론할 수 있다. 이 본문은 다윗의 무너진 장막이 회복되었기 때문에 이방인들이 여기에 포함될 것이라는 관점하에 사용된다. 우리가 살펴본 바와 같이 문제의 회복된 "장막"은 아마도 다윗의 집이며, 이스라엘 안에서 이루어질 메시아의 능력 있는 통치를 의미할 것이다. 또한 야고보가 주장하는 것은 "이스라엘"이 기대치 않은 방식으로(메시아적 유대 교회 안에 있는 열두 명을 통해) "회복" 되었으며, 이제 이스라엘은 이방인들을 품을 수 있는 종말론적인 "열방의 빛"이 되었다는 것이다.[50]

사도행전의 첫 장들이, 특히 3:17-26(이것에 관해서는 본서 10장 §3.2를 보라)이 이스라엘의 회복의 미래에 관해 여전히 거시적인 관점을 취한다면, 사도행전 15장에서는 이와 다른 주안점이 나타나는 이유는 그것에 뒤따르는 사건들에 드러나 있다. 사도들의 회의의 시점에 이르러서야 비로소 유대 교회는 예루살렘뿐만 아니라 디아스포라의 여러 지역에서 절정에 달한다. 이스라엘의 성취의 본질과 경험적(empirical) 이스라엘에 대한 하나님 백성의 관계의 본질에 대한 전반적인 이해는 고넬료 이야기에 나타난 세 가지 경이로운 관점으로 수정된다. (i) 정결법의 응용에 질문을 던지게 되는 베드로의 환상, (ii) 이방인들도 메시아가 성령으로 정화시키

---

49   "Heilige Geist," 290(강조는 덧붙여진 것임).
50   위의 10장 §3.2를 보라. Kee는 다음과 같이 적절하게 언급하는데, 위와 비교해 보라.
      "사도행전의 저자가 아모스의 예언을 인용함에 있어 생략하는 것은 히브리 본문과 70
      인역에서 선포하는 "옛적과 같이"(암 9:11) 그 왕국이 세워질 것이라는 문구다. 여기서
      **말하려는 요점은 단순히 군주 국가로서의 이스라엘의 회복이 아니라 이스라엘의 변
      화라는 것이다**(*News*, 59, 강조는 덧붙여진 것임). 참조. Schmit, "L'Eglise," 209-18.

는 이스라엘의 일부라는 증거, (iii) 그들이 할례와 토라에 대한 헌신 없이 하나님의 백성에 포함된 사실. 우리는 이스라엘에 대한 베드로의 관점과 이스라엘의 회복이 의미했던 바가 이 사건으로 수정되었음을 기대할 수 있고, 이같은 수정본들은 지나치게 율법적이고, 국가적인 회복에 관한 견해를 제거했을 것이다. 우리는 바울이 로마서 11:25-27에서 가르치고 있는 것처럼[51] 믿지 않는 유대인들이 믿음으로 들어오게 되는 미래의 사태를 누가가 상상했을지도 모른다는 가능성을 배제할 수는 없지만, 그럼에도 누가는 이러한 소망에 대해 거의 언급하지 않고, 이방인들을 포함하는 모든 중요한 분수령을 넘어 그 어떤 것도 언급하지 않는다. 누가가 회복되고 확장된 시온이 그가 이미 교회에서 알고 있던 이스라엘의 성취와 다를 것으로 생각했을 가능성은 매우 적다.

(B) 만일 사도행전이 시온의 메시아적 회복에 대한 설명이고, 이스라엘의 궁극적인 선교가 이방인들의 빛이 되는 것이라면, 우리는 이것을 성취하는 신적인 **수단**이 무엇인지 물어야 한다. 예수의 사역에서 이것은 이스라엘에 구원의 시작을 가져다준 성령의 능력 부여를 통해서였다. 메시아가 지금 하나님 우편에 있는 상황에서 이스라엘의 구원이 어떤 수단에 의해 계속되며, 또 강화될 수 있는가? **이러한 회복의 통치를 위한 가장 명백한 수단은 예언의 영의 선물이며, 이로써 예수는 이제 주가 되고, 또 그의 영을 부어준다**(2:33; 16:7). 네 가지 증거가 이 주장을 뒷받침해준다.

1. 예언의 영이 메시아의 회복시키는 통치 수단으로 이해되는 것은 메시아가 이스라엘을 성령과 불로 정화시킬 것이라는 세례 요한의 약속과 잘 부합한다(눅 3:16; 행 1:5; 1:16). 여기서 성령은 신적 능력으로 묘사

---

51   롬 11:25-27의 전통적인 관점에 대하여 가장 이치에 맞게 설명한 것으로는 다음 문헌을 보라. G. Wagner, "The Future of Israel: Reflections on Romans 9-11," in W. H. Gloer (ed.), *Eschatology and the New Testament: Essays in Honor of George Raymond Beasley-Murray* (Peabody: MA: Hendrickson, 1988), 77-112. 이것과 반대되지만 보다 흥미로운 견해로는 N. T. Wright, *The Climax of the Covenant: Christ and the Law in Pauline Theology*(Edinburgh: T.&T. Clark, 1991), 13장.

되며, 그 능력으로 메시아는 구원론적인 임무를 완성한다. 이 주제는 부활한 예수가 수행하는 능력으로서 누가가 일반적으로 이해하는 예언의 영과 일치한다.

2. 예언의 영이 메시아가 이스라엘을 회복시키는 수단이 된다는 것은 누가복음과 사도행전을 이어주는 두 주요 본문(눅 24:44-49; 행 1:1-11)과도 부합한다. 여기서 예수가 부여할 성령(눅 24:49)은 교회에 대하여 이사야 49장의 종으로서 예언자적인 소명을 수여하는 것으로 소개될 뿐만 아니라, 성령이 공동체의 갱신을 위한 능력으로 묘사하고 있는 이사야 32:15-20의 성취로서도 소개된다.

3. 예언의 영이 이스라엘을 향한 메시아의 구원하는 회복의 수단이 된다는 것은 오순절 기사에 대한 모세/시내산 암시와도 잘 어울린다. 이 점은 승천한 예수로부터 부여되는 예언의 영이 (율법이 이스라엘을 위해 존재했던 것처럼) 단순히 이스라엘을 넘어 확장되기 위해 사용되는 선물이 아니라 이스라엘의 삶을 위한 중요한 선물이 됨을 암시한다.

4. 위의 §2에서 우리는 천상의 주에 의해 부어진 예언의 영의 은사들이 이스라엘 외부의 불신자들에게 증언하기 위해 제공되는 것만큼이나 이스라엘 내부의 갱생을 위해 어떠한 영향을 미쳤는지에 대하여 살펴보았다. 우리는 누가복음 1-2장에 제기된 소망 그 이상의 일부 요소를 성령의 선물에 비추어 설명할 수 있을 것이다. 만일 교회에 여전히 원수들이 있다면(분명히 성취되지 않은 눅 1:71, 74의 소망을 떠나서), 교회는 하나님이 교회를 위해 극적으로 중재할 수 있다는 것을 알고 있다(4:23-30; 5:19; 9:1-13; 12:1-11[그리고 18-23]; 14:19-20; 16:25-26 등). 이보다 중요하게, 성령은 교회를 원수들에 대한 두려움으로 자유롭게 하는데, 구체적으로 교회에 용기를 직접 북돋아줌으로(4:32), 위로의 환상을 제공함으로(7:55-56; 9:13-16; 18:9), 혹은 일어날 고난을 미리 계시함으로(이 경우는 이러한 전체 상황이 하나님의 손안에 있으며, 하나님의 목적을 위한 것임을 암시한다; 참조. 9:16; 20:22-23; 21:4, 11) 그렇게 한다.

이러한 증거들은 누가에게 있어 성령은 이스라엘을 위한 하나님의 구원하시는 회복과 변화의 주요 수단이라는 판단을 정당화하기에 충분하다.

이러한 관점에서 혹자는 누가에게 있어 구원은 주로 **다른** 수단에 의해 이루어지며, 성령은 구원 이후의 "두 번째 은사"라고 일부 진영에서 제기하는 주장으로 인해 다소 놀랄지도 모른다.[52] 이같은 주장은 주로 성령의 선물을 경험하기 이전에 우선 회개와 믿음과 세례(죄의 용서와 구원 공동체의 입회를 위해)를 경험한다는 식으로 설명한다.[53] 그러나 이 같은 이해는 구원으로 들어가는 최초의 입회와 구원 그 자체를 혼동하는 것이다. 누가에게 있어 종말 이전의 신자들의 구원 경험은 죄 사함(그리고 종말론적인 칭의에 대한 확신)으로 **시작한다.** 그러나 구원은 그들 중에서 이스라엘의 변화에 대한 약속이 성취되고 있는 하나님의 백성인 새로운 공동체의 계속되는 삶과 증거와 예배에 참여함으로 **경험된다.** 환언하면 "구원"은 이 세상에서 사는 새로운 존재 방식에 있는데, 이것은 아버지의 자비로운 사랑(참조. 특히 눅 15장)에 대한 실존적인 지식과 기쁨으로 드리는 예배라는 반응에 있다. 이것은 또한 이스라엘의 구원자이신 메시아의 주되심과 통치와 지시에 대한 순종에 있으며, 예수가 친히 보여주고 가르친 "자비의 패러다임"으로 사는 것이다. 예언의 영은 이 모두에 결정적으로 기능하는데, 이는 단순히 하나님의 백성 안으로 사람들을 이끄는 증거 사역을 촉진할 뿐만 아니라 유대인과 이방인을 향한 구원의 빛으로서 공동체의 영적이며 공동체적인 삶을 구체화하는 역할도 수행한다.[54]

---

52 이 주장과 관련하여 가장 눈에 띄는 학자는 Flender다. "고양된 그리스도는 그의 이름으로 공동체에 나타난다. 그 이름은 구원하는 능력이다(행 2:21). 그러나…성령은… 용기와 위로를 공동체에 채우며, 세상에서 하나님의 선교를 위하여 교회를 무장시킨다. 따라서 그리스도와 성령 사이에는 뚜렷한 역할의 구분이 있다"(*Luke*, 139).

53 이 같은 주장은 주로 Haya-Prats(*L'Esprit*, §18-19)와 Menzies(*Development*, 258-60, 275-76, 279)에 의해 취해진다.

54 성령이 이러한 기능을 한다고 Haya-Prats가 동의하는 데에 한해서, 그는 Menzies가

(C) 이제 여기서 제기되는 질문은 예언의 영이 구원의 지속적인 경험의 필수적인 수단으로 간주되느냐, 아니면 성령이 단지 많은 수단 중 하나로 간주되느냐. 구원의 계속적인 경험을 위해 대안적인 수단이 존재한다는 충분한 증거가 있다면, 혹자는 누가에게 있어 성령의 선물이 "부차적인" 은사라고 인정할 수 있을 것이다.

성령이 아닌 다른 "수단"—사도행전에서 하나님의 현존과 도움이 신자들에게 구원의 방편으로서 알려지게 하는 것 — 은 확실히 논의할 여지가 있다.[55] 다음의 목록은 논의의 가능성을 열어줄 만한 내용이다.

a. 주의 천사(5:19; 8:26; 12:7-11[?])

b. 다른 천사들(27:23)

c. (i) 다메섹 도상에서의 그리스도 현현(9:1-9; 22:6-11; 26:13-18), 혹은 (ii) 예수를 보는 환상과 예수의 음성을 듣는 소리(7:55; 9:10; 18:9-10; 22:17-18; 23:11)

d. "주의 손"(4:30; 11:21; 13:11)

e. "능력"(3:12; 4:7, 33; 6:8; 10:38)

f. "예수의 이름"

g. 말씀과 예수 전승

그러나 이 가운데 마지막 두 가지만이 가장 타당하다고 볼 수 있다. 나머지는 특별한 경우이거나(c [i]), 선교를 위한 능력 부여이거나, 혹은 성령을 암시하거나, 성령에 기인한 것이다.[56]

구원론적인 기능이라고 정의하는 기능들을 성령이 지니고 있다는 것도 인정한다. 사도행전의 성령은 구원론적인 기능을 지니고 있지 않고 "독점적으로" 선교적인 기능만을 지니고 있다는 Menzies의 추장은 이러한 사실을 염두에 두고 있지 않은 것이다.

55   우리는 이것에 관한 상세한 연구를 기다린다(그러나 참조. Haya-Prats, *L'Esprit*, 37-52). 여기서는 지면 관계상 상세히 다루지는 않을 것이다.

56   (a)와 (b)는 누가가 묘사하는 기독교의 "구원"과는 거의 관계가 없다고 볼 수 있다. "주의 천사"란 지칭은 (중개자라기보다) 하나님 자신의 현시의 확대를 의미하며 심지어 성령에 대하여 말하는 대안적 방법인지도 모른다(참조. 8:29, 39); 다음을 보라. Baer,

Geist, 43, 199-201; Haya-Prats, *L'Esprit*, 44-47. (Bruce[*Acts*, 225]가 주목하듯이 빌립과 에티오피아 내시의 이야기와 병행을 이루는 엘리야 이야기는 여기서 천사와 엘리야를 이곳저곳으로 이끄는 주의 영 사이에 존재하는 유사성을 강조한다[왕상 18:12; 왕하 1:3; 2:16]). 어떤 경우에도 이와 관련된 본문은 드물고, 있어도 그것은 누가적이라기보다 전통적이라 볼 수 있다. 또한 누가는 천사적 계열에 의하여 구원이 확증되는 어떤 신자도 가정하지 않는다. 그들의 역할에 대하여 묻는다면, 그것은 구원이라기보다 "선교를 위한 능력 부여"이며 "해방"시키는 것이라고 할 수 있을 것이다. (Baer와 Haya-Prats에 동의하여) 비록 누가가 그리스도의 특별한 행위로 간주하는 다메섹 사건을 우리가 제외하더라도, 그리스도 현현 (c)은 잠정적으로 보다 흥미롭다. 그러나 다른 환상들의 경우에, 성령과 관련없는 신적인 수단을 누가가 상상한다는 것은 아주 불확실한데 그는 청사진적으로 환상과 꿈을 예언의 영에 귀속시키기 때문이다; 그것이 성령의 사람과 관계될 때, 꿈과 환상은 성령에 귀속된다(참조. 7:55)(본서 12장 §1, 특히 각주 1을 보라). (d)와 (e) 역시 확실하게 선교를 위한 능력 부여에 대한 경우이며, 이들 경우에 있어 우리는 엄격히 성령과 관계없는 어떤 수단을 상상하기보다 성령 자신의 활동에 대한 특별한 어법으로 간주할 수 있다. 이것은 사도행전의 "능력"(power)에 대한 사용을 통하여 분명하게 나타난다. 비록 누가복음에서 하나님의 "δύναμις"가 성령과 구분되는 기적-행함의 능력이라고 주장되더라도, 이같은 견해가 사도행전에서는 그렇게 문제가 되지 않는데, 예를 들어 10:38의 중언법은 예수의 치유 사역이 성령으로부터 직접 기인하는 것으로 구체화되어 있다(본서 9장 §4.3을 보라). 그렇다면 6:8(스데반이 은혜와 권능이 충만하여 기적을 행하는 기사)이 성령에 의하여 능력을 힘입었다는 것을 언급한다는 결론을 피하기는 어려운데, 스데반은 주목할 만한 성령의 사람(6:3, 5, 10; 7:55)이며 "기사와 표적"을 행하는 사역은 예수-스데반 병행(참조. 2:22)의 일부로 넓게 인정되기 때문이다. 4:7(참조. 3:12)의 질문은, "무슨 (마법적인) 실체로?"가 아니라 "무슨 '능력'으로, 혹은 무슨 '힘'으로"이다. 여기에 대한 대답은 사도들의 권세 있는 증거를 언급하는 4:33이다. 또한 여기에 대한 대답은 "주의 손"도 될 수 있다. 이 어구는 창조와 역사 속에서의 하나님의 유효한 능력에 대한 신인동형론(anthropomorphism)이며(참조. 필론, *Plant*, 50), 능력 있는 현존의 독립된 하나의 "수단"만을 가리키지는 않는다. 겔 3:14, 8:3, 37:1에서 이 용어(권능)는 공지시적(co-referential) 표현으로 주의 신과 병행되어 사용되는데 특히, 순전히 계시적인 행동이라기보다 예언자를 수송하는 것과 같은 능력의 사역을 포함하는 성령의 활동이 나타나는 곳에서 그렇다(참조. 3:22; 8:1에서 이 용어는 에스겔이 다른 곳에서 성령에 귀속시키는 것으로 사용된다). 따라서, 랍비들은 그 신인동형동성론(주의 손)을 נבורה이나 혹은 רוח으로 번역하기도 했다(참조. E. Lohse, *TDNT*, IX, 428). 행 4:30과 13:11의 "주의 손"은 문맥상으로 성령과 관련되어 있고, 눅 11:20의 "하나님의 손"과 마찬가지로, 그것은 기적적인 능력(그것이 치유든지, 축복이든지, 혹은 심판이든지) 안에서 증명되는 성령의 활동을 지칭한다고 볼 수 있을 것이다(참조. Rodd, "Spirit or Finger," 157-58; Hamerton-Kelly, "Note," 167-69). 누가가 예수의 기적을 성령의 능력 부여에 기꺼이 귀속시킨다는 것을 우리가 이미 알고 있다면, 우리가 같은 장소와 같은 시간에 하나님의 활동의 두 가지 독립적인 "수단"을 가지고 있다는 전제에 대하여 오컴의 면도날 (Ockham's razor) 원리를 적용할 필요가 있다(보다 상세한 논의를 위하여 다음을 보

첫째, 말씀과 그리스도에 대한 가르침/선언에 관한 것이다. 콘첼만, 플렌더, 빌켄스 등 다른 학자들은 구원이 공동체에서 (초기에는) 케리그마와 (회심 이후에는) 예수에 관한 말씀 안에서 존재한다고 주장한다(예수에 관한 말씀이나, 그의 죽음의 구속적인 의미를 분명히 밝힌 주의 만찬은 이것과 일괄적으로 관련이 있다).[57] 이것들이 그리스도인들의 일상적인 생활의 중심이 된다는 증거가 많지는 않지만, 공동체 안에서 이것이 차지하는 위치의 중요성은 의심할 필요가 없다.[58] 누가가 이것들을 (성령의 선물을 받은 다른 신자들을 통해서가 아닌 이상) 성령의 사역을 가정하지 않은 채 새로운 공동체들의 원동력으로 보았는지, 심지어 구원의 실재의 수단으로 유효했다고 생각했는지는 의심의 여지가 있다. 성령의 다른 관련 은사들(기사와 표적을 포함하여)과 성령으로부터 제공된 지혜(참조. 6:10)로 능력을 받았을 때 우리는 케리그마가 유효한 정도에 대해 재고해야 할 이유가 있음을 이미 앞서 말했고, 은사적인 전도자들(예수, 열두 제자, 바울, 바나바 등)이 회중을 형성하고 굳세게 한다는 사실에도 주목한 바 있다. 말씀을 공동체에 왕성하게 실현하는 지혜와 계시와 조명을 제공하고, 이로써 그 공동체를 구원의 회중으로 변화시키는 것(예를 들어 쿰란[참조. 1QH 9:32; 12:11-13; 13:18-19; 14:12-13, 25 등])으로서 예언의 영의 은사를 이해했던 유대적 배경과 이것은 전적으로 일치한다. 성령이 결여된 예수 전승의 말씀에 대한 구원론적인 기능에 대해 누가는 일체 침묵한다.

라. Turner, "Luke and Spirit," 143-44). 행 11:21에 있는 "주의 손"에 돌려진 일반적이고 선교적인 역할은 성령을 통하여 주로(독점적이지 않다면) 수행된 활동들에 대한 70인역의 경향을 강하게 시사하고 있다.

57 "말씀"에 대하여, J. Jervell, "The Center of Scripture in Luke" in *Unknown Paul*, 122-37. "주의 만찬"과 관련하여, Marshall, *Supper*, 101-106.

58 사도행전에서 말씀을 열심히 연구한 자들로는 내시(8:32)와 베뢰아 사람들과 같은 회당의 유대인들(아직 믿지 않은 자들)이 있으며 또한 그들로 믿음에 이르게 하기 위해 말씀을 사용하는 복음 전도자들(8:35; 17:11; 18:24, 28; 참조. 15:21)이 있다. 주의 만찬은 2:42, 46과 20:7-11에서 암시될 수 있다.

둘째, 예수(그리고 구원)는 예수라는 "이름" 안에 존재한다고 자주 주장된다. 플렌더는 이것에 대해 다음과 같이 자신 있게 주장한다. "우리는 모든 경우 성령을 통해 그리스도가 공동체 안에 실재한다는 보편적인 도그마로부터 자유로워야 한다"고 주장하며, 예수는 대신 "그 이름" 안에서 실재한다고 주장한다.[59] 그 이름에 대한 누가의 용례는 다음과 같다.

> 그 이름은 (a) 사람들에게 선포되고, 가르쳐지며, 전해지기도 하며 (4:17-18; 5:28, 40; 8:12; 9:15; 9:27-28[60]), (b) 대적 당하기도 하며(26:9), (c) (회심의 행위로서) 믿는 것이며(8:12), (d) 구원을 위해 불리기도 하며(2:21; 4:12; 9:14; 22:16), (e) 세례 의식의 중심에 있으며(2:38; 8:16; 10:48; 19:5; 22:16), 그 이름을 위해 고난을 받기도 하며(5:41; 9:16; 21:13), 혹은 그 이름을 위해 생명을 아끼지 않는 것으로 묘사된다(15:26; 21:13). (g) 기적과 축사는 예수의 "이름"으로 행해진다(3:6, 16[?]; 4:7, 30; 16:18; 19:13[참조. 17]).

플렌더의 이러한 관점은, 9:34("애니아야, 예수께서 너를 낫게 하시니")의 유비에 비추어, 3:16에서 그 이름이 예수 자신의 능동적인 치유의 실재로 이해될 수 있다는 것에 기인한다. 누가가 이 이름을 외견상의 마법적인 능력으로[61] 보지 않는다는 것과 예수가 천국에서 비활동적일 동안[62] 지상에서 활동하는 **독립적인** 위격으로도 보지 않는다는 것을 알려주는 이러한

---

59   *Luke*, 135.

60   비록 여기서 "예수의 이름으로"라는 여격 구문이 예수의 권위나 예수 자신을 위하여라는 의미일지 몰라도.

61   J. Ziesler, "The Name of Jesus in the Acts of the Apostles," *JSNT* 4 (1979), 33(무비판적으로 Hull에 동의하는)에 반하여 O'Toole, *Unity*, 50-53을 보라. 그 이름의 마술적인 이해와 가장 가까운 것으로는 19:13-19인데 이 본문은 그러한 이해를 뒤엎으려는 의도를 지닌다.

62   Marshall, *Luke*, 179.

이름의 용례를 통해 이것은 분명하며, 따라서 이것은 예수 자신과[63] 구원이 실재하는 한 가지 방식으로 해석된다.

이보다 더 정밀한 분석은 이러한 플렌더의 설명이 부적절함을 지적해준다. (1) 아마도 3:16을 제외하고 예수의 "이름"은 행동의 주체가 아니라, 타인에 의해 수행된 한 사건 안에서의 목적이며 도구임이 명백하다.[64] 예수의 "이름"은 구원에 영향을 주거나 제공하지 않으며, 주도권의 다른 어떤 형태도 취하지 않으며, 아무도 "그 이름으로 충만"해지지 않는다.

(2) ("권위로" 혹은 "대신에"의 다양한 의미를 수반하는) 여격 구문을 제외하고, "그 이름"은 고양된 천상의 존재의 초월성을 보호하기 위해("주의 이름"과 같이) 사용된 예수 자신에 대한 완곡한 표현(circumlocution)으로 나타난다. 즉 주의 이름은 엄격하게 말하면 하나님이나 예수의 현존을 위한 "수단"이 아니라, 단순히 하나님이나 예수 자신을 언급하는 부드러운 방식이다. 환언하자면 "예수의 이름을 설교하고 가르친다는 것"은 기독론적인 주제에 대한 강의를 제공하거나, 초월자의 현존의 신비적 수단에 대해 강연하는 것이 아니라, 예수 그 자신(본질적으로 그의 죽음과 부활과 하나님의

---

63   그리스도 현존의 양식(mode)으로서의 그 이름에 대한 것으로 다음을 보라. Kränkl, *Knecht Gottes*, 177-80; Marshall, *Luke*, 179.

64   16절의 구문론은 어렵다. τὸ ὄνομα αὐτοῦ는 동사 ἐστερέωσεν의 주어이다. ἐστερέωσεν 이란 동사가 3:7을 의도적으로 요약해 주고 있기 때문에(Haenchen의 견해) "그의 이름 안에서의 믿음으로 그는 너희가 보고 아는 이 사람을 완전하게 만들었다"로 번역되어야 할 원 아람어에 대해 우리가 잘못알고 있다고(Torrey에 동의하며 Bruce[1951]가 주장하듯이) 믿거나 재강조(Burkitt; Bruce, *Acts*, 110) 하기에는 무리가 있다. 이러한 어색함은 "예수의 이름이 그 사람을 강하게 만들었다"라는 기본적인 견해를 적합하게 하기 위한 화자의 의도를 염두에 두고 설명되어야 한다. 이 자체는 거의 말이 안 되게 해석될 수 있기 때문에, 그것은 "그의 이름 안에서의 믿음을 근거로"가 적합하며, "그 이름을 통하여 들어온 믿음(즉 그 이름을 통해; 이것은 그 이름에 대한 베드로의 선언을 의미하는 것일까?)이 그에게 이러한 "건강"을 가져다주었다"라는 의미로 더욱 명확해진다. 이것은 누가의 가장 수사적인 표현이 아니다; 이것이 그가 인용한 하나의 자료일까? 다음을 보라. Barrett, "Faith," 1-17.

우편에서의 주되심에 관한 것)에 대해 설교하는 것이다.

(3) 앞의 (1), (2)와 관련지어, 예수가 그의 이름에 **의해**(by means of) 현존한다고 누가가 말한다고 가정하는 것은 잘못된 것이다. 오히려 "그 이름"을 사용하는 본문들은 다음과 같은 의미에서 예수가 다양하게 현존한다고 설명한다. (a) 예수의 권위는 "그의 이름 안에서" 수행되는 기적과 축귀를 통해 예수의 사역자들에 의해 발휘된다. (b) 예수는 자신(=자신의 이름)이 선포되는 곳(예수가 그 선포의 주제라는 의미에서)에서 현존한다. (c) 예수는 사람들이 그(=그의 이름)를, 혹은 그에 관한 말씀을 믿을 때 현존하며(예수가 믿음과 봉사의 대상이라는 의미에서), 자신이 영광을 받을 때 현존한다. 그러나 이 중 그 어떤 것도 예수가 성령과 관계없이 "그 이름"으로 현존한다고 설명하지 않는다.[65] 플렌더 자신도 그의 이름 안에서 예수가 현존한다는 것을 예수에 관한 선포인 (b)의 견지에서 분명히 말한다. 그러나 이 경우는 다른 방법을 통해 예수와 관련된 "말씀" 안에 실재하는 구원에 관한 것인데, 이 구원은 성령과 관련이 있으며, 성령의 영감을 받은 설교자들과 교사들에 의해 유효해진다. 그리고 그리스도인들은 예언의 영을 통해 예수 안에서 능동적인 믿음을 행사하고, 예수를 존경한다.

오해를 피하기 위해 이제 우리는 예수 자신이 그의 제자들 가운데 현존했음을 부인하지 않는다는 것을 확인해야 한다. 나는 예수가 설교와 예언자적인 말과 지혜와 환상과 치유와 다른 은사 안에 있는 성령을 통해 현존하게 되었음을 이미 주장했다. 나는 단순히 "(예수의) 이름"이 성령과 함께 주어지거나, 혹은 성령에 선행하는 구원의 독립된 수단이 아니라는 것을 주장하는 것이다.

---

[65] "성령", "하나님의 손", "그 이름" 그리고 "능력"과 같은 다른 용어가 각각 다른 실재들과 신적인 수단을 함축한다는 주장은 언어학적으로 순진해 보인다(이것은 다른 뉘앙스를 풍기지만 결국에는 공시지적인 표현임을 간과하고 있다). 그렇게 순진하게 이해하는 것은 4:30에도 적용이 되는데, "당신의 손"(하나님)과 "예수의 이름"은 "그 이름"으로부터 독립적으로 구분이 되는 하나님의 치유와 표적과 기사를 일으키는 수단이라는 것이다.

마지막으로 우리는 예수의 승천 이후 성령이 이스라엘의 구원을 지속시키고 심오하게 하는 주요 수단이라는 초기 주장을 다소 수정할 수 있다. 다른 여러 "방법"과 관련된 주장들은 수용하기 어렵다는 것이 더욱더 명확해진다. 성령의 은사를 두 번째 부차적 은사로 여김으로써 누가가 구원에 귀속시키는 성령과 협력하는 어떤 신적 능력의 형태를 생각했는지에 대한 증거는 거의 없다. 따라서 우리는 누가가 성령을 이스라엘의 구원과 변화를 유지시키고, 발전시키며, 확장시키는 주요한 신적 능력으로 생각했다고 안전하게 주장할 수 있다. 또한 예언의 영의 은사가 없는 누가가 생각하는 구원은 마치 하나님의 영광과 현존이 사라지는 것처럼 이스라엘로부터 사라질 것이다.

보봉의 결론처럼 누가는 우리에게 구원의 특징에 관한 보고서를 제공하지 않는다. 그는 오히려 하나님이 어떻게 구원의 주도권을 쥐셨는지, 그리고 교회가 어떻게 그 구원 안에서 사는지를 보여준다. "모든 것은 사람과 지역 회중의 삶에 나타나는 성령의 현존에 귀착되는 듯하다. 누가에게 있어 이것은 많은 말이 아니라 큰 기쁨이다."[66]

---

66   Bovon, "Salut," 173.

14장

결론

본 연구를 통해 발견된 중요한 내용은 각 장 끝부분과 논의 과정에서 이미 요약된 바 있다. §1-4에서는 논의의 줄거리를 다시 이끌어내어 첫 두 장에서 요약한 것처럼 이전의 학자들의 의제와 연결하여 논의할 것이다. §5에서는 전통적인 개신교와 오순절/은사주의 입장 사이에서 벌어지고 있는 최근의 논쟁을 우리가 발견한 내용과 비교하며 간결하게 비평할 것이다.

1. 예수와 성령

누가-행전 전체를 통해 우리가 엿볼 수 있는 내용은, 누가가 예수의 사역과, 그의 백성 이스라엘을 회복시키고 이스라엘을 열방의 빛으로 만들기 위한 하나님의 약속들의 성취로 귀착되는 교회를 묘사하기 위해 폭넓게 의도하고 있다는 것이다. 이 이념적인(ideological) 목적은 그의 강조점과 그의 상대적인 침묵을 통해 대체로 설명된다.[1] 따라서 누가복음 1-2장은 이스라엘을 회복하실 하나님의 종말론적인 통치의 도래를 나타내고, 특별히 엘리야와 같은 예언자(세례 요한)와 그의 통치를 통해 변화의 소망을 가져다줄 약속된 다윗의 자손(이스라엘의 화신이며, 하나님의 왕적 아들, 1:32-35)에 대한 전대미문의 탄생에 초점이 맞추어진다. 이러한 맥락에서 누가는 예수를 예고된 성령의 메시아로 명시한다. 그는 하나님의 아들로서

---

1   즉 누가는 교회가 설립되는 시기의 관점에서 교회를 설명하고 합법화하기 위한 시도를 하고 있다는 것이다. 여기서 "이념적"이라는 용어는 어떤 다른 그룹들에 대항하여 그 공동체를 정당화하기 위하여 의도된 공동체의 상징적인 세계에 대한 인식을 나타내기 위하여 사용된다. 이 용어가 사회과학에서 사용되는 경우와 그것을 마가복음에 적용시키는 문헌으로는 다음을 보라. Watts, *Influence*, 243-46.

의 예수의 잉태를 성령에게로 돌리는 전통적인 자료를 사용하고, 이 사건을 이사야 32:15과 암묵적으로 결합시킴으로써 성령을 이스라엘의 갱생의 능력으로 묘사한다. 누가복음 2:40-52에서 그는 지혜의 완성으로서의 예수를 묘사하고, 그의 독특한 아들 됨과 하나님의 목적에 대한 헌신을 알리기 위해 추가적인 메시아 전승을 사용한다. 이 두 장의 관점에서 보면 예수의 수세 시 성령 경험(3:21-22)은 새로운 활동의 연계를 도래시킬 예수와 관련되어야 하며, 이것은 1:35(그리고 2:40-52에 나타나 있는)에서 확실히 보여주는 것 이상의 "종말론적 아들 됨"이 아니라 메시아적 임무를 위한 능력 부여를 위한 것이다. 하늘로부터 들린 소리는 시편 2:7과 이사야 42:1-2을 암시하고, 그에게 임한 성령은 왕적인 메시아의 임무와 예언자 이사야의 종-선포자의 임무를 완수하기 위한 능력 부여로 해석된다(그리고 우리가 보았듯이 여기서 누가는 기독론적인 주제들을 중점적으로 다룬다). 메시아적 아들과 이사야서의 종-전사로서의 예수(참조. 사 49:24-25//눅 11:20-22)는 이스라엘을 시험하는 출애굽/광야를 재연함으로써 이스라엘을 대표한다. 성령의 도움으로(4:1의 편집의 흔적이 보여주는 것처럼) 예수는 시험에서 사탄을 이기고, 이사야 61장(눅 4:18-21)과 연관된 소망을 성취하는 관점에서 이스라엘의 해방을 선포하고 효력을 주기 위해 "성령의 능력으로"(4:14) 갈릴리로 돌아온다. 4:16-30에 대한 누가의 주된 자료는 예수를 이스라엘의 메시아적 희년과 새 출애굽을 선언하는 이사야적·구원론적인 예언자로서 이미 묘사했으며, 누가는 그의 제왕적 기독론과·모세적/예언자적/종 기독론을 모두 융합시키기 위해 이것을(그리고 사 42:1-7과의 분명한 주제 연결) 사용했다. 이 본문 및 그와 관련된 소망의 관점에서 보면 예수는 "노예와 가난", "포로", "눈먼" 상태인 이스라엘을 해방시키고, 회복된 시온의 길로 이스라엘을 이끌기 위해 성령으로부터 능력을 부여 받았다. 이와 유사한 소망이 누가가 예수의 사역을 묘사하는 사도행전(10:36-39)에도 그대로 나타난다.

따라서 예수와 성령에 대한 누가복음의 주된 강조점은 예수의 요단강 성령 경험을 거의 독점적으로 "새 언약의 삶"이나 "종말론적인 아들 됨"을 가져다주기보다는 선교를 위한 능력 부여의 관점에서 본 슈바이처, 스트론스태드, 멘지스의 견해를 지지한다. 실제로 누가는 성령이 어떻게 하나님 앞에서 이루어지는 예수의 종교적인 삶에 영향을 미쳤는지에 대해 많은 관심을 보이지 않는다. 아마도 가장 놀라운 점은 누가가 예수를 잉태케 한 성령이 예수와 함께 신적 인도와 계시의 현존으로서 여전히 남아 있는지 명확히 설명하지 않는다는 점이다. 누가복음 1-2장의 요한과 예수 사이의 병행 구조에 주목하는 독자들은 예수가 성령이 그와 함께 머무른다고 **추측**했을지 모른다는 식으로 항상 생각해왔는데, 만약 독자들이 이사야 11:1-4을 기초로 세워진 유대교 메시아 전승을 알고 있었다면, 그들은 2:40-52에 명시된 예수의 독특한 아들 됨의 지혜와 지식의 원천이 성령이었을 것으로 가정했을 것이다. 그러나 누가는 이것을 명확하게 말하지 않는다. 또한 누가는 예수가 광야에서 어떻게 성령의 인도하심을 경험했는지에 대해서도 설명하지 않는다. 누가복음 10:21만이 예수에게 임한 성령의 심리적인 영향에 대해 이야기하고 있는데, 여기서도 "그가 성령으로 기뻐했다"라는 표현은 예수의 종교적인 삶과 인식을 강조하기보다는 은사적이고 계시적인 것을 수반하는 발화 사건(speech event)을 가리킨다. 아마도 우리가 이러한 침묵으로부터 너무 많은 신학적인 결론을 유추해내는 것은 현명하지 않을 것이다. 하지만 누가는 예수가 하나님 앞에서 그의 삶과 관련하여 요단강에서 그가 성령을 받은 것을 설명해주기보다는 예수가 이미 예언된 성령의 메시아였고, 그가 그의 이런 사명을 위해 이러한 능력을 부여받았다는 것을 독자들에게 확인시키는 데 더 큰 관심을 보인다는 것은 분명하다. 이러한 관심은 왜 누가가 예수에게 임한 성령을 능력의 사역과 연결시키는지를 설명해줄 수 있다(슈바이처와 다른 학자들과는 대조적으로; 참조. 1:35; 4:18-25; 7:21-22; 행 10:38). 성령의 메시아에 대한 전승은 이스라엘을 해방시키기 위해 성령의 능력을 부여받은 한 인물을 고대했고(본서 4장을 보라), 이사야서의 새 출애굽 소망이라는 맥락에서 보면 이 "해방"이 치유와 구속의 기적에까지 쉽게 확대되었던 것으로 보인다(본서 9장을 보라). 이와 마찬가지로 (다시 슈바이처와 다른 이들과는 대조적으로) 성령의 메시아에 대한 전승은 그 위에 임한 지혜와 지식과 주를 경외하는 영을 통해 더욱 확고한 의를 나타내기 위해 능력을 부여받은 한 사람을 고대했는데(그는 성령으로 이스라엘을 깨끗케 하기 위한 자다), 누가복음 4:1b에서는 이것이 되풀이되어 나타난다. 메시아에게 재능을 부여하는 성령에 대한 이 같은 강조는 누가가 예수를 다른 모든 그리스도인의 성령 경험의 한 패턴으로서 내세운다는 전제를 너무 서둘러 제시하지 않도록 우리에게 경고한다. 그가 성령 받은 시기와 그의 성령수여의 특징은 그의 독특한 사명 및 이에 상응하는 독특한 요소를 지니고 있다. 우리는 나중에 이 주제를 다룰 것이다.

예수의 성령 경험이 확실히 특별한 것은 그가 수행할 능력의 시점에 다시 새로운 성령의 은사를 "받음"으로써 승천 이후의 극적인 발전을 이루었다는 점이다(행 2:33). 모세와 같은 예언자와 다윗 계열의 메시아로서 예수는 하나님의 처소에서 요엘이 약속한 하나님의 영을 부어주고(행 2:33; 참조. 눅 24:49), "모든 이의 주"가 된다(행 10:36). 즉 이스라엘의 주이신 하나님 이름으로 회개하는 자는 모두 구원을 얻게 되는데, 그가 기능적으로 이와 같은 역할을 수행하는 자가 된다(행 2:21//2:36, 38; 참조. 욜 3:5; 롬 10:12). 그가 은사(아버지의 은사처럼)를 나누어줌으로써 그의 현존을 넓히는 의미에서 그의 사역에서 시작된 것을 하나님의 우편에서 계속 진행해나간다는 의미에서 하나님의 영은 예수의 영이 된다(행 16:7). 그리하여 예수는 오순절 날에 각각의 은사를("너희가 보고 들은 이것") "부어주고", 그의 백성을 지도하고 보증하는 환상과 꿈의 주체가 된다(참조. 본서 10장 §3.1). 누가가 이러한 사상을 우리가 바울 서신과 요한 문헌(성령은 제자들과 아버지-그리고-아들 사이에서 명백하게[그리고 상호적으로] 인격적인 하나님의 수단이 된다)에서 발견하는 수준으로까지 발전시키지는 않는다 하더라도, 누가의 묘사에는 그들의 보다 더 발전된 모습의 중요한 요소들이 들어 있다. 예수는 아버지보다 더 "부재한"(absent) 분으로 나타나지 않으며, 인류 역사를 형성하고, 활기를 주며, 지시하는 초월적인 존재로서 현존한다. 실제로 성령으로 이스라엘에 세례를 주고, 이스라엘을 깨끗케 하고, 죄 씻음으로 그 나라를 회복시키고, 더 나아가 이스라엘을 세상의 빛으로 삼는 이는 다름 아닌 예수다. 그러나 사도행전에서는 내주하는 성령이 **하늘의** 아버지와 아들로**부터** 은사들을 가져오고 드러내는 것으로 나타나는 반면, 바울 서신과 요한 문헌에서 성령과 함께하는 아버지와 아들의 연합은 내주하는 성령이 아버지와 아들의 내주를 의미하는 것으로 강조된다. 이것이 중요한 신학적인 차이를 나타내는지는 불분명하더라도, 이것은 단지 누가의 내러티브 관점의 산물일 수도 있다. 누가에게 있어 "세상의 끝"을 향한 모든 구원사적인 계획은 하나님에 의해 시작되었고 이스라엘의 메시아이자 승귀하신 주를 통해 중재된다. 그러나 이 계획을 전개해나가는 이야기는 증인들의 삶과 선교를 통해 이 세상을 넘어 교회 밖으로까지 확장되며, 이 "증인들"과 생각을 같이하는 내레이터의 관점에서 서술된다. 따라서 누가는 아버지와 메시아적 아들을―제자들로부터 무언가 알맞게 확실히 구분이 되는 요소인―오이쿠메네(하늘에 있는 하나님의 왕위)에서 능력의 위치에 있는 자들로 묘사하려는 경향이 있으며, 그의 성령론 안에서 다른 강조점도 설명될 수 있을 것이다(이러한 관점에서 이것은 요한계시록의 성령론과 비교가 된다).

2. 제자들이 경험한 성령의 선물의 본질

본 연구는 사도행전에 있는 오순절 성령이 "예언의 영"이라고 주장하는 람페 및 그 이후의 학자들의 입장을 견지했다. 말하자면 성령에 대한 요엘의 약속은 베드로가 사도행전 2:28-39에서 모든 믿는 자에게 강령적으로 보여준 것이다. 우리는 사도행전에 언급된 성령의 모든 활동이 어떻게 이 한(비록 복잡하긴 하지만) 개념에 근거하고 있는지에 주목했다. 누가는 "예언의 영"에 **더하여** 성령에 대한 다른 구약의 약속을 포함시킴으로써 성령 은사의 개념을 더욱 확대하지는 않았다(던과 크레머에 반하여). 비록 다른 학자들도 이미 이와 같은 주장을 펼쳤지만, 그들은, 사도행전에 나타난 성령을 환원주의적으로까지 설명하지는 않더라도, 한쪽으로 치우치는 경향이 있는데, 그 이유는 그들이 "예언의 영"에 귀속시키는 은사의 범주를 명료하게 설명하지 않기 때문이다. 이것은 맹빌(그녀는 성령을 영감 받은 증거를 포함하는 예언주의에 귀속시킨다), 슈바이처(성령을 영감 받은 연설, 특히 설교에 귀속되는 것으로 축소시킨다), 스트론스태드, 멘지스(이들은 성령을 사역을 위한 능력 부여로 본다)와 같은 학자들에게서 가장 현저하게 나타난다. 이들의 개별적인 연구(특히 멘지스의 경우)는 이 주제와 관련하여 중요한 공헌을 하지만, 우리에게 주어진 증거의 중요한 요소들을 간과한다.

유대교 안에서 나타난 "예언의 영"은 전형적으로 계시와 지혜와 돌발적인 예언자적 말씀과 송영을 제공한다. 성령을 "설교의 능력"으로 간주하는 것이 기독교적 이해인데, 여기서 성령은 설교자의 논쟁/권면을 향상시키거나 설교자의 연설에 표적을 더해주거나, 혹은 설교자나 그의 연설에 설득력을 부여함으로써 그의 메시지가 청중들에게 각별한 영향을 미치게 하는 등의 요소 가운데 하나 혹은 그 이상의 결합을 제공하는 것으로 간주된다.[2] 따라서 예수를 증언하는 영감이라는 의미에서 성령을 "선교를 위한 능력 부여"라고 보는 것은 크게 어렵지 않다. 누가는 그의 복음서 24:46-49과 사도행전 1:8을 통해 이 점을 특별히 강조하는데, 처음으로 사람들을 하나님의 메시아적 백성으로 부르고, 그들을 구원으로 이끄는 것은 결국 예수에 대한 증거였으며, 이는 바로 그 증거가 사도행전 1:8의 계획에 따라 "세상 끝"까지 이르는 교회에 확대되었기 때문이다. 그러나 사실상 누가는 전체 교회를 증거와 깊은 연관이 있는 것

---

2   Turner, "Spirit and Authoritative Preaching," 68-72, 87-88.

으로 묘사하지 않고(본서 12장을 보라), 성령의 은사들이 하나님 안에서 그리스도의 교회를 세우고 지도하는 설교와 가르침을 위해 역할을 수행할 수 있었음을 이미 알고 있었다(9:31; 11:24; 15:32; 참조. 본서 13장 §2:2와 §2:4). 따라서 성령은 단순히 "선교를 위한 능력 받음" 이상이거나, 아니면 적어도 이 개념 안에 하나님의 백성을 세우는 것까지 충분히 포함되어야 한다. 게다가 누가는 증거와 설교와 가르침을 넘어 지혜(예를 들어 6:3, 5)와 계시(예를 들어 5:1-10; 11:28; 15:28[?]; 20:28[?])라는 영적 은사에 도움을 받고 있는 교회도 인식하고 있다. 설령 누가가 이러한 활동에 대해 충분한 공간을 할애하지 못했다 하더라도, 이는 성령의 활동에 대한 그의 이해의 명백하고 중요한 양상이며, 따라서 어느 유대인이나 유대 그리스도인이라 할지라도 이 종말론적인 "예언의 영"을 이와 같은 방식으로 이해한 것은 극히 자연스러운 것이다. 이러한 관점에서 아야-프라는 맹빌, 스트론스태드, 멘지스보다 성령의 은사에 대해 훨씬 더 균형 잡힌 입장을 취한다.

아야-프라는 적어도 신자 개인의 종교적인 삶에 예언의 영의 역할을 어느 정도 허용한다. 이에 관한 예시는 개인적으로 지시를 받은 예언의 경우부터(20:23; 21:4, 11) 개인적인 영적 믿음과 지혜와 기쁨을 더욱 심화시키는 더 중요한 언급(6:3, 5; 11:24; 13:52)까지 다양하다. 멘지스는 선교에 능력을 부여하는 성령의 역할의 예시로서 영적 믿음과 지혜와 기쁨을 제공하는 성령의 개념을 인정하지만, 이런 경우에 있어 선교의 이점은 기껏해야 그 은사의 부차적인 결과에 불과하다. 성령이 다른 사람들의 유익(은사를 받은 당사자가 아닌)을 위해 개인에게 주어진다는 멘지스의 주장은 전례가 없고, 비할 바 없으며, 궁극적으로 인위적이다. 아야-프라는 이와 같은 은사들은 단지 어떤 걸출한 그리스도인에게만 주어지는 비전형적인 은사라고 주장하면서, 이러한 예시에 담긴 신학적 의미를 과소평가한다. 그러나 그의 이러한 주장은 믿음과 기쁨과 지혜에 대한 자연스러운 표현(natural expression)과 은사적인 표현 (charismatic expression) 사이를 예리하게 구분 짓는 궁켈의 주장에 의존하는 것이다. 또한 그의 주장은 예언의 영이 지혜와 이해를 향상시키고(단순히 돌발적이고 강렬할 뿐 아니라 수령자의 의식에 즉각적으로 인식되지 않는 방법으로도), 자연스럽게 기쁨과 찬양으로 이끈다는 일반적인 유대교적 개념을 불충분하게 인식하는 것이다. 사도행전 6:3, 5, 11:24, 13:52(그리고 은사적인 찬양의 경우)에서 볼 수 있듯이 보다 더 두드러진 예시 안에서 이러한 은사를 주시는 동일한 성령은 보다 더 일반적으로 회중 안에서 덜 강렬한 수준에서 이와 유사한 은사를 제공한다고 가정할 수 있다. 이러한 활동은 유대교의 많은 부분에서 찾아볼 수 있는 "예언의 영"의 고유적인 개념이다(그리고 이러한 이해는 [예를 들어] "성령의 열매"에 대한 바울의 설명을 차용한 것처럼 보인다). 또한 우리는 (본서 5장에서) 유대교가 다양한 방법—성령의 개인적인 자극들과 삶을 변화시키는 지혜와 계시를 주는 것에서부터 예언적인 도전과 지혜를 불어넣어주는 가르침과 이것들을 창조해내는 갱신된 공동체의 분위기까지—을 통해 개인과 공동체의 윤리적 갱생을 가져다주는 예언의 영을 기대했음을 주장했다. 이러한 기대를 지지하는 특별한 예시는 이사야 11:1-4에서 고대하는 메시아적 인물인데, 그는 성령을 웅장하게 수여받은 자로서 성령이 그에게 부여한 지혜와 권능을 통해 시온의 회복을 일으킬 것이다. 본서 13장에서 우리는 아나니아와 삽비라 이야기와 누가가 오순절의 성령의 선물에 대한 약속을 갱생된 공동체 삶과 연관 짓는 방식 안에서 그가 이러한 이해를 전제하고 세웠다는 점을 논의했다.

그리스도인의 삶과 증거를 위한 이러한 다양한 차원에서의 성령의 개입은 누가에 있어 성령의 은사가 부차적인 은사라는 폭넓게 받아들여진 논제에 의문을 제기한다. 성령은 교회의 증거만큼이나 그리스도인의 실존과 변화(공동체와 개인)를 왕성하게 지속시켜나가는 은사를 제공하는 것으로 나타난다. 그렇다면 누가-행전에서 성령은 구원과 어떻게 연관되어 있는가?

3. 누가-행전에 나타난 성령과 구원

슈바이처, 아야-프라, 스트론스태드, 멘지스는 성령의 은사가 본질적으로 다음 세 가지에 근거하여 부차적 은사라고 주장한다. (1) 예언의 영은 본질적으로 봉사를 위한 소명적 은사다(누가는 증거를 위한 능력 부여로서 성령을 강조한다). (2) 이것은 회개하고, 믿고, 세례를 받고, 그래서 구원으로 들어간 이들에게 주어진다. (3) 이러한 패턴은 예수의 요단강 경험과 유사한 설교를 위한 능력 부여로서 그들이 (오순절 날에) 성령을 받기 이전에 이미 믿음과 구원을 분명하게 경험한 열두 제자(그리고 다른 제자들)의 경험에 의해 확인된다. 그러나 이러한 주장은 각각 누가가 견지하는 입장을 심각하게 단순화시킨다.

(A) 예수와 제자들 사이에 존재하는 병행의 복잡한 유형은 누가-행전에 나타난 뚜렷한 특징이며, 예수의 선교와 교회의 선교 사이의 일치를 강조한다. 따라서 예수-스데반-바울의 병행은 우리에게 사도행전의 신학이 영광의 신학이기보다는[3] 더 많은 고난의 신학이라고 이해하도록 돕는다. 하지만 예수의 예루살렘에서의 고난의 여정(눅 19-24장)과 사도행전에서의 바울의 고난의 여정(19-28장) 사이에 나타나는 많은 병행 구조를 신학적으로 동일한 것으로 간주할 수는 없다. 이러한 병행 구조는 의

---

3   D. P. Moessner, "'The Christ Must Suffer': New Light on the Jesus-Peter, Stephen, Paul Parallels in Luke-Acts," *NovT* 28 (1986), 220-56; C. K. Barrett, "Theologia Crucis-In Acts," in C. Andresen and G. Klein (eds.), *Theologia Crusis-Signum Crusis* (Tübingen: Mohr, 1979), 73-84; 그리고 보다 일반적으로는 다음을 보라. R. Pesch, "Der Christ als Nachahmer Christi: Der Tod des Stefanus (Apg 7) im Vergleich mit dem Tod Christi," *Bibel und Kirche* 24 (1969) 10-11; Talbert, *Patterns*; A. J. Mattill, "The Jesus-Paul parallels and the purpose of Luke-Acts," *NovT* 17 (1975), 15-46; R. F. O'Toole, "Parallels between Jesus and His Disciples in Luke-Acts: A Further Study," *BZ* 27 (1983), 195-212; W. Radl, *Paulus und Jesus in lukanischen Doppelwerk: Untersuchungen zu Parallelmotiven im Lukasevangelium und in der Apostelgeschichte* (Bern: Lang, 1975); Praeder, "Jesus-Paul," 23-24.

미 있는 공통된 요소를 강조하는 것이지, 의미의 동일함을 강조하는 것은 아니다. 요단강과 오순절 사이의 병행 구조도 성령이 제자들에게 선교를 위한 능력의 부여로서 주어진 것(이것은 눅 24:49; 행 1:8에 강조되었다)임을 말해주지만, 사도들과 다른 그리스도인들이 받은 예언의 영이 예수가 받은 것과 정확하게 동일한 특성을 지닌다고 주장할 수는 없다. 그의 성령 경험은 이스라엘의 해방과 변화를 개시하는 메시아로서, 해방자로서, 또 모세와 같은 예언자로서 기름 부음을 받은 것이다. 다양한 수준에 있는 사도들과 다른 제자들은 성령을 통해 계속되는 그 사역에 참여하지만, 그들 또한 그것의 수혜자일 뿐이다. 그들은 이스라엘의 소망의 일부분이며, 신자들에게 다양한 은사를 주시는 천상의 주를 통해 발산된 예언의 영의 활동을 통해 끊임없이 변화를 경험한다. 재차 강조하지만 요단강과 오순절 사이의 병행은 사도들이 성령의 은사를 오직 능력 부여로서만 경험했음을 암시하지 않는다. 왜냐하면 예수는 그의 요단강 경험 이전에도 누가복음 1:35에서 이미 성령을 받았고, 이는 제자들이 경험한 성령과 결코 비교될 수 없기 때문이다. 그렇다면 혹자는 오순절이 **능력 부여뿐만 아니라** 성령을 통한 이스라엘의 새로운 창조와 새로운 탄생(//1:35)의 요소들을 수반한다는 것을 주장하기 위해 예수/제자들 사이의 병행을 쉽게 취급할 수도 있을 것이다. 사실 이러한 점은 성령에 의한 예수의 잉태(눅 1:35)와 관계가 있고, 누가가 오순절 은사(행 1:8)와 관련지어 사용하는 이사야 32:15에 의해 야기되었는지도 모른다. 따라서 요단강과 오순절 사이의 병행에 대한 관찰은 누가의 성령론에 대한 대표적인 논쟁적 해석에 강한 논거를 제공해주지는 않는다. 또한 그와 같은 병행에 의존하여 해석하는 것은 오순절이 이르기까지 예수와 제자들의 이야기를 믿음과 능력을 위한 개인적인 순례를 얇게 위장한 알레고리로 읽는 덫에 쉽게 **빠질** 수 있다. 누가복음 1장부터 사도행전 1장까지는 우리의 이야기가 아니라 이스라엘의 이야기다.

(B) 11장에서 우리는 (턴에 반하여) 제자들이 오순절 이전에 "믿음"

과 "죄 사함"과 "하나님 나라"와 "구원"을 이미 경험했다고 주장했다. 이러한 주장은 오순절 때의 성령의 선물이 순전히 "부차적 은사"라는 관점을 지지하고, 심지어 누가가 제자들이 오순절 이전에도 이미 성령을 경험했다는 나의 주장을 지지하는 것으로 받아들여질 수도 있을 것이다. 그러나 이 또한 누가가 말하고자 하는 전체적인 그림을 간과하는 것이다. 구원과 구원의 축복은 오직 성령으로 능력을 부여받은 예수의 사역 안에서만 제공된다. 이 진술은 아주 예리한 질문을 제기할 수 있는데, 이는 승천을 통해 예수가 하나님의 우편에 앉게 된 이후 어떻게 구원이 계속 경험될 수 있는지에 대한 문제다. 모든 사람이 알고 있듯이 콘첼만의 대답은 그것이 불가능하다는 것이며, 또는 구원은 대체로 예수의 삶의 기억 속에서, 그리고 그 삶의 구원론적인 함의에 대한 이해 안에서만 제공된다는 것이다. 이에 반대하여 우리는 (프랭클린에 동의하며) 예수의 하나님 우편으로의 승귀가 누가복음 1:32-33의 소망의 성취로 인해 메시아적 역할과 하나님 나라에 대한 제자들의 경험을 잠정적으로 깊어지게 하는 것으로 누가가 간주했음을 살펴보았다(참조. 본서 10장). 그렇다면 예수의 구원 행위가 **어떻게** 계속해서 경험될 수 있을까? 누가복음과 사도행전을 연결시켜 주는 핵심적인 두 본문(눅 24:46-49; 행 1:4-8)은 단 **하나**의 수단을 언급하는데, 부활한 예수는 제자들을 통해 적극적으로 나타날 것이며, 이와 같은 수단을 통해 구원을 개시했는데, 그 수단 또한 다름 아닌 성령이다. 이 주장은 (누가에게 있어) 예수의 승천 이후 성령의 은사가 심지어 예수의 제자들에게 있어서도 **구원론적으로 필수적**이었음을 시사한다.

(C) 죄의 용서(구원)를 보증하는 믿음과 회개와 세례가 성령의 은사보다 **선행한다**는 주장은 성령 받음이 구원론적으로 필수적이기보다는 부차적인 은사라는 주장을 정당화하기 위한 것으로 널리 사용되어왔다. 하지만 이 견해 역시 누가가 이해하는 것을 단순화시키는 것으로 의심받을 수밖에 없다. 만약 구원이 죄 용서와 하나님의 백성으로 들어가는 입회이자 주의 날에 얻게 될 칭의에 대한 확신을 의미한다면, 혹자는 이 모든 것

을 위해 성령의 은사를 받는 것이 불필요하다는 것을 수용할지도 모른다. 그러나 우리는 다음 몇 가지 사항을 짚고 넘어갈 필요가 있다.

(1) 나는 누가에게 있어 성령이 "회심"과 하나님의 백성으로 들어가는 입회까지 전달자를 통해 메시지에 확신을 주고, 회개와 신앙을 촉진시키는 신적인 능력으로 중요한 역할을 한다는 것을 주장했다(본서 11장).

(2) 나는 이 주장에 수반된 구원의 개념이 부적절하며, 설사 비유대인들에게는 그것이 보다 더 중요하다 할지라도(그들이 하나님의 언약 백성으로 이러한 축복을 이미 가졌다고 믿는) 대다수 유대인들에게 이 구원 개념은 그리 대단히 "좋은 소식"이 아니었을 것이다. 누가에게 있어 구원과 하나님 나라에 대한 구약의 약속은 대체로 현재의 세계 질서 끝에 관심을 두는데, 그 세계 질서 속에서 이스라엘은 하나님으로부터 소원해지며, 정신적이고 세속적인 강압에 의해 노예가 되며, 억압을 받게 된다. 구원이란 화해와 두려움 없는 예배의 공동체로서, 그리고 열방의 영광스런 빛으로서 이스라엘을 정화하고 회복하는 것을 의미한다. 이것은 비록 예수가 이상적으로 추구했던 사역(이스라엘 공동체의 회개와 새로운 생명)이 대체로 완성되지 않았지만, 누가복음 1-2장에서 선포된 소망이며, 예수의 메시지와 사역(본서 6-9장을 보라)으로써 시작된 것으로 묘사된다. 하나님 우편으로 승귀하신 예수는 이러한 소망에 새로운 힘을 제공하며, 누가는 사도행전의 교회를 이스라엘이 소망했던 회복과 변화로 묘사한다. 그것은 마리아 찬가와 사가랴 찬가, 그리고 팔복에서 묘사하는 "이상적인 공동체이며, 그 공동체 안에는 가난도, 배고픔도, 슬퍼하는 사람들도 없고, 그것은 그곳의 삶의 방식이 이러한 필요를 극복했기 때문이다."[4] 하나님의 백성은 두려움 없이 섬기며, 하나님과 그리스도의 현존을 즐기고, 그들이 나아갈 방향을 알며, 즐거움으로 하나님을 예배한다(참조. 눅 1:71-76). 사도행전 3:21-25의 관점에서 볼 때 믿지 않는 유대인들은 하나님의 메시

---

4   York, *Last*, 62.

아적 백성으로부터 제외되는 반면, 사도행전 15장은 회복된 이스라엘로서 그리스도의 통치 아래 있는 교회를 묘사하는데, 옛 약속을 따라 이방인들도 이 교회에 포함된다. 누가는 이스라엘의 변화인 교회 안에서 **모든** 종말론이 소진되었다고 생각하지 않으며(누가는 예루살렘의 멸망의 형태로 믿지 않는 예루살렘을 심판하는 것과 이 세상 끝까지 이르게 되는 복음의 확장과 마침내 종말까지 예견했다), 오히려 결정적인 움직임은 그의 복음서에 기록된 사건들과 사도행전의 첫 열다섯 장에서 형성되었다. 그는 누가복음 1-2장을 돌아보지 않을뿐더러 약속의 실패에도 슬퍼하지 않을 것이지만(티데와 탄네힐에 반하여), 구원이 놀랍고 예상치 못한 방식으로 성취되었다는 사실을 즐거워할 것이다. 누가에게 있어 구원이란 은혜와 평화와 형제애와 궁극적인 구속으로 인도하는 새 출애굽 "방식"의 메시아 공동체 안에서 누리는 새로운 삶이며, 하나님을 기쁘게 섬기고 예배하는 것이다. 그렇다면 우리가 이제 던져야 할 질문은 누가가 이같이 새롭게 하나님을 인식하는 데 있어, 그리고 그것에 준하여 사는 방식에 있어 성령이 어떤 중요한 역할을 담당하는지에 관한 것인데, 이것에 대한 답변은 매우 긍정적이다(본서 13장을 보라). 성령은 이 역할을 충분히 수행하는데, 개인에게 주어진 은사를 통해, 그리고 은사적인 공동체에 속한 개인을 통해 이 역할을 수행한다. 이 경우에 관한 한, 성령은 구원론적으로 "필수적"이다.

(3) (던에 동의하고 그를 비판하는 자들에는 반하여) 누가는 사도행전 2:38에서 성령이 회개하는 믿음(이것은 주로 세례를 통해 표현됨)을 보이는 모든 자에게 즉각적으로 주어진다는 하나의 규범을 제시하고 있음을 우리는 이미 살펴보았다. 사도행전 8, 10, 19장의 성령에 관한 기사는 이러한 규범을 전제하며, 다만 사도행전 8장은 내레이터에 의해 다분히 비정상적인 것으로 간주되고 있음도 이미 살펴보았다. 만약 성령의 은사가 능력 부여를 위한 부차적 은사라면 왜 그것이 회심자들에게 보편적으로 주어지는지도 설명되어야 한다. 회심-입문과의 밀접한 관계는 오히려 성령이 (본서 13장에서 설명된 것처럼 기독교인들의 다양한 삶의 방식을 위한) 구원론

적인 의미를 지니는 것으로 볼 수 있다.

(4) 우리는 사도행전 1:8의 이사야 32:15에 대한 암시가 오순절 성령이 이스라엘의 갱생의 능력임을 암시한다는 것도 이미 살펴보았다. 이러한 이해는 (보크와 멘지스에게는 실례가 되겠지만) 사도행전 2장과 유대교의 모세/시내산 전승 사이의 분명한 병행에 의해 확실히 지지를 받는다. 더 나아가 나는 이 같은 이해가 누가복음 3:16, 사도행전 1:5, 11:16, 15:9에서 지지를 받는다고 주장했는데, 여기서 성령은 다윗 계열의 메시아가 시온을 정화하기 위해 사용하는(그리고 회복하고, 변화시키는) 능력으로 묘사된다. 이러한 관점에서 우리는 던의 입장을 일부분 지지할 만한 증거를 찾을 수 있다. 여기서 주목해야 할 부분은 나의 주장을 마치 성령의 구원론적인 측면을 성취하기 위해 누가가 요엘의 약속에 성령에 관한 다른 구약의 약속을 덧붙였다는 식으로 이해해서는 안 된다는 것이다. 오히려 누가는 "예언의 영"의 행위를 이사야 32:15에서 말하는 이스라엘의 갱생을 이끌어내는 것으로 해석했다(마치 일부 랍비들이 겔 36-37장에 묘사된 변화를 달성하기 위해 요엘의 약속을 기대했던 것처럼).

(D) 우리는 유대교의 예언의 영이 단순히 부차적 은사가 아님을 살펴보았다. 적어도 쿰란 공동체에게 있어 예언의 영으로서의 성령의 종말론적인 은사는 구원론적으로 필수적인데, 이는 성령의 계시와 지혜는 구원 공동체를 결정적으로 형성하고, "그 도"에 헌신할 수 있는 감동을 제공하기 때문이다. 일부 랍비들이 이와 유사한 방식으로 에스겔 36장을 이해했다는 사실도 이미 지적한 바 있다. 더욱이 누가의 영웅이라 할 수 있는 바울도 분명히 구원론적인 방향으로 예언의 영 개념을 발전시켰다. 따라서 바울에게 있어 성령의 계시와 지혜를 수여하는 기능은 새로운 창조와 갱생과 영적 변화의 능력이 되며(고전 2:6-16; 고후 3:12-18; 참조. 엡 3:14-19) 신자로서 아들 됨의 삶으로 이끌고, "육신"에 저항하는 삶으로 이

끈다(롬 8:13-15; 갈 5:13-18, 25; 6:8).[5] 또한 요한에게 있어 (누가와 공통점이 많은 요한의 성령론적인 전승을 포함하여)[6] 이 동일한 예언의 영은 (a) 예수를 통해 "삶"에 필요한 계시적인 지혜를 가져다주며(요 3:34-36; 4:10, 13-14; 6:63), (b) 진정으로 변화되는 신앙을 가능케 하는 십자가의 중요한 의미를 계시함으로써 거듭남을 유발하는 하나님의 능력이 되며(요 3:5-16), (승천 이후에) 제자들로 하여금 아버지와 아들의 현존과 지시를 알게 하는 유일한 수단이 되며, (d) 제자들에게 계시자이자 선생이자 안내자가 됨으로써 그들을 통해 이 세상에서 그들의 변호자(Advocate)가 된다.[7] 요약하자면 예언의 영이라는 개념이 본유적으로 신적 소명을 위한 부차적 은사로만 해석될 필요는 없으며, 신약의 어느 한 저자가 예언의 영을 "선교를 위한 능력 부여"로 가장 확실하게 명시한다고도 할 수 없다. 지혜를 주시고 계시하시는 성령을 가장 명확하게 보여주는 요한 역시도 성령을 (그리스도인의 삶의 시작과 과정에 있어) 구원론적으로 반드시 필요한 것으로 간주한다. 그렇다면 누가가 예언의 영의 활동이 구원론적으로 신자들의 삶에서 중요한 역할을 수행하는 것으로 생각했는지에 대한 질문에 대해 나는 비록 누가가 표현할 수 있었던 것보다 더 많이 말할 수는 없겠지만, 긍정적임을 피력했다.

---

5   Turner in Wilson (ed), *Spirit*, 188-90.

6   M. A. Chevallier, "Apparentements entre Luc et Jean en matière de pneumatologie," in Aletti *et al.*, *Cause*, 377-408.

7   Turner, "The Spirit and Ethical Religious Life," 188-90; 그리고 여기에 인용된 더 많은 문헌들을 참조하라.

4. 누가-행전에 나타난 성령과 "아들 됨"

뷔히젤과 폰 베어와 던은 각각 다른 방식으로 (누가를 포함하여) 신약 저자들에게 있어 성령은 반드시 (종말론적인) 아들 됨의 영이라고 주장했다. 이들의 주장과, 성령은 또한 본질적으로 "선교를 위한 능력 부여"라는 베어의 주장 사이에는 어느 정도 긴장이 있는 것도 사실이다. 본서에서 내가 분석한 내용은 이러한 문제를 극복하는데, 계시와 지혜를 제공하는 예언의 영으로서의 성령에 대한 개념은 이 두 주장에 자연적인 기반을 제공한다. 아버지와 아들을 계시하고, 그들이 지시하는 것을 생각나게 하며, 복음과 하나님의 뜻과 그 뜻 안에서 행하는 방법을 이해하기 위해 은사적인 지혜를 제공하는 성령은 보다 완전하고, 보다 순종적이며, 보다 즐겁고, 보다 효율적인 기독교 제자도를 가능케 하기 위한 것으로 분명히 기대될 수 있다(예수와 관계된 것으로는 눅 4:1b; 참조. 1:35). 이 동일한 성령은 (돌발적인 예언자적 발화와 송영적인 발화와 마찬가지로 이와 유사한 은사를 제공함으로) 교회에 대한 헌신과 교회 밖의 불신자들에게 증언하는 능력의 부여로도 간주될 수 있다.

5. 이 연구가 오순절/은사주의 논쟁에 주는 함의

여기에 포함된 여러 질문은, 현 이슈에 대해 보다 풍부하게 논의한 나의 다른 저서[8]에서 다루어졌기 때문에, 나는 본 단락에서 이 문제들을 짧게 논의할 것이다. §5.2에서 나는 일부 고전적 오순절주의의 관점이 갖는 누가의 성령론에 대한 이해에 도전적 제언을 할 것이며, 새로운 성령론적 패러다임의 필요성을 피력할 것이다. 그러나 이에 앞서 §5.1에서 나는 오

---

8   *The Spirit and Spiritual Gifts: Then and Now* (Exter: Paternoster, 1996).

순절과 은사주의적 영성을 거부하는 전통적인 교회에 대해 본 연구가 던지는 보다 더 근본적인 도전이 무엇인지 명료하게 밝힐 것이다.

5.1. 누가의 성령론: 비오순절/비은사적 교회에 던지는 도전

(A) 교회에 대한 성령의 초월성에 대한 도전

이것은 의심의 여지없이 가장 급진적인 도전이다. 하나님과 대조되는 자신의 자율성을 주장하고, (그리스도인들 사이에서) 신적인 현존과 연설의 방식을 지나치게 공식화하고 제도화하는 것은 타락한 인류의 고유한 특성이다. 성례를 통해 우리는 우리가 다른 방법으로는 결코 알지 못할 성령의 현존과 활동을 확실히 할 수도 있다. 이와 마찬가지로 우리는 말씀을 전함으로 우리가 다른 방법으로는 알지 못할 성령의 음성을 확인할 수 있다. 성직 서임을 통해 우리는 다른 방법으로는 명확히 나타나지 않을 성령의 은사와 권위를 보증할 수 있으며, 교회의 공동 예배를 통해 필요한 감정의 움직임 없이 우리는 우리가 호응적이고 하나님 중심의 찬가적인 성령의 영감에 참여한다고 주장할 수도 있다. 물론 신적 존재의 행동과 인간 행위의 관계를 "공식화 하는 것"이 하나님의 성령이 우리의 행위 안에 스스로 거하신다는 참된 인식을 나타내는 방식이라면, 이것은 전적으로 적절하다고 할 수 있다. 그러나 이것이 하나님에 대한 즉각적인 인식을 나타내는 대체물로 여겨질 때 우리는 성령을 교회 안에서의 하나님의 내재로 축소시키는 실수를 범할 수 있다. 그렇다면 때때로 우리는 심지어 성령에 대한 우리의 말이 순전히 인간적인 행위를 말하기 위한 신화적인 용어라고 의심할 수도 있다.

이와는 대조적으로 사도행전은 성령을 교회 위에(over), 교회에(to), 그리고 교회를 통해(through) 존재하는 하나님의 초월성으로 표현한다. 성령은 쉬쉬할 수 없는 바로 그 하나님이시다. 사도행전에서 "주", "은혜", "말씀" 또는 "이름"은 하나님의 편재성(immanence)에 관해 말하는 방식일 수 있지만, 누가에게 있어 성령은 교회 안에서 하나님의 편재성이 아니다. 성령은 실질적으로 항상 자기를 계시하는 하나님의 현존이다. 성령은 바람 소리와 불의 혀 같이 임하며(행 2:2-3), 모인 곳이 흔들리듯이 임한다 (4:31). 성령은 복음 전도자를 낚아채기도 하며, 다른 곳으로 이동시키기도 한다(8:39). 성령이 한 사람에게 충만하게 되면 인간의 연약함을 극복하거나, 단순한 인간의 능력을 능가함으로써(이에 관한 다른 여러 형태에 대해서는 2:4; 4:31; 6:10; 9:17; 13:52 등을 보라) 강제적이고, 돌발적이며, 즉각적으로 인식되는 결과(그것이 말씀이든, 환상이든, 은사적인 믿음이든, 기쁨이든지 간에)를 낳는다.[9] 특히 용감한 한 마술사가 안수를 통해 성령의 능력을 전파하는 능력을 사기 위해 돈을 건네는 모습은 주목할 만하다. 마술사 시몬이 오늘날 우리들의 교회 가운데 많은 곳에서 같은 방식으로 그가 본 것(혹은 보지 않은 것)에 의해 유혹을 받을 것인가 하는 것은 흥미로우면서도 진지한 질문이라 할 수 있다. 이러한 관점에서 사도행전에 나타난 성령에 대한 "느낌"은 대각성 운동이나, 오순절주의나, 은사적인 운동 또는 토론토에서 일어나는 부흥 현상과 매우 밀접하다. 우리는 성령의 이러한 초월성에 대해 서로 다른 세 가지 측면을 지적할 수 있다.

(1) 누가에게 있어 "성령"은 인간이나 교회의 결정을 소급해서 단순히 쉽게 인가하기 위한 신학적 전문용어가 아니다(심지어 15:28에서도). 그에게 있어 성령은 주도권을 쥐고 계시며—종종 놀랍게도—교회는 그를 뒤따른다. 이방인들을 향한 선교의 움직임은 이에 관한 가장 놀라운 예시를 보여준다. 이것은 베드로에게 당황스러웠던 환상과 함께 시작하고, 성령은 고넬료의 사자들과 동행하도록 지시한다(10:19; 11:12). 10:44에는 놀라운 성령 강림이 나타나는데, 이 사건은 교회에게 이 이방인 가정을 유대화할 필요 없이 그대로 받아들일 것을 촉구한다(10:45, 47; 11:15-18). 이어서 성령은 바나바와 사울을 극적인 방식으로 부름으로써(13:2,

---

9   본서 6장의 결론 부분을 보라.

4) 더 많은 이방인이 믿음에 이르게 하기 위한 선교에 박차를 가한다. 이 모든 것은 "성령과 우리에게 가하다", 즉 성령의 뜻이 명백해졌다는 야고보의 주장을 뒷받침하는 것이다. 주요한 신학적인 발전에서뿐만 아니라 선교나 교회의 보다 일상적이고 개인적인 문제나 삶에 있어서도 성령은 주도권을 행사한다(참조. 8:29; 16:6, 7; 19:21; 20:28). 오순절 교회들과 은사주의적인 교회들은 대체로 이 같은 성령의 "돌발적인" 행동을 칭송 일색의 평가로뿐만 아니라 교회의 심오한 경험으로 증언한다. 그들은 이와 유사한 간증을 듣기 위해 교회의 다른 편에 있는 그들의 형제자매들에게 귀를 기울이는데, 만약 이에 실패하면 오순절 성령이 부재하다는 결론을 내린다. 우리가 곧 살펴보겠지만(§5.2[E]), 이것은 섣부른 판단이라고 할 수 있다. 하지만 우리는 여기서 누가가 도전하는 사실적이고 중요한 요소가 어떻게 묘사되는지를 볼 수 있다.

(2) 누가에게 있어 성령은 교회 안에서, 그리고 교회를 통해 **나타나는 하나님의 능력**이다. 성령은 증거 사역에 능력을 부여하는 은사적인 지혜를 수여할 뿐 아니라(눅 12:12; 22:15; 24:49; 행 1:8; 6:10 등), 하나님은 성령을 통해(참조. 눅 4:18-20; 행 10:38) 자유케 하는 "표적과 기사"를 행하시며(2:43; 4:16, 22, 30; 5:12; 6:5-8; 8:6, 13; 14:3; 15:12; 19:10-12), 이로써 이스라엘의 회복의 메시지를 구체화하고, 더 나아가 메신저와 더불어 그 메시지를 통해 자신의 현존을 보여주신다. 이러한 예시들이 보여주듯이 누가는 이러한 초자연적인 치유가 복음의 확실한 능력의 중요한 양상이라고 믿었다. 그에게 있어 이 약속된 성령은 교회에서 아주 뚜렷하게 "나타나며", 그의 현존은 교회의 증거 사역에서 그 자체로 하나의 증거가 될 수 있다. 베드로는 공회에서 "우리는 이 일에 증인이요, 하나님이 자기를 순종하는 사람들에게 주신 성령도 그러하니라"(5:32)라고 선언한다. 환언하면 말씀의 지식이 있는 믿지 않는 유대인들조차도 교회와 더불어 하나님의 성령의 현존을 인정하고 추론하도록 만들었다.

(3) 성령의 초월성은 교회의 예배와 찬양과 감사에서도 느껴진다. 이

것은 돌발적인 은사적 찬양과 방언을 통해 가장 선명하게(그리고 어느 정도는 전형적으로) 느껴진다(예를 들어 2:4, 11; 10:46; 19:6). 또한 성령의 초월성은 일반적으로는 성령의 공동체 안에서(예를 들어 2:42-47), 그리고 특별한 경우에는 성령에 의한 벅찬 기쁨(예를 들어 13:52)을 통해 느낄 수 있다.[10] (누가는 형식적이고, 단조롭고, 의무감에서 드리는 지루한 예배의 문제점을 잘 모르는 듯하다.) 물론 성령의 초월성을 가장 강하게 나타내는 것은 새롭고 독특한 기독교적 현상인 돌발적인 방언이다. 이 은사를 통해 성령은 구속하시는 하나님의 현존으로서 기쁨에 넘치는 찬양에 영감을 불어넣어준다.[11] 그러나 동시에 돌발적인 방언은, 비록 그것이 마지막 화해의 단계에서 종말론적인 언어의 갱생을 지시하고 있긴 하지만, 인간과 하나님 사이의 뚜렷한 간격을 역설적으로 강조한다.[12] (영감을 받은 방언은 이해할 수 없다!). 돌발적인 방언이란 하나님의 **신비**와의 깊고 즐거운 만남의 성례적인 전조라고 할 수 있는데, 오순절주의에서 이 방언의 전형적인 본질은 멜로니와 로베킨으로 하여금 트뢸취(Troeltsch)의 제3의 종교 운동의 사회적 부류— "교회"도 아니고 "종파"도 아닌, "신비주의"—의 견지에서 이 운동을 말하도록 유발했다.[13] 이러한 관찰을 통해 그들은 오순절주의가 그것이 사회와 갖는 관계의 형식에 의해 표시되는 것이 아니라 하나님과의 만남을 통해 하나의 그룹으로서 그것의 제도와 활동들이 형태를 지니는 방식으로 알려진다는 것을 말하고 있다. 비록 이 진술이 오순절주의의 선교 방향에 대해 적절한 설명을 제공하지 않는다 하더라도, 성령이 예배 공동

---

10   Cullen, "Euphoria," 13-24.

11   L. Cerfaux, "Le symbolisme attaché au miracle des langues," in *Receuil L. Carfaux II* (Gembloux: Duculot, 1954), 183-87; J. M. Ford, "Toward a Theology of Speaking in Tongues," *TS* 32 (1971), 3-29; F. D. Macchia, "Signs too Deep for Words: Towards a Theology of Glossolalia," *JPT* 1 (1992), 228-31.

12   참조. J. G. Davies, "Pentecost and Glossolalia," *JTS* 3 (1952), 228-31.

13   H. N. Malony and A. A. Lovekin, Glossolalia: *Behavioural Science Perspectives on Speaking in Tongues* (Oxford: Oxford University Press, 1985), 260-62.

체 안에서 하나님의 초월성으로 인식된다는 적절한 정도의 방편이기는 하다. 오순절주의자들이나 은사주의자들이 전통적인 개신교 교회의 예배에 참석했을 때, 그들은 설교를 통해 성령의 음성을 느낄지 (혹은 못 느낄지) 모른다. 하지만 예배의 다른 양상들(심지어 창조적이고, 아주 잘 수행된 것이라 하더라도)은 성령의 활동을 그들에게 직접적으로 명시하는 것으로 보이지 않을지도 모른다. 그리스도-중심적 특징을 지닌 예배에 다른 요소들이 허락될 때, 그들은 이러한 관점에서 그런 예배가 그들이 좋은 회당에서 발견할 수 있는 개인적인 예배와 거의 다르지 않다는 것을 느낄지도 모른다.

오순절주의와 은사주의의 흐름 밖에 있는 교회를 향한 (심지어 그들 자체 안에서도) 누가의 성령론의 대표적인 도전은 명백하고 신선한 성령의 초월성을 회복하고 주장하는 것이다. 누가는 이것을 단순히 단회적 성령 받음이나 최초의 증거에 기반을 두지 않고, 주로 공동체의 계속적인 기도와 성령으로 새로워지고 충만한 신적 반응에 기반을 둔다(예를 들면 4:23-31).[14]

(B) 교회 안에서의 성령의 보편성과 선물이 주는 도전

이 말은 성령에 대해 누가(그리고 바울)가 밝히는 "민주화"(democratization)를 허락하기 위한 도전이며, 이것은 아마도 성령의 초월성을 회복하고 유지하기 위한 도전의 또 다른 측면으로 보아야 할 것이다. 이와 같은 이해 없이는 성령의 형식화는 제도화되며 성직주의화(clericalism)되는 경향을 갖게 되는데, 설교하고, 예배를 인도하고, 가르치고, 전도하는 이들은 자

---

14   편집자로서의 누가가 하나님을 경험하는 통로로서 강청하는 기도의 중요성을 강조하는 방식에 대하여 다음 문헌을 보라. P. T. O'Brien, "Prayer in the Luke-Acts," *TynBul* 24 (1973), 111-27; Smalley, "Spirit"; Turner, "Prayer"; 참조. S. F. Plymale, "Luke's Theology of Prayer," in D. J. Lu (ed.), *Society of Biblical Literature 1990 Seminar Papers* (Atlanta, Scholars Press, 1990), 529-51.

신들이 배운 기술에 의존하는 소규모(종종 전문적인)의 엘리트가 되는 반면, 나머지 사람들은 대체로 수동적인 관찰자가 된다. 사도행전의 성령론 (그리고 더 넓은 의미에서는 고전 12-14장과 롬 12장에 나타난 바울의 성령론)은 이와는 아주 다른 것을 기대하게 한다.[15] 예언의 영이 모든 사람에게 부어지기 때문에, 잠정적으로 어떤 개인도 (예를 들면) 회중에게 전할 수 있는 하나님의 말씀을 받을 수 있고, 또한 (행 6:5, 10의 스데반의 경우처럼) 능력 있는 증거 사역을 하기 위해 은사적인 지혜와 능력을 부여받을 수도 있다. 이것에 대한 요점은 "모든 신자가 예언자다"[16]라는 경구를 통해 요엘 2:28-32을 해석하는 에반스(M. E. Evans)와, 모든 이들에게 주어지는 성령의 본질은 선교를 위한 능력의 부여라고 주장하는 스트론스테드, 셀튼, 멘지스에 의해 강하게 주장되었다. 나는 본서 12장과 13장에서 밝혔듯이 그들이 주장하는 각각의 내용들이 과장되었다고 생각한다. 예언의 영은 이것보다 훨씬 더 넓은 범위의 행동을 제시하며, 한 사람이 이 모든 것에 연루되지도 않는다. 누가의 입장은 바울의 견해와 더 가까운데, 일반적으로 인식되는 것보다 한 은사적 성령은 다른 은사들과 사역들로써 하나의 공동체를 창조한다.[17] 그러나 도전은 여전히 남아 있다. 누가의 성령론의 형태로부터 독자들은 회중의 많은 사람들이 각각 다른 헌신—그것이 교회와 교회의 선교에서 성령의 즉각적인 사역이든지 아니면 보다 긴 기간의 사역이든지—을 하기 위해 성령으로부터 은사를 받을 것을 기대할 것이다. 오순절 교회들과 은사주의 교회들은 각 신자가 교회의 유익을 위해 자기를 통해 사역하는 성령을 적극적으로 경험할 것이라는 기대를

---

15   다음과 비교해 보라. Dunn, *Jesus*, 2부와 3부; Turner, "Spiritual Gifts."

16   이 주제로 쓴 그녀의 소논문을 보라(in Billington, Lane and Turner [eds.], *Mission*, 31–40. 물론 그녀는 모든 사람이 신약에서 말하는 "예언자"라는 것을 의미하지는 않는다. 그러나 그녀는 "모든 신자의 예언자화"와 병행을 이루는 그녀의 용어를 사용한다).

17   Hui, "Concept," 5장(누가가 은사를 "직분"으로 제도화했다는 Käsemann의 견해에 대하여 반대하는 부분에 주목해 보라).

부추기는 방향으로 나아갔다. 이것은 하나님이 심지어 그들에게 말하기도 할뿐 아니라 연약하고 부적절한 자기들을 사용하기도 한다는 것을 각 개인이 배웠을 때 종종 회중에게 활기를 불어넣고, "하나님 나라를 위한 열정"[18]으로 이끌기도 했다.[19]

(C) 방언과 예언과 치유의 회복에 대한 도전

사도행전 2:38-39에서 우리는 베드로가 예언의 영에 관한 요엘의 약속을 **모든** 믿는 자에게 확대시키는 것을 살펴보았다. 사도행전 나머지 부분을 통해 분명히 알 수 있는 것은 기독교적 삶의 많은 내용이 은사적인 실존이라는 점이다. 전통적인 개신교의 해석은 이러한 은사적인 차원을 영적 조명과 설교에만 한정시키는 경향이 있고, 나머지 성서적 영성(선별적으로 비은사적인)은 모두 바울과 요한에게 집중시킨다. 이러한 입장은 일관성이 거의 없다. 만약 성령이 신자들에게 그리스도를 나타내고, 그들에게 말씀을 조명하고, 제자도의 삶을 결정하도록 인도한다면, 이러한 행위는 누가가 의미하는 예언의 영으로부터 유래할 뿐이다. 같은 성령은 같은 **수단**(즉 은사적인 계시와 지혜)으로 예언을 제공하며, 돌발적인 예언적 말씀과 (방언[20]을 포함하여) 은사적인 찬양의 선물을 공급하는 것으로 기대된다. 우리가 살펴본 것처럼 이 네 가지—은사적인 계시, 지혜, 돌발적인 예언, 찬양—는 **모든** 믿는 자에게 베드로에 의해 약속된 "예언의 영"의 전형적인

---

18   S. Land는 이것이 오순절 영성의 본질이라고 본다. 다음을 보라. "A Passion for the Kingdom: Revisioning Pentecostal Spirituality," *JPT* 1 (1992), 19-46; 보다 길게 쓴 저서로는 *Pentecostal Spirituality: A Passion for the Kingdom* (Sheffield: JSOT Press, 1993).

19   소위 새로운 교회 운동(New Church Movement)이라 불리는 성령론적 교회론 (pneumatological ecclesiology)에 관해서는 다음을 보라. M. Turner, "Ecclesiology in the Major "Apostolic" Restorationist Churches in the United Kingdom," *VoxEv* (1989), 83-108.

20   또한 바울은 회중에게 전해지고 해석되었을 때는 예언처럼 기능하는 "신탁적" 방언의 형태를 언급할지도 모른다. 그러나 누가는 이것을 묘사하지 않는다(참조. 고전 12:28, 30; 14:4-5).

은사다. 이것들은 예언의 영이 의미하는 것의 바로 그 본질에 속한다. 그렇다면 우리가 (조명과 설교 속에서) 지혜를 계속 기대하면서 다른 은사들은 중지되었다고 주장하는 것은 이상한 논리다. 말씀의 정경을 완성하기 위한 무오류의 계시를 제공하기 위해 주어진 것으로 이해하는 예언과, 순전히 증거주의자들의 방향에 따라 방언의 본질과 목적에 대하여 근본적으로 오해하는 것이 이러한 입장에 이르게 할 수도 있다. 나는 이 은사 중 그 어느 것도 명백히 누가의 관점이 아님을 주장할 것이다.

예언과 관련하여, 예를 들어 파넬(F. D. Farnell)은 베드로의 오순절 연설에 인용된 요엘 2:28-32의 은사는 정경적인 예언자들에게 부여되는 전적으로 무오류인 구약의 예언의 선물의 회귀를 지칭한다고 주장한다. 파넬에 의하면 이것은 무오류의 신약의 말씀을 공급하기 위해 주어진다는 것이다.[21] 그러나 이러한 주장은 유대교와 사도행전의 "예언의 영"의 특징을 완벽하게 오해하는 것이며, 또한 2:38-39의 베드로의 약속은 모든 신자가 이 은사를 받는다는 것을 의미함을 간과하는 것이다. 그러나 실상을 말하자면, 사도행전의 예언의 사례 중 그 어느 것도 도그마를 제공하거나 이를 설명하지 않으며, 오히려 예언의 영은 상세하게 교회를 안내하거나(예를 들어 유대에 흉년이 들 것이라는 경고, 11:28), 또는 특정 개인에게 계시를 제공해준다(16:6-13; 18:10; 20:23; 21:4, 11).

또한 우리가 이미 살펴보았듯이 누가는 치유를 교회가 적당하게 세워지고 말씀의 정경이 완성될 때 필요 없게 될지도 모르는 사도적인 말씀 선포와 가르침의 내용을 보증하기 위한 증거주의자들의 증거로 보지 않고, 오히려 선포된 회복의 구원의 본질적인 부분인 성령의 사역으로 이해한다. 이러한 치유는 하나님의 종말론적 통치에 대한 실재의 표적으로 지

---

21   F. D. Farnell, "The Gift of Prophecy in the Old and New Testaments, Is the Gift of Prophecy for Today?," *BSac* 149 (1992), 388-93.

속될 것으로 기대된다.[22] 오늘날 이러한 다양한 은사에 대해 책임 있는 전유와 관련된 문제들은 의심의 여지없이 존재한다. 불행하게도 이 이슈에 대한 논의는 지금 여기서는 불가능하며, 우리는 이 문제를 다른 곳에서 다룰 것이다.[23] 오순절 교회와 은사주의 교회들이 이와 관련된 이슈들을 때론 무비판적으로 다룬다 할지라도, 그들이 보여주는 증언은, 열정적인 방식으로, 누가의 성령론의 지속적인 도전의 증거가 되고 있다. 하지만 우리는 이러한 성령론이 고전적 오순절주의의 입장에 문제가 없다는 데 머물러서는 안 된다.

5.2. 누가의 성령론이 고전적 오순절주의에 던지는 도전

(A) 회심 이후의 교리에 대한 도전

우리는 누가-행전의 증거가 고전적 오순절주의의 관점, 즉 누가-행전의 성령은 선교를 위한 능력 부여와 같이 단순히 "부차적 은사"라는 교리를 지지하지 않는다고 생각한다. 우선 누가는 사람들이 종종 상상하는 것보다 고린도전서 12-14장의 바울과 더욱더 가깝다. 누가는 은사적인 예언의 영을 교회를 섬기고, 교회의 목회 사역(행 6:3, 5에서 식탁 봉사를 돕는 자의 사역, 예언자적인 사역[행 11:28; 21:4, 11 등], 선생으로서의 사역[행 9:31; 11:24; 15:32], 또한 장로와 감독으로서의 사역[행 20:28])과 교회의 전도에 능력을 부여하는 것으로 이해한다. 이와 관련하여 오순절주의 및 은사주의

---

22 본서 11장 §1.1을 보라. 또한 다음 문헌도 보라. W. J. Bittner, *Healing: Zeichen der Herrschaft Gottes* (Neukirchen-Vluyn: Aussaat Verlag, 1984).

23 은사 중지론의 다양한 형태에 대한 비평에 대하여 다음을 보라. Turner, "Spiritual Gifts"; *idem*, *Spirit*; J. Ruthven, *On the Cessation of the Charismata: The Protestant Polemic on Postbiblical Miracles* (Sheffield: JSOT Press, 1993); W. Grudem, *Systematic Theology: An Introduction to Biblical Doctrine* (Leicester: Inter-Varsity Press, 1994), 52-53장.

교회의 학자들은 이에 지나치게 논쟁적이지는 않을 것이다.[24] 그러나 우리는 누가가 고린도전서 2:6-16과 고린도후서 3:12-14의 바울과도 가깝다는 점을 주장할 수 있는데, 여기서 바울은 성령이 인간의 실존을 변화시키며, 양자의 삶으로 이끄는 복음에 대한 실제적인 기독교 이해를 위한 본질적인 힘으로서 지혜를 계시하고 제공한다고 본다. 누가에게 있어 (바울과 요한처럼, 물론 다르지만) 예언의 영은 활기차고, 즐겁고, 예배와 친절로 서로 돕는 메시아 공동체와 은사적 차원의 계시와 영적인 지혜를 제공한다. 누가는 이러한 새로운 공동체를 이스라엘의 소망의 성취로 보며, 어느 정도 평화롭고 부분적으로 이상적인 요약(summaries)과 서신에 대한 아주 중요한 검토로부터 부각되는 틈을 채우는 것으로 본다. 이 공동체의 급진적인 성결과 공동체적인 연합은 적극적으로 촉진되며, 성령에 의해 아주 철저하게 보존된다(참조. 행 5:1-10). 또한 이 공동체의 분란은 화해의 방식으로, 그리고 성령의 영향 아래 안정을 되찾게 된다(15:28).[25] 이 모든 것이 구원이며, 성령은 이를 위해 필요하다.

이것은 누가가 예수의 제자들이 오순절 이전에 구원의 시작을 경험했다고 생각했음을 부인하는 것은 아니며, 사도행전 8:14에서 사도들이 도착하기 이전에 사마리아인들이 구원을 경험했음을 부인하는 것도 아니다. 그러나 한편으로 성령은 이러한 상황에서 (각각 예수와 빌립의 은사를 통해 강하게 역사함으로써) **부재**하지 않았고, 또 다른 한편으로 누가는 구원과 제자도의 경험이 제자들에게 주어진 성령의 은사 없이 어떻게 유지될 수 있고, 깊어질 수 있고, 확장될 수 있는지 상상할 수 없다. 그런 이유로 오순절은 승천 이후에 따라야만 하고, 또한 사마리아가 성령을 받지 못하는 예외적인 것이 수정되어야만 한다.

---

24   예를 들면 다음을 보라. Lederle, *Treasures*, 1-2장과 특히 Land, *Pentecostal Spirituality*.

25   참조. P. J. Achtemeier, *The Quest for Unity in the New Testament Church: A Study in Paul and Acts* (Philadelphia: Fortress Press, 1987).

따라서 오순절 성령은 단순히 "성화된 삶 위에 주어진 능력의 은사"[26]가 아니라 "위로부터 오는 능력"으로서 공동체를 변화시키고, 형성하며, (성화시키기도 하며) 공동체의 선교를 이끌며, 능력을 부여하는 은사적인 예언의 영이다. 따라서 이 입장은 바울과 사도행전에 대한 고든 피의 저서에 제시된 것과 레덜리의 보다 더 신학적인 분석에 명시된 것과 아주 밀접하게 연관되어 있다.[27] 누가에게 있어 회심자들은 지체 없이 성령을 받아야 하는데, 예언의 영은 천상의 주가 그의 백성과 소통할 수 있는 유일한 수단이며, 그들을 인도하고 그들에게 주의 사랑을 확신시켜주며, 죄 용서의 의미를 깨닫게 해주며, 순종을 촉진시키고, 변화된 삶을 가능하게 하는 지혜와 이해를 수여하며, 또한 그들의 봉사와 증거의 삶에 능력을 부여하기 때문이다. 사도행전의 저자에게 있어 예언의 영이 없이는 화해의 공동체와 하나님을 아는 지식과 그를 즐겁게 섬기는 것은 불가능하며, "성령으로 충만한" 사람들은 성령이 회중을 통해 덜 강렬한 방식으로 행하는 것을 조명해주는 횃불이다. 그렇다면 누가가 성령이 회심-입문의 폭넓은 복합체 안에서 주어져야 한다고 생각한 것은 그리 놀라운 일이 아니다(반면 이 안에서 어느 정도 신적인 주권과 성령의 자유를 보존함에도 불구하고). 여기서 말하는 도전은, 이미 폭넓은 은사주의 교회의 전통에 있는 저자들에 의해 발전되고 있는 것처럼[28] 회심의 세례와 성령의 관계에 대한 일관된 교리를 제공하는 것을 의미한다.

---

26   *The Apostolic Faith* (1906), 2와는 대조적이다.

27   Fee, *Presence, passim; idem, Gospel*, 6-7장; Lederle, *Treasures*, 4-5장. 회심 이후 교리를 거부하는 중요한 오순절 학자들에 관한 언급으로 다음을 보라. Lederle, *Treasures*, 29-32.

28   Lederle, *Treasures*, 3-5장. 여기서 그는 다소 설득력 있는 시도를 한다.

(B) 가시적인 방언의 규정에 대한 도전

대다수의 전통적 오순절주의자들은[29] 사도행전에 나타난 초기의 방언이 성령 받음에 있어 규범적이며, 반드시 나타나야 할 증거라고 간주한다. 누가는 방언이 성령 받음에 일정하게, 특히 성령이 능력으로 임할 때(예를 들어 획기적인 사건) 수반된다는 것을 거의 확실히 예상했다. 하지만 다양한 증거가 제시하는 것은 "방언"만이 나타났다는 것은 아니다. 은사적인 찬양이나 돌발적인 예언(10:46; 19:6)의 분출(outburst)은 여러 은사들이 함께 혼합되어 있는 집단 가운데 예언의 영의 현존에 대해 대안적인 입장을 제시할 수 있을 것이다. (우리가 이미 살펴보았듯이) 이러한 예시에서 누가가 **각각의** 신자가 **두 가지**를 모두 나타냈다고 생각했다는 증거는 없고, 1세기 독자들은 이러한 구절을 다른 식으로 이해했을 소지도 남아 있다. 예수의 경우, 그의 성령 받음은 방언이나 예언으로 나타나지 않았고, 예언의 영의 또 다른 전형적인 은사인 환상(눅 3:21-22)으로 나타난다. 따라서 누가가 (예언의 영의 다른 여러 은사와 반대되는 것으로) **모든** 성령 받음을 입증하기 위한 것으로서 **방언**을 생각했다는 것은 주석적으로 설득력이 없다. 오해를 피하기 위해 여기서 명확히 해야 할 것이 있다. 나는 사도행전의 증거가 최초의 방언에 대한 대부분의 전통적인 오순절 관점에 대해 "전적으로 논박"한다고 주장하는 것은 아니다(심지어 나는 방언이 언제, 어디서 발생했는지에 대한 신학적인 의미를 과소평가하려는 것도 아니다).[30] 나는 단순히 그것을 지지해주는 증거가 빈약하며, 단편적이어서 그와 같은 관점은 대체로

---

29   V. Synan, "The Role of Tongues as Initial Evidence," in Wilson (ed.), *Spirit*, 67-82.

30   나는 방언이 성령의 성례적 표적으로 역할을 한다는 F. D. Macchia("The Question of Tongues as Initial Evidence," *JPT* 2 [1992], 117-27)의 견해에 상당히 동의한다(또한 나는 교회에서의 방언의 계속적인 경험의 중요성에 대한 그의 설명에도 본질적으로 동의한다. 참조. "Signs too Deep for Words," 47-73). 그러나 한편으로는, (1) 방언의 각 발생은 그런 하나의 성례적 표적일지도 모르고, (2) 기독론적으로 지향된 "예언의 영"(예언, 환상, 은사적인 찬양)의 다른 표시 역시 그러한 성례적 표적일지도 모르고, (3) 방언이 성령의 개시를 나타낸다고 가정할 이유는 없다.

추론적이라고 주장하는 것이다. 대안이 될 만한 해석(즉 방언은 성령 받음을 최초로 입증할 수 있는 여러 은사 중 하나다)은 보다 개연성이 있는데, 이는 다소 많은 증거를 수반하며, 보다 더 문맥을 고려하며 읽기 때문이다. 증거로서의 방언을 규범화하려는 어떤 시도도 논쟁적이고 분열을 일으킬 수 있는데, 심지어 오순절과 은사주의 범주 내에서도 그렇다.[31] 누가-행전은 이러한 엄격한 "규범"이나 "증거에 입각하여 내린" 판결을 세우는 것을 충분히 지지하지 않는다.[32]

(C) 최초의 증거에 대한 규정에 대한 도전

믿는 자의 최초의 성령 받음을 명시하기 위해 누가가 적어도 예언의 어떤 은사를 기대했다는 주장은 방언만이 그 목적에 부합했다는 주장보다 확실히 더 유력하다. 그러나 최초의 기독교가 성령을 받음에 있어 어떤 "최초의 증거"를 수반한다는 것을 기대하지 않았다는 점을 우리는 앞서 주장했다. "최초의 증거"란 일종의 신적 확증이나 합법성이 쟁점이 될 때에만 타당성을 갖는다(예를 들어 삼상 10장의 사울, 민 11장의 장로들). 사마리아인들과 가이사랴의 최초기 이방인 회심자들에게 임한 성령이 초기의 은사부여를 통해 나타났을 수 있다는 것은 전혀 예상치 못한 일이 아니다. 에베소에서 바울 선교의 첫 열매 가운데 나타난 이와 유사한 현상(19:1-6)도 바울이 그 이전에 아시아 사역을 성령이 허락하지 않아 진행하지 못하고, 대신 마게도냐로 인도함을 받은 상황을 감안하면 더더욱 놀라운 일이 아니다. 반면 에베소의 열두 제자가 세례를 받을 때 성령을 받았는지는 바울에 의해 제기된 쟁점이었고, 성령을 받아야 하는 이유에 대해 그들이 들었을 때(19:4-5), 세례 요한의 약속이 마침내 그들 가운데 성취되었

---

31   논쟁점과 그것에 대한 평가로 다음을 보라. Synan, "Role"; Menzies, *Empowered*, 13장. 이것에 대하여 기고한 자들에 관한 것으로는 다음을 보라. McGee (ed.), *Evidence*.

32   Turner, "Mission," 157-66.

는 신호로서, 그리고 그들의 마지막 단계를 합법화하기 위해 성령이 분명한 방식으로 주어질 것이라는 것은 기대할 만했을 것이다.

하지만 대부분의 비논쟁적인 경우에 우리는 "최초의 증거"를 왜 기대해야 하나? 물론, "성령 세례"가 회심-입문을 넘어 어떤 분명한 "차후의"(subsequent) 중대 국면의 경험이라면, 최초의 증거는 쟁점이 될 수 있을지 모른다.[33] 그러나 누가에게 있어 성령은 중요한 구원론적 기능을 수행하고, 이로써 성령 받음은 회심-입문에 정상적으로 수반된다. 그렇다면 메시지에 신자가 응답하는 믿음과 세례에 대한 순종은 회심자가 성령의 백성, 즉 이스라엘의 성취에 합류한다는 최초의 증거로 충분하다. 달리 말하면, 많은 사람들의 전체적인 일련의 경험 속에서 회심-입문의 거대한 격변이 수반될 때, 성령 받음의 실제 순간은 상대적으로 간과될 수 있다는 것이다. 예를 들면 오순절 때의 개종자들이 제자들 안에 존재하는 성령의 능력을 보고 들었던 때와 베드로의 성령의 영감을 받은 말씀에 감동을 받았을 때부터 성령의 주에 대한 세례의 약속에 응답했던 때까지의 일련의 강력한 사건 동안 오순절 때의 개종자들은 그들 자신이 성령을 받았던 때를 정확히 구별할 수 있었을까? 그들에게 있어 이것은 성령과 관련된 연속적인 사건이 교회 안의 은사적인 표현으로 이어지는 것으로 보였을 것이다. 아마 이런 이유로 누가는 오순절에 회심자들이 은사적인 "최초의 증거"로 성령을 받았다고 언급하지 않는다. 그리고 그는 대체로 성령 받음의 순간이나 어떤 최초의 은사에 대한 언급 없이(심지어 어느 정도 상세하게) 회심-입문을 묘사한다(참조. 8:36-39; 9:1-19; 16:14-15; 16:30-34 등). 이러한 예시에서 내시가 기뻐하는 것(8:39)이나, 바울의 왕성한 설교(9:20-22)나, 빌립보 가정의 기쁨(이것은 행 8:8의 경우와 다른데, 사마리아에서의 "큰 기쁨"은 발생한 많은 기적에 대한 단순한 반응이다)은, 비록 그것이 언

---

33 따라서 이것은 19세기 후반과 20세기 초반, 여러 운동들이 성령의 구분되고 초월적인 수준을 추구하는 상황에서 한 쟁점이 되었다. Hurtado, "Normal," 191-92.

급되지는 않지만, 앞서 받은 성령에 대한 계속적인 경험으로 해석될 수 있을 것이다. 요약하자면 회심자에 대한 논란의 여지가 없는 형태에 있어 (회심의 세례와 복음 안에서의 기쁨을 넘어) "최초의 증거"는 쟁점이 될 수 없을 것이다. (행 8:15-16의 경우처럼) 성령의 현존이나 명시에 대한 계속적인 증거가 없다면 그것은 쟁점이 될 수 있을 것이다. 따라서 누가-행전은 성령을 받는 순간에 어떤 특별한 은사적인 현현이 항상(혹은 심지어 "일반적"으로) 나타난다고 제안하지 않는다. 그렇다면 이것은 일부 오순절주의 및 은사주의 교회에서 "최초의 증거"에 전념하는 것이 부적절한 강조임을 암시하는가? 이 질문은 우리를 다음 도전으로 이끈다.

(D) 누가의 "영성"의 역동성을 보장하기 위한 도전

고전적 오순절주의의 가장 강한 면모 중 하나가 바로 이 도전을 충족시키기 위한 그들의 시도에 있다. 그러나 만일 그들에게 있는 두 가지 주요 교리인, "회심 이후"(subsequent)와 "최초의 증거"(initial evidence)를 철두철미하게 방어하지 않는다면 누가의 역동성은 주장될 수 없을 것이다. 따라서 예를 들어 멘지스는 고든 피가 회심 이후의 교리를 부정하는 것은 성령에 대한 오순절의 약속을 회심과 혼동하고, 성령을 선교로부터 단절시킴으로써 진정한 오순절 영성의 핵심을 무시하는 것이라고 주장한다. 멘지스는 다음과 같이 진술한다.

> 대부분의 비오순절파 학자들이 그렇듯이 모든 사람이 회심 때 오순절 은사의 구원론적인 차원을 경험하는 반면, 오직 선택받은 일부만이 선교적 능력의 은사를 받는다고 주장하는 것은 늘 가능하다.…오순절적인 의미에서 성령 세례의 교리는…회심과 구분된다. 이러한 확신은 선교의 기대와 효과에 대한 오순절주의의 계속적인 견해에 필수적이라고 나는 주장

할 것이다.[34]

그렇다면 사실 최초의 방언이라 할 수 있는 최초의 증거에 대한 "규정"
은 이것에 독특한 입질을 주는 격이 된다. 누군가가 방언을 받을 때까지
특별한 성령의 오순절 은사는 무언가를 열망하고 얻으려고 노력해야 하
는 것이다. 사이난의 주장 역시 궁극적으로 이것에 대한 본질이 된다. 데
니스 베네트(Dennis Bennet)의 다음과 같은 주장도 타당하다. 만약 성령 세
례의 차후의 경험과 방언을 수반하는 표적을 우리가 필수적으로 강조하
지 않는다면, "모든 목회자는 긴장을 늦출 것이고, 완전한 오순절 경험을
구하는 것도 중지될 것이다."[35] 목회적 관심을 나누는 것과 관련하여 나
는 논쟁의 선상에서 놀라지 않을 수 없다. 멘지스에 의하면 바울은 회심-
입문 때 주어지는 성령의 단 **하나**의 은사—즉 동시에 구원론적이고, 은사
적이며, 선교적인 은사—를 말했다는 것이다. 따라서 예를 들어 그의 초
기 서신에서 성령은 분명히 예언의 영이며, 그것의 예언적인 은사는 결코
소멸되어서는 안 된다(살전 5:19). 그러나 바울의 복음이 데살로니가에 이
른 것이 "단순히 말로만이 아니라 오직 능력과 성령과 큰 확신으로 된 것
이라"고 하는 것은 동시에 선교적으로 지향된 성령에 기인한다는 것이다.
데살로니가의 회심자들은 바울의 복음을 성령의 기쁨으로 받았으며(1:6),
4:8에서 그들이 받은 것으로 판단되는 이러한 성령의 은사는 다름 아닌
에스겔 36장("너희에게[εἰς ὑμᾶς, 문자적으로는 "너희 안으로"] 그의 성령을 주신
하나님"이란 구절은 겔 37:6, 14, 26-27의 표현을 암시하는 것으로만 설명이 가능
하다)[36]의 약속을 의미한다는 것이다. 순종하고 응답하는 하나님의 백성
으로서의 이스라엘을 성화시키고, 변화시키며, 공동체의 성결을 인도하

---

34   *Empowered*, 236.

35   Synan, "Role," 68(Bennet를 인용).

36   Fee, *Presence*, 50-53; Horn, *Angeld*; idem, "Holy Spirit," in D. N. Freedman (ed.), *The Anchor Bible Dictionary* (New York: Doubleday, 1992), III, 특히 271-76.

는 이는 다름 아닌 성령이다. 하지만 이 모든 주장은 목회적인 가르침으로 변형된 사도행전의 서사 신학(narrative theology)처럼 들린다. 바울은 여기서도 혹은 다른 곳에서도 회심 이후의 교리나 최초의 방언에 대해 가르치거나 강조하지 않는다. 바울의 서신을 통해 미루어볼 때 이것은 영적인 냉담으로 이끄는 것이 아니다(사이난이 염려하는 것처럼). 혹은 성령의 구원론적인 의미에 대한 바울의 분명한 강조가 성령을 선교로부터 단절시키는 것도, 그러한 기대를 감소시키는 것도 아니다(멘지스가 우려하는 것처럼). 또한 바울의 성령론에 대한 피의 포괄적인 설명[37]을 읽는 그 어느 누구도 성령의 구원론적인 필요성에 대한 바울과 피의 주장이 성령의 은사적이고 선교적인 차원을 회심과 무관하다고 추론할 수는 없을 것이다.

본질적인 요점은 이것이다. 교회의 영적 원동력을 보호하는 것은 회심 이후의 교리나 최초의 증거 교리가 아니다(이 같은 것은 현 상태에 안주하게 하고, 이로써 오순절 교회 안에 전적으로 알려져 있지 않은 형식주의에 이를 수 있다). 교회의 영적인 원동력을 위한 유일한 안전장치는 사도행전에서(그리고 바울이) 말하는 은사와 성령론적 강조가 계속적으로 시행되어야 한다는 점을 보장해준다. 이것은 오늘날 우리들의 교회에서 실질적으로 일어나는 것과 사도행전에서 묘사하는 그림, 그리고 부족한 분야에서 신앙심 깊은 기대를 일으키는 알맞은 가르침과 권면들과 목회적인 모델을 불러 일으키는 것(예를 들어 고전 12-14)을 주의 깊게 비교하는 것이 필요하다. 의의가 있는 평가는 "최초의 증거"가 아니라 **계속되는** 증거다. 이러한 맥락에서 우리는 은사적인 교회는 최초의 방언에 대한 포장된 "규정"없이 오순절적 "성령의 삶"의 진주를 보존한다는 레덜리의 주장을 이해할 수 있다.[38]

---

37   Fee, *Presence*.

38   H. J. Lederle, "Initial Evidence and the Charismatic Movement: An Ecumenical Appraisal," in McGee (ed), *Initial Evidence*, 131-41.

(E) 오순절 은사의 보다 폭넓은 인식을 위한 도전

회심 이후의 교리와 최초의 증거 교리의 영향은 대부분의 전통적인 개신교 교단(특히 은사주의 흐름 밖에 있는) 내에서 오순절 은사의 현존을 부인하도록 만들었다. 고전적 오순절 학자들은 비오순절 또는 비은사주의적[39] 그리스도인들의 상태에 대한 유비를 제공하는 것으로 사도행전 8:12을 자주 인용한다. 따라서 사마리아 이야기는 그리스도인들을 두 그룹으로 나누는 것을 정당화하는 데 주로 인용되는데, 하나는 (고전적인 오순절파의 견해로) "성령으로 세례를 받은" 신자들과, 다른 하나는 아직 이것을 받지 못한 신자들이다. 그러나 우리는 사마리아 경험에 대한 유비가 적절하게 사용되고 있는지 물어야 한다. 나는 대부분의 경우 이것이 부정확하게 사용되고 있음을 주장하고자 한다.

(1) 우리가 살펴본 것처럼 메시아가 성령으로 세례를 베풀 것이라는 누가의 약속은 은사적인 성령으로 이스라엘을 정화시키는 영향 및 종으로서의 이스라엘에게 능력을 부여해줄 것임을 지칭한다. 오순절의 예언의 영은 하나님의 백성을 통해 역사하는 선교적인 능력만큼이나 하나님의 백성의 삶을 회복시키고 변화시키는 능력이다. 이러한 은사를 받기 이전에 사마리아인들은 누가가 말하는 포괄적인 구원에 대한 발판을 가지고 있다. 그리고 오순절 은사를 지니고 있는 빌립을 통해 그들에게 나타나고 말씀하는 성령으로 인해 그들은 적지만 어느 정도 성령을 소유했다고 볼 수 있다.

(2) 사마리아의 회심자들의 유비를 전통적인 개신교 신앙에 적용하는 이들은 일반적으로 다른 전통에 속한 유명한 영적 지도자와 목회자, 능력 있는 설교자와 해설가, 유능한 선교사와 기도와 순종의 위대한 신앙

---

39 여기서 한 가지 분명한 것은 우리가 예언의 영의 은사가 전혀 없다는 의미에서 진정한 그리스도인을 "비은사주의적"이라고 부르지 않는다는 것이다. 여기서 이 용어는 Lederle가 일컫는 "은사적 갱생 운동"에 속하지 않거나, 여기서 말하는 성령과 성령의 은사에 대한 이해를 공유하지 않는 이들을 가리키는 데 사용된다.

인들(성령에 관해서는 고전적인 오순절 또는 은사주의의 해석에는 동의하지 않는)을 인정하는 데 있어 너그럽다. 그렇다면 이러한 하나님의 사람들도 누가가 말하는 오순절 성령 은사 **없이도** 이런 일들을 행할 수 있다고 분명히 말할 수 있을까? 나는 그들의 삶과 사역이, 적어도 예언의 영의 활동의 한 측면에서는, 그들도 **누가의** 관점에서 볼 때 "성령으로 충만한" 사람임을 암시해준다고 제안한다. 왜냐하면 그들의 경우에 있어 성령의 사역은 그들에게 말씀과 복음에 대해 조명을 가져다주고, 확신을 주며, 복음을 전달하는 데 자유를 주기도 하며, 그들이 이해한 것에 신실한 순종을 촉진시키는 영적 지혜와 통찰력으로 나타나기 때문이다. 마치 이것은 우리가 살핀 것처럼 **지혜와 통찰력은 예언의 영의 전형적인 은사와 같은 것으로** 이해될 수 있다. 만약 아주 많은 이들이 주장하듯이 누가에게 있어 오순절 성령이 결국 "증거 사역을 위한 능력 부여라면, 오순절과 은사주의 진영 밖에 있는 유능한 영적 설교자와 선교사들과 복음 전도자들이 아직 오순절적 예언의 영을 받지 못했다고 주장하는 것은 누가의 견해가 아니다.

많은 비은사주의 전통과 비오순절 복음주의 전통은 "주 예수와의 개인적인 관계"의 영성을 발전시켜왔다. 이것은 성령에 의한 예수의 현존의 온화한 의미와, 성령으로 말씀을 "읽는 것"과 죄 용서에 대한 강한 영적 확신과, 제자도의 삶에 있어 하나님의 지배하시는 손길에 대한 기대를 포함한다. 또한 종종 기독교인의 삶과 부르심의 문제에 대해 기도하는 동안 하나님이 "말씀"하시고 "인도"하신다는 것을 기대하기도 한다. 이러한 전통 내에서 사역에 대한 부르심은 이 문제 안에서 하나님의 인도하심에 대한 확연한 영적 인식을 필요로 하기를 대체로 기대할 것이다. 또한 설교하고 가르치는 것도 특별한 하나님의 도우심이라고 여길 것이며, "주님이 내 마음에 계신다"와 같은 것으로도 받아들일 것이다. 전통적인 복음주의와 경건주의적 영성에 있는 이 같은 다양한 요소에는 성령이 아버지(혹은 부활한 예수)와 기독교 제자들 사이에서 교제의 기관으로 활동한다는 공통된 전제가 있다. 오순절 신자나 은사주의적 신자는 이러한 활동이 누가가 의미하는 바 예언의 영으로부터 기원한다는 것을 논리적으로 부인할 수 있을까?[40] 만일 사마리아 회심자들이 그들의 이웃에게 용기 있고 유능하게 복음을 증언했고, 하나님과의 즐거운 교통의 의미로 열심히 기도했고, 그들이 교회에 동기가 부여되고, 하나님을 향하는 방식으로 말씀을 가르쳤다면, 우리는 누가가 "성령이 그들 중 누구에게도 아직 내리지 않았다"[41]라는 결론을 내리지 않았을 것으로 확신할 수 있다. 왜냐하면 이 모든 것은 예언의 영의 활동이기 때문이다.

그렇다면 오늘날 사마리아의 회심자들과 병행을 이루는 자들은 어디에 있나? 가장 가까운 자들은 복음을 믿게 된 개인들이나 회중에게서 발견된다. 하지만 그들에게는 적극적인 믿음이 타오르지 못하며, 하나님과 만난다거나, 하나님에 의해 이끌림을 받는다는 느낌이 없으며, 하나님을 향한 마음도, 하나님의 은혜에 대한 왕성한 인식도, 복음에 대한 기쁨도 없다. 환언하면, 하나님은 멀리 초월해 계시는 이신론자의 하나님이거나, 혹은 우리들의 존재의 근거가 되는(하지만 그 존재에 나타나거나, 직면하는 일 없이) 전적으로 내재적인 하나님이거나, 혹은 자신과는 전혀 상관없이 항상 다른 사람들에게만 활동적이라고 인식되는 하나님이다. 사실 그러한 사람(그리고 회중)이 있다. 그러나 나는 이러한 현상이 비오순절이나 비은사주의 계열에 잘 어울린다고 제안하는 것은 사실이 아니라고(그리고 무례

---

40 나는 이것이 D. Pawson이 *The Normal Christian Birth* (London: Hodder, 1989)라는 주제로 신(新)오순절적 해설에서 보여주는 결정적인 결점이라고 생각한다. 그는 대부분의 비오순절/비은사적 복음주의는 회개했고, 믿었고, 세례를 받았지만 성령은 받지 못했다고 주장한다. 그러나 이것을 성취하기 위하여(특히 35장을 보라), 그는 모든 비오순절적·복음주의적인 성숙한 영성과 단순한 믿음으로서 하나님과의 신앙 관계(faith-relationship)를 설명할 수 있어야 하며 따라서 그가 말하는 믿음을 꽤 다른 누가적 의미의 회심적인 믿음과 구분 지어야 할 것이다. 환언하면, 그는 케리그마에 관한 회심에 대한 확신으로서의 믿음(1)과 하나님과의 관계에 있어 신실한 삶으로서의 믿음(2) (신약의 관점에서 볼 때 성령의 은사를 요구하는 믿음) 사이에 있는 깊은 의미론적 차이를 무시한다.

41 우리는 Atkinson의 다음과 같은 평가에 찬성할 수 있다. "누가는 성령 받음이 없이 살아가는 (적극적인) 기독교인의 계속적인 삶에 대하여 말하지 않는다"("Response," 130).

하다고) 감히 말할 수 있다. 예를 들어 온화한 관계와 선교적 영성에 대해 강한 전통을 가지고 있는 복음주의적이며 경건주의적인 범주에 있는 사람들에게 있어 쟁점은 예언의 영의 오순절적 은사의 **부재**가 아니라, 성령의 현존의 "**정도**"(또는 깊이)와 성령이 행하고자 하는 것에 대한 제한과 억제라고 할 수 있다.

(F) 새로운 성령론적 패러다임에 대한 도전

오순절 교회에 있어 누가의 성령론의 도전은 부분적으로 그들의 광범위하고 신뢰할 수 있는 주석적이고 신학적인 비평의 관점에서 신학적인 진술을 맞추는 그들의 능력에 있다. 이 점에 있어서 은사주의 교회의 학문은 상당한 진보를 이루고 있으며, 이 같은 현상은 레덜리의 저서인 『옛 보물과 새 보물』(*Treasures Old and New*)의 후반부에 잘 나타나 있다. 나는 그와 더불어 대다수의 회심자들이 그들의 회심 입문 경험 시 오순절 예언의 영을 받는다는 패러다임이 우리에게 필요하다는 것에 동의한다. 이것은 누가가 진술하는 규범(행 2:38-39)일 뿐만 아니라 (a) 사도행전의 나머지 회심-입문 본문(8:16까지 포함하여)이 가정하고 있고, (b) 교회 안의 삶에 있어 예언의 영의 폭넓은 역할이 말해주고 있다. 예언의 영은 **모든** 그리스도인의 삶과 예배와 봉사의 은사적인 측면이며, 이스라엘의 회복의 능력이며, 성령과 불로 행하는 메시아의 세례와 같은 것이다.

누가-행전으로부터 세워진 새로운 성령론적인 패러다임은 모든 자가 (회심-입문 시) **능력과 충만**으로 성령을 받는다고 가정하는 것은 아니다. 또한 성령을 받는 각 신자가 누가(혹은 바울)가 묘사하는 넓은 범주의 은사를 이후에 필히 경험한다고 가정하는 것도 아니다. 오히려 성령은 이러한 것의 **잠재력**(potential)으로 나타나게 되는데, 이 잠재력은 순종적인 제자도와 신실한 기도를 통해서만 실현된다. 사도행전에서 "성령이 충만한" 것으로 묘사되는 자들은 단순히 최초의 은사로 수반되는 성령의 위기 경험을 한 자들만은 아니다. 그들은 그들 안에 예언의 영의 잠재력이 통상적인 정도보다 더 크게 실현되었던 자들이었다. 더욱이 이 잠재력의 실제적인 개화기(flowering)는 다른 여러 형태로 나타날 수 있다. 모든 것이, 심지어 이상적으로라도, 바울에게 맞춰져야 할 이유도 없다. 그의 사역의 형성과 권능은 부분적으로 신적 선택의 문제였다(참조. 9:15).

누가가 "충만"이라는 용어를 성령론적으로 사용하는 것은 모든 신자에게 도전이 된다. 오순절과 은사주의 신자들은 "최초의 방언"에 대해 과거에 이미 경험한 명예에 만족할 여유가 없다. 누가가 그들에게 제기하고 있는 질문은, 오순절의 예언의 영이 지금 그들을 통해 **규칙적으로** 나타나는지에 대한 여부다. 그들은 그들에게 하나님의 뜻이라고 할 수 있는 성령이 표현되는 범주의 특별한 형태를 깨닫고 있는가? 그들의 삶을 통해 예언의 영이, 자신에 의해, 회중에 의해, 또는 타인을 통해, 규칙적으로 깊이 느껴지는 사람만이 누가가 말하는 바 "성령의 충만한" 자로 묘사될 수 있을 것이다. 이것의 경로는 그들에게 새로이 성령이 임하는 여러 반복되는 "위기"의 경험에 좌우될 수도 있고, 회심-입문의 잠재력으로 점진적인 개화에 의해 일어날 수도 있다.

이와 마찬가지로 전통적인 개신교 신자들은 그들이 그들의 삶에 오순절 성령의 사역을 분명히 나타내는지, 또한 교리적인 가정이나 혹은 다른 수단으로 기대할 만한 예언의 영의 은사들을 그들 자신으로부터 차단시키지는 않는지에 대한 질문에 직면하게 된다. 예를 들면 개인적인 경건과 성령의 열매에 대한 지나친 강조는 그들로 하여금 교회 공동의 차원을 어둡게 만들 수도 있고, 하나님의 대변자로서 위로와 지시와 도전의 말씀을 가져다줌으로써 교회를 섬기는 성령의 능력에 대한 필요를 무색하게 만들지도 모른다. 혹은 그들은, 심지어 단순한 수줍음으로, 회중에게 신선한 삶과 기쁨을 가져다줄 수 있는 하나님에 대한 영감의 찬양을 분명히 밝혀주는 성령의 움직임을 억누를 수도 있다. 만약 그들이 그것을 듣고자 한다면 누가가 강조하는 성령론에 대한 묘사는 그들에게 개인을 통한 예언의 영의 은사들의 역동적인 상호작용이 교회를 정화하고, 변화시키는 부활한 주님의 능력 있는 도구라고 인정하는 도전이 되어야 한다. 이와 마찬가지로 사도행전에 있는 누가의 기사를 읽음에 있어 교회는 타인에게 증언할 때 은사적인 성령의 도움의 필요를 인식할 수 있을 것이다. 이러한 것을 성령의 조명을 통해 이해한다면 그러한 사람은 오순절적 성령을 받을 필요가 없다. 하지만 그들은 가르침과 기도가 필요하고, 성령의 활동과 관련된 다른 차원들을 향한 그들의 진전은 그것이 다른 사람에 의한 기도이기 때문에 위기의 방출(아니면 위기의 연속)의 형태이거나, 혹은 점진적인 발전의 형태일 것이다. 오순절 및 은사주의 교회 안에 존재하는 "원칙"의 다양성은 그 "방식"이 그리 중요하지 않음을 말해준다. 그러나 여기서 중요한 것은 성령의 충만함 가운데 삶의 목적을 향해 나아가는 것이다.

모든 측면에서의 마지막 도전은 본서의 제목에 담겨 있는 긴장을 유지하는 것이다. "위로부터 오는 능력"으로서의 성령은 하나님의 초월성이다. 구약에서 약속된 "예언의 영"으로서 이 성령은, 다양한 은사를 통해, 그리고 그 은사들이 공동체와 개인에게 영향을 주는 방식으로, 하나님의 메시아적 백성으로서의 이스라엘을 회복하고 정화하는 능력이다. 이 이스라엘이 회복될 때 이스라엘은 자신이 이사야 49장의 종으로 변화되며, 교회의 문 밖에 있는 "열방"의 빛이 된다는 것을 발견할 것이다. 성령에 의해 촉진되고 안내된 화해와 연합의 공동체로서의 이스라엘의 새로운 삶의 방식은 이스라엘로 하여금 증인이 되게 한다. 또한 성령은 그 속에 있는 개인에게, 그리고 공동체 밖에 있는 사람에게 이러한 증거를 확실히 말할 수 있고, 그들을 안으로 이끌 수 있는 능력으로 채운다. 따라서 회복과 선교는 누가의 성령론의 핵심이다. 만약 우리가 이 두 가지에 기꺼이 헌신하지 않는다면 우리는 "위로부터 오는 능력"을 진정으로 느끼지 못할 것이다. 누가에게 있어 성령은 단순히 이것 아니면 저것이 아니라 모든 기독교적 삶과 선교의 은사적인 차원이다.

참고 문헌

Abelson, A. *The Immanence of God in Rabbinic Judaism* (London: Hermon, 1969 [1912]).

Achtemeier, J. "The Lucan Perspective on the Miracles of Jesus: A Preliminary Sketch," *JBL* 94 (1975), 547-62.

Achtemeier, P. J. *The Quest for Unity in the New Testament Church: A Study in Paul and Acts* (Philadelphia: Fortress Press, 1987).

Adler, N. *Das erste christliche Pfingstfest. Sinn und Bedeutung des Pfingstberichtes Apg 2:1-13* (Münster: Aschendorff, 1938).

____. *Taufe und Handauflegung: Eine exegetisch-theologische Untersuchung von Apg 8:14-17* (Münster: Aschendorff, 1951).

Aker, B. "New Directions in Lucan Theology: Reflections on Luke 3.21-22 and Some Implications," in P. Elbert (ed.), *Faces of Renewal* (Peabody, MA: Hendrickson, 1988), 108-27.

Aletti, J. N. "Jésus à Nazareth (Luc 4.16-30). Prophétie, écriture et typologie," in Aletti *et al.*, *Cause*, 431-52.

Aletti. J. N. *et al.*, *A cause de l'évangile: Etudes sur les synoptiques et les Actes* (Paris: Cerf, 1985).

Anderson, A. A. "The Use of 'Ruah' in 1QS, 1QH and 1QM," *JSS* 7 (1962), 293-303.

Anderson, H. "Broadening Horizons: The Rejection at Nazareth Pericope of Luke 4.16-30 in Light of Recent Critical Trends," *Int* 18 (1964), 259-75.

Atkinson, W. "Pentecostal Responses to Dunn's Baptism in the Holy Spirit: Luke-Acts," *JPT* 6 (1995), 87-131.

Aune, D. E. *Prophecy in Early Christianity and the Ancient Mediterranean World*

(Exeter: Paternoster, 1983).

Bacchiocchi, S. *From Sabbath to Sunday: A Historical Investigation of the Rise of Sunday Observance in Early Christianity* (Rome: Gregorian Press, 1977).

Baer, H. von. *Der Heilige Geist in den Lukasschriften* (Stuttgart: Kohlhammer. 1926).

Baker, K. W. "Father, Son and Holy Spirit in the Acts of the Apostles" (PhD dissertation, Marquette University, 1967).

Banks, R. J. *Jesus and the Law in the Synoptic Tradition* (Cambridge: Cambridge University Press, 1975).

Barrett, C. K. *The Acts of the Apostles* (Edinburgh: T. & T. Clark, 1994).

_____. "Apollos and the Twelve Disciples of Ephesus," in W. C. Weinrich (ed.), *The New Testament Age: Essays in Honor of Bo Reicke* (Macon, GA: Mercer University Press, 1984), I, 29-39.

_____. "Faith and Eschatology in Acts 3", in Grasser and Merk (eds.), *Glaube*, 1-17.

_____. *The Holy Spirit and the Gospel Tradition* (London: SPCK, 2nd edn, 1966).

_____. "Light on the Holy Spirit from Simon Magus (Acts 8.4-25)", in Kremer (ed.), *Les Actes*, 281-95.

_____. "Paul's Address to the Ephesian Elders," in J. Jervell and W. A. Meeks (eds.), *God's Christ and his People: Studies in Honour of Nils Alstrup Dahl* (Oslo: Universitetsforlaget, 1977), 107-21.

Bayer, H. F. "Christ-Centered Eschatology in Acts 3.17-26", in Green and Turner (eds.), *Jesus*, 236-50.

Beasley-Murray, G. R. *Jesus and the Kingdom of God* (Exeter: Paternoster, 1986).

_____. *Baptism in the New Testament* (London: Macmillan, 1962).

_____. "Jesus and the Spirit," in Descamps and de Halleux (eds.), *Mélanges Bibliques*, 463-78.

Behm, J. *Die Handauftegung im Urchristentum nach Verwendung, Herkunft und Bedeutung im religionsgeschichtl. Zusammenhang untersucht* (Leipzig, 1911).

Best, E. "Spirit-Baptism," *NovT* (1960), 236-43.

_____. "The Use and Non-Use of Pneuma by Josephus," *NovT* 3 (1959), 218-25.

Betz, O. *Der Paraklet* (Leiden: Brill, 1963).

_____. "The Eschatological Interpretation of the Sinai-Tradition in Qumran and in the New Testament," *RevQ* 6 (1967), 89-107.

Billington, A. T. Lane and M. Turner (eds.), *Mission and Meaning: Essays Presented to Peter Cotterell* (Carlisle: Paternoster, 1995).

Blomberg, C. L. "The Law in Luke-Acts," *JSNT* 22 (1984), 53-80.

Bock, D. L. *Proclamation from Prophecy and Pattern: Lucan Old Testament Christology* (Sheffield: JSOT Press, 1987).

Borg, M. J. *Conflict, Holiness and Politics in the Teachings of Jesus* (Lewiston, NY: Mellen, 1984).

Borgen, P. "Jesus Christ, the Reception of the Spirit, and a Cross-National Community," in Green and Turner (eds.), *Jesus*, 220-35.

Bornkamm, G. and K. Rahner (eds.), *Die Zeit Jesu* (Freiburg: Herder, 1970).

Bovon, F. *Das Evangelium nach Lukas. I. Lk 1,1-9,50* (Zurich: Benziger Verlag, 1989).

____. *L'Evangile selon Saint Luc 1-9* (Geneva: Labor et Fides, 1991).

____. "La figure de Moïse dans l'oeuvre de Luc," in *L'Oeuvre de Luc* (Paris: Cerf, 1987) 73-96.

____. *Luc le théologien: Vingt-cinq ans de recherches (1950-1975)* (Paris: Delachaux, 1978).

____. *Luke the Theologian: Thirty-three Years of Research (1950-1983)* (Allison Park: Pickwick, 1987).

____. *L'Oeuvre de Luc* (Paris: Cerf, 1987).

____. "Le Saint-Esprit, léglise et les relations humaines selon Actes 20,36-21,16," in Kremer (ed.), *Les Actes*, 339-58

____. "Le salut dans les écrits de Luc," *RTP* 3 (1973), 296-307.

____. "Tradition et rédaction en Acts 10,1-11,18", in *L'Oeuvre de Luc*, 97-120.

Brandenburger, E. *Fleisch und Geist: Paulus und die dualistische Weisheit* (Neukirchen-Vluyn: Neukirchener Verlag, 1968).

Braumann, G. "Die Schuldner und die Sünderin, Luk. vii, 36-50", *NTS* 10 (1964-65), 487-93.

Brawley, R. L. "The Blessing of All the Families of the Earth: Jesus and the Covenant Traditions in Luke-Acts," in E. H. Lovering (ed.), *Society of Biblical Literature 1994 Seminar Papers* (Atlanta: Scholars Press, 1994), 252-68.

____. *Luke-Acts and the Jews: Conflict, Apology and Conciliation* (Atlanta: John Knox,

1987).

_____. *Centering on God: Method and Message in Luke-Acts* (Louisville, KY: Westminster Press, 1990).

Broer, I. "Der Geist und die Gemeinde. Zur Auslegung der Lukanischen Pfingstgeschichte (Apg 2.1-13)", *BibLeb* 13 (1972), 261-83.

Brown, R. E. *The Birth of the Messiah* (London: Geoffrey Chapman, 1978).

_____. "The Paraclete in the Fourth Gospel," *NTS* 13 (1966-67), 113-32.

Brown, S. *Apostasy and Perseverance in the Theology of Luke* (Rome: Pontifical Biblical Institute, 1969).

_____. "'Water Baptism' and 'Spirit-Baptism' in Luke-Acts," *ATR* 59 (1977), 135-51.

Bruce, F. F. *The Acts of the Apostles: The Greek Text with Introduction and Commentary* (Leicester: Apollos, 3rd edn, 1990 [1951]).

_____. *The Book of Acts* (Grand Rapids: Eerdmans, 1988).

_____. *Commentary on the Book of Acts* (London: Marshall, Morgan & Scott, 1954).

_____. "The Holy Spirit in the Acts of the Apostles," *Int* 27 (1973), 166-83.

Bruner, F. D. *A Theology of the Holy Spirit: The Pentecostal Experience and the New Testament Witness* (Grand Rapids: Eerdmans, 1970).

Büchsel, F. *Der Geist Gottes im Neuen Testament* (Gütersloh: Bertelsmann. 1926).

Buckwalter, D. "The Character and Purpose of Luke's Christology" (PhD dissertation, Aberdeen, 1991).

Bultmann, R. *The History of the Synoptic Tradition* (Oxford: Basil Blackwell, 1963).

Burchard, C. *Der dreizehnte Zeuge: Traditions- und kompositionsgeschichtliche Untersuchungen zu Lukas' Darstellung der Frühzeit des Paulus* (Göttingen: Vandenhoeck & Ruprecht, 1970).

Burge, G. M. *The Anointed Community: The Holy Spirit in the Johannine Community* (Grand Rapids: Eerdmans, 1987).

Burger, C. *Jesus als Davidssohn: Eine traditionsgeschichtliche Untersuchung* (Göttingen: Vandenhoeck & Ruprecht, 1970).

Busse, U. *Die Wunder des Propheten Jesus: Die Rezeption, Komposition und Interpretation der Wundertradition im Evangelium des Lukas* (Stuttgart: VKB, 1977).

_____. *Das Nazareth-Manifest Jesu: Eine Einführung in das lukanische Jesusbild nach Lk 4.16-30* (Stuttgart: KBW, 1978).

Cadbury, H. J. *The Style and Literary Method of Luke* (Cambridge, MA: Harvard University Press, 1920).

Cangh, J. M. van. "'Par l'Esprit de Dieu—par le doigt de Dieu' Mt 12,28 par. Lc 11,20," in Delobel (ed.), *Logia*, 337-42.

Capper, B. J. "The Interpretation of Acts 5.4," *JSNT* 19 (1983), 117-31.

Carroll, J. T. "Jesus as Healer in Luke-Acts," in E. H. Lovering (ed.), *Society of Biblical Literature 1994 Seminar Papers* (Atlanta: Scholars Press, 1994), 269-85.

Carruth, T. R. "The Jesus-as-Prophet Motif" (PhD dissertation, Baylor University, 1973).

Carson, D. A. *Showing the Spirit: A Theological Exposition of 1 Corinthians 12-14* (Grand Rapids: Baker, 1987).

Catchpole, D. R. *The Quest for Q* (Edinburgh: T. & T. Clark, 1993).

Chance, J. B. *Jerusalem, the Temple and the New Age in Luke-Acts* (Macon, GA: Mercer University Press, 1988).

_____. "The Seed of Abraham and the People of God: A Study of Two Pauls," in E. H. Lovering (ed.). *Society of Biblical Literature 1993 Seminar Papers* (Atlanta: Scholars Press, 1993), 384-411.

Charlesworth, J. H. (ed.). *The Messiah* (Minneapolis: Fortress Press, 1992).

Chevallier, M.-A. "'Pentecôtes' lucaniennes et 'Pentecôtes' johanniques," in J. Delorme and J. Duplacy (eds.), *La parole de grâce: Etudes lucaniennes à la mémoire d'Augustin George* (Paris: Recherches de Science Religieuse, 1981), 301-14.

_____. "Apparentements entre Luc et Jean en matiére de pneumatologie," in Aletti et al., *Cause*, 377-408.

_____. *L'Esprit et le Messie dans le bas-judaïsme et le Nouveau Testament* (Paris: Presses Universitaires de France, 1958).

_____. "Luc et l'Esprit, à la mémoire du P. Augustin George (1915-77)", *RSR* 56 (1982), 1-16.

_____. *Souffle de Dieu: Le Saint-Esprit dans le Nouveau Testament* (Paris: Beauchesne,

1978).

Chilton, B. "Announcement in Nazara: An Analysis of Luke 4.16-21," in R. T. France and D. Wenham (eds.). *Studies of History and Tradition in the Four Gospels*, II (Sheffield: JSOT Press, 1981), 147-72.

_____. *God in Strength: Jesus' Announcement of the Kingdom* (Sheffield: JSOT Press, 1986 [1979]).

_____. "Regnum Dei Deus Est," *SJT* 31 (1978), 261-70.

_____. "The Kingdom of God in Recent Discussion," in Chilton and Evans (eds.). *Studying*, 255-80.

_____. *The Isaiah Targum* (Edinburgh: T. & T. Clark, 1987).

Chilton, B and C. A. Evans (eds.). *Studying the Historical Jesus* (Leiden: Brill, 1994).

Co, M. A. "The Major Summaries in Acts: Acts 2,42-47; 4,32-35; 5,12-16. Linguistic and Literary Relationship," *ETL* 68 (1992), 49-85.

Coleridge, M. *The Birth of the Lukan Narrative: Narrative as Christology in Luke 1-2* (Sheffield: JSOT Press, 1993).

Collins, J. J. "The Works of the Messiah," *DSD* 1 (1994), 98-112.

Combrink, "The Structure and Significance of Luke 4.16-30", *Neot* 7 (1973), 27-47.

Conzelmann, H. *Die Apostelgeschichte* (Tübingen: Mohr, 1972).

_____. "Luke's Place in the Development of Early Christianity," in Keck and Martyn (eds.). *Studies*, 298-316.

_____. *The Theology of Saint Luke* (London: Faber, 1960).

Coppens, J. *Le messianisme et sa relève prophétique* (Gembloux: Duculot, 1974).

_____. *L'Imposition des mains et les rites connexes dans le Nouveau Testament et dans l'église ancienne* (Paris: Cerf, 1925).

_____. "L'Imposition des mains dans les Actes des Apôtres," in Kremer (ed.), *Les Actes*, 405-38.

Cotterell, P. and M. Turner. *Linguistics and Biblical Interpretation* (London: SPCK, 1989).

Creed, J. M. *The Gospel according to Saint Luke* (London: Macmillan, 1930).

Crockett, L. C. "Luke 4.25-27 and Jewish-Gentile Relations in Luke-Acts," *JBL* 88 (1969), 177-83.

_____. "The Old Testament in the Gospel of Luke: With Emphasis on the Interpretation of Isa. 61.1-2" (PhD dissertation, Brown University, 1966).

Crone, T. M. *Early Christian Prophecy* (Baltimore: St Mary's University Press, 1973).

Cullen, P. J. "Euphoria, Praise and Thanksgiving: Rejoicing in the Spirit in Luke-Acts," *JPT* 6 (1995), 13-24.

Danker, F. W. *Jesus and the New Age: According to Saint Luke: A New Commentary on the Third Gospel* (St Louis: Clayton, 1972).

Darr, J. A. *On Character Building: The Reader and the Rhetoric of Characterization in Luke-Acts* (Louisville, KY: Westminster Press, 1992).

Davies, J. G. "Pentecost and Glossolalia," *JTS* 3 (1952), 228-31.

Davies, S. L. *Jesus the Healer: Possession, Trance and the Origins of Christianity* (London: SCM Press, 1995).

Davies, W. D. "Reflections on the Spirit in the Mekilta: A Suggestion," *JANES* 5 (1973), 95-105.

Davis, J. A. *Wisdom and Spirit: An Investigation of 1 Corinthians 1.18-3.20 against the Background of Jewish Sapiential Tradition in the Greco-Roman Period* (New York: University Press of America, 1984).

Delobel, J. "La redaction de Lc IV, 14-16a et le 'Bericht Vom Anfang'," in Neirynck (ed.), *L'Evangile*, 113-33 and 306-12.

Descamps, A. and A. de Halleux (eds.), *Mélanges bibliques en hommage au R. P. Beda Rigaux* (Gembloux: Duculot, 1970).

Dibelius, M. *Studies in Luke-Acts* (London: SCM Press, 1956).

Dietrich, W. *Das Petrusbild der lukanischen Schriften* (Stuttgart: Kohlhammer, 1972).

Dix, G. "Confirmation or the Laying on of Hands," *Theology Occasional Papers* 5 (1936).

_____. *The Theology of Confirmation in Relation to Baptism* (Westminster: Dacre, 1946).

Drury, J. *Tradition and Design in Luke's Gospel: A Study in Early Christian Historiography* (London: Darton, Longman & Todd, 1976).

Dubois, J. D. "De Jean-Baptiste à Jésus: Essai sur la conception lucanienne de l'Esprit à partir des premiers chapîtres de l'Evangile" (DTh dissertation, Strasbourg, 1977).

Dumais, M. "Ministères, charismes et Esprit dans l'oeuvre de Luc," *Eglise et Theologie* 9 (1978), 413-53.

Dunn, J. D. G. "1 Corinthians 15.45—Last Adam, Life-giving Spirit," in Lindars and Smalley (eds.), *Christ*, 127-42.

_____. *Baptism in the Holy Spirit: A Re-examination of the New Testament Teaching on the Gift of the Spirit in Relation to Pentecostalism Today* (London: SCM Press, 1970).

_____. *Christology in the Making* (London: SCM Press, 1980).

_____. "The Birth of a Metaphor—Baptized in Spirit," *ExpTim* 89 (1977), 134-38, 173-75.

_____. *Jesus and the Spirit* (London: SCM Press, 1975).

_____. "Jesus—Flesh and Spirit: An Exposition of Romans 1.3-4", *JTS* 24 (1973), 40-68.´

_____. "Matthew 12.28/Luke 11.20—A Word of Jesus?", in W. Gloer (ed.), *Eschatology and the New Testament: Essays in Honor of George Raymond Beasley-Murray* (Peabody, MA: Hendrickson, 1988), 30-49.

_____. "A Note on δωρεά," *ExpTim* 81 (1969-70), 249-51.

_____. "Spirit and Fire Baptism," *NovT* 14 (1972), 81-92.

_____. "Spirit and Kingdom," *ExpTim* 82 (1970-71), 36-40.

_____. "Spirit-Baptism and Pentecostalism," *SJT* 23 (1970), 397-407.

_____. "'They Believed Philip Preaching' (Acts 8.12): A Reply," *IBS* 1 (1979), 177-83.

_____. "Baptism in the Spirit: A Response to Pentecostal Scholarship on Luke-Acts," *JPT* 3 (1993), 3-27.

_____. *Unity and Diversity in the New Testament: An Enquiry into the Character of Earliest Christianity* (London: SCM Press, 1977).

Dupont, J. "Ascension du Christ et don de l'Esprit d'après Actes 2.33", in Lindars and Smalley (eds.), *Christ*, 219-28.

_____. "La conclusion des Actes et son rapport a l'ensemble de l'ouvrage de Luc," in Kremer (ed.), *Les Actes*, 359-404.

_____. "Dieu l'a oint d'Esprit Saint," in *Nouvelles études*, 319-28.

_____. *Etudes sur les Actes des Apôtres* (Paris: Cerf, 1967).

____. "'Je rebâtirai la cabane de David qui est tombée (Ac 15,16 = Am 9,11)," in Grasser and Merk (eds.), *Glaube*, 19-32.

____. "La nouvelle Pentecôte (Ac 2, 1-11)," in *Nouvelles études*, 193-98.

____. *Nouvelles études sur les Actes des Apôtres* (Paris: Cerf, 1984).

____. "Un peuple d'entre les nations (Actes 15,14)," *NTS* 31 (1985), 321-35.

____. "La première Pentecôte chrétienne," in *Etudes*, 481-502.

____. *The Salvation of the Gentiles* (New York: Paulist Press, 1979).

____. "'Le seigneur de tous' (Ac 10.36; Rm 10.12)", in G. F. Hawthorne and O. Betz (eds.), *Tradition and Interpretation in the New Testament* (Tübingen: Mohr, 1987), 229-36.

____. *The Sources of Acts* (London: Darton, Longman & Todd, 1964).

____. *Les tentations de Jésus au désert* (Paris: Brouwer, 1968).

Durken, D. (ed.), *Sin, Salvation and the Spirit* (Collegeville, MN: Liturgical Press, 1979).

Edwards, R. *The Theology of Q* (Philadelphia: Fortress Press, 1976).

Ellis, E. E. *The Gospel of Luke* (London: Marshall, Morgan & Scott, 1974 [1964]).

____. "Midrashic Features in the Speeches of Acts," in Descamps and de Halleux (eds.), *Mélanges bibliques*, 303-12.

____. "The Role of the Christian Prophet in Acts," in *Prophecy and Hermeneutic in Early Christianity: New Testament Essays* (Tübingen: Mohr, 1978) 46-57.

Ervin, H. M. Conversion-Initiation and the Baptism in the Holy Spirit: A Critique of James D. G. Dunn, Baptism in the Holy Spirit (Peabody, MA: Hendrickson, 1984).

____. *Spirit-Baptism: A Biblical Investigation* (Peabody, MA: Hendrickson, 1987).

Esler, P. F. *Community and Gospel in Luke-Acts: The Social and Political Motivations of Lucan Theology* (Cambridge: Cambridge University Press, 1987).

____. "Glossolalia and the Admission of Gentiles into the Early Christian Community," *BTB* 22 (1992), 136-42.

Evans, C. A. "Jesus and the Spirit: On the Origin and Ministry of the Second Son of God," in Evans and Sanders, *Luke*, 26-45.

____. "The Twelve Thrones of Israel: Scripture and Politics in Luke 22.24-30," in Evans and Sanders, *Luke*, 154-70.

Evans, C. A. and J. A. Sanders. *Luke and Scripture: The Function of Sacred Tradition in Luke-Acts* (Minneapolis: Fortress Press, 1993).

Evans, C. F. "The Central Section of Saint Luke's Gospel," in Nineham (ed.), *Studies*, 37-53.

_____. *Saint Luke* (London: SCM Press, 1990).

Everts, J. "Tongues or Languages? Contextual Consistency in the Translation of Acts 2," *JPT* 4 (1994), 71-80.

Famell, F. D. "The Gift of Prophecy in the Old and New Testaments," *BSac* 149 (1992), 387-410.

Farris, S. *The Hymns of Luke's Infancy Narratives* (Sheffield: JSOT Press, 1985).

Fascher, E. ΠΡΟΦΗΤΗΣ (Giessen: Topelmann, 1927).

Fee, G. D. "Christology and Pneumatology in Romans 8.9-11 and Elsewhere: Some Reflections on Paul as a Trinitarian," in Green and Turner (eds.), *Jesus*, 312-31.

_____. *God's Empowering Presence: The Holy Spirit in the Letters of Paul* (Peabody, MA: Hendrickson, 1994).

_____. *Gospel and Spirit: Issues in New Testament Hermeneutics* (Peabody, MA: Hendrickson, 1991).

Feuillet, A. "Vocation et mission des prophètes, baptême et mission de Jésus. Etude de christologie biblique," *Nova et Vetera* 54 (1979), 22-40.

Fisher, J. D. C. *Confirmation: Then and Now* (London: SPCK, 1978).

Fitzmyer, J. A. "Further Light on Melchizedek from Qumran Cave 11," *JBL* 86 (1967), 25-41.

_____. *The Gospel according to Luke (I-IX)* (New York: Doubleday, 1981).

_____. *The Gospel according to Luke (X-XXIV)* (New York: Doubleday, 1985).

_____. *Luke the Theologian* (London: Geoffrey Chapman, 1989).

_____. "The Ascension of Christ and Pentecost," *TS* 45 (1984), 409-40.

Flanagan, N. "The What and How of Salvation in Luke-Acts," in Durken (ed.), *Sin*, 203-13.

Flender, H. *Saint Luke: Theologian of Redemptive History* (London: SPCK, 1967).

Foakes-Jackson, F. J. and K. Lake (eds.), *The Beginnings of Christianity*, I (5 vols.; London: Macmillan, 1920-33).

Foerster, W. "Der Heilige Geist im Spatjudentum," *NTS* 8 (1961-62), 117-34.

Ford, J. M. "Toward a Theology of Speaking in Tongues," *TS* 32 (1971), 3-29.

France, R. T. *Jesus and the Old Testament: His Application of Old Testament Passages to himself and his Mission* (London: Tyndale Press, 1971).

Franklin, E. "The Ascension and the Eschatology of Luke-Acts," *SJT* 23 (1970), 191-200.

_____. *Christ the Lord* (London: SPCK, 1975).

_____. *Luke: Interpreter of Paul, Critic of Matthew* (Sheffield: JSOT Press, 1994).

Frein, B. C. "Narrative Predictions, Old Testament Prophecies and Luke's Sense of Fulfilment," *NTS* 40 (1994), 22-37.

Gaffin, R. B. *Perspectives on Pentecost: Studies in New Testament Teaching on the Gifts of the Holy Spirit* (Phillipsburg: Presbyterian and Reformed, 1979).

Garrett, S. *The Demise of the Devil: Magic and the Demonic in Luke's Writing* (Minneapolis: Fortress Press, 1989).

Gasque, W. W. *A History of the Criticism of the Acts of the Apostles* (Tübingen: Mohr, 1975).

Geldenhuys, J. N. *Commentary on the Gospel of Luke* (London: Marshall, Morgan & Scott, 1950).

Gelin, A. "L'Annonce de la Pentecôte (Joel 3,1-5)," *BVC* 27 (1959), 15-19.

George, A. "L'Emploi chez Luc du vocabulaire de salut," *NTS* 23 (1976-77), 308-20.

_____. "L'Esprit-Saint dans roeuvre de Luc," *RB* 85 (1978), 500-42.

_____. *Etudes sur l'oeuvre de Luc* (Paris: Gabalda, 1978).

_____. "Israel dans l'oeuvre de Luc," *RB* 75 (1968), 481-25.

_____. "Le miracle," in *Etudes*, 133-48.

_____. "Note sur quelques traits lucaniens de l'expression 'par le doigt de Dieu' (Lc XI.20)," *ScEccl* 18 (1966), 461-66.

Gero, S. "The Spirit as a Dove at the Baptism of Jesus," *NovT* 18 (1976), 17-35.

Giblet, J. "Baptism in the Spirit in the Acts of the Apostles," *OC* 10 (1974), 162-71.

Gill, D. W. G. and C. Gempf (eds.), *The Book of Acts in its Graeco-Roman Setting* (Carlisle: Paternoster, 1994).

Gils, F. *Jésus prophète d'après les évangiles synoptiques* (Leuven: Leuven University Press, 1957).

Glöckner, R. *Die Verkündigung des Heils beim Evangelisten Lukas* (Mainz: Matthias- Grünewald, 1975).

Gloël, J. *Der Heilige Geist in der Heilsverkündigung des Paulus* (Halle: Niemeyer, 1888).

Goulder, M. D. *Luke: A New Paradigm* (Sheffield: JSOT Press, 1989).

Gourgues, M. *A la droite de Dieu: Résurrection de Jésus et actualisation du psaume 110:1 dans le Nouveau Testament* (Paris: Gabalda, 1978).

_____. "Esprit des commencements et esprit des prolongements dans les Actes: Note sur la 'Pentecôte des samaritains' (Act., VIII, 5-25)," *RB* 93 (1986), 376- 85.

_____. "Exalté à la droite de Dieu (Ac 2:33; 5:31)," *SE* 27 (1975), 303-27.

Grässer, E. "Die Parusieerwartung in der Apostelgeschichte," in Kremer (ed.), *Les Actes*, 99-127.

_____. "Ta peri tês basileias (Apg 1,6; 19,8)," in Aletti et al., *Cause*, 707-26.

Grässer, E. and O. Merk (eds.), *Glaube und Eschatologie: Festschrift für Werner Georg Kümmel zum 80. Geburtstag* (Tübingen: Mohr, 1985).

Green, E. M. B. *I Believe in the Holy Spirit* (London: Hodder, 1975).

Green, J. B. *The Death of Jesus: Tradition and Interpretation in the Passion Narrative* (Tübingen: Mohr, 1988).

_____. "Good News to Whom? Jesus and the Poor," in Green and Turner (eds.), *Jesus*, 59-74.

_____. "Jesus and a Daughter of Abraham (Luke 13,10-17): Test Case for a Lucan Perspective on Jesus' Miracles," *CBQ* 51 (1989), 643-54.

_____. *The Theology of the Gospel of Luke* (Cambridge: Cambridge University Press, 1995).

Green, J. B. and M. Turner (eds.), *Jesus of Nazareth: Lord and Christ. Essays on the Historical Jesus and New Testament Christology* (Carlisle: Paternoster, 1994).

Greenspahn, F. E. "Why Prophecy Ceased," *JBL* 108 (1989) 37-49.

Grudem, W. *The Gift of Prophecy in the New Testament and Today* (Eastbourne: Kingsway, 1988).

Grundmann, W. *Das Evangelium nach Lukas* (Berlin: Evangelische Verlagsanstalt, 2nd edn, 1961).

_____. "Der Pfingstbericht der Apostelgeschichte in seinem theologischen Sinn," in F. L. Cross (ed.) *Studia Evangelica*, II (Berlin: Akademie Verlag, 1964) 584-94.

Gundry, R. H. "Ecstatic Utterance (NEB)?", *JTS* 17 (1966), 299-307.

Gunkel, H. *The Influence of the Holy Spirit: The Popular View of the Apostolic Age and the Teaching of the Apostle Paul* (Philadelphia: Fortress Press, 1979).

_____. *Die Wirkungen des Heiligen Geistes nach der popularen Anschauung der apostolischen Zeit und der Lehre des Apostels Paulus* (Göttingen: Vandenhoeck & Ruprecht, 1888).

Haacker, K. "Einige Fälle von 'erlebter Rede' im Neuen Testament," *NovT* 12 (1970), 70-77.

_____. "Das Pfingstwunder als exegetisches Problem," in O. Bocher and K. Haacker (eds.), *Verborum Veritas* (Wuppertal: Brockhaus, 1970), 125-31.

Haenchen, E. *The Acts of the Apostles* (Oxford: Basil Blackwell, 1971).

Hahn, F. *The Titles of Jesus in Christology: Their History in Early Christianity* (London: Lutterworth, 1959).

Hamerton-Kelly, R. "A Note on Matthew XII.28 par Luke XI.20," *NTS* 11 (1964-65), 167-69.

Hamm, D. "Acts 3.1-10: The Healing of the Temple Beggar as Lucan Theology," *Bib* 67 (1986), 305-19.

Hanson, R. C. P. *The Acts in the Revised Standard Version* (Oxford: Oxford University Press, 1967).

Harm, F. R. "Structural Elements related to the Gift of the Spirit in Acts," *Concordia Journal* 14 (1988), 28-41.

Harnack, A. von. "Zu Lk 1:34-35," *ZNW* 2 (1901), 53-57.

Harrington, W. (ed.), *Witness to the Spirit* (Dublin: Koinonia Press, 1979).

Hartman, L. "Taufe, Geist und Sohnschaft: Traditionsgeschichtliche Erwägungen zu Mk 1.9-11 Par," in *Jesus in der Verkündigung der Kirche* (Linz: SNTU, 1976), 89-110.

Haufe, G. "Taufe und Heiliger Geist in Urchristentum," *TL* 101 (1976), 561-71.

Haulotte, E. "Fondation d'une communauté de type universel: Actes 10,1-11,18. Etude critique sur la rédaction, la 'structure' et la 'tradition' du récit," *RechSR* 58 (1970), 63-100.

_____. "La vie en communion, phase ultime de la Pentecôte, Acts 2,42-47," *Foi et Vie* 80 (1981), 69-75.

Hawthorne, G. F. *The Presence and the Power* (Waco, TX: Word Books, 1991).

Hay, D. M. *Glory at the Right Hand: Psalm 110 in Early Christianity* (Nashville: Abingdon Press, 1973).

Haya-Prats, G. *L'Esprit force de l'église* (Paris: Cerf, 1975).

Hedrick, C. W. "Paul's Conversion/Call: A Comparative Analysis of the Three Reports in Acts," *JBL* 100 (1981), 415-32.

Helyer, L. R. "Luke and the Restoration of Israel," *JETS* 36 (1993), 317-29.

Hemer, C. J. *The Book of Acts in the Setting of Hellenistic History* (Tübingen: Mohr, 1989).

Hengel, M. *Nachfolge und Charisma* (Berlin: Topelmann, 1968).

Hill, D. *Greek Words with Hebrew Meanings: Studies in the Semantics of Soteriological Terms* (Cambridge: Cambridge University Press, 1967).

_____. "The Rejection of Jesus at Nazareth (Luke iv. 16-30)," *NovT* 13 (1971), 161-80.

_____. "The Spirit and the Church's Witness: Observations on Acts 1,6-8," *IBS* 6 (1984), 16-26.

Horn, F. W. *Das Angeld des Geistes: Studien zur paulinischen Pneumatologie* (Göttingen: Vandenhoeck & Ruprecht, 1992).

Horsely, R. A. "Like One of the Prophets of Old: Two Types of Popular Prophets at the Time of Jesus," *CBQ* 47 (1985), 435-63.

Horton, F. L. *The Melchizedek Tradition* (Cambridge: Cambridge University Press, 1976).

Horton, H. *The Gifts of the Spirit* (Nottingham: Assemblies of God, 1968).

Hubbard, B. J. "Commissioning Stories in Luke-Acts: A Study of their Antecedents, Form and Content," *Semeia* 8 (1977), 103-26.

Hui, A. W. D. "The Concept of the Holy Spirit in Ephesians and its Relation to the Pneumatologies of Luke and Paul" (PhD Dissertation, Aberdeen, 1992).

Hull, J. H. E. *The Holy Spirit in the Acts of the Apostles* (London: Lutterworth, 1967).

Hultgren, A. J. *Christ and his Benefits* (Philadelphia: Fortress Press, 1987).

Hunter, H. D. S*pirit-Baptism: A Pentecostal Alternative* (Lanham, MD: University Press of America, 1983).

Hurtado, L. W. "Normal, but not a Norm: Initial Evidence and the New Testament," in McGee (ed.). *Initial Evidence*, 189-201.

_____. *One God, One Lord* (London: SCM Press, 1988).

Imschoot, P. van. "L'Action de L'Esprit de Jahvé dans l'Ancien Testament," *RScPhilT* 23 (1934), 553-87.

_____. "Bapteme d'eau et baptême d'Esprit," *ETL* 13 (1936), 653-66.

_____. "L'Esprit de Jahvé et alliance nouvelle dans l'Ancien Testament," *ETL* 22 (1936), 201-26.

_____. "L'Esprit de Jahvé, source de vie dans l'Ancien Testament," *RB* 44 (1935), 481-501.

_____. "Sagesse et Esprit dans l'Ancien Testament," *RB* 47 (1938), 23-49.

Isaacs, M. E. *The Concept of Spirit* (London: Heythrop Monographs, 1976).

Jackson, D. "Luke and Paul: A Theology of One Spirit from Two Perspectives," *JETS* 32 (1989), 335-43.

Jeremias, J. *New Testament Theology*. I. *The Proclamation of Jesus* (London: SCM Press, 1971).

_____. *Die Sprache des Lukasevangeliums* (Göttingen: Vandenhoeck and Ruprecht, 1980).

Jervell, J. "The Church of Jews and Godfearers," in Tyson (ed.), *Luke-Acts*, 11-20.

_____. "The Divided People of God: The Restoration of Israel and Salvation for the The Law in Luke-Acts," in *Luke*, 133-51.

_____. "The Lost Sheep of the House of Israel: The Understanding of the Samaritans in Luke-Acts," in *Luke*, 113-32.

_____. *Luke and the People of God* (Minneapolis: Augsburg, 1972).

_____. "Sons of the Prophets: The Holy Spirit in the Acts of the Apostles," in *Unknown Paul*, 96-121, 172-79.

_____. "The Twelve on Israel's Thrones," in *Luke*, 75-112.

_____. *The Unknown Paul: Essays on Luke-Acts and Early Christian History*

(Minneapolis: Augsburg, 1984).

____. "Das Volk des Geistes," in J. Jervell and W. A. Meeks (eds.), *God's Christ and his People: Studies in Honour of Nils Alstrup Dahl* (Oslo: Universitetsforlaget, 1977), 87-106.

____. "Die Zeichen des Apostels: Die Wunder beim lukanischen und paulinischen Paulus," in E. Fuchs (ed.), *Studien zum Neuen Testament und seiner Umwelt 4* (Linz: SNTU, 1979), 54-75.

Johnson, L. T. *The Literary Function of Possessions in Luke-Acts* (Missoula: Scholars Press, 1977).

____. *The Gospel of Luke* (Collegeville, MN: Liturgical Press, 1991).

____. "The Social Dimensions of Sōtēria in Luke-Acts and Paul," in E. H. Lovering (ed.), *Society of Biblical Literature 1993 Seminar Papers* (Atlanta: Scholars Press, 1993), 520-36.

Johnston, G. *The Spirit-Paraclete in the Gospel of John* (Cambridge: Cambridge University Press, 1970).

Jones, D. L. "The Title Kyrios in Luke-Acts," in G. W. MacRae (ed.), *SBL Seminar Papers*, II (Cambridge, MA: SBL, 1974), 85-101.

Jonge, H. J. de. "Sonship, Wisdom, Infancy: Luke II. 41-51a," *NTS* 24 (1977-78), 317-54.

Jonge, M. de. and A. S. Van der Woude, "11Q Melchizedek and the New Testament," *NTS* 12 (1965-66), 301-26

Käsemann, E. *Essays on New Testament Themes* (London: SCM Press, 1964).

Kaiser, C. B. "The Rebaptism of the Ephesian Twelve: Exegetical Study on Acts 19.1-7," *RefR* 31 (1977-78), 57-61.

Keck, L. E. "The Spirit and the Dove," *NTS* 17 (1970), 41-68.

Keck, L. E. and J. L. Martyn (eds.), *Studies in Luke-Acts: Essays Presented in Honour of P. Schubert* (London: SPCK, 1968).

Kee, H. C. *Good News to the Ends of the Earth: The Theology of Acts* (London: SCM Press, 1990).

Kerrigan, A. "The Sensus Plenior of Joel 111,1-5", in *Sacra Pagina II* (Paris: Gabalda, 1959).

Kilpatrick, G. "The Spirit, God and Jesus in Acts," *JTS* 15 (1964), 63.

Kim, H.-S. *Die Geisttaufe des Messias: Eine kompositionsgeschichtliche Untersuchung zu einem Leitmotiv des lukanischen Doppelwerks* (Berlin: Lang, 1993).

Kimball, C. A. *Jesus' Exposition of the Old Testament in Luke's Gospel* (Sheffield: JSOT Press, 1994).

Kjeseth, P. L. "The Spirit of Power: A Study of the Holy Spirit in Luke-Acts" (PhD dissertation, Chicago, 1966).

Knox, J. *Chapters in a Life of Paul* (Nashville: Abingdon Press, 1950).

Knox, W. L. *The Acts of the Apostles* (Cambridge: Cambridge University Press, 1948).

Koch, D.-A. "Geistbesitz, Geistverleihung und Wundermacht: Erwagungen zur Tradition und zur lukanischen Redaktion in Apg 8.5-25," *ZNW* 77 (1986), 64-82.

Koch, R. *Geist und Messias* (Vienna: Herder, 1950).

Koet, B. J. *Five Studies in Interpretation of Scripture in Luke-Acts* (Leuven: Leuven University Press, 1989).

Kolasny, J. "An Example of Rhetorical Criticism: Luke 4.16-30," in Richard (ed.), *New Views*, 67-77, 171-72.

Kränkl, E. *Jesus der Knecht Gottes* (Regensburg: Pustet, 1972).

Kremer, J. (ed.), *Les Actes des Apôtres* (Gembloux: Duculot, 1979).

____. *Pfingstbericht und Pfingstgeschehen: Eine exegetische Untersuchung zu Apg 2:1-13* (Stuttgart: KBW, 1973).

____. "Die Voraussagen des Pfingstgeschehens in Apg 1,4-5 und 8," in Bornkamm and Rahner (eds.), *Die Zeit Jesu*, 145-68.

____. "Was geschah Pfingsten? Zur Historizitat des Apg in 2,1-13 berichteten Pfingstereignisses," *WW* 3 (1973), 195-207.

Kretschmar, G. "Himmelfahrt und Pfingsten," *ZKG* 66 (1954), 209-53.

Kümmel, W. G. "Luc en accusation dans la théologie contemporaire," in Neirynck (ed.), *L'Evangile*, 3-19 and 295.

Lagrange, M.-J. "La conception sumaturelle du Christ d'après Saint Luc," *RB* 11 (14), 60-71 and 188-208.

Lampe, G. W. H. *God as Spirit: The Bampton Lectures* (Oxford: Clarendon Press, 1976, 1977).

____. "Grievous Wolves (Acts 20:29)," in B. Lindars and S. S. Smalley (eds.), *Christ and Spirit in the New Testament* (Cambridge: Cambridge University Press, 1973), 253-68.

_____. "The Holy Spirit and the Person of Christ," in S. Sykes and J. Clayton (eds.), *Christ, Faith and History: Cambridge Studies in Christology* (Cambridge: Cambridge University Press, 1972), 112-30.

_____. "The Holy Spirit in the Writings of Saint Luke," in Nineham (ed.), *Studies*, 159-200.

_____. "Miracles in the Acts of the Apostles," in C. F. D. Moule (ed.), *Miracles: Cambridge Studies in their Philosophy and History* (London: Mowbray, 1965), 163-78.

_____. *The Seal of the Spirit* (London: SPCK, 2nd edn, 1967).

Land, S. J. *Pentecostal Spirituality: A Passion for the Kingdom* (Sheffield: JSOT Press, 1993).

Laurentin, A. "Le pneuma dans la doctrine de Philon," *ETL* 27 (1951), 391-404.

Laurentin, R. *Jesus au Temple* (Paris: Gabalda, 1974).

_____. *Structure et théologie de Luc 1-2* (Paris: Lecoffre, 1964).

Le Déaut, R. "Pentecost and Jewish Tradition," *Doctrine and Life* 20 (1970), 250-67.

Leaney, A. R. C. *The Gospel according to Saint Luke* (London: A. & C. Black, 1966).

Lederle, H. I. "Initial Evidence and the Charismatic Movement: An Ecumenical Appraisal," in McGee (ed.), *Initial Evidence*, 131-41.

_____. *Treasures Old and New: Interpretations of "Spirit-Baptism" in the Charismatic Renewal Movement* (Peabody, MA: Hendrickson, 1988).

Leenhardt, J. *Le baptême chrétien, son origine, sa signification* (Neuchâtel: Delachaux, 1946).

Légasse, S. "L'autre baptême, (Mc 1,8; Mt 3,11; Lc 3,16; Jn 1,26,31-33)," in F. Van Segbroeck, C. M. Tuckett, G. Van Belle, and J. Verheyden (eds.), *The Four Gospels 1992* (Leuven: Leuven University Press, 1992), 257-73.

Leisegang, H. *Der Heilige Geist: Das Wesen und Werden der Mystisch-Intuitiven Erkenntnis in der Philosophic und Religion der Griechen* (Berlin: Teubner, 1919).

_____. *Pneuma Hagion: Der Ursprung des Geistesbegriffs der synoptischen Evangelien aus der griechischen Mystik* (Leipzig: Hinrichs, 1922).

Leivestadt, R. "Das Dogma von der Prophetenlosen Zeit," *NTS* 19 (1973), 288-300.

Lincoln, A. T. "Theology and History in the Interpretation of Luke's Pentecost," *ExpTim* 96 (1984-85), 204-209.

Lindars, B. *New Testament Apologetic: The Doctrinal Significance of the Old Testament Quotations* (London: SCM Press, 1961).

Lindars, B. and S. S. Smalley (eds.), *Christ and Spirit in the New Testament* (Cambridge: Cambridge University Press, 1973).

Loader, W. R. G. "Christ at the Right Hand: Ps CX.1 in the New Testament," *NTS* 24 (1977-78), 199-217.

Lofthouse, W. F. "The Holy Spirit in the Acts of the Apostles and in the Fourth Gospel," *ExpTim* 52 (1940-41), 334-36.

Lohfink, G. *The Conversion of Saint Paul* (Chicago: Franciscan Herald Press, 1976).

____. *Die Himmelfahrt Jesu* (Munich: Kösel, 1971).

____. *Jesus and Community* (London: SPCK, 1985).

____. *Die Sammlung Israels: Eine Untersuchung zur lukanischen Ekklesiologie* (Munich: Kösel, 1975).

Lohse, E. *Die Einheit des Neuen Testaments: Exegetische Studien zur Theologie des Neuen Testaments* (Göttingen: Vandenhoeck and Ruprecht, 1973).

Loisy, A. *Les Actes des Apôtres* (Paris, 1920).

Löning, K. *Die Saulustradition in der Apostelgeschichte* (Münster: Aschendorff, 1973).

Lövestam E. *Spiritus Blasphemia: Eine Studie zu Mk 3,28f par Mt 12,31f, Lk 12,10* (Lund: Gleerup, 1968).

Luck, U. "Kerygma, Tradition und Geschichte Jesu bei Lukas," *ZTK* 57 (1960), 51-66.

Lüdemann, G. *Early Christianity according to the Traditions in Acts* (London: SCM Press, 1989).

Luomanen, P. (ed.), *Luke-Acts: Scandinavian Perspectives* (Göttingen: Vandenhoeck & Ruprecht, 1991).

Macchia, F. D. "The Question of Tongues as Initial Evidence: A Review of Initial Evidence, Edited by Gary B. McGee," *JPT* 2 (1992), 117-27.

_____. "Sighs too Deep for Words: Towards a Theology of Glossolalia," *JPT* 1 (1992), 47-73.

MacRae, G. W. "Whom Heaven Must Receive until the Time," *Int* 27 (1973), 151-65.

Maddox, R. *The Purpose of Luke-Acts* (Edinburgh: T. & T. Clark, 1982).

Maile, J. "The Ascension in Luke-Acts," *TynBul* 37 (1986), 29-59.

Mainville, O. *L'Esprit dans l'oeuvre de Luc* (Montreal: Fides, 1991).

_____. "Jésus et l'esprit dans l'oeuvre de Luc: Eclairage à partir d'Ac 2,33," *Science et Esprit* 42.2 (1990), 193-208.

Mánek, J. "The New Exodus in the Books of Luke," *NovT* 2 (1958), 8-23.

Manns, F. *Le symbole eau-esprit dans le judaïsme ancien* (Jerusalem: Franciscan Press, 1983).

Marguerat, D. "La mort d'Ananias et Saphira (Ac 5,1-11) dans la stratégic narrative de Luc," *NTS* 39 (1993), 209-26.

Marin, L. "Essai d'analyse structurale d'Actes 10,1-11,18," *RechSR* 58 (1970), 39-61.

Marsh, T. "The Holy Spirit in Early Christian Teaching," *ITQ* 45 (1978), 101-16.

Marshall, I. H. "Acts and the Former Treatise," in B. W. Winter and A. D. Clarke (eds.), *The Book of Acts in its Ancient Literary Setting* (Carlisle: Paternoster, 1993), 163-82.

_____. *The Acts of the Apostles: An Introduction and Commentary* (Leicester: Inter-Varsity Press, 1980).

_____. "'Early Catholicism' in the New Testament," in R. N. Longenecker and M. C. Tenney (eds.), *New Dimensions in New Testament Study* (Grand Rapids: Zondervan, 1974), 217-31.

_____. *The Gospel of Luke: A Commentary on the Greek Text* (Exeter: Paternoster, 1978).

_____. "Hard Sayings-VII," *Theology* 67 (1964) 65-67

_____. "The Interpretation of the Magnificat: Luke 1,46-55," in C. Bussmann, and W. Radi (eds.), *Der Treue Gottes trauen* (Freiburg: Herder, 1991), 181-96.

_____. *Last Supper and Lord's Supper* (Exeter: Paternoster, 1980).

_____. *Luke: Historian and Theologian* (Exeter: Paternoster, 1970).

_____. "The Meaning of the Verb 'to Baptize'," *EvQ* 45 (1973), 130-40.

_____. "The Significance of Pentecost," *SJT* 30 (1977), 347-69.

_____. "Son of God or Servant of Yahweh? A Reconsideration of Mark 1.11," *NTS* 15 (1968-69), 326-36

Martin, Fr. "Le baptême dans l'Esprit: Tradition du Nouveau Testament et vie de l'église," *NRT* 106 (1984), 23-58.

Martin, R. P. "Salvation and Discipleship in Luke's Gospel," *Int* 30 (1976), 366-80.

Marz, C. P. *Das Wort Gottes bei Lukas: Die lukanische Worttheologie als Frage an die neuere Lukasforschung* (Leipzig: St Benno, 1974).

Mattill, A. J. "The Jesus-Paul Parallels and the Purpose of Luke-Acts," *NovT* 17 (1975), 15-46.

McDonnell, K. and G. T. Montague. *Christian Initiation and Baptism in the Holy Spirit: Evidence from the First Eight Centuries* (Collegeville, MN: Liturgical Press, 1991).

McGee, G. B. (ed.), "Early Pentecostal Hermeneutics: Tongues as Evidence in the Book of Acts," in McGee (ed.), *Initial Evidence*, 96-118.

_____. *Initial Evidence: Historical and Biblical Perspectives on the Pentecostal Doctrine of Spirit Baptism* (Peabody, MA: Hendrickson, 1991).

_____. "Popular Expositions of Initial Evidence in Pentecostalism," in McGee (ed.), *Initial Evidence*, 119-30.

McPolin, J. "Holy Spirit in Luke and John," *ITQ* 45 (1978), 117-31.

Meeks, W. *The Prophet King: Moses Traditions and the Johannine Christology* (Leiden: Brill, 1967).

Menoud, P. "Pendant quarante jours," in W. C. van Unnik (ed.), *Neotestamentica et Patristica* (Leiden: Brill, 1962), 148-56.

_____. "La Pentecôte lucanienne et l'histoire," *RHPR* 42 (1962), 141-47.

_____. "Remarques sur les textes de l'ascension dans Luc-Actes," in W. Eltester (ed.), *Neutestamentliche Studien für Rudolf Bultmann* (Berlin: Töpelmann, 2nd edn. 1957) 148-56.

Menzies, R. P. "The Distinctive Character of Luke's Pneumatology," *Paraclete* 25 (1991), 17-30.

_____. *The Development of Early Christian Pneumatology with Special Reference to Luke-Acts* (Sheffield: JSOT Press, 1991).

_____. *Empowered for Witness: The Spirit in Luke-Acts* (Sheffield: JSOT Press, 1994).

_____. "James Shelton's Mighty in Word and Deed: A Review Article," *JPT* 2 (1993), 105-15.

_____. "Luke and the Spirit: A Reply to James Dunn," *JPT* 4 (1994), 115-38.

_____. "Spirit and Power in Luke-Acts: A Response to Max Turner," *JSNT* 49 (1993), 11-20.

Merk, O. "Das Reich Gottes in den lukanischen Schriften," in E. E. Ellis and E. Grässer (eds.), *Jesus und Paulus* (Göttingen: Vandenhoeck & Ruprecht, 1975), 201-20.

Merkel, H. "Israel im lukanischen Werk," *NTS* 40 (1990), 371-98.

Metzger, B. M. "The Ascension of Jesus Christ," in *Historical and Literary Studies: Pagan, Jewish and Christian* (Leiden: Brill, 1968), 77-81.

_____. *A Textual Commentary on the Greek Testament* (London: United Bible Societies, 1971).

Meyer, H. A. W. *Critical and Exegetical Handbook to the Acts of the Apostles* (Edinburgh: T. & T. Clark, 1883).

Meyer, R. *Der Prophet aus Galiläa* (Darmstadt: Wissenschaftliche Buchgesellschaft, 1970 [1940]).

Michaels, J. R. "Evidences of the Spirit, or the Spirit as Evidence? Some NonPentecostal Reflections," in McGee (ed.) *Initial Evidence*, 202-18.

Miller, M. "The Function of Isa 61:1-2 in 11Q Melchizedek," *JBL* 88 (1969), 467-69.

Miller, P. D. "Luke 4.16-21," *Int* 29 (1975), 417-21.

Miller, R. J. "Elijah, John, and Jesus in the Gospel of Luke," *NTS* 34 (1988), 611-22.

Mills, W. E. *A Theological/Exegetical Approach to Glossolalia* (London: University Press of America, 1985).

Minear, P. S. "Luke's Use of the Birth Stories," in Keck and Martyn (eds.), *Studies*, 113-30.

_____. *To Heal and to Reveal: The Prophetic Vocation according to Luke* (New York:

Seabury, 1976).

Miyoshi, M. *Der Anfang des Reiserberichts: Lk 9.51-10.24* (Rome: Pontifical Biblical Institute, 1974).

Moessner, D. P. "'The Christ Must Suffer': New Light on the Jesus-Peter, Stephen, Paul Parallels in Luke-Acts," *NovT* 28 (1986), 220-56.

____. "The Ironic Fulfillment of Israel's Glory," in Tyson (ed.), *Luke-Acts*, 35-50.

____. "Luke 9.1-50: Luke's Preview of the Journey of the Prophet Like Moses of Deuteronomy," *JBL* 102 (1983), 575-605.

____. "Paul and the Pattern of the Prophet Like Moses in Acts," in K. H. Richard (ed.), *Society of Biblical Literature 1983 Seminar Papers* (Chico: Scholars, 1983), 203-12.

Montague, G. T. *The Holy Spirit: Growth of a Biblical Tradition* (New York: Paulist Press, 1976).

Moule, C. F. D. "The Ascension: Acts 1.9" *ExpTim* 68 (1956-57), 205-209.

____. "Baptism with Water and with Holy Spirit," *Theology* 48 (1945), 46-49.

____. *The Holy Spirit* (London: Mowbrays, 1978).

____. *An Idiom Book of New Testament Greek* (Cambridge: Cambridge University Press, 2nd edn, 1963).

Muller, D. "Geisterfahrung und Totenauferweckung: Untersuchungen zur Totenauferweckung bei Paulus und in den ihm vorgegebenen Überlieferungen" (PhD dissertation, Christian-Albrecht-Universität, Kiel, 1980).

Mullins, T. Y. "New Testament Commission Forms, Especially in Luke-Acts," *JBL* 95 (1976), 603-14.

Mussner, F. "In den letzten Tagen (Apg 2.17a)," *BZ* 5 (1965), 263-65.

Navone, J. *Themes of Saint Luke* (Rome: Gregorian University Press, 1970).

Neale, D. A. *None but the Sinners: Religious Categories in the Gospel of Luke* (Sheffield: JSOT Press, 1991).

Neirynck, F. (ed.), "Acts 10,36a τὸν λόγον ὧν," *ETL* 60 (1984), 18-23.

____. *L'Evangile de Luc — The Gospel of Luke: Revised and Enlarged Edition of L'Evangile de Luc: Problèmes littéraires et théologiques* (Leuven: Leuven University Press, 1989).

____. "Le livre des Actes: 6. Ac 10, 36-43 et l'évangile," *ETL* 60 (1984), 109-17.

____. "The Miracle Stories in the Acts of the Apostles. An Introduction," in Kremer (ed.), *Les Actes*, 169-213.

Nellessen, E. *Zeugnis für Jesus und das Wort: Exegetische Untersuchungen zum lukanischen Zeugnisbegriff* (Cologne: Hanstein, 1976).

Nielsen, H. K. *Heilung und Verkündigung* (Leiden: Brill, 1987).

Nineham, D. E. (ed.), *Studies in the Gospels: Essays in Memory of R. H. Lightfoot* (Oxford: Basil Blackwell, 1955).

Noack, B. "The Day of Pentecost in Jubilees, Qumran and Acts," *ASTI* 1 (1962), 73-95.

Nolland, J. *Luke 1-9.20* (WBC, 35a; Dallas: Word Books, 1989).

____. *Luke 9.21-18.34* (WBC, 35b; Dallas: Word Books, 1993).

Noorda, S. J. "Scene and Summary: A Proposal for Reading Acts 4,32-5,16," in Kremer (ed.), *Les Actes*, 475-83.

O'Brien, P. T. "Prayer in Luke-Acts," *TynBul* 24 (1973), 111-27.

O'Collins, G. and G. Marconi (eds.), *Luke and Acts* (New York: Paulist Press, 1993).

Oliver, H. H. "The Lukan Birth Stories and the Purpose of Luke-Acts," *NTS* 10 (1964), 202-26.

O'Neill, J. C. *The Theology of Acts in its Historical Setting* (London: SPCK, 1961, 1970)

O'Reilly, L. *Word and Sign in the Acts of the Apostles* (Rome: Pontifical Biblical Institute, 1987).

O'Toole, R. F. "Activity of the Risen Christ in Luke-Acts," *Bib* 62 (1981), 471-98.

____. "Acts 2.30 and the Davidic Covenant of Pentecost," *JBL* 102 (1983), 245-58.

____. "Christian Baptism in Luke," *RevRel* 39 (1980), 855-66.

____. "The Kingdom of God in Luke-Acts," in W. Willis (ed.), *The Kingdom of God in Twentieth-Century Interpretation* (Peabody, MA: Hendrickson, 1987), 147-62.

____. "Luke's Understanding of Jesus' Resurrection-Ascension-Exaltation," *BTB* 9 (1979), 106-14.

____. "Parallels between Jesus and his Disciples in Luke-Acts: A Further Study," *BZ*

27 (1983), 195-212.

_____. *The Unity of Luke's Theology* (Wilmington, DE: Glazier, 1984).

Oulton, J. E. L. "The Holy Spirit and Laying on of Hands," *ExpTim* 66 (1955), 236-40.

Parratt, J. K. "The Holy Spirit and Baptism. I. The Gospels and Acts of the Apostles," *ExpTim* 78 (1966-67), 231-35.

_____. "The Rebaptism of the Ephesian Disciples," *ExpTim* 79 (1967-68), 182-83.

_____. "The Seal of the Spirit in the New Testament Teaching" (PhD dissertation, London, 1965).

Parsons, M. C. *The Departure of Jesus in Luke-Acts: The Ascension Narratives in Context* (Sheffield: JSOT Press, 1987).

_____. "The Text of Acts 1:2 Reconsidered," *CBQ* 50 (1988), 58-71.

Perrin, N. *Jesus and the Language of the Kingdom* (London: SCM Press, 1976).

Pesch, R. *Die Apostelgeschichte*, I, II (Neukirchen-Vluyn: Neukirchener Verlag, 1986).

_____. "La rédaction lucanienne du logion des pêcheurs d'hommes (Lc., V, 10c)," in Neirynck (ed.), *L'Evangile*, 135-54 and 313-15.

Pfitzner, V. C. "Pneumatic Apostleship? Apostle and Spirit in the Acts of the Apostles," in W. Haubeck and M. Bachmann (eds.), *Wort in der Zeit: Festgabe für Karl Heinrich Rengstorf* (Leiden: Brill, 1980), 210-35.

Pieper, K. *Die Simon-Magus-Perikope (Apg 8, 5-24): Ein Beitrag zur Quellenfrage in der Apostelgeschichte* (Münster: Aschendorff, 1911).

Plümacher, E. *Lukas als hellenistischer Schriftsteller: Studien zur Apostelgeschichte* (Göttingen: Vandenhoeck & Ruprecht, 1972).

Plummer, A. *A Critical and Exegetical Commentary on the Gospel according to Saint Luke* (Edinburgh: T. & T. Clark, 1922).

Potin, J. *La fête juive de la Pentecôte* (Paris: Cerf, 1971).

Potterie, I. de la. "L'Onction du Christ: Etude de théologie biblique," *NRT* 80 (1958), 225-52.

Praeder, S. M. "Jesus-Paul, Peter-Paul, and Jesus-Peter Parallelisms in Luke-Acts: A History of Reader Response," in H. K. Richards (ed.), *Society of Biblical Literature 1984 Seminar Papers* (Chico, CA: Scholars, 1984), 23-49.

Price, R. M. "Confirmation and Charisma," *SUT* 33 (1990), 173-82.

Puller, F. W. *What is the Distinctive Grace of Confirmation?* (London, 1880).

Quesnel, M. *Baptisés dans l'Esprit* (Paris: Cerf, 1985).

Radi, W. *Paulus und Jesus im lukanischen Doppelwerk: Untersuchung zu Parallel-motiven im Lukasevangelium und in der Apostelgeschichte* (Bern: Lang, 1975).

Räisanen, H. "The Redemption of Israel: A Salvation-Historical Problem in Luke-Acts," in Luomanen (ed.), *Luke-Acts*, 94-114.

Rese, M. *Alttestamentliche Motive in der Christologie des Lukas* (Gütersloh: Mohn, 1969).

Richard, E. (ed.), *Acts 6.18.4: The Author's Method of Composition* (Missoula: Scholars Press, 1978).

_____. *New Views on Luke and Acts* (Collegeville, MN: Glazier, 1990).

_____. "Pentecost as a Recurrent Theme in Luke-Acts," in Richard (ed.), *New Views*, 133-49, 181-83.

Rodd, C. S. "Spirit or Finger," *ExpTim* 72 (1961), 157-58.

Roloff, J, *Die Apostelgeschichte* (Göttingen: Vandenhoeck & Ruprecht, 1981).

Russell, E. A. "'They Believed Philip Preaching' (Acts 8.12)," *IBS* 1 (1979), 169-76.

Russell, W. "The Anointing with the Holy Spirit in Luke-Acts," *TrinJ* 7 (1986), 47-63.

Sabbe, M. "Le baptême de Jésus," in I. de la Potterie (ed.), *De Jésus aux évangiles* (Gembloux: Duculot, 1967), 184-211.

Sala, H. J. "An Investigation of the Baptizing and Filling Work of the Holy Spirit in the New Testament Related to the Pentecostal Doctrine of Initial Evidence," (PhD dissertation, Bob Jones University, 1966).

Samain, E. "Le discours-programme de Jésus à la synagogue de Nazareth. Luc 4,16-30," *Foi et Vie* 11 (1971), 25-43.

_____. "La notion de APXH dans l'oeuvre lucanienne," in Neirynck (ed.), *L'Evangile*, 209-38, 327.

_____. "Le récit de la Pentecôte, Ac 2,1-13," *La Foi et le Temps* 1 (1971), 227-56.

Sanders, E. P. *Jesus and Judaism* (London: SCM Press, 1985).

_____. *Paul and Palestinian Judaism: A Comparison of Patterns of Religion* (London:

SCM Press, 1977).

Sanders, J. A. "From Isaiah 61 to Luke 4," in *Christianity, Judaism and Other Greco-Roman Cults* (Leiden: Brill, 1975), 75-106.

____. "From Isaiah 61 to Luke 4," in Evans and Sanders, *Luke*, 46-69.

____. "Isaiah in Luke," in Evans and Sanders, *Luke*, 14-25.

Sanders, J. T. "The Jewish People in Luke-Acts," in Tyson (ed.) *Luke-Acts*, 51-75.

____. *The Jews in Luke-Acts* (London: SCM Press, 1987).

Sauvagnat, B. "Se repentir, être baptisé, recevoir l'Esprit. Actes 2,37ss," *Foi et Vie* 80 (1981), 77-89.

Schäfer, P. "Die Termini 'Heiligen Geist', und 'Geist der Prophetie', in den Targumim und das Verhältnis der Targumim zueinander," *VT* 20 (1970), 304-14.

____. *Die Vorstellung vom Heiligen Geist in der rabbinischen Literatur* (Munich: Kösel, 1972).

Schedl, C. *Als sich der Pfingsttag erfüllte: Erklärung der Pfingstperikope Apg 2,1-47* (Vienna: Herder, 1982).

Schille, G. *Die Apostelgeschichte des Lukas* (Berlin: Evangelische Verlagsanstalt, 2nd edn, 1984).

Schmidt, K. L. *Die Pfingsterzählung und das Pfingstereignis* (Leipzig: Hinrichs, 1919).

Schmitt, J. "L'Eglise de Jerusalem ou la 'restauration d'Israël' d'après les cinq premiers chapitres des Actes," *RevSR* 27 (1953), 209-18.

Schneider, D. *Der Geist, der Geschichte macht* (Neukirchen: Aussaat, 1992).

Schneider, G. *Die Apostelgeschichte*, I, II (Freiburg: Herder, 1980, 1982).

____. "Die Bitte um das Kommen des Geistes im lukanischen Vaterunser (Lk 11,2 V.l)," in W. Schrage (ed.), *Studien zum Text und zur Ethik des Neuen Testaments* (Berlin: de Gruyter, 1986), 344-76

____. "Jesu geistgewirkte Empfängnis (Lk 1, 34f)," *Theologisch-Praktische Quartalschrift* 119 (1971), 105-16.

Schnider, F. *Jesus der Prophet* (Freiburg: Universitätsverlag, 1973).

Schreck, C. J. "The Nazareth Pericope: Luke 4.16-30 in Recent Study," in Neirynck (ed.), *L'Evangile*, 399-471.

Schreiner, J. "Geistbegabung in der Gemeinde von Qumran," *BZ* 8, 161-80.

Schürmann, H. "Die geistgewirkte Lebensentstehung Jesu," in W. Ernst and K. Feiereis (eds.), *Einheit in Vielfalt* (Leipzig: St Benno, 1974), 156-69.

____. *Traditionsgeschichtliche Untersuchungen zu den synoptischen Evangelien* (Düsseldorf: Patmos, 1968).

____. "Zur Traditionsgeschichte der Nazareth-Perikope Lk 4.16-30," in Descamps and de Halleux (eds.), *Mélanges bibliques*, 187-205.

Schütz, F. *Der leidende Christus: Die angefochtene Gemeinde und das Christus kerygma der lukanischen Schriften* (Stuttgart: Kohlammer, 1969).

Schwagen, R. "Wassertaufe, ein Gebet um die Geisttaufe?," *ZKT* 100 (1978), 36-61.

Schweizer, E. "Die Bekehrung des Apollos, Apg 18, 24-26," *Beiträge zur Theologie des Neuen Testaments: Neutestamentliche Aufsätze (1955-1970)* (Zürich: Zwingli Verlag, 1970), 71-79.

____. *The Good News according to Luke* (London: SPCK, 1984).

____. *The Holy Spirit* (London: SCM Press, 1981).

____. "πνεῦμα, κτλ" *TDNT*, VI, 389-455.

____. "The Spirit of Power: The Uniformity and Diversity of the Concept of the Holy Spirit in the New Testament," *Int* 6 (1952), 259-78.

Seccombe, D. "Luke and Isaiah," *NTS* 27 (1981), 252-59.

____. *Possessions and the Poor in Luke-Acts* (Linz: SNTU, 1982).

Seifrid, M. A. "Jesus and the Law in Acts," *JSNT* 30 (1987), 39-57.

Sekki, A. E. *The Meaning of Ruah at Qumran* (Atlanta: Scholars Press, 1989).

Shelton, J. B. "Filled with the Holy Spirit and Full of the Holy Spirit: Lucan Redactional Phrases," in P. Elbert (ed.), *Faces of Renewal* (Peabody, MA: Hendrickson, 1988), 81-107.

____. *Mighty in Word and Deed: The Role of the Holy Spirit in Luke-Acts* (Peabody, MA: Hendrickson, 1991).

____. "A Reply to James D. G. Dunn's Baptism in the Spirit: A Response to Pentecostal Scholarship on Luke-Acts," *JPT* 4 (1994), 139-43.

Shepherd, W. *The Narrative Function of the Holy Spirit as Character in Luke-Acts* (Atlanta: Scholars Press, 1994).

Sieber, J. H. "The Spirit as the 'Promise of my Father', in Luke 24.49," in Durken (ed.), *Sin*, 271-78.

Sloan, R. B. *The Favorable Year of the Lord: A Study of Jubilary Theology in the Gospel of Luke* (Austin: Schola, 1977).

____. "'Signs and Wonders': A Rhetorical Clue to the Pentecost Discourse," *EvQ* 63 (1991), 225-40.

Smail, T. *The Giving Gift: The Holy Spirit in Person* (London: Hodder, 1988).

____. *Reflected Glory: The Spirit in Christ and Christians* (London: Hodder, 1975).

Smalley, S. S. "Spirit, Kingdom and Prayer in Luke-Acts," *NovT* 15 (1973), 59-71.

Smith, M. D. "Glossolalia and Other Spiritual Gifts in a New Testament Perspective," *Int* 28 (1974), 307-20.

Spencer, S. *The Portrait of Philip in Acts* (Sheffield: JSOT Press, 1992).

Squires, J. T. *The Plan of God in Luke-Acts* (Cambridge: Cambridge University Press, 1993).

Stählin, G. "τὸ πνεῦμα Ἰησοῦ (Apg. 16.7)," in Lindars and Smalley (eds.), *Christ*, 229-52.

____. *Die Apostelgeschichte* (Göttingen: Vandenhoeck & Ruprecht, 1970).

Stalder, K. "Der Heilige Geist in der lukanischen Ekklesiologie," *Una Sancta* 30 (1975), 287-93.

Staley, J. L. "With the Power of the Spirit: Plotting the Program and Parallels of Luke 4.14-37," in E. H. Lovering (ed.), *Society of Biblical Literature 1993 Seminar Papers* (Atlanta: Scholars Press, 1993), 281-302.

Stanton, G. N. *Jesus of Nazareth in New Testament Preaching* (Cambridge: Cambridge University Press, 1974).

____. "On the Christology of Q," in Lindars and Smalley (eds.), *Christ*, 27-42.

Stolle, V. *Der Zeuge als Angeklagter. Untersuchungen zum Paulusbild des Lukas* (Stuttgart: Kohlhammer, 1973).

Stonehouse, N. B. "Repentance, Baptism and the Gift of the Holy Spirit," *WTJ* 13 (1950), 1-18.

Stott, J. R. W. *The Baptism and Fullness of the Holy Spirit* (Leicester: Inter-Varsity Press, 2nd edn, 1975).

Strauss, M. L. *The Davidic Messiah in Luke-Acts: The Promise and its Fulfillment in Lukan Christology* (Sheffield: JSOT Press, 1995).

Stravinskas, P. M. J. "The Role of the Spirit in Acts 1 and 2," *BibTod* 18 (1980), 263-69.

Strobel, A. "Die Ausrufung des Jobeljahres in der Nazareth-predigt Jesu; zur apokalyptischen Tradition Lc 4 16-30," in W. Eltester (ed.), *Jesus in Nazareth* (Berlin: de Gruyter, 1972), 38-50.

Stronstad, R. *The Charismatic Theology of Saint Luke* (Peabody, MA: Hendrickson, 1984).

Stuhlmacher, P. *Reconciliation, Law and Righteousness: Essays in Biblical Theology* (Philadelphia: Fortress Press, 1986).

Suurmond, J. J. "The Ethical Influence of the Spirit of God: An Exegetical and Theological Study with Special Reference to 1 Corinthians, Romans 7.14-8.30, and the Johannine Literature" (PhD dissertation, Fuller Theological Seminary, 1983).

Synan, V. "The Role of Tongues as Initial Evidence," in Wilson (ed.), *Spirit*, 67-82.

Tachau, P. "Die Pfingstgeschichte nach Lukas: Exegetische Überlegungen zu Apg 2.1-13", *Der evangelische Erzieher* 29 (1977), 86-102.

Taeger, J. W. *Der Mensch und sein Heil: Studien zum Bild des Menschen und zur Sicht der Bekehrung bei Lukas* (Gütersloh: Mohn, 1982).

Talbert, C. H. *Literary Patterns, Theological Themes and the Genre of Luke-Acts* (Missoula: Scholars Press, 1974).

Tannehill, R. C. "Israel in Luke-Acts: A Tragic Story," *JBL* 104 (1985), 69-85.

____. "The Mission of Jesus according to Luke IV. 16-30," in W. Eltester (ed.), *Jesus in Nazareth* (Berlin: de Gruyter, 1972), 51-75.

____. *The Narrative Unity of Luke-Acts: A Literary Interpretation*. I. *The Gospel according to Luke* (Philadelphia: Fortress Press, 1986).

____. *The Narrative Unity of Luke-Acts: A Literary Interpretation*. II. *The Acts of the Apostles* (Philadelphia: Fortress Press, 1990).

Tatum, B. "The Epoch of Israel: Luke i-ii and the Theological Plan of Luke-Acts," *NTS* 13 (1966-67), 184-95.

Taylor, V. "The Order of Q," *JTS* 4 (1953), 27-31

Teeple, H. M. *The Mosaic Eschatological Prophet* (Philadelphia: SBL, 1957).

Thiering, B. E. "Inner and Outer Cleansing at Qumran as a Background to New

Testament Baptism," *NTS* 26 (1980), 266-77.

Thornton, L. S. *Confirmation: Its Place in the Baptismal Mystery* (Westminster: Dacre, 1954).

Tiede, D. L. "The Exaltation of Jesus and the Restoration of Israel in Acts 1," *HTR* 79 (1986), 278-86.

____. "'Glory to thy People Israel': Luke-Acts and the Jews," in Tyson (ed.), *Luke-Acts*, 21-34.

____. *Prophecy and History in Luke-Acts* (Philadelphia: Fortress Press, 1980).

Treves, M. "The Two Spirits of the Rule of Qumran," *RQ* 3 (1961), 449-52.

Trites, A. A. *The New Testament Concept of Witness* (Cambridge: Cambridge University Press, 1977).

Tuckett, C. M. "Luke 4.16-30, Isaiah and Q," in J. Delobel (ed.), *Logia: Les paroles de Jésus — The Sayings of Jesus* (Leuven: Leuven University Press, 1982), 343-54.

Turner, M. M. B. "Empowerment for Mission? The Pneumatology of Luke-Acts: An Appreciation and Critique of James B. Shelton's Mighty in Word and Deed," *VoxEv* 24 (1994), 103-22.

____. "Holy Spirit," in J. B. Green and S. McKnight (eds.), *Dictionary of Jesus and the Gospels* (Leicester: Inter-Varsity Press, 1992), 341-51.

____. "Jesus and the Spirit in Lucan Perspective," *TynB* 32 (1981), 3-42.

____. "Luke and the Spirit: Studies in the Significance of Receiving the Spirit in Luke-Acts" (PhD dissertation, Cambridge, 1980).

____. "Prayer in the Gospels and Acts," in D. A. Carson (ed.), *Teach Us To Pray: Prayer in the Bible and the World* (Exeter: Paternoster, 1990), 58-83, 319-25.

____. "The Sabbath, the Law, and Sunday in Luke-Acts," in D. A. Carson (ed.), *From Sabbath to Lord's Day* (Grand Rapids: Zondervan, 1982), 100-57.

____. "The Significance of Receiving the Spirit in John's Gospel," *VoxEv* 10 (1977), 24-42.

____. "The Significance of Receiving the Spirit in Luke-Acts: A Survey of Modern Scholarship," *TrinJ* 2 (1981), 131-58.

____. "The Significance of Spirit-Endowment for Paul," *VoxEv* 9 (1975), 56-69.

____. "The Spirit and the Power of Jesus' Miracles in the Lucan Conception," *NovT* 33 (1991), 124-52.

____. "Spirit Endowment in Luke-Acts: Some Linguistic Considerations," *VoxEv* 12 (1981), 45-63.

____. "The Spirit of Christ and Christology," in H. H. Rowdon (ed.), *Christ the Lord* (Leicester: Inter-Varsity Press, 1982), 168-90.

____. "The Spirit of Christ and 'Divine', Christology," in Green and Turner (eds.), *Jesus*, 413-36.

____. "The Spirit of Prophecy and the Ethical/Religious Life of the Christian Community," in Wilson (ed.), *Spirit*, 166-90.

____. The Spirit of Prophecy and the Power of Authoritative Preaching in Luke-Acts: A Question of Origins," *NTS* 38 (1992), 66-88.

____. "Spiritual Gifts: Then and Now," *VoxEv* 15 (1985), 7-64.

Turner, M. M. B. and G. M. Burge. "The Anointed Community: A Review and Response," *EvQ* 62 (1990), 253-64.

Tyson, J. B. "The Problem of Jewish Rejection in Acts," in Tyson (ed.), *Luke-Acts*, 124-37.

Tyson, J. B (ed.), *Luke-Acts and the Jewish People* (Minneapolis: Augsburg, 1988).

Unnik, W. C. van. "Jesus the Christ," *NTS* 8 (1961-62), 101-16.

Verbeke, G. *L'Evolution de la doctrine du pneuma du stoicisme à S. Augustin* (Paris: Brower, 1945).

Vermes, G. *Jesus the Jew* (London: Collins, 1973).

____. *The Dead Sea Scrolls in English* (Sheffield: JSOT Press, 3rd edn, 1987).

Vigne, D. *Christ au Jourdain: Le baptême de Jésus dans la tradition judéo-chrétienne* (Paris: Gabalda, 1992).

Völkel, M. "Zur Deutung des Reich Gottes bei Lukas," *ZNW* 65 (1974), 57-70.

Volz, P. *Der Geist Gottes und die verwandten Erscheinungen im Alten Testament und im anschliessenden Judentum* (Tübingen: Mohr, 1910).

Vos, J. *Traditionsgeschichtliche Untersuchungen zur paulinischen Pneumatologie* (Assen: Van Gorcum, 1973).

Voss, G. *Die Christologie der lukanischen Schriften in Grundzügen* (Paris: Brouwer, 1965).

Weatherly, J. A. "The Jews in Luke-Acts," *TynBul* 40 (1989), 107-17.

Webb, R. L. "The Activity of John the Baptist's Expected Figure at the Threshing Floor (Matthew 3.12 = Luke 3.17)," *JSNT* 43 (1991), 103-11.

_____. "John the Baptist and his Relationship to Jesus," in Chilton and Evans (eds.), *Jesus*, 179-229

_____. *John the Baptizer and Prophet* (Sheffield: JSOT Press, 1991).

Wedderburn, A. J. M. "Traditions and Redaction in Acts 2.1-13," *JSNT* 55 (1994), 27-54.

Weiser, A. "Tradition und lukanische Komposition in Apg 10.36-43," in Aletti et al., *Cause*, 757-68.

Wendt, H. H. *Die Begriffe Fleish und Geist im biblischen Sprachgebrauch* (Gotha, 1878).

Wemberg-Møller, P. "A Reconsideration of the Two Spirits in the Rule of the Community (I Q Serek III, 13-IV,26)," *ResQ* 3 (1961), 413-41.

Wilckens, U. "Interpreting Luke-Acts in a Period of Existentialist Theology," in Keck and Martyn (eds.), *Studies*, 60-83.

_____. *Die Missionsreden der Apostelgeschichte: Form- und Traditionsgeschichtliche Untersuchungen* (Neukirchen-Vluyn: Neukirchener Verlag, 1963).

Wilkens, W. "Wassertaufe und Geistempfang bei Lukas," *TZ* 23 (1967), 26-47.

Wilkinson, T. L. "Two-Stage Christianity: Baptism with the Holy Spirit," *Vox Reformata* 21 (1973), 1-21.

Williams, G. O. "The Baptism in Luke's Gospel," *JTS* 45 (1944), 31-38.

Wilson, M. W. (ed.), *Spirit and Renewal: Essays in Honor of J. Rodman Williams* (Sheffield: JSOT Press, 1994).

Wilson, S. G. "The Ascension: A Critique and an Interpretation," *ZNW* 59 (1968), 269-81.

_____. *The Gentiles and the Gentile Mission in Luke-Acts* (Cambridge: Cambridge University Press, 1973).

_____. *Luke and the Law* (Cambridge: Cambridge University Press, 1975).

Windisch, H. "Jesus und der Geist nach synoptischer Überlieferung," in S. J. Case (ed.), *Studies in Early Christianity* (New York: Century, 1928), 209-36.

Wink, W. *John the Baptist in the Gospel Tradition* (Cambridge: Cambridge University

Press, 1968).

Winn, A. C. "Pneuma and Kerygma: A New Approach to the New Testament Doctrine of the Holy Spirit" (PhD dissertation, Union Theological Seminary, 1956).

Winter, B. W. and A. D. Clarke (eds.), *The Book of Acts in its Ancient Literary Setting: The Book of Acts in its First-Century Setting* (Carlisle: Paternoster, 1993).

Witherup, R. D. "Cornelius Over and Over Again: Functional Redundancy in the Acts of the Apostles," *JSNT* 49 (1993), 45-66.

Wolter, M. "Apollos und die ephesinischen Johannesjünger (Act 18.24-19.7)," *ZNW* 78 (1987), 49-73.

Woude, A. van der. "Melchizedek als himmlische Erlösergestalt in den neugefundenen eschatologischen Midraschim aus Qumran Höhle XI," *OTS* 14 (1965), 354-73.

Wright, N. T. *The Climax of the Covenant: Christ and the Law in Pauline Theology* (Edinburgh: T. & T. Clark, 1991).

_____. *The New Testament and the People of God: Christian Origins and the Question of God: Part I* (London: SPCK, 1992).

Yates, J. E. "Luke's Pneumatology and Luke 11.20," in F. L. Cross (ed.), *Studia Evangelica*, II (Berlin: Akademie Verlag, 1964), 295-99.

_____. *The Spirit and the Kingdom* (London: SPCK, 1963).

York, J. O. *The Last Shall Be First: The Rhetoric of Reversal in Luke* (Sheffield: JSOT Press, 1991).

Zehnle, R. H. *Peter's Pentecost Discourse* (New York: Abingdon Press, 1971).

_____. "The Salvific Character of Jesus' Death in Lukan Soteriology," *TS* 30 (1969), 420-44.

Ziesler, J. A. "The Name of Jesus in the Acts of the Apostles," *JSNT* 4 (1979), 28-41.

성구 색인

구약성서 ───────────

창세기

1:1 229
1:2 150, 152, 159
2:7 179
6:3 177, 593
8:1 152
8:6-10 279
10 491
16 222
17 88, 222
17:7-10 68
22:18 450
27 212
35 212
41:38 123-124, 130, 132, 136, 138, 152, 160

출애굽기

1-2 300
4:22-23 279, 298
8:15 374
14:19-20 229
15 395
17:4 300
18:2 324
19:3 416

19:16-19 410, 415
19:16 411
23:11 324
23:20 360
24:1 356
24:9 356
28:3 214, 239
31:3 123, 132, 134-135, 160, 214, 239
32:28 415
32:30-34 300
32:32-33 482
34:29-35 344
35:30-31 134
35:31 123-124, 132, 135, 160, 214, 239
40:34-38 229
40:35 229

레위기

16:26 324
17-18 517
19:1-2 477
23:15-16 408
23:29 343, 450
25 329-330
25:9-13 330
25:10 354

민수기

11-14 300
11 492, 520, 649
11:10-30 84
11:16-30 491
11:17-25 161
11:17 300
11:25-27 385, 610
11:25 410
11:26-30 419
11:29 85, 187, 414
11:31 152
12:3 300
22:15 122
23:7 121, 152
24:2 152

신명기

1-26 356
1:37-40 300
3:26 300
4:11-12 410
4:21-22 300
5:26 187
5:29 187
6:13-15 299
6:13 298-299
6:16 298-299
8:2-3 298
8:2 297
8:3 298-299
9:12 299
15:2 330
16:16 357
18:15-19 337

18:15 344, 348
18:19 450
32:5 415
32:39 59
32:48-51 358
34:9 135, 214, 239
34:10-11 346

사사기

3:5-7 299
3:10 152-153
5 395
6:34 152-153, 158
7:15 158
11:29 152-153
13 222
13:25 152-153
14:6 152-153, 159
14:19 152, 159
15:14 152
15:14-15 159

룻기

3:9 229

사무엘상

1 228
10 649
10:6 63, 141, 154
11:6 63, 152-154
16:13-14 153-154, 292
16:13 349
16:14 63
19:20-23 140-141

19:20 140, 160
19:23 140

사무엘하

3-5 292
7 223
7:12-16 223
7:13-14 456
7:13 456
7:14 299
7:16 456
7:26 456
22:8-16 414
22:8-15 410
23:2 57, 139

열왕기상

7:14 239
8:27-30 122
17-19 346
17-18 318
17 342
17:1 335
17:9-10 345
17:23 345
18 511
18:12 152, 155, 511, 614
21:19 138
21:20-24 138
21:27 138
22:21 57
22:24 162

열왕기하

1-2 346
1:3 614
2 419
2:15 155, 219
2:16 152, 155, 295, 614
4:42-44 347
5 318

역대상

12:18 139
16:22 349
17:12 456
17:14 456
17:24 456
22:10 456

역대하

15:10-12 408
18:23 162

느헤미야

9:20 57
9:30 57

욥기

10:15 239
14:1 239
32:18 239
33:4 152
36:17 239

시편

2 223, 288

2:7 223, 276, 279, 288, 299, 425,
      622

9:2 385

12:5 385

15 400

15:11 400

16 399-400

16:11 400

18:7-16

19:5 385

32:6 153

50:14 177

51 87

51:10-11 185

51:12 177

51:13 30

57:11 188

57:12 188

67:19 417

68 89, 418

68:18 417-419

73:15 288

82:1-2 330

88 418

89:19-27 223

89:19-20 300

89:26-27 223

89:27 299

103:30 152

105:15 349

106:20 381

106:23 300

110 391, 401

110:1 132, 397, 400, 404, 417, 430

118:26 454

143:10 30, 57

144:7 385

146 166

146:6 166

잠언

8 59

9:1 59

15:4 214, 239

이사야

2:1-4 588

2:1 415

2:2-4 446

4:2-6 267

4:4 191, 266-267

6:1 247

6:9-10 454

7 222, 225

7:14 222, 225

9 300, 352

9:2-7 208, 266

9:2 300

11 300, 352

11:1-9 208, 587

11:3-4 191

11:3 214, 239

11:4 152, 191, 253-254, 291, 300

11:1-5 165

11:1-4 127, 129, 163, 168-169,
        177, 190-191, 196-198, 228,
        230, 254, 259, 266, 268, 279,

364, 385, 593, 606-607, 623, 628

11:1-2　30, 165, 191

11:2-4　290, 300

11:2　165, 231, 307

11:11-16　301

16:5　456

26:19　166, 334

28:6　30

29:17-21　360, 366

29:18-19　334

32:15-20　229, 234, 501, 587, 611

32:15　30, 67, 97, 99, 216, 226, 229, 232, 437-438, 440, 501, 505, 518, 600, 622, 630, 634

34:16　67

35:1-10　360, 366

35:5-6　334

35:5　344

40-55　352, 358-359

40　361

40:1　209, 248, 359

40:3-5　249, 358, 361

40:3　248, 360

40:4-5　248

40:9-10　359

40:10-11　358

40:11　359

41:17-20　359

42　338, 340, 348

42:1-9　300, 588

42:1-7　291, 300-301, 622

42:1-2　105, 279, 286, 622

42:1　108, 131, 278, 286-288, 290, 300, 344

42:2-3　300

42:4　300

42:6-7　340

42:6　300, 473, 608

42:7　291, 301, 330, 444

42:13　358

43:1-3　359

43:10-12　437-438, 505

43:19-21　359

43:19　358-359

44:1-5　87

44:3-5　97

44:3　177, 232, 359

44:5　359

44:26　359

45:13　359

48:17　359

49　338, 348, 611, 659

49:1-13　300

49:1-7　449

49:1-6　507, 588

49:1　300

49:3　301

49:5　300

49:6-9　608

49:6-7　421, 435, 438

49:7　217, 300

49:9-10　359

49:9　358

49:10-11　359

49:13　209

49:24-25　302, 360, 372, 622

50:4-11　300

50:4　300

50:5-6　300

51:3 209, 402
51:9-16 358
51:20 239
52:1-10 359
52:7-10 208-209
52:7 249, 330-332, 381
52:11-12 359
52:12-53:13 340
52:13-53:12 300
53:3-4 300
53:4-12 300
53:12 300
54:10 208
54:11-12 359
54:13 189, 359
55:3-5 300
55:12-13 359
56:6-7 446
57:18 209
58:6 312, 315, 320-326, 329, 335-
    337, 378-380
58:7 323
60:3 446
60:6 249
60:14 446
61 84, 109, 167, 280-281, 312,
    319, 321, 330, 332-334, 338,
    340, 347-348, 352, 379, 622
61:1-7 360
61:1-3 166, 280, 313, 342
61:1-2 71, 87, 105, 115, 165-167,
    217, 280-281, 311-312, 315,
    320, 322, 324-326, 329-334,
    336, 354, 366-367, 378, 380-
    381

61:1 249, 288, 315, 320-321, 324-
    327, 336, 338, 340, 344, 349,
    378-379
61:2 321, 326, 328
61:6 323, 333
61:7-8 166
63:10-11 176, 487
63:10 57, 373, 590 -591
63:11 57
63:14 57, 176
64 372
66:15-16 410, 414
66:23 446

예레미야

1:1 247
1:5 217
3:17 446
13:13 239
15:17 239, 448, 455
20:9 435
23:5-8 301, 352
31 500
31:33-34 176
31:33 68

에스겔

1 59
1:1-2 247
2:2 57-58, 152, 155, 295
3:12 152, 155
3:14 156, 295, 614
3:24 57-58
8:3 295, 614

11:1 152, 295
11:5 152, 155
11:19-20 97
11:19 67, 232
11:24 152, 155, 295
18:31 232
23:33 239
34:16 471
34:23-31 208
34:23-24 471
36-37 173, 587, 634
36 70, 88, 98, 634, 652
36:25-27 187-188
36:25-26 92, 184
36:26-27 30, 67, 97, 187, 189, 435
36:26 187-188, 232
36:27 37, 177, 187
37 98
37:1 131, 152, 155, 614
37:1-14 97
37:4-14 67
37:5 232
37:6 232, 652
37:14 232, 652
37:26-27 652
41:35 295
43:5 152, 155
47 98
47:3 324

다니엘

3:19 239
3:40 194
7:14 435, 483
7:17-18 483

7:18 435
7:27 435, 483
9:25 331
12:1 482
12:7 325

호세아

2:14-15 301, 352
3:5 301, 352

요엘

2:28-32 67, 405, 644
2:28-29 394, 414
2:28 188, 403, 509
2:30-32 396
2:32 391, 401, 508, 560
3 92, 97-98, 109, 396, 414, 500
3:1-5 92, 391, 587
3:1-2 394, 414
3:1 92, 188, 403, 509, 553
3:3-5 396
3:5 393, 396, 401, 509, 560, 624
3:8 509

아모스

9:7 301, 352
9:11-12 301, 455, 609
9:11 456-457, 609
9:20 457

미가

3:5-7 145
3:8 145

4:1-3 446
6:12 239

스바냐
3:8-10 446

스가랴
1:6 121, 152
7:12 57
12:10 97, 176

말라기
3:1 208, 219
3:2-3 267
3:22-23 218
3:23-24 218
3:23 219, 435
3:24 341-342
4:5-6 208, 218-219
4:5 341-342

에스드라1서
4,62 325

토빗서
13:11-12 466
14:6-7 446

유딧서
11:14 324
16:14 153

지혜서
1:4-5 172
1:5-7 181
1:5 180
2:18 288
7:7 57, 137, 180-181
7:22-8:1 180
7:22-23 181
7:22 57, 137
9:17-18 137, 180-181
9:17 57, 180
10 59
10:15-16 346
12:1 181
12:10 30
15:11 181

집회서
1:30 239
4:10 288
4:12 239
17:7 239
19:26 239
23:11 239
24 59
24:8-12 232
24:26 239
39:6 137, 173, 180, 239, 385, 593,
   597
48:1-12 219
48:10 218
48:12 180, 214, 218-219, 239, 419
48:24 133, 180
49:7 217

마카베오1서

4:46 337
10:34 325
13:34 325
14:41 337

마카베오2서

9:7 239

수산나

63 137

신약성서 ─────────────

마태복음

1:18 226
1:20 215, 226
3:1-12 279
3:7 252
3:11 376
3:13 277-279
3:14 277
3:15 277
3:16-17 279
3:16 277-278
3:17 278
4:1-11 279-280
4:1 293-295, 297
4:3 299

4:4 299
4:8-9 299
5:3-10 280
5:3 333
5:6 334
7:11 494
7:12 493
9:18 541
10:34 434
11:2-19 280
11:2-6 378
11:2-4 334
11:3 280
11:4-5 280
11:4 167
11:14 219
12:15-21 365
12:18 287
12:22-32 372
12:22-28 365
12:28 88, 365, 373-375, 378
12:31-32
12:32 282
13:52 295
17:2 344
17:3 219
19:13 541
19:15 541

마가복음

1:2 219
1:3-4 247
1:4-6 219
1:8 215
1:9 277

1:10 277

1:11 278

1:12 81, 100, 293, 295, 297, 367

1:13 293

1:14-15 306

3:20-30 365

3:22-30 360, 367

3:28-30 81

3:28 282, 324

3:29 324

4:1 81

4:14 81

5:23 541

6:1-6 312-313

6:3 317

6:5 541

6:7 31

6:17-29 283

7:32 541

8:23 541

8:25 541

8:34-38 374

9:4 219

9:7 232, 286, 344

9:11-13 219, 342

9:38-50 492

10:16 541

12:36 367, 375

13:11 100, 282, 375

누가복음

1-4 352, 362, 364, 386

1-3 587

1-2 203-207, 209-211, 220, 222,
   234-237, 247, 269-270, 272,

275, 287-289, 291-292, 308,
313, 351-352, 362, 396, 421,
425, 433-434, 439, 445-446,
448, 454, 473-474, 566, 583,
588, 608, 611, 621, 623, 632-
633

1:1-13 494

1:4-3:15 256

1:5-2:52 203

1:5-2:40 203

1:5-25 205

1:6 205, 207, 212-213, 375, 429,
   435-436

1:7 205, 436-438

1:8 88, 216, 282, 433, 603, 606

1:11 207, 431

1:13-17 207

1:14 282, 494, 529, 552, 598

1:15-17 208, 247

1:15 205, 211, 217, 223, 228, 232,
   238, 242, 271, 289, 549, 589,
   606

1:16-17 421

1:17 82, 215, 217-220, 250, 342,
   370, 383, 492, 588

1:19 207

1:24-25 205

1:26-38 221-222

1:26 314

1:27 205, 208, 222

1:28-37 207

1:28 205

1:31 222, 375

1:32-35 35, 65, 96, 205, 208, 225,
   233, 288, 351, 421-422, 588,

621
1:32-33 105, 222-224, 287, 390, 430, 458, 608, 631
1:32 205, 224-225, 276, 456
1:33 223
1:34-35 221, 226
1:34 205, 224, 226
1:35 205, 207, 212, 219, 221, 224, 226-229, 232-237, 247, 276, 288-289, 295, 306, 309, 362, 370, 463, 588, 622, 623, 630, 636
1:41-42 597
1:41 207, 212-213, 218, 220, 241-242, 519
1:42-45 207, 588
1:43 218
1:46-55 207, 226, 588
1:50-55 351
1:51-53 208, 448, 473
1:54-55 208
1:54 362
1:55 451
1:57-66 205
1:66 375
1:67 207, 213, 519
1:68-79 588, 597
1:68-76 608
1:68-75 351
1:68-69 347-348, 350
1:69-71 448
1:69 208
1:70 208
1:71-76 600, 632
1:71 381, 473, 611

1:72-75 515
1:72-73 208
1:73-75 451
1:73 448, 515
1:74-75 208, 475
1:74 208, 473, 611
1:75 473
1:76-79 247, 362, 588
1:76-77 208
1:76 205, 223, 342
1:77-79 473
1:77-78 250
1:77 208, 324
1:78 382
1:79 208, 351, 473
1:80 44, 221, 217, 230, 606
2 421
2:4 208, 314
2:6 282
2:10-14 207
2:11-14 351
2:11 205, 208, 276, 394-395, 422
2:14 208, 227
2:19-32 400
2:20 515, 529, 602
2:23 227-228, 444
2:25 208, 212, 214-215, 362, 383, 592
2:26-32 208
2:26-27 296
2:26 212, 215-216, 295-296, 588, 606
2:27 212, 215-216, 296, 384
2:29-32 208, 215, 351, 473, 588, 597, 608

2:31-32 438
2:32 340, 437, 448, 457
2:33-36 389, 397
2:33 88
2,34-35 215
2,34 208, 400, 415, 448
2,38 616
2:39 79, 314, 393
2:40-52 235, 622-623
2:40 231, 238, 418
2:41-52 235, 622
2:41-51 230
2:42-52 288
2:47 289
2:48 231
2:49-50 65, 289, 357
2:49 230-231, 288
2:50 231
2:51 314
2:52 230-231
3-24 234
3-4 205
3 247
3:1-4:44 306, 319
3:1-19 247
3:1-9 279
3:1-6 247
3:1-2 247
3:2-6 362
3:2 589, 606
3:3 248, 266, 324
3:4-6 361
3:4 269
3:6 248, 473
3:7-9 250, 588

3:7 248
3:8-9 249
3:8 472
3:9 357
3:10-14 250, 588
3:14-17 308
3:15-18 277
3:15-17 279, 288, 292, 351
3:15 248, 252, 283, 592
3:16-18 96
3:16-17 250, 255, 260, 269-271,
    288-289, 562, 575
3:16 42, 98, 191, 248, 250-254,
    260, 262, 264, 267, 270, 302,
    383, 390, 429, 433-434, 446,
    458, 502, 610, 616-617, 634
3:17 249, 251-252, 254, 258, 263,
    268
3:18 220, 248-249
3:21-22 87, 232, 275, 281, 285,
    288-292, 312, 351, 494, 499,
    622, 648
3:21 42, 63, 248, 276-277, 282-
    283, 287
3:22 29, 65, 81, 216, 276-277,
    285-288, 292, 340, 344, 362
3:38 226, 287, 298
4:1-14 275, 351
4:1-13 277, 279, 292, 293, 299,
    306-307, 362
4:1 100, 238, 240, 293-294, 384,
    549, 636
4:2-12 301
4:4 117, 181, 288, 299, 593
4:5-7 299

4:9-12 299
4:13 301
4:14-16 319
4:14-15 306-307
4:14 82, 215, 219, 292, 297, 303, 305, 308, 311, 370-371, 381-382, 492, 549, 622
4:16-30 107, 280, 307-308, 311-312, 318-319, 353, 362, 368, 378, 380-381, 386, 389, 622
4:16-28 312, 386, 499
4:16 314, 639
4:17-21 319
4:17-20 319
4:17 320
4:18-30 446
4:18-28 386
4:18-27 335, 339
4:18-25 623
4:18-21 70-71, 84, 105, 145, 311, 332-333, 342, 349-350, 354, 362, 364, 369, 378-329, 386-387, 425, 466, 474, 499, 622
4:18-20 639
4:18-19 115, 307, 315, 320, 328, 333, 340, 349, 364-365, 378-380
4:18 42, 81, 216, 320, 322, 324, 379-383, 443
4:19 320, 322
4:20 316
4:21 276, 316, 320, 466
4:22 316-317, 319, 431, 592
4:23-30 364, 611
4:23-27 143, 365, 378

4:23 307, 313, 317-319, 336, 466, 579
4:24 316-319, 337, 341, 357, 362
4:25-27 316, 318, 337, 363, 419
4:25-26 318
4:25 335
4:26-27 336
4:26 347
4:28-30 337, 363
4:28 238
4:29 316
4:31-44 319
4.31-37 307
4:32 487-488, 590, 600-601, 611
4:34 351
4:35-36 371
4:36-37 307
4:36 307, 377, 592
4:39 371, 475
4:40 541
4:41 288
4:43 321, 466
5-17 351
5:1-11 470, 590
5:8 470
5:11-12 282
5:11 181
5:12-16 579, 584, 598
5:12 238, 240, 529, 600, 639
5:14 453, 475
5:17 321, 369-370
5:20-24 469
5:25 371
5:26 238
5:30-32 469, 604

5:31 472

6:9 466, 471, 474-475

6:10 371

6:11 238

6:12 285

6:18-19 370

6:19 369

6:20-26 280

6:20 333

6:21 333-334

6:23 496

6:24 476, 592

6:26 496

6:35-36 477

6:36 477

7:1-35 469

7:7-8 371

7:10 469

7:11-35 344

7:11-17 342, 344, 347

7:11 345

7:14 371

7:15 345, 475

7:16 341, 347-348, 350

7:18-50 357

7:18-35 280

7:18-23 256, 319

7:18-22 313, 334, 347, 378

7:18-21 271

7:19-22 381

7:19 381

7:21-22 280, 328, 379, 466, 474,
      623

7:21 307, 319, 378

7:22-23 181

7:22 167, 334, 344, 378

7:25-27 220

7:26-28 271

7:26-27 250

7:26 220, 341

7:27 208, 219-220, 342

7:28 341

7:29-35 469

7:34 470

7:36-50 469, 476

7:37-38 470

7:39 341

7:48-50 480

7:48 469

7:50 466, 471, 474, 478

8:1-3 181, 469, 593

8:1 469

8:2-3 467, 480

8:4-15 466

8:12 431, 466, 481

8:13 470, 481, 528, 533, 544

8:15 374

8:25 480

8:36 471, 531

8:39 475

8:46 369

8:48 369, 469, 471

8:50 471

9 356-358

9:1-10:22 490

9:1-6 467, 482, 491, 495

9:6 492

9:8 471-472

9:12-17 353

9:12 426

9:15 549, 616, 658

9:18 282, 285

9:19 347

9:20 347, 351, 431

9:27 427, 483

9:28-36 285, 356

9:28-29 285

9:29 282

9:31 355

9:32 483

9:34 229

9:35 276, 285-286, 529

9:37 282

9:42-43 345

9:42 475

9:51-19:4 357

9:51-58 357

9:51-56 531

9:51-52 344

9:51 407-408, 432, 458

9:52-10:24 492

9:54 492

9:60 480

10:1-18:14 356

10:1-12 32, 344, 467, 482

10:1-11 406, 513

10:1 356

10:3 357

10:9 82, 341, 424, 467

10:10-11 357

10:11 341, 424, 467

10:13 357

10:16 357

10:17-20 32

10:17-19 425

10:17-18 302

10:17 377, 492

10:19-20 43, 377

10:19 491, 493-495, 509-510

10:20 482

10:21-24 521

10:21-22 214

10:21 313, 384, 481, 597, 606, 623

10:22-24 385

10:22 231

10:23-24 341, 424

10:25-37 476, 531

10:25 357

10:35 295

11:1-13 494

11:1 282

11:2-13 95

11:2 482-483

11:9-13 491-492

11:12-13 494

11:12 295, 494, 552

11:13 42, 484, 494-495, 497

11:14-54 357

11:14-26 357

11:14-23 307

11:14-22 380

11:14 282, 494

11:15 302, 510

11:16 301, 561

11:18 515

11:19 425

11:20-23 303, 474

11:20-22 622

11:20 43, 70, 82, 88, 302, 341,
        373-374, 376-377, 424-425,

466, 494, 614
11:21-22 302, 307, 425
11:21 613
11:24-26 495
11:26 467
11:29-32 357
11:31-32 357
11:47-54 357
11:50-52 357
12:8-9 374
12:10-12 43
12:10-11 36, 81
12:10 282, 373-374, 377
12:11-12 374-376
12:12 36, 55, 57, 100-101, 282,
  295, 443, 497, 593, 639
12:16-21 476
12:29-35 482
12:31-32 483
12:32 435-436, 482
12:49-50 357, 434
12:49 434
12:50 264
12:51-52 434
12:54-13:9 357
12:54-56 357
12:57-59 357
13:1-9 357
13:10-17 380
13:14-17 357
13:16 307, 474
13:17 536
13:24-30 357
13:25-34 357
13:33 341

13:35 357
14:1 282, 357
14:15-24 465
14:15-23 476
14:21-23 467
14:22 431, 592
14:24 357
15 612
15:1-32 469
15:1-2 357
16:13 60, 476
16:14-16 357
16:14 82, 476
16:16 283, 341, 424-425, 466-467,
  478
16:19-31 476
16:27-31 357
17:11-19 531
17:11 282, 615
17:19 471
17:20-37 357
17:20-21 424
17:25-30 357
17:26-30 357
18-24 352
18:8 357, 480
18:9-14 476
18:13 470
18:18-23 476
18:28 480
18:30 556
18:31-34 357
18:35-43 380
18:35 282
18:38 291, 351

18:42 371, 380, 471
19-24 353, 629
19:1-10 472
19:7 357, 470
19:8 472, 575
19:9-12 469
19:9 466, 472, 474, 478
19:10 472
19:11-27 426, 458
19:11-19 351
19:11 426
19:12-29 290
19:12 426
19:14 357
19:15 282
19:27 357
19:28-40 291, 426
19:37 536, 602
19:38 351
19:39-44 357
19:41-44 357
20:5 487
20:25 431
20:41-44 351, 401, 430
21:11 398
21:15 398
21:24 454
21:25 452
21:28 454
22:3 301
22:15-16 356
22:15 430, 639
22:16-18 427
22:19-20 515
22:20 515

22:24-27 476
22:24 481
22:25 383
22:28-30 351
22:28 301
22:29-30 290, 427, 482-483
22:29 231, 435
22:30 438
22:32 480
22:65 374
22:66-70 351
23:2-3 351
23:11 351
23:35-38 291, 351
23:35 286
23:42 290, 351, 427, 458
23:43 276
23:45 398
24 500
24:4 282, 355
24:19-24 353
24:19 343, 347-348, 350, 488
24:21 271, 347, 433
24:26 291, 351, 353
24:44-49 440, 458, 611
24:44-46 497-498
24:46-49 88, 390, 501, 549, 626,
    631
24:46 351, 353
24:47-49 463, 496, 499, 504, 507
24:47 324, 437, 457
24:49 48, 82, 99, 216, 227, 233,
    370, 393, 402, 405, 429, 430,
    437, 439, 440, 443, 497, 499-
    500, 518, 579, 586, 601, 611,

624, 630, 639
24:53 599, 602
28:23 431
28:31 431

요한복음

1:14 238
3:5-16 635
3:34-36 635
4:10 635
4:13-14 635
4:23 383
5:35 385
6:14-15 353
6:63 487, 635
10:4 295
14-17 442
14-16 60
14:6-11 60
14:26 405
15:16 405
16:7 405
20 442
20:22 489

사도행전

1-15 448
1-2 221, 446, 522
1 500
1:1-11 390, 428, 600, 611
1:1-8 428, 504-505
1:1-5 428
1:1 482
1:2-5 428

1:2-4 429, 497
1:3-8 428-429, 433, 439, 458, 463, 484
1:3-5 428
1:3 483
1:4-8 88, 440, 580, 631
1:4-5 48, 429, 484, 496
1:4 98-99, 393, 497, 510
1:5-8 272, 428, 584
1:5 215, 251-252, 255, 271, 292, 434, 438, 440, 446, 518, 589, 610
1:6-11 428
1:6-8 428, 454
1:6 448, 483
1:7-8 435, 457, 501
1:8 48, 440, 496, 510
1:9-11 399, 428
1:9 428
1:10-11 428
1:11 419
1:12-26 43, 439
1:14 42, 416, 495
1:15-26 438
1:16 295
1:21-22 488
1:22 250, 283, 428, 478
1:33 600
2-3 353
2 406, 414, 419, 439, 497
2:1-13 91, 410, 412, 420, 508, 536
2:1-11 410, 601
2:1 499
2:2-4 399
2:2-3 638

2:3-4 399

2:3 29, 412

2:4-13 597

2:4 55, 57, 214, 238, 241-242, 244, 294, 412, 415, 507, 518-519, 524, 573

2:5-11 413

2:5 89

2:6 412, 513

2:8 395, 513

2:9-11

2:11 412-413

2:14-39 389, 406, 499, 512

2:14-38 407, 440, 445

2:14-18 71

2:15 407

2:17-21 40, 115

2:17-18 99, 216, 403, 510, 553, 600

2:17 88, 216, 392-394, 399, 402-403, 405, 444, 497, 508, 509, 514

2:18 88, 393, 394

2:19-32 400, 401

2:19 36, 397-399, 413, 415

2:21 396, 405, 612, 616, 624

2:22-36 351, 416

2:22 343, 346, 393, 398-399, 413, 415, 614

2:23-24 419

2:25-36 430, 456

2:25-32 397, 399

2:28-39 92, 625

2:29 545

2:30-36 224

2:30 391, 400-401, 416, 418, 427

2:32

2:33-36 105, 292, 389, 397, 405, 430, 440, 458, 518, 589

2:33-34 415, 417-418

2:33 29, 60, 62, 63, 88-89, 105, 291, 389, 390-391, 399-400, 402-405, 416, 419-420, 430, 432, 440-443, 497, 508, 553, 610, 624

2:34-36 401, 608

2:34-35 400

2:34 415

2:35-36 233, 290-291

2:35 430

2:36 396, 401, 405, 624

2:37 521

2:38-49 55, 79, 405

2:38-39 47, 53, 76, 78, 95-97, 106, 397, 507-508, 513, 521-522, 524, 535, 536, 543, 553, 556, 577-578, 583, 600-602, 643, 644, 657

2:38 68, 73, 324, 396, 416, 521, 524-525, 528, 537, 547, 549, 558, 569, 605, 616, 624, 633

2:39 79, 88, 393, 396, 508

2:40 415, 418, 514-515

2:41-47 523

2:41-42 533

2:41 415, 522, 524, 531, 577

2:42-47 28, 103, 579, 598, 601-603, 640

2:42 600, 615

2:43 398, 601, 639

2:44-45 590
2:44 498, 600
2:46-47 602
2:46 615
2:47 289
3 348, 406-407, 454
3:4 243
3:6 616
3:7 617
3:8 472, 602
3:9 602
3:10 238
3:12 613-614
3:13-15 407
3:16 82, 616-617
3:17-26 436, 609
3:17 545
3:18-21 407
3:19-26 436, 452
3:20 449
3:21-25 632
3:21-22 454
3:21 342, 436
3:22-23 342, 407, 447
3:22 343, 356
3:23 343, 436
3:24 449
3:25-26 449, 608
3:25 450-451, 457, 472, 515
3:26 407, 450
4:4 447
4:7 613-614, 616
4:8 214, 238, 241-242, 244, 510, 519, 584-585, 603
4:9 383

4:10 405
4:12 404, 616
4:16 639
4:17-18, 616
4:18 216
4:22 639
4:23-31 641
4:23-30 611
4:23 579
4:25-26 287-288, 317
4:25 509
4:26-27 349
4:28 375
4:29-31 600
4:30-33 584
4:30 82, 343, 375, 613-614, 616, 618, 639
4:31 238, 241-242, 244, 495, 510, 519, 523, 579, 584-586, 590, 601, 638
4:32-37
4:32-35 579, 598, 601
4:32 590, 600-601, 603, 611
4:33 578, 596, 601, 613-614
4:34-37 590
4:36 592
5:1-11 186, 470, 590
5:1-10 627, 646
5:3-4 57-58
5:3 55, 295, 500, 510-511, 586, 590
5:4 590-591
5:9 443, 500, 510, 586, 590
5:11-16 103
5:12-16 579, 584, 598

5:12 529, 600, 639

5:13 600

5:14 498

5:19 611, 613

5:28 616

5:31-32 556

5:31 324, 400, 444-445, 457, 515, 595

5:32 55, 57, 405, 444, 510, 556-557, 584-585, 639

5:41 616

5:42 431, 529

6:2 578

6:3 217, 238, 240, 242, 244, 265, 383, 500, 510, 530, 585-586, 593-597, 614, 627-628, 645

6:5-8 639

6:5 40, 217, 238, 240, 242, 383, 500, 510-511, 530, 593-597, 614, 627-628, 642, 645

6:6 541, 583, 599

6:7 575, 579

6:8 238, 369, 383, 398, 578, 595-596, 613-614

6:10 40, 145, 376, 443, 509-510, 578, 584, 593, 595-596, 615, 638-639

7 343, 348, 439

7:2 545

7:4 403

7:5-8 451

7:7 393

7:8 515

7:22 344

7:25 343

7:35 348

7:36-37 349

7:36 346, 398, 415

7:37 342, 356

7:39 348

7:49 393, 403

7:50 375

7:51-52 341

7:51 55, 57, 295, 374, 444, 487, 509, 516, 595

7:52 348

7:53 516

7:55-56 509, 611

7:55 107, 216-217, 238, 242, 444, 509, 585, 613-614

7:56-60 316

7:56 284

7:57 529

8 48, 52, 89, 524, 534, 537, 570, 572, 633

8:1 578-579

8:4-24 513, 524, 539, 559

8:4-13 528, 534, 543

8:4 578

8:5-40 578

8:6 529, 532, 639

8:8 535, 650

8:12-17 538, 568

8:12-13 577

8:12 70, 431, 466, 498, 524, 532, 599, 616, 654

8:13 639, 528, 533, 544

8:14-17 521, 523, 524-526, 542, 565, 578

8:14 531, 646

8:15-17 566
8:15-16 651
8:15 495, 510, 535
8:16-19 542
8:16 73, 216, 405, 507, 510, 519, 522, 524, 530, 536-538, 543, 577, 616, 657
8:17-19 537, 571, 574
8:17-18 536
8:17 510, 528, 534-537, 540-543, 548, 569, 576
8:18-24 528
8:18 62, 510, 541
8:19 510
8:20-23 532
8:26 613
8:29 55, 100, 216, 295, 377, 510, 584, 613, 639
8:35 615
8:36-39 650
8:36-38 522
8:36 531
8:39 55, 100, 295, 443, 510-511, 574, 584, 613, 638, 650
9 507, 530
9:1-19 546, 650
9:1-9 613
9:3 285
9:10-18 509
9:10-17 444
9:10 158, 568, 613
9:12 541, 547-548
9:13-17 546
9:13-16 546-547, 611
9:14-16 547

9:14 616
9:15-17 444
9:15 549, 616, 658
9:16 611, 616
9:17-20 584
9:17-19 63
9:17-18 547, 574
9:17 73, 238, 242, 510, 526, 541, 545, 547-549, 578, 603, 638
9:18 547-548, 577
9:20-22 650
9:20 431, 523, 547, 578
9:22 529
9:27-28 616
9:28 405
9:31 305, 500, 510, 542, 579, 584, 586-587, 592, 603, 608, 627, 645
9:34 82, 445, 616
9:35 529
9:42 498
10-11 550
10 516, 559, 570, 572
10:1-11:18 513, 550
10:1-8 551
10:2 558-559
10:3 509
10:4 558
10:5 559
10:7 559
10:9-17 551
10:10-20 509
10:10 509
10:11-16 516
10:11 284

10:15 560
10:17 551
10:19-20 552
10:19 55, 216, 295, 380, 491, 509-
    510, 584, 638
10:20 552
10:22 216, 558-559
10:23 552
10:24-33 551
10:28 552, 558, 560
10:31 558
10:33 558
10:34-35 558
10:34 551, 560
10:35-38 380
10:36-39 622
10:36 381, 558, 560, 624
10:37 56, 250, 283, 370, 478
10:38 55, 58, 105-106, 219, 307,
    313-314, 319, 322, 340, 349,
    371, 380-383, 425, 474, 492,
    511, 613-614, 623, 639
10:43-44 554
10:43 324, 498
10:44 62, 73, 216, 510, 519, 536,
    559, 569, 638
10:45 62, 92-93, 216, 510, 553,
    638
10:46-48 558
10:46 214, 394-395, 510, 536,
    553-554, 571, 573, 597, 640,
    648
10:47-48 552, 577
10:47 62, 93, 553
10:48 616

11 559
11:1-18 550, 562
11:1 531
11:2-10 551
11:2-3 562
11:3-17 555
11:3 550, 552
11:5 509
11:12 55, 216, 295, 510, 552, 584,
    638
11:13-14 559
11:14-18 97
11:14 98, 380, 552, 555
11:15-18 272, 638
11:15-17 405
11:15 62, 93, 216, 434, 498, 510,
    519, 536, 553, 559
11:16 252, 271, 443, 508, 510,
    553, 560-561, 563, 575, 580,
    589, 634
11:17 498, 553, 554-555, 562
11:18 515, 531, 554-555, 559, 595
11:19-20 578
11:20 524
11:21 375, 613, 615
11:24 217, 238, 242, 383, 500,
    510-511, 585, 587, 592-594,
    597, 599, 601, 603, 627-628,
    645
11:28 216, 586, 627, 644-645
12:1-11 611
12:7-11 613
12:20 529
12:24 579
13:2-14:27 444

13:2-4 172
13:2 55, 100, 216, 295, 488, 510-511, 584, 603, 638
13:3 100-101, 541
13:4 55, 295, 510-511, 584, 603, 638
13:9-12 584
13:9-11 101, 591
13:9 216, 238, 241-242, 510-511, 585
13:10 238
13:11 375, 613-614
13:15 592
13:17 375
13:26 545
13:32-33 232-233
13:33 224, 276, 287-288, 290-291, 341, 351
13:38 324
13:45 238, 374
13:47 437, 438, 457
13:48 561, 595
13:52 217, 238, 242, 383, 385, 500, 511, 593-594, 597, 627-628, 638, 640
14:3 639
14:19-20 611
14:21 561
14:22 431, 592
14:23 498, 542
14:27 595
15 420, 453, 572, 608, 609, 633
15:6-9 508
15:7-11 513, 550
15:7-9 97, 559

15:7 515, 555, 560
15:8 102, 405, 510, 553, 555-557, 562, 563, 584
15:9 92, 480, 554, 556-558, 560, 563, 589, 634
15:10-11 556
15:10 590
15:12 639
15:14 453, 455, 517, 563
15:16-17 547, 609
15:16 448, 455-457
15:17 448, 455, 457
15:21 615
15:25 529
15:26 405, 616
15:28 56, 500, 510, 585, 587, 603, 627, 638, 646
15:30-32 604
15:32 102, 592, 601, 603, 627, 645
15:41 592
16:5 579, 604
16:6-13 644
16:6-7 60, 100, 107, 184, 216, 295, 444, 509-510, 584, 603
16:6 55, 443, 575, 639
16:7 55, 404-405, 443, 610, 624, 639
16:9-10 509
16:9 603
16:10 509
16:14-15 650
16:14 82, 532, 595
16:15 522, 574, 577
16:16 282
16:18 82, 510, 616

16:25-26 611
16:30-34 650
16:31 498
16:34 498, 602
17:11 615
18-19 57, 539
18:5 529
18:6 374
18:8 498, 522, 577
18:9-10 444, 509, 613
18:9 509, 611
18:10 445, 453, 644
18:18-19:20 574
18:21 575
18:23 592
18:24-25 570
18:24 615
18:25-28 584
18:25 510, 564-565
18:26 530, 534, 564-565
18:28 529
19-28 629
19 76, 85, 89, 570, 633
19:1-6 507, 520-521, 525, 563,
    570, 575-576, 578, 649
19:1 55, 563, 570
19:2 253, 510, 565, 568, 570
19:3-5 569
19:3 569
19:4 498, 563, 566-567, 569
19:5-6 539, 548, 577
19:5 530, 566, 569, 577, 616
19:6 73, 214, 216, 394, 395, 510,
    531, 536, 538, 541, 542, 553,
    569-570, 572, 574, 576, 597,

640, 648
19:8 431, 575
19:9 570-571
19:10-12 639
19:11 575
19:13-19 616
19:13 82, 616
19:20 575, 579
19:21 100, 216, 510, 574, 603, 639
19:22 101, 579
19:28 238, 240
19:29 529
20:1 570
20:4 579
20:7-11 615
20:10 62
20:18 570
20:19-35 234
20:21 431
20:22-23 100, 611
20:22 489, 510, 603
20:23 55, 216, 295, 500, 510, 586,
    603, 627, 644
20:25 431
20:28-29 561
20:28 55, 100, 295, 488, 500, 511,
    542, 570, 586, 627, 639, 645
21:4 216, 500, 510, 586, 603, 611,
    627, 644-645
21:8 530
21:11 295, 473, 603
21:13 616
21:20 447, 545
21:30-32 474
22:1 545

22:4-16 546
22:6-11 613
22:6 282
22:7 445
22:16 546, 616
22:17-18 444, 509, 613
22:17 282, 509
22:19 498
22:21 444, 509
22:23 444
23:1 545
23:5 453
23:11 444, 509, 613
26:9 616
26:12-18 546
26:13-18 613
26:13 285
26:14 445
26:15-18 444
26:17 453
26:18 324, 438
26:27 498
27:23 613
27:35 498
28 446, 448
28:8 541
28:17 453, 474, 545
28:23 431
28:25-27 374
28:25-26 56
28:25 55, 216, 295, 510
28:26-27 453-454
28:27 327
28:30 454
28:31 431

로마서
1:3-4 86-87, 232-233
1:29 238
8:13-15 635
8:13 101
8:15 73
8:23 101
10:12 560, 624
10:13 391
11:25-27 610
12 642
12:11 565
15:13-14 238

고린도전서
1:2 391
2:4 383
2:6-16 87, 634, 646
5 532
6:9 87
12-14 642, 653
12:9 367
12:28 643
14:1-33 367
14:4-5 643
14:18 548
14:23 395
14:37 29
15:44-50 87

고린도후서
3:3 68
3:6-8 68, 478
3:12-18 634

5:6-9 442
11:4 489
12:1-10 442

갈라디아서
2:11-14 551
2:11-12 551
3:16 451
4:4-6 87
4:6 73
5:13-18 635
5:16 101
5:17 101
5:18 101
5:19-24 87
5:22-23 594
5:25 635
6:8 635

에베소서
3:14-19 634
4:8 417
5:18 238

빌립보서
1:21-24 442

골로새서
2:8-23 489
2:10 238

데살로니가전서
1:5 215

5:19 652

디모데전서
4:1 489
6:2 383

히브리서
9:12 324
10:18 324

베드로전서
1:6 385

요한일서
2:20 382
2:27 382
4:1-2 489

요한계시록
4:1 56
9:14 56
11:15 56

위경 ────────────

아브라함의 묵시
17 59

모세의 묵시
29:11-13 262
43:4 118

스바냐의 묵시
6 59

바룩2서
21:4 150
23:5 150
75:3-4 150

에녹1서
14 410, 414
45:3 402
49:2-3 163, 190-191, 266, 593
49:3 231
51:3 402
55:4 402
61:7-11 141, 385
61:7 137, 190
61:8 402
61:11-12 190
61:11 385
62:1-2 164, 191, 266, 593
62:2 190
67:10 179

71:11 141, 190
91:1 133, 173

에녹3서
9-10 402

비극작가 에스겔
224-29 346
68-80 402

에스라4서
6:39-41 150
13 86, 301, 410
13:1-10 414
13:8-11 253, 266
14:22 133, 136, 150, 173
14:40 136

레갑인들의 역사
16:7 118

요셉과 아스낫
4:7 136
4:11 182
8:9 232
8:10 173, 192
19:11 232

희년서
1:1-2 408
1:20-25 232
1:20-24 185

1:23-25 172
1:23 258
6 408
6:19 408
16:15-19 451
16:28-31 451
19-38 451
19:15-24 452
21:25 452
22:10-13 452
22:15 452
25:14 139
31:12 133, 139, 212-213
36:16 452
40:5 136

아리스테아스의 편지

40-50 491

예언자들의 생애

2:3-4 156
3:8-9 156
21:6 156
22:4 156

마카베오3서

4:16 239
5:1 239
6:31 239
30 239

마카베오4서

6:27-29 194

17:21-22 195

이사야의 순교

1:7 145
5:15 145
6:10 145

솔로몬의 시편

11 301, 352
17:23-24 223
17:26-37
17:32 401
17:34-36
17:37 137, 164, 191, 231, 593
18:7 137, 191, 231, 593
18:8-17 164

시빌의 신탁

3:719-23 446
4:162-70 262

아브라함의 유언

11-13 401
13:3 402

베냐민의 유언

6:1 185
8:1-3 181, 593
8:3 117
9:2 337
9:3 117

단의 유언

5:10-11 367, 372

욥의 유언

43:2 141
48 142
48:2-3 141
51:2 141

요셉의 유언

7:4 185

유다의 유언

18:24 261
20:1-5 181
24:2-3 117
25:3 185

레위의 유언

2:3 117, 137, 181, 258
2:3B 262, 593
2:3B2 258
2:3B7-8 182
2:3B14 182
3:2-3 367
18:7-8 231
18:7 117, 191
18:11-12 367
18:11 117, 261
18:12 372

시므온의 유언

4:4 117, 181, 593

6:6 367

스불론의 유언

8:8 367

쿰란 문서 ─────

1QH

7:6-7 183, 593
9:32 57, 137, 183, 384, 615
12:11-13 136-137, 183, 615
12:11-12 57
13:18-19 183, 615
14:12-13 615
14:12b-13 137
14:25 183, 615
16:6-7 184
16:11-12 183
17:25-26 183

1QIsa

52:14-15 261

1QM

13:7-8 452
13.9-12 59

1QS

1:8-2:18 408
2:25-3:12 87
3:6-7 57
3:13-4:26 87
3:16-4:20 59
3:18-4:26 184-185
3:18-20 59
3:20-21 184
3:20 185
3:24 185
3:25-26 59
4:6 57, 185
4:20-23 184
4:20-21 258
4:21 59, 185
4:22 185
8:16 133
9:3 59
9:10-11 337
9:33 59

1QSa

2:11 225

1QSb

5:24-25 86, 165, 231, 259, 266
5:24
5:25 191, 593

4QFlor

1:10-13 259
1:10-12 223
1:12-13 456

4QpIsaᵃ

3:15-29 259, 266
3:15-23 191, 593

4QTLevi arᵃ

1:8-18 182

4Q215

4 165
4:4 259
4:4-5 191
4:9-10 191

4Q246

2 165
2:5-7 224
2:5-6 224
2:5 224
2:6 224

4Q252

5 165
5:1-5 191
5:1 259

4Q266

17-18 409

4Q285

7 165
7:2 191, 259

4Q434

1:1 184

4Q504

5 183

4Q521

1 165

1:1 166

1:2 166

1:3 166

1:4 166

1:5 166

1:6 166

1:7 166

1:8 166, 334

1:11 166

1:12 166, 334

4Q522

2 165

4Q525

4:11 367

5:2-5 367

11QMelch

4-6 330

5-9 332

5-6 332

6 330, 332

7-9 330

8 330

9 330-331

11-15 330

12-13 184-185

13 330

14 330

15-16 331

16-18 381

16 332

18-20 330

18-19 331

18 330-331

19 330

20 330

23-24 331-332

24-25 332

CD

2:11-12 452

2:12 133, 261, 349, 486

7:3-4 591

12:2 184, 261

타르굼

코덱스 네오피티

창 6:3 177

창 42:1 131

출 2:12 123, 130

출 31:3 135

출 35:31 135
민 11:26-27 139
삼하 23:2 139

타르굼 단편
민 11:26-27 139
민 27:18 135
신 34:9 139, 214, 239
삼하 23:2 57

타르굼 예레미야애가
2:12 279

타르굼 신명기
16:11 409

타르굼 출애굽기
19:1 409
24:11 409

타르굼 에스겔
1:3 131, 376
1:22
2:2 152, 155
3:12 152, 155
3:14 131, 152, 155
3:22 131, 376
3:24 152, 155
8:1-3 131
8:1 155, 376
8:3 152
11:1 152
11:5 57, 152

11:15 131
11:24 152, 155
36:26 177
36:27 177
37:1 152, 155, 131
40:1-2 155
40:1 131
43:5 152, 155

타르굼 이사야
1:1-2 137
4:2-4 191
4:2 267
4:4 191, 253
11:1-2 137, 191
11:2
11:4 152, 191, 291
30:1 176
34:16 67
34:17 176
41:17 291
42:1-7 291, 301
42:7 291
44:3 177
44:4-5 177
48:16 176
61 84
63:10-11 176
63:14 176

타르굼 욥기
32:8 135
33:4 152

타르굼 사사기

3:10 152-153
6:34 152-154
11:29 152-154
13:25 152-154
14:6 152-154
4:19 152-153
15:4 152-153

타르굼 열왕기상

18:12 152, 155

타르굼 열왕기하

2:9 155
2:15 155, 219
2:16 152, 155

예언서 타르굼 열왕기하

2:15 219
5:26 131

예언서 타르굼 사무엘상

10:6 385, 520
10:10 520
19:20 385, 520
19:23 385, 520

예언서 타르굼 사무엘하

23:1-2 131

타르굼 옹켈로스

창 41:38 123-124, 130, 132, 136

창 45:27 123
출 31:3 123, 135
출 35:30 135
출 35:31 135
민 11:17-29 124, 134
민 11:25-29 124
민 11:25-27 385
민 11:26-27 139
민 11:26 123
민 11:29 123
민 27:18 124, 135
민 27:28 123
신 34:9 135
삼하 23:2 139

타르굼 시편

45:3 191
68:18 417-419
68:19 416
103:30 152

타르굼 위(僞)요나단

창 6:3 177, 593
창 27:5 131
창 27:42 131
창 30:25 131, 138
창 31:21 131
창 35:22 131
창 37:33 131
창 41:38 124, 132
창 43:14 131
창 45:27 123-124
출 20:2 410-411
출 31:3 132, 135

출 31:6 134-135
출 33:16 123-124, 130
출 35:30-31 134
출 35:31 123-124, 132
출 37:8 123-124, 134
민 11:17-29 124, 134
민 11:17 123
민 11:25-28 124
민 11:25 123
민 11:26 123
민 11:28 123
민 11:29 123
민 24:2 123-124
민 25:12 342
민 27:18 123-124, 135
신 18:18 124
신 34:9 135
삼상 10:6 141
삼상 10:10 141
삼상 19:20-23 140
삼상 19:20 140
삼상 19:23 140

타르굼 사무엘상
10:6 154, 385
11:6 152-153
16:13-14 153-154

타르굼 스가랴
12:10 176

랍비 문헌

미쉬나

Pes.
68b 84

Sot.
9:15 173, 232, 345

탈무드

b. 'Abod. Zar.
20b 232

b. Ber.
31b 186
31b-32a 189
32a 187

b. Giṭ.
45a 279

b. Ḥag.
14a 401
15a 150

b. Meg.
14a 133

b. Šab.
88b 410, 412

b. Sanh.
11a 172
17a 492
38b 401
95a 279
96b 457

b. Soṭ.
11b 133, 139, 213
48b 172

b. Suk.
52b 187

b. Yom.
9b 172
73b 133

y. Šeb
9.1 133, 186, 214

y. Soṭ.
1:4 133, 214
9:13-14 172

y. Yom.
73b 138

t. Pes.
2:15 133, 173, 186, 214

t. Soṭ.
6:2 141, 172, 385, 520
13:2-4 172
13:2

미드라쉼

ARN
A 116
A.34 116
B. 116

Ag. Ber.
23:2 172
23:2:47 133

Cant. R.
1:1 136, 151, 232, 345
1:1:8-9 133
1:1:9
1:14

2:5:3 133
8:9:3 172

Deut. R.

6:14 172

Eccl. R.

3:21:1 133, 139
10:17 189

Exod. R.

1:28 133
5:20 172, 419
23:2 141, 172, 385
40:1 136
48:4 135-136, 151, 232
52:4 136

Gen R.

2:4 172
37:7 133
45:5 133
75:8 133, 212
79:6 133
84:12 133
84:19 123, 133
85:12 189
91:6 133
91:7 133
93:12 133
96:5 151, 232
97 133, 212

Lev. R.

1:3 133
8:2 151
15:2 133
21:8 133, 214-215
32:4 133
35:7 173
37:4 172

Mek. Bešallaḥ

3 186
7 141, 172

Mek. Pisḥa

1 123, 215
13 133

Mek. Shirata

1 141, 172
7 133

MHG Gen.

140 172
442 133
513 133
604 133, 212
717 138
854 133, 212

Midr. Pss.

10:6 133
105:4 133
14:6 187, 414, 419

73:4 187

Num. R.
9:20 133
9:49 187
10:5 172
12:9 172
12:18 133
14:5 133, 212
15:10 215
19:3 133
21:9 133

Pes. R.
1:2 215
1:6 151, 232
3:4 133, 212-213
4:2 346
32:1 215

Ruth R.
2:1 133
4:3 172
Proem 7 136

S. 'Ol. R.
5 409

Sifre Deut.
379 59
on 18:12 172

Sifre Zutta
319 138

Tanḥ.
12 133

기타 고대 문헌———

필론

Dec.
32-36 410
33 412
44-49 410
175 137, 173

Det. Pot. Ins.
80-84 162, 179
83 178
98 239

Deus Imm.
2 172, 178

Ebr.
94 239

Fug.

186 121, 419, 492

Gig.

19 178

23-29 137

23 178, 180

24-28

24-27

24 135, 492

26-27 178

28-29 178

47 137, 172, 178, 180

53 137, 172, 178, 180

55 137, 178, 593

Jos.

117 133, 136

Leg. All.

1:33-42 179

1:33 162

1:37 162

1:42 162

3:7 239

3:18 3:18

3:161 179

Op. Mund.

69 145

134-35 178

134 146

135 179, 162

144 136, 162, 179

Plant.

18 162, 178

44 162

50 614

Rer. Div. Her

57 137, 179

264-66 144

265 140, 509

Somn.

1:62-66 59

1:230-33 59

2:251-52 180

2:252 57, 133

Spec. Leg.

1:65 144

1:171 179

2:188-89 409-410

2:189 413

4:23 179

4:123 178-179

4:49 133, 140, 144, 509

Virt.

217 145, 163

Vit. Cont.

46 265

Vit. Mos.

1:175 133, 140, 144

1:227 277, 144

1:277 121, 509

2:1-7 414

2:265 137

요세푸스

유대고대사

1:27 159

1:34 159

2:87 160

2:89 160

2:230 231

2:286 337

2:327 337

3:77-78 416

3:200 160

4:108 122

4:119 133

4:165 161

4:199 133, 159

5:287 159

5:294 159

5:301 159-160

6:166 140-141, 159, 385

6:221 160

6:222 141

6:223 385

8:114 122

8:346 162

8:408 161-162, 159

10:169 265

10:239 136

16:385 239

18:106 247

18:117 249

20:167-68 337

20:188 337

20:97-99 337

Apion

11:49 265

War

2:261-63 337

4:137 265

7:337 239

기독교 문헌

도마행전

27 491

에우세비오스

복음의 예비

8:9:38-8:10:17 137

9:27-37 346
9:27 347
9:27:21 157
9:27:25 157

히에로니무스

Dialogi contra Pelagianos
3:2 349

위(僞)필론

Bib. Ant.
9:7 346
9:10 133, 158, 213
11 411
18:10-11 158
27:9-10 338
27:9 158
27:10 158
28:6 133, 139, 158, 509
31:9 133, 158
32:14 141, 158, 385
36:2 158
62:2 144

성령과 권능

이스라엘의 회복과 누가-행전의 증거 가운데 나타난 성령

Copyright ⓒ 새물결플러스 2020

1쇄 발행 2020년 2월 21일

지은이 막스 터너
옮긴이 조영모
펴낸이 김요한
펴낸곳 새물결플러스

편 집 왕희광 정인철 노재현 한바울 정혜인
           이형일 서종원 나유영 노동래 최호연
디자인 윤민주 황진주 박인미 이지윤
마케팅 박성민 이원혁
총 무 김명화 이성순
영 상 최정호 조용석 곽상원
아카데미 차상희

홈페이지 www.holywaveplus.com
이메일 hwpbooks@hwpbooks.com
출판등록 2008년 8월 21일 제2008-24호
주 소 (우) 04118 서울시 마포구 마포대로19길 33
전 화 02) 2652-3161
팩 스 02) 2652-3191

ISBN 979-11-6129-141-3 93230